编委会成员

唐青林 北京云亭律师事务所

李　舒 北京云亭律师事务所

王　辉 北京云亭律师事务所

王　盼 北京云亭律师事务所

李元元 北京云亭律师事务所

贾　华 北京云亭律师事务所

位艳玲 北京云亭律师事务所

王景霞 北京云亭律师事务所

（上述作者单位系完成本书时作者所在单位）

云亭法律
实务书系

公司印章案例
裁判规则解读

公司印章风险防范指南

唐青林 李 舒 ◎ 主 编
王 盼 李元元 ◎ 副主编

中国法制出版社
CHINA LEGAL PUBLISHING HOUSE

"云亭法律实务书系"总序

"云亭法律实务书系",是北京云亭律师事务所组织撰写的法律实务类书籍。丛书作者均为战斗在第一线的专业律师,具有深厚理论功底和丰富实践经验。丛书的选题和写作体例,均以实际发生的案例分析为主。作者力图从实践需求出发,为实践中经常遇到的疑难复杂法律问题,寻求最直接的解决方案。

没有金刚钻,不揽瓷器活。云亭律师事务所成立以后,创始合伙人唐青林、李舒一致决定以专业耕耘作为立所之本,鼓励所有云亭律师践行"一万小时"的专业发展理论,在各自专业领域深度耕耘,实现"一米宽、十米深"的专业耕耘模式。

能把法律问题写好是优秀律师的看家本领。对于任何专业知识,我们认为有五个渐进的层次:听不懂、听得懂、说得出、写得出、写得好。我们希望云亭律师都能把专业的问题和观点用文字表达出来,训练成为"写得好"的最高级别。

打赢官司靠的不是口才而是思辨能力和文字能力。打赢官司的律师,并不仅仅是口才好,更加重要的是笔头功夫好。根据我从事法律工作25年的经验,律师的写作能力和办案能力之间绝对存在正向促进关系。有理不在声高,只要你思维缜密、开庭之前起草了逻辑严密、法律精准的代理词、哪怕是口吃的律师也一样能赢得诉讼,所以说笔杆子是律师极其重要的武器,写作乃律师安身立命之本。一份优秀的代理词和辩护词,其背后其实是文字功夫和逻辑思维能力的体现。而写作是迅速提高在某个领域的专业水平的最有效途径。我们云亭律师事务所的每一位新律师,都必须经过写作训练这个关,迅速提高文字能力。

法律专业写作最难的是什么?是必须克服懒惰。和写作相比,看电视显然更加轻松愉快,写作经常面对的是清净、冷板凳。中国法制出版社资深编辑赵宏老师和我们座谈的时候曾说:"写作是一件非常辛苦的事,必须每天勉强自己一点点!"这句话我们至少在不同的场合给云亭律师事务所的同事说了10遍。律师确实都很忙,离开学校之后,永远不会有一整段时间用于写作,但是写作的时间都是抽出来的,时间就像海绵里的水,挤挤总是有的。云亭鼓励他们耐住寂寞、长期坐冷板凳、坚持研究法律问题、把自己的研究所得写出来,这样不仅锻炼思辨能力、还锻炼写作能力。

"云亭法律实务书系"到底是怎么写出来的？云亭规定全所律师办理任何案件，都必须针对每一个争议焦点进行法律检索和案例检索，据此起草代理词、辩护词等法律文件，确保和提高办案质量。办案完成后，这些法律和案例检索成果，是封存在电脑中还是让它们充分发挥余热？云亭律师事务所倡议所有同事们在办案结束后花费时间，把办案中针对争议焦点的法律和案例检索成果和形成的法律判断，每个争议焦点整理成一篇文章，在云亭的微信公众号（"法客帝国""公司法权威解读""民商事裁判规则""保全与执行"）发表出来，供所内和全国各地的律师同行参考。这些文章都是真实的案例中遇到的真实的争议焦点，例如《侵犯其他股东优先购买权的股权转让合同是否有效》《股东签署"分家协议"有效吗》《股东是否有权查阅原始凭证》，这些内容都非常实用，所以文章发表出来后非常受法律实务届欢迎。

为什么云亭律师大多是各个领域的专家？云亭倡导每一位律师"忙时作业、闲时作文"，长期积累。强烈建议每一位云亭律师，凡是不开庭和不见客户的日子，坚持到律所坐班，坚持阅读案例和写作，练就火眼金睛并准备好敏捷的头脑。坚持写作，坚持"磨刀霍霍"。有朝一日上战场杀敌，手起刀落。

我们相信，在任何一个专业领域，如果这个律师坚持写100篇文章，那么他至少已办理过数十个该领域案件、至少检索和阅读该领域1000个判决书。这样坚持下来，该领域便很少再有话题能难倒他，他其实已经足够成为该领域的专家。

律师如何提高写作能力？根据我们多年来的写作经验，主要有如下三点：（一）写作不能犯三个错误：不犯专业错误、不犯文字错误、不犯表述错误。（二）写作应该主题明确、观点明确：每个争议焦点写一篇文章，而不是多个争议焦点混合在一起；裁判规则总结精准、观点明确、不模糊。（三）文章应尽量直白易懂。哪怕读者对象是非法科专业人士，也能够看明白，切忌为了显示专业水平而拽专业术语，让人云里雾里看不懂。

功夫不负有心人。经过多年的努力，在中国法制出版社各位领导和编辑的关心帮助下，"云亭法律实务书系"已经出版和发行了40多种书，"云亭法律实务书系"已经成为云亭专业化发展的一张名片，受到了来自全国各地高校法律教授、法官、法务、律师等法律界人士的广泛好评。在未来的岁月里，我们将继续努力，争取不辜负每一位关心和帮助我们的领导、法律界同行和每一位"云亭法律实务书系"的读者。

北京云亭律师事务所

唐青林　创始合伙人

李　舒　创始合伙人

2024年1月1日

序　言

　　印章，在公司治理中可谓是起着代表公司意志的作用。无论是对内的管理制度文件，还是对外的合同、协议、备忘录、函等，几乎只要一加盖上公章，就能发生效力。也是因为印章的法律效力如此之大，近些年的实践中，借助印章"侵占"、"诈骗"企业家财产的事件屡有发生，企业家动辄损失几十亿元，小印章、大乾坤！掌印不好，商业帝国轰然倒塌、老板倾家荡产、身陷囹圄。

　　在印章类纠纷频频发生、争议标的额极大的同时，法律适用上可供参照的规定却相对缺乏，印章相关法律行为的效力难以认定。好在近几年，最高人民法院陆续出台了一些针对印章使用以及对外效力的司法解释，可以预见将对印章类案件的审理产生极为重要的影响，也为企业家们管理印章提供了新的思路。

　　其中，2019年发布实施的《九民纪要》第41条首先明确了盖章行为的法律效力，确立了从签约人于盖章之时有无代表权或者代理权来判断合同效力的审查标准。2023年12月5日实施的《最高人民法院关于适用〈中华人民共和国民法典〉合同编通则若干问题的解释》第二十二条，则进一步细化了《九民纪要》中的审查规则，明确了在不同情形下，涉及非备案印章、伪造印章、未加盖印章等情况合同的效力。

　　在法律层面，将要在2024年7月1日施行的新《公司法》第十一条也首次明确了公司法定代表人的对外代表权。既然法定代表人于盖章之时有代表公司对外进行民事行为的权利，则所加盖印章系假章、非备案印章当然就不应该影响其所签署合同的效力。因此，新《公司法》第十一条与上述司法解释确立的印章效力审查规则，内涵是相通的，均可以作为印章案件审理的依据。

　　同时，随着近几年新规的陆续出台，许多过去的裁判案例、解读也已不再适用。如果不考虑新规，一昧参照过去的案例，则反而容易陷入误解。故本书作者根据上述重大变化，精心挑选了与新规相符合的典型案例，确保其中的裁判规则及解读与新的法律及司法解释相同。

　　本书是国内为数不多的专门研究印章纠纷问题的司法实务书籍。书中收录的近百篇相关案例，均为最高人民法院或地方高级人民法院作出的具有一定代表性意义的典型案例。本书作者期望通过剖析这些案例，帮助企业家和法律顾问从他人的血泪教训中不断总结与提高，避免掉进相同的"坑"。

因此，本书不仅是企业家、高管、职业经理人规范企业印章管理的重要参考书，也是律师、法官、公司法务及其他司法实务工作者办案、工作的重要指引。每一篇案件总结的裁判要旨，不仅是一个惨痛的教训换来的宝贵经验，也是一个优秀权威的判决总结的实务指导意见。本书写作的过程中，得到了诸多人士诚挚的建议，在此一并表示感谢！同时，本书中可能还有错误或遗漏之处，欢迎读者予以批评指正。也欢迎与我们的作者团队联系商讨假公章、私刻公章等引起的纠纷预防及争议解决，我们的邮箱是：tangqinglin@yuntinglaw.com。

北京云亭律师事务所

唐青林　创始合伙人

李　舒　创始合伙人

2024 年 3 月 26 日

目 录

第一章 公司印章概述

第一节 印章的法律意义 1

第二节 我国关于印章的法律法规 2

第三节 印章纠纷的司法实践悖论 3

第二章 印章被盗或被盗盖的法律风险

第一节 公司长期未发现公章遗失，应对擅自使用该印章对他人造成的损失担责 6

001 楼某林与安徽省肥西县润某水泥有限公司保证合同纠纷上诉案 6

第二节 印章遗失应以适当方式作废，否则承担法律责任 12

002 海南虹某贸易有限公司与海南金某房地产开发公司股权转让纠纷案 12

第三节 加盖真公章的合同不必然有效，加盖人无代表权或代理权的仍构成无权代理 23

003 辽宁立某实业有限公司、抚顺太某洋实业有限公司企业借贷纠纷案 23

第三章 公司同时使用多枚印章的法律风险

第一节 公司拥有多枚印章的风险巨大 53

004 青海创某矿业开发有限公司等诉洪某民间借贷及担保合同纠纷案 53

005	湖南宏某投资有限公司诉湖南宏某大酒店有限公司等物权保护纠纷案 …… 58
006	唐山军某房地产开发有限公司等诉李某强买卖合同纠纷案 …………… 64
007	张家口市景某商贸有限公司与河南兴某建筑工程公司买卖合同纠纷案 …… 70
008	贵州建某集团第三建筑工程有限责任公司诉鸡西市坚某混凝土制造有限公司买卖合同纠纷案 ……………………………………………… 75
009	江苏金某投资担保有限公司与浙江长兴金某阳电源有限公司、盱眙安某工贸有限公司等追偿权纠纷上诉案 ………………………………… 78
010	黑龙江省华某建设有限公司与四川瑞某石油化工有限公司买卖合同纠纷案 …………………………………………………………………… 90
011	江西中某建设工程有限公司与崇某县房地产综合开发公司建设工程施工合同纠纷案 ………………………………………………………… 105
012	无锡爱某仑特木业有限公司与杭州景某建筑装潢工程有限公司、潘某根等定作合同纠纷案 …………………………………………………… 120

第二节 在其他场合认可存在效力争议的印章效力 …………………… 128

013	青龙满族自治县燕某冶金铸造有限公司与孟某娜、董某芳借款合同纠纷案 …………………………………………………………………… 128
014	邹某金与陈某深、海南鲁某实业有限公司、王某英、崔某珍、陈某峰建设用地使用权纠纷案 …………………………………………………… 135
015	中国工某银行股份有限公司景德镇分行与中某航空技术珠海有限公司、上海中某置业投资有限公司等金融借款合同纠纷案 …………… 151
016	汪某雄与重庆群某实业（集团）有限公司、朱某德建设工程施工合同纠纷案 ……………………………………………………………… 170
017	文登瑞某医药科技有限公司与段某生股权转让纠纷案 ………………… 173
018	许某祥与常州市华某园林绿化工程有限公司、沈某南企业借贷纠纷案 … 175
019	青海金某煤炭有限责任公司与海晏县基某煤业有限公司借款合同纠纷案 …………………………………………………………………… 187
020	六安盛某物资有限公司与某市城市市政建设置业有限公司、张某运买卖合同纠纷案 ………………………………………………………… 193

第三节 公司用章不具有唯一性的证明责任归交易相对人 ………… 202

021 龙口市遇某建筑工程有限公司等诉中国农某银行龙口市支行等汇票垫付款、保证担保借款合同纠纷案 ······ 202

022 常州市诚某金属制品有限公司与常州市武进新某建筑材料有限公司、常州市顶某钢管有限公司追偿权纠纷案 ······ 216

第四章 公司印章被伪造的法律风险

第一节 伪造印章签订的合同无效的判例 ······ 228

023 中某证券股份有限公司与重庆华某石粉有限责任公司证券经纪合同纠纷案 ······ 228

024 山西潞安某经销有限责任公司等诉山西煤炭运销集团某有限公司买卖合同纠纷案 ······ 248

025 董某英与河南亚某建设有限公司、冯某结民间借贷纠纷案 ······ 253

第二节 印章管理混乱可导致伪造印章签订的合同有效 ······ 256

026 中国银某证券股份有限公司中山小榄证券营业部与梁某珍、梁某伟侵权纠纷案 ······ 256

第三节 表见代理人使用伪造印章签订的合同有效 ······ 262

027 湛江市某建筑工程公司诉白某江租赁合同纠纷案 ······ 262

028 游某琼与福建省万某房地产开发有限公司、翁某金等民间借贷纠纷案 ··· 266

029 中国某航空港建设集团有限公司与张某及第三人李某琴民间借贷纠纷案 ······ 271

030 河南鸿某建筑安装有限公司与新乡市彭某建筑设备租赁有限责任公司租赁合同纠纷案 ······ 276

031 安徽省宣城市双某混凝土有限公司与某建设集团有限公司买卖合同纠纷案 ······ 278

032 中国某冶金建设有限责任公司与谢某清、陕西省某公路管理局建筑工程合同纠纷案 ······ 289

033 眉山市东某新城建设有限公司与眉山市东坡区某镇人民政府借款合同纠纷案 ······ 292

034 苏某交与菏泽市海某房地产开发有限公司、山东宝某金属材料有限公司民间借贷纠纷案 ……… 300

第四节　法定代表人等使用伪造（私刻）印章签订合同有效 ……… 313

035 北京住总某开发建设有限公司、北京住总某开发建设有限公司宁夏分公司与苏某军民间借贷纠纷案 ……… 313

036 阳朔一尺某实业投资开发有限公司与广西汇某融资性担保有限公司保证合同纠纷案 ……… 317

037 刘某科与安徽省滁州市建某劳务发展有限公司民间借贷纠纷案 ……… 331

038 福建省溪某建筑工程有限公司黑龙江省分公司与宿某强等民间借贷纠纷案 ……… 336

039 汕头市达某建筑总公司与张某雄买卖合同纠纷案 ……… 341

040 某市人民防空办公室与某瑶族自治县建筑公司建设工程施工合同纠纷之诉案 ……… 361

041 青海贤某矿业股份有限公司、青海创某矿业开发有限公司与广东科某发展有限公司保证合同纠纷案 ……… 367

042 程某进与烟台华某检测工程有限公司、吕某等民间借贷纠纷案 ……… 385

043 成都龙某旅游资源开发有限公司与成都市彭州龙某小额贷款有限责任公司等借款合同纠纷案 ……… 393

044 河南瑞某建设有限公司与河南名某置业有限公司建设工程合同纠纷案 ……… 406

045 周某峰与江苏金某泰电控科技有限公司、石某忠等民间借贷纠纷案 ……… 410

046 海南楚某建设工程有限公司湖南分公司与张某孝、海南楚某建设工程有限公司借款合同纠纷案 ……… 417

047 婺源县某陵园有限公司诉董某明民间借贷纠纷案 ……… 423

048 江苏天某建设集团有限公司与新疆紫某钢铁有限责任公司、张某同、陈某玲买卖合同纠纷二审民事判决书 ……… 437

049 国某租赁有限公司与某港务集团有限责任公司、山东滨州新某阳化工有限责任公司融资租赁合同纠纷案 ……… 444

050 方某新与杭州新某地实业投资有限公司保证合同纠纷案 ……… 455

第五节　因职务行为使用伪造公章签订的合同有效 ……………… 464

051 淮安汉某万融建材有限公司与江苏新某建筑有限公司、江苏新某建筑有限公司江阴分公司买卖合同纠纷案 ……………………………… 464

052 十堰建某工贸有限公司与湖北中某联建设集团有限公司、中国葛某坝集团建筑工程有限公司买卖合同纠纷案 …………………………… 473

第六节　印章虚假但意思表示真实的合同有效 ………………………… 488

053 广西桂某拍卖有限公司与广西三某拍卖有限责任公司合作合同纠纷案 … 488

054 陈某浴与内蒙古昌某石业有限公司合同纠纷案 ……………………… 497

第七节　主张印章伪造应承担证明责任 ………………………………… 514

055 江西省某工程（集团）公司与北京中某鑫泰经贸发展有限公司与江西省某工程（集团）公司赣西分公司买卖合同纠纷案 ……………… 514

056 杨某、屈某南与中国某银行股份有限公司成都青羊支行、龚某仪、关某清、成都市康某园实业开发有限责任公司、成都市瑞某房地产开发公司案外人执行异议之诉案 …………………………………… 521

第八节　非备案公章并非必然为虚假印章 ……………………………… 525

057 洪某建设公司与八某建设公司、洪某建设公司滁州分公司建设工程施工合同纠纷案 …………………………………………………… 525

第五章　交易相对人对印章真伪的审查

第一节　交易行为反常时交易相对人负有审查义务 …………………… 535

058 平某银行股份有限公司深圳坪山支行与深圳市龙岗区龙岗镇某经济联合社、罗某棠等侵权责任纠纷案 ………………………………… 535

第二节　法定代表人超越法定职权对外签署合同时相对人负有合理审查义务 ……………………………………………………… 552

059 威某葡萄酒股份有限公司、某银行股份有限公司龙口支行等金融借款合同纠纷案 ……………………………………………………… 552

| 060 | 湖北润某工程机械有限公司、郑某钧等买卖合同纠纷案 ………… 557

第三节　通常情形下交易相对人不负有审查义务 ………… 588

| 061 | 江西省某建筑工程有限公司与陈某、刘某等民间借贷纠纷案 …… 588
| 062 | 曾某堂与天某保险股份有限公司浙江省分公司、谢某海上保险、保赔合同纠纷、保险合同纠纷案 ………………………………… 607

第六章　银行印章管理识别中的特殊风险

第一节　银行负有甄别客户预留印鉴与使用印鉴是否一致的义务 ……………………………………………………… 617

| 063 | 中国某银行皋兰县支行与中国某财务有限责任公司新疆分公司存单纠纷上诉案 ………………………………………………… 617
| 064 | 徐州市顺某商贸有限公司与武汉某商业银行股份有限公司、武汉某商业银行股份有限公司积玉桥支行储蓄存款合同纠纷案 …… 625
| 065 | 方某德与中国某银行股份有限公司衡阳白沙洲支行储蓄存款合同纠纷案 …………………………………………………………… 638

第七章　伪造印章案件中的刑民交叉问题

第一节　关于伪造印章案件刑民交叉问题的相关规定 ………… 652

第二节　伪造印章构成犯罪而签订的合同并非当然无效 ……… 655

| 066 | 靖江市润某农村小额贷款有限公司、陆某武、江苏天某工程设备制造有限公司与潘某英借款合同纠纷案 ……………………… 655
| 067 | 北京瑞某科技发展有限公司与宜昌博某科工贸有限公司不当得利纠纷案 …………………………………………………………… 661
| 068 | 张家口市景某商贸有限公司与河南兴某建筑工程公司买卖合同纠纷案 … 670
| 069 | 九江周某生实业有限公司与邱某添、刘某、廖某霞、福建省虹某电器有限公司民间借贷纠纷案 ………………………………… 681

第三节　伪造印章案件"民转刑"的判断标准 ………………… 686

（一）刑事案件的处理结果足以影响民事案件认定双方民事关系的性质及效力的，法院可裁定案件"民转刑" ········· 686

070 浙江顺某混凝土有限公司与浙江创某建设工程有限公司买卖合同纠纷案 ········· 686

071 张某与东台市汇某农村小额贷款股份有限公司小额借款合同纠纷、民间借贷纠纷案 ········· 688

072 重庆市涪陵区宏某汽车运输有限公司与贵州宏某建设工程有限责任公司承揽合同纠纷案 ········· 690

（二）私刻印章的行为不影响民事法律关系的审理和认定的，案件一般不应"民转刑" ········· 692

073 宋某生、王某杰与江苏八某园林股份有限公司、吴某华民间借贷纠纷案 ··· 692

074 眉山市东某新城建设有限公司与眉山市东坡区某镇人民政府借款合同纠纷案 ········· 698

075 苏某交与菏泽市海某房地产开发有限公司、山东宝某金属材料有限公司民间借贷纠纷案 ········· 705

076 中某建设股份有限公司与湖南助某投资担保有限公司等保证合同纠纷案 ··· 718

第八章　与伪造印章相关的其他法律问题

第一节　再审期间才提鉴定印章真伪的，不予支持 ········· 731

077 保定建某集团有限公司与陕西城某建筑装饰工程有限公司、陕西世纪景某化工有限公司、保定建某集团有限公司西安分公司建设工程施工合同纠纷案 ········· 731

第二节　公司不能以印章未启用的内部规定否认印章效力 ········· 735

078 中国工商银行始某县支行与贵州黔西金某鸵鸟养殖发展公司、中国工商银行始某县支行银发实业总公司清某分公司借款担保合同纠纷案 ··· 735

第三节　使用伪造印章构成表见代理可归责于本人 ········· 744

079 湛江市万某房地产开发有限公司、湛江粤某地质工程勘察院与建设工程勘察合同纠纷案 ………… 744

第四节 债务人伪造印章骗取他人提供保证，保证人不能免责 …… 749

080 瑞昌市赤某建筑工程有限公司与徐某娥、梅某金民间借贷纠纷案 ……… 749

第五节 股东会同意提供担保的决议即使盖章系伪造，公司也应承担责任 …………………………………………………… 756

081 湖南圣某生物科技有限公司与中国信某资产管理股份有限公司湖南省分公司、湖南博某眼科医院有限公司、李某康金融借款合同纠纷案 … 756

第六节 公司对他人使用伪造印章设立分公司在另案中认可的，需对该分公司的经营行为承担责任 …………………………… 764

082 江西省城某建设集团有限公司与扬州辉某物资有限公司、天长市九某建材厂一般买卖合同纠纷案 ……………………………… 764

第七节 自然人私刻挂靠单位印章并多次使用，且经政府部门认可，公司应担责 …………………………………………… 769

083 江山市江某房地产开发有限责任公司与雷某程与江西四某青生态科技有限公司、吴某旺、俞某貂民间借贷纠纷案 ……………………… 769

第九章 公司印章管理中的法律风险识别与防范

第一节 公司印章管理法律风险 ……………………………… 774
第二节 关于公司印章管理的二十三个核心问题 …………… 778

第一章 公司印章概述

第一节 印章的法律意义

由于特定的历史传统，中国的印章文化较之于西方，存在一定的差异。在中国，人们往往更愿意认可印章的效力。但在西方，人们往往更愿意认可签字的效力。中国人签署法律文件主要认章，一个圆圆的印章代表的是权力和财富。而外国人签署法律文件更加普遍的是认签名，那些我们看来像天书一样歪歪扭扭的字母组合，我们中国人可能根本看不清，可是人家就觉得放心、没问题。这是由历史文化不同造成的。

尽管我国《民法典》规定①，公司对外签署合同的情况下，公司盖章和法定代表人签字都有效，《中华人民共和国公司法》（2023年修订）第十一条也明确规定，法定代表人以公司名义从事的民事活动，其法律后果由公司承受。但是绝大部分的公司均会以加盖公章的形式完成签约过程，如果两个公司签署合同只由法定代表人签字而没有盖章，总会让人感觉不放心，即便是熟悉合同法的律师也可能会感觉怪怪的。这就是我国文化的一部分。

印章一般是刻有文字或图案的固体物，通过印文显示的内容或图案与特定的主体相对应。印章在中国古已有之，一般分为官印和私印两种。刻有官职名称的称之为官印，其余皆为私印。中国的印章文化，受官印的影响最深。我国几千年历史上，官印一直是官府的象征，是官员身份证明、行使权力的凭证和信物。官印代表了官，有了官印，官就拥有了相应的权力。

在中国语境下的印章，从某种意义上讲，是特定主体的"人、格、物"。某一特定主体拥有印章，不仅是行使权力的表现，也是对外作出意思表示的表现。

---

① 《民法典》第四百九十条第一款："当事人采用合同书形式订立合同的，自当事人均签名、盖章或者按指印时合同成立。"

公司印章是公司对内管理、对外交往的"信物"。公司在某一特定的文章上加盖公司印章，一般即可代表公司真实的意思表示。因此，加盖了公司印章的文件、合同、信函等，一般推定为是公司意志的体现。

正是因为印章有上述重要法律效力，于是就出现了并不持有印章的人为了"办事"方便而持有多枚印章、伪造公章或私刻公章的情形，或者保管公章的人监守自盗偷盖公章，甚至有公司法定代表人私刻自己公司的"假公章"，于是发生大量的犯罪案件和民事法律纠纷。那么，这些伪造印章、私刻印章、偷盖印章签署的法律文件到底有没有法律效力？为了深入分析这一问题，我们收集和研究了最高人民法院和各地高级人民法院的近百个相关案例，并对这些案例进行梳理和归类整理，总结出了此类案件的裁判规则。

本书将在下述两个方面有显著的指导意义：（1）读者通过阅读本书，可以深刻理解类似案件的裁判规则，可以作为律师代理类似案件或者法官裁判相关案件时的参考；（2）"前事不忘后事之师"，本书通过对系列败诉案例的解读，可以帮助企业家、高管和公司法律顾问从他人的血泪教训中不断总结经验，根据可能存在的法律风险不断修正公司印章管理规定和实施流程，避免类似案件发生在自己的企业。通过阅读本书中关于伪造印章、私刻印章、偷盖印章领域系列典型案例和裁判规则，可以从败诉方角度深度剖析败诉原因，从他人的败诉中吸取教训、总结经验。

第二节　我国关于印章的法律法规

近几年，我国出台了一些关于印章效力认定的民事法律法规。2019年实施的《全国法院民商事审判工作会议纪要》第四十一条首先确立了公司以加盖的系假章、非备案公章否认合同效力时，主要应依据签约人盖章时有无代表权或代理权来确认合同效力的规则；《最高人民法院关于适用〈中华人民共和国民法典〉合同编通则若干问题的解释》第二十二条进一步细化了前述规则，明确有权法定代表人或有代理权的工作人员以非备案或伪造印章签订合同的，应属于有效合同；又如《企业破产法》第十五条规定，人民法院受理破产申请后，债务人的相关人员有妥善保管债务人印章的义务。《企业破产法》第二十五条规定，破产管理人有接管债务人印章的权利和职责。同时，该法第一百二十七条还规定了债务人拒不向管理人移交印章的法律责任。

在行政法领域，《治安管理处罚法》规定了伪造、变造印章的行政责任。同时，国务院在1993年印发了《国务院关于国家行政机关和企业、事业单位印章的规定》，并于1999年重新发布了《国务院关于国家行政机关和企业事业单位社会团体印章管理的规定》。该规定共计27条，对国家行政机关、企事业单位的印章在形制、材质等方面作了详细规定，但对于印章的管理、伪造印章的处罚等则十分简略，不具有可操作性，且无在司法裁判中予以适用的可操作性。

《刑法》第二百八十条规定了伪造、变造印章罪，第三百七十五条规定了伪造、变造武装部队印章罪。但伪造、变造印章的行为往往是手段不是目的，因此，现实中很多伪造印章的犯罪行为并非以伪造、变造印章罪进行处罚，而是按照如诈骗罪、招摇撞骗罪、合同诈骗罪、金融诈骗罪、玩忽职守罪等进行刑事处罚。因此，伪造、变造印章的犯罪行为往往与其他犯罪行为一起构成刑法理论上的牵连犯。所谓牵连犯是指出于一个犯罪目的，实施数个犯罪行为，数个行为之间存在手段与目的或者原因与结果的牵连关系，分别触犯数个罪名的犯罪状态。且对于牵连犯，除我国《刑法》已有规定的外，从一重罪论处。例如，为了骗取他人签订合同而伪造公章。此时，伪造印章的犯罪行为即与合同诈骗的犯罪行为构成牵连犯。如果二者同时构成犯罪，则择一从重处罚。

由于与印章相关的纠纷多数情况下可能涉及伪造印章的行为，因此，该类纠纷多为刑民交叉类案件。

第三节 印章纠纷的司法实践悖论

通常情况下，印章所表征的主体往往是印章的所有者，同一主体在理想状态下也应当仅具有一枚印章。但现实情况是，有些公司印章的实际占有人可能并非一人（如印章被盗、印章遗失），有些公司可能因为某种原因同时刻制多枚印章（如合同章一、合同章二、合同章三等），有些甚至一个公司的业务部门有十几个按照序列编号的合同章，有些公司公章则被外人伪造、私刻。这些都有可能导致印章表征的主体与实际持有和控制的主体之间相脱离，从而导致加盖印章的行为并不能代表印章所有者真实的意思表示，甚至可能存在连印章所有者本人也无法确认是否可代表其真实意思表示的情况，造成实践中存在大量与公司印章相关的犯罪案件或民事法律纠纷。

笔者通过在某法律数据库所收录的法律文书"本院认为"部分以"伪造""印章"两个词作为关键词检索，可检索到民事案件 15568 件，其中最高人民法院 418 件；以"私刻""印章"检索，可检索到民事案件 6450 件，其中最高人民法院 117 件；以"虚假""印章"检索，可检索到民事案件 8562 件，其中最高人民法院 191 件。如果仅以"印章"为关键词在"本院认为"部分检索，可获得民事案件 174724 件，其中最高人民法院 1304 件。截至 2017 年 12 月 7 日，该数据库收录民事案件 24023070 件，其中收录最高人民法院民事案件 19624 件，故在"本院认为"部分与印章相关的民事案件占比就达 7.2‰，其中最高人民法院的占比更达 66‰。[①] 即最高人民法院的 100 个民事案件中，有 6 个案件与印章具有或多或少的联系。

但是目前最高人民法院《民事案件案由规定》（法〔2020〕347 号）确定的 473 个民事案由中，竟没有一个是关于印章的案由，仅 272 号有一个关于公司证照返还纠纷的案由。同时，我国民法学教材、商法学教材，也鲜有专门就印章进行阐述的内容，我国法律实务界（立法机关）和理论学术界对公司印章领域存在大量案件的司法实务状况却选择了忽略，没有根据大量发生的案例进行梳理并由此进行立法或司法解释，形成司法解释或立法形式，来作为具体个案的裁判规则。

笔者在研究大量实务案例以后认为，之所以会出现这样的反差，可能有以下几方面的原因：

第一，中国的民事立法是西学东渐的产物，因此，不论是法律规定还是司法裁判实务都基本按照西方（主要是大陆法系中的德国法系）的逻辑展开。而正如此前所言，中国的印章文化与西方的印章文化存在着一定的差异，导致在中国存在的印章问题可能在西方并不是一个问题，故而导致与印章相关的纠纷在现实中大量存在，但法律体系中几乎找不到印章应有的立法体系。

第二，与印章相关的纠纷本身不能成为一个独立的纠纷类型。人的行为都与特定的目的相联系，伪造、私刻、盗窃、盗盖印章的行为往往并不是行为人的目的，而是为了获取其他的经济利益或人格利益。因此，与印章相关的纠纷往往都以各种类型的民商事案件表现出来，其中绝大多数是关于意思表示效力的纠纷。这里的意思表示包括合同行为、决议行为、单方允诺等意思表示不同的表现形

---

① 以上数据检索日期为 2017 年 12 月 7 日。

式。这就导致与印章相关的纠纷在实务中千变万化，印章无法与特定的纠纷类型相联系。这也可能是印章纠纷在实务中大量存在但鲜有法律或司法解释中规定的原因之一。

第三，印章虽然重要但其法律意义相对单一。如前所述，印章往往与特定的主体相联系，可代表印章所有者真实的意思表示，但在法律上仅为确认意思表示的工具而已。从证据法意义而言，印章是物证，是证明意思表示真实与否的证据材料之一。因此，印章在抽象的民事法律体系中被抽象为作出意思表示的方式之一。只是这种高度的抽象与中国"印章迷信"的社会文化背景相结合时，就会出现如上问题。

第二章　印章被盗或被盗盖的法律风险

第一节　公司长期未发现公章遗失，应对擅自使用该印章对他人造成的损失担责

001 楼某林与安徽省肥西县润某水泥有限公司保证合同纠纷上诉案①

裁判要旨

公司长期未发现印章被盗，可视为公司对于公章管理不规范。公章被私自使用造成经济损失的应当承担赔偿责任。法律依据是《最高人民法院关于在审理经济纠纷案件中涉及经济犯罪嫌疑若干问题的规定》第五条第二款："行为人私刻单位公章或者擅自使用单位公章、业务介绍信、盖有公章的空白合同书以签订经济合同的方法进行的犯罪行为，单位有明显过错，且该过错行为与被害人的经济损失之间具有因果关系的，单位对该犯罪行为所造成的经济损失，依法应当承担赔偿责任。"

实务要点总结

（1）公司必须保管好自己的那个宝贝疙瘩"印章"，委派诚实可靠的人管理印章，防止印章被盗盖；如果因为公司自身管理不善，导致公司印章被盗，公章被盗后加盖合同造成损失，如果单位有明显过错，且该过错行为与被害人的经济损失之间具有因果关系的，依法应当承担赔偿责任。

（2）公司发现印章被盗，正确的处置程序是：①保护现场、及时报警，争

---

① 审理法院：浙江省高级人民法院；诉讼程序：二审

取立案。②如不能立案,要求公安机关出具不予立案通知书,并自行详细记录被盗过程。防止以后发生诉讼时,不能清楚地说明印章被盗的经过,导致法院对于印章被盗的事实不予认定。

(3) 公司印章丢失或被盗,应及时通知相关交易伙伴并登报公示,说明印章遗失或被盗的情况并声明作废。

相关判决

楼某林与安徽省肥西县润某水泥有限公司保证合同纠纷二审民事判决书
[(2014) 浙商终字第 71 号]

上诉人 (原审被告):安徽省肥西县润某水泥有限公司。

法定代表人:冯某祥。

被上诉人 (原审原告):楼某林。

上诉人安徽省肥西县润某水泥有限公司 (以下简称润某公司) 因与被上诉人楼某林保证合同纠纷一案,不服浙江省绍兴市中级人民法院 (2014) 浙绍商初字第 25 号民事判决,向本院提起上诉。本院于 2014 年 12 月 4 日立案受理后,依法组成由审判员何忠良担任审判长,代理审判员伍华红、倪佳丽参加评议的合议庭,于 2015 年 1 月 14 日公开开庭审理了本案。上诉人润某公司委托代理人×××,被上诉人楼某林委托代理人×××到庭参加诉讼。本案现已审理终结。

原审法院审理查明,借款人孟某锋于 2011 年 3 月 10 日、4 月 10 日、5 月 13 日、5 月 15 日出具相应的借据,共向楼某林借款 3200 万元,约定逾期每天按借款额的 0.3%支付违约金,发生借款纠纷所产生的一切费用由借款人承担,并由润某公司提供担保。孟某锋于 2011 年 7 月 24 日对其尚未归还的 3000 万元出具还款计划确认书。后因孟某锋未按还款计划书约定归还剩余借款,楼某林于 2011 年 11 月就本案所涉的四份借据分三案向浙江省诸暨市人民法院提起诉讼。该院经审理后于 2012 年 5 月 25 日作出 (2011) 绍诸商初字第 2317 号、第 2318 号、第 2334 号三份民事判决。后经浙江省诸暨市人民检察院建议,该院对上述三案进行再审,并作出 (2013) 绍诸商再字第 1 号、第 2 号、第 3 号民事裁定书,撤销 (2011) 绍诸商初字第 2317 号、第 2318 号、第 2334 号民事判决,驳回楼某林在该三案中的起诉。另查明,借款人孟某锋因犯诈骗罪、合同诈骗罪、信用卡诈骗罪被安徽省合肥市人民检察院于 2013 年 1 月 16 日提起公诉,安徽省合肥市中级人民法院经审理后于 2013 年 6 月 19 日作出 (2013) 合刑初字第 23 号刑事判决，将本案所涉的3000万元借款列为孟某锋诈骗罪的犯罪事实。该判决现已生效。

2014年4月17日，楼某林向原审法院起诉称，孟某锋在担任润某公司总经理及承包经营期间，于2011年3月10日、4月10日、5月13日、5月15日共向楼某林借款3200万元。润某公司提供连带责任担保。借款到期后，孟某锋仅归还借款200万元，未支付利息，润某公司也未承担相应的担保责任。现孟某锋因犯诈骗罪、合同诈骗罪、信用卡诈骗罪接受刑事处罚，故起诉请求：一、孟某锋立即归还借款本金3000万元并支付自2011年6月11日起至借款实际还清日止按中国人民银行同期贷款利率的四倍计算的违约金；二、润某公司对孟某锋上述债务承担连带保证责任；三、诉讼费由孟某锋和润某公司承担。后楼某林向原审法院申请撤回对孟某锋的起诉，原审法院予以准许，楼某林的诉讼请求变更为：一、润某公司对孟某锋应归还楼某林借款本金3000万元及违约金承担清偿责任；二、诉讼费用由润某公司负担。

润某公司原审答辩称，一、本案的性质属借款合同纠纷，楼某林起诉孟某锋归还借款3000万元并承担利息，润某公司承担连带担保责任，应追加孟某锋为被告，本案在程序上有误。二、依照相关的司法解释，孟某锋涉嫌犯罪，业已被生效的刑事判决书处理，润某公司不应承担相应的担保责任。

原审法院审理认为，楼某林与孟某锋之间的民间借贷行为，已被生效的安徽省合肥市中级人民法院（2013）合刑初字第23号判决认定为借款人孟某锋犯罪行为之一，根据《中华人民共和国合同法》第五十二条之规定，本案所涉的民间借贷行为应系无效民事行为。楼某林已撤回对孟某锋的起诉，并明确在本案中对孟某锋无诉讼请求，现楼某林将润某公司作为担保人单独起诉，依法确定本案的案由为保证合同纠纷，润某公司要求追加孟某锋为共同被告的口头申请，与本案审查的保证合同纠纷并不相符，故不予准许。本案的争议焦点在于孟某锋与楼某林的借贷行为被认定无效后，润某公司是否仍需为本案所涉的借款承担保证责任，对此分析如下：根据《最高人民法院关于适用〈中华人民共和国担保法〉若干问题的解释》第八条规定，主合同无效而导致担保合同无效，担保人无过错的，担保人不承担民事责任；担保人有过错的，担保人承担民事责任的部分，不应超过债务人不能清偿部分的三分之一。本案润某公司主张涉案借据担保公司处的润某公司公章系由孟某锋私自加盖，并非润某公司的真实意思表示，涉案借款已被生效判决认定为孟某锋诈骗罪的犯罪事实，润某公司无须为本案借款承担保证责任。原审法院经审查认为，润某公司据以主张不能认定借款担保为其真实意思表示是孟某锋和赵某仁的证言，但孟某锋系本案的借款人，赵某仁系润某公司董事长，均与案件存在重大利害关系，因此在润某公司未提供其他证据证明的情况下，尚不足以证明本案借据中润某公司公章系由孟某锋私自加盖的事实。且即使本案借据中的公章系由孟某锋私自加盖，润某公司亦因未妥善保管公司公章行为而导致借款人孟某锋得以私自使用公章，其亦存在相应过错。综合本案事实及相关法律规定，润某公司在担保借款过程中存有一定的过错，其作为担保人应承担债务人不能清偿部分借款的三分之一的赔偿责任。故楼某林诉讼请求中合理部分，予以支持。因本案所涉的民间借贷行为无效，孟某锋占用资金期间的损失应按照中国人民银行公布的同期同档次贷款基准利率计算，楼某林关于违约金要求按中国人民银行同期贷款利率的四倍计算的诉讼请求，缺乏法律依据，不予支持。据此，依照《中华人民共和国合同法》第五十二条、第五十八条，《中华人民共和国担保法》第五条，《最高人民法院关于适用〈中华人民共和国担保法〉若干问题的解释》第八条之规定，于2014年9月25日判决：一、润某公司对孟某锋向楼某林的借款本金3000万元及利息损失（2011年6月11日起按中国人民银行公布的同期同类贷款基准利率计算至判决确定履行之日止）中不能清偿部分的三分之一承担赔偿责任，自判决生效之日起十日内履行；二、驳回楼某林的其他诉讼请求。如果未按判决指定的期间履行给付金钱义务，应当按照《中华人民共和国民事诉讼法》第二百五十三条之规定，加倍支付迟延履行期间的债务利息。案件受理费191800元，由楼某林负担127867元，润某公司负担63933元。

宣判后，上诉人润某公司不服原审法院上述民事判决，向本院提起上诉称，一、原审法院判决认定润某公司存在相应过错有悖事实真相且证据不足。孟某锋偷盗赵某仁办公室钥匙取得公章的事实已由刑事判决确认，且润某公司公章管理严格，并不存在任何过错，无须承担相应责任。二、原审法院适用法律错误，原审判决依据《合同法》《担保法》有过错赔偿规定作出判决错误，应依照《最高人民法院关于在审理经济纠纷案件中涉及经济犯罪嫌疑若干问题的规定》第五条的规定，对孟某锋盗窃、盗用单位公章的行为，润某公司不承担民事责任。请求：改判驳回楼某林的诉讼请求。

被上诉人楼某林答辩称，润某公司的两点上诉理由均不能成立。一、关于事实问题，孟某锋在2011年7月1日前一直担任润某公司总经理职务，且系润某公司法定代表人与实际控制人的亲属。孟某锋一直有权使用公章，不存在盗用公章一说。即使如润某公司所述，公章保管在赵某仁抽屉里，这与润某公司办公室主任、财务总监的询问笔录中所述公章是财务总监赵某保管的说法存在矛盾，且赵某仁只是法定代表人的父亲，也反映出润某公司对公章保管混乱。二、原审法院适用担保法司法解释完全正确，《最高人民法院关于在审理经济纠纷案件中涉及经济犯罪嫌疑若干问题的规定》不适用本案，适用该规定的前提必须一是行为人是盗用、盗盖，二是行为人已离开单位，三是单位在保管公章中没有过错，本案孟某锋既是单位的人，又有权使用公章，润某公司也无法证明其在保管公章上没有过错。原审法院适用法律正确。三、就原审判决认定楼某林与孟某锋的借款性质无效，楼某林不服，正在申诉过程中。请求：驳回上诉，维持原判。

二审中，楼某林无新证据提交。润某公司提供五组证据：1. 润某公司润（2011-3）号任免通知，证明孟某锋于2011年1月1日已不是润某公司总经理，孟某锋也不再是润某公司员工。2. 润某公司致安徽省肥西县公安局函，证明孟某锋盗用公章与他人合谋，伪造润某公司文件和担保资料，陷害润某公司。3. 孟某锋询问笔录，证明孟某锋于2011年1月1日被免除总经理职务，并用欺骗、偷窃的手段，盗用润某公司公章。4. 毕某明、朱某岗、赵某询问笔录，证明孟某锋于2011年1月1日后的全部行为都是其个人行为，其所诈骗的钱款与公司没有任何关系，润某公司公章是被孟某锋盗用的。5. 赵某仁询问笔录，证明孟某锋盗窃公章的事实。对此楼某林质证认为均不是新证据，不能作为认定本案事实的依据。如果法庭认为是新证据，发表以下质证意见：1. 不真实，与本案没有关联性，三性不能认可。任免通知落款时间是2011年1月1日，润某公司认为孟某锋2011年1月1日已经被解除总经理职务，然而根据询问笔录，任免通知并未向外公布，而在同年7月1日又作了内容相同、文号一样的文件，报送了政府机关，说明任免通知不真实。2. 三性均不能认可，无法证明待证事实。3. 孟某锋的所称并不属实，不能达到证明目的。4. 毕某明的询问笔录与本案无关。赵某、朱某岗的询问笔录，可以证实2011年1月1日任免通知并未公布，直到7月孟某锋案发才重新制作任免通知报送，无法证明待证事实。5. 赵某仁陈述不符合事实，系为逃避责任。本院认为，证据1经本院庭后查阅原件，对真实性予以确认，证据2—5均来自公安机关，对真实性亦予以确认，以上证据的关联性及证明目的综合全案予以分析。

本院二审查明的事实与原审判决认定的事实一致。

本院认为，孟某锋因经济犯罪已被追究刑事责任，生效刑事判决亦将本案所涉的 3000 万元借款列为孟某锋诈骗罪的犯罪事实，故孟某锋与楼某林的民间借贷合同应认定无效。本案的争议焦点为在主合同认定无效的情况下，保证人润某公司是否存在过错，是否需承担相应责任。现分析如下：

孟某锋原为润某公司总经理且与该公司法定代表人存在亲戚关系，虽润某公司于 2011 年 1 月 1 日发文解除孟某锋总经理职务，但根据润某公司提供的朱某岗、赵某等人在公安机关询问笔录显示，该任免通知仅润某公司内部高管层知悉，未向公司公开宣布，亦未向任免通知中所列行政单位予以抄报，直至同年 7 月 1 日润某公司才再次出具同文号、同内容的任免通知予以公示，本案的借款行为发生在 2011 年 3 月至 5 月期间，在润某公司无证据证明出借人楼某林知悉孟某锋已被公司免职的情况下，对孟某锋加盖润某公司公章的行为不能认定为盗盖公章，而应按照生效刑事判决书的认定为"私自使用"。润某公司应承担孟某锋借润某公司总经理身份，虚构公司经营需要资金事实，以借款形式骗取他人钱财的犯罪过程中存在单位规章制度不健全、用人失察、对其高级管理人员监管不力的过错。且据润某公司及孟某锋的陈述 2011 年 1 月孟某锋在办理交接过程中盗取公章，直至案发润某公司才发现公章被盗，长达近半年的时间内，润某公司均未发现该枚公章被盗，可见润某公司对于公章管理亦不规范。根据《最高人民法院关于在审理经济纠纷案件中涉及经济犯罪嫌疑若干问题的规定》第五条第二款的规定，行为人私刻单位公章或者擅自使用单位公章、业务介绍信、盖有公章的空白合同书以签订经济合同的方法进行的犯罪行为，单位有明显过错，且该过错行为与被害人的经济损失之间具有因果关系的，单位对该犯罪行为所造成的经济损失，依法应当承担赔偿责任。孟某锋擅自使用润某公司公章，润某公司明显存在过错，根据其过错程度，原审判决确定润某公司承担孟某锋所欠债务不能清偿部分三分之一的民事责任正确。

综上，原审判决认定事实清楚，实体处理恰当。依照《中华人民共和国民事诉讼法》第一百七十条第一款第（一）项、《最高人民法院关于在审理经济纠纷案件中涉及经济犯罪嫌疑若干问题的规定》第五条第二款之规定，判决如下：

驳回上诉，维持原判。

二审案件受理费 63933 元，由润某公司负担。

本判决为终审判决。

法律法规

《最高人民法院关于适用〈中华人民共和国民法典〉有关担保制度的解释》（法释〔2020〕28号）

第十七条 主合同有效而第三人提供的担保合同无效，人民法院应当区分不同情形确定担保人的赔偿责任：

（一）债权人与担保人均有过错的，担保人承担的赔偿责任不应超过债务人不能清偿部分的二分之一；

（二）担保人有过错而债权人无过错的，担保人对债务人不能清偿的部分承担赔偿责任；

（三）债权人有过错而担保人无过错的，担保人不承担赔偿责任。

主合同无效导致第三人提供的担保合同无效，担保人无过错的，不承担赔偿责任；担保人有过错的，其承担的赔偿责任不应超过债务人不能清偿部分的三分之一。

第二节　印章遗失应以适当方式作废，否则承担法律责任

002 海南虹某贸易有限公司与海南金某房地产开发公司股权转让纠纷案[①]

裁判要旨

一、公司印章是公司人格的象征，交易文本上加盖了公司印章，便具有推定为公司意思表示的法律效力。但这种推定效力并非绝对不可动摇，而是可以为相反的证据所推翻。因为公司印章既可能被公司授权的人持有和合法使用，也可能被未经公司授权的人占有和滥用。此时，公司印章脱离公司控制而被他人滥用，印章所表征的意思表示与公司的真实意思表示并不一致，因而其意思表示推定效力应予否定。

---

① 审理法院：最高人民法院；诉讼程序：再审

二、公司印章丢失，应按相关行政法律法规的规定，履行法定的批准程序刻制使用新的印章。

三、公司印章丢失后擅自刻制使用新的印章，属于行政违法，应由相关行政机关予以相应的行政制裁。但公司印章丢失后擅自刻制使用新的印章的这一行政违法行为，并不必然导致公司印章丢失后擅自刻制的新印章所签署合同的法律效力。

实务要点总结

（1）公司印章是公司人格的象征，交易文本上加盖了公司印章，便具有推定为公司意思表示的法律效力。

（2）上述"加盖了公司印章，便具有推定为公司意思表示"的推定效力，并非绝对不可动摇，可以被相反的证据所推翻。

（3）公司印章丢失后，应该登报公示，并通知已知的合作方。

（4）公司如果发现印章丢失，必须对印章丢失的过程作尽可能详细的记载，登报公示作废原有印章，然后按照法定程序刻制新的印章。

相关判决

海南虹某贸易有限公司与海南金某房地产开发公司股权转让纠纷案再审民事判决书［（2012）民提字第35号］

申请再审人（一审原告、二审上诉人、原再审申诉人）：海南虹某贸易有限公司。

法定代表人：王某艳，该公司总经理。

被申请人（一审被告、二审被上诉人、原再审被申诉人）：海南金某房地产开发公司。

诉讼代表人：姚某强，该公司清算组负责人。

申请再审人海南虹某贸易有限公司（以下简称虹某公司）为与被申请人海南金某房地产开发公司（以下简称金某公司）股权转让纠纷一案，不服海南省高级人民法院（以下简称海南高院）（2010）琼民抗字第1号民事判决，向本院申请再审。本院作出（2011）民监字第535号裁定，提审本案。本院依法组成由审判员付金联担任审判长，审判员沙玲、王富博组成的合议庭进行了审理，书记员陆昱担任记录。本案现已审理终结。

一审法院经审理查明：2000年8月8日，金某公司与虹某公司签订一份《转让协议书》（以下简称转让协议），约定金某公司将其合法持有的登记在案外人海南福某装饰工程有限公司（以下简称福某公司）名下的海南椰某股份有限公司（以下简称椰某公司）100万股法人股转让给虹某公司，每股价格0.93元，虹某公司在协议签订当日支付定金5万元给金某公司，余款在同年8月18日前付清；金某公司在此期间不能将该股票转让给他人，并保证股票的真实性及提供公司公章、私章、法院判决书正本、法定代表人身份证复印件、营业执照副本复印件。转让协议上加盖了金某公司的公章、姚某强的私章，且有关某玉的签名。2000年8月16日，金某公司与虹某公司另外签订《转让补充协议书》（以下简称补充协议），约定：虹某公司向金某公司购买椰某公司100万股法人股，总价款93万元，虹某公司须把定金5万元于协议签订日用现金方式支付给金某公司指定的收款人关某玉；余下的转让款88万元于2000年8月31日前，以转账或现金方式支付给金某公司委托的收款人关某玉（账户户名：关某玉，开户行：交通银行海南分行，账号：××××××××××××××）。金某公司收到虹某公司的全部转让款93万元后，此法人股自2000年以后的股息由虹某公司领取。补充协议上加盖了金某公司的公章、姚某强的私章。2000年8月25日，金某公司给虹某公司出具了一张《收款收据》，内容为：收到椰某公司法人股转让款93万元。当天，虹某公司与金某公司又签订了一份《法人股过户协议书》（以下简称过户协议），内容为：经双方共同协商，金某公司同意将其所持椰某公司100万股法人股按每股0.93元转让给虹某公司，转让金额合计93万元已全部由虹某公司交付金某公司收讫，双方同意上述股票及所有股东权益自过户之日起归虹某公司所有。过户协议上加盖了金某公司的公章、姚某强的私章。同时，金某公司还向虹某公司出具了《法定代表人证明书》（法定代表人是姚某强）、《法人授权委托证明书》（以下简称授权委托书）、金某公司原法定代表人姚某强和关某玉的身份证复印件等，作为转让协议的附件。

金某公司在1992年申请工商注册登记时经公安机关批准刻制了一枚新的行政公章，此后据金某公司称，1995年年初该枚公章不知何故丢失了，金某公司在既没有登报申明作废，也没有经公安机关重新备案批准的情况下即自行刻制了一枚新的行政公章。从1996年开始，金某公司在工商年检时一直使用新的行政公章。金某公司后来在海南省海口市秀英区人民法院（以下简称秀英区法院）的所有诉讼及海南高院的诉讼中所加盖的行政公章均系1995年后自行刻制的公章。虹某公司对此并无异议。但当事人对本案转让协议等文本上加盖的究竟是哪一枚印章存在争议，一审法院委托相关机构进行了印章鉴定，结论为：送检的1992年、1996年两个年度的《企业法人年检报告书》上所盖的"海南金某房地产开发公司"印文不是同一印章盖印；转让协议、过户协议上所盖的印章与1992年度的《企业法人年检报告书》上所盖的"海南金某房地产开发公司"印文是同一印章盖印，但与1996年度的不是同一印章盖印。

金某公司在申请注册登记时的法定代表人是姚某强，1997年7月14日，金某公司向海南省工商局申请变更登记，将法定代表人变更为杜青，但金某公司在2003年向秀英区法院提交的法定代表人身份证明书上仍写的是姚某强，秀英区法院作出的（2003）秀民二初字第53号民事判决书中载明的法定代表人也是姚某强。

金某公司因与案外人福某公司、海南华某投资股份有限公司、海南华某实业有限公司股权转让纠纷，于1994年向海口市中级人民法院（以下简称海口中院）起诉，金某公司主张其与福某公司之间的股权转让行为无效。海口中院经审理后作出（1994）海口法经初字第151号民事判决，支持了金某公司的诉讼请求。福某公司不服，向海南高院上诉，海南高院作出（1995）琼经终字第51号民事判决，确认双方之间股权转让行为合法有效。2003年，金某公司向秀英区法院提出诉讼，请求判令福某公司将100万股椰某公司法人股过户到其名下。2003年11月26日，秀英区法院作出（2003）秀民二初字第53号民事判决，判令福某公司在判决生效之日起十日内将100万股椰某公司法人股过户到金某公司名下，福某公司据此将股票过户至了金某公司名下。

虹某公司因金某公司在签订转让协议、补充协议后一直未将椰某公司100万股法人股转让过户至其名下，故于2005年11月25日向海南省海口市龙华区人民法院提起诉讼，请求认定转让协议、补充协议合法有效，金某公司应依约将案涉股票过户至其名下。

一审法院认为，虹某公司与金某公司签订的转让协议、补充协议、过户协议及金某公司法定代表人证明书、授权委托书上所加盖的金某公司印章均系金某公司开业时依法刻制的，该枚印章于1995年就已丢失，金某公司为此重新启用了另一枚印章，基于此金某公司否认以上转让协议系其真实意思表示，加之协议书上所加盖的法定代表人的个人印章也是已不在任的姚某强的个人印章，签订协议及收取款项的金某公司方代表关某玉并非金某公司的员工，对于以上存在的种种疑点虹某公司均无法作出合理的解释，难以证实其与金某公司签订的转让协议、补充协议、过户协议系双方的真实意思表示。该院经审判委员会讨论决定，判决驳回虹某公司的诉讼请求。

虹某公司不服上述一审民事判决，向海口中院提起上诉。

二审法院查明的事实除金某公司的法定代表人由姚某强变更为杜青的时间为1999年7月14日外，其余与一审法院查明的事实相一致。

二审法院认为，仅凭转让协议及补充协议上盖有金某公司1992年刻制的印章就认定是金某公司的真实意思表示，证据不足；姚某强以金某公司法定代表人的身份处分金某公司所有的100万股法人股并签订转让协议及补充协议，不能认定为金某公司的行为；代表金某公司在转让协议及补充协议上签名的是关某玉，但关某玉并非金某公司的员工，金某公司处置公司重大资产的行为由一个外人来代表，且关某玉又系收款人，违背公司日常经营法则；现有证据不能证实虹某公司向金某公司支付了股权转让款；金某公司在未取得椰某公司100万股法人股所有权的情况下，无权将登记在福某公司名下的椰某公司100万股法人股转让给虹某公司，该转让行为无效。因此，二审法院判决驳回上诉，维持原判。

二审判决生效后，海南省人民检察院向海南高院提出抗诉，认为该判决认定事实和适用法律错误。海南高院据此作出裁定，提审本案。

海南高院再审除对原一、二审查明的事实予以确认外，另查明：抚顺职工消费总社系辽宁省抚顺市总工会下属的集体企业，2006年已经注销，原法定代表人关某玉，现已下落不明。金某公司最后一次年检日期为1996年10月10日，并于2004年2月9日因逾期未参加年检被海南省工商行政管理局吊销营业执照。2010年3月8日，金某公司向海南省工商行政管理局提出清算登记备案，海南省工商行政管理局于2010年3月8日进行备案登记，同意金某公司成立清算组，清算组的负责人为姚某强。

再查明，公安部从未正式颁布过《印章管理办法》。

海南高院再审认为，本案争议的焦点主要是转让协议以及补充协议的效力问题，虹某公司是否已经履行了转让协议以及补充协议所约定的付款义务。

关于转让协议及补充协议的效力问题。海南高院再审法院认为，转让协议及补充协议上尽管加盖了金某公司1992年成立时刻制的有效公章，但是仅凭盖有公章就认定是金某公司的真实意思表示，进而认定转让协议及补充协议生效，证据不足。首先，虹某公司虽然提供了转让协议及补充协议，也通过鉴定证明了其上加盖的公章是金某公司声称遗失的原有效公章,但虹某公司没有提供证据证明金某公司在 1996 年之后,包括在转让协议及补充协议签订期间出现过公章混用的情况;其次,从签订的过程来看,代表金某公司签字的是非金某公司员工关某玉,虹某公司在明知关某玉的真实身份的情况下,未经核实,仅凭其手中一枚公章和一系列文件复印件就与之签约,而且在签约之后近五年内从未向金某公司主张股票过户权利,令人产生疑问;最后,就虹某公司据以证明转让协议及补充协议存在的各种证据来看,其上加盖的公章均为金某公司 1992 年刻制的公章,法定代表人签章处加盖的均是已离任的姚某强的私章,证明关某玉得到授权的授权委托书、证明姚某强法定代表人身份的法定代表人证明书乃证券交易中心印制,无法确切证明关某玉是否在签约当日即获得金某公司的授权,现关某玉下落不明,虹某公司也未能作出合理解释。由于虹某公司未能提供足以证明转让协议及补充协议代表金某公司真实意思表示的证据,该院对于转让协议及补充协议的效力不予认可。该院认为,虹某公司所提供的证据也无法证明虹某公司向金某公司支付了股权转让款。综上,海南高院再审法院认为,原判认定事实清楚,适用法律正确,处理结果并无不当,抗诉机关的抗诉理由不能成立,应不予支持。该院经审判委员会讨论决定,判决维持原判。

　　虹某公司不服原再审判决,向本院申请再审称:第一,申请再审人有关某玉在海南省海口市新华区人民法院执行金某公司一案的笔录、金某公司欠抚顺职工消费总社款项的《协议书》、海南高院(2009)琼行抗字第 1 号《行政判决书》等新证据,足以推翻原再审判决。第二,原再审判决适用法律确有错误。金某公司 1992 年注册时使用的第一枚印章是在海口市公安局指定的单位刻制的,已在海口市公安局备案,该公章至今未被封存、销毁或公告作废,金某公司 1995 年后使用的第二枚印章,未到海口市公安局备案,也未到海口市公安局指定的单位刻制,而系自行刻制的,根据《国务院关于国家行政机关和企事业单位社会团体印章管理的规定》(以下简称《国务院印章管理规定》)第二十三条之规定,金某公司使用的第一枚公章至今仍属合法有效的印章,第二枚印章应属无效印章,原判决适用证据规则,而不适用《国务院印章管理规定》认定盖章的效力,不保护有效印章,反而保护无效印章,适用法律错误。只要转让协议及补充协议上盖有金某公司备案有效的公章,合同就应合法有效,是否"违背当事人真实意思表示",不是衡量合同效力的标准。第三,原判决认定虹某公司未支付股权转让款,缺乏证据证明。因此,请求撤销海南高院原再审判决,改判虹某公司与金某公司签订的转让协议、补充协议合法有效，金某公司应依约将所持有的100万股椰某公司法人股过户至虹某公司名下。

金某公司答辩称：对虹某公司提交的证据的真实性无异议，但对其证明目的和关联性有异议。《国务院印章管理规定》属于行政禁止性规范，并非效力性规范，违反该行政法规对意思表示的真实性并没有影响，没有任何法律以及案例可以得出"加盖登记备案的印章"就应认定为单位真实意思表示的结论。虹某公司既没有金某公司对股权转让知情的其他证据，也没有虹某公司向金某公司履行合同的证据，只有丢失的印章这一孤证不能证明金某公司与股权转让有任何关系，关某玉也不构成对金某公司的表见代理。本案股权转让协议自始不成立，金某公司也未对其进行追认，合同不能约束金某公司。原再审判决认定事实清楚，适用法律正确，应驳回再审申请人的申请。

再审期间，虹某公司提交了如下三组新的证据材料：

第一组证据材料：关某玉在海南省海口市新华区人民法院申请执行案涉股权的笔录，拟证明新华区人民法院当时已经根据关某玉的申请查封冻结了金某公司的100万股法人股，关某玉拥有该股票的处分权。

金某公司质证认为该证据既非新证据，也不能证明其主张，法人对查封的财产只有申请权而不享有所有权，解冻后没有任何权利。

本院认为，股权转让协议的双方当事人是金某公司与虹某公司，关某玉在本案中仅是金某公司的代理人而非协议的一方当事人，其本人对该股权是否拥有处分权，与转让协议的效力及协议应否继续履行并无关联性，故对该证据材料的证据力不予认定。

第二组证据材料：姚某强与抚顺市总工会签订的《协议书》、抚顺市总工会出具的《收条》，主要内容为姚某强同意向抚顺市总工会支付60万元，抚顺市总工会同意放弃追究金某公司及姚某强的刑事、民事责任。后抚顺市总工会收到了姚某强支付的30万元，因而出具《收条》。虹某公司拟以此证明姚某强在转让协议、补充协议、授权委托书中签章的合理性。

金某公司质证认为金某公司与抚顺市职工消费总社联合投资时，由姚某强负责办理，后投资失败，姚某强为了不被追究刑事责任，所以才以个人名义签订了上述协议，姚某强的行为属于个人行为，金某公司没有授权姚某强签订上述协议。

本院认为，姚某强以个人名义与抚顺市总工会签订《协议书》，抚顺市总工会后出具《收条》，并不能证明姚某强因此有权以金某公司法定代表人身份在转让协议、补充协议、授权委托书中签章，二者之间并无必然联系，因该证据材料与待证事实之间欠缺关联性，故对其证据力不予认定。

第三组证据材料：海南高院（2009）琼行抗字第1号《行政判决书》，拟证明海南高院同一合议庭、同一审判委员会在另案中适用了公安部《印章管理办法》改判生效判决，但在本案中却认定其为未实施的规定，有法不依，导致判决结果错误。

金某公司质证认为该证据材料与本案无关。

本院认为，虹某公司提供海南高院（2009）琼行抗字第1号《行政判决书》的目的在于以之作为论据，论证本案原再审判决适用法律错误，但该证据材料并未证明本案的任何案件事实，故其并不属于证据的范畴，不具有证据的效力。

本院再审除对原审查明的事实予以确认外，另查明：

1. 虹某公司提交的证明关某玉有权代理金某公司签订股权转让协议的授权委托书系由海南证券交易中心印制，授权单位处加盖了"海南金某房地产开发公司"印章，法定代表人处加盖了"姚某强"的私章，在"有效期限"和"签发日期"处均为空白。

2. 虹某公司在再审庭审中自认：股权转让协议是由关某玉持有金某公司的公章和姚某强的私章以及授权委托书等，在三亚与虹某公司的法定代表人王某艳签订，金某公司和姚某强的签章都是现场所盖。2000年8月25日，王某艳在去证券交易中心办理股权过户时，已经知道关某玉提供的金某公司营业执照副本已过期作废。

本院认为，本案再审争议的焦点问题是股权转让协议应否继续履行。解决这一争议焦点，关键取决于对关某玉代理行为的性质、股权转让协议的效力、股权转让款是否已经实际支付等的认定。

一、关某玉是否有权代理金某公司对外签订股权转让协议问题

根据《最高人民法院关于民事诉讼证据的若干规定》第五条的规定，对关某玉是否有权代理金某公司对外签订股权转让协议，应由虹某公司承担举证责任。虹某公司提供了盖有金某公司设立时所刻制的印章（以下简称原印章）和金某公司原法定代表人姚某强私章的授权委托书，以证明关某玉的代理行为已经得到了金某公司的授权，因而转让协议合法有效，应继续履行。金某公司否认授权关某玉使用该印章，主张关某玉所使用的印章在1995年即已丢失，金某公司

对关某玉使用其印章签订转让协议既未同意也不知情，因而不能认定为其意思表示。本院认为，公司印章是公司人格的象征，交易文本上加盖了公司印章，便具有推定为公司意思表示的法律效力。但这种推定效力并非绝对不可动摇，而是可以为相反的证据所推翻，因为公司印章既可能被公司授权的人持有和合法使用，也可能被未经公司授权的人占有和滥用，如他人盗窃或者拾得公司印章后予以使用等，此时公司印章脱离公司主体的控制而被他人滥用，印章所表征的意思表示与公司的真实意思表示并不一致，因而其意思表示推定效力应予否定。本案中，金某公司声称原印章丢失，按常理应以登报声明或公示催告等方式对外公示，以防遭受不测之虞，但金某公司未能提供上述直接证据，仅是提供了一系列间接证据予以佐证，故金某公司的主张是否成立，应视该间接证据的效力如何而定。金某公司在1996年后刻制、启用了一枚新的印章，且在工商机关备案，虹某公司对此并无异议。金某公司称启用新的公章后，未再使用原公章，虹某公司在诉讼中并无证据证明金某公司存在新旧印章混用的情形，故本院对此予以认可。2000年签订股权转让协议时，金某公司的原公章出现在关某玉手中，而关某玉并非金某公司职员，其持有、使用金某公司的印章，应经金某公司的批准，但没有证据证明关某玉持有、使用金某公司的印章经过了金某公司批准。综合判断考量，本院认为上述间接证据已经形成了一个完整的证据链，足以使人确信金某公司的印章已经丢失。原审经鉴定认定，授权委托书和转让协议上加盖的印章恰为金某公司的原印章，因1996年以后金某公司已经不再以该印章作为公司的意思表征，故授权委托书和转让协议上的签章并不能代表金某公司的真实意思表示。金某公司印章丢失，应按相关行政法律法规的规定，履行法定的批准程序刻制使用新的印章，金某公司擅自刻制使用新的印章，属于行政违法，应由相关行政机关予以相应的行政制裁，但金某公司的这一行政违法行为并不必然导致由其自行承担印章被他人盗用的民事法律后果。授权委托书上法定代表人处盖有姚某强的私章，同样不能证明金某公司已授权关某玉代理签订股权转让协议，因为在签订股权转让协议时，姚某强已不是金某公司的法定代表人，姚某强的签章最多只能代表其本人的意思表示，但不能代表金某公司的意思表示。从证据来源上看，授权委托书为海南证券交易中心印制的格式文本，其上所盖印章被关某玉所掌握，该授权委托书究竟系金某公司出具还是关某玉利用掌握印章之机伪造而成不无疑问。在庭审中，虹某公司自认，金某公司和姚某强的章都是签订转让协议时关某玉所盖，故并不能排除授权委托书上金某公司和姚某强的印章同样系关某玉利用掌握印章之机自行伪造的可能性。此外，授权委托书上并没有签发日期和有效期限，关某玉实施代理行为时该授权委托书是否有效，亦无法证明。综上，本院认为，关某玉提供的授权委托书上虽盖有金某公司的原印章和金某公司原法定代表人姚某强的私章，但无法证明金某公司作出了授权委托的真实意思表示，因而关某玉的代理行为应属无权代理。

二、关于虹某公司对关某玉的无权代理行为是否明知或应知

根据虹某公司的陈述，在签订股权转让协议之前，虹某公司与关某玉从未有过业务往来，在签订股权转让协议时，虹某公司对关某玉并非金某公司员工的身份也是清楚的，在此情况下，关某玉声称受托代理金某公司转让股权，虹某公司理应对关某玉是否具有代理权进行查证核实，以尽到一个善意相对人应有的审慎注意义务。关某玉提供的授权委托书中"法定代表人"处加盖的是姚某强的私章，但在此一年多以前，金某公司的法定代表人即已变更为杜青，并在工商机关进行了变更登记；关某玉提供的金某公司的营业执照副本也已过期作废，对此类明显瑕疵，虹某公司均是知道或应当知道的。即便虹某公司主观上确实不知，然如能稍加注意，略加查证，即可明辨识别，但虹某公司怠于查实，主观上无疑具有过错。此外，授权委托书中授权时间不明，有效期限不清；股权转让协议双方住所地均在海口，却专程到三亚去签订协议；股权转让的价格不到原购入价的1/3；近百万元的转让款却以现金方式支付，收款人为代理人关某玉而非金某公司；股权转让协议签订后近五年时间里，虹某公司从未向金某公司主张过股权过户，也未按补充协议的约定向金某公司要求支付股息。凡此种种，无一不有悖于正常的交易惯例，也可以证明虹某公司在本案中难谓善意相对人，表见代理制度自无适用的余地。

三、关于虹某公司是否支付了股权转让款

根据《最高人民法院关于民事诉讼证据的若干规定》第五条第二款之规定，当事人之间"对合同是否履行发生争议的，由负有履行义务的当事人承担举证责任"。虹某公司主张已经支付了股权转让款，应承担相应的举证责任。虹某公司在诉讼中提交了关某玉作为收款人、金某公司盖章的《收款收据》，2000年8月16日关某玉交通银行账户内存入30万元的存款凭条及虹某公司法定代表人王某艳于2000年8月21日至8月25日的存取款明细单，以证明其已经付款的主张。本院认为，上述证据尚不能证明虹某公司已经付款。首先，关某玉交通银行账户内存入30万元的存款凭条，只能证明2000年8月16日关某玉的账户内存入了

30万元，而不能证明该30万元是虹某公司支付的，也不能证明该款项为股权转让款。其次，王某艳在2000年8月21日至8月25日的存取款明细单记载的存取款数额与虹某公司主张已支付的股权转让款的金额并不一致，且该存取款明细单只是王某艳个人在此期间的存取款记录，不能证明所取款项实际用于为虹某公司支付股权转让款。虹某公司提交的关某玉作为收款人、金某公司签章的《收款收据》属于间接证据，该间接证据并未与其他证据形成证据链，无法证明虹某公司已经支付股权转让款的事实。退而言之，即使虹某公司支付了转让款，根据虹某公司的自认，该款项也是支付给了关某玉个人，而不能证明为金某公司所收受，故虹某公司无权向金某公司主张相应的权利。

综上，本院认为，关某玉未经金某公司同意而使用其印章，擅自以金某公司的名义对外签订股权转让协议的行为应属无权代理，虹某公司对此是知道或者应当知道的，故不能主张表见代理。由于金某公司对关某玉的无权代理行为不予追认，因此股权转让协议对金某公司不发生效力，关某玉应自行承担由此产生的法律责任。虹某公司要求金某公司继续履行股权转让协议证据不足，于法无据，本院不予支持。原审判决认定事实清楚，适用法律正确，判决结果并无不当。本院根据《中华人民共和国合同法》第四十八条、第四十九条，《国务院关于国家行政机关和企业事业单位社会团体印章管理的规定》第二十五条，《中华人民共和国民事诉讼法》第一百五十三条第一款第（一）项、第一百八十六条第一款的规定，判决如下：

驳回海南虹某贸易有限公司的再审申请，维持原判。

本判决为终审判决。

法律法规

《中华人民共和国民法典》（2021年1月1日施行）

第一百七十一条 行为人没有代理权、超越代理权或者代理权终止后，仍然实施代理行为，未经被代理人追认的，对被代理人不发生效力。

相对人可以催告被代理人自收到通知之日起三十日内予以追认。被代理人未作表示的，视为拒绝追认。行为人实施的行为被追认前，善意相对人有撤销的权利。撤销应当以通知的方式作出。

行为人实施的行为未被追认的，善意相对人有权请求行为人履行债务或者就其受到的损害请求行为人赔偿。但是，赔偿的范围不得超过被代理人追认时相对人所能获得的利益。

相对人知道或者应当知道行为人无权代理的,相对人和行为人按照各自的过错承担责任。

第一百七十二条 行为人没有代理权、超越代理权或者代理权终止后,仍然实施代理行为,相对人有理由相信行为人有代理权的,代理行为有效。

第三节 加盖真公章的合同不必然有效,加盖人无代表权或代理权的仍构成无权代理

003 辽宁立某实业有限公司、抚顺太某洋实业有限公司企业借贷纠纷案[①]

裁判要旨

尽管公章是公司对外作出意思表示的重要外在表现形式,但法律并未规定法定代表人以外持有公司公章的人仅凭其持有公章的事实就能够直接代表公司意志,持有公章是一种客观状态,某人持有公章只是反映该人可能有权代表公司意志的一种表象,至于其是否依授权真正体现公司意志,仍需进一步审查签约人于盖章之时有无代表权或者代理权,从而根据代表或者代理的相关规则来确定合同的效力。

实务要点总结

(1) 合同效力审查的重点应在于签约人有无法定代表权或代理权,而非印章的真假。在签约人有代表权或合法授权时,即使所使用的公章系假章、非备案公章,一般也不影响合同效力。反之,如签约人无代表权或合法授权,即使其使用的是备案公章,也属于无权代理,只有在符合表见代理规则时,相对人才能主张合同有效。

(2) 法定代表人作为最基础的公司意志代表机关,是法人意志的当然代表,能够对外代表公司的人一般仅有法定代表人。因此,尤其在非法定代表人以公司

---

① 审理法院:最高人民法院;诉讼程序:再审

名义签约的场合，相对人应审查是否具有合法授权文件，切勿完全信任公章的效力。

相关判决

辽宁立某实业有限公司、抚顺太某洋实业有限公司企业借贷纠纷再审审查与审判监督民事裁定书〔（2019）最高法民申 2898 号〕

再审申请人（一审被告、二审被上诉人）：辽宁立某实业有限公司。

再审申请人（一审原告、二审上诉人）：抚顺太某洋实业有限公司。

一审被告：浙江太某洋房产开发有限公司。

再审申请人辽宁立某实业有限公司（以下简称辽宁立某公司）、抚顺太某洋实业有限公司（以下简称抚顺太某洋公司）因与一审被告浙江太某洋房产开发有限公司（以下简称浙江太某洋公司）借款合同纠纷一案，不服辽宁省高级人民法院（以下简称二审法院）于 2019 年 4 月 15 日作出的（2018）辽民终 256 号民事判决，分别于 2019 年 5 月 8 日、10 月 14 日向本院申请再审。本院受理后依法组成合议庭，于同年 11 月 19 日召集各方当事人到庭交换证据，于 11 月 25 日进行公开询问。各方当事人的上述委托诉讼代理人均到庭参加诉讼，抚顺太某洋公司申请的证人应某霞、丁某霞、黄某锋、陆某华出庭作证。本案现已审查终结。

抚顺太某洋公司以其与辽宁立某公司、浙江太某洋公司签订案涉《协议书》及其附件显失公平为由，向辽宁省抚顺市中级人民法院（以下简称一审法院）起诉，请求：（一）依法撤销《协议书》及其附件；（二）判令辽宁立某公司偿还抚顺太某洋公司借款 7650 万元（注：本裁定书所涉货币除特别注明其他币种外，均为人民币）及其利息 53104109.59 元，并按每月 943150 元的利息标准计算至实际给付之日；（三）案件受理费由辽宁立某公司承担。

一审法院认定事实如下：2016 年 8 月 1 日，浙江太某洋公司、抚顺太某洋公司、辽宁立某公司对三方自 2010 年 11 月至 2015 年 6 月之间的往来借款经确认清算，签订《协议书》及其附件〔含《往来借款清算说明》《往来借款利息计算表（附表一）》和《往来借款（附表二）》〕。该三方当事人在《协议书》中约定：（一）自 2010 年 11 月至 2015 年 6 月，三方之间发生了数笔往来借款，其中有的约定计息，有的约定不计息，浙江太某洋公司、抚顺太某洋公司对其与辽宁立某公司之间的往来借款共同承担偿还责任（具体详见《协议书》附件）；

（二）经三方清算确认，自 2010 年 11 月至 2015 年 6 月之间发生的往来借款本息在经过实际偿还和互相抵销后，截止该协议签订之日，辽宁立某公司从浙江太某洋公司、抚顺太某洋公司处的借款本息已全部还清，已不欠浙江太某洋公司、抚顺太某洋公司任何债务，但浙江太某洋公司、抚顺太某洋公司尚欠辽宁立某公司本息 66.28 万元未还；（三）辽宁立某公司对浙江太某洋公司、抚顺太某洋公司尚未归还的上述 66.28 万元借款本息自愿放弃追偿，不再向浙江太某洋公司、抚顺太某洋公司主张权利；（四）该协议签订后，该三方当事人之间的所有债权债务全部结算完毕，再无任何经济纠纷。

浙江太某洋公司、抚顺太某洋公司、辽宁立某公司在《往来借款利息计算表（附表一）》中确认：至 2013 年 6 月 30 日，辽宁立某公司账面应收抚顺太某洋公司和浙江太某洋公司借款余额 1748 万元，应收利息余额 2103.28 万元。该三方当事人在《往来借款（附表二）》中确认：该表中往来借款不计息，辽宁立某公司自 2013 年 10 月至 2015 年 6 月应付抚顺太某洋公司借款余额 1950 万元、应收浙江太某洋公司借款余额 1765 万元，相抵后应付抚顺太某洋公司借款余额 185 万元。该三方当事人在《往来借款清算说明》中最后确认：辽宁立某公司应收抚顺太某洋公司、浙江太某洋公司借款余额本息合计 3851.28 万元；辽宁立某公司应付浙江太某洋公司借款 3600 万元、应付抚顺太某洋公司借款 185 万元；辽宁立某公司应收与应付浙江太某洋公司、抚顺太某洋公司借款抵销后，浙江太某洋公司、抚顺太某洋公司尚欠辽宁立某公司本息余额 66.28 万元。该三方当事人在《协议书》的三个附件上均加盖其公司公章。

抚顺太某洋公司于 2010 年 12 月 17 日经辽宁省抚顺市工商行政管理局登记成立，其股东为香港太某洋开发集团有限公司。2016 年 12 月 15 日，抚顺太某洋公司负责人由原董事长兼总经理陆某华变更为董事长黄某珍，公司其他高级管理人员备案登记由原监事钟某炜和董事徐某红、田某、沈某祥、丁某霞变更为总经理陆某华和监事钟某炜及董事丁某霞、徐某红、田某、沈某祥。2017 年 4 月 24 日，抚顺太某洋公司高级管理人员变更为：董事长黄某珍，总经理陆某华，监事钟某炜，董事丁某霞、徐某红、黄某锋、陆某华。2017 年 8 月 15 日，抚顺太某洋公司高级管理人员变更为：董事长兼总经理黄某珍，监事钟某炜，董事丁某霞、徐某红、黄某锋、陆某华。辽宁立某公司于 2009 年 12 月 11 日经辽宁省抚顺市工商行政管理局登记成立，其股东为香港某开发集团有限公司。2016 年 8 月 15 日，辽宁立某公司负责人由原董事长陆某华变更为董事长徐某元，公司其他高级管理人员备案登记有监事黄某和董事徐某红、谢某琴。浙江太某洋公司于1993年3月16日经浙江省余姚市市场监督管理局登记成立，其股东为立某国际有限公司。2014年11月19日，浙江太某洋公司高级管理人员备案登记由陆某华、陆某民、陆某清变更为陆某华、邹某明、陆某清。2016年12月12日，浙江太某洋公司法定代表人登记由陆某华变更为黄某珍。2017年7月26日，浙江太某洋公司高级管理人员备案登记为总经理陆某清和董事邹某明、陆某清。陆某清系陆某华父亲，黄某珍系陆某华母亲，黄某锋系陆某华外甥。

2015年12月30日，陆某华因配合纪委调查而被限制人身自由，后于2016年9月12日被取保候审。在陆某华被限制人身自由期间，抚顺太某洋公司的公章转由黄某锋保管。2016年2月24日，辽宁省鞍山市公安局向抚顺太某洋公司出具了调取证据通知书和调取证据清单，调取证据清单记载调取了自2011年至2015年的会计凭证，证据持有人处由黄某锋签字。2016年5月10日，辽宁省葫芦岛市公安局向抚顺太某洋公司出具了调取证据通知书，调取相关财务资料。辽宁省葫芦岛市连山区人民检察院起诉书［葫连检公诉刑诉（2017）2号］列明被告单位为抚顺太某洋公司，诉讼代表人为黄某锋。

浙江太某洋公司在其《情况说明》中称：自2015年12月30日至2016年9月12日期间，因该公司董事长、法定代表人陆某华被限制人身自由，由汪某康担任临时负责人；2016年7月，徐某红给汪某康打电话要求浙江太某洋公司对三方对账协议盖章，当时因无法联系陆某华且对实际财务状况不清楚，所以没有盖章；后经徐某红多次催促，基于对徐某红的信任，在没有核对账目的情况下，于同年8月1日在《协议书》及其附件上盖章。

2016年7月29日，陆某华签署一份《授权委托书》，授权黄某锋代刻中国地某开发有限公司（以下简称中国地某公司）的公章，并用于与徐某元的股权转让事宜。同日，浙江阳明律师事务所律师应某霞在葫芦岛市看守所会见了陆某华，向其转交了《股权转让协议》一份，由陆某华本人亲笔签署该份协议。《股权转让协议》首部载明：中国地某公司作为转让方，徐某元作为受让方；徐某元与陆某华、徐某红于2009年10月30日在香港特别行政区注资成立香港某开发集团有限公司，公司股本1万元港币，陆某华出资4500元港币（股权占比为45%），徐某元出资4000元港币（股权占比为40%），徐某红出资1500元港币（股权占比为15%）；该公司成立后，陆某华将其在该公司合法拥有的45%股权（包括并不限于投资设立香港某开发集团有限公司全资子公司辽宁立某公司等形成的全部投资权益）转让给中国地某公司所有；当时香港某开发集团有限公司股东为中国地某公司、徐某元、徐某红三位，三位股东一致同意中国地某公司将其在香港某开发集团有限公司合法拥有的45%股权及所有投资权益转让给徐某元所有，中国地某公司、徐某元双方经友好协商，本着平等互利、协商一致的原则，就股权转让事宜达成该协议。

《股权转让协议》具体约定：（一）中国地某公司、徐某元双方声明确认，中国地某公司为陆某华本人依法百分之百投资注册成立的企业法人，并系转让股权及附带权益的唯一所有人；该协议生效后，中国地某公司及其投资人陆某华对香港某开发集团有限公司及其子公司辽宁立某公司不再享有任何债权、权利和权益。（二）中国地某公司同意将其在香港某开发集团有限公司合法拥有的45%股权转让给徐某元，徐某元同意受让；中国地某公司所售而徐某元同意购买的股权，包括并不限于股权项下所有的附带权益和权利及投资设立辽宁立某公司而形成的相应全部投资权益等。（三）中国地某公司与徐某元双方在充分权衡和考量的基础上，同意上述股权及其附带全部权益以4000万元的价格进行转让；中国地某公司同意徐某元按下列方式支付转让价款：该协议生效并股权转让变更登记完成后5个工作日内支付1500万元，余款2500万元在股权转让变更登记完成满2年后的5个工作日内一次性支付给中国地某公司。（四）该协议生效后7个工作日内，中国地某公司必须配合香港某开发集团有限公司和徐某元完成股权变更注册登记，并无条件提供一切必要文件和手续。（五）从该协议生效之日起至股权变更登记完成前，徐某元实际行使作为公司股东的权利，并履行相应的股东义务，必要时中国地某公司应协助徐某元行使股东权利、履行股东义务（包括以中国地某公司名义签署相关文件）；从该协议生效之日起，徐某元按其原有持股比例加上按照该协议受让的股权比例，依法分享利润和分担亏损。（六）如协议一方不履行或严重违反该协议的任何条款，违约方须赔偿守约方的一切经济损失，除协议另有约定外，守约方亦有权要求解除该协议及向违约方索取赔偿守约方因此蒙受的一切经济损失。（七）中国地某公司与徐某元双方因履行该协议所发生的一切争议，应当友好协商解决，如协商不成，由辽宁立某公司所在地人民法院管辖。（八）该协议自中国地某公司与徐某元双方签章之日起生效。

一审法院经审理认为：根据各方当事人诉辩意见，本案争议焦点为：（一）《协议书》及其附件是否应予撤销；（二）辽宁立某公司对抚顺太某洋公司是否负有偿还借款的义务。

《中华人民共和国民法总则》第一百五十一条规定："一方利用对方处于危困状态、缺乏判断能力等情形，致使民事法律行为成立时显失公平的，受损害方有权请求人民法院或者仲裁机构予以撤销。"在《协议书》及其附件签订时，抚顺太某洋公司、辽宁立某公司、浙江太某洋公司的法定代表人均为陆某华，陆某华是抚顺太某洋公司和浙江太某洋公司的间接控股股东，也是辽宁立某公司间接持股最多的大股东。黄某锋作为陆某华的外甥，二人之间有亲属关系，在陆某华被限制人身自由期间，抚顺太某洋公司的公章后转由黄某锋保管，公司相关的财务凭证也由黄某锋持有，在涉及抚顺太某洋公司的刑事案件中，黄某锋以诉讼代表人参加诉讼。特别是陆某华还曾授权黄某锋代刻中国地某公司的公章，并用于与徐某元的股权转让之用，《股权转让协议》由陆某华本人签字确认，已经实际履行，陆某华对其控股公司的管理、控制得以实现。徐某红虽然是抚顺太某洋公司的股东，但没有在该公司管理层任职。以上事实表明抚顺太某洋公司在《协议书》及其附件上加盖公章是其自主行为。抚顺太某洋公司主张其基于对徐某红的信任没有核对账目而加盖公章，没有事实依据，一审法院不予支持。辽宁立某公司主张陆某华是在案涉股权转让前三方当事人的实际控制人和管理人、经营者，有事实依据，一审法院予以采信，据此不能认定三方签订《协议书》及其附件时存在一方利用对方危困或弱势牟取不当利益的情形，亦无法认定《协议书》及其附件的签署显失公平。

《协议书》及其附件是在自愿协商基础上达成的，不违反法律和行政法规的规定，其效力应予确认，对协议各方当事人具有法律约束力，各方当事人应本着诚实信用原则按约履行。在三方之间所有债权债务全部结算完毕而再无任何经济纠纷的情况下，抚顺太某洋公司请求辽宁立某公司给付借款及利息，没有事实和法律依据，一审法院不予支持。

综上所述，依照《中华人民共和国民法总则》第一百五十一条、《中华人民共和国民事诉讼法》第六十四条、《最高人民法院关于适用〈中华人民共和国民事诉讼法〉的解释》第九十条的规定，一审法院于2018年1月16日作出（2017）辽04民初81号民事判决：驳回抚顺太某洋公司的诉讼请求。一审案件受理费474300元、保全申请费5000元，由抚顺太某洋公司负担。

抚顺太某洋公司不服上述一审判决，向二审法院提起上诉，请求：依法撤销一审判决，改判撤销《协议书》及其附件，同时判令辽宁立某公司偿还抚顺太某洋公司借款7650万元及其利息（按月息943150元的标准计算至实际给付之日），并承担一、二审案件受理费。

二审法院对一审法院认定的事实予以确认，同时补充认定事实如下：2012年8月6日，抚顺太某洋公司向辽宁立某公司转款700万元，用途为往来款；2013年1月29日，抚顺太某洋公司向辽宁立某公司转款6000万元，用途为往来款；2013年6月28日，抚顺太某洋公司向辽宁立某公司转款300万元，用途为往来款；2013年10月28日，抚顺太某洋公司向辽宁立某公司转款500万元，用途为往来款；2014年1月2日，抚顺太某洋公司向辽宁立某公司转款500万元，用途为转款；2014年1月27日，抚顺太某洋公司向辽宁立某公司转款200万元，用途为转款；2014年3月6日，抚顺太某洋公司向辽宁立某公司转款300万元，用途为转款；2014年4月30日，抚顺太某洋公司向辽宁立某公司转款450万元，用途为借款；2014年6月20日，抚顺太某洋公司向辽宁立某公司转款500万元，用途为转款；2014年7月25日，抚顺太某洋公司向辽宁立某公司转款500万元，用途为转款。抚顺太某洋公司向辽宁立某公司的上述转款共计9950万元，其中2014年6月20日和7月25日的两笔转款共计1000万元，系抚顺太某洋公司股东沈某祥个人委托该公司汇付辽宁立某公司的款项，属于沈某祥个人出借给辽宁立某公司的借款。抚顺太某洋公司实际共向辽宁立某公司转款8950万元。2013年1月30日，辽宁立某公司向抚顺太某洋公司转款1000万元，用途为转款；2013年5月29日，辽宁立某公司向抚顺太某洋公司转款300万元，用途为转款。辽宁立某公司向抚顺太某洋公司的转款共计1300万元。2016年7月29日，徐某元持有香港某开发集团有限公司85%的股权。2017年12月12日，公安机关返还抚顺太某洋公司2011年至2015年之间的电子打印账、财务报表、会计凭证、财务室电脑主机箱等。

二审法院经审理认为：案涉《股权转让协议》和《授权委托书》内容并不能证明其与《协议书》及其附件有任何关联。陆某华签署《股权转让协议》和《授权委托书》拟转让中国地某公司持有香港某开发集团有限公司的45%股权。中国地某公司、抚顺太某洋公司、浙江太某洋公司虽然法定代表人均是陆某华，即使这三家公司是关联公司，也是独立核算、自负盈亏。而且《股权转让协议》和《授权委托书》中也没有任何字样体现其放弃抚顺太某洋公司、浙江太某洋公司对辽宁立某公司所享有的债权。《股权转让协议》和《授权委托书》的内容只能说明陆某华决定放弃中国地某公司所享有的债权、权利、权益。辽宁立某公司称浙江太某洋公司于2016年7月就已收到《协议书》，可见《协议书》形成于《股权转让协议》之前，但该事项却未在《股权转让协议》中有任何体现，《协议书》也未一并交由律师带给陆某华签字，所以从《股权转让协议》和《授权委托书》中并不能看出其与《协议书》及其附件有任何关联。

根据《中华人民共和国民法总则》第一百五十一条的规定，一方利用对方处于危困状态、缺乏判断能力等情形，致使民事法律行为成立时显失公平的，受损害方有权请求人民法院或者仲裁机构予以撤销。《协议书》及其附件并不是抚顺太某洋公司和浙江太某洋公司的真实意思表示。陆某华于2016年7月29日签订《股权转让协议》和《授权委托书》，由此可以看出辽宁立某公司明知重大事项必须经陆某华签字或者授权方可实施，陆某华仅对股权转让事宜作出授权，对其他事项均未予授权。而辽宁立某公司却在没有陆某华签字或授权的情况下于2016年8月1日签订《协议书》及其附件。即使如辽宁立某公司所称《协议书》及其附件实际形成于2016年7月，陆某华自2015年12月30日被限制人身自由（无法与外界联系），直到2016年7月底才得以会见律师，其在《协议书》形成的整个过程中无法获悉有关情况并作出意思表示，也根本无法实际管理公司。辽宁立某公司作为企业法人应该非常了解公司的设立、重大协议的签署、重大债务的减免等相关法律规定，抚顺太某洋公司、辽宁立某公司、浙江太某洋公司又是关联企业，辽宁立某公司也非常了解抚顺太某洋公司、浙江太某洋公司的内部实际情况。黄某锋系陆某华的外甥，但在没有陆某华授权委托的情况下，根据我国相关法律法规的规定其也不能直接代表陆某华。汪某康既不是浙江太某洋公司的股东，也不是浙江太某洋公司的高级管理人员，也没有任何授权，在公司无人管理的情况下，更不能仅凭汪某康持有公章就认定其有权决定巨额债务减免。而且对于如此重大债务的减免，陆某华本人也不能自行决定，应分别召开抚顺太某洋公司和浙江太某洋公司的股东会、董事会作出决议，对此辽宁立某公司也应当明知。辽宁立某公司称仅凭黄某锋、汪某康持有公章就认定黄某锋、汪某康有权签署巨额债权债务的平账协议与我国法律规定及公司决策机制不符。辽宁立某公司称《协议书》及其附件是在三方当事人对账后形成的，而该期间抚顺太某洋公司的电子打印账、财务报表、会计凭证、财务室电脑主机箱等所有与财务相关的载体均已被公安机关调取，该公司基本无法正常运转，除徐某红外的其他大多数高级管理人员及员工已离职，而徐某红同时又是辽宁立某公司的董事，黄某锋又不是抚顺太某洋公司的财务人员，在此种情况下，辽宁立某公司所称对账也与常理不符。

虽然抚顺太某洋公司、辽宁立某公司在往来款项转款中除 2014 年 4 月 30 日转款 450 万元的凭证注明用途为"借款"外，大部分转款的凭证记载的用途是"转款"和"往来款"字样，但从《协议书》及其附件中可以看出三方当事人之间存在借款事实。抚顺太某洋公司、辽宁立某公司、浙江太某洋公司作为三家独立的公司，股东并不完全相同，关联公司之间的经济往来用途也应该是明确的，抚顺太某洋公司主张其向辽宁立某公司的转款属于借款，并提供了相应的转款记录。辽宁立某公司称其与抚顺太某洋公司之间不存在真实的借款关系，但其又不能提供相应的证据证明抚顺太某洋公司向其大量转款的实际用途，其应承担举证不能的不利法律后果。因辽宁立某公司与抚顺太某洋公司双方没有约定利息，根据《最高人民法院关于审理民间借贷案件适用法律若干问题的规定》第二十五条的规定，辽宁立某公司还应当向浙江太某洋公司给付 7650 万元款项在借期内的利息，利息应当从浙江太某洋公司主张权利之日（2017 年 7 月 15 日）起计算至给付之日止。

综上所述，辽宁立某公司利用抚顺太某洋公司法定代表人人身自由受限无法实际管理公司，公司管理混乱之际，在明知如此重大债务减免程序的情况下，以签署《协议书》及其附件来为自己减免巨额债务，损害了抚顺太某洋公司的利益，显失公平。抚顺太某洋公司的合理主张应予支持。依照《中华人民共和国民法总则》第一百五十一条，《中华人民共和国民事诉讼法》第六十四条第一款、第一百七十条第一款第二项，《最高人民法院关于审理民间借贷案件适用法律若干问题的规定》第二十五条之规定，二审法院经审判委员会讨论决定，于 2019 年 4 月 15 日作出（2018）辽民终 256 号民事判决：（一）撤销一审法院（2017）辽 04 民初 81 号民事判决；（二）撤销《协议书》及其附件；（三）辽宁立某公司于该判决生效之日起 10 日内给付抚顺太某洋公司本金 7650 万元及利息（自 2017 年 7 月 15 日起，按中国人民银行发布的同期同类贷款利率计算至付清之日止）；如果未按该判决指定的期间履行给付金钱义务，应当依照《中华人民共和国民事诉讼法》第二百五十三条之规定，加倍支付迟延履行期间的债务利息；（四）驳回抚顺太某洋公司其他诉讼请求。一审案件受理费 474300 元、保全申请费 5000 元、二审案件受理费 474300 元，均由辽宁立某公司负担。

辽宁立某公司不服上述二审判决，向本院申请再审称：（一）二审法院认定重大事实失实。根据香港特别行政区公司注册处出具的文件，香港某开发集团有限公司股权转让申请于 2016 年 8 月 4 日提出，股权转让完成于 8 月 10 日。在

《协议书》签署时，陆某华依然持有辽宁立某公司股权，且辽宁立某公司、抚顺太某洋公司、浙江太某洋公司的法定代表人均是陆某华一人。香港某开发集团有限公司股权于2016年8月10日转让完成，徐某元自该日起持有该公司85%股权，二审法院错误地认定徐某元开始持有该公司85%股权的时间为2016年7月29日，最终导致判决结果错误。二审法院未向辽宁立某公司释明往来款的性质及用途的举证事项，未确定举证期限，未告知逾期举证的法律后果，直接在判决书中以辽宁立某公司未举证证明为由不认定辽宁立某公司的主张，剥夺了辽宁立某公司在二审程序中举证、质证、辩论的权利。（二）陆某华曾是辽宁立某公司、抚顺太某洋公司、浙江太某洋公司的实际控制人，直接或者通过其全资子公司间接对该三公司持股控股。在徐某元接收陆某华转让的股权以后，辽宁立某公司才真正独立于陆某华控制之外。陆某华对抚顺太某洋公司、浙江太某洋公司过度控制和支配，导致该两公司人格混同。（三）二审法院忽略本案整体事实而割裂《协议书》与《股权转让协议》之间的联系。《协议书》是徐某元收购股权前的尽职调查财务总结，是股权收购的前提条件。根据抚顺太某洋公司所述情况，其当时急需筹钱缴纳刑事案件罚金而联系徐某元，要求徐某元收购其股权。徐某元对于辽宁立某公司、抚顺太某洋公司、浙江太某洋公司之间的财务往来虽不具体知悉，但也大致了解该三公司因多年的关联关系而曾频繁地往来转款，故必须对拟收购股权所涉公司的财务情况进行梳理并处理，财务清理结果直接影响徐某元是否同意收购以及收购价格和收购方式。况且辽宁立某公司当时还存在大量库存房屋、农民工上访、银行巨额逾期贷款利息等问题，如果辽宁立某公司尚有案涉7650万元债务存在，徐某元断然不会以4000万元价格收购陆某华的股权。二审法院错误认定徐某元于2016年7月29日完成股权变更，从而进一步错误否认《协议书》与《股权转让协议》的实质联系，导致错判。（四）二审法院忽略抚顺太某洋公司正常运营而不当认定其当时处于"危困"状态。陆某华自2015年12月30日起被限制人身自由，于2016年7月29日会见律师并签署《股权转让协议》和《授权委托书》。浙江太某洋公司在一审开庭时提交《情况说明》，自认在2016年7月已经收到《协议书》，后因浙江太某洋公司的原因耽搁导致《协议书》落款时间晚于《股权转让协议》签署日期，在该两份协议签署后，辽宁立某公司才最终完成股权变更。三方当事人签订《协议书》是否显失公平应当以股权转让当时的标准去判断。当时辽宁立某公司经营正陷于困境，徐某元愿意并敢于收购案涉股权，对于陆某华及其经营的房地产企业无疑是雪中送炭。此种行为绝对不能被认定为恶意利用并显失公平。《协议书》实际上类似于陆某华向徐某元提交的三公司财务清理的报表，是对于多笔大额资金往来款的说明和承诺，根本没有二审判决所认定的"重大债务减免"问题。辽宁立某公司（转股前）、抚顺太某洋公司、浙江太某洋公司、中国地某公司（转股前）、陆某华本人存在高度混同，二审法院认定"三家公司各自独立"与事实不符。这也是徐某元之所以在收购股权前坚持一定要清理三家公司财务往来的原因，而《协议书》（即平账协议）也就是陆某华掌控的集团公司内部的对账说明和承诺。二审法院混淆了"法人"与"法定代表人"两个概念，这是二审法院认定危困的逻辑起点。在陆某华人身自由受限期间，抚顺太某洋公司签订了多份经营合同，并已实际履行，自然人人身自由受限而公司正常经营，陆某华通过授权及其他渠道经营管理公司，抚顺太某洋公司经营并未像其在庭审中所陈述的处于所谓"停滞"状态。陆某华在被限制人身自由期间对于股权转让的转让对方、交易价格、交易流程等事宜已经全部知悉并完全同意。即使陆某华被限制人身自由，其亦通过其亲属代理等方式对公司经营及个人事项作出指示与安排，根本不存在抚顺太某洋公司一再强调的"危困"状态。（五）二审法院忽略本案证据整体而片面强调有关付款凭证中的"借款"字样。《协议书》正是辽宁立某公司、抚顺太某洋公司、浙江太某洋公司核对银行流水之后，对于三方相互转款作出的一个清理、总结和承诺。辽宁立某公司在二审中提供抚顺太某洋公司在陆某华被关押期间签订的金额达1280万元的合同没有陆某华的签字，这说明二审法院关于重大事项须有陆某华签字的论述不能成立。按照二审法院的认定，《协议书》既是被撤销的对象，同时又是抚顺太某洋公司用以证明借款的"证据"，抚顺太某洋公司对于《协议书》中对其有利部分就承认，而对其不利的部分就否认，不合常理。案涉款项发生于股权转让之前，虽然辽宁立某公司、抚顺太某洋公司、浙江太某洋公司股东不尽相同，但实际上是由陆某华所控制，该笔款项转款用途应由陆某华、抚顺太某洋公司予以说明并提供其他证据予以证明，而不应当简单地以《协议书》为唯一证据。综上所述，辽宁立某公司根据《中华人民共和国民事诉讼法》第二百条第一项、第二项、第六项的规定申请再审，请求撤销二审判决。

　　抚顺太某洋公司亦不服上述二审判决，向本院申请再审称：（一）抚顺太某洋公司在一、二审中提供的证据可以证明抚顺太某洋公司与辽宁立某公司及相关联企业之间借款的惯例是按年利率15%计息。在抚顺太某洋公司出借8950万元给辽宁立某公司的同时，案外人沈某祥通过委托抚顺太某洋公司汇款向辽宁立某公司出借款项1000万元，沈某祥与辽宁立某公司签订借款协议约定借款按年利率15%计息。根据辽宁立某公司、抚顺太某洋公司、浙江太某洋公司时任法定代表人陆某华的陈述，该三公司的董事会均同意该三公司间拆借资金按年利率15%收取利息。根据辽宁立某公司自己的审计报告和《协议书》，辽宁立某公司在没有书面合同的情况下，对浙江太某洋公司同样按年利率15%支付借期内利息。（二）抚顺太某洋公司有新的证据可以证明辽宁立某公司占用借款期间应当支付利息。二审判决生效后，抚顺太某洋公司取得了辽宁永某会计师事务所有限责任公司对辽宁立某公司2014年审计报告中的《其他应付款明细表》。其中，辽宁立某公司向徐某红管理控制的宁波河某渡国际贸易有限公司借款也是按年利率15%支付利息。辽宁立某公司于2019年4月22日向辽宁省沈阳市中级人民法院起诉浙江太某洋公司和抚顺太某洋公司，要求浙江太某洋公司偿还借款50011200元及利息，并要求抚顺太某洋公司承担连带责任。该案中的资金来源于本案往来款项，而辽宁立某公司同样在没有书面合同情况下要求浙江太某洋公司支付利息。（三）二审法院在本案中不应当适用《最高人民法院关于审理民间借贷案件适用法律若干问题的规定》第二十五条第一款的规定，而应当适用该条第二款的规定。本案交易习惯表明抚顺太某洋公司与辽宁立某公司约定借款按年利率15%计息，双方对借款利率至少为约定不明，而非没有约定。根据《最高人民法院关于审理民间借贷案件适用法律若干问题的规定》第二十五条第二款的规定，应结合合同内容、交易方式、交易习惯、市场利率等因素确定利息。二审法院对辽宁立某公司占用资金的利息不予保护，适用法律错误。综上所述，抚顺太某洋公司根据《中华人民共和国民事诉讼法》第二百条第一项、第二项、第六项的规定申请再审，请求撤销二审判决第三项关于利息计算的内容和第四项，改判辽宁立某公司给付抚顺太某洋公司借款本金7650万元及其按年利率15%计算至实际给付之日止的利息（截至2017年11月30日利息金额为53104109.59元，之后继续按15%年利率计息）。

抚顺太某洋公司针对辽宁立某公司的再审申请提交答辩意见称：（一）《协议书》及其附件与《股权转让协议》无关。三方当事人抚顺太某洋公司、浙江太某洋公司、辽宁立某公司为各自独立的企业法人。《股权转让协议》签订于2016年7月29日，据公司登记查询及辽宁立某公司自认，当日该协议约定的股权转让即完成。《协议书》在案涉股权转让完成后于2016年8月1日签订。《协议书》与《股权转让协议》的内容均未体现两者的关联，也无抚顺太某洋公司放弃对辽宁立某公司债权的内容，且抚顺太某洋公司法定代表人陆某华对《协议书》不知情也未签字。案涉股权转让涉及的主体是中国地某公司，而《协议书》免除辽宁立某公司债务后利益受损的主体还包括其他股东。辽宁立某公司自认徐某元收购股权时未做尽职调查，亦未提供证据证明其曾要求将三方当事人的债权债务抹平。辽宁立某公司关于三方当事人为股权转让而平账的主张，不符合"如实披露债权债务情况即可"的交易习惯。（二）黄某锋仅是办案机关指定的公章看管人，没有代理权，其在《协议书》上加盖抚顺太某洋公司公章时，该公司管理层崩溃，无正常决策和意志表达机构。辽宁立某公司恶意利用黄某锋缺乏财务判断能力而催促其在《协议书》上盖章，辽宁立某公司不是善意第三人，黄某锋盖章亦不构成表见代理。（三）抚顺太某洋公司当时处于危困状态，《协议书》及其附件所涉款项及债权债务未经清算，内容不真实且显失公平。根据《中华人民共和国民法总则》第一百五十一条的规定，《协议书》及其附件应当撤销。抚顺太某洋公司当时处于危困状态，董事、高级管理人员和财务人员被限制人身自由或者离职，公司财务账册、电脑主机及原始凭证被办案机关扣押，公司资产和银行账户被查封冻结，公司无法正常经营，亦无法对债权债务进行清算。辽宁立某公司在《协议书》中将其对抚顺太某洋公司的 1300 万元还款虚构为借款，将抚顺太某洋公司出借给辽宁立某公司的 7000 万元虚构为代浙江太某洋公司还款，将辽宁立某公司向浙江太某洋公司付款的年利息确定为 26%，却将抚顺太某洋公司出借给辽宁立某公司本应按年利率 15% 计息的款项确定为零利息，显失公平。辽宁立某公司自认，三方当事人签订《协议书》以前未清算，《协议书》内容不真实，三方当事人签订《协议书》只是为了平账。（四）案涉 7650 万元为借款。有关银行汇款凭证可以证明抚顺太某洋公司向辽宁立某公司转款 9950 万元（含沈某祥出借款 1000 万元），辽宁立某公司已经偿还 1300 万元；证人陆某华和丁某霞的证言以及《协议书》均表明案涉转款性质为借款；辽宁立某公司和抚顺太某洋公司双方审计报告附表中应收款与应付款互相对应为 7650 万元；沈某祥向辽宁立某公司出借 1000 万元有书面借款合同。以上证据可以证明 7650 万元为借款。综上所述，辽宁立某公司的再审申请没有事实和法律依据，应予以驳回。

辽宁立某公司针对抚顺太某洋公司的再审申请提交答辩意见称：（一）抚顺太某洋公司的主张是建立在辽宁立某公司主张的借款不成立的前提下，如果法院认定双方不存在借款合同则没有必要继续审查抚顺太某洋公司主张利息的有关事由。（二）抚顺太某洋公司并没有提供新的证据，利息计算也不应适用类推法则。综上所述，抚顺太某洋公司的再审申请没有事实和法律依据，应予以驳回。

浙江太某洋公司针对辽宁立某公司的再审申请提交意见称：（一）三方当事人抚顺太某洋公司、浙江太某洋公司、辽宁立某公司均为独立法人，具有各自独立权益，并不存在法人人格混同问题。辽宁立某公司于2019年4月22日在辽宁省沈阳市中级人民法院起诉浙江太某洋公司［案号为（2019）辽01民初547号］，请求浙江太某洋公司偿还借款。辽宁立某公司以独立法人身份提起该诉讼，直接否认了其在本案一、二审中关于三方当事人法人人格混同的主张。（二）《协议书》及其附件是辽宁立某公司利用浙江太某洋公司处于危困状态、法人意志不能正常表达的时机达成的，内容显失公平，应予撤销。浙江太某洋公司并无签署《协议书》及其附件的真实意思表示。在浙江太某洋公司时任法定代表人陆某华被限制人身自由情况下，汪某康没有公司原法定代表人陆某华及公司股东、董事会对其授予的重大债权债务处置权限，又不具有表见代理法定条件，其在《协议书》上盖章属无权代理。《协议书》约定的平账内容不具有真实性。辽宁立某公司审计报告中的《其他应付款明细表》（由辽宁永某会计师事务所有限责任公司出具）载明：截至2014年12月31日，辽宁立某公司仍应向浙江太某洋公司支付其他应付款2473.88万元；2017年初，辽宁立某公司应向浙江太某洋公司支付其他应付款1248.88万元。浙江太某洋公司一直享有对辽宁立某公司的债权，不存在《协议书》中约定的需要抚顺太某洋公司替浙江太某洋公司向辽宁立某公司还款平账的可能性和必要性。三方当事人未经真实对账，浙江太某洋公司没有平账的意思表示。《协议书》约定的平账内容并不真实，辽宁立某公司关于《协议书》系案涉股权转让前提条件的主张失实。综上所述，二审判决认定事实清楚且有确实充分的证据支持，辽宁立某公司的再审申请应依法予以驳回。

浙江太某洋公司针对抚顺太某洋公司的再审申请提交意见称：辽宁立某公司与抚顺太某洋公司之间的借款与浙江太某洋公司无关；辽宁立某公司与抚顺太某洋公司之间存在借款关系，该两公司之间的交易习惯为利息按年利率15%计算。

本院审查再审申请期间，除辽宁立某公司对二审法院认定徐某元受让中国地某公司所持香港某开发集团有限公司45%股权的时间节点有异议外，三方当事人对于一、二审法院认定的案涉基本事实均无异议。对于该时间节点，本院结合后述对案涉争议问题的分析评判予以认定。

本院经审查认为：本案系三方当事人围绕案涉《协议书》及其附件的效力

和有关债权债务所发生的纠纷。根据辽宁立某公司、抚顺太某洋公司的再审申请理由，本案审查重点：一是案涉《协议书》及其附件效力的认定问题；二是案涉7650万元款项是否应予返还及其利息的认定问题。

（一）关于案涉《协议书》及其附件效力的认定

根据辽宁立某公司的再审申请理由，认定案涉《协议书》及其附件的效力，涉及以下六个具体问题：案涉《协议书》及其附件与《股权转让协议》是否存在关联；抚顺太某洋公司与浙江太某洋公司是否存在人格混同情形；《协议书》及其附件的真实性及其签订目的；三方经办人员签订《协议书》及其附件是否具有代理权或者构成表见代理；本案是否存在讼争的乘人之危与显失公平情形；案涉《协议书》及其附件效力认定的法律适用。

1. 关于案涉《协议书》及其附件与《股权转让协议》是否存在关联

辽宁立某公司在诉讼中主张案涉《协议书》及其附件的签订是《股权转让协议》签订的前提条件，称徐某元受让中国地某公司所持香港某开发集团有限公司45%股权从而控制辽宁立某公司，是以三方当事人辽宁立某公司、抚顺太某洋公司、浙江太某洋公司相互平账为前提。其主要理由有二：一是徐某元取得《股权转让协议》项下股权在《协议书》签订之后；二是辽宁立某公司当时经营困难，徐某元只有在三方当事人相互平账后，才愿意接手辽宁立某公司。其有关主张和理由从表面看，具有一定的合理性，但需有相应证据支持，法院方可采信。

首先，关于徐某元取得《股权转让协议》项下股权（即徐某元受让中国地某公司所持香港某开发集团有限公司45%股权）是在《协议书》签订之前还是之后的问题，按照《股权转让协议》第一条、第五条和第八条的约定，该协议自双方签章之日（即2016年7月29日）起生效；该协议生效后，中国地某公司及其投资人陆某华对香港某开发集团有限公司及其子公司辽宁立某公司不再享有任何权益；从该协议生效之日起至股权变更登记完成前，徐某元实际行使作为公司股东的权利，并履行相应的股东义务，徐某元从该协议生效之日起按其原有持股比例加上按照该协议受让的股权比例，依法分享利润和分担亏损。据此，即使《股权转让协议》签订并生效后，协议约定的股权尚需一段时间办理过户登记手续，徐某元也可以按照协议约定实际享有对香港某开发集团有限公司及其子公司辽宁立某公司的权益，并相应行使股东权利。抚顺太某洋公司在二审中提供的香港某开发集团有限公司的登记查询资料载明：中国地某公司原持有香港某开发集团有限公司4500股股权于2016年7月29日转让给徐某元。在二审法院组织三方当事人质证时，辽宁立某公司表示对上述证据的真实性没有异议，对证明内容有异议，认为《股权转让协议》签订早于股权转让的时间，针对二审法院询问"股权转让是什么时间？"，辽宁立某公司回答是"7月29日"。根据《股权转让协议》的约定和上述公司登记资料以及辽宁立某公司在二审庭审中的自认，二审法院认定徐某元自2016年7月29日起实际持有香港某开发集团有限公司85%的股权（《股权转让协议》约定转让的45%股权加徐某元原本持有的40%股权），本身并无不当。辽宁立某公司在再审申请中主张中国地某公司向徐某元转让上述股权完成时间是2016年8月10日，进而认为二审法院认定该股权转让于2016年7月29日完成错误。辽宁立某公司为佐证其上述主张，向本院补充提供了香港某开发集团有限公司在香港特别行政区公司注册处办理登记及备存手续的相关文件。该证据材料载明：中国地某公司与徐某元于2016年7月29日在辽宁约定中国地某公司将其持有香港某开发集团有限公司4500股股权转让给徐某元，受让人徐某元据此同意接受上述股票并受限于该交易时持有上述股票所受各种限制；单价为每股1元港币；出售与购买股份票据的落款日期均为2016年7月29日；有关转让文件、出售与购买股份票据、公司章程、香港某开发集团有限公司董事局决议案等文件由香港特别行政区公司注册处签收的时间为2016年8月3日，由该处处长于2016年8月10日签章核证上述有关文件为该处登记及备存文件的真实副本，其中香港某开发集团有限公司董事局决议案（日期2016年7月29日）载明其董事徐某元、徐某红与中国地某公司同意中国地某公司向徐某元转让4500股股权，中国地某公司随即退出香港某开发集团有限公司董事局；其中《公司章程细则修改通知书》载明根据决议修改的生效日期为2016年7月29日；《更改公司秘书及董事通知书（委任/停任）》载明中国地某公司停任香港某开发集团有限公司董事的日期为2016年7月29日。经审核，上述证据材料系在香港特别行政区形成，且涉及公司股权与治理结构变更等重要事实，辽宁立某公司在本案中提供上述证据材料以前应当在香港特别行政区办理公证及转递手续，而辽宁立某公司没有履行相关证明手续，该份证据材料在证据形式上存在合法性瑕疵。但该证据材料系辽宁立某公司提交，从该证据材料的有关内容可以看出中国地某公司与徐某元已经于2016年7月29日确认股权转让并在目标公司（香港某开发集团有限公司）内办理董事职位的相关交接手续，至少在该目标公司内部可以认定徐某元已于当日取得中国地某公司转让的45%股权。至于在该目标公司对外法律关系上或者一般法律意义上，认定徐某元取得股权的时间节点是否应以香港特别行政区公司注册处的登记备案完成时间为准，需要根据该目标公司注册登记地的法律即香港特别行政区法律进行认定，而辽宁立某公司并未提供香港特别行政区相关法律的规定，况且即使其提供相关法律规定，也不影响合同当事人之间关于股权转让生效时间的内部约定。故本案《股权转让协议》就受让人徐某元与转让人中国地某公司之间股权转让生效时间点的约定是清楚的，辽宁立某公司提供的上述证据并不足以推翻二审判决关于徐某元自2016年7月29日起持有香港某开发集团有限公司85%股权的事实认定。

其次，关于辽宁立某公司在《协议书》签订前后的经营状况，辽宁立某公司与抚顺太某洋公司分别提出辽宁立某公司当时经营困难与经营良好的截然不同主张，并在本案再审申请审查中各自提供不同证据材料进行证明。辽宁立某公司提供抚顺经济开发区房产管理局与辽宁立某公司于2016年7月28日签订的《商品房买卖协议》和辽宁省人民政府《关于印发辽宁省加快房地产去库存工作方案的通知》［辽政发〔2016〕83号］，拟证明抚顺市当时房地产市场低迷，辽宁立某公司库存房屋由政府以回购形式消化，其当时经营面临巨大困难。经审核，上述政府通知文件的主要内容是辽宁省人民政府于2016年12月17日决定用3至5年时间基本完成辽宁省房地产去库存的任务，其中并无抚顺市房地产市场低迷的表述，同时不能根据政府拟开展房地产去库存工作就认定房地产市场低迷，也不能以房地产市场低迷进一步推论特定房地产开发企业就陷于经营困境，辽宁立某公司拟根据上述两份证据材料主张辽宁立某公司当时经营困难，缺乏充分的事实依据，本院不予认定。辽宁立某公司同时还提供抚顺银行股份有限公司望花支行向辽宁立某公司发送的《抚顺银行授信业务欠息催收通知书》（8次共16联），但这些证据材料仅表明辽宁立某公司自2016年5月至同年10月欠付银行贷款本息情况，而本案没有直接证据证明该公司资产和经营盈亏等整体状况，辽宁立某公司主张其经营当时处于整体不利状况，尚缺乏充分的事实依据，本院亦不予认定。抚顺太某洋公司提供的安某客网站2016年抚顺市房价走势图、辽宁立某公司名下土地使用权查询卡，分别反映抚顺市2016年房价走势和辽宁立某公司的土地使用权情况，抚顺太某洋公司拟以此证明辽宁立某公司经营状况良好，在本案没有直接证据证明该公司资产和经营盈亏等整体状况的情况下，其主张也缺乏充分证据支持，本院同样不予认定。

再次，案涉《股权转让协议》与《协议书》及其附件在各自内容中没有该两份协议有关联的任何文字表述。本案中除辽宁立某公司单方主张二者具有联系外，没有任何有效证据表明二者相关联。单纯数个事实发生的先后并不能当然说明其相互有依存关系或者因果联系，《股权转让协议》与《协议书》及其附件分别约定并无直接关联的不同事项，假使辽宁立某公司能够证明徐某元在《协议书》签订后才完成过户取得约定股权和辽宁立某公司当时经营困难，也不能当然据此证明《股权转让协议》与《协议书》存在关联。而且，在《协议书》于2016年8月1日签订前后，陆某华于同年7月29日、8月4日分别在看守所签署《股权转让协议》与《委托书》（陆某华签署该《委托书》委托徐某元将其在香港某开发集团有限公司的45%股权的部分转让款1500万元直接支付给抚顺太某洋公司，由抚顺太某洋公司支付给公安机关）。如果真如辽宁立某公司所述，签订《协议书》是签订《股权转让协议》的前提条件，按常理至少《协议书》和《股权转让协议》二者之一（特别是《股权转让协议》中）应当载明二者的关联，并由三方当事人在其法定代表人陆某华签署《股权转让协议》时一并告知陆某华三方拟签订或者已签订《协议书》等事实并征得其同意或者提交其一并签署。而本案《协议书》及其附件与《股权转让协议》中没有二者相互关联的只言片语，也没有证据表明在此过程中有人告知陆某华关于签订《协议书》的事实，辽宁立某公司主张签订《协议书》是签订《股权转让协议》的前提条件，显然与常理不合。综上所述，案涉《协议书》及其附件与《股权转让协议》应当视为没有实际联系的两个协议，认定《协议书》的效力时无须考虑《股权转让协议》签订与履行问题，二审法院不认定辽宁立某公司关于二者关联关系的主张并无不当。

2. 关于抚顺太某洋公司与浙江太某洋公司是否存在人格混同情形

辽宁立某公司否认抚顺太某洋公司、浙江太某洋公司的独立人格，其目的主要在于支持其关于抚顺太某洋公司应当承担浙江太某洋公司债务的主张。根据一、二审法院已经查明的有关基本事实，在《协议书》于2016年8月1日签订以前，辽宁立某公司、抚顺太某洋公司、浙江太某洋公司分别由香港某开发集团有限公司、香港太某洋开发集团有限公司、立某国际有限公司全资持股；在辽宁立某公司、抚顺太某洋公司、浙江太某洋公司的法定代表人、董事、监事等登记的高级管理人员中，陆某华同时担任该三公司的法定代表人，徐某红同时担任辽宁立某公司、抚顺太某洋公司的董事，除此之外，没有其他人同时担任该三公司登记的高级管理人员。虽然辽宁立某公司、抚顺太某洋公司、浙江太某洋公司在公司治理上存在一定关联，但该三公司的直接持股股东不同，其高级管理人员大部分也不相同，各自经营场所独立，本案并无充分证据证明该三公司在人格、财产、业务、管理等方面存在混同，二审法院认定其各自独立并无不当。

在本案再审申请审查中，辽宁立某公司还主张陆某华对抚顺太某洋公司和浙江太某洋公司存在过度控制和支配行为，该两公司人格混同，并提供辽宁省葫芦岛市连山区人民法院（2017）辽 1402 刑初 136 号刑事判决书和（2017）辽 1402 刑初 57 号刑事判决书予以证明。从该两份刑事判决书看，陆某华在同时担任抚顺太某洋公司、浙江太某洋公司法定代表人期间指示该两公司人员以抚顺太某洋公司名义向银行办理贷款，且根据某同案犯供述，其中大部分款项可能转移至浙江太某洋公司。但该两份刑事判决书并无关于抚顺太某洋公司、浙江太某洋公司之间是否存在无偿提供资金并不作财务记载的事实认定。在本案中，辽宁立某公司、抚顺太某洋公司、浙江太某洋公司在陆某华同时担任法定代表人期间存在相互转款的情形，辽宁立某公司审计报告中的部分应付款明细表（由抚顺太某洋公司在二审期间申请二审法院向该审计报告出具单位辽宁永某会计师事务所有限责任公司调取）表明该三公司之间尚有明确的账目记载，本案诉讼中该三公司能够提供彼此之间有关付款账目，这些事实初步表明该三公司在当时并没有构成人格混同。陆某华当时作为抚顺太某洋公司和浙江太某洋公司的法定代表人，指示公司职员办理贷款等业务，符合其职务特征，据此尚不能认定陆某华对该两公司过度控制和支配，本案现有证据不足以认定该两公司人格混同。因不能认定抚顺太某洋公司与浙江太某洋公司人格混同，本院也相应不能支持辽宁立某公司关于抚顺太某洋公司应当承担浙江太某洋公司债务的主张。

3. 关于《协议书》及其附件的真实性及其签订目的

辽宁立某公司、抚顺太某洋公司、浙江太某洋公司经办人员在案涉《协议书》及其附件上加盖该三公司公章，约定该三公司就其自 2010 年 11 月至 2015 年 6 月资金往来确认清算，最终确认其相互平账的方案，即"三方之间的所有债权债务全部结算完毕，再无任何经济纠纷"。其中进行平账的方式主要有二：一是确认抚顺太某洋公司为浙江太某洋公司偿还浙江太某洋公司欠辽宁立某公司 7000 万元债务；二是对三方往来款项分别约定不同用途和不同利率。抚顺太某洋公司、浙江太某洋公司对《协议书》及其附件的真实性提出异议，认为三方实际上并没有清算，而辽宁立某公司也始终不能清楚说明三方当时的实际清算过程。

本院在再审申请审查中当庭审核抚顺太某洋公司在一、二审中提供的有关银行转账凭证和辽宁立某公司在再审申请审查过程中补充提供的有关银行转账凭证，据此可以认定抚顺太某洋公司与辽宁立某公司从 2012 年 8 月 6 日至 2014 年 8 月 20 日双方付款相互直接冲抵后抚顺太某洋公司对辽宁立某公司有 7650 万元债权。各方当事人对此也一致予以确认。辽宁立某公司在再审申请审查过程中另外提供了一份付款凭证，表明其于 2015 年 8 月 3 日向抚顺太某洋公司转款 5000 万元。而抚顺太某洋公司相应补充提供一份《确认书》和有关付款凭证，表明：辽宁立某公司于 2015 年 8 月 3 日书面请求抚顺太某洋公司将上述 5000 万元立即汇入抚顺旭某工程机械有限公司（作为辽宁立某公司归还抚顺银行贷款），同日抚顺太某洋公司按照辽宁立某公司的请求全额转付抚顺旭某工程机械有限公司。鉴于案涉《协议书》所针对的款项是"自 2010 年 11 月至 2015 年 6 月"三方之间发生的"多笔往来资金借款"，上述 5000 万元款项不属于本案一、二审诉讼争议范围，可由当事人在本案之外另行解决。本院仅就案涉《协议书》及其附件所涉款项往来所引起的债权债务进行审查。《协议书》附件《往来借款（附表二）》列明辽宁立某公司于 2014 年 11 月向抚顺太某洋公司转款 1000 万元，《协议书》附件《往来借款清算说明》也相应载明辽宁立某公司偿还抚顺太某洋公司借款 1000 万元，对此抚顺太某洋公司在二审庭审中提出异议，表示其没有收到该款项。根据辽宁立某公司和抚顺太某洋公司在本案再审申请审查过程中所提供的资金往来统计表和收付款凭证，该 1000 万元款项也不在其中。在本院审查再审申请询问当事人时，辽宁立某公司就该争议的 1000 万元款项表示"现在无法确认""目前已经穷尽了所有资金往来，没有看到这笔"。由此可见，《往来借款（附表二）》和《往来借款清算说明》载明上述 1000 万元付款的有关内容并不真实。

对于辽宁立某公司与浙江太某洋公司之间的往来款，辽宁立某公司在本案再审申请审查过程中补充提供有关收付款凭证，表明：自 2010 年 9 月 15 日至 2015 年 6 月 25 日，浙江太某洋公司向辽宁立某公司转款 12235 万元，辽宁立某公司向浙江太某洋公司转款 18636.12 万元，相互直接冲抵后，辽宁立某公司对浙江太某洋公司有 6401.12 万元的债权余额。其中，除辽宁立某公司于 2010 年 9 月 15 日向浙江太某洋公司支付 50 万元这一笔款项外，上述其他款项均为《协议书》所涉特定期间"自 2010 年 11 月至 2015 年 6 月"的往来款。浙江太某洋公司称，上述往来款仅是其与辽宁立某公司之间的部分往来款，并非双方全部往来款的最终清算。本案纠纷所涉债权债务关系主要是抚顺太某洋公司与辽宁立某公司之间的债权债务关系，间接涉及浙江太某洋公司与辽宁立某公司之间的债权债务关系。浙江太某洋公司与辽宁立某公司之间的债权债务需要其另行进一步清理，该两公司之间的债权债务不是本案所需要解决的问题，该两公司之间债权债务关系的初步审查仅在本案处理中起参考作用。从上述初步核对得出的数据看，三方当事人之间的债权债务并不存在数额相当而可以直接相互平账的事实基础。

从抚顺太某洋公司、辽宁立某公司提供的有关银行付款凭证看，双方之间的转款除其中抚顺太某洋公司于2014年4月30日向辽宁立某公司转款450万元的电子银行交易回单注明"借款"外，其他付款凭证基本上均注明"转款""往来款"或者不注明用途。各方当事人均不能提供有效证据证明其在签订《协议书》之前曾经约定案涉转款均为借款并分别采用年利率15%与26%等不同计息标准。对于《协议书》附件《往来借款清算说明》所载明的利息计算与款项支付，在本院审查再审申请询问当事人时，辽宁立某公司回答："用约定利息去平辽宁立某公司与抚顺太某洋公司、浙江太某洋公司之间的差，最后谁也不欠谁，实际上未支付"；辽宁立某公司还进一步确认："利息是为了平账，实际上未支付"；"当时过程中，基于财务口径制作了复杂化的方式，宗旨明确是三家公司平账"。辽宁立某公司的上述陈述与抚顺太某洋公司、浙江太某洋公司的相关主张基本一致。上述审查情况表明，《协议书》及其附件存在确认部分付款及利息计算与事实不符的问题，其不是三方当事人对其过去相互转款实际情况的如实清理，而是为达平账目的部分脱离事实、有意为之的结果，该计算结果主要是处分抚顺太某洋公司对辽宁立某公司盈余账款7650万元。该处分是否有效取决于后述对《协议书》及其附件效力的认定。

4. 关于三方经办人员签订《协议书》及其附件是否具有代理权或者构成表见代理

《协议书》及其附件均加盖浙江太某洋公司、抚顺太某洋公司、辽宁立某公司的公章，均没有该三公司当时的法定代表人或者业务经办人签字。该三公司当时的法定代表人均为陆某华，其当时正处于配合有关机关调查而被限制人身自由的状态。一、二审法院认定抚顺太某洋公司方面加盖公章的人是当时掌管公章的黄某锋，浙江太某洋公司方面加盖公章的人是当时持有该公司公章的汪某康，三方当事人对此均无异议。对于辽宁立某公司方面在《协议书》上加盖公章的经办人具体为何人，该公司在一、二审中未予明确；辽宁立某公司在本院审查再审申请询问当事人时，陈述其直接经办人是黄某锋、徐某红（徐某红当时同时担任抚顺太某洋公司和辽宁立某公司的董事）和参与的律师及会计，但抚顺太某洋公司和浙江太某洋公司对此均有异议，出庭作证的证人黄某锋的相关证言也与之不同。辽宁立某公司方面加盖公章的经办人一直不明。

根据《中华人民共和国民法通则》《中华人民共和国公司法》和《中华人民共和国民事诉讼法》等法律的有关规定，法定代表人作为最基础的公司意志代表机关，是法人意志的当然代表，能够对外代表公司的人一般仅有法定代表人；而法定代表人以外的其他人以公司名义对外为民事法律行为需要由法定代表人代表公司进行授权，适用有关委托代理的法律规定。鉴于《协议书》及其附件非由三方当事人的法定代表人签订，而由各自其他职员加盖公司公章签订，《协议书》及其附件是否依法发生效力，需要根据具体签订的经办人员是否具有公司的授权（具体由公司法定代表人代表公司授权）而定。

本案没有证据表明三方当事人当时共同的法定代表人陆某华事前授权黄某锋、汪某康和其他人员分别代理三方签订《协议书》及其附件，相反陆某华本人在恢复人身自由后明确予以否认并坚持拒绝追认。对于《协议书》及其附件，辽宁立某公司在其法定代表人于2016年8月15日由陆某华变更为徐某元后表示认可，但抚顺太某洋公司、浙江太某洋公司在陆某华恢复人身自由后不仅未予以追认，抚顺太某洋公司还提起本案诉讼请求予以撤销。据此，可以认定黄某锋、汪某康分别在《协议书》及其附件上加盖抚顺太某洋公司、浙江太某洋公司公章的行为属于无权代理。在此情况下，《协议书》及其附件的效力，将进一步取决于黄某锋、汪某康的盖章行为是否构成《中华人民共和国合同法》第四十九条规定的表见代理，其关键在于本案是否存在该条规定的"相对人有理由相信行为人有代理权"之情形。至于抚顺太某洋公司签订《协议书》及其附件处置案涉账款是否需要由其董事会决议或者其全资（唯一）持股股东同意，该问题是其时任法定代表人陆某华拟决定签署或者授权他人签署《协议书》及其附件情况下，根据其公司内部权限设置进行处理的事项，鉴于陆某华并无签署或者授权他人签署之意，本案对此无须深究。

关于黄某锋、汪某康的案涉盖章行为是否构成表见代理，根据各方当事人的有关诉辩主张，本案有以下事实可能影响表见代理的认定：黄某锋、汪某康实际掌管其各自所在公司的公章；黄某锋为陆某华的外甥；陆某华曾授权黄某锋代刻中国地某公司公章，并用于办理向徐某元转让股权事宜，《股权转让协议》由陆某华本人签字确认；黄某锋在抚顺太某洋公司所涉刑事案件中以诉讼代表人身份参加诉讼；黄某锋于2016年8月5日出具《收条》并加盖抚顺太某洋公司公章，确认中国地某公司（陆某华）收取徐某元支付的1500万元股权转让款；黄某锋还可能曾经以抚顺太某洋公司名义签订其他合同。对此，本院逐一分析认定如下：

（1）尽管公章是公司对外作出意思表示的重要外在表现形式，但法律并未规定法定代表人以外持有公司公章的人仅凭其持有公章的事实就能够直接代表公司意志，持有公章是一种客观状态，某人持有公章只是反映该人可能有权代表公司意志的一种表象，至于其是否依授权真正体现公司意志，仍需进一步审查。本案中，在《协议书》及其附件签订以前，三方当事人的有关经办人员明知三方共同的时任法定代表人陆某华已经被限制人身自由达8个月，据此也应当知道黄某锋、汪某康等人尽管掌管公司公章但无权代表公司意志；三方当事人的有关经办人员均明知陆某华不可能事先进行授权委托，也应当知道其签订《协议书》须经陆某华同意或者授权委托。本案辽宁立某公司显然不属于仅凭对方行为人持有公司公章即可相信其有公司授予代理权的善意相对人。鉴于上述明知和应知，辽宁立某公司主张其有正当理由相信黄某锋、汪某康加盖公司公章有代理权，显然不能成立。

（2）黄某锋作为陆某华的亲属可以在某些情况或者条件下作为其个人的代理人，但不能以该亲属关系推断黄某锋可以代理陆某华履行其作为抚顺太某洋公司法定代表人的职权。陆某华于2016年7月29日在看守所就转让中国地某公司持有对香港某开发集团有限公司45%股权给徐某元一事，亲自签署《股权转让协议》，同时还特别签署《授权委托书》授权黄某锋代刻中国地某公司公章。这也说明黄某锋在与陆某华本人或者与陆某华行使公司职权直接相关的重大问题和重要事项上，并非不经陆某华授权而可以迳行代为对外行事。辽宁立某公司明知《股权转让协议》经陆某华亲自签署，而没有由黄某锋代为签署，据此辽宁立某公司也应当知道涉及利益金额远大于《股权转让协议》所涉金额的《协议书》及其附件更须经陆某华亲自签署或者明确授权委托黄某锋等他人签署。案涉《股权转让协议》和《协议书》及其附件的内容均涉及当事人重大利益处置，均与陆某华直接相关，且该两份协议文本均应由其本人作为有关当事人的法定代表人签署。虽然陆某华当时人身自由受限制，但其在案涉《协议书》及其附件（于2016年8月1日）订立之前的2016年7月29日与之后的8月4日均能亲自签署《股权转让协议》《授权委托书》和《委托书》。这不仅说明在此期间将《协议书》及其附件交其签字并非困难，也恰恰说明《协议书》及其附件实际未提交其签署明显不合常理。

（3）根据《最高人民法院关于适用〈中华人民共和国刑事诉讼法〉的解释》第二百七十九条的规定，被告单位的诉讼代表人，应当是法定代表人或者主要负责人；法定代表人或者主要负责人被指控为单位犯罪直接负责的主管人员或者因客观原因无法出庭的，应当由被告单位委托其他负责人或者职工作为诉讼代表人。黄某锋在抚顺太某洋公司及其时任法定代表人陆某华均作为被告的刑事案件中作为单位诉讼代表人参加诉讼，是根据上述司法解释规定的要求在个案中从事的必要诉讼行为，但这并不能当然说明其在特定案件之外或者在民事活动中也具有单位授予的代理权。

（4）根据陆某华于2016年8月4日签署的《委托书》，其委托徐某元将其在香港某开发集团有限公司45%股权的部分转让款1500万元直接支付给抚顺太某洋公司，由抚顺太某洋公司支付给公安机关。黄某锋收到该1500万元后如实出具收条，仅是单纯的收款确认行为，而不是重要财产的处分行为，同时也正是其作为抚顺太某洋公司职员对该公司时任法定代表人陆某华的上述意思表示的具体落实。这主要表明黄某锋系陆某华的指示行事，而不能说明黄某锋有权代理陆某华签署案涉《协议书》及其附件。

（5）辽宁立某公司主张黄某锋于2016年4月20日、4月22日以抚顺太某洋公司名义与辽宁康力电线电缆有限公司签订金额为1280万元的合作协议及补充协议，但辽宁立某公司仅提供其所称协议文本的复印件，抚顺太某洋公司否认该复印件的证明力，二审法院对该证据材料的证明力不予认定并无不当。即使黄某锋曾经以抚顺太某洋公司名义签订其他合同，这也不排除存在公司逐项授权或者个别追认的情况，被代理人对代理人的授权委托一般要有具体事项等明确授权范围，原则上不能根据代理人可以代为某些事项而当然判断代理人可以代为其他事项甚至所有事项。尤其是本案讼争《协议书》及其附件涉及处分抚顺太某洋公司7650万元账款的重大利益，签订《协议书》及其附件显然超出黄某锋当时作为抚顺太某洋公司职员的职权范围，更不能当然推定黄某锋具有代理权。

综上所述，应当认定黄某锋、汪某康均无权代理抚顺太某洋公司、浙江太某洋公司签订《协议书》及其附件，辽宁立某公司也无正当理由可以相信黄某锋、汪某康有代理权。根据《中华人民共和国合同法》第四十八条第一款的规定，行为人没有代理权以被代理人名义订立的合同，未经被代理人追认，对被代理人不发生效力。案涉《协议书》及其附件对抚顺太某洋公司、浙江太某洋公司而言，依法应属不发生法律效力的合同。

5. 关于本案是否存在讼争的乘人之危与显失公平情形

因案涉《协议书》及其附件为不发生法律效力的合同，本院本可不再评述本案是否存在讼争的乘人之危与显失公平情形，但鉴于三方当事人对此有较大争议，二审法院也就此作出了明确认定，本院一并予以假设性回应。

根据《中华人民共和国合同法》第五十四条的规定，在订立合同时显失公平或者一方乘人之危使对方在违背真实意思的情况下订立合同，受损害方有权请求人民法院或者仲裁机构变更或者撤销该合同。显失公平，一般指一方当事人在紧迫或者缺乏经验的情况下订立合同使当事人之间享有的权利和承担的义务严重不对等，明显违反公平原则的情形。乘人之危，是指一方当事人乘对方处于危难之机，为牟取不正当利益，迫使对方作出不真实的意思表示，严重损害对方利益的情形。

在抚顺太某洋公司、浙江太某洋公司、辽宁立某公司当时没有授权委托情况下，三方经办人员在《协议书》附件《往来借款清算说明》中通过约定抚顺太某洋公司代浙江太某洋公司偿还辽宁立某公司借款7000万元，使抚顺太某洋公司丧失该7000万元债权，导致利益失衡，而如上所述，辽宁立某公司不能证明抚顺太某洋公司与浙江太某洋公司人格混同，故无正当理由主张抚顺太某洋公司应当代浙江太某洋公司偿还借款。同样各方互有账款往来，在《协议书》附件《往来借款清算说明》中却明确差别利率（辽宁立某公司对浙江太某洋公司转款的年利率为26%，浙江太某洋公司对辽宁立某公司转款的年利率为15%，同时没有明确抚顺太某洋公司对辽宁立某公司转款8950万元的利率），本身也是一种明显的利益失衡。判断合同各方当事人之间是否存在显失公平，主要看各方权利义务（诸如收益与支出等）是否失衡。总体上审视《协议书》及其附件内容，抚顺太某洋公司付出7650万元的代价而基本无所得，辽宁立某公司相应免除该债务而对抚顺太某洋公司基本无所付出。二审法院认定三方当事人订立的《协议书》及其附件显失公平，并无明显不当。

辽宁立某公司、抚顺太某洋公司、浙江太某洋公司经办人员于2016年8月1日在案涉《协议书》及其附件上盖章时，该三公司共同的法定代表人陆某华因配合有关机关调查已被限制人身自由8个月，抚顺太某洋公司财务资料被公安机关调取，执行总经理田某和财务人员钟某炜也被逮捕，可以认定抚顺太某洋公司当时正处于危难之中。对此，辽宁立某公司应当明知，但其却在此情况下通过无权代理抚顺太某洋公司和浙江太某洋公司的经办人签订《协议书》及其附件，将抚顺太某洋公司对其账款余额7650万元作平账处理。二审法院认定《协议书》及其附件的订立过程存在法律规定的乘人之危情形，也并无明显不妥。

6. 关于案涉《协议书》及其附件效力认定的法律适用

《协议书》及其附件签订于2016年8月1日。《中华人民共和国民法总则》第二百零六条规定："本法自2017年10月1日起施行。"本案《协议书》及其附件订立行为发生于《中华人民共和国民法总则》施行前，认定《协议书》及其附件的效力不应适用《中华人民共和国民法总则》，而应当适用《中华人民共和国合同法》。一、二审法院在本案中适用《中华人民共和国民法总则》第一百五十一条关于"一方利用对方处于危困状态、缺乏判断能力等情形，致使民事法律行为成立时显失公平的，受损害方有权请求人民法院或者仲裁机构予以撤销"的规定不当。但是，鉴于该条文合并规定了《中华人民共和国合同法》第五十四条规定的显失公平与乘人之危情形，该新旧法关于该情形下合同撤销权的规定基本一致，二审法院引用上述法条虽有不当，实际并未导致判决结果错误。

关于合同的效力，《中华人民共和国合同法》第三章（合同的效力）分别规定了合同生效、合同效力未定、合同无效、合同可变更或者可撤销等情形。其中，效力未定合同即"未决的不生效"，原则上不生效，但因当事人追认而生效，该合同的效力由当事人自主决定；可撤销合同属于"未决的生效"，即原则上生效（被撤销前仍然有效），但可因当事人申请撤销而自始没有法律约束力，对于可撤销合同效力的最终决定，当事人自身难以全部完成，须诉诸人民法院或者仲裁机构。不生效合同与可撤销合同属于在合同效力上不同性质或者类型的合同，故对不生效合同不应适用有关可撤销合同的法律规定。如上所述，案涉《协议书》及其附件应属于《中华人民共和国合同法》第四十八条第一款规定的不发生效力的合同（即效力未定合同）。鉴于合同效力原则上属于人民法院主动依职权审查的范围，尽管本案当事人没有明确主张《协议书》及其附件未生效，本院也可直接作出审查认定。一、二审法院本应当在准确认定合同效力的基础上，向当事人释明变更诉讼请求。二审法院适用《中华人民共和国民法总则》第一百五十一条关于可撤销合同的规定，判决撤销《协议书》及其附件有所不当，但二审法院的该判决结果与本应确认《协议书》及其附件不生效的预期法律效果,均是否定《协议书》及其附件的约束力,对本案各方当事人权利义务的最终确定并无实质影响,本院在此予以指正即可。

(二) 关于案涉7650万元款项是否应予返还及其利息的认定

对于案涉往来款的性质及用途,当事人应当根据《中华人民共和国民事诉讼法》第六十四条第一款关于当事人对自己提出的主张有责任提供证据的规定积极举证。现行的《最高人民法院关于民事诉讼证据的若干规定》第四十二条第二款规定:"当事人在二审程序中提供新的证据的,应当在二审开庭前或者开庭审理时提出;二审不需要开庭审理的,应当在人民法院指定的期限内提出。"二审法院于2018年4月23日公开开庭审理本案。各方当事人在二审中应当在开庭审理前或者开庭审理时提供证据。鉴于法律和司法解释对举证责任和举证期限有明确规定,辽宁立某公司应当知悉,特别是其已经委托律师代为诉讼更应当清楚,其主张二审法院未向其释明案涉往来款的性质及用途的举证事项,也未确定举证期限并告知逾期举证的后果,剥夺了其举证、质证、辩论的权利,没有充分的事实和法律依据,本院不予支持。

抚顺太某洋公司主张其向辽宁立某公司支付的款项8950万元为借款。本案中有关证据主要有付款单据、《协议书》及其附件、有关审计报告中的报表(载明"其他应收账款")、陆某华和丁某霞等证人的证言。抚顺太某洋公司提供的其他借款合同、民事起诉状与案涉款项性质并无直接关联。从抚顺太某洋公司提供的证据看,其向辽宁立某公司的实际转款8950万元,其中除2014年4月30日转款450万元的电子银行交易回单上注明"借款"外,其他付款凭证上均注明为"转款"或者"往来款"。尽管《协议书》及其附件明确上述款项为借款,但如上所述,《协议书》及其附件处于未生效状态,故不能直接用来作为认定有关款项为借款的依据。抚顺太某洋公司主张的7650万元中仅450万元有直接证据证明该部分款项为借款,其余7200万元款项没有直接证据表明其为借款,但辽宁立某公司亦不能合理说明并举证证明其收取该7200万元款项有其他依据,二审法院最终认定该7200万元为借款,并无明显不当,也不影响本案实体处理。《协议书》及其附件不发生效力,抚顺太某洋公司与辽宁立某公司就双方自2010年11月至2015年6月期间相互转账款项冲抵后,辽宁立某公司尚欠抚顺太某洋公司7650万元,二审法院判决辽宁立某公司向抚顺太某洋公司给付本金7650万元,具有事实和法律依据,本院予以支持。

抚顺太某洋公司作为债权人,向辽宁立某公司主张偿还本金时,可以相应主张利息。至于利息标准，抚顺太某洋公司主张各方在以前其他交易中采用借款年利率15%的标准相互出借资金，但并不能证明其与辽宁立某公司也就案涉7650万元债务达成年利率15%的合意。抚顺太某洋公司申请的证人陆某华和丁某霞出庭作证称三方当事人之间曾经明确相互借款按年利率15%计算利息，因该两证人与抚顺太某洋公司、浙江太某洋公司具有利害关系，其证言没有其他有效证据佐证，本院不予采信。抚顺太某洋公司主张辽宁立某公司应当按年利率15%向其给付7650万元款项的利息，缺乏事实和法律依据，本院不予支持。二审法院判决辽宁立某公司给付7650万元款项的同时，一并判决辽宁立某公司给付该款项按照中国人民银行发布的同期同类贷款利率所计算的利息，并无不当。

  综上所述，本案再审申请人辽宁立某公司虽主张案涉《协议书》及其附件与《股权转让协议》存在关联和抚顺太某洋公司与浙江太某洋公司构成人格混同，但并未提供充分证据予以证明；案涉《协议书》及其附件涉及三方当事人之间的重大债权债务清算和相互平账处置，但本案现有证据尚不足以证明三方当事人实际进行过对账清算，有关确认清算内容也与事实不符；三方当事人的有关经办人员明知或者应知该三方共同时任法定代表人人身自由受限制达8个月而不可能事先进行授权委托，且当时也实际具备提交该法定代表人亲自签署的条件，却在此情况下擅自盖章订立涉及当事人重大利益处置的《协议书》及其附件，而事后抚顺太某洋公司、浙江太某洋公司及其时任法定代表人均明确否认其效力，该两公司经办人员的上述盖章行为属于无权代理，也不构成表见代理，案涉《协议书》及其附件应依法认定为不发生法律效力的合同。二审法院将《协议书》及其附件认定为可撤销合同在适用法律上虽有不当，但对本案判决结果并无实质影响。经本院在再审申请审查中再次组织对账并由三方当事人一致确认，抚顺太某洋公司对辽宁立某公司在讼争的"自2010年11月至2015年6月"时间段内确有债权余额7650万元，二审法院认定该债权数额并判决辽宁立某公司如数给付正确。再审申请人抚顺太某洋公司不能举证证明其与辽宁立某公司之间存在借款年利率15%的约定，二审法院未支持其关于按此利率计息的主张，亦无不当。辽宁立某公司、抚顺太某洋公司的再审申请均不符合《中华人民共和国民事诉讼法》第二百条第一项、第二项、第六项规定的情形。本院依照《中华人民共和国民事诉讼法》第二百零四条第一款和《最高人民法院关于适用〈中华人民共和国民事诉讼法〉的解释》第三百九十五条第二款之规定，裁定如下：

  驳回辽宁立某实业有限公司、抚顺太某洋实业有限公司的再审申请。

法律法规

《中华人民共和国公司法》（2024年7月1日施行）

第十一条 法定代表人以公司名义从事的民事活动，其法律后果由公司承受。

公司章程或者股东会对法定代表人职权的限制，不得对抗善意相对人。

法定代表人因执行职务造成他人损害的，由公司承担民事责任。公司承担民事责任后，依照法律或者公司章程的规定，可以向有过错的法定代表人追偿。

《最高人民法院关于适用〈中华人民共和国民法典〉合同编通则若干问题的解释》（法释〔2023〕13号）

第二十二条 法定代表人、负责人或者工作人员以法人、非法人组织的名义订立合同且未超越权限，法人、非法人组织仅以合同加盖的印章不是备案印章或者系伪造的印章为由主张该合同对其不发生效力的，人民法院不予支持。

合同系以法人、非法人组织的名义订立，但是仅有法定代表人、负责人或者工作人员签名或者按指印而未加盖法人、非法人组织的印章，相对人能够证明法定代表人、负责人或者工作人员在订立合同时未超越权限的，人民法院应当认定合同对法人、非法人组织发生效力。但是，当事人约定以加盖印章作为合同成立条件的除外。

合同仅加盖法人、非法人组织的印章而无人员签名或者按指印，相对人能够证明合同系法定代表人、负责人或者工作人员在其权限范围内订立的，人民法院应当认定该合同对法人、非法人组织发生效力。

在前三款规定的情形下，法定代表人、负责人或者工作人员在订立合同时虽然超越代表或者代理权限，但是依据民法典第五百零四条的规定构成表见代表，或者依据民法典第一百七十二条的规定构成表见代理的，人民法院应当认定合同对法人、非法人组织发生效力。

《全国法院民商事审判工作会议纪要》（法〔2019〕254号）

41.【盖章行为的法律效力】司法实践中，有些公司有意刻制两套甚至多套公章，有的法定代表人或者代理人甚至私刻公章，订立合同时恶意加盖非备案的公章或者假公章，发生纠纷后法人以加盖的是假公章为由否定合同效力的情形并不鲜见。人民法院在审理案件时，应当主要审查签约人于盖章之时有无代表权或者代理权，从而根据代表或者代理的相关规则来确定合同的效力。

法定代表人或者其授权之人在合同上加盖法人公章的行为，表明其是以法人名义签订合同，除《公司法》第 16 条等法律对其职权有特别规定的情形外，应当由法人承担相应的法律后果。法人以法定代表人事后已无代表权、加盖的是假章、所盖之章与备案公章不一致等为由否定合同效力的，人民法院不予支持。

代理人以被代理人名义签订合同，要取得合法授权。代理人取得合法授权后，以被代理人名义签订的合同，应当由被代理人承担责任。被代理人以代理人事后已无代理权、加盖的是假章、所盖之章与备案公章不一致等为由否定合同效力的，人民法院不予支持。

第三章　公司同时使用多枚印章的法律风险

第一节　公司拥有多枚印章的风险巨大

004 青海创某矿业开发有限公司等诉洪某民间借贷及担保合同纠纷案①

裁判要旨

公司确认其曾使用过的公司印章不止一枚，则交易相对人在交易过程中即难以有效识别本次交易所使用的公司印章是否为公司曾使用过或正在使用或在公安局备案登记的印章。此时，公司即不得否定交易中所使用的印章对其具有约束力。

实务要点总结

（1）公司不能对同一印章的效力在不同的交易或诉讼中做不同的选择。只要公司在某一场合使用过（承认其效力），则该印章在另一交易中的使用均应有效（不论该公章是否系他人私刻甚至伪造、是否进行备案）。

（2）公司印章最好具有唯一性。印章不具有唯一性的风险巨大。最高人民法院认为：公司印章不止一枚，难以有效识别印章是否为公安局备案登记的印章。如果公司对外用章不具有唯一性，不得主张使用公司"伪造印章"对外签订的合同对公司没有约束力。

（3）《最高人民法院关于适用〈中华人民共和国民法典〉合同编通则若干问题的解释》第二十二条新增规定，法定代表人超越法定职权使用印章对

---

① 审理法院：最高人民法院；诉讼程序：再审

外签订合同的，相对人需尽到合理审查义务，否则该合同对公司不生效。例如本案中，对外担保事项即必须经公司股东会或董事会决议，故相对人应当审查是否存在相关决议文件，而不能轻信持章的法定代表人，以免导致决议不生效。

相关判决

青海创某矿业开发有限公司等诉洪某民间借贷及担保合同纠纷案［（2015）民申字第2537号］

再审申请人（一审被告、二审上诉人）：青海创某矿业开发有限公司。住所地：青海省海西蒙古族藏族自治州大柴旦行委锡铁山镇。

法定代表人：陈某琪，该公司董事长。

被申请人（一审原告、二审被上诉人）：洪某。

一审被告：西宁市国某投资控股有限公司。住所地：青海省西宁市城北区小桥大街36号。

诉讼代表人：陈某，该公司破产管理人负责人。

一审被告：青海贤某矿业股份有限公司。住所地：青海省西宁市西区胜利路59号（申宝大厦1118室）。

诉讼代表人：陈某，该公司破产管理人负责人。

一审被告：贤某集团有限公司。住所地：广东省广州市天河区珠江新城华夏路8号合景国际金融广场32层02单元之一。

法定代表人：钟某波，该公司董事长。

一审被告：黄某优。

再审申请人青海创某矿业开发有限公司（以下简称青海创某公司）因与被申请人洪某、一审被告西宁市国某投资控股有限公司（以下简称西宁国某公司）、青海贤某矿业股份有限公司（以下简称青海贤某公司）、贤某集团有限公司（以下简称贤某集团公司）、黄某优民间借贷及担保合同纠纷一案，不服广东省高级人民法院于2015年5月12日作出的（2014）粤高法民二破终字第110号民事判决，向本院申请再审。本院依法组成合议庭审查了本案，现已审查终结。

青海创某公司申请再审称：（一）二审判决认定臧某涛在《担保保证书》上签名系代表青海创某公司的职务行为缺乏证据证明，认定事实错误。二审法院在明知因未能确定对应样本导致对臧某涛签名和签署日期的实际形成时间无法进行司法鉴定,从而使《担保保证书》的真实性无法确定的情况下,以该《担保保证书》的样式与黄某优、青海贤某公司于 2011 年 4 月 28 日出具的《担保保证书》样式明显不同,而与黄某优、贤某集团公司、青海贤某公司于 2012 年 3 月 26 出具的《担保保证书》的样式相同为由,认定 2011 年 4 月 28 日《担保保证书》是青海创某公司的真实意思,缺乏事实根据。青海创某公司提供的工商档案资料显示,青海创某公司的法定代表人于 2011 年 12 月 29 日变更为臧某涛,故臧某涛在 2011 年 4 月 28 日《担保保证书》上以法定代表人名义签字的行为不能代表青海创某公司,该《担保保证书》并非青海创某公司的真实意思表示。(二)二审判决认定《担保保证书》对青海创某公司具有法律约束力,认定事实不清,适用法律错误。青警院司鉴中心(2013)文鉴字第 207 号、第 208 号、第 217 号、第 218 号《司法鉴定意见书》,证明《担保保证书》上的"青海创某矿业开发有限公司"印文不是青海创某公司的印章所加盖。广东省广州市天河区人民检察院天检公刑诉(2013)1201 号《起诉书》显示,《担保保证书》中"青海创某矿业开发有限公司"印文系他人用私刻、伪造的印章加盖。涉嫌伪造印章的钟某波等人已被公安机关立案侦查,故《担保保证书》系虚假的无效证据,两份《担保保证书》对青海创某公司不具有法律约束力。(三)二审判决认定青海创某公司应承担保证责任,适用法律错误。根据《最高人民法院关于在审理经济纠纷案件中涉及经济犯罪嫌疑若干问题的规定》第五条第一款关于"行为人盗窃、盗用单位的公章、业务介绍信、盖有公章的空白合同书,或者私刻单位的公章签订经济合同,骗取财物归个人占有、使用、处分或者进行其他犯罪活动构成犯罪的,单位对行为人该犯罪行为所造成的经济损失不承担民事责任"的规定,两份《担保保证书》对青海创某公司并无约束力,青海创某公司不应承担任何民事责任。综上,请求再审本案。

被申请人洪某提交意见称:(一)青海创某公司称臧某涛的签名时间有误且其签署《担保保证书》并非职务行为,缺乏事实根据。5000 万元借款对应的《担保保证书》上所写"2011 年 4 月 28 日"是青海创某公司盖章人员填写日期时的笔误,臧某涛实际签名的时间是 2012 年 3 月。青海创某公司为西宁国某公司提供两笔借款的担保,以其中一份《担保保证书》落款时间的笔误试图否认两份《担保保证书》的效力,与事实不符,与常理不合。在一、二审过程中,青海创某公司从未否认臧某涛签名的真实性,也从未向法院提出对臧某涛签名的真实性进行鉴定。臧某涛作为青海创某公司的法定代表人，其签名对外代表青海创某公司，即便《担保保证书》上没有加盖公司公章，《担保保证书》只要有臧某涛的签名，就应当认定合法有效。（二）青海创某公司以《担保保证书》上加盖的公章不是其备案公章为由，推定《担保保证书》上的公章系钟某波伪造的假公章，缺乏事实根据。青海创某公司一直存在同时使用多枚公章的情况，非备案公章不一定是假印章，公章是否有效，关键看公章是否由公司人员加盖以及是否为公司的真实意思表示。《司法鉴定意见书》系青海创某公司单方委托青海警官职业学院作出，不能作为裁判依据，且该鉴定意见未将实物公章与《担保保证书》加盖的公章对比，鉴定结果片面。综上，请求驳回青海创某公司的再审申请。

西宁国某公司、青海贤某公司、贤某集团公司、黄某优均未提交意见。

本院认为：本案系当事人申请再审案件，应当针对当事人申请再审的理由是否成立进行审查。

关于二审判决认定臧某涛在2011年4月28日和2012年3月26日两份《担保保证书》上签名系代表青海创某公司的职务行为是否构成认定事实和适用法律错误的问题。本案中，青海创某公司向洪某出具的落款时间分别为2011年4月28日、2012年3月26日的《担保保证书》上加盖有青海创某公司印章并有青海创某公司法定代表人臧某涛签字，青海创某公司主张臧某涛签字虚假，但其并未提供证据予以证明。2012年3月26日签署《担保保证书》时，青海创某公司的法定代表人是臧某涛，臧某涛的签字行为应被认定为代表青海创某公司对外实施的法律行为。落款时间为2011年4月28日的《担保保证书》与其他担保人同日出具的《担保保证书》样式明显不同，而与其他担保人于2012年3月26日出具的《担保保证书》样式相同，且青海创某公司亦未提出充分的证据证明《担保保证书》形成于臧某涛担任青海创某公司法定代表人之前。本案借款人及担保人系黄某优及其控制的"贤某系"公司。臧某涛系青海创某公司和青海贤某公司的法定代表人，青海贤某公司出具的落款时间分别为2011年4月28日、2012年3月26日的《担保保证书》，亦系臧某涛亲笔所签，洪某有理由相信涉案两份由臧某涛签署并加盖青海创某公司字样印章的《担保保证书》系青海创某公司的真实意思表示。

本案中，《担保保证书》上加盖的"青海创某矿业开发有限公司"印文虽经青海创某公司自行委托的鉴定机构认定与其在西宁市公安局备案的印章不符，但青海创某公司确认其曾使用过的公司印章不止一枚，洪某难以有效识别《担保保证书》上加盖的"青海创某矿业开发有限公司"印章是否为青海创某公司曾使用过或正在使用或在公安局备案登记的印章。本案并非《最高人民法院关于在审理经济纠纷案件中涉及经济犯罪嫌疑若干问题的规定》第五条第一款规定的情形。

因此，二审判决认定两份《担保保证书》均对青海创某公司具有法律约束力、青海创某公司应当向洪某承担担保责任，并无不妥。

综上，青海创某公司申请再审的理由不能成立。本案不存在《中华人民共和国民事诉讼法》第二百条规定的情形。本院依照《中华人民共和国民事诉讼法》第二百零四条第一款之规定，裁定如下：

驳回青海创某矿业开发有限公司的再审申请。

法律法规

《全国法院民商事审判工作会议纪要》（法〔2019〕254号）

41. 第二款　法定代表人或者其授权之人在合同上加盖法人公章的行为，表明其是以法人名义签订合同，除《公司法》第16条等法律对其职权有特别规定的情形外，应当由法人承担相应的法律后果。法人以法定代表人事后已无代表权、加盖的是假章、所盖之章与备案公章不一致等为由否定合同效力的，人民法院不予支持。

《最高人民法院关于适用〈中华人民共和国民法典〉合同编通则若干问题的解释》（法释〔2023〕13号）

第二十二条第一款　法定代表人、负责人或者工作人员以法人、非法人组织的名义订立合同且未超越权限，法人、非法人组织仅以合同加盖的印章不是备案印章或者系伪造的印章为由主张该合同对其不发生效力的，人民法院不予支持。

《中华人民共和国公司法》（2024年7月1日施行）

第十一条　法定代表人以公司名义从事的民事活动，其法律后果由公司承受。

公司章程或者股东会对法定代表人职权的限制，不得对抗善意相对人。

法定代表人因执行职务造成他人损害的，由公司承担民事责任。公司承担民事责任后，依照法律或者公司章程的规定，可以向有过错的法定代表人追偿。

第十五条　公司向其他企业投资或者为他人提供担保，按照公司章程的规定,由董事会或者股东会决议;公司章程对投资或者担保的总额及单项投资或者担保的数额有限额规定的,不得超过规定的限额。

公司为公司股东或者实际控制人提供担保的,应当经股东会决议。

前款规定的股东或者受前款规定的实际控制人支配的股东,不得参加前款规定事项的表决。该项表决由出席会议的其他股东所持表决权的过半数通过。

005 湖南宏某投资有限公司诉湖南宏某大酒店有限公司等物权保护纠纷案[①]

裁判要旨

在协议签订期间,公司使用的公章不具有唯一性,在公司没有证据证明协议上所加盖的公章系伪造印章的情形下,不能排除该公章系在此段期间使用的两枚以上的公章之一,故公司不能据此否定协议效力。

实务要点总结

公司切忌同时使用多枚公章对外签订合同或签发对外往来函件。公司同时使用多枚印章,将在诉讼中背负沉重的证明责任负担。因为根据最高人民法院的裁判观点,一旦公司同时使用多枚印章,不仅不能否定在此期间使用的某一印章的效力,而且还可以推定在此期间出现的其他印章(其他可能趁机浑水摸鱼的印章)也可能为公司同时使用的多枚印章中的一枚。公司不能否定使用该印章签订的相关协议的效力。所以,对于公司而言,同时使用多枚印章将导致灾难性的法律后果。

相关判决

湖南宏某投资有限公司诉湖南鑫某大酒店有限公司等物权保护纠纷案〔(2016)最高法民申519号〕

再审申请人(一审原告、二审上诉人):湖南宏某投资有限公司,住所地湖南省长沙市芙蓉区五一路235号湘域中央1栋708房。

法定代表人:杨某刚,该公司总经理。

[①] 审理法院:最高人民法院;诉讼程序:再审

被申请人（一审被告、二审上诉人）：湖南鑫某大酒店有限公司。住所地：湖南省长沙市雨花区东二环一段 684 号。

法定代表人：易某钦，董事长。

被申请人（一审被告、二审被上诉人）：湖南腾某实业有限责任公司，原湖南省电某综合利用开发总公司，住所地：湖南省长沙市雨花区城南中路 60 号福安公寓 706 房。

法定代表人：易某钦，董事长。

再审申请人湖南宏某投资有限公司（以下简称宏某公司）因与被申请人湖南鑫某大酒店有限公司（以下简称鑫某公司）、被申请人湖南腾某实业有限责任公司（以下简称腾某公司）物权保护纠纷一案，宏某公司向湖南省长沙市中级人民法院提起诉讼，该院于 2015 年 4 月 27 日作出（2014）长中民三重初字第 00120 号民事判决。宏某公司、鑫某公司不服，向湖南省高级人民法院提起上诉，该院于 2015 年 10 月 26 日作出（2015）湘高法民一终字第 283 号民事判决。宏某公司仍不服向本院申请再审，本院受理后依法组成合议庭对本案进行了审查，现已审查终结。

宏某公司向本院申请再审，请求：一、请求撤销湖南省高级人民法院（2015）湘高法民一终字第 283 号判决；二、请求判令两再审被申请人腾退再审申请人所有的长沙市火焰开发区二片 1 栋 601、901、1001、1101、1201、1301、1401 共七层房屋（产权证号依次为：710267654、710267653、710267655、710267656、710267657、710267658、710267652）；三、请求判令两再审被申请人赔偿再审申请人房屋占用损失 2283.8625 万元（含租金损失、经营收益损失、欠款利息，暂计算至 2014 年 1 月 8 日止），并按租金损失 14025 元/天、经营收益损失 7000 元/天、欠款利息损失按中国人民银行同期贷款利息的双倍计算至腾退房屋之日止的损失。四、本案一审、二审和再审的案件受理费由再审被申请人承担。主要理由如下：

一、鑫某公司和湖南省电某综合利用开发总公司（以下简称电力公司）于 2001 年 11 月 1 日签订的《房屋租赁协议》系事后伪造，不具备真实性。鑫某公司无证据证明向电力公司支付了租金，认定鑫某公司和电力公司存在租赁关系缺乏有效证据证明。根据《民事诉讼法》第二百条的规定，原判决认定的基本事实缺乏证据证明的，人民法院应当再审。

第一，《房屋租赁协议》有明显的伪造痕迹，该协议上电力公司的印章与宏某公司从工商管理部门调取的电力公司在 2000 年—2005 年工商登记资料中所使用的两枚印章在大小和设计上有明显差异。二审法院也在判决书中认定这两枚公章目测均与《房屋租赁协议》上的公章不一致(见二审判决书第16页)。

第二,电力公司和鑫某公司法律人格和财产高度混同,电力公司为鑫某公司81%股权的控股股东,两公司的法定代表人均为易某钦,办公地点均在鑫某公司十楼。鑫某公司是电力公司为经营本案涉案房产而成立的子公司,鑫某公司为电力公司代缴房产税、土地税和银行利息。电力公司对鑫某公司的债权债务均予以包揽,如为鑫某公司的银行贷款提供担保,并用自有房产替鑫某公司抵偿银行1400多万元贷款,在2014年与湖南加某酒店管理有限公司(以下简称加某酒店)签订《房屋租赁协议》中用收取加某酒店的租金300万元无偿为鑫某公司支付员工遣散费及货款。鑫某公司和电力公司作为关联企业,其签订的《房屋租赁协议》不具有证明力。

第三,鑫某公司提供其向电力公司转账的凭证以证明其向电力公司每月支付了租金。但实际情况是,上述凭证上注明的是往来款,并无凭证表明支付的款项属于租金。因为金钱属于种类物,在未明确款项性质且两公司高度混同的情况下,鑫某公司支付的款项究竟属于租金、借款还是股东分红根本无法区分。银行转账凭证并不能证明鑫某公司向电力公司支付过租金,从而认定鑫某公司和电力公司之间存在真实的租赁协议关系,二审法院将上述转账款项认定属于租金存在认定事实错误。

第四,宏某公司在2011年3月6日起诉鑫某公司和电力公司后,经过本案多次开庭,鑫某公司均未主张过存在租赁合同关系,也未提交过租赁协议,直到2015年3月31日长沙中院一审最后一次开庭当天才提交租赁协议。若该协议确于2001年签订,本应一直在鑫某公司和电力公司处保管,并不属于新证据或难以取得的证据。鑫某公司和电力公司在长达四年多的时间内从未提出存在租赁关系,有违常理。此外,根据《民事诉讼法》规定,鑫某公司和电力公司提交的此份证据时已经超过举证期,宏某公司明确提出异议,不予认可(见一审判决书第6页)。

二、二审法院未按宏某公司的申请对房屋租赁协议的真实性进行鉴定,实际剥夺了宏某公司质证的权利,属于程序违法。

在本案的二审中,宏某公司对《房屋租赁协议》上的打印文字的形成时间、协议签字盖章的形成时间申请了鉴定。该协议原件存放至鑫某公司和电力公司处,二审法院却以宏某公司未提供样本供鉴定为由,"认为宏某公司的异议不能否定《房屋租赁协议》的真实性。"根据《民事诉讼法》第七十六条的规定,当事人可以就查明事实的专门性问题向人民法院申请鉴定。当事人未申请鉴定,人民法院对专门性问题认为需要鉴定的,应当委托具备资格的鉴定人进行鉴定。在宏某公司已经提出申请的情况下,二审法院对与本案至关重要的证据未组织鉴定,实际已经剥夺了宏某公司质证的权利。

三、鑫某公司并非善意第三人,其不应受"买卖不破租赁"原则的保护,二审法院适用法律错误。

二审法院简单地适用了合同法关于买卖不破租赁的条文,判决驳回宏某公司的诉讼请求。诚实信用原则是合同法的基本原则,买卖不破租赁的初衷是在善意第三人合法占有、使用租赁物的情况下,保护善意第三人的利益。《最高人民法院关于人民法院办理执行异议和复议案件若干问题的规定》第三十一条第二款规定:"承租人与被执行人恶意串通,以明显不合理的低价承租被执行的不动产或者伪造交付租金证据的,对其提出的阻止移交占有的请求,人民法院不予支持。"上述规定也反映了买卖不破租赁原则保护的是善意第三人。在本案中,鑫某公司明显不属于善意第三人。首先,其与房屋原所有人电力公司在法律人格和财务上高度混同,自建行长沙河西支行受偿鑫某公司相关房屋后,其一直拒不腾退房屋。在其与宏某公司、建行长沙河西支行自 2011 年起近四年的各类案件中,以及在 2008 年长沙市岳麓区人民法院组织的三次涉案房屋拍卖和长沙市人民岳麓区法院依照(2008)岳执字第 0521 号、第 0525 号裁定书将涉案房屋抵债给建行长沙河西支行的过程中,鑫某公司从未提出过与电力公司存在租赁关系;其次,其无法提供合法有效的能证明存在租赁关系的证据;再次,在其所称的《房屋租赁协议》中,电力公司仅以 8 万元的低价将火焰开发区 2 片 1 栋主楼(15 层,29526.86 平方米)和附楼(5409.97 平方米)出租给鑫某公司,而鑫某公司在 2008 年将其中的 7~8 层以 6 万元/层的价格租赁给第三人池振华,由此可见电力公司和鑫某公司约定的租赁价格为明显不合理的低价;最后,鑫某公司在二审庭审中承认自宏某公司拍得房屋后就未再使用 9~15 层(见 2015 年 8 月 20 日二审庭审笔录第 6 页、2015 年 9 月 23 日二审质证笔录第 4 页)。在 2014 年 6 月 24 日,电力公司将本案所涉房屋所在的、由鑫某公司经营的"鑫某大酒店"转让给加某酒店经营,鑫某公司实际上已经退出"鑫某大酒店"的经营。鑫某公司对本案所涉房屋既未经营使用,却也不腾退,存在严重的恶意。实际上鑫某公司已经并非"买卖不破租赁"原则所应保护的善意第三人,二审法院适用法律错误。

被申请人鑫某公司答辩称，1. 二审法院认定鑫某公司与腾某公司（原电力公司）之间于 2001 年 11 月开始存在案涉房屋租赁法律关系，符合客观事实。《房屋租赁协议》并非伪造，鑫某公司与电力公司人格并非混同，租金合理，而且鑫某公司诉讼前一直未主张该租赁协议是基于诉讼策略的考虑。2. 二审法院庭审程序上合法，鑫某公司可提交与案件事实相关的新证据，同时二审也并未剥夺宏某公司质证的权利。3. 本案客观事实上鑫某公司也不存在侵犯宏某公司案涉房屋物权的行为。宏某公司自拍卖取得案涉房屋所有权后从未向鑫某公司行使或者主张过所有权，鑫某公司也从未对宏某公司表示拒绝交付房屋，鑫某公司认为宏某公司恶意采取诉讼的方式要求高额房屋使用费，有违诚信，对鑫某公司有失公平。

被申请人腾某公司的答辩意见与鑫某公司基本一致。

另，电力公司系腾某公司前身。

本院经审查认为，宏某公司申请再审主要涉及以下问题：一、鑫某公司和腾某公司（以下称电力公司）是否对宏某公司的案涉房产构成侵权；二、二审法院是否违反法定程序及是否适用法律错误。

一、关于鑫某公司和电力公司是否对宏某公司的案涉房产构成侵权问题

宏某公司申请再审主张：鑫某公司与电力公司关于案涉房产于 2001 年 11 月 1 日所签订的房屋租赁协议是伪造的，且无证据证明鑫某公司向电力公司支付了租金，认定其间存在租赁关系缺乏有效证据证明。1. 案涉《房屋租赁协议》系鑫某公司与电力公司之间签订，对于意思表示真实各方并无异议，存在争议的是电力公司的公章问题。由于该租赁协议上所加盖的公章与电力公司在 2000 年—2005 年工商管理部门备案的两枚公章从表面上看确实存在差异，但同时也证明在该协议签订期间，使用的公章不具有唯一性，在宏某公司没有证据证明租赁协议上电力公司所加盖的公章系伪造印章的情形下，不能排除该公章系电力公司在此段期间使用的两枚以上的公章之一，因此宏某公司关于公章系伪造的再审申请，本院不予支持。2. 二审法院查明，2010 年 9 月 21 日，湖南希某得拍卖有限公司向鑫某公司出具优先购买权的通知函，告知鑫某公司行使优先购买权，与涉案《房屋租赁协议》第九条的约定相互印证，且宏某公司也参与了此次拍卖并最终取得了涉案房产的所有权，对拍卖的过程是明知的，二审法院关于鑫某公司为涉案房产的实际使用人、实际承租人及《房屋租赁协议》真实有效且实际履

行的认定,并无不妥。3. 关于鑫某公司是否真实向电力公司支付租金问题。本院认为,首先,二审法院将往来款认定为鑫某公司向电力公司履行租赁协议支付的租金,并无不当;其次,根据《房屋租赁协议》约定,鑫某公司支付给电力公司的租赁对价并不仅仅指向 96 万元/年的租金,还应该包括代为缴纳土地税、房产税以及未缴纳租金时的银行利息,并且已经实际履行和经过鉴证,故宏某公司认为租金价格过低的主张,本院不予支持。

另外,关于宏某公司主张电力公司和鑫某公司人格高度混同进而否定《房屋租赁协议》的问题。本院认为,仅从法定代表人和注册地址的同一不能否认二者的独立人格地位,且宏某公司提交的鑫某公司在全国企业信用信息公示系统中的信息载明:电力公司仅仅是鑫某公司五名股东之一,并不能以此认定鑫某公司与电力公司主体混同。至于鑫某公司与电力公司之间的租金、债权债务、担保等往来,并不能达到认定二者人格混同的程度,因此宏某公司据此主张《房屋租赁协议》无效,应不予支持。至于宏某公司主张案涉租赁协议并未合理出示及合法举证的问题。鑫某公司未在举证期限内出示《房屋租赁协议》,并不能认定其与电力公司的租赁关系不存在,且该证据与案件基本事实有关,人民法院予以采纳,并无不妥,故宏某公司关于超过举证期限应不采纳证据的观点不成立。

二、关于二审法院是否违反法定程序及是否适用法律错误的问题

1. 宏某公司主张二审法院未对房屋租赁协议真实性进行鉴定,剥夺了其质证权利,属于程序违法。本院认为,根据《最高人民法院关于民事诉讼证据的若干规定》第二十五条第二款之规定:对需要鉴定的事项负有举证责任的当事人在人民法院指定的期限内无正当理由不提出鉴定申请或者不预交鉴定费用或拒不提供相关材料,致使对案件争议的事实无法通过鉴定结论予以认定的,应当对该事实承担举证不能的法律后果。因此由于宏某公司未在指定时间提交鉴定所需材料,二审法院未予鉴定符合法律规定,宏某公司的主张于法无据。

2. 宏某公司主张鑫某公司不属于"买卖不破租赁"原则保护的善意第三人。首先,在宏某公司并无证据证明鑫某公司与电力公司构成人格混同,亦不能证明《房屋租赁协议》系伪造,更不能证明双方租金属明显不合理的低价,进而无法否定鑫某公司与电力公司租赁关系真实存在并已经切实履行的前提下,宏某公司认为鑫某公司不属于善意第三人地位,于法无据。其次,案外人池振华的另案主张已经被法院依法驳回,且鑫某公司与加某酒店签订的租赁协议所涉标的与本案无关。宏某公司以此否认鑫某公司属善意第三人之主张,本院不予采信。综上,

宏某公司关于鑫某公司不属于善意第三人的再审申请，本院不予支持。

另，关于宏某公司主张的租金问题，二审法院已经向其释明，由于本案属物权保护纠纷，宏某公司对于依法成为案涉标的所有权人之后的租金返还及交付问题，可以通过另案主张。

原一、二审法院认定事实清楚、适用法律正确，宏某公司的再审申请不符合《中华人民共和国民事诉讼法》第二百条之规定，本院依照该法第二百零四条之规定，裁定如下：

驳回湖南宏某投资有限公司的再审申请。

本裁定为终审裁定。

法律法规

《中华人民共和国民法典》（2021年1月1日施行）

第一百七十二条　行为人没有代理权、超越代理权或者代理权终止后，仍然实施代理行为，相对人有理由相信行为人有代理权的，代理行为有效。

006　唐山军某房地产开发有限公司等诉李某强买卖合同纠纷案[①]

裁判要旨

公司同时拥有私刻印章和备案章，即印章不止一枚的，公司不能仅以合同上加盖的印章与备案的公司印章不一致为由，主张合同对其不产生约束力。

实务要点总结

（1）很多公司在诉讼的过程中，认为只要证明了合同上加盖的印章与公司备案印章不一致，即可否定合同的效力，这种观点是错误的。

（2）公司有私刻印章和备案章，即公司拥有的印章不止一枚的，公司意欲否定某一印章的效力极为困难。除非公司能够证明其用章唯一性，否则仅以合同上的印章与备案印章不一致为由否定合同效力，将不会得到人民法院支持。

（3）需提示读者注意，根据《民法典》第六百八十六条规定，当事人在保

[①]　审理法院：最高人民法院；诉讼程序：再审

证合同中对保证方式没有约定或者约定不明确的，按照一般保证承担保证责任。但本案发生及审理时，《民法典》尚未施行，故法院根据当时有效的法律，认为在当事人没有约定保证方式时，保证人承担连带保证责任。

相关判决

唐山军某房地产开发有限公司等诉李某强买卖合同纠纷申请再审民事裁定书
[（2015）民申字第 342 号]

再审申请人（一审被告、反诉原告，二审上诉人）：唐山军某房地产开发有限公司。住所地：河北省唐山市路南区南新西道 124-59 号。

法定代表人：韩某杰，该公司总经理。

被申请人（一审原告、反诉被告，二审被上诉人）：李某强，男，个体工商户。

一审被告：华某建设集团有限公司。住所地：浙江省嘉兴市秀洲工业园区。

法定代表人：沈某华，该公司总经理。

再审申请人唐山军某房地产开发有限公司（以下简称军某公司）因与被申请人李某强、一审被告华某建设集团有限公司（以下简称华某公司）买卖合同纠纷一案，不服河北省高级人民法院（2014）冀民一终字第 224 号民事判决，向本院申请再审。本院依法组成合议庭对本案进行了审查，现已审查终结。

军某公司申请再审称：一、原审判决对于军某公司承担担保责任的基本事实认定不清，证据不足，适用法律错误。第一，李某强提交的《钢材供应协议书》和《军某房地产开发有限公司路南区定福三期改造项目（2011 年 3 月 29 日—2011 年 8 月 25 日钢材货款结算清单）》（以下简称三方结算清单）上加盖的军某公司印章是虚假的，军某公司并无为南通嘉某建筑工程有限公司（以下简称南通公司）提供担保的真实意思表示，《钢材供应协议书》对军某公司不具有法律约束力。第二，即便抛开军某公司印章真伪的问题，假设《钢材供应协议书》约定的担保成立，那么也是军某公司为南通公司提供的担保，南通公司后期将工程再转包给他人并未征得军某公司的同意，军某公司不应再承担担保责任。第三，三方结算清单落款日期为 2011 年 8 月 26 日，而李某强未在 2012 年 2 月 26 日之前向军某公司主张担保责任，已超过六个月的担保期间，军某公司应免除担保责任。第四，南通公司与唐山市开平区岳某混凝土有限公司签订的《混凝土购销合同》和《唐山市岳某混凝土结算单》证明案涉工程混凝土最初供应时间是

2011年2月28日，而按照建筑施工顺序，必然是先购买钢筋、铺设架构，再浇注混凝土，而《钢材供应协议书》却是2011年3月15日签订，晚于混凝土购买和浇注时间，也反映出《钢材供应协议书》是虚假的。二、原审判决对钢材供应量等基本事实的认定，缺乏证据证明。《钢材供应协议书》第七条约定，担保方只担保工程十层以内所用钢材的货款，超出部分不属于担保范围。但对于十层以内的钢材供应数量和货款，李某强既未提交证据，也未申请司法鉴定，属于举证不能和举证不全，故应驳回其诉讼请求。三、原审判决将军某公司于2012年6月11日向李某强之妻林某红账户支付的500万元认定为支付林某红的钢材款，认定事实不清，证据不足。林某红系案涉工程C区钢材供应商，其钢材款均由军某公司及其托管方张某国以借款方式支付给C区建筑施工单位华辰建设集团唐山矗某建筑工程有限公司（以下简称矗某公司），再由矗某公司支付，不存在军某公司直接向林某红支付的情况。四、原审判决对于钢材款利息和违约金的裁判适用法律错误，应予纠正。本案系买卖合同纠纷，不应判决给付利息；而且利息与违约金不应同时适用，违约金只能按照不超过30%的百分比核算，而不应该按期限以银行贷款利率的四倍计算。五、根据《钢材供应协议书》，南通公司是李某强供应钢材的实际购买人，但一审法院未追加南通公司参加本案诉讼，违反了法定程序。另外，公安机关已出具证明证实，《钢材供应协议书》上加盖的军某公司公章和三方结算清单上印章均是未经公安机关审批刻制的虚假印章，军某公司已向公安机关报案，刑事案件正在初查阶段。根据先刑事后民事的处理原则，本案应中止诉讼，移送公安机关处理。

综上，军某公司依据《中华人民共和国民事诉讼法》第二百条第（二）项、第（六）项之规定申请再审，请求撤销原审判决，驳回李某强对军某公司的诉讼请求，改判李某强返还军某公司已付款1060万元，或者裁定本案中止诉讼，移送公安机关处理，并由李某强承担全部诉讼费用。

李某强提交意见称：原审判决认定事实清楚，适用法律正确，程序合法，不存在《中华人民共和国民事诉讼法》第二百条规定的应当再审的情形，应依法驳回军某公司的再审申请。

本院认为，本案再审审查的焦点问题是：军某公司是否应为华某公司欠付李某强的钢材款承担担保责任，军某公司于2012年6月11日汇入李某强之妻林某红账户的500万元是否属于支付给李某强的钢材款，钢材款的利息和违约金如何认定，原审程序是否违法。

一、关于军某公司是否应为华某公司欠付李某强的钢材款承担担保责任的问题

2011年3月15日，南通公司、李某强、军某公司三方签订《钢材供应协议书》，约定李某强为军某公司开发并由南通公司承建的唐山定福庄三期改造项目工地C区供应钢材，军某公司为该工程十层以内所用钢材货款承担担保责任。南通公司、李某强、军某公司均在该协议上加盖了公章或者签字。经原审查明，军某公司在该协议上加盖的公章印文确非其工商备案的带有防伪编码的公章形成，但一审时李某强提交的军某公司营业执照、资质证书、核准证以及唐山市路南区政府函等材料上加盖的军某公司公章均未带有防伪编码，而上述材料系军某公司材料员……提供给李某强……在一审时出庭证实上述情况属实；另外，军某公司原法定代表人……在一审法院调查中亦证明军某公司同时使用多枚公章。据此，原审法院认定《钢材供应协议书》上加盖的军某公司公章印文是军某公司使用的公章形成，军某公司应当按照《钢材供应协议书》的约定承担保证担保责任，该认定有事实及合同依据，并无不当。军某公司再审申请主张证人郑某栋与军某公司有矛盾，其有合理理由怀疑该印章系造假形成，但该主张并无证据予以证实，不能成立。

如军某公司所称，华某公司并非《钢材供应协议书》的合同当事人，但在该协议履行过程中，华某公司承接了南通公司承建工程和所有债务。为明确南通公司退场前材料费的承担问题，华某公司、李某强与军某公司于2011年8月26日签署三方结算清单，明确记载：李某强自2011年3月29日至2011年8月25日提供钢材3532.506吨，总计利息为1651921元，从8月26日起以3532.506吨为基数每天每吨5元计算利息，上述数量及价格由南通公司转入华某公司，在工程主体十层封顶时，军某公司第一次拨款时付清。三方结算清单由军某公司加盖了军某公司定福三期项目部印章。军某公司再审申请提出该印章也是虚假的。但经原审查证，该印章在2011年6月23日军某公司给南通公司要求整改的通知以及2011年12月16日军某公司关于招投标项目定价的通知上均有加盖，能够证实该印章真实存在并实际使用。故军某公司否认该印章真实性的主张，理据不足，不能成立。之后，自2012年3月14日至2013年4月9日，军某公司多次向李某强及李某强之妻林某红账户转账，以"借款"名义支付钢材款。上述事实足以证明军某公司认可华某公司承接了南通公司承建工程和工程费用，认可李某强提供钢材的事实，认可对钢材款负有担保责任。故军某公司再审申请称南通公

司未经其同意将案涉工程转包给华某公司，其不再承担担保责任的主张，与事实不符，不能成立。

《供应钢材协议书》和三方结算清单均载明，在工程十层封顶后结清所有钢材款，据此应认定工程十层封顶时间为主债务履行期限届满之日。原审判决以军某公司向李某强第一次付款时间即 2012 年 3 月 14 日作为工程十层封顶时间，具有合同及事实依据。因《钢材供应协议书》未约定军某公司承担保证责任的方式和保证期间，根据《中华人民共和国担保法》第十九条、第二十六条之规定，其应按照连带责任承担保证责任，保证期间应为主债务履行期限届满之日即 2012 年 3 月 14 日起六个月。而军某公司于 2012 年 5 月 11 日第二次向李某强转账付款，应视为李某强在该时间向军某公司主张了担保责任，并未超过六个月的保证期间。因此，军某公司申请再审称李某强要求其承担担保责任已超过保证期间的主张，与事实不符，不能成立。另外，建筑工程施工顺序以及混凝土和钢材的购买顺序并不能否定《钢材供应协议书》的真实性以及李某强提供钢材的客观事实，军某公司以《混凝土购销合同》《唐山市岳某混凝土结算单》的签订时间早于《钢材供应协议书》而否认《钢材供应协议书》真实性的主张，理据不足，不能成立。

关于军某公司承担担保责任的范围，《钢材供应协议书》第七条第四款约定："担保方只担保本工程十层以内所用钢材的货款，超出部分不在担保范围"。但在 2011 年 8 月 17 日、19 日，华某公司分别向军某公司出具函件，请求军某公司为钢材款提供担保，军某公司在两份函件上加盖合同专用章并签署"同意担保"，表明军某公司同意为华某公司所购钢材提供担保，而李某强提供的"入库单"亦证明该时间内李某强确实供应了最后两批钢材。另外，2011 年 8 月 26 日三方在结算清单中明确李某强所供钢材的数量以及金额，并明确该款项在工程主体十层封顶时，军某公司第一次拨款时付清。综合上述事实，可视为军某公司认可对三方结算清单记载的钢材数量和价款承担担保责任。故军某公司申请再审称原审法院对李某强供应钢材数量认定不清、其只担保工程十层之内钢材款的主张，与事实不符，不能成立。

综上，原审法院判决军某公司为华某公司应付李某强的钢材款承担连带给付责任，并驳回军某公司要求李某强返还已付款 1060 万元的反诉请求，并无不当。军某公司申请再审称原审判决认定其承担担保责任的事实不清、证据不足、适用法律错误的主张，不能成立。

二、关于军某公司汇入林某红账户的 500 万元是否属于支付给李某强钢材款的问题

林某红系李某强之妻，同时系本案所涉工程 C 区的钢材供应商。军某公司先后于 2012 年 3 月 14 日、2012 年 5 月 11 日、2012 年 6 月 11 日、2012 年 10 月 15 日、2013 年 2 月 8 日汇入林某红账户共计 1030 万元，除 2012 年 6 月 11 日汇入的 500 万元外，原审法院认定其他四笔共计 530 万元均系军某公司支付给李某强的钢材款。对于军某公司提出异议的上述 500 万元，原审已查明，李某强对该笔款项并未向军某公司出具借条，与李某强对 2012 年 5 月 11 日汇入的 300 万元以打借条方式予以认可并不相同，且在林某红起诉蠡某公司、军某公司欠付钢材款纠纷案件中，林某红已将该笔 500 万元计入已付货款数额，蠡某公司亦予认可。故原审法院认定该笔 500 万元并非支付给李某强的钢材款，有事实依据。军某公司申请再审主张该笔 500 万元应认定为支付李某强的钢材款，缺乏充分证据证实，不能成立。

三、关于钢材款利息和违约金的判决是否错误的问题

原审判决依据《钢材供应协议书》以及三方结算清单的约定，按照李某强供应钢材的进度以及应付款时间，分三个时间段认定了钢材款的利息和违约金。第一时间段为钢材供应期间即 2011 年 3 月 29 日至 8 月 25 日，原审法院以三方结算清单记载的数额 1651921 元认定为钢材款的利息，该"利息"的性质实际上应为《钢材供应协议书》约定的钢材进场之日起的补偿费；第二时间段为钢材供应结束至付款之前即 2011 年 8 月 26 日至 2012 年 3 月 14 日，如按照《钢材供应协议书》以及三方结算清单约定，从 2011 年 8 月 26 日起，利息的计算应以 3532.506 吨为基数，每天每吨 5 元，但原审法院认为该计算标准过高，调整为按照中国人民银行同期贷款基准利率四倍计付；第三时间段为逾期付款期间，原审法院根据军某公司给付李某强每笔钢材款的时间和金额，以中国人民银行同期贷款基准利率的四倍标准分段判定了逾期支付产生的违约金。由此可以看出，本案钢材款的利息和违约金并非在同一时间段同时适用。同时，原审法院亦对过高的补偿费和违约金计算标准予以了调整，适当保护了军某公司的利益。故军某公司申请再审主张原审法院对于利息和违约金的判决适用法律错误，于法无据，不能成立。

四、关于本案程序是否违法的问题

如前所述，南通公司虽为签订《钢材供应协议书》的一方当事人，但在合同履行过程中，已将承建工程以及工程债务转移给华某公司承接，李某强并未起诉南通公司，军某公司一审中亦未申请追加南通公司，因此原审法院未追加南通

公司参加本案诉讼，程序上并无不当。虽然军某公司就其主张的印章造假问题已向公安机关报案，公安机关亦受理并初查，但目前并无结论，而本案系钢材买卖合同以及担保责任纠纷，即便存在他人伪造印章或者诈骗的犯罪嫌疑，亦与本案民事争议无涉。"先刑事后民事"并非所有涉及刑事犯罪的民事案件处理的必经程序，原审法院未将本案中止审理并移送公安机关处理，程序上亦无不当。故军某公司申请再审所提原审法院程序违法的主张，不能成立。

综上，军某公司提出的再审申请不符合《中华人民共和国民事诉讼法》第二百条第二项、第六项规定的情形。本院依照《中华人民共和国民事诉讼法》第二百零四条第一款之规定，裁定如下：

驳回唐山军某房地产开发有限公司的再审申请。

法律法规

《中华人民共和国民法典》（2021年1月1日施行）

第六百八十六条　保证的方式包括一般保证和连带责任保证。

当事人在保证合同中对保证方式没有约定或者约定不明确的，按照一般保证承担保证责任。

007 张家口市景某商贸有限公司与河南兴某建筑工程公司买卖合同纠纷案[①]

裁判要旨

在诉讼过程中，公司为否定某一印章的效力，在司法鉴定过程中提供的检材为非备案公章的，证明公司用章不具有唯一性（既有备案章也有非备案章）。如果公司的印章不唯一，公司就不能否定存在效力争议的某一印章为伪造印章。

实务要点总结

（1）公司切忌在日常经营过程中同时使用多枚印章。

（2）公司拥有的印章不止一枚的将面临巨大的法律风险，仅以合同上的印章与备案印章不一致为由否定合同效力，将不会得到人民法院支持。

---

① 审理法院：最高人民法院；诉讼程序：再审

相关判决

张家口市景某商贸有限公司与河南兴某建筑工程公司买卖合同纠纷再审民事裁定书〔(2015) 民申字第 426 号〕

再审申请人（一审被告、二审上诉人）：河南兴某建筑工程公司。住所地：河南省开封市东环北路 40 号。

法定代表人：王某胜，该公司总经理。

被申请人（一审原告、二审被上诉人）：张家口市景某商贸有限公司。住所地：河北省张家口市高新区华耐家居一楼。

法定代表人：郭某武，该公司经理。

再审申请人河南兴某建筑工程公司（以下简称兴某公司）因与被申请人张家口市景某商贸有限公司（以下简称景某公司）买卖合同纠纷一案，不服河北省高级人民法院（2014）冀民二终字第 102 号民事判决，向本院申请再审。本院依法组成合议庭进行了审查。本案现已审查终结。

兴某公司申请再审称：一、原审判决认定事实不清，证据不足。原审中景某公司自述收到货款 488 万元，但拒绝提交相关的银行凭证、进项发票、销项发票、装车费用的支出凭证、车辆运输的费用支付凭证、车牌号码、司机姓名等有关能证明交易真实性的相关证据。再审申请人认为，因本案交易的真实性证明不了，景某公司也涉嫌诈骗。根据合同约定与景某公司在原审中的陈述，案涉钢坯均是运货到施工现场，但经公安机关调查取证，钢材买卖合同所涉的三个工地，均不是我单位施工，钢材也系甲方自行购买供应。由于张某林没有到案，持有三份虚假合同的是景某公司，印章是景某公司伪造或是张某林伪造无法确认，景某公司参与诈骗的事实足以确认。而且，原审判决书认定"现实中企业存在两枚以上印章的情况客观存在"，公然为刑事案件的犯罪分子开脱。以民事判决书的形式把伪造印章这种刑事犯罪行为合法化，公然扰乱正常的市场经营秩序。二、关于二审认定为表见代理的两份委托书问题。被申请人在签订合同、履行合同过程中不具有善意且有明显过错，张某林的行为不构成使被上诉人足以相信张某林有资格代表兴某公司北京工程处签订钢材买卖合同的权力。1. 兴某公司北京工程处 2010 年 7 月 21 日出具的委托书中，被委托人张某林接受的委托事项为张北宏某宏怡嘉苑 B3、A36 工程的前期业务及招投标活动，并不包括代表公司签订买卖钢材合同，并且合同约定及景某公司自述均是运货至施工现场。公安机关实际已查明，张某林假借兴某公司的名义、私刻印章与宏某房地产建设工程公司签订补充协议，其实施的行为就是诈骗行为，与兴某公司没有关系。张北宏某宏怡嘉苑 B3、A36 工程中标单位是河北京某建设集团公司，实际施工人是海南中某建筑总公司，张家口宗某建设工程质量检测有限公司钢材检验报告明确载明张北宏怡嘉苑二期住宅小区 B3、A36 号楼钢材检测委托单位为河北京某建设有限公司。2. 兴某公司北京工程处 2011 年 3 月 17 日出具的委托书中，委托张某林以本公司名义办理涿州名流东郡小区管理供销等一切事宜和工程的前期业务及投标活动，并不包括代表公司签订买卖钢材合同。该委托书内容有明显的添加，委托事项超出了前期业务及投标活动的限定事项。经公安机关查明，涿州市远某名流房地产开发有限公司开发的涿州市小沙坎城中村改造建设工程承建单位是河北中某建筑工程有限公司二分公司，整个工程的钢材均由涿州市远某名流房地产开发有限公司统一采购供应，涿州市远某名流房地产开发有限公司已向张家口市公安局桥东分局经济犯罪侦查大队出具该工程承建单位及钢材供应情况。3. 2011 年 10 月 11 日张某林与景某公司签订的钢材买卖合同上载明的工程是北京市通州区西集镇张各庄新村改造工程，并且合同约定及景某公司自述均是运货至施工现场。经公安机关查明，北京市通州区西集镇张各庄新村承建单位是海南中某建筑工程有限公司建筑分公司。整个工程的钢材均由北京市京沈某房地产开发公司统一采购供应，北京市京沈某房地产开发公司已向张家口市公安局桥东分局经济犯罪侦查大队出具该工程承建单位及钢材供应情况。三、原审判决书适用法律明显错误。《最高人民法院关于审理经济纠纷案件中涉及经济犯罪嫌疑的若干问题的规定》第五条规定："行为人盗窃、盗用单位的公章、业务介绍信、盖有公章的空白合同书，或者私刻单位的公章签订经济合同，骗取财物归个人占有、使用、处分或者进行其他犯罪活动构成犯罪的，单位对行为人该犯罪行为所造成的经济损失不承担民事责任。"第十一条规定："人民法院作为经济纠纷受理的案件，经审理认为不属经济纠纷案件而有经济犯罪嫌疑的，应当裁定驳回起诉，将有关材料移送公安机关或检察机关。"据此，本案应移送公安机关。四、原审法院违反审判程序是造成这起错案的根本原因。1. 本案是一起典型的刑事诈骗案件，应移交公安机关处理，原审法院依然按民事案件审理，且张家口市桥东公安分局立案依据就是景某公司提交的三份合同书，印章系伪造。目前已经有四处公安机关对张某林合同诈骗立案。且北京市公安局顺义区公安分局在逃人员信息表表明张某林在 2011 年 7 月 28 日就已经在逃，本案合同属于张某林在逃期间与景某公司签订的合同，足以证明这是一起典型的合同诈骗案件。2. 在开庭审理时我公司依法提出请求去张家口市公安局桥东分局调取有关张某林诈骗的证据，原审法院于 2014 年 9 月 12 日去调取了张某林与景某公司合伙诈骗的证据，一直不进行质证，这是为掩盖景某公司与张某林合伙诈骗的事实，却在判决书中称对兴某公司要求调取的证据不予支持。事实是证据已调取，故意不组织质证，在判决书中公然说谎话。是否应该调取证据应在审理过程给予明确答复。我司就答复的内容也可申请复议。但是原审法院却在判决书中答复，公然剥夺了我公司复议权。其行为掩盖了张某林、景某公司以民事诉讼行为达到使我公司承担责任、达到诈骗的目的。3. 判决书中所述的四枚印章，我公司当庭已申请鉴定，并提交鉴定申请书。原审法院对鉴定是否应该进行应在审理过程给予明确答复。我司就答复的内容也可申请复议。原审法院却在判决书中答复，公然剥夺了我司复议权。综上原审判决认定事实不清、证据不足、程序不当、适用法律错误，根据《中华人民共和国民事诉讼法》第一百九十九条、第二百条第（一）项、第（二）项、第（四）项、第（五）项、第（六）项之规定，请求：1. 撤销原审判决，驳回被申请人的诉讼请求；2. 依法将该案移交公安机关处理，驳回被申请人的起诉。

本院经审查认为，兴某公司北京工程处系兴某公司于 2009 年 9 月 6 日根据该司《关于成立北京分公司的决定》（豫兴字（2009）第 14 号）设立，该公司法定代表人王某胜亦于 2009 年 10 月 16 日出具《法人声明》，确认王某霞为北京工程处负责人。根据王某霞和路某安在公安机关的笔录内容，可以证实张某林与兴某公司北京工程处之间存在着事实上的挂靠关系。本案中，景某公司与兴某公司北京工程处签订案涉张北县宏怡嘉苑工程、涿州工地的《钢材购销合同》，是以张某林所持北京工程处负责人王某霞分别于 2010 年 7 月 21 日、2011 年 3 月 17 日出具的《委托书》和北京工程处的四证为依据，虽然该两份委托书上所记载的授权范围为委托张某林办理工程的前期业务及投标活动，因工程施工中的分包和挂靠现象大量存在，加之合同约定的交货地点均为施工工地，故景某公司在签约时有理由相信张某林是代表兴某公司北京工程处。在景某公司与张某林签订通州工地的《钢材购销合同》时虽然没有在当时取得 2011 年 5 月 1 日王某霞出具的《委托书》，但因该合同与涿州工地的合同同时签订，景某公司在签约时亦有理由相信张某林有权代表兴某公司北京工程处。因此，再审申请人兴某公司关于前述《委托书》所记载的授权范围不足以使景某公司相信张某林有权代表北京工程处，景某公司在签约时存在过错的申请理由，无事实和法律依据，本院不予采信。原审判决已经查明，上述合同签订后，景某公司已经依约将案涉钢坯实际交付至上述工地并由张某林聘用的人员签收，但兴某公司北京工程处仅支付了部分货款，依法应当承担继续支付货款并承担赔偿损失的违约责任。原审判决关于张某林与兴某公司签订并履行三份合同的行为构成表见代理并应由兴某公司承担相应法律责任的认定正确，本院予以确认。本案中兴某公司虽然提供了案涉合同的印章与其持有的印章不符的鉴定意见，但因其提交的作为比对检材的印章亦非备案印章，考虑到张某林与兴某公司北京工程处存在着挂靠的约定，故原审判决以现实中企业存在两枚以上印章的情况客观存在这一经验法则作为认定本案事实的基础，并无不当。再审申请人兴某公司对其主张的案涉工地均非该公司施工且钢材均为甲方自行采购的申请理由，并未提供相应的证据加以证实，故本院对其关于案涉购销合同并未实际履行、景某公司和张某林涉嫌共同诈骗的申请理由，不予采信。

再有，就原审法院的审理程序是否适当这一问题。首先，在张某林的行为已经构成表见代理的情况下，张某林是否涉嫌诈骗，以及是否实际构成犯罪，均不影响本案中兴某公司依法应当承担的合同责任。故原审判决关于公安机关对张某林立案侦查的事实并不影响本案审理的认定正确，本案不应移送公安机关。其次，人民法院在审理案件的过程中，认定事实和适用法律均系依职权主动行使司法审判权，在案件基本事实已经查清并能够在此基础上确定责任后，对当事人提出的与案件待证事实无关的调查取证、鉴定等申请，依法有权不予准许。再审申请人关于原审法院未依其申请调取证据并安排质证、不予准许其公章鉴定申请违反审判程序的申请理由，于法无据，本院不予采信。

此外，对再审申请人兴某公司在申请理由中提及的张某林涉嫌诈骗已经于2011年7月28日在逃一节。经审查再审申请人提交的相关证据，公安机关2012年5月18日填写的《在逃人员登记信息表》所附的简要案情为：2011年7月28日，张某林以兴某公司的名义与案外人签订《钢材供货合同》，诈骗案外人价值100余万元的钢材，现张某林在逃；逃跑时间为2011年7月28日。据此，兴某公司所陈述的张某林在逃时间并非公安机关经过侦查后所确定的事实。该节事实可以印证，张某林在该期间确实是以兴某公司的名义对外开展经营活动，并导致交易相对人损失。

综上，兴某公司的再审申请不符合《中华人民共和国民事诉讼法》第二百条第（一）项、第（二）项、第（四）项、第（五）项、第（六）项规定的情形。本院依照《中华人民共和国民事诉讼法》第二百零四条第一款之规定，裁定如下：

驳回河南兴某建筑工程公司的再审申请。

法律法规

《中华人民共和国民法典》（2021年1月1日施行）

第一百七十二条　行为人没有代理权、超越代理权或者代理权终止后，仍然实施代理行为，相对人有理由相信行为人有代理权的，代理行为有效。

《全国法院民商事审判工作会议纪要》（法〔2019〕254号）

41.【盖章行为的法律效力】司法实践中，有些公司有意刻制两套甚至多套公章，有的法定代表人或者代理人甚至私刻公章，订立合同时恶意加盖非备案的公章或者假公章，发生纠纷后法人以加盖的是假公章为由否定合同效力的情形并不鲜见。人民法院在审理案件时，应当主要审查签约人于盖章之时有无代表权或者代理权，从而根据代表或者代理的相关规则来确定合同的效力。

法定代表人或者其授权之人在合同上加盖法人公章的行为，表明其是以法人名义签订合同，除《公司法》第16条等法律对其职权有特别规定的情形外，应当由法人承担相应的法律后果。法人以法定代表人事后已无代表权、加盖的是假章、所盖之章与备案公章不一致等为由否定合同效力的，人民法院不予支持。

代理人以被代理人名义签订合同，要取得合法授权。代理人取得合法授权后，以被代理人名义签订的合同，应当由被代理人承担责任。被代理人以代理人事后已无代理权、加盖的是假章、所盖之章与备案公章不一致等为由否定合同效力的，人民法院不予支持。

008 贵州建某集团第三建筑工程有限责任公司诉鸡西市坚某混凝土制造有限公司买卖合同纠纷案[①]

裁判要旨

公司主张合同上加盖的印章系伪造印章，但没有证据证明公司提供比对的印

---

① 审理法院：最高人民法院；诉讼程序：再审

章样本为公司备案印章的，公司不能仅以提供比对的印章与合同上加盖的印章不一致为由主张印章系伪造。

实务要点总结

（1）公司切忌同时使用多枚印章，否则将承担重大法律风险。

（2）公司在诉讼过程中，拟证明合同上加盖的印章并非公司实际使用印章，即意图证明印章为假，需要鉴定的，提供比对的样本必须是公司已备案的印章。否则，如果提供的印章样本为非备案章的，相关司法鉴定结论无异于"废纸一张"。

相关判决

贵州建某集团第三建筑工程有限责任公司与鸡西市坚某混凝土制造有限公司买卖合同纠纷申请再审民事裁定书［（2015）民申字第2627号］

再审申请人（一审被告、二审上诉人）：贵州建某集团第三建筑工程有限责任公司。住所地：贵州省贵阳市南明区遵义路67号。

法定代表人：周某富，该公司董事长。

被申请人（一审原告、二审被上诉人）：鸡西市坚某混凝土制造有限公司。住所地：黑龙江省鸡西市城子河区永丰乡新华村。

法定代表人：柳某明，该公司董事长。

再审申请人贵州建某集团第三建筑工程有限责任公司（以下简称贵州三某公司）因与被申请人鸡西市坚某混凝土制造有限公司（以下简称坚某公司）买卖合同纠纷一案，不服黑龙江省高级人民法院（2014）黑高商终字第90号民事判决，向本院申请再审。本院依法组成合议庭对本案进行了审查，现已审查终结。

贵州三某公司向本院申请再审称：根据《民事诉讼法》第二百条第（一）项、第（三）项之规定申请再审，请求撤销原判决，驳回坚某公司的全部诉讼请求，一审、二审诉讼费由坚某公司承担。

其主要理由是：贵州省贵阳市公安局刑事科学技术研究所2015年7月6日作出的（黔）公（筑）鉴（文）字第（2015）051号《文件检验鉴定书》（以下简称文检鉴定书），鉴定意见为：2011年9月11日订立、发包方为芜湖市港某房地产开发有限责任公司（以下简称港某公司）、承包方为贵州三某公司的《补充协议》上"朱某欧印"与贵州三某公司提供的"朱某欧印"同一印文六枚非同一枚印章盖印形成。贵州三建鸡西分公司设立登记申请书上的"朱某欧"

笔迹与贵州三某公司提交的样本"欧""某""朱"的运笔特征表现不一致。《补充协议》、签字栏为司某的指定代表或者共同委托代理人的证明、贵州建某集团章程目录、房屋租赁协议、司某身份证复印件、黑龙江省鸡西市中级人民法院提供的授权委托书上、申请书、签字栏为石某如的指定代表或者共同委托代理人的证明、朱某欧身份证复印件、分公司设立登记申请书等等送检材料上加盖的"贵州建某集团第三建筑工程有限责任公司"印文与贵州三建提供的印文非同一枚印章盖印形成。该鉴定书能够证明，司某伪造了贵州三某公司的印章及其他资料设立了鸡西分公司，并以贵州三某公司的名义对外签订合同，即原判决认定主要事实的证据是伪造的。该鉴定书作为新证据，能够证明贵州三某公司与本案没有任何关系，足以推翻原判决。

坚某公司答辩称：贵州三某公司的再审申请事由不能成立。其主要理由是：1. 尚无生效刑事判决认定司某存在伪造贵州三某公司印章、设立鸡西分公司、签订案涉建设工程施工合同等犯罪行为。2. 文检鉴定书取得程序违法且存在瑕疵，不足以证明本案认定事实的主要证据是伪造的。3. 贵州三某公司向公安机关报案时称，司某曾于2011年挂靠该公司承接工程。所以，司某是否伪造印章，不影响其具有代理权或其行为构成表见代理，也不影响贵州三某公司承担债务清偿责任。

本院认为，贵州三某公司提供的文检鉴定书，鉴定意见载明港某公司、贵州三某公司《补充协议》上加盖的"贵州三某公司"及"朱某欧"印章与贵州三某公司提供的比对样本不一致，但是贵州三某公司没有提供证据证明比对样本中的印章系其在公安机关备案的印章，且贵州三某公司也没有提供证据证明港某公司、贵州三某公司《建设工程施工合同》上加盖的"贵州三某公司"及"朱某欧"印章系伪造；贵州三某公司提交的贵州省贵阳市公安局《立案告知书》，仅能证明公安机关开始调查司某涉嫌伪造公司印章一案，但是目前尚无人民法院生效判决确认司某实施了伪造印章用于成立鸡西分公司以及签订合同承揽工程等犯罪行为。

综上，贵州三某公司仅提供文检鉴定书、立案告知书等证据，尚不能证明前述《建设工程施工合同》《补充协议》上加盖的"贵州三某公司"及"朱某欧"的印章系伪造，不足以推翻原判决认定的事实。贵州三某公司的再审申请，不符合《民事诉讼法》第二百条第（一）项、第（三）项规定的情形。依照《中华人民共和国民事诉讼法》第二百零四条第一款之规定，裁定如下：

驳回贵州建某集团第三建筑工程有限责任公司的再审申请。

009 江苏金某投资担保有限公司与浙江长兴金某阳电源有限公司、盱眙安某工贸有限公司等追偿权纠纷上诉案[1]

裁判要旨

印章具有对外代表公司意志的表象，公司的法定代表人在知晓公司存在同时使用多枚印章的情形下，未限制该枚印章的使用，应视为放任他人使用该枚印章。公司不得否认任何一枚印章的效力。

实务要点总结

公司法定代表人、实际控制人、股东等发现公司存在同时使用多枚印章的情形时，应立即制止并收回印章，以确保公司印章使用的唯一性。公司如果放任同时使用多枚印章的，则不能否定任何一枚印章的效力。

相关判决

江苏金某投资担保有限公司与浙江长兴金某阳电源有限公司、盱眙安某工贸有限公司等小额借款合同纠纷二审民事判决书〔（2014）苏商终字第0061号〕

上诉人（原审被告）：浙江长兴金某阳电源有限公司，住所地在浙江省长兴县槐坎乡工业园区。

法定代表人：开某敏，该公司董事长。

被上诉人（原审原告）：江苏金某投资担保有限公司，住所地在江苏省盱眙县经济开发区东方大道1号（盱眙县青少年活动中心三楼）。

法定代表人：何某燕，该公司总经理。

被上诉人（原审被告）：盱眙安某工贸有限公司，住所地在江苏省盱眙县工业园区牡丹大道东侧。

法定代表人：肖某良，该公司董事长。

被上诉人（原审被告）：盱眙县楚某农村小额贷款有限公司，住所地在江苏省盱眙县古桑乡北头。

法定代表人：刘某荣，该公司董事长。

---

[1] 审理法院：江苏省高级人民法院；诉讼程序：二审

被上诉人（原审被告）：肖某良。

被上诉人（原审被告）：郭某惠。

被上诉人（原审被告）：刘某荣。

被上诉人（原审被告）：李某。

上诉人浙江长兴金某阳电源有限公司（以下简称金某阳公司）因与被上诉人江苏金某投资担保有限公司（以下简称金某公司）、盱眙安某工贸有限公司（以下简称安某公司）、盱眙县楚某农村小额贷款有限公司（以下简称楚某公司）、肖某良、郭某惠、刘某荣、李某追偿权纠纷一案，不服江苏省淮安市中级人民法院（2013）淮中商初字第0011号民事判决，向本院提起上诉。本院于2014年2月24日立案受理后，依法组成合议庭，于2014年6月4日公开开庭审理了本案。上诉人金某阳公司的委托代理人×××，被上诉人金某公司的委托代理人×××，楚某公司的委托代理人×××，肖某良的委托代理人×××，李某的委托代理人×××到庭参加诉讼。被上诉人安某公司、刘某荣、郭某惠经本院合法传票传唤，无正当理由未到庭参加诉讼，本院依法缺席审理。本案现已审理终结。

金某公司一审诉称：2011年8月29日，其与安某公司签订委托保证合同一份，约定由其为安某公司向江苏盱眙农某合作银行（后更名为江苏盱眙农某商业银行股份有限公司，以下简称盱眙商某银行）提供借款担保，担保金额为300余万元，并约定如安某公司不能按期向银行还款，则金某公司有权没收安某公司缴纳的违约保证金。同年9月15日，盱眙商某银行向安某公司发放200万元的贷款，并开具100万元的银行承兑汇票。为前述债务，金某公司与盱眙商某银行于同日签订主债务为200万元的保证合同，及100万元的银行承兑汇票最高额敞口担保合同。金某阳公司、楚某公司、肖某良、郭某惠、刘某荣、李某及案外人吴某华、殷某飞为安某公司向金某公司提供反担保。因安某公司在案涉借款到期后未还款，金某公司依据保证合同向盱眙商某银行代偿了本金及利息，经多次催要，安某公司仍不履行偿还责任，故请求判令：1. 各被告连带偿还金某公司垫付的3042931.35元及利息（自2012年9月30日至实际还款之日，依据安某公司与盱眙商某银行在借款合同中约定的月利率8.4‰计算）；2. 各被告连带承担本案律师费及诉讼费。

楚某公司一审辩称：对金某公司诉称的事实基本无异议，但其担保范围仅为100万元，请求依法处理。

金某阳公司一审辩称：其未为安某公司提供过担保，反担保函上金某阳公司的印章系他人伪造。请求驳回金某公司对金某阳公司的诉讼请求。

李某一审辩称：1. 其作为安某公司的股东未参与公司正常经营活动，对公司的经营亦从未过问。2. 其是在不知情的情况下在案涉反担保函上签字的。3. 金某公司逾期十五天代偿借款，由此产生的逾期利息不属于李某的保证范围。综上，请求法院公正裁决。

安某公司、肖某良、郭某惠、刘某荣一审未答辩。

原审法院经审理查明：2011年9月5日，安某公司与盱眙商某银行签订流动资金借款合同一份，约定安某公司从盱眙商某银行借款200万元，期限自合同签订之日至2012年9月14日，月利率为8.4‰，按月结息，逾期贷款罚息利率为贷款利率水平加收30%。同日，安某公司、金某公司与盱眙商某银行签订银行承兑汇票最高额敞口担保合同一份，约定金某公司为安某公司自2011年9月15日至2012年9月14日在盱眙商某银行办理银行承兑汇票形成的债务最高额100万元提供担保，担保方式为连带责任保证。安某公司、金某公司与盱眙商某银行签订保证合同一份，约定金某公司为安某公司与盱眙商某银行形成的流动资金借款债权提供连带责任保证，主债权金额为200万元。此后，盱眙商某银行依约发放贷款及出具承兑汇票。

2011年8月29日，安某公司与金某公司签订委托保证合同一份，约定：金某公司为安某公司的300万元主债务提供连带责任保证，保证期间为主债务履行期届满之日起两年，安某公司向金某公司缴纳担保费5.4万元、违约保证金45万元。若安某公司提前清偿主债务，则退还违约保证金。另约定，合同生效后，双方应全面履行约定的义务，安某公司不履行或不完全履行约定义务，应承担相应的违约责任，并赔偿由此给对方造成的损失。安某公司如不能按期履行向银行的还款义务，金某公司有权直接没收安某公司缴纳的违约保证金，安某公司不得提出任何异议。同日，安某公司向金某公司出具函件一份，载明：安某公司愿意提供45万元作为案涉保证合同的预先违约金，如安某公司不能依约偿还借款，则金某公司直接扣除该款作为违约金。如按期还款，应返还此款。

同日，安某公司、楚某公司与金某公司签订反担保（保证）合同一份，约定：因安某公司与盱眙商某银行签订流动资金借款合同、承兑汇票最高额的担保合同（以下简称主合同），约定由金某公司为安某公司提供保证担保，保证期限自主债务履行期届满之日起两年，保证金额为叁百万元整（该"叁百万元整"字样系经涂改形成）。为确保主合同项下安某公司的义务得到切实履行，楚某公司愿意向金某公司提供保证反担保，保证方式为连带责任保证，保证反担保的范围包括：主合同项下全部主债权、利息（包括复利和罚息）、违约金、赔偿金及安某公司应向金某公司缴纳的评审费、担保费、罚息、实现债权所发生的一切费用；当安某公司不履行主债务时，无论安某公司是否向金某公司提供其他反担保，金某公司均有权首先要求楚某公司对前述全部债权承担保证责任。

同日，金某阳公司、肖某良、郭某惠、刘某荣、李某分别向金某公司出具反担保函，载明：金某公司为安某公司300万元借款提供担保，为减少金某公司因提供担保可能带来的风险，金某阳公司、肖某良、郭某惠、刘某荣、李某愿为安某公司向金某公司提供连带反担保责任。担保范围为金某公司为安某公司担保而支付的一切费用及后续追偿费用，主要包括但不限于：代偿本金、利息、罚息、律师费、诉讼费等。

安某公司在案涉贷款到期后未向银行履行偿还义务。2012年9月29日，金某公司为此向盱眙商某银行代偿300万元本金及利息42931.35元，合计3042931.35元。金某公司因向安某公司索偿未果，提起本案诉讼，支出律师费2万元。

一审中，金某公司称其依据委托保证合同向安某公司收取保证金45万元，因安某公司未履行还款义务致金某公司实际支付代偿款及相应利息，故未退还该45万元保证金。

另查明，金某公司提交的加盖有"金某阳公司印章"的反担保函上，金某阳公司印章的编号为3305220017192（以下简称192章），而金某阳公司提交的该公司备案申请书上印章的编号为3305220017292（以下简称292章）。

再查明，安某公司由李某与金某阳公司投资设立，金某阳公司在安某公司设立登记时所用的印章与金某公司提交的反担保函上的印章一致，均为192章。

一审争议焦点：一、安某公司作为债务人应向金某公司偿还债务的数额；二、楚某公司、金某阳公司、肖某良、郭某惠、刘某荣、李某应否向金某公司承担保证责任，包括：金某阳公司是否为安某公司案涉贷款向金某公司提供反担保，楚某公司为安某公司提供反担保的主债务金额，金某公司为安某公司代偿款项逾期15天的利息是否属于楚某公司、李某的保证范围；三、应否给付金某公司2万元律师费。

原审法院认为：一、安某公司从盱眙商某银行贷款流动资金200万元、开具100万元的承兑汇票事实属实。为该300万元借款，金某公司与安某公司、盱眙商某银行签订的银行承兑汇票最高额敞口担保合同、保证合同、委托保证合同，约定由金某公司向盱眙商某银行提供连带责任保证系各方的真实意思表示，合法有效，三方当事人均应依约履行各自的义务。安某公司在300万元贷款到期后未及时全额清偿本息，金某公司已向盱眙商某银行代偿全部本息3042931.35元。因肖某良、郭某惠、刘某荣、李某、楚某公司、金某阳公司均向金某公司出具反担保函或签订反担保（保证）合同，故对安某公司欠金某公司的债务3042931.35元，均负有连带偿还责任，金某公司依法取得向安某公司及前述反担保人追偿的权利。

二、金某公司收取安某公司的违约保证金45万元，安某公司未如期偿还贷款，违反了其与金某公司在委托保证合同中的约定，依约应赔偿由此给金某公司造成的损失。因金某公司未提交证据证明除代偿款项及相应利息外，安某公司违约给其造成的其他损失，故45万元违约金明显过高，况且在主张该45万元违约金的同时，金某公司还向各被告主张按月利息8.4‰计收逾期付款利息。安某公司请求法院调整违约金的理由成立，应支持金某公司要求各被告按月利息8.4‰支付逾期付款利息作为违约金的诉讼请求，金某公司没收的45万元应冲抵安某公司需偿还金某公司的代偿款本金。

楚某公司与金某公司、安某公司签订的反担保（保证）合同中的"叁百万元整"字样有涂改痕迹，涂改之处虽无楚某公司的印章，但从该合同载明的"主合同系流动资金借款合同、承兑汇票最高额担保合同，该两份主合同的借款金额为300万元"，及约定的反担保范围包括主合同项下全部主债权、利息、违约金等内容来看，楚某公司的保证范围应为300万元，涂改系对书写笔误的纠正。对金某公司提交的楚某公司股东会决议，楚某公司虽辩称股东签名不真实，但未提交证据证明，且该股东会决议有楚某公司的印章，故应认定该股东会决议真实，该决议亦印证楚某公司的反担保范围为300万元，而非100万元。楚某公司应在300万元的范围内向金某公司承担保证责任。

虽然金某阳公司目前使用的印章与金某公司提交的反担保函上金某阳公司的印章不一致，但金某阳公司是安某公司的股东，其作为股东在安某公司设立登记时使用的印章与反担保函上的印章一致，金某阳公司未提交证据证明其作为股东在工商管理部门设立安某公司时使用的印章系伪造，故应认定192章系金某阳公司曾使用的印章，金某公司提供的署名为金某阳公司的反担保函真实有效。金某阳公司作为反担保人，亦应向金某公司承担连带保证责任。

三、金某公司在安某公司贷款到期后十五天偿还贷款并未违反其与安某公司、盱眙商某银行的保证合同，且李某签订的反担保函中载明其担保范围包括金某公司为安某公司担保所代偿的本金、利息、罚息、律师费等一切费用,故该15天的逾期利息亦在李某的保证范围内。

四、关于金某公司主张的律师费2万元,因该2万元系金某公司主张权利的合理费用,收费标准并不违反江苏省律师收费标准,律师费亦在安某公司、金某阳公司、肖某良、郭某惠、刘某荣、李某与金某公司约定的保证范围内,故各被告抗辩不应承担律师费的理由不能成立。

综上,该院依照《中华人民共和国合同法》第六十条第一款、第一百零七条、第一百一十四条第一款、第二款、第二百零五条、第二百零六条、第二百零七条,《中华人民共和国担保法》第四条、第六条、第十二条、第十八条、第二十一条第一款、第三十一条,《最高人民法院关于适用〈中华人民共和国担保法〉若干问题的解释》第十九条第一款、第二十条,《最高人民法院关于适用〈中华人民共和国合同法〉若干问题的解释(二)》第二十九条,《中华人民共和国民事诉讼法》第六十四条、第一百四十二条、第一百四十四条,判决:一、安某公司于判决生效之日起10日内偿还金某公司垫付的本金2592931.35元及利息(按月利率8.4‰计算,自2012年9月30日起计至判决确定的给付之日止);二、安某公司于判决生效之日起10日内向金某公司给付律师费2万元;三、金某阳公司、肖某良、郭某惠、刘某荣、李某对前述第一项、第二项代偿款本息及律师费承担连带偿还责任;四、楚某公司对前述第一项、第二项代偿款本息及律师费,在300万元的范围内向金某公司承担连带偿还责任;五、驳回金某公司其他诉讼请求。如未按判决指定的期间履行前述给付金钱义务,应依照《中华人民共和国民事诉讼法》第二百五十三条的规定,加倍支付迟延履行期间的债务利息。一审案件受理费31382元、财产保全费5000元、公告费700元,合计37082元,由安某公司负担,金某阳公司、楚某公司、肖某良、郭某惠、刘某荣、李某负连带责任。

金某阳公司不服原审判决,向本院提起上诉称:1.在安某公司设立前,金某阳公司应肖某良的请求,同意作为该公司成立时的股东。但金某阳公司从未实际出资,亦未履行股东的权利义务,因此不具备真实的股东身份。2.192章系他人伪造,金某阳公司并不知情,工商登记资料上开某敏的名字亦非其本人所签。原审判决认定192章系金某阳公司曾使用的印章,欠缺依据。综上,请求撤销原审判决第三项,改判驳回金某公司对金某阳公司的全部诉讼请求,本案上诉费由金某公司负担。

金某公司二审辩称：1. 金某阳公司设立安某公司的意思表示真实，金某阳公司系安某公司的股东。2. 金某阳公司存在使用多枚印章的行为，欠缺证据证明192章系伪造。安某公司在工商机关备案的公司章程、董事委派书、董事会决议、中外合资合同修改协议、章程修正案及股东会决议等资料上，加盖的均为192章。安某公司向金某公司提供的股东会决议、单位印模等资料上加盖的亦均为192章，安某公司的法定代表人肖某良亦书面承诺前述反担保手续资料与原件核对一致，均为真实有效。综上，请求驳回金某阳公司的上诉。

楚某公司二审辩称：对原审判决认定的事实无异议，请求驳回上诉，维持原判决。

肖某良二审辩称：金某阳公司的上诉请求无法律及事实依据，金某阳公司如对工商资料存疑，应通过行政诉讼请求予以撤销。综上，请求驳回上诉，维持原判决。

李某二审辩称：对原审判决认定的事实无异议，李某在不知情的情况下在反担保函上签字。李某的文化程度偏低，几乎不识字，不知法律后果，希望各方能协调解决矛盾，化解纠纷。

二审中，金某阳公司提交证据如下：

证据一：1. 金某阳公司工商登记资料一份；2. 长兴县公安局治安警察大队出具的证明一份；3. 署期为2013年6月3日的金某阳公司举报信一份。拟证明金某阳公司仅使用292章，192章系伪造。

金某公司对证据一的真实性无异议，但认为2013年6月3日的举报信仅能证明举报的内容，公安机关并未立案。即使192章是安某公司的股东或法定代表人刻制，也是金某阳公司内部管理的问题，对外应产生效力。肖某良对工商登记资料、证明的真实性、合法性无异议，但认为不能证明金某阳公司未使用过192章。公安机关出具的证明只能证明金某阳公司刻制过292章，对举报信的真实性不予认可。楚某公司的质证意见同金某公司。李某称对证据一无意见。

证据二：安某公司的工商登记资料一份。其中安某公司名称预核准资料上加盖的为292章，其他资料上加盖的均为192章，所有工商登记资料上开某敏的签字均非其本人所签。拟证明开某敏只是实施配合行为，帮忙预核准名称、提供资料。此后无人通知开某敏关于安某公司成立、出资的事宜，直至形成本案诉讼前，开某敏都不知道金某阳公司是安某公司的股东。

金某公司对证据二的真实性无异议，但认为开某敏提供加盖292章的申请资料，就是为了设立安某公司。在设立中，开某敏委托肖某良、司某侃办理设立手续，同时提供身份证、授权委托书，由此可见设立安某公司是金某阳公司的真实意思表示。肖某良认为，金某阳公司知悉并认可成立安某公司，同时也知晓自身的股东身份。金某阳公司在安某公司设立中委托的是司某侃，与肖某良无关，肖某良虽是安某公司的法定代表人，但无能力及权责校验核对192章的真实性。楚某公司、李某称对证据二无意见。

证据三：金某阳公司持本院调查令，向盱眙县公安局调取肖某良涉嫌伪造公司、企业印章罪案件调查中形成的对报案人开某敏及肖某良、司某侃的调查笔录六份。

1. 在2013年6月6日对开某敏的询问笔录中，开某敏称：后来我们律师在跟法院沟通的时候，知道肖某良在注册安某公司时用我公司和李某作为股东注册的，但实际我并没有入股。后来到5月21日，我到淮安市工商局去调阅肖某良注册的安某公司档案的，看到注册这个公司时，股东是李某和我公司，上面的签名不是我本人签字，印章也不是我公司原章。后来我就明白了，原来是肖某良伪造我公司的印章，用我公司作为股东成立了他的新公司，即安某公司，然后他以安某公司的名义去贷款，又伪造我公司的假章在反担保函及股东会决议上盖章。

2. 在2013年6月20日对肖某良的询问笔录中，肖某良称：我未私刻金某阳公司的印章，该枚印章并非开某敏放在司某侃处，但不知道是否是司某侃刻制的。开某敏知道司某侃处有192章，约在2010年四五月时，有次开某敏来盱眙县，我带他去工业园区官滩帮办的办公室时，在办公室看到安某公司的材料，上面加盖的就是192章，当时他应该知道司某侃处还有一枚金某阳公司的印章。开某敏也在2010年下半年向我提过192章是假的。当时厂里资金周转不过来，贷款到期后手里没有那么多钱还，所以找到担保公司帮忙担保到银行转贷款。转贷款时担保公司需要公司股东在决议上签字，所以需要加盖金某阳公司的印章。但我去找开某敏时，开某敏称厂里公章被工商局收走，告诉我司某侃处有一枚假章。

3. 在2014年4月18日对肖某良的询问笔录中，肖某良称：2009年办手续时使用的金某阳公司的印章应当是开某敏提供的，但不能肯定，因为我没有从开某敏手里拿过他公司的章。反担保函上金某阳公司的印章应是楚某公司经理刘文瑶拿去盖的，当时是我把金某阳公司的章给她的。

4. 在2013年6月20日对司某侃所作的询问笔录中，司某侃称：我自2006

年就在官滩镇政府做帮办，一直到现在。当时镇里招商，我作为帮办，为安某公司注册。我记得当时我办理手续时是肖某良、开某敏、李某来我这里好几次的，第一次是肖某良、开某敏一起来的，我告诉他们需要三个人的身份证复印件，还有开某敏公司的印章、金某阳公司的营业执照，后来他们都提供给我了。金某阳公司的印章是客商自己递给我的，具体是开某敏还是肖某良拿来的记不得了。金某阳公司的印章好像是2009年八九月时给我的，这枚公章放在我这里有一年时间了。我记得是2010年时肖某良办贷款要用，我就把公章给他，此后未再归还。一直到2012年三四月时，肖某良讲要把公司转为内资企业，我帮他跑的，当时我从肖某良那里拿金某阳公司的印章使用，因没办成，我又把章还给肖某良了。我没有私刻过金某阳公司的印章，我只是帮办，客商提供给我资料，我去跑跑业务。我不知道印章是真是假，上面的数字记不得了。估计开某敏的公司还有其他印章。在我做帮办的期间，很多公司的公章都不止一枚，注册新公司需要一段时间，公章来回拿不方便，有的公司就自己私刻一个丢在我这里办证用。

5. 在2013年7月25日对司某侃所作的询问笔录中，司某侃称：因为肖某良要注册的安某公司是外资企业，所以要到市工商局去申请。当时我先到市工商局去申请"名称核准"，需要股东的身份证复印件、金某阳公司的营业执照复印件，复印件都是肖某良及开某敏本人提供给我的。核准后再到市商务局办理外商投资批准证书，需要公司股东的身份证复印件、公司章程、金某阳公司营业执照复印件，还有股东协议书，股东协议书上需要法定代表人肖某良、股东李某的签字，及金某阳公司的印章。我记得肖某良的签字是他本人签的，李某因为人在国外，所以是我代签的。金某阳公司的印章是我当时带去直接盖在协议书上的。当初开某敏从浙江到官滩镇帮办办公室去过一次的，也提供了一些材料给我，但金某阳公司印章是肖某良还是开某敏给我的，我记不得了。

6. 在2014年6月7日对司某侃所作的询问笔录中，司某侃称：我记得当时金某阳公司的负责人开某敏来过盱眙县一次，那次开某敏是递公司营业执照复印件之类的材料的，当时他把公章带来使用过，但走的时候公章带回去了。后来去工商局申报时需要填表、盖章，是肖某良把金某阳公司的印章带给我的。

各方当事人对前述六份笔录的真实性均无异议。但金某公司认为从肖某良、司某侃的笔录中可见，开某敏是知道存在两枚金某阳公司印章的。此外，笔录中反映安某公司在2010年另有一笔银行贷款，据金某公司了解，开某敏在申请该次贷款时曾在股东决议上签字，并加盖192章。肖某良认为，司某侃的陈述前后矛盾，192章并非肖某良刻制，也并非肖某良交给司某侃的。金某公司所了解的2010年的贷款情况属实，当时贷款材料中开某敏的签字是其本人所签，且加盖192章。楚某公司认为，司某侃的询问笔录真实可信，开某敏、肖某良均与本案有利害关系，开某敏的报案时间在一审庭审后，其报案完全是出于诉讼需要，故该二人的陈述不可信。李某认为，开某敏的陈述内容不真实，而肖某良、司某侃的陈述基本能够相互印证，证明开某敏参与了安某公司的设立过程，对192章的存在也是知晓的，金某阳公司对192章的使用持默认态度，应承担还款责任。

针对金某公司提出的前述异议，本院从盱眙商某银行调取2010年安某公司的贷款资料，其中包括安某公司股东会同意借款决议书一份，该决议书上有开某敏的签字，同时加盖292章。各方当事人对该证据的真实性均无异议。金某阳公司确认该决议书上开某敏的签字系其本人所签，但称开某敏系出于帮助肖某良的目的，于2010年8月20日就安某公司的贷款行为提供前述决议书及开某敏的身份证复印件。

本院的认证意见为，对前述三组证据，除肖某良对金某阳公司举报信的真实性不予认可外，各方当事人对金某阳公司提交的其他证据的真实性均无异议，应予确认。因举报信的内容能与公安机关的询问笔录内容相互印证，故对该举报信的真实性，亦应予以确认。由于各方当事人对前述证据的证明目的存在争议，而该争议亦为本案的争议焦点，故对前述证据证明目的的认证意见，本院在说理部分一并论述。

本院经审理查明：原审判决查明的事实属实，依法予以确认。

另查明：

1. 2009年7月22日，金某阳公司、李某委托司某侃办理安某公司企业名称预先核准手续并向其出具委托书一份，该委托书上加盖有292章。同日出具的外商投资企业名称预先核准申请书上，申请人金某阳公司亦加盖292章。

2. 2010年8月20日，安某公司为向盱眙商某银行申请流动资金贷款200万元，出具股东会同意借款决议书一份，金某阳公司作为安某公司的股东在该决议书上加盖292章，其法定代表人开某敏在该决议书上签字确认。

3. 2011年8月29日，安某公司向金某公司出具股东会（董事会）决议一份，其上除有李某、肖某良的签字外，另加盖金某阳公司的192章。该决议载明：经股东会（董事会）研究决定，一致同意安某公司在盱眙商某银行贷款300万元整，申请由金某公司作担保。同日，安某公司向金某公司出具承诺书一份，载明：本单位承诺向贵公司提供的所有资料信息已与原件核对一致且真实有效，若资料信息虚假不实，本单位自愿承担由此造成的经济赔偿责任和法律后果。

二审争议焦点：一、金某阳公司成为安某公司的股东是否出于金某阳公司的真实意思表示；二、金某阳公司为案涉债务提供反担保是否出于金某阳公司的真实意思表示。

本院认为：

一、应认定金某阳公司成为安某公司的股东是出于其真实意思表示。

1. 金某阳公司在外商投资企业名称预先核准申请书、委托司某侃办理名称预核准手续的委托函上加盖292章，该公司对292章的真实性亦予以认可，证明该公司知晓并参与安某公司的设立。该节事实与司某侃关于开某敏曾带金某阳公司的印章至盱眙县办理企业核准手续的陈述能够相互印证。

2. 金某阳公司在2010年8月20日的股东会同意借款决议书上加盖292章，其法定代表人开某敏亦在该决议书上签字确认，证明金某阳公司知晓自己的股东身份，且以股东身份参与安某公司的经营决策。开某敏关于在案涉纠纷形成后才知悉金某阳公司系安某公司的股东，及金某阳公司从未参与安某公司的经营活动、从未履行股东义务的陈述，均与事实不符。

二、应认定金某公司接受金某阳公司为案涉债务提供反担保出于合理信赖。

1. 金某阳公司系安某公司的股东，安某公司对外借款系公司的经营决策事项，在公司利益与股东利益具有趋同性的前提下，外部债权人合理信赖金某阳公司愿为安某公司的债务提供反担保，具有事实基础。在此基础上，尽管反担保函、安某公司股东会决议系由安某公司提供，但金某公司对反担保函、股东会决议仅负有形式审查义务，其作为外部的债权人不负有比对工商资料中的印章、签名及确认印章、签名真实性的实质审查义务。反担保函上既有金某阳公司的印章，又有金某阳公司法定代表人开某敏的签字，代理权外观形式要件具备。金某公司凭借公司盖印、法定代表人签名、金某阳公司的股东身份，有理由相信出具反担保函系出于金某阳公司的真实意思表示。如金某阳公司认为金某公司存在主观上的恶意，应对此负举证责任。在金某阳公司无相关证据可予证明的情形下，应认定金某公司已对代理权外观尽到合理的审核义务，其在接受反担保函的过程中并无过错。

2. 开某敏应知晓在设立安某公司的过程中，需要在章程、相关决议上多次使用金某阳公司印章，如其未向司某侃交付292章，其应对注册手续如何能够完成产生合理疑问，但其直至本案纠纷发生后，才向公安机关举报肖某良伪造印章，有违常理。在金某阳公司的住所地并不在安某公司所在地的情形下，司某侃的陈述与肖某良的陈述能够相互印证，存在金某阳公司向司某侃交付192章用于完成工商注册登记手续的可能性。印章具有对外代表公司意志的表象，金某阳公司的法定代表人开某敏在知晓192章存在的情形下，未限制该枚印章的使用，在安某公司设立手续完成后亦未及时收回192章，应视为放任他人使用该枚印章。金某阳公司有192章、292章两枚印章同时对外使用，该公司对反担保函上形成的代理权表象亦负有明显的过错。

综上，金某阳公司的上诉请求均无事实及法律依据，本院不予支持。原审判决认定事实清楚、适用法律正确，应予维持。依照《中华人民共和国民事诉讼法》第一百七十条第一款第（一）项之规定，判决如下：

驳回上诉，维持原判决。

二审案件受理费27703元，公告费560元，合计28263元，由金某阳公司负担。

本判决为终审判决。

法律法规

《中华人民共和国民法典》（2021年1月1日施行）

第一百七十二条 行为人没有代理权、超越代理权或者代理权终止后，仍然实施代理行为，相对人有理由相信行为人有代理权的，代理行为有效。

《全国法院民商事审判工作会议纪要》（法〔2019〕254号）

41.【盖章行为的法律效力】司法实践中，有些公司有意刻制两套甚至多套公章，有的法定代表人或者代理人甚至私刻公章，订立合同时恶意加盖非备案的公章或者假公章，发生纠纷后法人以加盖的是假公章为由否定合同效力的情形并不鲜见。人民法院在审理案件时，应当主要审查签约人于盖章之时有无代表权或者代理权，从而根据代表或者代理的相关规则来确定合同的效力。

法定代表人或者其授权之人在合同上加盖法人公章的行为，表明其是以法人名义签订合同，除《公司法》第16条等法律对其职权有特别规定的情形外，应当由法人承担相应的法律后果。法人以法定代表人事后已无代表权、加盖的是假章、所盖之章与备案公章不一致等为由否定合同效力的，人民法院不予支持。

代理人以被代理人名义签订合同，要取得合法授权。代理人取得合法授权后，以被代理人名义签订的合同，应当由被代理人承担责任。被代理人以代理人事后已无代理权、加盖的是假章、所盖之章与备案公章不一致等为由否定合同效力的，人民法院不予支持。

010 黑龙江省华某建设有限公司与四川瑞某石油化工有限公司买卖合同纠纷案[①]

裁判要旨

公司在诉讼过程中提交的相关材料用章不一致，可认定公司用章不止一枚。此时，公司不得否认存在效力争议的印章非为公司实际使用的印章。公司不得仅以存在效力争议的印章与其提供比对鉴定的印章不一致为由，否定存在效力争议的印章的效力。

实务要点总结

（1）公司在诉讼过程中一定要确保所有的诉讼材料前后用章一致。

（2）本案瑞某公司本来想证明《收条》加盖的印章为伪造印章，不是公司使用过的印章。但是法院却发现，瑞某公司向法院提交的《民事答辩意见》《法定代表人身份证明书》等材料上加盖的"四川瑞某石油化工实业有限公司"字样的印章存在肉眼即可辨识的差异。二审法院据此认定瑞某公司实际使用的印章超过一枚。在公司用章不具有唯一性的情况下，公司不能否认存在效力争议的印章非为其实际使用过的印章。瑞某公司为图方便，导致在诉讼过程中提交的相关材料用章不一致并被法院轻易发现，最终导致败诉的法律后果。因此，当事人在诉讼中一定要确保诉讼材料用章前后的一致性，防止在诉讼中陷入被动。

相关判决

黑龙江省华某建设有限公司与四川瑞某石油化工有限公司买卖合同纠纷二审民事判决书［（2014）川民终字第263号］

上诉人（原审被告）：黑龙江省华某建设有限公司，住所地：黑龙江省哈尔滨市利民开发区中山路北侧。

[①] 审理法院：四川省高级人民法院；诉讼程序：二审

法定代表人：张某源，董事长。

被上诉人（原审原告）：四川瑞某石油化工有限公司，住所地：四川省成都市青羊区中西顺城街一号四川国际大厦20层B座。

法定代表人：宋某贵，董事长。

上诉人黑龙江省华某建设有限公司（以下简称华某公司）因与被上诉人四川瑞某石油化工有限公司（以下简称瑞某公司）买卖合同纠纷一案，不服四川省甘孜藏族自治州中级人民法院（2013）甘民初字第58号民事判决，向本院提起上诉。本院于2014年3月28日受理后，依法组成合议庭，于2014年5月13日公开开庭审理了本案。上诉人华某公司的委托代理人×××、被上诉人瑞某公司的法定代表人宋某贵、委托代理人×××、原委托代理人×××（瑞某公司于2014年10月21日撤销了对×××的授权委托）到庭参加诉讼。本案审理过程中，双方当事人向本院申请庭外和解，庭外和解期间依法不计入审限。本案现已审理完毕。

原审法院经审理查明：2011年4月17日，瑞某公司与华某公司签订《成品油代购合同》，合同第三条约定瑞某公司为华某公司代购符合国家GB252-2000质量标准的0#柴油；合同第四条对油款结算、付款时间及逾期付款违约金作出了约定，即，甲方（瑞某公司）当月25日将当月柴油款结算清单及发票交华某公司财务部，乙方（华某公司）财务开结算清单；乙方（华某公司）在每批工程计量款到账后五天内全额支付前期所欠柴油款，每年12月31日之前将全部柴油款结清；华某公司逾期未支付则应按欠款金额支付瑞某公司每天1%的违约金。

2012年9月28日，瑞某公司法定代表人宋某贵向郑某成出具《承诺书》，该《承诺书》中载明："郑某成代瑞某石油公司从黑龙江华某有限公司收取油款100000元，款暂存郑某成处，待公司业务员王某凤将郑某成劳务费结算后，多退少补转入四川瑞某石油化工实业有限公司及郑某成同志账户"。

庭审中，瑞某公司与华某公司确认，瑞某公司2011年4月、5月先后三次向华某公司提供柴油，油款总金额为542242.77元。

瑞某公司诉请法院依法判令华某公司向瑞某公司支付油款542242.77元、追债人员差旅费9594.00元、违约金448163.23元。

华某公司答辩称：双方于2011年4月17日签订的《成品油代购合同》属实，但其已支付油款450000元，双方于2012年7月20日对账确认未付金额仅92242.77元，华某公司在接到瑞某公司通知后暂停支付尾款，并未违约。如果法院认定华某公司违约，则约定的违约金明显过高，请求予以调整。

原审法院认为，案涉《成品油代购合同》系双方真实意思表示，内容不违反法律、行政法规的强制性规定，合法有效。双方当事人均应当按照合同约定全面履行各自义务，瑞某公司按照合同约定提供了柴油，华某公司应按照合同约定支付油款。

一、关于瑞某公司主张王某凤、四川瑞某石油化工有限公司甘孜州分公司（以下简称甘孜分公司）是否有权代瑞某公司收款的问题。首先，双方签订的《成品油代购合同》没有约定王某凤有权收款或者华某公司可以向王某凤支付油款等授权内容。除此之外，华某公司亦未提供其他证据证明王某凤有权收款或者得到瑞某公司追认。根据《中华人民共和国民法通则》第六十六条第一款规定，王某凤收款系无权代理。其次，虽然王某凤系签订《成品油代购合同》的委托代理人，但这一事实并不足以认定其收款的行为构成表见代理。根据《中华人民共和国合同法》第四十九条规定，构成表见代理需存在无权代理人有代理权的客观表象以及相对人善意无过失。华某公司支付给王某凤油款在主观上并非善意无过失。因为，支付油款的前提条件是双方应当按约定对应付油款金额进行结算。《成品油代购合同》对油款结算的约定是：瑞某公司于当月将柴油款结算清单及发票交华某公司，华某公司财务开具结算清单。即瑞某公司需向华某公司提交结算清单和发票。但瑞某公司并未提供结算清单和发票。在此情况下，华某公司应谨慎审查核实王某凤是否具有收取油款的资格与权利。显然，华某公司对此存在未谨慎审查的重大过失。此外，无证据证明瑞某公司明知王某凤收款事实而未作否认表示。因此，王某凤收款行为不构成表见代理。华某公司提供华某公司项目部银行明细查询单1份、收据2份用以证明项目部通过银行账户向王某凤个人银行账户转账支付油款15万元，项目部负责人杨某清向王某凤个人银行账户转账支付油款10万元，但不能证明该款项确系被告支付瑞某公司的油款。因此，该证据缺乏关联性，不能作为定案依据。故华某公司主张其支付给王某凤的款项系支付给瑞某公司的油款，缺乏确实充分的证据，其抗辩理由不能成立，依法不予支持。

华某公司主张向甘孜分公司转账10万元系支付给瑞某公司的油款。项目部向甘孜分公司支付款项虽注明为油款，但不能证明该支付的款项确系华某公司应付瑞某公司的油款，也未提交证据证明向甘孜分公司支付款项得到瑞某公司的许可或追认。因此，该证据缺乏关联性，不能作为定案依据。原审法院认为，本案买卖合同的当事人为华某公司与瑞某公司。甘孜分公司并非该合同权利享有者及义务承担者，无权收取该买卖合同项下的油款。本案的收款人应为瑞某公司，而非甘孜分公司。华某公司按王某凤要求向甘孜分公司转账 10 万元不能认定为向瑞某公司支付相应的油款。故华某公司主张其支付给甘孜分公司的款项系支付给瑞某公司的油款，缺乏确实充分的证据，其抗辩理由不能成立，依法不予支持。

瑞某公司以华某公司提供的《承诺书》形成于华某公司向郑某成转款之后，该《承诺书》是受胁迫而形成，但未能提供相应证据予以佐证，瑞某公司在《承诺书》中对郑某成收取华某公司油款 10 万元的事实予以追认，此款应从所欠油款 542242.77 元中予以扣除，华某公司实际欠瑞某公司油款为 442242.77 元，瑞某公司主张华某公司支付油款 542242.77 元的诉讼请求部分予以支持。

二、关于华某公司是否应当支付瑞某公司差旅费 9594 元的问题。瑞某公司主张的因追讨欠款产生的交通、食宿等费用 9594 元，其提供的收条、发票、收据等证据不能充分证明与本案具有关联性，其主张缺乏事实依据，依法不予支持。

三、关于华某公司是否应支付瑞某公司违约金 448163.23 元的问题。瑞某公司认为，华某公司在履行合同过程中未按合同约定支付油款构成违约，应承担违约责任。华某公司认为是瑞某公司未按照合同第四条第二款第（一）项的约定，按时将当月柴油款结算清单给予华某公司财务部，瑞某公司构成违约，华某公司不应承担违约责任。原审法院认为，按照双方签订的《成品油代购合同》的第四条第二款的约定：（1）甲方（瑞某公司）当月 25 日将当月柴油款结算清单交乙方（华某公司）财务部；（2）华某公司在每批工程计量款到账后五天内全额支付前期所欠柴油款，每年 12 月 31 日之前将全部柴油款结清；瑞某公司未按照合同第（1）项的约定履行义务导致华某公司支付油款的条件未成就，华某公司不存在违约，不应承担违约责任。瑞某公司主张违约金的诉讼请求无法律依据，依法不予支持。

据此，依照《中华人民共和国合同法》第四十四条、第六十条第一款、第一百零九条，《最高人民法院关于民事诉讼证据的若干规定》第二条的规定，原审法院判决如下：一、黑龙江省华某建设有限公司于判决生效之日起十日内支付给四川瑞某石油化工有限公司油款 442242.77 元。二、驳回四川瑞某石油化工有限公司的其他诉讼请求。案件受理费 13800 元，由四川瑞某石油化工有限公司负担 7697 元，由黑龙江省华某建设有限公司负担 6103 元。

宣判后华某公司不服，向本院提起上诉。其上诉理由主要为：原审判决认定事实错误，适用法律不当：一、原审判决认定王某凤、郑某成、甘孜分公司无权代瑞某公司收款错误。（一）王某凤系瑞某公司工作人员，其代瑞某公司开展成品油买卖、供货、收款等一系列活动均为职务行为。经原审质证的《成品油代购合同》《承诺书》《营业执照》《证明》等证据足以证明上述事实，且王某凤在与华某公司签订《成品油代购合同》的过程中介绍了其身份，并持有瑞某公司的《营业执照》《机构代码证》《税务证》《成品油经营许可证》《证明》等足以证明其身份。（二）瑞某公司认可王某凤的收款职务行为。瑞某公司在王某凤、郑某成与华某公司签订的《成品油代购合同》上盖章、向王某凤出具相应的手续以及瑞某公司出具的《承诺书》足以证明瑞某公司认可了王某凤的职务行为。且原审法院已经认可郑某成有权代瑞某公司收取油款，却否认王某凤有权收取油款有违常理。在王某凤携款潜逃之前，瑞某公司是认可王某凤、郑某成收取油款的行为的。（三）甘孜分公司是瑞某公司的下属直接从事业务经营活动的分支机构，根据《中华人民共和国公司法》的相关规定，分公司不具有法人营业资格，其民事责任应由总公司承担。原审法院以瑞某公司与甘孜分公司不是同一主体为由，否认华某公司支付给甘孜分公司的款项系案涉油款，与法律规定相悖，与本案事实不符。二、原审认定华某公司存在重大过失错误。（一）原审法院以华某公司履行付款义务未达到约定付款条件为由认定华某公司存在重大过失的理由牵强，二者不存在必然的联系。（二）华某公司在原审中举示的《收据》明确载明款项为油款，瑞某公司也加盖了财务专用章，华某公司有理由相信瑞某公司的经理、甘孜分公司经理王某凤有权代瑞某公司收取油款，原审法院认定华某公司存在未谨慎审查的过失与案件事实不符。（三）瑞某公司与华某公司在原审中均举示了《四川瑞某化工实业有限责任公司供应炉霍连接线路面四标柴油结算单》（以下简称《结算单》）作为证据，且被原审法院所采信，结算单载明了已付油款的事实，应作为判案依据。（四）与瑞某公司发生成品油代购合同关系的购油单位包括了华某公司在内的十多家公司，均将油款直接支付给了郑某成、王某凤或甘孜分公司，瑞某公司向郑某成、王某凤出具了开展成品油买卖业务的手续，也曾认可二人收取油款的职务行为。华某公司系按照交易习惯履行合同。三、原审法院适用法律错误。（一）根据《中华人民共和国民法通则》第四十三条的规定，法人工作人员在职权范围内的行为构成职务行为，原审法院按照无权代理认定本案法律关系错误。（二）分公司民事责任由总公司承担，原审法院认为分公司收款行为不能代表总公司错误。综上请求：撤销原判，驳回瑞某公司的诉讼请求，本案一、二审诉讼费用由瑞某公司承担。

瑞某公司答辩称：一、王某凤确系瑞某公司的销售人员，但郑某成不是瑞某公司员工，且二人均无收取油款的权利。《承诺书》系瑞某公司在郑某成胁迫下作出，意思表示不真实，且华某公司在《承诺书》作出之前即向郑某成付款，原审法院仅认定了《承诺书》范围内确定的收款数额，并未确认郑某成有权收款。《证明》则为复印件，瑞某公司印章模糊不清，不能辨认是否为瑞某公司真实印章。《收条》上的瑞某公司印章经司法鉴定系伪造印章，据此，有理由相信《证明》上的瑞某公司印章也系虚假印章。王某凤持有的《营业执照》《机构代码证》《税务证》《成品油经营许可证》系瑞某公司经营成品油的资质证明和王某凤具有签约资格的证明，不能证明郑某成系瑞某公司员工，也不能证明王某凤与郑某成有权代收油款。瑞某公司既未与华某公司约定二人有权收取油款也未授权二人收取油款。二人收取油款的行为并非职务行为。二、甘孜分公司无权收取油款。甘孜分公司并非瑞某公司合法设立，而是王某凤私刻瑞某公司字样印章所设立的，甘孜分公司的《分公司设立登记申请书》的档案材料里有关瑞某公司的印章字样及宋某贵签名，从肉眼即可辨识与真章及本人签名有差异，故以甘孜分公司的名义收取的油款与瑞某公司无关。三、案涉《成品油代购合同》约定的付款条件为"甲方（瑞某公司）当月25日前将结算清单即发票交乙方（华某公司）财务部"，《收据》本身没有授权王某凤收取油款的内容，且与华某公司签订《成品油代购合同》的主体为瑞某公司，华某公司应将油款支付给瑞某公司而非王某凤、郑某成或甘孜分公司，华某公司主观上存在重大过失。综上原审判决认定事实清楚，适用法律正确，请求驳回上诉，维持原判。

在二审审理期间，上诉人华某公司向本院提交了以下新证据：

（一）郑某成出具给经侦大队的《情况说明》。

（二）复印自（2011）甘民初字第27号案件的卷宗材料：1.《证明》，其上载明"甘孜州人民法院：兹我公司宋某贵（身份证号：510××××××××××××××）为我公司法人代表。特此证明。证明单位：四川瑞某石油化工实业有限公司"，其上加盖一枚瑞某公司印章。2.《授权委托书》，其上载明："甘孜州人民法院：四川瑞某石油化工实业有限公司，委托我公司片区销售经理郑某成，身份证号：513××××××××××××××，办理四川瑞某石油化工实业有限公司诉讼鸿泰建设发展有限公司一案的相关事宜，并委托以下内容：（1）代写诉讼书；（2）代为出庭；（3）代为诉讼调解；（4）代为上诉。特此委托。四川瑞某石油化工实业有限公司",其上加盖一枚瑞某公司印章,法定代表人处有"宋某贵"字样的签字。3.《调解笔录》。4.《四川瑞某石油化工实业有限公司往来结算单》《成品油代购合同》《承诺书》《欠条》《证据清单》《活期账户明细查询单》。5.《缓交申请》复印件一份,其上载明:"由于我公司未收到油料欠款,现我公司欠供货商及公司员工工资500多万元,流动资金严重短缺,特向贵院申请缓交诉讼费,待结案后一并结清。特此申请。申请单位:四川瑞某石油化工实业有限公司",其上加盖一枚瑞某公司印章。6.(2011)甘民初字第27号民事调解书,其上载明以下内容:"原告四川瑞某石油化工实业有限公司……委托代理人郑某成……该公司职员……经本院主持调解,双方当事人(瑞某公司、泰某建设发展有限公司)在调解中对以下事实予以确认:……泰某公司通过刘某的账户向瑞某公司指定收款人王某凤打款36万元。对有争议的部分双方当事人自愿达成如下调解协议:(1)2012年1月15日前,泰某建设发展有限公司向四川瑞某石油化工实业有限公司一次性支付油款本金、违约金共计19万元。此款汇入四川瑞某石油化工实业有限公司甘孜州分公司在中国建设银行股份有限公司甘孜分行510××××××××××××6370的账户……"。

(三)郑某成短信记录。

以上证据拟证明:王某凤是瑞某公司的业务经理,郑某成系瑞某公司的片区经理、负责人,二人有权收取油款。

瑞某公司质证认为,上述证据不具有真实性,且其上加盖的瑞某公司印章均为私刻假冒印章,并申请本院调取(2011)甘民初字第27号案件的卷宗材料原件,对瑞某公司印章及"宋某贵"签名进行司法鉴定。

(四)杨某清中国建设银行4340××××××××1738卡号《个人活期明细查询》一份、华某公司《会计账簿》中的《记账凭证》一张。其中《个人活期明细查询》载明2011年4月17日,杨某清通过该卡向户名为王某凤的账户转账100000元,并加盖中国建设银行雅安少年宫路支行业务用公章;华某公司《会计账簿》中的《记账凭证》上载明记账日期为2011年5月18日,会计科目其中一项为:"20301应付账款—四川瑞某实业化工有限公司(王某凤)",借款方金额为:100000元,并附单据1张,其所附单据为原审中华某公司向法院提交的编号为0029251的《收据》(该《收据》入账日期为2011年4月17日,并载明:"317国道路面工程第四标段支付柴油款",金额为100000元,其上加盖"四川瑞某石油化工实业有限公司财务专用章"字样的印章,经手人处有王某凤签名),拟证明：《结算单》所载明的华某公司"2011年5月18日支付100000元"的内容属实。

瑞某公司质证认为：上述证据不具备真实性、合法性与关联性。

本院认为，证据（一）系复印件，且从该证据形式来看，既未加盖经侦大队印章，也未载明具体的经侦大队名称，加之其内容系郑某成单方陈述，真实性难以确认，依法不予采信；证据（三）系复印件，真实性难以认定，依法不予采信；本院依职权调取了（2011）甘民初字第27号案件的卷宗材料，经查，证据（二）与该案卷宗材料所附原件一致，其上所加盖的瑞某公司印章与本案中瑞某公司印章明显不同，肉眼即可辨识，故对瑞某公司所提出的鉴定申请依法不予准许。上述证据来源合法，内容真实，但与本案事实认定没有关联性，依法不予采信。证据（四）中的《个人活期明细查询》上加盖建设银行业务公用章，来源合法，内容真实，与本案事实认定具有一定关联性，依法予以采信；华某公司《会计账簿》中的《记账凭证》来源于华某公司会计账簿，系反映一个时期华某公司日常经营活动的载体，《记账凭证》的会计科目、金额均能与其后所依附的《收据》对应，而《记账凭证》的入账日期晚于《收据》载明的实际交易发生日期系会计记账常态，符合会计记账规律，《记账凭证》具备证据的真实性、合法性，且与本案事实认定具有关联性，依法予以采信。

被上诉人瑞某公司向本院提交了以下新证据：

（一）甘孜分公司《分公司设立登记申请书》一份，拟证明：甘孜分公司系王某凤私刻假章申请工商登记，与瑞某公司无关。

华某公司质证认为：该证据具有真实性、合法性和关联性，但不能证明瑞某公司所主张的证明目的。

本院认为，上述证据来源合法，内容真实，但不能证明瑞某公司所主张的甘孜分公司系王某凤私刻假章申请工商登记的事实，依法不予采信。

（二）《情况说明》一份，其上载明的主要内容是：2014年6月14日，瑞某公司法定代表人宋某贵到四川省成都市公安局龙泉驿区分局经侦大队报案称："其公司业务员王某凤私刻公章，并伙同康某人、郑某成将公司的供油款侵占，郑某成强迫其签一份承诺书，承诺郑某成代表公司收取的其他公司的供油款作为劳务费"。宋某贵称，郑某成强迫其写《承诺书》一事，其已于2012年9月28日当天在康定县公安局报案。其上加盖四川省成都市公安局龙泉驿区分局印章，出具时间为2014年5月12日。拟证明：《承诺书》系受胁迫而作出。

华某公司质证认为：上述证据不能证实《承诺书》系受胁迫而作出，对该证据的关联性不予确认。

本院认为：该《情况说明》仅能证明宋某贵向公安机关报案时所作的单方面陈述，不能证明《承诺书》系受胁迫而作出，依法不予采信。

经本院二审查明，双方当事人对原审查明的事实均无异议，对各方当事人无异议的事实，本院依法予以确认。

结合当事人于二审中、原审中提交的证据、原审卷宗所列材料以及各方当事人在一、二审中的陈述，本院另查明：

（一）2013年3月19日，瑞某公司向原审法院提交《申请鉴定书》，申请对华某公司所提交的郑某成出具的2012年7月20日的《收条》上所加盖的公章进行司法鉴定。四川求是司法鉴定所川求实鉴（2013）文鉴1623号《文书鉴定意见书》载明的鉴定意见为："2012年7月20日《收条》中的'四川瑞某石油化工实业有限公司'公章印鉴，与样本盖的相对应同名同文公章印鉴，不是同一枚印章盖印。"

（二）2012年2月10日的《证明》载明以下内容："兹有郑某成（身份证号：513××××××××××××）为四川瑞某石油化工实业有限公司甘孜州片区负责人，代表公司开展销售、收款及各项经济活动。特此证明。证明单位：四川瑞某石油化工实业有限公司"，其上加盖"四川瑞某石油化工实业有限公司"字样的印章。原审法院2013年10月18日的案件记录显示原审合议庭审判长告知证人郑某成以下内容：因庭审中所提交的2012年2月10日的《证明》系复印件，原件保管在郑某成处，在原审庭审中郑某成称在庭审后提交该证据，故法院通知郑某成将《证明》原件提交至法院，以便让瑞某公司质证。郑某成称：因《证明》原件只有一份，其不愿将此证据提交法院保管，但庭审次日已交由法院查看原件。

（三）《结算单》载明以下内容："应付柴油款542242.77元（2011年4月8日12吨、14492.75公升、运费补贴3024元、计114183.39元，2011年4月16日11.5吨、13872.14公升、运费补贴2898元、计109297.31元，2011年5月19日33.5吨、40458.94公升、运费补贴8442元、计318762.07元）。已付金额450000元（2011年5月5日支付150000元、2011年5月18日支付100000元、2011年7月8日支付100000元、2011年10月27日支付100000元），未付金额92242.77元"，其上载明的瑞某公司结算人员处有郑某成的签字，结算时间为：2012年7月20日。针对该《结算单》，二审中郑某成作出如下陈述："（该结算单）是事实，这是我与华某公司会计王刚在现场对账后作出来的"。

（四）华某公司中国建设银行5100××××××××××6091账号内的《明细账查询表》显示：2011年5月5日，该账号向户名为王某凤的账号转账150000元，2011年7月8日，该账号向瑞某公司甘孜州分公司转账100000元，2011年10月27日，该账号向户名为郑某成的账号转账100000元，华某公司会计账簿《记账凭证》显示：2011年5月18日，华某公司将由杨某清账户于2011年4月17日支付给王某凤的油款100000元入账，以上资金往来与《结算单》载明的付款时间及金额能够一一对应。

（五）案涉《成品油代购合同》尾部载明：华某公司的代表人为杨某清。二审中，杨某清针对其《个人活期明细查询》载明的2011年4月17日，其通过该卡向户名为王某凤的账户转账100000元的事实作出如下陈述："……我就从私人账户上支付了10万元给王某凤，是预付给瑞某公司的油款"。

（六）瑞某公司在原审中提交的三套《出库单》及对应《欠条》分别载明以下内容：1.2011年4月7日的《出库单》载明的购货单位为华某公司，柴油数量为12吨，运费为3024元，总金额为114183.39元，与之对应的《欠条》载明："今收到瑞某公司送到0#柴油，经验收实收数量14492.75升……运费3024元，合计共欠油款一十一万四千一百八十三元三角九分"，其上加盖华某公司项目经理部印章，落款时间为2011年4月9日。

2.2011年4月15日的《出库单》载明的购货单位为华某公司，柴油数量为10.50吨，运费为2898元，总金额为109297.31元，与之对应的《欠条》载明："今收到瑞某公司送到0#柴油，经验收实收数量13872.14升……运费2898元，合计共欠油款一十万零九千二百九十七元三角一分"，其上加盖华某公司项目经理部印章，落款时间为2011年4月16日。

3.2011年5月18日的《出库单》载明的购货单位为华某公司，柴油数量为33.50吨，运费为8442元，总金额为318762.07元，与之对应的《欠条》载明："今收到瑞某公司送到0#柴油，经验收实收数量40458.94升……运费8442元，合计共欠油款三十三万八千七百六十三元零七分"，其上加盖华某公司项目经理部印章，并有"鲜某林"字样的签字，落款时间为2011年5月20日。

三套《出库单》及对应《欠条》载明的柴油数量和油款总额与郑某成于2012年7月20日所出具的《结算单》上所载明的华某公司应付的柴油款明细构成能够对应。

（七）在二审中，华某公司承认已经向王某凤、郑某成支付油款45万元，尚欠油款92242.77元。

（八）瑞某公司于原审中向法院提交据以主张油款的《成品油代购合同》中所加盖的"四川瑞某石油化工实业有限公司"字样的印章中汉字"四"与印章编号阿拉伯数字"5"之间的距离约为一个汉字的宽度，王某凤在该合同瑞某公司代表人处签字。二审中瑞某公司向本院提交的《民事答辩意见》《法定代表人身份证明书》等材料上加盖的"四川瑞某石油化工实业有限公司"字样的印章中汉字"四"与印章编号阿拉伯数字"5"之间的距离为一个阿拉伯数字的宽度，明显小于一个汉字的宽度，上述差异肉眼即可辨识。

（九）在瑞某公司诉四川君某建设集团有限公司（以下简称君某公司）买卖合同纠纷上诉一案［（2014）川民终字第433号案件］的庭审中，瑞某公司法定代表人宋某贵对其提交的《成品油代购合同》的来源作出如下陈述："王某凤是我公司员工，是我公司销售业务员。但郑某成我方不认识。我公司和王某凤没有聘用合同，是给王某凤销售提成。王某凤代表我公司销售，我公司给王某凤提供的营业执照、组织机构代码证、成品油经营许可证。公司油库是凭合同发油，合同我公司只有一份。王某凤也有一份。我方提供的一份合同是公司保存的一份"。

对于公司保存的合同上有郑某成签名的问题，宋某贵作出如下陈述："王某凤去收款时，收不到款，后来委托郑某成去收款，郑某成是最后补签的。王某凤有个承诺书，内容是郑某成替王某凤收款，给郑某成提多少成。后来要收款，公司财务就把合同、对方公司出的欠条交给王某凤，王某凤再交给郑某成。合同签好后，返到我公司，上面只有王某凤的签字，郑某成的签字是后来加上去的。原因是收不到款，王某凤委托郑某成收款，公司把合同、油品出库单、合同欠条交给郑某成，郑某成找君某公司收款，在合同上签字。后来郑某成也没收到钱，我公司就把合同要回来了"。

（十）瑞某公司在瑞某公司诉四川君某建设集团有限公司买卖合同纠纷案［（2013）甘民初字第61号案件］、瑞某公司诉四川川某路桥有限责任公司买卖合同纠纷案［（2013）甘民初字第60号案件］、瑞某公司诉四川华某路桥集团有限公司买卖合同纠纷案［（2013）甘民初字第59号案件］三案中，向原审法院提交的三份《成品油代购合同》中均有王某凤和郑某成的签字。

（十一）对于案涉成品油买卖合同的结算方式，瑞某公司法定代表人宋某贵作出如下陈述："你们高院这批案子，都是对方在工地上收到油后就给我们欠条，然后在出库单上签字"。

（十二）瑞某公司向本院提交的《准予变更登记通知书》载明：2014年3月19日，四川省工商行政管理局准予瑞某公司将公司名称由"四川瑞某石油化工实业有限责任公司"变更为"四川瑞某石油化工有限公司"。同时瑞某公司还向本院提交了新的《营业执照》副本及《组织机构代码证》，其上载明的企业名称为：四川瑞某石油化工有限公司。

根据华某公司的上诉理由和瑞某公司的答辩意见，结合本案查明的事实，本案二审争议的主要焦点是：一、王某凤、郑某成是否有权代瑞某公司收取案涉油款；二、华某公司应当向瑞某公司支付油款的具体数额。

（一）王某凤、郑某成是否有权代表瑞某公司收取案涉油款。

首先，虽然双方当事人在案涉《成品油代购合同》中对油款结算和付款时间进行如下约定："甲方（瑞某公司）当月25日将当月柴油款结算清单及发票交华某公司财务部，乙方（华某公司）财务开结算清单；乙方（华某公司）在每批工程计量款到账后五天内全额支付前期所欠柴油款，每年12月31日之前将全部柴油款结清"，但根据瑞某公司提交的《出库单》和《欠条》显示，自瑞某公司2011年4月7日向华某公司提供第一批柴油开始，瑞某公司从未按照合同约定在供油当月25日将当月柴油款结算清单及发票交华某公司财务部，结合瑞某公司法定代表人宋某贵关于"你们高院这批案子，都是对方在工地上收到油后就给我们欠条，然后在出库单上签字"的陈述，可以看出合同实际履行的情况为：收到柴油后，由华某公司出具《欠条》进行结算，双方已经在合同的实际履行过程中变更了结算付款方式。原审法院以华某公司在瑞某公司未按照《成品油代购合同》约定提供结算清单和发票的情况下即付款为由认定华某公司存在重大过失，与案涉《成品油代购合同》的实际履行情况不符，缺乏事实依据，依法应予纠正。

其次，瑞某公司以2012年9月28日的《承诺书》系受胁迫而书写为由主张《承诺书》无效，但并未提供相应证据加以证明，《最高人民法院关于适用〈中华人民共和国民事诉讼法〉的解释》第九十条第二款"在作出判决前，当事人未能提供证据或者证据不足以证明其事实主张的，由负有举证证明责任的当事人承担不利的后果"的规定，应当由瑞某公司承担举证不力的责任。根据瑞某公司法定代表人宋某贵在（2014）川民终字第433号案件庭审中关于"王某凤去收款时，收不到款，后来委托郑某成去收款，郑某成是最后补签的。王某凤有个承诺书，内容是郑某成替王某凤收款，给郑某成提多少成。后来要收款，公司财务就把合同、对方公司出的欠条交给王某凤，王某凤再交给郑某成。合同签好后，返到我公司，上面只有王某凤的签字，郑某成的签字是后来加上去的。原因是收不到款，王某凤委托郑某成收款，公司把合同、油品出库单、合同欠条交给郑某成，郑某成找君某公司收款，在合同上签字。后来郑某成也没收到钱，我公司就把合同要回来了"的陈述，结合瑞某公司在其诉四川君某建设集团有限公司买卖合同纠纷案［（2013）甘民初字第61号案件］、四川川某路桥有限责任公司买卖合同纠纷案［（2013）甘民初字第60号案件］、四川华某路桥集团有限公司买卖合同纠纷案［（2013）甘民初字第59号案件］三案中，向原审法院提交的三份《成品油代购合同》中均有王某凤和郑某成的签字的事实，可以认定，瑞某公司明知王某凤代瑞某公司在甘孜地区向多个购油单位收取油款，还将《成品油代购合同》《欠条》等债权凭证交由王某凤收款，且瑞某公司明知王某凤委托郑某成收取油款，仍将《成品油代购合同》《欠条》等债权凭证交由郑某成收款，应当视为其同意郑某成代表瑞某公司收取油款。换言之，王某凤、郑某成的收款行为不仅得到了瑞某公司的认可，且是瑞某公司向购油方收取油款的普遍模式。在此情形下，王某凤是瑞某公司员工，其收取油款的行为属于正常经营活动，根据《中华人民共和国民法通则》第四十三条"企业法人对它的法定代表人和其他工作人员的经营活动，承担民事责任"的规定，王某凤收取油款的行为当然由瑞某公司承担相应的民事责任。原审法院认为王某凤的收款行为系无权代理错误，本院依法予以纠正。

最后，（2013）文鉴1623号《文书鉴定意见书》关于"2012年7月20日《收条》中的'四川瑞某石油化工实业有限公司'公章印鉴，与样本盖的相对应同名同文公章印鉴，不是同一枚印章盖印"的鉴定结论仅能证明《收条》上加盖的瑞某公司印章与瑞某公司提交的据以比对的印章不是同一枚印章，根据瑞某公司于原审中向法院提交据以主张油款的《成品油代购合同》中所加盖的"四川瑞某石油化工实业有限公司"字样的印章与二审中瑞某公司向本院提交的《民事答辩意见》《法定代表人身份证明书》等材料上加盖的"四川瑞某石油化工实业有限公司"字样的印章存在肉眼即可辨识的差异的事实，可以认定瑞某公司实际使用的印章超过一枚，故（2013）文鉴1623号《文书鉴定意见书》中的鉴定结论不能证明2012年7月20日《收条》中的"四川瑞某石油化工实业有限公司"公章印鉴不是瑞某公司实际使用的印章之一，而是王某凤、郑某成私刻伪造而成。瑞某公司以上述鉴定结论为由主张王某凤、郑某成私刻伪造印章以及2012年2月10日载明"兹有郑某成（身份证号：513××××××××××××××）为四川瑞某石油化工实业有限公司甘孜州片区负责人，代表公司开展销售、收款及各项经济活动"内容的《证明》上所加盖的瑞某公司印章系伪造私刻的答辩意见缺乏证据证明，不予支持。本案中，虽然瑞某公司提交的《成品油代购合同》上没有郑某成的签字，但因瑞某公司实际使用印章数超过一枚，而郑某成持有加盖瑞某公司字样印章的《证明》《欠条》《成品油代购合同》等收款凭据，加之瑞某公司通过向郑某成交付合同、油品出库单、合同欠条的行为，认可郑某成在甘孜片区向多个单位收款是瑞某公司在甘孜片区的普遍经营模式，足以认定郑某成有权向华某公司收取相应油款项，根据《中华人民共和国民法通则》第六十三条第二款"代理人在代理权限内，以被代理人的名义实施民事法律行为。被代理人对代理人的代理行为，承担民事责任"之规定，郑某成的收款行为应对瑞某公司发生法律效力。

综上所述，王某凤、郑某成的收款行为均为有效的收款行为，两人收款行为的后果应由瑞某公司承担。华某公司所持原审判决认定王某凤、郑某成无权代瑞某公司收款错误的上诉理由事实与法律依据充分，依法予以支持。

（二）华某公司应当向瑞某公司支付油款的具体数额。

本院认为，首先，在本案现有证据并未显示杨某清个人与王某凤之间存在其他经济往来关系的情况下，根据华某公司会计账簿《记账凭证》所显示的：2011年5月18日，华某公司将由杨某清账户于2011年4月17日支付给王某凤的油款100000元入账的内容，结合案涉《成品油代购合同》尾部载明的华某公司的代表人为杨某清的事实，以及杨某清针对其《个人活期明细查询》载明的2011年4月17日，通过该卡向王某凤转账100000元作出的"……我就从私人账户上支付了拾万元给王某凤，是预付给瑞某公司的油款"的陈述，可以认定，2011年4月17日由杨某清账户转给王某凤，并由华某公司于2011年5月18日入账的100000元款项，是华某公司向瑞某公司支付的油款项。

其次，郑某成于2012年7月20日出具的《结算单》上所载明的华某公司应付的柴油款明细构成能够与瑞某公司所提交的三套《出库单》及其《欠条》载明的柴油数量和油款数额对应，且《结算单》载明的华某公司已付款的数额与时间能够与华某公司所提交的付款凭证一一对应，结合郑某成关于"（该结算单）是事实，这是我与华某公司会计王刚在现场对账后做出来的"的当庭陈述，可以看出《结算单》所载明的内容真实地反映了瑞某公司与华某公司之间的交易和付款情况。

再次，如前所述，郑某成系代表瑞某公司向华某公司收取油款项，其于2012年7月20日出具《结算单》的结算行为对瑞某公司发生法律效力。因此该《结算单》能够作为认定华某公司应向瑞某公司付款的依据。根据《结算单》载明的"未付金额92242.77元"的内容，结合华某公司关于尚欠油款92242.77元的陈述，可以认定华某公司尚欠瑞某公司油款92242.77元。原审法院认定华某公司实际欠瑞某公司油款为442242.77元错误，本院依法予以纠正。

此外，华某公司与瑞某公司就成品油买卖合同关系发生的债权债务最后一次结算的时间为（《结算书》）：2012年7月20日，确定未付金额为92242.77元。因双方当事人在实际履行中，已经就结算付款方式进行了实际变更，故华某公司应当在结算后向瑞某公司支付余款，但此后，华某公司未向瑞某公司支付余款，因此，华某公司应就其迟延付款行为向瑞某公司承担违约责任。原审法院以瑞某公司未举证证明其履行了《成品油买卖合同》关于按月向华某公司提交柴油款结算清单的义务，导致双方无法按照合同约定进行结算为由，认定华某公司不承担违约责任错误。根据《最高人民法院关于适用〈中华人民共和国民事诉讼法〉的解释》第三百二十三条第二款"当事人没有提出请求的，不予审理，但一审判决违反法律禁止性规定，或者损害国家利益、社会公共利益、他人合法权益的除外"的规定，本院依法予以纠正。

本案中，《成品油买卖合同》中关于"华某公司逾期未支付则应按欠款金额支付瑞某公司每天1%的违约金"的约定过高，根据本案合同履行情况及当事人过错程度，依据诚实信用原则与公平原则，本院酌定华某公司以92242.77元为基数，按照日万分之五的利率，向瑞某公司承担自2012年7月20日起至付清之日止的违约金。

综上所述，原审判决审判程序合法，但认定事实不清，适用法律错误，依照《中华人民共和国民法通则》第四十三条，《中华人民共和国民事诉讼法》第一百七十条第一款第（二）项，《最高人民法院关于适用〈中华人民共和国民事诉讼法〉的解释》第九十条第二款、第三百二十三条第二款之规定，判决如下：

一、撤销（2013）甘民初字第58号民事判决；

二、黑龙江省华某公司于本判决生效之日起十日内支付四川瑞某石油化工有限公司油款92242.77元；

三、黑龙江省华某公司于本判决生效之日起十日内支付违约金（以92242.77元为本金，按照日万分之五的利率，自2012年7月20日起计算至付清之日止）；

四、驳回四川瑞某石油化工有限公司的其他诉讼请求。

如未按照本判决指定的期间履行金钱给付义务，应当依照《中华人民共和国民事诉讼法》第二百五十三条的规定，加倍支付迟延履行期间债务的利息。

第一审案件受理费13800元，由四川瑞某石油化工有限公司负担12000元，由黑龙江省华某公司负担1800元；第二审案件受理费7933.64元，由四川瑞某石油化工有限公司负担6000元，由黑龙江省华某公司负担1933.64元。

本判决为终审判决。

法律法规

《中华人民共和国民法典》（2021年1月1日施行）

第一百六十二条　代理人在代理权限内，以被代理人名义实施的民事法律行为，对被代理人发生效力。

第一百七十条　执行法人或者非法人组织工作任务的人员，就其职权范围内的事项，以法人或者非法人组织的名义实施的民事法律行为，对法人或者非法人组织发生效力。

法人或者非法人组织对执行其工作任务的人员职权范围的限制，不得对抗善意相对人。

011 江西中某建设工程有限公司与崇某县房地产综合开发公司建设工程施工合同纠纷案[①]

裁判要旨

公司在日常经营活动中用章不具有唯一性，则不得仅以存在效力争议的印章与公司在诉讼中提供比对的印章不一致为由，主张存在效力争议的印章为无效印章。

---

① 审理法院：江西省高级人民法院；诉讼程序：二审

实务要点总结

（1）建设工程施工领域用章混乱，众所周知。很多建设工程施工企业为了业务开展及管理的方便，在全国各地延揽业务时，都对不同的团队私刻公司印章的行为睁一只眼闭一只眼。只要相关团队能够获得项目、赢得业主认可并获得工程款，私刻印章的违规做法都可以接受。

（2）在本案中，中某公司主张存在效力争议的印章为虚假的理由是公司使用的印章带有编码，而案涉印章没有编码，所以认为是虚假印章。但遗憾的是，中某公司在其他多个工程建设中也使用过未带编码的印章，导致法院最终认为虽然案涉印章未带编码，但仍然认定为中某公司印章。中某公司因此败诉。所以，用章具有唯一性是防范建设工程领域不确定风险的有效手段之一。

相关判决

江西中某建设工程有限公司与崇某县房地产综合开发公司建设工程施工合同纠纷二审民事判决书［（2014）赣民一终字第123号］

上诉人（原审原告）：江西中某建设工程有限公司。住所地：江西省南昌市红谷滩新区理想家园泉水湾3栋3单元1002室。

法定代表人：凌璐，该公司董事长。

上诉人（原审被告）：崇某县房地产综合开发公司。住所地：江西省崇某县城章源大道961号。

法定代表人：肖剑玉，该公司董事长。

江西中某建设工程有限公司（以下简称中某公司）、崇某县房地产综合开发公司（以下简称崇某房产公司）因建设工程施工合同纠纷一案，均不服江西省赣州市中级人民法院（2013）赣中民一初字第47号民事判决，向本院提起上诉。本院依法组成合议庭，于2014年10月16日公开开庭审理了本案。上诉人崇某房产公司的委托代理人×××，上诉人中某公司的委托代理人×××到庭参加诉讼。本案现已审理终结。

原审法院经审理查明，中某公司注册成立于2007年6月。2009年12月，中某公司经公安机关审批登记刊刻了新的公司行政章，该印章上刻有编码3600000003168。2012年2月，因该印章遗失，中某公司申请补刻了印章编码为3601000058843的新公章。此后，中某公司又找回了编码为3600000003168的公章，现其有二枚刻有编码的公司行政公章。另，在赣州市工商行政管理局查询到，中某公司未注册登记"江西中某建设工程有限公司赣州分公司"。

2011年8月，崇某县城西廉租住房工程（一、二标段）进行公开招标，邱某彬通过中某公司银行基本账户转账缴纳了投标保证金17万元。同年8月29日，案外人谢某慧递交了以中某公司名义的投标文件，当日经开标、评标确定中某公司为崇某县2011年城西廉租住房（二标段）中标人。同年9月5日，邱某彬再次通过中某公司银行基本账户向崇某县公共资源交易中心汇入了47000元，款项注明为"崇某县2011年城西廉租住房（一、二标段）工程违约保证金"。2011年9月6日，案外人谢某明、邱某彬作为委托代理人以中某公司名义与崇某房产公司签订了本案《建设工程施工合同》。以上投标文件、建设工程施工合同等法律文件均加盖没有编码的中某公司的公章。合同签订后，邱某彬个人组织对本案崇某县2011年城西廉租住房（二标段）工程进行施工。截止到2012年5月24日，邱某彬持变造的委托书，（该委托书加盖没有编码的中某公司的公章），共计领取工程进度款278万元（已含税金）。另查，涉案工程款项均由邱某彬领取，从未进入中某公司的账户。2012年5月下旬，涉案工程因拖欠民工工资和建筑材料款处于停工状态。同年7月11日，崇某房产公司向中某公司发函要求对涉案工程尽快恢复施工。此后，双方就复工事宜进行了多次函件往来及会议磋商。2012年11月，中某公司持《刑事控告书》等证据向崇某县公安局报案。崇某县公安局于同月20日决定对邱某彬挪用资金案立案侦查，于同年12月12日对邱某彬执行拘留，于2013年1月18日因检察机关不批准逮捕对邱某彬予以释放。2013年1月，中某公司预借崇某房产公司383406元用于支付前期所欠民工工资。2013年4月22日，崇某房产公司书面通知中某公司解除2011年9月6日的《建设工程施工合同》。同月27日，中某公司向崇某房产公司发出《关于和解破裂撤销所有相关文件的函》，函中载明对此前函件全部给予撤销及内容不予认可，原借条不予认定。

另查明，原审法院（2013）赣中民二终字第119号民事判决已查明确认如下事实："邱某彬在2012年8月23日向中某公司出具的承诺书载明：承诺人（即邱某彬）承诺将私刻公章交由中某公司收回，在2012年8月23日之前用该公章所为的全部行为均未经中某公司同意、委托、授权，用私刻公章所为的全部业务及全部行为与中某公司无任何关系，均由承诺人承担法律责任。……在一审证据中的《建设工程施工合同》以及《委托书》上中某公司的印章也是没有编码的，应为邱某彬假冒中某公司的名义形成的。"

再查明，诉讼期间向原审法院提交了司法鉴定申请书，对《建设工程施工合同》中某公司印章和法定代表人印章及签名进行真伪鉴定。基于原审法院（2013）赣中民二终字第119号民事判决已查明确认的事实，邱某彬在2012年8月23日向中某公司也承认私刻公章，私刻的公章上没有编码。《建设工程施工合同》以及《委托书》上中某公司的印章也是没有编码的，应为邱某彬假冒中某公司的名义形成的。原审法院认为该事实已查清，中某公司的鉴定申请已无必要，故作了不予进行司法鉴定处理。中某公司在庭审后还提交了变更诉讼请求申请书，原审法院认为中某公司在庭审结束后变更诉讼请求，于法无据，未予准许。

原审法院认为，在2012年5月下旬本案工程停工之前，工程的实际施工人即为邱某彬，是邱某彬负责该工程项目的施工、管理和实际投入，相应的工程进度款也支付给了邱某彬个人，且支付工程进度款给邱某彬个人也与本案《建设工程施工合同》的约定不符。由此可以确认，本案工程上实际发生法律关系的双方即为邱某彬与崇某房产公司。邱某彬虽然通过中某公司的基本账户缴纳了投标保证金，但缺乏证据证明中某公司递交了投标文件并参与该工程项目的投标、开标程序。而根据本院（2013）赣中民二终字第119号生效民事判决所确认的事实，本案《建设工程施工合同》应为邱某彬假冒中某公司的名义形成的。因此，基于邱某彬假冒中某公司名义与崇某房产公司签订建设工程施工合同的事实，可以认定该合同并非中某公司自己签订，也非其真实意思表示。邱某彬私刻公章签订合同的情形，违反了《中华人民共和国治安管理处罚法》第五十二条关于禁止伪造企业印章的规定，即违反了法律的强制性规定。中某公司请求确认该合同无效的诉讼请求，于法有据，本院予以支持。涉案工程停工后，双方就工程复工问题进行了多次函件上的往来，双方就复工事宜的协商行为，可视为一种要约行为。根据《合同法》的规定，要约到达受要约人时生效。所有函件到达对方时即已发生法律效力，且合同被确认无效后即不存在撤销函件的问题。此外，中某公司以重大误解为由请求撤销所有函件，《最高人民法院关于贯彻执行〈中华人民共和国民法通则〉若干问题的意见（试行）》第七十一条规定，行为人因对行为的性质、对方当事人、标的物的品种、质量、规格和数量等的错误认识，使行为的后果与自己的意思相悖，并造成较大损失的，可以认定为重大误解。本案中，中某公司对邱某彬的行为已向公安机关报案处理，对案件事实及法律后果均是清楚的，故不存在重大误解的情形。故中某公司的该项诉讼请求，于法无据，不予支持。据此，依照《中华人民共和国合同法》第十六条、第五十二条第（五）项之规定，判决：一、确认 2011 年 9 月 6 日签订的崇某县 2011 年城西廉租住房（二标段）《建设工程施工合同》无效。二、驳回江西中某建设工程有限公司要求撤销其向崇某县房地产综合开发公司所发《建设工程施工合同》相关函件的诉讼请求。案件受理费 30936 元，由江西中某建设工程有限公司、崇某县房地产综合开发公司各负担 15468 元。

　　崇某房产公司向本院提起上诉，请求：1. 依法撤销（2013）赣中民一初字第 47 号民事判决，改判驳回中某公司的诉讼请求。2. 本案的诉讼费用由中某公司承担。事实与理由：一、一审法院认定事实错误，选择性地使用证据，并偷换概念。（一）一审法院根据该院（2013）赣中民二终字第 119 号民事判决确认的事实，得出邱某彬私刻公章，违反《中华人民共和国治安管理处罚法》第五十二条之规定，属《中华人民共和国合同法》第五十二条第（五）项的规定，进而得出本案《建设工程施工合同》无效是错误的。因为一审法院忽略了一个基本事实，就是根据中某公司向崇某县公安局递交所谓邱某彬的《承诺书》中，邱某彬私刻的公章只有一枚，就是刻有"江西中某建设工程有限公司崇某县 2011 年城西廉租住房（二标段）项目部"字样的项目公章。而一审法院（2013）赣中民二终字第 119 号民事判决书中却表述为"经本院审理查明：被上诉人邱某彬在 2012 年 8 月 23 日向上诉人中某公司出具的承诺书载明：承诺人承诺将私刻公章交由中某公司收回。在 2012 年 8 月 23 日之前用该公章所为的全部行为均未经中某公司同意、委托、授权，用私刻公章所为的全部业务及全部行为与中某公司无任何关系，均由承诺人承担法律责任。……应为被上诉人邱某彬假冒上诉人中某公司的名义形成的"，系一审法院偷换概念，将邱某彬私刻的项目公章偷换成了行政公章即《建设工程施工合同》所盖的公章。其实，邱某彬《承诺书》中的表述是："一、承诺人未经江西中某建设工程有限公司同意私刻该工程项目公章，承诺人承诺将该私刻公章交由江西中某建设有限公司依法收回，承诺人于 2012 年 8 月 23 日之前用该公章所为的全部行为均未经江西中某建设工程有限公司同意、委托、授权，承诺人承诺其在 2012 年 8 月 23 日前用私刻公章所为的全部业务及全部行为，与江西中某建设工程有限公司无任何关系，均由承诺人本人承担法律责任。"而且，崇某房产公司提供的新证据可以证实签订合同所使用的行政公章并非邱某彬所私刻。因此，一审法院在连基本事实都没有搞清楚的情况下，有选择地使用证据，偷换概念，将邱某彬私刻的项目公章与行政公章混淆，作出了错误的判决。（二）根据事实与证据，崇某房产公司与中某公司签订的《建设工程施工合同》是合法有效的。根据中某公司向崇某县公安局报案的证据材料、崇某房产公司与中某公司的来往函件以及中某公司派员组织施工，参加相关会议，洽谈工人的工资支付及向崇某房产公司借款等实际活动，都是对邱某彬作为代理人工作的事后追认，根据《中华人民共和国合同法》第四十八条之规定，足以认定该《建设工程施工合同》是合法有效的。二、因一审法院认定事实错误，所以适用法律也是错误的。

中某公司答辩称，邱某彬假冒中某公司名义投标，与崇某房产公司签订的《建设工程施工合同》无效。1. 本案《建设工程施工合同》违反了招投标法律法规及崇某县 2011 年城西廉租房（二标段）工程《招标文件》的多项强制性规定而无效。2. 根据崇某县 2011 年城西廉租房（二标段）工程《招标文件》（第 17 页）第二部分无效投标文件的认定第一条的规定，投标人法定代表人或者其授权委托代理人和投标建造师（或项目经理）未在规定的开标时间到达或未参加开标会议，投标人将被取消投标资格并退回投标文件，根据该文件第 34.4 款规定（第 37 页），市重点建设工程依法依规招投标后，项目业主单位与中标单位签订施工合同时，中标单位法人代表必须到场亲自签约，否则，视为自动放弃中标。事实上，中某公司法定代表人凌璐和建造师（或项目经理）李某根本未在投标现场，也没有委托代理人参加开标大会，所以本案投标属于非法无效投标。根据我国《招标投标法》第四十五条第一款的规定，即使邱某彬等人假冒中某公司投标本案所涉工程中了标，中标确定后，招标人应当向中标人发出中标通知书。崇某房产公司至今没有任何证据证明其已书面通知了中某公司。3. 本案《建设工程施工合同》因违反了合同本身的规定而无效。《建设工程施工合同》规定，需要法定代表人本人签字盖章，但本案《建设工程施工合同》上的法定代表人本人没有到场，其签字及其公章均为假冒。《建设工程施工合同》规定，须要承包方的公章，但本案《建设工程施工合同》的公章是伪造私刻的。中某公司的行政章有数字编码，而本案合同上的公章没有任何编码。4. 邱某彬本人承认私刻公章。在原审卷宗四第 50~51 页，崇某县公安局对邱某彬第三次询问笔录中，当公安局出示中某公司提供的印章样本（根据邱某彬在该笔录的述说，在委托书出现的实际上应是公章），结合邱某彬在本案的所作所为，邱某彬本人承认在崇某县老干所边上一个店内私刻了用于签订合同的公章。已发生效力的原审法院（2013）赣中民二终字第 119 号民事判决书第 5 页第 16 行以下认为："按照本案现有的证据来看，可以认定被上诉人邱某彬假冒上诉人中某公司的名义与房屋建设方签订建设合同。"5. 崇某房产公司的上诉状错误解读了邱某彬《承诺书》的内容。法人公章须有公安部门的特许，有特定含义，且代表法人单位具有对外的效力。从这个角度来说，崇某房产公司的上诉书所提出的"江西中某建设工程有限公司崇某县2011年城西廉租住房（二标段）项目部"字样的章，应是印章，而称不上公章。因而对承诺书中"承诺人未经江西中某建设工程有限公司同意私刻该工程项目公章"的理解，应从公章应有含义，以及邱某彬本人使用该公章所进行的系列违法活动综合考虑，不应当是崇某房产公司所解读的该工程项目公章。一审法院判决也肯定了这一判断。6. 违反法律行政法规强制性规定的合同不可被追认而生效。根据以上分析，本案《建设工程施工合同》违反法律行政法规强制性规定，是属于绝对无效的合同，因而不能适用对方当事人上诉书所提到的《合同法》第四十八条之规定。追认的前提或者适用该条的前提是，合同除当事人的同意或追认的要件之外，合同生效的其他要件也须满足，而本案所涉合同不能满足。

中某公司向本院提起上诉，请求：1. 维持一审判决的第一项判决内容；2. 撤销一审判决的第二项判决内容，并依法改判撤销中某公司自2012年8月以来向崇某房产公司所发在《建设工程施工合同》之后的相关函件的效力；3. 判决崇某房产公司承担本案一、二审全部诉讼费用。事实与理由：一、中某公司与崇某房产公司之间在无效的《建设工程施工合同》之后的相关往来函件，依法应予撤销。第一，这些函件说明中某公司与崇某房产公司之间属于另一个建设工程的法律关系。因为中某公司从未与崇某房产公司签订《建设工程施工合同》，自然不受该无效合同的约束，也就不存在复工和解除合同的问题。这些往来公函，最多只能证明中某公司与崇某房产公司曾经为是否承建邱某彬遗留的后续工程建设问题进行过有条件的协商，这属于另一个建设工程的法律关系，而不能以此认为这是中某公司对邱某彬假冒中某公司名义签订合同的违法行为的追认。第二，根据现有招投标的法律法规，即使中某公司要承担崇某房产公司在本案中邱某彬所遗留的工程建设项目，也应同样经过招投标所必经的法定程序。否则，县级以上人民政府建设行政主管部门应当按照国家和省有关招标投标法律、法规和规章制度会同有关部门对崇某房产公司（招标人）进行查处。第三，本案的事实是中某公司所发的这些相关函件，是受到崇某房产公司的欺诈而作出的。中某公司对邱某彬私刻中某公司公章，冒用中某公司名义，与崇某房产公司签订《建设工程施工合同》，进行施工管理，并取得工程款的事情一无所知。2012年8月，中某公司收到崇某房产公司《关于要求2011年廉租房Ⅱ标尽快恢复施工的函》后，派出人员到崇某县了解情况。由于崇某房产公司有意隐瞒真相，并诱之以该廉租房系民心工程、公益事业，中某公司的工作人员才在不明真相的情况下，与崇某房产公司就"是否接手后续工程"进行有条件的协商和函件往来。第四，中某公司在与崇某房产公司就后续工程协商不成时，当即向崇某房产公司发出《关于和解破裂撤销所有相关文件的函》，对相关函件予以撤销。第五，中某公司在与崇某房产公司就后续工程进行协商的内容均未得到实施。中某公司从未参与该工程的任何后续施工，也未参与该项目主体等交竣工验收等事务，自然也不存在事实追认的问题。第六，一审法院以"本案中，中某公司对邱某彬的行为已向公安机关报案处理，对案件事实及法律后果均是清楚的，故不存在重大误解的情形"为由，不支持中某公司请求撤销相关函件的一审诉讼请求，是有问题的。中某公司向公安机关报案，是在中某公司逐步发现事实真相，知道受骗上当后的2013年。在报案过程中，中某公司的工作人员再次被人为误导、诱导，甚至威胁，加上各种因素，才导致报案无果。以上事实说明：中某公司就所谓的后续工程协商所发出的函件，是因崇某房产公司的诱导即受欺诈而作出的，且双方并未实际履行。根据我国《合同法》第五十四条之规定，请求二审法院判决撤销中某公司向崇某房产公司所发出的相关函件的效力。二、一审判决书在一些事实方面的认定或表述是错误的。1.一审判决认为"邱某彬通过中某公司基本账户转账缴纳了投标保证金"是错误的。一审判决既然已经认定邱某彬是假冒中某公司名义招标，他怎么可能通过中某公司基本账户转账缴纳投标保证金？同理，中某公司从来不知邱某彬私刻中某公司公章、冒名签订《建设工程施工合同》一事，自然也就不存在允许邱某彬通过中某公司基本账户转账缴纳投标保证金。本案也没有任何证据证明邱某彬通过中某公司的基本账户转账缴纳了所谓的投标保证金。相反，中某公司因受中介蛊惑，向崇某县公共资源交易中心支付的"工程保证金17万元和工程违约保证金4.7万元"，无端被崇某房产公司非法占有，中某公司有进一步追回的权利。2011年6月，中某公司曾接到外围松散中介提供的"2011年崇某县城西廉租房工程项目"有关邀标信息，谎称该项目为"BT项目，有投资商投资，签订合同后即付40万元的开工进场预付款"。中某公司受中介蛊惑，为了获得议标的《邀标函》，通过转账的方式向崇某县公共交易中心支付的是"工程保证金17万元、工程违约保证金4.7万元"，并不是按崇某房产公司招标文件规定的"7万元投标保证金和21.75万元履约保证金"。这两笔款项的性质、金额、用途、时间都与招投标文件不相符。例如,招标文件规定"在合同签订3天内需支付二标段履约保证金21.75万元",而我方在假冒合同签订日期前就已支付的是"一、二标段的工程违约保证金21.7万元"。工程违约保证金与履约保证金是两个不同的概念。2.一审判决书在以下事实的表述有误。一审判决书第2页第10行,"原告中某公司诉称……甚至于,原告向被告缴纳计21万元的履约保证金也由被告支付给了原告……"中的"给了原告",并不是"原告中某公司诉称"的内容,而且这种表述违背逻辑与事实,显系笔误,请二审法院一并改止之。

崇某房地产公司答辩称,一、中某公司上诉缺乏事实依据,上诉理由不能成立。中某公司所说的函件的问题是避重就轻,没有实事求是地对函件的内容进行真实公开的宣读。邱某彬本人就是中某公司的项目副经理。中某公司和崇某房产公司就款项的支付和后期工程的施工都有相关的约定,所以我方认为中某公司提出的要求撤销这些函件的事实和理由不充分,也没有相关的证据予以证明。中某公司所说的误导和欺诈,在一审中对方也没有举证证明。二、对于一审判决表述是否有错误的问题,应由二审法院根据事实和证据判断。

根据双方的诉辩意见,本案争议焦点为:1.2011年9月6日崇某县2011年城西廉租住房(二标段)《建设工程施工合同》是否有效?2.中某公司与崇某房产公司之间在《建设工程施工合同》之后的相关往来函件是否存在欺诈?应否撤销?

二审庭审中,崇某房产公司向本院提交了三组新证据。证据一:GZGC2011119金富康居社区配套工程(一标段)施工招标中标公示及赣州综合物流园开发有限公司与中某公司签订的《建设工程施工合同(副本)》。证据二:全南县板坑等5座重点小(2)型病险水库除险加固工程施工招标中标公示及全南县重点小(2)型病险水库除险加固工程建设项目部与中某公司签订的《全南县板坑等5座重点小(2)型病险水库除险加固工程(5标段—早禾岗水库)施工合同》。证据三:赣州毕某工程造价咨询有限公司关于2011年度沙河镇农业综合开发项目的中标公示及章贡区沙河镇人民政府与中某公司签订的《2011年度章贡区农业综合开发项目施工合同书》《补充协议》《中标通知书》。以上三组证据欲证明中某公司中标的事实及证明中某公司与其他单位签订合同所使用的行政公章与法人代表印鉴章与崇某房产公司签订合同所使用的行政公章是一致的,中某公司的行政公章与法人代表印鉴章不是邱某彬私刻的。中某公司质证认为,以上证据都是复印件,对其三性都有异议,三份合同中的印章不是中某公司的,中某公司也没有承包上述三个项目。本院认为，该三份证据均为复印件，其中证据一和证据二中的合同系赣州开发区项目建设办公室和全南县水利建设与管理站出具，并加盖公章及注明"与存档一致"，证据三中的合同、补充协议及中标通知书未加盖出具单位赣州市章贡区农业综合开发办公室公章，但合同、补充协议及中标通知书上除了盖有无编码的中某公司印章外，还加盖了编码为3601000058843的中某公司公章，以上三份工程施工合同主体与赣州公共资源交易网上公示的中标内容一致，能够相互印证，表明中某公司在实际的工程招投标、签约及施工过程中除了使用有编码的公章外，也使用了无编码的公司公章，故本院对其真实性、合法性及关联性均予以认可，对其证明目的待结合其他证据及案件事实予以认定。

中某公司也向本院提供了三份新证据：证据一为施工现场光盘，欲证明本案起诉后崇某房产公司仍用中某公司的名义进行违法活动；证据二为中某公司与进贤县水利局所签订的合同书，欲证明中某公司所签合同有法人代表在合同上签章；证据三为崇某县开标现场记录，欲证明中某公司没有到开标现场，而投标中某公司依法须到场才有效。崇某房产公司质证对该三份证据的真实性、合法性、关联性均不予认可。本院对证据一、证据二的真实性、合法性予以确认，对其关联性不予确认；对证据三的真实性、合法性、关联性予以确认，对其证明目的不予确认。

二审查明，2011年8月10日，中某公司向本案所涉工程招标代理机构江西金诚工程咨询有限公司支付招标资料费用900元，江西金诚工程咨询有限公司通过电子招标回执单予以确认。2011年8月23日，中某公司通过其公司银行账户即中国工商银行股份有限公司南昌高新支行向崇某县招标投标中心转账17万元，注明用途为"崇某县2011年城西廉租房（一、二标段）工程投标保证金"。同年9月5日，中某公司通过其公司上述银行账户向崇某县公共资源交易中心转账47000元。同年9月8日，崇某县公共资源交易中心、崇某县招标投标中心出具收款收据，载明共收到中某公司217000元履约金。2011年9月6日，中某公司与崇某房产公司签订本案《建设工程施工合同》，中某公司加盖没有编码的公司公章，谢某明、邱某彬作为中某公司的委托代理人在合同上签字。2011年9月10日，中某公司对公司所属各单位下发盖有该公司带编码印章的《关于组建江西中某建设工程有限公司崇某县2011年城西廉租房（二标段）工程项目部的通知》，通知载明"邱某彬为项目部副经理，负责生产施工"。尽管中某公司在原审中对《关于组建江西中某建设工程有限公司崇某县2011年城西廉租房（二标段）工程项目部的通知》的内容及所盖公章均予以否认，但本院认为，在中某公司未提供充分证据证明其主张的情形下，上述通知作为证据的效力及其证明的事实均应予以确认。

邱某彬施工的本案工程 2012 年 5 月停工后，崇某县房地产管理局于 2012 年 7 月 11 日向中某公司发出《关于要求 2011 年廉租房Ⅱ标尽快复工的函》，于 2012 年 11 月 26 日向中某公司发出《关于要求 2011 年度城西廉租住房Ⅱ标段工程项目尽快复工的通知》，内容为要求中某公司尽快组织复工，保障安居房按时交付。2012 年 9 月 3 日，崇某房产公司向中某公司发出《函告》，内容为案涉工程进度明显滞后，严重影响了交付时间，要求中某公司详细拟好剩余工程量的进度计划。2013 年 1 月 8 日，崇某房产公司向中某公司发出《关于 2011 年城西廉租住房Ⅱ标段工程立即复工的函》，主要内容为案涉工程在 2012 年 5 月底停工至今，经双方多次协商，中某公司提出来的两个条件，崇某房产公司早已落实到位，但中某公司仍然推诿恢复施工，崇某房产公司要求在 2013 年 1 月 10 日前恢复施工，否则中止施工合同。中某公司于 2013 年 1 月 10 日复函（即《关于解决复工事宜的函》）崇某房产公司，称："贵局 8 日来函已收悉。我方已在 2012 年 12 月 24 日进行了再次复工，但因前期纠纷未解决且贵方承诺的资金未支付到我公司，开工三天后被迫停工，自 2012 年 8 月接到贵方通知以来，经双方多次协商，对民工工资支付存在较大争议。现我方提议对前期民工工资由我方先行核实确认后，民工写领条给我方，我方写借条给贵局，再由贵局支付。我方将按照 11 月上旬协商达成的 1∶1 配套资金投入工地施工。且后续所有工程款必须打入招标文件规定的我公司基本账户。"2013 年 1 月 11 日，崇某房产公司向中某公司发出《关于解决复工事宜的回复函》，函中载明："你公司 10 日的回复已收悉。经请示上级领导，同意你方 1 月 10 日的回函要求。你方务必在元月 12 日把民工工资核实完毕，13 日上午发放民工工资，下午即组织人员恢复正常施工。后续工程款支付按双方签订的《建设工程施工合同》执行"。2013 年 1 月 22 日，崇某房产公司向中某公司发出《告知函》，载明："为切实解决 2011 年城西廉租住房（二标段）前期所欠民工工资问题，双方须按以前商定的 1∶1 配套各负担 50% 发放（即各负责 19.17 万元）。请你公司收函后在本月 23 日之前予以落实到位"。此后，崇某房产公司就涉案工程复工后的进展及存在的问题先后于 2013 年 2 月 7 日和 2013 年 3 月 28 日致函中某公司。2013 年 4 月 22 日，崇某房产公司再次致函（即《解除合同通知书》）中某公司，以中某公司再次停工严重违约为由，决定解除与中某公司的合同。

同时查明，2012年10月12日，中某公司致函崇某房产公司，函中载明："江西中某建设工程有限公司2011年9月6日承建的崇某县2011年城西廉租房（二标段）工程，因项目副经理邱某彬私刻公章，伪造授权书，骗取业主及有关部门将该项目工程款280余万元直接转入他个人银行账户。严重影响该民心工程正常施工、按时竣工，影响我公司声誉。经我公司研究决定，撤销邱某彬该项目部副经理职务，委任谢某明为该项目部副经理，协助项目经理李某，完成该工程未完工项目。该项目剩下工程和履约金请业主直接转入我公司的基本账户"。2012年11月10日，中某公司向崇某房产公司发出《关于恳求解决2011年廉租住房Ⅱ标段恢复启动资金的请示》，请求崇某房产公司先行拨付工程款50万元作为恢复施工启动资金。2012年11月19日，中某公司再次致函崇某房产公司，请求工期延期完工。

另查明，2012年11月9日，中某公司以邱某彬涉嫌职务侵占罪为由向崇某县公安局报案，崇某县公安局于同月20日决定对邱某彬涉嫌挪用资金案立案侦查。根据崇某县公安局经侦支队对邱某彬、谢某明、钟某俊的询问笔录记载的内容，三人均认可中某公司委托邱某彬负责崇某县廉租房工程施工的事实。邱某彬称"江西中某建设工程有限公司委托书"上的印章是在中某公司赣州办事处加盖的，他本人没有去私刻中某公司的公章。谢某明称其系中某公司赣州办事处负责人，邱某彬是中某公司委派在崇某县负责廉租房工程施工的人，并于2011年9月8日出具了一份委托书给邱某彬，授权委托邱某彬为中某公司项目负责人，以中某公司名义负责崇某县廉租房工程的合同洽商、日常施工、管理、工程进度核算工作。钟某俊称其为中某公司赣州办事处业务员，2011年4月至2012年1月在中某公司赣州办事处上班，负责协助谢某明工作。对于中某公司出具的委托邱某彬负责崇某县廉租房工程的委托书，钟某俊亦表示认可，并称委托书上的印章是由钟某俊盖上去的。根据中某公司向崇某县公安局报案时提供的证据材料显示，2011年9月8日中某公司给邱某彬的委托书有二份，二份委托书的主文内容一致，均载明"本公司现授权委托邱某彬为我公司代理人，以本公司的名义负责崇某县2011年城西廉租住房（二标段）工程的合同洽商、日常施工、管理、工程进度款核算工作"，均加盖了不带编码的中某公司印章。区别在于工程款汇入的账户不同，第一份写明工程款汇入中某公司账户，第二份写明工程款汇入邱某彬个人账户。二份委托书均由中某公司作为刑事案件证据材料提供，欲证明第二份委托书系伪造，并由崇某县公安局送赣州市人民检察院司法鉴定中心进行鉴定,第一份委托书为样本,第二份委托书为检材,鉴定结果为第二份委托书的正文以下部分系从对第一份委托书复制而来。2012年12月28日,崇某县公安局对中某公司副总经理林某军进行询问时,林某军认可中某公司在赣州的业务代表为谢某明,并认可邱某彬为本案工程项目的工程生产副经理。

还查明,邱某彬2012年8月23日的《承诺书》记载:"一、承诺人未经江西中某建设工程有限公司同意私刻该工程项目公章,承诺人承诺将该私刻公章交由江西中某建设有限公司依法收回,承诺人于2012年8月23日之前用该公章所为的全部行为均未经江西中某建设工程有限公司同意、委托、授权,承诺人承诺其在2012年8月23日前用私刻公章所为的全部业务及全部行为,与江西中某建设工程有限公司无任何关系,均由承诺人本人承担法律责任"。该《承诺书》只记载了邱某彬私刻了案涉工程项目章,并未记载邱某彬私刻了中某公司公章,同时邱某彬在崇某县公安局的询问笔录中也否认其私刻了中某公司公章。根据崇某县公安局接受证据清单记载,中某公司报案时,其赣州办事处负责人谢某明向崇某县公安局提交的邱某彬涉嫌伪造印章的证据材料之一也为"江西中某建设工程有限公司崇某县2011年城西廉租住房二标段项目部"印章样本,而不是中某公司公章样本。

二审查明的其他案件事实与原审相同。对于原审认定的其他事实,本院予以确认。

本院认为,2011年9月6日签订的崇某县2011年城西廉租住房二标段《建设工程施工合同》是否有效及有关函件应否撤销,应根据该合同的形成过程及双方的履约情况进行判断。其一,就该合同主体来看,中某公司不认可该合同上其公司公章的真实性,亦不认可邱某彬作为其公司的委托人负责案涉工程施工的具体事宜。但根据查明的事实及中某公司自认,本案工程招投标时,中某公司通过其银行基本账户先后向崇某县公共交易资源中心支付投标资料费900元、投标保证金17万元及工程违约保证金4.7万元,表明中某公司参与了本案工程的竞标。中某公司称其系因受中介蛊惑缴纳上述费用并被崇某房产公司违法侵占,否认其参与本案工程竞标,如果中某公司确实未参加本案工程的竞标,本应在法律规定的诉讼时效期限内向崇某房产公司请求返还上述款项,但从2011年9月至今中某公司仍未实际行使其返还请求权,明显违反常理。中某公司称其公章是带有编码的,而本案投标文件、《建设工程施工合同》等加盖的均是没有编码的中某公司公章,《建设工程施工合同》上中某公司的公章系邱某彬伪造的。本院认为中某公司的上述主张与事实不符：首先，中某公司除本案工程外，还中标承建了赣州GZGC2011119金富康居社区配套工程（一标段）、全南县板坑等5座重点小（2）型病险水库除险加固工程（5标段-早禾岗水库）、赣州市章贡区农业综合开发项目工程，上述工程中前两项工程的施工合同上加盖的也是不带编码的中某公司印章，后一项工程的施工合同上同时加盖有带编码和不带编码的中某公司印章，但以上三份施工合同的主体与赣州公共资源交易网上公示的中标内容一致，能够相互印证，表明中某公司在对外开展业务时使用了不带编码的印章。其次，在崇某县公安局立案侦查邱某彬涉嫌挪用资金案过程中，中某公司提交了二份2011年9月8日给邱某彬的委托书，一份委托书为样本，一份委托书为检材，其作为样本提交的委托书亦加盖了不带编码的中某公司印章，也表明中某公司在对外开展业务时使用了不带编码的印章。再次，根据崇某县公安局经侦支队对中某公司赣州办事处负责人谢某明、业务员钟某俊的询问笔录，二人均认可中某公司通过其赣州办事处向邱某彬出具委托书，授权委托邱某彬负责崇某县廉租房工程运作的具体事宜，这与崇某县公安局经侦支队对邱某彬的询问笔录能够相互印证，应当予以采信。谢某明系中某公司赣州办事处负责人，不仅有谢某明及钟某俊在崇某县公安局的供述，也与中某公司副总经理林某军在崇某县公安局询问时认可中某公司在赣州的业务代表为谢某明的陈述及2012年10月12日中某公司给崇某房产公司的函的内容相吻合。而谢某明作为中某公司在赣州办事处的负责人，在本案工程施工合同上亦作为中某公司的委托代理人签字，其行为能够代表中某公司。最后，邱某彬在《承诺书》中也只是表示私刻了中某公司涉案工程的项目章，即"江西中某建设工程有限公司崇某县2011年城西廉租住房二标段项目部"印章，并未私刻中某公司公章，中某公司报案时，其赣州办事处负责人谢某明向崇某县公安局提交的邱某彬涉嫌伪造印章的证据材料之一为"江西中某建设工程有限公司崇某县2011年城西廉租住房二标段项目部"印章样本，而不是中某公司公章样本。且邱某彬挪用资金案因事实不清，证据不足，崇某县人民检察院于2013年1月18日对邱某彬作出不批准逮捕决定书，崇某县公安局于同日释放邱某彬，有关机关在刑事诉讼程序中也并未认定邱某彬伪造中某公司公章。因此，本案《建设工程施工合同》上中某公司公章虽然不带有编码，但应认定为出自中某公司，中某公司使用该公章对外签订合同具有法律效力。中某公司称其中标工程所签合同均盖有带编码的印章，本案施工合同上中某公司公章系伪造与事实不符，不予采信。在签订本案《建设工程施工合同》时邱某彬作为中某公司委托代理人签字是否已取得中某公司授权,与本案《建设工程施工合同》有效与否没有必然联系。其二,在涉案工程停工后,崇某县房地产管理局、崇某房产公司与中某公司就工程复工问题进行了多次函件上的往来与协商,在此过程中中某公司亦知道邱某彬作为实际施工人代表其公司组织施工等事宜,并认可本案工程为其公司承建的工程,而从未向崇某房产公司表明本案工程不是中某公司承建的工程。在2012年10月12日中某公司致崇某房产公司的函中更是明确表示本案工程系由中某公司于2011年9月6日承建,明确表示邱某彬为该项目部副经理,并决定撤销邱某彬该项目部副经理职务,委任谢某明为该项目部副经理。中某公司在与崇某房产公司的往来函中意思表示明确,文义清晰,没有任何歧义,也没有证据证明中某公司受到了崇某房产公司的胁迫和欺诈。至于邱某彬通过欺骗手段骗取业主及有关部门将该项目工程款278万元直接转入他个人银行账户,则系中某公司与邱某彬之间的问题,应当通过其他途径解决,但并不影响中某公司和崇某房产公司所签订合同的效力。原审法院认为本案工程上实际发生法律关系的双方为邱某彬与崇某房产公司,且邱某彬私刻中某公司印章签订本案施工合同与事实不符,本院予以纠正。据此,本院认为,本案《建设工程施工合同》系中某公司和崇某房产公司所签订的合同,依照《中华人民共和国合同法》第三十二条、第四十四条之规定,中某公司和崇某房产公司所签订的《建设工程施工合同》系当事人的真实意思表示,且未违反法律、行政法规的强制性规定,应当认定为合法有效。在《建设工程施工合同》签订之后,因实际施工人邱某彬停工,崇某房产公司与中某公司就工程复工等问题通过信函进行沟通和协调,系双方对《建设工程施工合同》内容的补充和变更,其中双方达成一致的内容对双方均具有约束力,在此过程中中某公司亦没有提供证据证明受到了崇某房产公司的欺诈、胁迫或存在重大误解。因此,中某公司要求确认2011年9月6日签订的崇某县2011年城西廉租住房二标段《建设工程施工合同》无效及撤销中某公司自2012年8月以后向崇某房产公司所发的与本案工程相关函件的效力没有事实与法律依据,本院不予支持。

综上,原审判决认定事实和适用法律错误,应予纠正,依照《中华人民共和国合同法》第三十二条、第四十四条、《中华人民共和国民事诉讼法》第一百七十条第一款第(二)项之规定,判决如下:

一、撤销江西省赣州市中级人民法院(2013)赣中民一初字第47号民事判决;

二、驳回江西中某建设工程有限公司的全部诉讼请求。

一审案件受理费30936元，二审案件受理费61872元，共计92808元，由江西中某建设工程有限公司承担。

本判决为终审判决。

法律法规

《中华人民共和国民法典》（2021年1月1日施行）

第一百六十二条　代理人在代理权限内，以被代理人名义实施的民事法律行为，对被代理人发生效力。

《全国法院民商事审判工作会议纪要》（法〔2019〕254号）

41.【盖章行为的法律效力】司法实践中，有些公司有意刻制两套甚至多套公章，有的法定代表人或者代理人甚至私刻公章，订立合同时恶意加盖非备案的公章或者假公章，发生纠纷后法人以加盖的是假公章为由否定合同效力的情形并不鲜见。人民法院在审理案件时，应当主要审查签约人于盖章之时有无代表权或者代理权，从而根据代表或者代理的相关规则来确定合同的效力。

法定代表人或者其授权之人在合同上加盖法人公章的行为，表明其是以法人名义签订合同，除《公司法》第16条等法律对其职权有特别规定的情形外，应当由法人承担相应的法律后果。法人以法定代表人事后已无代表权、加盖的是假章、所盖之章与备案公章不一致等为由否定合同效力的，人民法院不予支持。

代理人以被代理人名义签订合同，要取得合法授权。代理人取得合法授权后，以被代理人名义签订的合同，应当由被代理人承担责任。被代理人以代理人事后已无代理权、加盖的是假章、所盖之章与备案公章不一致等为由否定合同效力的，人民法院不予支持。

012 无锡爱某仑特木业有限公司与杭州景某建筑装潢工程有限公司、潘某根等定作合同纠纷案[①]

裁判要旨

公司用章混乱，同时使用多枚印章的法律风险应当由公司自行承担。如果公

[①] 审理法院：江苏省高级人民法院；诉讼程序：再审

司同时使用多枚印章，公司不得否认私刻印章的分支机构负责人以私刻印章的方式对外签订的合同的效力。

实务要点总结

（1）公司同时使用多枚印章，说明公司印章管理混乱。这一混乱局面产生的法律风险，应当由公司自行承担，而不能转嫁给交易相对人。因为交易相对人没有义务也没有能力去审查公司印章管理是否规范，使用的印章是否获得公司的认可及授权。

（2）在公司印章管理混乱的情况下，公司分支机构的负责人私刻公司印章对外签订合同，即使未获得公司授权，公司也不得否认其效力。

（3）规范的印章管理尤其是确保公司用章的唯一性，对于公司经营管理极为重要。如果用章不具有唯一性，公司对各分支机构的授权管理可能因为私刻印章而沦为一纸空文。

相关判决

无锡爱某仑特木业有限公司与杭州景某建筑装潢工程有限公司、潘某根等定作合同纠纷再审复查与审判监督民事裁定书［（2016）苏民申4159号］

再审申请人（一审被告、二审上诉人）：杭州景某建筑装潢工程有限公司，住所地浙江省杭州市富阳区富春街道文苑路15号。

法定代表人：俞某翔，该公司总经理。

再审申请人（一审被告、二审上诉人）：潘某根。

被申请人（一审原告、二审被上诉人）：无锡爱某仑特木业有限公司，住所地江苏省无锡市新区鸿山街道后宅工业园。

法定代表人：王某波，该公司董事长。

原审被告：陆某龙，现羁押于山西省晋中监狱。

再审申请人杭州景某建筑装潢工程有限公司（以下简称景某公司）、潘某根因与被申请人无锡爱某仑特木业有限公司（以下简称爱某公司）、原审被告陆某龙定作合同纠纷一案，不服江苏省无锡市中级人民法院（2015）锡商终字第00550号民事判决，向本院申请再审。本院依法组成合议庭进行了审查，现已审查终结。

景某公司、潘某根共同申请再审称，1.陆某龙不是景某公司的员工，其假冒使用景某公司的合同专用章，以景某公司名义与爱某公司签订了案涉《委托加工产品合同》。尽管陆某龙和景某公司曾经存在挂靠关系，但此不意味着陆某龙可以私刻景某公司印章并冒用公司名义从事损害公司利益的行为。景某公司从未出具授权委托书给陆某龙。陆某龙伪造景某公司印章的事实，已经浙江省杭州市富阳区公安局立案侦查，故陆某龙在本案中的身份以及印章、签名的效力均处于待定状态。2. 一、二审法院认定《委托加工产品合同》下的货款总额为726.83万元缺乏依据。景某公司提供的证据证明安康市明某国际酒店项目（以下简称明某酒店项目）仅有254间客房，如按照726.83万元的价格计算，每间客房的家具、门及门套、装饰板等单价高达2.86万元，此不合常理。一、二审法院仅凭爱某公司提交的陆某龙签字的《结算确认单》和《催款函》即认定货款总额为726.83万元，而未查清高出原合同价287万元的440万余元货款如何构成的事实。景某公司已经提供证人证言、杭州华某建设管理有限公司出具的《工程造价咨询报告书》等，可以证明爱某公司的货款远未达到726.83万元。3. 一、二审法院未查清《结算确认单》何时签署。《结算确认单》涂改之前的内容是景某公司在"2010年9月底"之前结清货款，从"2009年9月20日"开始承担违约责任；涂改之后变成景某公司在"2010年12月底"之前结清货款，从"2009年12月20日"开始承担违约责任。涂改后的《结算确认单》要求景某公司在2010年结清货款，违约责任却从2009年开始追究，明显不合常理。案涉《委托加工产品合同》约定爱某公司在2009年9月20日完工，故《结算确认单》应是2009年签署。尽管陆某龙在公安机关讯问时陈述《结算确认单》的签署时间为2010年9月，但应属记忆错误，陆某龙在本案审理过程中认可《结算确认单》的签署时间为2009年8月。作上述涂改的应是爱某公司，从爱某公司在2012年第一次起诉的起诉状中陈述景某公司向其出具确认单，确认从2009年9月20日起承担违约责任的内容可予印证。安康市明某酒店投资经营管理有限公司（以下简称明某公司）于2009年11月代景某公司向爱某公司支付的120万元货款应从尚欠爱某公司的货款中扣除。4. 一、二审法院对《催款函》的效力认定错误。陆某龙在2014年12月公安机关讯问时陈述："《催款函》是谢某芳（爱某公司的人员）带着律师和四五个人到其无锡家中要求其签的，当时其只有一个人；谢某芳称120万元系明某酒店支付，到时候另外计算就行了。"而陆某龙的好友顾某庆陈述："陆某龙曾经和他讲过，爱某公司和他串谋，将欠款数额提高，官司打赢拿到钱之后两人平分。"但二审法院未采信顾某庆的证言。景某公司认为本案是陆某龙和爱某公司恶意串通，诈骗景某公司的犯罪行为。5. 二审法院未采信景某公司提交的《工程造价咨询报告书》错误。6. 二审法院明知陆某龙不是景某公司员工，而要求景某公司提供向爱某公司支付款项的明细，属于举证责任分配错误。7. 一、二审判决潘某根对景某公司的债务承担连带责任错误，爱某公司应举证证明潘某根和景某公司的人格混同。综上，请求依法再审本案。

爱某公司提交意见认为，1. 相关证据表明陆某龙是景某公司的代表，其办理结算的行为对景某公司产生约束力，景某公司应承担法律责任。2. 关于《结算确认单》的签订时间，无论在庭审中还是在公安机关的笔录中，陆某龙和顾某庆多次明确是 2010 年 9 月，2011 年 9 月 7 日陆某龙在《催款函》上也签字确认尚欠爱某公司 248 万元，此与《结算确认单》前后印证，且明某酒店项目于 2009 年 9 月完工，根据合同约定景某公司需基本付清加工款，故爱某公司不可能在 2009 年 9 月即同意景某公司至 2010 年下半年再付款。《结算确认单》的签订时间和违约责任的起算时间是两个概念，景某公司、潘某根以违约责任的起算时间是 2009 年 9 月推导出《结算确认单》的签订时间也是 2009 年 9 月缺乏逻辑性。3. 陆某龙在《结算确认单》中为本案欠款提供保证担保，在讯问笔录中也表示愿意还款。陆某龙作为还款义务人，对加工款的确认必然谨慎，其不可能与爱某公司串通。顾某庆是陆某龙挂靠景某公司的撮合人，且表示欠景某公司一个说法，显然有为景某公司开脱的动机。4. 潘某根应对景某公司的债务承担连带责任。5. 爱某公司提供的证据相互印证，而非景某公司、潘某根所陈述存在前后矛盾的情形。6. 陆某龙的诈骗犯罪行为与本案无关。综上，请求驳回景某公司、潘某根的再审申请。

陆某龙提交意见认为，1. 陆某龙介入明某酒店项目经过了景某公司原董事长吕某浩的授权，景某公司向陆某龙出具了授权委托书，由陆某龙全面负责该项目装修工程的施工，陆某龙与景某公司签订有协议。陆某龙使用的景某公司的合同章、财务章、项目部章是经过景某公司原董事长吕某浩及副总经理洪某祥的同意才刻制的，是为了对外开展业务，且只针对明某酒店项目。该项目装修总额近 4000 万元，工期一年，如果没有印章将无法开展工作。如果景某公司不知晓该工程，也不会和明某公司签订和解协议，导致工程损失约 1700 万元。2. 景某公司称陆某龙和爱某公司串通抬高货款缺乏依据，明某酒店项目系陆某龙承包，自负盈亏，故陆某龙不可能如此操作。

本院经审查认为，景某公司、潘某根的申请再审理由不能成立。

首先，景某公司应对陆某龙以景某公司名义和爱某公司签订《委托加工产品合同》并进行价款结算的行为后果承担法律责任。陕西省安康市中级人民法院就明某公司起诉景某公司建设工程施工合同纠纷一案作出的（2010）安民初字第4号民事判决认定，陆某龙持景某公司有关手续与明某公司签订了《建筑装饰工程施工合同》，陆某龙作为景某公司的代理人在合同上签字，陆某龙系景某公司明某国际酒店装饰工程项目负责人；陆某龙履行合同的行为属公司行为；明某公司与景某公司签订的《建筑装饰工程施工合同》是双方当事人真实意思表示，应为有效。该判决业已生效，景某公司并无充分证据推翻该判决认定的上述事实。据此，陆某龙作为景某公司承接的明某酒店项目装饰工程的负责人，其在2009年3月12日以景某公司名义和爱某公司签订《委托加工产品合同》，委托爱某公司加工明某酒店项目所需成品门及门套等木制品，以及其后和爱某公司结算价款均属于其职权范围内的事务。虽然景某公司抗辩《委托加工产品合同》上加盖的景某公司的合同专用章以及相关结算单据上加盖的景某公司的项目部印章均系陆某龙私刻，其公司原法定代表人吕某浩已经向浙江省杭州市富阳区公安局报案，该局也于2013年3月8日立案侦查，但一则该刑事案件至今尚无定论，二则景某公司在（2010）安民初字第4号民事案件的庭审中也认可其公司存在多枚印鉴，故不应由爱某公司承担景某公司内部管理混乱的后果，三则上述合同和结算单据上尚有陆某龙的签名，而陆某龙作为项目负责人从事履行职务的行为，其个人签名即具有法律效力，故陆某龙同时加盖的印章是否真实对本案中的责任认定并无影响。爱某公司作为《委托加工产品合同》的相对方有理由相信陆某龙作为景某公司的项目负责人有权代表景某公司与其签订与明某酒店项目装饰工程有关的合同，何况爱某公司加工的木制品已实际使用于该项目，故陆某龙代表景某公司签订《委托加工产品合同》并结算价款的行为，对景某公司具有法律约束力。

其次，一、二审判决认定《委托加工产品合同》项下的总货款数额为726.83万元并无不当。该合同的数量条款约定"本合同的数量是设计图纸预算的工程量，最终决算以现场实际数量为准结算，超图纸工程量另签补充合同"；价款总额条款约定"依据景某公司图纸工程量约为287万元（货款结算时以实际数量计算价款总额为准）"。在该合同的实际履行过程中，明某酒店项目增加了工程量，爱某公司提交了合同附件、业务联系单、送货单、增补产品价格确认单等结算单据予以证明，其上或有陆某龙的签名或同时加盖了景某公司的项目部印章或合同专用章;且陆某龙签名确认的爱某公司出具的《结算确认单》上明确载明货款总额为726.83万元,陆某龙对上述签名的真实性并无异议。此外,在浙江省杭州市富阳区公安局在2013年3月立案侦查陆某龙伪造印章案时,陆某龙在2013年3月6日的讯问笔录中即陈述"其和爱某公司签订了一份《委托加工产品合同》,货款总额有700多万元"。在2014年12月23日的讯问笔录中陆某龙也陈述:"与爱某公司前后签过两份合同,第一份200多万元、第二份300多万元,合同项下货物除用于200多个房间外,还有酒店的餐饮部、KTV718个包间的沙发和茶几,KTV的大约30万元,无合同"。从上述证据可见,爱某公司实际完成的工程量远超过《委托加工产品合同》签订时预估的287万元。景某公司虽称顾某庆的证人证言、杭州华某建设管理有限公司出具的《工程造价咨询报告书》可以证明爱某公司的货款数额不可能达到726.83万元,陆某龙和爱某公司有恶意串通抬高价款的嫌疑,但一则顾某庆的证言已被陆某龙否认,亦无其他证据印证;二则《工程造价咨询报告书》形成于工程完工后近六年,不能全面反映完工当时的状况;三则如景某公司所言,陆某龙系挂靠其公司,自负盈亏,即陆某龙系该工程的最终权利义务的承担者,其如果和爱某公司串通抬高价款将最终损害其自身利益,此不符合常理,何况陆某龙亦作为保证人在《结算确认单》上签名。据此,本院对于景某公司关于合同价款总额提出的异议,不予采信。

再次,一、二审判决认定景某公司尚欠爱某公司《委托加工产品合同》项下货款120万元,亦无不当。爱某公司为支持其主张,提供了陆某龙签名确认的《结算确认单》和《催款函》各一份。《结算确认单》无落款时间,载明:1."2009年3月12日,双方签订委托加工合同一份,由景某公司委托爱某公司为明某国际酒店工程加工固定家具及部分活动家具等木制品;于2009年9月20日完工并经景某公司验收合格;货款总计726.83万元,已付货款473.83万元,尚欠253万元;2.景某公司应确保在2010年12月底前结清货款(此处的12月系由9月手写更改而成),如不能如期结算,景某公司应按原合同约定的条款,从2009年12月20日开始承担违约责任(此处的12月系由9月手写更改而成),并支付由此给爱某公司造成的其他损失,包括律师费用;陆某龙自愿为上述还款提供保证担保"。陆某龙在《结算确认单》上的甲方及保证人处签名。《催款函》系2011年8月27日爱某公司向景某公司(陆某龙)出具,载明:"2009年3月12日爱某公司与景某公司签订的明某国际酒店木制品加工合同,于2009年9月

20日验收合格交付使用,至今已有二年之久,现应收款余额经双方核对无误,景某公司尚结欠爱某公司货款248万元;申请景某公司在9月1日前安排到位;如不能按期支付,将按法律程序清欠"。陆某龙于2011年9月7日签收该函件,并注明"在9月底前先付50万元整"。景某公司认为,陆某龙已不欠爱某公司货款,爱某公司提交的《结算确认单》实际签订时间是2009年9月,爱某公司对《结算确认单》的内容进行了涂改,企图掩盖2009年10月明某公司代为向爱某公司支付120万元货款的事实,对于《催款函》,根据公安机关的讯问笔录,是爱某公司的谢某芳带数人前去陆某龙家中要求陆某龙签署,而谢某芳明确表示明某公司支付的120万元另行计算。本院认为,《结算确认单》的签订时间应为2010年。从《结算确认单》的打印内容可见,其原意是"2010年9月底之前结清价款,如不能结清,应按原合同约定条款,从2009年9月20日起承担违约责任",即爱某公司在同意景某公司延期至2010年9月底付款的同时设置了制约条件,如果景某公司不按期支付,则按原合同的付款时间2009年9月20日起算违约金,此符合情理。虽然《结算确认单》上的两处"9月"被手写改为"12月",双方现对是何人修改存有争议,但此并不影响《结算确认单》形成时间的认定,也不能反映明某公司代付的120万元是否包含在473.83万元已付款中,改动的意义仅在于将景某公司的付款时间及违约责任起算时间分别推迟了三个月。而综合现有证据可以认定《结算确认单》形成于2010年以后,且2009年10月明某公司代为向爱某公司支付的120万元货款包含《结算确认单》中载明的473.83万元已付款中。因为爱某公司二审中提交的陆某龙签署的委托明某公司付款的《委托付款协议》载明"景某公司截至2009年年底尚欠爱某公司货款253万元",而此数额与《结算确认单》中确认的253万元一致,故《结算确认单》不可能签订于2009年9月,其最早应形成于2009年年底之后。且陆某龙在2013年3月27日一审审理过程中也陈述"《结算确认单》是2009年年底工程全部完工后签的,具体时间记不清了"。另外,陆某龙于2011年9月7日签名确认的《催款函》也明确此时景某公司尚欠爱某公司248万元货款,此与《结算确认单》中的欠款数额前后印证。据此,景某公司上述主张的依据不足,本院亦不予采信。

最后,一、二审判决潘某根对景某公司的债务承担连带责任于法有据。潘某根于2012年3月12日经受让景某公司原股东吕某琴、吕某浩的股权而成为景某公司的唯一股东。《中华人民共和国公司法》第六十三条规定:"一人有限责任公司的股东不能证明公司财产独立于股东自己的财产的,应当对公司债务承担连带责任。"据此,潘某根应举证证明景某公司的财产与其个人财产相独立。潘某根仅抗辩其和景某公司的住所地非同一地点、其不担任公司法定代表人,但此不能证明其和景某公司之间财产独立,故其应对景某公司的案涉债务承担连带责任。

综上,依照《中华人民共和国民事诉讼法》第二百零四条第一款,《最高人民法院关于适用〈中华人民共和国民事诉讼法〉的解释》第三百九十五条第二款之规定,裁定如下:

驳回杭州景某建筑装潢工程有限公司、潘某根的再审申请。

法律法规

《中华人民共和国民法典》(2021年1月1日施行)

第一百七十条 执行法人或者非法人组织工作任务的人员,就其职权范围内的事项,以法人或者非法人组织的名义实施的民事法律行为,对法人或者非法人组织发生效力。

法人或者非法人组织对执行其工作任务的人员职权范围的限制,不得对抗善意相对人。

《最高人民法院关于适用〈中华人民共和国民法典〉合同编通则若干问题的解释》(法释〔2023〕13号)

第二十二条 法定代表人、负责人或者工作人员以法人、非法人组织的名义订立合同且未超越权限,法人、非法人组织仅以合同加盖的印章不是备案印章或者系伪造的印章为由主张该合同对其不发生效力的,人民法院不予支持。

合同系以法人、非法人组织的名义订立,但是仅有法定代表人、负责人或者工作人员签名或者按指印而未加盖法人、非法人组织的印章,相对人能够证明法定代表人、负责人或者工作人员在订立合同时未超越权限的,人民法院应当认定合同对法人、非法人组织发生效力。但是,当事人约定以加盖印章作为合同成立条件的除外。

合同仅加盖法人、非法人组织的印章而无人员签名或者按指印,相对人能够证明合同系法定代表人、负责人或者工作人员在其权限范围内订立的,人民法院应当认定该合同对法人、非法人组织发生效力。

在前三款规定的情形下,法定代表人、负责人或者工作人员在订立合同时虽然超越代表或者代理权限，但是依据民法典第五百零四条的规定构成表见代表，或者依据民法典第一百七十二条的规定构成表见代理的，人民法院应当认定合同对法人、非法人组织发生效力。

第二节　在其他场合认可存在效力争议的印章效力

013 青龙满族自治县燕某冶金铸造有限公司与孟某娜、董某芳借款合同纠纷案[①]

裁判要旨

公司私刻了某个印章，如果公司在其他民事活动中使用了该印章，并且认可该印章效力的，公司此后不得再否认使用该印章签订的合同的效力。

实务要点总结

（1）公司对同一枚印章的效力不能做选择性认可，只要在某一民事活动中认可某一印章的效力，公司即不能再在其他场合否定该印章的效力。

（2）公司对于某一印章效力范围的规定，属于公司内部规定。公司人员超出规定范围使用印章签订合同的，如果交易相对人为善意的前提下，对公司仍具有约束力。

（3）需提示读者注意，《全国法院民商事审判工作会议纪要》于2019年施行后，明确了公司对外担保必须经股东会或董事会决议，并非法定代表人单独所能决定的事项。法定代表人未经公司决议擅自对外担保，如相对人未经合理审查义务的，则该担保行为无效。

相关判决

青龙满族自治县燕某冶金铸造有限公司与孟某娜、董某芳借款合同纠纷再审民事判决书 ［（2014）冀民再终字第27号］

再审上诉人（原审被告、原再审申请人）：青龙满族自治县燕某冶金铸造有限公司。住所地：河北省青龙满族自治县。

[①] 审理法院：河北省高级人民法院；诉讼程序：再审

法定代表人：许某，该公司总经理。

再审被上诉人（原审原告、原被申请人）：董某芳，女，汉族，1966年8月7日出生，住所地：河北省唐山市路北区。

再审被上诉人（原审被告）：孟某娜，女，汉族，1957年7月28日出生，现关押在河北省女子监狱（原住址：河北省唐山市路北区）。

再审上诉人青龙满族自治县燕某冶金铸造有限公司（以下简称燕某公司）因与再审被上诉人孟某娜、董某芳借款合同纠纷一案，不服唐山市中级人民法院(2011)唐民初字第84号民事判决，向本院申请再审，本院以(2012)冀民申字第1760号民事裁定，指令唐山市中级人民法院对本案再审。唐山市中级人民法院于2013年12月26日作出(2014)唐民再初字第1号民事判决。燕某公司不服该判决，向本院提起上诉。本院依法组成合议庭于2014年6月16日公开开庭审理了本案。再审上诉人燕某公司委托代理人×××，再审被上诉人董某芳及其委托代理人×××到庭参加诉讼。本案现已审理终结。

唐山市中级人民法院再审查明：2010年8月22日，燕某公司的法定代表人孟某娜向董某芳借款874.88万元（含利息）并以公司资产担保，加盖了燕某公司财务专用章。2010年9月23日、2010年10月23日孟某娜又分别向董某芳借款136万元（含利息）和177万元（含利息），此两笔借款均以公司资产担保并加盖了燕某公司公章，上述三笔借款本金合计为910万元均打入燕某公司以孙某夺名义开设的银行账户。董某芳分别于2008年12月22日、2009年2月24日、2010年9月23日、2010年10月22日、2010年10月25日打入孙某夺的账户500万元、160万元、100万元、100万元、50万元。2010年4月2日孟某娜给付董某芳60万元，2011年4月27日孟某娜给付董某芳100万元。燕某公司的法定代表人孟某娜在刑事侦查卷宗复印件中证实，公司有两套公章，一套是有备案的，一套是没有备案的。经请示廖亦欲同意让其为开展唐山业务做了一套章。孟某娜在借条上所盖的公章是没有备案的。

唐山市中级人民法院再审认为，孟某娜在任法定代表人期间累计向董某芳借款本息11878800元的事实清楚，由于在11878800元中所含利息超出法律规定，其应调整至法律允许的界限内，双方在2013年8月1日河北省高级人民法院所做询问笔录均认可董某芳所主张的三张借条本金合计910万元，故孟某娜应给付本金910万元及利息，利息按合计910万元以每次打款的基数以不同打款时间按中国人民银行同期同类贷款利率的四倍计算至付清之日止。由于孟某娜借款时是法人代表，款项打入公司账户，且加盖了公司印章，并以公司资产担保，燕某公司对孟某娜所借款项及产生的利息应承担连带清偿责任。虽然所盖印章不是备案章，但孟某娜证实是为开展唐山业务经请示刻的章，况且第二套没有备案章已被河北省高级人民法院生效判决确认为两套章具有同等效力，对外不能对抗借款事实真实存在，燕某公司主张不承担责任的理据不足，唐山市中级人民法院不予支持，经唐山市中级人民法院审判委员会讨论决定，依照《中华人民共和国民事诉讼法》第二百零七条，《中华人民共和国合同法》第一百零八条、第二百零六条、第二百零七条，《最高人民法院关于适用〈中华人民共和国合同法〉若干问题的解释（二）》第二十一条，《中华人民共和国担保法》第二十一条之规定，作出判决：一、撤销唐山市中级人民法院（2011）唐民初字第84号民事判决；二、孟某娜偿还董某芳借款本金500万元及利息，利息自2008年12月23日起至付清之日止，按中国人民银行同期同类贷款利率（3~5年）的四倍计算；三、孟某娜偿还董某芳借款本金160万元及利息，利息自2009年2月25日起至付清之日止，按中国人民银行同期同类贷款利率（3~5年）的四倍计算；四、孟某娜偿还董某芳借款本金100万元及利息，利息自2010年9月24日起至付清之日止，按中国人民银行同期同类贷款利率（3~5年）的四倍计算；五、孟某娜偿还董某芳借款本金150万元及利息，利息自2010年10月26日起至付清之日止，按中国人民银行同期同类贷款利率（3~5年）的四倍计算；六、青龙满族自治县燕某冶金铸造有限公司对上述欠款及利息承担连带清偿责任。上述二、三、四、五项自判决生效后十日内付清，孟某娜已付董某芳的160万元在执行中扣除（先扣利息，后扣本金）。

上诉人燕某公司上诉称：一、孟某娜借董某芳的910万元中，已分出400万元转为向康某良借款，董某芳的借款本金应当减少400万元，原审法院认定事实错误。孟某娜于2008年12月22日、2009年2月24日出借给董某芳的借款本金共计660万元，至2009年4月22日利滚利至756万元，因到期未还加上预期利息，该金额至2009年10月22日计算为937.44万元。董某芳于2009年4月22日将该937.44万元中的400万元分出，转给康某良作为借款本金，此时，董某芳的借款本金应减少400万元。二、孟某娜已还董某芳260万元，原审判决少算了100万元。原审认定错误是因为少算了孟某娜于2010年5月15日还董某芳的100万元，况且两被上诉人在庭审中也予以确认，再审不予认定是错误的。三、对孟某娜已经还款的260万元应在董某芳的借款本金中直接扣除，原审不应判决在执行中扣除。四、上诉人不应对孟某娜个人的欠款承担连带清偿责任。原审以孟某娜在刑事侦查卷宗复印件中的单方言辞，推定孟某娜是为开展唐山业务经请示刻的章，以及以与本案无关的生效判决认定该两套章具有同等效力没有事实依据。孟某娜以公司资产为其个人借款进行担保的行为因违反《中华人民共和国公司法》第十六条的规定而无效。孟某娜个人使用伪造的公章、盗用公司的名义进行担保，属于伪造印章利用单位名义骗取他人财物归其个人占有、使用的行为。该担保行为与燕某公司无关。五、董某芳与孟某娜之间存在恶意串通的行为。董某芳明知孟某娜从事的是法律禁止的高利贷行为却接收孟某娜以公司资产对其个人借款进行担保，且孟某娜在本案庭审时对已还清的高利贷利息不向法庭主张权利，对于董某芳提交的2010年9月23日的借条中署名的借款人是陈守侠而孟某娜却承认是其借款，与董某芳在庭审中相互配合。孟某娜作为董某芳的主债务人，与董某芳存在利害关系，但孟某娜却于2011年4月27日给付董某芳100万元作为董某芳起诉孟某娜的律师费和诉讼费，双方明显存在恶意串通的行为。

被上诉人董某芳辩称：一、原审认定孟某娜向董某芳借款910万元事实清楚、证据确凿，有董某芳的银行转账凭证为据。二、因燕某公司临时借款，康某良于2010年5月10日转入燕某公司孙某夺账户100万元，燕某公司于2010年5月15日偿还董某芳此笔借款100万元，此款已抵销。三、根据《最高人民法院关于适用〈中华人民共和国合同法〉若干问题的解释（二）》第二十一条的规定，当借款人的还款不足以清偿全部债务时，应按照先还利息后还本金的顺序来进行清偿。因此，对于孟某娜已还款项160万元应在执行中扣除。四、根据秦皇岛市正源会计师事务所司法鉴定书的鉴定意见和秦皇岛市中级人民法院（2013）秦刑终字第162号判决书的认定，将孙某夺的个人账户直接认定为燕某公司的控股公司长城公司及其下属公司的资金卡，且燕某公司也从孙某夺的账户向董某芳偿还过借款。孟某娜向董某芳出具的借条均加盖了燕某公司的公章，而终审判决认定孟某娜并无犯伪造、变造印章罪，因此，燕某公司作为担保人，应对孟某娜的借款承担连带责任。五、董某芳与孟某娜没有恶意串通的行为。2010年9月23日总额为136万元的借条署名栏只是借款人和证明人写错了位置，孟某娜也承认该笔款项已转至燕某公司的账户。

本院再审查明的事实与原审法院查明的事实一致。

另查明，2008年12月22日至2009年2月24日，孟某娜共向董某芳借款本金660万元，因到期未偿还借款本金及利息，2009年4月22日，孟某娜出具借条两张，向董某芳出具的借条内容为："今有青龙燕某铁矿孟某娜向董某芳借现金（及利息）共计人民币伍百叁拾柒万肆仟肆佰元整，自2009年4月22日起至2009年10月22日止。期限为六个月，到期还清。"向康某良出具的借条内容为："今有青龙燕某铁矿孟某娜向康某良借现金（及利息）共计人民币肆佰万元整，自2009年4月22日至2009年10月22日止。期限为六个月，到期还清。"两张借条均加盖了青龙满族自治县燕某铁矿的公章。2010年5月10日，康某良向孙某夺的账户转款100万元，2010年5月15日，韩某娟向董某芳的账户转款100万元。本案庭审时，康某良称，2010年5月15日燕某公司还给董某芳100万元后，董某芳又把该100万元还给了康某良。

本院再审认为，董某芳将910万元借给孟某娜事实清楚、证据确实充分。本案的争议焦点为：一、2009年4月22日，孟某娜向康某良出具的400万元借条，谁是债权人，应否从董某芳的910万元借款中扣除。二、2010年5月15日，韩某娟向董某芳偿还100万元，是否应当计入孟某娜已经还款数额。三、孟某娜已还款160万元是否应当先从借款本金中扣除。四、燕某公司是否应当承担借款本息的连带清偿责任。

关于焦点一，燕某公司上诉称，孟某娜借董某芳的910万元中，已分出400万元转为向康某良借款，董某芳的借款本金应当减少400万元。但在本院再审时，康某良明确表示：所有本金910万元都判给董某芳，董某芳才是该400万元的债权人。如果另案审理的400万元借款和本案是同一笔债权的话，其愿意承担不利的法律后果。董某芳在诉讼中也一直主张该400万元债权。因此，孟某娜向董某芳履行400万元的债务，不会加重债务人的清偿责任。燕某公司的该项上诉理由不能成立，本院不予支持。

关于焦点二，根据本案查明的事实，孟某娜于2010年5月10日向康某良临时借款100万元，孟某娜于2010年5月15日通过韩某娟向董某芳转款100万元。本案庭审时，康某良亦承认该笔借款已经通过董某芳转给康某良。故该笔借款、还款与本案无关，原审不计入还款数额并无不当。

关于焦点三，根据《最高人民法院关于适用〈中华人民共和国合同法〉若干问题的解释（二）》第二十一条的规定，已还160万元款项应当先抵充利息，再抵充本金。原审判决孟某娜已付董某芳的160万元在执行中扣除（先扣利息，后扣本金）并无不当，本院予以维持。

关于焦点四，首先，借款合同上所盖上诉人的公章和财务专用章应认定其效力。孟某娜的证言证明了公章的制作过程，相关刑事判决也没有认定孟某娜刻制公章的行为是犯罪行为，而上诉人在其他民事活动中也曾使用过上述印章，所以应认定上诉人对孟某娜所借款项的担保是其真实意思表示。其次，上诉人关于该借款合同因违反《中华人民共和国公司法》第十六条规定而应认定无效的理由不能成立。根据《最高人民法院关于适用〈中华人民共和国合同法〉若干问题的解释（二）》第十四条关于"合同法第五十二条第（五）项规定的'强制性规定'，是指效力性强制性规定"的规定，而《中华人民共和国公司法》第十六条的规定并非效力性强制性的规定，在《中华人民共和国公司法》没有明确规定公司违反该法第十六条对外提供担保无效的情形下，对公司对外担保的效力应当予以确认。再次，《中华人民共和国合同法》第五十条规定"法人或者其他组织的法定代表人、负责人超越权限订立的合同，除相对人知道或者应当知道其超越权限的以外，该代表行为有效"，《最高人民法院关于适用〈中华人民共和国担保法〉若干问题的解释》第十一条规定"法人或者其他组织的法定代表人、负责人超越权限订立的担保合同，除相对人知道或者应当知道其超越权限的以外，该代表行为有效"，本案上诉人未能举证证明董某芳知道或者应当知道燕某公司法定代表人孟某娜超越权限，也无充分证据证明燕某公司的法定代表人孟某娜与董某芳恶意串通，故孟某娜即使违反公司章程的规定对外提供担保仍应认定为有效。最后，根据秦皇岛市正源会计师事务所司法会计鉴定书的鉴定意见，将孙某夺的个人账户直接认定为燕某公司的控股公司长城公司及长城公司下属公司的资金卡，借款合同证明人系燕某公司财务科长，借款也均打入了燕某公司会计的账户，且孟某娜也从燕某公司会计的账户向董某芳偿还过借款，基于以上事实，董某芳作为出借人有理由相信燕某公司做出的担保行为是真实有效的。综上，本案燕某公司的担保责任不能免除。原审认定燕某公司对孟某娜的欠款及利息承担连带清偿责任的理由成立，本院予以维持。综上所述，原判认定事实清楚，适用法律正确，应予维持。燕某公司的上诉理由不能成立，本院不予支持。依照《中华人民共和国民事诉讼法》第一百七十条第一款第（一）项、第二百零七条第一款，《中华人民共和国合同法》第五十条，《最高人民法院关于适用〈中华人民共和国合同法〉若干问题的解释（二）》第十四条、第二十一条及《最高人民法院关于适用〈中华人民共和国担保法〉若干问题的解释》第十一条之规定，判决如下：

驳回上诉，维持原判。

一审案件受理费109409元，诉讼保全费5000元，二审案件受理费109409元，由孟某娜和青龙满族自治县燕某冶金铸造有限公司负担。

本判决为终审判决。

法律法规

《全国法院民商事审判工作会议纪要》（法〔2019〕254号）

17.【违反《公司法》第16条构成越权代表】为防止法定代表人随意代表公司为他人提供担保给公司造成损失，损害中小股东利益，《公司法》第16条对法定代表人的代表权进行了限制。根据该条规定，担保行为不是法定代表人所能单独决定的事项，而必须以公司股东（大）会、董事会等公司机关的决议作为授权的基础和来源。法定代表人未经授权擅自为他人提供担保的，构成越权代表，人民法院应当根据《合同法》第50条关于法定代表人越权代表的规定，区分订立合同时债权人是否善意分别认定合同效力：债权人善意的，合同有效；反之，合同无效。

《最高人民法院关于适用〈中华人民共和国民法典〉合同编通则若干问题的解释》（法释〔2023〕13号）

第二十条 法律、行政法规为限制法人的法定代表人或者非法人组织的负责人的代表权，规定合同所涉事项应当由法人、非法人组织的权力机构或者决策机构决议，或者应当由法人、非法人组织的执行机构决定，法定代表人、负责人未取得授权而以法人、非法人组织的名义订立合同，未尽到合理审查义务的相对人主张该合同对法人、非法人组织发生效力并由其承担违约责任的，人民法院不予支持，但是法人、非法人组织有过错的，可以参照民法典第一百五十七条的规定判决其承担相应的赔偿责任。相对人已尽到合理审查义务，构成表见代表的，人民法院应当依据民法典第五百零四条的规定处理。

合同所涉事项未超越法律、行政法规规定的法定代表人或者负责人的代表权限，但是超越法人、非法人组织的章程或者权力机构等对代表权的限制，相对人主张该合同对法人、非法人组织发生效力并由其承担违约责任的，人民法院依法予以支持。但是，法人、非法人组织举证证明相对人知道或者应当知道该限制的除外。

法人、非法人组织承担民事责任后，向有过错的法定代表人、负责人追偿因越权代表行为造成的损失的，人民法院依法予以支持。法律、司法解释对法定代表人、负责人的民事责任另有规定的，依照其规定。

第二十二条 法定代表人、负责人或者工作人员以法人、非法人组织的名义订立合同且未超越权限，法人、非法人组织仅以合同加盖的印章不是备案印章或者系伪造的印章为由主张该合同对其不发生效力的，人民法院不予支持。

合同系以法人、非法人组织的名义订立，但是仅有法定代表人、负责人或者工作人员签名或者按指印而未加盖法人、非法人组织的印章，相对人能够证明法定代表人、负责人或者工作人员在订立合同时未超越权限的，人民法院应当认定合同对法人、非法人组织发生效力。但是，当事人约定以加盖印章作为合同成立条件的除外。

合同仅加盖法人、非法人组织的印章而无人员签名或者按指印，相对人能够证明合同系法定代表人、负责人或者工作人员在其权限范围内订立的，人民法院应当认定该合同对法人、非法人组织发生效力。

在前三款规定的情形下，法定代表人、负责人或者工作人员在订立合同时虽然超越代表或者代理权限，但是依据民法典第五百零四条的规定构成表见代表，或者依据民法典第一百七十二条的规定构成表见代理的，人民法院应当认定合同对法人、非法人组织发生效力。

014 邹某金与陈某深、海南鲁某实业有限公司、王某英、崔某珍、陈某峰建设用地使用权纠纷案[①]

裁判要旨

一、交易相对人不负有审查公司签署合同所使用的印章真实与否的义务，有证据证明公司在经营管理过程中已经使用过公司签订合同所使用的印章的，则公司不得主张该印章系伪造，进而以此为基础否定合同效力。

二、公司在签署合同过程中使用公章是否规范，不影响合同效力。

实务要点总结

（1）公司在日常经营中使用某一印章并认可其效力，就不能在其他场合否定该印章的效力。这意味着公司对外出具的函件、往来公文、承诺、合同，向行政主管部门递交的备案、审查、登记所用的材料等，在此过程中使用过的任何一

[①] 审理法院：最高人民法院；诉讼程序：再审

枚印章，公司都不能在未来的其他场合否认该印章的法律效力。

（2）公司在日常经营过程中，切勿为图方便，以"做资料""应付检查"为由刻制多枚印章并使用（这一情况在建设工程领域普遍存在）。

相关判决

邹某金与陈某深、海南鲁某实业有限公司、王某英、崔某珍、陈某峰建设用地使用权纠纷再审民事判决书［（2013）民提字第184号］

再审申请人（一审第三人、二审上诉人）：邹某金，男，满族，1961年3月7日出生，住所地：黑龙江省哈尔滨市动力区军民街24号4栋3单元5楼3号。

被申请人（一审原告、二审上诉人）：陈某深，男，汉族，1955年6月6日出生，住：海南省五指山市粮食局宿舍。

被申请人（一审被告、二审上诉人）：海南鲁某实业有限公司，住所地：海南省海口市南宝路18号。

法定代表人：王某英，该公司董事长。

被申请人（一审被告、二审被上诉人）：王某英，女，汉族，1952年7月21日出生，住所地：山东省济南市长清区清河街1769号。

被申请人（一审被告、二审被上诉人）：崔某珍，女，汉族，1955年4月28日出生，住所地：海南省五指山市鲁某家园。

被申请人（一审被告、二审被上诉人）：陈某峰，男，汉族，1976年9月10日出生，住所地：山东省济南市长清区。

一审第三人：张某荣，女，汉族，1957年8月11日出生，住所地：山东省济南市市中区七里山南村六区16号。

再审申请人邹某金与被申请人陈某深、海南鲁某实业有限公司（以下简称鲁某公司）、王某英、崔某珍、陈某峰及一审第三人张某荣土地使用权转让合同纠纷一案，海南省高级人民法院（以下简称海南高院）于2012年6月25日作出（2012）琼民一终字第9号民事判决。邹某金对该判决不服，向本院申请再审。本院于2013年7月29日作出（2012）民申字第1324号民事裁定，提审本案。本院依法组成合议庭，于2013年11月7日对本案进行了询问。邹某金的委托代理人×××，陈某深的委托代理人×××，鲁某公司的委托代理人×××，王某英的委托代理人×××，崔某珍、陈某峰的共同委托代理人×××，到庭参加了询问，一审第三人张某荣经本院传唤未到庭参加诉讼。本案现已审理终结。

2011年2月11日，陈某深向海南省第一中级人民法院（以下简称海南一中院）起诉请求：1. 判决确认陈某深与鲁某公司签订的《土地使用权转让合同》有效，继续履行；2. 判决鲁某公司及股东王某英、崔某珍、陈某峰承担继续履行合同的法律责任。

邹某金于2011年5月9日向海南一中院申请作为有独立请求权第三人参加诉讼，请求：1. 确认陈某深与鲁某公司签订的《土地使用权转让协议》无效；2. 驳回陈某深的诉讼请求。

海南一中院经审理查明：鲁某公司于2000年5月30日经海南省工商行政管理局批准成立，注册资本388万元，公司股东王某英出资155.2万元，持有公司40%股份，陈某峰出资116.4万元，持有公司30%股份，崔某珍出资116.4万元，持有公司30%股份，法定代表人王某英。鲁某公司成立后，先后使用两枚"海南鲁某实业有限公司"公章，两枚公司公章均未在公安机关登记备案，但在工商部门年检时，两枚公章均有备案。现有证据材料显示，从2000年5月30日公司成立时起公司使用第一枚公章，从2008年6月11日起公司使用第二枚公章。2010年10月12日，鲁某公司的法定代表人王某英向山东省济南市公安局长清区分局举报，张某荣使用伪造的鲁某公司印章（指第二枚公章）签订合同。济南市公安局长清区分局于2010年10月29日决定立案侦查该案，并对犯罪嫌疑人刘某亭作出取保候审的决定。在无法认定刘某亭伪造印章的情况下，济南市公安局长清区分局于2011年4月21日以管辖权不明为由作出济公长清经撤字（2011）第01号《撤销案件决定书》，并解除对刘某亭的取保候审。2011年4月15日、6月3日，经海南公平司法鉴定中心鉴定，鲁某公司先后使用的两枚公章在公司年检、经营管理时，均先后使用过。

由于鲁某公司股东之间产生矛盾，鲁某公司经营管理不善，2009年5月3日，鲁某公司在山东省济南市长清区召开全体股东会，专题研究公司名下的位于海南省五指山市两宗国有土地［土地使用权证号分别为通国用（2000）字第50号和通国用（2000）字第51号］的利用和处置及公司股权转让事宜。经鲁某公司全体股东集体研究形成以下决议：1. 全体股东同意共同出资对该两宗土地进行规划设计、报建审批。初期投入50万元，各股东按其所占股份出资，于2009年5月3日前汇入指定账户。资金如在今后规划设计等运作过程中出现差额、余额，各股东仍按其所占股份出资、分配。2. 该两宗土地可一次性转让处置，处置价格为600万元，谁联系谁负责。处置价格超出600万元以上部分，全归联系人所有，风险由联系人承担。先付各股东50%，各股东办理其全部的股份转让手续，剩余50%款项由联系人打欠条担保。3. 该两宗土地原来已发生的费用，如实报账，股东审核同意以后，从600万元处置资金中支付。此后发生的一切税费由购买人或联系人承担。4. 该两宗土地转让或鲁某公司股权转让，只要纯收益超过600万元，股东及联系人即可拍板成交，其他股东不得反悔和提出异议。同时出现客户时，以签订合同时间早的为准。5. 以上决议全体股东一致通过，并表示要严格遵守和履行。

2009年5月18日，鲁某公司股东崔某珍及联系人刘某亭代表鲁某公司（甲方）与陈某深（乙方）签订《土地使用权转让合同》，合同约定：1. 双方就甲方位于五指山市畅好农场场部小山后67.4亩土地，土地使用权证号为通国用（2000）字第50号及公路对面预制场19.1亩土地，土地使用权证号为通国用（2000）字第51号的土地使用权转让给乙方；2. 该两块土地总面积约计86.5亩（以国土证为准），价格为每亩15万元，总计1298万元；3. 双方签订合同时，乙方向甲方支付定金60万元，待乙方申请山体开挖政府批复同意后，三十天内乙方付给甲方土地总价款的30%，乙方办理完土地变更商住用地，三十天内再付给甲方土地总价款30%，余款待土地过户或公司股权转让手续办妥后二十天内全部付清，最迟不得超过2010年1月底；4. 办理土地转让、股权转让、土地变性和报批报建等各种费用、税金等全部由乙方支付，甲方概不承担。甲方在后期应收土地款中抵减50万元，作为乙方办理各种手续的包干费用，不足部分由乙方支付；5. 双方要严格履行以上合同条款，如单方违约，要向守约方支付200万元违约金和经济损失赔偿费。合同签订后，陈某深于2009年5月18日支付定金60万元给鲁某公司。为了办理土地转让、股权转让、土地变性、报批报建等有关手续，鲁某公司出具一份全权委托书，委托陈某深代为办理。2009年7月初，五指山市委决定将鲁某公司享有的两宗国有土地，由旅游用地调整为公园绿化地。2009年7月9日，鲁某公司向五指山市人民政府请求置换土地。为落实《南圣组团控制性详细规划》和五指山市委的决定，五指山市国土环境资源局（以下简称五指山国土局）提出三种处理意见：一是以换发土地权益证书方式收回土地；二是经评估，按评估价讨论适当给公司进行补偿，收回土地；三是采取等价置换土地的方式进行处置。鲁某公司强烈要求采取等价置换土地的方式进行处置，五指山国土局与鲁某公司多次勘查选址，认为位于国营畅好农场场部对面、南圣河北岸共76.81亩四块国有建设用地调整置换给鲁某公司符合鲁某公司的要求。五指山国土局对准备调整置换的四块国有土地进行评估，陈某深代表鲁某公司于2009年9月2日缴纳第一次土地评估费46500元。2009年10月14日，五指山国土局作出具体的调整置换土地使用权方案：1. 拟将位于国营畅好农场场部对面、南圣河北岸规划中的B-05、B-07、B-08、B-09共76.81亩土地与鲁某公司两块土地共86.4亩进行等价置换；2. 拟按规划调整变更土地用途，将B-05由工业用地调整为居住用地，将B-07由工业用地调整为商业用地，将B-08、B-09由工业用地调整为商住混合用地；3. 办理上述地块的置换手续，鲁某公司需补交土地出让金18.2357万元；4. B-05、B-07、B-08、B-09现属于五指山市建筑材料厂和五指山市农科所使用，其中，市建筑材料厂使用68.93亩，市农科所使用7.88亩。在该地块上的土地补偿及职工安置由政府与鲁某公司具体协商。五指山国土局作出具体土地置换方案后，上报五指山市人民政府，五指山市人民政府尚未作出批示。为办理土地置换，2011年9月6日，陈某深代表鲁某公司缴纳第二次土地评估费2000元。

另查明，2009年5月3日，股东会结束的当天，鲁某公司股东崔某珍、陈某峰及联系人刘某亭代表鲁某公司（甲方）与张某荣（乙方）签订《土地使用权转让合同》，合同约定：1. 甲方将位于五指山市畅好农场场部小山后67.33亩土地，土地使用权证号为通国用（2000）字第50号及公路对面的三角19.07亩土地，土地使用权证号为通国用（2000）字第51号的土地使用权转让给乙方；2. 该两块土地总面积共计86.4亩，价格每亩76389元，总计660万元；3. 双方签订合同的次日乙方缴纳定金100万元，半个月内甲方办理土地过户手续，办妥过户手续当天，乙方支付转让款的80%，即528万元。余款132万元，一个月内付清。合同签订后，张某荣于2009年5月4日支付定金100万元，其中70万元由借款折抵，30万元现金支付。2010年8月25日，张某荣以鲁某公司迟迟不履行合同义务，办理土地使用权过户手续为由，向山东省济南市中级人民法院（以下简称济南中院）起诉，请求确认双方签订的《土地使用权转让合同》有效，并要求鲁某公司办理该两宗土地使用权过户手续。2011年1月10日，济南中院以鲁某公司未授权股东崔某珍、陈某峰以及案外人刘某亭对外签订合同，对《土地使用权转让合同》的真实性不予认定，作出（2010）济民五初字第30号民事判决，驳回张某荣的诉讼请求。张某荣不服提起上诉后，陈某深于2011年9月28日向山东省高级人民法院（以下简称山东高院）主张涉案的该两宗土地使用权，并提出管辖异议。2011年10月12日，山东高院作出（2011）

鲁民一终字第 180 号民事判决，驳回上诉，维持原判。

再查明，2009 年 9 月 3 日，鲁某公司股东、法定代表人王某英代表鲁某公司（甲方）与邹某金（乙方）签订《土地使用权转让协议书》，协议约定：1. 甲方将其拥有的位于海南省五指山市的两宗土地，土地使用权证号为通国用（2000）字第 50 号和通国用（2000）字第 51 号，面积合计 86.4 亩，旅游用地转让给乙方；2. 转让价款每亩 25 万元，总价款 2160 万元；3. 双方确认本合同签订的同时，共同申请海口仲裁委员会在三亚对本协议预仲裁；4. 仲裁裁决书送达三天内，乙方一次性支付土地转让款，同时向乙方指定的代理人出具授权委托书，办理土地过户手续。合同签订后，邹某金向海口仲裁委员会申请仲裁，2009 年 9 月 18 日，海口仲裁委员会作出（2009）海仲字第 206 号裁决书：1. 确认双方签订的《土地使用权转让协议书》有效；2. 申请人（邹某金）自收到裁决书后三天内一次性向被申请人（鲁某公司）支付土地使用权转让款 2160 万元，被申请人自收到全额转让款当日向申请人交付涉案土地《国有土地使用证》原件，并协助申请人办理该土地使用权过户登记手续。邹某金收到裁决书后，按照鲁某公司的法定代表人王某英的指定，将土地转让款 2160 万元转入海南惠海律师事务所账户。鲁某公司的法定代表人王某英将《国有土地使用证》原件交给邹某金。2010 年 5 月 4 日，邹某金向海南省海口市中级人民法院（以下简称海口中院）申请执行，海口中院立案受理后，被执行人鲁某公司申请不予执行，并提供担保。海口中院于 2010 年 8 月 11 日作出（2010）海中法执字第 216 号执行裁定：本案中止执行。经鲁某公司股东举报王某英挪用鲁某公司资金 2160 万元，海南省三亚市公安局于 2011 年 5 月 19 日作出三公立字（2011）49 号立案决定书，立案侦查王某英挪用鲁某公司资金案。2011 年 8 月 12 日，三亚公安局作出三公刑拘（2011）30 号拘留证，拘留犯罪嫌疑人王某英。

海南一中院认为，第一，关于鲁某公司使用公章的认定。鲁某公司于 2000 年 5 月 30 日经海南省工商行政管理局批准成立后，先后使用两枚"海南鲁某实业有限公司"公章。经查实鲁某公司先后使用的两枚公章在公安机关均没有登记备案资料，公司在工商部门年检时，先后使用过这两枚公章，并附有年审公章备案资料。现有证据材料显示，从 2000 年 5 月 30 日公司成立时起，鲁某公司开始使用第一枚公章，从 2008 年 6 月 11 日起，鲁某公司开始使用第二枚公章。济南市公安局长清区分局在立案侦查犯罪嫌疑人刘某亭伪造印章案，也查无实据。2011 年 4 月 15 日、6 月 3 日，一审法院委托海南公平司法鉴定中心对鲁某公司公章进行司法鉴定，证实鲁某公司先后使用的两枚公章在公司年检、经营管理时，均先后使用过。特别是第二枚公章，从 2008 年 6 月 11 日以后，使用率较高。可见，鲁某公司不管使用哪枚公章，均有效代表公司行为，至于鲁某公司使用多枚公章，又未在公安机关备案，违反公章管理规定，属于另一法律关系。第二，关于鲁某公司与陈某深签订的合同效力的认定。鲁某公司于 2009 年 5 月 3 日召开股东会作出决定：该两宗土地转让，只要纯收益超过 600 万元，股东及联系人即可拍板成交，其他股东不得反悔和提出异议。该决定就是授权每个股东及联系人有权转让土地。2009 年 5 月 18 日，股东崔某珍及联系人刘某亭代表鲁某公司与陈某深签订《土地使用权转让合同》，鲁某公司以总价款 1298 万元转让该两宗土地给陈某深，是双方当事人的真实意思表示，符合鲁某公司股东会决议，也没有违反法律法规的强制性规定，应属有效合同。虽然合同中加盖的是鲁某公司未在公安机关备案的第二枚公章，但不影响合同的效力。第三，关于履行合同的认定。2009 年 5 月 3 日，鲁某公司股东会作出决议后，鲁某公司先后签订三份转让该两宗土地使用权的合同。最早与鲁某公司签订合同的是张某荣；第二个与鲁某公司签订合同的是陈某深；第三个与鲁某公司签订合同的是邹某金。鲁某公司股东会议决议约定：该两宗土地转让，只要纯收益超过 600 万元，股东及联系人即可拍板成交，其他股东不得反悔和提出异议。同时出现客户时，以签订合同时间早的为准。根据《最高人民法院关于审理涉及国有土地使用权合同纠纷案件适用法律问题的解释》第十条第一款第（四）项规定：土地使用权人作为转让方就同一出让土地使用权订立数个转让合同，在转让合同有效的情况下，合同均未履行，依法成立在先的合同受让方请求履行合同的，应予支持。鲁某公司与张某荣签订的土地使用权转让合同，济南中院和山东高院已作出生效判决：驳回张某荣的诉讼请求。陈某深与鲁某公司签订土地使用权转让合同后，陈某深虽然积极办理土地使用权过户等手续，但五指山市委决定该两宗土地使用权由旅游用地调整为公园绿化地，五指山市人民政府尚未批准置换土地，合同约定的履行标的物已经不存在，转让合同无法履行，应予解除。转让合同解除后，有关财产返还、违约、赔偿等问题，可另案起诉。陈某深的其他诉讼请求没有法律依据，应予驳回。邹某金作为有独立请求权的第三人，主张鲁某公司与陈某深签订《土地使用权转让合同》无效，没有事实和法律依据，应予驳回。

海南一中院经审判委员会讨论，作出（2011）海南一中民初字第 10 号民事判决：一、鲁某公司与陈某深于 2009 年 5 月 18 日签订的《土地使用权转让合同》合法有效,予以解除;二、驳回陈某深的其他诉讼请求;三、驳回邹某金的诉讼请求。案件受理费99680元和财产保全费5000元,两次司法鉴定费91992元,共计196672元均由鲁某公司负担。独立请求权第三人的案件受理费49840元,由邹某金负担。

陈某深、鲁某公司、邹某金均不服一审判决,向海南高院提起上诉。

陈某深上诉请求:1. 维持一审判决第一项中的"海南鲁某实业有限公司与陈某深于2009年5月18日签订的《土地使用权转让合同》有效"部分;2. 改判一审判决第一项中的"海南鲁某实业有限公司与陈某深于2009年5月18日签订的《土地使用权转让合同》予以解除"部分;3. 判决鲁某公司及三位股东,继续履行与陈某深签订的有效《土地使用权转让合同》;4. 维持一审判决第三项"驳回邹某金的诉讼请求";5. 维持一审判决对受理费、保全费、两次鉴定费由鲁某公司承担的判决内容;6. 由鲁某公司承担本案上诉费。

鲁某公司上诉请求:1. 撤销一审法院(2011)海南一中民初字第10号民事判决,改判为驳回陈某深的诉讼请求;2. 本案一、二审案件受理费、财产保全费、两次司法鉴定费由陈某深承担。

邹某金上诉请求:1. 撤销一审法院(2011)海南一中民初字第10号民事判决;2. 驳回陈某深的全部诉讼请求;3. 本案一、二审案件受理费由陈某深负担。

海南高院补充查明:鲁某公司名下通国用(2000)字第50号、通国用(2000)字第51号国有土地使用权被查封。

鲁某公司于2012年2月15日重新办理了2009年工商年检,补办了2010年、2011年工商年检。在2009年—2011年年检报告书中意见表述为:该公司反映2009年年检时是他人使用假公章办理的,并对此提供了山东省济南市公安局长清区分局的《接受刑事案件回执单》《鉴定结论通知书》《立案决定书》《取保候审决定书》和《刑事起诉意见书》,济南中院民事判决书,山东高院民事判决书,山东省济南市长清公证处的公证书和海南公平司法鉴定中心的文书司法鉴定意见书等文件予以证明,同时于2012年2月15日提交材料重新办理2009年年检,补办2010年、2011年年检。

海南高院查明的其他事实与海南一中院查明的事实一致。

海南高院归纳本案二审争议焦点:一、2009年5月18日鲁某公司是否与陈某深签订了《土地使用权转让合同》以及该合同的效力问题。二、如《土地使用权转让合同》有效,是否继续履行。

一、2009 年 5 月 18 日鲁某公司是否与陈某深签订了《土地使用权转让合同》以及该合同的效力问题

海南高院认为，依据鲁某公司 2009 年 5 月 3 日的股东会决议的第四条约定，只要转让土地的纯收益超过 600 万元，股东及联系人即可拍板成交。鲁某公司的两宗土地转让的纯利益超过 600 万元时鲁某公司的任何一位股东都可以拍板成交，涉案合同中两宗土地成交价为 1298 万元，作为股东的崔某珍可以代表鲁某公司对外签订涉案的两宗土地转让合同。刘某亭伪造印章案济南市公安局长清区分局已作出了《撤销案件决定书》，并将"海南鲁某实业有限公司"印章退还刘某亭。鲁某公司主张原 2009 年公司工商年检已被撤销且公司只有一枚真实公章，并提交了公司在 2012 年 2 月重新办理的 2009《公司年检报告书》。海南高院认为，重新办理的 2009《公司年检报告书》中载明的内容是鲁某公司向省工商行政管理局反映的情况，不能证明原 2009 年公司工商年检盖的公章不是鲁某公司使用过的公章。鲁某公司公章在公安机关没有登记备案资料，而经海南一中院委托海南公平司法鉴定中心对鲁某公司公章进行了司法鉴定，证实鲁某公司的两枚公章在公司工商年检及经营管理中先后使用过。鲁某公司作为公司法人，对外应是以公司公章代表公司。现鲁某公司没有证据证明 2009 年 5 月 18 日鲁某公司与陈某深签订的《土地使用权转让合同》上鲁某公司的公章是伪造，故《土地使用权转让合同》应是鲁某公司与陈某深签订的。2009 年 5 月 18 日，刘某亭及股东崔某珍代表鲁某公司将涉案土地以 1298 万元转让给陈某深，并签订了《土地使用权转让合同》，该合同是双方当事人的真实意思表示，符合鲁某公司 2009 年 5 月 3 日的股东会决议内容，未违反法律、行政法规的强制性规定，应为有效合同。鲁某公司、邹某金关于确认《土地使用权转让合同》无效的主张，证据不足，不予支持。

二、如《土地使用权转让合同》有效，是否应继续履行

陈某深与鲁某公司签订《土地使用权转让合同》后，因政府规划改变导致涉案土地的性质由旅游用地调整为公园绿化用地。五指山市国土局提出了三种处理意见：一是以换发权益证书方式收回土地；二是经评估，按评估价讨论适当给公司进行补偿，收回土地；三是采取等价置换土地的方式进行处置。鲁某公司选择等价置换土地的方式进行处置。经五指山国土局与鲁某公司多次勘查选址，选定了位于国营畅好农场场部对面、南对河北岸共 76.81 亩四块国有建设用地调整置换给鲁某公司，并对该四块土地进行了评估，陈某深代表鲁某公司办理了相关

手续并交纳了评估费。五指山市国土局于 2009 年 10 月向五指山市人民政府提交了《关于为海南鲁某实业有限公司办理调整置换国有土地使用权有关问题的请示》，因涉案土地有纠纷被法院查封，五指山市人民政府至今尚未批准置换。

海南高院认为，涉案土地性质改变是因政府的行政行为所致，对此国土部门作出置换土地处理意见并征得原土地使用权人鲁某公司的同意，现在等待五指山市人民政府批准。本案合同标的物虽然发生了变更，但不是灭失而是置换，2009 年 5 月 18 日签订的《土地使用权转让合同》仍具备履行的条件。2009 年 5 月 3 日的《土地使用权转让合同》已被生效判决驳回了张某荣确认合同有效、土地过户的诉讼请求，根据《最高人民法院关于审理涉及国有土地使用权合同纠纷案件适用法律问题的解释》的第十条第一款第（四）项的规定，土地使用权人作为转让方就同一出让土地使用权订立数个转让合同，在转让合同有效的情况下，合同均未履行，依法成立在先的合同受让方请求履行合同的，应予支持。故陈某深关于继续履行 2009 年 5 月 18 日土地使用权转让合同的请求应予以支持。在当事人没有提出解除合同诉求的情况下，一审判决认定合同约定的履行标的物已经不存在，转让合同无法履行，依据《合同法》第九十四条第（五）项规定作出合同解除的判决，属于适用法律不当，二审法院予以纠正。

综上，海南高院认为，一审判决认定事实基本清楚，但适用法律不当。海南高院经审判委员会讨论决定，作出（2012）琼民一终字第 9 号民事判决，判决：一、维持（2011）海南一中民初字第 10 号民事判决的第三项，即驳回邹某金的诉讼请求；二、撤销（2011）海南一中民初字第 10 号民事判决的第一、二项，即鲁某公司与陈某深于 2009 年 5 月 18 日签订的《土地使用权转让合同》合法有效，予以解除和驳回陈某深的其他诉讼请求；三、鲁某公司与陈某深于 2009 年 5 月 18 日签订的《土地使用权转让合同》有效，继续履行；四、驳回陈某深的其他诉讼请求；五、驳回鲁某公司的上诉请求。一审案件受理费、财产保全费、鉴定费按一审判决负担。二审案件受理费 99680 元，鲁某公司负担 49840 元，邹某金负担 49840 元。

邹某金不服二审判决，向本院申请再审，请求：改判驳回陈某深及张某荣的诉讼请求，确认邹某金依法取得争议土地的使用权合法。主要理由：一、二审判决据以裁判的陈某深所提交《土地使用权转让合同》系伪造，不应认定陈某深与鲁某公司存在真实的土地转让合同关系。1. 该合同代表鲁某公司签订的刘某亭无代理权，加盖的鲁某公司印章系刘某亭私刻，且鲁某公司不予承认。2. 陈某深在未见到鲁某公司的土地使用证等权利凭证的情况下与不是鲁某公司负责人的刘某亭订立土地转让合同，违背常理。3. 陈某深在一审中先后提交两份内容相同但当事人签名不一样的《土地使用权转让合同》，庭审中无法说明该两份合同订立的具体情况，充分说明合同系伪造。4. 陈某峰、崔某珍在 2009 年 7 月 19 日和 2010 年 11 月 7 日两次股东会议决议时，均未提及有与陈某深订立土地转让合同，2010 年的股东会决议还同意张某荣追加土地转让款，说明 2009 年 5 月 18 日鲁某公司没有与陈某深订立土地转让合同。5. 陈某深所述向鲁某公司支付了 60 万元定金，但鲁某公司并未收到此款。6. 刘某亭与张某荣虚构的 2009 年 5 月 3 日土地转让合同已经被山东高院终审判决否定，该合同与陈某深所出示合同交易标的相同，加盖的也是刘某亭持有的私刻公章，两份转让合同均无法定代表人王某英的签字认可。二、本案一、二审判决均混淆了公司行为与股东行为的法律意义。鲁某公司现股东为王某英和崔某珍，其中王某英持股 70%，系公司法定代表人。鲁某公司的合法印章、土地使用权证等 2009 年 5 月后一直由王某英保管和使用。公司法定代表人对外代表公司，股东只是公司的出资人，股东行为不代表公司行为。一、二审判决认定关于公章使用的主要证据是一审法院委托海南公平司法鉴定中心出具的两份《文书司法鉴定意见书》，此鉴定报告只能证明刘某亭持私刻的公章冒用鲁某公司名义从事过一些活动，但公章使用过不等于合法。与鲁某公司相关联的多次诉讼和行政裁决、仲裁裁决，出面应诉的都是王某英代表的鲁某公司，使用的都是王某英持有的公章。显然，只有王某英才有权代表鲁某公司。三、本案一、二审判决均片面理解鲁某公司 2009 年 5 月 3 日的股东会决议。该决议只是授权股东可以联系鲁某公司土地转让或股权转让的买家，但并未授权股东有直接订立土地使用权转让合同的权利。合同应该是公司股东会决定后由法定代表人或其授权的人订立。四、二审判决鲁某公司继续履行与陈某深的土地使用权转让合同实际上是一个不能执行的裁判。邹某金是涉案土地的合法使用权人，该权利已经经过仲裁裁决确定，且已进入执行程序。根据我国《物权法》第二十八条规定，仲裁裁决书是对邹某金享有物权的在先确认。无论陈某深与刘某亭以鲁某公司名义订立的土地转让合同是否真实有效，诉讼时邹某金对争议土地使用权已经享有物权，陈某深要求确认争议土地使用权的主张依法不应支持。五、有证据证明刘某亭私刻鲁某公司印章涉嫌犯罪的事实是清楚的，公安机关曾移送起诉。该起诉意见书认定刘某亭无权代表鲁某公司，也无权刻制和使用新的鲁某公司印章。

陈某深答辩称，邹某金的再审请求没有事实和法律依据。原审判决没有混淆股东行为和公司行为，股东会决议的内容已经二审法院和山东高院确认。原审认定事实清楚，适用法律正确，没有损害邹某金的合法权益。即使存在刘某亭私刻公章的行为，也不影响原审判决的正确性。

鲁某公司答辩称，同意邹某金申请再审的意见。一、本案系陈某深与崔某珍、陈某峰及刘某亭恶意串通制造的假案。刘某亭为阻止鲁某公司土地合法转让，先伪造了转让土地给张某荣的合同，又伪造了将同一土地转让给陈某深的合同，张某荣的合同已被山东高院认定造假并驳回诉求。第一，鲁某公司2009年7月19日召开股东会，还在研究如何对土地投资的问题，不可能在2009年5月18日即将土地转让给陈某深。第二，陈某峰在2009年7月28日以120万元的价格将其持有的股权转让给王某英，不可能在2009年5月18日参与将土地以1298万元的价格转让给陈某深。第三，刘某亭在2010年7月15日、8月28日两次向王某英承诺，要求自己购买土地。第四，2010年11月7日，陈某峰、崔某珍召开股东会，均未提及与陈某深订立土地转让合同之事，其二人还同意张某荣追加土地投资款。第五，2012年4月13日开庭时，刘某亭承认涉案土地由其本人出租给洓海房地产公司。第六，刘某亭不是鲁某公司的工作人员，又未经公司授权，没有资格持有鲁某公司的公章。第七，陈某深所述交纳60万元定金，与事实不符。第八，陈某深在一审诉讼中两次更改诉状和合同。第九，2009年5月3日股东会决议第六条"股东及联系人即可拍板成交"，只是表明各股东可以联系购买人，但签订合同必须由公司统一对外。从时间顺序和本案证据来看，2009年5月18日的合同是伪造的。二、原审错误判决如得不到纠正，将给鲁某公司带来巨大经济损失。鲁某公司已将土地转让给邹某金，假如刘某亭与陈某深伪造的合同成立，必将让鲁某公司支付巨额违约赔偿。三、原审判决适用法律错误。1.陈某深提供的合同第五条约定，如果在2009年8月底前，政府不同意挖土方或不同意建设，届时本合同自动终止，双方根据实际情况，另议另签有关合同。2009年8月底前案涉土地未取得政府关于挖土方或建设的许可。抛开合同的真假不说，即使按照合同约定，合同也不应当继续履行。2.鲁某公司与邹某金签订的《土地使用权转让合同》已经仲裁裁决确认有效和办理过户手续，按照《物权法》的规定，涉案土地使用权已由生效法律文书确认归邹某金所有。原审判决合同继续履行，显然系适用法律不当。

王某英答辩称，同意邹某金和鲁某公司的意见。陈某深起诉王某英个人没有法律依据。

崔某珍、陈某峰共同答辩称，一、2009年之前刘某亭是鲁某公司的经理和实际控制人，公司的很多文件都由刘某亭保管。刘某亭与陈某深签订的合同是根据股东会决议代表公司签订的，合同合法有效。合同上加盖的鲁某公司公章使用多年，王某英多次在加盖该公章的文件上签字，经过司法鉴定和公安机关的调查也证明该公章不是刘某亭私刻使用的。二、邹某金与王某英签订的协议是恶意串通，刚签协议即申请仲裁，仲裁裁决应当撤销。三、案涉土地多次买卖，王某英故意欺骗邹某金。

张某荣提交书面意见称，本案争议土地为"一地三卖"，按合同签订时间和交付土地款时间的先后顺序，张某荣均为第一，争议土地应由张某荣实际使用。因此，请求撤销山东、海南法院的错误判决，将争议土地判归张某荣使用。

本院在再审期间向邹某金释明，本案的再审应围绕邹某金一审的诉讼请求进行审查，对邹某金再审过程中提出的关于要求确认土地使用权归邹某金所有的诉讼请求因超出其一审诉讼请求范围，本院不予审查。

本院查明的事实与一、二审法院查明的事实一致。

本院认为，本案再审双方当事人争议焦点：一、陈某深与鲁某公司签订的土地使用权转让合同是否有效；二、如果合同有效，应当解除还是应继续履行。

一、陈某深与鲁某公司签订的土地使用权转让合同是否有效

本院认为，首先，关于刘某亭、崔某珍代表鲁某公司在合同上签字的问题。崔某珍是鲁某公司的股东，刘某亭与崔某珍是夫妻关系。2009年5月3日鲁某公司形成股东会决议，同意各股东均可联系案涉土地的转让，并明确"只要纯收益超过600万元，股东及联系人即可拍板成交，其他股东不得反悔和提出异议。"刘某亭、崔某珍与陈某深就土地转让价格协商一致，约定价格高于股东会决议确定的600万元，刘某亭、崔某珍作为联系人和股东可以决定成交。根据我国现行法律规定，企业法人对外签署合同，以加盖公章或者法定代表人、代理人签字为形式要求，对合同相对人而言，加盖公章即表示合同得到法人的确认，发生法律效力，并没有要求法定代表人必须同时在合同上签字。刘某亭、崔某珍作为转让案涉交易的联系人代表鲁某公司在合同上签字，符合股东会有关授权签约的决议要求，亦不违反法律的规定。鲁某公司主张合同必须由法定代表人王某英签字确认，理由不充分。其次，关于转让合同上加盖的公章问题。根据本案证据显示的内容，鲁某公司成立后，没有向行政主管部门申请公章备案；鲁某公司在经营管

理过程中，存在使用两枚公章的情况。一审法院委托海南公平司法鉴定中心作出的鉴定意见可反映，鲁某公司的两枚公章在公司年检、经营管理中均先后使用过。鲁某公司主张合同上加盖的该枚公章系刘某亭私刻使用，鲁某公司不认可，但就此没有充分证据证实，且与案件证据反映的内容不相符，本院不予采信。况且，陈某深作为与鲁某公司签订合同的相对人，根据经济交往常理，客观上也有充分理由相信合同上加盖的公章系鲁某公司使用的印章。至于鲁某公司使用公章不规范的问题，不属于本案审查的范围。因此，两枚公章对外均代表鲁某公司，合同上加盖哪一枚公章，不影响合同的效力。最后，邹某金主张刘某亭与陈某深恶意串通损害邹某金与鲁某公司的合法权益，双方不存在真实的合同关系。从转让合同的书面内容看，合同形式合法，合同条款符合法律规定，没有证据证明当事人之间存在恶意串通损害他人利益的情形。本案没有证据显示陈某深与刘某亭是为了对抗邹某金与鲁某公司签订的转让协议而故意伪造合同；相反，从陈某深签订合同后支付定金，向政府部门申请置换土地，支付土地评估费等履行情况后，双方的交易关系是真实存在的。因此，邹某金的该主张没有证据证明，本院不予采纳。另外，刘某亭与张某荣签订的合同真实性被山东高院终审判决否定，以及邹某金、鲁某公司所称2009年5月18日之后刘某亭等人没有提及合同情况等事实，不能直接否定转让合同的真实有效性。综上，陈某深与鲁某公司签订的《土地使用权转让合同》反映了当事人真实意思表示，不存在违反法律禁止性规定的情形，合法有效。鲁某公司股东内部对土地转让问题发生的争议，不影响陈某深与鲁某公司签订合同的效力。二审判决对合同效力问题认定正确，本院予以维持。

二、如果合同有效，应当解除还是继续履行

从本案查明的事实看，就案涉土地转让存在三份合同，受让人分别为张某荣、陈某深、邹某金，从合同显示的签订时间看，最早与鲁某公司签订合同的是张某荣，时间是2009年5月3日；第二个与鲁某公司签订合同的是陈某深，时间是2009年5月18日；第三个与鲁某公司签订合同的是邹某金，时间是2009年9月3日。其中张某荣与鲁某公司签订的《土地使用权转让合同》，已由山东高院作出生效判决驳回张某荣的诉讼请求，即已另案审结，不属本案审理范围。邹某金与鲁某公司签订的合同经生效仲裁裁决确认有效并裁决继续履行，此纠纷案件也已另案审结，亦不属于本案的审理范围。本案主要审查陈某深的土地使用权转让合同是否应继续履行。本院认为，首先，虽然合同涉及土地因政府规划调整的原因，需进行土地置换，合同约定的标的物发生变更，转让置换后的土地使用权符合合同的签约目的，合同仍具有继续履行的客观可能性。《合同法》第一百零七条规定："当事人一方不履行合同义务或者履行合同义务不符合约定的，应当承担继续履行、采取补救措施或者赔偿损失等违约责任。"鲁某公司因股东间内部矛盾，没有主动履行转让合同的义务，其行为已构成违约，应承担违约责任。陈某深作为合同当事人，依法享有请求鲁某公司继续履行合同的权利。其次，邹某金依据与鲁某公司之间的（2009）海仲字第206号仲裁裁决书，主张邹某金对案涉土地享有物权，陈某深的合同不应继续履行。本院认为，仲裁裁决只是对当事人基于合同产生权利义务作出了裁决，确认邹某金与鲁某公司签订的合同有效、双方继续履行。裁决书未确认邹某金对案涉土地享有物权，邹某金认为依据仲裁裁决享有讼争土地使用权，属理解错误。再次，邹某金与鲁某公司先前仲裁裁决是否影响法院判决陈某深合同继续履行。本案的裁判不受仲裁裁决的直接影响，因为商事仲裁裁决只是针对邹某金和鲁某公司间的合同权利义务作出的判断，仅对邹某金和鲁某公司间的土地使用权转让合同有效作出认定，并裁决继续履行。陈某深不是仲裁案件的当事人，不受仲裁裁决约束，仲裁结果不能对陈某深产生拘束力。陈某深与鲁某公司的合同是否继续履行应在本案中解决。邹某金认为法院判决继续履行陈某深的合同与先前仲裁裁决相冲突，该观点缺乏法律依据，本院不予支持。最后，从本案当事人的诉讼请求看，当事人并未提出解除合同的请求，在陈某深与鲁某公司之间的转让合同有效的情形下，如果判决解除合同也超出当事人的诉讼请求范围。根据本案查明的事实，陈某深、邹某金分别与鲁某公司签订合同后，均有部分履行行为：邹某金按合同支付了全部价款，并取得鲁某公司交付的土地使用权证书；陈某深支付了合同定金60万元，与当地政府协调土地置换问题，并支付了土地评估费用；目前各方均没有办理土地使用权过户手续，二审判决继续履行合同，客观上具备履行条件。海南高院根据《最高人民法院关于审理涉及国有土地使用权合同纠纷案件适用法律问题的解释》第十条规定，结合合同签订情况和当事人提出的诉讼请求，作出继续履行陈某深与鲁某公司合同的终审判决，适用法律正确，处理结果并无不当，本院予以维持。

综上，本案二审判决认定事实清楚，适用法律正确。本院依照《中华人民共和国民事诉讼法》第二百零七条第一款、第一百七十条第一款第（一）项之规定，判决如下：

维持海南省高级人民法院（2012）琼民一终字第9号民事判决。

本判决为终审判决。

法律法规

《全国法院民商事审判工作会议纪要》（法〔2019〕254号）

41.【盖章行为的法律效力】司法实践中，有些公司有意刻制两套甚至多套公章，有的法定代表人或者代理人甚至私刻公章，订立合同时恶意加盖非备案的公章或者假公章，发生纠纷后法人以加盖的是假公章为由否定合同效力的情形并不鲜见。人民法院在审理案件时，应当主要审查签约人于盖章之时有无代表权或者代理权，从而根据代表或者代理的相关规则来确定合同的效力。

法定代表人或者其授权之人在合同上加盖法人公章的行为，表明其是以法人名义签订合同，除《公司法》第16条等法律对其职权有特别规定的情形外，应当由法人承担相应的法律后果。法人以法定代表人事后已无代表权、加盖的是假章、所盖之章与备案公章不一致等为由否定合同效力的，人民法院不予支持。

代理人以被代理人名义签订合同，要取得合法授权。代理人取得合法授权后，以被代理人名义签订的合同，应当由被代理人承担责任。被代理人以代理人事后已无代理权、加盖的是假章、所盖之章与备案公章不一致等为由否定合同效力的，人民法院不予支持。

《最高人民法院关于适用〈中华人民共和国民法典〉合同编通则若干问题的解释》（法释〔2023〕13号）

第二十二条 法定代表人、负责人或者工作人员以法人、非法人组织的名义订立合同且未超越权限，法人、非法人组织仅以合同加盖的印章不是备案印章或者系伪造的印章为由主张该合同对其不发生效力的，人民法院不予支持。

合同系以法人、非法人组织的名义订立，但是仅有法定代表人、负责人或者工作人员签名或者按指印而未加盖法人、非法人组织的印章，相对人能够证明法定代表人、负责人或者工作人员在订立合同时未超越权限的，人民法院应当认定合同对法人、非法人组织发生效力。但是，当事人约定以加盖印章作为合同成立条件的除外。

合同仅加盖法人、非法人组织的印章而无人员签名或者按指印，相对人能够证明合同系法定代表人、负责人或者工作人员在其权限范围内订立的，人民法院应当认定该合同对法人、非法人组织发生效力。

在前三款规定的情形下，法定代表人、负责人或者工作人员在订立合同时虽然超越代表或者代理权限，但是依据民法典第五百零四条的规定构成表见代表，或者依据民法典第一百七十二条的规定构成表见代理的，人民法院应当认定合同对法人、非法人组织发生效力。

015 中国工某银行股份有限公司景德镇分行与中某航空技术珠海有限公司、上海中某置业投资有限公司等金融借款合同纠纷案[①]

裁判要旨

公司在某一情形下对非备案公章使用效力的认可，其效力不应该仅仅限于该情形，同样也应当延展到其他场合。企业使用或者认可使用其非备案公章，其行为效力同样具有公示效力。对于使用或者认可使用非备案公章效力的企业，无权对其非备案公章的使用效力作出选择性认可。

实务要点总结

（1）公司应加强公章、法定代表人印章、财务章、合同专用章等的管理。在任何场合下，认可公司公章的效力必须慎重，因为企业使用或者认可使用其非备案公章的行为效力具有公示效力。

（2）公司不能对同一印章的效力在不同的交易或诉讼中做不同选择，即公司对外使用的公章只要在某一交易或者诉讼中承认其效力，日后就不得在另一交易或诉讼中否定其效力（不论该公章是否经公司授权、是否系他人私刻甚至伪造、是否进行工商备案）。

相关判决

中国工某银行股份有限公司景德镇分行与中某航空技术珠海有限公司、上海中某置业投资有限公司等金融借款合同纠纷申请再审民事判决书〔（2013）民提字第248号〕

再审申请人（一审原告、二审上诉人）：中国工某银行股份有限公司景德镇分行。住所地：江西省景德镇市瓷都大道1106号。

法定代表人：罗某平，该分行负责人。

[①] 审理法院：最高人民法院；诉讼程序：再审

被申请人（一审被告、二审被上诉人）：中某航空技术珠海有限公司。住所地：广东省珠海市九州大道中航小区内。

法定代表人：汪某来，该公司总经理。

一审被告、二审被上诉人：上海中某置业投资有限公司。住所地：上海市浦东新区张扬路1050弄7号107室。

法定代表人：梁某，该公司负责人。

一审被告：景德镇市鑫某公路开发有限公司。住所地：江西省景德镇市曙光路76号。

法定代表人：茹某乔，该公司董事长。

再审申请人中国工某银行股份有限公司景德镇分行（以下简称景德镇某行）为与被申请人中某航空技术珠海有限公司（以下简称中某技公司）及一审被告、二审被上诉人上海中某置业投资有限公司（以下简称中某公司）、一审被告景德镇市鑫某公路开发有限公司（以下简称鑫某公司）借款合同纠纷（保证合同部分）一案，不服江西省高级人民法院（2011）赣民终字第14号民事判决，向我院申请再审。本院以（2012）民申字第133号民事裁定提审该案。本院依法组成由审判员宫邦友担任审判长、审判员朱海年、代理审判员林海权参加的合议庭进行了审理。书记员陆昱担任记录。本案现已审理终结。

江西省景德镇市中级人民法院审理查明：鑫某公司因景德镇环城高速（南环段）公路建设项目，向景德镇某行申请贷款3亿元，双方于2004年3月12日签订"2004年工银景字0001号"《人民币固定资产借款合同》和《关于景德镇市鑫某公司分期归还景德镇某行贷款的协议》。2005年9月，因办理通行费收费权质押事宜需要，景德镇某行、鑫某公司双方自愿签订贷款总额人民币6.9亿元的借款合同，双方在合同中约定的签订时间仍为原借款合同签订时间2004年3月12日，编号仍为原借款合同的编号"2004年工银景字0001号"《人民币固定资产借款合同》。约定：贷款人同意景德镇某行向借款人鑫某公司提供总额为6.9亿元的贷款。贷款期限自2004年3月12日起至2022年3月11日止；贷款期限内，借款的实际提款日以贷款人批准的借据为准，并约定了贷款利率及还款时间等。景德镇某行于2004年3月12日一次性向鑫某公司发放贷款3亿元。

景德镇某行提交的合同编号分别为2004年工银景保字第0001号的保证合同（以下简称01号保证合同）以及2004年工银景保字第0002号保证合同（以下简称02号保证合同），记载：01号保证合同的保证人中某公司（甲方），02号保证合同的保证人中某技公司（甲方），债权人景德镇某行（乙方），保证合同签订时间2004年3月12日。01号保证合同和02号保证合同约定，为了确保2004年3月12日鑫某公司（借款人）与景德镇某行签订的2004年工银景字第001号借款合同（以下简称主合同）项下借款人义务得到切实履行，中某公司、中某技公司愿意向景德镇某行提供保证担保。01号保证合同和02号保证合同所担保的主债权为景德镇某行依据主合同发放的贷款，金额为人民币1.5亿元（第2.1条）。主合同履行期限为164个月。自2004年3月12日起至2017年11月20日止。如有变更，依主合同之约定（第3.1条）。本合同保证方式为连带责任保证（第4.1条）。本保证合同担保的范围包括主合同项下的借款本金、利息、复利、罚息、违约金、赔偿金、实现债权的费用和所有其他应付费用（第5.1条）。本合同项下的保证期间为：自主合同确定的借款到期之次日起两年（第6.1条）。乙方与借款人协议变更主合同的，除展期或增加贷款金额外，无须经甲方同意，甲方仍在原保证范围内承担连带保证责任（第7.5条）。对下列情形之一，乙方有权书面通知甲方提前承担保证责任，甲方应在接到上述通知之日起十日内履行保证责任（第8.4条）；乙方依主合同约定依法解除主合同的（第8.4.1条）；乙方依主合同约定的其他情形提前收回贷款的（第8.4.2条）。因甲方过错造成本合同无效的，甲方应在保证范围内赔偿乙方全部损失（第9.3条）。本合同经甲、乙双方签字并盖章后生效，至主合同借款人在主合同项下的借款本金、利息、复利、罚息、违约金、赔偿金、实现债权的费用和所有其他应付费用全部偿清之日终止（第10.1条）。该两份保证合同上分别有中某技公司法人代表张某军、中某公司法人代表刘某志的签名，并分别加盖了两公司的公章。

景德镇环城高速（南环段）公路建设项目于2006年年底全线停工。鑫某公司从2007年3月20日起开始欠息，截至2009年6月20日，鑫某公司累计欠息6648.76万元。景德镇某行经多次催要无果情况下，于2008年9月5日向江西省高级人民法院提起诉讼，江西省高级人民法院于2008年9月11日立案受理，并于2008年11月12日裁定将该案交由景德镇市中级人民法院（以下简称景德镇市中院）审理。景德镇某行诉讼请求：一、判令鑫某公司归还到期债权1200万元，提前归还未到期债权2.88亿元，支付利息（截止到2009年6月20日累计6648.76万元）。二、案件诉讼、保全及原告实现债权的费用全部由鑫某公司承担。三、终止借款合同的履行。景德镇某行于2009年6月12日向景德镇市中院申请依照《中华人民共和国民事诉讼法》第一百三十九条的规定，对鑫某公与其 3 亿元项目贷款本息借款合同纠纷主债权先行审理判决。景德镇市中院就借款合同纠纷于 2009 年 8 月 24 日作出（2008）景民二初字第 20 号民事判决书，判令：一、鑫某公司于判决生效后一次性向原告景德镇某行支付人民币 3 亿元及利息（利息依照双方合同的约定计算至本息清偿之日止）；二、终止本案借款合同的履行；三、驳回景德镇某行其他诉讼请求。一审案件受理费及财产保全费共计 1879238 元由被告承担。上述判决因当事人未上诉而发生法律效力。

对于保证合同部分，景德镇某行提起诉讼，请求中某公司、中某技公司在保证合同范围内承担连带保证责任。一审中，中某公司、中某技公司分别对 01 号保证合同和 02 号保证合同的真实性提出异议，并申请对保证合同中保证人印章及法定代表人签名进行司法鉴定。

经景德镇市中院委托，公安部于 2009 年 7 月 13 日出具［2009］2741 号《物证鉴定书》，鉴定结论是：02 号保证合同上中某技公司印章印文和备案公章印文不是同一枚印章所盖印，该保证合同中中某技公司法定代表人处张某军签名与样本上张某军签名字迹不是同一人书写。

公安部 2009 年 7 月 13 日［2009］2742 号《物证鉴定书》鉴定结论是：01 号保证合同上中某公司公章印文和样本提供公章印文不是同一枚印章所盖印，该保证合同中某公司法定代表人处刘某志的签名与样本上刘某志签名字迹不是同一人书写。

景德镇某行为证明上述保证合同中保证人印章的真实性，向景德镇市中院申请调取湖南省衡阳市中级人民法院（2008）衡中法民二初字第 39-3 号衡阳市商业银行雁城支行诉被告广州市兴某房地产开发有限公司、中某技公司、珠海经济特区三某集团有限公司、鑫某公司金融借款合同一案（以下简称衡阳案）中 2000 年 12 月 16 日编号第 88 号《贷款文本》和中某技公司与衡州城市信用社 2000 年 12 月 22 日签订的《保证合同》，并申请鉴定本案 02 号保证合同中某技公司印章与上述文本中某技公司印章是否一致。经委托，公安部于 2010 年 1 月 11 日出具公物证鉴字［2009］7350 号《物证鉴定书》，鉴定结论是：本案 02 号保证合同在内的检材上中某技公司印章印文和衡阳案《贷款文本》《保证合同》中中某技公司印章印文是同一枚印章盖印。

中某技公司提交景德镇某行起诉前向其传真的 2004 年 2 月 3 日中某技公司《贷款担保承诺书》，该承诺书文头及落款均为中国航空技术进出口珠海分公司，加盖公章为中某技公司，该印章与中某技公司在公安部门的备案印章及本案 02

号保证合同上的印章均不符。景德镇某行提交 2004 年 3 月 12 日两份核保书，两份核保书中均签署了"本公司自愿为借款人景德镇鑫某公路开发有限公司提供金额为 1.5 亿元的贷款担保，并承担连带保证责任"的意见，分别加盖了中某技公司、中某公司印章，中某技公司、中某公司原法定代表人张某军、刘某志分别签名。以上印章和签名与保证合同上的印章和签名一致。景德镇某行庭审中对保证合同订立的时间、地点、参与保证合同的签订人以及保证合同以何种方式取得的事实未予回答。中某技公司询问核保书上的签字和公章是否当着核保人的面签字和盖章，景德镇某行陈述核保书不是核保当时填写。

江西省景德镇市中级人民法院认为，本案的主要争议焦点在于：一、主合同与保证合同的关联性；二、保证合同的真实性。

一、主合同与保证合同的关联性。2005 年 9 月，因办理通行费收费权质押事宜需要，景德镇某行与鑫某公司自愿签订贷款总额人民币 6.9 亿元的借款合同，双方在合同中约定的签订时间仍为原借款合同签订时间 2004 年 3 月 12 日，编号仍为原借款合同的编号"2004 年工银景字 0001 号"。前后借款合同虽然贷款总额不一致，但借款用途、首期贷款的总额、放款时间和还款计划一致，后借款合同并未另行放款，前借款合同的附件——借款凭证仍为后借款合同的附件，后合同是对 2004 年 3 月 12 日"2004 年工银景字 0001 号"《人民币固定资产借款合同》的变更，后合同记载的签订时间与实际签订时间不一致，是借款合同当事人对合同签订时间和生效时间的约定，不影响后借款合同的效力。根据《保证合同》第 7.5 条约定，乙方与借款人协议变更主合同的，除展期或增加贷款金额外，无须经甲方同意，甲方仍在原保证范围内承担连带保证责任。因此，变更后的《借款合同》与《保证合同》具有关联性。根据《最高人民法院关于适用〈中华人民共和国担保法〉若干问题的解释》（以下简称担保法司法解释）第三十条"保证期间，债权人与债务人对主合同数量、价款、币种、利率等内容作了变动，未经保证人同意的，如果减轻债务人债务的，保证人仍应当对变更后的合同承担保证责任；如果加重债务人债务的，保证人对加重的部分不承担保证责任。债权人与债务人对主合同履行期限作了变动，未经保证人书面同意的，保证期间为原合同约定的或者法律规定的期间"的规定，本案主合同的变更未经保证人同意，保证人对主合同加重其责任的部分可主张免责。

二、保证合同的真实性。保证合同的真实性是本案的核心争点，虽然保证合同中保证人的印章和签名是否真实是主要判断依据，但是保证合同订立的时间、地点以及参与保证合同的签订人等事实也是综合判断保证合同真实性的重要依据。庭审中景德镇某行未正面回答保证合同订立的时间、地点、参与保证合同的签订人以及保证合同以何种方式取得的事实，导致无法判别是保证人法定代表人或是保证人授权代表参与签订保证合同，保证合同记载的签订时间是否为实际签订时间，谁是保证合同上的印章和签名的行为人以及保证合同的来源。1. 印章判别的一般标准。根据《国务院关于国家行政机关和企业事业单位社会团体印章管理的规定》（国发〔1999〕25号）第二十三条"印章制发机关应规范和加强印章制发的管理，严格办理程序和审批手续。国家行政机关和企业事业单位、社会团体刻制印章，应到当地公安机关指定的刻章单位刻制"和第二十四条"国家行政机关和企业事业单位、社会团体的印章，如因单位撤销、名称改变或换用新印章而停止使用时，应及时送交印章制发机关封存或销毁，或者按公安部会同有关部门另行制定的规定处理"的规定，企事业单位刻制印章须经公安机关批准，换用新印章，原印章须送交印章制发机关封存或销毁。因此，企业使用公安机关批准的印章代表其意志是常态，使用未经批准的印章是特例（依上述文件应受追究）。2. 证明责任。《中华人民共和国合同法》第三十二条规定，当事人采用合同书形式订立合同的，自双方当事人签字或盖章时合同成立。因此，在商事活动中，印章和法定代表人签名是代表企业意志的主要标志。中某技公司、中某公司通过鉴定方式证明本案保证合同上保证人和法定代表人签名与公安部门批准刻制的印章和本人签名不符，景德镇某行主张保证合同成立并生效，负有证明保证合同上保证人印章属保证人所有并使用以及法定代表人签名的来源和合法性的证明责任。3. 证明能力。工银发〔2003〕94号《中国工商银行贷款担保管理办法》第四条规定，保证贷款担保具有合法性、有效性和可靠性。贷款担保的有效性主要是指在合法性前提下贷款担保的各项手续完备。第二十条规定，法人和其他组织为保证人的，应提交下列材料：法定代表人（负责人）身份证明及签字样本或印鉴；法定代表人授权委托书、委托代理人身份证明及签字样本或印鉴；章程；预留印鉴卡。第三十二条规定，贷款行在对保证担保进行调查评审时，应当安排双人对保证人的下列情况予以核实：法人和其他组织为保证人的：授权情况，主要包括保证人提供保证担保是否已获必需的政府批文、内部决议和授权，内部决议和授权文书是否按照保证人章程记载的议事规则作出；意思表示情况，主要包括提供担保并承担连带责任的意思表示是否自愿、真实；印章及签字情况，主要包括保证人公章、法定代表人或授权代理人签字样本或印鉴的真伪。第四十一条规定，贷款行应当确保保证合同各方加盖的公章、法定代表人或授权代理人的签字真实、有效。中某技公司章程第三十四条规定，公司财产的出租、出借、转让、抵押、担保、投资等由公司总经理办公会议决定，金额较大的（100万元以上）报总公司审批。根据上述规定，对保证合同的调查评审是签订保证合同的前提，保证贷款担保具有合法性、有效性和可靠性，才能签订保证合同。本案保证合同均为保证金额1.5亿元的保证合同，景德镇某行应当具备证明保证合同具有合法性、有效性和可靠性的证明能力。4. 证据的分析认定。《中国工商银行贷款担保管理办法》对保证贷款担保的调查评审制定了严格的规定，贷款行应当具有保证人法定代表人（负责人）身份证明及签字样本或印鉴，法定代表人授权委托书、委托代理人身份证明及签字样本或印鉴，预留印鉴卡（并已核查真伪），按照保证人章程记载的议事规则作出的内部决议和授权文书等证据。景德镇某行应当具备上述证据的举证能力，但未提交上述证据。

《合同法》第十三条规定，当事人订立合同，采取要约、承诺方式。要约是希望和他人订立合同的意思表示；承诺是受要约人同意要约的意思表示。除须证明真实性的保证合同外，本案各方当事人均未提交关于要约的证据，2004年2月3日中某技公司《贷款担保承诺书》是关于承诺的证据，该证据不具有真实性、合法性，不能证明承诺的真实性。2004年3月12日的两份核保书是关于承诺的证据，但该证据上的保证人印章和法定代表人签名和待证保证合同一致，不是保证人在公安部门批准刻制的印章和法定代表人本人签名，都属于待证事实，不能证明保证合同真实性。景德镇某行为证明保证合同中保证人印章的真实性，申请调取衡阳案中衡州城市信用社第88号贷款文本和中某技公司与衡州城市信用社签订的《保证合同》，经鉴定，上述文本中中某技公司印章与本案02号保证合同中中某技公司印章一致。从法律关系来看，衡阳案和本案是两个独立的法律关系，不具有关联性。衡阳案保证合同中中某技公司印章与本案保证合同中中某技公司印章虽然一致，但均非中某技公司经公安部门批准刻制的印章，且两案保证合同是否成立取决于两案当事人意思表示是否真实，不互为因果。从证据的内涵来看，衡阳案中当事人对合同真实性没有异议，争议焦点是诉讼时效，中某技公司在衡阳案中承认非中某技公司备案印章的真实性，是忽略了对印章真实性的审查，或是对无处分权行为的追认，还是对该印章所有权的承认，存在不确定性。不能充分证明该印章属中某技公司所有并使用的事实。从企业意思表示的形成来看，印章和法定代表人签名是代表企业意志的主要标志。根据《中国工商银行贷款担保管理办法》规定，景德镇某行在签订保证合同前就应当对保证人印章和法定代表人签字的真实性进行审查备案，对保证人的意思表示是否真实是事先审查，而不是发生纠纷后，依据其他旁证来事后推定。衡阳案关于印章的认定是本案诉讼后发现的证据，不是在本案保证贷款担保的调查评审时预留的印鉴卡或核查印章真伪的材料，也就不是判别签订合同书时保证人意思表示是否真实的依据。本案保证合同上法定代表人签名与其本人签名不符，景德镇某行不能证明法定代表人签名的真实性也不能提供授权代理人的身份、代理权限和签字样本，因此不能证明签订合同书时保证人的意思表示是真实的、完整的。

综上所述，该案01号保证合同和02号保证合同中保证人的印章及法定代表人签名与保证人经公安部门批准刻制的印章及法定代表人本人签名不符，一般情形下，应认定保证合同不是保证人的真实意思表示，保证合同未成立。景德镇某行主张保证合同真实性，应当证明保证合同中非公安部门批准印章属于保证人所有并使用，应当证明保证合同中非法定代表人本人签名的来源及合法性。根据景德镇某行上级行的内部管理规定，景德镇某行应当具备证明保证合同真实性的能力，但景德镇某行提交有关保证人承诺的直接证据均不具有证明力，旁证材料也不能充分证明保证合同的真实性，景德镇某行应当承担举证不能的法律后果。因此，景德镇某行不能证明01号保证合同和02号保证合同中保证人的印章及法定代表人签名的真实性，保证合同未依法成立，中某公司、中某技公司不承担保证责任，景德镇某行对中某公司、中某技公司的诉讼请求应予驳回。该院（2008）景民二初字第20号民事判决：一、驳回景德镇某行对中某公司的诉讼请求；二、驳回景德镇某行对中某技公司的诉讼请求；三、中某技公司预交鉴定费502000元，中某公司预交鉴定费500000元，共计1002000元，由景德镇某行承担，在判决生效后三个工作日内一次性付清。（一审案件受理费已由该案借款合同部分判决决定负担。）

景德镇某行不服一审判决，向江西省高级人民法院提起上诉。该院另查明，广东省广州市海珠区人民法院（2008）海民再初字第1号判决书认定："中国工商银行股份有限公司广州工业大道支行与中某技公司签订的《借款展期协议》《借款合同贷款期限调整协议》，均是各方当事人真实意思表示，内容没有违反法律、法规的规定，是有效合同。中国工商银行股份有限公司广州工业大道支行起诉要求中某技公司还款362.76万元已超过了约定的两年保证期间。中某技公司对广州市兴某房地产开发有限公司（以下简称兴某公司）承担还款的责任依法免除保证责任。"上述案件（以下简称广州案）《借款合同贷款期限调整协议》《借款展期协议》系证据材料，两份协议上有张某军签名并盖有中某技公司公章。《景德镇市环城公路（南环段）投资建设特许经营合同》（以下简称《特许经营合同》）为江西省景德镇市人民政府与珠海经济特区三某集团有限公司（以下简称三某集团）、中某技公司签订，总则部分内容为：根据国家有关政策，经市政府批准，授权三某集团、中某技公司参照 BOT 模式对该工程进行投资建设、经营管理。

经二审法院委托，司法鉴定技术研究所司法鉴定中心于 2011 年 9 月 9 日出具司鉴中心［2011］技鉴字第 465 号《鉴定意见书》，鉴定结论为：《借款展期协议》《借款合同贷款期限调整协议》上"张某军"的签名字迹是张某军所写，衡阳案《贷款文本》《保证合同》上"张某军"的签名字迹是张某军所写；司法鉴定技术研究所司法鉴定中心于 2011 年 10 月 24 日出具司鉴中心［2011］技鉴字第 741 号《鉴定意见书》，鉴定结论为：《借款展期协议》及《借款合同贷款期限调整协议》中中某技公司公章印文与 02 号保证合同上的中某技公司公章印文是同一枚印章盖印形成。

江西省高级人民法院认为：一、关于主合同的问题。主合同借款合同部分已由一审法院于 2009 年 8 月 24 日作出判决，鑫某公司未提起上诉，该部分已发生法律效力。对主合同部分，不予审查。二、关于中某技公司是否应承担保证责任的问题，也就是 02 号保证合同是否真实的问题，这是本案争议的核心问题。《合同法》第三十二条规定："当事人采用合同书形式订立合同的，自双方当事人签字或者盖章时合同成立。"该条规定表明，当事人的签字或盖章都可以使合同成立。02 号保证合同上张某军的签字已经一审法院委托鉴定，认定为不是其本人真实签字。中某技公司不因伪造的法定代表人签字而产生保证责任。盖章也可以产生合同成立的效果，加盖真实公章的合同，其权利义务由该当事人承受，因此加盖在 02 号保证合同上的公章的真实性及公章加盖的过程即成为本案关键所在。如果能证实该公章是张某军或公司中其他员工所盖，其仍能代表中某技公司的意思表示，中某技公司仍应承担保证责任。但景德镇某行在一审、二审均不能说明 02 号保证合同上公章加盖过程。在法庭发问中，其代理人陈述 02 号保证合同系债务人鑫某公司法人代表茹某乔递交。因此，可以认定景德镇某行与中某技公司对 02 号保证合同没有协商沟通的过程，没有中某技公司及其员工当着景德镇某行人员的面在该保证合同上加盖公章的行为发生，不发生表见代理或代表代理的法律后果。至此，只有一种可能性使 02 号保证合同合法有效成立，即加盖在 02 号保证合同上的公章是真实的。经一审法院委托鉴定，加盖在 02 号保证合同上的中某技公司印章不是其备案章，景德镇某行对此亦无异议，但认为加盖在 02 号保证合同上的公章是中某技公司的第二枚公章，该公章是真实的，仍能代表中某技公司的真实意思表示。景德镇某行提出的证据是二审中鉴定中心出具的鉴定结论，认定衡阳案、广州案的证据中同时出现了中某技公司法定代表人张某军的真实签名及 02 号保证合同上的公章，即证明张某军认可该枚公章的存在，中某技公司应承担担保责任。中某技公司则认为：1. 衡阳案、广州案是在本案诉讼之前就发生的，景德镇某行并非受到该二案的误导而接受担保的；2. 该二案相关贷款的初始担保的确是中某技公司的真实意思表示，加盖伪造公章的文件均系续保文件，在这两个案件中，中某技公司均因诉讼时效的抗辩而未承担保证责任；3. 即使是衡阳案、广州案的证据中同时出现了张某军的真实签名及 02 号保证合同上的公章，也只能说明是对某一行为的认定，而不是对所有行为的认定。二审法院认为，景德镇某行认为 02 号保证合同上的公章是中某技公司的第二枚公章证据不充分，其提交的证据及鉴定结论不能形成完整的证据链。02 号保证合同的真实性对案件事实具有直接的证明力，而保证合同订立的时间、地点以及参与保证合同签订的人员等事实也是综合判断保证合同真实性的重要依据。景德镇某行无法提供上述订立、协商过程中的任何细节，不能排除对 02 号保证合同真实性的合理怀疑。02 号保证合同上的公章只出现在与茹某乔有关联的相关企业的银行贷款文件中，且本案的保证合同由茹某乔提供。如果说这是中某技公司的第二枚公章，应该有更广泛的用途，而不是仅仅均与茹某乔有关。核保书虽不是保证合同成立生效的必备条件，但景德镇某行作为专业金融机构，在涉及如此巨额借贷情况下，其有能力也有义务去核实保证人的真实意思表示，而景德镇某行的工作人员所作的核保说明也认可中某技公司没有当面在核保书上签名盖章，而仍是由茹某乔事后转交，有违常理。景德镇某行提交的《贷款担保承诺书》中某技公司的名称都出现失误，且公章也不是中某技公司的备案章，也不能说明该承诺书的来源。衡阳案、广州案系间接证据，如运用间接证据来证明案件事实，其应与其他证据构成关联、充分、排他、合法的完整证明体系，才能作为证据使用。即使张某军的签名与 02 号保证合同上的公章同时出现在衡阳案、广州案的证据上，也只能证明中某技公司对该交易行为予以认可，其效力仅及于该项代理行为。在茹某乔未出现的其他场合，并未出现该枚公章，因此，上述证据不能产生充分的排他的证明力。且景德镇某行是在本案诉讼过程中才收集到上述证据，并未将该公章的使用作为其相信该公章可以代表中某技公司意思表示的理由。景德镇某行以衡阳案、广州案中的公章来印证本案 02 号保证合同上的公章的真实性，要求中某技公司承担 1.5 亿元的担保责任，证据不够充分，没有形成完整证据链条。景德镇某行作为金融机构，其内部对于担保人提供保证责任担保有严格的审批程序和要求，而其疏于管理义务，违反内部操作规定，违反贷款人应有的审慎审查义务，导致损害结果的发生，该行应自行承担责任。

景德镇某行提出基于《特许经营合同》的存在以及鑫某公司的工商登记，其有理由相信中某技公司是鑫某公司的股东，中某技公司为鑫某公司提供保证担保的真实性。鑫某公司工商登记材料均由鑫某公司提供，在该工商档案中，没有出现中某技公司的备案章，除了盖有与本案 02 号保证合同印章相一致的印章外，还另外盖有第三枚中某技公司印章。档案中股东会决议上的张某军的签名经一审法院委托鉴定也不是其真实签名。工商部门对当事人提供的材料并不作真实性审查，只作形式上的审查。因此，工商档案中出现的中某技公司的资料是否真实有待进一步查证，且中某技公司是否具备股东身份并不是保证合同成立的要件。《特许经营合同》的签订方为景德镇市政府和三某集团、中某技公司，相对方并不是景德镇某行，该合同确定的是建设环城高速（南环段）的框架协议，并不涉及本案的借款及担保问题，即使该合同约定中某技公司同意参与公路的建设，也并不表明中某技公司作出了为鑫某公司借款提供保证担保的意思表示。因此，上诉人景德镇某行主张 02 号保证合同是真实的，中某技公司应承担保证责任的证据不充分，不能予以支持。

三、关于中某公司是否应承担保证责任的问题，也就是 01 号保证合同是否真实的问题。在二审中，景德镇某行针对中某公司未提交新的证据。01 号保证合同上中某公司的公章及刘某志的签名，经一审法院鉴定，与中某公司日常所用的公章不符，刘某志的签名也不是其真实签名。景德镇某行认为，中某公司的公章不需备案，不能认定其没有第二枚公章，但景德镇某行又不能提交中某公司使用过其他公章的证据。景德镇某行还提出工商登记档案中，中某公司系鑫某公司的股东，基于和中某技公司同样的理由，中某公司即使是股东也不是成为保证合同当事人的必备条件。因此，景德镇某行对中某公司的上诉理由不能成立，不能予以支持。该院判决：驳回上诉，维持原判。二审案件受理费 187.4238 万元、鉴定费 14 万元由景德镇某行承担。

景德镇某行不服上述判决,向本院申请再审称:一、中某技公司在其经营及业务活动中多次反复使用与 02 号保证合同印文相同的同一公章,证明该公章是为其所有并使用的真实公章。该公章的真实性经生效判决确认,基于相同情况相同对待原则,应当认定本案合同上的公章使用是其真实意思表示,担保合同成立且生效。1. 中某技公司在衡阳案《贷款文本》和《保证合同》,以及广州案《借款展期协议》《借款合同贷款期限调整协议》上均加盖了该公章,作为保证人为兴某公司借款提供担保。法院生效判决已确认使用该公章所为的法律行为的效力。2. 中某技公司作为鑫某公司主要股东之一,其留存在鑫某公司工商登记资料上的公章与本案保证合同上的公章相同。3. 中某技公司使用该公章参与鑫某公司股东会决议,加盖与本案保证合同印文相同的公章。4. 中某技公司在经营活动中使用了非备案公章,并经生效判决确认,以该公章所为行为应具有同等的法律效力。中某技公司多次使用非备案公章的行为效力必须是"一次认可、都要认可",行为责任"一次承担、都要承担"。二、中某技公司原法定代表人张某军对该公章使用予以认可,证明该公章为中某技公司所有和使用的真实公章。衡阳案《保证合同》以及广州案《借款合同贷款期限调整协议》上"张某军"的签名字迹叠于中某技公司公章印文上方,系先有盖章后签字。该协议上张某军签字经鉴定为其本人真实签字,说明该公章确为中某技公司所有并使用的具有法律效力的公章。根据《中华人民共和国民法通则》第四十三条关于"企业法人对它的法定代表人和其他工作人员的经营活动,承担民事责任"的规定,张某军作为中某技公司原法定代表人,其职务行为在法律上即为中某技公司的行为。中某技公司认可该公章的法律效力。三、二审判决以中某技公司在交易中使用的公章不是公安机关备案的公章为由否认公章的真实性,否认其民事行为的法律效力,属事实不清,适用法律错误。公章虽未经备案,但公章所有人是以自己的意思并以自己名义刻制使用的,该公章即为其所有的真实公章,与被使用的公章是否经过备案无关。因此,不能以公章未备案为由否定交易的有效性。否则,不但与之前的生效裁判相矛盾,而且不符合当事人双方的真实意思。中某技公司应当被认定为本案保证合同的保证人,应当承担对景德镇某行的保证责任。四、原审判决认定景德镇某行对保证合同公章加盖过程承担举证责任,属于加重被保证人的举证责任;以景德镇某行未提供保证合同协商过程而认定不发生表见代理或代表代理,属于适用法律错误。本案不涉及表见代理,只要保证合同所加盖的中某技公司的公章为其所有的真实印章,即可证明保证合同为中某技公司的真实意思表示。景德镇某行已完成公章真实性的证明责任，能够证明保证合同是其真实的意思表示。五、基于对政府行为和工商登记资料，景德镇某行有理由相信中某技公司为鑫某公司借款提供担保。景德镇某行疏于审查义务，在法律上不构成承担不利后果的理由。鑫某公司作为南环公司建设的而设立的项目公司，中某技公司实际上一直以投资方的股东身份出现。出于支持地方政府基础设施建设的考虑，景德镇某行确有理由对中某技公司为其自身建设、经营的项目提供担保有充分的信任。因此保证合同是由鑫某公司法定代表人茹某乔提供，这不是否定保证合同有效性的理由。《中国工商银行贷款担保管理办法》等文件属于银行内部的技术性操作规范，不具有对外效力，不能由第三人援引主张权利或免除责任。其仅作为银行内部规范员工行为，防范操作风险而使用，不能作为第三人主张减免责任的依据。即使景德镇某行疏于审查，但只要中某技公司加盖在保证合同上的印章是真实印章，保证合同即成立，不影响担保的有效性。

综上，本案保证合同上的印章为中某技公司的真实印章，本案不涉及表见代理，中某技公司为涉案借款提供保证是其真实意思表示，保证合同成立、生效，中某技公司必须在保证合同的范围内承担连带保证责任。景德镇某行依据《中华人民共和国民事诉讼法》第二百条第（二）项和第（六）项，恳请改判中某技公司按照02号保证合同承担保证责任。

中某技公司答辩称：一、伪造公章仅在衡阳案、广州案个别文件中出现过，且均系在茹高桥担任法定代表人的企业银行信贷文件中出现，与中某技公司无关。二、即使衡阳案、广州案张某军签名是真实的，也不能就此断定张某军是在明知伪造印章的情况下签的字，更不能证明该伪造公章为中某技公司所有并使用。所谓"先有章后有字"的推断，也只是景德镇某行的主观臆断，并没有相关的鉴定结论作为依据。三、衡阳案、广州案因伪造公章相似度很高，两地法院及诉讼代理人均没有发现案件材料中初始担保与续保印章前后不一致的情况，相关判决书中没有关于法庭查明或认定中某技公司认可伪造公章真实性的任何表述。景德镇某行仅凭衡阳案、广州案等不充分的间接证据，证明本案保证合同是中某技公司意思表示，违反了法律的认定规则。四、原一审判决绝不是仅仅因为这枚伪造公章没有备案而否定其效力，景德镇某行在其再审申请中显然是断章取义。原审判决并不存在事实认定不清、适用法律错误的情形。五、依据《最高人民法院关于民事诉讼证据的若干规定》第五条合同纠纷的举证责任规定，景德镇某行需举证证明合同订立及公章加盖过程，不存在加重保证人举证责任的问题。

六、景德镇市政府参与订立的《特许经营合同》，是建设南环公路的框架协议，并不涉及本案的借款及担保问题，即使该合同约定中某技公司同意参与公路建设，也不表明其愿意为鑫某公司担保。景德镇某行作为大型国有银行单位只要认真审查就会发现鑫某公司提供的有关担保材料错误百出，伪造痕迹明显，巨额贷款骗保案就不会发生。这不是景德镇某行认为的基于对景德镇市政府和工商登记资料的信任而疏于审查义务，在法律上不构成承担不利后果的简单问题，而是银行作为贷款人最起码的责任。本案贷款发放充满着腐败与造假，景德镇某行非但不去寻求侦查救济相反却对中某技公司无理缠诉，依法应驳回其再审申请。

本院对原审法院查明的事实予以确认。

本院认为：本案争议焦点是 02 号保证合同的真实性和有效性的认定，中某技公司是否应当按照 02 号保证合同承担保证责任。

根据 2003 年 11 月 20 日江西省景德镇市人民政府作为甲方，与三某集团、中某技公司共同作为乙方签订的《景德镇环城公路（南路段）投资建设特许经营合同》，景德镇市政府批准授权三某集团、中某技公司参照 BOT 模式对景德镇市环城公路（南环段）建设工程进行投资、经营管理。该《特许经营合同》第三条约定：乙方（三某集团、中某技公司）在景德镇市注册项目公司鑫某公司，作为项目法人负责项目实施。第六条约定该项目工程概算为 10.5 亿元人民币，乙方总投资应控制在该概算以内。第七条约定该项目乙方经营年限为三十年（含建设期）。第十七条约定在建设和经营期内，乙方（三某集团、中某技公司）承担其对外所发生的一切债权、债务。在项目移交前，乙方对建设和经营期内的债权、债务必须清偿完毕，甲方对此不承担任何责任。该《特许经营合同》加盖有景德镇市政府、三某公司、中某技公司公章，并分别由景德镇市政府代表陈长庚、三某集团代表茹辉桥、中某技公司原法定代表人张某军签字。中某技公司本案诉讼中并没有否认《特许经营合同》及其加盖中某技公司公章及原法定代表人张某军签名的真实有效性。2009 年 8 月 3 日，江西省人民政府赣府字〔2009〕58 号《关于同意委托省交通运输厅接管复建景德镇绕城高速公路项目的批复》亦证明鉴于三某集团和中某技公司无法履行《特许经营合同》，同意解除合同，收回公路特许经营权。该《特许经营合同》虽然没有明确约定本案借款及担保事项，但鉴于中某技公司并没有证据排除其真实地参与景德镇市南环公路建设工程项目及组建项目公司鑫某公司的投资建设、经营管理活动，景德镇某行为该建设工程项目向鑫某公司进行贷款时有理由相信由该项目参与者中某技公司提供担保的合理性。此情形亦符合中国工商银行江西省分行对景德镇某行向鑫某公司发放本案贷款及保证事宜的审批内容。工银赣信批字［2004］16 号《中国工商银行江西省分行信贷审批通知书》要求"本项目贷款由出资股东共同提供全程连带责任保证"。景德镇某行基于《特许经营合同》中的政府行为，相信中某技公司为目标公司鑫某公司的景德镇市南环公路建设工程项目所需银行贷款提供担保，有充分的合理性。

本案 02 号保证合同虽然不是通过借款保证担保当事人协商谈判过程签订，而是通过借款人鑫某公司原法定代表人茹某乔向贷款人景德镇某行提供。但是，也没有法律依据排除通过单方面提交保证担保承诺的方式的合法性，问题的关键仍然在于本案 02 号保证合同是否真实、有效。本案 02 号保证合同保证人中某技公司印章经鉴定与中某技公司备案公章不一致，且中某技公司原法定代表人张某军签名字迹与样本不是同一人书写。根据湖南省衡阳市中级人民法院（2008）衡中法民二初字第 39-3 号民事判决书认定的事实，在衡阳市商业银行雁城支行诉被告兴某公司、中某技公司、三某集团、鑫某公司金融借款合同案件中，衡阳市衡州城市信用合作社、兴某公司、中某技公司三方当事人于 2000 年 12 月 21 日签订的编号第 88 号《贷款文本》包括《借款申请书》《借款合同》和中某技公司作为保证人与衡阳市衡州城市信用合作社 2000 年 12 月 22 日签订的《保证合同》，均加盖有中某技公司印章及其原法定代表人张某军签名。经鉴定，上述衡阳案《贷款文本》和《保证合同》中某技公司印章与本案 02 号保证合同中某技公司印章印文为同一枚印章盖印，且《贷款文本》及《保证合同》中张某军签名字迹是张某军本人所写。问题是，衡阳案原告 2008 年 10 月 13 日提起诉讼后该案分别于 2009 年 1 月 8 日及 4 月 7 日两次进行公开开庭审理，该案中作为被告的保证人中某技公司委托代理人到庭参加了第一次开庭，第二次开庭亦提交了书面质证意见，但中某技公司只是就超过保证期间和诉讼时效应当予以免责进行抗辩，根本未有提及上述《贷款文本》及其《保证合同》公章及张某军签名的真实性问题。衡阳案民事判决书认证意见亦明确写明证据中"涉及中某技公司盖章、签名的真实性，被告中某技公司均无异议。"另外，在广州案的借贷纠纷案件中，作为贷款方中国工商银行股份有限公司广州工业大道支行与借款方兴某公司于 1999 年 7 月 13 日签订《借款合同》，发放贷款 2000 万元，借款期限自 1999 年 7 月 23 日至 2001 年 7 月 20 日。1999 年 6 月 30 日，中国工商银行股份有限公司广州工业大道支行与中某技公司签订《保证合同》约定中某技公司为上述借款承担连带责任保证担保。2001年7月11日中国工商银行股份有限公司广州工业大道支行、兴某公司、中某技公司签订《借款展期协议》，约定将原借款合同借款展期至2002年7月18日。2002年6月27日，中国工商银行股份有限公司广州工业大道支行与兴某公司、中某技公司三方又签订《借款合同贷款期限调整协议》，约定将原借款合同的还款条款作相应更改，约定具体还本金额和日期。借款期限届满后，兴某公司尚欠本金362.76万元及相应利息，导致诉讼。广东省广州市海珠区人民法院于2006年7月6日作出（2006）海民二初字第512号民事判决，判令中某技公司对物的担保以外的债权承担连带清偿责任。该判决因当事人未上诉而发生法律效力。2007年11月27日，中某技公司又以超过了约定的两年保证期间不应承担保证责任为由向广州市海珠区人民法院申诉，该院裁定再审。上述广州案中《借款展期协议》《借款合同贷款期限调整协议》有张某军签名并盖有中某技公司公章，经鉴定，该签名字迹是张某军所写，印章印文与本案02号保证合同中某技公司印章印文是同一枚印章盖印形成。被告中某技公司委托代理人均到庭参加诉讼，但均未提出上述广州案中保证人中某技公司公章及签名的真实性抗辩。因此，广东省广州市海珠区人民法院（2008）海民再初字第1号民事判决书，认定广州案中《借款合同》《抵押合同》及《保证合同》《借款展期协议》《借款合同贷款期限调整协议》，均是各方当事人真实意思表示，为有效合同。但中某技公司因保证期间超过而免除保证责任。

关于中某技公司为何没有在衡阳案和广州案中就其公章及签名的真实性进行抗辩的原因，中某技公司所称因上述衡阳案和广州案中初始保证为其真实的保证因而对续保是否真实盖章忽略，以及以超过保证期间和诉讼时效抗辩即可达到免责因而不需以其公章及签名的真实性进行抗辩的理由，不符合常理。衡阳案和广州案借款和保证事宜经过一次或多次展期，中某技公司称因上述二案的初始保证是真实的，因而没有注意到续保合同的中某技公司印章及其法定代表人张某军签名的真实性问题，其解释缺乏合理性，多次续保对相关事实的真实性更应引起保证人的警觉。衡阳案分别于2009年1月8日及4月7日两次进行公开开庭审理时，本案纠纷已是在江西省高级人民法院于2008年9月11日受理立案并于2008年11月12日裁定将案件交由景德镇市中院审理，且中某技公司已经于2008年12月1日签收本案一审法院的《应诉通知书》《举证通知书》及相关身份、委托授权证明之后，中某技公司委托代理人到庭参加了衡阳案第一次开庭，第二次开庭亦提交了书面质证意见，在本案与衡阳案有着相互提示作用的情况下，中某技公司仍称因忽略而没有就衡阳案保证合同中其公章及其法定代表人张某军签名的真实性提出异议，不合情理。虽然衡阳案、广州案中某技公司均因超过保证期间最终未承担保证责任，但当时在未知判决结果情况下，理应提出保证合同真实性的抗辩。本案再审过程中，中某技公司未按法庭要求提供上述案件中初始保证合同原件，以供法庭判断比较。中某技公司对于衡阳案和广州案在不知道其公章加盖过程的情况下就认可保证合同的真实性，有违中某技公司章程第三十四条公司财产的出租、出借、转让、抵押、担保、投资等由公司总经理办公会议决定，金额较大的（100万元以上）报总公司审批的规定。中某技公司的辩解理由，不能成立。中某技公司对于衡阳案和广州案的保证合同其公章真实性、有效性未提出异议，不论是出于策略考虑抑或由于其自身重大过错应当发现而未予发现其公章为非备案公章盖印，未提出异议且认可保证合同的效力，中某技公司的行为效力应当得到确认。衡阳案和广州案保证合同中某技公司原法定代表人张某军签名经鉴定为其本人真实签字，不论中某技公司公章印文与其原法定代表人张某军签名关系如何，均证明中某技公司已经认可保证合同及其公章印文的真实性、有效性。

本案02号保证合同、衡阳案88号《贷款文本》和《保证合同》、广州案《借款展期协议》《借款合同贷款期限调整协议》等文件上均加盖有中某技公司涉案公章印文，尽管该涉案公章的使用场合均与茹某乔作为法定代表人的企业有关，但是中某技公司在相应的承担保证责任的诉讼案件中除本案外均没有就其公章印文及原法定代表人张某军签名的真实性提出异议，而在衡阳案中对中某技公司盖章、签名的真实性明确表示无异议，应视为承认和认可中某技公司公章及法定代表人签名的真实性和有效性。不论衡阳案和广州案中某技公司涉案公章实际所有人和使用人是谁，均可认定中某技公司通过实际行为承认和认可该涉案非备案公章的使用效力。

中某技公司对于衡阳案和广州案保证合同中其非备案公章使用效力的认可，其效力不应该仅仅限于衡阳案和广州案，同样也应当延展到本案。企业使用或者认可使用其非备案公章，其行为效力同样具有公示效力。对于使用或者认可使用非备案公章效力的企业，无权对其非备案公章的使用效力作出选择性认可。原审判决认定中某技公司对涉案公章的效力认可只是限于特定交易行为，不涉及其他交易行为，以及景德镇某行并未将衡阳案和广州案中某技公司非备案公章作为签订本案02号保证合同的依据，与公章的公示力相违背，本院不予支持。不论本案02号保证合同与衡阳案、广州案加盖的中某技公司非备案公章是否为中某技公司所有或者使用，中某技公司只要认可其非备案公章的使用效力，便具有公示性，从而必须为其行为承担责任。我国《合同法》第三十二条规定："当事人采用合同书形式订立合同的，自双方当事人签字或者盖章时合同成立。"第四十四条第一款规定："依法成立的合同，自成立时生效。"合同经当事人签字或者盖章，均能使合同成立生效。本案02号保证合同所涉中某技公司原法定代表人张某军签名经鉴定为非本人签名，不影响本案保证合同的效力。

综上所述，中某技公司对于广州案和衡阳案中使用涉案公章的效力已经予以承认和认可，其效力应当及于本案02号保证合同，中某技公司应依据本案02号保证合同承担保证责任。景德镇某行的再审请求和理由成立，本院予以支持。本案一、二审判决对此认定错误，本院予以纠正。中某技公司应按照本案02号保证合同向景德镇某行承担保证责任。中某技公司承担保证责任后可以向鑫某公司追偿。本院依照《中华人民共和国民事诉讼法》第一百七十条第一款第（二）项、第二百零七条之规定，判决如下：

一、撤销江西省高级人民法院（2011）赣民二终字第14号民事判决；

二、维持江西省景德镇市中级人民法院（2008）景民二初字第20号民事判决（保证合同部分）第一项；

三、撤销江西省景德镇市中级人民法院（2008）景民二初字第20号民事判决（保证合同部分）第二项、第三项；

四、中某航空技术珠海有限公司于本判决生效之日起三十日内依据2004年工银景保字第0002号保证合同就景德镇市鑫某公路开发有限公司的债务向中国工商银行股份有限公司景德镇分行承担连带保证责任。

当事人如果逾期履行上述义务，应当按照《中华人民共和国民事诉讼法》第二百五十三条的规定，按照中国人民银行同时期同类贷款基准利率，加倍支付迟延履行期间的债务利息。

一审案件受理费已由江西省景德镇市中级人民法院（2008）景民二初字第20号民事判决（借款合同部分）决定；一审案件鉴定费100.2万元，由中某航空技术珠海有限公司承担50.2万元，中国工商银行股份有限公司景德镇分行承担50万元；二审案件受理费187.4238万元，由中某航空技术珠海有限公司承担93.7199万元，中国工商银行股份有限公司景德镇分行承担93.7199万元，鉴定费14万元由中某航空技术珠海有限公司承担。

本判决为终审判决。

法律法规

《全国法院民商事审判工作会议纪要》（法〔2019〕254号）

41.【盖章行为的法律效力】司法实践中，有些公司有意刻制两套甚至多套公章，有的法定代表人或者代理人甚至私刻公章，订立合同时恶意加盖非备案的公章或者假公章，发生纠纷后法人以加盖的是假公章为由否定合同效力的情形并不鲜见。人民法院在审理案件时，应当主要审查签约人于盖章之时有无代表权或者代理权，从而根据代表或者代理的相关规则来确定合同的效力。

法定代表人或者其授权之人在合同上加盖法人公章的行为，表明其是以法人名义签订合同，除《公司法》第16条等法律对其职权有特别规定的情形外，应当由法人承担相应的法律后果。法人以法定代表人事后已无代表权、加盖的是假章、所盖之章与备案公章不一致等为由否定合同效力的，人民法院不予支持。

代理人以被代理人名义签订合同，要取得合法授权。代理人取得合法授权后，以被代理人名义签订的合同，应当由被代理人承担责任。被代理人以代理人事后已无代理权、加盖的是假章、所盖之章与备案公章不一致等为由否定合同效力的，人民法院不予支持。

《最高人民法院关于适用〈中华人民共和国民法典〉合同编通则若干问题的解释》（法释〔2023〕13号）

第二十二条　法定代表人、负责人或者工作人员以法人、非法人组织的名义订立合同且未超越权限，法人、非法人组织仅以合同加盖的印章不是备案印章或者系伪造的印章为由主张该合同对其不发生效力的，人民法院不予支持。

合同系以法人、非法人组织的名义订立，但是仅有法定代表人、负责人或者工作人员签名或者按指印而未加盖法人、非法人组织的印章，相对人能够证明法定代表人、负责人或者工作人员在订立合同时未超越权限的，人民法院应当认定合同对法人、非法人组织发生效力。但是，当事人约定以加盖印章作为合同成立条件的除外。

合同仅加盖法人、非法人组织的印章而无人员签名或者按指印，相对人能够证明合同系法定代表人、负责人或者工作人员在其权限范围内订立的，人民法院应当认定该合同对法人、非法人组织发生效力。

在前三款规定的情形下，法定代表人、负责人或者工作人员在订立合同时虽然超越代表或者代理权限，但是依据民法典第五百零四条的规定构成表见代表，或者依据民法典第一百七十二条的规定构成表见代理的，人民法院应当认定合同对法人、非法人组织发生效力。

016 汪某雄与重庆群某实业（集团）有限公司、朱某德建设工程施工合同纠纷案[①]

裁判要旨

公司知晓伪造公章的存在、使用而未采取措施防止相对人的利益损害，且在另案中认可其效力的，则使用该公章签订的合同对公司具有约束力。

实务要点总结

（1）公司知晓他人使用伪造私刻的公司印章的，应当及时制止并向公安机关报案，必要时可以通过登报公告的方式对公司用章具有唯一性的事实进行公示，并将他人伪造公司印章并使用的事实公之于众，以警醒潜在的交易相对人。

（2）对盖有公司印章的相关文书效力，公司应在确认文书上的印章确系公司真实的已备案的印章的基础上对文书效力作出认可。防止在诉讼程序、行政申请过程中对非备案印章效力作出认可，进而导致在其他场合无法否定非备案印章效力的尴尬局面。当然，公司并非绝对只能认可备案公章的效力。只是对于非备案公章效力的认可应当予以慎重考虑。在关乎公司重大利益的情形下，可在委托专业律师充分评估相关法律风险后，认可非备案公章的效力。

相关判决

汪某雄与重庆群某实业（集团）有限公司、朱某德建设工程施工合同纠纷申诉、申请民事裁定书〔（2016）最高法民申255号〕

再审申请人（一审被告、二审上诉人）：重庆群某实业（集团）有限公司。住所地：重庆市涪陵区李渡街道太乙大道36号。

法定代表人：夏某宁，该公司董事长。

[①] 审理法院：最高人民法院；诉讼程序：再审

被申请人（一审原告、二审被上诉人）：汪某雄。

被申请人（一审被告、二审被上诉人）：朱某德。

再审申请人重庆群某实业（集团）有限公司（以下简称重庆群某公司）因与被申请人汪某雄、朱某德建设工程施工合同纠纷一案，不服云南省高级人民法院（2015）云高民一终字第231号民事判决，向本院申请再审。本院依法组成合议庭对本案进行了审查，现已审查终结。

重庆群某公司申请再审称：一、（2015）渝三中法刑终字第00226号《刑事裁定书》属于新证据，该证据可以证明梁某霖构成伪造印章罪，梁某霖利用伪造的公章出具授权委托书，委托朱某德签订工程施工协议非申请人的真实意思表示，对申请人没有约束力。二、原审判决对本案关键事实认定错误。重庆群某公司向重庆市涪陵区公安局报案，并不能必然推导出重庆群某公司认可梁某霖、朱某德是本案工程合同上加盖的申请人印章的持有人。重庆群某公司在申请设立云南分公司时，在昆明市盘龙区工商局的注册登记资料中并非使用编号为"50010218011375"的公章，其使用的是编号为"50010218011375"的公章。朱某德既不是申请人的员工，也并非申请人的受托人，实际上是"尚水鸿城"项目的挂靠人、实际施工人。朱某德不具备表见代理人的必备要件。三、原审法院违反法定程序。原审法院应当追加发包人大理鸿某房地产开发有限公司及其管理人作为共同被告参与诉讼。梁某霖、朱某德是否涉嫌伪造印章罪的判决结果对申请人是否应当承担责任存在关键的影响，重庆群某公司报案后，一审法院应当中止民事案件的审理。现依据《中华人民共和国民事诉讼法》第二百条第（一）项、第（二）项、第（六）项之规定申请再审。

本院经审查认为，重庆群某公司在设立云南分公司时，向昆明市盘龙区工商行政管理局提交《分公司设立登记申请书》，明确云南分公司负责人为梁某霖，该"申请书"盖有重庆群某公司认可的公章及法定代表人名章。重庆群某公司内部文件《关于成立重庆群某实业（集团）有限公司云南分公司的通知》（渝群实集司发〔2011〕15号）不仅明确重庆群某公司成立云南分公司而且任命梁某霖为云南分公司总经理。因此，重庆群某公司对云南分公司的存在、梁某霖代表该分公司进行经营活动明知且认可。重庆群某公司云南分公司有权委托朱某德开展经营活动，朱某德接受重庆群某公司云南分公司委托，使用编号为"50010218011375"的重庆群某公司印章签订履行合同的行为之法律后果应当由重庆群某公司承担。

重庆群某公司申请再审认为，编号为"50010218011375"的公章为伪造，并提交重庆市涪陵区人民法院（2015）涪法刑初字第00510号《刑事判决书》，重庆市第三中级人民法院（2015）渝三中法刑终字第00226号《刑事裁定书》，认为梁某霖已经构成伪造公司印章罪。因此，梁某霖利用伪造的公章出具的授权委托书委托朱某德签订工程施工协议及相关结算协议，行为后果应当由梁某霖及朱某德自行承担。本院经审查，编号为"50010218011375"的公章在重庆群某公司的经营活动及诉讼活动中均曾使用过。2013年6月24日，重庆群某公司使用该编号的公章与云南省大理州漾濞县普某发电有限公司签订《大理州漾濞县普某电站工程施工合同》，漾濞县普某发电有限公司随后支付给重庆群某公司的工程款均进入到重庆群某公司云南分公司的账户，工程款的收款收据上均盖有该编号的公章，重庆群某公司并未提出异议。云南省大理市人民法院受理的（2014）大民二初字第188号案件中，重庆群某公司作为被告参加诉讼，其提供的《企业法人营业执照》《组织机构代码证》《授权委托书》复印件上，均盖有编号为"50010218011375"的公章，重庆群某公司对该公章的使用亦未提出异议。上述证据表明，重庆群某公司对该公章的存在、使用是知晓的。尽管其主张公章伪造，但其在明知该公章存在并使用的情况下，未采取措施防止相对人的利益损害，朱某德使用编号为"50010218011375"的重庆群某公司印章签订履行合同的行为应当认定为重庆群某公司的行为，原审法院未追加发包人作为共同被告及未中止审理并无不当。

根据再审申请人提交的相关材料，本案涉及重庆群某公司不同编号的公章共有四枚，即：1. 重庆群某公司向本院申请再审时提交的证据材料中，加盖的编号为"5001023046043"的公章；2. 重庆群某公司成立云南分公司时向工商管理部门递交《分公司设立申请书》加盖的编号为"5001021801137"的公章；3. 重庆群某公司在二审中提交的证据《印章刻制、查询、缴销证明》，自认存在编号为"5001023023351"的公章；4. 重庆群某公司认为梁某霖伪造的编号为"50010218011375"的公章。除该公司不予认可的编号为"50010218011375"的公章及变更前使用的"5001023023351"公章之外，该公司未就上述"5001021801137""5001023046043"不同编号印章同时存在并使用做出合理解释。

综上，重庆群某公司的再审理由均不成立，原审判决不存在《中华人民共和国民事诉讼法》第二百条第（一）项、第（二）项、第（六）项规定的情形。依照《中华人民共和国民事诉讼法》第二百零四条第一款之规定，本院裁定如下：

驳回重庆群某实业（集团）有限公司的再审申请。

法律法规

《中华人民共和国民法典》（2021年1月1日施行）

第一百六十二条　代理人在代理权限内，以被代理人名义实施的民事法律行为，对被代理人发生效力。

第一百七十条　执行法人或者非法人组织工作任务的人员，就其职权范围内的事项，以法人或者非法人组织的名义实施的民事法律行为，对法人或者非法人组织发生效力。

法人或者非法人组织对执行其工作任务的人员职权范围的限制，不得对抗善意相对人。

017　文登瑞某医药科技有限公司与段某生股权转让纠纷案[①]

裁判要旨

对于存在效力争议的印章，公司在其他诉讼中有使用的，即不得在其他交易或诉讼中再否认该印章的效力。

实务要点总结

（1）对于业务分布全国各地的企业，为图业务开展的方便，往往会刻制多枚印章，或者为了诉讼上的便利刻制多枚印章。但公司这一"图方便"的行为可能给公司的经营带来不确定的风险。因为一旦公司在诉讼中使用过该印章，即视为公司认可该印章的效力，且具有普遍约束力。公司在其他场合即不能主张该印章仅为诉讼之用或仅用于某一特定期间或区域。

（2）在有关印章效力纠纷的诉讼中，当事人意欲证明公司的某一印章为有效印章，可通过证明公司在其他场合尤其是诉讼场合使用过该印章的方式来实现。本案中，文登瑞霖医药科技有限公司意图否认其效力的印章，在其既往的经营和诉讼中经常使用，导致法院不认可其关于该印章系伪造的主张。

---

① 审理法院：甘肃省高级人民法院；诉讼程序：再审

> 相关判决

再审申请人文登瑞某医药科技有限公司与被申请人段某生股权转让纠纷申请再审一案民事裁定书［（2015）甘民申字第367号］

再审申请人（一审被告）：文登瑞某医药科技有限公司。住所地：山东省文登市南海新区科技路南、陇海路西。

法定代表人：贾某，该公司法定代表人。

被申请人（一审原告）：段某生。

被申请人（一审被告）：甘肃瑞某医药科技有限责任公司，住所地：甘肃省天水市经济技术开发区二十铺工业园。

再审申请人文登瑞某医药科技有限公司因与被申请人段某生、甘肃瑞某医药科技有限责任公司股权转让纠纷一案，不服天水市中级人民法院（2014）天民二初字第31号民事调解书，向本院申请再审。本院依法组成合议庭对本案进行了审查，现已审查终结。

文登瑞某医药科技有限公司申请再审称：2014年5月27日，原甘肃瑞某医药科技有限责任公司与文登瑞某医药科技有限公司的原法定代表人宋某德突然死亡，甘肃瑞某医药科技有限责任公司与文登瑞某医药科技有限公司的工作人员马某恒伪造委托书、伪造公章、伪造企业债务及还款承诺，并与段某生达成协议，非法侵占企业股份与资产。马某恒自行设立债权债务，代理行为无效。

再审申请人在2015年6月25日向本院邮寄"甘肃仁龙司法物证鉴定所甘仁法物鉴（文）字（2015）第044号鉴定意见书"一份作为新证据。该鉴定意见书结论为：委托人贾某提交的文登瑞某医药科技有限公司公章印文与2014年5月22日《补充协议》中文登瑞某医药科技有限公司的公章印文不是同一枚印章所盖印。

被申请人段某生在2015年9月向本院提交"甘肃政法学院司法鉴定中心（2015）甘政司（文）鉴字第134号鉴定意见书"一份作为新证据。该鉴定结论为：（1）再审申请书中文登瑞某医药科技有限公司的印文与威海市工商档案备案中的印文很有可能是同一枚印章所盖；（2）威海市工商档案中2015年3月4日"文登瑞某股东决定"中股东签字处"瑞某医药科技有限公司"的印文与2012年"瑞某分工通知"、北京市工商档案中"瑞某医药科技有限公司"的印文不同。

本院认为，被申请人段某生提交的鉴定意见书不足以对抗文登瑞某医药科技有限公司的工商变更登记，根据工商登记对外公示效力，再审申请人符合当事人主体资格。本案争议在于马某恒的代理行为是否无效，且能否据此认为本案违反自愿原则。再审审查中，再审申请人虽然提交了鉴定意见书，但马某恒系公司工作人员，所涉印章虽与工商部门备案印章不符，但所涉印章在该公司以往经营与诉讼中也曾经使用，再审申请人主张伪造印章依据不足。再审申请人提交的证据也不足以证明本案调解方式的选择与调解过程有违调解自愿原则。综上，文登瑞某医药科技有限公司的再审申请理由不符合《中华人民共和国民事诉讼法》第二百零一条规定的情形，依照《中华人民共和国民事诉讼法》第二百零四条第一款之规定，裁定如下：

驳回文登瑞某医药科技有限公司的再审申请。

法律法规

《中华人民共和国公司法》（2024年7月1日施行）

第三十四条 公司登记事项发生变更的，应当依法办理变更登记。

公司登记事项未经登记或者未经变更登记，不得对抗善意相对人。

018 许某祥与常州市华某园林绿化工程有限公司、沈某南企业借贷纠纷案

审理法院：江苏省高级人民法院

诉讼程序：再审

裁判要旨

公司在其他经济活动中实际使用过的印章，公司不得主张该印章为伪造印章。交易相对人一般不负有审查公司用章真实与否的义务。除非能够证明印章使用人系超越权限使用印章且为交易相对人所知晓，否则公司不得否认使用该印章签订的合同的效力。

实务要点总结

（1）公司在既往的经济活动中使用过某一印章，其效力范围不是仅停留在公司的"主观想象"或"内部规定""内部授权"之中，而是存在于所有与公司

（2）公司日常经营中存在多枚印章，但又对每一枚印章赋予其不同的使用范围，无异于掩耳盗铃。这种做法不仅不能实现公司预期规范管理的目的，而且可能使公司面临更大的交易风险。因此，公司在日常经营过程中，务必保证用章的唯一性。对于已经被损坏、废弃、遗失、盗窃的印章，应及时登报公示并尽可能地告知交易相对人，防止发生不测。

相关判决

许某祥与常州市华某园林绿化工程有限公司、沈某南企业借贷纠纷再审复查与审判监督民事裁定书［（2016）苏民申3471号］

申请再审人（一审原告、二审被上诉人）：许某祥。

申请再审人（一审被告、二审上诉人）：常州市华某园林绿化工程有限公司，住所地：江苏省常州市武进区湟里镇校园路28号。

法定代表人：沈某金，该公司总经理。

被申请人（一审被告、二审上诉人）：沈某南。

申请再审人许某祥、常州市华某园林绿化工程有限公司（以下简称华某公司）因与被申请人沈某南企业借贷合同纠纷一案，不服江苏省盐城市中级人民法院（2015）盐商终字第00421号民事判决，向本院申请再审。本院受理后，依法组成合议庭对本案进行了审查，现已审查终结。

许某祥申请再审称：一、二审判决漏判2014年沈某南给付5万元应承担的利息及违约金；根据2014年5月的协议约定如不按期履行沈某南需承担违约金5万元，该违约金亦未判处；二、二审判决认定有10万元由沈某南单独偿还，该10万元系用于华某公司承建的工程，华某公司亦应承担还款责任。

华某公司申请再审称：1.沈某南与许某祥之间的借据上出现的华某公司的印章是他人伪造的，华某公司并不知晓该印章的存在，对沈某南使用伪造的假印章为其债务担保的行为亦不知情。2.证人石某、夏某均与许某祥具有事实上的利害关系，其证言不具有证明效力。且两名证人在证言中均未表明许某祥向华某公司主张过权利。许某祥第一次起诉的时间是2012年2月9日，已超过两年的诉讼时效和保证期间。3.2014年5月30日，许某祥与沈某南达成的新的还款协议是对原借贷合同关系的变更，华某公司并未参与该协议的拟定，故该协议对华某公司不应产生约束力。

沈某南未提交书面意见。

本院审查查明：2009年11月10日，许某祥、沈某南签订借款协议一份，约定甲方为沈某南，乙方为许某祥，甲方因生意周转向乙方借款人民币25万元，借期自2009年11月10日起至2009年12月10日止；如甲方违约，形成纠纷，导致乙方诉讼到法院，甲方必须承担乙方因诉讼支出的律师代理费、强制执行费、交通费等费用；如甲方未在规定时间内还款，甲方需承担总借款25%的违约金并承担逾期期间按月息2.5分计算的利息；如到期不还款，则甲方还需继续承担月息为2.5分的利息直至实际履行还款时止；丙方自愿为甲方上述约定提供连带担保，担保期限为自借款之日起两年。沈某南在该协议下方甲方处签名捺印，同时在甲方处加盖印文为"华某公司"的章印，许某祥在乙方处签名，丙方处空白。同日，沈某南向许某祥出具承诺书一份，载明"本人因绿化工程周转需资向您申请借款人民币贰拾伍万元，保证借款用于约定用途，按期归还本息，如有违约，自愿按照借据约定承担违约责任，如涉及诉讼，放弃一切抗辩权"，落款承诺人处有沈某南签名捺印，并加盖有印文为"华某公司"的章印。同日，沈某南向许某祥出具借条一份，载明"今由常州沈某南借到大丰许某祥人民币贰拾伍万元整（￥250000元），归还期2009年12月10日"，借款人处由沈某南签名捺印，并加盖有印文为"华某公司"的章印。

2009年11月25日，许某祥、沈某南签订借款协议两份，均约定甲方为沈某南，乙方为许某祥。其中一份借款协议约定甲方向乙方借款人民币15万元，借期自2009年11月25日起至2009年12月25日止，该份借款协议甲方处由沈某南签字捺印，丙方处加盖有"华某公司"印章。该协议的其余内容同2009年11月10日的借款协议内容一致。协议同时附有借条、承诺书各一份，借条载明"今由常州沈某南借到大丰许某祥人民币壹拾伍万元整（￥150000元），特此。借款人：沈某南（捺印），2009年11月25日"，该借条左下方写有"华某公司"印章。承诺书由沈某南出具，除借款数额外，其余内容与2009年11月10日的承诺书内容一致，其上未加盖华某公司印章。另一份借款协议约定甲方向乙方借款人民币4万元，借期自2009年11月25日起至2009年12月25日止，甲方处由沈某南签名捺印并加盖印文为"华某公司"的印章，丙方处同时加盖印文为"华某公司"印章。同日，沈某南向许某祥出具借条一份，载明"今由常州沈某南借到大丰许某祥人民币肆万元整（￥40000元），借款人：沈某南（捺印），2009年11月25日"，同时在借款人处加盖有印文为"华某公司"的印章。

2009年12月31日,许某祥、沈某南签订借款协议一份,约定甲方沈某南,乙方许某祥,甲方向乙方借款人民币6万元,借期自2009年12月31日起至2010年元月31日止,落款甲方处由沈某南签名,同时加盖"华某公司"印章,丙方处加盖有"华某公司"印章。该协议的其余内容同2009年11月10日的借款协议内容一致。同日,沈某南向许某祥出具借条一份,载明"今由常州沈某南借到大丰许某祥人民币陆万元整(¥60000元),借款人:沈某南,2009年12月31日",同时在借款人处加盖有"华某公司"印章。

2010年4月20日,沈某南向许某祥出具借条一份,载明"今由沈某南借(条)许某祥人民币现金壹拾万元整(¥100000元),借款时间为2010年4月20日(用于灌云工地绿化款)。借款人:沈某南(捺印),2010年4月20日"。

2012年2月9日,许某祥以沈某南、华某公司为被告向大丰市法院提起诉讼,主张上述几笔借款,后大丰市法院作出(2012)大商初字第0039号民事裁定书,认定上述借款凭证中"华某公司"章印涉嫌构成伪造公司印章罪,依法移送公安机关处理。公安机关于2014年作出大公(刑)撤决字(2014)70号撤销案件决定书,认定因没有犯罪事实,决定撤销此案。

另查明,2014年5月30日,许某祥(甲方)与沈某南(乙方)签订协议书一份,载明"乙方于2009年至2010年4月期间合计向甲方借款人民币本金60万元,利息详见借据。因乙方未偿还借款,2011年甲方向大丰法院提起诉讼,为此花去诉讼费、代理费3.5万元。现对借款一事双方经友好协商达成如下协议:一、乙方向甲方借款本金60万元,乙方于2014年5月30日还款5万元,2014年10月15日还款5万元,2015年1月20日还款5万元,2015年6月30日还款5万元,2015年10月15日还款10万元,2016年1月20日还款10万元,2016年6月30日还款15万元,2016年10月15日将余款5万元及利息(从2014年6月1日起按贷款利率计算)一次性付清。上述还款以许某祥收条或汇入许某祥的银行卡凭证为准。二、甲方为此花去的诉讼费、代理费3.5万元,乙方于2014年6月30日前给付甲方1.5万元,2014年8月30日前给付2万元。三、乙方对此还款协议,按时还款,如有违约则承担违约金5万元,甲方有权对剩余的未到期债权一并向乙方主张,同时利息愿意按贷款利率双倍计算,且愿意承担所有追款费用。四、本协议经双方签字后生效。本协议一式两份,甲乙各一份。甲方:许某祥(捺印),乙方:沈某南(捺印),2014年5月30日。协议书下方载明"备注:关于甘某所述还款一事,该事凭条沈某南、甘某、许某祥经三人协商后再确定"。同日，许某祥收到还款 5 万元。

2014 年 12 月 31 日，许某祥向江苏省大丰市人民法院提起本案诉讼，请求判令：沈某南、华某公司共同偿还许某祥借款本金 50 万元，并承付其中 25 万元自 2009 年 12 月 10 日起、15 万元自 2009 年 12 月 25 日起、4 万元自 2009 年 12 月 25 日起、6 万元自 2010 年 1 月 31 日起至实际给付之日止按月利率 2.5% 计算的利息；沈某南另偿还许某祥借款本金 10 万元，并承付此款自 2010 年 4 月 20 日起至履行之日止按中国人民银行同期流动资金贷款利率计算的利息；沈某南、华某公司共同承担 50 万元按 25% 计算的违约金；本案诉讼费及律师代理费 2 万元由沈某南、华某公司承担。

沈某南一审辩称：其与许某祥就借款 60 万元的偿还事宜已经于 2014 年 5 月 30 日签订分期偿还协议书，该份协议书从签订后，已通过甘某向许某祥偿还 17 万元，于 2014 年 5 月向许某祥偿还了 5 万元，合计人民币 22 万元。截至本案起诉之日，根据协议书的约定，沈某南只应当偿还许某祥 13.5 万元。在沈某南与许某祥之间债务期限尚未届满的情况下，许某祥提起诉讼违背了双方约定，也不符合法律规定。综上，请求驳回许某祥的诉讼请求。

华某公司一审辩称：1. 华某公司从未向许某祥借款，也从未为沈某南向许某祥借款提供过担保，借据上的印章也并非华某公司印章。许某祥于 2012 年就向大丰法院就本案提起过诉讼，后大丰法院因印章涉嫌伪造，将该案移送至大丰市公安局处理。大丰法院（2012）大商初字第 0039 号民事裁定书中明确借款上的印章与华某公司的印章存在显著区别。且沈某南亦认可该印章系其未经公司允许私刻，故华某公司不应承担担保责任。2. 沈某南与许某祥在 2014 年 5 月 30 日达成的还款协议，华某公司未参与，也不应承担任何责任。3. 即使借据上的印章是华某公司的真实印章，许某祥的诉请也已超过法律规定的诉讼时效和担保期限。4. 许某祥应就借款的真实性进行举证，即提供相应的交付凭证予以证实。5. 许某祥所述的利息和违约金过高，应予核减。主张的律师费缺乏相应的法律依据。综上，请求驳回许某祥对华某公司的诉讼请求。

在一审庭审中，沈某南提供由许某祥出具给案外人甘某的收条复印件一份，载明"今收到甘某代付常州沈某南人民币拾柒万元整（¥170000），签收人：许某祥，张某，2011 年 1 月 31 日"。许某祥认可该收条的真实性，但不认可该款系甘某代为沈某南偿还的款项。许某祥为此提供一名证人石某，证人石某提供由许某祥向其出具的收条一份，载明"今收到石某替沈某南还款玖万元（2009 年

12月15日一张借款），余下捌万元由石某代还王某荣（因许某祥欠王某荣捌万元），合计拾柒万元整。注（2011年5月22日甘某代还拾柒万元作废）。签收人：许某祥，见证人：石某，2011年5月22日"。石某称实际其代为沈某南偿还了9万元，收条上载明的余下8万元其并未交付给许某祥。

在一审庭审中，华某公司为证明其主张的许某祥所持借款凭证中华某公司的章印非该公司真实印章，调取了该公司在工商登记部门年检报告书，年检报告书上加盖的印章与许某祥持有的借款凭证上的印章有明显区别。为此许某祥提供了从灌云县住房和城乡建设局调取的华某公司出具的授权委托书一份，该授权委托书时间为2010年5月24日，其上华某公司的印章与许某祥持有的借款凭证上的印章内容并无明显区别。经原审法庭向华某公司询问，其表示对该印章的真实性不要求鉴定。

许某祥在一审庭审中提交从灌云县住房和城乡建设局调取的施工合同书及投标函各一份，其中投标函的时间为2010年5月24日，其上加盖的华某公司的印章内容与许某祥所持有的借款凭证中华某公司印章的内容以肉眼分辨无明显区别；施工合同系华某公司与灌云县住房和城乡建设局签订，工程地点为灌云县西外环胜利西路北侧一标段，该合同上加盖的华某公司的印章与华某公司所举证的公司年检报告中的印章内容无明显区别。另，许某祥为证明其在诉讼时效及保证期间内主张权利，提供石某、夏某两名证人到庭作证，两名证人证明2011年9月，许某祥向沈某南、华某公司主张权利。

一审法院认为：本案争议焦点有四：一是案件是否需要移送公安机关处理；二是许某祥是否具有相应的诉权，其在诉讼中主张沈某南偿还全部借款有无依据；三是华某公司是案涉借款的借款人还是担保人；四是许某祥主张华某公司承担相应责任有无超过诉讼时效及保证期间。

关于第一个争议焦点，首先，本案纠纷在2012年审理过程中就以涉嫌构成伪造公司印章罪移送公安机关处理，后被公安机关以不存在犯罪事实为由撤销案件。其次，沈某南在本案中虽表示案涉印章系其私刻，但根据许某祥提供的华某公司2010年5月27日与灌云县住房和城乡建设局签订的施工合同，其中的投标函及授权委托书时间为2010年5月24日，其上华某公司的印章与许某祥持有的借款凭证上华某公司印章的内容无明显区别，施工合同上的印章与华某公司提供的年检报告中印章的内容无明显区别。施工合同盖章时间在投标函及授权委托书之后，投标函、授权委托书作为施工合同订立的重要函件，华某公司在以投标函、授权委托书为基础达成的施工合同上加盖公章，应视为其对投标函、授权委托书中所加盖印章的认可。故一审法院推定华某公司对沈某南持有的该公司另一枚公章（即加盖在许某祥持有的借款凭证中华某公司的印章）是认可的，即不存在沈某南私刻华某公司印章的问题，无须将案件移送公安机关侦查。

关于第二个争议焦点，案涉借款除借款协议外，每笔借款均有相应的借条予以佐证，在华某公司与沈某南无相反证据证明款项未实际交付的情况下，一审法院认定许某祥所诉款项均已实际交付。本案所涉标的系 2009 年至 2010 年期间发生，许某祥、沈某南又于 2014 年 5 月 30 日对上述借款重新达成新的还款协议，该协议系许某祥与沈某南的真实意思表示，且不违反相关法律法规的规定，应为合法有效，双方均应当按约履行。该协议明确载明双方在签订协议时沈某南结欠许某祥借款本金 60 万元，如存在案外人甘某代为沈某南偿还借款的情况，则在签订协议时双方就应在借款本金 60 万中予以扣减。现沈某南提出许某祥向案外人甘某出具的收条，要求在本案中予以扣减，首先，许某祥陈述其与沈某南之间还存在其他经济往来，其次，根据协议约定，甘某的还款需要经沈某南、许某祥、甘某三人协商后再行确定，审理中，许某祥、沈某南已明确表明对此事不予协商。故对沈某南提出的扣减 17 万元，因与本案是否存在关联性不能确定，故此 17 万元在本案中不予处理，沈某南可另行依法主张权利。许某祥认可在协议签订后仅收到还款 5 万元，沈某南未按协议约定及时履行还款义务，构成违约。则根据协议约定，许某祥有权对剩余未到期债权一并主张，故对沈某南称许某祥无诉权的抗辩，不予采纳。

关于第三个争议焦点，华某公司是案涉借款的借款人还是担保人，应根据借款凭证中华某公司印章的位置予以确定。从借款协议的实际情况来看，2009 年 11 月 10 日 25 万元的借款协议中，华某公司在甲方即借款人处盖章，则此笔借款华某公司应为共同借款人；2009 年 11 月 25 日 4 万元以及 2009 年 12 月 31 日 6 万元的借款协议中，华某公司既在甲方盖章又在丙方盖章，结合借条的实际情况，华某公司同时在借条的借款人处盖章，故此两笔借款亦应认定华某公司系共同借款人；2009 年 11 月 25 日 15 万元的借款协议中，华某公司在丙方即担保人处加盖印章，且承诺书由沈某南出具，故此笔借款华某公司应为担保人。根据协议约定担保人为借款人的借款本金、逾期利息、违约金、因诉讼支付的律师代理费等提供连带担保，故华某公司应对此笔借款 15 万元承担连带清偿责任；2010 年 4 月 20 日 10 万元的借条系沈某南出具，其上无华某公司印章，故此笔借款应认定为沈某南向许某祥的借款。

关于第四个争议焦点,许某祥在庭审中提供了两名证人石某、夏某,能够证明其在 2011 年 9 月向沈某南、华某公司主张过权利。许某祥第一次向法院提起诉讼的时间为 2012 年 2 月 9 日,则许某祥向沈某南、华某公司主张权利既未超过诉讼时效也未超过保证期间。

至于许某祥主张逾期还款的利息及违约金,2009 年 11 月 10 日、2009 年 11 月 25 日、2009 年 12 月 31 日的借款均约定借期为一个月,借期内未约定利息,逾期还款的,借款人需承担总借款 25% 的违约金及按月利率 2.5% 计算的逾期利息。根据法律规定,借贷合同当事人既约定借款利息又约定违约金的,人民法院根据《中华人民共和国合同法》第一百一十四条的规定进行调整后的违约金与利息之和不得超过按中国人民银行同期同类贷款基准利率四倍计算的利息。因许某祥主张的利息和违约金已超过上述规定,故一审法院依法调整沈某南、华某公司支付违约金与利息之和按中国人民银行同期同类贷款基准利率四倍计算,超过部分,不予支持。2010 年 4 月 20 日的借款,由于未约定借款期限,出借人可以催告借款人在合理期限内返还。不定期无息借贷经催告不还,出借人要求偿付催告后利息的,可参照中国人民银行同类贷款的利率计息。许某祥第一次向法院提起诉讼的时间为 2012 年 2 月 9 日,此笔借款的利息应从第一次诉讼时间起算,利息应按中国人民银行同期同类贷款利率计算。至于许某祥主张的律师代理费 2 万元,由于借款协议中均约定如因借款人违约,导致出借人诉讼至法院,借款人需承担因诉讼支付的律师代理费等费用,担保人承担连带担保责任。经审查,许某祥主张的代理费有代理合同、收费许可、收费发票、收费标准等予以佐证,该收费不超过相应收费标准,予以支持。综上,依据《中华人民共和国民法通则》第八十四条、第九十条,《中华人民共和国合同法》第八条、第六十条、第一百一十四条、第一百九十六条、第二百零六条、第二百零七条、第二百一十一条,《中华人民共和国担保法》第十八条、第二十一条,《中华人民共和国民事诉讼法》第一百四十二条的规定,经一审法院审判委员会讨论决定,遂判决:一、沈某南、华某公司共同给付许某祥借款本金人民币 30 万元及律师代理费 2 万元,合计 32 万元,并承付其中 20 万元自 2009 年 12 月 10 日起、4 万元自 2009 年 12 月 25 日起、6 万元自 2010 年 1 月 31 日起至实际给付之日止按中国人民银行同期同类贷款基准利率四倍计算的违约金及利息。二、沈某南偿还许某祥借款本金人民币 15 万元,并承付此款自 2009 年 12 月 25 日起至实际给付之日止按中国人民银行同期同类贷款基准利率四倍计算的违约金及利息；华某公司对沈某南的此笔还款义务承担连带清偿责任。三、沈某南偿还许某祥借款本金人民币 10 万元，并承付此款自 2012 年 2 月 9 日起至实际给付之日止按中国人民银行同期同类贷款基准利率计算的利息。上述三项义务沈某南、华某公司须于判决生效之日起十日内全部履行完毕。四、驳回许某祥的其余诉讼请求。如不能按判决指定的期限履行金钱给付义务，应按照《中华人民共和国民事诉讼法》第二百五十三条的规定，加倍支付迟延履行期间的债务利息。案件受理费 10500 元，保全费 5000 元，合计 15500 元，由沈某南、华某公司共同承担，于判决生效之日起十日内直接给付许某祥。

沈某南、华某公司不服一审判决，向江苏省盐城市中级人民法院提起上诉。二审法院对一审法院查明的事实予以确认。

二审法院认为：一、关于本案实际欠款数额的问题。1. 沈某南前后分五次合计向许某祥借款合计 60 万元，均出具了相应的借条，大部分还签订了借款合同，部分出具了承诺书，并在许某祥 2012 年第一次起诉后，沈某南与许某祥于 2014 年 5 月 30 日对借款金额及还款方式重新又进行了约定，故可以认定本案借款的金额为 60 万元。沈某南于 2014 年 5 月 30 日当日偿还了 5 万元借款，应从总欠款中予以扣减。2. 至于案外人甘某代为偿还的 17 万元，因在 2014 年 5 月 30 日协议书中，许某祥与沈某南约定该笔还款由沈某南、甘某、许某祥经三人协商后再确定，现沈某南未能提供三方协商的结论，许某祥不同意从总欠款中扣减，故该 17 万元不应在本次诉讼的欠款金额中扣减，应待三方当事人协商后再确定是否冲减。故根据 2014 年 5 月 30 日的协议，沈某南未能按该约定付款，构成违约，许某祥可以主张全部欠款。3. 关于石某作证代为偿还的 9 万元，因石某作证时表示该 9 万元系归还的 2009 年 12 月 15 日的一张借款，故该 9 万元还款与本案借款无关，不应从本案欠款中予以扣减。

二、关于本案欠款利息应当如何计算的问题。在沈某南向许某祥的五次借款中除 2010 年 4 月 20 日的 10 万元借款未约定利息外，其余四份借款合同中均约定了逾期付款应承担月息 2.5 分的利息并承担总借款 25% 的违约金，该约定已经超过了中国人民银行同期贷款基准利率的四倍，一审法院依据中国人民银行同期贷款基准利率的四倍支持并无不当。但在 2014 年 5 月 30 日，沈某南与许某祥对 2014 年 6 月 1 日以后的利率约定为如按约定还款则按贷款利率计算，如违约则承担违约金 5 万元，利息按贷款利率双倍计算，故对 2014 年 6 月 1

日以后的欠款利息应当按中国人民银行同期贷款基准利率的双倍计算。许某祥一审中未主张该 5 万元违约金,二审亦不予处理。一审对 2014 年 6 月 1 日以后的利率亦按照中国人民银行同期贷款利率的四倍标准计算,存在错误,应予纠正。其中 2010 年 4 月 20 日的 10 万元借款,许某祥仅主张按中国人民银行同期贷款利率计算的利息,系当事人对自己权利的处分,一审予以支持并无不当。沈某南主张 2014 年 6 月 1 日以前的利息不予支付,缺乏事实依据,二审法院不予支持。

三、关于华某公司在本案借款关系中的身份及其应否承担责任的问题。1. 沈某南作为华某公司的员工及华某公司法定代表人的侄子,其在向许某祥借款时,在部分借款合同借款人落款处加盖了华某公司的印章,作为借款合同相对人的许某祥有理由相信借款是沈某南与华某公司的共同行为,故除 2009 年 11 月 25 日借款 15 万元时华某公司未在借款人处盖章,其他三份由华某公司在借款人落款处盖章的借款合同,应视为华某公司与沈某南系共同借款人。对 2009 年 11 月 25 日借款 15 万元的借款合同,华某公司在担保人丙方处盖章,其应当作为担保人承担相应的责任。2. 至于华某公司提出的借款合同上的章印非该公司所登记备案的章印的问题,由于该公章系华某公司工作人员沈某南所加盖,且此后该公章还用于在连云港市××县招投标活动的投标函及授权委托书上,华某公司并实际通过招投标取得了灌云相关工程的承包权,因此,可以认定华某公司明知该枚公章的存在并对外使用过,故华某公司认为印章非其单位所用,其不应当在本案中承担责任的上诉理由不能成立。3. 2014 年 5 月 30 日许某祥与沈某南达成的协议并不能免除华某公司的责任。权利的放弃应当明示。许某祥与沈某南达成的协议,只是对债权数额及还款时间的重新确认,虽然协议上没有华某公司盖章,但该协议内容未加重华某公司的责任,亦未明确表示免除华某公司的责任,故华某公司以该协议为由要求免除其责任,缺乏依据,不予支持。4. 许某祥向华某公司主张权利未超过诉讼时效与保证期间。原审中有证人到庭作证曾与许某祥去华某公司找沈某南主张权利,因沈某南本身系华某公司的员工及共同借款及担保的经办人,故许某祥已在诉讼时效期间及保证期间内向沈某南及华某公司主张了权利,华某公司主张本案已过诉讼时效及保证期间的理由不能成立,不予采信。

四、关于本案是否应当中止审理的问题。华某公司以案涉借款合同等多份证据上华某公司的章印系沈某南伪造、沈某南涉嫌伪造印章罪为由,要求将本案中止审理，对此，二审法院认为，对印章的问题，因华某公司曾在其他地方也使用过该枚印章，故应认定华某公司对该印章的存在是清楚的，且大丰市公安局在2014年已经作出了撤销案件的决定书，因此，本案无须中止审理。

五、关于一审审理程序是否违法的问题。沈某南上诉认为原审用补正裁定的方式变更了实体判决的内容，故程序违法。对此，一审法院在认定事实及说理部分均认定了沈某南在2014年5月30日归还了5万元，该还款应当从欠款中扣减，但在判决主文表述时由于笔误，未予扣减，该笔误情形，依法可以进行补正裁定，该裁定并没有与判决认定的事实相矛盾，故不存在以裁定变更实体判决的情形，一审审理程序并无不当。

综上，二审判决：一、维持江苏省大丰市人民法院（2015）大商初字第00049号民事判决第三、四项，即"沈某南偿还许某祥借款本金人民币10万元，并承付此款自2012年2月9日起至实际给付之日止按中国人民银行同期同类贷款基准利率计算的利息""驳回许某祥的其余诉讼请求"。二、变更江苏省大丰市人民法院（2015）大商初字第00049号民事判决第一项为"沈某南、常州市华某园林绿化工程有限公司共同给付许某祥借款本金人民币30万元及律师代理费2万元，合计32万元，并承付其中20万元自2009年12月10日起、4万元自2009年12月25日起、6万元自2010年1月31日起至2014年5月30日止按中国人民银行同期同类贷款基准利率四倍计算的利息及30万元自2014年6月1日起至实际给付之日止按中国人民银行同期同类贷款基准利率两倍计算的利息"。三、变更江苏省大丰市人民法院（2015）大商初字第00049号民事判决第二项为"沈某南偿还许某祥借款本金人民币15万元，并承付此款自2009年12月25日起至2014年5月30日止按中国人民银行同期同类贷款基准利率四倍计算的利息及自2014年6月1日起至实际给付之日止按中国人民银行同期同类贷款基准利率两倍计算的利息；常州市华某园林绿化工程有限公司对沈某南的此笔还款义务承担连带清偿责任"。一审案件受理费10500元，诉讼保全费5000元，合计15500元，由许某祥负担1000元，沈某南、常州市华某园林绿化工程有限公司负担14500元；二审案件受理费10500元，由许某祥负担500元，沈某南、常州市华某园林绿化工程有限公司各负担5000元。

本院认为：许某祥的再审申请不能成立。根据民事诉讼法中的"不告不理"原则，法院裁判应围绕当事人的诉讼请求进行，不审理诉讼请求范围以外的问题。本案中，许某祥既未对2014年5月30日协议中约定的5万元违约金提出过诉请，也未对沈某南已归还的 5 万元本金对应的利息部分提出过诉请，故一、二审法院对上述问题未予理涉并无不当。关于许某祥主张的其中 10 万元由沈某南单独承担还款责任不当的问题，该笔借款的借条系沈某南以个人借款名义向许某祥出具，借条上并无华某公司的印章，许某祥要求华某公司一并承担还款责任缺乏依据。

华某公司的再审申请亦不能成立。关于加盖在案涉借条及借款协议上的华某公司印章问题。华某公司主张该印章是伪造的，这与已经查明的该枚印章在该公司其他经济活动中实际使用的事实相矛盾，故其主张不能成立。在该枚印章不存在伪造变造的前提下，对该印章在本案中的使用华某公司是否授权或是否知情，属于华某公司内部管理问题，除非能够证明出借人许某祥明知或应知持章人系超越权限使用公司印章，否则华某公司应承担案涉借款的保证责任。关于华某公司的保证责任是否已过诉讼时效问题。对于诉讼时效，审判实务中一般采从宽对待态度，结合证人石某、夏某的证人证言及许某祥第一次提起诉讼的时间，一、二审判决认定许某祥向华某公司主张权利未超诉讼时效并无不当。关于 2014 年 5 月 30 日的协议是否对华某公司产生约束力问题。根据《关于适用〈中华人民共和国担保法〉若干问题的解释》第三十条："保证期间，债权人与债务人对主合同数量、价款、币种、利率等内容作了变动，未经保证人同意的，如果减轻债务人的债务的，保证人仍应当对变更后的合同承担保证责任；如果加重债务人的债务的，保证人对加重的部分不承担保证责任。债权人与债务人对主合同履行期限作了变动，未经保证人书面同意的，保证期间为原合同约定的或者法律规定的期间"之规定，2014 年 5 月 30 日的协议尽管未经华某公司书面同意，但协议内容并未加重债务人沈某南的债务，只是对债权数额及还款时间进行了重新确认，一、二审法院判定华某公司对变更后的合同仍然承担保证责任于法有据。

综上，许某祥、华某公司的再审申请均不符合《中华人民共和国民事诉讼法》第二百条规定的情形。依照《中华人民共和国民事诉讼法》第二百零四条第一款之规定，裁定如下：

驳回许某祥、常州市华某园林绿化工程有限公司的再审申请。

法律法规

《全国法院民商事审判工作会议纪要》（法〔2019〕254 号）

41.【盖章行为的法律效力】司法实践中，有些公司有意刻制两套甚至多套公章，有的法定代表人或者代理人甚至私刻公章，订立合同时恶意加盖非备案的公章或者假公章，发生纠纷后法人以加盖的是假公章为由否定合同效力的情形并不鲜见。人民法院在审理案件时，应当主要审查签约人于盖章之时有无代表权或者代理权，从而根据代表或者代理的相关规则来确定合同的效力。

法定代表人或者其授权之人在合同上加盖法人公章的行为，表明其是以法人名义签订合同，除《公司法》第16条等法律对其职权有特别规定的情形外，应当由法人承担相应的法律后果。法人以法定代表人事后已无代表权、加盖的是假章、所盖之章与备案公章不一致等为由否定合同效力的，人民法院不予支持。

代理人以被代理人名义签订合同，要取得合法授权。代理人取得合法授权后，以被代理人名义签订的合同，应当由被代理人承担责任。被代理人以代理人事后已无代理权、加盖的是假章、所盖之章与备案公章不一致等为由否定合同效力的，人民法院不予支持。

019 青海金某煤炭有限责任公司与海晏县基某煤业有限公司借款合同纠纷案[①]

裁判要旨

公司不能仅以存在效力争议的印章为非备案章，而否定经常使用的非备案章的效力。

实务要点总结

（1）公司经常使用的印章，不因该印章备案与否而存在效力差异，公司不能仅以印章未备案为由否认该印章的效力。

（2）公司在日常经营活动中，应确保用章的唯一性。对于已存在多枚印章的公司，应对多余的印章予以收回、销毁并公示。如确实需要保留多枚印章的，应对所有的印章采取统一管理标准并尽量集中管理。公司切勿以印章是否备案为标准，对不同的印章进行差异化管理。

[①] 审理法院：青海省高级人民法院；诉讼程序：二审

相关判决

青海金某煤炭有限责任公司与海晏县基某煤业有限公司借款合同纠纷案民事判决书〔(2013) 青民二终字第55号〕

上诉人（一审原告）：青海金某煤炭有限责任公司，住所地青海省西宁市湟源县。

法定代表人：宋某，公司董事长。

被上诉人（一审被告）：海晏县基某煤业有限公司，住所地青海省海北藏族自治州海晏县。

法定代表人：赵某虎，公司董事长。

上诉人青海金某煤炭有限责任公司（以下简称金某煤炭公司）因与海晏县基某煤业有限公司（以下简称基某煤业公司）借款合同纠纷一案，不服青海省西宁市中级人民法院（2013）宁民二初字第48号民事判决，向本院提出上诉。本院依法组成合议庭，于2013年11月21日公开开庭进行了审理。上诉人金某煤炭公司委托代理人×××，被上诉人基某煤业公司委托代理人×××到庭参加诉讼。本案现已审理终结。

2013年3月14日，一审原告金某煤炭公司向青海省西宁市中级人民法院起诉称，基某煤业公司因资金困难，其原法定代表人杨某宋与我公司法定代表人宋某于2011年1月20日、同年9月23日两次达成借款协议，分别借款124万元、250万元。经我公司多次催要，基某煤业公司还款150万元，尚欠224万元未还。请求判令基某煤业公司偿还借款224万元，赔偿损失200928.8元，并判令杨某宋对上述债务承担连带责任。基某煤业公司辩称，金某煤炭公司所述理由与事实不符，起诉我公司系主体错误。本案原法定代表人杨某宋涉嫌刑事犯罪，建议将案件移送侦查机关立案查处。请求驳回金某煤炭公司的诉讼请求。一审宣判前，金某煤炭公司申请撤回要求杨某宋承担连带责任的诉讼请求，一审裁定予以准许。

青海省西宁市中级人民法院一审查明，2011年1月20日，金某煤炭公司与杨某宋签订《借款协议书》，约定由杨某宋向金某煤炭公司借款124万元，借款期限自2011年1月20日至2011年7月20日。借款当日，杨某宋收到金某煤炭公司100万元银行承兑汇票和24万元现金。后杨某宋在《借款协议书》上加盖基某煤业公司编码为6320032682456的公章。2011年9月23日，杨某宋收到金某煤炭公司煤款150万元、银行承兑汇票100万元，计250万元，收条上加盖有基某煤业公司编号为 6320032682457 的财务专用章。2012 年 6 月 26 日，海晏县公安局治安大队扣押了编号为 6320032682456 的伪造公章一枚，在扣押清单上注明编号为 6320032682457 的基某煤业公司财务专用章也系伪造印章。2011 年 10 月 10 日、同年 10 月 29 日，杨某宋分两次以银行承兑汇票偿还金某煤炭公司借款 150 万元，尚欠 224 万元至今未还。

另查明，2011 年 3 月 17 日，申请人郭某虎、杨某宋、许某才、郭某生申请设立基某煤业公司，当日召开股东会议形成决议，同时还制定了公司章程，其中杨某宋认缴人民币 95 万元，占注册资本的 9.5%，任公司执行董事，是公司的法定代表人。2012 年 6 月 4 日，原公司股东杨某宋、郭某虎、许某才将股权转让给赵某虎。2012 年 6 月 20 日，公司法定代表人由杨某宋变更为赵某虎。

青海省西宁市中级人民法院一审认为，依法成立的借款关系应受法律保护，本案借款协议订立在基某煤业公司成立以前，后补盖的公章及财务专用章在海晏县公安局治安大队的扣押清单上注明是伪造印章，同时股权转让时杨某宋未提出基某煤业公司向金某煤炭公司借款的事实，在公司成立后也未以公司名义挂账或告知其他股东，加之基某煤业公司也不认可有借款的事实，所以金某煤炭公司主张与基某煤业公司有借款事实的证据不足，其诉求不予支持。依照《中华人民共和国合同法》第一百九十六条，《中华人民共和国民事诉讼法》第一百三十四条第一款、第一百四十二条及《最高人民法院关于民事诉讼证据的若干规定》第二条的规定，判决：驳回青海金某煤炭有限责任公司对海晏县基某煤业有限公司的诉讼请求。

金某煤炭公司上诉称，（一）一审判决认定事实严重错误。杨某宋在未还清第一笔借款情况下，又以购买精煤方式向上诉人借款 250 万元，这是两笔借款，有杨某宋签订的协议书和亲笔书写的两份收条，上诉人提交的银行承兑汇票和银行卡取款业务回单证明双方借款事实存在。一审判决将两笔借款混淆成一笔借款，无视杨某宋担任被上诉人法定代表人有权加盖公司印章及借款用在公司筹备的事实，以借款协议补盖印章系伪造为由，认定双方不存在借款关系错误。（二）一审判决审核证据违背法律规定。海晏县公安局治安大队的扣押清单是出具给物品持有人赵某虎的，没有证据证明扣押清单上所谓伪造的印章就是借款协议上加盖的印章。该扣押清单并不是公安机关的最终结论，印章的真伪须以司法机关的鉴定结论为依据。海晏县工商局档案材料可以证明被上诉人在 2012 年 6 月 26 日之前一直使用同一编号的这枚印章，无证据证明是伪造的。被上诉人股权是否转让、是否以公司名义对借款挂账均是其内部管理问题，不能以此对抗上诉人。请求撤销一审判决，改判基某煤业公司向金某煤炭公司偿还借款224万元并赔偿利息损失200928.8元。

基某煤业公司未提供书面答辩状，但其在庭审中辩称双方不存在借款事实清楚，一审判决正确，应予维持。

本案二审查明事实与一审认定事实一致，应予确认。

本院另查明，涉案借款协议书及杨某宋于2011年9月23日出具的250万元收条中均加盖有基某公司印章及财务专用章。

双方在本案中形成的争议焦点为：金某煤炭公司与基某煤业公司是否发生借款关系；基某煤业公司应否承担偿还借款本息的民事责任。根据各方当事人提供的证据，本案借款行为应从以下方面认定：

（一）关于124万元借款责任问题。宋某与杨某宋于2011年1月20日订立的借款协议约定，杨某宋因资金困难，向宋某借款用于海晏县开发区红河湾建洗煤厂。双方协商一致的行为表明宋某愿意为杨某宋筹建洗煤厂提供资金。双方基于该项事实达成的借款协议意思表示真实，借款人为杨某宋。涉案当事人均认可该借款协议订立及向杨某宋支付124万元借款时，基某煤业公司并未登记设立。2011年3月18日，经股东杨某宋、许某才、郭某生和郭某虎出资，登记设立了基某煤业公司，杨某宋依据股东会决议担任公司执行董事，为公司法定代表人。杨某宋即在其此前达成的借款协议及124万元收条上加盖了基某煤业公司的印章、财务专用章，双方当事人及杨某宋均认可印章是事后补盖的。金某煤炭公司上诉认为，该借款是杨某宋为筹办公司的支出，应由基某煤业公司承担责任。依据《中华人民共和国公司法》第三条第二款关于"有限责任公司，股东以其出资额为限对公司承担责任，公司以其全部资产对公司的债务承担责任"的规定，杨某宋向第三人借款筹建洗煤厂并设立公司，其支出应包括自然人出资及其他支出。杨某宋对于公司的出资，已作为个人股权由其享有。除杨某宋的出资外，对公司前期筹建支出，包括土地及相关证照办理支出，经公司股东确认已作了前期处理。杨某宋向第三人借款的投资行为不属于公司经营形成的债务，不应由公司承担义务。杨某宋对于公司设立前个人与他人形成的借款关系，在公司设立后采用补盖印章的行为，也不构成对公司债务的追认，依法不应由公司承担责任。

（二）关于250万元借款的责任问题。基某煤业公司设立后，金某煤炭公司出借给杨某宋250万元借款，杨某宋出具的收条有本人签名，并加盖了基某煤业公司印章及财务专用章，其形式要件具备。金某煤炭公司上诉认为，杨某宋是基某煤业公司法定代表人，其出具收条并收取借款的行为是职务行为，该借款应由基某煤业公司承担偿还责任。基某煤业公司抗辩认为，从借款发生、借款主体、用途、履行及部分偿付等方面证明，该借款是杨某宋的个人行为。经查，关于本案争议的基某煤业公司印章问题，双方对海晏县公安局治安大队扣押该印章并无争议。金某煤炭公司提供基某煤业公司设立、变更登记、纳税申报、诉讼及公司股权转让的证据，证明基某煤业公司编号为6320032682456的印章一直在正常使用，并非伪造印章。基某煤业公司则认为该印章未经备案，属于伪造印章，但对该印章的使用情况未提供反驳证据予以证明，其主张基某煤业公司印章为伪造印章的依据不足。关于金某煤炭公司向基某煤业公司出借250万元借款问题，有基某煤业公司法定代表人杨某宋出具的收条，该收条同时加盖了基某煤业公司印章及财务专用章，杨某宋亦对转入150万元现金及收取100万元银行承兑汇票予以认可。金某煤炭公司关于基某煤业公司承担250万元还款责任的事实依据确实充分。基某煤业公司为抗辩提供的借款履行方式、借款用途、基某煤业公司转让股权前的债务状况、股东订立的《协议书》《出纳移交交接清单》《借据》《明细账查询分析结果表》及证人许某才出庭证言等证据，均属于公司内部管理问题，不能对抗债权人金某煤炭公司。基某煤业公司关于250万元借款系杨某宋个人行为，应由其承担借款本息民事责任的理由缺乏依据。

该借款行为发生后，杨某宋分别于2011年10月10日、同月29日向金某煤炭公司交付100万元及50万元银行承兑汇票两张，金某煤炭公司对该150万元还款予以认可。行为人杨某宋已明确表示归还了250万元借款中的150万元，尚余100万元未予偿还，基某煤业公司应承担偿付金某煤炭公司100万元借款的民事责任。关于金某煤炭公司主张的借款利息损失问题，根据《中华人民共和国合同法》第二百一十一条第一款"自然人之间的借款合同对支付利息没有约定或者约定不明确的，视为不支付利息"的规定，双方在基某煤业公司出具的250万元借款收据中并未约定借款利息，金某煤炭公司主张该笔借款利息缺乏法律及事实依据。

本院认为，金某煤炭公司法定代表人宋某与杨某宋签订借款协议，向杨某宋支付了124万元借款，其偿还责任应由金某煤炭公司另案向杨某宋个人主张。金某煤炭公司诉求基某煤业公司应承担该笔借款民事责任的理由不能成立，本院不予支持。金某煤炭公司上诉主张基某煤业公司应承担250万元借款的事实依据确实充分，理由正当，本院予以支持。基某煤业公司此项抗辩证据不足，理由不当，本院不予采纳。一审判决关于基某煤业公司涉案公章及财务专用章系伪造印章的认定不当，适用法律错误，应予纠正。本案经合议庭评议并报本院审判委员会讨论决定，依照《中华人民共和国合同法》第二百一十条、第二百一十一条第一款，《中华人民共和国民事诉讼法》第一百七十条第一款第（二）项的规定，判决如下：

一、撤销青海省西宁市中级人民法院（2013）宁民二初字第48号民事判决；

二、海晏县基某煤业有限公司于本判决送达之次日起三十日给付青海金某煤炭有限责任公司借款1000000元；

三、驳回青海金某煤炭有限责任公司利息损失200928.8元的诉讼请求。

如果未按本判决指定的期间履行金钱给付义务，应当以借款本金为限，按照《中华人民共和国民事诉讼法》第二百五十三条的规定，加倍支付迟延履行期间的债务利息。

一、二审案件受理费各26327元，由海晏县基某煤业有限公司负担30000元，由青海金某煤炭有限责任公司负担22654元。

本判决为终审判决。

法律法规

《全国法院民商事审判工作会议纪要》（法〔2019〕254号）

41.【盖章行为的法律效力】司法实践中，有些公司有意刻制两套甚至多套公章，有的法定代表人或者代理人甚至私刻公章，订立合同时恶意加盖非备案的公章或者假公章，发生纠纷后法人以加盖的是假公章为由否定合同效力的情形并不鲜见。人民法院在审理案件时，应当主要审查签约人于盖章之时有无代表权或者代理权，从而根据代表或者代理的相关规则来确定合同的效力。

法定代表人或者其授权之人在合同上加盖法人公章的行为，表明其是以法人名义签订合同，除《公司法》第16条等法律对其职权有特别规定的情形外，应当由法人承担相应的法律后果。法人以法定代表人事后已无代表权、加盖的是假章、所盖之章与备案公章不一致等为由否定合同效力的，人民法院不予支持。

代理人以被代理人名义签订合同，要取得合法授权。代理人取得合法授权后，以被代理人名义签订的合同，应当由被代理人承担责任。被代理人以代理人事后已无代理权、加盖的是假章、所盖之章与备案公章不一致等为由否定合同效力的，人民法院不予支持。

《最高人民法院关于适用〈中华人民共和国民法典〉合同编通则若干问题的解释》(法释〔2023〕13号)

第二十二条 法定代表人、负责人或者工作人员以法人、非法人组织的名义订立合同且未超越权限，法人、非法人组织仅以合同加盖的印章不是备案印章或者系伪造的印章为由主张该合同对其不发生效力的，人民法院不予支持。

合同系以法人、非法人组织的名义订立，但是仅有法定代表人、负责人或者工作人员签名或者按指印而未加盖法人、非法人组织的印章，相对人能够证明法定代表人、负责人或者工作人员在订立合同时未超越权限的，人民法院应当认定合同对法人、非法人组织发生效力。但是，当事人约定以加盖印章作为合同成立条件的除外。

合同仅加盖法人、非法人组织的印章而无人员签名或者按指印，相对人能够证明合同系法定代表人、负责人或者工作人员在其权限范围内订立的，人民法院应当认定该合同对法人、非法人组织发生效力。

在前三款规定的情形下，法定代表人、负责人或者工作人员在订立合同时虽然超越代表或者代理权限，但是依据民法典第五百零四条的规定构成表见代表，或者依据民法典第一百七十二条的规定构成表见代理的，人民法院应当认定合同对法人、非法人组织发生效力。

020 六安盛某物资有限公司与某市城市市政建设置业有限公司、张某运买卖合同纠纷案①

裁判要旨

存在效力争议的印章被公司在既往的经济活动中广泛使用，则公司不得再否定该印章的效力。

实务要点总结

（1）凡是公司使用过并且认可其效力的印章，不论公司认可该印章效力的方式为何（交易、诉讼、向行政机关提交的文书材料），都不得再在其他场合否认该印章的效力。

---

① 审理法院：安徽省高级人民法院；诉讼程序：二审

（2）对于公司使用过的印章，不论是否备案，不论是否采取过防伪措施，在效力上不存在任何差异。公司应对印章的效力有清醒的认识，不要以为偶尔有选择的认可私刻印章效力是一种"灵活的经营策略"，因为其背后可能隐藏巨大的不可控风险。

> 相关判决

六安盛某物资有限公司与某市城市市政建设置业有限公司、张某运买卖合同纠纷二审民事判决书［（2016）皖民终 54 号］

上诉人（原审被告）：某市城市市政建设置业有限公司，住所地：山东省某市城市新文化东路。

法定代表人：马某，该公司董事长。

被上诉人（原审原告）：六安盛某物资有限公司，住所地：安徽省六安经济开发区安丰路。

法定代表人：樊某，该公司总经理。

原审被告：张某运，住所地：安徽省六安市人民路油坊桥社区 96 号。

上诉人某市城市市政建设置业有限公司（原名称为某市城市市政建设有限公司，以下简称某市市政公司）因与被上诉人六安盛某物资有限公司（以下简称盛某物资公司）、原审被告张某运买卖合同纠纷一案，不服安徽省六安市中级人民法院于 2015 年 1 月 6 日作出的（2014）六民二初字第 00214 号民事判决，向本院提起上诉。本院于 2016 年 1 月 15 日立案后，依法组成合议庭，于 2016 年 5 月 11 日公开开庭进行了审理。上诉人某市市政公司的委托代理人×××，被上诉人盛某物资公司的法定代表人樊某及其委托代理人×××到庭参加了诉讼，原审被告张某运经本院传票传唤，无正当理由未到庭参加诉讼。本案现已审理终结。

某市市政公司上诉请求：请求二审法院裁定中止诉讼或驳回起诉，或查清事实后改判驳回盛某物资公司的全部诉讼请求。事实和理由：一、某市市政公司从未与盛某物资公司签订钢材买卖合同和发生钢材买卖关系，盛某物资公司在原审中提交的《钢材供货协议》载明的买受人为张某运，落款处加盖的印章系张某运私刻；盛某物资公司在原审中提交的《欠条》载明的欠款人为张某运，印证了涉案买卖合同与其无关。二、盛某物资公司在原审中提交的《中央公馆建筑项目框架协议》是复印件，且承包人落款处加盖的印章亦不是某市市政公司经过备案的印章，该合同不具有真实性、合法性，涉案工程不是由其承建。三、某市市政公司从未授权张某运签署涉案钢材买卖合同，张某运的行为也不是职务行为。四、涉案的《钢材供货协议》缺少合同成立的必备条款，如具体的数量、货物的单价总价等，涉案合同未成立，盛某物资公司亦未就涉案合同是否实际履行进行举证。五、2016年4月26日，六安市公安局裕安分局已对张某运涉嫌伪造印章一案立案侦查，该案的侦查、审理结果对本案事实的查明具有决定作用，故本案应当中止诉讼或裁定驳回起诉。

盛某物资公司辩称：一、其在一审中提交的《中央公馆建筑项目框架协议》虽然是复印件，但上述协议载明的工程名称、工程地点、工程内容及施工单位等内容与安徽振某房地产集团有限公司于2012年2月16日在六安市城市建设档案馆备案的《建设工程施工合同》是一致的，可以相互印证。此外，六安市住房和城乡建设委员会于2011年12月5日发放的《建设工程施工许可证》中亦载明某市市政公司系涉案工程的施工单位。二、涉案印章在另案中已经实际使用，某市市政公司虽然一再声称该印章系伪造，但从未申请司法鉴定以证明其主张。三、涉案印章与某市市政公司经备案的印章是否一致不影响涉案钢材买卖合同的效力。涉案工程由某市市政公司承建，涉案合同约定的供货地点为涉案工程项目所在地，张某运是某市市政公司六安分公司及涉案工程的负责人，且某市市政公司在六安市的工程均使用涉案印章，该印章是否与该公司备案的印章一致，是否为张某运私刻，其仅从外部形式无法得知。综上，本案不符合中止诉讼或驳回起诉的情形，请求二审法院驳回上诉，维持原判。

盛某物资公司向一审法院起诉请求：一、某市市政公司、张某运返还拖欠的钢材款923671元及财务费用110880元，合计1034551元（财务费用计算至2014年5月27日）。二、某市市政公司、张某运按每日924元支付财务费用至款项结清之日。三、某市市政公司、张某运承担本案诉讼费用。

一审法院查明，2011年6月7日，张某运（甲方）与盛某物资公司签订《钢材供货协议》一份，约定：甲方向乙方采购钢材量约400吨，乙方需先垫资180吨钢材，此款自协议签订之日起满七个月内一次性付清，价格按每批钢材采购当日《我的钢铁网合肥市场建筑钢材》价格增加100元/吨结算，网上没有价格的按采购当日的六安市场价格增加100元/吨结算，此款七个月后如不付清由甲方补偿乙方150吨钢材每天每吨增加5元作为滞纳金；以后钢材价格按每批钢材采购当日《我的钢铁网合肥市场建筑钢材》价格增加100元/吨结算，网上没有价格的按采购当日的六安市场价格增加100元/吨结算，每批货款甲方需在三天内支付，三天内如不付清，该批钢材由甲方补偿乙方每天每吨增加 5 元作滞纳金；乙方在接到甲方提料单后，三个工作日内按甲方要求将货送入安徽振兴中央公馆 6# 楼施工现场；违约方承担违约金 10 万元；合同在履行中发生争议，协商不成依法向乙方住所地人民法院提起诉讼。张某运在合同的甲方栏签名并加盖"某市城市市政建设有限公司"印章。2014 年 1 月 27 日，张某运出具欠条一张，载明欠张某钢材款 923671 元，此款按 924 元每天计算财务费用。

一审法院另查明，2011 年 1 月 20 日，某市城市市政建设有限公司设立"某市城市市政建设有限公司六安分公司"，负责人为张某运；中央公馆 6# 楼由安徽振某房地产集团有限公司发包给某市城市市政建设有限公司施工，张某运以委托代表人的身份在上述工程所涉的《中央公馆建筑项目框架协议》上签名；某市城市市政建设有限公司于 2013 年 9 月 2 日更名为某市市政公司。

一审法院再查明：张某系盛某物资公司的股东，其认可张某运向其出具的欠条实际为欠盛某物资公司的钢材款。

原审法院认为，本案的争议焦点为：一、盛某物资公司与某市市政公司之间是否存在买卖合同关系；二、如存在买卖合同关系，某市市政公司应承担的货款金额和相应的违约金数额如何确定，张某运应否承担责任。

关于焦点一。张某运作为某市市政公司六安分公司的负责人，以某市市政公司名义与安徽振某房地产集团有限公司签订《中央公馆建筑项目框架协议》承建中央公馆 6# 楼土建工程。本案中，张某运与盛某物资公司签订了《钢材供货协议》并加盖某市市政公司印章，虽然该协议中加盖的印章与某市市政公司备案的印章不一致，但该瑕疵不影响某市市政公司为安徽振某房地产集团有限公司中央公馆 6# 楼工程承建方的事实，某市市政公司亦不能证明盛某物资公司的行为非善意，且盛某物资公司将钢材供应给了某市市政公司承建的中央公馆 6# 楼土建工程，盛某物资公司有理由相信其与某市市政公司建立了买卖合同关系，故应当认定盛某物资公司与某市市政公司之间存在买卖合同关系。某市市政公司关于其未授权张某运签订钢材供货协议的辩解理由不能成立，不予采纳。

关于焦点二。张某运虽然向张某个人出具欠条，但张某系盛某物资公司的股东，其认可该欠条载明所欠钢材款实际为欠盛某物资公司的钢材款，盛某物资公司可依据该欠条主张权利，某市市政公司辩称盛某物资公司主体不适格的理由不能成立，不予采纳，某市市政公司应依据欠条载明的欠款数额给付盛某物资公司钢材款 923671 元；张某运在欠条中承诺按 924 元每天支付财务费用，可以理解为逾期付款后加收的违约金，某市市政公司抗辩该违约金标准过高，综合考虑合同的履行情况、当事人的过错程度以及预期利益等因素，适当对该财务费用予以调整，调整幅度参照中国人民银行同期同类贷款利率的四倍计算。张某运以个人名义出具欠条，可视为其自愿承担给付钢材款的义务，故应对上述钢材款共同承担偿还责任。

综上所述，一审法院依照《中华人民共和国合同法》第一百零七条、第一百五十九条、第一百六十一条，《中华人民共和国民事诉讼法》第一百四十四条规定，判决：一、某市市政公司、张某运于判决生效之日起十日内共同给付盛某公司货款923671元，并自2014年1月28日起以923671元为本金按照中国人民银行规定的同期贷款利率四倍计算支付违约金至实际给付之日止；二、驳回盛某物资公司的其他诉讼请求。案件受理费14111元，由某市市政公司、张某运共同负担。

本院二审期间，当事人围绕上诉请求依法提交了证据。本院组织当事人进行了举证和质证。

某市市政公司提交一组新证据：六安市公安局裕安分局出具的六公裕（刑责二）受案字［2016］2339号立案告知书及受案回执，证明张某运涉嫌伪造该公司印章，公安机关已经决定立案侦查，本案应根据"先刑后民"原则，裁定中止诉讼或驳回起诉。

盛某物资公司质证认为，对证据的真实性、合法性无异议，但该组证据与本案没有关联性，张某运是否涉嫌刑事犯罪损害某市市政公司的利益，不影响本案的审理，涉案印章是否为私刻亦不影响涉案钢材买卖合同的效力。此外，某市市政公司至迟在2013年即已经知道张某运使用涉案印章的事实，但直至本案二审开庭前才通过刑事程序追究张某运的责任，具有拖延诉讼的嫌疑。

盛某物资公司二审中新提交三组证据：

第一组证据：1. GF-2009-0201号建设工程施工合同。2. 341500201112050201号建设工程施工许可证。3. 某市市政公司向发包方安徽振某房地产集团有限公司请求返还履约保证金、支付工程款的申请及工程联系单等。证明某市市政公司是涉案工程承建方，上述证据中所加盖的印章与《钢材供货协议》中所加盖的印章一致，某市市政公司在其经营活动中广泛使用涉案无编码的印章。

第二组证据：安徽省六安市裕安区人民法院（2013）六裕民二初字第01039号案诉讼及执行材料。证明上述案件中某市市政公司所使用的印章与《钢材供货协议》中所加盖的印章是一致的,该案已经执行完毕,申请执行人已从某市市政公司账户划扣了标的款,某市市政公司未对该案提起上诉,也未对印章的真实性提出质疑。

第三组证据：安徽省六安市中级人民法院（2015）六民二终字第00342号民事判决书,证明某市市政公司在另案中所使用的印章与涉案《钢材供货协议》中所加盖的印章一致,生效裁判已经确认某市市政公司在同类案件中应承担责任。

某市市政公司质证认为,对第一组证据中证据1的真实性无异议,合法性及关联性有异议,该合同上加盖的印章没有防伪编号,系张某运私刻。证据2系张某运通过伪造其印章的方式承建了涉案工程,不能实现盛某物资公司的证明目的。证据3中所加盖的印章均系该枚伪造的印章,安徽振某房地产集团有限公司出具的保证金收款凭据也载明缴款人系张某运个人。第二组证据与本案没有关联性,案件中所涉及的合同并未加盖其印章,结算单据上的印章仍然是张某运私刻。第三组证据,其已经向安徽省高级人民法院提起申诉,请求撤销该份判决,故该证据亦不能实现盛某物资公司的证明目的。

二审庭审后,盛某物资公司向本院提交了以下证据：1.开户行为徽某银行六安锦绣花园支行,账号为17×××88,户名为某市市政公司的开户申请书；2.上述账户的印鉴卡；3.上述账户开户之日至注销之日的交易对账单。

某市市政公司质证认为,对证据1的真实性、合法性、关联性均无异议；对证据2的真实性、合法性均有异议,该印鉴卡上加盖的用于证明单位预留银行印鉴的印章及法定代表人"马某"的个人印章均与开户申请书中所使用的相关印章不一致,应为张某运虚假伪造,且该证据加盖了"作废"印章,印证了该证据系不真实的；对证据3的真实性、合法性无异议,但不能排除张某运持虚假伪造的印章与涉案工程发包方发生交易行为。

对上述证据,本院审查认为：某市市政公司在二审中所举证据,盛某物资公司认可其真实性、合法性,本院予以确认,能否实现其证明目的需结合其他证据予以认定。对于盛某物资公司在二审中所举证据,第一组证据分别来源于六安市城市建设档案馆、六安市住房和城乡建设委员会及案外人安徽振某房地产集团有限公司,某市市政公司认可证据本身的真实性,且各证据之间能够相互印证,本院予以确认。第二、三组证据,某市市政公司认可其真实性,亦不否认涉案《钢材供货协议》上加盖的印章在其他场合被使用的事实,本院予以确认。盛某物资公司于二审庭审后提交的三份证据,加盖了徽某银行六安锦绣花园支行业务章,故对其真实性、合法性及与本案的关联性均予以确认。

双方当事人所举其他证据与原审相同，相对方的质证意见也同于原审。

除当事人争议的事实外，本院二审对一审法院查明的其他事实予以确认。

二审另查明，2011年1月20日，某市市政公司设立六安分公司，任命张某运为负责人。2011年3月18日，某市市政公司向徽某银行六安锦绣花园支行申请开立单位银行存款账户，承诺所提供的开户资料真实、有效，并在账户开立申请书上加盖了带有防伪编码的公司印章。2012年9月12日，某市市政公司在徽某银行六安锦绣花园支行印鉴卡上加盖一枚无防伪编码的印章，用以证明上述账户的单位预留印鉴有效。2011年3月18日至2014年4月28日，该账户与某市市政公司其他账户存在多笔资金往来，并由某市市政公司最终办理销户手续。

2011年7月28日，张某运作为委托代表人与安徽振某房地产集团有限公司签订《中央公馆建筑项目框架协议》，协议约定由某市市政公司承建中央公馆6#楼工程，并约定了工程地点、建筑面积及工程承包方式、合同工期等内容。2011年7月13日，安徽振某房地产集团有限公司与某市市政公司签订建设工程施工合同并于2012年2月16日在建设行政主管部门登记备案，合同约定的工程地点、工程内容等与前述协议一致。2011年12月5日，六安市住房和城乡建设委员会颁发的《建筑工程施工许可证》，载明涉案工程施工单位为某市市政公司。2011年12月10日至2013年2月5日，某市市政公司多次向安徽振某房地产集团有限公司申请支付工程款或返还履约保证金。前述相关文件中加盖的某市市政公司印章与涉案《钢材供货协议》所加盖的该公司印章相比外观一致，与某市市政公司主张的其所使用且经备案的印章相比没有防伪编码。此外，安徽省六安市裕安区人民法院（2013）六裕民二初字第01039号卷宗材料显示，某市市政公司于2013年3月29日向案外人张浩出具的结算单据加盖的公司印章无防伪编码。安徽省六安市中级人民法院（2012）六民二终字第00342号民事判决书载明，2013年10月8日，某市市政公司六安分公司员工王瑞向案外人梁方红出具收条，收条上加盖的某市市政公司印章无防伪编码。

2011年10月17日，账号为17×××88的某市市政公司账户向安徽振某房地产集团有限公司汇款3万元；2011年11月3日、2012年1月11日、2012年1月16日、2012年1月19日，安徽振某房地产集团有限公司分四笔向某市市政公司上述账户汇款85.125万元。

2016年4月26日，六安市公安局裕安分局就某市市政公司举报张某运伪造印章一案决定立案侦查。

本院认为，根据双方当事人的举证、质证及诉辩意见，本案二审争议的焦点为：一、某市市政公司是否为涉案《钢材供货协议》的买受人；二、涉案《钢材供货协议》是否真实履行；三、本案是否应当裁定中止诉讼或驳回起诉。

关于焦点一。首先，某市市政公司在徽某银行六安锦绣花园支行开立了银行账户，上述账户与某市市政公司所有的其他账户频繁发生资金往来，证明某市市政公司控制和管理该账户。在上述账户留存的银行印鉴卡上，某市市政公司加盖了无防伪编码的公司印章，用以证明其单位预留印鉴有效。其次，某市市政公司在承建中央公馆6#楼过程中，签订《中央公馆建筑项目框架协议》、申请核付履约保证金及支付工程款所使用的印章均无防伪编码。某市市政公司虽然主张其不是中央公馆6#楼土建工程的施工方，但上述工程经备案的《建设工程施工合同》及六安市住房和城乡建设委员会颁发的《建筑工程施工许可证》均载明某市市政公司为中央公馆6#楼土建工程的施工方，且涉案工程的部分工程款也已汇入了某市市政公司开立的银行账户，足以证明某市市政公司系涉案工程的施工方。最后，涉案无防伪编码的印章在某市市政公司的经营活动中被广泛使用，如与案外人办理支付结算、出具收条等。故可以认定涉案《钢材供货协议》上加盖的无防伪编码印章即为某市市政公司实际使用或授权六安分公司使用的印章。

即使涉案无防伪编码的印章系私刻，亦不影响涉案《钢材供货协议》的效力。建设工程主管部门备案的《建设工程施工合同》及颁发的《建设工程施工许可证》等公开资料均显示：某市市政公司承建涉案工程；涉案《钢材供货协议》约定的送货地点为涉案工程所在地；买卖的标的物系钢材。

张某运作为某市市政公司六安分公司的负责人，其在涉案《钢材供货协议》上加盖的印章在某市市政公司六安分公司的经营活动中频繁使用。基于上述事实，盛某物资公司有合理理由相信其交易的相对方即为某市市政公司，协议上加盖的印章系某市市政公司的真实意思表示。

综上，某市市政公司辩称涉案《钢材供货协议》所加盖的印章系张某运私刻，其不是涉案《钢材供货协议》的相对方的上诉理由不能成立。

关于焦点二。盛某物资公司为证明《涉案钢材供货协议》已经真实履行，提交了其与某市市政公司签订的《钢材供货协议》及张某运出具的欠条。鉴于涉案工程已经完工，部分工程款也汇入某市市政公司账户，在涉案钢材供货协议真实有效，张某运作为某市市政公司六安分公司负责人出具欠条对债务总额进行确认的情况下，应当认为其代表某市市政公司与盛某物资公司进行了结算和对账，某市市政公司虽否认涉案《钢材供货协议》未实际履行，但对此并未提交任何证据予以佐证。故盛某物资公司对涉案交易已经实际履行的举证更符合民事诉讼优势证据规则要求，应认定涉案交易已经真实发生，盛某物资公司已经依照合同约定全面履行了供货义务，某市市政公司应当依照合同约定履行付款义务。

关于焦点三。根据本院对焦点一的认定，张某运是否私刻公司印章不影响涉案《钢材供货协议》的效力及本案民事责任的认定及处理，本案无须以另案审理结果为依据。故某市市政公司关于本案应裁定中止诉讼或驳回起诉的请求没有法律依据，本院不予支持。

综上，某市市政公司的上诉请求不能成立，应予驳回。一审判决认定事实清楚，适用法律正确，应予维持。依照《中华人民共和国民事诉讼法》第一百七十条第一款第（一）项规定，判决如下：

驳回上诉，维持原判。

二审案件受理费15091元，由上诉人某市城市市政建设置业有限公司负担。

本判决为终审判决。

法律法规

《最高人民法院关于适用〈中华人民共和国民法典〉合同编通则若干问题的解释》（法释〔2023〕13号）

第二十二条　法定代表人、负责人或者工作人员以法人、非法人组织的名义订立合同且未超越权限，法人、非法人组织仅以合同加盖的印章不是备案印章或者系伪造的印章为由主张该合同对其不发生效力的，人民法院不予支持。

合同系以法人、非法人组织的名义订立，但是仅有法定代表人、负责人或者工作人员签名或者按指印而未加盖法人、非法人组织的印章，相对人能够证明法定代表人、负责人或者工作人员在订立合同时未超越权限的，人民法院应当认定合同对法人、非法人组织发生效力。但是，当事人约定以加盖印章作为合同成立条件的除外。

合同仅加盖法人、非法人组织的印章而无人员签名或者按指印，相对人能够证明合同系法定代表人、负责人或者工作人员在其权限范围内订立的，人民法院应当认定该合同对法人、非法人组织发生效力。

在前三款规定的情形下，法定代表人、负责人或者工作人员在订立合同时虽然超越代表或者代理权限，但是依据民法典第五百零四条的规定构成表见代表，或者依据民法典第一百七十二条的规定构成表见代理的，人民法院应当认定合同对法人、非法人组织发生效力。

第三节 公司用章不具有唯一性的证明责任归交易相对人

021 龙口市遇某建筑工程有限公司等诉中国农某银行龙口市支行等汇票垫付款、保证担保借款合同纠纷案[①]

裁判要旨

在公司已经举证证明其用章具有唯一性的情形下，交易相对人主张公司存在同时使用多枚印章事实的，应承担证明责任。

实务要点总结

（1）主张公司使用印章不具有唯一性，应承担证明责任。在民事诉讼中，除有明确的例外性规定外，谁主张谁举证是证明责任分配的基本原则。在关于印章纠纷的诉讼中，主张公司用章不具有唯一性的当事人，应负担相应的证明责任。

（2）在诉讼中，公司用章不具有唯一性，可能面临败诉的法律风险。但公司对于该事实并不承担证明责任，该证明责任应由提出该事实的当事人负担。但公司对于诉讼中出现的多枚印章的情况，需提供初步的证据证明公司用章具有唯一性。

（3）本案中，一、二审法院将证明公司用章具有唯一性的证明责任分配给了遇某公司导致遇某公司败诉。但根据最高人民法院既往的裁判观点，只有在公司用章不具有唯一性的情形下，公司才不能否定某一印章的效力。因此，印章不具有唯一性的事实才属于本案的待证事实。而提出该事实的当事人为龙口某行，故最高人民法院在再审阶段重新正确地分配了证明责任，要求龙口某行证明遇某公司用章不具有唯一性。由于龙口某行提供的证据不足以证明该事实，故败诉。

[①] 审理法院：最高人民法院；诉讼程序：二审

> 相关判决

龙口市遇某建筑工程有限公司等诉中国农某银行龙口市支行等汇票垫付款、保证担保借款合同纠纷案二审民事判决书［（2001）民二终字第91号］

上诉人（原审被告）：龙口市遇某建筑工程有限公司。住所地：山东省龙口市城关镇遇家工业园区3号。

法定代表人：张某兴，该公司经理。

上诉人（原审被告）：龙口市复某机械有限公司。住所地：山东省龙口市城关镇遇家工业园区2号。

法定代表人：李某武，该公司董事长。

被上诉人（原审原告）：中国农某银行龙口市支行。住所地：山东省龙口市黄城区西环路中段。

负责人：臧某舜，该行行长。

原审被告：烟台绍某汽车股份有限公司。住所地：山东省龙口市城关镇遇家工业园区。

法定代表人：李宗利，该公司董事长。

原审被告：某市农技中心专用肥料试验厂。住所地：山东省龙口市城关镇遇家工业园区8号。

法定代表人：许某军，该厂厂长。

原审被告：山东复某集团公司。住所地：山东省龙口市城关镇逾家工业园区。

法定代表人：李宗利，该公司董事长。

上诉人龙口市遇某建筑工程有限公司、龙口市复某机械有限公司为与被上诉人中国农某银行龙口市支行、原审被告烟台绍某汽车股份有限公司、某市农技中心专用肥料试验厂、山东复某集团公司承兑汇票垫付款、保证担保借款合同纠纷一案，不服山东省高级人民法院（2000）鲁经初字第15号民事判决，向本院提起上诉。本院依法组成由审判员宋晓明担任审判长，审判员吴庆宝、代理审判员刘敏参加的合议庭进行了审理。书记员夏东霞担任记录。本案现已审理终结。

经审理查明：1993年3月16日，山东复某集团公司（以下简称复某集团）的下属企业龙口市五某金塑发展有限公司（以下简称五某公司）在中国农某银行烟台市分行国际业务部（以下简称烟台农行）申请开立了3000000美元信用证,信用证到期后,五某公司不能按约兑付,形成逾期贷款。1996年6月,五某公司停业,烟台农行要求五某公司法定代表人许某平(时任复某集团董事长)落实债务。为解决此笔债务,许某平于1996年7月11日召开会议,烟台绍某汽车股份有限公司(以下简称绍某公司)、龙口市复某机械有限公司(以下简称机械公司)、龙口市遇某建筑工程有限公司(以下简称遇某公司)、某市农技中心专用肥料试验厂(以下简称农技试验厂)、烟台农行和中国农某银行龙口市支行(以下简称龙口某行)等有关人员参加了会议,并签署了《会议纪要》,主要内容为:(1)龙口某行分期分批给绍某公司签发30000000元人民币银行承兑汇票,绍某公司同意转贷五某公司3000000美元逾期贷款;(2)承兑汇票由机械公司、农技试验厂、遇某公司按50%、25%、25%的比例提供担保;(3)五某公司在烟台农行的3000000美元贷款兑换人民币31050000元,转移为借款单位分别是机械公司、遇某公司、农技试验厂,比例为50%、25%、25%,贷方变更为龙口某行,借方利息由绍某公司支付,若绍某公司无能力还息,由机械公司、农技试验厂、遇某公司负责按上述比例还清。上述贷款由龙口某行逐笔贷给遇某公司、机械公司和农技试验厂,用以偿还五某公司在烟台农行的贷款,此笔贷款连续使用三年。龙口某行对转贷的31050000元人民币,在贷款到期后,负有向绍某公司追索的经济责任。本金由绍某公司偿还。嗣后,为解决3000000美元的转贷问题,龙口某行于同年7月16日和17日分别与农技试验厂、机械公司和遇某公司签订了四份格式借款合同,分别借给上述三家人民币8170000元、14710000元和8170000元,合同中约定了还款期限、利率等条款。1997年四份合同到期后,龙口某行与上述三家签订了新的借款合同,以新贷偿还了旧贷。1998年上述贷款到期后,龙口某行又以同样的方式,与三家签订新的借款合同,以新贷偿还了旧贷。1998年的四笔借款到期后,因债务人、保证人未履行债务成讼。成讼的四份借款合同签订情况为:

1998年6月22日,龙口某行与农技试验厂签订98农行保借字第1808号《保证担保借款合同》,担保人绍某公司,贷款金额4000000元人民币,月利率7.26‰,按月结息,期限自1998年6月29日至1999年4月21日,逾期还款按万分之四计收利息。保证人承担连带责任,保证范围包括主债权、利息、违约金以及实现债权的费用,保证期限自1998年6月29日至2001年4月21日。三方分别在贷款单位、借款单位和担保单位栏内盖章,复某集团亦在保证人处盖章。

1998年6月23日,龙口某行与机械公司签订龙黄农银保借字98第025号

《保证担保借款合同》，贷款金额14710000元人民币，借款期限自1998年6月30日至1999年6月21日，月利率为7.26‰，按月付息，逾期还款按日万分之四计收利息。保证人承担连带责任，保证范围包括主债权、利息、违约金以及贷款人实现债权的费用，保证期限自1999年6月24日至2001年6月24日。三方分别在贷款人、借款人和保证人处盖章，复某集团亦在保证人处盖章。同时在保证人空白处备注有"按意向书此贷款属绍某公司贷款，到期后本金由绍某公司偿还，利息由绍某公司支付"的内容（机械公司与龙口某行自1996年至1998年签订的三份借款合同上均有此备注）。

1998年6月29日，龙口某行与农技试验厂签订98农行保借字第1809号《保证担保借款合同》，贷款金额4170000元人民币，借款期限1998年6月29日至1999年5月21日，月利率7.26‰，按月结息，逾期还款按万分之四计收利息。保证人承担连带责任，保证范围包括主债权、利息、违约金以及实现债权的费用，保证期限为1999年5月21日至2001年5月21日。三方分别在贷款人、借款人和保证人处盖章，复某集团亦在保证人处盖章。

1998年6月24日，龙口某行与遇某公司签订龙黄农银保借字98第024号《保证担保借款合同》，保证人为绍某公司，贷款金额为8170000元人民币，贷款用途购材料，月利率为7.26‰，按月付息，期限自1998年6月30日至1999年6月21日，逾期还款按日万分之四计收利息。保证人承担连带责任，保证时间为1999年6月24日至2001年6月21日，保证范围包括主债权、利息、违约金以及实现债权的费用。三方分别在贷款人、借款人和保证人处盖章，复某集团亦在保证人处盖章。该合同在保证人空白处未作备注。但在龙口某行与遇某公司1996年的借款担保合同中有"按意向书此贷款属绍某公司，到期后本金由绍某公司（担保人）偿还"的备注。

上述1996年四份借款合同签订后，龙口某行即于同年7月17日向农技试验厂、机械公司和遇某公司发放了上述款项，在进账单上明确注明"替绍某公司贷款"字样。同日，上述三家公司将收到的贷款以汇票方式汇至五某公司账户，并注有"还贷"字样。五某公司于同年7月19日将收到的款项以特种转账收入传票偿还了其在龙口某行的3000000美元债务。绍某公司还依约偿还了部分利息，其中1996年10月20日、1997年10月20日、1998年3月31日、1998年5月28日、1998年9月等多份付款凭证上均明确标明偿付遇某公司、机械公司利息。同时龙口某行在给机械公司、遇某公司和农技试验厂发放贷款时自行扣收了部分贷款利息，在部分利息凭证付款户名栏内注有"遇某公司（或机械公司）备付金"、收款户名栏内注有"当年应收利息——绍某汽车股份"的字样。

另查明：1996年7月11日《会议纪要》形成后，龙口某行为绍某公司签发了一系列承兑汇票，由机械公司和遇某公司提供担保。截至1998年4月15日，龙口某行为绍某公司签发了245笔承兑汇票，总金额人民币1.1335亿元。至2000年11月龙口某行起诉时，绍某公司尚有22900000元未还。该款是1998年5月7日至1998年9月11日，龙口某行与绍某公司、机械公司、遇某公司签订的19份《银行承兑汇票担保承兑协议》形成的。《银行承兑汇票担保承兑协议》分别约定由保证人机械公司和遇某公司为出票人绍某公司提供保证担保并承担连带责任，保证期间为每张银行承兑汇票到期后两年。出票人和保证人不能如期兑付票款时，承兑人有权直接或委托其开户行划账存款。逾期票款按规定计收利息。与此同时龙口某行和绍某公司签订的《银行承兑契约》中约定，承兑汇票到期日，承兑银行凭票支付票款，如到期日申请单位不能足额交付票款，承兑银行对不足支付部分的票款，转作逾期贷款，在申请人或保证人的银行账户中计收利息和罚息，并比照签发空头支票的规定处以票面金额百分之一的罚金。龙口某行共向绍某公司开具银行承兑汇票35笔，金额为22900000元人民币。其中机械公司担保17笔，金额为12250000元人民币；遇某公司担保18笔，金额为10650000元人民币。机械公司担保的17笔中有3笔，金额为3750000元，涉及三份承兑协议上所加盖的印章与其另外担保协议上的印章不同。遇某公司担保的18笔中有4笔，金额为6450000元，涉及四份承兑协议上的印章与其另外担保协议上的印章不同。35笔银行承兑汇票中最早到期日为1998年10月10日，最晚到期日为1999年2月10日。

庭审中，龙口某行向法院提交的龙口市公证处出具的三份编号分别为(2000)龙证经字第613号、第614号、第615号的《公证书》。公证书的内容为：应龙口某行的申请，该处公证员与龙口某行信贷员于2000年9月30日，分别向绍某公司送达《债务逾期催收通知书》，催收欠款22900000元人民币，利息8090000元人民币；向遇某公司送达《担保人责任通知书》，通知其履行担保本金10650000元人民币，利息3730000元人民币的担保责任；向机械公司送达《担保人责任通知书》，通知其履行担保本金12250000元人民币，利息4360000元人民币的担保责任，并要求上述各方法定代表人签收，均遭到拒签。龙口市公证处特为此出具公证书证明，公证员王某业在三份公证书上签字。

2000 年 11 月 11 日，龙口某行因绍某公司、遇某公司、机械公司、农技试验厂、复某集团到期均未偿还上述四份《保证担保借款合同》项下的 31050000 元人民币及利息和 22900000 元的银行承担汇票垫付款及利息，向山东省高级人民法院提起诉讼，请求判令：（1）机械公司、农技试验厂、遇某公司分别偿还债务 14710000 元、8170000 元、8170000 元人民币；绍某公司偿还上述债务利息；绍某公司、复某集团承担连带责任。（2）绍某公司偿还 22900000 元银行承兑汇票垫付款及利息；机械公司对其中的 12350000 元及利息承担连带责任；遇某公司对其中的 16550000 元及利息承担连带责任。（3）由五被告承担诉讼费及相关费用。

山东省高级人民法院经审理认为：（1）本案涉及五个独立的诉讼主体签订的多个借款担保合同，鉴于数份借款担保合同都是基于借款的基本事实，所订立的多个合同业务中，五被告彼此之间有紧密联系有互相交叉的法律关系存在，五被告对合并审理没有提出异议，符合民事诉讼法关于合并审理的法律规定，也便于查清纠纷的事实，方便当事人诉讼。（2）关于 3000000 美元转贷问题，1996 年 7 月 1 日，复某集团董事长兼五某公司总经理许某平会同烟台农行、龙口某行等七单位研究落实 3000000 美元债务并签署会议纪要，会议确定，将该笔债务转给机械公司、遇某公司和农技试验厂。作为落实债务的条件，龙口某行向绍某公司开具 30000000 元人民币银行承兑汇票。这一事实证明，3000000 美元债权债务的转移，债权人和债务人各方都是清楚的，对债权债务转移，各方意思表示真实，不违反法律规定，转贷合同有效。转贷合同到期后，机械公司、农技试验厂和遇某公司均未履行还款义务，应按约定承担还本付息义务。复某集团、绍某公司未向龙口某行履行担保责任，对机械公司、农技试验厂和遇某公司的还本付息义务承担责任。（3）关于机械公司、遇某公司提出银行承兑汇票超过还款和担保期限的问题。经查，龙口某行从 1998 年 7 月以后签发的银行承兑汇票到期日均在 1998 年 10 月以后，机械公司、遇某公司为其提供担保的期限为两年，担保也在 2000 年 10 月以后先后到期，而龙口某行于 2000 年 9 月 30 日，已向债务人和担保人送达了债务逾期催收通知书，并经龙口市公证处公证。根据《中华人民共和国民事诉讼法》第六十七条的规定，经过法定程序公证证明的法律行为和文书，人民法院应当作为认定事实的根据，故龙口市公证处送达的公证书为有效证据。按照法律有关向人民法院请求保护民事权利的诉讼时效期为两年的规定，龙口某行在到期日前向债务人主张权利，产生时效中断，从中断之日起重新计算时效。因此，龙口某行的民事权利未过诉讼时效。担保人为债务人担保的责任期为汇票两年，龙口某行向法院主张权利的时间在担保责任期内。绍某公司、机械公司和遇某公司提出银行承兑汇票已经超过诉讼时效和担保期限的主张不能成立。（4）遇某公司和机械公司提出有七份银行担保承兑协议上的印章不是担保人所盖的问题。经查，绍某公司在龙口某行先后申请开出二百多笔银行承兑汇票，都是先由绍某公司将承兑协议填写加盖单位公章和担保单位公章后交给龙口某行，龙口某行再为其开具承兑汇票。在这期间遇某公司和机械公司从未向龙口某行提出假印章的问题。绍某公司证明承兑协议是由遇某公司和机械公司盖章后再交给龙口某行的。遇某公司和机械公司对此未能提出其只有一枚印章的证据。因此，可以认定遇某公司和机械公司的两枚印章均为有效印章，由此所产生的民事法律行为，遇某公司和机械公司应当承担法律责任。（5）关于绍某公司主张原告应提供 30000000 元人民币银行承兑汇票，只开出 22900000 元人民币承兑汇票，原告已构成违约，绍某公司不应承担 3000000 美元的还款义务问题。3000000 美元贷款，是根据会议纪要约定，原、被告双方重新签订了转贷合同，形成了新的借贷法律关系，龙口某行也按纪要约定为绍某公司开出了银行承兑汇票，其开出的银行承兑汇票金额为 1 亿多元，超出了原协商数额，龙口某行起诉的债权是债务人尚未付款的部分。应按合同约定履行自己的义务。

综上所述，原、被告所签订的龙黄农银保借字 98 第 024 号、第 025 号、第 1808 号、第 1809 号借款合同和银行承兑汇票保证担保承兑协议，是各方当事人真实意思的表示，内容不违反国家法律和金融法规规定，合法有效。上述被告的辩解证据不足，该院不予支持。依照《中华人民共和国民法通则》第八十七条，《中华人民共和国经济合同法》第四十条第（二）项，《中华人民共和国担保法》第十八条第一款、第二十一条、第三十一条，《最高人民法院关于适用〈中华人民共和国担保法〉若干问题的解释》第二十一条第二款的规定，判决如下：

一、被告遇某公司偿还原告龙口某行借款本金 8170000 元人民币，利息 1605230 元人民币。

二、被告农技试验厂偿还原告龙口某行借款本金 8170000 元人民币，利息 1294488 元人民币。

三、被告机械公司偿还原告龙口某行借款本金 14710000 元人民币，利息 2938134 元人民币。

四、被告绍某公司和被告复某集团对以上一、二、三项债务承担连带责任。

五、被告绍某公司偿还原告龙口某行承兑汇票垫付款本金 22900000 元，利息 9887008 元人民币。

六、被告机械公司对绍某公司银行承兑汇票垫付款本金 12250000 元人民币，利息 5289403 元人民币承担连带责任。

七、被告遇某公司对绍某公司银行承兑汇票垫付款本金 10650000 元人民币，利息 4597650 元人民币承担连带责任。

以上各项各被告于判决生效后十日内付清，并承担自 2000 年 12 月 31 日起至判决生效之日止的中国人民银行同期贷款利息，逾期加倍支付迟延的债务利息。

八、被告绍某公司和被告复某集团，在承担连带责任后，有权向债务人追偿。对向债务人不能追偿的部分，由两被告平均分担。

九、被告机械公司与被告遇某公司在承担连带责任后，有权向债务人追偿。

一审案件受理费 350529 元，财产保全费 340519 元，合计 691048 元，由被告遇某公司负担 104650 元，农技试验厂负担 104650 元，机械公司负担 188421 元，绍某公司负担 293327 元。

机械公司和遇某公司均不服山东省高级人民法院的上述民事判决，以同一理由向本院提起上诉称：

1. 一审认定事实错误，程序违法。一审认定五某公司是复某集团的下属企业是错误的，认定烟台农行 3000000 美元是信用证逾期转贷缺乏证据，认定五某公司停业与事实不符。同时在程序上，一审开庭时被上诉人都没提交证据原件。

2. 《会议纪要》是以欺诈手段签订的，依法应确认无效。被上诉人和五某公司在签订《会议纪要》时有意隐瞒贷款用于走私汽车的事实真相，诱使上诉人在《会议纪要》上签字。依据《民法通则》第五十八条第一款第（三）项之规定，应依法认定《会议纪要》无效。

3. 《会议纪要》各方意思表示不一致，其部分内容不成立。（1）纪要虽然表明 3000000 美元的逾期贷款转移借款单位为上诉人等三家企业，但纪要第二条载明，利息由绍某公司承担，最后一条载明，本金亦由绍某公司偿还。（2）在会议纪要后，龙口某行与两上诉人签订了担保借款合同，上诉人机械公司在合同中特别表明："按意向书内容，此贷款属绍某汽车股份有限公司贷款，贷款到期后，本金由绍某公司偿还，每月贷款利息由绍某公司支付。"上诉人遇某公司在 1996 年 7 月 16 日签订的合同中也作了"到期后本金由绍某公司（担保人）偿还"的备注。这充分表明：3000000美元的逾期贷款，上诉人只是顶名转贷，实则由绍某公司偿还。(3) 根据会议纪要，3000000美元转贷是以龙口某行向绍某公司开具30000000元银行承兑汇票为前提条件的，按照权利义务相一致原则，既然绍某公司接受30000000元的银行承兑汇票，3000000美元理应转移到绍某公司。况且，上诉人等三家企业已为30000000元人民币的承兑协议进行了担保，所以，不应再承担3000000美元的转贷款。(4) 五某公司是绍某公司的三股东之一，因此，从两者之间的关系上，绍某公司为五某公司承担债务也是有一定道理的。本案《会议纪要》和转贷合同，当事人对主要条款分歧很大，根本未能协商一致。

4. 银行承兑汇票保证超过保证责任期限，上诉人不应承担保证责任。在一审中，上诉人机械公司提出有五份共计4750000元承兑协议担保超过了保证责任期限。遇某公司有两笔共计2250000元承兑协议担保超过了保证责任期限。一审法院认为：在保证责任期间内，龙口某行于2000年9月30日已向债务人和担保人送达了债务逾期通知书，并经龙口市公证处公证，因此认定诉讼时效中断。然而，被上诉人与公证人员并未到上诉人处送达债务通知书，更谈不上拒收。况且，所谓的公证书只有公证员一人签名，明显违背了《公证程序规则（试行）》第二十六条"公证人员外出调查，应有两名公证人员同时进行。特殊情况只能由一名公证人员进行调查的，应有一名证人在场，见证人应在笔录上签名"的规定，因此不能作为有效证据使用。

5. 利用伪造公章签订的承兑担保协议，保证人不承担保证责任。在一审期间，上诉人机械公司提出有三份共计3750000元承兑担保协议加盖了伪造的本单位的公章，上诉人遇某公司有四份共计6450000元的承兑担保协议加盖了伪造的公章。一审法院却称"遇某公司与机械公司对此未能提出其只有一枚印章的证据，因此可以认定遇某公司与机械公司的两枚印章均为有效印章，由此所产生的民事法律行为，遇某公司与机械公司应当承担法律责任"。上诉人认为：一审法院的这一认定毫无道理。首先，其已向法院提供龙口市工商局出具的两上诉人只用一枚公章的证据；其次，要认定两枚印章均为有效印章，对方当事人必须提供两上诉人在其他公文、合同等文件材料中，使用过他人伪造的这枚印章。在对方当事人没有提供其他证据的情况下，一审法院不能断然认定两枚印章均为有效。综上所述，上诉人认为一审法院认定事实有误，适用法律不当，请求依法改判。

被上诉人龙口某行答辩称：

1. 两上诉人所谓"认定事实及程序违法"问题。(1) 两上诉人无论是在答辩状中还是在一审庭审中,对五某公司是复某集团的下属企业均未提出异议。且五某公司是否复某集团的下属企业不影响被上诉人为了实现债权而追究两上诉人的民事责任。五某公司是否停业,对本案的处理亦无实质意义。(2) 1996年7月11日作出会议纪要后,五某公司与烟台农行的借贷法律关系终结,被上诉人与两上诉人及农技试验厂之间的新的借贷法律关系成立。而且,两上诉人及农技试验厂已将从被上诉人处得到的贷款划给五某公司用于归还烟台农行的3000000美元贷款。由此可见,两上诉人不仅在形式上同被上诉人签订了《保证担保借款合同》,而且实质上从被上诉人处得到了贷款且将该贷款用于还款。因此,一审认定3000000美元是信用证逾期转贷,没有加重两上诉人的民事责任,并无不当。

2. 关于两上诉人所谓"遗漏重大事实"问题。(1) 被上诉人认为:《会议纪要》中虽有"三年到期后追究烟台绍某股份有限公司的经济责任,本金由烟台绍某汽车股份有限公司偿还"的文字,但是,《会议纪要》中并没有被上诉人放弃对上诉人主张债权的承诺。根据《会议纪要》与《保证担保借款合同》,借款人均为两上诉人,绍某公司只是保证人。根据我国《担保法》的有关规定,对连带责任保证的情况,债权人可以要求债务人履行债务,也可以要求保证人在其保证范围内承担保证责任。因此,一审判决两上诉人承担还款责任无可厚非。(2) 上诉人所谓的"免责条款"一审不予采信完全正确,而非"遗漏了对上诉人有利的证据"。两上诉人在上诉状中提出自己在借款合同中加注有"免责条款",据此可以不负还款责任。被上诉人认为此不足以构成免责条件。理由是:其一,本案涉及的借款合同是格式合同,为了确保双方当事人权利义务对等,合同第十三条特别规定了"其他事项"并留下空白以备当事人充分表达自己的意见。因此,如果当事人有何意见,应当写在"其他事项"栏内,而不能写在"保证人"栏。否则,如无对方当事人认可不能视为合同双方当事人认可的内容。其二,就上诉人在"保证人"栏所擅自书写的内容来看"按意向书内容,此贷款属绍某汽车股份有限公司贷款,贷款到期后,由绍某公司……",此行文字最多只能说明是上诉人代为绍某公司贷款,而绝不能改变借款合同双方当事人的法律地位,即无论有无此行文字,此借款合同的贷款人都是被上诉人,借款人只能是上诉人。至于借款人以自己的名义为他人借款,然后申明由他人还本付息,并不妨碍贷款人向借款人主张债权,所以,上诉人的"免责条款"不能作为抗辩理由。

3. 关于两上诉人提出的"假公章及超过担保时效"的问题。(1)两上诉人关于假公章之说不可采信。首先,在被上诉人过去多次向其催讨所担保的承兑汇票款项时,两上诉人从没有提到过假公章问题,就是在公证送达《担保人履行责任通知书》的最后时刻,两上诉人也没有提出假公章问题。其次,从《承兑汇票保证担保承兑协议》的办理过程看,即便是担保人的印章真的有失真实,也只能是出票人与保证人为了取得银行钱款及今后逃避债务而串通一气作了假。(2)两上诉人有意曲解了民法上"诉讼时效"的含义。双方约定承兑期限至少是"自1998年×月×日起至1998年10月止",根据法律有关诉讼时效的规定,本案纠纷的诉讼时效应为两年,即1998年10月至2000年10月。事实上,被上诉人不仅在有效诉讼时效内多次向两上诉人主张过权利,而且还于2000年9月30日办理了《拒签担保人履行责任通知书公证书》。根据民法有关时效中断的理论,债权人每向债务人主张一次权利,诉讼时效则重新起算。《公证书》是严格依法办理的,不能因两上诉人称自己从未见过来其单位送达《拒签债务逾期催收通知书》的被上诉人方人员与监督送达的公证人员而否定公证效力。

本院认为：

1. 关于就五某公司3000000美元贷款转贷,龙口某行与机械公司、遇某公司签订的两份保证担保借款合同的债务主体问题。本案争议的龙口某行与机械公司、遇某公司签订的两份保证担保借款合同是基于1996年7月11日由烟台农行、龙口某行与复某集团、绍某公司、机械公司、农技试验厂、遇某公司七家单位为落实五某公司欠烟台农行的3000000美元逾期贷款订立的《会议纪要》签订的。《会议纪要》与保证担保借款合同是一个不可分割的整体。《会议纪要》明确约定：烟台农行享有的3000000美元债权转移给龙口某行,龙口某行分期分批给绍某公司开具30000000元人民币承兑汇票,绍某公司同意转贷五某公司的3000000美元逾期贷款。3000000美元逾期贷款兑换人民币30150000元,转移借款人为机械公司、农技试验厂、遇某公司三家,借方利息由绍某公司按月计付,绍某公司无力偿还时,由上述三家负责还清。31050000元人民币转贷到期后,追溯绍某公司的经济责任,本金由绍某公司偿还。龙口某行与机械公司、遇某公司签订的借款合同中,多次备注有"按意向书此贷款属绍某公司贷款,到期后本金由绍某公司偿还,利息由绍某公司支付"的内容。且在龙口某行给机械公司和遇某公司发放款项的进账单上亦明确注明了"替绍某公司贷款"的字样。从上述文字载明的内容看，当时几家单位的真实意思表示应是将五某公司的 3000000 美元逾期贷款转由绍某公司承继，作为绍某公司同意转贷的前提条件是龙口某行给其开具 30000000 元人民币的银行承兑汇票。鉴于国家关于银行信贷规模的限制，由机械公司、遇某公司和农技试验厂出面替绍某公司与龙口某行签订保证担保借款合同，并在几家签订的《会议纪要》和借款合同、进账单上，多次明确作出款项系替绍某公司所贷，本金、利息由绍某公司偿还的意思表示，且在款项的实际履行中，各方亦是按照《会议纪要》和借款合同的约定，龙口某行将款项发放给机械公司、遇某公司和农技试验厂后，三家公司再将所贷款项汇入五某公司的账户偿还了其 3000000 美元逾期贷款。机械公司、遇某公司和农技试验厂自身并未使用上述贷款。绍某公司还按照《会议纪要》的约定支付了 31050000 元人民币贷款的部分利息。虽然龙口某行直接从其给三家公司发放的贷款中自行扣收了其余的利息，但在其向本院提供的付款人为机械公司和遇某公司的利息凭证上，亦特别注明有"当年应收利息——绍某汽车股份"的字样。故综观债务转让和合同履行的全过程，3000000 美元的转贷承受者和 31050000 元人民币的实际借款人均为绍某公司，故应由其按照《会议纪要》和借款合同的约定承担还本付息的责任，机械公司、遇某公司和农技试验厂不应承担还款责任。鉴于农技试验厂未向本院提起上诉，原审判决其承担责任部分，本院不予改判。由于绍某公司系本案借款合同法律关系的实际借款人，故对原审判决其对债务承担连带担保责任及其承担连带责任后，有权向债务人追偿的部分应予以改判。

2. 关于龙口市公证处出具的《公证书》是否可以作为有效证据使用、龙口某行要求遇某公司和机械公司承担 22900000 元承兑汇票垫付款的保证责任是否超过诉讼时效问题。本案争议的 22900000 元承兑汇票垫付款，涉及龙口某行与绍某公司、机械公司、遇某公司签订的十九份《银行承兑汇票保证担保承兑协议》。机械公司和遇某公司作为连带责任保证人，在协议中约定其承担连带责任的保证期间为："每张银行承兑汇票到期后的两年。"十九笔承兑汇票承兑期限到期日均在 1998 年 10 月以后，按约定各份合同保证人承担责任的保证期间也在 2000 年 10 月以后先后到期。到龙口某行 2000 年 11 月 11 日向法院提起诉讼时，机械公司和遇某公司担保的承兑汇票共有七笔超过了合同约定的保证期间。但是龙口某行在约定的保证期间内于 2000 年 9 月 30 日向担保人机械公司和遇某公司分别送达了《担保人履行责任通知书》，通知他们履行担保的承兑汇票本金及利息，并由龙口市公证处为此出具了《公证书》。因我国现行法律、法规对公证送达债务履行通知书究竟要由几名公证人员监督，并无限制性规定。《公证程序规则（试行）》第二十六条"外出调查必须由两名公证人员进行"的规定，不适用于送达《担保人履行责任通知书》。龙口市公证处出具的《公证书》程序合法。上诉人机械公司和遇某公司关于龙口市公证处的公证行为系由一名公证员所为，《公证书》的取得在程序上违法，不能作为有效证据使用的上诉理由，不能成立，本院不予支持。因龙口某行有证据证明其在保证期间内要求担保人机械公司和遇某公司承担保证责任，根据《最高人民法院关于适用〈中华人民共和国担保法〉若干问题的解释》第三十四条第二款的规定，从龙口某行要求保证人机械公司和遇某公司承担保证责任之日起，开始计算保证合同的诉讼时效，龙口某行对机械公司和遇某公司的请求权直接适用诉讼时效的有关规定。故上述争议的七笔承兑汇票垫付担保款项未过诉讼时效，保证人机械公司和遇某公司仍应承担保证责任。

3. 关于龙口某行与绍某公司、机械公司、遇某公司签订的七份《银行承兑汇票保证担保承兑协议》涉及的公章真实性问题。在机械公司与绍某公司、龙口某行签订的十一份《银行承兑汇票保证担保承兑协议》中，有三份承兑协议上加盖的机械公司的公章与该公司在工商行政管理机关备案的公章不一致，涉及金额共计3750000元；在遇某公司与绍某公司、龙口某行签订的八份《银行承兑汇票保证担保承兑协议》中，有四份承兑协议上加盖的遇某公司的公章与该公司在工商行政管理机关备案的公章不一致，涉及金额共计6450000元。对上述问题，一审法院以机械公司和遇某公司未能提出其只有一枚印章证据，而认定机械公司和遇某公司的两枚印章均为有效印章，从而判决两公司承担由此产生的法律责任不当。对此问题，机械公司和遇某公司在一、二审中均已提供龙口市工商行政管理局出具的证明，证明机械公司自1994年至1999年，遇某公司自1988年至2000年，一直使用备案的唯一一枚公章。龙口某行主张上述两公司在使用备案的公章的同时还使用过其他公章，应依法负有举证责任。二审期间，龙口某行委托鉴定部门对上述有争议的遇某公司的公章进行了司法鉴定，并向法院提交了《鉴定书》。上诉人遇某公司对《鉴定书》提出异议，认为龙口某行提供鉴定部门的样本，即1997年9月12日龙口某行与绍某公司签订的《中国农某银行承兑保证协议》承兑保证人处加盖的遇某公司的公章，亦系他人伪造。因该协议债务人已履行了债务，未涉及保证人的责任，故遇某公司对此以前并不知晓。故该鉴定不能作为证据使用。本院认为：因龙口某行提供鉴定的样本与遇某公司在工商行政管理机关备案的公章不一致,且由于所取样本的合同,并没有遇某公司履行或者认可的证据,故龙口某行以该样本作出的鉴定结论不能证明上述四份《银行承兑汇票保证担保承兑协议》上的遇某公司的公章系遇某公司加盖。因龙口某行对上述问题未能再举出有力证据,故机械公司和遇某公司对上述七份盖有有争议公章的《银行承兑汇票保证担保承兑协议》不再承担保证责任。

另外,上诉人关于一审认定五某公司是复某集团下属企业错误以及五某公司停业与事实不符等主张,因与本案无关,不影响本案债务人、保证人承担责任,本院不予审理;上诉人关于一审开庭时被上诉人没有提交证据原件的主张,因与事实不符,本院亦不予支持。综上,本院依照《中华人民共和国民事诉讼法》第一百五十三条第一款第(一)项、第(三)项之规定,判决如下:

一、维持山东省高级人民法院(2000)鲁经初字第15号民事判决主文的第二项、第五项、第九项;

二、变更上述民事判决主文的第一项为由烟台绍某汽车股份有限公司偿还中国农某银行龙口市支行借款本金8170000元及其利息(按照中国人民银行同期流动资金贷款利率计算至给付之日);

三、变更上述民事判决主文的第三项为由烟台绍某汽车股份有限公司偿还中国农某银行龙口市支行借款本金14710000元及其利息(按照中国人民银行同期流动资金贷款利率计算至给付之日);

四、变更上述民事判决主文的第四项和第八项为山东复某集团公司对烟台绍某汽车股份有限公司和某市农技中心专用肥料试验厂偿还中国农某银行龙口市支行的贷款本息承担连带责任,并在承担连带责任后有权向债务人追偿;

五、变更上述民事判决主文的第六项为龙口市复某机械有限公司对烟台绍某汽车股份有限公司银行承兑汇票垫付款本金8500000元及其利息(按照中国人民银行同期流动资金贷款利率计算至给付之日)承担连带担保责任;

六、变更上述民事判决主文的第七项为龙口市遇某建筑工程有限公司对烟台绍某汽车股份有限公司银行承兑汇票垫付款4200000元及其利息(按照中国人民银行同期流动资金贷款利率计算至给付之日)承担连带担保责任。

上述应付款项于本判决送达之日起三十日内付清,逾期按《中华人民共和国民事诉讼法》第二百三十二条的规定办理。

一审案件受理费及财产保全费,按一审判决处理。二审案件受理费350529元,由龙口市复某机械有限公司、龙口市遇某建筑工程有限公司和中国农某银行龙口市支行各承担 116843 元。

本判决为终审判决。

法律法规

《最高人民法院关于适用〈中华人民共和国民法典〉合同编通则若干问题的解释》（法释〔2023〕13 号）

第二十二条 法定代表人、负责人或者工作人员以法人、非法人组织的名义订立合同且未超越权限，法人、非法人组织仅以合同加盖的印章不是备案印章或者系伪造的印章为由主张该合同对其不发生效力的，人民法院不予支持。

合同系以法人、非法人组织的名义订立，但是仅有法定代表人、负责人或者工作人员签名或者按指印而未加盖法人、非法人组织的印章，相对人能够证明法定代表人、负责人或者工作人员在订立合同时未超越权限的，人民法院应当认定合同对法人、非法人组织发生效力。但是，当事人约定以加盖印章作为合同成立条件的除外。

合同仅加盖法人、非法人组织的印章而无人员签名或者按指印，相对人能够证明合同系法定代表人、负责人或者工作人员在其权限范围内订立的，人民法院应当认定该合同对法人、非法人组织发生效力。

在前三款规定的情形下，法定代表人、负责人或者工作人员在订立合同时虽然超越代表或者代理权限，但是依据民法典第五百零四条的规定构成表见代表，或者依据民法典第一百七十二条的规定构成表见代理的，人民法院应当认定合同对法人、非法人组织发生效力。

022 常州市诚某金属制品有限公司与常州市武进新某建筑材料有限公司、常州市顶某钢管有限公司追偿权纠纷案[①]

裁判要旨

交易相对人不能举证证明公司同时使用多枚印章的，应承担败诉的法律后果。

---

① 审理法院：江苏省高级人民法院；诉讼程序：二审

实务要点总结

（1）根据最高人民法院的裁判观点，在关于印章效力的诉讼中，用章不具有唯一性的公司不得否认某一印章的效力。因此，诉讼中的对方当事人往往通过主张公司用章不具有唯一性的方式来实现自身的诉讼目的。但主张公司用章不具有唯一性的当事人，应承担相应的证明责任。

（2）证明公司用章不具有唯一性可从以下几个方面入手：①收集公司过往的合同、文件，证明用章不具有唯一性；②证明公司存在多枚印章，并同时使用；③证明公司在其他场合认可过非备案公章的效力。

相关判决

常州市诚某金属制品有限公司与常州市武进新某建筑材料有限公司、常州市顶某钢管有限公司追偿权纠纷二审民事判决书［（2016）苏民终664号］

上诉人（原审被告）：常州市武进新某建筑材料有限公司，住所地：江苏省常州市武进区遥观镇新南村。

法定代表人：王甲，该公司董事长、总经理。

被上诉人（原审原告）：常州市诚某金属制品有限公司，住所地：江苏省常州市武进区遥观镇新南村。

法定代表人：陈某锡，该公司总经理。

原审被告：常州市顶某钢管有限公司，住所地：江苏省常州市武进区遥观镇新南村。

法定代表人：王某玉。

上诉人常州市武进新某建筑材料有限公司（以下简称新某公司）因与被上诉人常州市诚某金属制品有限公司（以下简称诚某公司）、原审被告常州市顶某钢管有限公司（以下简称顶某公司）追偿权纠纷一案，不服江苏省常州市中级人民法院（2014）常商初字第427号民事判决，向本院提起上诉。本院于2016年4月25日立案后，依法组成合议庭，开庭审理了本案。上诉人新某公司的委托代理人×××、被上诉人诚某公司的委托代理人×××到庭参加诉讼。原审被告顶某公司经传唤未到庭，本院依法缺席审理。本案现已审理终结。

新某公司上诉请求：撤销一审判决，将本案发回重审或撤销一审判决第二项，驳回对新某公司的起诉；一审受理费按法律规定处理，二审受理费由诚某公司负担。事实和理由：

一、一审判决认定的担保行为的基本事实不存在，我方没有实施担保行为，没有担保意思的表示。1. 对侯某军的调查显示江苏某农村商业银行股份有限公司（以下简称某银行）明知王乙加盖"新某公司"公章时并不是我方的真实意思表示，是王乙以我方名义实施的无权处分行为，某银行不但对此是知情的且和顶某公司有恶意串通侵害我方利益的嫌疑，该恶意串通行为才是导致诚某公司无法辨别我方在承诺书上加盖公章的真伪原因，法律后果应由顶某公司和某银行来共同承担，我方作为被冒名、被侵权的被害人不具有保证某银行和诚某公司利益不被损害的法律义务；2. 顶某公司的法定代表人王乙与我方的法定代表人王甲确系亲兄弟关系，但我方多年前就停止了生产经营，工商资料显示2010年时我方的法定代表人就是王甲，侯某军的表述纯粹是应对诚某公司的推脱之词，并没有证据予以支持；顶某公司与我方是在同一地点办公，双方系租赁关系，顶某公司自2005年8月1日起就租赁了我方的厂房用于无缝钢管的生产经营，双方另有租赁纠纷正在江苏省常州市武进区人民法院处理；一审判决刻意以王乙与王甲系亲兄弟关系和顶某公司与我方在同一地点办公的客观事实替代法律事实，并据此作出判决，有株连判决嫌疑；3. 根据《中华人民共和国担保法》第十五条之规定，保证人提供担保的主债务所发生的时间以及金额必须是保证合同所明确的，而2010年承诺书对于债务所发生的时间以及金额均不明确，因此该企业担保承诺书不具有保证的基本要件，不能视为保证承诺，也就不存在互为担保的关系；我方对2010年承诺书的真实性存疑，即使为真，根据合同的相对性也因顶某公司实际履行了与某银行的借款合同而失去担保的法律效力，即2010年4月30日的企业担保承诺书与本案之间不具有关联性；顶某公司与我方的经营范围、人员、资金都不存在混同经营的情形，我方的开户银行也在某银行，某银行获得上诉人印鉴根轻而易举，不存在"我方目前使用的公章及法定代表人签名"有疑问无法处理的情形，一审法院对我方的鉴定申请视而不见，作出的认定是错误的；诚某公司在本案中并非善意第三人。因顶某公司实施了无权处分的行为，某银行存在没有谨慎审查的过错，顶某公司与某银行的共同行为侵害了我方的利益，该行为是无效行为，诚某公司获得的追偿权与我方之间不存在连带保证责任的法律关系。2013年承诺书实际形成时间也没有查明。2010年连带保证的承诺不应该适用到2013年—2014年的贷款行为中，2013年3月开始我方公司就不再经营，税务局纳税均是以零申报保持单位现状，且与顶某公司签署了财产租赁协议将厂区全部租给顶某公司经营，在此前提下我方是没有条件和理由为顶某公司出具相应担保的。

二、一审判决程序错误。本案的纠纷因诚某公司履行担保之后依法向顶某公司和我方行使追偿权而起，某银行作为借贷合同和担保合同的合同相对人与顶某公司、诚某公司存在着利益关系，且对侯某军的调查证明了某银行和顶某公司有串通恶意侵害我方利益的嫌疑，某银行是必要参加本案件的处理的当事人之一，将某银行列为本案当事人也有利于人民法院迅速查清楚案件事实，一审判决遗漏当事人某银行系严重违反法定程序。我方于2014年5月将租赁的厂房厂地收回，一审法院当时向双方注册的场地送达传票时门卫明确和法官说顶某公司不在这里办公，但他们坚持留置送达，故一审送达程序有问题，剥夺了顶某公司的诉权。顶某公司在2014年10月22日已经变更了法定代表人为王某玉，一审法院对此未查明。

诚某公司辩称：1. 新某公司是1997年成立的，成立时法定代表人就是王乙，所有股东都是王乙家属、兄弟、父母等，在2005年其又成立顶某公司法定代表人也是王乙，同时顶某公司租赁新某公司的厂地，两公司就签署了厂地租赁协议，工商登记有备案。王甲是当地村领导不方便经营，2010年时王乙家族之间就新某公司股份做了变动，就让王甲做了法定代表人，王乙就退出了。所有股权都是在王甲、王乙的父亲王某玉以及其母亲之间进行变动，都是由王乙在经营，且新某公司在2007年时向武进区环保局申请设立一个项目，与顶某公司是一模一样的，经营范围都是混同的，这些在工商登记资料中都有登记。2. 关于新某公司经营状况，应该提交相关证据材料说明。3. 关于鉴定问题，一审法院是基于这种鉴定的不必要性，因为是否需要进入鉴定程序是一审法院审查的范围之内的认定，并不违反法律规定。4. 一审法院并未对顶某公司和新某公司的关系作事实或者法律认定，只是认为2013年4月的承诺书作为某银行特别是我方完全有理由相信是一份真实意思表示的承诺书。我方已经对此进行了基本审查，尽到了注意义务，且以此作为前提顶某公司向某银行提供担保，不存在任何过错。一审判决也是基于该理由判定由新某公司承担担保责任，但是并未剥夺新某公司向相关责任人要求赔偿和追偿的权利。故一审判决认定事实清楚，适用法律正确，程序合法，应予维持。

顶某公司二审未发表意见。

诚某公司向一审法院起诉请求：1. 顶某公司立即支付我方担保代偿款合计

人民币 10409765.2 元；2. 顶某公司支付我方至 2014 年 10 月 23 日止的利息损失 46769.27 元，并继续按中国人民银行同期逾期贷款利率向我方支付至代偿款付清之日止的利息损失；3. 新某公司对第一、二项诉讼请求中顶某公司未能清偿部分承担二分之一的清偿责任；4. 本案的诉讼费用由两被告承担。

一审法院认定事实：

2013 年 9 月 3 日、10 月 9 日、10 月 10 日，顶某公司与某银行各签订借款合同一份，分别约定顶某公司向某银行借款 260 万元、200 万元、340 万元，借款合同签订当日，诚某公司与某银行分别签订保证合同，约定诚某公司为顶某公司的上述借款提供连带责任保证。2014 年 4 月 18 日，顶某公司与某银行签订最高额借款（信用）合同一份，约定某银行同意在 2014 年 4 月 18 日至 2015 年 4 月 16 日期间向顶某公司发放最高额度为 200 万元的借款。同日，诚某公司与某银行签订最高额保证合同，约定诚某公司为顶某公司的上述借款提供连带责任保证。2014 年 4 月 24 日某银行向顶某公司发放了 195 万元贷款。

自 2014 年 5 月起，上述四笔贷款的利息均由诚某公司支付。因顶某公司未能归还到期借款，某银行对 2015 年 4 月 16 日到期的 195 万元借款进行提前收贷。至 2014 年 10 月 23 日，诚某公司归还上述四笔贷款的本金及利息共计 10409765.2 元，具体如下：2014 年 5 月 30 日还款 77475.3 元，2014 年 6 月 23 日还款 81437.4 元，2014 年 7 月 30 日还款 78999.88 元，2014 年 9 月 28 日还款 189313.42 元，2014 年 9 月 30 日还款 6563000 元，2014 年 10 月 11 日还款 340 万元，2014 年 10 月 20 日还款 9620.2 元，2014 年 10 月 23 日还款 9919 元。至此，诚某公司的保证义务已全部履行完毕。

另查明，诚某公司向一审法院提交了一份承诺书（以下简称 2013 年承诺书），内容为：致某银行：为保证贵公司与顶某公司之间自 2013 年 4 月 11 日起至 2015 年 9 月 13 日止签署的借款、银票敞口、商票贴现、贸易融资、保函敞口、资金业务及其他授信业务（不含银票贴现）合同、协议的履行，经顶某公司请求，新某公司同意出借承诺书，自愿为上述合同项下的全部债务承担连带保证责任。保证的最高额不超过人民币 1000 万元整。保证的范围为顶某公司在主合同项下发生的全部债务，包括但不限于本金、利息、罚息及为实现债权所支付的其他一切费用。王甲在该承诺书的法定代表人或授权代表签章处签章，新某公司在承诺人一处加盖了公章，落款日期为 2013 年 4 月 11 日。新某公司认为，承诺书上印章大小与其公司印章大小不一致，签名也不是其公司法定代表人所签，并以此申请法院对该印章及签名进行司法鉴定。

诚某公司向一审法院提交了一份企业担保承诺书（以下简称 2010 年承诺书），其内容为："某银行（含下属分支机构）：顶某公司与新某公司任一企业如未能按约如期足额清偿在贵公司的债务本息，则上列企业均对该等债务承担连带清偿责任。贵公司可先于债务人提供的物的担保要求上列其他企业承担担保责任"。新某公司质证称：本案的案由是债权转让合同的追偿权，根据合同相对性，本案如果新某公司在 2010 年 4 月 30 日的担保是真实意思表示，该债务已经由顶某公司偿还了，不存在遗留问题，所以我们不应承担责任。

2015 年 4 月 3 日，某银行戚墅堰支行出具情况说明一份。内容为"2013 年 4 月 11 日，新某公司就顶某公司在 2013 年 4 月 11 日至 2015 年 9 月 13 日期间与我行签署的借款、商票敞口、商票贴现、贸易融资、保函敞口、资金业务及其他授信业务（不含银票贴现）合同、协议的履行向我行出具保证承诺书一份（内容详见承诺书）保证金额最高为壹仟万元整……在我行与诚某公司签署保证合同前，我行已将新某公司向我行出具上述承诺书的事宜向诚某公司进行了告知"。

为查明案件事实，一审法院于 2015 年 7 月 17 日对某银行客户经理侯某军进行了调查。侯某军陈述：新某公司的公章是顶某公司保管的，顶某公司与新某公司均是王乙的公司，王甲是挂名的，现在出了事情才分开的。2013 年 4 月 11 日的承诺书上的公章是王乙加盖的，王甲的签名早就有了。借款到期后，我们问新某公司要钱，王甲说按法律程序走。出了事情后，我去核对公章，好像不太一样。在我们该笔借款的档案里有一份 2010 年 4 月 30 日新某公司向我们银行出具的企业担保承诺书，该承诺书表明无论顶某公司跟新某公司哪家企业欠我们钱，两家公司都对该欠款承担连带清偿责任。

本案一审争议焦点为：新某公司是否应当承担诚某公司所主张的相应责任。

一审法院认为，《担保法》第三十一条规定，保证人承担保证责任后，有权向债务人追偿。本案中，诚某公司根据其与某银行签订的保证合同，在顶某公司未能按约偿还某银行的债务后，按约承担了保证责任。此后，诚某公司向债务人顶某公司进行追偿，提起本案诉讼，于法有据。故顶某公司依法应当偿还诚某公司代其偿还的四笔贷款的本金及利息共计 10409765.2 元。因诚某公司并无证据证明其曾与顶某公司就代偿金额的追偿问题约定过逾期还款损失的计算标准，故诚某公司要求顶某公司按中国人民银行同期同类贷款利率的 130% 赔偿其利息损失，缺乏事实依据。一审法院酌情按照中国人民银行同期同类贷款利率计算其逾期利息损失。关于新某公司是否应当承担保证责任的问题，一审法院认为，《担保法》第十二条规定，同一债务有两个以上保证人的，保证人应当按照保证合同约定的保证份额，承担保证责任。没有约定保证份额的，保证人承担连带责任，债权人可以要求任何一个保证人承担全部保证责任，保证人都负有担保全部债权实现的义务。已经承担保证责任的保证人，有权向债务人追偿，或者要求承担连带责任的其他保证人清偿其应当承担的份额。《最高人民法院关于适用〈中华人民共和国担保法〉若干问题的解释》第十九条第一款规定，两个以上保证人对同一债务同时或者分别提供保证时，各保证人与债权人没有约定保证份额的，应当认定为连带共同保证。第二十条第二款规定，连带共同保证的保证人承担保证责任后，向债务人不能追偿的部分，由各连带保证人按其内部约定的比例分担。没有约定的，平均分担。根据上述规定，诚某公司在承担保证责任后，向债务人顶某公司不能追偿的部分，可以向其他保证人主张其应当承担的份额。本案中，2015年4月3日，某银行戚墅堰支行出具情况说明中表明，在该行与诚某公司签署保证合同前，该行已将新某公司向该行出具承诺书的事宜向诚某公司进行了告知。表明诚某公司为顶某公司向某银行的借款提供担保系基于新某公司已提供担保的基础上做出的一项民事法律行为。因此，诚某公司在做出担保这一民事法律行为时，其可预见到的法律后果为其与新某公司共同承担保证责任。现新某公司认为，承诺书上的公章及其法定代表人的签名与其公司公章及法定代表人签名均不一致，并申请就该印章及签名进行司法鉴定。一审法院认为，首先，客观上来说，诚某公司无法辨别新某公司在承诺书上加盖公章的真伪；其次，顶某公司的法定代表人王乙与新某公司的法定代表人王甲系亲兄弟关系，顶某公司与新某公司又在同一地点办公，诚某公司根据承诺书即相信新某公司提供了担保并无过错；最后，新某公司2010年4月30日向某银行出具的企业担保承诺书，亦表明顶某公司与新某公司互为担保关系。因此，无论诚某公司提供的2013年承诺书上的印章及签名是否与新某公司目前使用的公章及法定代表人签名一致，其均应对善意第三人及本案原告诚某公司承担相应的责任。综上，诚某公司的诉讼请求具有事实和法律依据，一审法院依法予以支持。顶某公司经一审法院合法传唤，无正当理由未到庭参加诉讼，一审法院依法可缺席判决。依据《担保法》第十二条、第三十一条，《最高人民法院关于适用〈中华人民共和国担保法〉若干问题的解释》第十九条第一款、第二十条第二款，《中华人民共和国民事诉讼法》第一百四十四条的规定，一审法院判决：一、顶某公司于判决生效之日起十日内向诚某公司支付代偿款 10409765.2 元及按中国人民银行同期同类贷款利率计算的逾期利息损失（其中 77475.3 元自 2014 年 6 月 1 日起计算，81437.4 元自 2014 年 6 月 24 日起计算，78999.88 元自 2014 年 8 月 1 日起计算，189313.42 元自 2014 年 9 月 29 日起计算，6563000 元自 2014 年 10 月 1 日起计算，340 万元自 2014 年 10 月 12 日起计算，9620.2 元自 2014 年 10 月 21 日起计算，9919 元自 2014 年 10 月 24 日起计算）；二、新某公司对顶某公司的上述债务在其未能清偿部分承担二分之一的责任。如果未按判决指定的期间履行给付金钱义务，应当依照《中华人民共和国民事诉讼法》第二百五十三条之规定，加倍支付迟延履行期间的债务利息。案件受理费 84540 元、财产保全费 5000 元，合计 89540 元，由顶某公司负担，新某公司承担顶某公司未能偿还部分的二分之一。

本院二审期间，当事人围绕上诉请求依法提交了证据。本院组织当事人进行了证据交换和质证。对当事人二审争议的事实，本院认定如下：

1. 新某公司提交 2010 年 3 月 28 日财产租赁合同，出租方新某公司，承租方顶某公司，证明两公司并非同一公司；顶某公司是以租赁形式使用新某公司的原有地址但并未按约交付租赁，在顶某公司实际搬离后新某公司依据产权归属方接受了该房产，一审法院送达的相关材料并非顶某公司签收，说明送达程序有问题。诚某公司质证认为：对于真实性无法确认，且不能证明顶某公司的经营地点不在其注册地点，达不到证明目的。本院认可该证据的真实性。

2. 诚某公司提交新某公司、顶某公司工商登记资料，新某公司认可其真实性，本院予以采信。根据工商资料记载内容，2014 年 10 月 22 日后顶某公司法定代表人变更为王某玉。新某公司营业范围为"建筑用水泥彩色瓦制造及售后服务；钢管轧制；水泥多孔砖、水泥管道、桩基、水泥制品、水暖建筑装饰材料销售"；顶某公司营业范围为"钢管轧制，机械零部件制造、加工"。王某玉（父）、高某娟（母）、王甲、王乙、王某妍（姐妹）、金某萍（王甲之妻）等家族成员在两公司中存在持股及任职情况。

3. 新某公司主张顶某公司曾于 2010 年 1 月 29 日向某银行剑某支行贷款 200 万元，并由常州洪某精密自动化设备有限公司（以下简称洪某公司）担保，2010 年承诺书是唯一对该笔贷款的承诺说明，并申请法院调取相关银行文件。本院委托一审法院进行调查，某银行提供 2010 年 4 月 7 日授信结论通知单，载明同意对顶某公司、新某公司合并基本授信 800 万元、期限一年、由洪某公司保证担保等。诚某公司对该证据无异议；新某公司认可其真实性，同时认为没有新某公司或顶某公司印章、签收回执等，没有向新某公司送达过，只是银行内部文件、供授信参考使用，没有担保的意思，不能认为 2010 年担保承诺书可以用到 2013 年、2014 年的贷款中。本院认可该证据真实性。

4. 某银行于 2016 年 8 月 4 日向本院出具情况说明，载明：新某公司所称顶某公司曾于 2010 年 1 月 29 日向某银行贷款 200 万元、洪某公司担保的贷款资料，因原经办人工作调整及我行办公地址搬迁等原因未找到贷款合同和担保合同原件；我行 2010 年 1 月 29 日有过向顶某公司放贷 200 万元的记录（附有电脑截屏，金额 200 万元，期限为 2010 年 1 月 29 日至 2011 年 1 月 25 日）；2010 年 4 月 13 日，因我行向顶某公司及其关联公司新某公司合并授信 800 万元，两公司遂于 2010 年 4 月 30 日向我行出具企业担保承诺书一份，载明的"文本 1-5（2010.1）"是我行使用的文书的版本编号等。诚某公司对该证据无异议，认为新某公司关于 2010 年担保书是为上述 200 万元贷款担保的主张不成立；新某公司认可证据真实性，但不同意证明目的，理由：（1）两份文件加盖的是业务公章，对于业务公章并非某银行的合法印章，因此并不能够认定为是某银行作为一个银行机关所出具的证明文件。（2）对于未找到相关材料的说法我方不认可，为何说别的文件都找不到只发现了一张企业担保承诺书，且在情况说明中已经明确记载这份企业担保承诺书是作为一个文件的附件存在的。（3）在 2010 年 1 月的贷款行为中，对于承诺书的用途是否有其他约定现在无任何证据进行支持，一审法院概括性地以承诺书来认定我方承担担保责任是没有任何事实依据的，并且没有找到相关贷款业务也证明了案件事实未查清，应该发回重审。（4）根据民事诉讼法规定，案件双方当事人有两次机会，如果二审法院以情况说明作为定案依据的话显然剥夺了双方当事人第二次诉权。本院认可上述证据真实性。

5. 本院向某银行工作人员侯某军调查，其称 2013 年承诺书是王乙提交，印章是王乙当面盖上，王甲签字已经有了，贷款时查了两公司工商登记材料，按照银行规定要和王甲见面但是没有见等。某银行向本院提交保证借款合同及借据，借款人顶某公司，保证人常州市剑某计算机机房装备有限公司、王乙，金额 200 万元，期限自 2010 年 1 月 29 日至 2011 年 1 月 25 日，该贷款已经在 2010 年 1 月 29 日发放。诚某公司认为：对上述证据三性均无异议。从保证借款合同、授信通知书形成时间讲，2010 年承诺书与 2010 年 1 月 29 日的借款合同无关联性。2010 年承诺书是借款合同的附件，情况说明中已经明确是银行使用的文书的版本编号。新某公司认为：（1）对保证借款合同真实性目前无法核实，因为签字和盖章都不是我方当事人做出的。另外,该合同亦非完整的保证借款合同,因为附件不完整:本案所涉的 2010 年承诺书注明了文本 1-5 说明它是作为附件,是保证借款合同的一个组成部分。是否对应这个合同我们不知道。(2)借款借据不知道借款是否实际发生,真实性无法核实。(3)认可法院谈话笔录形成过程,但是对证明内容不认可。侯某军作为银行的客户经理,已经认可了在 2013 年借款时是存在问题的,并未核实新某公司的签字和盖章是否是公司加盖或者法定代表人亲笔签署,该贷款出现问题后不能以此作为认定我方承担担保责任的证据。(4)新调取的证据无一直接证明我方应该承担相应的担保责任。授信结论通知单仅是作为今后两公司在授信时的参考意见,不是以此作为评定两公司形成联合承担担保责任的依据,因此一审判决错误。本院认可上述证据真实性。

本院经审理查明,除新某公司主张 2013 年承诺书真正的出具时间是在 2014 年春节左右,双方对于一审判决认定事实均无异议,本院予以确认。

根据新某公司申请,本院委托南京金陵司法鉴定所对 2013 年承诺书上王甲签名真伪进行司法鉴定。双方均同意以 2010 年承诺书上签名作为比对样本。鉴定机构作出宁金司〔2016〕文鉴字第 553 号《鉴定意见书》,结论为:检材与样本上王甲签名不是同一人书写。新某公司认可该鉴定意见的真实性、合法性、关联性。诚某公司质证认为:认可该鉴定意见的真实性、合法性,但不能成为新某公司免责理由,因为只有专业鉴定人员才能区分检材和样本之间的差别,说明银行工作人员已经尽到了审慎义务;由于王乙现场加盖印章,顶某公司、新某公司特殊关联性、王乙与王甲之间的亲属关系,两公司合并授信及 2010 年连带保证的事实,银行工作人员有充分理由相信该承诺书真实性;我方是在新某公司提供担保的情况下提供担保,如印章虚假则王乙行为涉嫌伪造印章骗贷,应追究其刑事责任;本次鉴定没有涉及 2010 年承诺书上王甲签名真实性,工商资料中也有大量代签名,不能否认一审判决理由。

本案二审争议焦点是:诚某公司要求新某公司对于担保代偿款就顶某公司未归还部分承担二分之一责任是否有事实和法律依据;原审审理程序是否合法。

本院认为,根据担保法及其司法解释的规定,在多个保证人为同一债务提供担保的情况下,已经承担责任的保证人就其向债务人不能追偿部分,有权请求其他保证人分担。就案涉顶某公司向某银行借款形成的债务,诚某公司已经代偿四笔贷款的本金及利息共计 10409765.2 元,其诉请判令新某公司就顶某公司未能清偿部分承担二分之一的清偿责任能否成立,即新某公司是否应分担相关责任,需审查其是否属于案涉贷款的共同保证人。

关于2013年承诺书能否确定为新某公司的真实意思，新某公司否认所盖公章及签名的真实性。本院认为，该承诺书上加盖的新某公司印章与2010年承诺书上公章明显不符，某银行工作人员亦陈述"出了事情后，我去核对公章，好像不太一样"。现诚某公司并无证据证明新某公司同时使用两枚不同公章，亦未主张对2013年承诺书上公章进行鉴定，故该印章不应认定为新某公司的真实意思表示。在针对王甲签名真实性的司法鉴定程序中，诚某公司对于以2010年承诺书作为比对样本并无异议，根据鉴定结论2013年承诺书上王甲签名并不属实，即新某公司的法定代表人并未确认过担保事实。综合上述因素，该承诺书不应视为新某公司的意思表示，诚某公司以此主张新某公司作为共同保证人，分担其已经承担的责任份额，缺乏事实与法律依据，难以成立。尽管顶某公司与新某公司当时的法定代表人为亲兄弟，两公司亦曾经共同授信、互相保证，但两公司均为独立法人且缺乏证据证明混同事实。某银行工作人员在没有面签或者采取其他合理方式核实新某公司担保意思的情况下，即以王乙提供的2013年承诺书确认新某公司已经提供保证担保，存在过错，诚某公司若因此造成损失可另行主张权利。至于新某公司主张该承诺书真正的出具时间是在2014年春节左右，缺乏证据支持，本院不予认可。

关于新某公司、顶某公司于2010年向某银行出具的互保承诺书能否认定包含案涉贷款在内，本院认为，案涉授信结论通知单载明，同意顶某公司和新某公司合并基本授信800万元，期限一年，由洪某公司提供保证担保；某银行出具情况说明称"2010年4月13日，因我行向顶某公司及其关联公司新某公司合并授信800万元，两公司遂于2010年4月30日向我行出具了《企业担保承诺书》一份"，因此2010年承诺书对应授信结论通知单载明的800万元合并授信，期限从2010年4月13日至2011年4月13日，本案所涉贷款并不在该期间内，亦无洪某公司担保。综合上述因素，诚某公司以此主张新某公司承担保证责任缺乏事实和法律依据。

关于新某公司针对原审送达程序所提异议，本院认为，原审程序是否损害了顶某公司利益，应由顶某公司向法院提出主张，且经查阅原审卷宗中送达记录，一审法院法官于同一天向顶某公司、新某公司注册地址送达了诉讼材料，故新某公司认为送达程序不合法的上诉理由不能成立。

综上，新某公司的上诉请求成立，予以支持。依照《中华人民共和国民事诉讼法》第一百七十条第一款第（一）项之规定，判决如下：

一、维持江苏省常州市中级人民法院（2014）常商初字第 427 号民事判决第一项；

二、撤销江苏省常州市中级人民法院（2014）常商初字第 427 号民事判决第二项；

三、驳回常州市诚某金属制品有限公司对常州市武进新某建筑材料有限公司的诉讼请求。

如果未按判决指定的期间履行给付金钱义务，应当依照《中华人民共和国民事诉讼法》第二百五十三条之规定，加倍支付迟延履行期间的债务利息。

案件受理费 84540 元、财产保全费 5000 元，合计 89540 元，由顶某公司负担；二审案件受理费 84540 元、鉴定费 28370 元由顶某公司负担，新某公司已经预交的二审案件受理费由本院退还，顶某公司应当负担的费用在本判决生效后十日内向本院缴纳。

本判决为终审判决。

法律法规

《中华人民共和国民法典》（2021 年 1 月 1 日施行）

第一百七十一条第一款 行为人没有代理权、超越代理权或者代理权终止后，仍然实施代理行为，未经被代理人追认的，对被代理人不发生效力。

第四章　公司印章被伪造的法律风险

第一节　伪造印章签订的合同无效的判例

023　中某证券股份有限公司与重庆华某石粉有限责任公司证券经纪合同纠纷案[①]

裁判要旨

没有代理权限的公司员工伪造公章对外签订的合同对公司不产生约束力。

实务要点总结

（1）笔者认为，本案不具有典型性。一方面本案是发生在存在大量定型化交易的证券公司，证券公司员工伪造公章与客户签订定型化的合同，客户一般不负有审查用章真实与否及是否获得充足授权的义务，也无法对此作出审查。最高人民法院此后的多个判决也认为，在通常情况下，不能仅以合同上加盖的印章系伪造为由主张合同无效。

重庆市高级人民法院在再审判决中关于"罗某松作为中某证券较场口营业部的副总经理，不当然具有对外签订合同的代理权限，也不足以使他人相信其具有该代理权限"，故通过伪造印章签订的合同无效的裁判观点，值得商榷。最高人民法院在再审中维持这一判决结果，可能有欠妥当。

（2）公司要想主张使用伪造的公章签订的合同对公司不具有约束力，可从以下几个方面入手：

①对方当事人明知公章系伪造；

[①] 审理法院：最高人民法院；诉讼程序：再审

②对方当事人没有理由信赖使用公章的人能够代表公司对外签订合同或者使用公章；

③公司公章的使用具有唯一性，且不存在公章使用、管理混乱的情况。

（3）伪造印章签订的合同无效在司法实践中并非主流观点，相关判例的裁判理由可归纳为以下几点：

①交易相对人一般不负有审查合同用章真实与否的义务；

②使用伪造印章对外签订合同一般与公司印章管理、授权管理混乱等存在一定的联系，故使用伪造印章的人容易形成表见代理；

③如果公司法定代表人、授权委托人对外使用伪造印章签订合同，公司一般不能否认其效力。公司员工对外使用伪造印章签订的合同，公司也不能否认其效力。

相关判决

中某证券股份有限公司与重庆华某石粉有限责任公司证券经纪合同纠纷案再审民事判决书 [（2011）民提字第293号]

申请再审人（一审被告、二审上诉人、原被申请人）：中某证券股份有限公司。住所地：北京市朝阳区亮马桥路48号。

法定代表人：王某明，董事长。

被申请人（一审原告、二审上诉人、原申请再审人）：重庆华某石粉有限责任公司。住所地：重庆江津市珞璜镇。

法定代表人：杨某寿，该公司董事长。

申请再审人中某证券股份有限公司为与被申请人重庆华某石粉有限责任公司证券经纪合同纠纷一案，不服重庆市高级人民法院（2010）渝高法民再终字第252号民事判决，向本院申请再审。本院以（2011）民再申字第4号民事裁定提审本案，并依法组成由审判员贾纬担任审判长、审判员沙玲、代理审判员周伦军参加的合议庭进行了审理，书记员侯佳明担任记录。本案现已审理终结。

2003年4月9日，重庆华某石粉有限责任公司（以下简称华某公司）提起诉讼，请求判令中某证券股份有限公司重庆较场口证券营业部（以下简称中某证券较场口营业部）返还1000万元，按中国人民银行同期贷款利率支付利息并加付罚息，承担诉讼费，由中某证券股份有限公司（以下简称中某证券）承担连带责任。

重庆市第一中级人民法院一审查明：1998年，华某公司以其员工刘某敏个人名义，在中某证券较场口营业部（原中某证券有限责任公司重庆南坪证券交易营业部）开设0005××××0050号资金账户（以下简称0050账户），以从事国债交易。1998年11月及次年12月，华某公司先后两次各500万元共存入该账户1000万元。1998年11月10日至2000年1月4日，华某公司先后五次就买入和卖出97国债（4）向中某证券较场口营业部进行过委托，取得了成交过户交割单。

2000年1月18日，华某公司以转账方式从0050账户取出10353410.18元，于同日存入以公司名义在中某证券较场口营业部开设的0005××××3375号资金账户（以下简称3375账户）。中某证券较场口营业部分别出具了加盖单位印鉴的支款凭单和存款凭单。此后，华某公司未通过自助方式在3375账户上进行证券交易，也未通过柜台委托方式委托中某证券较场口营业部交易。2002年，华某公司账户进入了该公司未认可的2000万元。同年6月28日，3375账户被人持伪造的授权委托书取走2110万元。同年12月17日，华某公司取走了前述"约定收益"共1411298.34元。现在华某公司的资金账户上仅余94653.05元。

一审另查明：2002年1月1日，中某证券较场口营业部职员罗某松以中某证券较场口营业部名义与华某公司签订"委托资产管理协议"和"委托资产管理协议补充协议"。协议约定：1. 华某公司的证券账户为B880331942。该司将3375资金账户上的11760819.52元委托中某证券较场口营业部管理，管理期限自当日至同年12月31日，中某证券较场口营业部向华某公司"出具受托管理资产数额的有效证明或凭证"；2. 收益部分12%以内的由华某公司享有，超过12%部分由中某证券较场口营业部享有，遇国家政策调整可另行协商，但至少不低于中国人民银行同期存款利息；3. 中某证券较场口营业部分别于同年1月10日和7月10日将约定收益的各一半存入3375账户，委托期限届满后中某证券较场口营业部归还委托资金并支付收益，逾期则以到期委托资产数额与收益之和为基数按日万分之五支付违约金。该两份委托协议上中某证券较场口营业部的印鉴及负责人的签名经鉴定不真实。当日华某公司取得加盖中某证券较场口营业部印章的华某公司有11760819.52元资金的对账单。同年1月10日及7月28日，华某公司又先后取得了存入合同约定收益各705649.17元的两份"存款凭单"。经鉴定，两份存单上中某证券较场口营业部的印鉴不真实。

重庆市第一中级人民法院审理认为，（一）关于"委托资产管理协议"和"委托资产管理协议补充协议"的效力。罗某松虽然是中某证券较场口营业部的职员，但其身份不当然具有代表中某证券较场口营业部对外签订合同的授权，也不足以使他人相信他具有这种授权，且前述合同中中某证券较场口营业部的印鉴及负责人签名不真实，因此罗某松的行为不构成表见代理，2002年1月1日罗某松以中某证券较场口营业部名义与华某公司签订的上述两份合同无效，华某公司与中某证券较场口营业部之间未设立有效的资产委托管理合同关系，中某证券较场口营业部不作为合同当事人对他签订的合同承担约定义务。中某证券较场口营业部和中某证券认为双方不存在资产委托管理关系的辩解成立。

（二）关于华某公司与中某证券较场口营业部及中某证券之间的法律关系。在民事领域，民事主体之间的法律关系是指由民事法律规范所确认和保护的社会关系，即民法对民事法律事实调整后在民事主体间形成的以民事权利义务为内容的合法的民事法律关系。本案中，只存在华某公司在中某证券较场口营业部开设账户从事证券交易代理的民事法律事实，而没有双方签订资产委托管理合同的民事法律事实，因而民法对该民事法律事实调整后形成的民事法律关系仅是双方形成证券交易代理法律关系，而不是双方还同时存在资产委托管理法律关系。华某公司对民事法律事实所形成的民事法律关系的性质认识错误，该院释明后该公司基于客观存在的证券交易代理法律事实主张其诉讼请求，该院应审理裁判。中某证券较场口营业部认为本案存在委托资产管理和证券经纪两种民事法律关系，华某公司诉讼请求变更不当，该院不应审查的辩解不成立。

（三）关于华某公司账户资金缺失的民事责任承担。如认证部分所述，在证券交易代理中证券公司应与客户签订协议，明确委托、交割的方式、内容和要求，证券公司提供自助委托的应当签订自助委托协议并由证券公司详细记录自助委托过程，可见，证券公司有义务并且有条件保存证明双方是否发生交易以及发生何种方式交易的单证。华某公司起诉后，中某证券较场口营业部为支持其辩解，应当举示相关单证证明华某公司进行了自助交易或其他方式交易，以致仅余94653.05元。但是中某证券较场口营业部并未举示这方面的直接证据，而仅举示了两次取款的单证。因此中某证券较场口营业部自己举示的证据不足以证明其辩解。该营业部一方面认为，华某公司举示的从该营业部获取的资金对账单等证据过了举证期限，不应采信；而另一方面又以其来证明自己的反驳主张，属对诉讼权利的不正当行使。尽管如此，由于这些证据本身存在认证部分所述缺陷，华某公司提交的现有证据也足以证实中某证券较场口营业部的答辩理由。

这样，华某公司存入资金后，仅取走了部分资金，余款大量缺失。中某证券较场口营业部作为证券交易代理的受托人,不能证明资金缺失是委托人或其他第三人的行为造成,应当推定是中某证券较场口营业部自己的过错行为造成,该营业部应当对缺失的资金及自华某公司要求取款之日起的资金占用损失承担赔偿责任。由于中某证券较场口营业部是中某证券不具法人资格的分支机构,中某证券应对中某证券较场口营业部的前述债务负连带责任。

(四)关于赔偿金额。如认证部分所述,中某证券较场口营业部出具给华某公司的资金对账单之间不能对应,且与经鉴定真实的存款凭单不对应,与证券账户的实际持有变动记录不符,不足以认定华某公司实施了证券交易行为。因此,华某公司账户资金的损失应按存入金额减去该公司取出的金额,然后扣除余额后确定。华某公司的 10353410.18 元从 0050 账户转账存入 3375 账户后,华某公司取走 1411298.34 元,资金账户上现余 94653.05 元,扣除这两项后,实际损失本金 8847458.79 元。华某公司未证明何时要求中某证券较场口营业部取回资金,其资金占用损失从向本院起诉之日(2003 年 5 月 7 日)起算,按中国人民银行规定的同期逾期贷款利率计付至付清时止。

综上所述,华某公司的诉讼请求部分成立,应予支持;中某证券较场口营业部、中某证券认为不应承担责任的辩解不成立,不应采信。依照《中华人民共和国民法通则》第一百零六条,《中华人民共和国民事诉讼法》第一百二十八条的规定,重庆市第一中级人民法院一审判决:(一)中某证券较场口证券营业部于判决生效后十日内支付华某公司 8847458.79 元及资金占用损失(以 8847458.79 元为基数,从 2003 年 5 月 7 日起,按中国人民银行规定的同期逾期贷款利率计付至付清时止)。(二)中某证券对中某证券较场口证券营业部的支付义务负连带责任。(三)驳回华某公司的其他诉讼请求。案件受理费 69555 元、其他诉讼费 3690 元、鉴定费 3700 元,合计 76945 元,由华某公司负担 7695 元,中某证券较场口证券营业部和中某证券连带负担 69250 元。

中某证券和华某公司均不服重庆市第一中级人民法院的一审判决,向重庆市高级人民法院提起上诉。

华某公司上诉称:1.一审判决对资金占用损失的起算时间错误,应是 2003 年 1 月 23 日,非 5 月 7 日。2.漏判以 10353410.18 元为基数,从 2000 年 1 月 18 日起至 2003 年 1 月 23 日止按中国人民银行同期存款利率支付利息。3.一审未认定中某证券挪用客户资金的行为。同时提出代理意见:第一,华某公司未与中某证券签订书面的《证券买卖委托代理协议》《指定交易协议》,则双方未建立证券经纪关系。第二，华某公司只进行过柜台交易，而柜台交易并不需要密码。密码是由中某证券掌握。第三，华某公司的资金账户下被下挂多个证券账户，此系中某证券所为，中某证券操纵了华某公司的账户。第四，中某证券向华某公司出具了多份与真实交易不符的对账单、存款凭单等，均是以欺骗手段达到挪用客户资金的目的。第五，中某证券提供的资金对账单与在上海证券登记公司取得的交易明细有差别，则说明中某证券管理混乱，欺诈客户。故请求二审改判：1. 将判决第一项的"从2003年5月7日"改为"从2003年1月23日"；2. 判令中某证券较场口证券营业部以10353410.18元为基数，从2000年1月18日起至2003年1月23日止按照人民银行同期存款利率向华某公司支付利息。

中某证券上诉称：1. 本案涉嫌经济犯罪，应中止或移送公安机关，另华某公司举证逾期，中某证券的证据却未被列入证据范围，因而一审程序违法。2. 一审法院认定华某公司有1000余万元的转账行为有误；一审举证倒置的作法违背证券法规定。请求二审法院判令：1. 撤销一审判决；2. 驳回华某公司全部诉讼请求；3. 华某公司承担全部诉讼费用。

重庆市高级人民法院二审查明和认定的事实：（一）诉讼主体的问题。2004年6月，一审期间，经中国证监会批准，中某证券较场口营业部由西某证券有限责任公司吸收合并，其主体被注销，中某证券在二审中承诺本案较场口营业部的权利义务均由其承担。因中某证券较场口营业部主体资格已不存在，而权利义务有承担人，本案不将中某证券较场口营业部列为诉讼主体。

（二）资金账户、对账单以及证券交易相关事实。第一，资金账户的开立及资金进出关系。1998年11月5日，华某公司在中某证券较场口营业部以刘某敏名义开设0050账户，以从事国债交易。1998年11月和1999年12月，华某公司各存入0050账户500万元，共计存入该账户1000万元。2000年1月14日，华某公司在中某证券较场口营业部开设3375账户，以从事国债交易。0050账户在1999年10月12日被以支票形式取走现金366750元；3375资金账户在2001年12月26日以支票形式存入现金2000万元，2002年6月28日以支票形式取出现金2110万元，2002年12月17日以支票形式取出现金1411298.34元。即在0050和3375两资金账户中，共存入3000万元，取出22878048.34元，未取出7121951.66元，但现在两资金账户上仅余94653.05元，资金缺失7027298.61元。第二，证券账户交易情况。0050和3375资金账户开立后，两资金账户下分别下挂了以姓名为刘某敏，账号为A3065×××××（上海）或5464××××（深圳）

为主的二十八个证券账户,并在其中十六个证券账户中进行了证券交易。刘某敏的 A3065×××××证券账户于 1998 年 11 月 2 日在上海证券交易所开户,并在 1998 年 11 月 6 日至 2002 年 12 月 11 日期间进行了九千九百一十三次交易,直至所有证券卖出。刘某敏的 5464××××证券账户于 1998 年 11 月 5 日在深圳证券交易所开户,并在 1998 年 11 月 12 日至 2002 年 6 月 27 日期间进行了二百八十次交易,直至所有证券卖出。至 2005 年 2 月 22 日,通过在上海及深圳证券登记结算中心查询,这二十八个股东账户中股票均全部售出或撤销指定交易。

二审另查明,1998 年 11 月 10 日至 2000 年 1 月 4 日,华某公司先后五次就买入和卖出 97 国债(4)向中某证券较场口营业部进行过委托,取得了成交过户交割单。

重庆市高级人民法院二审认为,本案争议的焦点是,当华某公司将 1000 万元划入其在中某证券的资金账户后,除有部分取款行为外,谁控制了账户,进而导致华某公司账户资金缺失,这一缺失的民事责任应由谁承担。

根据《证券交易委托代理业务指引》(中证协字〔2001〕113 号)规定,证监会制定了《风险提示书》《证券交易委托代理协议书》《授权委托书》《网上委托协议书》作为证券经营机构和投资者签署相关法律文件的范本。其中《风险提示书》第六条规定:"其他风险:由于您密码失密、操作不当、投资决策失误等原因可能会使您发生亏损,该损失将由您自行承担;在您进行证券交易中他人给予您的保证获利或不会发生亏损的任何承诺都是没有根据的,类似的承诺不会减少您发生亏损的可能。"《证券交易委托代理协议书》第五条规定:"甲方开设资金账户时,应同时自行设置交易密码和资金密码(以下统称密码)。甲方在正常的交易时间内可以随时修改密码。"中国证监会 1994 年《关于健全查验制度防范股票盗卖的通知》第三条规定:"证券经营机构应当以明确和经常性的方式提醒投资者注意,防止其身份证号码、股东代码、交易密码和有关交易资料泄密。"中某证券 1998 年 8 月的营业部管理制度汇编,交易清算分册中《客户密码管理办法》规定:"客户在本营业部开户时,工作人员必须要求客户设立交易和资金密码。客户输入正确的密码后方可进行交易或提款。"因而,对密码的获取是掌握资金或证券账户的根本途径。华某公司认为其与中某证券没有签订相关文书,也没有获得密码,但华某公司承认事实上其与中某证券之间有指定交易关系,开立了相关资金、证券账户。根据中国证监会的相关规定、中某证券的管理规定及证券交易惯例,只要开立账户,客户就设立了交易和资金密码。因此,华某公司关于其不知道密码的抗辩不能成立。至于中某证券不能提供相关应当保管的客户开户资料的问题，属于证券监督管理部门对其进行处罚的问题，与本案的处理无关。而根据前述认定的资金对账单系真实的，从资金对账单上不能看出中某证券对华某公司的账户密码进行了强制修改，华某公司亦不能证明中某证券掌握了其账户密码。因而该院认为华某公司自己掌握了账户密码并进而对相关账户进行了控制并通过相关账户进行了大量证券交易。

根据相关证券交易规则，一个资金账户下应挂一个证券账户，至于在资金账户下挂他人证券账户是否违法，这属于应当由证券监管机构处理的行政法律范畴问题，不属于本案考虑的问题。并且，下挂的证券账户如果并未使用华某公司资金账户里的资金购买证券，则未对华某公司造成侵权，而如果用华某公司资金账户里的资金购买证券，则必须知道华某公司资金账户的密码。因为只有在知道资金账户密码的情况下才能用资金账户中的钱买证券，所以应认定为其他证券账户属于并受华某公司控制。

综上所述，华某公司与中某证券之间成立了证券经纪关系，华某公司掌握了自己开立的0050和3375资金账户密码，且无证据证明中某证券掌握或修改了该密码，则华某公司应对相关资金账户及证券账户内的资金及证券负责。相关的资金缺失责任应由华某公司自己承担。一审判决认定事实、适用法律均错误，应予纠正。重庆高院根据《中华人民共和国民事诉讼法》第一百五十三条第一款第（三）项之规定判决：（一）撤销（2003）渝一中民初字第213号民事判决；（二）驳回华某公司的诉讼请求。一审案件受理费69555元、其他诉讼费3690元、鉴定费3700元，合计76945元；二审案件受理费69555元、其他诉讼费3690元，合计73245元，以上共计150190元，由华某公司承担。

2008年3月9日，公安机关经侦查将罗某松捕获。2009年2月13日，重庆市渝中区人民法院（2008）中区刑初字第683号刑事判决书认定罗某松犯挪用资金罪、职务侵占罪，处以十七年有期徒刑。

华某公司以二审判决认定事实错误，刑事判决书证明中某证券高管人员罗某松利用职务便利挪用、侵占华某公司账户资金，导致其资金亏空为由，向重庆市高级人民法院申诉请求撤销其二审判决，改判中某证券返还资金本金822余万元，赔偿资金占用损失618万元。

中某证券答辩称，二审判决认定事实清楚、适用法律正确，应当予以维持。
1. 华某公司资金只能用于国债投资没有依据，罗某松掌握了华某公司的密码进行操作属个人行为，华某公司知道账户下挂股票账户问题，自己存在过错，因其炒股导致资金损失应由华某公司自行承担；2. 罗某松侵占的资金应属于华某公司所有，而非中某证券所有，其侵占行为属于个人行为，与中某证券无关，应由罗某松本人返还或赔偿；3. 刑事判决存在诸多问题，不宜作为依据；4. 将华某公司的资金110万元支付给重某建设投资公司的后果应由华某公司承担。重庆市高级人民法院经审委会决定，于2010年5月25日裁定再审本案。

重庆市高级人民法院再审查明：1998年11月，华某公司以其职工刘某敏名义在中某证券较场口营业部开设0050账户，签订指定交易合同和电话委托交易合同，约定以柜台交易和电话委托的方式交易上交所的挂名证券。其后以支票方式存入其账户500万元，进行国债交易。支票注明收款人为中某证券较场口营业部，用途为购买国债。中某证券工作人员罗某松（自1998年担任中某证券重庆营业部客户服务部副经理，1999年1月起任中某证券较场口营业部副总经理，2002年3月后任中某证券双桥服务部经理）将华某公司账户500万元购买国债后马上擅自进行回购，在华某公司账户下又挂设二十三个上交所及深交所的股票账户，然后通过柜台交易、电话委托、上网委托的方式进行股票交易，后亏损。

为掩盖炒股亏损的事实，罗某松于1999年9月伪造国债交割单，造成国债理财营利数十万元的假象，要求华某公司继续追加投资。华某公司于12月22日分两次以支票方式存入资金共计500万元要求进行国债交易，支票注明收款人为中某证券较场口营业部，用途为购买国债。罗某松又将该500万元在华某公司的资金账户下用于炒股。2000年1月18日，华某公司注销以刘某敏的名义开设的0050账户，重新以华某公司的名义开设3375账户，同时将0050账户的剩余资金转入其中。为防止华某公司生疑，罗某松再次伪造国债收益存款凭单，显示该资金账户中尚有人民币10353410.18元。其后罗某松通过伪造中某证券的公章和经理马某生的签名，与华某公司签订委托理财协议。

2001年12月，因为股票继续亏损，罗某松告知华某公司最好追加投资。重某建设投资公司得知后遂投入2000万元于华某公司的资金账户。同样，罗某松在该账户下开设十五个股票账户进行股票交易。2002年6月，在重某建设投资公司的催要下，罗某松将华某公司的部分资金，连同重某建设投资公司的剩余资金，共计2110万元，谎称国债交易取得收益，归还给重某建设投资公司。

2002年3月罗某松调任至中某证券双桥服务部经理。在无力弥补华某公司投资1000万元的本息资金缺口情况下，产生将剩余资金非法占为己有的意图。当时华某公司资金账户中的股票主要集中在李某洪、张某义、刘某全三人名义的股票账户下，罗某松通过系统取得该三人的身份情况，并以自己的相片加上他人的真实信息伪造了李某洪、张某义、刘某全的身份证，然后其利用职务便利直接办理该三人与中某证券的撤销指定交易协议，再分别与广东证券、广发证券和银河证券三家证券公司办理指定交易协议，最后罗某松将华某公司账户上的股票通过上述三家证券公司卖出，以李某洪、张某义、刘某全的名义取现共计人民币236.1万元后逃匿。

另查明，华某公司于1999年10月11日从其资金账户取走366750元，2002年12月17日取走1411298.34元，0050账户余367.01元，3375账户余94653.05元。经中国证监会批准，中某证券较场口营业部由西某证券有限责任公司吸收合并，其主体被注销，中某证券同意承续其权利义务。

重庆市高级人民法院再审认为：华某公司、中某证券的开户、指定交易和电话委托交易合同是双方的真实意思表示，内容合法，应为有效合同。罗某松作为中某证券较场口营业部的副总经理，不当然具有对外签订合同的代理权限，也不足以使他人相信其具有该代理权限，其通过伪造中某证券的公章和经理马某生的签名，以中某证券较场口营业部名义与华某公司签订《资产委托管理协议》和《委托资产管理合同补充协议》，根据《中华人民共和国合同法》第四十八条、第四十九条、第五十四条的规定，上述《资产委托管理协议》和《委托资产管理合同补充协议》无效，当事人在审理中对此没有争议。根据该法第五十八条、第一百零七条的规定，本案争议焦点在于，华某公司在中某证券开立账户后，1000万元资金除华某公司自行取出和账户余额外，因罗某松利用职务便利挪用资金、侵占造成华某公司的资金损失由谁承担问题。

（一）罗某松利用职务便利挪用、侵占华某公司账户资金造成的损失，中某证券具有管理上的明显过错，应当承担赔偿责任。

根据华某公司与中某证券的开户合同，华某公司将资金通过正当合法的手续打入中某证券的账户，中某证券对该款具有保管义务。

上述合同约定中某证券根据华某公司的柜台交易委托和电话交易委托的方式，交易上交所的挂名证券，华某公司的转账支票也注明用于购买国债，中某证券的管理人员罗某松在购入国债后，没有华某公司进行股票交易的委托，利用职务便利私自将国债回购，并在华某公司的资金账户下设立多个股票账户进行股票交易，导致华某公司账户资金亏损流失。在无力弥补华某公司账户资金亏损的情况下，罗某松利用职务便利伪造了他人身份证，将华某公司账户上的股票卖出，取现逃匿。

对此，由于中某证券对华某公司账户资金具有保管义务，其管理人员罗某松采用欺骗手段挪用、侵占华某公司账户资金，均利用其职务上的便利，中某证券对此具有管理上的明显过错，应当对华某公司因罗某松挪用、职务侵占其账户资金导致的损失承担赔偿责任。其赔偿的损失，应当包括华某公司存入其账户损失的本金，和按中国人民银行规定的同期贷款利率计付至付清时止的资金占用损失（扣减0050账户和3375账户余额产生的利息）。中某证券关于罗某松掌握了华某公司的密码炒股、职务侵占属个人行为，自己不应承担责任的辩解理由不成立。已查明华某公司账户资金用于购买国债，其关于华某公司资金只能用于国债投资没有依据的辩解理由不成立；没有证据证明华某公司知道其账户下挂股票账户，自己存在过错，其关于华某公司应自行承担损失的辩解理由不成立。

（二）罗某松挪用华某公司资金110万元支付给重某建设投资公司，中某证券应当予以赔偿。其赔偿后因该资金赔偿发生的纠纷系中某证券与重某建设投资公司之间的另一法律关系，本案不作审理。

罗某松将华某公司的110万元资金，支付给重某建设投资公司，该行为同样是因为罗某松利用职务便利，挪用华某公司账户资金导致资金流失，中某证券对此同样具有管理上的过错，应当予以赔偿。中某证券在再审过程中要求追加重某建设投资公司为第三人，由于中某证券在赔偿华某公司上述110万资金后，因该资金赔偿发生的纠纷系中某证券与重某建设投资公司之间的另一法律关系，可另案解决，作为二审判决的再审案件，本案不作处理。因此，中某证券要求追加重某建设投资公司为第三人，罗某松将华某公司的资金110万元支付给重某建设投资公司的后果应由华某公司承担的辩解理由，本案不予支持。

（三）0050账户余额367.01元、3375账户余额94653.05元属于华某公司所有，可由华某公司自行取回。

综上所述，本案出现的新证据证明，中某证券工作人员罗某松利用职务便利，挪用、职务侵占中某证券负有保管义务的华某公司账户资金，致使华某公司资金损失，中某证券具有管理上的明显过错。原二审判决认定华某公司自己进行股票交易致使资金损失的事实不成立，适用法律不当。该院经审判委员会讨论决定，根据《中华人民共和国合同法》第五十八条、第一百零七条，《中华人民共和国民事诉讼法》第一百八十六条第一款、第一百五十三条第一款第（三）项的规定，判决如下：（一）撤销重庆市第一中级人民法院（2003）渝一中民初字第 213 号、重庆市高级人民法院（2004）渝高法民终字第 208 号民事判决。（二）中某证券于判决生效后三十日内赔偿华某公司因罗某松挪用、职务侵占资金损失 8126931.6 元（0050 账户余额 367.01 元、3375 账户余额 94653.05 元由重庆华某有限责任公司自行取回），并赔偿按中国人民银行规定的同期贷款利率计付至付清时止的资金占用损失（扣除 0050 账户余额 367.01 元、3375 账户余额 94653.05 元产生的利息），其计算的本金分段如下：1998 年 11 月 3 日到 1999 年 10 月 11 日为 500 万元；1999 年 10 月 11 日到 1999 年 12 月 22 日为 500 万元减去 366750 元即 4633250 元；1999 年 12 月 22 日到 2002 年 12 月 17 日为 500 万元减去 366750 元加 500 万元即 9633250 元；2002 年 12 月 17 日至付清时止为 500 万元减去 366750 元加 500 万元减去 1411298.34 元即 8221951.66 元。（三）驳回华某公司其他诉讼请求。一审案件受理费 69555 元，其他诉讼费 3690 元，鉴定费 3700 元，合计 76945 元；二审案件受理费 69555 元，其他诉讼费 3690 元，合计 73245 元；均由中某证券承担。

重庆市高级人民法院再审判决后，中某证券不服再审判决，向本院申请再审称：（一）原再审判决认定华某公司的资金只能用于国债投资违背了客观事实。重庆高院认定华某公司的账户资金只能进行国债投资，其依据的是华某公司单方面提交的支票存根及其董事会内部文件。上述存根及文件是华某公司的内部文件，只是华某公司单方意思表示，不能视为与中某证券的双方约定。1998 年 11 月 15 日华某公司董事会向中某证券重庆南坪营业部出具的函明确载明："将部分闲置资金进行证券投资，以提高企业经济效益。"此处的"证券投资"既包括买卖国债、也包括买卖在交易所挂牌交易的其他债券、股票等有价证券。

（二）原再审判决认定从华某公司资金账户中转出至重某建设投资公司的资金 2110 万元是中某证券与重某建设投资公司之间另一法律关系，应另案处理，与事实不符。2001 年 12 月 25 日华某公司的全权代理人何某兰将重庆市建设投资公司 2000 万资金转入华某公司的资金账户，根据 1998 年 11 月 15 日华某公司董事会向中某证券重庆南坪营业部出具的函和 1999 年 12 月 8 日华某公司法定代表人万某晖签署的《授权书》，足以认定何某兰的身份是华某公司的委托代理人，全权负责办理华某公司账户的证券投资事宜；并且，其办理资金转账手续也是通过输入华某公司的资金密码办理的。上述事实表明，何某兰实施的转款行为显然为华某公司的行为。

（三）原再审判决认定华某公司对其资金账户下挂多个证券账户毫不知情，与事实不符。华某公司对其资金账户下挂多个证券账户是知悉的，华某公司资金账户下挂的证券账户中，除华某公司的证券账户（机构户 B8803×××××）外，还有以刘某敏名义开立的两个自然人证券账户（A3065×××××和00546×××××），对此华某公司在二审庭审中是认可的。华某公司在一审中提交了一份1999年9月28日的成交过户交割单，该交割单明确记载了代码为 A2860×××××的证券账户（户名为肖某梅），这表明华某公司不仅应该知道，实际上也是知悉其资金账户下挂靠多个证券账户的事实。客观上，资金账户下挂多个证券账户与华某公司资金损失之间不存在因果关系，其资金损失并不是因为下挂多个证券账户而造成的。

（四）原再审判决认定中某证券关于罗某松掌握了华某公司的密码炒股、职务侵占属个人行为，自己不应承担责任的辩解理由不成立，违背了客观事实。罗某松在华某公司账户中进行股票交易，其根本原因是华某公司未尽到必要的管理义务，妥善保管其账户交易密码。证券账户交易密码是识别交易权限，确保客户账户安全的最关键措施及环节，而华某公司开户后未审慎保管其交易密码，长期放任罗某松操作其账户。因此，对因密码泄露或放任他人使用密码操作账户的风险及后果，只能由客户自行承担，与中某证券没有任何关系。

（五）原再审判决以重庆市渝中区人民法院（2008）中区刑初字第683号刑事判决书作为新证据，无论程序还是实体上均存在严重错误，以此再审改判明显不当。1. 重庆市渝中区人民法院在审理罗某松刑事案件时，无视《刑事诉讼法》赋予被害人的诉讼权利，虽然把中某证券作为"被害人"，但又不按法律规定通知被害人出庭参与诉讼，实际上是剥夺了被害人的正当法定权利，严重违反了《刑事诉讼法》的规定。2. 刑事判决认定罗某松所挪用的资金为中某证券的单位资金，属于定性错误。《证券法》第一百三十九条明确规定，客户资金账户里的资金单独立户，独立于证券公司，属于客户自有财产存管在华某公司资金账户中的资金始终为华某公司所占有，不能视为中某证券的资金。

（六）原再审判决还存在其他严重违背客观事实，无视华某公司自身过错的情况。1. 华某公司及其授权人员放任罗某松操作其账户，在明知第一笔500万元资金已出现亏损的情况下，仍不断继续追加资金，导致损失进一步扩大。2. 华某公司从1998年年底开户到2003年年初案发时，在四年的时间里，不可能不对自己账户的交易情况进行查询。如果说华某公司不知悉账户的交易情况，只能说明华某公司对罗某松的行为听之任之,对其账户中的投资状况早已接受。3. 2002年6月18日,何某兰持华某公司的授权书直接从其资金账户上转账2110万元至重庆市建设投资公司,后经重庆市公安机关鉴定该授权书中的华某公司公章是伪造的。这说明何某兰作为华某公司监事会主席,其行为已涉嫌犯罪。4. 罗某松并不是中某证券的高级管理人员,其操控华某公司账户导致亏损与其职务没有必然联系。

(七)原再审判决适用法律也存在明显错误。1. 华某公司的资金性质属于客户交易结算资金,中某证券没有所有权和使用权。华某公司将资金存入其开立的资金账户是用来进行证券投资的,根据法律规定其资金在购买证券期间当然不存在任何利息。因此,原再审判决认定由中某证券赔偿从1998年11月3日计算资金占用期间的利息损失于法无据。2. 原再审判决同时适用《中华人民共和国合同法》第五十八条和第一百零七条,自相矛盾。

华某公司答辩称:(一)重庆市高级人民法院再审判决认定清楚,符合客观实际。1. 重庆市高级人民法院再审判决认定华某公司的资金只能用于购买国债有事实依据,中某证券主张该款项可用于投资股票缺乏依据。2. 何某兰于2002年6月28日办理转款时所持授权委托书上的华某公司印章系假章,华某公司并未授权何某兰从其账户内划出2110万元至重某建设投资公司账户,故作为资金保管人的中某证券应承担华某公司因此流失的110万元的赔偿责任,中某证券可另案向重某建设投资公司行使追索权。3. 华某公司对其资金账户下挂多个证券账户并不知情,同时,华某公司对于资金账户的密码也不知晓,故不存在中某证券所主张的其没有妥善保管账户交易密码、放任罗某松操作证券账户的情况,资金流失的风险应由中某证券自己承担。4. 原再审判决判令中某证券承担资金占用损失并无不妥。(二)重庆市渝中区人民法院(2008)中区刑初字第683号刑事判决对基本事实认定正确,足以作为重庆高院作出再审判决的有效依据。(三)重庆市高级人民法院再审判决正确,中某证券应当赔偿华某公司因罗某松挪用、职务侵占遭受的资金损失。华某公司代理人对本案提出代理意见称:(一)审理本案的各级人民法院均忽视了中某证券以做大交易量、提升证券营业部业绩为目的,挪用客户资金炒股,客观上已经获取了高达数百万元的佣金收入。(二)华某公司未与中某证券营业部建立证券买卖委托关系,该事实应是本案最为重要的法律基础。华某公司以刘某敏名义在中某证券较场口营业部开户,中某证券没有提交相关开户手续证据,不能视为建立了证券买卖委托关系。

（三）华某公司从未设置资金账户密码，也从不知晓密码，人民法院不能推定华某公司知晓密码从而判定华某公司自行承担资金损失的责任。（四）罗某松作为中某证券较场口营业部副总经理，为了做大营业部交易量，利用其身份上的便利，挪用客户资金是本案的实质，应成为本案定性裁判的重要事实依据。（五）在刘某敏账户下挂多个其他个人股东账户，属于典型的证券公司挪用客户资金的手法，华某公司资金在中某证券较场口营业部形成巨额亏损，中某证券负有不可推卸的责任应当承担全部损失。最高人民法院作为国家最高审判机关，应当依据事实和法律公正裁判本案。

本院确认原审查明的事实。再审期间补充查明下列事实：

（一）罗某松的犯罪行为认定和量刑

重庆市渝中区人民法院（2008）中区刑初字第683号刑事判决书认可重庆市渝中区人民检察院渝中检刑诉（2008）第614号起诉书查明的罗某松职务侵占时间2002年9月，与罗某松2008年3月14日公安机关第三次讯问笔录中供述的2002年下半年实施伪造李某洪等三人身份证、撤销华某公司资金账户指定交易、将华某公司证券转走卖出据为己有的时间一致。

重庆市渝中区人民法院（2008）中区刑初字第683号刑事判决书认为：被告人罗某松作为证券公司工作人员，利用职务的便利，将本单位保管的客户资金挪作于股票交易，且数额高达人民币3000万元，数额巨大，已构成挪用资金罪；被告人罗某松利用职务之便，将本单位保管的客户资金人民币236.1万元非法占为己有，数额巨大，已构成职务侵占罪，依法应与挪用资金数罪并罚。重庆市渝中区人民检察院指控成立。被告人罗某松虽然对其行为性质有辩解，但对事实供认不讳，审理中认罪态度较好，酌情予以从轻处罚。依照《中华人民共和国刑法》第二百七十一条一款、第一百八十五条第一款、第二百七十二条第一款、第六十九条、第六十四条、第四十七条之规定，该院判决：（一）被告人罗某松犯挪用资金罪，判处有期徒刑九年；犯职务侵占罪，判处有期徒刑十年；决定执行有期徒刑十七年。（二）责令被告人罗某松将挪用后尚未归还的资金退赔中某证券股份有限公司。（三）责令被告人罗某松退赔其违法所得人民币236.1万元，以发还中某证券股份有限公司。

（二）华某公司开户事实

1998年11月15日，华某公司董事会向中某证券重庆南坪营业部出函称：经我董事会研究决定，将华某公司自有资金中的一部分闲置资金进行证券投资，以提高企业经济效益。现以华某公司职工刘某敏同志名义在你部开设证券投资账户，并委托何某兰、程某香两位同志全权办理该账户证券投资有关事宜。如需在该账户取款，必须由我董事会出具取款手续，任何个人不得擅自办理取款手续。

1999 年 12 月 8 日，华某公司原法定代表人万某晖为何某兰出具授权书，"现授权何某兰同志代理我华某公司在你部办理证券开户交易等事项。如需在该账户取款，必须由我公司董事会出具取款手续，任何个人不得擅自办理取款手续。"

1998 年 10 月 21 日，华某公司向其董事长报送《华某公司关于购买国债的请示》称：根据董事会提议和第六次董事会议精神，鉴于公司目前存在银行的沉淀资金较多，在国家政策允许的前提下，为了将这部分相对闲置的资金用活，公司拟购国债 500 万元，既不会影响公司正常的生产经营，又可以提高公司经济效益，而且基本上没有投资风险。时任董事长万某晖批示：原则可以。但必须保证年底分红和国债必须能随时变现方能办理。

同年 11 月 2 日，华某公司董事会给华某公司通知称：董事会决定将公司折旧基金中的一部分在中某证券重庆总部（即分公司）购买国债，并以财务科长刘某敏同志名义开户购买。以后生产过程中若需动用这笔资金或到期兑付均须董事会出具批准的文件或取款单上加盖董事会公章。该通知抄送中某证券重庆总部。

1999 年 10 月 22 日，华某公司董事会给华某公司通知：鉴于 1998 年年底华某公司投资 500 万元购买国债的收益很好，为此，今年 10 月 10 日临时董事会决定，同意华某公司再拿部分闲置资金购买国家债券，以增加公司效益。根据当前华某公司库存现资情况，再拨 500 万元闲置资金购买国债。

2008 年 3 月 14 日，罗某松在第三次公安讯问笔录中供述：其通过前妻认识重某建设投资公司（华某公司控制股东）财务处长何某兰和监事程某香。罗某松多次与何某兰、程某香商谈采用购买国债方式投资。何某兰、程某香推荐华某公司具体投资，并带华某公司总经理潘某、财务科长刘某敏到罗某松所在中某证券南坪营业部办公室商谈了以刘某敏名义开户购买国债投资事宜。开设刘某敏资金账户的密码他们是知道的，我当然也知道密码，因为我帮他们运作资金，但是我取不到钱，他们可以取，他们取钱要通过中某证券财务办手续才取得到。第一份合同是真实的，应该形成于 1999 年年初，由我向营业部总经理马某生汇报后，马某生在委托资产管理协议上签字，我将协议交给何某兰、程某香，由华某公司签字盖章。为了使用华某公司资金打新股，我就在刘某敏资金账户下挂了十几个股东账户，然后我又用这些股东账户进行股票交易。华某公司第一笔500万元被我交易亏损了。为了挽回亏损，我找到何某兰要求延长合同期限。何某兰考虑到这笔投资是她牵的线，也想能够止住亏损，就去找华某公司做工作。华某公司不知道购买国债的资金被用来买卖股票出现亏损，同意延长合同期限并再追加了500万元投资。这次我和华某公司补签了一份委托资产管理协议，由于担心签署真协议会被监督使用情况而不能弥补第一笔500万元交易亏损，我就模仿了马某生签字并伪刻中某证券营业部的公章加盖在协议上。由于市场仍然大跌，第二笔500万元没有挽回亏损，反而又被套牢。1000万元已经亏损得只剩400多万元，我非常着急，又去找到何某兰想办法，但我并未说明我把资金用去炒股亏损的事，只是公司要考察我的绩效，希望再融点资金。何某兰答应帮忙，说有笔2000万元资金但时间不能长，只能半年时间。于是我又用假章和建设投资公司签订了一份委托资产管理协议，建设投资公司就在2001年12月将2000万元存入了华某公司3375资金账户，然后我又在该资金账户下挂了部分股东账户进行股票交易，结果还是亏损，到了半年还款期限，不得已只有将2000万元的本金和协议约定的110万元利息划回了建设投资公司账户。

本院再审认为，本案是券商与客户经纪合同关系下，因券商内部工作人员违法犯罪导致客户资产损失所引发的民事纠纷。根据案件事实、法律规定和当事人诉讼主张，本案涉及以下问题：客户与券商的民事法律关系；交易密码性质以及罗某松行为的民事认定；刑事认定与民事认定的关系；华某公司损失构成；券商内部监管责任与本案民事责任划分等。

（一）关于客户与券商之间的民事法律关系

证券交易是以证券公司为主的交易所会员单位入场进行的，所有投资主体须与会员签订指定交易协议，在会员名下通过会员拥有的交易通道下达交易指令而完成。凡是买卖在证券交易所挂牌集合竞价和交易的股票、债券和基金等投资品种，都需以自己的股东账户到证券公司营业部开设资金账户，故投资主体必然要与证券公司发生经纪合同关系。新旧《证券法》对客户与券商之间民事法律关系的规范是一致的。

本案华某公司与中某证券之间发生的是客户与券商经纪合同民事法律关系。1998年11月5日，华某公司以其财务科长刘某敏名义在中某证券较场口营业部开设0050资金账户并购买了国债，该事实证明华某公司与中某证券之间建立了客户与券商之间经纪合同民事法律关系。当事人双方虽未提交 1998 年 11 月开户的相关合同证据，但不能因此否定双方的经纪合同民事法律关系。重庆市高级人民法院再审认定双方 1998 年 11 月签订指定交易合同和电话委托交易合同，约定以柜台交易和电话委托的方式交易上交所的挂名证券等事实，华某公司并无异议。本案没有证据证明华某公司与中某证券较场口营业部建立过除客户与券商经纪合同民事法律关系以外的其他民事关系。2002 年 1 月 1 日，罗某松以中某证券较场口营业部名义与华某公司签订的"委托资产管理协议"和"委托资产管理协议补充协议"，原一、二审和重庆市高级人民法院再审认定是伪造公章伪造签名订立的无效合同正确，即不能根据该委托协议确认华某公司与中某证券较场口营业部发生了委托理财民事关系。华某公司关于其未与中某证券营业部建立证券买卖委托关系的答辩意见成立，本院予以支持。

（二）客户交易密码以及罗某松行为的民事认定

金融机构客户身份识别，是指银行、证券和保险等金融机构通过开户时客户真实身份资料登记和设立相关密码，从而建立客户对应专用的保护制度。证券市场自建立起，即有客户身份识别制度。密码是进入客户账户的钥匙，是客户进行证券交易的必要前提。根据相关规定和开户操作流程，账户密码是由客户在开户过程中自行设置的，该密码只能由客户本人知悉。证券交易只认密码而不管谁在实际操作，通过密码进行的股票交易，其后果由客户承担。密码不仅是交易权限，而且是确保投资者账户资金安全的关键手段，投资者在开户后应对资金密码和交易密码妥善保管。

华某公司以刘某敏名义开设了 0050 账户，虽然不能具体确定华某公司办理开户手续的人员，但不能以此否定该资金账户已实际开设并设有密码。根据罗某松在公安机关的供述，是罗某松为 0050 账户设置了初始密码并且告诉了华某公司人员，该密码一直没有改动且一直为罗某松操作使用。华某公司以 0050 账户不是自己开设、也不知道该账户密码，抗辩其不应承担对自己资金账户密码及资金安全的保护义务，缺乏法律依据，本院不予支持。

罗某松操作华某公司资金账户和侵占该账户资金，违反了证券法、刑法的禁止性规定，属于违法犯罪行为。本案没有直接证据证明中某证券较场口营业部对罗某松实施的违法犯罪行为事先授权或事后追认，间接证据仅有罗某松在公安机关讯问笔录中称其行为经过马某生同意。该间接证据是孤立的，没有其他相应证据与之形成证据链从而佐证中某证券较场口营业部指派罗某松为华某公司理财交易。罗某松在华某公司资金账户下挂多个他人股东账户并操作华某公司资金账户，中某证券较场口营业部应当知道，其没有制止罗某松，应当承担相应管理责任，但不能因此认定其授权或追认罗某松代表该营业部与华某公司发生委托理财行为。

从本案查明的事实看，罗某松通过前妻认识何某兰，就购买国债理财事项达成合意，以华某公司名义进行投资；华某公司被罗某松和何某兰说服，董事会通过购买国债进行理财增加收益决议；华某公司董事会委托何某兰全权办理刘某敏资金账户证券投资事宜；刘某敏资金账户开设并购买了国债，何某兰认可罗某松长期操作刘某敏名下的华某公司资金账户；华某公司基于对何某兰、罗某松抑或对中某证券营业部的信任，在长达近四年里对自己资金账户未予关注；何某兰在罗某松数次追加资本金请求后，不仅没有查询华某公司资金账户投资状况，而是帮助罗某松说服华某公司追加了500万元，甚至自己还把重某建设投资公司的2000万元资金转入华某公司资金账户；何某兰是重某建设投资公司的财务处长，应当具有谁的资金入谁的账、如果资金要入他人账户则必须有合法依据的财务常识；罗某松在华某公司资金账户中使用该2000万元期限届满，何某兰和罗某松又以伪造的华某公司董事会的印章将华某公司资金账户中的2110万元划转至重某建设投资公司。上述事实表明，华某公司董事会特别授权何某兰作为华某公司资金账户证券投资的具体经办人，其委托并放任罗某松自行操作华某公司账户，因此造成的交易损失，华某公司应自行承担相应责任。

（三）关于本案所涉民事认定与刑事认定的关系

根据刑法规定，挪用资金罪和职务侵占罪的犯罪对象是犯罪行为人本单位的资金或财物。中某证券营业部对客户资金虽不具有所有权，但负有法定保管义务和责任，重庆市渝中区人民法院认定罗某松对中某证券营业部保管的华某公司资金账户的资产实施的违法行为构成了挪用和职务侵占两种犯罪行为，与1998年《证券法》第一百三十八条第一款确立的客户资金账户和资产民事法律地位和属性并无矛盾。民事法律关系中，客户在证券公司开设的资金账户既独立于证券公司，也独立于其他客户，完全为客户自己所有和使用，任何单位或者个人不得以任何形式挪用客户账户的资金和证券。故对中某证券关于刑事判决认定罗某松所挪用的资金为中某证券的单位资金属于定性错误的再审申请理由，本院不予支持。

（四）关于华某公司损失构成的分析

华某公司转入资金账户资本金共计1000万元，因罗某松违法交易和犯罪套现而产生损失。罗某松犯罪套现华某公司账户中资金发生的损失，已经被刑事判决书确认为人民币 236.1 万元。华某公司资金账户非因罗某松行为导致的资金减少部分不应列为华某公司的损失，一是重某建设投资公司从华某公司账户中非法收取的 110 万元收益；二是华某公司从其资金账户分别于 1999 年 10 月 11 日提走的 36.6750 万元，2002 年 12 月 17 日取走的 1411298.34 元。1000 万元减去 236.1 万元、110 万元、366750 元、1411298.34 元，再减去刘某敏 0050 资金账户余额 367.01 元和华某公司 3375 账户余额 94653.05 元，得出的 4665931.60 元，则是罗某松违法交易使得华某公司资金账户产生的交易损失。故华某公司因罗某松违法犯罪行为导致的损失为 4665931.60 元与 236.1 万元之和，共计 7026931.60 元。华某公司关于未授权何某兰从其账户内划出 2110 万元至重某建设投资公司账户，中某证券应承担华某公司因此流失的 110 万元赔偿责任的答辩意见，本院不予支持。

关于华某公司的利息损失分析。客户在证券公司开设的资金账户中的资本金处于随时投资状态，利息按活期利率随时计算随时给付，而因罗某松违法犯罪行为导致的利息损失也未被中某证券占用，故利息损失从中某证券应承担相应赔偿责任时起算，即 2002 年 9 月罗某松撤销华某公司资金账户的指定交易转走证券时起算，符合证券市场特性和民事责任承担原则。重庆市高级人民法院再审判决中某证券赔偿华某公司因罗某松挪用、职务侵占资金损失 8126931.6 元从资本金存入中某证券较场路营业部时起算的利息损失，没有事实依据，本院予以纠正。

（五）本案民事责任划分

中某证券较场路营业部如管理规范，及时发现并且制止罗某松的违法行为，客观上可以避免华某公司的损失。但其对自己员工长期违法行为失于监督管理，丧失了职责，违反了行政管理规定，不仅产生行政责任，而且也应对华某公司的损失承担相应民事责任。何某兰认可和授权罗某松的违法行为，故因罗某松违法交易产生的损失，华某公司应自行承担部分责任。根据过错与责任相当的原则，本院酌定中某证券对华某公司 4665931.60 元交易损失承担 50% 赔偿责任。

罗某松将华某公司的 236.1 万元转入挂在华某公司资金账户下的李某洪、张某义、刘某全三人股票账户中，以自己的照片加上该三人的真实信息伪造了李某洪、张某义、刘某全三人身份证，然后其利用职务便利在中某证券重庆双桥营业部直接办理该三人与中某证券的撤销指定交易协议，再分别与广东证券、广发证券和银河证券三家证券公司办理指定交易协议，完成了华某公司资金账户的证券向李某洪、张某义、刘某全三人股票账户转入的侵占行为，最后变现据为己有。罗某松以自己照片同时伪造成三人身份撤销华某公司资金账户指令交易的过程，中某证券存在明显过错，客观上导致了罗某松犯罪行为的完成，故中某证券应当对罗某松该犯罪行为致华某公司的损失 236.1 万元承担赔偿责任。

综上，重庆市高级人民法院（2010）渝高法民再终字第 252 号民事判决部分事实认定不清，责任划分不当，故本院再审对其判决结果予以纠正。本院依据《中华人民共和国民事诉讼法》第一百八十六条第一款、《最高人民法院关于适用〈中华人民共和国民事诉讼法〉审判监督程序若干问题的解释》第三十八条之规定，判决如下：

一、撤销重庆市高级人民法院（2010）渝高法民再终字第 252 号民事判决；

二、中某证券股份有限公司赔偿重庆华某石粉有限责任公司损失 4693965.80 元及相应利息损失（自 2002 年 9 月 1 日起至付清时止，以该赔偿金额按中国人民银行规定的同期贷款利率计付）。

一审案件受理费 69555 元，其他诉讼费 3690 元，鉴定费 3700 元，合计 76945 元，由重庆华某石粉有限责任公司负担 23083.50 元，由中某证券股份有限公司负担 53861.50 元。二审案件受理费 69555 元，其他诉讼费 3690 元，合计 73245 元，由重庆华某石粉有限责任公司负担 21973.50 元，由中某证券股份有限公司负担 51271.50 元。

本判决为终审判决。

024 山西潞安某经销有限责任公司等诉山西煤炭运销集团某有限公司买卖合同纠纷案[①]

裁判要旨

存在效力争议的合同上加盖的印章与公司备案印章不一致，且公司不予认可的，该合同对公司不产生约束力。

实务要点总结

笔者认为，这一裁判观点不能够推而广之。从本书此前总结梳理的相关案例

---

① 审理法院：山西省高级人民法院；诉讼程序：二审

来看，公司意欲否定某一印章的效力，仅证明该印章与公司备案印章不一致是远远不够的，必须同时证明公司在此期间的用章具有唯一性，且没有对该印章在其他场合作出过效力认可。如果诉讼的对方当事人能够证明公司用章不具有唯一性，公司存在同时使用多枚印章或者用章管理混乱的情况，则即使合同上加盖的印章非为公司备案公章，公司也不得仅以此为由否认该印章签订的合同对公司的约束力。

具体结合本案来看，争议印章的印文包含"合同专用章（四）"的内容，可以断定潞安公司在既往的经济活动中存在着多枚合同专用章，故用章不具有唯一性。此时，潞安公司仅以存在效力争议的印章与备案印章不一致为由主张案涉合同对其没有约束力，与目前国内大多数的裁判观点不符。

因此，本书作者认为山西省高级人民法院的这一裁判观点仅能在特定的条件下成立，不具有普遍适用的效力。

相关判决

山西潞安某经销有限责任公司等诉山西煤炭运销集团某有限公司买卖合同纠纷案二审民事判决书 [（2012）晋民终字第160号]

上诉人（一审原告）：山西潞安某经销有限责任公司，住所地：潞城市五里后村东。

法定代表人：刘某生，本公司董事长。

被上诉人（一审被告）：山西某运销集团临汾有限公司，住所地：临汾市解放路71号。

法定代表人：贺某平，本公司董事长。

原审第三人：洪洞县某选煤厂，住所地：洪洞县明姜镇陈家庄村。

法定代表人：李某建，本厂厂长。

上诉人山西潞安某经销有限责任公司（以下简称潞安公司）因与被上诉人山西某运销集团临汾有限公司（以下简称临汾煤某公司）、原审第三人洪洞县某选煤厂（以下简称某煤厂）买卖合同纠纷一案，前由临汾市中级人民法院于2012年5月17日作出（2011）临民初字第75号民事判决，潞安公司不服一审判决向本院提起上诉，本院依法组成合议庭对本案进行了审理，现已审理终结。

一审查明，2010年10月12日，潞安公司与临汾煤某公司（销方）签订了《煤炭买卖（购销）合同》，合同编号N10-11-04-053，合同约定：品种规格洗精煤，数量 3571.42 吨，单价 1400 元，全年合计 35 万吨；销方接购方提货通知后，给用户组织供货（某煤厂）；预付全额货款，逐月结算，双方议定价格为含税价格，同时双方对其他事项也进行了约定。合同签订当日，临汾煤某公司出具收款收据，上写：今收到潞安某公司 N10-11-04-053 洗精煤 3571.42 吨，金额共计 4999988 元，收款收据加盖有临汾煤某公司财务专用章。合同签订后，某煤厂陆续供给潞安公司洗精煤 1205.57 吨，其余未能履行。之后，潞安公司就退还预付款及赔偿损失与临汾煤某公司多次磋商未果。审理期间，根据临汾煤某公司申请，追加某煤厂为第三人参加诉讼。某煤厂系个人独资企业，法定代表人李文健，住所地洪洞县明姜镇陈家庄村。审理过程中，潞安公司对临汾煤某公司提供的《购销合同货款结算协议》提出鉴定申请，认为该协议上加盖的"山西潞安某经销有限责任公司合同专用章（四）"系伪造，潞安公司从未与山西煤炭运销集团某公司（以下简称洪洞某公司）、某煤厂签订过该协议。临汾中院委托司法鉴定中心就潞安公司申请事项进行鉴定。山西警官高等专科学校司法鉴定中心根据委托，对盖章进行鉴定，结论为盖章与原章不属同一枚章。

  临汾中院认为，临汾煤某公司系由政府成立的统一管理煤炭运销工作的代行行政管理职能的公司，为煤炭生产服务，不以营利为目的。公司采取收取管理费的办法作为业务活动经费，具备独立法人资格。本案中临汾煤某公司虽与潞安公司签订有《煤炭买卖（购销）合同》，并出具收款收据，但纵观双方合同履行过程，潞安公司并无证据证明向临汾煤某公司实际预付煤款，临汾煤某公司也未向潞安公司提供洗精煤。潞安公司是在与第三人就购买洗精煤一事商定一致并将预付款支付给第三人后，根据现有煤炭管理规定，与临汾煤某公司签订了买卖合同。潞安公司与临汾煤某公司双方之间并不存在实际买卖合同法律关系，买卖合同实际履行主体为潞安公司与某煤厂。潞安公司要求临汾煤某公司赔偿损失无法律依据，法院不予支持。某煤厂在潞安公司如约预付煤款后，作为合同履行主体理应足额供给洗精煤，但某煤厂仅供给部分煤炭，已构成违约。潞安公司主张解除合同符合法定解除条件，法院予以支持。合同解除后，潞安公司有权要求违约方某煤厂返还剩余煤款 3312790 元，并赔偿损失，某煤厂还应承担该笔款项自 2010 年 11 月 12 日起的利息。同时应给付潞安公司增值税专用发票和能源基金发票，属未履行合同义务，潞安公司有权要求某煤厂提供相应发票。潞安公司要求赔偿违约损失 965609 元无充分证据证明，但损失确实存在，法院酌情认定 200000 元，至于潞安公司与洪洞某公司、某煤厂三方签订的《购销合同货款结算协议》，经鉴定其上潞安公司公章与公安局备案不一致，法院准备向公安局发出司法建议追究相关人员的伪造公章刑事责任，但该情况不影响本案民事审理。综上，依照《中华人民共和国合同法》第六条、第九十四条第（三）项、第九十七条，《中华人民共和国民事诉讼法》第一百三十条之规定，判决：（一）解除原告潞安公司与被告临汾煤某公司 2010 年 10 月 12 日签订的《煤炭买卖（购销）合同》；（二）第三人某煤厂返还原告潞安公司货款 3312790 元及利息（利息按中国人民银行同期同类贷款利率计算自 2010 年 11 月 12 日起至本判决生效之日止）；（二）第三人某煤厂赔偿原告潞安公司经济损失 200000 元；（四）第三人某煤厂于本判决生效后十日内给原告潞安公司出具价税金额 1687798 元的增值税发票及与此对应的收取能源基金的发票；（五）驳回原告潞安公司对被告临汾煤某公司的诉讼请求。

潞安公司不服一审判决提起上诉，认为临汾煤某公司是独立的法人，应对所签订的合同履行义务，而本案潞安公司只与临汾煤某公司签订有合同，并未与其他人签订，根据合同相对性原则，临汾煤某公司应履行合同义务。某煤厂向潞安公司供煤系受到临汾煤某公司指令而为，并非与潞安公司存在合同关系。作为收取货款的供货方理应给购货方出具能源基金发票和增值税发票，而某煤厂不是合同相对方，也没有职权开出能源基金发票和增值税发票，一审判决判令某煤厂开具上述票据不具有可执行性。综上，一审判决错误，请求二审法院依法改判。

临汾煤某公司答辩意见为一审判决正确，请求维持原判。

本院查明的事实与一审基本一致。

本院认为，本案争议的焦点主要是临汾煤某公司是否应承担偿还潞安公司 3312190 元货款及损失，并给潞安公司出具能源基金发票与增值税发票。首先，潞安公司与临汾煤某公司签订的《煤炭买卖（购销）合同》是当事人真实意思表示，也不违反国家法律及行政法规规定，合法有效，双方均应按合同约定履行各自义务。潞安公司根据合同已全额支付货款，而临汾煤某公司只供给潞安公司部分洗精煤，未全部履行合同义务已构成违约。其次，临汾煤某公司提供的潞安公司与煤运洪洞公司、某煤厂三方签订的《购销合同货款结算协议》，经有关部门鉴定，该协议上潞安公司"合同专用章（四）"与公安部门备案合同章不是同一枚章，且潞安公司对该合同予以否认，故该合同非当事人真实意思表示，且因涉嫌伪造公章中院已准备提出司法建议，故该合同为无效合同，不能作为定案依据。本案与潞安公司形成煤炭买卖合同关系的只有临汾煤某公司，现因临汾煤某公司无法提供洗精煤，无法再继续履行合同义务，潞安公司提出解除协议主张符合法律规定，本院予以支持，则临汾煤某公司应返还剩余货款3312190元，并给潞安公司出具价税金额1687798元的增值税发票和相应的能源基金发票。临汾煤某公司未履行合同给潞安公司造成损失，但潞安公司现有证据无法明确证明其产生965609元损失，但损失确实存在，从公平原则出发，本院酌情判令由临汾煤某公司支付潞安公司损失200000元。综上，一审判决认定事实不清，证据不足，应予以改判。依据《中华人民共和国民事诉讼法》第一百五十三条第一款第（三）项之规定，判决如下：

一、维持临汾市中级人民法院（2011）临民初字第00075号民事判决第一项，即"解除原告山西潞安某经销有限责任公司与被告山西某运销集团临汾有限公司2010年10月12日签订的《煤炭买卖（购销）合同》"；

二、撤销临汾市中级人民法院（2011）临民初字第00075号民事判决第二项、第三项、第四项、第五项，即"第三人洪洞县某选煤厂返还原告山西潞安某经销有限责任公司货款3312190元及利息（利率按中国人民银行同期同类贷款利率计算自2010年11月12日起至本判决生效之日止）"；"第三人洪洞县某选煤厂赔偿原告山西潞安某经销有限责任公司经济损失200000元"；"第三人洪洞县某选煤厂于本判决生效后十日内给原告山西潞安某经销有限责任公司出具价税金额1687798元的增值税发票及与此对应的收取能源基金的发票"；"驳回原告山西潞安某经销有限责任公司的诉讼请求"；

三、山西某运销集团临汾有限公司返还山西潞安某经销有限责任公司货款3312190元及利息（利率按中国人民银行同期同类贷款利率计算自2010年11月12日起至本判决生效之日止）；

四、山西某运销集团临汾有限公司赔偿山西潞安某经销有限责任公司经济损失200000元；

五、山西某运销集团临汾有限公司于本判决生效后十日内给山西潞安某经销有限责任公司出具价税金额1687798元的增值税发票及与此对应的收取能源基金发票。

一审案件受理费43560元，诉讼保全费5000元，鉴定费4000元，二审案件受理费41028元，合计93588元，由山西潞安某经销有限责任公司承担16846元，山西某运销集团临汾有限公司承担76742元。

法律法规

《中华人民共和国民法典》（2021年1月1日施行）

第一百七十一条 行为人没有代理权、超越代理权或者代理权终止后，仍然实施代理行为，未经被代理人追认的，对被代理人不发生效力。

025 董某英与河南亚某建设有限公司、冯某结民间借贷纠纷案①

裁判要旨

有足够证据证明行为人伪造公司印章对外签订民间借贷合同，且对方当事人对此知情的，该协议对公司不产生约束力。该借款应认定为伪造印章行为人自己的借款。

实务要点总结

（1）当事人明知无代理权限的人使用伪造的公司印章与其签订合同的，即不能主张该合同对伪造印章印文所显示的单位具有约束力。

（2）本案令笔者颇为费解的一点在于，最高人民法院一方面基于伪造印章等方面的原因否定了董某英与亚某公司之间的借款关系，另一方面又认定该借款为冯某结自己的借款，即认定借款合同在董某英和冯某结之间成立。我们认为这一裁判观点突破了合同的相对性，值得商榷。理由是：

如果冯某结没有作为借款合同的主体出现，其就不应当被认定为借款人。冯某结仅是在没有代理权限的情况下以亚某公司的名义与董某英签订的借款合同，应按照无权代理的相关规定进行处理。根据《民法典》第一百七十一条第四款的规定："相对人知道或者应当知道行为人无权代理的，相对人和行为人按照各自的过错承担责任。"具体到本案而言，作为相对人的冯某结和作为无权代理人的董某英明显都存在过错，应根据各自的过错承担责任，而非直接认定借款合同在冯某结和董某英之间成立。

---

① 审理法院：最高人民法院；诉讼程序：再审

> **相关判决**

董某英与河南亚某建设有限公司、冯某结民间借贷纠纷申请再审民事裁定书
[（2015）民申字第 3580 号]

再审申请人（一审原告、二审上诉人）：董某英，女，1969 年 6 月 10 日出生，汉族，住所地：安徽省亳州市谯城区薛阁路 116 号。

被申请人（一审被告、二审被上诉人）：河南亚某建设有限公司。住所地：河南省商丘市归德路与长江路交叉口东北角。

法定代表人：杨某峰，该公司总经理。

一审被告、二审上诉人：冯某结。

再审申请人董某英因与被申请人河南亚某建设有限公司民间借贷纠纷一案，不服安徽省高级人民法院（2014）皖民二终字第 00647 号民事判决，向本院申请再审。本院依法组成合议庭对本案进行了审查，现已审查终结。

董某英申请再审称：原审法院事实认定和适用法律错误。（一）本案的借款人应当是河南亚某建设有限公司和冯某结。一、二审法院认定借款人只有冯某结系事实认定错误。（二）有新的证据足以推翻借款人只有冯某结的事实，河南亚某建设有限公司亦是借款人。1. 河南商丘市人民检察院委托南京金陵司法鉴定所进行鉴定，该鉴定意见认为董某英两份借条上河南亚某建设有限公司印文与其投标文件中的印文是同一枚印章盖印形成，这说明董某英持有的冯某结出具的借条上河南亚某建设有限公司印章是真实的。2. 河南亚某建设有限公司法定代表人杨某峰在 2010 年 9 月 25 日曾给冯某结出具授权委托书，授权冯某结为该公司的代理人并可就亳州现代中药产业创业基地保健品车间四标段第七号和第八号楼工程的投标、施工、竣工和保修等一切事宜签署合同。（三）安徽省高级人民法院作出（2014）皖民二终字第 00647 号民事判决后，董某英就冯某结伪造印章一案向商丘市人民检察院进行申诉、控告，商丘市检察院已启动检察监督程序。董某英依据《中华人民共和国民事诉讼法》第二百条第（一）项、第（二）项和第（六）项的规定申请再审。

经审查，本院认为：原审法院认定案涉借款人系冯某结并无不当。（一）案涉七份借条上河南亚某建设有限公司印章系冯某结私刻的，该事实由河南省商丘市睢阳区人民法院（2014）商睢少刑初字第 52 号生效刑事判决书予以认定。（二）董某英对冯某结私刻公章的行为是明知的，而且董某英也因河南亚某建设有限公司印章被伪造案涉嫌被公安机关侦查。（三）案涉七份借条上的印章是在最后一次借款时，董某英让冯某结一次加盖的。董某英对此不持异议。（四）不管冯某结是否将案涉借款用于案涉工程，案涉工程承包人冯某结的借款并不代表河南亚某建设有限公司的借款。（五）董某英再审申请时提交的河南亚某建设有限公司法定代表人杨某峰给冯某结出具的授权委托书系复印件，且董某英在一、二审中对此均未提及，对这份证据的真实性不能做出认定，不能作为新证据使用。（六）董某英在申请再审期间提交的南京金陵司法鉴定所的鉴定意见只有复印件，亦不能作为新证据使用。（七）董某英再审申请称其就冯某结伪造印章一案向商丘市人民检察院进行申诉、控告，商丘市检察院已启动检察监督程序。由于目前检察机关还没有正式的处理结论并且董某英申请检察监督的是冯某结伪造印章案，根据《最高人民法院关于适用〈中华人民共和国民事诉讼法〉的解释》第四百零二条的规定，本案不符合终结审查的情形。

综上，董某英的再审申请不符合《中华人民共和国民事诉讼法》第二百条第（一）项、第（二）项和第（六）项规定之情形，本院依照《中华人民共和国民事诉讼法》第二百零四条第一款之规定，裁定如下：

驳回董某英的再审申请。

法律法规

《中华人民共和国民法典》（2021年1月1日施行）

第一百七十一条 行为人没有代理权、超越代理权或者代理权终止后，仍然实施代理行为，未经被代理人追认的，对被代理人不发生效力。

相对人可以催告被代理人自收到通知之日起三十日内予以追认。被代理人未作表示的，视为拒绝追认。行为人实施的行为被追认前，善意相对人有撤销的权利。撤销应当以通知的方式作出。

行为人实施的行为未被追认的，善意相对人有权请求行为人履行债务或者就其受到的损害请求行为人赔偿。但是，赔偿的范围不得超过被代理人追认时相对人所能获得的利益。

相对人知道或者应当知道行为人无权代理的，相对人和行为人按照各自的过错承担责任。

第一百七十二条 行为人没有代理权、超越代理权或者代理权终止后，仍然实施代理行为，相对人有理由相信行为人有代理权的，代理行为有效。

第二节　印章管理混乱可导致伪造印章签订的合同有效

026 中国银某证券股份有限公司中山小榄证券营业部与梁某珍、梁某伟侵权纠纷案[①]

裁判要旨

证券公司经营场所管理混乱，场所内的员工使用伪造印章对外签订合同且证券公司长期未发现并没有采取有效措施予以防范的，应对伪造印章签订的合同的交易相对人承担一定的损害赔偿责任。

实务要点总结

（1）公司用印管理混乱，表面上看是公司内部管理事宜，与具体的交易行为无关。但与此同时，内部管理混乱可能导致交易相对人无法准确地判别相关人员对外签订合同时所使用的印章是否真实。这一管理混乱的法律风险，应当由公司自行承担，而不能转嫁给交易相对人。

（2）如果公司印章管理混乱，可能导致法院认定使用伪造公章签订的合同对公司具有约束力，至少也许会承担一定的损害赔偿责任。近年来，包括民生银行、农业银行在内的数家金融机构均出现"萝卜章"，其背后反映的事实无疑是上述金融机构在内部印章和合同上管理混乱。

（3）必须对公司印章建立规范的管理制度并严格执行，规范用印审批、用印监督流程并定期进行检查，防止他人利用公司印章管理混乱的现状浑水摸鱼，给公司带来不必要的交易风险。

相关判决

中国银某证券股份有限公司中山小榄证券营业部与梁某珍、梁某伟侵权纠纷案申请再审民事裁定书［（2014）粤高法民申字第142号］

再审申请人（一审被告、二审上诉人）：中国银某证券股份有限公司。住所

---

① 审理法院：广东省高级人民法院；诉讼程序：再审

地：北京市西城区金融大街 35 号 2-6 层。

法定代表人：陈某安，董事长。

再审申请人（一审被告、二审上诉人）：中国银某证券股份有限公司中山小榄证券营业部。住所地：广东省中山市小榄镇民安中路 118 号 1-2 层。

负责人：魏某，总经理。

被申请人（一审原告、二审被上诉人）：梁某珍，女，1967 年 2 月 27 日出生，汉族，住所地：广东省中山市小榄镇。

一审被告：梁某伟，男，1971 年 1 月 1 日出生，汉族，原住广东省中山市小榄镇，原中国银某证券股份有限公司中山小榄证券营业部理财服务部经理，现在广东四会监狱服刑。

再审申请人中国银某证券股份有限公司（以下简称银某证券公司）、中国银某证券股份有限公司中山小榄证券营业部（以下简称银某证券小榄营业部）因与被申请人梁某珍、一审被告梁某伟侵权纠纷一案，不服广东省中山市中级人民法院（2013）中中法民二终字第 272 号民事判决，向本院申请再审。本院依法组成合议庭对本案进行了审查，现已审查终结。

银某证券公司和银某证券小榄营业部申请再审称：1. 众所周知，补充赔偿责任的承担需有法律的明文规定或由当事人约定。本案不符合《侵权责任法》规定的应承担补充责任的四种法定情形，即第三十二条监护人责任、第三十四条第二款劳务派遣单位责任、第三十七条安保责任和第四十条教育机构责任，原判决以侵权责任判定银某证券公司、银某证券小榄营业部就梁某伟的个人诈骗犯罪承担补充赔偿责任，适用法律错误。2. 原判决仅凭不可信的口供即前期合同在营业部签订就认定银某证券小榄营业部存在疏于营业场所管理；原判决认定对客户经理监管有问题，但事实上营业部的客户资料均由专门部门存档、管理，不存在交由客户经理管理的情况；原审认定客户回访制度流于形式，依据不明；原审认定对理财产品管理不规范依据是"银某证券的前身发行过违规的保本保息产品"，这是在作"有罪推定"！上述过错认定均与事实不符。原审判决全然不顾广东证监局作出的复函和现场告知书是从行政管理角度概括性说明，并非针对梁某伟个案认定，与民事角度依据承担民事责任的标准完全不同，就认定银某证券小榄营业部存在过错，并认定该过错与梁某珍损失之间存在因果关系，显然缺乏证据证明。原审判决银某证券公司和银某证券小榄营业部承担几近次要责任的最高赔偿付比例（40%）的赔偿责任极其不公。3. 银某证券公司和银某证券小榄营业部对因客观原因无法收集的梁某珍损失金额的相关证据，反复书面申请原审法院调查收集，但原审法院却未予调查收集。4.关于损失金额和合同签订地点。原审判决直接引用刑事判决中的错误认定，从而导致对梁某珍损失金额的认定错误。刑事案卷中已查证到的受害人付款记录、收款记录等银行凭据是第三方出具的，民事案件应以此凭据确定梁某珍实际被骗资金金额，而不应以刑事判决确认金额来确定梁某珍损失金额。对于合同签订地点，梁某伟在刑事侦查阶段称只有两三个已结清的合同在营业部签订，刑事审理时供述合同都是在营业部以外签订。但到了民事诉讼阶段，梁某伟受各种因素影响，对梁某珍等被申请人的说法一概确认。至于梁某珍等人，在刑事阶段的询问笔录没有提到合同在营业部签订，在本案审理时签订地点不断变化，最后竟变成绝大部分合同在营业部签订，这明显出于特殊目的。银某证券公司和银某证券小榄营业部对此强烈质疑一、二审认定的合同签订地点。5.本案梁某珍等被申请人均具有较丰富的投资经验，对被梁某伟明显违反常规的诈骗行为所害存在重大过错，应承担资金被骗的不利后果。综上，原审判决屈服于案外因素的影响，以维稳为名，置法律与事实于不顾，剥夺银某证券公司和银某证券小榄营业部合法的诉讼权利，丧失了起码的客观与公正。本案原判决一旦成为先例，不仅会鼓励不稳定事件的频繁发生，而且会鼓励更多的人为非法的高收益而从事违法违规的理财活动。为此，根据我国《民事诉讼法》第二百条第二款、第五款及第六款之规定，特向贵院提出再审申请。请求依法提审，撤销二审判决，驳回梁某珍的诉讼请求，由梁某珍承担本案全部诉讼费用。

梁某珍提交意见称：1.原判决不存在适用法律错误的情形。首先，有过错就应当承担民事责任，这是民法中过错责任原则的基本内涵，也是我国《侵权责任法》第六条的明确规定。法律并没有将补充赔偿责任排除在过错责任之外。其次，银某证券公司和银某证券小榄营业部在再审申请书中所称"众所周知，补充赔偿责任的承担需有法律的明确规定或由当事人约定"，不知来源于法律的哪条规定，银某证券公司和银某证券小榄营业部以《侵权责任法》第三十二条、第三十四条、第三十七条和第四十条的规定来推断本案适用法律错误，是对我国法律的错误理解，也是对原审判决的曲解。2.原审判决认定银某证券公司和银某证券小榄营业部存在过错且该过错与梁某珍损失之间存在因果关系，具有事实和法律依据。首先，原审判决认定银某证券公司和银某证券小榄营业部疏于管理的过错事实，不仅有梁某珍的陈述、梁某伟的庭审供述以及公安侦查材料证实，也有证人黄某嬋的证言以及行业管理部门广东证监局的监管动态、复函、《现场检查告知书》和《整改报告》予以证实。这些证据客观、真实、合法，并经庭审质证，已形成完整的证据体系，共同证实了银某证券公司和银某证券小榄营业部疏于管理的过错以及该过错与梁某珍损失之间的因果关系。其次，梁某伟在长达六年的时间内长期在工作场所、工作时间连续作案六十余起的犯罪事实，以及同时期的银某证券小榄营业部客户经理白某彤犯伪造印章罪及欺诈客户的事实，均共同证实银某证券公司和银某证券小榄营业部疏于管理的过错事实。最后，银某证券公司和银某证券小榄营业部所举的证据并不能充分证实其已尽管理职责，银某证券公司和银某证券小榄营业部应依法承担举证不能的法律后果。依照我国证券法律法规的要求，银某证券公司和银某证券小榄营业部作为专业的证券公司，在经营管理中必须尽到一个善良管理人所必需的高度谨慎的注意义务。然而，不论一审还是二审，银某证券公司和银某证券小榄营业部并没有任何证据证实其已尽高度注意义务。恰恰相反，银某证券公司和银某证券小榄营业部所举的证据正好证实其未尽高度注意义务，未建立有效的合规管理体系。3. 原审判决审判程序合法，认定梁某珍的损失金额是正确的。银某证券公司和银某证券小榄营业部所称"原审法院不予调查收集证据并导致损失金额认定错误"的情形是不存在的。综上，银某证券公司和银某证券小榄营业部在申请书中所称的"荡然无存"完全是在为逃避自己的法律责任而危言耸听。银某证券公司和银某证券小榄营业部的再审申请不符合《民事诉讼法》第二百条所规定的应当再审的情形，恳请贵院依法驳回再审申请，维持原审判决。

本院认为：根据银某证券公司和银某证券小榄营业部的再审申请意见，本案争议的焦点是：1. 原审判决适用法律是否错误。2. 原审判决认定银某证券公司和银某证券小榄营业部存在过错且该过错与梁某珍损失之间存在因果关系是否有事实依据。3. 依据银某证券公司及银某证券小榄营业部的申请，原审法院是否调查收集证据。4. 一、二审关于损失金额和合同签订地点的认定是否错误。5. 梁某珍在本案的过错及责任划分是否恰当的问题。

一、关于原审判决适用法律是否错误问题。银某证券公司和银某证券小榄营业部主张补充赔偿责任需有法律的明文规定或由当事人约定，本案不符合《侵权责任法》规定的应承担补充责任的法定情形。首先，原审法院是根据《侵权责任法》第六条第一款的规定，认定银某证券公司、银某证券小榄营业部的过错责任，并判令银某证券公司、银某证券小榄营业部共同承担40%的损失的，并非依据《侵权责任法》补充赔偿责任的规定进行判决认定的，因此，并不存在适用法律的错误。其次，法律亦无规定补充清偿责任应由当事人约定。故银某证券公司、银某证券小榄营业部该主张缺乏事实和法律依据，本院不予支持。

二、关于原审判决认定银某证券公司、银某证券小榄营业部存在过错及过错与损失之间存在因果关系是否有事实依据问题。银某证券公司和银某证券小榄营业部主张原审判决在认定其过错及过错与损失之间存在因果关系均缺乏证据证明。根据原审查明的事实，虽然涉案定向资金管理合同、账单所盖的银某证券公司和银某证券小榄营业部公章系梁某伟私刻，均缺少股份的"份"字，应当可以识别和发现，并且包括梁某珍在内的资金没有交付给银某证券公司和银某证券小榄营业部，而是交给梁某伟，任其个人处置，所以，原审认定梁某珍对资金损失产生存在重大过错，并判令梁某珍承担60%的责任，该认定正确，本院予以维持。

但根据原审查明的事实，梁某伟向梁某珍推销格式来自银某证券公司的定向资产管理合同，伪造银某证券公司和银某证券公司小榄营业部的公章、业务用章、财务专用章在定向资产管理合同上或对账单上加盖，时间长达五年无人发现，签约地点有些亦在营业场所完成。梁某伟也曾多次在上班时间，在银某证券公司小榄营业部的办公场所制作、打印、存放伪造的合同及对账单，并与其客户包括梁某珍洽谈、签订伪造的合同。并且，在本案发生同一时期，还发生银某证券公司小榄营业部另一客户经理白某彤伪造公司印章为证券投资客户理财案。与此同时，广东证监局的函件及复函也称，银某证券公司小榄营业部存在岗位管理不规范、员工管理不严、个别客户的开户资料信息不准确、信息系统不安全等方面问题。基于以上事实，原审认定银某证券公司和银某证券小榄营业部疏于对其经营场所的管理，对客户经理的监督和管理确实存在较大的漏洞，对于客户的资料未设置相应制度赋予其他部门和人员对客户经理进行监督等行为存在过错，并且该过错显然与发生本案资金损失有一定的因果关系，具有事实依据，本院予以维持。原审法院认定银某证券公司和银某证券小榄营业部疏于管理及监督，对本案的损失存在过错，并判决银某证券公司和银某证券小榄营业部对损失后果承担次要责任并无不当，本院予以维持。

三、关于银某证券公司和银某证券小榄营业部主张原审法院是否依据其申请调查收集相关证据问题。经查阅一审案卷，银某证券公司和银某证券小榄营业部在一审时向一审法院申请调取梁某伟刑事案〔（2011）中法刑二初字第34号〕

证据，一审法院已根据其申请从该案调取讯问笔录、询问笔录等相关证据并已附卷，同时在一审判决书中作了相应阐述。因此，银某证券公司、银某证券小榄营业部该主张不能成立，本院不予采纳。

四、关于原审对涉案损失金额和合同签订地点的认定是否错误问题。经查，银某证券公司和银某证券小榄营业部主张对于损失金额，原审判决直接引用刑事判决中的错误认定，从而导致对梁某珍等人损失金额的认定错误。经查，原审对损失的金额确实以引用刑事判决为主，但该刑事判决关于损失金额的认定来自梁某伟及梁某珍等被申请人在公安机关的供述和陈述以及相关银行进出清单，且该刑事判决已生效，根据《最高人民法院关于民事诉讼证据的若干规定》的相关规定，原审作为认定损失的依据并无不当。同时，二审审理期间，根据银某证券公司和银某证券小榄营业部的上诉请求及提供的证据，二审法院再次核对梁某珍等人的相关陈述，对梁某珍等三人损失金额作了相应改判。银某证券公司、银某证券小榄营业部主张称原审判决认定损失金额错误，但未提供充分证据佐证，本院不予采纳。

关于涉案合同签订地点。银某证券公司和银某证券小榄营业部主张梁某伟在刑事侦查阶段称只有两三个已结清的合同在营业部签订，刑事审理时供述合同都是在营业部以外签订。但到了民事诉讼阶段，梁某伟受各种因素影响，对梁某珍等被申请人的说法一概确认。至于梁某珍等人，在刑事阶段的询问笔录没有提到合同在营业部签订，在本案审理时签订地点不断变化，最后竟变成绝大部分合同在营业部签订。经查，固然以上梁某伟对合同签订地点的陈述，具有银某证券公司和银某证券小榄营业部所述情形，但梁某珍等被申请人中，如梁某珍、何某燕、屈某泳、苏某娟、谢某钊、胡某常等均在刑事阶段就已经陈述合同或部分合同是在营业部签订。故银某证券公司和银某证券小榄营业部上述主张与事实不符，本院不予采信。

五、关于梁某珍等被申请人在本案的过错及责任划分是否恰当问题。银某证券公司和银某证券小榄营业部主张梁某珍等被申请人均具有较丰富的投资经验，对被梁某伟明显违反常规的诈骗行为所害存在重大过错，应承担资金被骗的不利后果。根据一、二审查明的事实，梁某珍等被申请人轻信梁某伟，为追求高额收益，对所签订的定向资金管理合同上的公章未作审查、并将资金存折、密码和身份证均交给梁某伟，对梁某伟诈骗得逞，造成重大损失负有重大过错，对梁某伟不能赔偿的损失部分应自负主要责任，一、二审认定梁某珍等被申请人应自行承担 60% 比例的损失并无不当，本院予以维持。

综上，银某证券公司和银某证券小榄营业部的再审申请不符合《中华人民共和国民事诉讼法》第二百条规定的情形。依照《中华人民共和国民事诉讼法》第二百零四条第一款的规定，裁定如下：

驳回中国银某证券股份有限公司和中国银某证券股份有限公司中山小榄证券营业部的再审申请。

法律法规

《中华人民共和国民法典》（2021 年 1 月 1 日施行）

第一千一百六十五条 行为人因过错侵害他人民事权益造成损害的，应当承担侵权责任。

依照法律规定推定行为人有过错，其不能证明自己没有过错的，应当承担侵权责任。

第三节 表见代理人使用伪造印章签订的合同有效

027 湛江市某建筑工程公司诉白某江租赁合同纠纷案[①]

裁判要旨

建筑公司允许他人挂靠经营，足以使交易相对人有理由相信挂靠人使用的建筑公司印章的真实性并信任挂靠人已获得了建筑公司的授权，挂靠人可构成建筑公司的表见代理人。此时，建筑公司不得仅以挂靠人系使用伪造的印章签订的合同为由，主张该合同对其没有约束力。

实务要点总结

（1）挂靠经营在建设工程、交通运输等多个领域普遍存在，但允许他人挂靠，绝非一个简单的收点管理费的"小买卖"，而是一个可能隐藏着巨大经营风险的"炸药包"。根据最高人民法院的裁判观点，由于挂靠关系的存在，可以使

---

① 审理法院：最高人民法院；诉讼程序：再审

交易相对人对挂靠方产生其有权代表被挂靠方签订合同的合理信赖。即挂靠方的行为对被挂靠方可构成表见代理，挂靠方对外签订的合同可直接约束被挂靠方，被挂靠方不得以挂靠方未经授权为由拒不承担相关责任。因此，切勿轻易允许他人挂靠。

（2）本案中，作为挂靠方的梁某同使用伪造的湛江某建的印章对外签订合同，对被挂靠方湛江某建产生了约束力。但并非挂靠方所有的使用伪造印章签订的合同，对被挂靠方都具有约束力，而是仍需满足以下条件：①交易相对人为善意，即不知晓挂靠人并无相关授权；②该合同本身并不存在效力瑕疵，即合同本身不存在无效、可撤销或效力待定的事由。因此，如果被挂靠方欲主张对合同不承担责任，可证明：①交易相对人明知挂靠方没有获得相关授权；②交易相对人明知签订合同时的用印为挂靠人私刻或伪造；③证明合同存在效力瑕疵。

（3）同意他人挂靠时，切忌将对外签订合同、作出承诺、代为结算等权利授权给挂靠方。确需授权的，只能对挂靠方作某一具体事务的特别授权，绝不能作涵盖多项事务甚至所有事务的概括授权。严禁挂靠方以被挂靠方的名义对外从事商务谈判、承接业务或签订合同，并在挂靠协议中就上述事项约定相应的违约金条款或解除条款。以此及时杜绝并有效防范挂靠方在未经授权的情况下，对外以被挂靠方的名义签订合同。

相关判决

湛江市某建筑工程公司诉白某江租赁合同纠纷申请再审民事裁定书
[（2015）民申字第 3402 号]

再审申请人（一审被告、二审上诉人）：湛江市某建筑工程公司。住所地：广东省湛江市坡头区灯塔路。

法定代表人：陈某保，该公司总经理。

被申请人：白某江，男，1975 年 10 月 7 日出生，汉族，献县鑫某建材租赁站业主，住所地：河北省沧州市献县乐寿镇煤建小区 2 排 3 号。

再审申请人湛江市某建筑工程公司（以下简称湛江某建）因与被申请人白某江租赁合同纠纷一案，不服河北省高级人民法院（2015）冀民一终字第 38 号民事判决，向本院申请再审。本院依法组成合议庭进行了审查，现已审查终结。

湛江某建申请再审的理由为：（一）本案有新的证据，足以推翻原判决、裁定。再审申请人从阿拉善盟公安局处调取了梁某同的询问笔录原件作为新证据提交,询问笔录中梁某同对私刻公章及使用该私刻的公章与再审被申请人签订涉案《租赁合同》的事实供认不讳,足以推翻原审判决所认定的租赁合同法律关系真实有效的事实。(二)本案原判决的主要事实缺乏证据证明,适用法律错误。1.原判决过分依赖以往民事判决书所认定的事实,错误认定再审申请人与被申请人之间存在租赁关系。再审申请人所提交的证据已经证明梁某同冒用再审申请人名义订立《租赁合同》,该《租赁合同》并非再审申请人的真实意思表示,原审法院依法应当重新就《租赁合同》的法律效力进行审查及认定。另外,原判决认为(2012)沧民终字第1685号民事判决书认定了600mw工程是由再审申请人承建以及梁某同、梁化鹏等人为600mw项目部负责人或实际施工人员的情况。实际上,该判决只是认定了《租赁合同》有效,并未对600mw工程的承建主体作出认定,其本身也不足以成为原判决用以认定本案事实的依据。2.梁某同从未就600mw工程得到过再审申请人的任何合法授权,梁某同的行为不应对再审申请人产生任何代理法律后果,原判决将梁某同对外所签订书面协议的法律后果归于再审申请人错误。首先,所谓的600mw工程,实际上是梁某同利用再审申请人的名义,私刻再审申请人的公章擅自对外承接的业务,再审申请人对此并不知情,更不可能就此向梁某同出具相应的授权委托书,事后也没有进行追认。其次,再审申请人仅就乌斯太工程向梁某同出具了加盖公章的授权委托书及承包合同,授权委托书的授权明确,权限清楚,在地理上两个项目工程也相距甚远,根本不存在足以造成被申请人误解梁某同具有600mw工程权限的可能。最后,被申请人在所有庭审当中均未向人民法院提供梁某同向其出示的授权委托书,被申请人本身存在疏忽大意的严重过错。被申请人疏于注意与梁某同签订了《租赁合同》,其法律后果不能归结于再审申请人。退一步讲,即使梁某同的行为符合表见代理的构成要件,因不符合民事法律行为的实质要件,属于无效的民事法律行为,也不能构成表见代理,《租赁合同》也应当为无效。(三)因本案涉及经济犯罪嫌疑,依法应当中止审理或裁定驳回起诉,但原判决却任意裁判,违反民事诉讼的公正程序,应当依法予以纠正。综上,湛江某建依据《中华人民共和国民事诉讼法》第二百条第(一)项、第(二)项、第(六)项之规定,请求本院依法撤销一、二审判决,改判驳回被申请人白某江的诉讼请求,诉讼费用由白某江承担。

被申请人白某江答辩称:(一)原一、二审认定事实清楚,审判程序合法,判决正确,应驳回湛江某建的再审申请。自2009年梁某同就代表湛江某建进行经营活动，直到 2012 年 2 月梁某同退出鄂尔多斯和乌斯太两个项目，湛江某建把两个项目授权他人接管，鄂尔多斯项目就是湛江某建的 600mw 工程。由于湛江某建拖欠白某江租金，2012 年 2 月 14 日白某江对湛江某建提起诉讼，庭审中湛江某建对白某江起诉的租赁关系认可，对收料单、退料单的真实性、合法性无异议。二审中湛江某建提供了三张租费清单，证明欠白某江租金 1183181 元。（二）湛江某建以梁某同私刻印章为由，否定与白某江之间的租赁关系，但湛江某建并不申请鉴定。这说明，湛江某建对其合同中的印章是默认的。梁某同在询问笔录中的陈述证明，他让人刻章的目的是湛江某建的经营活动，湛江某建对梁某同的经营行为应承担民事责任。至于梁某同及其刻章的人员是否构成伪造印章罪，对租赁法律关系的成立没有影响。综上所述，再审申请人申请再审的理由没有法律根据，请求不能成立，应予驳回。

本院认为，本案再审审查的焦点问题是梁某同以湛江某建名义与白某江所签订的《租赁合同》对湛江某建是否具有约束力，湛江某建是否应承担由此产生的法律责任。

根据查明的事实，梁某同与湛江某建自 2009 年至 2012 年存在挂靠关系，期间梁某同曾以湛江某建名义承接了乌斯太工程，湛江某建为此向梁某同出具了授权委托书。此外，梁某同还以湛江某建的名义承建了 600mw 工程。湛江某建主张梁某同承接 600mw 工程并未经其授权，属梁某同擅自以其名义所为。但在 2012 年梁某同退出 600mw 工程时，湛江某建却将该项目授权给了他人接管。由此证明，即使梁某同以湛江某建名义承建 600mw 工程属于无权代理，湛江某建事后亦予以追认并对该项目实际行使了管理权，故梁某同与湛江某建对于 600mw 工程仍构成挂靠关系。案涉《租赁合同》是 2010 年 11 月 16 日梁某同为 600mw 工程施工而以湛江某建名义与献县鑫某建材租赁站的白某江所签订，合同内容并不违反法律、行政法规的强制性规定。湛江某建主张《租赁合同》上湛江某建及 600mw 项目部的印章均系梁某同私刻，不代表其真实意思表示，合同应无效。但因梁某同与湛江某建之间存在挂靠关系，足以使白某江有理由相信印章的真实性以及梁某同得到了湛江某建的授权，故梁某同的行为构成表见代理，其行为后果应由湛江某建承担。湛江某建主张租赁合同无效，其不应承担相应法律后果无法律依据，本院不予支持。梁某同的询问笔录不属于新证据，亦不足以推翻原审判决。梁某同私刻印章涉嫌犯罪与本案租赁合同纠纷不属于同一法律关系，本案审理也不以刑事案件的结果为依据，因而本案无须中止审理或驳回起诉。

综上，本院认为，湛江某建的再审申请不符合《中华人民共和国民事诉讼法》第二百条第（一）项、第（二）项、第（六）项之规定。本院依照《中华人民共和国民事诉讼法》第二百零四条第一款之规定，裁定如下：

驳回湛江市某建筑工程公司的再审申请。

法律法规

《中华人民共和国民法典》（2021年1月1日施行）

第一百七十二条 行为人没有代理权、超越代理权或者代理权终止后，仍然实施代理行为，相对人有理由相信行为人有代理权的，代理行为有效。

028 游某琼与福建省万某房地产开发有限公司、翁某金等民间借贷纠纷案[①]

裁判要旨

董事长虽非公司法定代表人，但其相较于公司其他管理人员显然享有更大的权力，其对外实施的行为更能引起交易相对人的合理信赖，可构成公司的表见代理人。故董事长伪造公司印章对外签订合同，即使该伪造印章的行为后被认定为伪造印章罪，也不影响其所签合同对公司的约束力。

实务要点总结

（1）伪造印章构成犯罪，并不当然导致合同无效。一些公司一直存在一种错误的思想，认为只要签订合同的人因为签订本合同构成犯罪，公司就可以对这个合同不认账。这一观点是严重错误的，可能导致公司经营管理方面面临巨大风险。根据《最高人民法院关于在审理经济纠纷案件中涉及经济犯罪嫌疑若干问题的规定》第五条第二款的规定："行为人私刻单位公章或者擅自使用单位公章、业务介绍信、盖有公章的空白合同书以签订经济合同的方法进行的犯罪行为，单位有明显过错，且该过错行为与被害人的经济损失之间具有因果关系的，单位对该犯罪行为所造成的经济损失，依法应当承担赔偿责任。"因此，如果公司对于伪造印章对外签订的合同存在一定过错的，则应当承担相应的损害赔偿责任。

---

① 审理法院：最高人民法院；诉讼程序：再审

（2）他人利用伪造的公司印章对外签订合同，构成表见代理的，该合同对公司具有约束力。公司日常印章管理中，还有一种错误的思想，认为只要能够证明合同上盖的章是假的，公司就可以对这个合同不认账。但事实并非如此，在以下几种情况下，即使印章系伪造，公司也不能够否认其效力：①伪造印章对外签订合同的人构成表见代理；②法定代表人或者授权委托人伪造公司印章对外签订合同；③公司用章不具有唯一性；④公司在其他的场合承认过该印章的效力；⑤公司明知他人使用伪造印章而未向公安机关报案的。因此，即使印章是假的，但对于使用虚假印章签订的合同，公司可能不会不认账。对于公司而言，加强印章管理最有效的方法就是保证公司用章的唯一性、严谨性。

（3）公司在涉及伪造印章等刑民交叉案件中，应重点着眼于民事案件的处理，切勿重点着眼于刑事案件的处理，企图通过坐实刑事案件达到"一击致命"，彻底摆脱责任的目的。因为根据《最高人民法院关于在审理经济纠纷案件中涉及经济犯罪嫌疑若干问题的规定》第一条的规定："同一公民、法人或其他经济组织因不同的法律事实，分别涉及经济纠纷和经济犯罪嫌疑的，经济纠纷案件和经济犯罪嫌疑案件应当分开审理。"因此，利用伪造印章签订合同和伪造印章罪在法律定性和效果上是两个截然不同的问题，千万不能因为紧盯刑事案件而疏忽民事案件，最终导致败诉。

（4）本案的另一个启示是公司治理切忌出现"真假孙悟空"。本案中，万某公司败诉的一个重要原因在于在公司治理结构上，万某公司将董事长与法定代表人分置为两人，公司对外的代表人出现了"真假孙悟空"，导致公司对外被表见代理的风险增加。因此，公司在治理过程中，应当在保证公司治理结构完整的同时尽量保证决策权及代表权的集中，降低公司对外被表见代理和出现决策僵局的风险。

相关判决

游某琼与福建省万某房地产开发有限公司、翁某金等民间借贷纠纷申诉、申请民事裁定书［（2016）最高法民申733号］

再审申请人（一审被告、二审上诉人）：福建省万某房地产开发有限公司。

住所地：福建省武平县平川镇丰平路18号。

法定代表人：王某君，该公司董事长。

被申请人（一审原告、二审被上诉人）：游某琼。

一审被告、二审被上诉人：翁某金。

一审被告、二审被上诉人：福建省华某房地产开发有限公司。住所地：福建省武平县平川镇甘露亭。

法定代表人：翁某金，该公司总经理。

再审申请人福建省万某房地产开发有限公司（以下简称万某公司）因与被申请人游某琼，及一审被告、二审被上诉人翁某金、福建省华某房地产开发有限公司民间借贷纠纷案，不服福建省高级人民法院（2015）闽民终字第 1747 号民事判决，向本院申请再审。本院依法组成合议庭对本案进行了审查，现已审查终结。

万某公司申请再审称：（一）武平县人民检察院武检公诉刑诉［2016］49 号起诉书和武平县人民法院（2016）闽 0824 刑初 54 号刑事判决确认：2014 年下半年翁某金私刻万某公司印章，并在向游某琼出具的借条、协议书、借款担保协议书上加盖了该枚印章，作为证据使用。故一审、二审法院以借条、协议书作为主要证据判令万某公司承担保证责任不能成立。（二）翁某金虽然在 2015 年 4 月 1 日前是万某公司董事长，但并不是公司法定代表人。故二审法院以《中华人民共和国合同法》第五十条和《最高人民法院关于适用〈中华人民共和国担保法〉若干问题的解释》第十一条的规定认定翁某金有权代表万某公司对外签订合同错误。（三）《中华人民共和国公司法》第十六条第二款规定："公司为公司股东或实际控制人提供担保的，必须经股东会或者股东大会决议"。翁某金系万某公司股东，万某公司为翁某金担保并未经过股东会决议，不应承担保证责任。（四）2015 年 4 月 10 日起翁某金已经不是万某公司董事长，故其签收法律文书的行为应为无效。一审法院在万某公司未收到法律文书的情况下做出缺席判决程序违法。（五）翁某金伪造公章一事在二审审理时已经处于侦查阶段，对此二审法院应当依据《中华人民共和国民事诉讼法》第一百五十条第一款第（五）项的规定中止诉讼，二审法院未予中止错误。万某公司依据《中华人民共和国民事诉讼法》第二百条第（一）项、第（二）项、第（六）项、第（八）项的规定申请再审。

游某琼提交意见称，万某公司的再审申请没有事实与法律依据，请求予以驳回。

本院经审查查明，2016 年 4 月 22 日，武平县人民法院作出（2016）闽 0824 刑初 54 号刑事判决，查明 2009 年 8 月至 2010 年 2 月，翁某金陆续向游某琼借款人民币 245 万元并立下借条和协议书。2014 年下半年，翁某金因资金周转困难，无法按时归还上述借款，又无法按照对方要求找到公司担保，便私自伪造了一枚"福建省万某房地产开发有限公司"的印章，并在向游某琼出具的上述借条、协议书、借款担保协议上盖此印章，作为担保使用。该刑事判决认定翁某金犯伪造公司印章罪，判处有期徒刑六个月。

本院认为：本案的争议焦点，一是万某公司应否对翁某金以其名义作出的担保行为承担责任；二是万某公司未经股东会决议为翁某金的涉案债务提供担保的效力应如何认定；三是一审法院是否依法向万某公司送达法律文书；四是二审法院未中止诉讼是否属于程序违法。

（一）关于万某公司应否对翁某金以其名义作出的担保行为承担责任的问题。经查明，翁某金在借条、协议书、借款担保协议书上加盖万某公司印章时系该公司的董事长，但并非公司法定代表人。故二审判决依据《合同法》第五十条和《担保法司法解释》第十一条的规定认定翁某金有权代表公司对外签订合同适用法律不当，应予纠正。万某公司是否应当承担合同义务，应当判断翁某金的行为是否符合《合同法》第四十九条关于表见代理的规定。《合同法》第四十九条规定："行为人没有代理权、超越代理权或者代理权终止后以被代理人名义订立合同，相对人有理由相信行为人有代理权的，该代理行为有效。"根据上述规定，构成表见代理必须符合两个条件：一是代理人表现出了其具有代理权的外观；二是相对人相信其具有代理权且善意无过失。虽然 2006 年修订后的《公司法》第十三条规定公司法定代表人可以由董事长、执行董事或者经理担任，但从实践情况看，在公司设有董事长的情况下，由董事长担任公司法定代表人的情况是普遍现象。并且，董事长虽不一定同时担任公司法定代表人，但根据《公司法》的有关规定，其相较于公司其他管理人员显然享有更大的权力，故其对外实施的行为更能引起交易相对人的合理信赖。同时，翁某金还是万某公司的股东，且在签订涉案担保合同时持有万某公司的公章，尽管刑事判决已经认定该公章为翁某金私刻，但结合翁某金在万某公司所任特殊职务以及股东身份等权利外观，已经足以让交易相对人游某琼产生合理信赖，让其负有对公章真实性进行实质审查的义务，对于相对人要求过于严苛，不利于保护交易安全。综上，本院认为，翁某金的行为已构成表见代理，万某公司应对翁某金的涉案债务承担担保责任。万某公司关于翁某金并非万某公司法定代表人并存在私刻公章行为，故其不应承担担保责任等主张不能成立。由于翁某金提交的武平县人民检察院武检公诉刑诉

[2016] 49 号起诉书和武平县人民法院（2016）闽 0824 刑初 54 号刑事判决等证据并不足以推翻二审判决，不符合《中华人民共和国民事诉讼法》第二百条第（一）项关于新证据的规定，本院不予采信。

（二）关于万某公司未经股东会决议为翁某金的涉案债务提供担保的效力应如何认定的问题。本院认为，《公司法》第十六条第二款规定并非效力性强制性规定，违反该规定不必然导致合同无效。有限责任公司通常股东人数少，管理层与股东并未实质性分离，股东对公司重大事项仍有一定影响力，且有限责任公司等闭合性公司并不涉及众多股民利益保护、证券市场秩序等公共利益问题，违反上述规定并不会导致公共利益受损。据此，万某公司未经股东会决议为翁某金的涉案债务提供的担保应认定有效。万某公司的该项主张不能成立。

（三）关于一审法院是否依法向万某公司送达法律文书的问题。二审查明，一审法院系按照万某公司的注册地址向其送达开庭传票等诉讼文书且已被签收。现万某公司主张未收到诉讼文书导致未能参加一审诉讼缺乏证据证明，本院不予支持。

（四）关于二审法院未中止诉讼是否属于程序违法的问题。万某公司还主张翁某金伪造公章一事在二审审理时已经处于侦查阶段，对此二审法院应当依据《中华人民共和国民事诉讼法》第一百五十条第一款第（五）项的规定中止诉讼，二审法院未予中止错误。该主张亦不能成立。因为如万某公司所主张的，二审审理时翁某金伪造公章一事尚处于侦查阶段，不符合"本案必须以另一案审理结果为依据，而另一案尚未审结的"情形，并且翁某金伪造公章对于本案的实体处理结果也无影响，故二审法院未中止诉讼并不违反法律规定。

综上，万某公司的再审申请不符合《中华人民共和国民事诉讼法》第二百条第（一）项、第（二）项、第（六）项、第（八）项规定的情形。依照《中华人民共和国民事诉讼法》第二百零四条第一款之规定，裁定如下：

驳回福建省万某房地产开发有限公司的再审申请。

法律法规

《中华人民共和国民法典》（2021 年 1 月 1 日施行）

第一百七十二条 行为人没有代理权、超越代理权或者代理权终止后，仍然实施代理行为，相对人有理由相信行为人有代理权的，代理行为有效。

029 中国某航空港建设集团有限公司与张某及第三人李某琴民间借贷纠纷案[①]

裁判要旨

取得公司授权使用公司印章的人，在印章被公司收回后又私刻印章对外签订合同的，善意相对人可基于此前连续交易中形成的对该授权人有权使用公司印章的合理信赖，主张使用私刻印章签订的合同对公司具有约束力。

实务要点总结

（1）公司收回、不再使用或销毁某一印章，变更印章授权使用人以后，一定要通过合理方式将相关情况告知与公司存在业务往来的单位和个人，必要时可登报公示。公司使用过的印章或者有权使用印章的人，能够对潜在的交易相对人产生合理的信赖，因此印章发生变动或者授权使用印章的人发生变动，一定要采取必要的手段进行公示，以最大限度地消除可能存在的经营隐患。

（2）建设工程施工企业对于建设工程项目部的管理，重点之一在"章"。建设工程项目因印章发生的纠纷，在现实中大量存在。很多公司错误地以为，项目部章不是公司印章，对外签订合同、作出承诺、出具借条等应该不对公司发生效力。但这是极端错误的认识，因为建筑公司设立的项目部是公司为承建工程而设立的分支机构，不具备独立承担民事责任的能力，项目部对外从事民事行为的责任后果应由其公司法人承担。故项目部的"章"对外就相当于公司的"章"，由此可见其重要性。因此，必须委派诚实可靠的人管理项目部印章，建立完整的印章管理、使用流程，像管理公司本部印章一样管理公司项目部印章。

（3）项目部负责人私刻的公章，并非当然没有约束公司的效力。如果项目部负责人利用私刻公章对外签订合同，符合表见代理的条件，因此产生的法律后果，对公司具有约束力。因此，在面对相关诉讼时，仅证明印章系负责人私刻是不够的，更要证明以下事实之一存在：①对方当事人明知或应当知道印章系负责人私刻；②对方当事人知晓负责人已经被剥夺了代表权。

[①] 审理法院：最高人民法院；诉讼程序：再审

相关判决

中国某航空港建设集团有限公司与张某及一审第三人李某琴民间借贷纠纷申请再审民事裁定书［（2013）民申字第2207号］

再审申请人（一审被告、二审上诉人）：中国某航空港建设集团有限公司。

法定代表人：刘某英，该公司董事长。

被申请人（一审原告、二审被上诉人）：张某。

一审第三人：李某琴。

再审申请人中国某航空港建设集团有限公司（以下简称航空港公司）因与被申请人张某及一审第三人李某琴民间借贷纠纷一案，不服河北省高级人民法院（2013）冀民一终字第3号民事判决，向本院申请再审。本院依法组成合议庭对本案进行了审查，现已审查终结。

航空港公司申请再审称：（一）二审判决认定李某琴的借款行为构成职务行为，航空港公司应对李某琴的借款行为承担偿还责任缺乏证据证明。1. 二审判决基于该院（2011）冀民一终字第140号、第178号民事判决，认定本案中李某琴的借款系职务行为，没有事实及法律依据。上述两份判决涉及的内容及对象均与本案没有关系，该两份判决不应作为本案认定事实的依据。另外，从法律适用角度分析，每个案件都有其独立性，有其自身的事实和特点，且我国也不是判例法国家，判例不能作为另案的定案依据。2. 李某琴向法院提交的其亲笔所写的书面材料表明，张某提供的300万借条，是其于2010年12月的一个晚上派人殴打并限制李某琴人身自由后，胁迫李某琴所写下的，借条上加盖的伪造的项目部公章也是张某从李某琴手中取得后加盖的，并非李某琴本人自愿加盖。根据《中华人民共和国合同法》第五十二条关于无效合同的规定，本案300万元的借条应属无效借款。此外，借条上明确写明李某琴是借款人，并且标注了李某琴的联系方式和身份证号码，由此更可以证明此款项是李某琴个人借款，与航空港公司无关。3. 张某不能提供任何证据证明李某琴的个人借款用于项目部，相反，航空港公司提交的证据足以证明李某琴的个人借款并未用于项目建设。一审中，张某提供的汇款凭条显示，张某将涉案所有款项均转入李某琴个人账户，并未转到航空港公司项目部的专用账户上，张某没有证据证明李某琴将上述款项用于项目部。由此，二审判决认定上述款项是航空港公司项目部所借是错误的。李某琴与张某的行为严重损害了航空港公司的利益，造成了国有资产的流失。《中华人民共和国合同法》第五十二条第（一）项规定，一方以欺诈、胁迫的手段订立合同，损害国家利益的属无效合同。张某持有的借条加盖的是伪造的公章，并且是在张某胁迫李某琴的情况下出具的，依法应属无效合同，航空港公司无须承担责任。此外，借款是李某琴向张某的个人借款行为，并非代表航空港公司项目部的职务行为。（二）本案中，李某琴已向张某偿还借款人民币142.5万元，且张某从李某琴处开走奔驰车一辆、桑塔纳轿车一辆、铲车一辆，应从借款数额中扣除。一审判决仅认定李某琴向张某偿还14万元，属认定事实错误。根据张某在一审中自认的事实，李某琴自2010年3月至2010年6月陆续向张某借款300万元，并非在2010年6月19日一次性借款300万元；同时张某提供的付款凭证，也只能证明向李某琴支付了190万元。另根据航空港公司提交的李某琴向张某还款的转账凭据显示，李某琴从2010年3月至2011年3月已向张某还款142.5万元。因此，二审判决只认可李某琴于2010年6月19日以后还款14万元的事实，缺乏证据证明，也缺乏法律依据。此外，张某在庭审中也承认从李某琴处开走奔驰车一辆、桑塔纳轿车一辆及铲车一辆的事实，总值约100万元，应从借款数额中扣除。（三）二审判决认定李某琴身份的主要证据未经质证。张某提交的《委派书》是唯一能证明李某琴真实身份的证据，但张某提交不出《委派书》原件用于双方质证，航空港公司对《委派书》未予质证，但二审判决却认定该份证据的效力，证据采信明显不当。（四）二审判决认定借款事实的主要证据即借条是伪造的。一审判决已查明，根据法院向李某琴所做的询问笔录以及向质监部门调取的项目部印章检材，本案涉及的300万元借条上项目部公章系李某琴私自刻制，此印章与项目部在河北省冀州市建设主管部门使用的印章明显不同，故借条明显系伪造。航空港公司依据《中华人民共和国民事诉讼法》第二百条第（二）项、第（三）项、第（四）项、第（六）项的规定申请再审。

本院认为，本案再审审查主要涉及以下问题：1. 航空港公司应否向张某承担还款责任；2. 还款数额的确认；3.《委派书》等证据是否经过庭审质证；4. 涉案借条是否系伪造。

（一）关于航空港公司应否向张某承担还款责任的问题。

首先，李某琴给张某出具的借条上加盖了航空港公司阿卡利亚湾项目部公章。虽然，李某琴曾向河北省冀州市公安局主动投案，称自己伪造印章，并将两枚项目部的印章交到该局。但是，河北省冀州市公安局对该案仍在侦查阶段，李某琴是否涉嫌伪造航空港公司阿卡利亚湾项目部公章，尚未经司法程序最终确认。项目部是航空港公司为承建涉案阿卡利亚湾住宅工程而设立的临时机构，不具备独立承担民事责任的能力，项目部对外从事民事行为的责任后果应由其公司法人承担。其次，航空港公司称已于2010年1月收回李某琴项目部的公章，该行为说明了李某琴在此之前使用印章的行为是经过航空港公司授权的，即李某琴使用公章的行为系职务行为。李某琴与张某之间的借款行为是连续多次的行为，从李某琴合法持有项目部印章时，李某琴即以项目部名义多次向张某借款、还款，张某并不知道航空港公司何时将印章收回，其作为个人也难以分辨借条上的印章是否为李某琴私刻。航空港公司收回项目部印章的行为属于公司内部管理行为，对外并没有进行公示。航空港公司除了收回印章之外，没有采取其他措施对外告知李某琴无权再代表航空港公司阿卡利亚湾项目部从事相关民事行为。对于张某来说，也无从得知李某琴是否有权继续代表航空港公司阿卡利亚湾项目部实施借款行为。故航空港公司称其对李某琴的行为不应承担责任的主张依据不足。此外，《最高人民法院关于民事诉讼证据的若干规定》第九条第（四）项规定，已为人民法院发生法律效力的裁判所确认的事实，当事人无须举证。与本案借款情况类似的河北省高级人民法院（2011）冀民一终字第178号李某与李某琴、航空港公司借款纠纷案中，同样发生在航空港公司收回项目部印章之后，该案判决对李某琴于2010年5月和2010年6月的两笔借款予以认定。二审判决以该案作为航空港公司应当承担向张某还款责任的理由之一，并无不当。因此，二审判决航空港公司向张某承担还款责任，有事实和法律依据。

（二）关于李某琴还款数额的确认问题。

李某琴在项目部工作期间，多次向张某借款，也多次偿还借款。2010年6月19日，李某琴向张某借款200万元，连同以前尚未偿还的借款，于当日为张某出具了一份借条，载明："今借到张某现金叁佰万元整，到2010年6月23日还清。如到期不还，阿卡利亚湾项目部在冀州市国某开发公司所有的进度工程款由张某直接到国某开发公司拨付进度工程款，包括承建的商铺楼房二层标准的叁套，由张某直接处理。"借款人为李某琴，并加盖了项目部的印章。李某琴出具借条后偿还14万元，应在借款总额中扣除。李某琴其余还款时间均在借条出具以前。由于张某与李某琴存在多次借贷关系，李某琴出具借条前即偿还借款不符合情理。因此，一、二审判决对航空港公司要求扣除142.5万元的主张不予支持，符合民间借贷正常偿还欠款的惯例。至于张某从李某琴处开走的铲车和轿车等物品，因双方均未要求评估作价，张某已表示李某琴可以取回。一、二审判决对上述财产未从借款总额中扣除，并无不当。航空港公司申请再审称，一、二审判决认定涉案借款的还款数额错误及应从借款总额中扣除张某开走轿车、铲车的价值约100万元，理由不能成立。

（三）关于《委派书》等证据是否经过庭审质证的问题。

在一审诉讼过程中，张某向法院提交的证据中包括航空港第五工程公司委派李某琴为项目部总经理的《委派书》复印件一份，该《委派书》加盖有航空港第五工程公司的公章和任某占的私章，证明李某琴为项目部实际负责人。航空港公司则质证认为，张某提供的航空港第五工程公司委派李某琴为项目部总经理的《委派书》复印件，加盖的第五工程公司印章系伪造的，任某占才是项目部负责人，李某琴只是一般工作人员。对于张某提交的《委派书》等证据，一审法院认证意见为"被告航空港公司委派任某占承建阿卡利亚湾住宅工程的委派书、航空港公司第五工程分公司的印模，原告对其真实性不持异议，对证明目的持有异议，本院对其真实性予以确认，对该两份证据的证明目的，结合其他证据予以认定"。上述事实足以证明，张某提交的《委派书》等证据已经过庭审质证。二审判决对一审判决认定的该事实予以确认，并无不当。航空港公司申请再审称，一、二审判决认定李某琴身份的主要证据未经质证，属证据采信不当，理由不能成立。

（四）关于涉案借条是否系伪造的问题。

航空港公司申请再审称本案涉及的300万元借条上阿卡利亚湾项目部公章系李某琴私自刻制，借条是伪造的，该主张不能成立。首先，李某琴虽然曾向河北省冀州市公安局主动投案，称自己伪造印章，并将两枚项目部印章交到该局。但是，河北省冀州市公安局对该案仍在侦查，李某琴是否涉嫌伪造航空港公司阿卡利亚湾项目部公章，尚未经司法程序最终确认。其次，在李某与李某琴、航空港公司借款纠纷一案中，河北省高级人民法院（2011）冀民一终字第178号民事判决中对项目部印章的真伪进行了论述，认为"阿卡利亚湾项目部没有在相关部门备案的合法印章，不能提供用以鉴定真伪所依据的真实样本，由此使得对公章的孰真孰假无从判定。"并对2010年5月10日和2010年6月的两张借条均予以认定。本案与李某案情况相同，同样发生在航空港公司收回阿卡利亚湾项目部印章之后。二审判决认为"既然其他借条已经被生效判决所认定，本案处理应与李某案保持一致",并无不当。因此,涉案 300 万元借条上阿卡利亚湾项目部公章是否为李某琴私自刻制,航空港公司没有提交有效证据证明。因此,航空港公司申请再审称涉案借条是伪造的,缺乏有效证据支持。

综上,航空港公司的再审申请不符合《中华人民共和国民事诉讼法》第二百条第(二)项、第(三)项、第(四)项、第(六)项规定的情形。依照《中华人民共和国民事诉讼法》第二百零四条第一款之规定,裁定如下:

驳回中国某航空港建设集团有限公司的再审申请。

法律法规

《中华人民共和国民法典》(2021 年 1 月 1 日施行)

第一百七十二条　行为人没有代理权、超越代理权或者代理权终止后,仍然实施代理行为,相对人有理由相信行为人有代理权的,代理行为有效。

030 河南鸿某建筑安装有限公司与新乡市彭某建筑设备租赁有限责任公司租赁合同纠纷案[①]

裁判要旨

建筑公司允许他人挂靠并收取管理费,并对挂靠人设立其分支机构的行为放任不管,可增强交易相对人对挂靠人已获得被挂靠单位授权的信任。挂靠人签订和履行租赁合同的行为客观上形成了具有代理权的表象,构成表见代理。此时,挂靠人使用伪造的建筑公司的印章对外签订的合同,对建筑公司具有约束力。

实务要点总结

被挂靠方应当加强对挂靠方的管理,切勿以"挂"代管,将工程项目管理的所有事宜全部放任由挂靠单位自行处理。在可能的情况下,应将挂靠事实以适当的方式予以公示或告知重要的交易相对人。防止挂靠方因挂靠事实的存在,成为被挂靠方的表见代理人,进而使被挂靠方承受不可控的经营风险。

---

① 审理法院:河南省高级人民法院;诉讼程序:再审

相关判决

河南鸿某建筑安装有限公司与新乡市彭某建筑设备租赁有限责任公司租赁合同纠纷再审复查与审判监督民事裁定书［（2016）豫民申 450 号］

再审申请人（一审被告、二审上诉人）：河南鸿某建筑安装有限公司。住所地：河南省林州市。

法定代表人：王某广，该公司总经理。

再审申请人（一审原告、二审被上诉人）：新乡市彭某建筑设备租赁有限责任公司。住所地：河南省新乡市。

法定代表人：彭贵文，该公司经理。

再审申请人河南鸿某建筑安装有限公司（以下简称鸿某公司）因与被申请人新乡市彭某建筑设备租赁有限责任公司（以下简称彭某公司）租赁合同纠纷一案，不服河南省新乡市中级人民法院（2014）新中民二终字第 92 号民事判决，向本院申请再审。本院依法组成合议庭，对本案进行了审查，现已审查终结。

鸿某公司申请再审称：本案涉及他人伪造印章的犯罪行为，林州市公安局刑事侦查大队于 2014 年 9 月 1 日出具的《情况说明》证明公安机关已立案侦查，侦查结果足以推翻生效判决。鸿某公司从未承建过林州市长安印象 D 块工程，也未与彭某公司签订过租赁合同，生效判决在没有查明事实的情况下就仅以他人刻制的鸿某公司项目部印章及技术资料专用章认定鸿某公司承担责任，证据不足。本案符合《中华人民共和国民事诉讼法》第二百条第（一）项、第（二）项规定的情形，请求对本案进行再审。

彭某公司提交意见称：生效判决正确，鸿某公司的再审申请理由不能成立。

本院认为：任某文、殷某东分别与彭某公司签订的租赁合同中加盖的印章虽然不是鸿某公司的合同专用章，但分别是冠以鸿某公司名义的工程项目部印章或工程资料用印章，租赁设备也用于与鸿某公司名下的工程，林州市公安局刑事侦查大队出具的证明又证实殷某东曾向"鸿某公司林州办事处"交纳过 5000 元的管理费，且鸿某公司并未对"鸿某公司林州办事处"是其分支机构提出异议，生效判决据此认定涉案工程对外是以鸿某公司的名义进行施工，实际施工人签订和履行租赁合同的行为客观上形成了具有代理权的表象，并无不当，生效判决判令鸿某公司承担因租赁合同而产生的法律后果，并无不妥。由于公安部门出具的证明证实殷某东向鸿某公司交纳管理费而不构成伪造印章罪，任某文是否涉嫌伪造印章的刑事犯罪行为尚处于调查阶段，并不影响生效判决对本案民事行为性质的认定，生效判决根据本案民事法律行为的性质作出判决，也无不当。鸿某公司如认为任某文、殷某东的行为给其造成损害，可另行提出主张。鸿某公司主张本案因涉及伪造印章的刑事犯罪问题，应等待刑事案件的结果的理由不能成立。

综上，鸿某公司的再审申请不符合《中华人民共和国民事诉讼法》第二百条规定的情形。依照《中华人民共和国民事诉讼法》第二百零四条第一款之规定，裁定如下：

驳回河南鸿某建筑安装有限公司的再审申请。

法律法规

《中华人民共和国民法典》（2021年1月1日施行）

第一百七十二条 行为人没有代理权、超越代理权或者代理权终止后，仍然实施代理行为，相对人有理由相信行为人有代理权的，代理行为有效。

031 安徽省宣城市双某混凝土有限公司与某建设集团有限公司买卖合同纠纷案[①]

裁判要旨

建筑公司项目部聘用人员使用真伪不明的建筑公司印章对外签订合同，公司长期未予制止且实际上接受了交易相对人的合同履行，则该聘用人员即可构成建筑公司的表见代理人。此时，无论印章是否系伪造，均不影响合同对建筑公司的约束力。

实务要点总结

（1）公司发现他人使用伪造的公司印章对外从事经济活动时，应当立即制止或直接介入相关的经济活动。公司在此期间切勿心存"骑墙心理"，错误地认为公司可以对伪造印章对外签订的合同的效力作选择性认可，对公司有利的就选择认可，对公司不利的就选择不认可。本案中，某公司不仅对项目部人员使用真伪不明的印章对外从事经济活动长期不闻不问，而且以实际行动认可上述人员对

[①] 审理法院：安徽省高级人民法院；诉讼程序：二审

外签订的合同的效力,接受对方当事人的合同履行行为,使对方当事人产生项目部人员有代理权限的信赖,该项目部人员已成为某公司的表见代理人。同时,某公司还在其他场合承认了使用存在效力争议的印章签订的合同的效力。至此,该项目部人员使用的印章是否为伪造的印章已不再重要,某公司不能否认案涉《函告》对其的约束力。

(2)本案中某公司至少存在两个管理方面的疏漏:①对公司承接的相关项目管理存在疏漏,对项目部的日常经营活动特别是印章使用管理放任自流;②用章不具有唯一性,在其他场合认可了存在效力争议的印章的效力。其中第一点可导致交易相对人产生对项目部的日常工作人员已获得公司授权的合理信赖;第二点可导致公司在其他场合即无法否认存在效力争议的印章的效力。

相关判决

安徽省宣城市双某混凝土有限公司与某建设集团有限公司买卖合同纠纷二审民事判决书[(2015)皖民二终字第00887号]

上诉人(原审被告):某建设集团有限公司。

法定代表人:汪某济,该公司董事长。

被上诉人(原审原告):安徽省宣城市双某混凝土有限公司。

法定代表人:乐某成,该公司董事长。

上诉人某建设集团有限公司(以下简称某建设公司)为与被上诉人安徽省宣城市双某混凝土有限公司(以下简称双某混凝土公司)买卖合同纠纷一案,不服安徽省宣城市中级人民法院2015年5月29日作出的(2014)宣中民二初字第00050号民事判决,向本院提起上诉。本院2015年10月21日受理后,依法组成合议庭,于2015年12月4日公开开庭审理了本案。某建设公司委托代理人×××,双某混凝土公司委托代理人×××到庭参加诉讼。本案现已审理终结。

原审法院查明:2010年12月22日,双某混凝土公司与安徽庐某建设宣城领尚花城二期项目部签订《宣城市商品混凝土买卖合同》一份,约定双某混凝土公司为其承建的宣城领尚花城二期工程提供混凝土。单体构造物结构封顶后一个月内支付货款80%,第二个月支付85%,第三个月支付90%,第四个月支付95%,第五个月结清货款。若买方不能按合同期限和付款额支付货款,每天按千分之一支付滞纳金。2011年6月24日,宣城市创某房地产开发有限公司将宣城领尚花城二期18#-27#号楼及地下室工程发包给合肥某建设工程有限责任公司

（2013年7月15日名称变更为某建设集团有限公司，以下统一简称为某建设公司）承建，某建设公司认为宣城领尚花城二期项目部负责人是郑某成，双方签订《建筑工程施工合同》一份，该合同业已经建设行政主管部门登记备案。2011年7月20日，某建设公司函告双某混凝土公司，原安徽庐某建设宣城领尚花城二期项目部与双某混凝土公司签订的混凝土买卖合同，相关事宜由某建设公司与双某混凝土公司继续履行，双某混凝土公司出具的混凝土配合比单、发货单、财务收据等相关资料名称需变更为某建设公司。该《函告》上加盖了某建设公司印章，郑某成、骆某胜予以签字。某建设公司对函件上原公司印章真实性存有异议。自2010年12月起至2013年12月25日，双某混凝土公司累计向宣城领尚花城二期工程运送混凝土31232.6立方米，价值10898798元，某建设公司支付货款8640000元，尚欠货款2258798元。2012年11月26日，宣城领尚花城二期工程21#楼屋面灌注混凝土，该工程最后一栋单体建筑封顶。其中，截至2012年11月最后一栋单体建筑21#楼封顶，双某混凝土公司供货9119099元，封顶后五个月内某建设公司付款7440000元，尚欠1679099元。双某混凝土公司向某建设公司开具了部分发票。

另查明：某建设公司以案涉争议印章与其他公司签订供货合同，对所形成的债务某建设公司予以认可。

2014年3月26日，双某混凝土公司诉至原审法院，请求判令：1. 某建设公司立即支付混凝土货款2258798元及违约金369402元（从2013年4月25日起计算至2014年3月24日止），以及按中国人民银行同期同类贷款基准利率四倍标准从2014年3月25日起计算至货款清偿之日止的后续违约金；2. 本案诉讼费由某建设公司承担。

某建设公司原审辩称：该公司从未与双某混凝土公司签订合同，对账单签收人员也不是本公司员工。函件中的印章是伪造的，申请法院予以鉴定。另从双某混凝土公司提供的对账单来看，有一部分并非是用在18#-27#楼。请求驳回双某混凝土公司的诉讼请求。

原审法院认为：双方争议焦点为双某混凝土公司与某建设公司之间是否存在混凝土买卖合同关系，双某混凝土公司向某建设公司主张货款、违约金等是否有事实和法律依据。

本案中，双某混凝土公司为向宣城领尚花城二期项目供应混凝土，与安徽庐某建设项目部签订了混凝土买卖合同。之后因其他原因，宣城市创某房地产开发有限公司将该项目重新发包给某建设公司，某建设公司也向双某混凝土公司函告由其继续履行前述混凝土买卖合同。该函件上加盖了某建设公司更名前的公司印章，并有某建设公司宣城领尚花城二期项目部负责人郑某成签字确认，作为买卖合同的一方双某混凝土公司，对此已经尽到了足够的谨慎审查义务，结合某建设公司承建涉案工程的事实，其有理由相信郑某成、骆某胜等人有权代表某建设公司履行混凝土买卖合同。虽然某建设公司对函件上的印章真伪提出异议，但其又对某建设公司以该枚印章与其他公司形成的债务予以认可，故对某建设公司关于案涉争议印章系伪造的辩称意见并要求鉴定的请求，不予支持。双某混凝土公司提供的混凝土全部运送到宣城领尚花城二期工地并被使用，故双某混凝土公司与某建设公司之间存在买卖合同关系，双方应受案涉《宣城市商品混凝土买卖合同》的约束。某建设公司辩称郑某成等人不是其公司员工，与查明的事实不符，不予采信。某建设公司辩称涉案工程未使用双某混凝土公司的混凝土，但又无法提供其所用混凝土的来源，故对该项辩称不予采信。

双某混凝土公司自2010年12月起至2013年12月共向某建设公司提供价值10898798元的混凝土，某建设公司已经支付8640000元，尚欠货款2258798元事实清楚，双某混凝土公司主张某建设公司偿还未付货款，符合法律规定，予以支持。某建设公司迟延给付货款的行为违反了双方关于付款期限的约定，已构成违约，应当承担逾期付款违约责任。双方合同约定的违约金系按日千分之一标准计算，双某混凝土公司现诉请按中国人民银行同期贷款基准利率的四倍计算，系对其自身权利的处分，且未超过法律规定的负担，予以准许。双方约定最后一栋单体建筑封顶后五个月内结清货款，截至2013年4月25日，某建设公司尚欠双某混凝土公司1679099元。双某混凝土公司诉请某建设公司支付自2013年4月25日起到起诉之日止按上述标准计算的违约金369402元，以及之后的违约金以欠款总额2258798元为基数，按中国人民银行同期贷款基准利率的四倍计算至实际清偿之日止，予以支持。

综上，该院依照《中华人民共和国合同法》第六十条第一款、第一百零七条、第一百一十四条、第一百三十条、第一百五十九条、第一百六十一条，《中华人民共和国民事诉讼法》第十三条第二款之规定判决：某建设公司于判决生效之日起十日内支付双某混凝土公司货款2258798元及违约金（截至2014年3月24日违约金为369402元，之后的违约金按中国人民银行同期同类贷款基准利率四倍标准，以2258798元为基数从2014年3月25日起计算至实际清偿之日止）。

案件受理费 27826 元，由某建设公司负担。

某建设公司不服原审法院上述民事判决，向本院提起上诉称：一、原审判决认定事实不清，证据不足。某建设公司与双某混凝土公司从未签订过买卖合同，也未支付过款项，更没有接到过双某混凝土公司催款要求，双方之间没有债权债务关系，原审判决根据下列证据认定相应的事实错误。1. 关于《函告》，其上加盖的某建设公司印章是假的，签字的郑某成等人不是公司员工，也不是项目负责人，无权代表公司签订该文件，该签字行为系个人行为，而非职务行为。2. 关于对账单，某建设公司已对其真实性、合法性提出异议，但原审法院据此认定某建设公司收到价值 10898798 元混凝土，已付货款 8640000 元，尚欠货款 2258798 元错误。该组对账单中有四张单据出现八笔假账，把不属于某建设公司施工范围的供货也计入某建设公司名下，分别是 2011 年 5 月 21 日两笔，2011 年 11 月 25 日二笔，2012 年 11 月 25 日一笔，2013 年 6 月 25 日三笔，涉及金额 150875 元。另，某建设公司没有向双某混凝土公司付款，双某混凝土公司也无证据证明这一事实。3. 关于某建设公司与他人的供货合同及对账单，该组证据系复印件，真实性无法确认，且无法判定其上印章与《函告》上印章一致，原审判决据此认定某建设公司以案涉印章与其他人签订合同并认可所形成的债务错误。4. 关于两份图纸会审记录，相对于完整的建筑档案是片面的。经了解，郑某成是项目部临时雇佣的一般工作人员，其接受了委托参与图纸会审工作，故其名字出现在图纸会审记录上，而其他所有的建筑资料反映方某某是项目部负责人。此外，在图纸会审记录中，监理单位、建设单位及设计单位签名的均不是项目负责人或单位负责人，只是所在单位派出的参会代表。原审判决仅凭两份图纸会审记录认定郑某成是项目部负责人不能成立。二、原审审判程序违法。原审中，某建设公司对《函告》中的印章申请鉴定，双某混凝土公司予以同意，某建设公司也提交了比对材料，但原审判决对该项申请不予准许，程序违法。综上，请求撤销原审判决，将本案发回重审或改判驳回双某混凝土公司的诉讼请求。

双某混凝土公司答辩称：一、原审判决认定事实清楚，证据确凿充分。1. 郑某成是项目部负责人，其在《函告》上签字显然是职务行为，完全可以代表某建设公司，至于《函告》上的印章是否真实，是某建设公司内部管理问题，不能据此否认双方之间的买卖合同关系。2. 对账单经项目部负责人郑某成签字认可，至于某建设公司提到的八笔货款的混凝土用在哪一栋楼不是双某混凝土公司所考虑的，故该八笔账并非假账。3. 双某混凝土公司在原审中提交的供货合同及对账单虽是复印件，但在庭审中已提交原件供原审法院核对，原审法院对此予以认定并无不当，且该组证据认定并不影响本案的基本事实。4. 双某混凝土公司原审中提交的两份图纸会审记录是某建设公司制作并报送到宣城市建委备案的，二审中双某混凝土公司又补充提交了该工程完整的会审记录，某建设公司认为该证据片面不完整不能成立，某建设公司在上述材料中均盖章确认郑某成是案涉项目部负责人。二、原审审判程序合法。案涉工程是由某建设公司承建，工程所需混凝土是双某混凝土公司供应的，且对账单经项目部负责人郑某成签字确认，结合本案事实及证据能够认定郑某成签字代表某建设公司，双方之间存在买卖合同关系，故原审法院未准许鉴定程序并无不当。请求驳回上诉，维持原判。

二审中，某建设公司提交了下列证据：

证据1：建设工程施工合同。证明某建设公司于2011年6月24日与宣城市创某房地产开发有限公司签订合同后，才介入案涉项目建设，该工程项目经理是方某某，不是郑某成。

证据2：受案回执。证明郑某成涉嫌伪造公司印章罪，某建设公司已向公安机关报案。

证据3：安徽省宣城市中级人民法院（2015）宣中民二初字第66号案件传票；钢管扣件租赁合同；情况说明；安徽省宣城市中级人民法院（2014）宣中民二初字第00012号民事裁定书。证明"安徽庐某建设宣城领尚花城二期项目部"是伪造的机构，本案双某混凝土公司与之签订的买卖合同是虚假合同。

证据4：宣城市创某房地产开发有限公司、合肥工大建设监理有限公司及某建设公司2015年6月16日共同出具的《证明》。证明案涉项目各个单位的负责人是蒋永亮、管晓荣和方某某。

证据5：验收记录十四张，证明案涉工程项目经理是方某某，而不是郑某成。

证据6：宣城市创某房地产开发有限公司与北京徽某达物流有限公司签订的《合同书》及北京徽某达物流有限公司工商登记信息。证明宣城市创某房地产开发有限公司与北京徽某达物流有限公司共同投资建设涉案项目，胡某海是北京徽某达物流有限公司法定代表人，在某建设公司进入该项目前，是胡某海安排郑某成等人与各个供应商签订合同，在某建设公司介入项目后，材料供应仍由胡某海安排郑某成等人负责收货、付款等。

双某混凝土公司质证意见：对证据1、2、3真实性无异议，但对证明目的有异议，证据1不能否认郑某成是工程项目的实际负责人；证据2仅是受案回执，不能证明郑某成已经构成伪造公司印章犯罪；证据3与本案无关联。对证据4真实性有异议，方某某虽是项目经理，但郑某成是案涉项目的实际负责人。对证据5真实性无异议，但认为方某某为项目经理不能否认郑某成是工程的实际负责人，且方某某陈述也很少去工地，材料的接收都是郑某成、骆某胜负责。对证据6真实性无异议，但不能否认郑某成在工地的行为与某建设公司无关。

双某混凝土公司提交了下列证据：

证据1：图纸会审记录八份。该图纸会审记录加盖有某建设公司公章，且加盖的资料专用章与双某混凝土公司提交的对账单上的印章一致，证明郑某成是案涉项目的实际负责人。

证据2：《宣城市商品混凝土买卖合同》。证明根据当地混凝土协会要求，案涉工程所需混凝土先拟由双某混凝土公司和宣城市兴某混凝土有限公司供应，并签订合同，后实际由双某混凝土公司供应，并与庐某建设公司签订案涉合同。

某建设公司质证意见：对证据1真实性无异议，但图纸会审记录相对于完整的建筑资料而言具有片面性，仅凭此认定郑某成是项目负责人显然证据不充分。对证据2真实性无法确认，但该合同是郑某成代庐某建设公司签订。

庭审后，本院对方某某进行了询问，方某某称：胡某海是案涉项目投资人，其先是以庐某建设公司名义承建案涉工程，后庐某建设公司不承建了，胡某海要求某建设公司承建，某建设公司与开发商签订建设工程施工合同。因之前的材料供应合同已经签订，胡某海要求将之前的合同转到某建设公司名下，但某建设公司要求重新签订合同，后胡某海说由其继续履行，与某建设公司无关。我作为项目经理，主要负责工程进度、质量及验收，施工部分由胡某海安排，郑某成、骆某胜的工作是胡某海安排的，主要工作是接收材料，履行采购合同，并参加一些不重要的会议。

某建设公司认为方某某陈述符合客观事实，合同是双某混凝土公司与庐某建设公司签订，某建设公司对合同的履行不清楚，后郑某成用私刻的公章把权利义务转移到某建设公司，显然郑某成对双某混凝土公司已构成事实上的隐瞒。

双某混凝土公司认为方某某陈述部分属实，如案涉工程由某建设公司承建，郑某成、骆某胜在工地上主要负责接收材料，履行采购合同，但称郑某成、骆某胜的工作是胡某海安排的不属实。郑某成是项目实际负责人，其采购混凝土行为应视为某建设公司的行为。

本院对某建设公司提交证据的认证意见：证据1、2、5双某混凝土公司对其真实性无异议，对证据的真实性予以确认，能否达到其证明目的将结合其他证据及案件事实分析认定；证据3与本案无关联，不予认定；证据4系单位证明，没有单位负责人及制作证明人签名或者盖章，不符合证据的形式要件，不予认定；证据6系案涉项目的建设单位与案外人之间的合作开发协议，而开发项目所需施工材料应由施工单位对外采购，某建设公司以此证明案涉买卖合同是胡某海安排人员签订并履行依据不足，不予采信。对双某混凝土公司提交证据的认证意见：证据1某建设公司对其真实性无异议，本院予以确认；证据2系原件，某建设公司虽不予确认，但没有提交相反证据予以反驳，本院予以确认。方某某关于案涉项目是胡某海承建的陈述与某建设公司称其为项目合作开发方相矛盾，且该陈述没有其他证据相佐证，对该部分陈述不予采信。

双方当事人所举的其他证据与原审相同，相对方质证意见也同于原审，本院认证意见同原审。

本院对原审法院查明的事实予以确认。

本院二审查明：2011年8月15日，施工单位、监理单位、建设单位和设计单位对某建设公司承建的宣城领尚花城二期工程18#—27#楼建筑结构等进行会审，并形成了十份图纸会审记录，郑某成作为施工单位负责人签字并加盖了某建设公司案涉项目部的印章，其他单位亦有人员在相关负责人处签字并加盖印章，后某建设公司亦在十份图纸会审记录上加盖了公司印章。方某某作为某建设公司的项目经理在部分工程验收记录上签字。另，2011年5月21日对账单载明：5月15日用于5#楼塔吊基础垫层8250元，5月18日用于6#楼塔吊基础垫层2880元。2011年11月25日对账单载明：10月31日用于8#楼1-22轴负一层梁板及二层柱66429元，11月1日用于8#楼22-37轴负一层梁板及负二层58806元。2012年11月25日对账单载明11月6日6#楼栏板1800元。2013年6月25日对账单载明：6月21日8#楼地面5270元，6月22日8#楼地面2480元，6月23日8#楼地面4960元。上述八笔供货共计150875元，涉及的四份对账单均注明"宣城领尚花城二期"。

本院认为，综合双方当事人的诉辩主张和举证、质证意见，本案二审争议焦点为：一、案涉《宣城市商品混凝土购销合同》对某建设公司是否具有法律约束力；二、原审判决认定的货款数额是否正确；三、原审法院对某建设公司的鉴定申请未予准许是否正确。

关于争议焦点一。某建设公司上诉称该公司与双某混凝土公司从未签订混凝土买卖合同，案涉《函告》上的印章系假章，且郑某成等人是项目部聘用工作人员，无权代表公司出具《函告》，其在《函告》上签字是个人行为而非职务行为。双某混凝土公司辩称郑某成系项目部负责人，其在《函告》上签字行为系职务行为，故无论《函告》上印章是真是假，均不影响双方之间存在买卖合同关系。经查，案涉《宣城市商品混凝土购销合同》加盖了庐某建设公司宣城领尚花城二期项目部印章，并有郑某成、骆某胜签字，后郑某成向双某混凝土公司提交的《函告》称，因多方面原因要求，案涉买卖合同相关事宜由某建设公司履行，该《函告》上加盖了某建设公司的印章，并有郑某成、骆某胜签名。根据相关法律规定，如《函告》上印章为真章，或者郑某成行为系职务行为或构成表见代理，案涉买卖合同均对某建设公司具有法律约束力。1. 关于《函告》上某建设公司印章真假问题。某建设公司称该印章系假章，并在原审时提出鉴定申请，原审法院未予准许。原审判决后，某建设公司以郑某成涉嫌伪造印章犯罪向公安机关报案，公安机关予以受理但没有立案。因该枚印章未经过鉴定，故印章的真假不能确定。2. 郑某成、骆某胜行为是否构成职务行为。构成职务行为的前提是行为人与公司具有劳动隶属关系。本案中，某建设公司虽认可郑某成、骆某胜是项目部聘请的人员，但否认郑某成、骆某胜为该公司员工，且双某混凝土公司也没有提交证据证明郑某成、骆某胜与某建设公司存在劳动关系，故不能确认郑某成行为系职务行为。3. 郑某成、骆某胜的行为是否构成表见代理。表见代理认定条件是无权代理人的行为在客观上具有代理权表象，且相对人主观上有理由相信行为人有代理权。第一，从2011年7月20日《函告》内容来看，该函系某建设公司出具给双某混凝土公司，并明确原由庐某建设公司领尚花城二期项目部与双某混凝土公司签订的混凝土买卖合同改由某建设公司履行。该内容与某建设公司已实际承建工程的事实相吻合。第二，案涉合同的买受人主体变更具有连续性。2011年6月24日，某建设公司与发包方签订建设施工合同，承接了原由庐某建设公司承建的工程，但某建设公司承建后对之前以庐某建设公司名义签订的买卖合同未进行清理、结算，应视为某建设公司对买卖合同主体变更事实的认可。郑某成代表庐某建设公司签订案涉买卖合同，并签收供货对账单，在某建设公司承接工程后，郑某成、骆某胜仍实际签收对账单，履行收货义务的主体也具有连续性。第三，郑某成是以某建设公司施工负责人名义进行施工。结合

2011年8月15日，郑某成作为施工单位负责人在某建设公司承建的全部十幢楼的图纸会审记录上签字，某建设公司认可郑某成、骆某胜是项目部聘请人员，以及该公司项目经理方某某关于郑某成负责采购合同履行，其不负责工程施工的陈述，可以认定郑某成是以案涉工程施工负责人的身份从事相关事宜。从十份图纸会审记录内容来看，该图纸会审记录是由施工单位、监理单位、建设单位和设计单位就施工过程中建筑结构进行的会商确认，某建设公司之后亦盖章予以确认，故图纸会审应属于施工过程中的重要事项，某建设公司主张图纸会审是不重要的会议且会审记录片面主张郑某成不是项目施工负责人依据不足。方某某虽为项目工程经理，但出庭陈述其只负责工程进度、验收等工作，并不负责具体施工，某建设公司以此否认郑某成是以施工负责人身份在施工亦不能成立。至于郑某成与某建设公司之间系何种关系，不影响郑某成对外的身份认定。第四，双某混凝土公司向案涉工地供应混凝土具有持续性，且某建设公司并未提出异议。2010年12月22日买卖合同签订后，双某混凝土公司每月向案涉工地供应混凝土直至工程结束。在郑某成、骆某胜提交《函告》后，双某混凝土公司在与郑某成等对账时注明需方为某建设公司宣城领尚花城二期工地，对账单均由郑某成、骆某胜等签字，双某混凝土公司也向某建设公司开具了部分发票。某建设公司诉讼中未提交证据证明在承建工程后向其他供货商采购混凝土，并认可案涉工地混凝土系双某混凝土公司供应，且在长达二年多的时间内对郑某成以某建设公司名义履行案涉合同并没有提出异议。第五，双某混凝土公司作为供货方，在承接工程主体发生变更后，依据某建设公司出具的《函告》继续履行供货义务，已尽到了审慎的注意义务。综上分析，无论《函告》上的印章是真是假，郑某成、骆某胜是以某建设公司名义向双某混凝土公司出具《函告》明确由该公司履行合同，郑某成、骆某胜的行为具备了代理权表象，且从郑某成的施工负责人的身份及合同履行的具体情形看，双某混凝土公司有理由相信案涉《函告》系某建设公司出具，郑某成、骆某胜是代表某建设公司履行混凝土买卖合同。根据《中华人民共和国合同法》第四十九条规定，郑某成、骆某胜的行为构成表见代理，相应的民事责任应由某建设公司承担。

关于争议焦点二。某建设公司上诉称双某混凝土公司提交的对账单中有四份对账单涉及八笔供货计150875元未用在该公司施工范围内，故对该组对账单的真实性、合法性有异议。经查，涉及的四份对账单中的八笔供货虽未用于某建设公司承建的工程，但均为宣城领尚花城二期工程其他几幢楼的零星所用，且数额较少，仅为 150875 元，并有郑某成等人签字确认，某建设公司主张该八笔供货不真实依据不足。此外，某建设公司诉讼中也认可案涉工程混凝土系双某混凝土公司所供应。故原审法院依据对账单确认某建设公司差欠货款 2258798 元并无不当，本院予以确认。

关于争议焦点三。案涉《函告》上公章如系某建设公司的印章，某建设公司应承担本案的付款责任。即使该印章不是某建设公司的公章，如前所述，郑某成、骆某胜的行为亦构成表见代理，对某建设公司同样具有法律约束力。因此，案涉《函告》中公章的真假不影响某建设公司在本案中应承担的民事责任，原审法院对某建设公司鉴定印章的申请未予准许并无不当。某建设公司关于原审审判程序违法的上诉理由不能成立，本院不予采纳。此外，双某混凝土公司原审中提交的某建设公司与案外人宣城市五星建材有限公司签订的《供货合同》及对账单，某建设公司仅认可对账单中的签字及盖章，但对《供货合同》上公章真实性有异议，原审法院在未经鉴定情况下认定该合同上的公章与案涉《函告》上公章一致没有依据，但该认定不影响本案的处理结果。

综上，某建设公司的上诉请求及理由均不能成立，本院不予支持。依照《中华人民共和国民事诉讼法》第一百七十条第一款第（一）项之规定，判决如下：

驳回上诉，维持原判。

二审案件受理费 27826 元，由某建设集团有限公司负担。

本判决为终审判决。

法律法规

《中华人民共和国民法典》（2021 年 1 月 1 日施行）

第一百七十二条 行为人没有代理权、超越代理权或者代理权终止后，仍然实施代理行为，相对人有理由相信行为人有代理权的，代理行为有效。

《最高人民法院关于适用〈中华人民共和国民法典〉总则编若干问题的解释》（法释〔2022〕6 号）

第二十八条 同时符合下列条件的，人民法院可以认定为民法典第一百七十二条规定的相对人有理由相信行为人有代理权：

（一）存在代理权的外观；

（二）相对人不知道行为人行为时没有代理权，且无过失。

因是否构成表见代理发生争议的，相对人应当就无权代理符合前款第一项规定的条件承担举证责任；被代理人应当就相对人不符合前款第二项规定的条件承担举证责任。

032 中国某冶金建设有限责任公司与谢某清、陕西省某公路管理局建筑工程合同纠纷案①

裁判要旨

建筑公司在投标文件中载明的项目经理部主要负责人使用伪造印章与业主单位签订施工合同且业主单位为善意的，项目经理部主要负责人可构成建筑公司的表见代理人。建筑公司不得以施工合同上加盖的印章系伪造为由，主张施工合同对其没有约束力。

实务要点总结

（1）现实中，不仅存在单位或个人挂靠建筑公司获取项目进行施工的情况，也存在建筑公司"挂靠"有特定资质证书（如一级建造师证）的人，作为未来项目经理部经理或主要负责人（总工程师）。即建筑公司会将以上人员作为项目经理部经理或主要负责人（总工程师）在投标文件中予以记载。由于建筑公司与以上人员之间并不存在真实的劳动关系，公司亦未真正对其予以授权，故通常情况下，挂名的项目经理部经理或主要负责人（总工程师）不直接参与项目经营管理。但由于投标文件中的相关陈述和记载，可能强化业主单位对以上人员已获得公司授权的信任。因此，以上人员可能构成建筑公司的表见代理人。此时，以上人员以建筑公司的名义使用伪造的印章对外签订合同，建筑公司不得仅以合同上加盖的印章系伪造为由主张该合同对其没有约束力。

（2）建筑公司对本公司下设的项目经理部的管理，应不仅限于"向业主收钱"如此简单，而应注重选人用人，并定期或不定期对项目经理部合同履行情形、印章管理情况、合同签署情况等进行检查。防止项目经理部主要负责人私刻印章对外签订合同。同时，要高度警惕以"做资料""应付检查"为由的伪造公章的行为。

---

① 审理法院：陕西省高级人民法院；诉讼程序：再审

相关判决

中国某冶金建设有限责任公司与谢某清、陕西省某公路管理局建筑工程合同纠纷申请再审民事裁定书［（2014）陕民一申字第 00029 号］

申请再审人（一审被告，二审被上诉人）：中国某冶金建设有限责任公司，住所地：江西省贵溪市建设路 436 号。

法定代表人：林某生，该公司董事长。

被申请人（一审原告、二审被上诉人）：谢某清，男，汉族，1972 年 1 月 28 日出生。

被申请人（一审被告，二审上诉人）：陕西省某公路管理局，住所地：安康市汉滨区巴山西路 101 号。

法定代表人：张某成，该局局长。

中国某冶金建设有限责任公司（以下简称某冶公司）因与谢某清、陕西省某公路管理局（以下简称某公路局）建设工程分包合同纠纷一案，不服陕西省安康市中级人民法院（2012）安民终字第 00326 号民事判决，向本院申请再审。本院依法组成合议庭，对案件进行了审查，现已审查终结。

某冶公司申请再审称，一、一审法院依据两份虚假的证据判决某冶公司承担责任，而二审法院驳回申请再审人的上诉请求并维持原判，严重违法。一、二审法院认定事实所依据的合同协议书及所谓的某冶公司对赵某的授权委托书都是虚假伪造的。且这两份材料在时间上存在重大矛盾，合同协议书签订的时间为 2009 年 5 月 28 日，授权委托书是 2009 年 6 月 20 日，委托书的时间竟然在委托事项发生之后，显然极不合理，更加证明这两份材料是虚假伪造的。此外，一、二审法院认定申请人承建工程项目的依据还包括被申请人某公路局提供的 2009 年 5 月 19 日中标通知书，但该中标通知书并没有申请人的签章，也没有任何证据证明被申请人某公路局向申请再审人送达了该通知书。显然仅凭该中标通知书根本无法证明本案涉及工程项目系申请人承建。根据《民事诉讼法》第二百条第（二）项"原判决、裁定认定的基本事实缺乏证据证明的"、第（三）项"原判决、裁定认定事实的主要证据是伪造"的规定，一、二审判决在未查清事实基础上，依据虚假伪造的证据判决申请人承担责任明显错误，因此本案应当再审。

二、本案有新的证据足以推翻一、二审判决。二审判决认定申请人"无法证明施工合同、委托书上其公司的公章非其公司印章"，但二审期间陕西省公安司法鉴定中心作出的（陕）公（司法）鉴（文检）字（2012）83号鉴定文书，足以证明施工合同上所加盖的申请人公司印章系伪造的，并非申请人公司真实印章。虽然该证据系二审期间提供，但二审判决未作任何描述，因此该证据仍然属于新证据范畴，故根据《民事诉讼法》第二百条第（一）项"有新的证据，足以推翻原判决、裁定，人民法院应当再审"的规定，本案应当再审。

三、二审判决以公安撤案为由认定申请人应当承担责任的观点是无法成立的。由于陕西省公安司法鉴定中心作出的鉴定文书已足以证明本案工程施工合同中加盖的公章系虚假伪造，即使紫阳县公安局对赵某涉嫌伪造印章案予以撤案，仅能证明该虚假公章并非赵某私刻伪造，并不能否认公章虚假的事实。但二审法院却片面地认为公安撤案即证明公章并非虚假伪造，仍然判决申请人承担责任，是错误的。请求依法对本案进行再审，并撤销原判，改判申请人不承担责任。

谢某清辩称，其是给某冶公司和某公路局干的活，印章的真假由法院查明，某冶公司的再审申请不能成立，一、二审判决正确。

某公路局辩称，项目招标后，中标通知书要求签订的时间是2009年6月1日以前，某冶公司进场后，由于种种原因，合同迟迟没签，委托书是后拿来的，为与中标通知书的时间一致，而把合同的时间提前写到5月28日。关于公章问题，某冶公司用总公司的印章与榆林分公司的印章对比，不能成立。且鉴定并未认定合同所盖公章虚假，只是公章不同。不能因此否定涉案公章的真实性。某公路局是委托招标，是否给某冶公司送达中标通知书其不知道，但不能说明项目不是某冶公司的，而且某公路局给某冶公司发过整改通知，某冶公司也回复同意整改。

本院经审查认为，关于合同协议书及某冶公司对赵某的授权委托书是否虚假伪造，某冶公司是否应承担责任的问题。由于在某冶公司的代理人高某润于2009年5月12日向某公路局提交的投标文件第84页项目经理部主要管理人员一览表中载明项目副经理为赵某，由此可以证明赵某系某冶公司项目部管理人员。而某冶公司在此次投标中交纳了30万元投标保证金，因此，其对于是否中标，不仅应当关注，而且应当知晓，且某冶公司并未举出其未中标的证据。加之，本案亦无证据证明某冶公司中标后，某公路局存在与赵某恶意串通损害某冶公司权益的行为，故某冶公司称其不知招标结果的理由，不合情理，本院不予采信。基于以上事实和理由，即使赵某在合同及对其的授权委托书上所盖某冶公司公章是其擅自刻制，某公路局亦有理由相信其有代理权，其代理行为应为有效。况且，本案鉴定仅认定检材印文与样本印文不是同一印章所盖，并不足以证明合同及对赵某的授权委托书所盖某冶公司公章虚假,而某公路局对合同及授权委托书的时间问题所作的合同倒签的陈述亦符合情理,加之,公安机关对赵某涉嫌伪造印章案又予以撤案,故原审对某冶公司关于赵某假借其公司名义、伪造公司印章与某公路局签订施工合同,其不应承担责任的理由不予采信,并无不当。某冶公司申请再审的理由不能成立。

综上,申请再审人某冶公司的申请不符合《中华人民共和国民事诉讼法》第二百条规定的情形。依照《中华人民共和国民事诉讼法》第二百零四条第一款之规定,裁定如下:

驳回中国某冶金建设有限责任公司的再审申请。

法律法规

《中华人民共和国民法典》(2021年1月1日施行)

第一百七十二条 行为人没有代理权、超越代理权或者代理权终止后,仍然实施代理行为,相对人有理由相信行为人有代理权的,代理行为有效。

《最高人民法院关于适用〈中华人民共和国民法典〉总则编若干问题的解释》(法释〔2022〕6号)

第二十八条 同时符合下列条件的,人民法院可以认定为民法典第一百七十二条规定的相对人有理由相信行为人有代理权:

(一)存在代理权的外观;

(二)相对人不知道行为人行为时没有代理权,且无过失。

因是否构成表见代理发生争议的,相对人应当就无权代理符合前款第一项规定的条件承担举证责任;被代理人应当就相对人不符合前款第二项规定的条件承担举证责任。

033 眉山市东某新城建设有限公司与眉山市东坡区某镇人民政府借款合同纠纷案[①]

裁判要旨

公司未能提供证据证明在变更法定代表人后已将相关事实告知正在与其进行

[①] 审理法院:四川省高级人民法院;诉讼程序:二审

交易的相对人，且在法定代表人变更前原法定代表人一直以公司法定代表人的身份参与与该交易相对人相关的各项协议的签署及合同履行事宜的，则在变更法定代表人后原法定代表人可构成公司的表见代理人。原法定代表人使用伪造的公司印章对外签订的协议，对公司具有约束力。

实务要点总结

（1）公司变更法定代表人后，应在最大范围内通知与公司正在进行交易的交易相对人并将通知的有关证据予以保存。同时，应及时到工商部门办理法定代表人变更登记。因为如果公司未尽通知义务，对于正在与公司进行交易的交易相对人而言，原法定代表人可构成公司的表见代理人。此时，即使原法定代表人以伪造印章的形式与交易相对人签订相关协议，公司也不得主张不受约束。

（2）公司在变更法定代表人后，应要求原法定代表人将其正在处理的相关工作以书面的形式进行移交，并要求新的法定代表人立即予以接手。这不仅是保证公司业务衔接性的有效手段，也是防止原法定代表人继续以公司法定代表人的身份对外签订合同损害公司利益的必要措施。

相关判决

眉山市东某新城建设有限公司与眉山市东坡区某镇人民政府借款合同纠纷二审民事判决书［（2016）川民终280号］

上诉人（原审原告）：眉山市东某新城建设有限公司，住所地：四川省眉山市东坡区裴城路69号财富中心16楼。

法定代表人：余某，总经理。

被上诉人（原审被告）：眉山市东坡区某镇人民政府，住所地：四川省眉山市东坡区某镇某十字路口100号。

法定代表人：倪某，镇长。

上诉人眉山市东某新城建设有限公司（以下简称东某公司）因与眉山市东坡区某镇人民政府（以下简称某镇政府）借款合同纠纷一案，不服四川省眉山市中级人民法院（2015）眉民初字第13号民事判决，向本院提起上诉。本院于2016年3月21日受理后，依法组成合议庭，并于2016年4月18日公开开庭审理了本案。上诉人东某公司的委托代理人×××，被上诉人某镇政府的委托代理人×××到庭参加诉讼。本案现已审理终结。

原审法院审理查明，2012年9月20日，东某公司与某镇政府双方签订《借款协议书》，约定某镇政府向东某公司借款壹仟万元人民币用于征地、拆迁等相关工作的开展和经费开支。约定：一俟某镇老街棚户区改造开发项目满足政府有关规定要求，东某公司可与政府相关部门签署《预申请协议书》，参与该建设用地使用权的竞买摘牌，上述资金可转为"用地使用权预申请"保证金和竞买摘牌保证金。协议书第四条第二款约定，非因东某公司责任参加上述建设用地竞买摘牌未果，某镇政府如数退还东某公司上述借款。其本金、利息及退款时间按《预申请协议书》和《出让公告》相关约定办理。

2012年9月21日，东某公司通过四川麒某集团控股有限公司（以下简称麒某公司）银行账户2313××××××××××1152向某镇政府（财政所）银行账户先后转入300万元、100万元；同年10月26日，又转入100万元，至此，东某公司向某镇政府出借500万元。

2012年12月27日，东某公司向眉山市东坡区国土资源局出具《委托书》，载明："兹有眉山市东某新城建设有限公司在贵局办理东坡区某老街地块国有建设用地使用权预申请，全权委托公司的董事长韦某波前来办理，望接洽为荷……"。

2013年1月1日，东某公司（乙方）与眉山市东坡区国土资源局（甲方）签订了《预申请协议书》。该协议书约定：对某老街实施旧城改建，用地面积约为118000平方米（177亩），土地用途为住宅兼容商业用地，该块地已列入土地供应计划。甲方对乙方交纳的预申请用地保证金承担占有资金利息，利息计算截至该宗地竞买成交确认书签订后的当日止。乙方参加竞买（竞拍），未取得该宗土地使用权且已完全依法履行竞买（竞拍）出让公告、出让须知和本协议内容，无违法行为的，甲方如数退还乙方交纳的预申请用地保证金，并按乙方资金到甲方账户之日起至土地使用权竞买结束之日止的时限计算利息，届时按中国人民银行同期贷款利率的1.8倍核算支付乙方。在出让活动结束后十个工作日内连本带息支付乙方。该《预申请协议书》落款处盖有东某公司公章，委托代理人处有韦某波的签名和余某的印章。

后案涉地块经政府调整土地使用条件，东某公司已不可能竞买摘牌。

2013年3月6日，案外人韦某波与周某向某镇政府出具《委托书》，该《委托书》载明："兹有眉山市东某新城建设有限公司于2012年9-10月委托四川麒某集团控股有限公司划至贵政府财政所的500万元资金，现委托退还至四川麒某集团控股有限公司账户。该公司开户名称：四川麒某集团控股有限公司，开户银行：中国工商银行眉山东坡支行，账号：2313××××××××××1152……"，落款处盖有东某公司印章。

2013年3月6日，某镇政府以其财政所在四川省农村信用社账户8814××××××××6912向麒某公司账户2313××××××××××1152转款500万元，同日，韦某波、周某出具的《收据》载明："收到眉山市东坡区某镇人民政府伍佰万元整，收款方式银行转账，事由是代眉山市东某新城建设有限公司收到还款。"

2013年3月19日，经手人为周某的《领（借）款证》载明："预算科目某镇老街改造征地拆迁项目借款利息本金400万元，借款日期：2012年9月21日，到期：2013年3月7日，本金100万元，借款日期：2012年10月15日，到期：2013年3月7日"。同月21日，某镇政府以其财政所在四川省农村信用社的账户8814××××××××6912向麒某公司账户2313××××××××××1152转款21万元，用于归还案涉借款利息。

同时查明，东某公司于2011年9月27日成立，其股东有：麒某公司（韦某波系该公司法定代表人）、周金华、周某。2012年11月12日，东某公司形成董事会决议：韦某波担任公司董事长，余某担任副董事长兼法定代表人；同时聘任周某为总经理，任期均为三年。同月26日，该公司股东的工商登记变更为：四川麒某兄弟资产管理有限公司、余某、周某，其中，法定代表人由韦某波变更为余某。

东某公司于2014年11月10日向原审法院提起诉讼，请求判令：1.某镇政府返还东某公司预申请用地保证金本金人民币500万元整；2.某镇政府支付东某公司利息（暂计算至起诉日）119万元（其中400万元×中国人民银行同期贷款年利率6.15%÷12月×26个月×1.8倍＝959400元；100万元×中国人民银行同期贷款年利率6.15%÷12月×25个月×1.8倍＝230625元），自起诉日起至实际付清日期间以500万元为基数按中国人民银行同期贷款利率的1.8倍计算支付利息；3.本案诉讼费用由某镇政府承担。

本案在审理过程中，东某公司于2015年4月30日以案涉2013年3月6日《委托书》中东某公司印章系伪造为由，向原审法院提出申请，要求对该《委托书》中东某公司印章的真伪进行司法鉴定，后经审查，原审法院同意了东某公司的上述申请。同年5月13日，原审法院委托成都联合司法鉴定中心进行鉴定，该中心于2015年7月16日以成联鉴［2015］文鉴字第75号司法鉴定意见书作出了案涉《委托书》中东某公司的印章与眉山市公安局以及眉山市工商行政管理局存档备案的印章不是同一枚印章的鉴定意见。为此，东某公司支付了文书司法鉴定费 24000 元。

原审法院认为，根据双方的诉辩意见，本案的争议焦点是：某镇政府根据韦某波和周某出具的《委托书》向麒某公司支付款项后，是否还应向东某公司偿还案涉借款本息。

首先，本案中，东某公司述称其于 2013 年 3 月 6 日前已多次告知某镇政府东某公司的法定代表人已由韦某波变更为余某，认为某镇政府在明知韦某波已不是东某公司的法定代表人，且没有公司授权的情况下，仅凭《委托书》就支付案涉款项，没有尽到审查义务，存在严重过错，故上述支付行为对东某公司不发生法律效力，某镇政府应归还案涉借款本息。对此，某镇政府否认东某公司在 2013 年 3 月 6 日前已将其公司法定代表人的变更情况进行了告知，由于东某公司未能就 2013 年 3 月 6 日前告知某镇政府东某公司的法定代表人已变更这一事实向法庭提交证据予以证明，根据《中华人民共和国民事诉讼法》第六十四条以及《最高人民法院关于适用〈中华人民共和国民事诉讼法〉的解释》第九十条的规定，东某公司依法应承担举证不能的不利后果。

其次，本案中，由于韦某波在东某公司成立后至 2012 年 11 月 26 日前系东某公司的法定代表人，且 2012 年 11 月 26 日至今仍在担任该公司董事长，而周某系该公司股东，并担任公司总经理，韦某波、周某向某镇政府出具加盖东某公司印章的《委托书》要求其按照双方约定偿还借款本息，尽管该《委托书》中东某公司的印章经司法鉴定与东某公司的备案印章不是同一枚，但某镇政府基于该《委托书》的指示而付款的行为，并不存在未尽审查义务等严重过错的情形，理由如下：1. 东某公司与某镇政府签订案涉《借款协议书》时，韦某波是以东某公司法定代表人的身份签名；2. 东某公司与眉山市东坡区国土资源局签订的国有建设用地使用权的《预申请协议书》，韦某波也是以东某公司的委托代理人的身份签名；3. 从东某公司出借款项的银行账户看，东某公司向某镇政府出借款项是通过麒某公司的银行账户 2313××××××××××1152 转账完成，而 2013 年 3 月 6 日《委托书》要求某镇政府支付案涉款项转入的银行账户仍是麒某公司出借款项的银行账户 2313××××××××××1152。在此情况下，某镇政府完全有理由相信韦某波、周某出具盖有东某公司印章的《委托书》要求某镇政府还款付息的行为，系履行公司职务行为，因此，某镇政府根据《委托书》指示将案涉借款本息转入出借款项麒某公司账户的行为，并不存在未尽审查义务等严重过错的情形，根据《中华人民共和国民法通则》第四十三条关于"企业法人对它的法定代表人和其他工作人员的经营活动，承担民事责任"的规定，某镇政府根据2013年3月6日的《委托书》的指示将案涉款项（本息）转入麒某公司账户，已经依照双方《借款协议书》《预申请协议书》有关归还借款并支付利息的约定完成了向东某公司偿还案涉借款并支付利息的合同义务。因此，东某公司关于要求某镇政府返还借款本金并支付利息的诉讼请求，没有事实依据，依法应予驳回。

另外，关于鉴定费。东某公司在本案诉讼过程中申请对案涉《委托书》中的东某公司印章的真伪性进行司法鉴定，尽管鉴定机构出具的鉴定意见认定该印章与东某公司在公安、工商机关存档备案的印章不是同一枚印章，但由于该鉴定结论并未导致某镇政府在本案中承担责任，因此，本次印章真伪性的司法鉴定费24000元，依法应由东某公司自行负担。

综上，原审法院依照《中华人民共和国民法通则》第四十三条、《中华人民共和国民事诉讼法》第六十四条，《最高人民法院关于适用〈中华人民共和国民事诉讼法〉的解释》第九十条之规定，判决：驳回东某公司的诉讼请求。案件受理费34691元，司法鉴定费24000元，共计58691元，由东某公司负担。

宣判后，上诉人东某公司不服，向本院提起上诉。其上诉理由主要为：一、原判认定事实错误，导致裁判结果错误。上诉人已经将东某公司法定代表人在2012年11月26日由韦某波变更为余某告知了时任某镇政府党委书记岳志成，但原判却对该事实不做调查，导致认定事实错误。故某镇政府在明知东某公司法定代表人已经变更为余某的情况下，还依据韦某波和周某提供的《委托书》将500万元款项划付至麒某公司账户，系某镇政府工作人员严重失职，未尽到基本的审查义务，不应视为东某公司已经收到该笔还款。二、某镇政府在并未向上诉人明确告知调整案涉土地使用权和土地预申请事项变更事宜的情况下，就向韦某波指定的账户还款，不应视为东某公司已经收到该笔款项。三、韦某波的行为并不构成表见代理。表见代理不仅要求代理人的无权代理行为在客观上形成具有代理权的表象，而且要求相对人在主观上善意无过失地相信行为人有代理权。本案中，某镇政府在明知东某公司法定代表人已经不是韦某波的前提下，仍然依据其伪造的《委托书》向韦某波指定账户付款，不能视为某镇政府系善意相对人，故某镇政府还款的行为对东某公司并不具有约束力，不能视为东某公司已经收到了该500万元本金和相应利息。且周某出具收据收到某镇政府21万元利息的行为亦没有东某公司的明确委托和授权，某镇政府将该21万元的所谓利息打入麒某公司账户亦不能视为东某公司收到了该笔利息。四、本案中，韦某波、周某伪造东某公司印章的行为已经涉嫌犯罪，应当中止审理本案，移送公安机关审理。综上，原判认定事实和适用法律错误，应予改判，请求二审法院依法支持上诉人原审诉讼请求。

被上诉人某镇政府针对上诉人东某公司的上诉请求和理由答辩称：一、上诉人从未告知某镇政府法定代表人变更之事，上诉人也无证据佐证已经告知。某镇政府系在原审庭审中看到眉山市工商行政管理局于 2014 年 11 月 10 日出具的《证明》才知晓东某公司法定代表人变更事宜，这与证人周某（东某公司总经理）当庭陈述"2012 年 11 月 23 日，眉山市东某新城建设有限公司法定代表人由韦某波变更为余某以后，从来没有告知过某镇政府"的证词完全吻合。且公司法定代表人变更纯属公司自治事项，是公司的内部管理事宜，是否变更与本案保证金的退还认定并无关系。二、韦某波、周某依据盖有东某公司印章的《委托书》要求某镇政府还款付息，是履行公司职务的行为，其行为对东某公司具有约束力。在出具《委托书》时，韦某波的身份系东某公司董事长，而周某系东某公司总经理，二人持有的《委托书》上加盖有东某公司的公章，作为相对方的某镇政府，完全有理由相信韦某波、周某二人提供的《委托书》是由上诉人出具的，不存在未尽审查义务等严重过错。且《委托书》中指定的账户即是该 500 万元保证金出借账户，韦某波一直以来都是案涉东某公司出借款项和办理土地预申请事项的经办人，《借款协议书》和《预申请协议书》中，均有韦某波的签字，故某镇政府依据韦某波和周某出具的《委托书》向其指定账户归还借款本息，并无过错，应视为某镇政府已经按照前述协议约定归还了借款本息。三、上诉人要求将本案移送公安机关的理由不成立。无论韦某波是否存在伪造东某公司公章行为，均不导致东某公司对其工作人员韦某波和周某实施的职务行为承担民事责任的法律认定。综上，东某公司的上诉理由均不能成立，原判认定事实清楚，适用法律正确，应予维持。

双方当事人对原审判决查明事实部分均无异议，本院依法予以确认。

二审中，东某公司提出原判对东某公司在 2013 年 3 月 6 日之前将法定代表人由韦某波变更为余某的事实告知了某镇政府时任党委书记岳志成这一事实以及某镇政府并无正当理由终止案涉《预申请协议书》的履行，将款项退还东某公司的相关政策依据并未查实。经本院询问东某公司代理人，其称对告知事实并无书面证据证实。某镇政府陈述就案涉土地政策调整一事，已经在 2013 年 3 月 6

日之前口头告知过东某公司。在原审证据 2014 年 5 月 28 日眉山市国土资源局东坡区分局出具的《关于支付眉山市东某新城建设有限公司国有建设用地使用权预申请相关资金的请示》中，已经载明眉山市人民政府调整了案涉土地出让和建设方式，导致某镇老街旧城改造不能按照《预申请协议书》约定进行开发建设的事实。东某公司对该份请示质证认为，真实性无异议，但认为系国土资源部门事后补的依据，不能据此认定某镇政府向东某公司退款有合法依据。

二审中，东某公司向本院申请调取某镇政府关于案涉 500 万元本金和 21 万元利息还款的内部审批文件，拟证明审批人存在渎职行为甚至存在与韦某波、周某恶意串通损害东某公司权益的行为。本院认为，案涉款项支付的内部审批文件系某镇政府的内部行政行为，与本案争议焦点无关。故依照《最高人民法院关于适用〈中华人民共和国民事诉讼法〉的解释》第九十五条"当事人申请调查收集的证据，与待证事实无关联，对证明待证事实无意义或者其他无调查收集必要的，人民法院不予准许"的规定，本院对其申请不予准许。

本院认为，本案争议焦点为韦某波、周某向某镇政府出具《委托书》行为是否系职务行为或者构成表见代理，对东某公司是否具有约束力。某镇政府依据该《委托书》将案涉 500 万元保证金以及相应利息转至其指定账户的行为，是否合法有据，应否视为某镇政府已经将案涉款项归还至东某公司。

首先，依据本案查明的事实，韦某波自东某公司成立至 2012 年 11 月 26 日，一直都是东某公司法定代表人，且参与案涉《借款协议书》的签订，在其法定代表人身份变更之后的 2013 年 1 月 1 日，其作为东某公司董事长，亦参与了与眉山市国土资源局东坡区分局之间《预借款协议书》的签订和履行，即韦某波一直代表东某公司处理与某镇政府之间就 500 万元案涉借款以及预申请土地事项。即使在 2013 年 3 月 6 日出具《委托书》委托某镇政府归还案涉 500 万元资金之时，韦某波仍是东某公司董事长，周某为东某公司股东兼总经理。在东某公司没有证据证明其已经将公司法定代表人由韦某波变更为余某的事实告知某镇政府情况下，某镇政府基于对韦某波之前代表公司行为的信任，按照其委托将款项支付至其指定账户（且该账户与之前 500 万元转出账户为同一账户），并不存在未尽审查义务等严重过错的情形，韦某波、周某在出具《委托书》事宜上构成表见代理，对东某公司具有约束力。另东某公司上诉称某镇政府工作人员与韦某波等恶意串通将案涉款项转至其指定账户，损害了东某公司权益的主张亦缺乏事实依据，不能成立。故原审法院依据现有证据认定某镇政府按约已向东某公司归还了 500 万元借款的本息，并无不当，本院予以确认。至于东某公司上诉称本案涉嫌韦某波伪造公章罪，应中止审理或将本案移送公安机关侦查的问题。本院认为，韦某波是否伪造东某公司公章不影响其表见代理行为性质的认定，故本案不存在须等待刑事案件终结后再行处理的情形，不应中止审理。

综上，东某公司的上诉理由和请求均不能成立，依法不予支持。依照《中华人民共和国民事诉讼法》第一百七十条第一款第（一）项之规定，判决如下：

驳回上诉，维持原判。

二审案件受理费 55130 元，由上诉人眉山市东某新城建设有限公司负担。

本判决为终审判决。

法律法规

《中华人民共和国民法典》（2021 年 1 月 1 日施行）

第一百七十二条 行为人没有代理权、超越代理权或者代理权终止后，仍然实施代理行为，相对人有理由相信行为人有代理权的，代理行为有效。

《最高人民法院关于适用〈中华人民共和国民法典〉总则编若干问题的解释》（法释〔2022〕6 号）

第二十八条 同时符合下列条件的，人民法院可以认定为民法典第一百七十二条规定的相对人有理由相信行为人有代理权：

（一）存在代理权的外观；

（二）相对人不知道行为人行为时没有代理权，且无过失。

因是否构成表见代理发生争议的，相对人应当就无权代理符合前款第一项规定的条件承担举证责任；被代理人应当就相对人不符合前款第二项规定的条件承担举证责任。

034 苏某交与菏泽市海某房地产开发有限公司、山东宝某金属材料有限公司民间借贷纠纷案[①]

裁判要旨

作为公司原股东的原公司法定代表人在转让股权并卸任公司法定代表人后，

---

① 审理法院：山东省高级人民法院；诉讼程序：二审

在公司登记的经营场所，使用私藏的公司印章向交易相对人出具授权委托书，交易相对人即可有理由相信其有代理权限。公司原股东可作为公司的表见代理人，其对外签订协议对公司具有约束力。

实务要点总结

（1）公司股东变更后尤其是作为原公司法定代表人的大股东变更后，应将变更的事实以适当的方式进行公告并及时变更公司工商登记信息。当事人以获取公司控制权为目的收购某一公司股权时，应委托律师作尽职调查，对公司经营状况进行全面的摸排，其中重点之一即为全面清理并控制公司的证照印章，并制订详细的收购方案。本案中，海某公司败诉的重要原因即在于未全面收缴原大股东私藏的印章，导致公司不得不为借款合同"背锅"。

（2）公司应加强对自身经营场所的管理，防止他人利用交易相对人对公司经营场所的信赖浑水摸鱼，以公司的名义对外签订合同。本案最为离奇的一点在于案外人刘某国在已经不是海某公司股东、法定代表人时还能够轻松自如地进入海某公司办公区域，并在办公区域以海某公司的名义使用私藏的印章签订合同，最终导致海某公司蒙受"不白之冤"。这一"蒙冤"过程足见海某公司在股权收购完成后对经营场所缺乏规范的管理，导致公司原大股东有机可乘。

相关判决

苏某交与菏泽市海某房地产开发有限公司、山东宝某金属材料有限公司民间借贷纠纷二审民事判决书［（2016）鲁民终868号］

上诉人（原审被告）：菏泽市海某房地产开发有限公司（原菏泽怡某房地产开发有限公司）。住所地：山东省菏泽市牡丹区太原路与八一路交叉口东北角。

法定代表人：叶某文，该公司执行董事。

被上诉人（原审原告）：苏某交，男，1970年10月15日出生，汉族，住所地：山东省巨野县。

被上诉人（原审被告）：山东宝某金属材料有限公司。住所地：山东省菏泽市牡丹区吴家镇机械电子产业园区。

法定代表人：兰某娟，经理。

上诉人菏泽市海某房地产开发有限公司（以下简称菏泽海某公司）因与被上诉人苏某交、被上诉人山东宝某金属材料有限公司（以下简称山东宝某公司）

民间借贷纠纷一案，不服山东省菏泽市中级人民法院（2014）菏民三初字第96号民事判决，向本院提起上诉。本院依法组成合议庭，公开开庭审理了本案。上诉人菏泽海某公司的委托代理人×××，被上诉人苏某交及委托代理人×××到庭参加诉讼。被上诉人山东宝某公司经本院合法传唤，无正当理由不到庭参加诉讼。本案现已审理终结。

一审中，原告苏某交起诉称：2014年3月26日，原告与原菏泽怡某房地产开发有限公司（以下简称菏泽怡某公司）签订借款抵押合同，菏泽怡某公司向原告借款420万元，利息3.5%。被告山东宝某公司对该笔借款自愿承担担保责任。原告分三笔将420万元借给菏泽怡某公司，菏泽怡某公司向原告出具了借据。经催要，二被告拒不偿还，故诉至法院。因诉讼中菏泽怡某房地产开发有限公司名称变更为菏泽市海某房地产开发有限公司，故请求：1.判令被告菏泽海某公司偿还借款420万元及利息（原告起诉前的利息从2014年8月27日计算至2014年10月27日共10万元，2014年10月28日之后的利息按照中国人民银行同期同类贷款利率的四倍计算到二被告履行完毕之日），被告山东宝某公司承担连带担保责任；2.诉讼费用由被告负担。

被告菏泽海某公司答辩称：（一）被告菏泽海某公司从未向原告借过款，原告也没有将其所述款项支付给被告。（二）原告提交的借款协议、收据上所加盖的公章系伪造，与被告自2012年3月23日至今所使用的公章不是同一公章，该借款与被告菏泽海某公司无关，被告不应承担责任。（三）刘某国与被告菏泽海某公司自2012年3月23日起就没有任何关系，原告将款项转账到刘某国个人账户，与被告菏泽海某公司没有关系。

被告山东宝某公司答辩称：被告菏泽宝某公司在借款协议上担保方处签字盖章是事实。已经支付原告本金58.8万元，根据双方所签订的借款协议的约定，月利息3.5%，明显高于中国人民银行同期贷款利率的四倍，应依法给予调整。

原告为证明其主张，提交如下证据：

证据一：《借款协议》一份，拟证明原告与菏泽怡某公司签订了借款协议，被告山东宝某公司为担保人。

证据二：2014年3月26日菏泽怡某公司向原告出具的《收据》一份，拟证明原告向菏泽怡某公司出借420万元。

证据三：银行汇款单三份，拟证明原告通过银行转账的方式向菏泽怡某公司委托的刘某国支付了400万元汇款的事实，另向刘某国支付了20万元现金。

证据四：菏泽怡某公司出具的《法人授权委托书》，拟证明刘某国有权代表菏泽怡某公司对外签订借款合同，收取借款。

证据五：案外人张某华、张某平与菏泽怡某公司签订的购房合同（复印件），拟证明签订合同所使用的公章与原告所提供的法人授权委托书、借款协议、收据中的公章一致。

证据六：原告在菏泽市住房保障和房产管理局调取的案外人张某华、张某平与菏泽怡某公司签订房屋买卖合同相关材料共九页、照片两张。拟证明案涉借款协议上加盖的公章与菏泽怡某公司的公章为同一印章，菏泽市图书大厦十楼为菏泽怡某公司的办公地点，该办公地点装潢显示"怡某地产"字样。

证据七：取款凭条一份（复印件）及证人王某出庭作证，王某证言的主要内容为："2014年3月26日，证人借给苏某交15万元，系证人从银行卡中取的现金，现苏某交已经偿还。"拟证明原告以现金的方式交付被告15万元。

证据八：被告菏泽海某公司企业变更情况及核发《企业法人营业执照》及归档情况。拟证明被告菏泽海某公司变更登记情况及公章归档情况。

经质证，被告菏泽海某公司对以上证据的质证意见如下：对证据一的真实性有异议，借款协议中加盖的菏泽怡某公司的公章系伪造，与被告自2012年3月23日至今所使用的公章完全不一致，同时该借款协议没有经办人签名，无法证明公章由何人加盖，无法证明是由被告加盖的该公章。对证据二的真实性有异议，所加盖的公章是伪造，收款事由是后来添加的，与事实不符。对证据三的真实性无异议，中国建设银行、农村信用社的两笔款项是2014年3月12日转账，借款协议是2014年3月26日签订，该两笔转账与本案无关，同时该三个转账凭条都是转账到刘某国个人账户与被告无关。对证据四的真实性有异议，该公章系伪造，同时授权委托书上有"此件只限苏先生使用"，刘某国是没有权利使用该授权委托书的，同时公司提供授权委托书还应提供工商登记，组织机构代码证、法人身份证明等资料，无法证明该委托书是被告真实意思表达。对证据五系复印件没有原件相印证，其真实性无法确认，同时也无法证明证据五中使用的印章与借款协议、收据、委托书所使用的印章是同一枚印章。对证据六的真实性无异议，但被告不在图书大厦十楼办公，只是标识没有拆除，房管局调取的材料上的公章系被告现在使用的公章。证据七无法证明与本案的关联性，该证据与本案无关。对证据八无异议。

被告山东宝某公司对原告提交证据的质证意见如下：对证据一的真实性无异

议，但该协议所约定的借款利息明显高于中国人民银行公布的同期贷款利率的四倍，不应受到保护。对证据二、三、四的真实性均无异议。对证据五是复印件不能作为有效证据使用。对证据六无异议，证据七与本案无关，被告并未收到该笔款项。对证据八无异议。

被告菏泽海某公司为证明其答辩意见，提交如下证据：

证据一：企业变更情况七页。拟证明自2012年3月14日起，刘某国已不再是菏泽怡某公司股东，也不在被告公司担任职务。

证据二：有限责任公司变更登记申请书三份及所附相关材料。该证据与证据一相印证。证明被告自2012年3月14日至今所使用公章未曾变更，一直使用在山东省农村信用社印鉴卡片上留存的印章。

证据三：山东省农村信用社印鉴卡片。拟证明在2013年8月10日，被告使用现有公章。

证据四：公司章样一份。拟证明截至2015年1月12日，被告公司仍在使用该公章。从2012年3月14日至今，公司印章未曾发生变更。

证据五：《移交清单》复印件一份、刘某国书写的《承诺书》一份，拟证明菏泽怡某公司委派郭某红将公司公章和合同专用章各一枚移交给菏泽怡某公司现任法定代表人，被告一直使用现在的公章，未曾变更，案涉借款系刘某国在被告不知情的情况下利用废弃的旧章借的款项，与被告无关。

证据六：在菏泽市工商行政管理局查询的《企业变更情况》一份。拟证明菏泽怡某公司名称变更为菏泽海某公司的事实。

经质证，原告对被告菏泽海某公司提交证据的质证意见如下：对证据一的真实性无异议，但不能证明原告对其股东股份变更情况应知或明知。对证据二的真实性无异议，但该证据保存在工商登记管理部门，不能证明原告所持有的借款协议借据上的印章系伪造，被告菏泽海某公司还应当提供变更前预留在工商登记部门的印鉴。即使菏泽海某公司使用了变更后的印章，也应当对其以前没有作废的公章承担责任。不能否认以前的公章在被告菏泽海某公司处保管并使用过该公章。对证据三的真实性无异议，但对证明目的有异议，预留在山东省农村信用社的印鉴只能证明菏泽海某公司在与信用社发生业务关系时使用该公章才能发生效力。对证据四的真实性无异议，但章样形成日期2014年12月22日是菏泽海某公司为了应付本案诉讼，自行打印盖章，不能证明菏泽海某公司的证明目的，不能证明原告借据上的公章系伪造。对证据五中的《承诺书》真实性有异议，借款时刘某国称系用于左岸豪庭房地产开发，菏泽怡某公司的公章和授权委托书都是真实的，刘某国的表述前后矛盾。对《移交清单》的真实性不确定，借款时刘某国并未向原告出具该份材料。对证据六无异议。

被告山东宝某公司对被告菏泽海某公司提交证据的质证意见如下：对被告菏泽海某公司提供的证据一至四真实性不发表意见，但借款协议及授权委托书上的公章系菏泽怡某公司在成立时所刻制的印章，并且由菏泽怡某公司使用多年，该印章在签订借款协议时菏泽怡某公司并没有声明作废。对证据五中《移交清单》的真实性不确定，但不能证明案涉《借款协议》上的公章是虚假的，对《承诺书》的真实性有异议，刘某国所持的公章并不是作废的公章，被告菏泽海某公司借款是真实的。对证据六无异议。

被告山东宝某公司为证明其答辩意见，提交中国工商银行电子银行回单两份（打印件）。拟证明被告已付原告款项294000元，另外有三份银行回单没有打印，共计付给原告588000元利息，案涉借款2014年8月26日之前的利息已结算完毕。

经质证，原告对电子银行回单的真实性无异议，但被告所付的294000元是利息，付款人兰某娟是菏泽怡某公司的会计。原告只收到294000元，被告山东宝某公司称没有银行回单的294000元不属实。被告菏泽海某公司对电子银行回单无异议，但兰某娟不是菏泽海某公司的会计。

为进一步调查案件事实，一审法院于2015年1月27日对刘某国进行调查，形成调查笔录一份。主要内容为：刘某国系菏泽怡某公司、山东宝某公司的隐名股东，兰某娟系山东宝某公司的会计，苏某交提交的《借款协议》《法人授权委托书》各一份都是刘某国出具的，上面的菏泽怡某公司印章是真实的印章，叶某文的签名是刘某国代签的。案涉借款用在了山东宝某公司建设上，山东宝某公司和刘某国是实际借款人，借款时刘某国实际控制菏泽怡某公司。

经对该份调查笔录进行质证，原告认为刘某国所述不属实，借钱时兰某娟是菏泽怡某公司的会计，山东宝某公司的会计姓韩。借款时刘某国称《法人授权委托书》上的签名是叶某文本人所签，借款用于被告菏泽海某公司左岸豪庭项目开发建设。被告菏泽海某公司认为刘某国不是菏泽海某公司隐名股东，自2012年3月份刘某国与菏泽海某公司便无任何关系，刘某国持有的菏泽怡某公司公章系已经作废的旧章。被告山东宝某公司对该笔录无异议。

根据各方当事人的举证、质证及庭审调查情况，一审法院确认以下事实：

2014年3月26日，在菏泽市图书大厦十层，案外人刘某国向原告苏某交出具《借款协议》一份，载明："甲方：苏某交，乙方：山东菏泽怡某房地产开发有限公司，乙方向甲方借款人民币肆佰贰拾万元整，月利息按 3.5% 计算，每月按时付息。此协议一式两份。担保方山东宝某金属材料有限公司对此借款进行担保，若借款人到期不能偿还借款，担保方承担连带担保责任。甲方：苏某交（签名），担保方：山东宝某金属材料有限公司（印章），乙方：菏泽怡某房地产开发有限公司（印章）、刘某国（签名）"。出具《借款协议》时，刘某国向原告出示《法人授权委托书》一份，载明："委托人：叶某文，身份证：440××××××××××5496，受托人：刘某国，身份证：130××××××××××5113，叶某文系菏泽怡某房地产开发有限公司的法定代表人，由于本人经常外出，不在本地，现将本人在该公司享有的法定代表人的所有权利授权于刘某国享有。委托人：叶某文菏泽怡某房地产开发有限公司（印章），受托人：刘某国，2014 年 1 月 10 日，此件只限苏先生使用"。出具《借款协议》时，菏泽怡某公司登记的住所地为菏泽市解放大街南段西侧（图书大厦十层），该办公地点的装修装潢突出显示了"怡某地产"字样。

2014 年 3 月 12 日，原告苏某交（账号：62××××××××××××66）通过中国建设银行向刘某国（账号：62××××××××××××06）转款 150 万元。2014 年 3 月 12 日，原告苏某交（账号：62××××××××××××62）向刘某国（账号：62××××××××××××28）转款 141 万元。2014 年 3 月 26 日，原告苏某交（账号：62××××××××××××94）通过交通银行向刘某国（账号：62××××××××××××06）转款 1090500 元。以上共计 4000500 元。

2014 年 3 月 26 日，刘某国向原告苏某交出具《收据》一份，显示收到 420 万元，单位盖章处加盖了菏泽怡某公司的公章，经办人为兰某娟，刘某国在《收据》上签名。

2014 年 7 月 5 日、2014 年 8 月 14 日，案外人兰某娟（账号：62××××××××××××24）通过中国工商银行向苏某交（账号：62××××××××××××38）分别转款 147000 元，共计 294000 元。原告认可该笔款项为双方结算的 2014 年 8 月 26 日之前的利息，并认可 2014 年 8 月 26 日之前的利息被告已经偿还完毕。

山东省菏泽市工商行政管理局登记的企业信息显示：2012 年 3 月 14 日，菏泽怡某公司的监事由刘某国变更为张某艳，股东（××）由张某军、刘某国、张某艳变更为李某华、张某艳。2012 年 3 月 23 日，叶某文任菏泽怡某公司执行董事。股东（××）由李某华、张某艳变更为叶某文、张某艳。2013 年 4 月 11 日，菏泽怡某公司法定代表人由李某华变更为叶某文。2015年1月5日，菏泽怡某公司住所地由菏泽市解放大街南段西侧（图书大厦十层）变更为山东省菏泽市牡丹区太原路与八一路交叉口东北角。2015年4月20日，菏泽怡某公司名称变更为菏泽海某公司。

2012年3月23日，因原菏泽怡某公司股东变更，需移交公司营业执照、公章、合同章等相关手续，叶某文从菏泽怡某公司员工郭某红处取得公章一枚，刘某国同时持有菏泽怡某公司一枚公章。经比对，可分辨出菏泽怡某公司使用的公章与刘某国持有的公章、菏泽怡某公司在菏泽市工商行政管理局《核发企业法人营业执照及归档情况》中"归档情况"一栏加盖的公司公章大小均不一致。

案涉《借款协议》《收据》《法人授权委托书》上加盖的菏泽怡某公司公章是刘某国持有的公司印章。《法人授权委托书》上叶某文的签名系刘某国代签。被告菏泽怡某公司称自2012年3月23日被告菏泽怡某公司便不再使用刘某国持有的即《借款协议》《收据》《法人授权委托书》上加盖的公司公章。

另查明，本案审理过程中，原告要求按照汇款凭证记载的款项数额即4000500元主张权利，本案中不再要求被告偿还其余199500元。

一审法院认为，关于案外人刘某国向原告苏某交出具《借款协议》《收据》的行为能否代表被告菏泽海某公司的问题。第一，被告菏泽海某公司使用的菏泽怡某公司公章与在菏泽市工商行政管理局归档的公章大小不一，被告菏泽海某公司应当知晓在因股东变更而办理交接手续时菏泽怡某公司存在大小不一的两枚公章，但其未将另一枚印章声明作废或销毁，即被告菏泽海某公司存在管理不善的问题，案外人刘某国持有的菏泽怡某公司公章确系被告菏泽海某公司曾经使用的公章，系该公司的真实印章，在被告菏泽海某公司未对刘某国持有的公章声明作废或销毁的情况下，该公章仍然能够代表被告菏泽海某公司；第二，刘某国出具案涉《借款协议》《收据》时向原告出示了加盖菏泽怡某公司公章的《法人授权委托书》，虽然法定代表人签名并非叶某文本人所签，但菏泽怡某公司公章系真实印章，在公司公章与《法人授权委托书》同时使用的情况下，原告有理由相信该《授权委托书》的真实性；第三，案涉《收据》的经办人为兰某娟，被告菏泽海某公司亦认可2014年12月1日前兰某娟曾是菏泽怡某公司工作人员，且从被告菏泽海某公司企业变更登记情况可以看出，刘某国曾系菏泽怡某公司股东并曾任菏泽怡某公司监事；第四，刘某国向原告出具案涉借款相关手续的地址与被告菏泽海某公司当时在工商行政管理部门登记的住所地为同一地址，且该地址显示"怡某地产"字样。综上，根据《中华人民共和国合同法》第四十九条的规定，行为人没有代理权、超越代理权或者代理权终止后以被代理人名义订立合同，相对人有理由相信行为人有代理权的，该代理行为有效。在案外人刘某国持有菏泽怡某公司公章和《法人授权委托书》的情况下，刘某国在被告菏泽海某公司原登记地址向原告出具加盖公司公章的《借款协议》和《收据》，综合考虑刘某国曾在菏泽怡某公司任职的事实，可以认定原告已尽注意义务，即原告有理由相信刘某国有代理权。被告菏泽海某公司虽提交刘某国书写的《承诺书》并称未收到案涉借款，但在刘某国的行为构成表见代理的情况下，刘某国以菏泽怡某公司名义向原告出具《借款协议》并接受借款的行为应由被告菏泽海某公司承担责任。

关于案涉款项是否实际履行及利息如何计算、责任如何承担的问题。虽然被告菏泽海某公司向原告出具了 420 万元的《收据》，但原告苏某交要求按照其提交的汇款凭证显示的 4000500 元主张权利，自愿放弃其主张的现金交付其余款项即 199500 元，系对其权利的处分，且不违反法律规定，一审法院依法予以准许。关于利息的计付。根据《最高人民法院关于人民法院审理借贷案件的若干意见》第六条的规定，民间借贷的利率可以适当高于银行的利率，各地人民法院可根据本地区的实际情况具体掌握，但最高不得超过银行同类贷款利率的四倍（包含利率本数）。超出此限度的，超出部分的利息不予保护。案涉《借款协议》约定月利息 3.5% 过高，对于超过中国人民银行同期同类贷款利率四倍的部分，一审法院依法不予支持。2014 年 8 月 26 日之前的利息原、被告双方已结算完毕，原告要求被告菏泽海某公司支付 2014 年 8 月 27 日至 2014 年 10 月 27 日的利息共计 10 万元，不超过《借款协议》约定的利息数额（以 420 万元为基数按月息 3.5% 计算，两个月利息应为 29.4 万元），且不超过中国人民银行同期同类贷款利率的四倍，依法应予支持。原告要求被告菏泽海某公司按照中国人民银行同期同类贷款利率的四倍支付 2014 年 10 月 28 日至履行完毕之日的利息，依法应予支持。被告山东宝某公司在《借款协议》担保方处盖章，且该协议约定保证责任为连带保证责任，被告山东宝某公司对加盖公章及担保责任的约定均无异议，故被告山东宝某公司应对案涉借款及利息承担连带清偿责任。根据《中华人民共和国担保法》第三十一条的规定，保证人承担保证责任后，有权向债务人追偿。本案中，被告山东宝某公司承担责任后，有权向被告菏泽海某公司追偿。综上，依据《中华人民共和国合同法》第四十八条、第四十九条、第二百零五条、第二百零六条、第二百零七条的规定,《最高人民法院关于人民法院审理借贷案件的若干意见》第六条,《中华人民共和国担保法》第十八条、第三十一条之规定,判决:一、被告菏泽市海某房地产开发有限公司于本判决生效之日起十日内偿还原告苏某交借款人民币 4000500 元及利息(利息计算方式如下:2014 年 8 月 27 日至 2014 年 10 月 27 日的利息共计 10 万元;2014 年 10 月 28 日以后的利息以 4000500 元为基数按照中国人民银行同期同类贷款基准利率的四倍自 2014 年 10 月 28 日起计算至本判决确定的履行期间届满之日。如果被告在履行期限届满前自动履行,利息计算至自动履行之日);二、被告山东宝某金属材料有限公司对第一项判决中的借款本金及相应利息承担连带清偿责任;三、被告山东宝某金属材料有限公司承担责任后,有权向被告菏泽市海某房地产开发有限公司追偿;四、驳回原告苏某交的其他诉讼请求。如果未按照本判决指定的期间履行给付金钱义务,应当依照《中华人民共和国民事诉讼法》第二百五十三条之规定,加倍支付迟延履行期间的债务利息。案件受理费 41200 元,由原告苏某交负担 1200 元,被告菏泽市海某房地产开发有限公司、山东宝某金属材料有限公司负担 4 万元;保全费 5000 元,由被告菏泽市海某房地产开发有限公司、山东宝某金属材料有限公司负担。

菏泽海某公司不服一审判决上诉称:一、刘某国的行为已涉嫌犯罪,一审法院未将该案移送公安机关立案侦查或中止民事程序审理程序错误。2012 年 3 月 14 日经工商部门变更登记,刘某国就已不是海某公司方的股东、管理人员和员工。2012 年 3 月 23 日,原公司使用的印章交付海某公司法定代表人,刘某国已无权代表海某公司实施任何行为,其在向苏某交借款时谎称其拥有海某公司 33.33%的股份、其是海某公司的名义董事长,并利用其私刻的秘密保留的海某公司的公章,假冒法定代表人骗取苏某交借款 420 万元,依据有关规定,已涉嫌构成犯罪。一审法院将之作为经济纠纷受理,无视刘某国的经济犯罪嫌疑,违反了《中华人民共和国民事诉讼法》第一百五十条以及《最高人民法院关于在审理经济纠纷案件中涉及经济犯罪嫌疑若干问题的规定》第十一条的规定,审理程序错误,损害了海某公司的合法权益。另,一审法院漏列当事人,程序存在错误。因刘某国主动承诺还款,应当追加刘某国为本案共同被告。二、一审判决认定事实错误。本案涉案的借款合同系刘某国冒用上诉人海某公司(原怡某公司)的名义,利用其私自刻制并秘密保留下来的原怡某公司公章签订的,刘某国的行为已涉嫌经济犯罪,构成伪造企业印章罪与合同诈骗罪的牵连犯,违反法律、行政法规的强制性规定，应依据《最高人民法院关于在审理经济纠纷案件中涉及经济犯罪嫌疑若干问题的规定》之第五条规定以及《合同法》第五十二条之规定，认定借款合同无效。首先，刘某国于 2012 年 3 月 14 日将其本人所持有的原怡某公司股份转让，2013 年 7 月 18 日原怡某公司所有股份转让给了现股东指定的人员。刘某国也自 2013 年 7 月 18 日不再在怡某公司担任任何职务，自此其与怡某公司没有了任何的隶属关系与委托代理关系。2012 年 3 月 23 日原怡某公司法定代表人李某华委托郭某红将公司印章及一些重要文件移交给上诉人的法定代表人叶某文，移交时并承诺，所移交的印章合法有效，根据公章管理的相关规定，企业在公安部门登记的公章具有唯一性，一家公司在同一时期只有一枚有效公章，因此，接收人无法获知存在两枚公章的事实，接收人不知道也不应当知道刘某国保留有私刻的公章。其次，刘某国在担任原怡某公司股东期间，未经公安机关的审批及备案私自刻制一枚公司的公章。在其退出怡某公司之时，仅向接收人移交了一枚公章，并未告知存在两枚公章的事实。案发后刘某国才在向上诉人海某公司出具的承诺书中声称，其所掌握的原怡某公司之公章系公司作废公章。上诉人海某公司直至案发才知道存在两枚公章这一事实。刘某国在退出公司之后，在其与上诉人没有任何关系，并且上诉人毫不知情的情况下，冒用原怡某公司名义，与他人签订了一系列担保协议与借款协议，其中就包括本案的借款合同。最后，刘某国私刻公章，并秘密保留之行为已构成私刻公章罪；其利用该枚公章，冒用上诉人之名义为了自己的利益与他人签订一系列担保协议和借款协议，已构成合同诈骗罪。综上所述，依据《规定》之第五条以及《中华人民共和国合同法》第五十二条的规定，应认定本案中刘某国冒用上诉人名义所签订的借款合同无效。三、一审法院认定刘某国的行为构成表见代理错误。首先，被上诉人苏某交与刘某国签订的借款协议仅有刘某国的签名与其私刻的原怡某公司之公章，无其他附件。苏某交未对借款人原怡某公司尽到最基本的审核义务，既没有要求提供原怡某公司之营业执照以确认公司合法存在，也未确认法定代表人是谁，甚至也未就刘某国是否有原怡某公司之授权进行确认，连公司决定借款的股东会决议也没有。其相信刘某国具有代理权限的基础更多的是其主观上的轻信，鉴于其签署合同的轻慢态度，苏某交并没有尽到善意第三人的合理注意义务，其在签署合同时存在过失，其没有充分的理由相信刘某国具有代理权限。表见代理不成立。其次，本案所涉借贷形式上系公司行为，那么所涉款项应直接转账到公司账户，而不是刘某国个人账户。被上诉人苏某交在支付款项给刘某国的时候其应当审慎，应核实清楚为什么公司名义借款而转账到刘某国个人账户，被上诉人苏某交在没有核实的情况下，轻信刘某国的说辞，在刘某国没有提供任何公司决议的情况下，将款项支付给刘某国个人，认定被上诉人苏某交是善意第三人，与事实不符。再次，刘某国签订借款协议时既不是原怡某公司股东也不是原怡某公司法定代表人，从工商登记上来看，从2012年3月12日起刘某国就不在原怡某公司担任职务，其没有任何权利代表公司作出任何决定，实施任何行为。刘某国在协助怡某公司拆迁过程中是不是有对外宣称其是怡某公司的董事长，公司并不知情，但事实是在拆迁期间刘某国并不在怡某公司担任任何职务，更不是怡某公司的董事长，苏某交仅仅凭刘某国的个人陈述其是怡某公司董事长、实际控制人，而没有在与其签订担保书时让其提供公司营业执照、机构代码证等资料及股东会决议，显然苏某交在签订借款合同时疏忽大意，没有做到合理的注意义务。四、一审法院认定案涉款项已实际履行，证据不足。首先，借款合同的双方当事人系海某公司和苏某交，苏某交只提供了加盖有刘某国非法持有的原怡某公司之公章的收据，并没有双方银行转账信息，无法证明被上诉人提供了借款。其次，苏某交提供的转账凭证所涉的款项并没有用于海某公司的项目中。请求：依法撤销原审判决，改判上诉人与被上诉人之间的借款合同无效，上诉人无须对借款协议承担责任，或发回重审。

被上诉人苏某交答辩称，一、一审判决无论是在认定事实适用法律以及审判程序均完全符合法律规定，有理有据依法应予维持。二、上诉人菏泽海某公司因刘某国涉嫌犯罪为由所提出的上诉请求，于法无据依法应予驳回。三、刘某国的行为足以认定其构成表见代理，被上诉人是基于对原怡某公司的信任支付了所借款项，被上诉人的行为是善意的。被上诉人合法权益依法应当得到支持。

被上诉人山东宝某公司未到庭答辩。

二审查明的事实与一审认定的事实一致。

本院认为，本案争议的焦点在于案外人刘某国向苏某交出具《借款协议》《收据》的行为能否代表菏泽海某公司，即刘某国的行为是否构成表见代理。表见代理，是指行为人没有代理权、超越代理权或者代理权终止后以被代理人名义订立合同，相对人有理由相信行为人有代理权的情形。该种情形下，相对人主观上为善意且无过失，因而可以向被代理人主张代理的效力。表见代理成立，必须具备相应条件。首先，要具备代理的一般要件，即行为人以被代理人的名义进行民事活动。本案中，案外人刘某国向苏某交出具《借款协议》《收据》的民事行为，构成代理的表象。其次，表见代理的成立，还必须具备特殊构成要件，包括对于相对人来说，客观上有理由相信行为人有代理权，且其主观方面应为善意且无过失。本案中，案外人刘某国持有菏泽怡某公司公章和《法人授权委托书》的情况下，刘某国在菏泽海某公司原登记地址向苏某交出具加盖公司公章的《借款协议》和《收据》，综合考虑刘某国曾在菏泽怡某公司任职的事实，可以认定苏某交已尽注意义务，即苏某交有理由相信刘某国有代理权。

上诉人另提出《借款协议》和《收据》所盖公章系案外人刘某国私自刻制并秘密保留原怡某公司公章。本院认为，苏某交在客观上确实无法核实公章真伪，且基于案外人刘某国提供了上述材料，苏某交相信公章是真实的也符合生活情理。因此在上诉人未能提供证据证明苏某交在签订合同当时确系知情、主观上为恶意的情形下，应认定苏某交出借行为为善意。故从表见代理的构成要件看，案外人刘某国向苏某交出具《借款协议》《收据》的行为构成表见代理，该代理行为有效，产生的民事法律后果应由上诉人承担。

在刘某国的行为构成表见代理的情况下，其以菏泽怡某公司名义向苏某交出具《借款协议》并接受借款的行为应由上诉人菏泽海某公司承担责任。上诉人认为原审漏列当事人，应当追加刘某国为本案被告的理由亦不能成立，不予支持。

关于刘某国签订合同的行为是否涉嫌犯罪，一审未将该案移送公安机关立案侦查或中止本案诉讼，审理程序是否违法的问题。本案中上诉人上诉称："刘某国私刻公章，并秘密保留之行为已构成伪造公章罪；其利用该枚公章，冒用上诉人之名义为了自己的利益与他人签订一系列担保协议和借款协议，已构成合同诈骗罪。"本院认为，本案是刘某国表见代理行为而引发的借贷行为，根据现有证据，本案不具备《最高人民法院关于在审理经济纠纷案件中涉及经济犯罪嫌疑若干问题的规定》规定的向公安移送的条件，一审法院依法对本案进行审理并无不当，本案无须中止审理。

综上所述，上诉人的上诉请求不能成立，本院不予支持。原审判决裁判结果得当，应予维持。依照《中华人民共和国民事诉讼法》第一百六十九条、第一百七十条第一款第（一）项、第一百七十五条的规定，判决如下：

驳回上诉，维持原判。

二审案件受理费40000元，由上诉人菏泽市海某房地产开发有限公司负担。

本判决为终审判决。

法律法规

《中华人民共和国民法典》（2021年1月1日施行）

第一百七十二条 行为人没有代理权、超越代理权或者代理权终止后，仍然实施代理行为，相对人有理由相信行为人有代理权的，代理行为有效。

《最高人民法院关于适用〈中华人民共和国民法典〉总则编若干问题的解释》（法释〔2022〕6号）

第二十八条 同时符合下列条件的，人民法院可以认定为民法典第一百七十二条规定的相对人有理由相信行为人有代理权：

（一）存在代理权的外观；

（二）相对人不知道行为人行为时没有代理权，且无过失。

因是否构成表见代理发生争议的，相对人应当就无权代理符合前款第一项规定的条件承担举证责任；被代理人应当就相对人不符合前款第二项规定的条件承担举证责任。

第四节 法定代表人等使用伪造（私刻）印章签订合同有效

035 北京住总某开发建设有限公司、北京住总某开发建设有限公司宁夏分公司与苏某军民间借贷纠纷案[①]

裁判要旨

法定代表人或负责人未经公司许可私刻印章对外签订的合同，对公司具有约束力。

实务要点总结

（1）企业的法定代表人或者负责人，不仅仅是一个具体的自然人，也是一个对外可以代表企业意志的机关。企业的法定代表人或者负责人对外以企业的名

---

① 审理法院：最高人民法院；诉讼程序：再审

义作出的意思表示即为企业的意思表示。根据《民法典》第六十一条第二款、第三求救的规定："法定代表人以法人名义从事的民事活动，其法律后果由法人承受。法人章程或者法人权力机构对法定代表人代表权的限制，不得对抗善意相对人。"因此，即使企业对于法定代表人不得私刻公章签订合同有相关规定，该规定也不得对抗善意相对人。对于相对人而言，法定代表人是否使用私刻的公章签订合同不属于相对人应当主动审查的风险，通常也不会因此影响相关合同效力，相对人有理由相信法定代表人已获得足够的授权。

（2）企业在合同书上加盖印章，仅仅是对企业已表达出来的意思表示进行确认。因此，签章只是意思表示的表现形式，并非意思表示本身。既然法定代表人可以代表企业对外作出意思表示，则法定代表人在签约时使用的印章是否真实已不再重要。

> **相关判决**

北京住总某开发建设有限公司、北京住总某开发建设有限公司宁夏分公司与苏某军民间借贷纠纷申请再审民事裁定书［（2015）民申字第1954号］

再审申请人（一审被告，二审上诉人）：北京住总某开发建设有限公司。

法定代表人：谢某海，董事长。

再审申请人（一审被告，二审上诉人）：北京住总某开发建设有限公司宁夏分公司。

负责人：武某超，总经理。

被申请人（一审原告，二审被上诉人）：苏某军。

北京住总某开发建设有限公司（以下简称北京住某公司）、北京住总某开发建设有限公司宁夏分公司（以下简称北京住某宁夏分公司）与苏某军民间借贷纠纷一案，宁夏回族自治区高级人民法院于2015年4月29日作出（2015）宁民终字第10号民事判决，已经发生法律效力。北京住某公司、北京住某宁夏分公司不服，向本院申请再审。本院依法组成合议庭对本案进行了审查，现已审查终结。

北京住某公司、北京住某宁夏分公司申请再审称，原审法院仅援引刑事判决内容无法确认北京住某公司、北京住某宁夏分公司与苏某军存在借款法律关系及881万元借款的事实。法院应依照借款法律关系的民事审查标准来确认借款的真实性、借款人的主体资格、实际借款数额，要求苏某军提交款项交付的证据，并应综合本案特殊情况审查马某某与苏某军之间是否存在恶意串通，以杜绝通过虚假借款的恶意诉讼侵吞国家资产的行为。故依据《中华人民共和国民事诉讼法》第二百条第（二）项、第（五）项、第（六）项之规定申请再审。

苏某军未提交书面意见。

本院经审查认为，本案原审查明如下关键事实：1. 北京住某宁夏分公司于2010年3月4日、5月12日、6月7日、8月10日分四次向苏某军借款共计881万元，并分别向苏某军出具了借条，借条上有北京住某宁夏分公司经营经理、执行经埋马某某的签名并盖有合同专用章（2）。2. 2010年8月25日，北京住某宁夏分公司向苏某军出具一份《承诺书》，载明：鉴于北京住某宁夏分公司在银承建工程资金紧张，就我公司向苏某军借款881万元用于公司在银工程建设购买建材、支付人工工资等各项所需，现因我公司所建工程尚未完工结算，暂时无力还款，北京住某宁夏分公司承诺于2011年5月1日前归还苏某军借款，利息按中国人民银行同期贷款利率四倍计算，逾期不能归还，按中国人民银行同期贷款利息四倍的130%计算违约金。承诺书上有马某某的签名并盖有合同专用章（2）。3. 2013年6月20日，银川市中级人民法院出具（2013）银刑初字第14号刑事判决书，判决认定：2008年6月25日，北京住某公司下文聘任马某某为北京住某宁夏分公司执行经理兼经营经理。2008年7月7日，北京住某宁夏分公司注册成立，负责人为谢某海。2008年7月21日，马某某利用临时保管北京住某宁夏分公司公章、合同专用章、财务专用章和北京住某宁夏分公司负责人谢某海个人印章的便利，开具了申请刻制合同专用章（2）的介绍信，并刻制了合同专用章（2）。2008年7月30日，北京住某公司下文聘任马某某为北京住某宁夏分公司经营经理。2008年11月至2010年9月，马某某多次以北京住某宁夏分公司之名义，以"在建项目资金周转"为由并许以高息，使用合同专用章（2）与苏某军签订借款协议，向苏某军借款2482.5万元。马某某作为北京住某宁夏分公司的经营经理兼执行经理，又在掌管公司印信期间，通过公安机关的批准刻制了合同专用章（2），该行为属于因北京住某宁夏分公司内部管理不善，马某某的越权行为不应认定其行为系伪造印章。同样，因马某某系北京住某宁夏分公司经营经理、执行经理，其以北京住某宁夏分公司的名义筹措资金，不应认定为"冒用他人名义"。马某某所筹措的资金大部分用于了工程及偿还为工程筹措的借款，并未将资金据为己有或予以挥霍。故马某某的行为不构成合同诈骗罪，公诉机关指控其犯合同诈骗罪的罪名不能成立，不予支持，判决马某某无罪。4. 涉案的合同专用章（2）除了在涉案的借贷关系中被使用外，还在其他合同中被使用过。

在上述查明事实和已有刑事判决认定事实的基础上，原审关于"涉案借贷法律关系中以及出具涉案《承诺书》时，马某某履行的是职务行为。北京住某宁夏分公司与北京住某公司应当对马某某的职务行为所产生的法律后果承担相应法律责任"的认定不存在缺乏证据证明的情形，亦不存在对审理案件需要的主要证据，当事人因客观原因不能自行收集，书面申请人民法院调查收集，人民法院未调查收集的情形，适用法律并无不当。

综上，北京住某公司、北京住某宁夏分公司提出的再审申请不符合《中华人民共和国民事诉讼法》第二百条规定的情形，本案不应再审。依照《中华人民共和国民事诉讼法》第二百零四条第一款之规定，裁定如下：

驳回北京住总某开发建设有限公司、北京住总某开发建设有限公司宁夏分公司的再审申请。

法律法规

《中华人民共和国民法典》（2021年1月1日施行）

第六十一条 依照法律或者法人章程的规定，代表法人从事民事活动的负责人，为法人的法定代表人。

法定代表人以法人名义从事的民事活动，其法律后果由法人承受。

法人章程或者法人权力机构对法定代表人代表权的限制，不得对抗善意相对人。

《中华人民共和国公司法》（2024年7月1日施行）

第十一条 法定代表人以公司名义从事的民事活动，其法律后果由公司承受。

公司章程或者股东会对法定代表人职权的限制，不得对抗善意相对人。

法定代表人因执行职务造成他人损害的，由公司承担民事责任。公司承担民事责任后，依照法律或者公司章程的规定，可以向有过错的法定代表人追偿。

《最高人民法院关于适用〈中华人民共和国民法典〉合同编通则若干问题的解释》（法释〔2023〕13号）

第二十条 法律、行政法规为限制法人的法定代表人或者非法人组织的负责人的代表权，规定合同所涉事项应当由法人、非法人组织的权力机构或者决策机构决议，或者应当由法人、非法人组织的执行机构决定，法定代表人、负责人未取得授权而以法人、非法人组织的名义订立合同，未尽到合理审查义务的相对人主张该合同对法人、非法人组织发生效力并由其承担违约责任的，人民法院不予支持，但是法人、非法人组织有过错的，可以参照民法典第一百五十七条的规定判决其承担相应的赔偿责任。相对人已尽到合理审查义务，构成表见代表的，人民法院应当依据民法典第五百零四条的规定处理。

合同所涉事项未超越法律、行政法规规定的法定代表人或者负责人的代表权限，但是超越法人、非法人组织的章程或者权力机构等对代表权的限制，相对人主张该合同对法人、非法人组织发生效力并由其承担违约责任的，人民法院依法予以支持。但是，法人、非法人组织举证证明相对人知道或者应当知道该限制的除外。

法人、非法人组织承担民事责任后，向有过错的法定代表人、负责人追偿因越权代表行为造成的损失的，人民法院依法予以支持。法律、司法解释对法定代表人、负责人的民事责任另有规定的，依照其规定。

036 阳朔一尺某实业投资开发有限公司与广西汇某融资性担保有限公司保证合同纠纷案[①]

裁判要旨

一、公司法定代表人虽使用伪造印章签订合同，但法定代表人签字真实的，公司不得主张该合同无效。

二、法定代表人任职期间持有的公司印章与任职前、免职后的公章是否一致，必须经过鉴定机关的鉴定方能识别，若将此全部归属于交易相对人的审查义务范围，已超出相对人合理审查范围，亦有违合同法保护交易安全和交易稳定的立法初衷。

实务要点总结

（1）对于交易相对人而言，其一般不负有审查公司在签约时使用的印章是否真实的义务。对于交易相对人而言，一方面基于诚实信用原则有理由相信已获得授权的主体使用的印章为公司真实的印章；另一方面由于缺乏必要的比对样本和便捷高效的技术，交易相对人也无法对公司签约时使用的印章是否真实进行审查。

[①] 审理法院：最高人民法院；诉讼程序：再审

（2）忠诚可靠的法定代表人对于一个公司而言至关重要。这里所谓的忠诚可靠，强调的不仅是业务能力上的可靠、认真，更强调法定代表人的个人人品。公司千万不要天真地以为可以仅通过公司严密的制度规范防止法定代表人胡作非为，因为这些规范对于善意的交易相对人而言毫无意义。

相关判决

阳朔一尺某实业投资开发有限公司与广西汇某融资性担保有限公司保证合同纠纷申请再审民事裁定书［（2016）最高法民申230号］

再审申请人（一审被告、二审上诉人）：阳朔一尺某实业投资开发有限公司。住所地：广西壮族自治区桂林市阳朔县阳朔镇叠翠路19号。

法定代表人：梁某农，该公司执行总裁。

被申请人（一审原告、二审被上诉人）：广西汇某融资性担保有限公司。住所地：广西壮族自治区桂林市象山区上海路10号（安新小区707栋）。

法定代表人：林某友，该公司总经理。

一审被告：广西印象刘某姐旅游文化产业投资有限责任公司。住所地：广西壮族自治区南宁市青秀区民族大道38-2号泰安大厦第2910号。

法定代表人：丁某，该公司董事长。

一审被告：丁某。

再审申请人阳朔一尺某实业投资开发有限公司（以下简称一尺某公司）因与被申请人广西汇某融资性担保有限公司（以下简称汇某公司）、一审被告广西印象刘某姐旅游文化产业投资有限责任公司（以下简称刘某姐公司）、丁某保证合同纠纷一案，不服广西壮族自治区高级人民法院（2015）桂民二终字第20号民事判决，向本院申请再审。本院依法组成合议庭对本案进行了审查，现已审查终结。

一尺某公司申请再审称：一、有新的证据，足以推翻原判决。（一）经调取汇某公司的工商档案，出借人王某是汇某公司的发起人之一，持有20%的股份，自2010年起担任汇某公司的执行董事，还曾经担任过汇某公司的法定代表人。在一尺某公司价值4.5亿元酒店作为反担保的情况下，王某的借款没有任何风险，汇某公司的担保起不到任何担保作用，但是一尺某公司却要支付年利率高达60%的双份利息。王某在明知丁某不是一尺某公司的股东，无权处置一尺某公司巨额资产的情况下，仍将巨额资金转入丁某的个人账户，而不是《借款合同》

约定的实际借款人一尺某公司或广西红某林投资有限责任公司（刘某姐公司的前称，以下简称红某林公司），放任资金无法追回，原因就是有一尺某公司的反担保。所以，王某在本案中并非善意第三人，而是与汇某公司串通，损害他人利益。（二）经过调取汇某公司的工商档案，邓某雄在2008年与王某一起设立汇某公司，邓某雄曾是汇某公司的股东，其退出股份后，还于2013年为汇某公司办理备案手续。邓某雄与王某和汇某公司属于利益相关方，案件资金往来中，有1500万元转入了邓某雄的账户，原审认定借款本金数额有误。（三）一尺某公司法定代表人梁某农及公司多名员工，案件一审时一尺某公司的律师张某伟均提供证人证言，证明广西壮族自治区桂林市中级人民法院（以下简称桂林中院）一审时，一尺某公司向桂林中院明确了代理律师不得签收开庭传票。桂林中院之后仍然通知张某伟律师签收开庭传票，张某伟在电话中告知法官自己无权代收开庭传票。桂林中院又与一尺某公司法定代表人梁某农联系，梁某农在电话中再次明确代理律师无权签收开庭传票。一尺某公司又向张某伟律师发出了解除委托通知书，并向桂林中院提交。但是桂林中院仍然将传票向张某伟留置送达，导致阳朔一尺某公司不知道开庭的时间，继而导致一审时缺席审判。二、原判决认定的基本事实缺乏证据证明。（一）真实的银行票据加起来不到1亿元。（二）有2000万元转入《借款担保合同》中既是收款人又是担保人的陈某国名下，该款项的性质没有查实。（三）王某委托广西威某实业发展有限公司汇入广西防城港市润某发展有限公司1400万元，发生在《借款担保合同》之前，不可能是王某向陈某国支付的借款，不应认定为一尺某公司的借款。而且，根据《借款担保合同》，陈某国也没有权利另行委托他人接收款项。（四）丁某曾退还王某1000万元，不应计入欠款。在签订《借款担保合同》后，丁某支付的1000万元的性质未确定。仅仅依据不完整票据和《借款合同》《借款担保合同》以及《还款计划协议》，就认定借款1亿元是不符合民事诉讼法证据规则的，也明显违背生活常理。根据法律规定，应该逐一核对银行转账凭证，仔细核算金额。（五）丁某在上述情况下，仍于《还款计划协议》中承认借到1亿元，说明丁某与王某有串通的嫌疑，二人签订的《借款合同》属于恶意串通，损害他人利益。三、一审判决认定的主要证据未经质证；违反法律规定，剥夺了当事人的辩论权利；未经传票传唤，缺席判决。桂林中院的行为导致一尺某公司不知道开庭的时间，继而导致一审时缺席审判。张某伟在开庭当日偶然在办公室看到传票时，立即通知了一尺某公司法定代表人梁某农，待梁某农等人赶到桂林中院时，仅比法院通知的开庭时间晚了半个小时，但两起案情复杂、案涉金额巨大、当事人较多，并且两案合并审理的庭审，居然不到半个小时就开庭审理结束，剥夺了申请人的辩论权利。四、原判决适用法律错误。（一）原判决关于担保费的计算有误，违反了国务院与五部委机关的规定。首先，在1亿元的基础上认定担保费有误，原审法院没有查实1亿元借款，就直接根据《借款合同》与《还款计划协议》认定了1亿元。应该查实具体的借款数据，再行计算担保费。其次，原判决按年利率22.4%和年利率30%计算担保费率明显违反强制性规定。根据2006年《国务院办公厅转发发展改革委等部门关于加强中小企业信用担保体系建设意见的通知》和国家发展改革委员会、财政部、中国人民银行、国家税务总局、中国银行业监督管理委员会《关于进一步加强中小企业信用担保体系建设的意见》第三条第（四）项的规定，"基准担保费率可按银行同期贷款利率的50%执行，具体担保费率可依项目风险程度在基准费率基础上上下浮动30%-50%"，二审法院认定的担保费率达到甚至超过了银行同期贷款利率的四倍，远超国务院和六部委的规定，应予改判。（二）《中华人民共和国民法通则》（以下简称民法通则）第三十八条规定，依照法律或者法人组织章程规定，代表法人行使职权的负责人，是法人的法定代表人；第四十三条规定，企业法人对它的法定代表人和其他工作人员的经营活动，承担民事责任。这些规定的前提，是法定代表人代表法人进行经营活动。《民法通则》第五十五条还规定，民事法律行为应当具备意思表示真实的要件，意思表示不真实，甚至根本就不是企业法人的意思表示，这样的法定代表人的行为就不是执行职务行为，所作的意思表示也不是企业法人的意思表示，而属于个人行为。本案中丁某签订借款合同、担保合同和反担保合同，目的不是公司利益，且篡改股东会决议、私刻公章，不属于法定代表人执行职务行为，不是一尺某公司的意思表示，对一尺某公司不发生法律效力。（三）《中华人民共和国合同法》第三十二条确实规定了"当事人采用合同书形式订立合同的，自双方当事人签字或者盖章时合同成立"，但这只是合同成立的一般规则，属于示范性条款，当事人另有约定的，应当按照约定认定合同的成立与生效。本案中，案涉的《委托担保合同》双方当事人约定的是"经甲、乙双方签字、盖章后生效"，《借款合同》约定的是本合同自"签字盖章后生效"，均属于当事人对合同成立和生效作出的特别约定，足以对抗《中华人民共和国合同法》上述关于签字或者盖章对于合同成立的一般作用的示范性规定。丁某尽管在合同上的签名是真实的，但公司的盖章是伪造的，没有真实的公司印章盖印，不符合合同约定的生效要件，案涉合同不发生法律效力，对一尺某公司没有任何约束力，一尺某公司不承担任何合同义务和责任。（四）与本案相关的刑事案件正在侦查，案件基本事实的认定需要以刑事案件的侦查为依据。一审时，南宁警方已鉴定出丁某使用了伪造的公章，并以伪造印章罪对丁某展开侦查，丁某现为在逃。王某借款时，通过汇某公司收取双份高额利息，先与汇某公司串通，在银行票据不完整的情况下丁某能够承认收到1亿元，说明王某与丁某也有串通的嫌疑。根据《中华人民共和国民事诉讼法》第一百五十条第一款第（五）项的规定，以及《最高人民法院关于审理民间借贷案件适用法律若干问题的规定》，案件应该中止审理。一尺某公司依据《民事诉讼法》第二百条第（一）项、第（二）项、第（四）项、第（六）项、第（九）项、第（十）项申请再审。

汇某公司提交意见称：一、该再审申请不符合《民事诉讼法》第二百条第（一）项的规定。一尺某公司提交的所谓的"新证据"，均是已经出示或已在一、二审阶段经过人民法院查询、核实并作出认定的内容，并不符合"新证据"的要求，更不足以"推翻原判决"。具体如下：（一）王某系答辩人的股东身份在本案原审时就已经确认，各方均未对此提出异议，无须一尺某公司再次以"新证据"证明，更不能以此启动再审程序。此外，汇某公司与王某系完全独立的两个法律主体，王某股东身份与"恶意串通"没有任何逻辑上的因果关系，一尺某公司始终也未能拿出客观有效的证据进行证明。而在本案执行阶段，汇某公司作为被执行人也已经为一尺某公司向王某代偿了2200万元，更说明汇某公司与王某之间不存在所谓"恶意串通"。（二）对出借人王某而言，最大限度地降低风险是需要放在首位考虑的，相对于以房产抵押而言，由正规的担保公司进行担保显然更为稳妥。而一尺某公司所谓的"价值4.5亿元酒店作为反担保……借款没有任何风险……汇某公司的担保起不到任何担保作用"，仅是其冠冕堂皇的一面之词，若无任何风险，借款成本又被其认为过高，为何不向银行低成本融资？而现实情况已经证明，出借人的款项已经根本难以通过其所谓"价值4.5亿元酒店"担保物变现偿还，而汇某公司也无奈被迫承担保证责任，正筹措调集大量资金以应对须承担的代偿责任。（三）借款转入丁某的账户，是时任一尺某公司法定代表人的丁某在《借款合同》中明确指定的，一尺某公司有何法律依据或合同依据要求该款项必须转给"实际借款人"？一尺某公司又从哪里得出王某"放任资金无法追回"的结论？王某及汇某公司为了追回款项，已经进行了两年多的艰辛诉讼，这是"放任"的表现吗？而真正"恶意串通"的，恐怕应是一尺某公司的实际控制人梁某农与丁某才更符合现存证据的指向：即以法定代表人为身份、以抵押房地产为诱饵，以一尺某公司为主体，对外欺诈巨额借款并已得逞。（四）本案借款发生于2012年，而邓某雄早在2009年6月已经全部转让其股权，不再是汇某公司股东；且股东与公司本就是分别独立的法律主体，均有权各自实施民事行为，一尺某公司向邓某雄转款一无汇某公司事前委托、二无事后追认，其前因后果一尺某公司均无法说明并证实。另因该笔与邓某雄间发生的转款凭证本案原审时便已经双方提出、质证、辩论，绝非新证据，更与本案无关，一尺某公司如有质疑应另行依法主张。（五）关于一审通知及送达程序的问题，在本案二审时已经作为主要争议焦点之一进行充分查实审理，二审判决书第28～29页亦对此进行了详细阐述。所谓的程序违法，完全是一尺某公司在其法定代表人、员工、代理律师的通力配合下自编自导自演的一出闹剧，先采取无端拒收法律文书、撤销律师代理权等手段以达到拖延诉讼、逃避承担义务的目的，后又自证程序有误要求再审。二、该再审申请不符合《民事诉讼法》第二百条第（二）项的规定。（一）原审据以认定借款数额的证据有《借款合同》《借款担保合同》《汇款凭证》（十四份）《委托付款函》（三份）《还款计划协议书》及陈某国的当庭陈述，上述证据之间相互印证，当然不属于"缺乏证据证明"。（二）换个角度分析，一尺某公司提出的数额异议，在一、二审时均已作为主要争议焦点进行审理，一、二审均未支持其主张。很明显，这是对原审认定事实的单方异议，并非法定再审理由中的"原判决认定事实缺乏证据证明"，鉴于本案目前属于再审审查程序，在原判决并不"缺乏证据"的情况下，一尺某公司的单方异议不是启动再审程序的法定理由。（三）汇某公司作为担保方，与一尺某公司约定提供并且向出借人承诺1亿元借款的担保，之后借贷双方非但均未向汇某公司提出借款数额异议，而且会同汇某公司共同签订了《还款计划协议》，就担保借款的事实、数额再次予以确认。汇某公司已经足够谨慎、善意地依约履行了合同义务，至于借款如何具体支付，并非汇某公司所需要特别了解的事项，更不能以此作为本案再审的理由。三、该再审申请不符合《民事诉讼法》第二百条第（四）项、第（九）项、第（十）项的规定。（一）一尺某公司提出的程序问题在二审时已经作为主要争议焦点进行了充分查实和审理，二审判决书第28～29页亦对此进行了单独的详细评判，汇某公司完全认同。一尺某公司在一审法院已依法送达开庭传票的情况下，拒不到庭参加案件庭审，系其自主放弃质证、答辩等诉讼权利，应自行承担由此造成的负面后果。（二）至于一尺某公司所谓"待梁某农等人赶到桂林中院时,仅比法院通知的开庭时间晚了半个小时……两案合并审理的庭审,居然不到半个小时就开庭审理结束"之说,更属无稽之谈。本案于2014年9月25日上午单独开庭审理,开庭时长、庭审方式、审理内容均有各方当事人签认的庭审记录为据,根本不存在一尺某公司臆想出来的上述场面。

四、该再审申请不符合《民事诉讼法》第二百条第(六)项的规定。(一)关于担保费的计算问题,原判决适用法律无误。1. 法定再审理由是"适用法律错误",而不是"适用部门规章错误",更何况一尺某公司所引用的部门规章并非效力性强制规定,原审根本也没有适用一尺某公司提出的该部门规章,因此双方在合同中及还款协议中约定的担保费率并未违反法律的禁止性规定,没有违反公序良俗,合法有效,原判决认定无误。《关于加强中小企业信用担保体系建设的意见》第二条第(七)项规定:"为促进担保机构的可持续发展,对主要从事中小企业贷款担保的担保机构,担保费率施行与其运营风险成本挂钩的办法。基准担保费率可按银行同期贷款利率的50%执行,具体担保费率可依项目风险程度在基准费率基础上上下浮动30%-50%,也可经担保机构监管部门同意后由担保双方自主商定。"该规定属于规范性文件,并非法律或行政法规,而且其内容属于指导性规范而非强制性规范,并且该通知已于2015年11月27日经由《国务院关于宣布失效一批国务院文件的决定》宣布失效,一尺某公司在本案一、二审过程中均未就该通知中的规定主张降低担保费,如今更无理由依照这一业已失效的部门规章申请再审。2. 从公平角度而言,汇某公司已经代偿2200万元,剩余担保责任仍处于被强制执行状态,该事实已经毫无争议地证明汇某公司承担了极大的担保风险,远远高于担保费(况且该担保费能否兑现尚属未知)。3. 除合同约定有效外,一尺某公司同样无权请求人民法院改判或调整担保费率。本案中,担保费是双方协商一致后确定的合同价款,而非违约金,现行法律仅规定当事人可对过高的违约金申请调整,并未赋予其要求调整合同价款、单方反悔推翻在先交易定价的权利。(二)关于一尺某公司应承担案涉借款及抵押人责任的问题,原判决认定事实、适用法律均正确。1. 丁某以一尺某公司财产用于抵押借款,这是其与广西可某集团有限公司(以下简称可某公司)在股权转让协议中协商一致的明确计划,也在实际操作过程中得到了一尺某公司与可某公司出具股东会决议、提供土地证、房产证办理抵押登记手续等一系列行为的配合。可见案涉担保借款行为,一尺某公司的新旧股东、新旧法定代表人自始知情、认可的真实意思表示。2. 丁某是否篡改股东会决议、私刻公章是一尺某公司的内部问题,与汇某公司无关。丁某签订合同时是一尺某公司的法定代表人，汇某公司当然不会去怀疑其出示公章的真实性；同时，其作为法定代表人在一尺某公司落款处签名并按手印，在法律效果上已应视为一尺某公司的行为，合同已经有效成立生效。（三）原判决认定案涉担保合同已生效正确。合同约定的生效条件系合同"签字、盖章后生效"，一尺某公司依据哪一条法律、哪一条语法能解读出这是"签字并盖章后才能生效"的意思？根据《中华人民共和国合同法》的规定，"自双方当事人签字或者盖章时合同成立""合同自成立时生效（需批准、登记的除外）"，本案合同已经依法成立生效，更何况该合同已经得到了各方的实际履行。（四）关于本案是否应中止审理的问题，本案二审判决第30页已进行了详细说明，适用法律准确，汇某公司完全认同。五、一尺某公司一再以"利益相关方"为由主观想象汇某公司"恶意串通"，并以此作为启动再审的主要理由。汇某公司认为，事实上恰恰相反，一尺某公司才是真正地实施恶意民事行为，与丁某串通，诈骗借款人及汇某公司巨额资金及担保费的一方，具体客观表现如下：（一）可某公司将一尺某股权转让给丁某时明确约定：用一尺某公司的资产对外融资，用以支付股权转让款；（二）一尺某公司将法定代表人变更为丁某，再由丁某以此身份代表一尺某公司对外巨额举债；（三）债权人起诉一尺某公司后，一尺某公司报案要求公安机关追究丁某"私刻印章罪"，意图将巨额债务转移到"在逃"的丁某身上，丁某适时"逃逸"后由梁某农控制的一尺某公司不断以管辖异议、拒签法律文书、取消律师委托、拒绝出庭等手段拖延诉讼、逃避债务，致使案件历经三年才审结；（四）案件审理阶段，一尺某公司罔顾抵押房产已被人民法院查封的事实，撕毁法院公告，以出租等手段设立权利负担，一方面获得违法利益，另一方面阻碍债权人实现债权。六、在一尺某公司要求再审并撤销原判决的同时，其已经在广西壮族自治区南宁市中级人民法院（以下简称南宁中院）提起侵权之诉，要求丁某、王某及汇某公司共同赔偿其借款及担保费"损失"，（2014）南市民二初字第1号民事判决现已作出，判令丁某向一尺某公司偿付借款及担保费损失。在这种情况下，如一尺某公司的再审请求能够成立，岂非造成借款人的巨额借款及汇某公司的担保费不翼而飞，而一尺某公司既得到了巨额股权转让费，又能向丁某追偿全部债务的荒唐结果？综上，一尺某公司的再审申请缺乏事实和法律依据，请求予以驳回。

本院查明以下事实：2013年12月24日，一尺某公司因与丁某、刘某姐公司、王某、汇某公司，及第三人陈某国、可某公司有限公司损害公司利益责任纠纷一案，向南宁中院提起诉讼，请求：1. 判令丁某以一尺某公司名义与汇某公司于 2012 年 8 月 1 日、8 月 29 日订立的《反担保抵押合同》，丁某以一尺某公司、红某林公司名义与汇某公司于 2012 年 8 月 29 日订立的《委托担保合同》，丁某以一尺某公司、红某林公司、丁某名义与王某、汇某公司、第三人陈某国于 2012 年 8 月 29 日订立的《借款担保合同》中的抵押担保条款以及依据上述合同对一尺某公司房地产所进行的抵押权登记无效；2. 判令丁某以一尺某公司、红某林公司名义与王某、汇某公司于 2012 年 7 月 31 日订立的《借款合同》，上列当事人及陈某国于 2012 年 8 月 29 日订立的《借款担保合同》对一尺某公司不具有法律效力并认定王某没有向一尺某公司支付上述借款合同项下的 1 亿元借款；3. 判令丁某向一尺某公司偿还 1 亿元及与该 1 亿元有关的利息、罚息、担保费等本息合计约 1 亿 4 千万元（具体数额以实际损失为准）。南宁中院于 2015 年 12 月 31 日作出（2014）南市民二初字第 1 号民事判决，认定丁某作为公司高级管理人员，违反公司章程的规定，将借款转入其个人及其个人控股的红某林公司账户，拒不归还，同时也违反《中华人民共和国公司法》中关于公司董事不得以公司资产为他人债务提供担保的规定，其行为损害了一尺某公司的权益，给一尺某公司造成了损失，依法应当向一尺某公司承担赔偿责任，判决丁某应向一尺某公司赔偿人民币 1 亿元并支付相应利息，赔偿担保费 20852222.21 元，驳回一尺某公司的其他诉讼请求。该一审判决已经发生法律效力。

本院认为，本案再审审查的焦点是：一、原审审判程序是否合法；二、时任一尺某公司法定代表人的丁某对外所签订的《委托担保合同》和《还款计划协议》对一尺某公司是否有约束力；三、汇某公司的实际担保额是多少；四、担保费率是否违反了强制性规定；五、本案是否存在恶意串通，损害第三人利益的情形。

一、原审审判程序是否合法的问题。

一尺某公司认为审判程序不合法，主要理由是一审未经依法传唤、缺席判决、剥夺了其辩论权利、主要证据未经质证；本案基本事实的认定应以刑事案件的侦查为依据，一、二审未依法中止审理。

一审审判程序问题。首先，一审法院通过邮寄将开庭传票等相关法律文书送达至一尺某公司的工商登记办公地址广西壮族自治区阳朔县阳朔镇叠翠路 19 号（与二审中一尺某公司向二审法院提交的《民事诉讼当事人送达地址确认书》中的送达地址一致），被快递回执注明退回原因为"拒收"。《最高人民法院关于以法院专递方式邮寄送达民事诉讼文书的若干规定》第一条规定："人民法院直接送达诉讼文书有困难的，可以交由国家邮政机构以法院专递方式邮寄送达，但有下列情形之一的除外：（一）受送达人或者其诉讼代理人、受送达人指定的代收人同意在指定的期间内到人民法院接受送达的；（二）受送达人下落不明的；（三）法律规定或者我国缔结或者参加的国际条约中约定有特别送达方式的。"第十一条规定："因受送达人自己提供或者确认的送达地址不准确、拒不提供送达地址、送达地址变更未及时告知人民法院、受送达人本人或者受送达人指定的代收人拒绝签收，导致诉讼文书未能被受送达人实际接收的，文书退回之日视为送达之日。"根据以上规定，一审法院邮寄送达给一尺某公司的法律文书，被一尺某公司拒收，邮递退回之日应视为送达之日。一尺某公司主张其办公地址在广西壮族自治区南宁市，但其既没有告知法院，亦与二审中一尺某公司向二审法院提交的《民事诉讼当事人送达地址确认书》不符，该主张不能成立。其次，一审法院合议庭直接到一尺某公司上述办公室地址送达，一尺某公司工作人员拒绝签收，一审法院采取留置送达，有现场照片、广西壮族自治区阳朔县人民法院、广西壮族自治区阳朔县阳朔镇莲峰社区人员签字证实。根据《民事诉讼法》第八十六条关于"受送达人或者他的同住成年家属拒绝接收诉讼文书的，送达人可以邀请有关基层组织或者所在单位的代表到场，说明情况，在送达回证上记明拒收事由和日期，由送达人、见证人签名或者盖章，把诉讼文书留在受送达人的住所；也可以把诉讼文书留在受送达人的住所，并采用拍照、录像等方式记录送达过程，即视为送达"的规定，一审法院留置送达程序合法。再次，本案一尺某公司一审、二审的委托代理人均为广西理邦律师事务所×××律师，其代理权限为一般代理。一审法院于2014年8月22日直接送达相关法律文书到广西理邦律师事务所，该所工作人员以不知情为由拒绝签收，根据《最高人民法院关于适用〈中华人民共和国民事诉讼法〉若干问题的意见》第八十三条"受送达人有诉讼代理人的，人民法院既可以向受送达人送达，也可以向其诉讼代理人送达。受送达人指定诉讼代理人为代收人的，向诉讼代理人送达时，适用留置送达"的规定，一审法院把诉讼文书留在诉讼代理人的办公场所，并采用拍照、录像等方式记录送达过程，应视为送达。张某伟律师于2014年9月19日将一尺某公司落款时间为2014年8月13日的《取消授权事项书》提交一审法院，一审法院在收到《取消授权事项书》之前，向张某伟律师送达行为仍然有效。综上，一审法院送达相关法律文书符合法律规定，根据《民事诉讼法》第一百四十四条"经传票传唤，无正当理由拒不到庭的，或者未经法庭许可中途退庭的，可以缺席判决"的规定，一审法院缺席判决，并无不当。此外，一尺某公司于再审申请期间提交新证据一尺某公司法定代表人、员工及代理律师的证人证言，其内容一尺某公司在上诉期间即已提出，二审判决业已查实评判，不能成立。一尺某公司主张本案一审不到半个小时就开庭审理结束的申请理由，没有证据证明，且与事实不符，不予认可。因此，一尺某公司主张一审主要证据未经质证、剥夺其辩论权利、未经传唤缺席判决的再审申请理由不能成立，本院不予支持。

是否应当中止审理本案的问题。《最高人民法院关于在审理经济纠纷案件中涉及经济犯罪嫌疑若干问题的规定》第一条规定："同一公民、法人或其他经济组织因不同的法律事实，分别涉及经济纠纷和经济犯罪嫌疑的，经济纠纷案件和经济犯罪嫌疑案件应当分开审理。"第十条规定："人民法院在审理经济纠纷案件中，发现与本案有牵连，但与本案不是同一法律关系的经济犯罪嫌疑线索、材料，应将犯罪嫌疑线索、材料移送有关公安机关或检察机关查处，经济纠纷案件继续审理。"根据以上规定，民事案件移送公安机关或检察机关的前提是基于同一法律事实或同一法律关系，若不属于上述两种情况，则经济纠纷案件继续审理。本案属于保证合同纠纷，案涉的主体是汇某公司、一尺某公司、刘某姐公司、丁某，由于可某公司的控告，丁某因涉嫌伪造企业印章被公安机关立案侦查。但丁某涉嫌伪造企业印章的事实，与其以一尺某公司名义向王某签订借款合同、向汇某公司签订委托担保合同的事实，并非同一法律事实，也非基于同一法律关系，故本案并不以该刑事案件的审理结果为依据，不符合中止审理的情形。公安机关对丁某涉嫌伪造印章行为的立案侦查，并不影响汇某公司要求一尺某公司承担本案民事责任。因此，一、二审法院未中止审理本案，符合法律规定，并无不妥。

二、时任一尺某公司法定代表人的丁某对外所签订的《委托担保合同》和《还款计划协议》对一尺某公司是否有约束力的问题。

首先，汇某公司与一尺某公司、刘某姐公司、丁某签订的案涉《委托担保合同》和《还款计划协议》，当事人主体适格，意思表示真实，没有违反法律、行政法规的强制性规定，合法有效。其次，《最高人民法院关于适用〈中华人民共和国担保法〉若干问题的解释》第十一条规定："法人或者其他组织的法定代表人、负责人超越权限订立的担保合同，除相对人知道或者应当知道其超越权限的以外，该代表行为有效。"《中华人民共和国合同法》第五十条规定："法人或者其他组织的法定代表人、负责人超越权限订立的合同，除相对人知道或者应当知道其超越权限的以外，该代表行为有效。"根据以上规定，虽然一尺某公司提交的广西司法鉴定中心《文书司法检验鉴定意见书》表明，案涉《借款合同》《借款担保合同》《委托担保合同》中一尺某公司的印章与一尺某公司现在使用的印章样本不一致，但其法定代表人丁某的签字是真实的，丁某时任该公司的法定代表人的身份是真实的，汇某公司有理由相信作为一尺某公司法定代表人的丁某履行职务行为的真实性，丁某的行为代表了一尺某公司的行为。法定代表人任职期间持有的公司印章与任职前、免职后的公章是否一致，必须经过鉴定机关的鉴定方能识别，若将此全部归属于担保人的审查义务范围，已超出担保人合理审查范围，亦有违合同法保护交易安全和交易稳定的立法初衷。汇某公司基于对丁某的法定代表人身份真实性的信赖，已尽到合理的审查义务，主观上构成善意。最后，一尺某公司认为丁某的案涉行为损害了其利益，属于另外的法律关系，不属于本案的审理范围。在另案中，一尺某公司已经对丁某、刘某姐公司、王某、汇某公司提起损害公司利益责任纠纷之诉，南宁中院经审理，作出（2014）南市民二初字第1号判决，判令丁某向一尺某公司偿还1亿元及该1亿元有关的利息、罚息、担保费等，该判决已经发生法律效力。

三、汇某公司的实际担保额的问题。

虽然一尺某公司于再审申请中提供新证据，拟证明邓某雄曾于2008年和王某一起设立汇某公司，曾是汇某公司的股东，案件资金往来中有1500万元转入了邓某雄的账户，但王某对邓某雄的收款行为不予认可，一尺某公司不能证明邓某雄为王某指定的收款人，不能证明邓某雄和本案的关系，因此该内容与本案无关联性，不属于新证据。此外，《借款合同》《借款担保合同》《汇款凭证》（十四份）《委托付款函》（三份）《还款计划协议》等证据与陈某国的当庭陈述之间可以相互印证形成证据链，足以证明王某已经履行合同约定的借款义务，即提供借款合计1亿元。一尺某公司主张银行票据加起来不到1亿元的申请理由，没有证据证明，且与事实不符。王某按照合同约定，将2000万元转入《借款担保合同》中既是收款人又是担保人的陈某国名下，并无不妥。王某委托广西威某实业发展有限公司汇入广西防城港市润某发展有限公司1400万元，虽然该款项不是汇给了指定收款人陈某国，并且发生在《借款担保合同》之前，但陈某国和丁某均认可该1400万元款项中的1000万元是案涉借款的组成部分，有实际汇款凭证在案，而且丁某又在《还款计划协议》中予以承认，上述内容并未违反法律、行政法规规定，合法有效。丁某通过红某林公司账号汇出1000万元系归还王某2012年7月31日的汇款，在本案案涉借款数额之外，一尺某公司主张丁某退还王某1000万元是对本案借款的退款，与事实不符。

四、担保费率是否违反强制性规定的问题。

一尺某公司认为原判决按年利率22.4%和年利率30%计算担保费明显违反强制性规定。本院认为，虽然2006年《国务院办公厅转发发展改革委等部门关于加强中小企业信用担保体系建设意见的通知》和国家发展改革委员会、财政部、中国人民银行、国家税务总局、中国银行业监督管理委员会《关于加强中小企业信用担保体系建设的意见》对担保费的收取标准进行了规范，该《意见》第（七）项规定："为促进担保机构的可持续发展，对主要从事中小企业贷款担保的担保机构，担保费率实行与其运营风险成本挂钩的办法。基准担保费率可按银行同期贷款利率的50%执行，具体担保费率可依项目风险程度在基准费率基础上上下浮动30%-50%，也可经担保机构监管部门同意后由担保双方自主商定。"但是，2010年中国银行业监督管理委员会、国家发展和改革委员会、工业和信息化部、财政部、商务部、中国人民银行、国家工商行政管理总局发布了《融资性担保公司管理暂行办法》，该《办法》第二十六条规定："融资性担保公司收取的担保费，可根据担保项目的风险程度，由融资性担保公司与被担保人自主协商确定，但不得违反国家有关规定。"显然2010年《融资性担保公司管理暂行办法》第二十六条的内容，是对2006年《关于加强中小企业信用担保体系建设的意见》第七项内容的替代。2015年11月，国务院发布《国务院关于宣布失效一批国务院文件的决定》，决定对与现行法律法规不一致、已被新规定涵盖或替代、调整对象已消失、工作任务已完成或者适用期已过的489件国务院文件宣布失效，其中附件297件即《国务院办公厅转发发展改革委等部门关于加强中小企业信用担保体系建设意见的通知》。因此，一尺某公司认为原判决参照《融资性担保公司管理暂行办法》第二十六条系违反了《关于加强中小企业信用担保体系建设的意见》第七项规定，属于适用法律确有错误的再审申请理由，不能成立。

五、本案是否存在恶意串通损害第三人利益情形的问题。

一尺某公司主张丁某与汇某公司签订《借款担保合同》《还款计划协议》属于恶意串通，损害他人利益缺乏证据证明。一尺某公司认为有新的证据即汇某公司的工商档案，反映王某是汇某公司的发起人之一，持有汇某公司20%股份，可证明王某和汇某公司恶意串通，损害一尺某公司利益。一尺某公司在二审的上诉意见中即已提出"本案中王某是汇某公司的股东,其持有汇某公司20%的股份",二审已予以考量,因此该内容不属于新证据。王某和汇某公司分别为独立的民事主体,王某为汇某公司的股东,并不能得出王某和汇某公司存在恶意串通的结论,汇某公司可依据担保项目的风险程度,与被担保人自主协商确定担保费用,而且根据上述分析,案涉担保费的约定,并不违反有关国家强制规定。关于一尺某公司认为王某、汇某公司、丁某均有恶意串通嫌疑的问题,首先,在案证据证明,一尺某公司明知丁某用一尺某公司名下位于广西壮族自治区阳朔县阳朔镇叠翠路19号的房产作为抵押物进行融资,并且予以配合,至于丁某和一尺某公司之间的具体交易关系,汇某公司作为担保方无从得知;其次,《借款合同》《借款担保合同》均约定"确保专款用于甲方收购广西维尼纶集团有限公司持有的该公司股份",丁某根据收购广西维尼纶集团有限公司的需要,向王某借款,并委托汇某公司担保,并无违反常情常理之处,不能得出当事人之间恶意串通的结论。因此,从现有证据来看,一尺某公司关于汇某公司不是善意相对方,王某、汇某公司与丁某恶意串通,损害一尺某公司利益的再审申请理由,缺乏证据证明,本院不予支持。

综上,一尺某公司的再审申请不符合《中华人民共和国民事诉讼法》第二百条第(一)项、第(二)项、第(四)项、第(六)项、第(九)项、第(十)项的规定。依照《中华人民共和国民事诉讼法》第二百零四条第一款、《最高人民法院关于适用〈中华人民共和国民事诉讼法〉的解释》第三百九十五条第二款之规定,裁定如下:

驳回阳朔一尺某实业投资开发有限公司的再审申请。

法律法规

《最高人民法院关于适用〈中华人民共和国民法典〉合同编通则若干问题的解释》(法释〔2023〕13号)

第二十二条 法定代表人、负责人或者工作人员以法人、非法人组织的名义订立合同且未超越权限,法人、非法人组织仅以合同加盖的印章不是备案印章或者系伪造的印章为由主张该合同对其不发生效力的,人民法院不予支持。

合同系以法人、非法人组织的名义订立,但是仅有法定代表人、负责人或者工作人员签名或者按指印而未加盖法人、非法人组织的印章,相对人能够证明法定代表人、负责人或者工作人员在订立合同时未超越权限的,人民法院应当认定合同对法人、非法人组织发生效力。但是,当事人约定以加盖印章作为合同成立条件的除外。

合同仅加盖法人、非法人组织的印章而无人员签名或者按指印，相对人能够证明合同系法定代表人、负责人或者工作人员在其权限范围内订立的，人民法院应当认定该合同对法人、非法人组织发生效力。

在前三款规定的情形下，法定代表人、负责人或者工作人员在订立合同时虽然超越代表或者代理权限，但是依据民法典第五百零四条的规定构成表见代表，或者依据民法典第一百七十二条的规定构成表见代理的，人民法院应当认定合同对法人、非法人组织发生效力。

《全国法院民商事审判工作会议纪要》（法〔2019〕254号）

41.【盖章行为的法律效力】司法实践中，有些公司有意刻制两套甚至多套公章，有的法定代表人或者代理人甚至私刻公章，订立合同时恶意加盖非备案的公章或者假公章，发生纠纷后法人以加盖的是假公章为由否定合同效力的情形并不鲜见。人民法院在审理案件时，应当主要审查签约人于盖章之时有无代表权或者代理权，从而根据代表或者代理的相关规则来确定合同的效力。

法定代表人或者其授权之人在合同上加盖法人公章的行为，表明其是以法人名义签订合同，除《公司法》第16条等法律对其职权有特别规定的情形外，应当由法人承担相应的法律后果。法人以法定代表人事后已无代表权、加盖的是假章、所盖之章与备案公章不一致等为由否定合同效力的，人民法院不予支持。

代理人以被代理人名义签订合同，要取得合法授权。代理人取得合法授权后，以被代理人名义签订的合同，应当由被代理人承担责任。被代理人以代理人事后已无代理权、加盖的是假章、所盖之章与备案公章不一致等为由否定合同效力的，人民法院不予支持。

037 刘某科与安徽省滁州市建某劳务发展有限公司民间借贷纠纷案[①]

裁判要旨

一、法定代表人以公司的名义对外签订合同，对公司具有约束力，签订合同时的印章真伪不影响合同效力。

[①] 审理法院：最高人民法院；诉讼程序：再审

二、由于法定代表人是否使用真实的公司印章签订合同对合同效力不产生影响，故公司在案件审理过程中申请对法定代表人签订合同时使用的印章真伪进行鉴定的，人民法院可不予准许。

实务要点总结

（1）由于企业的法定代表人或者负责人有权以企业的名义对外作出意思表示。因此，法定代表人或负责人使用印章对外签订合同时，印章的真伪已不再成为影响该意思表示效力的因素之一。故在诉讼中申请对法定代表人或负责人签订合同时使用的印章进行鉴定，不会影响民事案件的判决结果，法院也不一定会予以支持。

（2）虽然法定代表人使用伪造印章签订的合同对公司具有约束力，但公司的法定代表人可能因此构成伪造印章罪。故法定代表人切勿贪图一时之利，铤而走险，为自己引来牢狱之灾。

相关判决

刘某科与安徽省滁州市建某劳务发展有限公司民间借贷纠纷申诉、申请民事裁定书［（2016）最高法民申1756号］

再审申请人（一审被告、二审上诉人）：安徽省滁州市建某劳务发展有限公司。

法定代表人：石某云，该公司经理。

被申请人（一审原告、二审被上诉人）：刘某科，男，汉族，1980年1月1日出生。

再审申请人安徽省滁州市建某劳务发展有限公司（以下简称建某公司）与被申请人刘某科民间借贷纠纷一案，不服安徽省高级人民法院（2015）皖民二终字第01018号民事判决，向本院申请再审。本院依法组成合议庭对本案进行了审查，现已审查终结。

建某公司申请再审称：原审判决认定事实不清，建某公司与刘某科之间不存在借款合同。一、借款合同中建某公司的公章明显系伪造。建某公司原审申请对借款合同中建某公司公章的真实性进行鉴定，但法院认为不属于必须鉴定的情形。公章是否真实关系到借款合同是否真实、借款事项是否存在、起诉目的是否恶意，是关系到整个案件走向的关键，属于必须鉴定的事项。如果公章是真实的，建某公司法定代表人的签字就是非必要的；建某公司的公章若非真实的，可以认定刘某科或者二人合谋涉嫌伪造印章罪。无论是哪种情况下伪造建某公司公章，建某公司都是受害方。原审法院贸然不予鉴定，实质是从程序上违法剥夺了建某公司胜诉权。建某公司的公章已经在工商机关登记备案，肉眼对照借款合同上的公章与工商备案中的公章都有很大出入，是否真实一鉴便知。原审法院不予鉴定的做法不利于查明案件事实。

二、刘某科所持借款合同中称建某公司同意将 1000 万元巨款打到朱某军的账户，该事实明显存疑。朱某军不是建某公司的员工且建某公司根本不识其是谁，建某公司绝不可能同意将如此巨大的款项打到一个陌生人账户。借款合同中明确该笔借款全部用于建某公司股东骆某林项目垫资，纵观建某公司整个公司账目往来明细和骆某林的全部银行流水，根本没有见到此 1000 万元。就以上事实，建某公司已经向原审法院申请对骆某林的五个银行账户交易信息和朱某军的银行账户交易信息依法调取，并提交了申请人账号的银行交易信息，以证明建某公司和骆某林没有收到过该 1000 万元款项，并能查清楚朱某军账户的 1000 万元款项的去向。若朱某军账户的 1000 万元以曲折方式返回到刘某科或者刘某科亲友账户，则能够表明借贷关系的虚假性。根据《最高人民法院关于审理民间借贷案件适用法律若干问题的规定》第九条的规定，借款事实的发生，是以款项到达借款人账户或者借款人同意将款项打到非借款人账户的，以借款人能够实际控制该账户或者出借人能够证明借款人与收款账户存在相关经济往来为准。具体到本案，纵观刘某科和建某公司股东的账户没有收到该 1000 万元的记录，且刘某科没有证据证明建某公司与朱某军存在相关经济往来。因此借款事实不存在。根据《最高人民法院关于审理民间借贷案件适用法律若干问题的规定》第十六条的规定，本案建某公司主张借款事实不存在，原审法院应当综合考量涉案金额巨大、打款账户与建某公司没有任何经济关系、建某公司和骆某林账户没有收到该 1000 万元的情况，从而判断借款事实虚假。原审法院忽视对建某公司有利的法律和证据，着重刘某科的一纸借款合同，其审理和判决具有明显的倾向性。

三、石某云虽是建某公司的法定代表人，但其在该借款合同上的签字并非职务行为。根据《最高人民法院关于贯彻执行〈中华人民共和国民法通则〉若干问题的意见》第五十八条规定：企业法人的法定代表人和其他工作人员，以法人名义从事的经营活动，给他人造成经济损失的，企业法人应当承担民事责任。《最高人民法院关于贯彻执行〈中华人民共和国民事诉讼法〉若干问题的意见》

第四十二条规定：法人或者其他组织的工作人员因职务行为或者授权行为发生的诉讼，该法人或其他组织为当事人。本案石某云在该借款合同上的签字非从事经营活动且非职务行为，虽然其以建某公司法定代表人名义对外签订借款合同，但其表明目的是骆某林个人项目垫资，而非为建某公司筹款用于经营活动，且建某公司与骆某林都没有收到过该笔款项。因此，建某公司对石某云的"借款行为"不能承担责任。且建某公司的公章是否真实未可知，朱某军与建某公司、刘某科的关系未可知，朱某军收到该借款后用途未可知，原审法院就此认定借款事实存在、建某公司需要承担还款义务，明显错误。综上，现依据《民事诉讼法》第二百条第（二）项、第（三）项、第（十）项及第二百零三条、二百零五条的规定，申请再审。

本院经审查认为，根据建某公司的再审申请理由，本案再审审查涉及的问题是建某公司与刘某科之间是否存在借贷关系。

一、关于案涉借款合同的真实性问题。案涉借款合同列明借款人为建某公司，且落款处加盖有建某公司印章及其法定代表人石某云签名。建某公司虽对该处石某云签名不予确认，但未申请鉴定，亦未提供证据证明该签名非石某云本人所签，因此应当认定该签名为真实。另外，刘某科在2014年4月29日即已将借款转入合同指定账户，借款到期后，当年11月24日，石某云确认案涉借款全部用于公司实际控制人骆某林项目垫资款，原审庭审中，建某公司亦明确骆某林为建某公司投资人，其项目就是公司项目。因此，原判决认定案涉借款已用于建某公司经营并无不当。综上，石某云作为建某公司法定代表人在案涉借款合同签名，其行为系代表公司从事经营活动，其行为后果应由建某公司承担，建某公司公章真伪不影响其所应当承担的民事责任。原审法院认定案涉借款合同真实，对建某公司关于鉴定印章真实性的申请不予准许，并无不当。建某公司该项再审申请理由不能成立，本院不予支持。

二、关于案涉借款事实是否实际发生的问题。建某公司称，案涉1000万元借款系汇入朱某军账户，而朱某军非公司员工，与其无任何经济关系，且合同中约定该借款系用于骆某林项目的垫资，但骆某林及建某公司账目中从未有过此1000万元，因此案涉借款事实并未实际发生。本院认为，朱某军账户系双方借款合同所指定账户，且事实上案涉借款已进入合同双方约定的指定账户，因此借款行为已经实际发生，合同目的已达成，至于该账户所有人与借款人关系及款项到账后如何使用，与借款事实是否发生及合同是否有效并无关联性。至于建某公司认为借款事实没有实际发生所依据的《最高人民法院关于审理民间借贷案件适用法律若干问题的规定》第九条，其适用于自然人之间的借款合同，与本案情形不符。故建某公司的该项申请理由没有事实和法律依据，不能成立，本院不予支持。

三、关于石某云在借款合同上签字是否属于职务行为的问题。建某公司认为，石某云在案涉借款合同上的签名非从事经营活动且非职务行为，建某公司对石某云的"借款行为"不应承担责任。本院认为，与刘某科签订案涉借款合同的主体是建某公司，而非石某云个人，其以建某公司法定代表人的身份在案涉借款合同上签字并未超出其职权范围，原审认定合同落款处石某云的签名应视为其作为公司法定代表人所行使的职务行为，并无不当。且根据原审查明事实，案涉借款确已用于建某公司经营，建某公司虽主张案涉借款实际是为骆某林个人项目垫资而非为公司筹款，但其并未提供相应证据予以证明，故建某公司的该项申请亦不能成立，本院不予支持。

另外，建某公司称其依据《中华人民共和国民事诉讼法》第二百条第（十）项及第二百零三条、第二百零五条的规定申请再审，但针对第二百条第（十）项，建某公司未能提供相应的事实及证据予以说明，本院不予支持；第二百零三条、第二百零五条不属于再审事由范围，本院不予审查。

综上，建某公司的再审申请不符合《中华人民共和国民事诉讼法》第二百条第（二）项、第（三）项规定的情形。本院依照《中华人民共和国民事诉讼法》第二百零四条第一款，《最高人民法院关于适用〈中华人民共和国民事诉讼法〉的解释》第三百九十五条第二款规定，裁定如下：

驳回安徽省滁州市建某劳务发展有限公司的再审申请。

法律法规

《最高人民法院关于适用〈中华人民共和国民法典〉合同编通则若干问题的解释》（法释〔2023〕13号）

第二十二条 法定代表人、负责人或者工作人员以法人、非法人组织的名义订立合同且未超越权限，法人、非法人组织仅以合同加盖的印章不是备案印章或者系伪造的印章为由主张该合同对其不发生效力的，人民法院不予支持。

合同系以法人、非法人组织的名义订立，但是仅有法定代表人、负责人或者工作人员签名或者按指印而未加盖法人、非法人组织的印章，相对人能够证明法定代表人、负责人或者工作人员在订立合同时未超越权限的，人民法院应当认定合同对法人、非法人组织发生效力。但是,当事人约定以加盖印章作为合同成立条件的除外。

合同仅加盖法人、非法人组织的印章而无人员签名或者按指印,相对人能够证明合同系法定代表人、负责人或者工作人员在其权限范围内订立的,人民法院应当认定该合同对法人、非法人组织发生效力。

在前三款规定的情形下,法定代表人、负责人或者工作人员在订立合同时虽然超越代表或者代理权限,但是依据民法典第五百零四条的规定构成表见代表,或者依据民法典第一百七十二条的规定构成表见代理的,人民法院应当认定合同对法人、非法人组织发生效力。

《全国法院民商事审判工作会议纪要》(法〔2019〕254号)

41.【盖章行为的法律效力】司法实践中,有些公司有意刻制两套甚至多套公章,有的法定代表人或者代理人甚至私刻公章,订立合同时恶意加盖非备案的公章或者假公章,发生纠纷后法人以加盖的是假公章为由否定合同效力的情形并不鲜见。人民法院在审理案件时,应当主要审查签约人于盖章之时有无代表权或者代理权,从而根据代表或者代理的相关规则来确定合同的效力。

法定代表人或者其授权之人在合同上加盖法人公章的行为,表明其是以法人名义签订合同,除《公司法》第16条等法律对其职权有特别规定的情形外,应当由法人承担相应的法律后果。法人以法定代表人事后已无代表权、加盖的是假章、所盖之章与备案公章不一致等为由否定合同效力的,人民法院不予支持。

代理人以被代理人名义签订合同,要取得合法授权。代理人取得合法授权后,以被代理人名义签订的合同,应当由被代理人承担责任。被代理人以代理人事后已无代理权、加盖的是假章、所盖之章与备案公章不一致等为由否定合同效力的,人民法院不予支持。

038 福建省溪某建筑工程有限公司黑龙江省分公司与宿某强等民间借贷纠纷案[①]

裁判要旨

公司分支机构负责人私刻分支机构印章对外签订的合同,可认定为公司行

---

① 审理法院:最高人民法院;诉讼程序:再审

为，对公司具有约束力。分支机构负责人是否构成伪造印章罪，不影响公司民事责任的承担。

实务要点总结

（1）企业的法定代表人或者负责人对外以公司的名义作出的意思表示即为企业的意思表示。《民法典》第一百零八条的规定："非法人组织除适用本章规定外，参照适用本编第三章第一节的有关规定。"因此，非法人组织的负责人与法人的法定代表人权限、职责相同。故即使公司分支机构负责人使用伪造的分支机构印章签订合同，也属于公司分支机构的行为。

（2）公司的分支机构为非法人组织，根据《民法典》第一百零四条关于"非法人组织的财产不足以清偿债务的，其出资人或者设立人承担无限责任。法律另有规定的，依照其规定"的规定，非法人组织的负责人对外签订合同最终应由公司承担责任。因此，公司的分支机构绝对不仅仅是"各管一片"的地方诸侯，而是可能影响全局的"隐形大佬"。

（3）公司分支机构负责人因伪造印章构成犯罪，不能成为公司主张免除民事责任的理由。根据《最高人民法院关于在审理经济纠纷案件中涉及经济犯罪嫌疑若干问题的规定》第五条第二款的规定："行为人私刻单位公章或者擅自使用单位公章、业务介绍信、盖有公章的空白合同书以签订经济合同的方法进行的犯罪行为，单位有明显过错，且该过错行为与被害人的经济损失之间具有因果关系的，单位对该犯罪行为所造成的经济损失，依法应当承担赔偿责任。"因此，如果公司对于伪造印章对外签订的合同存在一定过错的，则应当承担相应的损害赔偿责任。

相关判决

福建省溪某建筑工程有限公司黑龙江省分公司与宿某强等民间借贷纠纷申请再审民事裁定书［（2016）最高法民申319号］

再审申请人（一审被告、二审上诉人）：福建省溪某建筑工程有限公司黑龙江省分公司。住所地：黑龙江省哈尔滨市道外区辽河路嵩山小区49栋公企7号。

负责人：高某龙，该分公司经理。

被申请人（一审原告、二审被上诉人）：宿某强。

一审被告：福建省溪某建筑工程有限公司。住所地：福建省南安市帽山工业区。

法定代表人：高某龙，该公司经理。

再审申请人福建省溪某建筑工程有限公司黑龙江省分公司（以下简称黑龙江溪某分公司）因与被申请人宿某强、一审被告福建省溪某建筑工程有限公司（以下简称溪某公司）民间借贷纠纷一案，不服黑龙江省高级人民法院（2015）黑高商终字第171号民事判决，向本院申请再审。本院依法组成合议庭对本案进行了审查，现已审查终结。

黑龙江溪某分公司向本院申请再审称：本案符合《中华人民共和国民事诉讼法》第二百条第（二）项、第（三）项、第（五）项规定情形，请求对本案依法再审。理由如下：（一）原审判决认定的基本事实缺乏证据证明。原判决认定再审申请人黑龙江溪某分公司为实际借款人，且该案涉900万元借款全部用于公司经营是错误的。案涉的900万元借款并没有用在公司经营上，都被用于于某平、章某池及其家人的花销上。（二）原判决认定事实的主要证据是伪造的。原判决依据的借据上面的印章是于某平、章某池私刻公章后加盖的，该二人已因涉嫌伪造公司印章罪被立案侦查。（三）申请人已就认定案件事实的证据申请法院调取，而法院未予调取。于某平、章某池二人因涉嫌伪造公司印章罪被公安局立案侦查，该卷宗材料能证明本案借据上的印章是其二人伪造的，并能证明该笔借款的实际用处，证明再审申请人不应承担本案还款责任。根据《最高人民法院关于在审理经济纠纷案件中涉及经济犯罪嫌疑若干问题的规定》第五条第一款规定："私刻单位的公章签订经济合同，骗取财物归个人占有、使用、处分或者进行其他犯罪活动构成犯罪的，单位对行为人该犯罪行为所造成的经济损失不承担民事责任"。因此，该刑事案件卷宗与本案认定事实有重大关系。而再审申请人已向二审法院申请调取公安机关询问笔录，但二审法院没有调取。

宿某强答辩称：（一）原判决认定再审申请人为案涉借款主体正确。于某平、章某池在发生借款事实期间先后担任黑龙江溪某分公司负责人，在2013年4月分公司负责人由于某平变更为章某池后，于某平仍在该公司工作并负责联系工程等事项，所以二人代表公司的借款行为足以使被申请人宿某强相信系申请人黑龙江溪某分公司的行为，并且该笔款项是打入再审申请人公司出纳黄为的账户或者由再审申请人指定的其他账户上，并计入公司账目。此外，章某池证明该笔款项均用于公司经营，因此借款的行为后果应由黑龙江溪某分公司承担。（二）原判决认定申请人承担借款责任适用法律正确。首先，公章的真伪不影响黑龙江溪某分公司作为本案借款关系的主体，因为于某平、章某池作为申请人黑龙江溪某分公司负责人的身份足以使被申请人相信该笔借款是由黑龙江溪某分公司所借。其次,虽然于某平、章某池因涉嫌伪造公司印章罪被立案侦查,但检察机关还未批准逮捕,是否构成犯罪未经认定,且黑龙江溪某分公司尚无证据证明该二人涉嫌犯罪的事实与本案属同一事实,因此再审申请人黑龙江溪某分公司引用的司法解释不适用于本案。

原审被告溪某公司答辩称:同意申请人黑龙江溪某分公司的再审意见。

本院审查查明的事实与一、二审查明的事实一致。

本院认为:(一)关于原判决认定的基本事实是否缺乏证据证明问题

原审查明本案的基本事实是,溪某公司于2009年设立黑龙江溪某分公司,于某平自2009年4月至2013年4月担任该公司负责人,后该公司负责人变更为章某池,但于某平一直在该公司工作并负责联系工程等事项。案涉借款事实发生在于某平任公司负责人期间,于某平、章某池以黑龙江溪某分公司的名义与宿某强发生多笔借款关系,多笔款项打入黑龙江溪某分公司出纳黄为的账户或该公司指定的账户。该二人在原审庭审期间均认可借据上的公章系由时任公司负责人章某池加盖,二人均承认并表明收到了案涉借款且该借款均用于黑龙江溪某分公司的生产经营。上述事实由宿某强提供的于某平、章某池签字并加盖黑龙江溪某分公司印章的借据、银行明细对账单、章某池、张某燕、王某心的证人证言以及二审法院依宿某强申请调取的宿某强、张某燕个人银行资金流水明细单等证据能够证明,黑龙江溪某分公司只是认为借据上加盖的分公司的印章是伪造的,而且借款并未用到该公司的经营活动中,对于某平、章某池出具借据以及该公司出纳黄为收到部分款项的事实,亦不否认。因此,原审判决黑龙江溪某分公司承担还款义务,有事实依据,不存在申请人主张的原判决认定基本事实缺乏证据证明的问题。

(二)关于原判决认定事实的主要证据是否伪造的问题

双方当事人对于宿某强提供的借据的真实性没有异议,于某平与章某池对向宿某强出具的借据表示认可。黑龙江溪某分公司认为主要证据系伪造的,主要是指借据上面的该公司印章是于某平与章某池私刻后加盖的,且该二人已因涉嫌伪造公司印章罪被公安机关立案侦查。本院认为,申请人黑龙江溪某分公司主张的于某平、章某池涉嫌伪造公司印章罪,尚在公安机关刑事侦查过程中,并未认定构成刑事犯罪,且再审申请人并没有充分的证据能够证明本案原判决认定基本事实的主要证据即借据系伪造的。于某平、章某池作为黑龙江溪某分公司的前后两任负责人,向宿某强出具借据,属于代表该公司的行为,宿某强有理由相信其借款的对象是黑龙江溪某分公司，结合宿某强向该公司支付款项的事实，本院认为，原判决认定宿某强与黑龙江溪某分公司之间存在真实的借款关系，证据充分。至于借据上的印章是否由于某平、章某池私刻，以及于某平、章某池是否构成伪造公司印章罪，不影响原判决关于黑龙江溪某分公司系案涉民间借贷主体的认定。再审申请人黑龙江溪某分公司此项再审理由亦不成立，本院不予采信。

（三）关于原审是否应当调查收集证据而未予调查的问题

黑龙江溪某分公司在本案二审期间申请黑龙江省高级人民法院依法调取于某平、章某池涉嫌伪造公司印章犯罪的刑事卷宗（公安机关侦查卷宗），认为能够证明其二人伪造公司印章及借款用于个人的事实，并据此认为该公司不应对于某平、章某池二人的行为承担责任。因目前尚无证据证明于某平、章某池二人因涉嫌伪造公司印章罪被立案侦查的事实与本案的借款关系属同一事实，并影响到本案的审理结果，且该案尚未作出于某平、章某池二人伪造印章罪名成立的刑事判决。从再审申请人黑龙江溪某分公司的主张来看，其申请二审法院调查收集的证据，不影响本案基本事实的认定及法律责任的承担，不属于原审法院审理本案需要的主要证据，因此，二审法院依法没有调查收集上述证据并无不当，再审申请人黑龙江溪某分公司的该项再审理由亦不成立。

综上，黑龙江溪某分公司的再审申请不符合《中华人民共和国民事诉讼法》第二百条第（二）项、第（三）项、第（五）项规定之情形。本院依照《中华人民共和国民事诉讼法》第二百零四条第一款之规定，裁定如下：

驳回福建省溪某建筑工程有限公司黑龙江省分公司的再审申请。

法律法规

《最高人民法院关于适用〈中华人民共和国民法典〉合同编通则若干问题的解释》（法释〔2023〕13号）

第二十二条　法定代表人、负责人或者工作人员以法人、非法人组织的名义订立合同且未超越权限，法人、非法人组织仅以合同加盖的印章不是备案印章或者系伪造的印章为由主张该合同对其不发生效力的，人民法院不予支持。

合同系以法人、非法人组织的名义订立，但是仅有法定代表人、负责人或者工作人员签名或者按指印而未加盖法人、非法人组织的印章，相对人能够证明法定代表人、负责人或者工作人员在订立合同时未超越权限的，人民法院应当认定合同对法人、非法人组织发生效力。但是，当事人约定以加盖印章作为合同成立条件的除外。

合同仅加盖法人、非法人组织的印章而无人员签名或者按指印，相对人能够证明合同系法定代表人、负责人或者工作人员在其权限范围内订立的，人民法院应当认定该合同对法人、非法人组织发生效力。

在前三款规定的情形下，法定代表人、负责人或者工作人员在订立合同时虽然超越代表或者代理权限，但是依据民法典第五百零四条的规定构成表见代表，或者依据民法典第一百七十二条的规定构成表见代理的，人民法院应当认定合同对法人、非法人组织发生效力。

《全国法院民商事审判工作会议纪要》（法〔2019〕254号）

41.【盖章行为的法律效力】司法实践中，有些公司有意刻制两套甚至多套公章，有的法定代表人或者代理人甚至私刻公章，订立合同时恶意加盖非备案的公章或者假公章，发生纠纷后法人以加盖的是假公章为由否定合同效力的情形并不鲜见。人民法院在审理案件时，应当主要审查签约人于盖章之时有无代表权或者代理权，从而根据代表或者代理的相关规则来确定合同的效力。

法定代表人或者其授权之人在合同上加盖法人公章的行为，表明其是以法人名义签订合同，除《公司法》第16条等法律对其职权有特别规定的情形外，应当由法人承担相应的法律后果。法人以法定代表人事后已无代表权、加盖的是假章、所盖之章与备案公章不一致等为由否定合同效力的，人民法院不予支持。

代理人以被代理人名义签订合同，要取得合法授权。代理人取得合法授权后，以被代理人名义签订的合同，应当由被代理人承担责任。被代理人以代理人事后已无代理权、加盖的是假章、所盖之章与备案公章不一致等为由否定合同效力的，人民法院不予支持。

039 汕头市达某建筑总公司与张某雄买卖合同纠纷案[①]

裁判要旨

在交易相对人为善意的情形下，即使公司分支机构负责人伪造印章构成犯罪，公司也不能否定该负责人代表公司对外进行民事法律行为的法律效力。

[①] 审理法院：北京市第二中级人民法院；诉讼程序：二审

实务要点总结

（1）公司分支机构负责人具有代表公司对外签订合同的权力，其对外作出的意思表示能够代表公司意志，相应后果由公司分支机构承担。因此，公司分支机构负责人对外签订合同使用的印章是否真实已不再重要。公司分支机构也不得以"法定代表人、负责人不得私刻印章对外签订合同""法定代表人、负责人伪造印章签订的合同无效"等内部规定，否定分支机构负责人使用伪造印章签订的合同的效力。

（2）公司法定代表人或分支机构负责人伪造印章构成犯罪，并不当然导致合同无效。对于合同效力的判断，应根据《民法典》第一编第六章第三节的规定作出。即使伪造印章构成犯罪，利用该伪造印章签订的合同也可能为有效。那种认为法定代表人或负责人伪造印章的行为构成犯罪即可认定合同无效的观点都存在严重的误区，可能导致公司经营管理面临巨大风险。

相关判决

汕头市达某建筑总公司与张某雄买卖合同纠纷案二审民事判决书［（2014）二中民终字第01100号］

上诉人（原审被告）：汕头市达某建筑总公司，住所地：广东省汕头市濠江区赤港红桥城建办综合楼二、三楼。

法定代表人：黄某平，总经理。

被上诉人（原审原告）：张某雄，男，1967年7月27日出生。

上诉人汕头市达某建筑总公司（以下简称汕头达某公司）因与被上诉人张某雄买卖合同纠纷一案，不服北京市大兴区人民法院（2012）大民初字第10291号民事判决，向本院提起上诉。本院于2014年1月2日受理后，依法组成由法官孙田辉担任审判长，法官石东、李晓波参加的合议庭进行了审理。本案现已审理终结。

张某雄在一审中起诉称：2007年11月23日，张某雄借用北京明某金盛商贸有限公司（以下简称明某公司）与汕头市达某建筑总公司北京分公司（以下简称达某北分公司）第八项目部签订了《钢材购销合同》，从2007年8月15日起，张某雄给达某北分公司承包的工地供应钢材，送货共计740018元。经双方结算，达某北分公司第八项目部在2007年向张某雄出具了欠条，内容为："今欠到张某雄钢筋、木材款 740018 元，南小街工地……"。达某北分公司的上述工地涉及的款项实际供货人是张某雄，张某雄是借用明某公司名义给达某北分公司供货。在达某北分公司没有履行支付款项的相关义务后，张某雄以明某公司的名义起诉，后由于证据不足被驳回起诉。为了便于张某雄主张权利，明某公司在 2011 年 3 月 16 日向张某雄出具了《债权转让通知》，将欠条上的债权全部转让给张某雄，事实上张某雄就是实际供货人。张某雄诉至法院，请求：1. 判令汕头达某公司给付张某雄钢材货款 740018 元，并按照银行同期贷款利率向张某雄支付自 2007 年 11 月 23 日至实际支付之日止的利息损失；2. 判令诉讼费由汕头达某公司负担。

张某雄向一审法院提交以下证据予以证明：河北省沧州市中级人民法院（2009）沧民终字第 1347 号民事判决书、泊头市人民法院（2007）泊民初字第 1553 号民事判决书、询问笔录、《建设工程施工合同》《租赁合同》、达某北分公司工商登记材料、《承包经营协议书》、（2007）长证内经字第 9259 号《公证书》、京安拓普［2009］鉴（文）字第 201 号《司法鉴定意见书》、CCSJ 鉴（文）字第 2010-067 号《司法鉴定意见书》、CCSJ 鉴（文）字第 2011-043 号《司法鉴定意见书》《补充协议条款》、证人证言、2007 年 8 月 15 日的《钢材购销合同》、明某公司出具的《债权转让通知》及说明、2007 年 11 月 23 日的《欠条》、中国法医学会司法鉴定中心出具的第 113 号和第 141 号鉴定意见书、北京市第一中级人民法院（2012）一中民终字第 9602 号民事判决书。

汕头达某公司在一审中答辩称：一、不同意张某雄的所有诉讼请求，汕头达某公司与明某公司之间不存在合法有效的买卖合同关系及任何债权关系，更涉及不到明某公司将债权转让给张某雄的问题；张某雄这次的起诉时间是 2012 年 8 月 6 日，其认为明某公司与汕头达某公司之间的买卖合同纠纷已经超过诉讼时效，丧失了胜诉权；汕头达某公司没有承租过南小街工地，已经生效的判决书、裁定书及汕头达某公司将要提供的相关证据可以证明，南小街工地工程的承包人及发包人不是汕头达某公司，在该工程中，发包人与承包人之间签订工程承包合同，同时也有高达 1110 万元工程款的收支往来，汕头达某公司从来没有承接过该工程，也没有和张某雄之间发生买卖合同的需要，张某雄提交的买卖合同上面加盖达某北分公司第八项目部的印章，该印章已经经过刑事判决书认定是伪造的印章，汕头达某公司认为用伪造的印章签订的合同没有法律效力，所以不能代表汕头达某公司的行为。二、张某雄提交的证据《承包经营协议书》中加盖达某北分公司的合同专用章也是伪造的，该事实已经被广东省汕头市中级人民法院出具的刑事判决书认定，合同专用章是犯罪分子伪造的，是犯罪的产物，因此不具有法律效力，也就是说张某雄所提供的协议不能证明达某北分公司与杨某锡、贾某福之间存在关系。三、在《承包经营协议书》上签字的人员即杨某锡、贾某福，二人均不是汕头达某公司的员工，其行为也不能代表汕头达某公司，杨某锡已于2010年12月被北京市第一中级人民法院作出的（2010）一中刑初字第1280号刑事判决书以合同诈骗罪等判处刑罚，在该判决书中已经认定其犯罪事实，其是基于南小街工地以北京城建某城市建设工程有限公司平谷分公司（以下简称北京城建某公司平谷分公司）及汕头达某公司等名义进行诈骗，因此汕头达某公司请求驳回张某雄的起诉，并将本案的材料移送公安机关，以追究杨某锡等人的刑事责任。综上，汕头达某公司没有承包南小街服装楼工程，和张某雄之间不存在合同关系，也未接收张某雄的货物。张某雄的起诉是基于杨某锡的犯罪行为造成的，请求法院驳回张某雄的起诉。

汕头达某公司向一审法院提交以下证据予以证明：广东省汕头市中级人民法院（2009）汕中法刑二终字第22号刑事裁定书、北京市第一中级人民法院（2010）一中刑初字第1280号刑事判决书、印章交接记录、2007年7月10日华某建设有限公司北京分公司（侯某亮代表）与王某朝签订的《建筑工程承包合同》、2007年9月1日华某建设有限公司北京分公司（侯某亮代表）与杨某锡代表的华某建设有限公司北京分公司工程十处签订的《单位内部承包协议书》、2007年9月1日发包人提供的华某建设有限公司北京分公司给杨某锡的委托书、2007年12月10日发包人提供的杨某锡代表华某建设有限公司北京分公司与发包人王某朝签订的关于支付部分工程款的《协议书》及附件、华某建设有限公司北京分公司收取发包人王某朝涉案工程款1110万元的收款收据、杨某锡给北京市东城区人民法院的信、北京市大兴区人民法院（2008）大民初字第6324号民事裁定书、达某北分公司2002年至2007年年检工商档案、北京市工商行政管理局东城分局京工商东文［2011］43号回复函、北京市高级人民法院（2011）高民申字第4236号民事裁定书、北京市第二中级人民法院（2010）二中民再终字第09472号民事裁定书、河北省沧州市中级人民法院（2008）沧民申字第56号民事裁定书、河北省高级人民法院（2011）冀沧民申字第92号再审案件来访登记表、2011年12月公安部门对杨某锡的询问笔录五份、北京市大兴区人民法院（2009）大民初字第9471号民事裁定书、汕头市公安局濠江分局立案决定书及证明、张某雄2011年5月16日的民事起诉状、汕头市濠江区人民法院（2013）汕濠法刑初字第 27 号刑事判决书、广东省汕头市中级人民法院（2013）汕中法刑二终字第 24 号刑事裁定书。

经一审法院庭审质证及审查核实，因双方当事人对以下证据的真实性、合法性、关联性没有异议，一审法院予以确认：北京市第一中级人民法院（2010）一中刑初字第 1280 号刑事判决书和北京市第一中级人民法院（2012）一中民终字第 9602 号民事判决书、广东省汕头市中级人民法院（2009）汕中法刑二终字第 22 号刑事裁定书和广东省汕头市中级人民法院（2013）汕中法刑二终字第 24 号刑事裁定书、汕头市濠江区人民法院（2009）汕濠法刑初字第 1 号刑事判决书和汕头市濠江区人民法院（2013）汕濠法刑初字第 27 号刑事判决书。

双方当事人对以下涉及本案争议焦点的证据持有异议：

一、张某雄提交的证据《承包经营协议书》，证明达某北分公司通过该协议授权杨某锡、贾某福二人组建达某北分公司第八项目部，该第八项目部是达某北分公司的一个职能机构，其民事责任应由达某北分公司承担。汕头达某公司对该证据的真实性、合法性不予认可，认为该协议书签订时间为 2007 年 7 月 17 日，是在达某北分公司的公章已被汕头达某公司收回后，杨某锡等使用伪造的印章签订的，不能代表汕头达某公司，达某北分公司从未设立过第八项目部，因此该证据不真实、不合法。

二、张某雄提交的达某北分公司在北京市工商行政管理局东城分局的《备案登记》，证明达某北分公司从 2002 年 3 月 5 日合法成立至 2008 年 3 月 13 日申请撤销期间，一直正常营业。2008 年 3 月 13 日汕头达某公司申请撤销公司印章并注销公司，按照法律规定分公司注销后应当由总公司即汕头达某公司承担民事责任。汕头达某公司认为该备案材料中 2006 年度年检是在达某北分公司印章已于 2007 年 7 月 12 日被汕头达某公司收回，达某北分公司被责令清理期间，胡某和私自进行的年检备案，该年度年检资料第 3 页中出现的备案印章合同专用章系胡某和伪造，并非达某北分公司的印章，达某北分公司从来没有刻过合同专用章，在正常情况下年检报告必须加盖达某北分公司的公章，但是 2007 年的年检报告只有合同专用章。

三、张某雄提交的北京京安拓普文书司法鉴定中心的京安拓普［2009］鉴（文）字第 201 号《司法鉴定意见书》，证明《承包经营协议书》中的达某北分公司的合同专用章印文与北京市工商行政管理局东城分局备案的印章印文是一致的，同时也证明了《承包经营协议书》的客观真实性和《承包经营协议书》中使用的达某北分公司的合同专用章为真。汕头达某公司对此证据不予认可，认为鉴定申请人不是本案当事人，与本案无关，样本印章与检材均为伪造，并非达某北分公司印章，该鉴定无意义。

由于双方当事人对上述三份证据的争议涉及本案所要认定的关键事实之一：即《承包经营协议书》中加盖的达某北分公司的合同专用章是否为合法真实的印章。在与本案案情相似的王某花诉汕头达某公司的北京市大兴区人民法院（2011）大民初字第1407号案件中，一审法院依职权对《承包经营协议书》中的达某北分公司的合同专用章与北京市工商行政管理局东城分局备案的印章印文是否一致提起鉴定，经司法鉴定机构作出的鉴定结论为二者一致。

针对汕头达某公司提出的《承包经营协议书》中的达某北分公司的合同专用章为胡某和伪造的抗辩意见，一审法院在北京市大兴区人民法院（2011）大民初字第1407号王某花诉汕头达某公司案件中，依职权对《承包经营协议书》中的达某北分公司的合同专用章与胡某和伪造印章案件中伪造合同专用章印模提起鉴定。在该鉴定中，在汕头市濠江区人民法院的胡某和伪造公章案件的一审刑事卷宗里，有两枚"合同专用章"的印模，分别是10号印模和14号印模。经鉴定，《承包经营协议书》中的合同专用章与10号印模一致、与14号印模不一致。但刑事判决书确认胡某和仅私刻了一枚合同专用章，但未明确是哪一枚。因此，不能得出《承包经营协议书》中的合同专用章系胡某和犯罪行为所伪造。后汕头市公安局濠江分局补充侦查，经广东省汕头市中级人民法院作出（2013）汕中法刑二终字第24号刑事裁定书，确认了2007年7月17日胡某和与杨某锡、贾某福签订的《承包经营协议书》上加盖了2004年伪造的合同专用章的事实。

四、张某雄提交的《钢材购销合同》和欠条，证明张某雄以明某公司名义与达某北分公司第八项目部签订买卖合同以及达某北分公司第八项目部尚欠货款740018元。汕头达某公司对此不予认可，认为达某北分公司从来没有设立过第八项目部，也没有刻过项目部的公章，此合同对汕头达某公司没有约束力。由于代表达某北分公司第八项目部签订合同的杨某锡对该两份证据的真实性不持异议，一审法院对该两份证据的真实性予以确认。

一审法院经审理查明：2002年3月6日，汕头达某公司投资设立汕头市达某建筑总公司北京建筑装饰工程处，胡某和为负责人，资金数额为50万元。2006年，企业名称由汕头市达某建筑总公司北京建筑装饰工程处变更为达某北分公司，负责人仍为胡某和。2008年3月13日，汕头达某公司申请注销达某北分公司。2007年7月17日，达某北分公司负责人胡某和代表达某北分公司与杨某锡、贾某福签订《承包经营协议书》。发包方为达某北分公司，承包方为杨某锡、贾某福，约定承包经营的期限为一年，即从2007年7月17日起至2008年7月16日止；合同第十条约定：由承包方组建工程项目部，为达某北分公司第八项目部，承包方按照本部门所承包工程的合同标价额之双方商定的比例上缴发包方款项（款项包括利润、管理费等）。合同承包方处有杨某锡和贾某福签字，发包方处加盖了达某北分公司的合同专用章和胡某和人名章，该达某北分公司的合同专用章后经广东省汕头市中级人民法院（2013）汕中法刑二终字第24号刑事裁定书认定为胡某和私刻的。

2007年7月15日，达某北分公司第八项目部（甲方）与明某公司（乙方）签订一份《钢材购销合同》，约定明某公司为达某北分公司第八项目部的南小街服装工业园供应钢材，合同约定了钢材规格和单价；供货数量以实际发生数量为准；付款方式为货到工地以实际数量计算为准，一个月内付清全部货款。甲方如逾期付款，乙方按超期3‰每日累计收取违约金，直到货款付清为止。该合同甲方代表为杨某锡，乙方代表为张某雄。

2007年11月23日，杨某锡代表达某北分公司第八项目部向张某雄出具欠条：今欠到张某雄钢筋、木材款740018元，南小街工地，备注：其他所有条据作废。后经一审法院向杨某锡核实及张某雄确认，该740018元均为所欠钢材款。2011年3月16日，明某公司出具《债权转让通知》，将其持有的达某北分公司第八项目部出具的欠条740018元及所有债权全部转让给张某雄，由张某雄与达某北分公司进行诉讼，将来所得债权全部归张某雄所有。2012年7月6日，明某公司出具说明如下：一、2007年8月15日在北京市大兴区南小街工地，明某公司与达某北分公司第八项目部签订《钢材购销合同》，该合同是张某雄挂靠明某公司签订的合同，张某雄是钢材的实际供货人。二、2011年3月16日明某公司为使张某雄便于直接主张权利向其本人出具了《债权转让通知》。明某公司声明放弃全部相关债权，该债权全部归实际供货人张某雄所有。三、以上明某公司说明属实，愿意承担相应的法律责任。

一审庭审中，双方当事人争议的焦点是杨某锡与汕头达某公司之间的关系。据此，一审法院在北京市大兴区人民法院（2011）大民初字第1407号王某花诉汕头达某公司一案中进行了司法鉴定，鉴定对象有两个：一是达某北分公司合同专用章（即2007年8月14日《钢材购销合同》第3页，2007年7月17日《承包经营协议书》及《附件一：关于承包经营中不同动作方式的约定》上"汕头市达某建筑总公司北京分公司合同专用章"印章印文的真实性）；二是达某北分公司财务专用章（2008年1月16日、支票号码为E/0E/2070×××××的中国建设银行转账支票中"汕头市达某建筑总公司北京分公司财务专用章"印章印文的真实性）。后一审法院委托中国法医学会司法鉴定中心对前述鉴定对象进行了鉴定，鉴定内容为：一、合同专用章与达某北分公司工商档案中2006年年检使用印模（2007年7月12日进行）比对、与胡某和伪造印章案件中伪造合同专用章印模比对；二、财务专用章与达某北分公司工商档案中备案印模比对、与胡某和伪造印章案件中伪造财务专用章印模比对。鉴定结论：1. 经过与达某北分公司工商档案进行比对，上述案件中出现的两处达某北分公司合同专用章与达某北分公司在2006年年检使用的合同专用章一致，出现的一处达某北分公司财务专用章与达某北分公司备案印模一致；2. 关于去汕头市进行调取刑事卷宗后的鉴定结果：

（1）关于达某北分公司的财务专用章

案件中出现一处的财务专用章与胡某和刑事犯罪所私刻印模不一致，即张某雄提交的转账支票中的财务专用章并非胡某和私刻。

（2）关于达某北分公司的合同专用章

汕头市濠江区人民法院（2009）汕濠法刑初字第1号刑事卷宗里，有两枚"合同专用章"的印模，分别是10号印模和14号印模。判决书确认了胡某和仅私刻了一枚合同专用章，未明确是哪一枚。经鉴定，《承包经营协议书》中的合同专用章的印章印文与10号印章印文是同一枚印章加盖形成、与14号印章印文不是同一枚印章加盖形成。

在胡某和伪造公章一案中，根据广东省汕头市中级人民法院（2009）汕中法刑二终字第22号刑事裁定书的认定，胡某和系达某北分公司负责人，2006年12月，胡某和在得知汕头达某公司准备派人到北京保管达某北分公司的有关印章后，于2007年1月初通过何某平伪造了达某北分公司的有关印章，分别是"汕头市达某建筑总公司北京分公司""汕头市达某建筑总公司北京分公司合同专用章""汕头市达某建筑总公司北京分公司财务专用章"。2007年六七月间，胡某和又通过何某平伪造了"汕头市达某建筑总公司北京分公司第八项目部"印章，后交杨某锡使用。2009年2月23日，汕头市濠江区人民法院作出（2009）汕濠法刑初字第1号刑事判决书，认定胡某和私刻的四枚企业印章为"汕头市达某建筑总公司北京分公司""汕头市达某建筑总公司北京分公司合同专用章""汕头市达某建筑总公司北京分公司财务专用章""汕头市达某建筑总公司北京分公司第八项目部",认定胡某和犯伪造企业印章罪,判处有期徒刑一年零十个月。2009年5月19日,广东省汕头市中级人民法院(2009)汕中法刑二终字第22号刑事裁定书裁定驳回胡某和的上诉请求,维持汕头市濠江区人民法院(2009)汕濠法刑初字第1号刑事判决。在汕头市濠江区人民法院的一审刑事卷宗里,有两枚"合同专用章"的印模,分别是10号印模和14号印模。

由于汕头市濠江区人民法院(2009)汕濠法刑初字第1号刑事案件卷宗中的10号印章印文和14号印章印文中有一枚并非胡某和伪造,且10号印章印文与本案证据《承包经营协议书》中达某北分公司合同专用章及达某北分公司工商档案中2006年度年检备案的合同专用章印章印文是同一枚印章加盖形成,由于10号印章印文所使用的印章并未经刑事判决书确认系胡某和伪造,其在北京市工商行政管理部门进行年检备案的效力并未被推翻。达某北分公司未按照工商行政管理部门要求使用公章进行年检备案并不是判断其进行年检备案所使用的合同专用章真伪的依据,一审法院据此在王某花诉汕头达某公司等案件中认可该合同专用章为达某北分公司的真实合法印章。

2012年8月10日,北京市大兴区人民法院(2011)大民初字第1407号王某花诉汕头达某公司等案件判决汕头达某公司承担责任后,汕头达某公司上诉,北京市第一中级人民法院经审理维持原判。

2013年,汕头市公安局濠江分局补充侦查,汕头市濠江区人民检察院提起公诉,汕头市濠江区人民法院经审理作出(2013)汕濠法刑初字第27号刑事判决书,确认除了汕头市濠江区人民法院(2009)汕濠法刑初字第1号刑事案件确认的胡某和2007年私刻的四枚公章(包括1枚达某北分公司合同专用章)以外,胡某和还于2004年私刻了一枚达某北分公司的合同专用章,并在其于2007年7月17日与杨某锡、贾某福签订的《承包经营协议书》上加盖了该伪造的合同专用章的事实,判处胡某和拘役三个月,缓刑四个月。后胡某和上诉,广东省汕头市中级人民法院维持原判。

一审法院另查明:根据北京市第一中级人民法院(2010)一中刑初字第1280号刑事判决书认定的事实记载:杨某锡作为工程的实际负责人,分别以其挂靠的北京城建某公司平谷分公司的名义、华某建设有限公司北京分公司工程十处的名义和达某北分公司第八项目部的名义,与大量的建筑材料供应商签订合同，购买建筑材料，但未全额支付货款。其中，杨某锡以北京城建某公司平谷分公司的名义分别与北京玉泉金某建材经销部、北京市市政某建设工程有限责任公司物资设备管理中心签订买卖和租赁合同，合同所涉及的建筑材料都由材料商送往本案所涉及的北京市大兴区旧宫镇南小街服装综合楼。就北京市人民检察院第一分院指控的六起犯罪事实，其中第一起、第二起为杨某锡以其挂靠的四川天宇建设工程有限公司北京分公司第一项目部的名义与北京市京某伟业商贸中心、北京世某豪鼎建筑模板经营部签订买卖合同骗取货物；第三起、第四起系杨某锡以其挂靠的北京城建某公司平谷分公司的名义与北京玉泉金某建材经销部、北京市市政某建设工程有限责任公司物资设备管理中心签订买卖及租赁合同骗取货物；第五起为杨某锡以其担任法定代表人的嘉某兴业公司的名义与北京络特科技有限公司签订购销合同骗取电缆；第六起为杨某锡以分包工程为诱饵，以合同保证金、借款的名义骗取田某山的货款。法院确认检察院指控的其中第三至六起犯罪事实中，杨某锡在取得大量工程款的情况下，仍拒绝给付其所欠被害公司的极小部分货款，且给付对方空头支票、在履行与被害公司所签合同过程中，将被害公司的货物卖掉，用于抵偿其债务、或以将工程分包给被害人施工为诱饵，分别以收保证金、借款的名义，骗取被害人的钱款。说明杨某锡主观上具有占有他人财物的故意，客观上也实施了骗取行为，符合合同诈骗罪、诈骗罪构成要件，据以定罪。同时认定第一、二起事实具体情节杨某锡在取得对方给付的全部货物后，至案发未支付货款，但现有证据不能证明杨某锡与发包方就该工程结账情况，就杨某锡是否将从被害公司购买的货物全部转卖一节，证人证言之间存在矛盾，法院以证据不足为由未予以认定。最终作出判决：一、以合同诈骗罪、诈骗罪判处杨某锡无期徒刑，剥夺政治权利终身，并处没收个人全部财产；二、继续追缴杨某锡的犯罪所得，按比例发还被害单位北京玉泉金某建材经销部、北京市市政某建设工程有限责任公司物资设备管理中心、北京洛某科技有限公司和被害人田某山。上述犯罪事实均不涉及杨某锡以达某北分公司第八项目部名义在北京市大兴区旧宫镇南小街工地施工所签订的买卖或租赁合同。

此外，为查明案件事实，一审承办法官赴四川省川东监狱对本案的关键涉案人员杨某锡进行询问，主要就以下几个问题进行了了解：第一，关于杨某锡挂靠达某北分公司的情况，杨某锡认为其与达某北分公司之间的挂靠关系是真实的，在其与胡某和签订承包协议时，当场交给达某北分公司5万元管理费，之后又陆续支付过管理费；在南小街工地施工的过程中，达某北分公司派人到工地现场进行监管（王某庆全面监督，许某展负责管理资金）；第二，杨某锡称张某雄提供的合同和欠条都是真实的，都是杨某锡以达某北分公司第八项目部名义签订的，合同签订时杨某锡向张某雄出具过达某北分公司给其的授权委托书，合同中约定的货物全部用于南小街工程，杨某锡一直以达某北分公司名义承建该工程，在2007年12月工地闹事时，杨某锡向张某雄出具了其与达某北分公司签订的《承包经营协议书》；第三，杨某锡认可张某雄主张的欠款数额；第四，关于胡某和伪造公章案件，杨某锡表示对此并不知情。达某北分公司第八项目部的公章系其与胡某和签订《承包经营协议书》后，胡某和派其女儿胡某圆交付给杨某锡的，胡某和签订《承包经营协议书》所使用的合同专用章是否系胡某和伪造，杨某锡不知情，但其陈述胡某和系达某北分公司负责人，其有理由相信胡某和代表达某北分公司的身份。

一审法院判决认定：胡某和代表达某北分公司和杨某锡、贾某福于2007年7月17日签订的《承包经营协议书》的效力问题是本案争议的焦点，基于以下理由：一、达某北分公司自2002年设立至2008年注销，胡某和一直担任达某北分公司的负责人，汕头达某公司对胡某和系达某北分公司负责人的身份也不持异议，尽管该《承包经营协议书》上的达某北分公司的合同专用章系胡某和私刻，也不能否定胡某和作为达某北分公司负责人对外进行民事法律行为的效力；二、杨某锡认可胡某和作为达某北分公司负责人的身份，但对胡某和私刻公章的犯罪行为并不知情；三、该《承包经营协议书》上加盖的达某北分公司的合同专用章与工商行政管理部门备案的公章一致，具有公信力，杨某锡并不知晓胡某和使用私刻公章到工商行政管理部门进行备案；四、汕头达某公司何时收回达某北分公司公章属于公司内部管理问题，汕头达某公司在2006年12月收回公章后没有及时到工商行政管理部门作注销登记，也未通过其他方式进行公示，应当对其收回公章至办理注销登记期间的不作为承担相应的法律后果；综上四点理由，法院对于该份《承包经营协议书》所产生的法律效力予以确认。达某北分公司授权杨某锡、贾某福二人组建达某北分公司第八项目部，并收取一定的管理费、利润，则应当对达某北分公司第八项目部对外的民事行为承担相应的民事责任。杨某锡以达某北分公司第八项目部名义与张某雄（以明某公司名义）签订了买卖合同，并由杨某锡对欠货款数额进行了确认，达某北分公司应当对所欠货款数额承担相应还款义务。达某北分公司现已注销，依据相关法律规定，应由汕头达某公司承担其合同权利义务。

汕头达某公司抗辩明某公司债权转让给张某雄不合法，张某雄主体有问题且超过诉讼时效。由于明某公司在其说明中明确了张某雄以明某公司名义签订合同，并由张某雄个人实际供货的事实以及张某雄以明某公司名义起诉汕头达某公司的事实，因此，法院对于该抗辩不予支持。

汕头达某公司抗辩称本案的纠纷系杨某锡个人犯罪行为导致，案件事实与北京市第一中级人民法院（2010）一中刑初字第1280号刑事案件中确认的杨某锡的犯罪事实相似，故本案张某雄应通过刑事诉讼的程序追究杨某锡的相关责任，以追偿其损失。北京市第一中级人民法院（2010）一中刑初字第1280号刑事案件中公诉机关指控杨某锡实施的上述六起犯罪事实，其中第三至六起犯罪事实中，杨某锡在取得大量工程款的情况下，仍拒绝给付其所欠被害公司的极小部分货款，且给付对方空头支票、在履行与被害公司所签合同过程中，将被害公司的货物卖掉，用于抵偿其债务、或以将工程分包给被害人施工为诱饵，分别以收保证金、借款的名义，骗取被害人的钱款。说明杨某锡主观上具有占有他人财物的故意，客观上也实施了骗取行为，符合合同诈骗罪、诈骗罪构成要件，据以定罪。同时认定第一、二起事实具体情节杨某锡在取得对方给付的全部货物后，至案发未支付货款，但现有证据不能证明杨某锡与发包方就该工程结账情况，就杨某锡是否将从被害公司购买的货物全部转卖一节，证人证言之间存在矛盾，法院以证据不足为由未予以认定。综合前述判决认定及诈骗罪、合同诈骗罪的构成要件，本案存在以下客观情况：（1）刑事案件中确认的犯罪事实并不包括杨某锡以达某北分公司第八项目部名义实施的行为；（2）达某北分公司第八项目部的合同相对人也没有到公安机关报案；（3）存在支付部分货款以及签署欠条确认所欠货款的事实，杨某锡向法院陈述其购买的张某雄的钢材全部用于南小街工程。综上，本案现有证据不足以证明杨某锡存在虚构事实，将张某雄的钢材变卖后自用或据为己有的行为。据此，法院对汕头达某公司的上述抗辩意见不予采信。

对于汕头达某公司主张达某北分公司并非北京市大兴区旧宫镇南小街服装工业园工程实际承建方、本案买卖合同与汕头达某公司无关的抗辩意见，法院认为，本案系买卖合同纠纷案件，杨某锡经达某北分公司授权组建达某北分公司第八项目部，与张某雄（以明某公司名义）签订买卖合同，并对合同欠款进行确认，应当认定该合同已生效并实际履行，故法院对该抗辩意见不予支持。

综上，对于张某雄主张的欠款本金740018元，法院予以认可，就其要求汕头达某公司支付逾期付款利息损失（以欠款本金 740018 元为基数，按照中国人民银行同期贷款利率为计算标准计算）的主张，因汕头达某公司逾期付款的行为构成违约，张某雄主张的逾期利息计算时间及计算标准并无不当，法院予以认可。据此，根据《中华人民共和国民法通则》第六十三条，《中华人民共和国合同法》第一百零七条、第一百零九条、第二百二十六条的规定，判决：汕头市达某建筑总公司给付张某雄货款本金七十四万零一十八元及逾期付款利息（逾期付款利息以本金七十四万零一十八元为基数，自 2007 年 12 月 23 日计算至实际给付之日止，以中国人民银行同期贷款利率为计算标准计算）（于判决生效之日起十日内履行）。如果未按判决指定的期间履行给付金钱义务，应当依照《中华人民共和国民事诉讼法》第二百五十三条之规定，加倍支付迟延履行期间的债务利息。

汕头达某公司不服一审法院上述民事判决，向本院提起上诉。其主要上诉理由为：一审法院判决认定事实错误，遗漏重要事实，适用法律不当，不能客观公正地审查证据，导致判决错误，具体如下：

一、刑事判决载明的证据和事实认定由国家强制力取得，一审法院判决的事实认定与生效的刑事判决认定相反，应予纠正。生效的汕头市濠江区人民法院（2009）汕濠法刑初字第 1 号刑事判决认定胡某和伪造了"汕头市达某建筑总公司北京分公司第八项目部"印章并交杨某锡使用。生效的汕头市濠江区人民法院（2013）汕濠法刑初字第 27 号刑事判决认定胡某和擅自在年检材料中加盖了 2004 年伪造的合同专用章进行违法年检，胡某和在与杨某锡、贾某福签订的《承包经营协议书》上加盖了 2004 年伪造的合同专用章，授权杨某锡组建达某北分公司第八项目部，其行为已构成伪造企业印章罪。而一审法院判决却作出"达某北分公司授权杨某锡、贾某福二人组建达某北分公司第八项目部，并收取一定的管理费、利润，则应当对达某北分公司第八项目部对外的民事行为承担相应的民事责任"及"该《承包经营协议书》上加盖的达某北分公司的合同专用章与工商行政管理部门备案的公章一致，具有公信力"的认定，与生效的刑事判决的事实认定完全相反。生效的北京市第一中级人民法院（2010）一中刑初字第 1280 号刑事判决认定华某建设有限公司北京分公司委托杨某锡代理该公司接洽工程项目，后杨某锡以该华某建设有限公司北京分公司工程十处名义承包王某朝转包的南小街工程，杨某锡 2007 年 11 月 1 日收到华某建设有限公司北京分公司拨付的南小街工程款 200 万元；2007 年 10 月 10 日，收到工程款 610 万元。而一审法院判决却认定在南小街工地施工的过程中，达某北分公司派人到工地现场进行监管，杨某锡一直以达某北分公司名义承建该工程。胡某和伪造并非法使用达某北分公司合同专用章和南小街工地承包人为华某建设有限公司北京分公司工程十处的事实已被生效的刑事判决作出明确的认定，一审法院判决应明确予以采信。但一审法院判决一方面明确认可生效的刑事判决的法律效力，另一方面又将相关刑事判决认定的前述事实完全推翻，实属不妥，汕头达某公司请求二审法院予以纠正。

二、一审法院将犯罪分子杨某锡的个人供述作为判决依据，造成认定事实和适用法律错误，明显偏袒张某雄。一审法院承办法官在审理本案期间赶赴四川省川东监狱对杨某锡进行询问，并根据杨某锡的供述认定：

达某北分公司第八项目部是达某北分公司授权组建的，杨某锡向达某北分公司交纳了承包费，《承包经营协议书》已履行，张某雄提供的合同和欠条都是真实的，合同签订时杨某锡向张某雄出具过达某北分公司给其的授权委托书，合同中约定的货物全部用于南小街工地工程，而该工程由达某北分公司承建，杨某锡对胡某和伪造印章不知情等。但一审法院判决认定的上述"事实"除杨某锡本人的供述外，没有其他证据佐证。由于杨某锡是本案利害关系人，其供述不能作为定案依据。而且在2012年12月29日，杨某锡在接受汕头市公安局达某分局的调查时，对上述事实曾做出完全相反的供述。杨某锡前后内容完全相反的两份供述证明杨某锡的供述缺乏真实性和客观性，另外，杨某锡的供述是孤证，没有任何旁证可以证明其是客观事实。一审法院判决采信杨某锡的恶意供述，将生效裁定书已认定的伪造授权委托书作为证据，将杨某锡早已使用的伪造的达某北分公司第八项目部印章认定为《承包经营协议书》签订后使用，并认定达某北分公司收取了管理费，《承包经营协议书》已经履行，均属认定事实错误。因此，一审法院判决根据杨某锡的供述作为认定事实的依据，是适用法律和认定事实错误。

三、根据工商行政管理部门的规定，胡某和即使是达某北分公司负责人也没有资格对外从事建筑活动，一审法院判决却将伪造合同专用章且没有权利对外从事建筑活动的胡某和的犯罪行为，认定为合法的对外进行的民事法律行为，是适用法律错误、认定事实错误。2007年2月胡某和与汕头达某公司的承包期满，此后胡某和已不再是达某北分公司的负责人。一审法院判决认定"不能否定胡某和作为达某北分公司负责人对外进行民事法律行为的效力"，这一认定违反《中华人民共和国建筑法》第二十六条的规定,是适用法律不当、认定事实错误。达某北分公司工商备案材料和营业执照均在达某北分公司经营范围一栏中载明:"在隶属企业授权范围内从事建筑活动",即没有得到汕头达某公司授权,达某北分公司不得对外从事建筑活动。胡某和即使是达某北分公司负责人,如果没有汕头达某公司的授权,也不具备对外签订合同、承揽建筑项目的资格。

四、一审法院判决遗漏胡某和用伪造的合同专用章进行工商年检是违法年检的重大事实,做出用伪造的合同专用章进行工商年检具有公信力的结论完全错误。汕头市濠江区人民法院(2013)汕濠法刑初字第27号刑事判决书载明:"2011年11月24日,北京市工商行政管理局东城分局向汕头市公安局濠江分局出具回复函,载明:按照工商部门年检规定,分公司申报年检时应在有关材料上加盖分公司的公章,企业年检时应提交真实有效的年检材料并对提交的材料负责,工商部门对加盖的公章没有鉴定真伪的责任。"由此可以看出,胡某和用伪造的合同专用章进行工商年检,且年检材料上没有按规定加盖分公司公章,已违反了企业年检的相关规定,其行为是违法年检,不可能具备社会公信力。

五、本案是张某雄为转嫁损失而进行的恶意诉讼,张某雄在本案中没有尽到注意义务,不是善意第三人,一审法院判决遗漏该重大事实,应予以纠正。首先,张某雄在与杨某锡签订《钢材购销合同》时未核实达某北分公司和所谓的达某北分公司第八项目部是否具备对外从事建筑活动的资格,未尽任何合理的注意义务,应对导致的后果承担责任。其次,张某雄无视胡某和违法工商年检的重大事实,不是没有过错的善意第三人。最后,张某雄在签订合同时未查看达某北分公司工商年检材料,未尽任何的合理注意义务,所谓的"公信力"对张某雄来讲并不存在。一审法院判决认定杨某锡在2007年12月南小街工地闹事时才向张某雄出具《承包经营协议书》,因此张某雄看见《承包经营协议书》的时间晚于签订《钢材购销合同》的时间,这说明张某雄在签订《钢材购销合同》前未查看达某北分公司工商年检材料,也没有看到《承包经营协议书》,更不可能就两份文件是否一致进行比较。在本案诉讼中,张某雄是在产生损失后为将这些损失转移到汕头达某公司身上而捏造的事实,纯属恶意诉讼。

六、2007年7月17日杨某锡与胡某和出于恶意签订《承包经营协议书》,杨某锡不是善意第三人,胡某和不构成表见代理,《承包经营协议书》是无效协议,一审法院判决认定事实和适用法律错误。首先,从签订《承包经营协议书》的时间看,胡某和、杨某锡恶意串通,伪造的达某北分公司第八项目部印章使用在前，《承包经营协议书》签订在后，一审法院判决对此事实认定错误。杨某锡与供货商所签订的十五份买卖、租赁、劳务合同中，有五份分别于2007年7月1日、5日、6日、10日、15日签订，上面加盖的就是达某北分公司第八项目部的印章。这证明杨某锡取得第八项目部印章在前，2007年7月17日签订《承包经营协议书》在后，存在杨某锡知道胡某和伪造印章、两人恶意串通的嫌疑。杨某锡用伪造的达某北分公司第八项目部印章与相对人签订合同后，为进一步骗取相对人的信任，便与胡某和一起用伪造的该印章又签订了《承包经营协议书》。其次，杨某锡在与胡某和签订《承包经营协议书》的同时签下内容相反的保证书，不是善意第三人。杨某锡保证书的内容为"承建南小街工业区综合楼当中所有一切工程上发生的债权债务，均由我杨某锡全部负责，无论经济法律责任，与汕头市达某建筑总公司北京分公司没有任何关系。"再次，杨某锡伪造达某北分公司的授权委托书行骗，证明其不是善意第三人。一审法院判决认定《钢材购销合同》签订时杨某锡向张某雄出具过达某北分公司的授权委托书，该授权委托书在另案中进行过司法鉴定，结果为："该授权委托书上的'汕头市达某建筑总公司北京分公司'印文是喷墨打印机打印而成，不是盖印形成的。"杨某锡伪造达某北分公司的授权委托书，并多次向合同相对人出示该授权书，目的就是用伪造的文书欺骗他人供货。一审法院判决将生效裁定书认定伪造的授权委托书作为杨某锡代理行为合法的依据，是认定事实错误。最后，杨某锡在与华某建设有限公司北京分公司签订承包协议后，继续用达某北分公司第八项目部的名义与他人签订向南小街工地供货的合同心怀恶意，杨某锡是蓄意骗得货物后，将其债务转嫁给汕头达某公司。综上，杨某锡恶意取得《承包经营协议书》，并不是善意第三人，杨某锡伪造了达某北分公司的授权委托书，胡某和的行为不构成表见代理，《承包经营协议书》属于无效协议。

七、杨某锡的行为是无权代理行为，杨某锡与张某雄签订合同不构成表见代理。首先，杨某锡不是汕头达某公司及达某北分公司的工作人员，汕头达某公司也未给其出具相应的授权委托书，杨某锡的行为是无权代理行为。其次，杨某锡伪造达某北分公司的授权委托书证明其不是善意第三人，不构成表见代理。最后，杨某锡用伪造印章对外签订合同的行为不构成表见代理。

八、杨某锡冒用达某北分公司第八项目部名义、伪造达某北分公司授权书、将合同当事人的货物卖掉清偿债务涉嫌诈骗，汕头达某公司请求二审法院依法将本案移送公安机关侦查。综合杨某锡利用南小街工程以至少三家公司的名义对外签订供货合同的事实，杨某锡代表的华某建设有限公司北京分公司与发包人签订的《建设工程施工合同》总价2056万元，况且杨某锡还没有完工。而现在关于该工地因涉及达某北分公司第八项目部而起诉汕头达某公司的租赁费、劳务费及货款就已高达2500余万元，北京市第一中级人民法院生效刑事判决已查明发包人向杨某锡支付了1100万元，杨某锡已经收取工程款，仍旧欺骗供货商供货而不付款，杨某锡存在诈骗犯罪的重大嫌疑。杨某锡明知不是汕头达某公司的工地，仍以达某北分公司第八项目部名义对外签订合同，骗取货物，在取得大量工程款后，却不向供货人付款，而且将部分货物用来清偿债务，显然，杨某锡在本案中的行为涉嫌刑事诈骗犯罪。

九、一审法院判决认定张某雄是实际供货人，进而推断出张某雄的起诉未超过诉讼时效是错误的。北京市大兴区人民法院曾于2009年11月18日作出（2009）大民初字第9471号民事裁定，驳回明某公司对汕头达某公司的起诉，此后明某公司没有再向汕头达某公司主张过权利。故明某公司请求法院保护的诉讼时效期限应于2011年11月17日届满。尽管明某公司2011年3月16日出具《债权转让通知》，但其未履行通知义务，该债权转让对债务人不发生效力，更不能视为明某公司主张了权利。尽管2011年5月26日张某雄曾起诉汕头达某公司，但明某公司与张某雄是两个诉讼主体，二者不能混为一谈。因此张某雄的诉讼时效已于2009年11月22日届满，张某雄已经丧失了胜诉权。

综上，汕头达某公司请求二审法院撤销一审法院判决，驳回张某雄的诉讼请求，并判令张某雄承担本案诉讼费用。

张某雄在二审中答辩称：服从一审法院判决。本案汕头达某公司成立达某北分公司，并任命了胡某和作为负责人，胡某和代表达某北分公司与杨某锡签订《承包经营协议书》系职务行为，根本不是表见代理。杨某锡是本案关键证人，其在监狱中接受一审法院承办法官的询问作出的陈述是真实可信的，汕头市公安局濠江分局在胡某和伪造印章案侦查结束后就没有权力再讯问杨某锡违法干涉本案审理。《承包经营协议书》已经履行，事实确凿。达某北分公司有无建筑资格不影响其承担民事责任。胡某和用达某北分公司合同专用章年检是代表达某北分公司的行为，其后果应当由汕头达某公司承担。杨某锡作为达某北分公司第八项目部的负责人，其行为也是职务行为，在《承包经营协议书》、授权委托书、《补充协议条款》上明确表示授权杨某锡成立达某北分公司第八项目部负责南小街工地，故杨某锡的行为是职务行为。生效刑事判决认定南小街工地为华某建设有限公司北京分公司承建,但通过层层转包,实际承包人是达某北分公司。综上,张某雄请求二审法院驳回汕头达某公司的上诉请求。

本院经审理查明的事实与一审法院查明的事实一致。

上述事实,有双方当事人提交的证据和当事人在法庭上的陈述等在案佐证。

本院认为:胡某和以达某北分公司的名义与杨某锡、贾某福于 2007 年 7 月 17 日签订《承包经营协议书》的行为性质是本案争议的焦点。本案中,达某北分公司自 2002 年设立至 2008 年注销,胡某和一直担任达某北分公司的负责人,虽然汕头达某公司提出胡某和在 2007 年 2 月承包期满后已不是达某北分公司的负责人,但直到 2008 年在达某北分公司的工商登记材料中登记的负责人仍然是胡某和,其作为达某北分公司的合法负责人,拥有对达某北分公司的经营决策权。尽管《承包经营协议书》上加盖的达某北分公司的合同专用章经生效刑事裁判文书认定系胡某和私刻,但这并不能否定胡某和作为达某北分公司负责人代表达某北分公司对外进行民事法律行为的法律效力,且杨某锡亦表示对胡某和私刻印章的行为并不知情,故胡某和在《承包经营协议书》上加盖个人名章的行为系代表达某北分公司的职务行为。根据达某北分公司与杨某锡、贾某福在《承包经营协议书》中的约定,达某北分公司授权杨某锡、贾某福二人组建达某北分公司第八项目部,并收取一定的管理费和利润,故达某北分公司应当对达某北分公司第八项目部对外的民事行为承担相应的民事责任。杨某锡代表达某北分公司第八项目部与张某雄(以明某公司名义)签订了《钢材购销合同》,并出具欠条对欠张某雄货款的数额进行确认,达某北分公司应当对上述欠款承担清偿义务。鉴于达某北分公司现已注销,达某北分公司对张某雄所欠货款应由汕头达某公司承担。因此,汕头达某公司提出的《承包经营协议书》无效、杨某锡签订《承包经营协议书》时不是善意第三人、杨某锡签订《钢材购销合同》时是无权代理、张某雄签订《钢材购销合同》时不是善意第三人的上诉主张均不能成立,本院不予支持。

关于汕头达某公司提出的本案纠纷系杨某锡个人犯罪行为、本案应移交公安机关处理的上诉主张,本院认为,北京市第一中级人民法院(2010)一中刑初字第 1280 号刑事判决书认定的杨某锡诈骗行为所涉的受害人并无张某雄或明某公司,故本案应属民事纠纷,汕头达某公司的该项上诉主张不能成立,本院不予支持。

关于汕头达某公司提出的达某北分公司并非南小街工地承包人的上诉主张,就本案来看,虽然北京市第一中级人民法院(2010)一中刑初字第 1280 号刑事判决书载明："华某建设有限公司北京分公司委托杨某锡代理该工程接洽工程项目，后杨某锡以该公司名义（工程十处）承包王某朝转包的南小街服装工业园工程"，但该判决书亦载明："证人王某朝的证言证明：华某建设有限公司北京分公司作为承包方在与其签订合同时，将该工程直接转给刘某臣，后他又把这项工程转给了自称汕头市达某建筑总公司北京分公司负责人的杨某锡。郭某友的证言证明：杨某锡施工是以汕头市达某建筑总公司北京分公司名义，但资质是以华某建设有限公司北京分公司出具的该人挂靠在其公司工程十处的名义"。河北省沧州市中级人民法院（2009）沧民终字第1347号民事判决书载明："可以认定：北京南小街服装工业园区综合楼工程由王某朝、牛某连、杨某民、崔某狮、梁某苏五人合资投建，华某建设有限公司北京分公司中标承建后，分包给了刘某臣（即华某建设有限公司北京分公司第八工程处），刘某臣又把工程转包给杨某锡，杨某锡以汕头市达某建筑总公司北京分公司第八项目部名义，承包的该工程。"因此，汕头达某公司提供的现有证据不能证明达某北分公司并非南小街工地的承包人，汕头达某公司的该项上诉主张不能成立，本院不予支持。

关于汕头达某公司提出的杨某锡供述不应当作为证据采信的上诉主张，本院认为，杨某锡作为本案关键涉案人员，其在一审法院询问下作出的供述与本案其他证据相印证，可以作为认定案件事实的依据，汕头达某公司的该项上诉主张不能成立，本院不予支持。

关于汕头达某公司提出的张某雄提起本案诉讼已超过诉讼时效的上诉主张，本院认为，在《钢材购销合同》上，张某雄作为明某公司代表进行签字，达某北分公司第八项目部2007年11月23日向张某雄出具欠条，明某公司于2009年起诉汕头达某公司，北京市大兴区人民法院2009年11月18日作出（2009）大民初字第9471号民事裁定驳回明某公司的起诉，诉讼时效中断。2011年3月16日，明某公司出具《债权转让通知》将达某北分公司第八项目部2007年11月23日出具欠条上确认的债权转让给张某雄，并出具说明认可明某公司与达某北分公司第八项目部签订的《钢材购销合同》是张某雄挂靠明某公司所签订，张某雄是实际供货人。尽管汕头达某公司否认明某公司就债权转让的事实向其进行了通知，但张某雄于2011年5月18日起诉明某公司，发生诉讼时效中断的效力。后张某雄又于2012年8月14日提起本案诉讼，亦未超过诉讼时效，故汕头达某公司提出的张某雄提起本案诉讼已超过诉讼时效的上诉主张不能成立，本院不予支持。

综上，汕头达某公司的上诉请求缺乏事实和法律依据，本院不予支持。一审法院处理结果并无不当，本院予以维持。依照《中华人民共和国民事诉讼法》第一百七十条第一款第（一）项之规定，判决如下：

驳回上诉，维持原判。

一审案件受理费11200元，由汕头市达某建筑总公司承担（于本判决生效之日起七日内交至一审法院）。

二审案件受理费11200元，由汕头市达某建筑总公司承担（已交纳）。

本判决为终审判决。

法律法规

《最高人民法院关于适用〈中华人民共和国民法典〉合同编通则若干问题的解释》（法释〔2023〕13号）

第二十二条 法定代表人、负责人或者工作人员以法人、非法人组织的名义订立合同且未超越权限，法人、非法人组织仅以合同加盖的印章不是备案印章或者系伪造的印章为由主张该合同对其不发生效力的，人民法院不予支持。

合同系以法人、非法人组织的名义订立，但是仅有法定代表人、负责人或者工作人员签名或者按指印而未加盖法人、非法人组织的印章，相对人能够证明法定代表人、负责人或者工作人员在订立合同时未超越权限的，人民法院应当认定合同对法人、非法人组织发生效力。但是，当事人约定以加盖印章作为合同成立条件的除外。

合同仅加盖法人、非法人组织的印章而无人员签名或者按指印，相对人能够证明合同系法定代表人、负责人或者工作人员在其权限范围内订立的，人民法院应当认定该合同对法人、非法人组织发生效力。

在前三款规定的情形下，法定代表人、负责人或者工作人员在订立合同时虽然超越代表或者代理权限，但是依据民法典第五百零四条的规定构成表见代表，或者依据民法典第一百七十二条的规定构成表见代理的，人民法院应当认定合同对法人、非法人组织发生效力。

《全国法院民商事审判工作会议纪要》（法〔2019〕254号）

41.【盖章行为的法律效力】司法实践中，有些公司有意刻制两套甚至多套公章，有的法定代表人或者代理人甚至私刻公章，订立合同时恶意加盖非备案的公章或者假公章，发生纠纷后法人以加盖的是假公章为由否定合同效力的情形并不鲜见。人民法院在审理案件时，应当主要审查签约人于盖章之时有无代表权或者代理权，从而根据代表或者代理的相关规则来确定合同的效力。

法定代表人或者其授权之人在合同上加盖法人公章的行为，表明其是以法人名义签订合同，除《公司法》第 16 条等法律对其职权有特别规定的情形外，应当由法人承担相应的法律后果。法人以法定代表人事后已无代表权、加盖的是假章、所盖之章与备案公章不一致等为由否定合同效力的，人民法院不予支持。

代理人以被代理人名义签订合同，要取得合法授权。代理人取得合法授权后，以被代理人名义签订的合同，应当由被代理人承担责任。被代理人以代理人事后已无代理权、加盖的是假章、所盖之章与备案公章不一致等为由否定合同效力的，人民法院不予支持。

040 某市人民防空办公室与某瑶族自治县建筑公司建设工程施工合同纠纷之诉案[①]

裁判要旨

公司法定代表人对与公司备案印章不一致的印章效力予以认可的，交易相对人不得以合同加盖印章与公司备案印章不一致为由，主张合同无效。

实务要点总结

（1）公司在合同上加盖印章，只是对公司已经表示出来并同意的意思表示进行确认的事实行为，并非意思表示本身。合同是否真实有效，并不能以印章真伪作为绝对的判断标准，而应确认相关意思表示是否能够体现当事人的意志，是否可以保护交易安全。如果公司对于合同所载明的内容予以明确认可，则即使加盖在合同上的印章不是真实印章，交易相对人也不能以此为由主张合同无效。因为合同已经真实体现了公司的意志。

（2）法定代表人是公司对外作出意思表示的表达机关，如果公司法定代表人对伪造公司印章签订的合同予以明确认可，合同上的印章真伪即已不再重要。此时，如果交易相对人坚持对印章真伪进行鉴定并意图以此为基础否定合同效力，可能不会得到法院支持。

[①] 审理法院：云南省高级人民法院；诉讼程序：二审

相关判决

某市人民防空办公室与某瑶族自治县建筑公司建设工程施工合同纠纷上诉案二审民事判决书〔(2008) 云高民一终字第 165 号〕

上诉人（原审被告）：某市人民防空办公室。

法定代表人：颜某伟，该公司办公室主任。

被上诉人（原审原告）：某瑶族自治县建筑公司。

法定代表人：陈某云，该公司经理。

上诉人某市人民防空办公室（以下简称人防办）因建设工程施工合同纠纷一案，不服云南省红河哈尼族彝族自治州中级人民法院（以下简称红河中院）(2008) 红中民二初字第 14 号民事判决，向本院提起上诉。本院于 2008 年 5 月 14 日受理后依法组成合议庭，组织双方当事人进行了两次调查，上诉人人防办的法定代表人颜某伟、委托代理人×××，被上诉人某瑶族自治县建筑公司（以下简称某建筑公司）的法定代表人陈某云、委托代理人×××到庭参与诉讼，本案现已审理终结。

原审判决确认如下法律事实：2006 年 6 月 12 日，原、被告签订《建设工程施工合同》，主要约定，由原告承建被告位于某市人民中路与灵泉路交叉口的西城区公用人员掩蔽工程；开工日期 2006 年 6 月 19 日，竣工日期 2007 年 1 月 19 日；以及合同价款、工程款支付、竣工验收，等等。合同签订后，双方即开始履行。由于涉案工程属人防工程，包括地面以上的民用建筑和地面以下的人防工程两部分，工程竣工后，建设单位及相关部门于 2007 年 6 月 12 日对地面以上的民用建筑和地面以下的人防工程作竣工验收，且被告在庭审中表示，人防工程已交付并可投入使用。2007 年 11 月 29 日，某市审计局以开审决 (2007) 10 号《审计决定书》，对涉案人防工程的实际造价审计为 2416109.02 元。原告作为该项人防工程的施工人，针对审计结论提出五点意见，但审计部门没有采纳，为此原、被告双方对涉案人防工程的实际造价发生争议。在诉讼过程中，一审法院委托的鉴定人云南春城司法鉴定中心（以下简称春城鉴定中心），于 2008 年 1 月 29 日作出的《对某市人防办西城区公用人员掩蔽工程造价司法鉴定意见书》，结论是某市人防办西城区公用人员掩蔽工程总造价为 3255523.87 元。庭审中，双方确认，被告已付原告工程款合计 200 万元。至此，被告尚欠原告工程款计 1255523.87 元。

一审判决认为：首先，关于原、被告签订的《建设工程施工合同》的效力问题。该合同出自双方真实意思表示，其内容不违反法律禁止性规定，也不损害国家利益、社会公共利益和他人利益，因此合同有效。其次，关于掩蔽工程造价的问题。诉讼过程中，被告主张按某市审计局开审决（2007）10号《审计决定书》确定工程造价，但原告不同意。原告作为涉案人防工程的施工方，在与被告签订的《建设工程施工合同》中，既是义务主体，也是权利主体，当工程竣工验收并交付使用后，施工方有权获得合理的工程价款。实际上本案中原、被告双方争议的就是工程实际造价，而《审计决定书》第1页明确"建设单位对审计结果无异议；施工单位书面提出五点意见，根据国家有关规定，施工单位提出的意见不予采纳"，该决定书对施工单位书面提出的五点意见，并没有作出不予采纳的解释和理由，因此原告申请司法鉴定工程造价，应当允许。同时该决定书没有明示工程造价结算人员及其是否具备工程造价资质，也存在程序上的瑕疵。综上，对涉案人防工程实际造价的确定，应当以《对某市人防办西城区公用人员掩蔽工程造价司法鉴定意见书》为准。最后，关于被告是否应当向原告支付工程款1316788.79元的问题。既然原、被告双方签订的《建设工程施工合同》有效，双方就应严格按合同约定履行。根据《对某市人防办西城区公用人员掩蔽工程造价司法鉴定意见书》，某市人防办西城区公用人员掩蔽工程总造价为3255523.87元。但被告仅付工程款合计200万元，至今尚欠原告工程款1255523.87元，对此被告应承担付款责任。但原告所诉工程款为1316788.79元，实际多诉工程款61265.10元，多诉部分，不予支持。综上，根据《中华人民共和国合同法》第六十条第一款、第一百零七条，《中华人民共和国民事诉讼法》第六十四条第一款，以及《最高人民法院关于民事诉讼证据的若干规定》第二条第二款的规定，判决："一、原告某瑶族自治县建筑公司与被告某市人民防空办公室于2006年6月12日签订的《建设工程施工合同》有效。二、由被告某市人民防空办公室于本判决生效后十日内，向原告某瑶族自治县建筑公司支付工程款1255523.87元。三、驳回原告某瑶族自治县建筑公司的其他诉讼请求。"案件受理费16650元，鉴定费40000元，根据《诉讼费用交纳办法》第二十九条第一款的规定，由原告某瑶族自治县建筑公司承担5%计2850元，由被告某市人民防空办公室承担95%计53800元。

一审判决宣判后，人防办不服，向本院提起上诉。请求：1. 撤销红河中院（2008）红中民二初字第14号民事判决，驳回被上诉人一审的诉讼请求。2. 诉讼费由被上诉人承担。事实及理由为：1. 涉案工程是经某市发展计划局批准建设的项目，是经招投标后确定的施工单位，招投标文件及施工合同是经有权部门审批及备案的，工程的施工、验收、结算等都应按招投标文件及合同来办，否则不能作为定案依据。2. 因双方对结算发生争议，上诉人报请某市审计局进行审计，《审计决定书》程序合法，实体内容客观真实，结论合法有效。一审判决错误认定审计不能作为定案依据，并重新鉴定是错误的。综上，一审判决认定事实及适用法律错误，损害了上诉人的合法权益，使国有资产流失，请求支持上诉人的上诉请求。

被上诉人答辩称：原判认定事实清楚，适用法律正确，审计结论是上诉人单方委托所做，被上诉人提出异议也不采纳，一审中双方在庭前即达成一致意见，并共同申请经法院同意才委托鉴定，因此，一审依据鉴定结论确定工程价款是正确的。请求驳回上诉，维持原判。

二审中，经征询双方当事人对一审判决认定事实的意见，除上诉人认为一审遗漏该工程是经过招投标的工程外，双方对一审认定事实均无异议。对一审认定事实，本院予以确认。

针对上诉人的异议，被上诉人也认可本案进行过招投标，且一审中上诉人也提交了招投标文件等证据，被上诉人对真实性也无异议，故其该项异议成立。

二审中，上诉人对春城鉴定中心云春建［2008］建鉴字第10号《对某市人防办西城区公用人员掩蔽工程造价司法鉴定意见书》提出异议，认为工程量虚高，应予扣减。本院于2008年6月27日通知春城鉴定中心鉴定人员出庭接受双方当事人质询。上诉人认为：1. 鉴定意见书中混凝土工程量应为1316立方米，但春城所计算的是2192.24立方米，多算876.04立方米，按每方350元计算多算306000元。2. 综合单价偏高。3. 土方量多算6万多元。鉴定人回答，2008年1月22日在红河中院经双方协商，以竣工图纸及双方签证作为计算工程量的依据，采用03定额及某市当时的材料价格信息进行计算，上诉人主张鉴定意见书中具体所提的几项异议都不成立。2008年6月27日该中心又向本院出具了书面的回复意见。

本院认为，上诉人对混凝土量有异议，但其没有就鉴定意见书中具体分项提出意见，指明鉴定报告中哪些项目多算，而是认为大概多算多少，对综合单价也未提出具体意见，而鉴定人是根据红河中院交给其的，有双方签字盖章的竣工图结合双方的施工签证并进行现场踏勘作为计算工程量的依据，现上诉人认为工程量多算并未提出明确具体的主张，也未提交相应证据推翻鉴定报告，故对鉴定意见书应予采信。

2008年6月18日，上诉人人防办向本院提交申请，申请对某建筑公司一审在起诉状上加盖的"某瑶族自治县建筑公司"印鉴与其在工商部门登记备案的有效印鉴是否是同一印章所盖进行鉴定，若鉴定结论为不是同一枚印章，则被上诉人不是本案合格当事人，要求驳回某建筑公司的起诉。

某建筑公司法定代表人陈某云到庭陈述，其公司成立三十多年来，共用过三枚"某瑶族自治县建筑公司"的公章，原在工商部门登记备案的为木质印章，后启用新章，原木质的公章就未交回工商部门。为了开展业务方便，现公司就用两枚印章，本案中起诉状上盖的章确实与在工商部门登记备案的印鉴不一致，但涉案工程从签订合同到诉讼所使用的公章都是其亲自加盖或经其认可同意加盖的，现也把两枚公章带到法庭，该公司并未伪造印章，且本案二审两次调查其本人也到庭，故不同意上诉人的鉴定申请。

本院认为，被上诉人某建筑公司的法定代表人当庭陈述了该公司公章的情况，并认可起诉状上盖的章确实与在工商部门登记备案的印鉴不一致，故上诉人要求鉴定已无必要，对其鉴定申请本院不予准许。对上诉人要求驳回某建筑公司起诉的问题，根据《中华人民共和国民事诉讼法》第一百零八条规定，起诉的四个条件之一是原告是与本案有直接利害关系的公民、法人和其他组织，第四十九条第二款规定："法人由其法定代表人进行诉讼。其他组织由其主要负责人进行诉讼"，本案中，双方当事人建立了实际的建设工程施工合同关系，某建筑公司的法定代表人陈某云亲自参与诉讼，且上诉人对陈某云的身份也表示无异议，即使按照《审计决定书》，人防办仍欠付工程款，故某建筑公司主体资格是适格的，人防办要求驳回起诉的理由不成立，本院不予支持。

综合双方诉辩主张，本案双方争议的焦点是：上诉人人防办应支付被上诉人某建筑公司的工程款是多少。

上诉人人防办认为，涉案工程价款应以2007年11月29日某市审计局开审决（2007）1号《审计决定书》确定的2416109.02元为准。1. 审计结论是由审计机关依法作出，其具有法律效力，依法应当给予认定。2. 鉴定结论没有事实及法律依据，且严重违反了法律的规定，不具备法律效力，不能作为定案的依据。双方所签订的《建设工程施工合同》系通过招投标程序后，依据中标通知书进行签订并经备案的合同，任何违背该合同实质性内容的协议、承诺、结论均不能作为本案定案的依据。该鉴定结论并没有将本工程的招投标文件及工程施工过程中所形成且合法有效的工程签证文件作为鉴定的依据。更重要的是：鉴定结论在确定工程量时，完全仅凭鉴定人的主观判定，而不依据施工过程中所确定无误的工程量签证。对于计价标准及计价方法招标文件、投标文件作出了明确的约定，即采取工程量清单综合计价法，且某建筑公司在投标报价中也明确作了报价及承诺。但鉴定结论仅以鉴定过程中的《纪要》即完全否定了当事人双方签订的经中标备案的合同所确定的计价方法及计价标准，其鉴定结论完全与事实及法律不符。基于上述事实，充分说明鉴定结论不具备科学性、合法性、客观性、真实性且违背法律之规定，依法不具备法律效力，不能作为定案的依据。故请求依法驳回被上诉人的所有诉讼请求。

被上诉人某建筑公司认为，工程造价应以春城鉴定中心《对某市人防办西城区公用人员掩蔽工程造价司法鉴定意见书》确定的3255523.87元为准。鉴定是在双方当事人同意的情况下，由法院委托所做，对鉴定的依据、工程量及计价方法也是经双方签字确认的，鉴定结论是客观公正的。审计结论不能作为定案的依据。上诉人已付款合计200万元，至今尚欠工程款1255523.87元，对此上诉人应承担付款责任。

本院认为，涉案工程是人防工程，经过招投标后双方当事人签订了《建设工程施工合同》，该合同不违反法律、法规的强制性规定，是合法有效的。根据《最高人民法院关于审理建设工程施工合同纠纷案件适用法律问题的解释》第十六条关于"当事人对建设工程的计价标准或者计价方法有约定的，按照约定结算工程价款"的规定，双方理应按合同约定的计价方法确定工程价款，而双方合同在通用条款中约定了三种计价方式，在专用条款中也约定了此三种方式，却未明确到底采用哪一种计价方法，由于约定不明，导致双方对结算产生争议。诉讼前，人防办单方委托某市审计局对工程价款进行审计，对于《审计决定书》，根据《最高人民法院关于建设工程承包合同案件中双方当事人已确认的工程决算价款与审计部门审计的工程决算价款不一致时如何适用法律问题的电话答复意见》精神的规定，因合同中未约定以审计作为结算依据，故上诉人关于以《审计决定书》作为涉案工程款确定依据的主张不成立，本院不予支持。一审诉讼中，红河中院经双方当事人同意，委托春城鉴定中心对涉案工程进行造价鉴定，2008年1月22日，在法院主持下，双方当事人对鉴定的依据、工程量依据及计价方法达成一致，并形成《某市西城区公用人员掩蔽工程工程造价纠纷会议纪要》，双方在该纪要上签字，春城鉴定中心按照该纪要的约定鉴定得出了工程总价款，二审中，上诉人虽对工程量提出异议，但未提交证据予以反驳，其主张不成立，故涉案工程造价应以春城鉴定中心的结论为准，即 3255523.87 元，扣除已付款 200 万元，上诉人人防办应支付被上诉人某建筑公司的工程款为 1255523.87 元。

综上所述，一审认定事实清楚，适用法律正确，应予维持。上诉人的上诉理由不成立，应予驳回。依照《中华人民共和国民事诉讼法》第一百五十三条第一款第（一）项的规定，判决如下：

驳回上诉，维持原判。

二审案件受理费 15180 元，由上诉人某市人民防空办公室承担。

本判决为终审判决。

本判决送达后即发生法律效力。如某市人民防空办公室未在本判决指定的期间履行给付金钱义务，应当依照《中华人民共和国民事诉讼法》第二百二十九条之规定，加倍支付迟延履行期间的债务利息；若某市人民防空办公室不自动履行本判决，某瑶族自治县建筑公司可在本判决规定的履行期限届满之日起两年内向云南省红河哈尼族彝族自治州中级人民法院申请执行。

041 青海贤某矿业股份有限公司、青海创某矿业开发有限公司与广东科某发展有限公司保证合同纠纷案[①]

裁判要旨

合同上加盖的印章与公司使用的印章不符，但法定代表人签字真实的，公司不得仅以合同加盖印章与公司印章不一致为由主张合同无效。

实务要点总结

公司在合同上加盖印章，只是对公司已经表示出来并同意的意思表示进行确认的事实行为，从某种意义上讲并无独立的意义。有公司的真实印章可推定公司表达了相应的意思表示，但合同上的印章虚假也不代表合同不能够体现公司意志。因此，合同是否真实有效，并不能以印章真伪作为绝对的判断标准，而应确认相关意思表示是否能够体现当事人的意志，是否可以保护交易安全。

[①] 审理法院：广东省高级人民法院；诉讼程序：二审

> **相关判决**

青海贤某矿业股份有限公司、青海创某矿业开发有限公司与广东科某发展有限公司保证合同纠纷二审民事判决书 [（2014）粤高法民二破终字第94号]

上诉人（原审被告）：青海贤某矿业股份有限公司。住所地：青海省西宁市城西区。

法定代表人：郝某华，董事长。

上诉人（原审被告）：青海创某矿业开发有限公司。住所地：青海省。

诉讼代表人：陈甲，该公司负责人。

被上诉人（原审原告）：广东科某发展有限公司。住所地：广东省广州市越秀区。

法定代表人：陈乙，董事长。

原审被告：广东油某建材有限公司。住所地：广东省梅州市蕉岭县。

诉讼代表人：古某清，该公司负责人。

原审被告：黄某优，男，××年××月××日出生，汉族，住所地：广东省广州市天河区。

原审被告：钟某波，男，××年××月××日出生，汉族，住所地：广东省广州市天河区。

原审被告：西宁市国某投资控股有限公司。住所地：青海省西宁市城北区。

诉讼代表人：陈甲，该公司负责人。

原审被告：梅州市联某亚投资有限公司。住所地：广东省蕉岭县。

法定代表人：谢某福，总经理。

原审第三人：广州银某融资租赁有限公司。住所地：广东省广州市海珠区。

法定代表人：李某聪，董事长。

上诉人青海贤某矿业股份有限公司（以下简称贤某矿业公司）、青海创某矿业开发有限公司（以下简称创某公司）因与被上诉人广东科某发展有限公司（以下简称科某公司）、原审被告广东油某建材有限公司（以下简称油某公司）、黄某优、钟某波、西宁市国某投资控股有限公司（以下简称国某公司）、梅州市联某亚投资有限公司（以下简称联某亚公司）、原审第三人广州银某融资租赁有限公司（以下简称银某公司）债权转让合同纠纷一案，不服广东省广州市中级人民法院（2012）穗中法民二初字第59号民事判决，向本院提起上诉。本院依法组成由代理审判员郑捷夫担任审判长,代理审判员杨靖、张磊参加的合议庭进行了审理,书记员彭欣薇担任记录。本案现已审理终结。

2012年8月9日,科某公司向原审法院提起诉讼称:2011年11月7日,银某公司与油某公司签署了《融资租赁合同》,约定油某公司以融资租赁方式向银某公司融资1亿元,应付租金总额为1.14亿元,自2012年2月7日开始分四次支付,每三个月支付一次,每次支付2850万元。贤某集团有限公司、黄某优、钟某波与银某公司签订了《保证合同》,为油某公司提供连带责任保证担保。其后,贤某集团有限公司、贤某矿业公司、创某公司、黄某优、钟某波、国某公司、联某亚公司又签署了一份《担保书》,同意为油某公司提供连带责任保证担保。合同签订后,银某公司如约向油某公司发放了1亿元融资。但油某公司并未按照合同约定及时为租赁物办理保险且已经连续两期未能按约支付租金,其余原审被告也均未能履行担保义务。按照合同约定,银某公司有权要求油某公司一次性付清合同项下全部租金及支付违约金。银某公司与科某公司于2012年6月30日签订《债权转让协议》,约定将全部债权转让给科某公司。科某公司受让债权后,各原审被告均未履行还款义务。据此,科某公司请求法院判令:1.油某公司向科某公司支付租金总额1.14亿元;2.逾期未支付的租金按照每日千分之一计算滞纳金给科某公司至租金履行完毕止(计至2012年7月31日止为741万元);3.其余原审被告承担连带还款责任。

贤某矿业公司一审辩称:(一)关于债权的合法性。涉案债权系贤某矿业公司为油某公司债务提供的担保,担保书明确油某公司系贤某集团有限公司下属企业,该笔债权系贤某矿业公司为实际控制人关联方债务提供的担保。根据《中华人民共和国公司法》第十六条及《国务院批转证监会关于提高上市公司质量意见的通知》《中国证监会关于规范上市公司对外担保行为的通知》的相关规定,上市公司为股东、实际控制人及其关联方提供担保,必须经股东大会审议通过,未经股东大会审议通过,任何人不得以上市公司名义对外提供担保。本案没有证据证明贤某矿业公司为该笔债权提供担保经股东大会审议通过。因此,贤某矿业公司签署担保文件为该笔债权提供担保的行为,属于签署担保文件人员的越权行为。(二)关于债权的有效性。贤某矿业公司未经股东大会审议通过对控股股东、实际控制人的关联方债务提供担保,属于越权行为。越权担保对担保人是否具有法律约束力,取决于接受担保的债权人是否知道或应当知道担保人的法定代表人系越权行为,即债权人是否善意。在《中华人民共和国公司法》等法律、法规已对上市公司为控股股东、实际控制人的关联方担保须股东大会审议通过有明确规定情形下，债权人在接受贤某矿业公司为控股股东、实际控制人的关联方债务提供担保时，应当尽必要的注意义务，至少在形式上应审查贤某矿业公司为控股股东、实际控制人的关联方债务提供担保是否经股东大会审议通过。但是债权人并未审查，仅以担保文件上的盖章或法定代表人签字（或加盖法定代表人名称）为信赖依据，理所当然地认为贤某矿业公司出具的担保文件是合法的、有效的，这种信赖缺少必要的法律根据，显然存在重大过失。因此，债权人接受担保过程中并不具备善意的基本条件。贤某矿业公司的涉案担保行为系实际控制人、法定代表人等人员超越权限恶意为之，系个人违法乃至犯罪行为，该等担保行为属于个人行为，对贤某矿业公司不具有约束力，担保无效。（三）担保无效，贤某矿业公司不应当承担赔偿责任。首先，贤某矿业公司对担保无效不存在过错，根据《最高人民法院关于适用〈中华人民共和国担保法〉若干问题的解释》第七条规定，贤某矿业公司不应承担赔偿责任。涉案担保文件的签署人越权且债权人未尽到基本审查义务导致担保无效，贤某矿业公司对担保无效并无恶意或重大过失，不应承担赔偿责任。其次，即使贤某矿业公司存在过错，也不符合贤某矿业公司应承担赔偿责任的条件，在债权人申请人民法院对债务人执行未达到未能清偿的状态前，贤某矿业公司作为担保人不应承担赔偿责任。（四）涉案融资租赁合同项下的租赁物并不存在，主债权不能成立。

创某公司一审辩称：（一）创某公司的担保系虚假担保，其担保无效。科某公司起诉创某公司所依据的《担保书》为无效证据，该《担保书》对创某公司不具有任何约束力及法律效力。1. 该《担保书》的附件一及其盖章页上所加盖的"青海创某矿业开发有限公司"印章为私刻伪造的假印章，对创某公司当然不具有约束力；2. 从该《担保书》形式要件来看，该《担保书》是一份无签约日期、《担保书》正文和盖章页无连贯页码、被任意组合套用，且在数十起诉讼（涉案金额高达上百亿元）证据当中都有与此完全相同的证据，因此完全可以确定该《担保书》为虚假证据；3. 盖章页上加盖的"臧某涛"私人印鉴，并不是臧某涛的亲自行为，且我国对私人印鉴的刻制、备案和使用并没有任何限制性要求，因此其不具有代表创某公司真实意思表示和表见代理的意义和作用；4. 结合其他证据的形成时间可以断定，该《担保书》的形成的时间应该在 2011 年 11 月期间，此时臧某涛并非创某公司的法定代表人，因此退一步讲，臧某涛的私人印鉴即便出现在被任意嫁接、变造的签章页上，也不具有任何法律约束力。

（二）涉案融资租赁合同因其违法性系无效合同。1. 科某公司未向法院提交和出示其具有从事融资租赁、特别是贷款业务的经营范围及其相应资质和行政许可，因此其不具有贷款业务的经营资格，其涉案交易"名为出售回租，实为借款"，系非法经营；2. 该融资租赁合同项下交易既然"名为出售回租，实为借款"，就不具有融资租赁交易的真实性与合法性，因此涉案交易行为存在偷逃税和企业间违法借贷的问题；3. 科某公司已经自认是企业之间的借款行为，自证了"名为出售回租，实为借款"的违法事实。（三）作为融资租赁的主合同无效，其从合同担保合同亦当然无效，对创某公司不具有任何法律约束力。

黄某优、钟某波、油某公司、国某公司、联某亚公司一审未作答辩。

银某公司一审述称，同意科某公司的意见。

原审法院经审理查明：2011 年 11 月 7 日，银某公司与油某公司签订《融资租赁合同》（编号：2011 年银某租字第 014 号），约定银某公司向油某公司提供融资租赁服务，融资金额 1 亿元，预计起租日 2011 年 11 月 7 日，租期共十二个月；承租人逾期支付租金，承租人应就迟延支付金额按每日千分之一向出租人支付迟延期间的违约金。迟延期间自本合同约定承租人应交纳租金的次日起，至租金到达出租人账户之日止。违约金从承租人其后支付的款项中先行予以扣除；租金总额为 1.14 亿元，分四期支付，自 2012 年 2 月 7 日开始分期支付，每三个月支付一次，每次支付 2850 万元。同日，银某公司应油某公司的委托向案外人广州集有贸易有限公司支付 1 亿元的融资款。黄某优、钟某波与银某公司于 2011 年 11 月 7 日签订《保证合同》，约定黄某优、钟某波为油某公司上述债务向银某公司提供连带责任保证。

科某公司提供了《担保书》一份，拟证实贤某矿业公司、创某公司、黄某优、国某公司、钟某波、联某亚公司同意为油某公司的上述债务向银某公司提供连带责任保证。该《担保书》约定"贤某集团有限公司及所属各子公司（详见附件一）因业务需要进行融资，我们作为担保人自愿提供担保。我们对贤某集团有限公司及所属各子公司从 2011 年 7 月 31 日至 2013 年 7 月 31 日期间发生的（到期日可以超过 2013 年 7 月 31 日）直接向广东某典当有限公司、广州银某融资租赁有限公司、广州银某发展集团有限公司、广州达某投资咨询有限公司、江门市亨某石油化工有限公司、广州市广某石油化工原料有限公司融资（含通过银行委托贷款）或通过广东银某融资担保投资集团有限公司、广州银某科技融资担保投资有限公司、中山银某融资担保投资有限公司提供担保向银行融资的，在融资本金余额不超过人民币柒亿陆仟万元的前提下，我们均同意为上述融资的借款人向其债权人广东银某典当有限公司、广州银某融资租赁有限公司、广州银某发展集团有限公司、广州达某投资咨询有限公司、江门市亨某石油化工有限公司、广州市广某石油化工原料有限公司提供连带保证责任的保证担保，同意为上述融资的借款人向广东银某融资担保投资集团有限公司、广州银某科技融资担保投资有限公司、中山银某融资担保投资有限公司提供连带保证责任的保证反担保。上述7.6亿元人民币余额含本担保书签订时已发生的3.6亿元人民币融资（详见附件）。担保范围包括每笔债务的全部本金、利息、罚息、违约金及相关费用（包括但不限于诉讼费用、公证费用、律师费用等）。保证期间为每笔债务到期后的两年，如果债务分批到期，则保证期间为最后一笔债务到期日后两年。提供反担保的，反担保保证期间为债务人应当向上述担保公司履行还款义务之日起两年，本担保书每个担保人均为独立担保行为。我们每个担保人均为债务人提供连带责任担保（反担保），无论其他担保人的担保是否有效，也无论与担保债务相关的主合同是否有效，均不影响单个担保人的担保效力。"该《担保书》上，在"贤某集团有限公司下属公司明细表及签章样式"栏的印文内容包括"广东油某建材有限公司""广州市裕某矿业投资集团有限公司""广州久某矿业有限公司""广州新某实业有限公司""广州华某实业有限公司""广州星某置业有限公司""青海创某矿业开发有限公司""西宁市国某投资控股有限公司"，在担保人栏的印文或签名内容包括 1. 印文"青海贤某矿业股份有限公司"及"臧某涛"；2. 印文"广东油某建材有限公司"及"王某"；3. 印文"青海创某矿业开发有限公司"及"臧某涛"；4. 黄某优签名；5. 印文"西宁市国某投资控股有限公司"及钟某波签名；6. 钟某波签名；7. 印文"梅州市联某亚投资有限公司"及"王彬"；8. 印文"贤某集团有限公司"及钟某波签名。2012年8月31日，广州市公安局出具穗公经技（文检）字（2012）065号《文检鉴定书》，鉴定结论为：送检的"担保书"中"担保人"栏盖有的印文内容为"广东油某建材有限公司""梅州市联某亚投资有限公司""王彬"及"贤某集团有限公司下属公司明细表及签章样式"栏盖有的"青海创某矿业开发有限公司"的印章印迹分别与送来的创某公司、油某公司、联某亚公司提供的相应印文印章印迹不是同一印章所盖。2013年8月15日，青海警官职业学院司法鉴定中心出具青警院司鉴中心（2013）文鉴字第96号《司法鉴定意见书》，鉴定意见为：担保人1为"青海贤某矿业股份有限公司"、担保人3为"青海创某矿业开发有限公司"的《担保书》尾页担保人1处盖印的"青海贤某矿业股份有限公司"印文是贤某公司的印章所盖印；担保人3处盖印的"青海创某矿业开发有限公司"印文不是创某公司的印章所盖印。2013年10月27日，青海警官职业学院司法鉴定中心出具青警院司鉴中心（2013）文鉴字第216号《司法鉴定意见书》，鉴定意见为：《担保书》尾页担保人3处盖印的"青海创某矿业开发有限公司"印文不是该公司印章所盖印。

2011年11月7日，油某公司在《租赁物所有权转让与接收确认书》上盖章确认银某公司已依据融资租赁合同支付购买价款，油某公司已收妥银某公司拥有完全所有权的租赁物。

2012年6月30日，银某公司与科某公司签订《债权转让协议》，约定银某公司将租金1.14亿元及《融资租赁合同》《保证合同》《担保书》约定及法律规定银某公司享有的全部相关权益向科某公司转让。2012年8月6日，银某公司、科某公司将上述债权转让的事实通知贤某矿业公司、国某公司、联某亚公司、创某公司、钟某波、黄某优、油某公司。科某公司受让债权后，油某公司未按期支付租金及利息，其余原审被告也未代为支付租金及利息。

2013年1月16日，贤某矿业公司在互联网上发布《青海贤某矿业股份有限公司关于收到敦促履行通知书的公告》，公告主要内容为"近日，公司及子公司收到了广州银某融资担保投资集团有限公司、中山银某融资担保投资有限公司、广州银某发展集团有限公司传来的敦促履行通知书，分别将其所拥有的对广州新某实业有限公司的共计128370512.94元到期债权及相关权益全部转让给广东科某发展有限公司……该事项由于涉及我公司及我司控股子公司广东油某建材有限公司、青海创某矿业开发有限公司、梅州市联某亚投资有限公司、控股股东西宁市国某投资控股有限公司、间接控股股东贤某集团有限公司、实际控制人黄某优以及钟某波为担保方。"2012年6月26日，贤某矿业公司在网上发布公告称，贤某集团有限公司及该公司实际控制人为自然人黄某优先生。

2013年6月18日，青海省西宁市中级人民法院出具（2013）宁民二破字第002-1号《民事裁定书》，裁定受理申请人大柴旦粤海化工有限公司对被申请人贤某公司的重整申请，并于2013年6月19日出具相应的《指定管理人决定书》。

2013年9月4日，青海省西宁市中级人民法院出具（2013）宁民二破字第005-1号《民事裁定书》，裁定受理申请人创某公司的重整申请，并于同日出具相应的《指定管理人决定书》。

科某公司于 2012 年 8 月 7 日提起本案诉讼时，将贤某集团有限公司作为被告之一起诉。2014 年 1 月 13 日，科某公司撤回了对贤某集团有限公司的起诉，原审法院另行出具《民事裁定书》予以准许。

原审法院认为：银某公司与油某公司签订的《融资租赁合同》是双方当事人真实的意思表示，原审法院对其真实性予以确认。

根据各方当事人的诉辩情况，原审法院归纳本案的争议焦点为：一、银某公司与油某公司签订的《融资租赁合同》是否合法有效；二、贤某矿业公司向银某公司提供的担保是否合法有效；三、创某公司向银某公司提供的担保是否合法有效。

对于第一个争议焦点：银某公司与油某公司签订的《融资租赁合同》是否合法有效，贤某矿业公司抗辩称《融资租赁合同》项下的租赁物并不存在，因而银某公司对油某公司享有的债权不能成立；创某公司抗辩称科某公司没有从事融资租赁的资格，涉案融资租赁为企业间的违法借贷行为，因而《融资租赁合同》为无效合同。原审法院认为，银某公司的企业法人营业执照副本载明该公司的经营范围包括融资租赁服务，银某公司具备经营融资租赁业务的资格，《融资租赁合同》的内容也没有违反法律、法规的强制性规定，原审法院确认银某公司与油某公司签订的《融资租赁合同》合法有效。油某公司于 2011 年 11 月 7 日签收了租赁物，银某公司应油某公司委托于 2011 年 11 月 7 日支付了 1 亿元融资款，履行了《融资租赁合同》中支付租赁物购买价款的义务，因此，贤某矿业公司、创某公司关于涉案租赁物并不存在或涉案融资租赁实为借贷的抗辩不能成立，原审法院不予采纳。油某公司应按《融资租赁合同》（详见附件二）的约定按期向银某公司支付租金及其利息，逾期未付的，按《融资租赁合同》第十五条 15.1 的约定，按每日千分之一的标准支付迟延付款违约金。

对于第二个争议焦点：贤某矿业公司向银某公司提供的担保是否合法有效，贤某矿业公司抗辩称涉案担保未经贤某矿业公司股东大会审议通过，该担保无效。原审法院认为，贤某矿业公司在为油某公司提供担保的《担保书》上盖章确认，贤某矿业公司提供的担保应为有效。《中华人民共和国公司法》第十六条规定："公司向其他企业投资或者为他人提供担保，按照公司章程的规定由董事会或者股东会、股东大会决议；公司章程对投资或者担保的总额及单项投资或者担保的数额有限额规定的，不得超过规定的限额。公司为公司股东或者实际控制人提供担保的，必须经股东会或者股东大会决议。"第一，该条款并未明确规定公司违反上述规定对外提供担保导致担保合同无效；第二，公司内部决议程序，不得约束第三人；第三，该条款并非效力性强制性的规定；第四，依据该条款认定担保合同无效，不利于维护合同的稳定和交易的安全。此外，关于公司违反这一规定对外提供担保的合同效力问题，根据《最高人民法院关于适用〈中华人民共和国合同法〉若干问题的解释（一）》第四条关于"合同法实施以后，人民法院确认合同无效，应当以全国人大及其常委会制定的法律和国务院制定的行政法规为依据，不得以地方性法规、行政规章为依据"以及《最高人民法院关于适用〈中华人民共和国合同法〉若干问题的解释（二）》第十四条关于"合同法第五十二条第（五）项规定的'强制性规定'，是指效力性强制性规定"的规定，在合同法的基础上进一步明确缩小了合同因违反法律、行政法规的强制性规定而无效的情形。因此，《中华人民共和国公司法》第十六条的规定并非效力性强制性的规定。在《中华人民共和国公司法》没有明确规定公司违反《中华人民共和国公司法》第十六条对外提供担保无效的情形下，对公司对外担保的效力应予确认。故本案贤某矿业公司的担保责任不能免除，贤某矿业公司应依《担保书》的承诺向银某公司承担连带保证责任。

对于第三个争议焦点：创某公司向银某公司提供的担保是否合法有效，创某公司认为《担保书》上创某公司的公章经鉴定是虚假的，该担保无效。原审法院认为，虽然广州市公安局出具的穗公经技（文检）字（2012）065号《文检鉴定书》及青海警官职业学院司法鉴定中心出具的两份《司法鉴定意见书》的鉴定结论均是《担保书》上担保人"青海创某矿业开发有限公司"处所加盖的印章不是创某公司的公章。但从《担保书》的内容分析，贤某集团有限公司承诺其公司及其子公司向包含银某公司在内的债权人提供连带的保证担保，并提供了所有担保公司的签章样本，贤某集团有限公司自身也在担保人处盖章确认。虽然贤某集团有限公司在庭审中抗辩称其公章真实性需通过鉴定才能确定是否真实，现科某公司已经撤回对贤某集团有限公司的起诉，因此，本案无须再对科某公司与贤某集团有限公司之间的争议进行审查。但是，贤某集团有限公司的法定代表人钟某波及实际控制人黄某优均在《担保书》上签名确认，债权人有理由相信黄某优所直接或间接控股的公司、子公司之间相互担保是真实的。另外，创某公司也认可其公司曾使用过的公章不止一个，银某公司难以识别该公章是否为创某公司曾使用过或正在使用或是否已在公安局备案登记的公章。鉴于贤某集团有限公司法定代表人及其实际控制人真实有效的承诺及创某公司内部对公章及法定代表人印鉴的管理状况，银某公司有理由相信创某公司在《担保书》上加盖的公章及法定代表人印鉴是其公司真实的意思表示，该《担保书》对创某公司具有法律约束力。至于该担保行为是否经公司股东会决议通过或是否符合公司章程的规定，如前所述，并不影响该担保行为的对外效力，创某公司应依《担保书》的承诺向银某公司承担连带保证责任。

对于被告钟某波、黄某优、国某公司、联某亚公司为油某公司债务向银某公司提供担保的行为，钟某波在《保证合同》及《担保书》上签章确认承担连带保证责任；黄某优、国某公司在《担保书》上签章确认承担连带保证责任；虽然联某亚公司在《担保书》担保人处公章被广州市公安局出具的穗公经技（文检）字（2012）065号《文检鉴定书》确认为与送检的印章不一致，但如前所述，银某公司有理由相信联某亚公司在《担保书》上提供的担保是其真实的意思表示，联某亚公司依法应向银某公司承担涉案债务的连带保证责任。另外，上述四原审被告均未到庭对担保行为的效力提出异议，原审法院依法认定该四原审被告为银某公司提供的担保合法有效。

综上所述，银某公司对油某公司享有合法债权，贤某矿业公司、创某公司、钟某波、黄某优、国某公司、联某亚公司对此提供了连带责任保证。现银某公司已将该主债权及担保权向科某公司进行转让，并履行了通知义务，根据《中华人民共和国合同法》第七十九条、第八十条第一款规定："债权人可以将合同的权利全部或者部分转让给第三人，但有下列情形之一的除外：（一）根据合同性质不得转让；（二）按照当事人约定不得转让；（三）依照法律规定不得转让。""债权人转让权利的，应当通知债务人。未经通知，该转让对债务人不发生效力。"及《中华人民共和国担保法》第二十二条规定"保证期间，债权人依法将主债权转让给第三人的，保证人在原保证担保的范围内继续承担保证责任。保证合同另有约定的，按照约定。"所谓根据合同性质不得转让的债权包含以下几种：基于个人信赖关系而产生的债权、专为特定债权人利益而存在的债权、不作为债权、属于从权利的债权。在本案中，银某公司对油某公司的债权不属于上述四种情形中任何一种，我国目前并未有相关法律规定禁止涉案债权的转让，银某公司、科某公司也已对油某公司、贤某矿业公司、创某公司、钟某波、黄某优、国某公司、联某亚公司履行了通知义务，故银某公司将涉案债权向科某公司转让合法有效。科某公司对油某公司享有11400万元的债权，对贤某矿业公司、创某公司、钟某波、黄某优、国某公司、联某亚公司享有担保权，油某公司依法应向科某公司支付租金 11400 万元，并按《融资租赁合同》的约定按每日千分之一的标准分段计付迟延付款违约金，贤某矿业公司、创某公司、钟某波、黄某优、国某公司、联某亚公司对此承担连带保证责任。

钟某波、油某公司、黄某优、国某公司、联某亚公司经原审法院传票传唤，无正当理由拒不到庭诉讼，原审法院依法缺席判决。原审法院于 2014 年 2 月 25 日，依照《中华人民共和国合同法》第七十九条、第八十条，《中华人民共和国担保法》第十二条、第二十二条，《最高人民法院关于适用〈中华人民共和国合同法〉若干问题的解释（一）》第四条，《最高人民法院关于适用〈中华人民共和国合同法〉若干问题的解释（二）》第十四条，《中华人民共和国民事诉讼法》第一百四十三条的规定，作出（2012）穗中法民二初字第 59 号民事判决：一、油某公司在该判决发生法律效力之日起十日内向科某公司支付租金 1.14 亿元及违约金（从 2012 年 2 月 7 日起至 2012 年 5 月 6 日止，按本金 2850 万元计；从 2012 年 5 月 7 日起至 2012 年 8 月 6 日止，按本金 5700 万元计；从 2012 年 8 月 7 日起至 2012 年 11 月 6 日止，按本金 8550 万元计；从 2012 年 11 月 7 日起至本判决确定给付之日止，按本金 1.14 亿元计。利率按每日千分之一计）；二、确认科某公司就油某公司的上述债务对贤某矿业公司、创某公司享有连带保证担保权；三、黄某优、钟某波、国某公司、联某亚公司就油某公司的上述债务向科某公司承担连带保证责任；四、黄某优、钟某波、贤某矿业公司、创某公司、国某公司、联某亚公司承担保证责任后，有权向油某公司追偿，或者要求承担连带责任的其他保证人清偿其应当承担的份额。如果未按照本判决指定的期间履行给付金钱义务，应当按照《中华人民共和国民事诉讼法》第二百五十三条之规定，加倍支付迟延履行期间的债务利息。一审案件受理费 648850 元、诉讼保全费 5000 元，均由油某公司、贤某矿业公司、创某公司、钟某波、黄某优、国某公司、联某亚公司共同承担。

贤某矿业公司不服原审判决，向本院提起上诉称：（一）原审判决认定涉案《融资租赁合同》合法有效，认定事实及适用法律错误。科某公司主张的主债权系基于油某公司与银某公司所签《融资租赁合同》产生，但无论科某公司还是银某公司均未举证证明融资租赁合同项下的租赁物真实存在，融资租赁法律关系并不存在，其实质是企业间的借贷。涉案融资租赁合同名为融资租赁实为企业间借贷，属无效合同。（二）原审认定"贤某矿业公司提供的担保应为有效"，适用法律错误。1. 贤某矿业公司签署的担保文件，系签署文件人员的越权行为。

涉案担保书明确记载，油某公司系贤某集团有限公司下属企业，即贤某矿业公司实际控制人控制的企业。据此，涉案担保系贤某矿业公司为其实际控制人关联方债务提供的担保。根据《公司法》第十六条的规定，公司为他人提供担保，依照公司章程的规定，由董事会或者股东会、股东大会决议。根据2005年10月19日《国务院批转证监会关于提高上市公司质量意见的通知》第十一条、2005年12月《中国证监会关于规范上市公司对外担保行为的通知》的规定，上市公司为股东、实际控制人及其关联方提供担保，必须经股东大会审议通过，未经股东大会审议通过，任何人不得以上市公司名义对外提供担保。贤某矿业公司为涉案债权提供担保未经股东大会审议通过。因此，贤某矿业公司签署担保文件为涉案债权提供担保的行为，属于签署担保文件人员的越权行为。2.《公司法》等法律、法规已对上市公司为控股股东、实际控制人的关联方担保须股东大会审议通过作出明确的规定，债权人在接受贤某矿业公司为控股股东、实际控制人的关联方债务提供担保时，应当尽必要的注意义务，至少在形式上应审查涉案担保是否经股东大会审议通过，但是债权人并未审查，仅以担保文件上的盖章及/或法定代表人签字（或加盖法定代表人名称）为信赖依据，理所当然地认为贤某矿业公司出具的担保文件是合法的、有效的，这种信赖缺少必要的法律根据，属于应当知道而疏忽，显然存在重大过失。因此，债权人接受担保过程中并不具备善意的基本条件。根据《合同法》第五十条的规定，法人或者其他组织的法定代表人、负责人超越权限订立的合同，除相对人知道或者应当知道其超越权限的以外，该代表行为有效；根据《最高人民法院关于适用〈中华人民共和国担保法〉若干问题的解释》第十一条的规定，法人或者其他组织的法定代表人、负责人超越权限订立的担保合同，除相对人知道或者应当知道其超越权限的以外，该代表行为有效。因此，贤某矿业公司越权为控股股东、实际控制人的关联方提供的担保无效。据此，贤某矿业公司请求判令：撤销原审判决，驳回科某公司对贤某矿业公司的诉讼请求。

创某公司亦不服原审判决，向本院提起上诉称：（一）原审判决认定"贤某集团有限公司的法定代表人钟某波及实际控制人黄某优均在《担保书》上签名确认，债权人有理由相信黄某优所直接或间接控制的公司、子公司之间相互担保是真实的"，认定事实错误。广州市公安局作出的穗公经技（文检）字（2012）065号《文检鉴定书》及青海警官职业学院司法鉴定中心出具的青警院司鉴中心（2013）文鉴字第96号、第216号《司法鉴定意见书》，证明《担保书》加盖的

"青海创某矿业开发有限公司"印文不是创某公司印章所盖。《担保书》中创某公司的印章系他人伪造的事实，足以证明《担保书》中的担保并非创某公司真实意思表示。原审判决以贤某集团有限公司的法定代表人钟某波及实际控制人黄某优均在《担保书》上签名确认为由，推定黄某优所直接或间接控制的公司、子公司之间相互担保，并无事实依据。无论是贤某集团有限公司，还是钟某波、黄某优，与创某公司均是彼此独立的主体，不能因为钟某波和黄某优提供担保，而推定创某公司也提供了担保。（二）原审判决认定"《担保书》对创某公司具有法律约束力"，适用法律和认定事实错误。广州市公安局出具的《文检鉴定书》及青海警官职业学院司法鉴定中心出具的两份《司法鉴定意见书》的鉴定结论均是《担保书》"青海创某矿业开发有限公司"处所加盖的印章并非创某公司的真实公章，系伪造的公章。根据《最高人民法院关于在审理经济纠纷案件中涉及经济犯罪嫌疑若干问题的规定》第五条第一款规定，"行为人盗窃、盗用单位的公章、业务介绍信、盖有公章的空白合同书，或者私刻单位的公章签订经济合同，骗取财物归个人占有、使用、处分或者进行其他犯罪活动构成犯罪的，单位对行为人该犯罪行为所造成的经济损失不承担民事责任"，《担保书》中"青海创某矿业开发有限公司"印章系他人用私刻、伪造的印章加盖，而且涉嫌私刻、伪造印章的人员，也已被公安机关立案侦查。因此，《担保书》对创某公司并无约束力。此外，虽然《担保书》上加盖有"臧某涛"的私人印鉴，但该印鉴并不是臧某涛本人加盖，且《担保书》的形成时间是2011年11月期间，此时臧某涛根本不是创某公司的法定代表人，臧某涛的私人印鉴并不能代表创某公司的意思表示。（三）《融资租赁合同》名为融资租赁实为借贷，属无效合同。《融资租赁合同》项下的租赁物清单记载租赁物为数控跳汰机、高频振动筛、压滤机，但无论是科某公司还是银某公司均未提供任何的证据证明上述租赁物的真实存在。涉案《融资租赁合同》名为融资租赁实为企业间借贷，应当认定无效。据此，创某公司请求：撤销原审判决，驳回科某公司对创某公司的诉讼请求。

针对贤某矿业公司、创某公司的上诉，科某公司辩称：（一）《融资租赁合同》合法有效。1. 银某公司是合法成立的有融资租赁经营资格的公司，《融资租赁合同》内容没有违反法律规定。2. 银某公司已经按合同约定向承租人支付了购买价款，实际履行合同。关于租赁物，在合同附件中有具体列明，并且已经由承租人签收确认。（二）贤某矿业公司担保合法有效。1. 贤某矿业公司公章为真实公章，这一点该公司也承认。至于是否越权签署，是其公司内部行为，不能以此对抗善意第三方。2.《公司法》第十六条关于公司对外提供担保经董事会或者股东会、股东大会决议的规定，并非是效力性强制性规定，而是管理性强制性规范，是约束公司内部决议程序的，并不能约束第三人。同时，该条款也并没有明确违反上述规定将导致担保合同无效。3. 认定合同无效，必须依据法律和行政法规，不得以地方性法规、行政规章为依据，而贤某矿业公司所提出的证监会的意见等显然不属于法律或行政法规，不能作为认定合同效力的依据。（三）创某公司担保合法有效。创某公司上诉主张担保书上所盖印章不是创某公司的印章。事实上，创某公司自己提交的证据材料中已经确认，该公司使用过不止一枚公章。鉴于创某公司印章管理混乱，相对人无法确认印章是否真实，而只能善意地相信所盖印章即是真实印章。不能简单地凭《担保书》所盖印章与该公司自己所出示的两枚印章不同，就否定担保的效力，从而损害善意第三方利益。据此，科某公司请求：驳回上诉，维持原判。

油某公司、联某亚公司辩称：（一）原审法院未依法定程序向油某公司、联某亚公司送达应诉材料，错误适用公告送达程序，致使油某公司、联某亚公司在未参加诉讼及抗辩情况下被判承担责任。（二）涉案《融资租赁合同》实为不法分子伪造油某公司公章而进行的虚假交易，应认定为无效合同，科某公司无权向油某公司、联某亚公司主张权利。1. 银某公司在设定交易时应按照公司法的有关规定对涉案交易是否经过答辩人决议机关通过等合法性要件进行审查，本案中银某公司未尽到审慎注意义务。2. 涉案《融资租赁合同》项下的租赁物已抵押给他人，现有证据无法证明油某公司有权处分涉案租赁物。科某公司亦未举证证明涉案租赁物的转让已获得抵押权人蕉岭县信用社的同意，故所谓的融资租赁实际根本无法履行。3. 现有证据不足以证明油某公司收到了融资款，科某公司提供的银行转款凭证记载的收款人是广州集有贸易有限公司而非油某公司。4. 2012年8月31日，广州市公安局出具编号为穗经案字（2012）第192号《鉴定结论通知书》认定涉案《担保书》所署油某公司、联某亚公司的印章及法定代表人签章并非有效备案印章。涉案担保实为不法分子为谋取非法利益，伪造联某亚公司公章进行虚假担保的犯罪行为，同时油某公司有理由相信涉案融资租赁合同也是不法分子伪造公章进行的虚假融资犯罪行为。

银某公司辩称：原审判决认定事实清楚，适用法律正确，应予维持。

黄某优、钟某波、国某公司未作答辩。

本院对原审查明的事实予以确认。

本院另查明：2013年12月20日，青海省西宁市中级人民法院裁定批准贤某矿业公司重整计划、终止破产重整程序。2014年7月21日，青海省西宁市中级人民法院作出（2013）宁民二破字第002-10号民事裁定，认定贤某矿业公司重整计划执行完毕，裁定终结破产重整程序。2013年12月16日，青海省西宁市中级人民法院作出（2013）宁民二破字第005-7号民事裁定，裁定批准创某公司重整计划、终止破产重整程序。2014年3月14日，青海省西宁市中级人民法院作出（2014）宁民破字第01-1号民事裁定，裁定受理申请人西宁市城北区地方税务局对国某公司的破产清算申请，并作出相应的《指定管理人决定书》。2014年2月14日，广东省蕉岭县人民法院作出（2014）梅蕉法民二破（预）字第1-2号民事裁定，裁定受理申请人钟少林等对油某公司的破产重整申请，并作出相应的《指定管理人决定书》。

再查明，自2011年12月29日至2013年9月4日青海省西宁市中级人民法院裁定受理创某公司重整案件期间，创某公司的法定代表人为臧某涛。

本院认为：本案为债权转让合同纠纷，根据各方当事人的诉辩意见，本案的争议焦点为：1. 银某公司与油某公司所签《融资租赁合同》是否有效；2. 创某公司的涉案担保行为是否有效及其应否承担责任；3. 贤某矿业公司的涉案担保行为是否有效及其应否承担责任。

（一）关于银某公司与油某公司所签《融资租赁合同》是否有效的问题。《中华人民共和国合同法》第二百三十七条规定："融资租赁合同是指出租人根据承租人对出卖人、租赁物的选择，向出卖人购买租赁物，提供给承租人使用，承租人支付租金的合同。"根据银某公司与油某公司所签《融资租赁合同》约定，承租人油某公司以"售后回租"的方式将自有机械设备出售给出租人银某公司后再将上述机械设备租回使用，并对租赁标的物、购买价款、租金支付等内容进行了明确约定，符合合同法关于融资租赁合同法律关系的规定，且上述合同已实际履行，出租人银某公司按约支付了租赁物购买价款1亿元，油某公司书面确认收到涉案租赁物。故原审认定涉案《融资租赁合同》合法有效，有事实和法律依据，本院予以确认。贤某矿业公司、创某公司上诉主张涉案租赁物并不存在、涉案《融资租赁合同》名为融资租赁实为企业间借贷，依据不足，本院不予支持。

（二）关于创某公司的涉案担保行为是否有效及其应否承担责任的问题。创某公司主张涉案《担保书》落款处创某公司的印章虚假，故其担保行为无效。虽然涉案《担保书》落款处创某公司所盖印章经鉴定与该司印章不符，但各方当事人对《担保书》落款处创某公司法定代表人一栏"臧某涛"印鉴的真实性并未提出异议，创某公司仅以《担保书》中所盖印章与该司印章不符为由主张担保无效，理据不足。创某公司主张涉案《担保书》形成于2011年11月即臧某涛担任创某公司法定代表人之前，故臧某涛的签章不能代表创某公司的真实意思表示，创某公司的上述主张缺乏依据，本院不予采信。故原审认定创某公司的涉案担保行为为真实有效，并据此认定创某公司承担担保责任，并无不当，本院予以确认。

（三）关于贤某矿业公司的涉案担保行为是否有效及其应否承担责任的问题。贤某矿业公司系上市公司，从其股权结构来讲属公众性公司，在公司股权结构上与有限责任公司不同，股东利益与实际经营人的利益相分离，经营者不能代表全体股东的利益。贤某矿业公司为油某公司的涉案债务提供担保，未经贤某矿业公司董事会或股东大会审议通过，严重违反了《国务院批转证监会关于提高上市公司质量意见的通知》《证监会、银监会关于规范上市公司对外担保行为的通知》中关于上市公司对外担保必须按公司章程经董事会或股东大会审议通过的规定要求。据此，贤某矿业公司的涉案担保行为应属无效，原审认定贤某矿业公司的担保行为有效，适用法律不当，应予纠正。对于贤某矿业公司涉案担保行为无效，债权人银某公司与担保人贤某矿业公司均有过错，故贤某矿业公司应就债务人油某公司不能清偿的债务部分向债权人承担二分之一的赔偿责任。

此外，第二审案件的审理应围绕当事人上诉请求的范围进行，油某公司、联某亚公司因未依法交纳二审案件受理费本院已另行裁定按其自动撤回上诉处理，油某公司、联某亚公司在二审答辩中主张变更一审判决内容、改判其不承担责任，缺乏法律依据，本院不予支持。原审认定黄某优、钟某波、国某公司承担担保责任，上述债务人均未提起上诉，故本院对原审判决的相应判项亦予以维持。

综上所述，原审认定贤某矿业公司的涉案担保行为合法有效并据此认定贤某矿业公司承担担保责任，适用法律不当，本院依法予以纠正。贤某矿业公司的部分上诉请求有法律依据，本院予以支持；贤某矿业公司的其他上诉请求缺乏法律依据，本院予以驳回。创某公司的上诉请求均缺乏事实及法律依据，本院予以驳回。依照《中华人民共和国民事诉讼法》第一百七十条第一款第（二）项、《最高人民法院关于适用〈中华人民共和国担保法〉若干问题的解释》第七条之规定，判决如下：

一、维持广东省广州市中级人民法院（2012）穗中法民二初字第59号民事判决第一项、第三项及关于一审受理费、保全费承担的部分；

二、撤销广东省广州市中级人民法院（2012）穗中法民二初字第59号民事判决第二项、第四项；

三、青海创某矿业开发有限公司就广东油某建材有限公司的涉案债务向广东科某发展有限公司承担连带保证责任；

四、黄某优、钟某波、青海创某矿业开发有限公司、西宁市国某投资控股有限公司、梅州市联某亚投资有限公司承担保证责任后，有权向广东油某建材有限公司追偿，或者要求承担连带责任的其他保证人清偿其应当承担的份额；

五、青海贤某矿业股份有限公司就广东油某建材有限公司的涉案债务不能清偿部分的二分之一向广东科某发展有限公司承担赔偿责任；

六、驳回广东科某发展有限公司的其他诉讼请求。

如果未按本判决指定的期间履行给付金钱义务，应当按照《中华人民共和国民事诉讼法》第二百五十三条之规定，加倍支付迟延履行期间的债务利息。

本案二审案件受理费648850元，由广东科某发展有限公司负担162212.5元、青海贤某矿业股份有限公司负担162212.5元、青海创某矿业开发有限公司负担324425元。

本判决为终审判决。

法律法规

《最高人民法院关于适用〈中华人民共和国民法典〉合同编通则若干问题的解释》（法释〔2023〕13号）

第二十二条　法定代表人、负责人或者工作人员以法人、非法人组织的名义订立合同且未超越权限，法人、非法人组织仅以合同加盖的印章不是备案印章或者系伪造的印章为由主张该合同对其不发生效力的，人民法院不予支持。

合同系以法人、非法人组织的名义订立，但是仅有法定代表人、负责人或者工作人员签名或者按指印而未加盖法人、非法人组织的印章，相对人能够证明法定代表人、负责人或者工作人员在订立合同时未超越权限的，人民法院应当认定合同对法人、非法人组织发生效力。但是，当事人约定以加盖印章作为合同成立条件的除外。

合同仅加盖法人、非法人组织的印章而无人员签名或者按指印，相对人能够证明合同系法定代表人、负责人或者工作人员在其权限范围内订立的，人民法院应当认定该合同对法人、非法人组织发生效力。

在前三款规定的情形下，法定代表人、负责人或者工作人员在订立合同时虽然超越代表或者代理权限，但是依据民法典第五百零四条的规定构成表见代表，或者依据民法典第一百七十二条的规定构成表见代理的，人民法院应当认定合同对法人、非法人组织发生效力。

《全国法院民商事审判工作会议纪要》（法〔2019〕254号）

41.【盖章行为的法律效力】司法实践中，有些公司有意刻制两套甚至多套公章，有的法定代表人或者代理人甚至私刻公章，订立合同时恶意加盖非备案的公章或假公章，发生纠纷后法人以加盖的是假公章为由否定合同效力的情形并不鲜见。人民法院在审理案件时，应当主要审查签约人于盖章之时有无代表权或者代理权，从而根据代表或者代理的相关规则来确定合同的效力。

法定代表人或者其授权之人在合同上加盖法人公章的行为，表明其是以法人名义签订合同，除《公司法》第16条等法律对其职权有特别规定的情形外，应当由法人承担相应的法律后果。法人以法定代表人事后已无代表权、加盖的是假章、所盖之章与备案公章不一致等为由否定合同效力的，人民法院不予支持。

代理人以被代理人名义签订合同，要取得合法授权。代理人取得合法授权后，以被代理人名义签订的合同，应当由被代理人承担责任。被代理人以代理人事后已无代理权、加盖的是假章、所盖之章与备案公章不一致等为由否定合同效力的，人民法院不予支持。

《最高人民法院关于适用〈中华人民共和国民法典〉有关担保制度的解释》（法释〔2020〕28号）

第十七条　主合同有效而第三人提供的担保合同无效，人民法院应当区分不同情形确定担保人的赔偿责任：

（一）债权人与担保人均有过错的，担保人承担的赔偿责任不应超过债务人不能清偿部分的二分之一；

（二）担保人有过错而债权人无过错的，担保人对债务人不能清偿的部分承担赔偿责任；

（三）债权人有过错而担保人无过错的，担保人不承担赔偿责任。

主合同无效导致第三人提供的担保合同无效，担保人无过错的，不承担赔偿责任；担保人有过错的，其承担的赔偿责任不应超过债务人不能清偿部分的三分之一。

042 程某进与烟台华某检测工程有限公司、吕某等民间借贷纠纷案[①]

裁判要旨

法定代表人已在合同上签字确认，即可体现公司意志，合同上加盖的印章是否为公司真实有效的印章已不再重要。公司不得仅以合同上加盖的印章与公司印章不符为由，主张合同对其没有约束力。

实务要点总结

（1）公司在合同上加盖印章，只是对公司已经表示出来并同意的意思表示进行确认的事实行为，从某种意义上讲并无独立的意义。由于加盖印章的行为可构成对意思表示的确认，故有公司的真实印章可推定公司表达了相应的意思表示，但合同上的印章虽为虚假，但该意思表示确为公司作出或有证据证明能够体现公司意志的，当事人即不得仅以此为由否认合同效力。因此，合同是否真实有效，并不能以印章真伪作为绝对的判断标准，而应确认相关意思表示是否能够体现当事人的意志，是否可以保护交易安全。

（2）由于公司的法定代表人能够以公司名义对外作出意思表示且相关法律后果应由公司承担，故公司股东在选择法定代表人时，除应考虑业务能力以外，更应重点考量该人选在人品上是否诚实可靠。作为公司的法定代表人，也应尽忠实勤勉义务，切勿贪图一时之利以伪造印章的形式谋取不当利益，因为法定代表人伪造印章，可能构成伪造印章罪。法定代表人稍有不慎，可能身陷囹圄。

相关判决

程某进与烟台华某检测工程有限公司、吕某等民间借贷纠纷二审民事判决书
〔（2015）鲁民一终字第266号〕

上诉人（原审被告）：烟台华某检测工程有限公司。

法定代表人：刘某，总经理。

被上诉人（原审原告）：程某进，无业。

[①] 审理法院：山东省高级人民法院；诉讼程序：二审

原审被告：吕某。

原审被告：烟台柯某家饰品有限公司。

法定代表人：靳某宝，董事长。

原审被告：烟台华某经贸发展有限公司。

法定代表人：焦某义，董事长。

上诉人烟台华某检测工程有限公司（以下简称华某检测公司）与被上诉人程某进、原审被告吕某、烟台柯某家饰品有限公司（以下简称柯某家公司）、烟台华某经贸发展有限公司（以下简称华某经贸公司）民间借贷纠纷一案，不服山东省烟台市中级人民法院（2012）烟民一初字第19号民事判决，向我院提起上诉。本院依法组成合议庭，公开开庭进行了审理。上诉人华某检测公司的委托代理人×××，被上诉人程某进的委托代理人×××到庭参加诉讼。原审被告吕某、柯某家公司、华某经贸公司经传票传唤未到庭参加诉讼。本案现已审理终结。

原审法院审理查明：2009年12月18日原告与华某检测公司签订借款合同，合同约定借款金额600万元，借款期限一个月，2009年12月18日至2010年1月16日，借款利率每月7‰，原告于2009年12月18日以转账方式付579万元，以现金方式付款21万元；华某经贸公司、柯某家公司、吕某为合同的保证人，为华某检测公司履行本合同义务提供连带保证责任，在华某检测公司不能偿还本合同约定的借款义务时，由保证人在借款到期后三日内偿还；解决本协议纠纷产生的费用，包括但不限于调查费、诉讼费、律师费等，由败诉方承担。华某检测公司、华某经贸公司、柯某家公司在借款合同上加盖公章，吕某在合同的保证人及法定代表人处签字（吕某时任华某检测公司法定代表人）。同日吕某出具个人无限责任担保函，华某经贸公司、柯某家公司与原告签订保证合同，担保义务期限为自借款合同中的主债务到期之日起二年内，承担连带责任的范围是借款人对债务人的全部债权，包括借款本金及利息、各种费用、损失等，债务人的违约金、赔偿金及实现债权的费用等。

2009年12月17日华某检测公司向原告出具二张借据，一张载明"今借到程某进人民币579万元，2010年1月16日前归还，借款利率按月息7‰计算"，另一张载明"今借到程某进人民币现金21万元，2010年1月16日前归还，借款利率按月息7‰计算"。二张借据均加盖有华某检测公司的公章。原告主张其按照吕某的要求存入银行指定账户579万元，给付现金21万元。为此原告提供二张银行存款凭证，一张显示 2009 年 12 月 17 日原告存入吕某在招商银行的个人账户 109 万元，一张显示 2009 年 12 月 17 日原告存入吕某在农业银行的个人账户 170 万元。原告主张剩余的 300 万元存款的银行凭证已丢失，无法提供。吕某、华某经贸公司、柯某家公司对原告通过银行转账付款 579 万元的事实无异议，但主张原告未支付 21 万元现金，21 万元是被告支付的利息，从借款中直接扣除，对此原告未提供证据。借款合同签订后，吕某通过个人银行卡和他人的银行账户向原告支付利息累计 148 万元，付款时间及金额如下：2010 年 5 月底前付 20 万元，7 月底前付 70 万元，10 月底前付 18 万元，12 月底前付 10 万元，2011 年 3 月底前付 30 万元。

华某检测公司系吕某与华某经贸公司于 1994 年 12 月成立的有限责任公司，吕某任法定代表人。2010 年 8 月 31 日，吕某、华某经贸公司与通标标准技术服务（上海）有限公司签订股权转让协议，约定吕某、华某经贸公司将其持有的华某检测公司的股权全部转让给通标标准技术服务（上海）有限公司；华某检测公司的所有借款及利息，包括但不限于栖霞市农村信用合作联社在农信社和福山农村信用合作联社向华某检测公司提供的贷款，均已全额清偿，并且第三人为华某检测公司所提供的担保均已终止并解除。2010 年 9 月 26 日，华某检测公司在工商行政管理局进行了企业法定代表人的变更登记。2011 年 7 月 12 日，吕某出具证明，证明今交回华某检测公司的原合资企业中英文财务专用章、中英文公章，除此以外无华某检测公司的有关印鉴。

2011 年 11 月 30 日，原告诉至原审法院。诉讼期间华某检测公司申请对 2009 年 12 月 18 日的借款合同及 2009 年 12 月 17 日的二张借据中加盖的华某检测公司印章的真伪进行鉴定。原审法院委托山东衡信司法鉴定中心进行鉴定，该鉴定中心以留存在工商行政管理局档案中的华某检测公司的印章作比对样本，2012 年 11 月 13 日出具鉴定意见，认为检材中的华某检测公司的印章印文是同一枚印章盖印而成，与样本中的印章印文不是同一枚印章盖印而成；检材中华某公司的印章印文与打印字迹和线段形成的先后顺序为先打印字迹和线段，后盖印印文；根据现有条件，无法确定检材中华某公司的印章印文与黑色手写字迹形成的先后顺序。华某检测公司对鉴定无异议，其他当事人对鉴定结论有异议，但未申请重新鉴定。

2011 年 12 月 28 日，原告与山东鑫希望律师事务所签订委托代理合同，由原告委托该所律师代理本案诉讼。2012 年 2 月 15 日，该律师事务所开具收取 68000 元律师费的发票。2011年12月30日，原告向原审法院申请财产保全，由银海投资信用担保有限责任公司为其提供担保，该公司收取原告14660元的担保费。

以上事实有借款合同、保证合同、借据、股权转让合同、鉴定报告、委托代理合同、发票及当事人陈述等证据在案为证。

原审法院认为，华某检测公司与原告签订的借款合同及出具的收据中所加盖的公章经过鉴定是伪造的，虽原告及吕某、柯某家公司、华某经贸公司对鉴定结论有异议，但未提供有说明力的异议理由，故对该鉴定原审法院予以采信。华某检测公司不能证明在借款时原告对此知情以及原告与吕某之间存在恶意串通的故意。签订借款合同时，吕某系华某检测公司的法定代表人，借款合同中不仅加盖有华某检测公司的公章，吕某亦以公司法定代表人身份在借款合同中签字，故即使借款合同中加盖的华某检测公司的公章不真实，但吕某的行为是代表华某检测公司的法人行为，而不是个人行为，上述事实足以使原告相信借款合同的主体是华某检测公司而非吕某个人。华某检测公司于借款之后，进行了股权变更，吕某在股权转让协议中未披露本案诉争的债务，但该事实不能否定该笔债务存在的真实性。股权转让协议仅对吕某与股权受让人华某检测公司债务承担之约定具有对内的约束力，对于股权转让协议之外的善意出借人不具有约束力。综上所述，华某检测公司应承担还款责任，其主张不承担责任的理由均不成立，原审法院不予支持。被告吕某及被告柯某家公司、被告华某经贸公司作为保证人，承担连带保证责任。

根据《最高人民法院关于民事诉讼证据的若干规定》第五条规定："合同纠纷案件中，对合同是否履行发生争议的，由负有履行义务的当事人承担举证责任"。本案双方当事人签订的借款合同约定的借款金额是600万元，并且合同约定转账方式付款579万元，现金方式付款21万元。原告应对合同的履行承担举证责任。现原告仅提供出279万元的银行转账凭证，对于其余大额付款未能提供有效证据，故双方之间的借款金额认定为279万元。合同约定的利率高于法律规定，应按照中国人民银行同期贷款利率的四倍支付。按此标准计算自借款之日至2012年3月6日期间的利息是148万元，被告已实际支付。故原告请求被告支付2011年4月至2011年12月31日的利息118万元属重复计算，原审法院不予支持。但2012年3月7日之后的利息被告应继续支付。原告主张的律师费、担保费计82660元，未超出行业收费标准，系被告违约给原告造成的实际损失，按照合同约定，被告应予赔偿。根据《中华人民共和国合同法》第一百九十六条、

第二百一十一条第二款之规定，判决：一、被告烟台华某检测工程有限公司于本判决生效后十日内返还原告程某进借款279万元，并自2012年3月7日起按中国人民银行同期贷款利率的四倍支付利息至本判决生效之日止。二、被告烟台华某检测工程有限公司于本判决生效后十日内赔偿原告程某进损失82660元。三、被告吕某、被告烟台柯某家饰品有限公司、被告烟台华某经贸发展有限公司对上述债务承担连带保证责任。四、驳回原告程某进的其他诉讼请求。如果未按本判决指定的期间履行给付金钱义务，应当按照《中华人民共和国民事诉讼法》第二百五十三条之规定，加倍支付迟延履行期间的债务利息。案件受理费68110元，诉讼保全费5000元，鉴定费40000元，由原告程某进承担41417元，被告烟台华某检测工程有限公司、被告吕某、被告烟台柯某家饰品有限公司、被告烟台华某经贸发展有限公司共同承担71693元。

上诉人华某检测公司不服原审判决上诉称，原审判决认定事实及适用法律错误。一、被上诉人伪造上诉人公章，涉及刑事案件，应当依法中止审理或驳回起诉并移交公安机关，被上诉人直接汇款给吕某个人，吕某借用被上诉人款项，从未交付上诉人，吕某向被上诉人支付利息，被上诉人明知其是向吕某个人出借款项，在本案起诉前从未向上诉人主张过任何权利，吕某、华某经贸公司在股权转让中明确载明上诉人的所有借款及利息均已全额清偿，故原审判决上诉人承担还款责任是错误的。二、被上诉人诉请之一是从2011年4月起按四倍利率支付利息，2011年4月前所付款超过四倍利率的部分，应当先偿还本金，冲减本金后再从2011年4月起算利息，因此原审判决借款本金及利息错误。三、原审判决上诉人赔偿被上诉人82660元的损失错误。四、原审判决对诉讼费用的计算及分担错误。请求撤销原审判决，改判驳回被上诉人的诉讼请求。

被上诉人程某进答辩称，原审判决认定事实清楚，适用法律正确。一、印章的真伪不影响对被答辩人民事责任的认定，被答辩人在上诉状中称"被上诉人伪造上诉人公章"属于诬陷且没有任何事实根据，被答辩人上诉理由中"直接汇款给吕某""吕某向被上诉人支付利息"及"从未向上诉人主张权利"，以此证明所借款系吕某个人使用，进而推脱责任的主张不能成立，原审判决被答辩人承担返还借款及赔偿损失是正确的。二、原审判决根据双方借款合同第七条的约定及答辩人提交的损失凭证，判令被答辩人赔偿82660元的损失是正确的。三、被答辩人的整个补充上诉意见大多采用了推定的口气，凭空臆造，没有事实根据和证据来支持。请求驳回上诉，维持原判。

原审被告吕某、柯某家公司、华某经贸公司均未提交书面答辩意见。

本院二审查明的事实与一审查明的事实一致。

本院认为，本案争议焦点为：一、原审判决上诉人承担还款责任是否正确；二、原审判决对上诉人应偿还借款本金和利息的计算是否正确；三、原审判决上诉人赔偿被上诉人82660元的损失是否正确；四、原审判决对诉讼费用的计算及分担是否正确。

关于原审判决上诉人承担还款责任是否正确的问题。上诉人主张被上诉人伪造上诉人公章，涉及刑事案件，应当依法中止审理或驳回起诉并移交公安机关，并提供了烟台市芝罘区法院（2012）芝民社一初字第619号民事判决书、（2014）芝民重字第3号开庭传票及烟台市中级人民法院（2013）烟民四终字第1554号民事裁定书予以佐证。本院认为，虽然原审法院认定涉案借款合同、二张借据中的印章系伪造的印章，但上诉人并未提供充分证据证明被上诉人在出借款项时明知印章系伪造以及被上诉人与原审被告吕某存在串通伪造印章或者合伙诈骗的行为。上诉人在二审中提供的三份法律文书均系案外人孙某与本案上诉人华某检测公司及原审被告吕某之间民间借贷纠纷案件的法律文书，上诉人并未提供证据证明孙某与华某检测公司、吕某民间借贷纠纷案件已经移送公安机关处理，且孙某与华某检测公司、吕某民间借贷纠纷案件所涉借款事实发生时，吕某已不再担任上诉人法定代表人，这与本案的情况不同。因此，上诉人的该项上述主张不能成立。

对于上诉人关于本焦点问题的其他主张，本院认为，借款合同签订时，吕某系上诉人法定代表人，借款合同及二张借据均加盖了上诉人的公章，吕某亦在借款合同及二张借据上签字，不论该公章是否系伪造，上述事实都足以使被上诉人相信借款人是上诉人。被上诉人直接汇款给吕某个人，吕某向被上诉人支付利息以及所借款项的实际用途均不影响上诉人与被上诉人之间已经形成的民间借贷法律关系，股权转让协议的相关约定亦不能对被上诉人产生法律约束力。因此，原审判决上诉人承担还款责任，并无不当。

关于原审判决对上诉人应偿还借款本金和利息的计算是否正确的问题。涉案借款合同约定的借款本金及被上诉人主张的借款本金均为600万元，原审被告吕某、华某经贸公司、柯某家公司认可借款本金为579万元。虽然原审判决认定借款本金为279万元，但对于被上诉人未提供有效付款证据证明的300万元，吕某、华某经贸公司、柯某家公司均予以认可，也就是说，148万元利息是吕某在认可借款本金为 579 万元的情况下归还的。借款合同约定的利息过高，原审判决认定按照中国人民银行同期贷款利率的四倍计算利息正确。因从借款之日以 279 万元为基数计算，至 2011 年 4 月 1 日的利息少于 148 万元，至 2012 年 3 月 6 日的利息等于 148 万元，故原审判决认定利息起算时间相应顺延至 2012 年 3 月 7 日，并无不当。

关于原审判决上诉人赔偿被上诉人 82660 元的损失是否正确的问题。被上诉人在原审中提供了山东鑫希望律师事务所开具的金额为 68000 元的代理费发票和银海投资信用担保有限责任公司出具的金额为 14660 元的担保费发票，结合被上诉人出具的授权委托书、山东鑫希望律师事务所出具的代理出庭通知函以及山东银海投资信用担保有限责任公司出具的财产保全担保函，能够认定 68000 元律师费和 14660 元的担保费已经实际发生。本案所涉纠纷系因上诉人未按时偿还借款本金及利息引发，上述费用系为解决纠纷而产生的费用，且未超出行业收费标准，原审法院根据涉案借款合同的约定，判决上诉人赔偿被上诉人 82660 元的损失，并无不当。

关于原审判决对诉讼费用的计算及分担是否正确的问题。本案原审案件受理费应为 63110 元，诉讼保全费 5000 元，鉴定费 40000 元，原审判决多计算了 5000 元诉讼费用，上诉人的该项上诉理由成立，本院予以支持。

综上，上诉人的上诉理由部分成立。依照《中华人民共和国民事诉讼法》第一百七十条第一款第（二）项、第一百七十五条之规定，判决如下：

维持原审判决第一项、第二项、第三项、第四项，变更原审判决关于诉讼费用认定及分担部分为：案件受理费 63110 元，诉讼保全费 5000 元，鉴定费 40000 元，由原告程某进承担 38377 元，被告烟台华某检测工程有限公司、被告吕某、被告烟台柯某家饰品有限公司、被告烟台华某经贸发展有限公司共同承担 69733 元。

二审案件受理费 63110 元，由上诉人烟台华某检测工程有限公司承担。

本判决为终审判决。

法律法规

《最高人民法院关于适用〈中华人民共和国民法典〉合同编通则若干问题的解释》（法释〔2023〕13 号）

第二十二条　法定代表人、负责人或者工作人员以法人、非法人组织的名义订立合同且未超越权限,法人、非法人组织仅以合同加盖的印章不是备案印章或者系伪造的印章为由主张该合同对其不发生效力的,人民法院不予支持。

合同系以法人、非法人组织的名义订立,但是仅有法定代表人、负责人或者工作人员签名或者按指印而未加盖法人、非法人组织的印章,相对人能够证明法定代表人、负责人或者工作人员在订立合同时未超越权限的,人民法院应当认定合同对法人、非法人组织发生效力。但是,当事人约定以加盖印章作为合同成立条件的除外。

合同仅加盖法人、非法人组织的印章而无人员签名或者按指印,相对人能够证明合同系法定代表人、负责人或者工作人员在其权限范围内订立的,人民法院应当认定该合同对法人、非法人组织发生效力。

在前三款规定的情形下,法定代表人、负责人或者工作人员在订立合同时虽然超越代表或者代理权限,但是依据民法典第五百零四条的规定构成表见代表,或者依据民法典第一百七十二条的规定构成表见代理的,人民法院应当认定合同对法人、非法人组织发生效力。

《全国法院民商事审判工作会议纪要》(法〔2019〕254号)

41.【盖章行为的法律效力】司法实践中,有些公司有意刻制两套甚至多套公章,有的法定代表人或者代理人甚至私刻公章,订立合同时恶意加盖非备案的公章或者假公章,发生纠纷后法人以加盖的是假公章为由否定合同效力的情形并不鲜见。人民法院在审理案件时,应当主要审查签约人于盖章之时有无代表权或者代理权,从而根据代表或者代理的相关规则来确定合同的效力。

法定代表人或者其授权之人在合同上加盖法人公章的行为,表明其是以法人名义签订合同,除《公司法》第16条等法律对其职权有特别规定的情形外,应当由法人承担相应的法律后果。法人以法定代表人事后已无代表权、加盖的是假章、所盖之章与备案公章不一致等为由否定合同效力的,人民法院不予支持。

代理人以被代理人名义签订合同,要取得合法授权。代理人取得合法授权后,以被代理人名义签订的合同,应当由被代理人承担责任。被代理人以代理人事后已无代理权、加盖的是假章、所盖之章与备案公章不一致等为由否定合同效力的,人民法院不予支持。

043 成都龙某旅游资源开发有限公司与成都市彭州龙某小额贷款有限责任公司等借款合同纠纷案①

裁判要旨

法定代表人已在合同上签字确认，即可体现公司意志，合同上加盖的印章是否系伪造或涉嫌诈骗犯罪已不再重要。公司不得仅以合同上加盖的印章与公司使用印章不符为由，主张合同对其没有约束力。

实务要点总结

法定代表人使用伪造印章签订合同的行为即使构成诈骗罪或者伪造印章罪，也不能成为公司主张免除民事责任的理由。使用伪造印章签订的合同是否有效应依据《民法典》第一编第六章第三节关于民事法律行为效力的规定进行判断，而法定代表人使用伪造印章是否构成犯罪则需根据《刑法》的相关规定进行判断。因此，在通常情况下，二者是彼此独立的。企图在诉讼中通过给法定代表人"治罪"的方式摆脱公司应承担的民事责任，可能不能达到预期的诉讼目的。

相关判决

成都龙某旅游资源开发有限公司与成都市彭州龙某小额贷款有限责任公司等借款合同纠纷二审民事判决书［（2015）川民终字第 592 号］

上诉人（原审被告）：成都龙某旅游资源开发有限公司，住所地：四川省邛崃市平乐镇迎宾路 24 号。

法定代表人：叶某，董事长。

被上诉人（原审原告）：成都市彭州龙某小额贷款有限责任公司，住所地：四川省彭州市天彭镇天府中路 305 号 4 层 305 号。

原审被告：四川省骑龙山长某旅游资源开发有限公司，住所地：成都市邛崃市平乐镇迎宾路 26 号。

法定代表人：杨某明，职务不详。

原审被告：杨某明，男，汉族。

---

① 审理法院：四川省高级人民法院；诉讼程序：二审

上诉人成都龙某旅游资源开发有限公司（以下简称龙某旅游公司）因与被上诉人成都市彭州龙某小额贷款有限责任公司（以下简称龙某小额贷款公司）、原审被告四川省骑龙山长某旅游资源开发有限公司（以下简称骑龙山长某公司）、杨某明借款合同纠纷一案，不服四川省成都市中级人民法院（2014）成民初字第1377号民事判决，向本院提起上诉。本院2015年7月7日受理后，依法组成合议庭，于2015年8月11日公开开庭审理了本案。上诉人龙某旅游公司的法定代表人叶某、委托代理人×××，被上诉人龙某小额贷款公司的委托代理人××ׯ到庭参加诉讼，原审被告骑龙山长某公司、杨某明经本院合法传唤未到庭参加诉讼，本院依法缺席审理。本案现已审理终结。

原审法院审理查明，龙某小额贷款公司系经四川省人民政府金融办公室批准设立的小额贷款有限责任公司，经营范围为发放贷款（不含委托贷款）及相关咨询活动。2013年12月23日，龙某小额贷款公司与骑龙山长某公司签订《流动资金贷款合同》一份，约定：龙某小额贷款公司向骑龙山长某公司提供借款人民币15000000元用于支付土地款，贷款期限为六个月，从2013年12月23日起至2014年6月22日。贷款年利率为22.4%。骑龙山长某公司应承担本合同及本合同项下担保有关的律师服务、资信调查、检查、保险、评估、登记、保管、鉴定、公证等费用。同年12月23日，龙某小额贷款公司员工郑某欢通过其中国工商银行个人账户分别转账8000000元、7000000元至骑龙山长某公司账户。同日，骑龙山长某公司出具《放款确认书》，确认收到《流动资金贷款合同》项下全部款项。截至龙某小额贷款公司起诉之日即2014年6月9日，骑龙山长某公司尚欠龙某小额贷款公司本金15000000元、利息68000元。

2013年12月23日，龙某小额贷款公司与龙某旅游公司签订《保证合同》一份，载明：为保证龙某小额贷款公司与骑龙山长某公司签订《流动资金贷款合同》的履行，龙某旅游公司自愿为该笔合同形成的债务提供连带责任保证，保证范围为债权本金15000000元及利息、违约金、赔偿金和债权人实现债权而发生的费用（包括但不限于诉讼费、仲裁费、财产保全费、差旅费、执行费、评估费、拍卖费、律师代理费等）。保证期间自合同生效之日起至主合同项下的债务履行期限届满之日起两年。该份《保证合同》上加盖了龙某小额贷款公司与"成都龙某旅游资源开发有限公司"公章、杨某明的法定代表人名章，杨某明亦在该合同上签字。龙某小额贷款公司还持有一份龙某旅游公司《股东会决议》，其中载明：公司股东同意龙某旅游公司为骑龙山长某公司的15000000元借款提供担保，该份《股东会决议》加盖有"成都市龙某旅游资源开发有限公司"公章及陈某舵的私章/杨某明签字。同日，龙某小额贷款公司与杨某明签订《保证合同》一份，载明：为保证龙某小额贷款公司与骑龙山长某公司签订《流动资金贷款合同》的履行，杨某明自愿为该笔合同形成的债务提供连带责任保证，保证范围为债权本金15000000元及利息、违约金、赔偿金和债权人实现债权而发生的费用（包括但不限于诉讼费、仲裁费、财产保全费、差旅费、执行费、评估费、拍卖费、律师代理费等）。保证期间自合同生效之日起至主合同项下的债务履行期限届满之日起两年。

借款期限届满后，骑龙山长某公司仍未归还借款，保证人龙某旅游公司、杨某明亦未履行保证责任。龙某小额贷款公司2014年6月9日诉至原审法院，请求判令：（一）骑龙山长某公司归还龙某小额贷款公司借款本金15000000元，利息68000元（暂计至起诉之日），以及实现债权的律师代理费463000元；（二）龙某旅游公司、杨某明对骑龙山长某公司的上述债务承担连带保证责任；（三）本案诉讼费用由三被告承担。

原审法院另查明：杨某明系骑龙山长某公司法定代表人。2013年8月1日至2014年1月15日期间，杨某明系龙某旅游公司法定代表人。2014年1月16日，龙某旅游公司法定代表人由杨某明变更为叶某。

邛崃市公安局于2014年5月11日作出邛公（经）立字（2014）300号立案决定书，对杨某明涉嫌伪造公司印章案立案侦查，于2014年5月26日作出邛公（经）立字（2014）604号立案决定书，对杨某明涉嫌合同诈骗案立案侦查。2014年6月17日，邛崃市公安局对杨某明执行逮捕。成都市公安局物证鉴定所于2014年8月8日作出成公鉴（文检）字（2014）12274号《鉴定书》，认定龙某小额贷款公司与龙某旅游公司签订的《保证合同》、龙某旅游公司《股东会决议》上加盖印章"成都市龙某旅游资源开发有限公司"与送检单位提取的龙某旅游公司公章印文不一致。2014年5月30日，邛崃市公安局侦查人员对杨某明所作讯问笔录中，杨某明承认在上述《保证合同》《股东会决议》上龙某旅游公司印章系个人私刻印章所盖，龙某旅游公司其他股东并不知情。

原审法院同时查明：龙某小额贷款公司委托其员工郑某欢于2013年12月23日通过其中国工商银行个人账户向骑龙山长某公司分别转账8000000元、7000000元共计15000000元，郑某欢承认该款项的实际权利人为龙某小额贷款公司。

原审法院审理认为，（一）龙某小额贷款公司与骑龙山长某公司签订的《流动资金贷款合同》系双方当事人的真实意思表示，且不违反法律、行政法规的禁止性规定，应属合法有效。龙某旅游公司抗辩称，《流动资金贷款合同》实质是以合法形式掩盖合同诈骗的非法目的，但现有证据不能证明该合同具有《中华人民共和国合同法》第五十二条规定的合同无效的情形，杨某明被公安机关以涉嫌伪造公司印章罪逮捕和本案《流动资金贷款合同》所涉借款关系并非基于同一法律事实，故龙某旅游公司关于该合同无效的主张不能成立。龙某小额贷款公司委托其员工郑某欢向骑龙山长某公司转账15000000元，骑龙山长某公司实际收到了该笔借款，但未依约及时归还借款本息，按照《中华人民共和国合同法》第一百零七条"当事人一方不履行合同义务或者履行合同义务不符合约定的，应当承担继续履行、采取补救措施或者赔偿损失等违约责任"的规定，骑龙山长某公司应承担还本付息的民事责任。龙某小额贷款公司请求骑龙山长某公司归还借款本金15000000元，利息68000元，并从龙某小额贷款公司起诉之日即2014年6月9日起按年利率22.4%支付利息至本金付清之日为止的诉讼请求，符合法律规定和合同约定。按照《流动资金贷款合同》中约定骑龙山长某公司应当承担本合同项下有关的律师服务费，龙某小额贷款公司为本案纠纷向四川法翼行律师事务所支付律师费463000元，应由骑龙山长某公司承担。

龙某小额贷款公司与龙某旅游公司签订《保证合同》所加盖印章，虽经成都市公安局物证鉴定所于2014年8月8日作出成公鉴（文检）字（2014）12274号《鉴定书》，认定龙某小额贷款公司与龙某旅游公司签订的《保证合同》、龙某旅游公司《股东会决议》上加盖印章"成都市龙某旅游资源开发有限公司"与送检单位提取的龙某旅游公司公章印文不一致，在该份《保证合同》签订期间，杨某明系龙某旅游公司的法定代表人，有权代表龙某旅游公司行使民事权利、履行民事义务。根据《中华人民共和国民法通则》第四十三条"企业法人对它的法定代表人和其他工作人员的经营活动，承担民事责任"的规定，杨某明作为龙某旅游公司法定代表人在《保证合同》上签字，系履行职务行为，无论《保证合同》上加盖的龙某旅游公司公章与备案公章是否一致，龙某旅游公司均应承担其法定代表人行为所导致的法律后果及责任。龙某小额贷款公司基于对杨某明法定代表人身份的信任，与其签订《保证合同》是合情合理的，也有充分理由相信此担保行为是龙某旅游公司的真实意思表示。现有证据也无法证明龙某小额贷款公司在签订《保证合同》时存在任何过错，龙某旅游公司认为《保证合同》系无效合同，龙某小额贷款公司在签订合同时存在明显过错的主张，缺乏事实和法律依据。龙某小额贷款公司与龙某旅游公司、杨某明签订的《保证合同》均系双方当事人的真实意思表示，且不违反法律法规的禁止性规定，应属合法有效。龙某旅游公司、杨某明应对骑龙山长某公司承担的本金、利息及律师代理费给付义务承担连带保证责任，在其承担保证责任后，有权向骑龙山长某公司追偿。骑龙山长某公司、杨某明未到庭参加诉讼，视为放弃答辩、举证、质证的权利，相应法律后果由其自行承担。据此，原审法院判决：一、骑龙山长某公司于判决生效之日起十日内归还龙某小额贷款公司借款本金 15000000 元，利息 68000 元，并从 2014 年 6 月 9 日起按年利率 22.4% 支付利息至本金付清之日为止；二、骑龙山长某公司于判决生效之日起十日内给付龙某小额贷款公司律师代理费 463000 元；三、龙某旅游公司、杨某明对骑龙山长某公司上述义务承担连带保证责任，其承担保证责任后，有权向骑龙山长某公司追偿，如果未按判决指定的期间履行金钱义务，应当按照《中华人民共和国民事诉讼法》第二百五十三条之规定加倍支付迟延履行期间的债务利息。第一审案件受理费 114986 元，诉讼保全费 5000 元，共计 119986 元，由骑龙山长某公司、龙某旅游公司、杨某明承担。

宣判后，龙某旅游公司不服，向本院提起上诉。其主要上诉理由为：（一）杨某明代表龙某旅游公司与龙某小额贷款公司签订的《保证合同》应为无效，该合同实质是杨某明为骗取贷款、进行合同诈骗的手段，即"以合法形式掩盖非法目的"，属于法定合同无效的情形。邛崃市公安局对杨某明的多次讯问笔录显示，杨某明供认：2013 年 11 月，其为了隐瞒龙某公司股东私自开展业务，伪造了一枚龙某旅游公司的假印章。为从龙某小额贷款公司骗取 15000000 元贷款，2013 年 12 月 23 日杨某明在龙某旅游公司股东毫不知情的情况下，使用该伪造的公章以龙某旅游公司的名义与龙某小额贷款公司签订了《保证合同》以及一份《股东会决议》。在获得龙某小额贷款公司的 15000000 元贷款后，杨某明将其中的 13000000 元均用于其个人使用。这些事实也被公安机关其他侦查资料所印证。本案一审诉讼期间成都市检察院已向成都市中级人民法院提起公诉，以合同诈骗罪起诉杨某明。因此，杨某明以龙某旅游公司名义签订的《保证合同》《抵押合同》，单方出具的《股东会决议》均是为了达到实施合同诈骗，骗取龙某小额贷款公司贷款之目的而实施的犯罪手段，是典型的以合法形式掩盖非法目的的情形，根据我国《合同法》第五十二条之规定，该两份合同属于无效的合同。

(二) 杨某明私刻龙某旅游公司公章, 骗取贷款用于其个人使用的行为构成犯罪, 龙某旅游公司对其犯罪行为造成的经济损失不应承担民事责任, 私刻单位的公章签订经济合同, 骗取财物归个人占有、使用、处分或者进行其他犯罪活动构成犯罪的, 单位对行为人该犯罪行为所造成的经济损失不承担民事责任。(三) 龙某旅游公司不仅在杨某明伪造公司印章、使用该印章实施犯罪时毫不知情, 且在2013年11月杨某明转让出其持有的龙某旅游公司股权后就将公章从杨某明处收回进行了妥善保管, 因此, 龙某旅游公司在杨某明实施合同诈骗的过程中不存在任何过错。龙某旅游公司对龙某小额贷款公司因杨某明合同诈骗遭受的经济损失不应承担任何民事责任, 即龙某旅游公司不应承担本案《保证合同》中约定的连带还款责任。(四) 杨某明对龙某小额贷款公司实施合同诈骗的犯罪与本案借款合同纠纷源于同一事实, 且有充分证据证明杨某明涉嫌构成合同诈骗罪, 审理本案的法院应当裁定驳回起诉, 将有关材料移送公安机关或检察机关。(五) 龙某小额贷款公司违规发放贷款, 存在重大过错, 有证据显示, 龙某小额贷款公司向杨某明发放贷款, 是经过龙某小额贷款公司的股东兼监事陈某伍担保并由陈某伍代为支付借款的利息, 陈某伍与杨某明存在着重大利益交换关系; 龙某小额贷款公司向杨某明发放贷款完全违反贷款发放的基本原则, 其本身存在重大过错。(六) 2012年4月8日, 龙某小额贷款公司章程显示, 四川诚某建筑有限公司出资16000000元, 为龙某小额贷款公司股东之一; 四川诚某建筑有限公司法定代表人是陈某伍。(七) 龙某小额贷款公司违背向"为'三农'和中小企业、微小企业、个体工商户、城镇居民服务"和"小额、分散"的原则, 向杨某明发放远远超出20万元限额的1500万元的贷款; 并且, 其发放的用途为支付土地款。龙某小额贷款公司违反《四川省小额贷款公司管理暂行办法》第二十三条"小额贷款公司禁止跨市 (州) 经营业务。小额贷款公司根据业务开展情况, 可在注册地所在市 (州) 内跨县 (市、区) 经营业务"。杨某明未经成都市政府部门同意, 擅自跨区经营, 其假冒上诉人龙某旅游公司与被上诉人龙某小额贷款公司间签订的《保证合同》是法定无效合同, 被上诉人龙某小额贷款公司存在重大过错。龙某旅游公司对龙某小额贷款公司因杨某明的合同诈骗行为而遭受的经济损失不应承担任何责任。请求: (一) 依法撤销原审判决第一项、第二项、第三项判项; (二) 驳回龙某小额贷款公司的诉讼请求; (三) 龙某小额贷款公司承担一、二审诉讼费及保全费。

龙某小额贷款公司答辩称, 原判认定事实清楚, 适用法律正确。(一) 骑龙山长某公司与龙某小额贷款公司签订的《流动资金贷款合同》系双方当事人的真实意思表示，且不违反法律、行政法规的禁止性规定，当属合法有效。（二）龙某旅游公司法定代表人杨某明履行职务行为，代表龙某旅游公司与龙某小额贷款公司签订的《保证合同》系双方当事人的真实意思表示。虽然《保证合同》所盖龙某旅游公司的印章经公安机关鉴定系伪造，但基于我公司对杨某明系龙某旅游公司法定代表人身份的信任以及其在签约前向龙某小额贷款公司出示的骑龙山2号地块的《国有建设用地使用权出让合同》等材料原件和复印件，以龙某旅游公司名义签订《保证合同》，龙某小额贷款公司对此已充分尽到谨慎审查义务。（三）龙某旅游公司与龙某小额贷款公司签订的《保证合同》真实、合法、有效。龙某公司应当对借款本金、利息及实现债权发生的律师费用承担连带保证责任。杨某明作为龙某旅游公司的法定代表人，代表龙某旅游公司签订《保证合同》，系履行职务行为，其民事责任应由龙某旅游公司承担。（四）龙某小额贷款公司违反规章跨区域大额发放贷款，导致的后果只应是金融行政主管部门对小额贷款公司进行相应的规范，并不影响其与借款人、担保人之间签订的民事合同的效力。（五）案外人陈某伍并未在《流动资金贷款合同》上签署同意对涉讼借款承担连带保证责任的意见和签字，其不应成为涉讼借款的保证人、并对涉讼借款承担连带保证责任。请求驳回上诉，维持原判。

原审被告骑龙山长某公司，杨某明未到庭参加诉讼，也未提交书面答辩意见。

经本院二审查明，双方当事人对原审查明的事实部分无异议，本院对原审查明的事实予以确认。

二审中，龙某旅游公司为证明其上诉主张，向本院提交以下新证据：

一、《流动资金贷款合同》《保证合同》源自成都中院电子档案。拟证明，一审案卷中的证据《流动资金贷款合同》第十五条与上诉人提供的来源不同的贷款合同在条款上存有异，主要差异为"本合同一式五份，由乙方龙某小额贷款公司及甲方骑龙山长某公司及担保人龙某旅游公司、杨某明、陈某伍各执一份"。而一审案卷第十五条却是空白。有可能对上诉人的权益造成重大影响；二是通过查明的事实，陈某伍实际控制的四川诚某建筑有限公司为龙某小额贷款公司股东，有1600万元出资。根据贷款合同中条款上的差异及二审开庭查明的事实，可以合理相信陈某伍为本案借贷关系的担保人，有一定的事实依据；也可以证明本案起诉时龙某小额贷款公司与陈某伍存在担保关系的合理怀疑，龙某小额贷款公司的行为可能造成龙某旅游公司承担担保责任后其合法权益的损害。三是杨某明私刻公章，并用此伪造的印章为龙某旅游公司签订了保证合同，杨某明本人签字认可。因此《保证合同》的三性有待法庭综合认定。杨某明在履行法定代表人职务行为中存在损害公司重大利益的情形，涉及的犯罪行为应当承担的法律责任是个人还是公司承担，二审中应查明作出综合判断，杨某明涉嫌诈骗犯罪的行为，已由公安机关查处，不应由龙某旅游公司承担相关责任。

龙某小额贷款公司的质证意见为，对《流动资金贷款合同》《保证合同》证据的真实性、合法性、关联性予以认可，龙某旅游公司在一审庭审2014年9月24日《庭审笔录》第9页第8行、第9行（龙某公司的特别授权代理人）：……对《流动资金贷款合同》、承诺书、《保证合同》两份、股东会决议形式的真实性没有异议……"的内容已表明，龙某旅游公司对《流动资金贷款合同》和两份《保证合同》的真实性无异议且未对此提起上诉，请求二审法院对《保证合同》的真实有效性予以确认。《流动资金贷款合同》一式五份，其合同内容完全一致，合同中出借人龙某小额贷款公司和借款人骑龙山长某公司印章系合法印章，合同的法定代表人签字系真实签名，为合法有效的合同。另外，两份《流动资金贷款合同》书写"陈某伍"和"陈某武"虽不一致，但并不影响本合同的有效性且案外人陈某伍并未在《流动资金贷款合同》上签字，借款人骑龙山长某公司和出借人龙某小额贷款公司所签订的《流动性贷款合同》，对陈某伍不具有法律约束力，陈某伍不是本案的诉讼当事人。龙某小额贷款公司是基于对龙某旅游公司法定代表人的信任才与龙某旅游公司签订《保证合同》，杨某明作为龙某旅游公司的法定代表人，代表龙某旅游公司签订《保证合同》，系履行职务行为，其民事责任应当由龙某旅游公司承担。

二、《抵押合同》一份、《抵押承诺书》一份，拟证明：杨某明未经龙某旅游公司股东会决议，伪造印章私自贷款，私自签订《抵押合同》获取贷款后将其中13000000元用于偿还个人欠款，进一步证明龙某小额贷款公司发放贷款时的依据是国有土地成交确认书等系列文件，贷款发放后未进行贷后管理，任由杨某明将此借款全部挪于个人使用，造成损失，龙某小额贷款公司存在过错。

龙某小额贷款公司质证意见为，对《抵押合同》《抵押承诺书》证据三性予以认可。《抵押合同》的签订再次表明，龙某旅游公司对本案借款提供担保这一基本事实是真实的，也是龙某旅游公司的真实意愿。虽然案涉的土地抵押登记最后未能办理，其原因系龙某旅游公司未提交土地使用权证，但不影响该公司的保证担保法律效力。《抵押承诺书》有龙某旅游公司法定代表人杨某明真实签名，该签字是代表上诉人龙某旅游公司的履行职务行为，代表龙某旅游公司，该《抵押合同》真实、合法、有效。另外，《抵押承诺书》中载明了实际用款人是龙某旅游公司，借款用途是缴纳龙某旅游公司的土地款，龙某旅游公司自愿表示在取得土地使用权证以后，立即用本宗地为借款办理抵押担保，并保证不重复抵押，且承诺若不能按约定归还借款本息时，龙某小额贷款公司有权接收该产权。

三、两份承诺书，来源于杨某明向邛崃市公安机关提供，2014年4月10日，杨某明以龙某旅游公司负责人、骑龙山长某公司负责人名义向龙某小额贷款公司、四川诚某建筑有限公司的还款承诺；陈某伍以四川诚某建筑有限公司名义对杨某明的承诺。上述证据拟证明：龙某小额贷款公司因利益关系而有隐瞒连带保证人的行为，可能导致损害龙某旅游公司的合法权益。

龙某小额贷款公司的质证意见为：杨某明对龙某小额贷款公司的承诺足以证明龙某小额贷款公司依约向骑龙山长某公司出借15000000元借款，龙某旅游公司将此笔借款交纳土地款系用于公司经营活动的客观事实。龙某小额贷款公司与骑龙山长某公司的借款关系真实、合法、有效，应受法律保护。龙某旅游公司自愿对此借款提供担保，应当依约对此15000000元借款承担连带偿还责任。陈某伍以四川诚某建筑有限公司名义对杨某明的承诺，并无龙某小额贷款公司签章认可，系杨某明与陈某伍、四川诚某建筑有限公司单方协议，不能达到龙某旅游公司的证明目的。

本院对上述证据的认证意见是：证据一、二具有真实性、合法性、关联性，本院予以采信，对于其证明力，本院将结合其他事实予以综合认定；证据三因系复印件，其真实性无法确认，本院不予采信。

本院另查明：

一、龙某旅游公司于2013年8月1日设立，为有限责任公司，杨某明任法定代表人。2013年9月16日，龙某旅游公司召开股东会将注册资本增加至20000000元，杨某明出资9800000元持有公司49%股权，陈某舵出资10200000元持有公司51%股权。

二、2013年12月27日，龙某旅游公司股东杨某明签署股权转让协议将所持公司40%股权转让叶某，同日，龙某旅游公司股东陈某舵将所持公司37%股权转让叶某。

三、2014年1月16日，龙某旅游公司召开股东会议，免去杨某明法定代表人职务，由叶某担任法定代表人。

四、杨某明于 2014 年 6 月 17 日被邛崃市公安局以涉嫌伪造公司印章罪逮捕，2014 年 11 月 19 日被成都市人民检察院以涉嫌合同诈骗罪起诉至成都市中级人民法院。

根据各方当事人的诉辩主张及理由，本案二审争议焦点为：一、本案是否应因杨某明涉嫌犯罪而应驳回龙某小额贷款公司的起诉；二、案涉借款合同、保证合同的效力认定问题以及龙某旅游公司是否应当承担担保责任及承担责任的具体范围。

一、关于本案是否因杨某明涉嫌刑事犯罪而应驳回龙某小额贷款公司起诉。

龙某旅游公司主张，杨某明对龙某小额贷款公司实施合同诈骗的犯罪与本案借款合同纠纷源于同一事实，本案应当裁定驳回起诉。对此，本院认为，首先，骑龙山长某公司法定代表人杨某明以为公司支付土地款为贷款用途与龙某小额贷款公司签订《流动资金贷款合同》，后又代表龙某旅游公司签订《保证合同》为贷款提供担保，虽然杨某明在案涉《保证合同》《股东会决议》中加盖的龙某旅游公司印章经鉴定为私刻，但根据其时任骑龙山长某公司、龙某旅游公司法定代表人的身份，以及在《流动资金贷款合同》《保证合同》上亲笔签字的行为，结合骑龙山长某公司基本账户接受 15000000 元贷款，及成检公刑诉（2014）306 号《起诉书》提及杨某明将部分贷款转至龙某旅游公司基本账户用于缴纳骑龙山 2 号土地款的事实，足以认定杨某明签订以上合同的行为，均属代表贷款人、担保人履行职务的行为，据此，就可对本案所涉合同关系、效力及民事责任进行认定。因此，杨某明私刻公章签订合同涉嫌合同诈骗犯罪刑事案件所涉及的事实，虽与本案借款合同纠纷涉及的事实存在关联，但并非同一事实，根据《最高人民法院关于在审理经济纠纷案件中涉及经济犯罪嫌疑若干问题的规定》第一条"同一公民、法人或其他经济组织因不同的法律事实，分别涉及经济纠纷和经济犯罪嫌疑的，经济纠纷案件和经济犯罪嫌疑案件应当分开审理"的规定，本案不应当裁定驳回起诉。其次，根据《最高人民法院关于审理民间借贷案件适用法律若干问题的规定》第五条"人民法院立案后，发现民间借贷行为本身涉嫌非法集资犯罪的，应当裁定驳回起诉，并将涉嫌非法集资犯罪的线索、材料移送公安或者检察机关"的规定，人民法院受理的民间借贷案件，只有当民间借贷行为本身涉嫌非法集资犯罪的，案件才应当裁定驳回起诉，本案杨某明仅涉嫌合同诈骗犯罪，并非非法集资犯罪，据此，本案也不应当裁定驳回起诉。

此外，二审期间，龙某旅游公司向本院提交成都市人民检察院《起诉书》

一份，主要内容为杨某明未经股东会决议和授权，擅自使用伪造印章与龙某小额贷款公司签订《保证合同》《抵押合同》及《抵押承诺书》涉嫌合同诈骗罪一案正在成都市中级人民法院审理当中，据此认为杨某明对龙某小额贷款公司实施合同诈骗的犯罪与本案借款合同纠纷源于同一事实，故本案应当中止诉讼。对此，本院认为，根据《最高人民法院关于审理民间借贷案件适用法律若干问题的规定》第七条"民间借贷的基本案件事实必须以刑事案件审理结果为依据，而该刑事案件尚未审结的，人民法院应当裁定中止诉讼"的规定，民间借贷的基本案件事实必须以刑事案件审理结果为依据，民事案件才应当裁定中止诉讼。本案属于民间借贷纠纷，本案审理的关键是《流动资金贷款合同》《保证合同》是否有效。而根据《最高人民法院关于审理民间借贷案件适用法律若干问题的规定》第十三条第一款"借款人或者出借人的借贷行为涉嫌犯罪或者已经生效的判决认定构成犯罪，当事人提起民事诉讼的，民间借贷合同并不当然无效。人民法院应当根据合同法第五十二条、本规定第十四条之规定，认定民间借贷合同的效力"的规定，民间借贷合同效力并不当然受犯罪与否的影响，即使杨某明涉嫌犯罪，本案作为民事案件，仍应将《中华人民共和国合同法》第五十二条、《最高人民法院关于审理民间借贷案件适用法律若干问题的规定》第十四条的规定作为认定合同效力的依据。因此，本案案件事实和责任的认定，并非必须以刑事案件审理结果为依据，本案无须裁定中止诉讼。

二、关于案涉借款合同、保证合同的效力问题以及龙某旅游公司是否应当承担保证责任。

龙某旅游公司主张杨某明以龙某旅游公司名义签订的《保证合同》《抵押合同》，单方出具的《股东会决议》均是为了达到实施合同诈骗，骗取龙某小额贷款公司贷款之目的而实施的犯罪手段，属典型的以合法形式掩盖非法目的的情形，根据《中华人民共和国合同法》第五十二条之规定，该两份合同属于无效的合同。对此，本院认为，"以合法形式掩盖非法目的"的合同，是指当事人签订的合同在形式上是合法的，但在缔约目的和内容上是非法的，根据《中华人民共和国合同法》第五十二条第（三）项的规定，合同应当无效。"以合法形式掩盖非法目的"中"目的"，应当是合同双方共同的目的，要么是合同双方通谋的结果，要么是双方共同明知或理应知道的。本案中，虽然龙某旅游公司主张杨某明私刻公司公章签订《保证合同》《抵押合同》，实施合同诈骗，但龙某旅游公司并未提供证据证明龙某小额贷款公司与杨某明通谋实施诈骗，或龙某小额贷款公司明知或理应知道杨某明签订合同是实施诈骗而与其签订合同，即龙某旅游公司没有提供证据证明在缔约过程中，龙某小额贷款公司与杨某明双方有共同的非法目的，依据《最高人民法院关于民事诉讼证据的若干规定》第二条"当事人对自己提出的诉讼请求所依据的事实或者反驳对方诉讼请求所依据的事实有责任提供证据加以证明。没有证据或者证据不足以证明当事人的事实主张的，由负有举证责任的当事人承担不利后果"的规定，龙某旅游公司应当承担举证不力的不利后果，其关于《保证合同》《抵押合同》属于"以合法形式掩盖非法目的"的合同，应当无效的上诉理由不能成立，本院依法不予支持。

对于龙某旅游公司主张杨某明私刻龙某公司公章，骗取贷款用于其个人使用的行为构成犯罪，龙某旅游公司对其犯罪行为造成的经济损失不应承担民事责任，本院认为，杨某明与龙某小额贷款公司签订《保证合同》，以龙某旅游公司法定代表人身份在合同上签名，其行为属代表龙某旅游公司的职务行为，无论杨某明在合同上加盖的龙某旅游公司公章是否为其私刻及是否涉嫌诈骗犯罪，均不影响其代表龙某旅游公司实施的民事法律行为的效力，其签订合同的法律后果应当由龙某旅游公司承担，龙某旅游公司关于杨某明私刻龙某公司公章，骗取贷款用于其个人使用的行为构成犯罪，龙某旅游公司对其犯罪行为造成的经济损失不应承担民事责任的主张于法无据，本院不予支持。

对于龙某旅游公司关于龙某小额贷款公司发放贷款存在重大过错的主张，本院认为，首先，《四川省小额贷款公司管理暂行办法》系四川省内规范小额贷款公司设立、经营的规范性文件，虽龙某小额贷款公司向骑龙山长某公司发放贷款违反了《四川省小额贷款公司管理暂行办法》的相关规定，但因该规范性文件在性质上并非法律、行政法规，不能据此认定本案所涉《流动资金贷款合同》《担保合同》无效。其次，根据本案现有证据显示，案外人陈某伍并未在《流动资金贷款合同》上签署同意对涉讼借款承担连带保证责任的任何意见或签字，龙某旅游公司亦不能提供证据证明陈某伍曾经签署过任何保证合同，即或如龙某旅游公司所主张，陈某伍担任法定代表人的四川诚某建筑有限公司，是龙某小额贷款公司的股东，而杨某明与陈某伍之间存在其他交易关系，但因本案没有证据表明在缔约过程中龙某小额贷款公司与杨某明或与骑龙山长某公司恶意串通、损害龙某旅游公司利益，其他交易关系的存在，并不影响本案案涉合同的效力。

因本案案涉《流动资金贷款合同》《保证合同》系双方当事人的真实意思表示，且没有《中华人民共和国合同法》第五十二条、《最高人民法院关于审理民间借贷案件适用法律若干问题的规定》第十四条规定的情形，应属合法有效。根据《最高人民法院关于审理民间借贷案件适用法律若干问题的规定》第十三条"借款人或者出借人的借贷行为涉嫌犯罪或者已经生效的判决认定构成犯罪，当事人提起民事诉讼的，民间借贷合同并不当然无效。人民法院应当根据合同法第五十二条、本规定第十四条之规定，认定民间借贷合同的效力。担保人以借款人或者出借人的借贷行为涉嫌犯罪或者已经生效的判决认定构成犯罪为由，主张不承担民事责任的，人民法院应当依据民间借贷合同与担保合同的效力、当事人的过错程度，依法确定担保人的民事责任"的规定，因《流动资金贷款合同》《保证合同》均为有效合同，骑龙山长某公司未按约定归还借款，构成违约，骑龙山长某公司应当向龙某小额贷款公司归还借款15000000元，并支付相应利息及律师费，保证人龙某旅游公司应当对骑龙山长某公司上述支付义务承担连带保证责任。

综上所述，龙某旅游公司的上诉理由没有事实和法律依据，均不能成立，对其上诉请求依法不予支持，原审判决认定事实清楚，适用法律正确、审判程序合法，依法应予维持。依据《中华人民共和国民事诉讼法》第一百七十条第一款第（一）项之规定，判决如下：

驳回上诉，维持原判。

二审案件受理费114986元，由成都龙某旅游资源开发有限公司负担。

本判决为终审判决。

法律法规

《最高人民法院关于适用〈中华人民共和国民法典〉合同编通则若干问题的解释》（法释〔2023〕13号）

第二十二条 法定代表人、负责人或者工作人员以法人、非法人组织的名义订立合同且未超越权限，法人、非法人组织仅以合同加盖的印章不是备案印章或者系伪造的印章为由主张该合同对其不发生效力的，人民法院不予支持。

合同系以法人、非法人组织的名义订立，但是仅有法定代表人、负责人或者工作人员签名或者按指印而未加盖法人、非法人组织的印章，相对人能够证明法定代表人、负责人或者工作人员在订立合同时未超越权限的，人民法院应当认定合同对法人、非法人组织发生效力。但是，当事人约定以加盖印章作为合同成立条件的除外。

合同仅加盖法人、非法人组织的印章而无人员签名或者按指印，相对人能够证明合同系法定代表人、负责人或者工作人员在其权限范围内订立的，人民法院应当认定该合同对法人、非法人组织发生效力。

在前三款规定的情形下，法定代表人、负责人或者工作人员在订立合同时虽然超越代表或者代理权限，但是依据民法典第五百零四条的规定构成表见代表，或者依据民法典第一百七十二条的规定构成表见代理的，人民法院应当认定合同对法人、非法人组织发生效力。

《全国法院民商事审判工作会议纪要》（法〔2019〕254号）

41.【盖章行为的法律效力】司法实践中，有些公司有意刻制两套甚至多套公章，有的法定代表人或者代理人甚至私刻公章，订立合同时恶意加盖非备案的公章或者假公章，发生纠纷后法人以加盖的是假公章为由否定合同效力的情形并不鲜见。人民法院在审理案件时，应当主要审查签约人于盖章之时有无代表权或者代理权，从而根据代表或者代理的相关规则来确定合同的效力。

法定代表人或者其授权之人在合同上加盖法人公章的行为，表明其是以法人名义签订合同，除《公司法》第16条等法律对其职权有特别规定的情形外，应当由法人承担相应的法律后果。法人以法定代表人事后已无代表权、加盖的是假章、所盖之章与备案公章不一致等为由否定合同效力的，人民法院不予支持。

代理人以被代理人名义签订合同，要取得合法授权。代理人取得合法授权后，以被代理人名义签订的合同，应当由被代理人承担责任。被代理人以代理人事后已无代理权、加盖的是假章、所盖之章与备案公章不一致等为由否定合同效力的，人民法院不予支持。

044 河南瑞某建设有限公司与河南名某置业有限公司建设工程合同纠纷案[①]

裁判要旨

施工单位项目负责人伪造建筑公司印章向业主单位领取工程款，业主单位对伪造印章的行为并不知情的，可认定业主单位已向施工单位支付工程款。

---

① 审理法院：河南省高级人民法院；诉讼程序：再审

实务要点总结

（1）建筑公司为项目建设的需要而设置的项目经理部是建筑公司的分支机构，不具有独立法人资格，为非法人组织。根据《民法典》第一百零八条："非法人组织除适用本章规定外，参照适用本编第三章第一节的有关规定。"故非法人组织的负责人与法人的法定代表人权限、职责相同。根据《民法典》第六十一条第二款："法定代表人以法人名义从事的民事活动，其法律后果由法人承受。"因此，建筑公司项目经理有权以项目经理部的名义对外作出意思表示，且法律后果由项目经理部承担。即使项目经理作出意思表示时使用的印章系伪造，也不影响该意思表示的效力。对于相对人而言，项目经理是否使用私刻的公章签订合同不属于其应当主动审查的风险，相对人有理由相信负责人已获得足够的授权。

（2）根据《民法典》第一百零四条关于"非法人组织的财产不足以清偿债务的，其出资人或者设立人承担无限责任。法律另有规定的，依照其规定"的规定，非法人组织的负责人对外签订合同最终应由公司承担责任。因此，建筑公司的项目经理部绝对不仅仅是"各管一片"的地方诸侯，而是可能影响全局的"隐形大佬"。

（3）根据《民法典》第六十一条第三款："法人章程或者法人权力机构对法定代表人代表权的限制，不得对抗善意相对人。"故建筑公司为防控项目经理胡作非为侵害公司利益，应以适当的方式将公司对项目经理的授权告知给重要的交易相对人，如业主方、重要的材料供应商、重要的分包商等，防止项目经理越权对外作出意思表示损害公司利益。

相关判决

河南瑞某建设有限公司与河南名某置业有限公司建设工程合同纠纷民事再审裁定书［（2014）豫法立二民申字第00117号］

再审申请人（一审原告、二审上诉人）：河南瑞某建设有限公司。

法定代表人：刘某利，该公司董事长。

被申请人（一审被告、二审被上诉人）：河南名某置业有限公司。

法定代表人：李某平，该公司董事长。

再审申请人河南瑞某建设有限公司（以下简称瑞某公司）因与被申请人河南名某置业有限公司（以下简称名某公司）建设工程合同纠纷一案，不服许昌市中级人民法院（2012）许民二终字第154号民事判决，向本院申请再审。本院依法组成合议庭对本案进行了审查，现已审查终结。

瑞某公司申请再审称：（一）张某权伪造瑞某公司的印章在名某公司处领取的 30 万元款项，不应作为名某公司支付给瑞某公司的工程款，原审法院认定名某公司已全部支付工程款缺乏事实和法律依据。（二）原审法院未按瑞某公司的诉讼请求审理本案，程序违法。故依法请求再审。

本院认为：（一）关于工程款问题。2007 年 4 月 30 日，瑞某公司与名某公司签订《建筑安装工程施工合同》，约定瑞某公司承建禹州市名某城市花园 1#、2#、3# 号楼的建设工程；合同签订后，瑞某公司指派公司副经理张某权为涉案工程项目负责人，负责承建的工程事务。合同履行中，瑞某公司向名某公司开具《收据》6 张显示，共计领取工程款 396 万元；张某权向名某公司出具的《借据》12 张显示，共计领取款项 115.3 万元；张某权签字同意名某公司支付的收条 8 张显示，共计款项 259692 元；名某公司为瑞某公司支付施工人员医疗费 2000 元；名某公司为瑞某公司支付电线款 36317.6 元。上述款项总计 5411009.6 元。合同约定工程造价 539 万元，名某公司已超额向瑞某公司支付了工程款，原审驳回瑞某公司的诉讼请求并无不当。虽然瑞某公司主张张某权伪造其公司的印章领取的 30 万元款项，不应作为名某公司支付给瑞某公司的工程款，但是从本案相关事实看，张某权作为瑞某公司该项目的负责人，其行为属职务行为，张某权伪造印章领取 30 万元工程款的行为名某公司并不知情，张某权的行为后果应由瑞某公司承担，原审法院将张某权从名某公司领取的 30 万元工程款，认定为名某公司向瑞某公司支付的工程款并无不当。（二）关于程序违法问题。本案相关事实和证据能够证明名某公司并不拖欠瑞某公司的工程款，瑞某公司的诉讼请求缺乏依据，原审不存在超出其诉讼请求审理本案，审理程序合法，其主张的该再审理由不能成立。

综上，瑞某公司再审申请不符合《中华人民共和国民事诉讼法》第二百条规定的情形。依照《中华人民共和国民事诉讼法》第二百零四条第一款之规定，裁定如下：

驳回河南瑞某建设有限公司的再审申请。

法律法规

《最高人民法院关于适用〈中华人民共和国民法典〉合同编通则若干问题的解释》（法释〔2023〕13 号）

第二十二条 法定代表人、负责人或者工作人员以法人、非法人组织的名义订立合同且未超越权限,法人、非法人组织仅以合同加盖的印章不是备案印章或者系伪造的印章为由主张该合同对其不发生效力的,人民法院不予支持。

合同系以法人、非法人组织的名义订立,但是仅有法定代表人、负责人或者工作人员签名或者按指印而未加盖法人、非法人组织的印章,相对人能够证明法定代表人、负责人或者工作人员在订立合同时未超越权限的,人民法院应当认定合同对法人、非法人组织发生效力。但是,当事人约定以加盖印章作为合同成立条件的除外。

合同仅加盖法人、非法人组织的印章而无人员签名或者按指印,相对人能够证明合同系法定代表人、负责人或者工作人员在其权限范围内订立的,人民法院应当认定该合同对法人、非法人组织发生效力。

在前三款规定的情形下,法定代表人、负责人或者工作人员在订立合同时虽然超越代表或者代理权限,但是依据民法典第五百零四条的规定构成表见代表,或者依据民法典第一百七十二条的规定构成表见代理的,人民法院应当认定合同对法人、非法人组织发生效力。

《全国法院民商事审判工作会议纪要》(法〔2019〕254号)

41.【盖章行为的法律效力】司法实践中,有些公司有意刻制两套甚至多套公章,有的法定代表人或者代理人甚至私刻公章,订立合同时恶意加盖非备案的公章或者假公章,发生纠纷后法人以加盖的是假公章为由否定合同效力的情形并不鲜见。人民法院在审理案件时,应当主要审查签约人于盖章之时有无代表权或者代理权,从而根据代表或者代理的相关规则来确定合同的效力。

法定代表人或者其授权之人在合同上加盖法人公章的行为,表明其是以法人名义签订合同,除《公司法》第16条等法律对其职权有特别规定的情形外,应当由法人承担相应的法律后果。法人以法定代表人事后已无代表权、加盖的是假章、所盖之章与备案公章不一致等为由否定合同效力的,人民法院不予支持。

代理人以被代理人名义签订合同,要取得合法授权。代理人取得合法授权后,以被代理人名义签订的合同,应当由被代理人承担责任。被代理人以代理人事后已无代理权、加盖的是假章、所盖之章与备案公章不一致等为由否定合同效力的,人民法院不予支持。

045 周某峰与江苏金某泰电控科技有限公司、石某忠等民间借贷纠纷案[①]

裁判要旨

代理人在有代理权限期间伪造被代理公司印章，在代理权限范围内对外签订的合同对被代理公司具有约束力。被代理公司不得仅以合同上加盖印章系伪造为由，主张不受该合同约束。

实务要点总结

（1）根据《民法典》第一百六十二条："代理人在代理权限内，以被代理人名义实施的民事法律行为，对被代理人发生效力。"因此，获得代理权限的人在代理权限范围内作出的意思表示即相当于被代理人的意思表示。在代理场合，重要的是代理人是否超出了代理权限作出意思表示，相关意思表示是否能够体现代理人的意志，而非作出意思表示的具体方式。

（2）在合同上加盖印章，仅为代理人作出意思表示的一种方式，是对代理人已经作出的意思表示的确认。如果公司自己使用伪造印章签订的合同对公司具有约束力，则公司的代理人使用伪造印章签订的合同对公司也具有约束力。因此，获得公司代理权限的人在合同上加盖的公司印章是否为真已不再重要。因此，选择代理人应当慎重，相关授权应具体明确，且以书面形式为之。如无特别需要，应一事一授权，尽量不对代理人作概括性授权，以有效防控法律风险。

（3）代理人在代理权限范围内以被代理人的名义作出的意思表示，是代理人基于自身的判断独立作出的意思表示，而非仅仅对被代理人已表达的相关意思的传达，也即代理人作出的意思表示独立于被代理人。如果某人仅为认真忠实地向交易相对人复述、传达表意人（本人）已经表达出来的意思表示，则负责传达复述的人并不是代理人而是传达人。此时，应该从传达的意思是否准确、传达错误的风险应当如何负担的角度来判断相关意思表示可否约束表意人（本人）。

[①] 审理法院：江苏省高级人民法院；诉讼程序：二审

相关判决

周某峰与江苏金某泰电控科技有限公司、石某忠等民间借贷纠纷二审民事判决书〔（2015）苏民终字第00454号〕

上诉人（原审被告）：江苏金某泰电控科技有限公司，住所地：江苏省淮安经济开发区迎宾大道72号。

法定代表人：林某，该公司总经理。

被上诉人（原审原告）：周某峰。

被上诉人（原审被告）：石某忠。

被上诉人（原审被告）：江西省抚州市某建筑工程公司，住所地：江西省抚州市荆公路167号。

法定代表人：万某辉，该公司总经理。

上诉人江苏金某泰电控科技有限公司（以下简称金某泰公司）因与被上诉人周某峰、石某忠、江西省抚州市某建筑工程公司（以下简称抚州某建公司）民间借贷纠纷一案，不服江苏省淮安市中级人民法院（2014）淮中民初字第0101号民事判决，向本院提起上诉。本院于2015年8月6日受理后，依法组成合议庭，于2015年10月15日公开开庭审理了本案。上诉人金某泰公司的法定代表人林某及其委托代理人×××，被上诉人周某峰的委托代理人×××，被上诉人石某忠，被上诉人抚州某建公司的委托代理人×××到庭参加诉讼。本案现已审理终结。

一审法院经审理查明，2010年4月10日，石某忠向周某峰借款179万元，该款通过银行账户直接支付石某忠。2011年1月8日、1月10日，石某忠又向周某峰借款250万元，该款周某峰通过其胞弟周某星、周某扬账户转账给石某忠，其中200万元于当日打回给周某峰，用于偿还其2010年4月10日的欠款本息，双方更换200万元的借款手续，签订借款协议，协议借款人一栏石某忠及抚州某建公司项目部负责人方某仁、吴某仁签名并加盖抚州某建公司、抚州某建公司淮安研发楼印章，金某泰公司为借款提供担保。一审法院审理中，周某星、周某扬确认上述250万元属周某峰所有。

2011年7月许，石某忠以借款人为抚州某建淮安研发楼项目部名义重新向周某峰出具一份借款金额为240万元的借款协议（以下简称240万元借款协议）。借款协议第五条保证人责任条款约定：保证责任为连带责任保证，保证期限为借款期限届满后两年。出借人一栏周某峰签名，借款人一栏有石某忠及方某仁、吴某仁签名并加盖抚州某建公司印章，金某泰公司在保证人栏中盖章，协议落款时间为 2010 年 6 月 10 日。2011 年 11 月 23 日，金某泰公司与抚州某建公司解除建筑工程施工合同，双方在解除合同协议书第五条款中明确"施工期间，乙方（抚州某建公司）因资金短缺，向周某峰借款 240 万元，向葛某德借款 60 万元，由甲方（金某泰公司）提供连带责任担保，因借款到期后，甲方已实际代为偿还，该款项从结算总价中扣减。"但金某泰公司事后将该款直接支付给被告石某忠 118 万元，石某忠截留他用（已另案处理），为此，周某峰于 2013 年 5 月曾以周某星的名义，持 2011 年 1 月 8 日的借款协议向一审法院提起诉讼，要求本案三被告及石某忠之子石某还款，后周某峰撤回起诉。

2013 年 9 月，周某峰以自己的名义持 2010 年 6 月 10 日的借款协议向淮安市淮安区人民法院提起本案诉讼，要求石某忠、金某泰公司承担还款责任，金某泰公司在审理中申请追加抚州某建公司为被告参与本案诉讼，原审以级别管辖为由将该案移送一审法院审理。一审法院审理中，金某泰公司又以石某忠伪造印章，向淮安市公安局经济技术开发区分局报案（未予立案）。公安预审查期间，周某峰陈述协议上本人签名是其授权石某忠所签，对石某忠的代理行为予以认可，石某忠承认方某仁、吴某仁的名字非该二人所签，而是其代签。抚州某建公司对2011 年 1 月 8 日和 2010 年 6 月 10 日两份借款协议中涉及其公司印章的真实性均不予认可，并对印章的真实性申请司法鉴定。

一审另查明，抚州某建公司欠石某忠所有款项，石某忠均采取诉讼途径处理。生效裁判文书在法院执行期间，抚州某建公司一直未能履行给付义务，2011年 2 月 1 日，抚州某建公司向石某忠、徐某军出具授权委托书，内容为："委托人因与江苏金某泰电控科技有限公司建设工程施工合同纠纷一事，委托受托人为代理人。代理权限：特别授权，代为沟通、协调、和解、调解、签订法律文书、确认工程造价、结算并领取工程款、处理项目债权债务。"

一审再查明，石某忠分别于 2011 年 12 月 19 日、2012 年 1 月 14 日、2012 年1 月 20 日以还周某峰欠款为由从金某泰公司领取 110 万元、以其他方式领取 8 万元，均出具收条。本案审理期间，金某泰公司以石某忠借帮助其处理债务，从其处领取 118 万元应予返还为由，向淮安市清河区人民法院提起诉讼，该案经法院审理作出（2014）河民初字第 0668 号民事判决，判令石某忠返还金某泰公司不当得利款 110 万元，该判决已经发生法律效力。

本案一审争议焦点为周某峰是否具备诉讼主体资格、抚州某建公司应否对借款承担还款责任及金某泰公司应否承担保证责任。

一审法院认为，周某峰向石某忠主张还款，提供的债权凭证上载明周某峰为债权人及案外人证明 2011 年 1 月 8 日、1 月 10 日从其银行账户向石某忠的打款归周某峰所有的事实，证明周某峰与本案债权债务存在利害关系，周某峰具备民事诉讼主体资格，依法享有诉讼权。

2010 年 4 月，周某峰与石某忠即已存在债权债务关系，2011 年 1 月 8 日，周某峰采取以贷还贷的方式偿还石某忠欠其到期债务，但双方之间债权债务并未消灭，石某忠主张为规避法院执行制作虚假债权债务，没有事实依据。2011 年 7 月，双方换据，并制作 2010 年 6 月 10 日的借款协议，该借款协议虽然存在瑕疵，鉴于周某峰与石某忠之间的借款事实客观存在，石某忠在协议借款人一栏签名，周某峰对协议中他人代为签名行为亦予追认，该借款协议对周某峰与石某忠具有约束力。根据审查的事实，石某忠欠周某峰借款超出了 240 万元，石某忠亦不否认，故应确认周某峰与石某忠之间 240 万元的债权债务成立。周某峰所涉债权均系发生在其与石某忠之间，周某峰承认其与抚州某建公司未商谈亦未发生直接的借贷关系，石某忠诉讼中亦承认周某峰与抚州某建公司没有债权债务关系，在 2010 年 6 月 10 日借款协议上加盖抚州某建公章只是为了证明该款是用于抚州某建公司工程，故该印章是否真实对本案债权债务无实质性意义。2011 年 2 月 1 日，抚州某建出具给石某忠的授权委托书，授权范围中关于处理"项目债权债务"，应指涉及工程的债权债务，而石某忠在制作 2010 年 6 月 10 日的借款协议时，将其个人与周某峰之间的债权债务直接转嫁给抚州某建公司，并未得到抚州某建公司特别授权，事后亦未得到抚州某建公司的追认，系超越代理权行为。根据《中华人民共和国合同法》第四十八条："行为人没有代理权、超越代理权或者代理权终止后以被代理人名义订立的合同，未经被代理人追认，对被代理人不发生法律效力，由行为人承担责任"的规定，一审法院认定抚州某建公司非本案借款的债务人，出现在 2011 年 1 月 8 日和 2010 年 6 月 10 日借款协议上抚州某建公司的印证对其没有约束力，该款应由石某忠承担偿还责任。周某峰主张按照中国人民银行同期贷款利率计算利息，不违反法律规定，一审法院予以采纳，但应从周某峰提起本案诉讼时起计息。

金某泰公司在 2010 年 6 月 10 日的借款协议担保人一栏盖章，为借款提供担保，保证合同成立，虽然金某泰公司事后与抚州某建公司签订的解除施工合同中约定金某泰公司对本案 240 万元借款承担代付义务，但该合同发生在金某泰公司与抚州某建公司之间，该行为效力不及于周某峰，且金某泰公司并没有解除与周某峰之间的保证合同，故未能免除金某泰公司的保证责任。现周某峰主张其承担保证责任，且未过保证期间，应予支持。金某泰公司事后将涉案款项支付给石某忠 110 万元，该款已经法院判决石某忠返还其不当得利，故保证责任未发生变化。诉讼中金某泰公司主张其是为抚州某建公司提供的担保，周某峰不予认可，金某泰公司在提供担保时亦未作出只为抚州某建公司担保的明确意思表示，应认定为是为 240 万元的债务提供的担保，应当承担保证责任。

综上所述，一审法院依照《中华人民共和国民法通则》第六十六条、第八十四条第二款，《中华人民共和国合同法》第四十八条，《中华人民共和国担保法》第十八条、第十九条，《中华人民共和国民事诉讼法》第一百五十三条之规定，判决：一、石某忠于判决生效后十五日内一次性偿还周某峰借款人民币 240 万元及从 2013 年 9 月 10 日，起至判决书确认给付期限届满之日止按照中国人民银行同期贷款基准利率计算的借款利息；二、金某泰公司对上述借款本息承担连带保证责任；三、驳回周某峰其他诉讼请求。案件受理费 26000 元，保全费 5000 元，合计 31000 元，由石某忠负担。

金某泰公司不服一审判决，向本院提起上诉称：一、原审判决认定的法律关系主体错误。2010 年 6 月 10 日，借款协议的出借人为周某峰，借款人为抚州某建公司和石某忠。从实质上讲，如该款项实际发生，按照借款约定，该款项用于抚州某建公司的工程建设，没有抚州某建公司，便不会有该借款协议。二、原审判决对借款协议的效力认定错误。抚州某建公司在原审中明确提出 2010 年 6 月 10 日借款协议中其公章是假的，并向法院申请鉴定。作为借贷关系的借款人，该印章直接影响协议是否有效。法院在未做司法鉴定的情况下直接否定抚州某建公司的借款人资格，认定借款协议有效是错误的。该协议缺乏当事人的真实意思表示，石某忠私刻公章导致借款协议无效，金某泰公司无须承担担保责任。三、原审第一次开庭后，在没有完全查明案件事实的情况下，采取分别谈话且对谈话内容不作质证的方式，直接对事实进行认定并作出判决，程序错误。

被上诉人周某峰答辩称：1. 2010 年 6 月 10 日，协议第五条明确协议条款的效力不影响担保条款的效力，担保人应承担担保责任。2. 2011 年 11 月 23 日补充协议明确包括周某峰及葛某德在内的款项均应由金某泰公司予以支付。金某泰公司的上诉请求没有事实和法律依据，请求驳回上诉，维持原判。

被上诉人石某忠答辩称请求二审法院依法处理。

被上诉人抚州某建公司答辩称，1. 一审判决认定的2014年4月10日的200万元借款不是事实，与抚州某建公司没有关联。2. 一审判决认定的2010年6月10日的240万元借款，借款协议是不真实的，加盖的抚州某建公司的印章是虚假的。应对印章的真实性进行司法鉴定，证明该印章是虚假的。240万元的借款也没有实际支付，抚州某建公司没有收到周某峰诉称的240万借款。3. 一审判决认定的2011年11月23日解除建设工程施工合同的协议也是虚假的，抚州某建公司没有签订过该协议，协议中的印章也是虚假的。

对一审法院查明的事实，除"石某忠以借款人为抚州某建公司淮安研发楼项目部名义重新向周某峰出具一份借款金额为240万元的借款协议"。内容外，其他事实本院予以确认。二审另查明，石某忠对（2014）河民初字第0668号民事判决向原审法院申请再审，原审法院提起再审后金某泰公司撤回该案诉讼，原审法院于2015年4月30日作出（2015）淮中民再初字第00001号民事裁定准许金某泰公司撤回该案起诉。

本案二审争议焦点：1. 本案借贷法律关系的主体应如何认定；2. 本案所涉借款合同的效力、数额以及担保责任应如何认定。

本院认为：

一、关于借贷法律关系主体问题。第一，周某峰主张本案债权的主要依据为240万元《借款协议》与《解除合同协议书》，240万元《借款协议》上借款人一栏为"江苏抚州某建淮安研发楼项目部"，协议下方借款人处除石某忠的签字外还加盖抚州某建公司的印章，从合同文义上看抚州某建公司为借款人之一；第二，金某泰公司与抚州某建公司签订的《解除合同协议书》亦载明240万元债务系抚州某建公司为工程建设向周某峰的借款，金某泰公司为连带保证人并约定金某泰公司代为偿还以冲抵欠付工程款。综上，印证了240万元《借款协议》上抚州某建公司为借款人；第三，从款项用途上看，虽然款项直接交付对象为石某忠，但从借款协议载明的用途以及《解除合同协议书》约定发包人金某泰承担代为还款冲抵工程款的约定可以看出诉争款项实际用于抚州某建公司承建的金某泰公司工程项目。综上，原审判决认为抚州某建公司不是240万元《借款协议》借款人的认定有误，应予纠正。

二、关于240万元借款合同效力、数额及金某泰公司的担保责任问题。金某泰公司一审期间以石某忠涉嫌伪造印章向淮安市公安局经济技术开发区分局报案，但公安机关经过调查后未作出相关认定并未予立案，并且，抚州某建公司于2011年2月1日出具授权委托书委托石某忠、徐某军代为沟通、协商、和解、调解、签订法律文书，确认工程造价，结算并领取工程款，处理项目债权债务。240万元《借款协议》实际形成时间系在授权委托书出具之后，从内容上看系对因工程建设发生的借款的偿还及担保事项作出的约定，之后石跃军代表抚州某建公司与金某泰公司商谈形成《解除合同协议书》进一步约定由金某泰公司基于担保责任代付诉争款项后冲抵工程款，显然上述协议的签订属于处理与工程项目有关的债权、债务事宜，并未超出石某忠的授权范围，即使存在石某忠私刻抚州某建公司公章的情况，也并不导致合同当然无效。金某泰公司认为240万元《借款协议》系为规避法院执行制作虚假债权债务的主张缺乏证据证明，原审法院根据相关银行票据、借款协议等证据认定借款数额，并无不当。综上，金某泰公司关于240万元合同无效以及因主合同无效故其无须承担担保责任的上诉理由不能成立。

综上，原审判决认定抚州某建公司不是诉争款项借款人，认定事实有误，本院予以纠正。金某泰公司的其他上诉请求及理由缺乏事实和法律依据，本院不予支持。因周某峰二审中表示不要求抚州某建公司承担责任，故原审判决结果可以维持。依照《中华人民共和国民事诉讼法》第一百七十条第一款第（一）项之规定，判决如下：

驳回上诉，维持原判。

二审案件受理费26000元，由上诉人江苏金某泰电控科技有限公司负担。

本判决为终审判决。

法律法规

《全国法院民商事审判工作会议纪要》（法〔2019〕254号）

41.【**盖章行为的法律效力**】司法实践中，有些公司有意刻制两套甚至多套公章，有的法定代表人或者代理人甚至私刻公章，订立合同时恶意加盖非备案的公章或者假公章，发生纠纷后法人以加盖的是假公章为由否定合同效力的情形并不鲜见。人民法院在审理案件时，应当主要审查签约人于盖章之时有无代表权或者代理权，从而根据代表或者代理的相关规则来确定合同的效力。

法定代表人或者其授权之人在合同上加盖法人公章的行为，表明其是以法人名义签订合同，除《公司法》第16条等法律对其职权有特别规定的情形外，应当由法人承担相应的法律后果。法人以法定代表人事后已无代表权、加盖的是假章、所盖之章与备案公章不一致等为由否定合同效力的，人民法院不予支持。

代理人以被代理人名义签订合同，要取得合法授权。代理人取得合法授权后，以被代理人名义签订的合同，应当由被代理人承担责任。被代理人以代理人事后已无代理权、加盖的是假章、所盖之章与备案公章不一致等为由否定合同效力的，人民法院不予支持。

046 海南楚某建设工程有限公司湖南分公司与张某孝、海南楚某建设工程有限公司借款合同纠纷案[①]

裁判要旨

建筑公司分支机构前任负责人伪造分支机构印章，新任负责人使用该印章签订合同的，建筑公司不得仅以该印章系伪造为由主张该合同对其无效。公司在诉讼中申请对该印章真伪进行鉴定的，法院可不予准许。

实务要点总结

加盖在合同上的印章是否为伪造，并非该合同有效无效的关键。公司在日常管理的过程中应当纠正"认章不认人"的错误理念，树立"认章更要认人"的正确管理思路。不论是对外经营签订合同，还是公司内部的管理，都不能仅重点关注印章的管理，而忽略了对人尤其是法定代表人、授权委托人、分支机构负责人的选任与监督。根据《民法典》第六十一条关于"法定代表人以法人名义从事的民事活动，其法律后果由法人承受。法人章程或者法人权力机构对法定代表人代表权的限制，不得对抗善意相对人"的规定可知，法律认可的是具体的"人"从事的具体的法律行为，而非印章。此处的"人"是指法定代表人，法定代表人是法人对外表达意志的代表，其对外作出的意思表示即为法人的意思表示。即使法人对于法定代表人的代表权限在内部有所限制，也不得以之对抗善意相对人。故，对于公司而言，选择靠谱的法定代表人和分支机构负责人尤为重要。

[①] 审理法院：湖南省高级人民法院；诉讼程序：二审

相关判决

海南楚某建设工程有限公司湖南分公司与张某孝、海南楚某建设工程有限公司借款合同纠纷二审民事判决书 [（2014）湘高法民一终字第 79 号]

上诉人（原审被告）：海南楚某建设工程有限公司湖南分公司。

负责人：詹某勇。

被上诉人（原审原告）：张某孝。

原审被告：海南楚某建设工程有限公司。

法定代表人：张某强，该公司董事长。

上诉人海南楚某建设工程有限公司湖南分公司（以下简称楚某建设湖南分公司）与被上诉人张某孝、原审被告海南楚某建设工程有限公司（以下简称楚某建设公司）借款合同纠纷一案，湖南省长沙市中级人民法院于 2014 年 2 月 19 日作出（2013）长中民二初字第 00973 号民事判决。楚某建设湖南分公司不服，向本院提起上诉。本院受理后，依法组成合议庭，于 2014 年 7 月 2 日公开开庭审理了本案。上诉人楚某建设湖南分公司委托代理人×××、被上诉人张某孝委托代理人×××、原审被告楚某建设公司委托代理人×××到庭参加诉讼。本案现已审理终结。

原审法院查明：海南楚某建设工程有限公司长沙分公司（以下简称楚某建设长沙分公司）于 2007 年 11 月 13 日成立，系楚某建设公司的分公司，经营范围系联系、承办上级公司有关业务，系企业非法人机构。2012 年 5 月 25 日，由张某孝作为出借方（乙方）与楚某建设长沙分公司（甲方）签订《借款合同》，约定：乙方出借 300 万元整给甲方使用，借款期限自 2012 年 5 月 25 日至 2013 年 5 月 24 日。甲方承诺其施工的振业城项目全部商品混凝土由乙方供应（双方另行签订商品混凝土销售合同）。如因甲方原因违约从其他渠道购进商品混凝土，则乙方有权解除合同，收回借款，并从出借之日起按日千分之一的标准收取甲方违约利息。合同签订后，张某孝于 2012 年 5 月 25 日向楚某建设长沙分公司支付借款本金 300 万元，楚某建设长沙分公司出具了收到 300 万元的收据。此后，楚某建设长沙分公司未与张某孝签订商品混凝土销售合同，也未向张某孝偿还上述借款，张某孝遂于 2013 年 9 月 9 日向法院提起诉讼，请求判令楚某建设公司、楚某建设长沙分公司偿还借款本金 300 万元及借款本金清偿之日止的违约金（暂计算至 2013 年 8 月 25 日为 1371000 元），并承担本案诉讼费用。

原审法院认为：2012 年 5 月 25 日，张某孝与楚某公司长沙分公司签订的借款合同系双方真实意思表示，内容不违反法律、行政法规的强制性规定，应认定合同有效。张某孝通过银行转账向楚某建设长沙分公司履行了出借300万元的义务，楚某建设长沙分公司向张某孝出具300万元借款的收据。楚某建设长沙分公司未能按照合同约定与张某孝签订商品混凝土销售合同，也未偿还借款，已经构成违约，应当按照合同的约定承担相应的违约责任，因合同约定从出借之日起按日千分之一收取违约利息的标准过高，故酌情调整为从出借之日起按日万分之三的利息标准计算违约金。楚某建设长沙分公司系楚某建设公司设立的不具备独立法人资格的分公司，不具备独立承担民事责任的能力，因此涉案借款合同项下的借款本金300万元及违约金，应由楚某建设公司承担偿还责任。

楚某建设公司辩称因楚某建设长沙分公司负责人涉嫌诈骗，请求该案中止审理，因案件的审理并不需以楚某建设长沙分公司负责人涉嫌的刑事犯罪的审理结果为依据，故涉及民事部分可以先行审理判决，对楚某建设公司要求中止审理的请求不予支持。

综上所述，依照《中华人民共和国民事诉讼法》第一百四十四条、《中华人民共和国民法通则》第八十四条、《中华人民共和国公司法》第十四条、《中华人民共和国合同法》第四十四条、第六十条、第一百零七条、第一百一十四条之规定，判决：一、由楚某建设公司于判决生效之日起十五日内向张某孝偿还借款本金300万元；二、由楚某建设公司于判决生效之日起十五日内向张某孝支付逾期违约金（自2012年5月25日起至实际支付之日止以借款本金300万元为基数按日万分之三的利息标准计算）。案件受理费41768元，保全申请费5000元，由张某孝负担6768元，由楚某建设公司负担40000元。如果未按判决指定的期间履行给付金钱义务，应当依照《中华人民共和国民事诉讼法》第二百五十三条之规定，加倍支付迟延履行期间的债务利息。

楚某建设湖南分公司不服一审判决，向本院提起上诉称：1. 原楚某建设长沙分公司及有关责任人以承包振业城第一期项目为由对外骗取钱财，事实上根本未取得承包施工的权利，公安局对此已经正式立案调查，一审未中止审理程序违法。2. 原楚某建设长沙分公司有关责任人涉嫌犯罪潜逃后，2013年11月进行公司名称和负责人变更，原楚某建设长沙分公司至今没有收到起诉状和开庭传票，一审送达程序违法。3. 楚某建设长沙分公司设立于2007年11月13日，但一直处于歇业状态，直至2012年4月16日才经工商批准恢复。为防范风险，楚某建设公司将行政用章交与刘某保管。涉案合同中的印章系伪造，并非楚某建设公司的真实意思表示，只是施某坚等人个人实施的诈骗行为，责任应由施某坚等人承担。综上，请求二审法院依法撤销一审判决，驳回张某孝的诉讼请求，一、二审案件受理费由张某孝承担。

张某孝答辩称：1. 上诉人称公安已对楚某建设湖南分公司相关人员立案调查缺乏事实依据，亦缺乏关联性。首先，本案属民间借贷纠纷，上诉人所称的涉嫌诈骗罪的犯罪主体是自然人，单位不能成为诈骗罪主体，故本案并不必然以刑事犯罪审理结果为依据。其次，根据《最高人民法院关于在审理经济纠纷案件中涉及经济犯罪嫌疑若干问题的规定》，如果存在犯罪嫌疑，有关侦查机关应当向法院发函，法院有最终审查权，即便属实，也应驳回起诉，移送材料，而不是中止审理。2. 一审送达程序合法。一审法院通过留置送达或邮寄送达的方式送达传票，程序适当。上诉人自己未到庭参加诉讼是其放弃自己的权利。3. 楚某建设公司应对其分公司借款债务承担清偿责任。本案既有加盖楚某建设长沙分公司公章的借款合同和收据，也有汇往楚某建设长沙分公司专用账号的汇款单，借款关系明确，事实清楚。楚某建设长沙分公司是楚某建设公司的分公司，依照《中华人民共和国公司法》的相关规定，本案的清偿责任应当由楚某建设公司承担。综上，请求二审法院依法驳回上诉人的上诉请求，维持原判。

楚某建设公司未作陈述。

二审中，各方当事人均未向法院提交新的证据。

根据庭审情况，本院另查明：楚某建设长沙分公司于2013年11月4日变更名称为楚某建设湖南分公司。上诉人在庭审中陈述，其认为涉案《借款合同》中的公司印鉴是原楚某建设湖南分公司负责人施某坚伪造的，并向本院提交了司法鉴定申请书，请求对2012年5月25日签订的《借款合同》中的公司印鉴进行司法鉴定。涉案《借款合同》中除了加盖有楚某建设长沙分公司的公章外，时任负责人蔡某政在上签名。双方当事人均认可蔡某政系施某坚的前任负责人。

除以上事实外，本院对一审查明的其他事实予以确认。

本院认为：张某孝与楚某建设长沙分公司签订借款合同后，依约向楚某建设长沙分公司支付了借款本金300万元，楚某建设长沙分公司已出具收据证明收到了该笔款项，双方之间的借贷关系真实、合法。楚某建设公司虽未直接与张某孝签订借款合同，但鉴于楚某建设长沙分公司系楚某建设公司下设的分公司，不具有独立的法人资格，亦不具备独立承担民事责任的能力，故楚某建设长沙分公司基于借款合同所应承担的按约偿还借款本息、支付违约金的责任应由楚某建设公司承担。上诉人认为借款合同上的公章系伪造，并向法院提出公章鉴定申请。经询问，上诉人系认为公章是楚某建设长沙分公司前任负责人施某坚伪造的，而涉案借款合同中代表楚某建设长沙分公司方签约的为蔡某政，而蔡某政系当时楚某建设长沙分公司负责人，且上诉人没有证据证明出借人张某孝与借款人之间存在恶意串通，张某孝也实际支付了 300 万元借款，故施某坚是否伪造公章系楚某建设长沙分公司内部的管理问题，不能对抗善意相对方张某孝。故，在现有证据下，上诉人提出的鉴定申请对本案审理没有影响，应予驳回。上诉人提出的楚某建设公司不应承担责任的理由亦无事实和法律依据，依法不予支持。

关于一审的程序问题。上诉人认为由于公安局已对楚某建设长沙分公司相关人员进行立案侦查，本案应当中止审理，一审未中止审理属于程序违法。因涉案借款合同系张某孝与楚某建设长沙分公司而非个人签订，本案的审理并不需要以楚某建设长沙分公司相关人员涉嫌刑事犯罪的审理结果为依据，一审未予中止审理，程序并无不当。上诉人还提出一审送达程序违法。经查阅案卷，一审以特快专递的方式向楚某建设长沙分公司送达起诉状副本及开庭传票，邮政速递物流信息显示，该邮件已于 2013 年 10 月 26 日投递，由施某坚同事代收，一审送达程序并无不当。故上诉人提出的关于一审程序违法的上诉请求没有事实和法律依据，依法应予驳回。

综上，原审认定事实清楚，适用法律正确，程序合法，根据《中华人民共和国民事诉讼法》第一百七十条第一款第（一）项之规定，判决如下：

驳回上诉，维持原判。

二审案件受理费 41768 元，由上诉人海南楚某建设工程有限公司湖南分公司负担。

本判决为终审判决。

法律法规

《中华人民共和国公司法》（2024 年 7 月 1 日施行）

第十一条 法定代表人以公司名义从事的民事活动，其法律后果由公司承受。

公司章程或者股东会对法定代表人职权的限制，不得对抗善意相对人。

法定代表人因执行职务造成他人损害的，由公司承担民事责任。公司承担民事责任后，依照法律或者公司章程的规定，可以向有过错的法定代表人追偿。

《最高人民法院关于适用〈中华人民共和国民法典〉合同编通则若干问题的解释》（法释〔2023〕13号）

第二十二条 法定代表人、负责人或者工作人员以法人、非法人组织的名义订立合同且未超越权限，法人、非法人组织仅以合同加盖的印章不是备案印章或者系伪造的印章为由主张该合同对其不发生效力的，人民法院不予支持。

合同系以法人、非法人组织的名义订立，但是仅有法定代表人、负责人或者工作人员签名或者按指印而未加盖法人、非法人组织的印章，相对人能够证明法定代表人、负责人或者工作人员在订立合同时未超越权限的，人民法院应当认定合同对法人、非法人组织发生效力。但是，当事人约定以加盖印章作为合同成立条件的除外。

合同仅加盖法人、非法人组织的印章而无人员签名或者按指印，相对人能够证明合同系法定代表人、负责人或者工作人员在其权限范围内订立的，人民法院应当认定该合同对法人、非法人组织发生效力。

在前三款规定的情形下，法定代表人、负责人或者工作人员在订立合同时虽然超越代表或者代理权限，但是依据民法典第五百零四条的规定构成表见代表，或者依据民法典第一百七十二条的规定构成表见代理的，人民法院应当认定合同对法人、非法人组织发生效力。

《全国法院民商事审判工作会议纪要》（法〔2019〕254号）

41.【盖章行为的法律效力】司法实践中，有些公司有意刻制两套甚至多套公章，有的法定代表人或者代理人甚至私刻公章，订立合同时恶意加盖非备案的公章或者假公章，发生纠纷后法人以加盖的是假公章为由否定合同效力的情形并不鲜见。人民法院在审理案件时，应当主要审查签约人于盖章之时有无代表权或者代理权，从而根据代表或者代理的相关规则来确定合同的效力。

法定代表人或者其授权之人在合同上加盖法人公章的行为，表明其是以法人名义签订合同，除《公司法》第16条等法律对其职权有特别规定的情形外，应当由法人承担相应的法律后果。法人以法定代表人事后已无代表权、加盖的是假章、所盖之章与备案公章不一致等为由否定合同效力的，人民法院不予支持。

代理人以被代理人名义签订合同，要取得合法授权。代理人取得合法授权后，以被代理人名义签订的合同，应当由被代理人承担责任。被代理人以代理人事后已无代理权、加盖的是假章、所盖之章与备案公章不一致等为由否定合同效力的，人民法院不予支持。

047 婺源县某陵园有限公司诉董某明民间借贷纠纷案[①]

裁判要旨

作为法定代表人的股东在股权转让前伪造公司印章对外签订的合同，对公司具有约束力。在不能证明交易相对人系恶意串通损害公司利益的情形下，发生股权变更的公司不得仅以签署合同的印章系伪造为由主张不受该合同约束。

实务要点总结

（1）不论公司因何种原因变更法定代表人，公司都不能否认原法定代表人在任职期间以公司名义对外签订的合同。法定代表人以公司名义对外作出的意思表示即公司的意思表示，如无法定的效力瑕疵事由，即为有效。只要公司继续存续，原法定代表人对外作出的意思表示即对公司具有约束力。即使新的法定代表人是通过股权转让的方式在取得公司控制权后才任职的，也不能否定原法定代表人对外作出的意思表示的效力。

（2）本案中，作为股权受让人的胡某国吃了"哑巴亏"，接手了一个负债累累的企业，成为"接盘侠"。究其原因是股权转让与法定代表人变更之间存在时间差。因此，为保险起见，意图通过股权转让取得某一公司控制权的投资人，在进行股权转让交易前可先要求目标公司将法定代表人变更登记至己方名下，防止因股权转让与工商变更登记之间的时间差带来不可控的法律风险。

相关判决

婺源县某陵园有限公司诉董某明民间借贷纠纷二审民事判决书［（2016）赣民终110号］

上诉人（原审被告）：婺源县某陵园有限公司，住所地：江西省婺源县紫阳镇茶乡西路。

法定代表人：胡某国，该公司董事长。

被上诉人（原审原告）：董某明，男，汉族，1969年12月22日出生，住所地：江西省婺源县。

[①] 审理法院：江西省高级人民法院；诉讼程序：二审

原审第三人：梁某华，男，汉族，1960年9月5日出生，住所地：江西省婺源县。

上诉人婺源县某陵园有限公司因与被上诉人董某明、原审第三人梁某华民间借贷纠纷一案，不服江西省上饶市中级人民法院（2015）饶中民二初字第69号民事判决，向本院提起上诉。本院于2016年2月15日立案后，依法组成合议庭，公开开庭进行了审理。上诉人婺源县某陵园有限公司的委托诉讼代理人×××，被上诉人董某明到庭参加诉讼。原审第三人梁某华经本院合法传唤未到庭参加诉讼。本案现已审理终结。

婺源县某陵园有限公司上诉请求：撤销原审判决，依法改判驳回董某明的诉讼请求或将本案发回重审，一、二审诉讼费用由董某明承担。事实和理由如下：一、本案中董某明实际交付的借款金额为288万余元，原审法院却仅根据借条认定借款金额为432.5478万元，属事实认定错误。根据法律规定，借款合同是借款人向贷款人借款，到期返还借款并支付利息的合同。借款合同系实践性合同，因此出借人除了提供借条、借款协议等证明双方有借款的合意之外，还需提供转账凭证、收条等相关证据来证明借款人已经收到了出借人的借款。而本案中，根据董某明提交的付款凭证，董某明仅于2011年8月向梁某华个人账户转账170.8万元，并于2012年1月向梁某华个人账户转账118万元，另一笔50万元款项系梁某华的个人银行存款回单，无法证明系董某明出借的借款。因此，董某明与梁某华之间的借款本金共计为288.8万元，但是原审法院仅凭梁某华出具的借条等证据片面确认了借款金额432.5478万元，对于双方之间的转账凭证不予理睬，属于事实认定错误。二、董某明与婺源县某陵园有限公司之间不存在借款合同关系。董某明提供的转账凭证只记录了付款人董某明与收款人梁某华之间的资金交付情况及资金往来情况，不能证明梁某华向董某明借款的事实。本案中没有证据证明董某明与梁某华之间存在借贷关系。婺源县某陵园有限公司与董某明之间不存在借贷关系。三、董某明在明知梁某华无权代表婺源县某陵园有限公司的情况下，要求梁某华使用公章以婺源县某陵园有限公司的名义向董某明出具借条，将梁某华的个人借款转移给婺源县某陵园有限公司承担，其行为属于恶意串通，该借条无效。首先，2014年12月30日，梁某华、梁某与案外人上海福某园实业发展有限公司（以下简称福某园公司）签订《股权转让协议》，梁某华、梁某将其持有的婺源县某陵园有限公司共计75%的股权转让给福某园公司。2014年12月30日、2015年1月5日，婺源县某陵园有限公司分别召开股东会和董事会，确认该股权转让事宜,并改选公司高级管理人员,梁某华被免去婺源县某陵园有限公司董事长、法定代表人的职务。2015年2月9日,婺源县某陵园有限公司进行了工商变更登记。据此,2015年2月6日,梁某华在明知自己已无权代表婺源县某陵园有限公司对外签订任何协议的情况下,利用其公司法定代表人的身份,按照董某明的要求在2015年2月6日的《借条》上擅自加盖婺源县某陵园有限公司的公章,其存在将个人债务转移给婺源县某陵园有限公司的恶意。其次,根据合同法第五十二条的规定,恶意串通,损害国家、集体或者第三人利益的合同无效。在本案中,董某明曾在起诉状中声称其在股权转让过程中曾向法院申请过查封、冻结梁某华在婺源县某陵园有限公司持有的股权,表明董某明对于婺源县某陵园有限公司股权转让事宜是完全知晓的。并且,梁某华向董某明借款时提交的法定代表人证明书是由婺源县殡仪馆出具的,提交的营业执照、组织机构代码证、公司章程等书面文件也都是四五年前的过期材料,对此文件材料的明显瑕疵董某明未提出异议,明显有悖于正常的交易习惯,从中可以看出董某明在本案中并非善意相对人。另外,在本案庭审中,梁某华也承认由于其本人已无力偿还债务,董某明为收回涉案借款,要求梁某华使用婺源县某陵园有限公司的公章擅自加盖于2015年2月6日的《借条》上,目的是让婺源县某陵园有限公司代梁某华偿还其个人债务。因此,董某明在明知梁某华已无权代表婺源县某陵园有限公司的情况下,利用梁某华在尚未交接婺源县某陵园有限公司公章完毕前,与梁某华恶意串通出具2015年2月6日的《借条》,将梁某华个人债务转嫁给婺源县某陵园有限公司承担,严重损害了婺源县某陵园有限公司的合法权益,2015年2月6日的《借条》应属无效,婺源县某陵园有限公司不应对梁某华的个人债务承担清偿责任。一审法院罔顾董某明明知梁某华无权代表婺源县某陵园有限公司的事实,片面认定梁某华已将还款义务转移至婺源县某陵园有限公司,属于事实认定错误。四、董某明主张债权时诉讼时效已届满,而且在其间并未发生诉讼时效中止、中断的法定事由,故董某明的诉请已经超过二年诉讼时效,而一审法院错误认定本案中诉讼时效存在多次中断,适用法律明显不当。《最高人民法院关于贯彻执行〈中华人民共和国民法通则〉若干问题的意见》第一百七十三条第一款规定:"诉讼时效因权利人主张权利或者义务人同意履行义务而中断后,权利人在新的诉讼时效期间内,再次主张权利或者义务人再次同意履行义务的,可以认定为诉讼时效再次中断",即诉讼时效中断的前提是中断事由发生于诉讼时效期间内。在本案中,梁某华于2014年8月28日出具《借条》时,董某明的诉讼时效业已届满，不再存在时效中断的问题。而且2014年8月28日的《借条》载明的借款金额与2015年2月6日的《借条》载明的借款金额并不一致，也与董某明实际向梁某华交付的借款数额不同。借条内容也不能证明对于发生于2011年、2012年的借款存在当事人同意履行义务的情况，故2014年8月28日的《借条》不能构成诉讼时效的中断。而一审法院错误认定本案中2014年8月28日的《借条》表明涉案借款的诉讼时效中断，适用法律明显不当。五、福某园公司与梁某华于2014年12月18日签订股权转让协议，该协议第五条明确约定对于股权转让以前目标公司的债务由梁某华个人承担，梁某华出具《借条》的时间为2014年8月28日，故婺源县某陵园有限公司对该笔债务不承担还款责任。六、梁某华多次使用伪造的公司印章订立借款合同或担保合同，以伪造公章签署的借款合同无效，对于相关债务婺源县某陵园有限公司不承担还款责任。2016年1月11日，经婺源县人民法院委托，江西神州司法鉴定中心出具sz司鉴中心（2016）文鉴字第0112号、第0113号文检鉴定意见书，认定检材印文与样本印文不是同一枚印章所盖，证明梁某华伪造公司公章进行担保或借款。婺源县某陵园有限公司已申请法院对2015年2月6日婺源县某陵园有限公司出具的《借条》及2012年1月15日梁某华及婺源县某陵园有限公司出具的《收据》中婺源县某陵园有限公司的公章真伪进行鉴定。婺源县公安局已对梁某华伪造公司印章的行为进行立案查处。梁某华为了逃避债务，伪造婺源县某陵园有限公司印章，将自己的债务转移给股权转让后的公司。2015年2月6日婺源县某陵园有限公司出具的借条是虚假的，婺源县某陵园有限公司没有收到432.5478万元，也没有任何证据证明婺源县某陵园有限公司向董某明借了该笔款项。综上，原审法院认定事实不清，证据不足，梁某华伪造公司公章加重婺源县某陵园有限公司的债务负担，婺源县某陵园有限公司不应承担还款责任。

董某明辩称，本案诉争借款的债务人为婺源县某陵园有限公司，否则，梁某华在借款时就不会将该公司的国有土地使用权证和林权证抵押给我，我现在仍持有该公司的这些证件，之后，婺源县某陵园有限公司将这些证件挂失补办。在梁某华的股权转让时，为了保证我的债权实现，我及其他债权人申请冻结梁某华的股权。后来，婺源县某陵园有限公司及梁某华成立了工作组来做我的思想工作，经过协商，我同意解除对梁某华持有的婺源县某陵园有限公司的股权的冻结，由婺源县某陵园有限公司向我出具了2015年2月6日的《借条》。本案的借款是真实发生的，利率标准是年利率24%，我只收了一部分利息。我与梁某华之间不存在恶意串通的行为，对于梁某华与福某园公司之间约定股权转让以前目标公司的债务由梁某华个人承担，我不知情。直到一审庭审中我才见到双方签订的股权转让协议。

梁某华未做答辩。

董某明向一审法院起诉请求：判令婺源县某陵园有限公司归还其借款人民币432.5487万元。

一审法院认定事实：2011年8月27日，梁某华向董某明借款人民币200万元，并出具了承诺书，约定借款期限三个月，董某明于2011年8月27日、30日通过银行转款给梁某华人民币170.8万元，借款到期后，梁某华又续借六个月。2012年1月15日，梁某华又向董某明借款人民币200万元，并出具了收据、承诺书、授权书，约定借款期限六个月，董某明于2012年1月18日通过银行转款给梁某华人民币168万元。梁某华合计向董某明借款400万元，之后，梁某华陆续支付了部分利息，至2014年8月28日止，经结算，梁某华共欠董某明本金和利息合计人民币543.1405万元，且梁某华于当日向董某明重新出具了借条，约定借款期限一个月，逾期按本金日罚违约金2%支付。之后梁某华支付了部分借款和利息，至2015年2月6日止，经结算，梁某华共欠董某明人民币432.5487万元，且梁某华于当日将该笔借款转移给婺源县某陵园有限公司，婺源县某陵园有限公司向董某明重新出具了借条。董某明经多次催收无果，故诉至法院。另查明，2014年12月30日，梁某华、梁某与福某园公司签订股权转让协议，梁某华、梁某将其持有的婺源县某陵园有限公司共计75%的股权转让给福某园公司。2015年1月5日，婺源县某陵园有限公司就梁某华、梁某与福某园公司的股权转让事宜召开了股东会和董事会，通过新的公司章程，改选公司的高级管理人员，梁某华不再担任婺源县某陵园有限公司的法定代表人。2015年2月9日，婺源县工商行政管理局决定就婺源县某陵园有限公司申请股权转让、法定代表人变更等事宜准予变更登记，且梁某华于当日就婺源县某陵园有限公司印章办理了交接手续。

一审法院认为，关于婺源县某陵园有限公司应否承担还款责任的问题，梁某华向董某明多次借款累计结欠432.5487万元，有董某明提交的借条、部分款项的汇款凭证、收据、承诺书等为证，借贷事实清楚，梁某华负有向董某明偿还借款的义务。但在2015年2月6日，婺源县某陵园有限公司向董某明重新出具了432.5487万元的借条，表明经董某明的同意，梁某华将本案借款债务转移给了婺源县某陵园有限公司，则婺源县某陵园有限公司负有向董某明偿还借款的义务，梁某华不需再向董某明偿还借款。关于本案是否超过诉讼时效的问题。《中华人民共和国民法通则》第一百四十条规定:"诉讼时效因提起诉讼、当事人一方提出要求或者同意履行义务而中断。从中断时起,诉讼时效期间重新计算。"《最高人民法院关于贯彻执行〈中华人民共和国民法通则〉若干问题的意见》第一百七十三条第一款规定:"诉讼时效因权利人主张权利或者义务人同意履行义务而中断后,权利人在新的诉讼时效期间内,再次主张权利或者义务人再次同意履行义务的,可以认定为诉讼时效再次中断。"在本案中,梁某华于2011年8月27日和2012年1月15日向董某明借款后,陆陆续续支付了部分利息,表明梁某华一直履行还款义务,诉讼时效存在多次中断,并且梁某华于2014年8月28日重新出具借条也表明诉讼时效再次中断,故婺源县某陵园有限公司认为董某明的诉请已过诉讼时效的理由不能成立,不予支持。关于董某明是否为善意相对人的问题。《中华人民共和国公司法》第十三条规定:"公司法定代表人依照公司章程的规定,由董事长、执行董事或者经理担任,并依法登记。公司法定代表人变更,应当办理变更登记。"可见,由于登记所具有的公示效力,因而在法定代表人变更时,公司应当及时办理变更登记,否则,交易相对人依据其登记的法定代表人的情况,即使已经变更,其行为的效力仍然归属于公司,公司不得借此拒绝承担相应的法律责任。在本案中,婺源县某陵园有限公司于2015年2月6日向董某明出具借条承担债务,婺源县某陵园有限公司法定代表人变更登记及印章交接时间均在2015年2月9日,则董某明有理由相信借条出具时的法定代表人仍为梁某华。董某明是否明知梁某华将股权转让给福某园公司与董某明是否恶意并不存在法律上的因果关系,婺源县某陵园有限公司的股权转让协议与股东会、董事会决议属于内部决议,即使董某明知道梁某华将股权转让给福某园公司,也不能推断其知道婺源县某陵园有限公司于2015年2月6日出具借条时已经更换法定代表人。因此,婺源县某陵园有限公司认为董某明存在将梁某华个人债务转嫁给婺源县某陵园有限公司的恶意无其他证据证明,对该主张不予采纳。另外,《中华人民共和国合同法》第八十四条规定:"债务人将合同的义务全部或者部分转移给第三人的,应当经债权人同意。"本案中,婺源县某陵园有限公司向董某明重新出具借条,梁某华已将对董某明的还款义务转移给了婺源县某陵园有限公司,且经过了董某明的同意,故梁某华陈述本案借款未由婺源县某陵园有限公司承接不符合事实。若梁某华承诺用个人自有资金偿还本案借款,需重新经董某明同意,但从本案中董某明要求婺源县某陵园有限公司归还借款的诉请来看,其并未取得董某明的同意,故其承诺不能产生法律效力。综上,依照《中华人民共和国民法通则》第一百四十条，《中华人民共和国合同法》第八十四条，《中华人民共和国公司法》第十三条，《最高人民法院关于贯彻执行〈中华人民共和国民法通则〉若干问题的意见》第一百七十三条之规定，判决：由婺源县某陵园有限公司于本判决发生法律效力之日起三十日内偿还给董某明借款人民币432.5487万元。如果未按本判决指定的期间履行给付金钱义务，应当按照《中华人民共和国民事诉讼法》第二百五十三条之规定，加倍支付迟延履行期间的债务利息。本案受理费人民币41404元，由婺源县某陵园有限公司负担。

本院二审期间围绕上诉请求，董某明、梁某华未提供新证据。婺源县某陵园有限公司提供了以下证据：一、婺源县公安局婺公（刑）立字（2016）0327号立案告知书。证明：1. 梁某华多次用私刻的婺源县某陵园有限公司假印章以公司名义对外借款或担保，把大量债务转移给公司。2. 梁某华伪造婺源县某陵园有限公司印章的行为已被婺源县公安机关立案侦查。二、江西神州司法鉴定中心出具的sz司鉴中心［2016］文鉴字第0112号、第0113号文检鉴定意见书。证明：梁某华伪造了婺源县某陵园有限公司公章，与现有公司公章的形状、痕迹不符。三、江西婺源农村商业银行股份有限公司审计稽核部出具的查询单复印件两份，证明董某明和梁某华之间所谓的借贷关系发生以后，梁某华在2012年5月23日和2012年3月29日分别支付了12万元、22万元给董某明。

董某明质证如下：证据一、证据二与本案无关联。证据三只有复印件，婺源县某陵园有限公司称这是从婺源县公安局取得但无婺源县公安局的印章，对该证据的真实性请法庭予以审查。该证据中涉及的两笔钱确实是梁某华交付给董某明的，但该两笔款项在2015年2月6日借条出具之前已经进行了结算，是借条出具之前支付的利息，已经扣减了，不能再重复扣减。

本院认证如下：对证据一，该证据虽然可以证明婺源县公安局对梁某华的行为已立案侦查，但是，该证据不能证明梁某华的行为经过侦查、移送起诉、审判确认构成伪造公司印章罪。即使本案借条等文书中有关印章是梁某华伪造的，该证据不能证明也没有其他证据能够证明董某明与梁某华恶意串通将梁某华个人债务转移给公司。故该证据与本案无关联，不予采信。对于证据二，江西神州司法鉴定中心出具的sz司鉴中心（2016）文鉴字第0112号、第0113号文检鉴定意见书均是婺源县人民法院在审理其他案件过程中委托鉴定机构出具的鉴定意见书，与本案无关联，不予采信。对证据三，因董某明认可该组证据所涉款项共计34万元系梁某华交付董某明的，本院予以确认。据此，本院二审另查明，梁某华于2012年5

月23日、2012年3月29日分别向董某明支付了12万元、22万元。

另外，根据董某明在原审提交的证据，婺源县某陵园有限公司在2011年8月27日的《承诺书》"承诺方"处签章。该《承诺书》载明："为了保障借款合同的正常履行，抵押物权人梁某华自愿将其所属的婺源县某陵园有限公司所有的中华人民共和国国有土地使用证（婺国用［2003］字第467号）及中华人民共和国林权证（婺府林证字［2006］第1600007993号）作为抵押担保，借款期限为叁个月，时间从2011年8月27日起至2011年11月26日止，逾期未归还，则委托拍卖程序自动生效，则先将上述抵押物拍卖，拍卖所得全部用于归还本金，拍卖费用以及给出借人造成的经济损失由借款人全部承担。若拍卖所得仍不足以偿还本金，则用借款人在婺源县某陵园有限公司的股份进行置换偿还"。婺源县某陵园有限公司在2012年1月15日梁某华出具给董某明的《收据》上签章。婺源县某陵园有限公司及其全体股东梁某华、梁某分别在2012年1月15日梁某华出具给董某明的《承诺书》中"承诺人"处签章、签字。该《承诺书》载明："为了保障借款合同的正常履行，抵押物权人梁某华自愿将自身所拥有的房产及土地作为合同的抵押担保物，同时，借款人：梁某华自愿将中华人民共和国国有土地使用权证（婺国用［2003］字第467号）、中华人民共和国林权证（婺府林证字［2006］第1600007993号）及房屋和有关设施等婺源县某陵园有限公司所有合法财产和经营权作为合同的担保，借款期限为六个月，时间从2012年1月16日起至2012年7月15日止，逾期未归还，则委托拍卖程序自动生效，则先将上述抵押物拍卖，拍卖所得全部用于归还本金，拍卖费用以及个（应为'给'）出借人造成的经济损失由借款人全部承担。如拍卖的抵押物还不能全部归还出借人的本金，则委托拍卖程序中的担保拍卖自动生效，则拍卖房屋和有关设施等婺源县某陵园有限公司所有合法财产和经营权用于归还借款本金不足部分，借款人自愿承担拍卖费用及弥补出借人所造成的经济损失。"婺源县某陵园有限公司及梁某华、梁某分别在2012年1月15日向董某明出具《授权书》"授权人"处签章、签字。该《授权书》的内容为："今授权董某明办理梁某华拥有的：中华人民共和国国有土地使用权证（婺国用［2003］字第467号）、中华人民共和国林权证（婺府林证字［2006］第1600007993号）房产过户、土地证分割、委托拍卖等的手续签字事宜。本授权为不可撤回授权，授权时限：2012年1月16日至梁某华所借肆佰万元归还，本授权自动终止，无效。"本案抵押物未办理抵押登记。

在本院二审审理过程中，婺源县公安局于2016年4月26日向本院来函称因梁某华涉嫌伪造印章罪被立案侦查，建议本院中止审理本案，并向本院调卷鉴定婺源县某陵园有限公司印章的真伪。2016年10月26日，婺源县公安局刑事警察大队向本院作出《情况说明》，称因本案案卷中无盖有婺源县某陵园有限公司印章的原件，无法进行鉴定。

对原审法院查明的其他事实，本院二审予以确认。

本院认为，本案二审的争议焦点为：婺源县某陵园有限公司应否向董某明归还借款，如果应当归还则应归还的数额为多少。对该焦点涉及的几个问题，本院分析如下：

（一）关于本案借款是否实际交付的问题

本院认为，根据本院查明的事实，梁某华于2011年8月27日向董某明借款200万元，董某明于2011年8月27日、2011年8月30日共向董某明交付借款170.8万元。2012年1月15日梁某华向董某明借款200万元，董某明于2012年1月18日向梁某华转账支付两笔共计118万元，通过江西省农村信用社向梁某华账户转存50万元。婺源县某陵园有限公司对2012年1月18日通过江西省农村信用社向梁某华账户转存50万元提出异议，主张该款系梁某华的存款而非董某明交付的借款。对此，本院认为，梁某华在一审中委托了代理人参加诉讼，其未主张该款系其个人存入的款项，也未对该款项的性质作出合理解释，而该存款凭条注明"交易类别：转存"，且该凭条的持有人为董某明而非梁某华，按照常理，如果该款项系梁某华自行存入的则存款凭条的持有人为梁某华而非董某明，故该款项应认定为董某明出借给梁某华的借款。婺源县某陵园有限公司主张转账凭条无法证明相关款项系董某明向梁某华出借的借款，对此，本院认为，梁某华向董某明出具的借条、收据、承诺书、转账凭证相互印证，能够证明本案中董某明与梁某华之间系民间借贷关系，董某明实际向梁某华交付借款共计338.8万元。因此，对婺源县某陵园有限公司关于本案借款未实际交付及董某明与梁某华之间不存在民间借贷关系的主张不予支持。

（二）关于本案借款的债务主体及婺源县某陵园有限公司应否承担偿还责任的问题

本院认为，根据2011年8月27日、2012年1月15日的《承诺书》、2014年8月28日的《借条》，梁某华为借款人。在2015年2月6日婺源县某陵园有限公司向董某明出具《借条》之前，婺源县某陵园有限公司虽然不是借款人，但对本案借款作出了担保的意思表示。理由如下：董某明与梁某华约定其于2011

年 8 月 27 日、2012 年 1 月 15 日分别向梁某华出借 200 万元。在 2011 年 8 月 27 日梁某华向董某明出具的《承诺书》中婺源县某陵园有限公司作为承诺方签章，且承诺用于抵押担保的国有土地使用权证、林权证的所有权人实为婺源县某陵园有限公司，虽然抵押物没有办理抵押登记，不产生物权的效力，但婺源县某陵园有限公司在该笔借款中作出了担保的意思表示。在 2012 年 1 月 15 日梁某华向董某明出具的《承诺书》中婺源县某陵园有限公司作为承诺方签章，该公司全体股东梁某华及梁某在"承诺人"处签名，且承诺用于抵押担保的财产为婺源县某陵园有限公司所有合法财产，虽然抵押财产未办理登记，但用于担保的财产为婺源县某陵园有限公司的所有合法财产，该种担保的性质实为保证，婺源县某陵园有限公司实为该笔债务的保证人。2012 年 1 月 15 日婺源县某陵园有限公司及其全体股东梁某华、梁某在《授权书》中分别签章、签字，授权董某明办理有关国有土地使用权证、林权证的过户、委托拍卖等事宜，授权的时限从 2012 年 1 月 16 日起至梁某华所借 400 万元归还止。该《授权书》也印证了婺源县某陵园有限公司对董某明出借给梁某华的本案借款作出了担保的意思表示。2015 年 2 月 6 日婺源县某陵园有限公司以"借款人"的身份向董某明出具了《借条》，表明其自愿承担梁某华的本案债务，董某明对梁某华将债务转移至婺源县某陵园有限公司并无异议，故婺源县某陵园有限公司应向董某明承担还款责任。

　　对于婺源县某陵园有限公司提出的几点异议，本院分析如下：第一，关于婺源县某陵园有限公司的印章真伪及鉴定申请问题。本院认为，在 2015 年 2 月 9 日之前婺源县某陵园有限公司的法定代表人为梁某华，梁某华在一审 2015 年 9 月 16 日的庭审中对董某明提供的证据发表了质证意见，其明确表示对 2015 年 2 月 6 日《借条》的真实性没有异议。在一审中婺源县某陵园有限公司对该《借条》中其公章的真实性也未提出异议。在本院二审中，婺源县某陵园有限公司提出梁某华伪造公司印章，但没有证据证明本案 2015 年 2 月 6 日《借条》中的公章是梁某华伪造的。即使该公章是梁某华伪造的，因在股权转让之前，梁某华为婺源县某陵园有限公司的法定代表人，其占有公司 98.571% 的股权、其女梁某占有公司 1.428% 的股权，没有证据证明且也不能据此推定梁某华伪造公司印章的目的是损害公司利益或公司其他股东利益。况且，本案中没有证据证明董某明知道加盖于借条中的公章是伪造的，也没有证据证明董某明与梁某华恶意串通将梁某华个人债务转移至婺源县某陵园有限公司，故董某明有理由相信加盖在该借条中的公章是真实的，该借条是婺源县某陵园有限公司的真实意思表示。如果该公章是伪造的，婺源县某陵园有限公司可依法向伪造公章的人主张赔偿损失，但不影响婺源县某陵园有限公司在本案中应承担的还款责任。在本院二审中，婺源县某陵园有限公司申请对2015年2月6日《借条》及2012年元月15日《收据》中的公章真伪进行鉴定，本院认为，因该两份证据中的公章真伪不影响婺源县某陵园有限公司的还款责任，故对其鉴定申请不予准许。且婺源县公安局在本案审理过程中试图对案涉借条中的公章进行鉴定，之后，其向本院表示因借条为复印件无法鉴定。关于婺源县某陵园有限公司在庭审中主张董某明与梁某华恶意串通的理由，本院认为不能成立。婺源县某陵园有限公司认为根据以下事实可证明其主张：一是董某明知道梁某华转让股权时申请诉前财产保全之后又撤回申请；二是董某明没有看到2015年2月6日《借条》中的公章是由谁加盖的也无法说明是谁将借条交给他的；三是梁某华交给董某明的法定代表人身份证明是婺源县殡仪馆的，交给董某明的婺源县某陵园有限公司的营业执照在2009年之后没有年检，反映出梁某华不具备法定代表人资格，根据常理，梁某华将75%的股权转让给福某园公司，不可能还是法定代表人，不可能代表公司。董某明陈述：其知道梁某华欲转让股权后，为确保其债权的实现，其自行向法院申请冻结梁某华的股权并劝说梁某华的债权人马秀清申请冻结梁某华的股权。之后，婺源县某陵园有限公司及梁某华成立了工作组做其思想工作，经过协商，其同意解除对股权的冻结，由婺源县某陵园有限公司向其出具了2015年2月6日的《借条》。本院认为，虽然在2015年2月6日《借条》出具之前，婺源县某陵园有限公司就股权转让和法定代表人变更事宜召开了股东会和董事会，但是，股东会决议及董事会决议均为公司内部文件，在股权转让情况及法定代表人变更情况未办理工商登记予以公示前，第三人无法判断该股权转让是否已经完成，也无法判断法定代表人是否发生了变更。如果有证据证明董某明在2015年2月6日之前知晓该事实，则董某明存在过错，但本案中无证据证明董某明在2015年2月6日之前知晓该事实。虽然董某明申请冻结梁某华的股权后又申请解除冻结，但这些行为均发生在股权转让和法定代表人变更工商登记之前。董某明在庭审中陈述2015年2月6日的《借条》是由该借条载明的见证人童某向其交付的，对于借条是由谁向其交付的其已作出合理解释。虽然董某明陈述没有看到借条中的公章是谁加盖的，但其作为善意第三人有理由相信借条中的公章是真实的。虽然董某明持有的梁某华的法定代表人身份证明是婺源县殡仪馆的，但在2015年2月9日工商登记变更前梁某华一直为婺源县某陵园有限公司的法定代表人，董某明有理由相信工商登记的真实性，梁某华交给董某明的营业执照是否年检、法定代表人身份证明是否为婺源县某陵园有限公司均不影响董某明对工商登记的信赖。综上，董某明的上述行为不能证明其存在与梁某华恶意串通的行为。在2015年2月9日法定代表人工商登记变更之前，梁某华仍有权代表婺源县某陵园有限公司。即使梁某华知道其无权代表公司而擅自在借条上加盖公司印章，也只能说明梁某华自身存在恶意，本案中无证据证明董某明与梁某华恶意串通，作为善意第三人的董某明有理由根据工商登记相信梁某华有权代表婺源县某陵园有限公司。婺源县某陵园有限公司主张董某明与梁某华恶意串通，根据《中华人民共和国民事诉讼法》第六十四条第一款之规定，当事人对自己的主张有责任提供证据，因婺源县某陵园有限公司不能提供证据证明其主张，应承担举证不能的法律后果。因此，根据2015年2月6日的《借条》及本案其他证据，可以认定梁某华、董某明、婺源县某陵园有限公司就梁某华将其本案债务转移给婺源县某陵园有限公司达成了一致意思表示，且不违反法律、行政法规的效力性强制性规定，该债务转移合同合法有效。对婺源县某陵园有限公司关于该债务转移合同无效的主张不予支持。第二，关于福某园公司与梁某华股权转让协议的约定能否对抗董某明的问题。婺源县某陵园有限公司没有证据证明董某明在其出具2015年2月6日的《借条》前知道梁某华与福某园公司关于股权转让之前目标公司的债务由谁承担的约定，董某明为善意第三人。福某园公司与梁某华签订的股权转让协议属于双方的内部约定，不能对抗善意第三人。且根据梁某华与福某园公司的约定，若法律规定必须由公司对外履行债务的，则目标公司在对外履行了该部分债务后，有权要求转让方赔偿其由此造成的全部经济损失。因此，福某园公司与梁某华在股权转让协议中的约定不影响其对董某明应承担的还款责任。

关于婺源县某陵园有限公司应归还的数额问题。2015年2月6日婺源县某陵园有限公司出具给董某明的《借条》属于结算性借条，该借条中的借款金额432.5487万元是由董某明出借给梁某华的前期借款结转而来。关于婺源县某陵园有限公司应否按照该结算金额向董某明承担清偿责任的问题。本院认为，《最高人民法院关于审理民间借贷案件适用法律若干问题的规定》第二十八条规定："借贷双方对前期借款本息结算后将利息计入后期借款本金并重新出具债权凭证，如果前期利率没有超过年利率24%，重新出具的债权凭证载明的金额可认定为后期借款本金；超过部分的利息不能计入后期借款本金。约定的利率超过年利率24%，当事人主张超过部分的利息不能计入后期借款本金的，人民法院应予支持。按前款计算，借款人在借款期间届满后应当支付的本息之和，不能超过最初借款本金与以最初借款本金为基数，以年利率24%计算的整个借款期间的利息之和。出借人请求借款人支付超过部分的，人民法院不予支持。"本案中虽然双方没有签订书面合同约定利息，但梁某华在一审中陈述本案借款的利息为月利率5分或6分，董某明陈述利息为月利率2分，故根据双方的陈述可以确认本案借款约定了利息。关于还款的数额，董某明在一审中陈述归还了利息100多万元，在二审中陈述归还了几十万元。梁某华在一审中并未提供证据证明其还款数额。在二审中，婺源县某陵园有限公司提供的证据虽能证明梁某华于2012年3月29日和2012年5月23日共向董某明支付了34万元，但因该两笔款项交付时间均在2015年2月6日结算性借条出具之前，而梁某华与董某明均认可本案借款约定了利息，故上述款项共计34万元属于双方已经结算的范围，不影响本案2015年2月6日借条中结算的金额。根据本院查明的事实，董某明向梁某华交付款项的时间和金额分别为：2011年8月27日123.3万元、2011年8月30日47.5万元、2012年1月18日168万元。按照董某明实际出借金额和出借时间计算至2015年2月6日，无证据证明结算金额432.5487万元包含了超过年利率24%的利息。因此，2015年2月6日的结算性借条系双方的真实意思表示，且不违反法律规定。婺源县某陵园有限公司应向董某明归还借款的数额为432.5487万元。

（三）关于本案借款是否已经超过诉讼时效的问题

《中华人民共和国民法通则》第一百四十条规定："诉讼时效因提起诉讼、当事人一方提出要求或者同意履行义务而中断。从中断时起，诉讼时效期间重新计算。"《最高人民法院关于贯彻执行〈中华人民共和国民法通则〉若干问题的意见》第一百七十三条第一款规定："诉讼时效因权利人主张权利或者义务人同意履行义务而中断后，权利人在新的诉讼时效期间内，再次主张权利或者义务人再次同意履行义务的，可以认定为诉讼时效再次中断。"本案中董某明于2011年8月、2012年1月向梁某华出借款项后，梁某华陆续归还部分利息，表明梁某华同意履行还款义务，诉讼时效多次中断。《最高人民法院关于审理民事案件适用诉讼时效制度若干问题的规定》第十六条规定："义务人作出分期履行、部分履行、提供担保、请求延期履行、制定清偿债务计划等承诺或者行为的，应当认定为民法通则第一百四十条规定的当事人一方'同意履行义务'"。2014年8月28日，董某明与梁某华对本案前期借款进行结算后，梁某华重新向董某明出具借条，在该借条中梁某华承诺"保证在2014年9月28日前还清"。因此，梁某华于 2014 年 8 月 28 日对本案债务作出了同意履行的意思表示，诉讼时效再次中断。《最高人民法院关于审理民事案件适用诉讼时效制度若干问题的规定》第二十二条规定："诉讼时效期间届满，当事人一方向对方当事人作出同意履行义务的意思表示或者自愿履行义务后，又以诉讼时效期间届满为由进行抗辩的，人民法院不予支持。"即使 2014 年 8 月 28 日本案借款诉讼时效已经届满，因梁某华在该日的借条中作出了同意履行义务的意思表示，而 2015 年 2 月 6 日《借条》是婺源县某陵园有限公司承担梁某华本案债务而出具，故对婺源县某陵园有限公司以诉讼时效进行抗辩的主张不予支持。

综上，原审判决认定事实清楚、适用法律正确。依照《中华人民共和国民事诉讼法》第一百七十条第一款第（一）项之规定，判决如下：

驳回上诉，维持原判。

二审案件受理费 41404 元，由上诉人婺源县某陵园有限公司承担。

本判决为终审判决。

法律法规

《中华人民共和国公司法》（2024 年 7 月 1 日施行）

第十一条 法定代表人以公司名义从事的民事活动，其法律后果由公司承受。

公司章程或者股东会对法定代表人职权的限制，不得对抗善意相对人。

法定代表人因执行职务造成他人损害的，由公司承担民事责任。公司承担民事责任后，依照法律或者公司章程的规定，可以向有过错的法定代表人追偿。

《最高人民法院关于适用〈中华人民共和国民法典〉合同编通则若干问题的解释》（法释〔2023〕13 号）

第二十二条 法定代表人、负责人或者工作人员以法人、非法人组织的名义订立合同且未超越权限，法人、非法人组织仅以合同加盖的印章不是备案印章或者系伪造的印章为由主张该合同对其不发生效力的，人民法院不予支持。

合同系以法人、非法人组织的名义订立，但是仅有法定代表人、负责人或者工作人员签名或者按指印而未加盖法人、非法人组织的印章，相对人能够证明法定代表人、负责人或者工作人员在订立合同时未超越权限的，人民法院应当认定合同对法人、非法人组织发生效力。但是，当事人约定以加盖印章作为合同成立条件的除外。

合同仅加盖法人、非法人组织的印章而无人员签名或者按指印，相对人能够证明合同系法定代表人、负责人或者工作人员在其权限范围内订立的，人民法院应当认定该合同对法人、非法人组织发生效力。

在前三款规定的情形下，法定代表人、负责人或者工作人员在订立合同时虽然超越代表或者代理权限，但是依据民法典第五百零四条的规定构成表见代表，或者依据民法典第一百七十二条的规定构成表见代理的，人民法院应当认定合同对法人、非法人组织发生效力。

《全国法院民商事审判工作会议纪要》（法〔2019〕254号）

41.【盖章行为的法律效力】司法实践中，有些公司有意刻制两套甚至多套公章，有的法定代表人或者代理人甚至私刻公章，订立合同时恶意加盖非备案的公章或者假公章，发生纠纷后法人以加盖的是假公章为由否定合同效力的情形并不鲜见。人民法院在审理案件时，应当主要审查签约人于盖章之时有无代表权或者代理权，从而根据代表或者代理的相关规则来确定合同的效力。

法定代表人或者其授权之人在合同上加盖法人公章的行为，表明其是以法人名义签订合同，除《公司法》第16条等法律对其职权有特别规定的情形外，应当由法人承担相应的法律后果。法人以法定代表人事后已无代表权、加盖的是假章、所盖之章与备案公章不一致等为由否定合同效力的，人民法院不予支持。

代理人以被代理人名义签订合同，要取得合法授权。代理人取得合法授权后，以被代理人名义签订的合同，应当由被代理人承担责任。被代理人以代理人事后已无代理权、加盖的是假章、所盖之章与备案公章不一致等为由否定合同效力的，人民法院不予支持。

048 江苏天某建设集团有限公司与新疆紫某钢铁有限责任公司、张某同、陈某玲买卖合同纠纷二审民事判决书[①]

裁判要旨

公司分支机构负责人在任职期间使用伪造印章以分支机构名义签订的合同，合法有效。

---

① 审理法院：新疆维吾尔自治区高级人民法院；诉讼程序：二审

> **相关判决**

江苏天某建设集团有限公司与新疆紫某钢铁有限责任公司、张某同、陈某玲买卖合同纠纷二审民事判决书［（2015）新民二终字第193号］

上诉人（原审被告）：江苏天某建设集团有限公司。住所地：江苏省盐城市。

法定代表人：赵某兵，该公司总经理。

被上诉人（原审原告）：新疆紫某钢铁有限责任公司。住所地：新疆维吾尔自治区乌鲁木齐市。

法定代表人：韦某，该公司总经理。

被上诉人（原审被告）：张某同，男，汉族，新疆浙某焦化有限公司办公室员工，现住新疆维吾尔自治区乌鲁木齐市新市区。

被上诉人（原审被告）：陈某玲，女，汉族，新疆浙某焦化有限公司副经理，现住新疆维吾尔自治区乌鲁木齐市新市区。

上诉人江苏天某建设集团有限公司（以下简称天某公司）因与被上诉人新疆紫某钢铁有限责任公司（以下简称紫某钢铁公司）、被上诉人张某同、陈某玲买卖合同纠纷一案，不服新疆维吾尔自治区乌鲁木齐市中级人民法院于2015年3月17日作出（2015）乌中民二初字第13号民事判决，向本院提起上诉。本院依法组成合议庭，于2015年9月18日公开开庭审理了本案。上诉人天某公司的委托代理人×××，被上诉人紫某钢铁公司的委托代理人×××，被上诉人张某同，被上诉人陈某玲的委托代理人×××到庭参加诉讼。本案现已审理完毕。

原审法院查明，2011年5—6月期间，紫某钢铁公司（出卖人）与江苏天某建设集团有限公司新疆分公司（以下简称天某新疆分公司）（买受人）签订一份《钢材购销合同》，双方约定由紫某钢铁公司向天某新疆分公司出售线材、螺纹钢，规格型号以实际交货规格型号为主，生产厂家为：八钢、酒钢及和钢，数量以买受人实际订单为准；单价以货到当日八钢公布的出厂价每吨上浮150元作为结算价格（该价格不含税）；交货时间及数量：以实际交货数量进行结算；交货地点为本市工地。同时在合同第十条付款/结算方式、条件期限：出卖人货到30天后，买受人向出卖人付清该批货款，以此类推。第十一条违约责任约定：1. 出卖人须按买受人通知，乌市市内钢材两天内供货到工地，如不能按买受人通知及时供货到指定工地现场，则每吨下浮10元。2. 如买受人付款日期大于5天，每天每吨加价10元，最多不超过5日，超出5日付款的，每日按该批货物总价的2%作为违约金，由买受人向出卖人支付违约金。由于买受人违约给出卖人造成损失的，买受人应承担赔偿责任。合同签订后紫某钢铁公司于2011年9月、2011年10月陆续向天某新疆分公司供应价值500余万元的钢材，天某新疆分公司也陆续支付了部分货款。2013年8月21日，紫某钢铁公司向天某新疆分公司出具了一份《确认函》，内容为："截至2013年8月10日，贵公司欠我公司钢材款及违约金为2674939.87元（贰佰陆拾柒万肆仟玖佰叁拾玖元捌角柒分），其中违约金为：1150878.88元（壹佰壹拾伍万零捌佰柒拾捌元捌角捌分）（后附违约金计算明细表）；货款为1524060.99元（壹佰伍拾贰万肆仟零陆拾元玖角玖分）（详见附表1），请贵公司核对，予以确认盖章及法人签字"，天某新疆分公司负责人张某同在法人署名处签名，并在该《确认函》上加盖天某新疆分公司的印章，同时张某同和陈某玲在确认函下方签署了姓名并登记了身份证号码，并分别承诺愿为此笔欠款承担连带保证责任。该《确认函》签字盖章后，天某新疆分公司于2013年10月11日向紫某钢铁公司支付了一张100000元转账支票，紫某钢铁公司向天某新疆分公司出具了收据。

另查明：天某新疆分公司由天某公司于2008年7月1日开办设立，负责人为张某同。2014年2月25日天某公司在工商部门申请对天某新疆分公司办理了注销登记。

原审法院认为：紫某钢铁公司与天某新疆分公司签订的《钢材购销合同》，系双方真实意思表示，合法有效。天某公司对该合同真实性予以否定，并提出对该合同中加盖的天某新疆分公司的印章真伪进行司法鉴定，鉴于张某同和陈某玲对该份合同中加盖的印章真实性及张某同本人签名的真实性是确认的。考虑到天某公司对天某新疆分公司已给予注销，且对收回的分公司印章已销毁，张某同称，天某新疆分公司刻制的印章总共有三枚，且三枚印章并未在相关部门全部备案。基于此，在张某同本人确认《钢材购销合同》及《确认函》中其署名真实的情况下，天某新疆分公司通过司法鉴定来证明合同中加盖印章的真伪，已无实际意义。故对天某公司提出要求对印章真伪进行司法鉴定的申请，不予准许。紫某钢铁公司为证明天某新疆分公司拖欠货款事实存在，提交了由天某新疆分公司签字盖章的《确认函》，在《确认函》中天某新疆分公司确认其欠付紫某钢铁公司钢材款1524060.99元，应支付违约金1150878.88元。因天某公司作为天某新疆分公司的开办单位，其在未对天某新疆分公司所负债务进行全部清算的情况下，在工商部门将天某新疆分公司进行注销，其应当对天某新疆分公司所负债务承担清偿责任，故紫某钢铁公司依据《确认函》要求天某公司给付钢材款1524060.99元，支付违约金1150878.88元的诉讼请求合法有据，予以支持，但应扣减《确认函》出具后天某新疆分公司已支付的100000元，天某公司应向紫某钢铁公司支付货款数额为1424060.99元。张某同和陈某玲主张《确认函》中约定的违约金数额过高并要求扣减，考虑到违约金的计算方法双方已在《钢材购销合同》中进行了约定，且之后双方又对违约金的给付数额以债务的形式在《确认函》中给予了确认，故对张某同和陈某玲要求扣减违约金的意见难以采纳。根据《中华人民共和国担保法》第七条之规定："具有代为清偿能力的法人、其他组织或公民，可以作保证人。"本案中张某同、陈某玲系天某新疆分公司的管理人，但是其作为公民自愿为天某新疆分公司的债务承担连带保证责任不违反法律规定，其担保行为合法有效。由于张某同、陈某玲在《确认函》中未对保证份额作出明确约定，而承诺承担连带责任，故对紫某钢铁公司要求天某公司、张某同、陈某玲共同承担给付责任的诉讼请求，予以支持。张某同、陈某玲承担担保责任后，有权向债务人追偿。依照《中华人民共和国合同法》第一百零九条、第一百一十四条第一款，《中华人民共和国担保法》第七条、第十二条、第二十一条、第三十一条之规定，遂判决如下：一、天某公司、张某同、陈某玲给付紫某钢铁公司货款1424060.99元；二、天某公司、张某同、陈某玲给付紫某钢铁公司违约金1150878.88元。本案案件受理费28199.52元（紫某钢铁公司已预交），由天某公司、张某同和陈某玲共同负担96%，即27071.54元，由紫某钢铁公司负担4%，即1127.98元。

　　宣判后，天某公司不服上诉称：一、原审认定事实不清。1. 我公司从未与紫某钢铁公司签订过涉案合同，也从未授权任何组织或个人以我公司或江苏天某建设集团有限公司新疆分公司（以下简称天某公司新疆分公司）名义与紫某钢铁公司签订涉案合同；2. 我公司从未接受过紫某钢铁公司交付的钢材，也未向其支付过钢材款，我公司对涉案合同效力从未追认过；3. 涉案合同加盖的天某新疆分公司的公章系伪造；4. 涉案合同的签订及履行系张某同、陈某玲的个人行为，依法应当由其承担责任，与我公司无关；5. 原审将我公司的工商登记经营范围视为天某新疆分公司经营范围错误。天某新疆分公司的登记经营范围仅仅是"服务"，我公司从未授权其对外签订履行商事合同，且其也不具备签订履行涉案合同的行为能力；6. 原审法院未查清张某同与我公司之间的真实法律关系，虽然张某同辩称"张某同系我公司新疆分公司负责人，其在本案中所涉行为系职务行为",但结合其所提交的各项书面证据,且其自认我公司从未给其拨付资金,分公司从筹建到设立、办公场所租赁、人员岗位设置招聘管理均由其负责,我公司仅承担在总承包合同上盖章、向发包方开具发票工作,除此之外的有关工程上的所有事项均由其负责,并且是自主经营、自负盈亏,包括工程项目洽商、人财物的组织、施工的具体安排等。由此可见,张某同系无施工资质的实际施工人,以我公司新疆分公司名义挂靠我公司承接建设工程。既然是挂靠,就不存在张某同为我公司购买案涉钢材的说法,就只能是张某同的个人行为;7. 原审法院未能查清张某同、陈某玲为涉案合同债权提供连带保证的真实原因,张某同是实际施工人,其与我公司只是挂靠与被挂靠关系,其提供保证担保是基于其自身利益的考虑,是利己行为;8. 原审法院未能查清紫某钢铁公司在签订涉案合同时是否知道或应当知道张某同与我公司之间的挂靠与被挂靠关系,综合本案签订及履行合同的过程,紫某钢铁公司应当知道张某同与我公司之间系挂靠关系;9. 原审认定"天某新疆分公司尚欠钢材款1524060.99元未支付"错误;10. 原审认定违约金1150878.88元,明显不当,且表明恶意串通的行为存在;11. 紫某钢铁公司根本不具备销售建筑材料的资质;二、原审程序违法。1. 原审将证明涉案合同公章真伪的举证责任分配给我公司,显属错误。我公司对消极事实即"我公司未加盖相关公章"不负举证责任,应当由紫某钢铁公司申请鉴定公章真伪;2. 原审不予准许我公司的司法鉴定申请,显属错误。3. 本案涉嫌"伪造公司、企业印章罪"及"合同诈骗罪",原审法院未将本案应当移送公安机关处理,显属不当。三、原审适用法律错误。本案应当依据《中华人民共和国合同法》第九条、第四十八条之规定处理。综上,请求二审法院依法撤销原判,将本案发回重审或查清事实后依法改判,本案一、二审诉讼费用由紫某钢铁公司、张某同、陈某玲承担。

紫某钢铁公司口头答辩称:一、天某新疆分公司是合法设立的不具有法人资格的分公司,不具有主体资格;二、原审认定事实清楚,适用法律正确,应予维持。

张某同、陈某玲共同口头答辩称,我是天某新疆分公司的负责人,原审认定事实清楚,请求依法维持原判。

二审查明的事实与原审法院查明事实一致,本院予以确认。

本院认为,紫某钢铁公司原审提交的与天某新疆分公司签订的《新疆紫某钢铁有限责任公司钢材购销合同》(以下简称购销合同)系张某同代表天某新疆分公司签订,在2013年8月21日的确认函中张某同作为天某新疆分公司负责人及担保人均签字确认,故紫某钢铁公司与天某新疆分公司签订的购销合同合法有效，双方均应依约履行，天某公司以合同中公章为假为由否认合同的真实性，依法不能成立。《中华人民共和国公司法》第十四条规定，"公司可以设立分公司。设立分公司，应当向公司登记机关申请登记，领取营业执照。分公司不具有法人资格，其民事责任由公司承担"，原天某新疆分公司目前已注销，故天某公司应当承担其新疆分公司法律行为的相关民事责任，虽然天某公司与张某同之间有合同关系，但该合同系天某公司内部事务，不具备对外效力，故张某同签字的确认函所确定的债务应当由其设立者天某公司承担，天某公司以未收取租赁物、未追认合同效力、分公司无签订租赁合同的行为能力为由抗辩，不能成立；鉴定仅为确认合同真实性，张某同已经确认合同为其所签，所租赁物资为原天某新疆分公司的工地所用，故公章真伪对于确认本案的事实，并无必要，天某公司认为张某同未参与诉讼、未准予鉴定系程序错误的上诉理由，均不能成立。关于天某公司认为本案存在伪造公章应移送公安机关的上诉理由，因本案为紫某钢铁公司起诉，天某新疆分公司负责人张某同确认合同的真实性，并对债务真实性进行确认，故涉案合同并非伪造，双方的买卖关系真实存在，紫某钢铁公司依据真实合法的合同及确认函主张权利，并无违反法律规定的情形。

关于天某公司认为违约金过高的上诉请求，因双方在合同中约定了违约金的计算方法，并在钢材供应结束后两年内核定欠款本金数额的同时，对违约金进行了确认，虽然紫某钢铁公司现在无法说明违约金计算方法，但确认函中写明"后附违约金计算明细表"，因此当时双方对违约金是进行了详细计算的，该确认函系双方债权债务关系的最终确认，天某公司现在提出违约金过高的请求，从结果上改变了确认函的内容，其并没有提出确认函存在无效可撤销的情形，故天某公司主张变更确认函中确认的违约金，没有合法依据，本院依法不予支持。综上，依照《中华人民共和国民事诉讼法》第一百七十条第一款第（一）项之规定，判决如下：

驳回上诉，维持原判。

二审案件受理费 27399.52 元（天某公司已预交），由天某公司负担。

本判决为终审判决。

法律法规

《中华人民共和国公司法》（2024 年 7 月 1 日施行）

第十一条 法定代表人以公司名义从事的民事活动，其法律后果由公司承受。

公司章程或者股东会对法定代表人职权的限制，不得对抗善意相对人。

法定代表人因执行职务造成他人损害的，由公司承担民事责任。公司承担民事责任后，依照法律或者公司章程的规定，可以向有过错的法定代表人追偿。

《最高人民法院关于适用〈中华人民共和国民法典〉合同编通则若干问题的解释》（法释〔2023〕13号）

第二十二条　法定代表人、负责人或者工作人员以法人、非法人组织的名义订立合同且未超越权限，法人、非法人组织仅以合同加盖的印章不是备案印章或者系伪造的印章为由主张该合同对其不发生效力的，人民法院不予支持。

合同系以法人、非法人组织的名义订立，但是仅有法定代表人、负责人或者工作人员签名或者按指印而未加盖法人、非法人组织的印章，相对人能够证明法定代表人、负责人或者工作人员在订立合同时未超越权限的，人民法院应当认定合同对法人、非法人组织发生效力。但是，当事人约定以加盖印章作为合同成立条件的除外。

合同仅加盖法人、非法人组织的印章而无人员签名或者按指印，相对人能够证明合同系法定代表人、负责人或者工作人员在其权限范围内订立的，人民法院应当认定该合同对法人、非法人组织发生效力。

在前三款规定的情形下，法定代表人、负责人或者工作人员在订立合同时虽然超越代表或者代理权限，但是依据民法典第五百零四条的规定构成表见代表，或者依据民法典第一百七十二条的规定构成表见代理的，人民法院应当认定合同对法人、非法人组织发生效力。

《全国法院民商事审判工作会议纪要》（法〔2019〕254号）

41.【盖章行为的法律效力】司法实践中，有些公司有意刻制两套甚至多套公章，有的法定代表人或者代理人甚至私刻公章，订立合同时恶意加盖非备案的公章或者假公章，发生纠纷后法人以加盖的是假公章为由否定合同效力的情形并不鲜见。人民法院在审理案件时，应当主要审查签约人于盖章之时有无代表权或者代理权，从而根据代表或者代理的相关规则来确定合同的效力。

法定代表人或者其授权之人在合同上加盖法人公章的行为，表明其是以法人名义签订合同，除《公司法》第16条等法律对其职权有特别规定的情形外，应当由法人承担相应的法律后果。法人以法定代表人事后已无代表权、加盖的是假章、所盖之章与备案公章不一致等为由否定合同效力的，人民法院不予支持。

代理人以被代理人名义签订合同，要取得合法授权。代理人取得合法授权后，以被代理人名义签订的合同，应当由被代理人承担责任。被代理人以代理人事后已无代理权、加盖的是假章、所盖之章与备案公章不一致等为由否定合同效力的，人民法院不予支持。

049 国某租赁有限公司与某港务集团有限责任公司、山东滨州新某阳化工有限责任公司融资租赁合同纠纷案①

裁判要旨

获得公司授权的公司总经理使用伪造的印章对外签订合同，对公司具有约束力。

实务要点总结

（1）公司总经理在合同中作为授权代表代表公司签字时，该合同对公司具有约束力。在相对人相信公司总经理已经获得相应授权的情形下，总经理签订合同时使用的印章是否为公司的真实印章、是否遵循了公司内部关于印章使用的管理规定都已不再重要。法院可仅以公司对总经理的授权认定相关合同对公司具有约束力。

（2）公司对外作出授权时应当明确具体，切勿错误地以为模糊的授权可以达到"骑墙占优"的效果。因为授权不明产生的相应法律风险应当由公司自行承担，而不能转嫁给交易相对人。

（3）需提示读者注意，现行《公司法》第七十四条已经删除了总经理的全部法定职权，而将其职权下放由章程规定或董事会授权。

相关判决

国某租赁有限公司与某港务集团有限责任公司、山东滨州新某阳化工有限责任公司融资租赁合同纠纷二审民事判决书［（2015）鲁商终字第381号］

上诉人（原审被告）：某港务集团有限责任公司。住所地：滨州市北海经济开发区经十七路7号。

法定代表人：李某杰，董事长。

---

① 审理法院：山东省高级人民法院；诉讼程序：二审

被上诉人（原审原告）：国某租赁有限公司。住所地：济南市高新区舜华路2000号舜泰广场2号楼18层。

法定代表人：尹某，董事长。

被上诉人（原审被告）：山东滨州新某阳化工有限责任公司。住所地：滨州市滨城区滨北开发区永莘路169号。

法定代表人：刘某文，董事长。

上诉人某港务集团有限责任公司（以下简称港务公司）因与被上诉人国某租赁有限公司（以下简称国某公司）、被上诉人滨州新某阳化工有限责任公司（以下简称新某阳公司）融资租赁合同纠纷一案，不服山东省济南市中级人民法院（2013）济商初字第226号民事判决，向本院提起上诉。本院依法组成合议庭公开开庭审理了本案。上诉人港务公司的委托代理人×××、被上诉人国某公司的委托代理人×××、被上诉人新某阳公司的委托代理人×××，到庭参加诉讼。本案现已审理终结。

国某公司一审诉称，2010年5月21日，原告国某公司与被告新某阳公司签署融资租赁合同，约定被告新某阳公司以融资租赁方式承租原告租赁物，租金总额5825万元，租期18个月，自2010年5月21日始至2011年11月21日止，合同期满后被告新某阳公司以名义价款1000元对价留购租赁物。被告港务公司与原告签署保证合同，承诺为被告新某阳公司融资租赁合同项下债务提供连带责任保证。合同生效后，原告依约履行了合同义务，但被告新某阳公司却未依约支付到期租金，被告港务公司也未承担连带保证责任。请求法院判令被告新某阳公司向原告支付租金38410416.67元、名义价款1000元及违约罚息（按逾期未付款项的日万分之五计算，暂计至2013年8月31日为14397930.14元），赔偿原告因本案支付的律师费337770元；被告港务公司对上述请求承担连带清偿责任。

新某阳公司一审辩称，本案融资租赁合同无效，新某阳公司是本案的代借人，所有的还款责任应该由被告港务公司予以偿还；本案的借款合同是企业借贷，依照法律规定合同无效；原告的诉求和原来催款的数额不一致；原告主张的借款新某阳公司已经还清，请求法院驳回原告的诉讼请求。

港务公司一审辩称，保证合同中加盖的港务公司的公章不是港务公司备案的印章，故港务公司和原告之间的保证合同不成立，所以港务公司依法不应当承担保证责任，请求驳回原告的诉讼请求。

原审法院查明，2010年5月21日，原告国某公司与被告新某阳公司签署国租（10）回字第201005202号融资租赁合同（以下简称202号融资租赁合同）。合同约定，被告新某阳公司为实现融资租赁目的，同意向原告国某公司转移享有所有权之设备，再向原告国某公司租回该等设备，原告国某公司同意上述转移并将该等设备租赁给被告新某阳使用；合同附有租赁物清单，为换热式转化炉等设备一宗；合同约定租赁物价款5000万元，年租赁利率11%，租金总额5825万元，租期自2010年5月21日至2011年11月21日。合同还约定，如果被告新某阳公司所付金额不足以清偿全部应付款项，则按照费用、罚息、损害赔偿金、租金的顺序予以清偿。租赁期限内，如遇人民银行基准贷款利率上调，则融资租赁合同项下租赁利率作相应调整。调整起始日为中国人民银行调整文件发布后次月一日。租赁利率调整时，出租人无须事先征得承租人的同意。合同还约定，在被告新某阳公司付清租金等款项后，合同项下租赁物由被告新某阳公司按附件二列明的名义价款留购，名义价款和最后一期租金同时支付，支付完毕后原告国某公司向被告新某阳公司出具租赁物所有权转移证书。若被告新某阳公司未按照合同约定按期足额支付到期应付租金及其他应付款项，应就逾期未付款项按日万分之五支付违约罚息，直至全部付清之日止。一方如有违约或侵权行为，须承担另一方为实现债权而支出的诉讼费、律师费和其他费用。

同日，原告国某公司与被告港务公司签署国租（10）保字第201005202号保证合同（以下简称202号保证合同）。合同约定，被告港务公司为融资租赁合同项下被告新某阳公司全部债务承担连带保证责任，保证期间为2年，保证范围为主合同项下全部债务，包括但不限于租金、罚息以及债权实现费用等，并约定因利率调整或租赁物实际成本发生变化而依据主合同约定对租金进行调整的，被告港务公司确认仍对调整后的租金承担连带保证责任，无须其另行出具署名同意。被告港务公司总经理田某作为授权代表署名，并加盖被告港务公司"印章"。

上述合同签订后，2010年5月31日，原告国某公司向被告新某阳公司支付了5000万元。截至2013年8月31日，被告新某阳公司欠原告国某公司应付的到期租金为38410416.67元，逾期罚息为14397930.21元。

一审诉讼期间，被告新某阳公司于2014年7月28日、9月1日分别还款435万元和300万元。

另，2009年11月25日，原告国某公司曾与被告新某阳公司签署国租（09）回字第09110005号融资租赁合同（以下简称005号融资租赁合同），租赁期限为6个月。同日，原告与被告港务公司签署国租（09）保字第09110005号保证合同（以下简称 005 号保证合同），保证合同由田某签字并加盖被告港务公司印章。被告港务公司于 2009 年 11 月 25 日出具的委托书载明"兹委托田某同志全权办理有关资金融资业务"，委托书由法定代表人袁某晖签字并由被告港务公司和滨州市港务局加盖印章。上述融资原告及两被告均认可该融资租赁合同和保证合同已经履行完毕。

2010 年 5 月 31 日，原告国某公司与被告新某阳公司签署国租（10）回字第 201005203 号融资租赁合同（以下简称 203 号融资租赁合同），租赁期限为 6 个月。同日，原告与被告港务公司签署国租（10）回字第 201005203 号保证合同（以下简称 203 号保证合同），保证合同由田某签字并加盖被告港务公司印章。原告主张该融资租赁合同和保证合同已经履行完毕。

田某自 2010 年 4 月 25 日至 2012 年 1 月 10 日为被告港务公司总经理，主持公司融资工作。

经被告新某阳公司申请，证人田某一审出庭作证，证实因被告港务公司需要用钱，找到了原告国某公司，通过被告新某阳公司与原告国某公司签订融资租赁合同，港务公司作为保证人的形式进行融资。本案所涉的三份保证合同均是由其本人签署并加盖公章。证人邢某出庭作证，证实因被告港务公司需要用钱，找到了原告国某公司，通过被告新某阳公司与原告国某公司签订融资租赁合同，港务公司作为保证人的形式进行融资。在证人负责期间，被告港务公司在建行的融资业务主要是由田某经手。

2013 年 12 月 4 日，大信会计事务所有限公司致被告新某阳公司《企业询证函》，载明截至 2013 年 11 月 30 日被告新某阳公司应还原告国某公司 37226377.18 元，被告新某阳公司未在该函上盖章确认。

本案一审诉讼期间，被告港务公司申请，就 2009 年 11 月 25 日、2010 年 5 月 21 日、2010 年 5 月 31 日签署的《保证合同》之"某港务有限责任公司"印文与样本印文是否是同一印章盖印进行鉴定。山东大舜司法鉴定所出具大舜司鉴所（2014）文鉴字第 286 号司法鉴定意见书，鉴定意见为：2009 年 11 月 25 日保证合同之"某港务有限责任公司"公章印文与样本印文是同一枚印章盖印；2010 年 5 月 21 日、2010 年 5 月 31 日保证合同之"某港务有限责任公司"公章印文与样本印文不是同一枚印章盖印。

本次诉讼，原告国某公司支付律师费代理费 337770 元。

原审法院认定上述事实有 202 号融资租赁合同、202 号保证合同、委托代理合同、律师费发票及律师费付款凭证、005号融资租赁合同、005号保证合同、203号融资租赁合同、203号保证合同、被告港务公司工商登记变更表及董事会决议、相关银行凭证及证人田某、邢某出庭证言、企业询证函、司法鉴定意见书及庭审笔录等在案为证。

原审法院认为，本案双方当事人的争议焦点为：一、202号融资租赁合同的合同性质和效力，新某阳公司是否承担合同约定的支付租金及违约责任；二、202号保证合同是否成立及港务公司是否承担保证责任。

关于第一个焦点问题，原审法院认为，原告国某公司与被告新某阳公司约定以售后回租方式达到融资目的，双方合同约定了租金金额、租赁期限及租赁期限届满后的租赁物处置等条款，符合融资租赁法律关系特征，且租赁物真实存在，该合同签署时005号融资租赁合同已经履行完毕，租赁物不存在与其他融资租赁合同租赁物交叉，依据《最高人民法院关于审理融资租赁合同纠纷案件适用法律问题的解释》第二条"承租人将其自有物出卖给出租人，再通过融资租赁合同将租赁物从出租人处租回的，人民法院不应仅以承租人和出卖人系同一人为由认定不构成融资租赁法律关系"之规定，双方系融资租赁法律关系，意思表示真实，不违反法律、行政法规的强制性规定，合同合法有效，合同各方应受合同约定义务之拘束。原告国某公司依据合同约定将融资款汇入被告新某阳公司账户后，被告新某阳公司与被告港务公司约定的融资款项的使用方式，不影响原告国某公司与被告新某阳公司的融资租赁合同效力。

关于第二个焦点问题，原审法院认为，202号保证合同系经授权代表田某署名并加盖被告港务公司印章，虽经司法鉴定该合同中被告港务公司之公章印文与样本印文不是同一枚印章盖印，但庭审中证人田某出庭证实其署名是真实的，且通过被告港务公司工商登记资料、董事会决议以及证人邢某出庭证言均证实该合同签署时田某为被告港务公司总经理。另，2009年11月25日被告港务公司与原告国某公司签署的005号保证合同中被告港务公司印文与样本印文是同一枚印章盖印，且005号保证合同签署时被告港务公司向原告国某公司出具的委托书载明"兹委托田某同志全权办理有关资金融资业务"，委托书由被告港务公司法定代表人袁某晖署名并加盖滨州市港务局、被告港务公司印章。根据该委托书载明的内容看，系港务公司委托田某全权办理有关资金融资业务，并未明确限定办理资金融资业务的期限，结合田某为港务公司总经理的事实，田某代表港务公司与国某公司签署本案202号保证合同意思表示真实，内容不违反法律行政法规强制性规定，应为有效合同，直接约束港务公司与国某公司。

综上，原审法院认为，原告国某公司与被告新某阳签订涉案融资租赁合同系双方当事人的真实意思表示，亦不违反法律规定，合同合法有效，双方均应按照合同约定全面履行合同义务。原告国某公司主张被告新某阳公司支付欠付租金 38410416.67 元及按照合同约定就逾期未付款项按日万分之五支付违约罚息，截至 2013 年 8 月 31 日的违约罚息为 14397930.21 元，并提交了被告新某阳公司已支付及欠付租金、违约罚息明细表，被告新某阳公司也未举证证明上述欠付金额不当，被告新某阳公司未按照约定按时足额支付租金，已经构成违约，应承担相应的违约责任，故原告国某公司要求其支付租金及相应罚息的诉讼请求，符合合同约定，予以支持。但被告新某阳公司已支付的 735 万元，按合同约定，应从已产生的违约罚息中予以扣除。原告国某公司主张被告新某阳公司支付律师费 337770 元，证据充分，符合双方合同约定，律师费金额亦未超出相关收费标准，予以支持。原告国某公司依据国租（10）保字第 201005202 号保证合同要求被告港务公司承担连带清偿责任的主张，予以支持。原审法院根据《中华人民共和国合同法》第六十条第一款、第一百零七条、第一百零九条，《中华人民共和国担保法》第十八条、第二十一条、第三十一条，《最高人民法院关于审理融资租赁合同纠纷案件适用法律问题的解释》第二条、第二十条，《中华人民共和国民事诉讼法》第六十四条、第一百四十二条之规定，判决如下：一、被告山东滨州新某阳化工有限责任公司于本判决生效之日起十日内向原告国某租赁有限公司支付租金 38410416.67 元及名义价款 1000 元；二、被告山东滨州新某阳化工有限责任公司于本判决生效之日起十日内向原告国某租赁有限公司支付逾期罚息 7047930.21 元（罚息已计至 2013 年 8 月 31 日，嗣后至本判决确定的履行期限之日止的罚息，以 38410416.67 元为基数，按合同约定计付）；三、被告山东滨州新某阳化工有限责任公司于本判决生效之日起十日内支付原告国某租赁有限公司律师费 337770 元；四、被告某港务集团有限责任公司对本判决所确定的第一、二、三项债务承担连带清偿责任；五、被告某港务集团有限责任公司承担保证责任后，有权向被告山东滨州新某阳化工有限责任公司追偿；如果未按本判决指定的期间履行金钱给付义务，应当依照《中华人民共和国民事诉讼法》第二百五十三条之规定，加倍支付迟延履行期间的债务利息。一审案件受理费 305847 元，财产保全费 5000 元，共计 310847 元，由被告山东滨州新某阳化工有限责任公司、某港务集团有限责任公司负担。

上诉人港务公司不服原审判决，上诉称：一、原港务公司总经理田某以港务公司名义签订 202 号保证合同行为系无权代理。该保证合同关系没有成立，上诉人不应承担保证责任。1. 田某棠未经授权签订 202 号保证合同，法律后果不能由上诉人承担，应由签字人田某自行承担责任。该保证合同所加盖的上诉人公章经鉴定是伪造的假公章，不代表上诉人的行为，上诉人事前没有授权，事后也没有追认，田某棠的签字行为是其个人行为，与上诉人无关。上诉人是国有企业，对公章的使用均有规定，田某棠的证言不可信。2. 田某棠虽然是上诉人的总经理，但不是法定代表人，其未经授权不能代表公司签订涉案合同，从 2009 年与国某公司的融资业务看，国某公司对此也是明知的，否则不会在 2009 年业务中向田某棠出具委托书。上诉人已经没有向国某公司融资的需求，而且案涉保证合同签订时上诉人的法定代表人已经变更，并且由工商部门登记公示，如果上诉人同意签订涉案合同，完全没有必要使用假公章，新任的法定代表人也不会不出具授权。3. 202 号融资租赁合同的资金从未进入上诉人的账户，上诉人也从未使用。二、田某以港务公司名义签订 202 号保证合同的行为也不构成表见代理。本案涉及巨额的融资业务，两公司的管理要求和业务程序都要求一事一授权，所以上诉人及法定代表人为田某棠所出具的委托书没有授权时间，而且 2009 年的融资业务终止，其授权也随之终止。上诉人法定代表人在涉案合同签订之前已经变更，并在工商部门进行了变更。2009 年的授权书中既有上诉人的公章又有上诉人原法定代表袁某晖的签字，是公司与法定代表人的双重授权。202 号保证合同签订时法定代表人已变更，但国某公司并未取得田某棠的授权。从合同的形式上看，005 号保证合同与 202 号保证合同有明显的差异。在 2009 年的业务中，手续上有滨州港务局出示的担保函、上诉人及法定代表人出具的授权书，保证合同中法定代表人载明袁某晖，签章处既有公章又有法人私章。而本案 202 号保证合同签订时没有法定代表人给田某棠的授权，上诉人的法定代表人是空白没有填写，而且签章处没有法定代表人私章，这时上诉人法定代表人已经发生变更。前后两次形式上的差异，是国某公司有意为之，以达到转嫁风险的目的。国某公司已明知田某棠没有代理权，其不是善意的相对人，本案不应适用表见代理。根据合同法的相关规定，本案 202 号保证合同对上诉人不发生法律效力，上诉人不应对本案 202 号融资租赁合同承担保证责任。综上所述，原审判决认定田某代表港务公司与国某公司签订 202 号保证合同，直接约束港务公司与国某公司，该认定是错误的，判决上诉人港务公司承担保证责任不当。因此，请求二审法院改判驳回被上诉人国某公司对上诉人港务公司的诉讼请求，本案诉讼费由被上诉人新某阳公司承担。

被上诉人国某公司答辩称：一、本案 202 号保证合同由港务公司授权代表、时任总经理田某签署并加盖公司印章，意思表示真实，合法有效。港务公司主张合同没有成立，无事实和法律依据。1. 2009 年 11 月 25 日港务公司出具委托书，委托其总经理田某全权办理有关资金融资业务，田某作为港务公司总经理及授权代表与国某公司签署 005 号保证合同，通过新某阳公司向国某公司融资 1 亿元。一审庭审中，港务公司及新某阳公司均对上述事实予以确认，因此，港务公司对田某的委托书真实有效。2. 港务公司出具的委托书载明"委托田某同志全权办理有关资金融资业务"，并未明确限定授权期限，且本案 202 号保证合同与上述 005 号保证合同的合同内容及目的完全一致，期间仅间隔数月，两合同紧密连续，原审判决根据两保证合同及田某证人证言等，认定田某作为港务公司之授权代表签署本案保证合同有效完全正确。3. 港务公司主张其对田某的授权委托书仅限于 005 号保证合同签署，田某无权代表港务公司签署本案 202 号保证合同，该主张明显不能成立：一则港务公司之委托书并未载明授权期限，本案合同 005 号保证合同的签署仅间隔数月，两合同一致连续，田某有权代表港务公司签署本案保证合同；二则根据《中华人民共和国民法通则》第六十五条第三款"委托书授权不明的，被代理人应当向第三人承担民事责任，代理人负连带责任"之规定，港务公司应当承担委托书授权不明的法律后果，即对国某公司承担合同责任。4. 港务公司主张其就本案保证合同之签章系伪造，田某签字行为不是其意志体现，法律后果由签字人自行承担，该主张也明显不能成立。首先，一审鉴定意见仅证明本案保证合同之港务公司印章与样本印章不是同一枚印章，但并不能证明该印章系个人私刻或虚假，公司印章变更甚至备用印章使用等情况都会导致与原印章不一致；其次，本案保证合同由港务公司之授权代表田某真实签署，即使所加盖港务公司印章为伪造，甚至没有加盖港务公司印章，那么该保证合同经授权代表签署后即对港务公司具有法律拘束力。二、被上诉人国某公司有足够理由相信田某有权代表港务公司签署本案 202 号保证合同，且善意无过失，港务公司应当承担保证责任。1. 国某公司根据对本案保证合同签署时的综合因素考虑，完全有理由相信田某有权代表上诉人港务公司签署本案保证合同。（1）港务公司出具委托书并未明确限定授权田某办理资金融资业务的期限。（2）本案 202 号保证合同与港务公司认可的田某作为授权代表签署的 005 号保证合同之合同内容及目的完全一致，期间仅间隔数月，两合同紧密连续。（3）本案所涉系列合同签署时，田某为港务公司总经理，一直负责港务公司融资业务，本案保证合同不仅有总经理田某签字，且有港务公司印章，符合一般公司业务合同的签署形式。(4) 港务公司通过新某阳公司向国某公司融资，包括本案保证合同在内的系列合同签署过程中，始终有新某阳公司参与，各合同签署主体连续一致，新某阳公司也一直认为田某作为总经理有权代表港务公司签署相关合同。2. 国某公司与港务公司、新某阳公司签署及履行包括本案保证合同在内的系列合同时，善意无过失。(1) 国某公司首次与新某阳公司及港务公司开展业务并签署相应融资租赁合同及保证合同时，要求新某阳公司及港务公司提供相关企业证照及签署代表的授权委托书，并且本案保证合同签署有授权代表田某真实签字，及加盖港务公司印章，尽到了一般审查义务，无过失。(2) 国某公司作为新某阳公司及港务公司融资提供方，积极履行了资金提供义务，除收取约定年化利率11%的融资收益外，无其他任何非法收益，还要承担巨额资金风险，就本案合同履行无任何恶意及过失行为。(3) 就本案 202 号保证合同，国某公司基于港务公司为国有企业，授权代表田某为港务公司总经理，先期业务正常履行终结等情况下，开展本案融资业务，善意且无任何过失，在交易对象为具有较高社会公信力的国有企业、签字人担任总经理且持有有效委托书的情况下，不能苛求国某公司对肉眼难以辨别的是否与备案公章一致、是否与前次交易合同印章一致，或本次加盖印章是否伪造（即使如此）等极端情形，承担过重审查及注意义务。综上，田某依据港务公司委托书有权代表港务公司签署本案 202 号保证合同，国某公司也有足够理由相信田某有权代表港务公司签署该保证合同，国某公司善意、无过失，港务公司应当承担保证合同之全部责任。原审判决认定事实清楚，适用法律正确，港务公司的上诉请求无事实和法律依据，应当依法驳回。

被上诉人新某阳公司答辩称：上诉人港务公司的总经理田某是本案业务的经办人。本案实际的借款人都是港务公司，原审判决港务公司向新某阳公司追偿是错误的。如果没有第一份合同，新某阳公司也不会继续签订第二份、第三份合同。港务公司的责任无法推卸，这是港务公司的内部管控行为。新某阳公司是借款平台，法律地位是代借人，应由实际用款人港务公司来承担还款责任。港务公司融资 1 亿元作了增资，之后用了 1 亿元偿还了建行 8000 万元承兑，是为了还第一笔 1 亿元的缺口。第一份合同与第二份、第三份合同有关系，港务公司与第二、三份合同有关联。

本院对原审法院查明的事实予以确认。

另，在本院二审庭审中，上诉人港务公司提交了两份新证据。证据1，上诉人原法定代表人袁某晖的履历。结合一审时已提交的港务公司企业变更情况，用以证明：袁某晖在2010年3月因工作原因辞去了上诉人董事长职务，工商登记上也载明2010年5月12日上诉人法定代表人发生了变更。也就是说，在2010年5月21日202号保证合同签订时上诉人的法定代表人已经变更，而且已经公示，这种公示不仅仅有工商部门的公示还有网站的公示，国某公司应是明知。证据2，上诉人本公司制作的在正常使用公章过程中所使用的公司印章使用申请表、印章使用登记表、印章移交登记表用以证明：上诉人公章使用有严格的管理和审批程序，田某棠一审作证称其随身携带公章与事实不符，其证言不足以采信，且田某棠没有上诉人及法定代表人的授权签订涉案202号保证合同。国某公司质证称，该两份新证据是上诉人内部所有，而且其在一审中并没有提出，不符合法律规定的二审新证据；也不能证明其目的。新某阳公司质证称，同意国某公司的质证意见。袁某晖的履历表及印章使用的表，没有合法来源，是其单方制作的。

本院认为，本案二审争议的焦点问题是，田某以港务公司名义签订202号保证合同的行为对港务公司是否有效，港务公司应否承担保证责任。

本院认为，田某以港务公司名义签订202号保证合同的行为对港务公司有效，原审法院判决港务公司承担保证责任正确。首先，在本案202号融资租赁合同及202号保证合同签订数月之前，港务公司曾向国某公司出具委托书，授权田某全权办理有关资金融资业务，该授权委托书既未明确限定代理期限，也未明确限定办理具体哪笔业务。田某也曾据此委托书以港务公司授权代理人身份与国某公司签订过005号保证合同，为国某公司与新某阳公司所签005号融资租赁合同提供担保，港务公司对该笔业务中田某的代理行为认可。005号保证合同签订数月之后，田某同样也是以港务公司授权代理人身份签署本案202号保证合同，而且在该合同签订时田某是港务公司的总经理，主持公司融资工作。以上事实前后连续，存在一定的关联性，与田某及邢某的出庭证言等证据相互印证，所形成的事实链条可以证明，田某以港务公司名义签署202号保证合同的行为应当属于有权代理。其次，退一步来说，即使田某就202号保证合同的签订在客观上确实未得到港务公司的授权，本案上述事实也足以使合同相对人国某公司有理由相信田某有签订202号保证合同的代理权，那么田某的行为也构成表见代理。因此，田某签订202号保证合同的代理行为对港务公司有效，港务公司与国某公司因202号保证合同所形成的保证合同关系成立。该保证合同因不违反法律、行政法规的强制性规定，系有效合同，故对港务公司具有法律约束力，原审判决港务公司承担保证责任，并无不当。

港务公司关于田某签订202号保证合同系无权代理，亦不构成表见代理，港务公司不应承担保证责任的上诉理由不成立。1.港务公司上诉称港务公司对田某的授权是一事一授权，港务公司向国某公司出具的委托书仅是针对005号保证合同，田某签订202号保证合同的行为未得到授权。但是，一方面，港务公司提交的原法定代表人履历、上诉人本公司制作的公司印章使用申请表、印章使用登记表及印章移交登记表等证据不足以证明对田某的授权是一事一授权；另一方面，港务公司向国某公司所出具的授权委托书既没有载明田某的代理期限，也没有载明仅仅是针对005号保证合同的授权。因此，港务公司该上诉理由不能成立。2.一审司法鉴定意见书可证明202号保证合同中港务公司的公章印文与样本印文不是同一枚印章盖印，但并不足以证明该公章系伪造。即使如港务公司上诉所称田某所加盖的公章是伪造，因田某当时是港务公司的总经理，那么加盖伪造公章的行为也属于港务公司工作人员的行为，而非合同相对人国某公司的行为。而且，从本案查明的事实来看，通过前述分析，田某签订202号保证合同的代理行为对港务公司有效，故即使202号保证合同没有加盖港务公司的公章，也足以认定该保证合同成立。因此，港务公司关于202号保证合同所加盖的港务公司公章系假公章的理由，并不足以支持其不应承担保证责任的上诉主张。3.港务公司上诉称国某公司不是善意的相对人，不构成表见代理。但是，从前述分析来看，本案事实足以支持国某公司关于田某签订202号保证合同是有权代理的主张。即使田某的行为是无权代理，那么本案事实也足以使合同相对人国某公司有理由相信田某有代理权，而且港务公司所提交的证据也不足以证明国某公司存在恶意。因此，港务公司该上诉理由亦不成立。4.判断保证人应否承担保证责任的依据，主要是保证合同是否成立及是否有效，而非保证人对所担保的对象是否享有实际利益。因此，港务公司以其没有实际使用202号融资租赁合同所融资金，作为拒绝承担保证责任的上诉理由，缺乏法律依据，不应得到支持。

综上所述，原审法院认定202号保证合同成立，直接约束港务公司与国某公司，判决港务公司承担保证责任，并无不当。港务公司关于田某签订202号保证合同是无权代理，亦不构成表见代理，港务公司不应承担保证责任的上诉理由不成立。据此，依照《中华人民共和国民事诉讼法》第一百七十条第一款第（一）项之规定，判决如下：

驳回上诉，维持原判。

二审案件受理费 305847 元由上诉人某港务集团有限责任公司负担。

本判决为终审判决。

法律法规

《最高人民法院关于适用〈中华人民共和国民法典〉合同编通则若干问题的解释》（法释〔2023〕13号）

第二十二条 法定代表人、负责人或者工作人员以法人、非法人组织的名义订立合同且未超越权限，法人、非法人组织仅以合同加盖的印章不是备案印章或者系伪造的印章为由主张该合同对其不发生效力的，人民法院不予支持。

合同系以法人、非法人组织的名义订立，但是仅有法定代表人、负责人或者工作人员签名或者按指印而未加盖法人、非法人组织的印章，相对人能够证明法定代表人、负责人或者工作人员在订立合同时未超越权限的，人民法院应当认定合同对法人、非法人组织发生效力。但是，当事人约定以加盖印章作为合同成立条件的除外。

合同仅加盖法人、非法人组织的印章而无人员签名或者按指印，相对人能够证明合同系法定代表人、负责人或者工作人员在其权限范围内订立的，人民法院应当认定该合同对法人、非法人组织发生效力。

在前三款规定的情形下，法定代表人、负责人或者工作人员在订立合同时虽然超越代表或者代理权限，但是依据民法典第五百零四条的规定构成表见代表，或者依据民法典第一百七十二条的规定构成表见代理的，人民法院应当认定合同对法人、非法人组织发生效力。

050 方某新与杭州新某地实业投资有限公司保证合同纠纷案[①]

裁判要旨

合同上加盖的公司印章为公司股东兼法定代表人私刻印章，但该合同上有公司全体股东签字的，公司不得仅以该印章系股东私刻为由主张不受该合同约束。

---

① 审理法院：浙江省高级人民法院；诉讼程序：二审

实务要点总结

公司的全体股东在合同上签字，说明公司股东会已经以书面决议的方式确认了合同内容和效力。此时，公司不能再以加盖在合同上的印章虚假为由，主张不受该合同约束。

相关判决

方某新与杭州新某地实业投资有限公司保证合同纠纷二审民事判决书
[（2013）浙商外终字第 68 号]

上诉人（原审被告）：杭州新某地实业投资有限公司。

法定代表人：周某爱。

被上诉人（原审原告）：方某新。

上诉人杭州新某地实业投资有限公司（以下简称新某地公司）为与被上诉人方某新保证合同纠纷一案，不服浙江省金华市中级人民法院（2011）浙金商外初字第 20 号民事判决，向本院提起上诉。本院于 2013 年 5 月 8 日立案受理后，依法组成合议庭，并于同年 6 月 14 日公开开庭审理了本案，同年 9 月 6 日再次召集双方进行调查质证。上诉人新某地公司的委托代理人×××，被上诉人方某新均到庭参加诉讼。本案现已审理终结。

原审法院审理查明：2011 年 3 月 26 日，周某民因经营需要向方某新借款，双方签订编号为 001 的《最高额保证合同》一份。合同中约定：借款的最高额度为人民币 5000 万元，合同期限为 2011 年 3 月 26 日起至 2012 年 3 月 26 日止。借款利率以借款借据或借条约定为准，合同项下每一笔借款利息按借款人实际借款额和实际占用天数计算，如借款人未按还款期限或还款计划还款，且又未就展期事宜与出借人达成协议的即构成借款逾期，出借人有权根据借据或借条约定计收违约金。保证人的保证范围为本合同期限内在本合同项下发放的借款所形成的全部债务，包括但不限于：全部借款本金、利息、违约金和出借人实现债权的一切费用（包括但不限于诉讼费、律师费等）。保证人提供的保证为连带责任保证。保证人对根据本合同发放的每一笔借款都提供担保，在发放每一笔借款时不再逐笔办理担保手续。保证期间为从本合同生效之日起至根据本合同出借借款中的最后还款期限的借款所约定的借款人履行债务届满之日止两年。合同经各方签字或盖章后生效等内容。在合同末页出借人处有方某新签名，借款人处有周某民签名,"保证人"处盖有新某地公司印章,在新某地公司印章处有周某民、朱某浪的签名。

2011年3月26日,周某民出具借条一张,该借条内容为:因生产经营需要,借款人今向出借人方某新借到人民币3000万元整。借款期限为30天,于2011年4月24日前归还。利息按每30天3%计算,按月支付。但如出借人认为借款人存在到期还款风险,出借人有权要求借款人提前归还。如借款人逾期或未按出借人要求提前还款,则应向出借人支付逾期金额的日千分之五乘以逾期天数的违约金。因借款人违约造成出借人的损失(包含但不限于诉讼费、律师代理费、车旅费等)由借款人承担。本笔借款的担保根据合同编号为001的最高额保证合同执行。保证人自愿为借款人提供连带责任保证,保证期限为两年,从借款人违约之日起计算。本保证为不可撤销之保证。在该借条中还注明:请将此款打入周某民农行杭州朝晖支行,卡号62×××18。后陈某萍受方某新委托分别于2011年3月28日和同月29日通过转账方式向周某民上述账户转入现金1600万元和1400万元。

2011年10月17日,周某民出具借条一张,该借条内容为:借款人今向出借人方某新借到人民币2000万元整。借款期限为10天,该借条其他内容与前述借条内容一致。后方某新于2011年10月17日通过转账方式分两笔(各1000万元)向周某民账户转入现金共2000万元。上述借款期限届满后周某民未归还任何款项,保证人也未承担保证责任。

另查明,新某地公司为有限责任公司,注册资本1000万元。2011年3月14日,法定代表人由韩某华变更为周某民,股东变更为周某民和朱某浪,其中周某民占10%股份,朱某浪占90%股份。2011年11月8日,法定代表人变更为顾某萍。该公司章程第十二条规定,公司股东会有对公司为公司股东或者实际控制人提供担保作出决议的职权,如股东以书面形式一致表示同意的,可以不召开股东会会议,直接作出决定,并由全体股东在决定文件上签名、盖章。

2011年11月15日,方某新向原审法院提起诉讼,请求判令新某地公司归还5000万元借款及相应利息、违约金(其中3000万元从2011年3月26日开始计算,2000万元从2011年10月17日开始计算。利息及违约金按中国人民银行同期贷款利率的4倍计算),并承担本案全部诉讼费用。

新某地公司在原审庭审中答辩称:一、案涉5000万元借款本金、利息及违约金均已履行完毕,新某地公司无须承担保证责任和连带清偿责任。二、方某新起诉主张的借款债权是否真实发生存疑。三、新某地公司未曾签订过《最高额保证合同》，也从未就本案中所涉的所谓 5000 万元借款作出过任何提供保证担保的意思表示。请求驳回方某新的诉讼请求。

原审法院认为，方某新与周某民之间的借贷关系，有最高额保证合同、借条及银行卡取款业务回单等证据证实，该借贷关系合法有效，应予以确认。新某地公司所提借款已经归还、借款不真实并申请追加王某、徐某春为第三人的意见，新某地公司对此并未提供充分的证据予以证明，该意见不予采信。

根据《中华人民共和国公司法》第十六条第二款之规定："公司为公司股东或者实际控制人提供担保的，必须经股东会或者股东大会决议"，本案中，新某地公司为周某民提供担保，须经该公司的股东会或股东大会决议。相关工商登记材料及新某地公司章程显示，2011 年 3 月 14 日新某地公司法定代表人由韩某华变更为周某民，股东变更为周某民和朱某浪。本案最高额保证合同中盖有新某地公司印章，并有新某地公司的法定代表人周某民和股东朱某浪签字，故新某地公司为涉案借款提供的担保应认定有效，新某地公司应对涉案借款承担连带保证责任。新某地公司关于其并未签订最高额保证合同、合同中印章系伪造、本案应移送或中止审理的意见依据不足，不予采信。新某地公司还提出其并未就担保作出股东会决议，朱某浪及周某民在合同上签字并不能构成股东会决议，该担保无效或未生效的意见，从最高额保证合同看，周某民和朱某浪在合同上签字的行为，应视为两位股东以书面形式一致同意担保，这也符合新某地公司章程第十二条"如股东以书面形式一致表示同意的，可以不召开股东会会议，直接作出决定"的规定，故该意见依据不足，不予采信。方某新在签订最高额保证合同时，要求新某地公司盖章，并要求新某地公司时任法定代表人及股东签名确认，已尽合同审查义务，因此，对新某地公司称方某新主观上存在重大过错、不构成合同法上的善意及不构成表见代理的意见，亦不予采信。

周某民到期未归还借款，方某新可以要求债务人履行债务，也可以要求保证人在其保证范围内承担保证责任。现方某新向新某地公司主张权利符合法律规定，予以支持。新某地公司在承担保证责任后，有权向债务人追偿。因方某新与周某民在借条中约定利息按每 30 天 3%计算，如逾期则应向出借人支付逾期金额的日千分之五乘以逾期天数的违约金。根据《最高人民法院关于人民法院审理借贷案件的若干意见》第六条利率"最高不得超过银行同类贷款利率的四倍（包含利率本数）。超出此限度的，超出部分的利息不予保护"之规定，该利息及违约金已超过法律规定的最高限度，现方某新主张按中国人民银行同期同类贷款利率的四倍计算至判决确定还款之日止的利息及违约金，并不违背上述规定，该院予以支持。综上，依照《中华人民共和国合同法》第二百零五条、第二百零六条、第二百零七条，《中华人民共和国担保法》第六条、第十四条、第十八条、第二十一条第一款，《最高人民法院关于人民法院审理借贷案件的若干意见》第六条之规定，原审法院于2013年4月1日作出判决：新某地公司于判决生效后十日内归还方某新借款5000万元并支付利息及违约金（其中3000万元从2011年3月26日起按中国人民银行公布的同期同档次贷款基准利率的四倍支付至本判决确定的归还之日止；2000万元从2011年10月17日起按中国人民银行公布的同期同档次贷款基准利率的四倍支付至本判决确定的归还之日止）。如果未按判决指定的期间履行给付金钱义务，应当依照《中华人民共和国民事诉讼法》第二百五十三条之规定，加倍支付迟延履行期间的债务利息。案件受理费366800元，财产保全费5000元，合计371800元，由新某地公司负担。

新某地公司不服原审判决，向本院提起上诉称：一、原审判决认定事实错误。1. 关于借款事实。方某新称其借给周某民的5000万元分两次支付，其中3000万元委托陈某萍转账给周某民，但方某新未能提供其于事后打款给陈某萍的证据，陈某萍在一审中的证据也有自相矛盾之处。而且，周某民出具借条时间与陈某萍转账时间也不相符。而后，在该3000万元到期，而周某民分文未还的情况下，方某新又向周某民出借2000万元不合常理，故该2000万元不是本案《最高额保证合同》项下借款，很可能是周某民与方某新之间的其他法律关系。2. 原审判决对于周某民通过王某、徐某春账户向方某新已经归还全部借款的事实不予认定，对周某民、新某地公司追加王某、徐某春为第三人的申请不予准许错误。3. 原审判决认定新某地公司为案涉债权保证人错误。最高额保证上所盖之新某地公司公章系周某民伪造。新某地公司股东朱某浪虽在该最高额保证合同上签字，但该签字仅代表朱某浪本人，而不能代表新某地公司。朱某浪签字系受周某民蒙骗，原审判决认定为新某地公司的对外担保意思表示错误。二、本案系方某新炮制的虚假诉讼。方某新与周某民之间的民间借贷案件在金华市中级人民法院审理的共有3起，总借款本金1亿元，而周某民通过王某、徐某春向方某新归还借款已达1.3亿元，但方某新在三起案件中均陈述分文未还，而除本案外另外两起案件的生效判决均对方某新的陈述作了认定。由于方某新的虚假陈述及指使王某、徐某春作伪证，浙江雪某工贸有限公司（以下简称雪某公司）向东阳市公安局报案,东阳市公安局以方某新妨碍作证罪立案,但后因方某新与雪某公司达成和解撤案。因此,本案系虚假诉讼,应移送公安机关。综上,原判错误,请求改判驳回方某新的诉讼请求。

方某新答辩称:一、借款事实问题。原审庭审过程中,周某民的代理人认可陈某萍支付给周某民的3000万元款项即为案涉借款。至于另外2000万元是方某新为支持周某民渡过财务难关,出借给周某民的。二、还款事实方面的问题。首先,周某民归还徐某春的款项是徐某春借款给周某民的本金。至于周某民和王某之间的款项往来则是周某民支付给徐某春等人的利息及周某民支付给王某的好处费,计3500万元左右,与本案无关。三、关于担保问题。《最高额保证合同》有新某地公司公章和全体股东的签名,且签名是签在公章之上,故该公章非假公章。退一步讲,即使没有公章,由于有新某地公司法定代表人和所有股东的签字确认,担保事实也应认定。四、关于虚假诉讼的说法并无根据。新某地公司认为案涉款项周某民已通过王某、徐某春归还的事实不存在,周某民归还徐某春借款及支付王某的利息和中间费用与本案没有关联。请求法院驳回新某地公司的上诉请求,维持原判。

二审期间,新某地公司提供如下证据材料:证据1,东阳市公安局关于对方某新涉嫌妨碍作证罪一案的立案决定书、东阳市公安局致金华市中级人民法院要求将方某新诉大某集团公司两案移送东阳公安局的函;证据2,东阳公安局和金华市中级人民法院制作的周某民支付给王某、徐某春的资金明细及去向。上述证据拟证明周某民已向方某新归还所借款项,方某新在原审中关于其与王某、徐某春之间关系的陈述为虚假。

方某新对上述证据质证认为,证据1真实性无异议,但对其与本案的关联性有异议,东阳市公安局查明事实之后,已经撤销对方某新的立案。证据2真实性有异议,且其内容与本案无关。

本院准予新某地公司的调查取证申请,依法向东阳公安局、本院刑一庭调取了东阳公安局对方某新、周某民等的询问笔录,杭州市公安局对方某新、周某民的询问笔录。新某地公司对上述证据材料的形式真实性均无异议,但认为方某新的陈述内容虚假,方某新、王某、徐某春系共同做资金生意的合伙人,案涉款项周某民已经通过王某、徐某春账户归还给方某新;周某民的笔录内容真实,根据周某民的笔录,周某民应方某新要求将归还款项打入王某、徐某春账号。由此,周某民已向方某新付清所有本金及利息。

方某新质证对其笔录真实性无异议；其他人员笔录的形式真实性虽可确认，但关于王某、徐某春、方某新关系及周某民已经通过王某、徐某春将案涉款项归还的陈述与事实不符。

方某新向本院提供如下证据材料：方某新、周某民于2013年8月28日出具的对账确认单，拟证明周某民承认对案涉5000万元并未归还；方某新、王某于2012年11月16日签署的协议书一份，拟证明王某、方某新达成一致，由王某将其从周某民获取的好处费中拿出3200万元向方某新代偿周某民2011年3月15日2000万元的借款本息。

新某地公司质证认为周某民目前因涉嫌犯罪正处于审判阶段，方某新通过周某民的辩护律师签订对账确认单，其合法性存疑。而且，该对账单内容与周某民在东阳市公安局和杭州市公安机关的陈述相反。对王某、方某新签订的协议书形式真实性无异议，对内容真实性有异议。

本院对上述证据材料审查认为，新某地公司提供的证据1、证据2以及本院依据新某地公司申请调取的东阳公安局的相关笔录，因东阳公安局对方某新伪造证据一案已经撤销立案，故不能作为本案定案依据。本院调取的杭州公安局对周某民、方某新的询问笔录，因周某民涉嫌诈骗、挪用公司资金罪一案尚未审结，相关笔录是否作为刑事案件的证据尚不确定，亦不能作为本案民事审判认定事实的依据。方某新提供的对账确认单载明周某民对于案涉5000万元未予归还的内容与周某民先前通过诉讼代理人在原审庭审中的陈述相矛盾，根据禁止反言原则，对账确认单的内容不予采信。方某新与王某达成的协议书可表明双方对于周某民于2011年3月15日欠方某新2000万元的一个处理情况，但跟本案周某民与方某新的欠款无关联性。

经审理，本院对于原判认定的事实予以确认。

本院认为，根据新某地公司的上诉和方某新的答辩，本案二审审理的焦点是：一、涉案借款是否真实发生以及是否已经归还。二、《最高额保证合同》是否为新某地公司真实意思表示。针对前述争议焦点，本院分析如下：

一、涉案借款是否真实发生以及是否已经归还。方某新为证明案涉借款关系真实存在，提供了债务人周某民出具的借条、银行转账凭证，债务人周某民对于其向方某新借款的事实也予以认可。因此，该民间借贷关系应予确认。周某民、新某地公司称周某民通过王某、徐某春账户中打款1.2亿余元就是偿还本案周某民所借之款项。对此，本院认为，首先，该款项非直接汇给方某新，而是将款项汇给王某、徐某春，再由此两人将部分款项汇至方某新账户。周某民虽声称其是根据方某新的短信指令将款项汇至王某、徐某春账户，但未能提供证据加以证明，故根据现有证据，尚不能当然得出上述款项就是即为归还方某新之款项的结论。其次，周某民与徐某春本身就有资金往来，而王某声称其收取的5000余万元，系周某民向其支付的中间好处费，此种陈述虽然勉强，但目前并无有力证据予以推翻。最后，新某地公司所称还款均发生于2011年10月17日之前，但2011年10月17日当日，周某民又向方某新借款2000万元。综上，新某地公司所称周某民所借款项均已还清的上诉理由不能成立。本案亦无须移送公安机关侦查处理。

二、《最高额保证合同》是否为新某地公司真实意思表示。本案所涉的《最高额保证合同》上盖有新某地公司的印章，虽然新某地公司称该印章系周某民私自刻制，但公安机关经侦查，最终并未以周某民伪造印章罪移送审查起诉。因此，新某地公司认为该公章系伪造的依据不足。何况，在该最高额保证合同上还有新某地公司全体股东的签字。在周某民、朱某浪签字的真实性可以确认的前提下，此亦可视为对该公章真实性的认可。

周某民为新某地公司时任股东兼法定代表人。《中华人民共和国公司法》第十六条第二款规定："公司为公司股东或者实际控制人提供担保的，必须经股东会或者股东大会决议。"新某地公司章程第十二条明确"如股东以书面形式一致表示同意的，可以不召开股东会会议，直接作出决定"。因此，上述新某地公司全体股东即两名股东在最高额担保合同上的签字，使得新某地公司的案涉债务的保证行为具备了合法性，新某地公司对其股东兼法定代表人周某民对外借款提供保证符合全体股东的真实意思，新某地公司对此应当承担相应的法律后果，其应当就本案所涉债务向方某新承担连带保证责任。

三、原审程序是否妥当。新某地公司上诉称周某民通过王某、徐某春已经归还案涉借款，本案应追加王某、徐某春作为第三人参加诉讼，原审未予追加，程序违法。本院认为，如前所述，新某地公司认为周某民通过王某、徐某春归还过本案借款的上诉理由不能成立，现有证据难以认定周某民已归还案涉借款。因此，王某、徐某春作为案外人，无作为第三人参加本案诉讼之必要，原审判决未予追加王某、徐某春为本案第三人并无不当。

综上，原判认定事实清楚，适用法律正确，实体处理妥当。新某地公司的上诉理由不能成立。依照《中华人民共和国民事诉讼法》第一百七十条第一款第

（一）项之规定，判决如下：

驳回上诉，维持原判。

二审案件受理费366800元，由上诉人杭州新某地实业投资有限公司负担。

本判决为终审判决。

法律法规

《中华人民共和国公司法》（2024年7月1日施行）

第十一条 法定代表人以公司名义从事的民事活动，其法律后果由公司承受。

公司章程或者股东会对法定代表人职权的限制，不得对抗善意相对人。

法定代表人因执行职务造成他人损害的，由公司承担民事责任。公司承担民事责任后，依照法律或者公司章程的规定，可以向有过错的法定代表人追偿。

第十五条 公司向其他企业投资或者为他人提供担保，按照公司章程的规定，由董事会或者股东会决议；公司章程对投资或者担保的总额及单项投资或者担保的数额有限额规定的，不得超过规定的限额。

公司为公司股东或者实际控制人提供担保的，应当经股东会决议。

前款规定的股东或者受前款规定的实际控制人支配的股东，不得参加前款规定事项的表决。该项表决由出席会议的其他股东所持表决权的过半数通过。

《最高人民法院关于适用〈中华人民共和国民法典〉合同编通则若干问题的解释》（法释〔2023〕13号）

第二十二条 法定代表人、负责人或者工作人员以法人、非法人组织的名义订立合同且未超越权限，法人、非法人组织仅以合同加盖的印章不是备案印章或者系伪造的印章为由主张该合同对其不发生效力的，人民法院不予支持。

合同系以法人、非法人组织的名义订立，但是仅有法定代表人、负责人或者工作人员签名或者按指印而未加盖法人、非法人组织的印章，相对人能够证明法定代表人、负责人或者工作人员在订立合同时未超越权限的，人民法院应当认定合同对法人、非法人组织发生效力。但是，当事人约定以加盖印章作为合同成立条件的除外。

合同仅加盖法人、非法人组织的印章而无人员签名或者按指印，相对人能够证明合同系法定代表人、负责人或者工作人员在其权限范围内订立的，人民法院应当认定该合同对法人、非法人组织发生效力。

在前三款规定的情形下,法定代表人、负责人或者工作人员在订立合同时虽然超越代表或者代理权限,但是依据民法典第五百零四条的规定构成表见代表,或者依据民法典第一百七十二条的规定构成表见代理的,人民法院应当认定合同对法人、非法人组织发生效力。

《全国法院民商事审判工作会议纪要》(法〔2019〕254号)

41.【盖章行为的法律效力】司法实践中,有些公司有意刻制两套甚至多套公章,有的法定代表人或者代理人甚至私刻公章,订立合同时恶意加盖非备案的公章或者假公章,发生纠纷后法人以加盖的是假公章为由否定合同效力的情形并不鲜见。人民法院在审理案件时,应当主要审查签约人于盖章之时有无代表权或者代理权,从而根据代表或者代理的相关规则来确定合同的效力。

法定代表人或者其授权之人在合同上加盖法人公章的行为,表明其是以法人名义签订合同,除《公司法》第16条等法律对其职权有特别规定的情形外,应当由法人承担相应的法律后果。法人以法定代表人事后已无代表权、加盖的是假章、所盖之章与备案公章不一致等为由否定合同效力的,人民法院不予支持。

代理人以被代理人名义签订合同,要取得合法授权。代理人取得合法授权后,以被代理人名义签订的合同,应当由被代理人承担责任。被代理人以代理人事后已无代理权、加盖的是假章、所盖之章与备案公章不一致等为由否定合同效力的,人民法院不予支持。

第五节　因职务行为使用伪造公章签订的合同有效

051 淮安汉某万融建材有限公司与江苏新某建筑有限公司、江苏新某建筑有限公司江阴分公司买卖合同纠纷案[①]

裁判要旨

公司员工因职务行为在合同上加盖印章,即便事后确认印章系伪造,公司也不得主张该合同对其没有约束力。

---

① 审理法院:江苏省高级人民法院;诉讼程序:二审

实务要点总结

（1）笔者认为，本案对于一般的公司不具有典型性。理由是并非所有公司的普通员工都有对外签订合同的权利。当公司普通员工代表公司进行签约时，交易相对人应有核实普通员工是否具有签约权限的义务。因此，我们一方面要防范普通员工随意接触公章，另一方面也不必过分担心员工利用"假公章"对外签订合同而损害公司利益。

（2）需特别注意的是：如银行、保险公司、证券公司、房地产公司、房地产经纪公司等大量普通员工具有对外签订合同的权限的公司，应严控员工接触公章的机会，严控公司内部印章管理。因为在存在大量定型化交易的场合，普通的交易相对人难以有效识别代表公司进行签字盖章的员工是否已经获得了公司的授权，其使用的印章是否为真。通常情形下，交易相对人有足够的理由信赖公司对于提供大量定型化交易的员工已进行了足够授权。

相关判决

淮安汉某万融建材有限公司与江苏新某建筑有限公司、江苏新某建筑有限公司江阴分公司买卖合同纠纷二审民事判决书［（2015）苏商终字第00201号］

上诉人（原审原告）：淮安汉某万融建材有限公司，住所地：江苏省涟水县保滩镇工业园区。

法定代表人：王某，该公司总经理。

被上诉人（原审被告）：江苏新某建筑有限公司，住所地：江苏省泰州市高港区创业园振北路8号。

法定代表人：周某，该公司董事长。

被上诉人（原审被告）：江苏新某建筑有限公司江阴分公司，住所地：江苏省江阴市延陵路232号。

负责人：黄某忠，该分公司经理。

上诉人淮安汉某万融建材有限公司（以下简称汉某公司）因与被上诉人江苏新某建筑有限公司（以下简称新某公司）、江苏新某建筑有限公司江阴分公司（以下简称新某江阴分公司）买卖合同纠纷一案，不服江苏省淮安市中级人民法院（2014）淮中商初字第0215号民事判决，向本院提起上诉。本院于2015年4月17日受理后，依法组成合议庭，于2015年5月18日公开开庭审理了本案。

上诉人汉某公司的委托代理人×××、被上诉人新某公司的委托代理人×××到庭参加诉讼。被上诉人新某江阴分公司经本院传票传唤，无正当理由未到庭参加诉讼，本院依法缺席审理。本案现已审理终结。

汉某公司原审诉称：新某公司因承建江苏月某电机有限公司、江苏康某机械有限公司、江苏日某胶带有限公司工程之需，于2013年8月17日与汉某公司签订《商品混凝土供应合同》一份，合同签订后汉某公司依约向新某公司、新某江阴分公司承建工程供应混凝土，合同履行过程中，新某公司、新某江阴分公司没有按约付款。请求判令：1. 新某公司、新某江阴分公司向汉某公司支付砼款2861021元及违约金（按照月息2%计算，从2014年1月28日起计算至实际履行之日止）；2. 新某公司、新某江阴分公司向汉某公司支付律师费8万元；3. 新某公司、新某江阴分公司承担本案诉讼费。

新某公司原审辩称：案涉三项目确实由新某公司承建，但新某公司从未与汉某公司，也未授权任何人与汉某公司签订任何合同，新某公司未收到其供应的混凝土，没有支付合同款项的义务。鲍某元为新某公司一般工作人员，案涉合同因涉嫌伪造新某公司印章，已被泰州市公安局高港分局以高公（创）立字（2014）723号立案侦查，人民法院应裁定驳回汉某公司起诉，将有关材料移送公安机关。综上，请求裁定驳回起诉，将案件材料移送公安机关。

新某江阴分公司原审未到庭，也未提交书面答辩意见。

原审法院经审理查明：2013年8月17日，鲍某元、唐某以新某公司名义与汉某公司签订《商品混凝土供应合同》，约定：由汉某公司向江苏月某电机有限公司、江苏康某机械有限公司、江苏日某胶带有限公司工程供应混凝土，还约定了混凝土强度等级、各种费用、双方义务、付款方式及办法、违约责任等，该合同上需方处有"江苏新某建筑有限公司"印章以及唐某、鲍某元签名。上述三个工程为新某公司承建。

2012年11月30日，"江苏月某电机工程新某建筑江阴分公司项目部"出具任命书，载明江苏月某电机建设工程项目由新某江阴分公司鲍某元项目部负责承包施工，任命唐某为该项目主要负责人，负责该项工程全面管理，签署该工程所发生往来合约。

2013年10月10日，汉某公司向新某公司发出调价函，上面有"江苏新某建筑有限公司工程技术资料专用章经济类文件盖章无效"印章以及鲍某元签名及其签署的2013年10月30日日期。2013年12月9日，汉某公司向新某公司发出调价函，上面有鲍某元签名及其签署的 2013 年 12 月 14 日日期。2013 年 12 月 20 日，汉某公司向新某公司发出调价函，上面有唐某签名及其签署的 2013 年 12 月 23 日日期，以及鲍某元签名及其签署的 2013 年 12 月 24 日日期。

2013 年 11 月 29 日汉某公司砼结算单载明江苏日某工程合计用砼 501 立方，合计金额 164247 元，上面有鲍某元签名及其签署的金额、数量属实，落款日期为 2014 年 1 月 2 日。2014 年 1 月 8 日汉某公司砼结算单载明江苏康某机械有限公司工程合计用砼 2439 立方，合计金额 781998 元，上面有鲍某元签名及其签署的金额、数量属实，落款日期为 2014 年 1 月 2 日。2014 年 1 月 8 日汉某公司砼结算单载明江苏月某电机工程合计用砼 6643 立方，合计金额 2014776 元，上面有鲍某元签名及其签署的金额、数量属实，落款日期为 2014 年 3 月 2 日，其中 3 月的"3"字有涂改痕迹，另外，还加盖了新某江阴分公司月某电机工程项目部印章。

汉某公司为本案讼争向江苏省涟水县人民法院申请诉前保全并向该院缴纳了诉前保全费 10000 元。江苏省涟水县人民法院作出（2014）涟诉保字第 23 号、（2014）涟诉保字第 25 号民事裁定，对新某公司的财产采取了保全措施。

原审法院另查明：泰州市公安局高港分局接到新某公司关于鲍某元伪造其单位印章与汉某公司签订合同的报案后，经泰州市公安局物证鉴定所鉴定，案涉《商品混凝土供应合同》上的"江苏新某建筑有限公司"印文与新某公司提供的"江苏新某建筑有限公司"印章印文样本不是同一枚印章盖印形成。2014 年 9 月 7 日，泰州市公安局高港分局作出高公（创）立字（2014）723 号立案决定书，决定对鲍某元伪造印章案立案侦查。

新某公司陈述：鲍某元系其公司一般工作人员，负责案涉项目的安全保卫工作；唐某不是其公司员工；新某公司没有授权鲍某元、唐某对外签订案涉工程的相关买卖合同。

汉某公司陈述：签订案涉《商品混凝土供应合同》时没有在住建部门看到反映鲍某元、唐某在案涉工程中身份的相关材料；记不清楚有无在签订案涉《商品混凝土供应合同》时在工地现场看到反映鲍某元、唐某在案涉工程中身份的公示牌、工作牌等相关材料；唐某没有向该公司出示其他授权材料；鲍某元在案涉《商品混凝土供应合同》签订之后出示过其与新某公司之间的《委托管理合同》，汉某公司称庭后一周内向原审法院提交该《委托管理合同》照片但未提交；新某公司是否用过两枚（含）以上的公章其不清楚，目前也没办法举证；案涉

《商品混凝土供应合同》签订及本案起诉时汉某公司认为鲍某元是职务行为。经释明后，汉某公司主张鲍某元和唐某的行为构成表见代理，但关于鲍某元和唐某的行为构成表见代理目前没有相关证据。

原审法院认为：由于经泰州市公安局物证鉴定所鉴定，案涉《商品混凝土供应合同》上的"江苏新某建筑有限公司"印文与新某公司提供的"江苏新某建筑有限公司"印章印文样本不是同一枚印章盖印形成，汉某公司也没有举证证明新某公司用过两枚以上印章。新某公司否认授权鲍某元、唐某签订案涉《商品混凝土供应合同》，故无证据认定鲍某元、唐某签订合同为有权代理行为。同时，汉某公司又没有提供充分证据证明唐某、鲍某元的行为构成表见代理，因此，汉某公司关于其与新某公司、新某江阴分公司之间形成买卖合同关系的主张，以及其诉讼请求，原审法院不予支持。综上，依据《中华人民共和国合同法》第四十八条第一款、第四十九条，《中华人民共和国民事诉讼法》第六十四条、第一百四十二条、第一百四十四条的规定，原审法院判决：驳回汉某公司对新某公司、新某江阴分公司的诉讼请求。案件受理费32239元，诉前保全费10000元，合计42239元，由汉某公司负担。

汉某公司不服原审判决，向本院提起上诉称：一、仅凭泰州市公安局高港分局的《情况说明》不能否定《商品混凝土供应合同》上所盖新某公司公章的效力。泰州市公安局物证鉴定所用检材为复印件，该检材不具备鉴定条件，鉴定意见不应被采信。《文件检验鉴定文书》至今未能在法庭上质证，而《情况说明》作为间接证据不能作为认定案件事实的依据。二、即使《商品混凝土供应合同》上所盖新某公司公章系私刻，新某公司仍然应当承担合同责任。1. 新某公司和汉某公司之间的混凝土买卖合同依法成立，新某公司应当按约履行付款义务。本案中，新某公司认可江苏月某电机有限公司、江苏康某机械有限公司、江苏日某胶带有限公司的建筑工程由其承建，鲍某元系其工作人员，且新某公司已实际将汉某公司所供应的混凝土用于上述工程。新某公司虽否认鲍某元代表其与汉某公司订立混凝土买卖合同，但未能证明其与哪家公司订立并履行混凝土买卖合同，应认定新某公司与汉某公司间以书面形式订立了混凝土买卖合同。退一步讲，即使不能认定双方以书面形式订立了混凝土买卖合同，也应当认定双方以口头形式订立合同，双方间的混凝土买卖合同依法成立且有效，新某公司应当按约履行合同义务。2. 新某公司已实际使用汉某公司供应的混凝土，应当支付货款，否则对汉某公司而言显失公平。鲍某元系为了新某公司利益、以新某公司名义订立案涉买卖合同，应由新某公司承担相应的民事责任。综上，请求撤销原审判决，改判新某公司、新某江阴分公司支付汉某公司砼款2861021元及相应的违约金（按月息2%计算，从2014年1月28日起计算至实际履行之日止）、支付律师费8万元并承担本案全部诉讼费用。

新某公司二审辩称：一、新某公司通过向公安机关报案已经证明案涉合同上加盖的新某公司印章是伪造的，原审法院要求公安机关出具立案决定书并附相关案件情况说明合情合理，公安机关物证鉴定有严格的程序，必然是符合鉴定条件才会鉴定。二、买卖合同纠纷不能突破合同相对性原则，案涉合同的签订、结算均为鲍某元，鲍某元才是合同的相对人。鲍某元并未得到新某公司的授权，也不具有代理权表象，故新某公司不应当承担民事责任。综上，请求驳回上诉，维持原判。

新某江阴分公司二审未提交答辩意见。

二审庭审中，汉某公司对原审判决查明的如下事实存在异议：案涉合同签订主体为新某公司而非鲍某元；江苏月某电机工程砼结算单上鲍某元的签字日期为2014年元月2日，并未涂改"3月"的"3"字；汉某公司在原审中并未放弃或者更改鲍某元、唐某系职务行为的主张，只是强调即使二人没有代理权，本案也构成表见代理，对原审判决查明的其他事实没有异议。新某公司对原审判决查明的事实均无异议。对当事人均无异议的事实，本院予以确认。

二审中，汉某公司提交了案涉三项工程混凝土供应单及统计表。拟证明：1. 汉某公司向案涉土地供应了混凝土，供应单详细记载了每次供货的时间、数量、施工的具体部位等信息。2. 供应单上明确记载了购买混凝土的单位系新某公司，供应单是双方实际履行合同的凭证，是双方存在混凝土买卖合同关系的表现形式之一。3. 供应单上记载的供应混凝土日期、混凝土等级、输送方式、供应量均与《砼结算单》记载一致，《砼结算单》应当作为双方结算的有效凭证。

新某公司质证认为：对上述证据的真实性、关联性、合法性不予认可。供应单的签收人均不是新某公司的工作人员，新某公司未收到供应的相关混凝土，合同的相对人为鲍某元。

新某公司二审陈述，案涉三工程系新某江阴分公司承建，鲍某元系新某江阴分公司的一般员工，新某公司并未收到汉某公司所供应的混凝土，其所用混凝土是江苏名某集团兴某新型建材有限公司（以下简称名某公司）供应的。为此，本院要求新某公司限期提交其所主张的与名某公司之间签订的混凝土供应合同、名某公司向案涉三工地供应混凝土的相关证据，并说明混凝土供应量与三个工地实际使用量之间的关系。

新某公司在本院限期内提交了如下证据：名某公司收据原件18张和复印件1张、函1份，淮安市淮阴区王营振兴建材经营部出具的调价函和委托书，12张照片。拟证明案涉工地混凝土的实际供货单位为名某公司，案涉项目所需混凝土除了名某公司供应的以外，还有其自行搅拌的。但新某公司未提供其和名某公司的混凝土买卖合同，也未说明混凝土供应量与案涉三项工程的关系。

汉某公司质证认为：1. 对19张收据的真实性无法确认，收据并非合法的收款凭证，上面也没有名某公司的公章。新某公司的付款时间几乎都是在汉某公司供应混凝土之前，因此与本案并没有关联性。且名某公司所供应的混凝土量远低于案涉工程所需混凝土的量，不能否认汉某公司也向案涉工程供应混凝土的事实。2. 对淮安市淮阴区王营振兴建材经营部出具的委托书和调价函的真实性无法确认，也与本案混凝土供应没有关联性，调价函中表明案涉工程混凝土的原材料供应价格是不断上涨的。3. 对照片的真实性无法确认。新某公司没有提交供应合同、供应单、汇款证明等证据，所举证据明显不符合举证要求，应当由其承担举证不能的后果。

本院认为：汉某公司提交的混凝土供应单上详细记载了供货的时间、数量、施工的具体部位，且载明委托单位系新某公司，其数量与汉某公司提交的鲍某元签署的结算单相互印证，可以作为认定本案事实的证据，本院对其予以采信。新某公司提交的名某公司的收据上载明的供应期间与汉某公司主张的供应期间并不一致，不足以证明案涉三工地的混凝土全系名某公司供应，且新某公司未按本院要求说明所供应的混凝土数量与工程需要的数量之间的关系，故对该证据本院不予采纳。因王营振兴建材经营部出具的委托书和调价函并不能证明系用于本案混凝土供应，本院不予采信，对该证据的真实性亦不予审查。

本院另查明：1. 案涉《商品混凝土供应合同》约定，付款方式为垫资一万立方，在2014年1月28日前付垫资款的80%，余款在2014年5月30日前付清。需方未按合同约定付款，需方应承担总混凝土款的违约金（按涟水县农村商业银行同期同类贷款利息的4倍支付，起诉到涟水县人民法院所产生的律师费、诉讼费等由需方一并承担）。

2. 汉某公司的预拌混凝土供应单载明委托单位为新某公司，分别载明了工程名称为江苏月某电机有限公司、江苏康某机械有限公司、江苏日某胶带有限公司及具体施工部位，并载明了供应数量。

3. 泰州市公安局高港分局于2014年11月10日出具的《关于鲍某元伪造印章案相关情况说明》中载明：该局接到报案后，将涟水县人民法院提供的商品混凝土供应合同复印件以及新某公司提供的"江苏新某建筑有限公司"印章印文样本送至泰州市公安局物证鉴定所进行鉴定。2014年7月31日，该所出具《文件检验鉴定文书》，鉴定意见为商品混凝土供应合同复印件上的"江苏新某建筑有限公司"印文与新某公司提供的"江苏新某建筑有限公司"印章印文样本不是同一枚印章盖印形成。

4. 汉某公司与江苏冠誉律师事务所于2014年5月6日签订诉讼代理协议，约定汉某公司委托江苏冠誉律师事务所律师担任其与新某公司、新某江阴分公司买卖合同纠纷一案的诉讼代理人，汉某公司支付律师代理费8万元。后汉某公司支付了8万元律师费，江苏冠誉律师事务所开具了发票。

本案二审争议焦点为：1. 汉某公司与新某公司、新某江阴分公司间是否存在混凝土买卖合同关系。2. 如双方间成立并履行了混凝土买卖合同，新某公司、新某江阴分公司应向汉某公司支付的货款、违约金、律师费如何确定。

本院认为：

一、汉某公司与新某公司之间存在混凝土买卖合同关系，理由如下：首先，新某江阴分公司承建了案涉工程的建设，且鲍某元系新某江阴分公司的工作人员。鲍某元以新某公司的名义与汉某公司签订了案涉混凝土供应合同，在合同上加盖了印文为"江苏新某建筑工程有限公司"的公章，其行为应视为代表新某公司的职务行为。无论所加盖的公章与新某公司所提交的公章是否一致，其法律后果应由新某公司承受。根据泰州市公安局高港分局的《情况说明》，在新某公司报案后，将案涉合同复印件和新某公司单方提供的印文样本送交鉴定，该鉴定结论也未经双方当事人质证，不能在本案中直接作为证据使用。仅凭该《情况说明》不能否定案涉商品混凝土供应合同上加盖的"江苏新某建筑工程有限公司"公章，原审判决以此认定鲍某元、唐某没有代表新某公司签订案涉合同的权限错误，应予纠正。其次，因汉某公司提交了鲍某元授权委托书、鲍某元签署的混凝土供应合同和结算单、混凝土供应单上载明的委托单位均系新某公司，故即使鲍某元并未得到新某公司、新某江阴分公司的授权签订和履行案涉合同，其行为也构成对新某公司的表见代理，新某公司依然要承担合同责任。最后，新某公司否认汉某公司向其承建的工地供应了混凝土，称系名某公司提供和其自行搅拌，本院要求其在限期内提交相应证据并说明案涉工程所需混凝土数量情况，但新某公司所提交的证据并不能证明案涉工地的混凝土全部系名某公司供应和其自行搅拌，应承担举证不能的不利后果，本案应认定新某公司已实际收到了案涉混凝土。虽案涉工程由新某江阴分公司承建，但合同所载买方为新某公司，未包括新某江阴分公司，故新某江阴分公司不是案涉合同当事人，不应承担合同责任。

二、新某公司应向汉某公司支付混凝土货款 2861021 元，并给付相应违约金及承担汉某公司为本案诉讼所支付的律师费。首先，根据鲍某元签字确认的数份砼结算单，结合汉某公司所提交的混凝土供应单、调价函等证据，可以证明新某公司尚结欠汉某公司混凝土货款 2861021 元，新某公司应予支付。其次，《商品混凝土供应合同》约定如新某公司未按合同约定付款，应承担总混凝土款的违约金，按涟水县农村商业银行同期同类贷款利息的 4 倍支付，并承担律师费、诉讼费等费用，该约定不违反法律强制性规定，应为有效。新某公司违反上述合同约定，未能按期支付货款，已构成违约，应按合同约定承担给付违约金责任。汉某公司在本案中主张按月息 2%计算违约金，考虑到违约金兼具惩罚性和补偿性的性质，本院结合本案的具体情形对双方合同约定的违约金条款适当调低至按中国人民银行同期同类贷款基准利率的 3 倍计算，故新某公司应向汉某公司支付违约金（以 2288817 元为基数，按中国人民银行同期同类贷款基准利率的 3 倍从 2014 年 1 月 29 日起计算至实际给付之日止；以 572204 元为基数，按中国人民银行同期同类贷款基准利率的 3 倍从 2014 年 5 月 31 日起计算至实际给付之日止）。最后，汉某公司为本案诉讼，与江苏冠誉律师事务所签订了诉讼代理协议，并支付了律师费 8 万元，根据《商品混凝土供应合同》的约定，上述律师费应由违约方新某公司承担。

综上，上诉人汉某公司的部分上诉理由具有事实和法律依据，本院依法予以支持。原审判决认定汉某公司与新某公司之间未成立买卖合同，新某公司不承担给付货款责任不当，本院依法予以纠正。依照《中华人民共和国合同法》第一百零七条、第一百一十四条，《中华人民共和国民事诉讼法》第一百七十条第一款第（二）项之规定，判决如下：

一、撤销江苏省淮安市中级人民法院（2014）淮中商初字第 0215 号民事判决；

二、新某公司于本判决生效之日起十日内向汉某公司给付混凝土货款 2861021 元，并承担相应违约金（以 2288817 元为基数，按中国人民银行同期同类贷款基准利率的 3 倍从 2014 年 1 月 29 日起计算至实际给付之日止；以 572204

元为基数，按中国人民银行同期同类贷款基准利率的3倍从2014年5月31日起计算至实际给付之日止）；

三、新某公司于本判决生效之日起十日内向汉某公司给付律师费8万元；

四、驳回汉某公司的其他诉讼请求。

如果未按本判决指定的期间履行给付金钱义务，应当依照《中华人民共和国民事诉讼法》第二百五十三条之规定，加倍支付迟延履行期间的债务利息。

一审案件受理费32239元、诉前保全费5000元，由新某公司、负担。汉某公司预交的一审案件受理费32239元、诉前保全费10000元由原审法院退还。新某公司应负担的一审案件受理费32239元、诉前保全费5000元于本判决生效之日起十日内向原审法院缴纳。二审案件受理费32239元，由新某公司负担。汉某公司预交的二审案件受理费32239元由本院退还。新某公司应负担的二审案件受理费32239元于本判决生效之日起十日内向本院缴纳。

本判决为终审判决。

法律法规

《中华人民共和国民法典》（2021年1月1日施行）

第一百七十条　执行法人或者非法人组织工作任务的人员，就其职权范围内的事项，以法人或者非法人组织的名义实施的民事法律行为，对法人或者非法人组织发生效力。

法人或者非法人组织对执行其工作任务的人员职权范围的限制，不得对抗善意相对人。

052 十堰建某工贸有限公司与湖北中某联建设集团有限公司、中国葛某坝集团建筑工程有限公司买卖合同纠纷案[①]

裁判要旨

建筑公司项目部负责人在项目部设立之前为工程建设需要以公司的名义对外签订的合同系履行职务的行为，即使签订该合同使用的项目部印章系伪造，公司也不得仅以此为由主张不受该合同约束。

---

① 审理法院：湖北省高级人民法院；诉讼程序：二审

实务要点总结

（1）在实际的工程建设项目过程中，很多建筑公司在项目招投标完成之前即已通过各种方式锁定项目并指定了项目负责人，部分甚至已经进场施工，但公司的正式项目部往往要待相关招投标手续完成后方能设立，故现实中存在着没有（正式）设立项目部但已经任命未来项目部负责人的情况。此时，即使项目部未正式设立，但只要为工程建设需要，公司默许或任命的项目部负责人以项目部的名义对外签订的合同对公司也具有约束力。建筑公司不得以项目部未正式设立、签订合同时使用的公章系伪造为由，主张该合同对其没有约束力。背后的原因在于虽然建筑公司未正式设立项目部，但任命或默认未来项目经理人选的行为实际上是对该人选作出授权的行为，授权范围相当于项目部经理。根据本书此前已梳理的裁判观点，已获得授权的人使用伪造印章对外签订的合同对公司具有约束力。

（2）在建筑工程类纠纷中，对于越权、私刻公章签订合同的效力认定及表见代理的判断问题存在着这样一种裁判思路：相关合同的签订是否为工程建设需要，并最终服务于工程建设。如果对于这一问题作肯定回答，则法院一般会倾向于认定相关合同对建筑公司具有约束力。这种裁判思路虽然可能在某些场合不尽妥当，但相当务实，能够更加实事求是地反映各方的权利义务关系。

相关判决

十堰建某工贸有限公司与湖北中某联建设集团有限公司、中国葛某坝集团建筑工程有限公司买卖合同纠纷二审民事判决书［（2016）鄂民终494号］

上诉人（原审被告）：湖北中某联建设集团有限公司。住所地：湖北省荆州市沙市区豉湖路52号。

法定代表人：徐某，该公司董事长。

上诉人（原审被告）：中国葛某坝集团建筑工程有限公司。住所地：湖北省宜昌市葛洲坝镇平路31号。

法定代表人：王某侠，该公司总经理。

被上诉人（原审原告）：十堰建某工贸有限公司。住所地：湖北省十堰市茅箭区济南路11号。

法定代表人：况某明，该公司总经理。

原审被告：中国葛某坝集团建筑工程有限公司十堰市和昌国际城一期施工项

目部。住所地：湖北省十堰市茅箭区浙江路。

代表人：伍某晖，该项目部项目经理。

原审被告：胡某华，自由职业。

上诉人湖北中某联建设集团有限公司（以下简称中某联公司）、中国葛某坝集团建筑工程有限公司（以下简称葛某坝建筑公司）因与被上诉人十堰建某工贸有限公司（以下简称建某工贸公司），原审被告胡某华、中国葛某坝集团建筑工程有限公司十堰市和昌国际城一期施工项目部（以下简称和昌项目部）买卖合同纠纷一案，不服湖北省十堰市中级人民法院（2014）鄂十堰中民二初字第00071号民事判决，分别向本院提起上诉。本院受理后，依法组成由审判员李小丹担任审判长，审判员杨豫琳、叶可参加评议的合议庭，于2016年5月11日公开开庭审理了本案。上诉人中某联公司的委托代理人潘泽新、吕军，上诉人葛某坝建筑公司的委托代理人×××，被上诉人建某工贸公司的委托代理人×××，原审被告和昌项目部的代表人伍某晖，原审被告胡某华的委托代理人×××到庭参加诉讼。本案现已审理终结。

建某工贸公司一审时诉称：建某工贸公司与和昌项目部、胡某华2011年3月29日签订《钢材购销合同》约定，由建某工贸公司向葛某坝建筑公司承建的和昌国际城项目提供钢材，胡某华为和昌项目部的担保人。合同签订后，建某工贸公司依约履行钢材供应义务。2012年10月25日，建某工贸公司与胡某华及担保人和昌项目部共同签订《还款协议》确认，截至2013年2月29日，胡某华拖欠钢材货款5858546元，本息合计6971669元。此后，三方再次签订《还款协议》确认，截至2013年7月31日胡某华应付钢材款5756050.28元，如到期未按时支付钢材款，按月息2.5%支付资金占用费及违约金。但葛某坝建筑公司、和昌项目部、胡某华均未向建某工贸公司清偿货款。请求判令：1. 葛某坝建筑公司、和昌项目部、胡某华共同向建某工贸公司清偿钢材货款4158546元及逾期还款的资金占用费2845068.08元（暂计算至2014年7月31日，实际金额以葛某坝建筑公司、和昌项目部、胡某华实际清偿之日为准）；2. 本案诉讼费由葛某坝建筑公司、和昌项目部、胡某华承担。

原审法院第一次开庭后，2015年3月16日，建某工贸公司以庭审中出现的新事实：得知胡某华为湖北中某联建设集团有限公司十堰分公司（以下简称中某联十堰分公司）负责人，且中某联公司在宜昌市中级人民法院审理的另案中主张工程价款时，承认迟延向建某工贸公司支付钢材款。据此向原审法院提交《追加被告申请书》，请求判令中某联公司与葛某坝建筑公司、和昌项目部、胡某华共同支付建某工贸公司诉请的钢材款及资金占用费。

葛某坝建筑公司、和昌项目部答辩称：1. 葛某坝建筑公司与建某工贸公司没有签订购销合同，《钢材购销合同》是胡某华代表中某联公司与建某工贸公司签订。《钢材购销合同》上的和昌项目部的印章是胡某华私自刻制。葛某坝建筑公司与建某工贸公司之间也没有付款行为，和昌项目部只是受胡某华委托代付货款。葛某坝建筑公司不应当承担支付建某工贸公司货款的责任。2. 和昌项目部是葛某坝建筑公司的下设机构，不是买卖合同的主体，不具备签订合同的权力，不能作为担保人。

胡某华答辩称：1. 胡某华系中某联公司十堰分公司现场负责人，是代表中某联公司履行职务签订的购销合同，建某工贸公司起诉胡某华的主体不适格，应当驳回对胡某华个人的起诉，或者追加中某联公司为被告。2. 建某工贸公司诉请的违约金过高，存在将违约金重复计算利息损失的没有法律依据的问题，按照相关法律规定，违约金应扣除利润部分。

中某联公司答辩称：1. 中某联公司与建某工贸公司之间不存在买卖合同关系。中某联公司从未就本案所涉钢材买卖授权他人，包括但不限于胡某华签订合同的相关事宜，故中某联公司不应对建某工贸公司所诉的钢材款和违约金承担责任。请求驳回建某工贸公司对中某联公司的诉讼请求。2. 本案所涉的买卖合同关系，建某工贸公司应就其诉请所涉钢材款的来源，提供钢材的事实提交相应的证据材料，并以此为基础核算钢材款的金额。建某工贸公司诉请的资金占用费存在重复计算标准过高等问题，请求依法予以减少。3. 建某工贸公司申请追加中某联公司为原审被告，主要依据是中某联公司在宜昌市中级人民法院起诉葛某坝集团第六工程有限公司（以下简称葛某坝六公司）、葛某坝建筑公司联营合同纠纷一案中，中某联公司承认向建某工贸公司延迟支付钢材价款，宜昌市中级人民法院已经作出涉及建某工贸公司钢材货款相关事实的认定。现葛某坝建筑公司对该判决不服提出上诉，其在上诉状中已承认延迟向中某联公司支付价款的事实。所以本案应待另案的终审结果作出后，相关事实才能予以认定。另案尚未审结，且与本案存在密切关系。请求中止本案审理，待另案终审作出结果。

原审法院查明：2011年3月28日，胡某华与供方建某工贸公司达成钢材购销协议，并取得由甲方建某工贸公司签字盖章的《钢材购销合同》。胡某华在该合同开头乙方处书写和昌项目部名称，合同尾部乙方处加盖经鉴定与和昌项目部承认的印鉴不一致的和昌项目部印文并在代表处签名，同时书写"担保人胡某华 2011 年 3 月 29 日"。该合同约定：建某工贸公司销售钢材总量 10000 吨给和昌项目部；建某工贸公司垫资最大金额不超过 600 万元。垫资后期，和昌项目部对每送到的 200 吨钢材付清钢材款。逾期付款按每吨每天 5 元支付资金占用费。

2011 年 5 月，十堰市工商行政管理局核准设立中某联公司十堰分公司，负责人胡某华。

2011 年 8 月，十堰市工商行政管理局核准设立和昌项目部，负责人伍某晖。

2012 年 10 月 25 日，债权人建某工贸公司、债务人胡某华、担保人和昌项目部签订《还款协议》确认：截至 2012 年 7 月 31 日债务人应付钢材款 7858546 元（8 月 12 日付款 200 万元），欠款 5858546 元。截至 2012 年 10 月 31 日，逾期付款按月利率 3% 计算，利息 527269 元。如果 2012 年 11 月 1 日至 2013 年 2 月 29 日未付钢材款，按月利率 2.5% 计算利息。如提前支付冲减相应利息费用。

和昌项目部接受胡某华出具的《代付委托书》，通过农业银行转付建某工贸公司钢材款 170 万元。其中：2012 年 12 月 26 日转付 20 万元、2013 年 2 月 1 日转付 150 万元。

2013 年 7 月 31 日，债权人建某工贸公司、债务人胡某华、担保人和昌项目部再次签订《还款协议》确认：截至 2013 年 7 月 31 日，债务人应付建某工贸公司钢材款 5756050.28 元，逾期按月利率 2.5% 计算利息。

此后，建某工贸公司向债务人胡某华、担保人和昌项目部追索本息无果的情况下提起诉讼。

2011 年 3 月 10 日及 2011 年 4 月 10 日，胡某华先后代表中某联公司（乙方）与和昌项目部（甲方）签订《合作协议书》，约定：双方就全面履行葛某坝六公司、葛某坝建筑公司与和昌（十堰）房地产开发有限公司（以下简称和某公司）、和昌（湖北）置业有限公司（以下简称和昌置业）签订的《施工合同》达成协议，双方共同完成工程总价 50891350 元的"和昌国际城一期（酒店式公寓楼）"、工程总价 61762800 元的"和昌国际城一期（商业广场）"的工程项目，共同组建和昌"项目部第二分部"。和昌项目部负责全面管理；中某联公司负责整体工程的施工组织与具体管理，"负责采购工程所需的材料""应对其人员在本工程实施过程中的全部工作行为及发生费用承担全部责任"；中某联公司"无权以任何理由以项目部或甲方名义在外进行赊购材料……"，"无权以任何理由以项目部的名义对外签署合同协议"，"违反此规定所造成的一切后果均由乙方自行负担"。

2011年3月29日，胡某华代表和昌项目部而且由胡某华个人担保与建某工贸公司签订前述《钢材购销合同》。原审法院依据葛某坝建筑公司的申请，委托西南政法大学司法鉴定中心作出（2014）鉴字第3914号《司法鉴定意见书》认定：该《钢材购销合同》加盖的和昌项目部的印文与2012年10月25日《还款协议》加盖的和昌项目部的印文不是同一枚印章所盖，胡某华亦不能证明《钢材购销合同》加盖的和昌项目部印章的来历。

2011年4月20日，中某联公司十堰分公司向和昌项目部出具《授权委托书》，授权胡某华为中某联公司委托代理人，全权办理与和昌项目部之间关于和昌国际城商业广场、酒店式公寓项目工程款资金往来结算至和昌国际城一期项目全部竣工结算完毕。

2011年9月27日，胡某华和昌项目部签署《授权委托书》，授权张艳为其委托代理人全权办理该项目工程款，资金基本账号：17×××79，账户名称：湖北中某联建设工程有限公司十堰分公司。

2013年12月31日，宜昌市中级人民法院受理中某联公司起诉葛某坝六公司、葛某坝建筑公司联营合同纠纷一案，2014年10月17日，该院作出的（2014）鄂宜昌中民二初字第00015号《民事判决书》认定：中某联公司诉称葛某坝建筑公司的和昌项目部分别于2011年3月10日及2011年4月10日与中某联公司签订《合作协议书》，约定将葛某坝建筑公司承包的和某公司开发的和昌国际城一期酒店式公寓楼等工程转包给中某联公司施工后。中某联公司以"项目部第二分部"名义组织施工过程中，由于项目部未及时足额给付进度款，给中某联公司造成施工资金短缺困境。中某联公司由项目部担保分别向他人（含钢材、水泥等材料供应商）短期高息（月息2.5-3%）融资3000万元。请求葛某坝建筑公司、葛某坝六公司支付工程进度款1600万元等。该判决支持了中某联公司的基本诉请。葛某坝六公司不服，于2014年2月5日提出上诉。

2015年4月22日，宜昌市公安局平湖分局以宜公立告字（2015）284号《立案告知单》决定：对葛某坝建筑公司举报的胡某华涉嫌伪造公司、企业印章案立案。

原审法院综合当事人的诉辩意见，归纳本案的争议焦点为：一、本案中谁是《钢材购销合同》购方主体；二、尚欠钢材款数额；三、建某工贸公司请求的资金占用费、违约金费率是否应当依法予以调整；四、葛某坝建筑公司、和昌项目部、胡某华、中某联公司是否应当对货款及资金占用费、违约金承担连带清偿责任；五、本案是否应当中止审理。

针对上述争议焦点问题，原审法院评判如下：

一、关于本案中谁是《钢材购销合同》购方主体的问题。

原审法院认为，综合胡某华2011年3月10日代表中某联公司与和昌项目部签订的《合作协议书》，2011年3月29日在《钢材购销合同》中加盖不能说明来历的和昌项目部的印章，中某联公司十堰分公司2011年5月核准设立负责人为胡某华以及和昌项目部2011年8月核准设立的事实。第一，胡某华作为《钢材购销合同》中和昌项目部印章的使用人，应当对《钢材购销合同》中和昌项目部印章的来历承担举证责任。胡某华在签订《钢材购销合同》时，加盖来历不明的和昌项目部印章的行为，不能证明胡某华是代表和昌项目部。第二，依据胡某华为了履行中某联公司与和昌项目部签订的《合作协议书》，持来历不明的印章签订《钢材购销合同》时，中某联公司十堰分公司尚未设立；胡某华依据该《钢材购销合同》接受的钢材，用于中某联公司为了履行《合作协议书》在十堰承建的和昌项目的事实，应当认定：胡某华是代表中某联公司签订、履行该《钢材购销合同》，中某联公司是该《钢材购销合同》的购买方主体。第三，胡某华代表中某联公司与和昌项目部签订的《合作协议书》约定：胡某华在代表中某联公司履行与和昌项目部共同完成的工程项目中，可以代表中某联公司"负责采购工程所需的材料"，"无权以任何理由以和昌项目部或甲方名义在外进行赊购材料"，"签署合同协议"。中某联公司应对其"人员在本工程实施过程中的全部工作行为及发生费用承担全部责任"证明：中某联公司已经授权胡某华代表中某联公司与和昌项目部合作项目中与他人签订包括但不限于与建某工贸公司签订的《钢材购销合同》。胡某华无权代表和昌项目部签订包括但不限于与建某工贸公司签订的《钢材购销合同》。第四，《合作协议书》中关于中某联公司与和昌项目部共同组建"项目部二分部"的协议内容，不能证明双方已经履行该约定。即使存在"项目部二分部"而且由胡某华担任负责人，亦应当有证据证明"项目部二分部负责人"可以代表和昌项目部对外签订合同。中某联公司、胡某华关于胡某华是"项目部二分部"的负责人，胡某华是代表和昌项目部与建某工贸公司签订《钢材购销合同》，买卖的主体是和昌项目部的辩解，没有事实根据和法律依据，原审法院不予采纳。建某工贸公司及葛某坝建筑公司、和昌项目部关于本案中中某联公司是《钢材购销合同》购方主体的主张事实清楚、证据充分，原审法院予以支持。

二、关于尚欠钢材款数额的问题。

原审法院认为,《中华人民共和国民事诉讼法》第六十四条第一款规定:"当事人对自己提出的主张,有责任提供证据"。本案涉及《还款协议》中的三方当事人,包括建某工贸公司,和昌项目部及代表中某联公司的胡某华均对《还款协议》确认的尚欠钢材款数额不持异议。据此,中某联公司应当对自己提出的反驳对方主张的异议提供证据加以证明。由于中某联公司仅提出异议,不提供证据证明其异议成立,原审法院不予支持。《还款协议》确认金额不违反法律禁止性规定的部分,应当予以确认。

三、关于建某工贸公司请求的资金占用费、违约金费率是否应当依法予以调整的问题。

原审法院认为,根据相关法律规定,当事人可以在合同中约定一方违约时应当根据违约情况向对方支付一定数额的违约金,也可以约定因违约产生的损失赔偿额的计算方法。约定的违约金低于造成的损失的,当事人可以请求人民法院或者仲裁机构予以增加;约定的违约金过分高于造成的损失的,当事人可以请求人民法院或者仲裁机构予以适当减少。当事人就迟延履行约定违约金的,违约方支付违约金后,还应当履行债务。买卖合同对付款期限作出的变更,不影响当事人关于逾期付款违约金的约定,但该违约金的起算点应当随之变更。买卖合同出卖人根据还款协议等请求买受人依约支付逾期付款违约金人民法院应予支持,但约定的违约金过分高于造成的损失的,人民法院可以参照合同法第一百一十四条第二款的规定处理。本案《钢材购销合同》《还款协议》涉及的逾期付款资金占用费及对未付钢材款利息的约定,均属于对逾期付款违约金的约定。《还款协议》对《钢材购销合同》中违约金约定进行了变更。《钢材购销合同》及《还款协议》中关于违约金的约定均是当事人的真实意思表示,且不违反法律禁止性规定,合法有效,应当履行。依据当前融资市场实际情况,相关保护同期贷款利率四倍或月利率2-3%范围内利息的法律规定,应当认为建某工贸公司依据《还款协议》确认,截至2012年7月31日,应付货款7858546元,扣除此后累计付款370万元全部计入偿还本金,而不是先扣除应付利息及主张按同期贷款利率4倍计算违约金的事实,应当认定建某工贸公司主张不存在违约金过分高于造成的损失的情形。

四、关于葛某坝建筑公司、和昌项目部、胡某华、中某联公司是否应当对货款及资金占用费、违约金承担连带清偿责任的问题。

原审法院认为,《中华人民共和国担保法》第二十九条规定:"企业法人的分支机构未经法人书面授权或超出授权范围与债权人订立保证合同的,该合同无效或超出授权范围的部分无效,债权人和企业法人有过错的,应当根据其过错各自承担相应的民事责任;债权人无过错的,由企业法人承担民事责任"。和昌项目部明知其系葛某坝建筑公司因承建和昌项目工程需要而设立的临时性分支机构,无独立承担民事义务的能力,未经葛某坝建筑公司书面授权不具有担保人资格,却无视法律规定与债权人建某工贸公司订立保证合同,存在缔约过错;其过错责任应当由葛某坝建筑公司承担。《最高人民法院关于适用〈中华人民共和国担保法〉若干问题的解释》第七条规定:"主合同有效而担保合同无效,债权人无过错的,担保人与债务人对主合同债权人的经济损失,承担连带赔偿责任;债权人、担保人有过错的,担保人承担民事责任的部分,不应超过债务人不能清偿部分的二分之一"。据此,葛某坝建筑公司应当对债务人中某联公司不能清偿债务部分的二分之一承担赔偿责任。建某工贸公司应当知道和昌项目部属于企业法人的分支机构,没有法人书面授权不得作为保证人,而同意和昌项目部为债务人的还款责任提供担保,没有尽到妥善的注意和审查义务,对担保行为无效也有过错,应当对债务人中某联公司不能清偿其债务部分的二分之一承担责任。

《中华人民共和国担保法》第十九条规定:"当事人对保证方式没有约定或者约定不明确的,按照连带责任保证承担保证责任"。胡某华在本案涉及的《钢材购销合同》《还款协议》的签订过程中,虽然是代表中某联公司履行职务行为,其法律责任应当由中某联公司承担。但胡某华在《钢材购销合同》的担保人地位没有被免除的事实根据或法律依据。且其在《钢材购销合同》中没有约定保证方式。胡某华对中某联公司应当偿付建某工贸公司的货款本金及违约金承担连带保证清偿责任。

五、关于本案是否应当中止审理的问题。

原审法院认为,胡某华在代表中某联公司与和昌项目部签订《合作协议书》后,担任中某联公司十堰分公司负责人期间,违反《合作协议书》约定,持来历不明的和昌项目部印章与建某工贸公司签订《钢材购销合同》,换取建某工贸公司信任,并代表中某联公司接受建某工贸公司提供的钢材,用于中某联公司承建工程。其行为虽然具有一定瑕疵,但不能改变其代表中某联公司购买建某工贸公司钢材,应当依约付款的性质。本案事实清楚,证据充分,法律关系明确,不存在必须以另一联营合同纠纷或者涉嫌伪造印章的案件审理结果为依据,而该案尚未审结的情形,依法应中止诉讼的情形。建某工贸公司关于本案不存在必须中止审理的情形，应当依法及时作出判决的主张符合事实和法律规定，原审法院予以采纳。葛某坝建筑公司、和昌项目部、胡某华及中某联公司认为本案应中止诉讼的辩解与事实不符，原审法院不予采纳。

综上，原审法院认为：依法成立的民事法律关系受法律保护，当事人应当遵循诚实信用原则，根据合同的性质、目的和交易习惯，按照约定全面履行自己的义务。胡某华利用来历不明的印章，假冒和昌项目部的名义与建某工贸公司签订的《购销钢材合同》实质是胡某华代表中某联公司与建某工贸公司签订。建某工贸公司诉请中某联公司全面履行合同支付货款并承担逾期付款违约责任的主张，符合事实和法律规定，原审法院予以采纳。中某联公司关于其不应当承担任何责任及本案应当中止审理的辩解没有事实根据和法律依据，原审法院不予采纳。胡某华作为中某联公司履行义务的担保人，应当对中某联公司支付货款及违约金的责任承担连带保证清偿责任。和昌项目部没有担保资格而为中某联公司的付款行为提供担保，对担保无效负有缔约过错责任，其责任应当由葛某坝建筑公司承担。建某工贸公司主张胡某华承担连带清偿担保责任的理由成立，原审法院予以支持；其主张葛某坝建筑公司、和昌项目部承担连带清偿担保责任的理由没有事实根据和法律依据，应当驳回。但其主张葛某坝建筑公司承担相应赔偿责任的理由成立，原审法院予以支持。胡某华关于其系职务行为，不应当承担责任及本案应当中止审理的辩解不成立，原审法院不予采纳。葛某坝建筑公司、和昌项目部关于其不应当承担担保责任的辩解理由成立，原审法院予以采纳；但葛某坝建筑公司、和昌项目部关于其不应当承担任何责任及本案应当中止审理的辩解不成立，没有事实根据和法律依据不足，原审法院不予采纳。据此，原审法院依照《中华人民共和国合同法》第八条、第一百一十四条，《中华人民共和国公司法》第十六条，《中华人民共和国担保法》第五条、第十条、第十二条、第十六条、第十八条、第十九条、第二十九条，《最高人民法院关于适用〈中华人民共和国担保法〉若干问题的解释》第七条，《最高人民法院关于审理买卖合同纠纷案件适用法律问题的解释》第二十四条、第二十六条及《中华人民共和国民事诉讼法》第一百四十二条之规定，判决：一、湖北中某联建设集团有限公司向十堰建某工贸有限公司清偿货款 4158546 元及资金占用费（按中国人民银行规定的同期贷款利率的四倍计算自 2012 年 7 月 31 日起按本金 7858546 元计算至 2012 年 8 月 12 日、自 2012 年 8 月 13 日起按本金 5858546 计算至 2012 年 12 月 26 日、自 2012 年 12 月 27 日起按本金 5658546 计算至 2013 年 2 月 1 日、自 2013 年 2 月 2

日起按本金 4158546 计算至本息付清之日）；二、胡某华对湖北中某联建设集团有限公司前项应付款承担连带保证清偿责任；承担的保证清偿责任保证人胡某华有权向债务人湖北中某联建设集团有限公司追偿；三、中国葛某坝集团建筑工程有限公司对湖北中某联建设集团有限公司、胡某华前款确定的连带保证清偿责任的应付款不能清偿部分的二分之一对十堰建某工贸有限公司承担赔偿责任；四、驳回十堰建某工贸有限公司的其他诉讼请求。上述应付款于本判决生效后十五日内付清，如果未按照判决规定的时间履行给付金钱义务，依据《中华人民共和国民事诉讼法》第二百五十三条的规定，按中国人民银行公布的同期同类资金逾期贷款利率双倍计算延迟履行期间的债务利息，至欠款付清之日止。案件受理费 60825 元，由湖北中某联建设集团有限公司承担。该案件受理费十堰建某工贸有限公司已经预缴纳，由湖北中某联建设集团有限公司在执行本判决时直接支付给十堰建某工贸有限公司。

中某联公司不服原审法院上述判决，向本院提起上诉。请求：1. 撤销原审判决第一项，改判驳回建某工贸公司对中某联公司的全部诉讼请求，或者发回重审；2. 本案二审诉讼费用由建某工贸公司承担。主要理由是：一、原审判决认定事实不清，适用法律错误，程序违法，其针对中某联公司的判项应予撤销。首先，根据合同相对性原理，中某联公司与建某工贸公司之间不存在买卖合同关系，不应对建某工贸公司承担付款义务；其次，建某工贸公司未就其诉请的钢材款的来源、供货事实提交相应的证据，应承担举证不能的后果，程序上应等待另案终审结果作出后才能对事实予以认定。二、即使存在中某联公司承担责任的情形，原审判决也存在严重过错。1. 原审判决第一项关于中某联公司对建某工贸公司未付货款 7858546 元以本金计算资金占用费系重复计算，实际包含了部分利息。2. 原审判决第一项关于资金占用费的部分适用法律错误。原审法院认为建某工贸公司主张的资金占用费、违约金符合法律规定不当，根据《最高人民法院关于审理买卖合同纠纷案件适用法律问题的解释》（以下简称买卖合同司法解释）第三十一条的立法精神，应降低利率计算标准；依据 2012 年 10 月 25 日的《还款协议》，对于 2013 年 2 月 29 日以后的逾期违约金应当依据《最高人民法院关于审理买卖合同纠纷案件适用法律问题的解释》第二十四条之规定，按照中国人民银行同期同类贷款基准利率标准计算，原审法院按照四倍银行贷款基准利率判决中某联公司承担资金占用费明显错误。

针对中某联公司的上诉意见，建某工贸公司答辩称：一、中某联公司主张原审判决认定事实不清，法律适用错误及程序违法的理由均不能成立，原审判决认定事实清楚，适用法律正确。二、中某联公司主张截至 2012 年 7 月 31 日，所欠货款本金 7858546 元中包含了部分利息，属重复计算。该争议属事实认定问题，应由中某联公司完成举证义务，但中某联公司一审时并未对此举证，应承担举证不能的法律后果。三、按三方《还款协议》约定，利息计算有月 3% 与月 2.5% 两种标准，原审法院按人民银行同期贷款利率四倍的计算标准支持建某工贸公司主张的利息，不存在适用《买卖合同司法解释》第三十一条所确定的损益相抵原则的情形。四、2012 年 10 月 25 日的《还款协议》只确认了截至 2013 年 2 月 29 日的货款本息，事后三方主体于 2013 年 7 月 31 日再次签订《还款协议》确认了截至 2013 年 7 月 31 日的货款本息，并约定了逾期支付应继续按月息 2.5% 支付资金占用费及违约金。

葛某坝建筑公司亦不服原审法院判决，向本院提起上诉。请求：1. 撤销原审判决第三项，改判驳回建某工贸公司对葛某坝建筑公司的诉讼请求；2. 诉讼费用由建某工贸公司承担。主要理由是：一、原审法院判决葛某坝建筑公司承担担保责任，并非建某工贸公司的请求事项，而是建某工贸公司要求买卖合同的相对人清偿货款及资金占用费。二、葛某坝建筑公司在《还款协议》中的真实意思是监督货款支付，而非提供担保。三、根据《建设工程项目管理规范》（GB/T50326-2006）第 5.2.1 描述，葛某坝建筑公司设立的十堰市和昌国际城一期施工项目部不是分支机构，而是实施项目管理的职能部门，不具备诉讼主体资格、不能承担民事责任，和昌项目部不符合《最高人民法院关于适用〈中华人民共和国民事诉讼法〉的解释》第五十二条所指的能够参加诉讼的法人分支机构。四、原审判决认定和昌项目部是法人分支机构，从而适用《最高人民法院关于适用〈中华人民共和国担保法〉若干问题的解释》（以下简称《担保法司法解释》）第七条的规定判决葛某坝建筑公司承担责任错误，根据《担保法司法解释》第十八条第一款的规定，建某工贸公司的损失应由其自行承担。

针对葛某坝建筑公司的上诉意见，建某工贸公司答辩称：原审判决并未超出当事人的诉请范围，葛某坝建筑公司在《还款协议》中的意思表示就是提供保证责任，而并非是监督货款的支付。和昌项目部已经在十堰市工商行政管理局办理了《工商营业执照》，其工商公示信息也载明类型为"有限责任公司分公司"，因此和昌项目部应属法人依法对外设立的分支机构，而不属内设职能部门。葛某坝建筑公司对其设立的和昌项目部的对外担保行为是明知并认可的，仅在形式上缺乏书面授权，请求驳回葛某坝建筑公司的上诉，维持原判。

葛某坝建筑公司为支持其上诉主张，二审中提交本院（2015）鄂民一终字第00110号民事判决书，拟证明中某联公司与建某工贸公司之间存在买卖关系。该案涉及的钢材款利息损失，中某联公司向葛某坝建筑公司主张，也得到了支持。买卖合同是中某联公司与建某工贸公司签订的，货款应当由中某联公司支付。

建某工贸公司质证认为：对证据的真实性无异议，证明本案无须中止审理。

中某联公司质证认为：对证据的真实性予以认可，但不认可证明目的。

胡某华质证认为：对证据的真实性无异议，但不能达到葛某坝建筑公司证明目的。

和昌项目部质证认为：同意葛某坝建筑公司的意见。

建某工贸公司、中某联公司、胡某华、和昌项目部均未向本院提交新证据。

本院审查认为：葛某坝建筑公司提交的证据系本院生效的法律文书，且各方当事人对证据的真实性均不持异议，本院对证据的真实性予以确认，该判决审理的是中某联公司与葛某坝建筑公司、葛某坝建筑六公司之间的联营合同纠纷，与本案争议事实无关，不能达到葛某坝建筑公司的证明目的。

本院认为：建某工贸公司与胡某华签订《钢材购销合同》，与胡某华、和昌项目部签订的两份《还款协议》，均系当事人的真实意思表示，对合同各方均具有法律约束力。虽然胡某华在《钢材购销合同》上加盖来历不明的和昌项目部印章，但结合胡某华2011年3月10日代表中某联公司与和昌项目部签订的《合作协议书》，2011年3月29日在《钢材购销合同》中加盖不能说明来历的和昌项目部的印章，中某联公司十堰分公司2011年5月核准设立的负责人为胡某华以及和昌项目部2011年8月核准设立，胡某华为履行中某联公司与和昌项目部签订的《合作协议书》，与建某工贸公司签订《钢材购销合同》，胡某华依该合同接受的钢材均用于中某联公司为履行《合作协议书》在十堰承建和昌项目部等事实，应认定胡某华签订《钢材购销合同》的行为系中某联公司的职务行为，合同权利义务应由中某联公司承受，《还款协议书》中确定的胡某华的还款责任应由中某联公司履行。故原审判决认定建某工贸公司与中某联公司存在买卖合同关系，中某联公司应向建某工贸公司承担付款责任具有事实依据。中某联公司主张其并非《钢材购销合同》当事人，不应承担本案民事责任的上诉理由不能成立。建某工贸公司履行了合同确定的供货义务，中某联公司对此未提出任何异议，且支付了部分货款，建某工贸公司为支持其诉讼主张，向原审法院提交了

《钢材购销合同》《还款协议》、中某联公司对胡某华的《授权委托书》，胡某华对张艳出具《付款委托书》委托张艳向建某工贸公司支付部分钢材款等证据，能够证明建某工贸公司与中某联公司存在钢材买卖关系，且《还款协议》中的三方当事人建某工贸公司、和昌项目部及代表中某联公司的胡某华均对《还款协议》确认的尚欠钢材款数额不持异议，故建某工贸公司已完成了自己的举证义务。中某联公司主张本案应以中某联公司诉葛某坝建筑公司、葛某坝建筑六公司联营合同纠纷一案为依据，因该案尚未审结，本案应当中止审理。但葛某坝建筑公司已向本院提交该案的终审判决，判决结果与本案纠纷无关，故本案不存在中止的情形。中某联公司关于建某工贸公司未提交相应证据，本案应以另案结果为依据的上诉理由与本院查明的事实不符，中某联公司亦未提交证据证明其上述主张。关于中某联公司主张原审判决确认中某联公司对建某工贸公司未付货款7858546元以本金计算资金占用费系重复计算，实际包含了部分利息，以及对资金占用费认定错误的问题，《钢材购销合同》及《还款协议》中涉及的逾期资金占用费及未付钢材款利息的规定，均源于对逾期付款违约金的认定，原审法院依据合同法及相关司法解释的规定，确认中某联公司未付款金额的违约金按中国人民银行同期贷款利率的四倍计付符合法律规定，中某联公司认为7858546元应付货款中包含了部分利息，但未提交证据证明。故中某联公司的该项上诉理由没有事实和法律依据。

关于葛某坝建筑公司应否承担本案民事责任的问题。建某工贸公司的诉请是要求葛某坝建筑公司、和昌项目部、胡某华、中某联公司共同清偿货款债务，其含义既可理解为由葛某坝建筑公司直接清偿债务，也可理解为葛某坝公司对中某联公司的债务承担连带清偿责任，葛某坝建筑公司主张建某工贸公司的诉请是要求买卖合同当事人承担清偿责任，而未要求葛某坝建筑公司承担清偿责任与事实不符。和昌项目部在两份《还款协议》上均以担保人身份签章，葛某坝建筑公司主张其在《还款协议》中的真实意思是监督货款支付，而非提供担保，没有事实依据。和昌项目部是葛某坝建筑公司设立的不具有法人资格的分支机构，领取了《工商营业执照》，类型为有限责任分公司，但和昌项目部无独立承担民事义务的能力，在未经葛某坝建筑公司书面授权的情况下不具有担保的资格，原审法院援引《担保法司法解释》第七条的规定，判令葛某坝建筑公司对本案债务不能清偿部分的二分之一承担赔偿责任具有事实和法律依据，葛某坝建筑公司关于和昌项目部是其设立的项目管理部门，不具备诉讼主体资格，不能承担民事责任，建某工贸公司的损失应由其自行承担的上诉理由不能成立。

综上，中某联公司、葛某坝建筑公司的上诉理由均不能成立，本院依法予以驳回，原审判决认定事实清楚，适用法律正确，审判程序合法，实体处理恰当。经合议庭评议，依照《中华人民共和国民事诉讼法》第一百七十条第一款第（一）项之规定，判决如下：

驳回上诉，维持原判。

二审案件受理费 60825 元，由湖北中某联建设集团有限公司、中国葛某坝集团建筑工程有限公司各负担 30412.5 元。

本判决为终审判决。

法律法规

《中华人民共和国民法典》（2021 年 1 月 1 日施行）

第一百七十条 执行法人或者非法人组织工作任务的人员，就其职权范围内的事项，以法人或者非法人组织的名义实施的民事法律行为，对法人或者非法人组织发生效力。

法人或者非法人组织对执行其工作任务的人员职权范围的限制，不得对抗善意相对人。

《最高人民法院关于适用〈中华人民共和国民法典〉有关担保制度的解释》（法释〔2020〕28 号）

第十七条 主合同有效而第三人提供的担保合同无效，人民法院应当区分不同情形确定担保人的赔偿责任：

（一）债权人与担保人均有过错的，担保人承担的赔偿责任不应超过债务人不能清偿部分的二分之一；

（二）担保人有过错而债权人无过错的，担保人对债务人不能清偿的部分承担赔偿责任；

（三）债权人有过错而担保人无过错的，担保人不承担赔偿责任。

主合同无效导致第三人提供的担保合同无效，担保人无过错的，不承担赔偿责任；担保人有过错的，其承担的赔偿责任不应超过债务人不能清偿部分的三分之一。

第六节　印章虚假但意思表示真实的合同有效

053 广西桂某拍卖有限公司与广西三某拍卖有限责任公司合作合同纠纷案[①]

裁判要旨

有证据证明合同内容能够体现合同当事人真实意思表示的，则即便合同上的签字盖章系伪造，合同当事人也不得否认合同的效力。

实务要点总结

（1）公司在合同上加盖印章，是对公司已经表示出来并同意的意思表示进行确认的事实行为，从某种意义上讲并无独立的意义。但印章的加盖行为可构成意思表示的一体两面，即有公司的真实印章可推定公司表达了相应的意思表示。因此，合同是否真实有效，并不能以印章真伪作为绝对的判断标准，而应确认相关意思表示是否能够体现当事人的意志，是否可以保护交易安全。如果公司对于合同所载明的内容予以明确认可，则即使加盖在合同上的印章不是真实印章，交易相对人也不能以此为由主张合同无效。因为合同内容已经真实体现了公司的意志。

（2）在有关合同效力的诉讼中，切忌盯着印章的"真伪"不放。因为印章是否为真与合同效力并无必然联系，现行民事法律并未明确规定签订合同使用的印章为伪造或私刻，即可当然否定该合同的效力。当事人在相关诉讼中应根据《民法典》第一编第六章第三节关于"民事法律行为的效力"的规定，对合同的效力进行判断。

相关判决

广西桂某拍卖有限公司与广西三某拍卖有限责任公司合作合同纠纷再审民事判决书［（2013）民提字第140号］

申请再审人（一审原告、二审上诉人，原被申诉人）：广西桂某拍卖有限

[①] 审理法院：最高人民法院；诉讼程序：再审

公司。

法定代表人：韦某兴，该公司董事长。

被申请人（一审被告、二审上诉人，原申诉人）：广西三某拍卖有限责任公司。

法定代表人：万某妤，该公司总经理。

申请再审人广西桂某拍卖有限公司（以下简称桂某公司）因与被申请人广西三某拍卖有限责任公司（以下简称三某公司）合作合同纠纷一案，不服广西壮族自治区高级人民法院（以下简称广西高院）（2012）桂民提字第150号民事判决，向本院申请再审。本院于2013年6月5日作出（2013）民再申字第128号民事裁定，决定对本案提起再审。本院依法组成由审判员王东敏担任审判长，审判员刘崇理、代理审判员曾宏伟参加的合议庭对本案进行了公开开庭审理，书记员李洁担任记录。本案现已审理终结。

2010年5月20日，桂某公司起诉至广西壮族自治区南宁市青秀区人民法院（以下简称青秀区法院）称：鉴于三某公司违反双方于2010年2月1日订立的《联合拍卖协议书》，特提起诉讼，请求判令：1. 三某公司向桂某公司支付人民币1447537元，赔偿桂某公司利息损失3万元（按中国人民银行同期贷款利率从2010年3月22日计算至实际支付之日止，暂计算到起诉之日）；2. 本案诉讼费由三某公司承担。

青秀区法院一审查明：2010年2月1日，桂某公司与三某公司签订一份《联合拍卖协议书》，协议约定：桂某公司、三某公司合作拍卖北海市鸿某大酒店资产权益，由桂某公司负责向三某公司提供资产相关情况，帮助三某公司完成市场调研和提供买家。桂某公司负责制作报价投标书，代交项目投标保证金。并在投标之日以三某公司的名义递交投标书；中标后，拍卖会由桂某公司组织实施，三某公司具体操作。同时，协议书还约定，拍卖其他费用均由桂某公司支付，拍卖完成后，桂某公司只支付三某公司3万元合作劳务费，三某公司扣除3万元合作劳务费和营业税后应将拍卖佣金全部转给桂某公司，由桂某公司向三某公司出具发票。次日，双方又签订了一份《联合拍卖协议书的补充条款》（以下简称《补充条款》），该《补充条款》约定：双方就拍卖佣金重新约定，按总佣金75∶25分成，即桂某公司占75%，三某公司占25%，税费按比例各自承担。之后，涂某宁（桂某公司股东）与广西烨某房地产有限责任公司（以下简称烨某公司）签订了一份《协议书》，烨某公司代三某公司交纳840万元报价履约保证金，从而使三某公司获得了北海市鸿某大酒店房地产项目资产拍卖权。经过双方合作，三某公司于 2010 年 3 月 3 日举行拍卖会，北海鸿某大酒店资产权益最终以 8500 万元拍卖成交，同日三某公司与买受人北海馨某广洋房地产开发有限公司签订《拍卖成交确认书》，确认成交价为 8500 万元，拍卖佣金为 425 万元；三某公司收到买受人支付拍卖佣金 425 万元。三某公司在同月 22 日将 299.75 万元转账支付给桂某公司。

在一审庭审中，双方当事人均申请对《补充条款》双方代表的签名以及印章进行真伪鉴定。一审法院委托了广西科桂司法鉴定中心进行鉴定。鉴定结论为：（一）送检检材 1《补充条款》上盖印的"桂某公司"印章印文与样本 1《联合拍卖协议书》、2《承诺函》、3《授权委托书》上盖印的桂某公司印章印文不是同一印章所盖。（二）送检检材 1《补充条款》上署名"涂某宁"的签名字迹与检材 2《承诺函》上署名"涂某宁"的签名及书写字迹为同一人所写；与涂某宁书写的签名样本及字迹是同一人所写。（三）送检烨某公司检材 3《组织机构代码证》、4《企业法人营业执照（副本）》、5《庄明川身份证复印件》上盖印的"烨某公司"与检材 6《函》上盖的同名印章印文不是同一印章所盖。（四）送检检材 6《函》、7《关于确认竞买人资格的函》、8《领取竞买资料签收凭证》、9《三某公司竞买证》上署名"庄明川"的签名字迹是同一人所写。

青秀区法院一审认为：桂某公司与三某公司所签订的《联合拍卖协议书》是合法有效合同。双方应按协议履行各自的义务。对于《补充条款》是否有效的问题。桂某公司认为该补充协议是三某公司伪造的，是无效协议。但补充协议上有涂某宁的签名，而涂某宁作为桂某公司的股东同时又是《联合拍卖协议书》的签约代表，一直代表桂某公司在本案所涉及的联合拍卖中与三某公司商谈、操作有关联合拍卖的具体事项以及签订合同。为履行《联合拍卖协议书》中桂某公司应承担的义务，涂某宁以联合体其中一方（三某公司）的名义与烨某公司协商并签订了一份《协议书》，促成烨某公司代桂某公司履行了代交报价履约保证金的义务，并对烨某公司承诺了一些事项，这些事项对三某公司将来会造成不利的影响，而且在 2010 年 3 月 8 日桂某公司、广西大西拍卖有限公司给三某公司的承诺函中对涂某宁的行为予以确认，并承诺对此行为引起的一切法律、经济责任由桂某公司及涂某宁负责，均与三某公司无关，由此可以证明，桂某公司对涂某宁的行为是知道并认可的。在此情况下，双方对《联合拍卖协议书》的内容进行修改并签订《补充条款》对三某公司的利益进行保护是符合常理的。因此,该《补充条款》是存在的。涂某宁在《补充条款》上签名是对协议内容的确认,并基于他作为桂某公司股东的身份以及在整个履行《联合拍卖协议书》中,一直代表桂某公司在本案所涉及的联合拍卖中与三某公司商谈、操作有关联合拍卖的具体事项并代表桂某公司签订合同,三某公司没有理由怀疑涂某宁是桂某公司代理人的身份,因此,涂某宁的行为构成表见代理。该《补充条款》的法律责任应由桂某公司承担。就本案而言,《补充条款》是双方对联合拍卖收益的最终约定,即桂某公司按拍卖收益的75%,三某公司按拍卖收益的25%进行分配,税费按比例各自承担。三某公司共收到拍卖佣金425万元,桂某公司应分得318.75万元,三某公司应分得106.25万元。三某公司已经支付了299.75万元,没有支付的19万元应当予以支付。青秀区法院于2011年3月21日作出(2010)青民二初字第468号民事判决:一、三某公司支付给桂某公司拍卖佣金19万元;二、驳回桂某公司的其他诉讼请求。案件受理费18098元,由桂某公司承担。

三某公司不服上述民事判决向广西壮族自治区南宁市中级人民法院(以下简称南宁中院)提起上诉,请求:1. 撤销一审判决;2. 驳回桂某公司的诉讼请求。

桂某公司亦不服上述民事判决向南宁中院提起上诉,请求:撤销一审判决,支持其一审诉讼请求。

南宁中院二审查明事实与一审基本一致。

南宁中院二审认为:《联合拍卖协议书》有效。三某公司主张合同无效的上诉理由不成立,不予支持。关于桂某公司与三某公司是否签订过《补充条款》;如双方签订过《补充条款》,该协议是否有效;涂某宁在《补充条款》上盖章的行为是否构成表见代理的问题。本案中,涂某宁在《补充条款》上加盖的公章,经广西科桂司法鉴定中心鉴定,结论为与《联合拍卖协议书》《承诺函》《授权委托书》上盖印的广西桂某拍卖有限公司印章印文不是同一印章所盖。在三某公司无法举证证明桂某公司同时使用两个公章的情况下,应当可以认定《补充条款》上的公章为伪造的。在此情况下,桂某公司即使尽到高度的注意义务,也难免发生公章被伪造的情况。可见,桂某公司对公章被伪造的情况不应当承担责任,即涂某宁的行为不构成表见代理。可以认定,桂某公司与三某公司未签订过《补充条款》。综上,桂某公司与三某公司之间的佣金分配应以《联合拍卖协议书》确定的为准,即三某公司得到3万元。本案的佣金总额为475万元,扣除三某公司已支付的299.75万元、其应得的3万元、税金268375元(475万元×5.65%)、广告费1.3万元,三某公司尚应支付桂某公司1441125元。桂某公上诉有理，予以支持。三某公司于 2010 年 3 月 22 日仅向桂某公司支付部分拍卖佣金，故桂某公司上诉要求三某公司从该日起支付尚欠部分拍卖佣金利息的上诉请求，于法有据，亦予以支持。一审法院认定事实不清，适用法律错误，予以纠正。南宁中院于 2011 年 12 月 16 日作出（2011）南市民二终字第 373 号民事判决：一、撤销青秀区法院（2010）青民二初字第 468 号民事判决第二项；二、变更青秀区法院（2010）青民二初字第 468 号民事判决第一项为：三某公司支付给桂某公司拍卖佣金 1441125 元；三、三某公司支付给桂某公司拍卖佣金 1441125 元的利息（利息以 1441125 元计，按中国人民银行同期贷款利率从 2010 年 3 月 22 日计算至款项支付完毕之日止）。一审案件受理费 18098 元、二审案件受理费 18098 元，均由三某公司负担。

广西壮族自治区人民检察院抗诉认为，本案二审判决适用法律错误，判决有误。理由是：《中华人民共和国合同法》第四十九条规定"行为人没有代理权、超越代理权或者代理权终止后以被代理人名义订立合同，相对人有理由相信行为人有代理权的，该代理行为有效。"第五十二条规定"有下列情形之一的，合同无效：（二）恶意串通，损害国家、集体或者第三人利益……"最高人民法院《关于在审理经济纠纷案件中涉及经济犯罪嫌疑若干问题的规定》第五条第一款规定"行为人盗窃、盗用单位的公章、业务介绍信、盖有公章的空白合同书，或者私刻单位的公章签订经济合同，骗取财物归个人占有、使用、处分或者进行其他犯罪活动构成犯罪的，单位对行为人该犯罪行为所造成的经济损失不承担民事责任。"显然，只有行为人与相对人恶意串通，损害国家、集体或者第三人利益，或者行为人以骗取财物归个人占有、使用、处分或者进行其他犯罪活动为目的的表见代理，被代理人方可免除民事责任。本案中，涂某宁作为桂某公司的股东，其于 2010 年 2 月 1 日代表桂某公司与三某公司签订《联合拍卖协议书》后的第二日即 2010 年 2 月 2 日，便再次以桂某公司的名义与三某公司签订《补充条款》。在《补充条款》约定的佣金分配比《联合拍卖协议书》更趋于公平合理之情形下，即使涂某宁此时并未获得桂某公司之授权且使用了私刻之公章，三某公司有理由相信涂某宁有代理权。紧接着在 2010 年 2 月 3 日，涂某宁根据《联合拍卖协议书》的约定，继续代表桂某公司以三某公司的名义与烨某公司签订《协议书》，并于同日由烨某公司完成代三某公司付北海市鸿某大酒店房地产项目报价履约保证金 840 万元事宜。而且拍卖完成后，桂某公司于 2010 年 3 月 8 日向三某公司出具承诺函，表示在争取拍卖北海市鸿某大酒店资产项目的拍卖权中未经三某公司同意对外承诺的一些事项和签订的所有合同，对此行为引起的一切法律、经济责任由桂某公司及涂某宁负责，均与三某公司无关。此亦证明作为桂某公司股东的涂某宁一直代表桂某公司在本案所涉及的联合拍卖中与三某公司商谈、操作有关联合拍卖的具体事项以及签订相关合同，桂某公司知道且认可对涂某宁在本案所涉及的联合拍卖事项中的地位与作用。因此，在桂某公司未能提供证据证明涂某宁与三某公司恶意串通以损害其利益，涂某宁私刻桂某公司公章与三某公司签订《补充条款》，骗取财物归其个人占有、使用、处分或者进行其他犯罪活动构成犯罪之情形下，涂某宁之行为构成表见代理，其代理行为依法有效，桂某公司应当对《补充条款》承担民事责任。原审判决适用最高人民法院《关于在审理经济纠纷案件中涉及经济犯罪嫌疑若干问题的规定》第五条规定，认定桂某公司与三某公司未签订过《补充条款》，其适用法律错误。综上，南宁中院（2011）南市民二终字第373号民事判决，适用法律错误，判决有误，依照《中华人民共和国民事诉讼法》第一百七十九条第一款第（六）项及第一百八十七条第一款的规定，提出抗诉。

广西高院对原审查明的事实予以确认。

广西高院再审认为：桂某公司与三某公司所签订的《联合拍卖协议书》，主体合格，内容没有违反法律法规的禁止性规定，是当事人的真实意思表示，是有效合同。同样，本案的《补充条款》也是真实有效的。理由是：1.《补充条款》上涂某宁的签名是真实的；2.涂某宁是桂某公司的股东，同时是《联合拍卖协议书》的签约代表，一直代表桂某公司在本案所涉及的联合拍卖中与三某公司商谈、操作有关联合拍卖的具体事项以及签订合同，并履行《联合拍卖协议书》中桂某公司应承担的义务；3.涂某宁以三某公司的名义与烨某公司协商并签订了一份《协议书》，促成烨某公司代桂某公司履行了代交报价履约保证金的义务；4.在2010年3月8日桂某公司、广西大西拍卖有限公司给三某公司的承诺函中对涂某宁在本案中的行为予以确认，并承诺对此行为引起的一切法律、经济责任由桂某公司及涂某宁负责，均与三某公司无关。由此可以证明，桂某公司对涂某宁的行为是知道并认可的；5.双方对《联合拍卖协议书》的内容进行修改并签订《补充条款》对双方当事人的利益进行调整是公平且符合常理的，涂某宁在《补充条款》上签名是对协议内容的确认，并基于他作为桂某公司股东的身份，在整个履行《联合拍卖协议书》中，一直代表桂某公司在本案所涉及的联合拍卖中与三某公司商谈、操作有关联合拍卖的具体事项并代表桂某公司签订合同。通过上述事实分析,《补充条款》是双方当事人的真实意思表示,内容没有违反法律法规的禁止性规定,应当认定合法有效。即使桂某公司没有授权涂某宁代表桂某公司签订《补充条款》,但是,涂某宁在本案中一直代表桂某公司在本案所涉及的联合拍卖中与三某公司商谈、操作有关联合拍卖的具体事项并代表桂某公司签订合同的一系列行为,使三某公司有理由相信涂某宁有权代表桂某公司签订《补充条款》。根据《中华人民共和国合同法》第四十九条的规定,结合本案涂某宁的一系列行为,也应当认定涂某宁以桂某公司名义签订《补充条款》的行为已构成表见代理。双方应按协议履行各自的义务。

综上所述,广西高院认为申诉人三某公司的申诉理由成立,申诉主张应予以支持。原一审判决认定事实清楚,适用法律正确,实体处理恰当,应予以维持;原二审判决认定事实和适用法律错误,实体处理不当,应予以纠正。该院依照《中华人民共和国民事诉讼法》第一百八十六条第一款、第一百五十三条第一款第(二)项的规定,判决如下:一、撤销南宁中院(2011)南市民二终字第373号民事判决;二、维持青秀区法院(2010)青民二初字第468号民事判决。二审案件受理费18098元,由桂某公司负担。

桂某公司不服广西高院上述民事判决,向本院申请再审称:1.(2012)桂民提字第150号民事判决认定的事实错误。《补充条款》签订于2010年3月8日,而非签订于2010年2月2日。桂某公司在2010年3月3日拍卖成交,预期的收益得到实现后,没有任何理由和必要自愿将巨额利益拱手出让。2.(2012)桂民提字第150号民事判决适用法律错误。《补充条款》因不具备生效的主体要件而无效,涂某宁的个人签名不构成对桂某公司的表见代理。涂某宁没有得到合法授权,而且桂某公司所盖公章是虚假的,三某公司所盖公章及其法定代表人签字皆为假。三某公司主张《补充条款》"被调包",由此可以肯定:根本就不存在双方自愿签订的《补充条款》;三某公司在法庭上提供的这份《补充条款》实质上是假的。3.从证据上分析,涂某宁在签字时有被胁迫的嫌疑,故更不足以证明涂某宁的签名对桂某公司构成表见代理。综上所述,《补充条款》不具备生效的主体要件而无效,《联合拍卖协议书》合法有效,双方都应依约履行。请求:1.依法撤销广西高院(2012)桂民提字第150号民事判决;2.改判维持南宁中院(2011)南市民二终字第373号民事判决;3.本案诉讼费由三某公司承担。

三某公司答辩称:1.涂某宁的行为构成表见代理,桂某公司应依据《补充条款》履行义务,原审判决适用法律是正确的。2.桂某公司伪造三某公司公章作假,没有诚实信用，其再审申请没有事实和法律依据。桂某公司伪造三某公司公章与烨某公司签订协议，欺骗烨某公司为本案拍卖标的缴纳840万元的投标保证金，使三某公司承担巨大的法律风险。在原始的《补充条款》被桂某公司调包的情况下，现《补充条款》签盖的三某公司公章也是桂某公司伪造并签盖的，桂某公司仍应履行《补充条款》。《承诺函》进一步证实伪造公章、假冒三某公司名义的行为系桂某公司行为，不是涂某宁的个人行为。3. 桂某公司不断利用假公章欺骗其他当事人，毫无诚实信用可言，桂某公司关于其在《补充条款》签盖公章为假的辩解是非常值得怀疑的，桂某公司不能因其过错和不诚信获得利益，这也是法律所维护的公平正义。请求：维持广西高院（2012）桂民提字第150号民事判决。

本院经再审审理查明：1. 根据本案青秀区法院原一审庭审记录双方当事人陈述，本院确认《补充条款》订立于2010年3月8日。2. 根据本案南宁中院原二审庭审记录双方当事人陈述，本院认定三某公司在案涉拍卖活动中收到的佣金共计475万元。

本院认为，《联合拍卖协议书》系双方当事人的真实意思表示，其内容不违反法律、行政法规的强制性规定，为有效合同。

由于涂某宁是桂某公司的股东，代表桂某公司在《联合拍卖协议书》上签字，并曾以三某公司名义与烨某公司订立协议以促使烨某公司代缴本应由桂某公司代三某公司缴纳的840万元保证金，后又与桂某公司共同向三某公司出具承诺书表示对二者以三某公司名义对外承诺的行为共同承担责任，因此三某公司有理由相信涂某宁在《补充条款》上签字系经桂某公司授权所为。基于此，且三某公司对《补充条款》内容予以承认，故尽管《补充条款》上加盖的双方印章印文均在真实性上存疑、三某公司法定代表人万某好签字亦系伪造，合同形式存在瑕疵，但根据《中华人民共和国合同法》第四十九条之规定，仍应当认定《补充条款》系双方当事人真实意思表示。该协议不违反法律、行政法规的强制性规定，为有效合同。桂某公司关于其在拍卖成交并实现预期收益后没有任何理由和必要自愿将巨额利益拱手出让的主张，系对其订立《补充条款》的动机是否符合常理的分析。因《承诺函》表明桂某公司在案涉拍卖活动中的一些行为可能造成三某公司承担法律责任，不能排除桂某公司可能因此应三某公司要求增加给付对价，故对桂某公司的该主张，本院不予支持。桂某公司主张涂某宁的个人签名不构成对桂某公司的表见代理，但并未提供相应的反驳证据，本院不予支持。三某公司主张《补充条款》被调包，桂某公司由此主张根本就不存在双方自愿签订的《补充条款》，三某公司出示的《补充条款》实质上是一份假的补充协议。因三某公司并无证据证明《补充条款》曾被调包，且其仅主张《补充条款》上所盖双方公章及万某好签字系伪造，而对《补充条款》的内容仍予承认，并有充分理由相信涂某宁系桂某公司代理人，故桂某公司的该主张不能成立，本院不予支持。桂某公司主张涂某宁在签字时有被胁迫的嫌疑，以证明涂某宁的签名对桂某公司不构成表见代理，但未提供相应证据予以证明，本院不予支持。

本案中，三某公司共收到拍卖佣金475万元，根据《联合拍卖协议书》及《补充条款》，桂某公司应分得拍卖佣金的75%，即356.25万元；三某公司应分得拍卖佣金的25%，即118.75万元，税费按比例各自承担。扣除三某公司已向桂某公司支付的299.75万元，三某公司仍应向桂某公司支付剩余款项56.5万元。因双方当事人未约定拍卖佣金的具体给付日期，故对桂某公司关于三某公司应按照中国人民银行同期贷款利率赔偿欠付拍卖佣金相应利息损失的主张，本院不予支持。但三某公司所欠付拍卖佣金56.5万元相应活期存款利息系法定孳息，三某公司仍应向桂某公司支付，其计息期间应为三某公司收到全部佣金之日起至实际给付之日止。

综上，《联合拍卖协议书》及《补充条款》合法有效，三某公司及桂某公司应当根据双方约定分配拍卖佣金。本案原二审民事判决错误，原一审、再审民事判决亦存在佣金余款金额计算错误及遗漏诉讼请求的瑕疵，应予纠正。本院依据《中华人民共和国民事诉讼法》第二百零七条之规定判决如下：

一、撤销（2012）桂民提字第150号民事判决；

二、撤销（2011）南市民二终字第373号民事判决；

三、变更（2010）青民二初字第468号民事判决第一项为：广西三某拍卖有限责任公司于本判决生效之日起10内向广西桂某拍卖有限公司给付拍卖佣金565000元及相应利息（利息以565000元计，按中国人民银行公布的金融机构人民币活期存款基准利率，从广西三某拍卖有限责任公司收到全部佣金之日起计算至款项实际给付之日止）；

四、维持（2010）青民二初字第468号民事判决第二项。

一审案件受理费18098元，由广西三某拍卖有限责任公司负担6920元，广西桂某拍卖有限公司负担11178元。二审案件受理费18098元，由广西三某拍卖有限责任公司负担6920元，广西桂某拍卖有限公司负担11178元。

本判决为终审判决。

法律法规

《中华人民共和国民法典》（2021年1月1日施行）

第一百七十二条 行为人没有代理权、超越代理权或者代理权终止后，仍然实施代理行为，相对人有理由相信行为人有代理权的，代理行为有效。

054 陈某浴与内蒙古昌某石业有限公司合同纠纷案[①]

裁判要旨

印章真实不等于协议真实。协议形成行为与印章加盖行为在性质上具有相对独立性，协议内容是双方合意行为的表现形式，而印章加盖行为是各方确认双方合意内容的方式，二者相互关联又相对独立。在证据意义上，印章真实一般即可推定协议真实，但在有证据否定或怀疑合意形成行为真实性的情况下，即不能根据印章的真实性直接推定协议的真实性。也就是说，印章在证明协议真实性上尚属初步证据，人民法院认定协议的真实性需综合考虑其他证据及事实。

实务要点总结

（1）加强印章管理，是事关企业生死存亡的大事。本案中，昌某公司虽然最终胜诉，但赢得非常险。本案的一审、二审昌某公司都因为盖在5.3补充协议上的印章是其真实的印章而败诉。根据案中昌某公司的介绍，之所以会如此，是因为在合作期间合作方陈某浴有接触、使用该印章的机会。正是因为昌某公司这一管理上的疏漏，才导致陈某浴有可乘之机，并能够伪造以假乱真的5.3补充协议。若不是陈某浴作假技术"拙劣"，漏洞百出，昌某公司必定败诉。由此可见，规范严谨的印章管理制度对于一个公司何其重要。因此，公司必须建立科学规范的用章管理流程，尽量减少能够接触到印章的人，并且实印必须有两人以上同时在场，并在用印登记表上签字。

（2）对外签订合同，不能"认章不认人"。根据最高人民法院的裁判观点，虽然"印章真实一般即可推定协议真实，但在有证据否定或怀疑合意形成行为真实性的情况下，即不能根据印章的真实性直接推定协议的真实性。"因此，公司在

[①] 审理法院：最高人民法院；诉讼程序：再审

对外签订合同时，应对对方参与合同谈判、签订工作的人员身份、代理权限进行必要的审核，防止他人冒名签订合同，导致合同不能约束合同显示的交易对象。

（3）在经济交往中，要秉持诚实信用原则，通过伪造合同、冒用他人名义等侵害他人利益的，可能构成合同诈骗罪。根据《中华人民共和国刑法》第二百二十四条的规定，以非法占有为目的，在合同签订、履行过程中，骗取对方当事人财物，数额较大的可构成犯罪。其中包括"以虚构的单位或者冒用他人名义签订合同"的情形。如果数额特别巨大，可处十年以上有期徒刑或无期徒刑。本案中，陈某浴根据5.3协议主张的赔偿数额达700多万元，如果能够证明陈某浴提出的5.3补充协议确系伪造，则陈某浴可能构成合同诈骗罪，并可能被判处十年以上有期徒刑。

相关判决

陈某浴与内蒙古昌某石业有限公司合同纠纷案再审民事判决书［（2014）民提字第178号］

再审申请人（一审被告、二审上诉人）：内蒙古昌某石业有限公司。住所地：内蒙古自治区和林格尔县城关镇209国道东侧。

法定代表人：李某锁，该公司总经理。

被申请人（一审原告、二审被上诉人）：陈某浴，男，汉族，1964年1月9日出生，住所地：福建省福鼎市。

再审申请人内蒙古昌某石业有限公司（以下简称昌某公司）因与被申请人陈某浴合同纠纷一案，不服福建省高级人民法院（以下简称福建高院）2013年12月9日作出的（2013）闽民终字第1266号民事判决，向本院申请再审。本院于2014年6月19日作出（2014）民申字第168号民事裁定，提审本案。经依法组成合议庭，本院于2014年9月2日开庭审理了本案。昌某公司的委托代理人×××及陈某浴的委托代理人×××到庭参加了诉讼。本案现已审理终结。

福建省宁德市中级人民法院（以下简称一审法院）经审理查明：2005年5月1日，陈某浴与昌某公司签订《协议》（以下简称5.1协议）一份，双方就合作开采内蒙古自治区和林格尔县榆树沟的斑状含榴黑花岗石材矿（以下简称花岗岩矿）等事项作了明确约定。2007年11月，因陈某浴违约，昌某公司诉至内蒙古自治区和林格尔县人民法院（以下简称和林格尔县法院），请求解除双方签订的5.1协议。和林格尔县法院经审理后作出（2007）和民初字第428-2号民事判决，判决解除双方签订的5.1协议。陈某浴不服提起上诉，内蒙古自治区呼和浩特市中级人民法院（以下简称呼市中院）作出（2008）呼法民二终字第957号民事判决，维持了一审判决，该判决现已生效。2008年9月22日，陈某浴向呼市中院提起诉讼，请求昌某公司补偿其在矿山的投入900万元。在该案诉讼期间，呼市中院委托内蒙古兴益联合会计师事务所（以下简称兴益会计师事务所）对陈某浴承包花岗岩矿期间的土方剥离、花岗岩开采费用进行鉴证，并委托内蒙古自治区煤矿设计院勘察队对该花岗岩矿各矿口开挖的土方量、石方量进行测量。嗣后，兴益会计师事务所作出内兴益鉴字（2009）第002号《和林县榆树沟花岗岩矿土方剥离、花岗岩开采费用鉴证报告》（以下简称《鉴证报告》），确定陈某浴承包花岗岩矿期间的土方剥离、花岗岩开采费用为7112080元。后因陈某浴未按期缴纳诉讼费，呼市中院2011年2月28日作出（2008）呼民二初字第88号民事裁定，裁定该案按陈某浴撤诉处理。2011年11月1日，陈某浴向本案一审法院提起诉讼，请求昌某公司依据上述《鉴证报告》的结果，补偿其在矿山的投入7112080元。在该案管辖权异议审理期间，福建高院对陈某浴提供的2005年5月3日的《补充协议》（以下简称5.3补充协议）上所盖公章的真实性进行委托鉴定，福建鼎力司法鉴定中心经鉴定认定：检材上"内蒙古昌某石业有限公司"的印文与样本上的"内蒙古昌某石业有限公司"印文系同一枚印章盖印。福建高院于2012年5月21日作出（2012）闽民终字第368号民事裁定，裁定驳回昌某公司管辖权异议的上诉请求，维持原裁定。

一审法院认为，关于双方是否签订过5.3补充协议的问题。昌某公司对（2012）闽民终字第368号民事裁定及《司法鉴定意见书》的真实性无异议，一审法院对该组证据予以采信，据此可以认定5.3补充协议上昌某公司印章的真实性。昌某公司以对鉴定结论有异议为由申请对5.3补充协议上公司印章的真实性进行重新鉴定，但未能提供证据证明该鉴定意见存在程序违法或结论依据不足等情形，对昌某公司要求重新鉴定的申请不予准许。至于昌某公司要求对5.3补充协议打印及盖章时间进行鉴定的申请，一审法院认为，协议中昌某公司印章的真实性已经确定，即使该5.3补充协议的打印时间在盖章之后，昌某公司也应当对其意思表示承担法律后果。昌某公司主张5.3补充协议系陈某浴用其所持有的加盖公司公章的空白纸编造打印后用于诉讼，未能提供证据证明其主张。依据现有证据，一审法院认定5.3补充协议系真实存在，应代表昌某公司的真实意思表示。关于昌某公司应否补偿陈某浴履行5.1协议期间投入损失的问题。对于陈某浴提交的《鉴证报告》，呼市中院委托鉴定函、兴益会计师事务所出具的《说明》，昌某公司经质证对真实性无异议，一审法院予以采信，可以作为定案依据。陈某浴提交的《收条》《收据》内容为陈某浴支付给昌某公司的矿山承包经营费，与本案没有关联性，一审法院不予采信。至于《鉴证报告》的性质问题，虽然呼市中院的委托函表述为"委托鉴定函"，但法院实际委托的内容为费用鉴证，该《鉴证报告》是针对陈某浴的投入费用而进行的鉴证，性质上应属会计鉴证。经审查，作出鉴证的兴益会计师事务所具备相应的审计、鉴证资质，鉴证人员亦具有会计资格。鉴证过程虽然使用了内蒙古自治区煤矿设计院勘测队（以下简称煤矿勘测队）编制的《榆树沟大理石矿测量说明》，并聘请工程造价专业技术人员进行鉴证计算，但此系会计师利用专家协助执行鉴证业务，符合注册会计师鉴证业务基本准则，并不影响鉴证报告的合法性；且煤矿勘测队系受人民法院委托而进行土石方量计算，作出测量计算的人员亦具有相应的工程师资质。昌某公司对《鉴证报告》的内容持有异议，又未申请重新鉴证，故对昌某公司的理由不予采纳，对该《鉴证报告》的证明力予以确认，故一审法院认定陈某浴取包花岗岩矿期间土方剥离、花岗岩开采费用为7112080元。昌某公司主张陈某浴在5.1协议签订之后即将矿山转包他人，没有实际投入，但其提交的证据不符合证据的形式要件，且陈某浴予以否认，故其主张依据不足，一审法院不予支持。综上，一审法院认为，合同双方应当依照合同约定履行义务。本案陈某浴和昌某公司于2005年5月3日签订5.3补充协议，约定双方签订的5.1协议解除后，昌某公司应当对陈某浴的投入费用进行清算并予以退还，经会计师事务所鉴证，确定陈某浴在承包花岗岩矿期间的土方剥离、花岗岩开采费用为7112080元，故陈某浴要求昌某公司依照5.3补充协议约定退还其上述投入费用的主张，于法有据，一审法院予以支持。昌某公司认为5.3补充协议不真实，陈某浴并未投入资金，但未能提供有效证据予以证实，其主张缺乏事实依据，一审法院对该主张不予支持。据此，依照《中华人民共和国合同法》第八条、第九十七条，《中华人民共和国民事诉讼法》第六十四条第一款之规定，判决：昌某公司应于判决生效之日起十日内支付陈某浴7112080元；如果未按判决指定的期间履行金钱给付义务，应当按照《中华人民共和国民事诉讼法》第二百五十三条的规定，加倍支付迟延履行期间的债务利息。一审案件受理费61585元，由昌某公司负担。

一审宣判后，昌某公司不服，上诉至福建高院，请求撤销原判，依法改判并驳回陈某浴的诉讼请求。主要理由是：（一）双方签订5.3补充协议的事实不存在。在本案管辖异议期间，昌某公司曾经向二审法院提出过对陈某浴提交的5.3补充协议上加盖的公章与当时昌某公司使用的公章是否一致以及真实性进行司法鉴定，该鉴定文书没有告知昌某公司重新申请复核的权利。一审法院也没有告知昌某公司申请重新鉴定的权利，剥夺了其司法救济权利。陈某浴偷拿空白的加盖公章的纸在前，打印文字系其在后添加。故，昌某公司认为该5.3补充协议是在呼市中院诉讼后添加制作的，是虚假的。（二）2005年8月15日至2006年9月26日陈某浴已将该矿转包给他人开采，而《鉴证报告》认定的实际施工时间是2005年至2007年，因此该报告据2007年冶金矿山概预算定额所做土方量、石方量不真实，所得出的开采费用也不准确。内兴益鉴字（2009）第002号《鉴证报告》的鉴证机构无工程造价评估资质。呼市中院委托的煤矿勘测队业务范围内没有土方量、石方量的测呈资质并且本鉴定报告中的工程造价师并非该机构的鉴定人员。一审法院将该《鉴证报告》认定为属于会计鉴证不符合法律规定，会计鉴证是注册会计师针对鉴定对象信息在所有重大方面是否符合适当的标准，以书面报告的形式发表能够提供一定保证程度的结论。工程造价是指进行某项工程建设所花费的全部费用，其核心内容是投资估算、设计概算、修正概算、施工图预算、工程结算、竣工决算等。陈某浴在一审中提供的《鉴证报告》显然属于后者。

陈某浴辩称，（一）2005年5月3日陈某浴与昌某公司签订的5.3补充协议是客观存在的。昌某公司管辖异议申请上诉期间，向福建高院提出司法鉴定申请，申请鉴定的事项是对5.3补充协议印章印文进行司法鉴定，福建高院委托福建鼎力司法鉴定中心鉴定，并出具司法鉴定意见为："检材上的内蒙古昌某石业有限公司印文与样本上的内蒙古昌某石业有限公司印文是同一枚印章盖印"。该鉴定意见已经证实2005年5月3日双方所签订的5.3补充协议是客观真实的，昌某公司要求鉴定文书告知其重新申请复核没有任何法律依据。陈某浴认为该5.3补充协议是在呼市中院诉讼后添加制作，是虚假的，没有任何证据支持。（二）陈某浴在一审出示的《鉴证报告》是由呼市中院基于陈某浴提供的大量原始单据委托有资质的会计事务所依法作出的。从2005年5月1日开始至2007年双方又重新签订了协议书，该《鉴证报告》正是对双方协议履行期间的开采进行的鉴证。《中国注册会计师法》和《中国注册会计师鉴证业务准则》明确规定，鉴证是注册会计师的业务范围；会计师事务所可以出具鉴证报告；注册会计师和会计师事务所在对鉴证对象进行鉴证时，可以采取计价、计量的方式进行；会计师事务所鉴证的业务如果涉及特殊知识和技能超出注册会计师的能力，其对外可以聘请具有专门知识的人协助注册会计师执行鉴证业务。从《鉴证报告》的内容来看，该报告正是会计师事务所采用了计价、计量和聘请专门人员作出的。

二审法院认为，本案的争议焦点是：（一）一审审理程序是否合法。（二）《鉴证报告》能否作为本案事实认定依据。

（一）关于一审审理程序是否合法的问题

二审法院认为，昌某公司在本案管辖权异议上诉期间，向福建高院提出司法鉴定申请，申请鉴定的事项是对5.3补充协议印章印文进行司法鉴定。二审法院经委托福建鼎力司法鉴定中心进行鉴定，该鉴定中心已出具司法鉴定意见。昌某公司主张上述司法鉴定意见需告知其有权重新申请复核，没有法律依据。一审法院对本案进行实体审理期间，昌某公司再次申请对5.3补充协议上的公司印章真实性进行重新鉴定，因其未能提供证据证明福建鼎力司法鉴定中心的司法鉴定意见存在程序违法或鉴定结论依据不足等情形，故一审法院对昌某公司要求重新鉴定的申请不予准许并无不当。昌某公司主张一审法院没有告知其有申请重新鉴定的权利，剥夺了其司法救济权利，没有法律依据。另外，一审期间，昌某公司又要求对5.3补充协议打印及盖章时间进行鉴定。昌某公司主张5.3补充协议系陈某浴用所持有的加盖公司公章的空白纸编造打印后用于诉讼，未能提供证据证明其主张。一审法院认为在昌某公司印章的真实性已确定的情况下，再对5.3补充协议中打印及盖章时间进行鉴定没有意义，从而对昌某公司鉴定申请不予准许，程序合法。

（二）关于《鉴证报告》能否作为本案事实认定依据的问题

二审法院认为，2005年5月1日，陈某浴与昌某公司签订5.1协议一份，就双方合作开采内蒙古自治区和林格尔县榆树沟的斑状含榴黑花岗石材矿等事项作出约定。陈某浴和昌某公司于2005年5月3日又签订了5.3补充协议，约定在双方签订的5.1协议解除后，昌某公司应当对陈某浴的投入费用进行清算并予以退还。纠纷发生后，双方签订的5.1协议被法院依法判决解除。2008年9月22日，陈某浴向呼市中院提起诉讼，主张昌某公司补偿其在矿山的投入。在该案诉讼期间，呼市中院委托兴益会计师事务所对陈某浴承包花岗岩矿期间的土方剥离、花岗岩开采费用进行鉴证。兴益会计师事务所出具内兴益鉴字（2009）第002号《鉴证报告》，确定陈某浴承包和林格尔县榆树沟花岗岩矿期间的土方剥离、花岗岩开采发生的费用为 7112080 元。该《鉴证报告》系法院依职权委托鉴证；鉴证单位为相关法律法规规定的会计师事务所，且兴益会计师事务所具备相应的审计、鉴证资质，鉴证人员亦具有会计师资格；鉴证内容为陈某浴承包和林格尔县榆树沟花岗岩矿期间的土方剥离、花岗岩开采所发生的费用；鉴证依据为《冶金矿山概预算定额 2007》《冶金矿山建筑安装工程费用定额 2007》及煤矿勘测队 2009 年 5 月 19 日编制的《榆树沟大理石矿测量说明》。鉴证过程虽然使用了《榆树沟大理石矿测说明》，并聘请工程造价专业技术人员进行鉴证计算，但此系会计师利用专家协助执行鉴证业务，符合注册会计师鉴证业务准则。另外，昌某公司本案一审期间未向一审法院申请重新鉴定，故上述《鉴证报告》在认定陈某浴对讼争岩矿存在投入事实和具体投入的费用数额上可以作为定案依据。

综上所述，二审法院认为，一审判决认定事实清楚，适用法律正确，程序合法，应予维持，昌某公司的上诉事由，不能成立。依照《中华人民共和国民事诉讼法》第一百七十条第一款第（一）项的规定，判决：驳回上诉，维持原判。二审案件受理费 61585 元，由昌某公司负担。

昌某公司不服福建高院（2013）闽民终字第 1266 号民事判决，向本院申请再审。本院于 2014 年 6 月 19 日作出（2014）民申字第 168 号民事裁定提审本案并依法组成合议庭于 2014 年 9 月 2 日对本案进行了公开审理。

昌某公司再审申请称，（一）原审判决认定案件事实的主要证据 5.3 补充协议系陈某浴伪造。1. 昌某公司与陈某浴未签订过 5.3 补充协议。双方就合作采矿承包事宜于 2005 年 5 月 1 日签署 5.1 协议。协议执行过程中，因陈某浴违约，2007 年昌某公司诉请和林格尔县法院解除了 5.1 协议，陈某浴在该案的上诉及诉请赔偿的另案诉讼中，从未提及 5.3 补充协议的存在，直至 2011 年 9 月 26 日陈某浴向一审法院起诉。陈某浴对此的解释是之前未找到该 5.3 补充协议，该解释不符合情理，即使原诉讼期间找不到该文件，亦应有所提及。2. 陈某浴具有伪造 5.3 补充协议的可能性。二审审理期间，5.3 补充协议上的印章虽与昌某公司的印章一致，但因在承包经营过程中，陈某浴具有接触和使用公司印章的机会和便利，合作中陈某浴亦多有使用公司印章的情况（如到公安部门办理民用爆破物品时即持盖有公司印章的空白纸张或持公司公章），陈某浴具有使用公司印章加盖空白纸张伪造《补充协议》的可能性。3. 5.3 补充协议形式上具有严重瑕疵。第一，甲、乙双方位置颠倒不符合习惯规则。在合同等契约形式上，公司法人、发包人为甲方，自然人、承包人为乙方，这属一般的民事习惯规则。双方订立的

5.1协议及之前签订的几份协议均以昌某公司为甲方,陈某浴为乙方,而时隔二天签订的5.3补充协议,昌某公司位置却颠倒成了乙方,陈某浴成了甲方。这不符合一般民事习惯规则。这种顺序颠倒的唯一解释是这张盖有昌某公司印章的空白纸的印章盖在了这张纸的右下角,在这张纸上,因盖章位置所限,只能将昌某公司一方置于乙方的位置。第二,没有昌某公司法定代表人王茂棠的签字。根据双方所订5.1协议,该协议不仅有昌某公司盖章,而且也有公司负责人王茂棠签字,这符合协议生效要件,也符合常理。陈某浴提供的5.3补充协议,没有王茂棠签字确认。第三,5.3补充协议没有协议份数的约定条款。双方所订5.1协议的最后条款约定"协议一式两份,具有同等法律效力",这是协议一般应有的条款内容。陈某浴所提供的5.3补充协议没有此项条款,也没有约定该5.3补充协议与5.1协议具有同等的法律效力。现陈某浴提供的5.3补充协议仅此一份,昌某公司根本没有这样一份协议,陈某浴也未举证昌某公司持有与其同样的5.3补充协议,难以佐证该5.3补充协议的客观真实性。4.5.3补充协议所涉内容违背常理,且权利义务显失公平,不是昌某公司的真实意思表示。第一,根据双方2005年5月1日就采矿合作事宜签署的5.1协议内容及原则,双方属合作开采,昌某公司具有《采矿许可证》,是采矿权人,陈某浴属使用人,具有承包经营的性质,按合同约定是自行开采和销售产品,独自取得经营利润,其风险应该自担;昌某公司按约定获得的矿山使用补偿金,实际上是发包人收取的承包费,该费用数额固定(前三年为每年30万元,第四年开始为每年50万元)。该权利义务的约定基本公平。但5.3补充协议约定无论昌某公司是否属有权终止,昌某公司均需赔偿其投资,该种约定明显违背双方权利义务平等一致的原则。第二,在矿山承包协议终止后,按承包经营的权利义务分配方式,一般是不再收取剩余的矿山使用费,而不可能在陈某浴已对矿山开采并进行产品销售的情况下,赔偿其投入的损失。第三,5.3补充协议解释5.1协议约定的"终止的损失"仅指陈某浴的经营损失,不包括其投资,自相矛盾。所谓经营损失,包含着投入(或投资)及产出的问题,经营损失自负其责其实已包含终止后其投资自负的内涵,这与其投资需由昌某公司承担的约定自相矛盾,内容本身难以自圆其说,进一步说明协议属伪造。第四,承包经营中,在陈某浴违约昌某公司依法予以解除的情况下,却要昌某公司赔偿其投资,且该投资不确定,这样的权利义务模式违反公平。根据5.1协议约定,昌某公司在承包期内前三年每年向陈某浴收取补偿金30万元,第四年开始每年50万元。但5.3补充协议的约定却动辄承担陈某浴几百万甚至上千万的投资,在投资并不物化为设备、建筑物而是直接转化为产品被卖出的情况下,昌某公司承担该投资损失,不符合常理。综上,5.3 补充协议形式上具有明显瑕疵,内容上违背常理,权利义务显失公平,属陈某浴利用加盖公章的空白纸伪造,不是昌某公司的真实意思表示。5. 案件管辖不符合法律规定。5.3 补充协议所示的签订时间及 2007 年双方在和林格尔县法院诉讼之时,陈某浴的住所地均在山西省太原市新华街北小区,而非福建省福鼎市,依据法律规定户籍所在地不是合同选择的管辖地。另外,5.3 补充协议关于管辖的约定,将一个可能产生赔偿的纠纷管辖地放在一个相隔几千里的自己户籍地,不仅不便于双方纠纷处理,同时在签订协议时因陈某浴不居合同优势地位,这样的约定也不合情理,5.3 补充协议将诉讼管辖地放在承包人即陈某浴户籍所在地,唯一的合理解释是 5.3 补充协议系陈某浴单方伪造。(二)案涉《鉴证报告》仅属对陈某浴合作期间投入之估算,原审将之作为认定陈某浴投资损失的证据,无事实和法律依据。1. 案涉《鉴证报告》本质上属对陈某浴在承包经营矿山期间进行生产投入的估算或概算,该种投入的估算或概算,因为属生产性投入在有产品产出或物化(没有物化为设备、建筑等)的情况下,根本不能作为陈某浴投资损失的证据。陈某浴在原审中并未提供证据表明其产出的矿石均未予销售或物化为矿山继续开发的基础或成本。2. 根据 5.1 协议约定陈某浴有组织实施采石生产、销售产品的权利。陈某浴投资开采石材属于以营利为目的的生产经营,并非只有投入没有产出的基础设施建设,本案投资损失本质上即陈某浴的经营损失,即投资大于产出而造成的损失。进而言之,如果产出大于投入,陈某浴即无所谓投资损失。2005年—2007 年陈某浴开采经营期间,根据《鉴证报告》计算书第三项"花岗岩开挖"工程量 122560 立方米(毛石),按现行行业标准出材率 8% 计算,共 9804.80 立方米,按当时市场价 1000—1500 元/立方米计算,陈某浴在投入 700 余万元的情况下根本无损失。至于昌某公司解除合同造成的预期利润损失,因属陈某浴违约(另案已认定),依法不应予以支持。3.《鉴证报告》认定的投入数额依法不应采信。陈某浴请求弥补其投资损失,在计算投入一项中至少应以支付工人工资单、工程机械使用费、土石运输费、银行转账、上缴税费等相关发票与票据为准,会计师事务所要作的应该是以合法有效的票据和账目作为审计的基础,而不是靠勘测机构的估算,这符合举证的规则要求,也符合实际。原审以勘测估算的结论作为依据,本身具有不准确性,达不到司法判决支持诉求所要求的标准。本案审理中,评估鉴证的主要依据是《冶金矿山概预算定额 2007》《冶金矿山建筑安装工程费用定额2007》，无论是陈某浴的投入、损失还是要求昌某公司的补偿，这些涉及当事人财产权利的数据都是以"概、预算"等模糊不清的结论作为依据，损害了判决的严肃性。4. 鉴定程序存在违法情形。首先，鉴证报告的鉴证机构兴益会计师事务所并无工程造价评估资质；其次，《鉴证报告》所使用的煤矿勘测队，其业务范围没有土方量、石方量的测心资质；复次，《鉴证报告》中的工程造价师并非鉴证机构的鉴证人员。据此，原审判决存在认定事实不清，非法证据未予排除、程序违法等情形，判决结论明显不公，请求再审改判。

陈某浴答辩称，（一）关于5.3补充协议伪造的问题。昌某公司认为5.3补充协议伪造是主观推断，没有事实根据。该协议在内蒙古自治区有关法院诉讼中未提及，不等于不存在，更不等于伪造。当时陈某浴不能提供该协议是因为无法找到，提出也没有根据，故未提及该协议。2.5.3补充协议与5.1协议间隔时间短，在本案实属正常，陈某浴与昌某公司签订的其他协议有的签订时间间隔也很短。如2005年4月底昌某公司出具《承诺函》，同年5月1日即签订终止内部承包合同的《补充协议》。3. 法律对协议的形式没有统一要求和格式，5.3补充协议是陈某浴考虑到自己的投资不受损失而要求签订的，所以其作为甲方也符合情理，当时并没有在意与5.1协议甲乙方位置保持一致。同时，甲乙方位置并不重要，关键是代表哪方，各方人的权利、义务是否明确和相对应，所以，位置列法没有实质意义，也不存在列法必须符合习惯规则的问题。4.5.3补充协议上没有王茂棠签字并不影响协议的成立和效力，法律也没有要求签订协议时必须有法定代表人或负责人签字，因此，其是否签字并不是协议必备要件。同时，王茂棠不仅在该5.3补充协议上没有签字，同样在2004年9月26日签订的《内部承包合同》及之后的《承诺函》《补充协议》上均没有签字。据此，王茂棠未予签字并不是5.3补充协议伪造的证据。5. 因协议份数的约定不是合同的必要条款，没有约定协议份数并不影响合同效力，且是否持有5.3补充协议应由昌某公司自行承担举证责任。2005年5月1日终止内部承包协议的《补充协议》也没有约定份数。6.5.3补充协议是否约定与5.1协议具有同等法律效力并不是协议的主要条款，也不影响《补充协议》的法律效力。7. 关于5.3补充协议权利义务显失公平、不合常理问题。昌某公司一方面称陈某浴投资已转化为商品，变现为产值和利润，一方面又说陈某浴自己没有投资，是他人投资，自相矛盾，也不能自圆其说。同时，因矿山需大量投资，陈某浴要求昌某公司对其投资进行保证不但不违背常理，双方权利义务也不显失公平。要说不公平，当巨额投资即将见利时再以违约为由解除双方的协议才是真正的不公平。8.5.3 补充协议的管辖约定是因为当时陈某浴尚居住在福建省福鼎市，2007年后陈某浴才根据季节往返于山西、山东、河北及内蒙古等地矿业公司打工。同时，昌某公司提出协议管辖内容，即约定由福建省福鼎市法院或宁德市中级人民法院管辖或受理违反法律规定，属无效协议的理解也是错误的。（二）关于昌某公司对《鉴证报告》的异议问题。《鉴证报告》是呼市中院依法委托会计师事务所作出的，其中土方量、石方量由呼市中院委托其他机构测量，该鉴证程序合法、内容客观真实，鉴证方法符合法律规定，鉴证内容属于会计师事务所业务范围。昌某公司认为该《鉴证报告》不能作为证据使用，无事实和法律依据。同时，呼市中院审理期间，昌某公司亦被告知如对《鉴证报告》有异议，需提交重新鉴定申请书，但昌某公司并未申请重新鉴定，说明其认可该司法《鉴证报告》。同时，该《鉴证报告》作为陈某浴投资损失的证据，昌某公司认为陈某浴未提供投资损失的证据，理由不能成立。在承包矿山后，陈某浴设立4个矿井区，征地40余亩，修筑山路18公里，架电5公里，安装变压器2台，建房30间，打水井3眼，租赁装载机、挖掘机等8台、租赁重型工程车10台，还购置了部分设备等，先后共投资1300余万元，在呼市中院起诉时向法院提供了三麻袋投资票据，因票据多无法审查、保管和入卷，才依法申请的司法鉴定。该案是司法审计还是司法鉴定，是由呼市中院与所委托的鉴定机构协商确定的，因部分票据是不正规的收据，故对部分投入进行了司法鉴证。综上，昌某公司的再审申请无事实和法律根据，原审判决程序合法、证据充分，适用法律正确，请求依法驳回其再审申请。

本院再审查明：1. 2004年9月26日，昌某公司（甲方）与刘某印、陈某浴（乙方）签订《内部承包合同》，约定甲方将清水县白色花岗岩矿承包给乙方开采，承包开采期限为三年。其中，第三条"乙方必须按甲乙双方共同商定和认可的合理开采、不限量开采的施工方案进行开采，不得实施损坏开采，否则，甲方有权终止本合同"；第五条"乙方拥有组织实施采石生产、定价、销售所属矿山产品的权利……"；第六条"乙方进行生产、销售活动所需要的资金、能源、人力、物力、无形资产、工商税务及税金由乙方自行解决；乙方及乙方人员在生产经营活动中因自身原因引起的各项责任义务由乙方承担"；第七条"乙方必须努力开采，第一年开采量达到壹万立方，否则甲方有权在乙方承包范围内另开矿口开采"；第十条"乙方一次性付给甲方伍拾万人民币，作为补偿甲方开发白矿的费用"；第十一条"乙方出矿区每立方米商品荒料（本地价）向甲方交100元补偿金。当商品荒料（本地价）价格上升到1200元/立方米及以上时按15%向甲方交纳补偿金；2000元/立方米及以上时按20%向甲方交纳补偿金"；第十四条"三年后，甲方不承包给乙方开采本矿山，甲方补偿乙方在该矿山投入的固定资产费用，价格双方协商或请权威部门评估"；第十六条"本合同自2004年10月15日起经甲乙双方签字盖章后生效"。2. 2005年4月，昌某公司出具《承诺函》。该《承诺函》的内容是"鉴于陈某浴在与昌某公司合作期间的贡献，公司承诺在矿区合作开采方案确定后，以优惠的条件优先与陈某浴签订有关协议"。2005年5月1日，昌某公司与陈某浴又签订《补充协议》，内容为"昌某公司根据陈某浴对公司的贡献，同意以优惠的条件与陈某浴签订新的合同。原昌某公司与刘某印、陈某浴于2004年9月26日签订的内部承包合同从2005年5月1日起终止"。3. 2005年5月1日，昌某公司（甲方）与陈某浴（乙方）签订《协议》一份（即5.1协议）。主要内容如下：第二条"乙方开采期为6年，从2005年5月1日至2011年4月30日"；第三条"乙方有组织实施采石生产、销售产品的权利。乙方有保护矿山资源合理开采的义务。有保护矿山生态环境，按环评报告要求开矿的义务。有保障安全生产和维护劳动者合法权益的义务。承担因履行和不履行上述权利和义务而发生的所有经济责任和法律责任。第四条"乙方必须按甲乙双方共同商定和认可的合理开采施工方案进行开采，不得实施损坏开采，不得以任何形式将矿山采矿权转让他人，否则甲方有权立即终止合同，造成的损失由乙方承担"；第六条"乙方进行生产、销售活动的资金、人力、物力以及税金由乙方负责解决；乙方及乙方人员在生产经营活动中因自身原因引起的各项责任义务由乙方承担"；第九条"开采期前三年乙方每年交付甲方矿山费用补偿金三十万元。……开采期第四年开始，乙方每年交付甲方矿山费用补偿金五十万元"；第十条"乙方如不按期履行本协议第九条规定，甲方有权单方终止合同，造成的损失由乙方承担"；第十三条"乙方开采期结束后，在乙方没有取得采矿权的情况下，甲方酌情补偿乙方在矿山投入的房屋、水井所支付的费用，价格双方协商或请权威部门评估"。4. 2005年5月3日，陈某浴为甲方，昌某公司为乙方签订《补充协议》（即5.3补充协议），约定在5.1协议的基础上，就合作开采花岗岩石材矿形成如下补充条款。条款具体内容如下：第一条"甲乙双方一致同意，为保证甲方在与乙方合作开采石材矿期间投入的全部投资安全及不受损失，双方商定，不论双方的合作能否继续，也不论双方5.1协议有效或无效，只要乙方单方面解除或终止协议，或者《协议》被法院判定解除、终止或无效，乙方同意按照公平、合理的原则,对甲方的全部投入进行清算并退还给甲方。为此,甲乙双方中的任何一方有权申请鉴定机构或申请法院进行鉴定、评估,乙方按照评估、鉴定结果退还甲方的投资。如乙方已申请鉴定或评估,对该鉴定报告及评估结果另一方无权再次申请鉴定";第二条"5.1协议第一条约定的'甲方有权单方终止合同,造成的损失由乙方承担',本条所指的损失是指经营损失,不包括陈某浴的投资";第三条"5.1协议发生纠纷,双方协商解决,协商不成,甲乙双方一致同意提交福建省福鼎市人民法院或福建省宁德市中级人民法院管辖和受理"。该补充协议下方有陈某浴签字和昌某公司盖章。

又查明,1.二审庭审期间,陈某浴提供部分生产经营票据,共57本。票据反映的情况如下:(1)票据除部分为正式发票外,多为收据、收条、个人记账凭证等。(2)票据性质含生产性支出,也含非生产性支出。生产性支出方面,如购买雷管及爆破炸药等共支出10余万元;2005年7月至2006年4月电费支出等2.9万余元;购买翻斗车、凿岩机、挖掘机、吉普车各一台合计支出68万余元(除挖掘机一台为陈某浴所购外,其余为其他公司及个人购买,且陈某浴所购挖掘机未提供正式发票)。非生产性支出方面,如餐费、烟酒、送礼、责任事故死亡赔偿等支出若干,其中,送礼支出30余万元。(3)票据含部分矿石荒料销售内容。据粗略统计,2006年3月30日至同年10月31日,销售矿石荒料约538立方米,码单号编码为00001及01617至01697,销售价格为1200元/立方米,销售金额约为67万余元。(4)票据中包含陈某浴与案外公司及部分个人等形成荒料加工、销售关系的有关领款凭证、收据或记账凭证等单据。2.陈某浴与昌某公司协议履行期间,昌某公司没有人员参与具体采矿及矿务管理事宜。3.陈某浴及代理人称仍有大量投资票据,但审理期间经催告未再予提供。

再查明,1.2007年11月至2008年11月,和林格尔县法院及呼市中院审理昌某公司与陈某浴合作开采矿山合同纠纷一案期间,陈某浴于2008年1月28日提出反诉,请求昌某公司返还其已出资款1300万元,但同年5月28日又撤回反诉。2008年5月29日,和林格尔县法院以(2007)和民初字第428-2号民事判决,认为昌某公司与陈某浴所订的协议为合作开采矿山性质,昌某公司为采矿权主体,陈某浴为合作投资开采人,双方分享开采利润、分担开采风险,该协议并不违背法律、法规的强制性规定,为有效协议。合同履行中,陈某浴因违反5.1协议约定倾倒废渣堵塞河道及未及时给付矿山补偿金等,依据昌某公司的诉讼请求,该判决解除双方5.1协议。陈某浴二审上诉后,2008年11月7日,呼市中院以（2008）呼法民二终字第957号民事判决维持上述判决。2. 2008年9月至2011年2月，呼市中院在审理陈某浴诉昌某公司合作经营合同纠纷一案中，陈某浴于起诉状中请求昌某公司赔偿其投资900万元，请求的依据是双方名为合作实为承包转让采矿经营权及开采期间的投资800万元。2008年12月4日，陈某浴提出司法鉴定评估申请；2009年2月19日呼市中院向兴益会计师事务所出具委托鉴定函，委托该所对陈某浴承包花岗岩矿期间的土方剥离、花岗岩开采费用进行鉴证。同年5月6日，呼市中院向煤炭勘察队出具委托测函，委托该勘察队对陈某浴各矿口开挖的土方量、石方量进行测量。同年12月7日，兴益会计师事务所作出《鉴证报告》，该鉴证报告认为陈某浴合作期间共挖土方5万余立方米，石方12万余立方米，支出的费用为7112080元。后陈某浴未按期交纳诉讼费，2011年2月28日呼市中院裁定按撤诉处理。在上述诉讼中，陈某浴未提及亦未提供5.3补充协议及约定内容。

本院认为，本案审理的核心是原判决认定事实和适用法律是否存在错误，陈某浴请求昌某公司补偿其投资损失有无事实和法律依据。

（一）关于原判决相关事实的认定问题

本案原判决昌某公司对陈某浴承担投资损失赔偿责任的基础主要是5.3补充协议的可信性和《鉴证报告》的客观性及合法性。综合本案原审及再审期间当事人的陈述及举证情况，本院认为，原判决昌某公司承担投资损失赔偿责任的事实依据不足。

关于5.3补充协议真实性的认定问题。2011年9月，陈某浴以与昌某公司存在5.3补充协议为据，向一审法院提起诉讼。2011年，昌某公司在本案管辖异议二审期间向福建高院对5.3补充协议上昌某公司的真实性提出司法鉴定申请，经福建鼎立司法鉴定中心鉴定，鉴定意见为印章真实。本案一审期间，昌某公司又于2013年5月25日，向一审法院提出《司法鉴定申请书》，除再次对5.3补充协议上加盖公章的真实性提出鉴定申请外，另提出对公章与文字形成的前后顺序、文字形成日期、纸张、日期进行鉴定的申请，一审法院经审查对昌某公司再行提出印章真实性的鉴定申请不予支持，并无不当；但因公章与文字的前后顺序、文字形成日期等对认定协议的真实性亦有重要影响，原审法院以公章与文字形成先后不影响协议真实性的判断为由，不予支持，确有不当。在5.3补充协议真实性的认定上，该协议加盖的印章虽为真实，但因协议形成行为与印章加盖行为具有相对独立性，协议形成行为是双方合意行为的反映形式，而印章加盖行为是双方确认双方合意即协议的行为，二者相互关联又相互独立，在证据意义上，印章真实一般即可推定合意形成行为真实，但在有证据否定或怀疑合意形成行为真实性的情况下，即不能根据印章的真实性直接推定协议的真实性，也就是说，印章在证明协议真实性上尚属初步证据，人民法院认定协议的真实性需综合考虑其他证据及事实。本院认为，本案 5.3 补充协议的真实性有如下不足：第一，5.3 补充协议对 5.1 协议的风险负担进行根本变更，不合常理，陈某浴对此变更不能进行合理说明。根据 2004 年 9 月 26 日陈某浴、刘某印与昌某公司签订的《内部承包合同》，陈某浴等在获得采石生产、定价、销售所属矿山产品权利的同时，对生产、销售活动中所需的资金、物力等均需自行解决，自行承担在生产经营中因自身原因引起的责任；同时，陈某浴等还需一次性给付 50 万元开发补偿费，并据商品荒料的价格按比例向昌某公司交纳补偿金。可见，合作合同的风险主要在陈某浴一方。之后，双方签订 2005 年 5 月 1 日《补充协议》，决定终止上述《内部承包合同》，该《补充协议》虽有昌某公司同意以优惠条件与陈某浴签订新合同之内容，但同年 5 月 1 日签订的 5.1 协议仍有陈某浴负责生产、销售活动的资金、人力、物力以及税金，承担生产经营活动中因自身原因引起的各项责任义务等内容；同时，5.1 协议还对协议履行期间陈某浴不合理开采、开采权转让、不按约给付补偿金等约定昌某公司享有单方解除权，并约定因此造成的损失由陈某浴自行承担。可见，陈某浴与昌某公司无论在前的《内部承包合同》还是在后根据昌某公司给予陈某浴优惠条件签订的 5.1 协议，合作风险几乎全部由陈某浴承担。但 5.3 补充协议对双方合作合同期间的风险作了完全相反的约定，即合作合同风险完全转移到昌某公司一方。根据该 5.3 补充协议内容，无论协议有效或无效、昌某公司单方或法院判定协议解除或终止，昌某公司均有义务对陈某浴除经营损失外的全部投入予以退还。同时，该《补充协议》有关剥夺他方鉴定申请权及明确诉讼管辖地等内容，进一步将风险完全转移到昌某公司一方。本院认为，在合同当事人的缔约地位并未改变，且依约昌某公司在全部矿山使用补偿费仅 240 万元的情况下，上述约定超出了合作协议的合理范围，不合常情、常理；陈某浴对仅时隔一天后签订 5.3 补充协议根本变更 5.1 协议内容，虽解释是受到昌某公司和他人所签合同的影响，但并未提供相关证据予以支持，其解释的可信性不足。第二，5.3 补充协议的基本内容存在矛盾，陈某浴不能合理说明。5.3 补充协议第二条规定 5.1 协议第一条中陈某浴承担的损失限定为"经营损失"，以与 5.3 补充协议第一条所涉"投资"相区分。实际上，所谓"经营损失"反映的是投资与收益的关系,而陈某浴履行协议中所投入的生产经营成本性质上即为投资,5.3 补充协议对此又明确约定为自行承担,从而其主张自相矛盾。再审庭审中,陈某浴对协议正常履行条件下,生产经营成本与投资、生产经营风险不能作出合理说明。同时,其在法庭陈述中也表示主张投资是因为前期没有产品产出而其开挖的风化层对之后的生产带来了方便,如有产品产出,其投资和生产经营风险即自行承担。可见,其主张的生产经营成本与投资无法区分,经营成本是其自愿承担范围。第三,陈某浴在相关诉讼中从未提及 5.3 补充协议及管辖问题,不合常理。内蒙古自治区相关人民法院在审理陈某浴与昌某公司互为原被告的多起相关诉讼中,陈某浴均未提及双方曾签订有 5.3 补充协议,亦未就管辖法院提出异议,其虽解释该 5.3 补充协议当时无法找到,是多年后在清理个人物品时偶然发现,但其前后陈述发现地点不一,结合该补充协议相关内容对双方关系的重大影响,其解释不合情理。第四,5.3 补充协议在形式上还存在甲方、乙方列法及明确协议份数的条款等与之前订约习惯明显差异的情况。综上,根据 5.3 补充协议的内容、形式及该补充协议的形成过程和再审庭审查明陈某浴在原审中隐瞒重大事实信息的不诚信行为,同时考虑昌某公司一直否认自行加盖印章且不持有该协议之抗辩意见,本院对 5.3 补充协议相关内容的真实性不予采信。

关于《鉴证报告》的采信及认定问题。根据再审期间本院查明的事实,原审法院采信呼市中院审理陈某浴诉昌某公司合作经营合同纠纷一案中委托兴益会计师事务所出具的《鉴证报告》作为认定陈某浴实际损失的证据,存在如下问题:第一,《鉴证报告》是陈某浴申请呼市中院委托兴益会计师事务所所作鉴证,因陈某浴申请撤诉,呼市中院已对该案作出撤诉处理。本案原审期间,陈某浴并未向原审人民法院提出有关损失鉴定申请,原审法院将陈某浴提供的该《鉴证报告》作为鉴定意见予以质证和认定,违反《中华人民共和国民事诉讼法》第七十六条第一款之规定,属适用法律错误。同时,依据《中华人民共和国民事诉讼法》第七十八条之规定,鉴定意见即使为原审法院依法委托,该鉴定意见在当事人提出异议的情况下,原审法院亦应通知鉴定人出庭作证,否则不能采信为认定案件事实的证据。第二,本案《鉴证报告》属投入费用鉴证,不能作为认定投资损失事实的依据。该《鉴证报告》在内容上虽列明了陈某浴开采期间开挖的土方量和石方量及各项费用,但并未说明开挖的石方量中有商品荒料及形成多少商品荒料,即并未包含产品产出情况。根据 2005 年 6 月,昌某公司委托山西省地质科学研究所进行的《内蒙古和林格尔县榆树沟村花岗岩矿区普查地质报告》及 2005 年 9 月 8 日内蒙古科某房地产评估有限公司出具的《内蒙古和林格尔县榆树沟村花岗岩矿区普查地质报告评审意见书》，均认为合作开采矿区矿体分布稳定，覆盖层或风化层较薄，裸露地表，陈某浴所采矿区的平均图解荒料率为 25.03%。上述地质普查报告及评审意见均为采矿的基本资料，陈某浴作为合作采矿当事人，对此应该明知，其在履行相关开采协议期间并未提出异议。对此，本院予以采信。昌某公司主张《鉴证报告》所涉石方量中已有部分商品荒料产出，有一定可信性，且得到本院庭审查明事实的佐证，陈某浴认为没有矿石产品产出，故意隐瞒重要案件事实，违背诚实信用的诉讼原则，对其陈述不予采信。再审期间，陈某浴于 2014 年 7 月 20 日委托中国冶金地质总局内蒙古地质勘查院所作《内蒙古自治区和林格尔县榆树沟花岗岩矿区覆盖层调查报告》亦对矿区矿体的荒料率予以了调查，但该报告为陈某浴单方委托，且勘测的是已经开挖的矿坑，矿体因开采已经破坏，无法予以认证，对此，本院不予采信。综上，本院认为，原审根据上述《鉴证报告》认定陈某浴的投资损失，认定事实和适用法律均有错误，本院予以纠正。

（二）关于陈某浴请求投资损失赔偿有无事实和法律依据的问题

根据再审期间本院查明的事实，陈某浴请求投资损失赔偿无合同根据，亦无损失事实根据。第一，合同方面。根据双方认可的 5.1 协议，昌某公司以其享有的采矿权与陈某浴形成了合作开发矿山法律关系，该合作关系并不违背国家法律、法规的强制性规定，应为有效。陈某浴认为其与昌某公司构成矿山买卖合同关系及双方买卖关系无效的主张，无事实和法律根据，本院不予支持。根据 5.1 协议约定的相关内容，陈某浴有组织实施采石生产和销售产品的权利（第三条），同时需自行解决生产、销售活动的资金、人力、物力，承担生产经营中因自身原因引起的各项责任义务（第六条）；还具有保护矿山生态环境的义务、合理开采不得实施损坏开采的义务、按期给付矿山费用补偿金的义务等。另外，该协议第十条约定，"如乙方（陈某浴）违反按期交付矿山费用补偿金之义务，甲方（昌某公司）有权单方终止合同，造成的损失由乙方承担"。根据 2008 年 11 月 7 日呼市中院作出的（2008）呼法民二终字第 957 号民事判决所查明的相关事实，陈某浴在合作期间不仅违反协议有关保护生态环境、合理开采的义务，而且也自认没有按期给付昌某公司 2007 年度矿山费用补偿金，据此，在 5.1 协议被法院判决解除后，根据上述协议之规定，应自行承担有关损失。第二，损失事实方面。在原审、申请再审审查及再审庭审中，陈某浴一直称其在矿山开采期内，只有投入没有产品产出，即尚未产生任何收益，但在应本院要求提供部分投资票据时，本院查明该部分票据包含部分（矿石）荒料生产、加工和销售票据，其对此未予否认，亦不能作出合理解释。本院认为，陈某浴自行进行矿石生产和销售，亦承认昌某公司对矿石生产和销售没有任何参与，其举出的有关投资票据不仅形式、内容存在严重瑕疵从而导致投资认定困难，根据其已有矿石生产和销售的事实，是否具有投资损失，亦无证据予以充分支持。同时，原审中，陈某浴作为损失赔偿的请求人不仅未提供有关生产经营票据，而且对其应该掌握的票据前后表述不一，有时称其有两麻袋票据，有时称只是三小袋票据，有时称票据在他人处不能取得，有时称票据大部分丢失等。再审中，经多次催告陈某浴限期提交全部生产经营票据，但其并未向本院补交。据此，陈某浴请求投资损失赔偿的事实依据不足，本院不予支持。

综上，原审判决认定事实不清，适用法律错误，应予纠正。本院依照《中华人民共和国民事诉讼法》第二百零七条，第一百七十条第一款第（二）项、第（三）项之规定，判决如下：

一、撤销福建省高级人民法院（2013）闽民终字第1266号民事判决、福建省宁德市中级人民法院（2013）宁民初字第188号民事判决；

二、驳回陈某浴的诉讼请求。

一审、二审案件受理费各61585元，共计123170元，由陈某浴负担。

本判决为终审判决。

第七节　主张印章伪造应承担证明责任

055 江西省某工程（集团）公司与北京中某鑫泰经贸发展有限公司与江西省某工程（集团）公司赣西分公司买卖合同纠纷案[①]

裁判要旨

建筑公司主张公司分支机构在签订履行合同中使用的印章虚假的，应提供证据予以证明，否则需承担败诉的法律后果。

---

① 审理法院：最高人民法院；诉讼程序：再审

实务要点总结

（1）"谁主张，谁举证"是民事诉讼中关于证明责任分配的基本原则。《中华人民共和国民事诉讼法》第六十七条规定："当事人对自己提出的主张，有责任提供证据。"《最高人民法院关于适用〈中华人民共和国民事诉讼法〉的解释》第九十一条对此作了进一步细化，规定："人民法院应当依照下列原则确定举证证明责任的承担，但法律另有规定的除外：（一）主张法律关系存在的当事人，应当对产生该法律关系的基本事实承担举证证明责任；（二）主张法律关系变更、消灭或者权利受到妨害的当事人，应当对该法律关系变更、消灭或者权利受到妨害的基本事实承担举证证明责任。"根据以上规定，似乎可以得出交易相对人主张履行合同时，应当承担证明合同真实包括合同上加盖印章真实的义务。但实际上，证明合同上加盖的印章为真的证明责任并不在交易相对人。

（2）本书已反复强调，加盖印章的行为仅为当事人确认其意思表示的一种形式，并非意思表示本身。因此，证明印章真伪实际上是证明意思表示是否真实有效的问题。在关于意思表示的解释过程中，存在效力推定原则，即除法律明确规定外，意思表示一经作出即推定为有效。因此，除有相反的证据证明外，公司在合同上加盖印章应推定为公司真实的意思表示，合法有效。

（3）在商事领域存在"商事外观主义"原则，即根据当事人表现出来的意思确定其相应法律效果。因此，对于交易相对人而言，其仅需证明合同上有公司签字盖章即可，而无须承担证明合同上的签字盖章是否真实的证明责任。相反，如果公司主张印章虚假，应当承担相应的证明责任，否则需承担败诉的法律后果。

（4）对于交易相对人而言，其一般不负有审查公司在签约时使用的印章是否真实的义务。因为一方面交易相对人基于诚实信用原则有理由相信已获得授权的主体使用的印章为公司真实的印章；另一方面由于缺乏必要的比对样本和便捷高效的识别技术，交易相对人也无法对公司签约时使用的印章是否真实进行审查。因此，在印章真伪存疑时，应推定印章为真，由更能掌握印章真伪的一方负担证明责任。这一证明责任分配原则更为经济，也更有利于查明案件事实。

相关判决

江西省某工程（集团）公司与北京中某鑫泰经贸发展有限公司与江西省某工程（集团）公司赣西分公司买卖合同纠纷申请再审民事裁定书［（2014）民申字第1142号］

再审申请人（一审被告、二审上诉人）：江西省某工程（集团）公司。住所地：江西省南昌市西湖区站前路176号。

法定代表人：洪某忠，该公司总经理。

被申请人（一审原告、二审被上诉人）：北京中某鑫泰经贸发展有限公司。住所地：北京市西城区西直门内大街132号11幢107室。

法定代表人：王某涛，该公司总经理。

原审被告：江西省某工程（集团）公司赣西分公司。住所地：江西省宜春市袁山中路科鹏花园综合楼。

负责人：高某秋，该公司经理。

再审申请人江西省某工程（集团）公司（以下简称地质公司）为与被申请人北京中某鑫泰经贸发展有限公司（以下简称中某公司）、原审被告江西省某工程（集团）公司赣西分公司（以下简称赣西分公司）买卖合同纠纷一案，不服河北省高级人民法院（2014）冀民二终字第34号民事判决，向本院申请再审。本院依法组成合议庭对本案进行了审查，现已审查终结。

地质公司申请再审称：一、二审判决认定《授权委托书》真实有效，根据《授权委托书》内容可以证明马某光有权代理一切与工程有关的事项，马某博在"入库单"上的签字能够代表赣西分公司，缺乏证据证明。首先，二审法院对于《授权委托书》的真实性、合法性、关联性并没有进行审慎的审查。其次，马某博不能代表赣西分公司，其既不是地质公司的职工，也一直未出过庭，有无此人，不得而知，地质公司根本无法质证。二、二审法院对于钢材是否进入固安工地这一事实的认定缺乏主要证据，在地质公司因客观原因不能自行收集，书面申请法院调查收集后，二审法院仍未调查收集。首先，中某公司所谓交付钢材731.677375吨与客观事实严重不符。其次，对于本案存在的诸多疑点没有进一步地剖析、调查和落实。三、二审法院适用法律确有误。根据最高人民法院、最高人民检察院、公安部《关于在审理经济纠纷案件中发现经济犯罪必须及时移送的通知》第三条的规定，两审法院应将马某光涉嫌刑事犯罪部分移送公安机关处理。地质公司依据《中华人民共和国民事诉讼法》第二百条第（二）项、第（五）项、第（六）项之规定申请再审。

本院审查过程中，地质公司又提交补充再审申请称，一、有新的证据，足以推翻原判决。二、二审法院认定供货数量和总货款这些基本事实所依据的《钢材供货合同》《对账确认单》和收货单存在巨大瑕疵，缺乏证明力。三、马某光在与中某公司签订《钢材供货合同》时根本未持有赣西分公司的《授权委托书》，是其个人行为，且二审法院认定事实所依据的主要证据是伪造的。四、马某光、黄某是本案所涉工程的实际施工人，与赣西分公司存在挂靠关系，其必须作为当事人参加诉讼，本案判决漏列当事人，系程序违法。地质公司依据《中华人民共和国民事诉讼法》第二百条第（一）项、第（二）项、第（三）项、第（八）项之规定申请再审。

中某公司提交书面意见称：一、《授权委托书》系赣西分公司对马某光的授权，授权其全权处理项目建设，赣西分公司对马某光的行为承担责任。赣西分公司负责人高某秋在该委托书上签字并加盖了公章。二审庭审中，地质公司对高某秋签字和所盖公章的真实性、合法性予以确认。由此，该委托书的法律效力确凿。中某公司并非仅仅基于马某光持有委托书就和其签署《钢材供货合同》。马某光不仅持有委托书，更为重要的是，其是地质公司在本案争议工程固安阳光新城的项目经理，依法代表地质公司。中某公司在签署合同过程中已尽了合理的注意义务，不存在过失，不应承担任何过错责任。马某博系《钢材供货合同》指定的收货验收人，马某博依合同约定所为的行为，地质公司必须承担责任。二、本案是买卖合同纠纷，中某公司向法庭提交了合同、对账单、承诺函、出库单和入款单、马某光和开发商证词、送货车队证明等证据，足以证明中某公司已经全部履行了合同义务。更为重要的是中某公司已经将钢材运至地质公司指定工地，钢材所有权即转移至地质公司，风险亦转移至地质公司。三、二审法院在处理本案是否应中止或移送公安侦查问题上，适用法律正确。请求驳回地质公司的再审申请。

本院认为：本案当事人争议的焦点是，一、《授权委托书》是否真实有效；二、二审法院认定案件基本事实所依据的证据是否存在瑕疵；三、一审法院未同意地质公司提出的调取证据申请是否不当；四、本案判决是否漏列了当事人；五、本案是否应移送公安机关处理。

一、关于《授权委托书》是否真实有效问题。一审法院查明，涉案《授权委托书》系赣西分公司负责人高某秋向马某光出具的，《授权委托书》上有高某秋的签字并加盖了赣西分公司的公章。赣西分公司对《授权委托书》的真实性没有异议。二审法院根据上述事实认定《授权委托书》合法有效并无不当。地质公司再审主张《授权委托书》是马某光骗取的，并非其真实意思表示，但并未提供相关证据予以证明，故该主张不能成立。

《授权委托书》载明，赣西分公司委托马某光为其代理人，以赣西分公司名义参加固安县阳光新城项目建设，马某光在工程建设过程中所签署的一切文件和处理与之相关的一切事务，赣西分公司均予以承认。一审法院查明，马某光以赣西分公司名义与中某公司签订了一份《钢材供货合同》，约定由中某公司向赣西分公司在固安的工地供应钢材，赣西分公司的验收人员为马某博。二审法院根据上述事实认定马某光有权代理一切与工程建设有关的事项，马某光与中某公司所签《钢材供货合同》的法律后果应由赣西分公司、地质公司承担并无不当。虽然马某光因涉嫌伪造赣西分公司印章被宜阳分局立案侦查，《授权委托书》没有作为《钢材供货合同》的附件，但是，至今马某光也未因伪造印章罪而被追究刑事责任，故不能因此认定《钢材供货合同》上加盖的赣西分公司公章是伪造、私刻的，马某光是以其个人名义与中某公司签订的《钢材供货合同》。

《钢材供货合同》载明，赣西分公司在固安工地的验收人员为马某博。一审法院查明，《钢材供货合同》签订后，中某公司通过刘某建的车队分五批向赣西分公司的固安工地运送钢材731.677375吨，价款3572974.98元。事后，双方形成了《对账确认单》，对上述事实予以确认，并承诺一次性全部结清货款。马某光在付款承诺书和《对账确认单》上签字予以认可，马某博在入库单和《对账确认单》上签字予以认可。二审法院根据上述事实认定马某博在入库单上的签字能够代表赣西分公司并无不当。

二、关于二审法院认定案件基本事实所依据的证据是否存在瑕疵问题。二审法院认定案件基本事实所依据的证据主要是《钢材供货合同》《对账确认单》、付款承诺书和入库单。上述证据中，《钢材供货合同》上盖有赣西分公司的单位公章和马某光的签字，《对账确认单》上盖有赣西分公司固安阳光新城项目专用章和马某光、马某博的签字，付款承诺书上有马某光的签字，入库单上有马某博的签字。地质公司再审主张赣西分公司固安阳光新城项目专用章是虚假的，马某光、马某博也未出庭说明情况，马某博的签字不能证明实际运到工地的钢材数量,故上述证据均存在瑕疵,缺乏证明力。但是,地质公司没有提交证明赣西分公司固安阳光新城项目专用章虚假的相关证据,故不能证明赣西分公司固安阳光新城项目专用章是虚假的。马某光、马某博是否出庭说明情况,不影响本案的事实认定。上述证据并不存在瑕疵,二审法院将其作为认定本案基本事实的依据并无不当。

三、关于一审法院未同意地质公司提出的调取证据申请是否不当问题。一审庭审中,地质公司向一审法院提出了调取有关交通监控录像的申请,以核实中某公司是否将钢材运送至固安工地,但一审法院未同意。地质公司就此提出了上诉,认为二审法院未平等保护其诉讼权利。对此,二审法院专门进行了论述:"一审法院对赣西分公司、地质公司要求调取交通监控录像以确定中某公司是否有运送钢材至固安工地的请求未予批准,是基于已有充分证据证明中某公司将钢材运送至固安工地的事实"。本院认为,一审期间中某公司提供了《对账确认单》、付款承诺书、入库单和刘某建出具的书面证言等证据,上述证据足以证明中某公司已将涉案钢材运送至固安工地。在证据确实、充分的情况下,一审法院未同意地质公司提出的调取有关交通监控录像的申请并无不当。

四、关于本案判决是否漏列了当事人问题。中某公司依据其与赣西分公司所签《钢材供货合同》提起本案诉讼,要求地质公司、赣西分公司连带承担支付所欠货款的责任。本案应当围绕该合同进行审理,案由应当确定为买卖合同纠纷。本案中,马某光只是受赣西分公司的委托,以赣西分公司的名义与中某公司签订了涉案合同,其并非涉案合同的一方。法院未追加马某光为本案当事人并无不当。马某光是否是本案所涉工程的实际施工人,其与赣西分公司之间是否存在挂靠关系与本案所涉买卖合同无关,不属本案审理范围。地质公司关于应当追加马某光为本案当事人的再审主张没有事实和法律依据,不能成立。

五、关于本案是否应移送公安机关处理问题。本案中,马某光持有赣西分公司向其出具的《授权委托书》,马某光以赣西分公司名义从事的与工程建设有关的所有行为均是依法、依约行使代理权的行为,该行为的法律后果应当由赣西分公司承担。本案因赣西分公司不认可马某光以其名义与中某公司签订的《钢材供货合同》而引起,属于经济纠纷案件。中某公司向一审法院提起诉讼后,赣西分公司以马某光伪造其公司印章对外签订虚假合同为由向公安机关报案,公安机关已立案侦查。根据上述事实以及《最高人民法院关于在审理经济纠纷案件中涉及经济犯罪嫌疑若干问题的规定》(法释〔1998〕7号)二审法院认定本案争议属于经济纠纷案件，因而无论马某光是否涉嫌犯罪、应否承担刑事责任与赣西分公司、地质公司应承担的民事责任没有必然联系，马某光是否涉嫌刑事犯罪不影响本案审理。《最高人民法院、最高人民检察院、公安部关于在审理经济纠纷案件中发现经济犯罪必须及时移送的通知》（法（研）发〔1987〕7号）已被《最高人民法院、最高人民检察院关于废止1980年1月1日至1997年6月30日期间制发的部分司法解释和司法解释性质文件的决定》（法释〔2013〕1号）废止。地质公司根据该通知第三条的规定认为二审法院应当将马某光涉嫌刑事犯罪部分移送公安机关审理属适用法律不当，故地质公司的该再审主张无法律依据，不能成立。

此外，地质公司申请再审时提交了涉案工程监理公司代表陶少臣、甲方（瑞安公司）代表王德军、钢材检测公司经理高久强、钢材承运人刘某建在宜阳分局所作的询问笔录、中某公司的营业执照及股东出资证明，以及宜阳分局在钢材检测公司调取的涉案工程送检钢材的所有明细、在中某公司调取的涉案钢材的进货单等证据，以证明中某公司没有销售钢材到固安工地，中某公司没有销售给固安工地钢材的能力和行为，刘某建没有接受中某公司的承运委托，也没有组织车辆运过钢材。通过阅看上述证据，本院认为，上述证据既不能证明中某公司没有供应涉案钢材，也不能证明中某公司供应的涉案钢材没有运进固安工地。

综上，地质公司的再审申请不符合《中华人民共和国民事诉讼法》第二百条第（一）项、第（二）项、第（三）项、第（五）项、第（六）项、第（八）项规定的情形。本院依照《中华人民共和国民事诉讼法》第二百零四条第一款之规定，裁定如下：

驳回江西省某工程（集团）公司的再审申请。

法律法规

《中华人民共和国民法典》（2021年1月1日施行）

第一百六十二条　代理人在代理权限内，以被代理人名义实施的民事法律行为，对被代理人发生效力。

056 杨某、屈某南与中国某银行股份有限公司成都青羊支行、龚某仪、关某清、成都市康某园实业开发有限责任公司、成都市瑞某房地产开发公司案外人执行异议之诉案[①]

裁判要旨

当事人主张合同上加盖的印章虚假,应提供初步的证据予以证明,否则,法院可不予支持其关于对印章真伪进行鉴定的申请。

实务要点总结

(1) 当事人在合同上加盖印章,是对已经表现出来的意思表示确认,并非意思表示本身。对申请对合同上加盖的印章真伪进行鉴定,实际上是对当事人是否作出过相应的意思表示进行确认。根据意思表示的效力推定原则,意思表示一经作出即推定为有效,主张意思表示存在效力瑕疵的一方应当承担相应的证明责任。故,当事人主张印章系伪造应当承担证明责任,而不应由另一方当事人负担证明印章为真的证明责任。

(2) 如果当事人对印章的真伪存疑,应当在提供初步证据后,使印章处于真伪不明的状态时,法院才有可能支持当事人关于对印章真伪进行鉴定的申请。否则,已经有足够的证据证明印章为真,当事人不能仅根据自己的内心怀疑即主张对印章真伪进行鉴定。这一裁判观点,符合诉讼经济原则。

(3) 主张印章为虚假并意图以此为基础否定合同效力,一般可通过以下程序实现:

①初步证明涉案印章非公司备案的印章;
②申请对印章进行鉴定,进一步证明案涉印章为虚假印章;
③证明涉案印章在公司其他场合没有使用过;
④证明公司用章具有唯一性,在备案印章之外没有其他使用的印章;
⑤证明用章之人没有获得相应的授权,且交易相对人非善意。

由此可见,意图通过证明印章虚假而否认合同效力的诉讼思路,并非一条可以"一击致命"的坦途,而是一场"一山放出一山拦"的长征。

[①] 审理法院:四川省高级人民法院;诉讼程序:再审

相关判决

杨某、屈某南与中国某银行股份有限公司成都青羊支行、龚某仪、关某清、成都市康某园实业开发有限责任公司、成都市瑞某房地产开发公司案外人执行异议之诉申请再审民事裁定书〔（2014）川民申字第2299号〕

再审申请人（一审原告、二审上诉人）：杨某，男，汉族，1957年8月13日出生。

再审申请人（一审原告、二审上诉人）：屈某南，男，汉族，1946年1月9日出生。

被申请人（一审被告、二审被上诉人）：中国某银行股份有限公司成都青羊支行。住所地：四川省成都市青羊区新华大道德盛路36号。

负责人：曹某，该支行行长。

被申请人（一审被告、二审被上诉人）：龚某仪，男，汉族，1958年6月29日出生。

被申请人（一审被告、二审被上诉人）：关某清，女，汉族，1968年2月25日出生。

被申请人（一审被告、二审被上诉人）：成都市康某园实业开发有限责任公司。住所地：四川省成都市红星路四段82-89号3楼303室。

法定代表人：赵某，该公司总经理。

被申请人（一审被告、二审被上诉人）：成都市瑞某房地产开发公司。住所地：四川省成都市君平街186号。

法定代表人：蒋某树，该公司总经理。

再审申请人杨某、屈某南因与被申请人中国某银行股份有限公司成都青羊支行（以下简称某行青羊支行）、龚某仪、关某清、成都市康某园实业开发有限责任公司（以下简称康某园公司）、成都市瑞某房地产开发公司（以下简称瑞某房产公司）案外人执行异议之诉一案，不服四川省成都市中级人民法院（2013）成民终字第5096号民事判决，向本院申请再审。本院依法组成合议庭对本案进行了审查，现已审查终结。

杨某、屈某南申请再审称：（一）原判决认定事实错误。1.瑞某房产公司自愿将案涉房屋出卖价款与所欠杨某的款项进行抵销，该抵销行为合法有效。瑞某房产公司私自将抵债房屋出售给龚某仪、关某清，是一房二卖的欺诈行为。一审法院对此认定为瑞某房产公司选择了不以房屋抵债方式清偿杨某债务，是极其错误的。2. 杨某向二审法院提交了新的证据并申请证人出庭作证，康某园公司是实际开发投资人，与瑞某房产公司是一套人马，两块牌子，证人作为康某园公司办公室负责人和财务人员，其证言与其他证据能够相互印证，也符合社会生活常理，依法应当采信。二审法院却机械地以证人系康某园公司而非瑞某房产公司工作人员，且案涉房屋并非由证人交付给杨某为由，否定证人证言的客观真实性。（二）原判决认定事实的主要证据是伪造的。瑞某房产公司与龚某仪、关某清签订商品房买卖合同时，已经被吊销营业执照，不具备从事商品房销售的主体资格，买卖合同是否真实，是解决案涉房屋所有权的关键。杨某申请对合同印章的真伪进行鉴定，与成都市青羊区人民法院（2009）青羊民再字第2号民事判决所确定的借款事实没有直接关系，一、二审法院对杨某的申请不予同意，剥夺了杨某的诉权，并导致对案件基本事实的错误认定。（三）原判决适用法律错误。1. 杨某已付清全部房款并实际占有房屋，曾多次要求瑞某房产公司办理产权转移登记，还多次报警仍未解决，对于未能办理产权登记没有过错。一、二审法院对杨某的停止执行申请不予支持是错误的。2. 龚某仪、关某清签订合同时，瑞某房产公司已不具备从事商品房销售的主体资格，合同应当认定无效，且龚某仪、关某清未实际占有案涉房屋，一、二审法院认定案涉房屋归龚某仪、关某清所有，缺乏事实和法律依据。3. 杨某根据合法有效的商品房买卖合同和支付价款及占有的事实，要求确认案涉房屋的所有权，二审法院认为双方没有办理产权转移登记而不予确定，是对法律及事实的错误认识。杨某、屈某南依据《中华人民共和国民事诉讼法》第二百条第二项、第三项、第六项的规定申请再审。

某行青羊支行提交意见称：杨某、屈某南的再审申请缺乏事实和法律依据，请求予以驳回。

本院认为：（一）关于瑞某房产公司与龚某仪、关某清之间的商品房买卖合同是否虚假的问题。根据《最高人民法院关于民事诉讼证据的若干规定》第九条第一款第（四）项的规定，对于已为人民法院发生法律效力的裁判所确认的事实，当事人无须举证证明，但有相反证据足以推翻的除外。龚某仪、关某清与瑞某房产公司签订商品房买卖合同，并以房屋抵押，向某行青羊支行申请办理按揭贷款，此事实已由生效的（2009）青羊民再字第2号民事判决认定。杨某、屈某南主张前述商品房买卖合同系伪造印章签订的虚假合同，应提交充分证据推翻该判决认定的事实。但杨某、屈某南并未提交相关证据，而仅以签订合同时瑞某房产公司已被吊销营业执照为由，怀疑有人私刻印章，冒用瑞某房产公司名义订立合同，一、二审法院对其主张不予采信并无不当。杨某、屈某南申请一审法院对合同印章进行鉴定，但未提交初步证据证明印章可能为虚假，一审法院对鉴定申请不予支持亦无不当。杨某、屈某南关于原判决认定事实的主要证据是伪造的申请再审理由不成立。

（二）关于杨某、屈某南是否实际占有房屋的问题。其一，一审法院强制执行时，案涉房屋并非杨某、屈某南实际占有使用。杨某、屈某南也没有充分证据证明其将案涉房屋交由他人占有使用。其二，二审法院就杨某与李某兵合同纠纷一案作出的（2006）成民初字第169号民事判决认定，瑞某房产公司与屈某南签订商品房买卖合同后未实际交付房屋。杨某、屈某南并无充分证据推翻该生效判决认定的事实。其三，杨某、屈某南主张其占有房屋的证据只有2名证人证言，证实瑞某房产公司曾将房屋钥匙交给杨某、屈某南。由于证人系康某园公司员工，而杨某原系康某园公司法定代表人，且证人所陈述的事实并非亲历行为，二审法院未予采信并无不当。因此，杨某、屈某南提交的证据不足以证明其实际占有房屋的事实，二审法院未予认定并无不当。至于一审法院认定瑞某房产公司选择不以房屋抵债方式清偿杨某债务，固然缺乏依据，但二审法院已予纠正，故杨某、屈某南关于原判决认定事实错误的申请再审理由不成立。

（三）关于法律适用问题。1.关于龚某仪、关某清与瑞某房产公司的商品房买卖合同的效力。法律规定法人被吊销营业执照后，不得从事生产经营活动，目的是加强对市场主体的管理，维护正常的社会经济秩序，该规定系管理性的强制性规范，一般不影响民事合同的效力。瑞某房产公司被吊销营业执照后，虽不能开展正常的生产经营，但仍可从事清算活动，包括处置剩余财产。因此，杨某、屈某南关于瑞某房产公司被吊销营业执照后与龚某仪、关某清签订的商品房买卖合同无效的主张，缺乏法律依据。2.本案系房地产开发商就同一商品房订立数个买卖合同而引发的纠纷。瑞某房产公司就案涉房屋先后与屈某南（杨某）和龚某仪、关某清分别签订商品房买卖合同。人民法院依据生效判决和债权人某行青羊支行的申请，对案涉房屋进行强制执行时，杨某、屈某南提出异议，要求停止执行，并要求确认其对案涉房屋的所有权。关于"一房二卖"纠纷中的保护顺序，现行法律和司法解释均无明确规定，可参照最相类似的《最高人民法院关于审理涉及国有土地使用权合同纠纷案件适用法律问题的解释》第十条的规定："土地使用权人作为转让方就同一出让土地使用权订立数个转让合同，在转让合同有效的情况下，受让方均要求履行合同的，按照以下情形分别处理：（一）已经办理土地使用权变更登记手续的受让方，请求转让方履行交付土地等合同义务的，应予支持；（二）均未办理土地使用权变更登记手续，已先行合法占有投资开发土地的受让方请求转让方履行土地使用权变更登记等合同义务的，应予支持；（三）均未办理土地使用权变更登记手续，又未合法占有投资开发土地，先行支付土地转让款的受让方请求转让方履行交付土地和办理土地使用权变更登记等合同义务的，应予支持；（四）合同均未履行，依法成立在先的合同受让方请求履行合同的，应予支持。未能取得土地使用权的受让方请求解除合同、赔偿损失的，按照《中华人民共和国合同法》的有关规定处理。"因此，如果各受让方均未办理权属变更登记的，优先保护已经实际占有房屋的一方。从现有证据看，一审法院强制执行时，案涉房屋被案外人占有使用，龚某仪、关某清提交的授权委托书和租赁协议表明其将房屋出租给案外人，而杨某、屈某南提交的证据不足以证明其实际占有了房屋。一审法院将案涉房屋作为龚某仪、关某清的财产予以执行，适用法律并无不当。此外，杨某、屈某南签订商品房买卖合同后，未办理备案登记，对引发一房二卖的纠纷有过错，而龚某仪、关某清办理了抵押备案登记，行使权利更积极，一、二审法院优先保护龚某仪、关某清的合法权益，符合诚实信用原则。杨某、屈某南要求确认其对案涉房屋享有所有权，缺乏事实和法律依据。

综上，杨某、屈某南的再审申请不符合《中华人民共和国民事诉讼法》第二百条第二项、第三项、第六项规定的情形。依照《中华人民共和国民事诉讼法》第二百零四条第一款之规定，裁定如下：

驳回杨某、屈某南的再审申请。

第八节　非备案公章并非必然为虚假印章

057　洪某建设公司与八某建设公司、洪某建设公司滁州分公司建设工程施工合同纠纷案[①]

裁判要旨

合同上加盖的印章不是公司的备案章，并不代表加盖的印章为虚假或伪造，

[①] 审理法院：安徽省高级人民法院；诉讼程序：二审

公司不得仅以此为由否定合同对公司的约束力。

实务要点总结

（1）如果公司同时存在并使用备案公章和非备案公章，则备案公章和非备案公章并不会因为有无备案而在效力上存在任何差别。即使公司制定了详细的公章使用管理制度，规定备案章和非备案章的使用范围、效力等，也均属于公司的内部管理规定，不得以之对抗善意第三人。因此，如无必要，不要同时刻制备案公章和非备案公章。

（2）如果公司同时存在备案章与非备案章，应当采用统一管理标准，切勿以为备案章签订的合同与非备案章签订的合同在效力上存在差异，进而采用不同的管理标准。

（3）如果公司意图限制非备案章适用范围，应在印章的印文中直接予以注明。如此，则该印章将只能用于特定目的，在此目的之外加盖印章的行为对公司一般没有约束力，但有授权委托人或法定代表人签字的除外。

相关判决

上诉人洪某建设公司与被上诉人八某建设公司、原审被告洪某建设公司滁州分公司建设工程施工合同纠纷案二审民事判决书［（2013）皖民四终字第00022号］

上诉人（原审被告）：浙江洪某建设有限公司，住所地浙江省金华市五一路666号通园大厦B座11楼，组织机构代码25499101-9。

法定代表人：吴某，该公司总经理。

被上诉人（原审原告）：浙江八某建设集团钢结构制造有限公司，住所地浙江省杭州市萧山区进化镇工业园区，组织机构代码74104220-8。

法定代表人：陈某，该公司董事长。

原审被告：浙江洪某建设有限公司滁州市分公司，住所地安徽省滁州市丰乐北路364号，组织机构代码68810618-7。

负责人：吴某某，该公司经理。

上诉人浙江洪某建设有限公司（简称洪某建设公司）因与被上诉人浙江八某建设集团钢结构制造有限公司（简称八某建设公司）、原审被告浙江洪某建设有限公司滁州市分公司（简称洪某建设公司滁州分公司）建设工程施工合同纠纷一案，不服安徽省滁州市中级人民法院（2012）滁民一初字第00032号民事判决,向本院提起上诉。本院依法组成合议庭,于 2013 年 1 月 30 日公开开庭进行了审理,洪某建设公司的委托代理人×××,八某建设公司的委托代理人×××、刘某到庭参加了诉讼,洪某建设公司滁州分公司经合法传唤,没有到庭参加诉讼。本案现已审理终结。

原审法院查明:2009 年 11 月 4 日,安徽省滁州市新某玻璃制品有限责任公司(甲方)与洪某建设公司(乙方)签订一份《滁州市新某玻璃制品有限责任公司厂房、宿舍、食堂工程合同补充协议》,安徽省滁州市新某4玻璃制品有限责任公司将其厂房、宿舍、食堂建设工程发包给洪某建设公司,洪某建设公司代表吴某华签名,洪某建设公司滁州分公司代表李某签名,加盖了洪某建设公司滁州分公司印章。该协议约定,本工程钢构部分由乙方发包给一级资质的钢结构企业,质量及安全由乙方负责。2009 年 11 月 11 日,洪某建设公司(甲方)与八某建设公司(乙方)签订一份《钢结构工程分包合同》,约定:工程总工期 150 天;合同造价 672 万元,工程建筑面积如有变更按图纸设计实际变更;工程款支付:预埋件进场完工三天内支付总价的 10%,钢结构件进场三天内支付总价的 20%;钢构主体安装完毕三天内支付总价的 20%;待工程竣工乙方提供竣工验收相关资料及竣工报告,甲方收到竣工验收资料后一个月之内必须组织验收,未验收视为合格,竣工验收后一个月内支付总价的 15%;竣工验收合格后四个月内支付总价的 30%;余 5%工程款作为工程质量保修金,竣工验收之日起一年到期后一星期内支付剩余款。违约责任:如甲方支付工程款不到位等因素致工程延误,按合同总价的千分之二支付违约金。该合同由洪某建设公司滁州分公司代表李某签名,加盖了洪某建设公司滁州分公司印章。2010 年 1 月 9 日,洪某建设公司滁州分公司(甲方)与八某建设公司(乙方)签订一份《补充协议》,约定:甲方需向滁州市建委交纳民工工资保障金 20 万元,由乙方垫资 10 万元交由甲方交纳,待工程完工,甲方收到乙方完工报告(或退场报告)之日起七天内,归还此笔款项,延期归还则加倍罚息。工程建设过程中,八某建设公司于 2009 年 11 月 17 日向洪某建设公司滁州分公司汇付质量保证金 1 万元,于 2010 年 1 月 11 日汇付民工工资保障金 10 万元,于 2010 年 4 月 1 日前完成预埋件进场,于 2010 年 5 月 8 日前完成钢结构件进场,于 2010 年 9 月 8 日前完成钢结构主体安装;洪某建设公司及其滁州分公司则于 2010 年 5 月 4 日向八某建设公司付款 50 万元,于 2010 年 5 月 19 日付款 136190 元,于 2010 年 7 月 1 日付款 70 万元,于 2010 年 7 月 27 日付款 50 万元,合计 1836190 元。涉案工程竣工后,八某建设公司曾以快递方式邮寄送达竣工资料，洪某建设公司滁州分公司于2011年10月22日签收，但工程至今未经验收。因工程量变更，涉案工程增加工程造价49629元。由于洪某建设公司及其滁州分公司未按约支付工程款、返还质量保证金等款项，双方发生矛盾，八某建设公司诉诸法院，请求判令：1. 洪某建设公司及其滁州分公司支付工程款493.44万元及相应的利息；2. 洪某建设公司及其滁州分公司退还保证金11万元及相应的罚息；3. 洪某建设公司及其滁州分公司负担本案的诉讼费。

原审法院认为：（一）八某建设公司与洪某建设公司滁州分公司之间是否存在建设工程分包合同关系。安徽省滁州市新某玻璃制品有限责任公司厂房、宿舍、食堂建设工程由洪某建设公司总承包，安徽省滁州市新某玻璃制品有限责任公司与洪某建设公司于2009年11月4日签订《滁州市新某玻璃制品有限责任公司厂房、宿舍、食堂工程合同补充协议》，该协议由洪某建设公司代表吴某华签名，洪某建设公司滁州分公司代表李某签名，加盖洪某建设公司滁州分公司印章。2009年11月11日，八某建设公司与洪某建设公司签订《钢结构工程分包合同》，该合同由李某签名，加盖洪某建设公司滁州分公司印章。2010年1月9日，洪某建设公司滁州分公司与八某建设公司签订《补充协议》，该协议亦由李某签名，加盖洪某建设公司滁州分公司印章。洪某建设公司及其滁州分公司抗辩认为涉案《钢结构工程分包合同》《补充协议》上的"洪某建设公司滁州分公司"印章系他人私刻，并提供安徽省公安厅物证鉴定中心出具的鉴定文书等证据，否认其与八某建设公司之间存在合同关系。但洪某建设公司及其滁州分公司提供的鉴定文书仅表明争议的"洪某建设公司滁州分公司"印文与备案的"洪某建设公司滁州分公司"印文不一致，并不能证明涉案《钢结构工程分包合同》《补充协议》上"洪某建设公司滁州分公司"印章系他人私刻。本案中，安徽省滁州市新某玻璃制品有限责任公司厂房、宿舍、食堂建设工程由洪某建设公司总承包，李某负责该工程施工，洪某建设公司认可其与李某之间存在内部承包关系，安徽省滁州市新某玻璃制品有限责任公司与洪某建设公司于2009年11月4日签订的《滁州市新某玻璃制品有限责任公司厂房、宿舍、食堂工程合同补充协议》中，李某作为洪某建设公司滁州分公司代表签名。2010年1月11日，八某建设公司支付洪某建设公司滁州分公司10万元保证金，李某出具收条。在涉案工程建设过程中，洪某建设公司滁州分公司直接付款给八某建设公司，实际履行了其与八某建设公司签订的分包合同。依照上述系列事实，八某建设公司完全有理由相信李某具有代理权，李某的行为构成表见代理。故洪某建设公司及其滁州分公司抗辩理由不能成立，八某建设公司与洪某建设公司滁州分公司之间存在建设工程分包合同关系，且合同系双方真实意思表示，合法有效。

（二）八某建设公司主张的工程款及利息、保证金及罚息依法能否成立。涉案《钢结构工程分包合同》确定工程价款672万元，工程变更增加49629元，涉案工程总造价为6769629元。洪某建设公司及其滁州分公司已付款1836190元，故洪某建设公司及其滁州分公司尚欠4933439元工程款。依据合同约定，预埋件进场完工三天内支付67.2万元，钢结构件进场三天内支付134.4万元，钢结构主体安装完毕三天内支付134.4万元。竣工验收后一个月内支付100.8万元；竣工验收合格后四个月内支付201.6万元；余5%工程款作为工程质量保修金，竣工验收之日起一年到期后一星期内支付剩余款。预埋件进场完工为2010年4月1日前，钢构件进场为2010年5月8日前，钢结构主体安装完毕为2010年9月8日前。因合同约定，待工程竣工八某建设公司提供竣工验收相关资料及竣工报告，洪某建设公司收到竣工验收资料后一个月之内必须组织验收，未组织验收视为合格。洪某建设公司滁州分公司于2011年10月22日签收了竣工验收相关资料及竣工报告，故视为涉案工程组织验收合格日期为2011年11月22日。因5%（6769629×5%=338481.45元）工程质量保修金于竣工验收之日起一年到期后一星期内支付，故该款尚不具备支付条件。故洪某建设公司及其滁州分公司应支付的工程款为4594957.55元（4933439元-338481.45元），超出部分依法不予支持。洪某建设公司于2010年5月4日付款50万元，5月19日付款136190元，7月1日付款70万元，7月27日付款50万元。因双方没有约定欠款利息计付标准，应按照中国人民银行发布的同期同类贷款利率计息。故自2010年4月5日至2010年5月3日以67.2万元为基数，自2010年5月4日至2011年5月11日以172000元为基数，自2010年5月12日至2010年5月18日以1516000元为基数，自2010年5月19日至2010年6月30日以1379810元为基数，自2010年7月1日至2010年7月26日以679810元为基数，自2010年7月27日至2010年9月10日以179810元为基数，自2010年9月11日至2011年11月21日以1523810元为基数，自2011年11月22日至2012年2月21日以2531810元为基数，自2012年2月22日至判决生效给付之日以4594958元为基数，按照中国人民银行发布的同期同类贷款利率计息。超出部分依法不予支持。八某建设公司于2009年11月17日向洪某建设公司滁州分公司汇付质量保证金1万元，未约定归还期限及逾期支付的利息，故应自起诉之日（2012年5月14日）起按中国人民银行发布的同期同类贷款利率计息。八某建设公司于 2010 年 1 月 11 日元汇付民工工资保障金 10 万元。因双方约定待工程完工，洪某建设公司滁州分公司收到八某建设公司完工报告（或退场报告）之日起七天内归还此笔款项，延期归还则加倍罚息。洪某建设公司滁州分公司已于 2011 年 10 月 22 日签收了竣工验收相关资料及竣工报告，八某建设公司主张自 2011 年 10 月 31 日起计息，依法予以支持。因双方约定延期归还则加倍罚息，故自 2011 年 10 月 31 日起以 10 万元为基数，按照中国人民银行发布的同期同类贷款的利率双倍计息。因洪某建设公司滁州分公司系洪某建设公司设立的分支机构，不具有独立法人资格，其民事责任依法应由洪某建设公司承担。依照《中华人民共和国合同法》第八条、第四十九条，《中华人民共和国公司法》第十四条第一款，《最高人民法院关于审理建设工程施工合同纠纷案件适用法律问题的解释》第十七条、第十八条之规定，判决：1. 浙江洪某建设有限公司于判决生效后十日内支付浙江八某建设集团钢结构制造有限公司工程款 4594957.55 元及利息（自 2010 年 4 月 5 日至 2010 年 5 月 3 日以 67.2 万元为基数，自 2010 年 5 月 4 日至 2011 年 5 月 11 日以 172000 元为基数，自 2010 年 5 月 12 日至 2010 年 5 月 18 日以 1516000 元为基数，自 2010 年 5 月 19 日至 2010 年 6 月 30 日以 1379810 元为基数，自 2010 年 7 月 1 日至 2010 年 7 月 26 日以 679810 元为基数，自 2010 年 7 月 27 日至 2010 年 9 月 10 日以 179810 元为基数，自 2010 年 9 月 11 日至 2011 年 11 月 21 日以 1523810 元为基数，自 2011 年 11 月 22 日至 2012 年 2 月 21 日以 2531810 元为基数，自 2012 年 2 月 22 日至判决生效之日止以 4594958 元为基数，按照中国人民银行发布的同期同类贷款利率计息。）；2. 浙江洪某建设有限公司于判决生效后十日内返还浙江八某建设集团钢结构制造有限公司保证金 1 万元及利息（自 2012 年 5 月 14 日起至判决生效之日止，按照中国人民银行发布的同期同类贷款利率计息）；3. 浙江洪某建设有限公司于判决生效后十日内返还浙江八某建设集团钢结构制造有限公司民工工资保障金 10 万元及利息（自 2011 年 10 月 31 日起至判决生效之日止，按照中国人民银行发布的同期同类贷款利率双倍计息）；4. 驳回浙江八某建设集团钢结构制造有限公司的其他诉讼请求。案件受理费 48667 元，由八某建设公司负担 5000 元，洪某建设公司负担 43667 元。

洪某建设公司不服上述判决，向本院提起上诉称：1. 李某伪造印章涉嫌刑事犯罪，公安机关已经受理，待刑事案件审理完毕后，再行审理，本案应中止审理。2. 李某的行为不能构成表见代理，原判认定事实错误。3. 原判依据八某建设公司单方提供的证据材料，认定涉案工程量增加、工程竣工等事实，没有法律依据。4. 由于八某建设公司没有按照有关规定在滁州市备案注册登记，被滁州市建委责令停工，洪某建设公司多次发函要求其改正，但八某建设公司置之不理，造成洪某建设公司200万元损失，八某建设公司应予以赔偿。综上，上诉请求二审法院撤销原判，改判驳回八某建设公司诉讼请求或依法发回重审。

针对洪某建设公司上诉，八某建设公司答辩称：1. 本案没有证据证明印章系伪造，更不存在经济犯罪，不符合案件中止条件。2. 李某代表洪某建设公司签订分包合同，洪某建设公司收受定金履行了合同，构成表见代理。3. 八某建设公司在一审提供充足的证据证明涉案工程已竣工，工程量变更及应增加的49629元工程款，并向洪某建设公司滁州分公司送达了全套竣工资料，证据充分。4. 洪某建设公司曾发函要求八某建设公司改正履约行为，是对李某与八某建设公司签订分包合同的认可。请求二审法院驳回上诉，维持原判。

双方当事人所举证据与质证意见均与原审相同，本院认证意见与原审一致。

经二审庭审，本院对原审查明的事实予以确认。

本院认为：综合双方的举证、质证及诉辩意见，归纳本案争议焦点为：1. 李某代表洪某建设公司滁州分公司与八某建设公司签订涉案工程分包合同是否有效；2. 洪某建设公司应否支付八某建设公司工程款，八某建设公司应否赔偿洪某建设公司损失；3. 涉案工程是否竣工、是否存在工程量增加；4. 本案应否中止审理。

（一）关于李某代表洪某建设公司滁州分公司与八某建设公司签订涉案工程分包合同是否有效。经查，安徽省滁州市新某玻璃制品有限责任公司与洪某建设公司于2009年11月4日签订《滁州市新某玻璃制品有限责任公司厂房、宿舍、食堂工程合同补充协议》，该协议由洪某建设公司代表吴某华签名，洪某建设公司滁州分公司代表李某签名，加盖了洪某建设公司滁州分公司印章，洪某建设公司认可该印章真实。据一审、二审庭审笔录记载，洪某建设公司承认其与李某之间存在内部工程承包关系，洪某建设公司将安徽省滁州市新某玻璃制品有限责任公司的厂房、宿舍、食堂建设工程承包给李某负责施工，李某是该工程项目部经理。因此，作为洪某建设公司滁州分公司实际负责人，李某有权代表洪某建设公司滁州分公司与八某建设公司签订分包合同。八某建设公司与洪某建设公司于2009年11月11日签订《钢结构工程分包合同》，该合同由李某签名，加盖洪某建设公司滁州分公司印章。洪某建设公司滁州分公司与八某建设公司于2010年1月9日签订《补充协议》，该协议亦由李某签名，加盖洪某建设公司滁州分公司印章。洪某建设公司认为上述两份合同上印章是假的，否认其效力。但鉴定部门鉴定意见是上述两份合同上印章与备案印章印文不一致，并不能推定合同及存疑印章是假的结论。同时，李某作为洪某建设公司滁州分公司实际负责人在涉案合同上签字，将涉案工程分包给八某建设公司，事实清楚。因此，上述两份合同是洪某建设公司滁州分公司与八某建设公司真实意思表示，并不违背法律禁止性规定，合法有效，本院予以确认。

（二）关于洪某建设公司应否支付八某建设公司工程款，八某建设公司应否赔偿洪某建设公司损失问题。八某建设公司于2009年11月17日支付洪某建设公司滁州分公司质量保证金1万元，于2010年1月11日支付洪某建设公司滁州分公司10万元保证金。洪某建设公司滁州分公司于2011年7月27日汇给八某建设公司50万元工程款。庭审中，洪某建设公司对上述事实予以认可。洪某建设公司在上诉状中陈述，由于八某建设公司没有在滁州市备案登记，被有关部门责令停工，导致工期延误，洪某建设公司曾多次发函要求八某建设公司尽快改正。因此，洪某建设公司对八某建设公司与洪某建设公司滁州分公司签订分包合同，对涉案工程进行施工是明知的，并在实际履行合同义务。涉案工程竣工后，洪某建设公司以李某涉嫌伪造印章、擅自分包工程等为由，拒付剩余工程款，与客观事实不符，本院不予支持。关于洪某建设公司上诉提出八某建设公司延误工期导致巨大损失，要求对方予以赔偿的问题，由于其没有提起反诉，不属于本案审理范畴，双方因此发生纠纷，可另行主张权利。

（三）关于涉案工程是否竣工以及工程量是否存在增加的问题，八某建设公司在原审已提供证据证明涉案工程已经竣工，证明后期增加两处工程及相应的工程款49629元，并已向洪某建设公司滁州分公司送达竣工材料，原审法院依法予以确认。洪某建设公司对此提出异议，但并未提出具体的理由与有效的证据，因此，本院不予支持。

（四）洪某建设公司上诉提出本案涉及刑事犯罪，应中止案件审理，经审查，洪某建设公司滁州分公司与八某建设公司之间存在工程分包关系，事实清楚。洪某建设公司并没有提供证据证实本案涉及刑事犯罪。涉及刑事犯罪，是否必须中止民事案件审理，也应严格依照法律规定。依照《中华人民共和国民事诉讼法》第一百五十条之规定，本案不存在法定中止条件，不属于必须中止审理的范畴。因此，洪某建设公司此上诉理由不能成立，本院不予支持。

综上，原判认定事实清楚，适用法律正确，处理适当，洪某建设公司的上诉请求及理由不能成立，依照《中华人民共和国民事诉讼法》第一百七十条第一款第（一）项、第一百七十五条之规定，判决如下：

驳回上诉，维持原判。

二审案件受理费 44440 元，由洪某建设公司负担。

本判决为终审判决。

法律法规

《中华人民共和国公司法》（2024 年 7 月 1 日施行）

第十一条 法定代表人以公司名义从事的民事活动，其法律后果由公司承受。

公司章程或者股东会对法定代表人职权的限制，不得对抗善意相对人。

法定代表人因执行职务造成他人损害的，由公司承担民事责任。公司承担民事责任后，依照法律或者公司章程的规定，可以向有过错的法定代表人追偿。

《最高人民法院关于适用〈中华人民共和国民法典〉合同编通则若干问题的解释》（法释〔2023〕13 号）

第二十二条 法定代表人、负责人或者工作人员以法人、非法人组织的名义订立合同且未超越权限，法人、非法人组织仅以合同加盖的印章不是备案印章或者系伪造的印章为由主张该合同对其不发生效力的，人民法院不予支持。

合同系以法人、非法人组织的名义订立，但是仅有法定代表人、负责人或者工作人员签名或者按指印而未加盖法人、非法人组织的印章，相对人能够证明法定代表人、负责人或者工作人员在订立合同时未超越权限的，人民法院应当认定合同对法人、非法人组织发生效力。但是，当事人约定以加盖印章作为合同成立条件的除外。

合同仅加盖法人、非法人组织的印章而无人员签名或者按指印，相对人能够证明合同系法定代表人、负责人或者工作人员在其权限范围内订立的，人民法院应当认定该合同对法人、非法人组织发生效力。

在前三款规定的情形下，法定代表人、负责人或者工作人员在订立合同时虽然超越代表或者代理权限，但是依据民法典第五百零四条的规定构成表见代表，或者依据民法典第一百七十二条的规定构成表见代理的，人民法院应当认定合同对法人、非法人组织发生效力。

《全国法院民商事审判工作会议纪要》（法〔2019〕254 号）

41.【盖章行为的法律效力】司法实践中，有些公司有意刻制两套甚至多套公章，有的法定代表人或者代理人甚至私刻公章，订立合同时恶意加盖非备案的公章或者假公章，发生纠纷后法人以加盖的是假公章为由否定合同效力的情形并不鲜见。人民法院在审理案件时，应当主要审查签约人于盖章之时有无代表权或者代理权，从而根据代表或者代理的相关规则来确定合同的效力。

法定代表人或者其授权之人在合同上加盖法人公章的行为，表明其是以法人名义签订合同，除《公司法》第16条等法律对其职权有特别规定的情形外，应当由法人承担相应的法律后果。法人以法定代表人事后已无代表权、加盖的是假章、所盖之章与备案公章不一致等为由否定合同效力的，人民法院不予支持。

代理人以被代理人名义签订合同，要取得合法授权。代理人取得合法授权后，以被代理人名义签订的合同，应当由被代理人承担责任。被代理人以代理人事后已无代理权、加盖的是假章、所盖之章与备案公章不一致等为由否定合同效力的，人民法院不予支持。

第五章　交易相对人对印章真伪的审查

第一节　交易行为反常时交易相对人负有审查义务

058 平某银行股份有限公司深圳坪山支行与深圳市龙岗区龙岗镇某经济联合社、罗某棠等侵权责任纠纷案[①]

裁判要旨

作为商事主体的当事人在签订履行协议的过程中，轻信对方当事人使用印章真实，对于明显反常的交易行为未给予必要警惕并核对印章真实性导致相应损失的，应自行承担部分损失。

银行分支机构负责人在银行的交易场所内采取伪造分支机构印章、伪造合同文件及证明文件的方式，诈骗相对人并造成相对人资金损失的，可认定银行内部管理存在疏漏，缺乏预防、制止单位负责人犯罪行为发生的内部监督、防范机制，具有管理上的明显过错，应对相对人的损失承担相应的损害赔偿责任。

实务要点总结

（1）通常情况下，交易相对人不负有审查公司签约时用章是否真实的义务，但交易相对人不可轻信他人使用的印章一定真实。应结合对方的代表代理权限、签订合同的场合、交易的规范性等多个方面，判断交易是否存在反常的情况，如有，应及时核实对方印章的真实性。

（2）银行等金融机构必须加强内部的印章管理，定期对印章使用的情况进行检查，防止有权限与客户签订合同的员工伪造并使用伪造印章，导致银行为员

[①] 审理法院：广东省高级人民法院；诉讼程序：再审

工的违法行为兜底。

（3）银行等金融机构除应加强针对一线普通员工的印章管理外，更应防范公司或分支机构负责人伪造公司印章侵害公司利益的行为。相对于公司普通员工，金融机构的分支机构负责人对于一般客户而言具有更强的可信赖性。分支机构负责人很容易利用客户的这一信赖，以伪造印章、授权委托书的形式侵害公司利益。近年来，发生在民生银行等金融机构的巨额"飞单"案，都是因分支机构负责人伪造印章造成的。由此可见，加强对分支机构负责人的选任、监督对于防范金融机构风险尤为重要。

（4）银行不要天真地以为只要能够证明客户资金损失是因他人实施违法犯罪活动而造成的即可免责，应结合具体情况分别判断银行在相关案件中的法律风险。如银行对于他人实施违法犯罪行为存在过错、内部管理混乱，且客户为善意的，则银行应对客户的资金损失承担相应的损害赔偿责任。

相关判决

平某银行股份有限公司深圳坪山支行与深圳市龙岗区龙岗镇某经济联合社、罗某棠等侵权责任纠纷案再审民事判决书［（2013）粤高法审监民提字第35号］

申请再审人（一审被告、二审上诉人）：平某银行股份有限公司深圳坪山支行（原某发展银行股份有限公司深圳坪山支行）。

负责人：蔡某林，行长。

申请再审人（一审被告、二审上诉人）：平某银行股份有限公司（原某发展银行股份有限公司）。

法定代表人：孙某某，董事长。

被申请人（一审原告、二审被上诉人）：深圳市龙岗区龙岗镇某经济联合社。

法定代表人：陈某某，主任。

原审被告：罗某棠，现于监狱服刑。

原审被告：深圳市雅某投资有限公司（原深圳市比某汇德投资管理有限公司）。

法定代表人：毛某某，董事长。

原审被告：深圳市比某电池有限公司。

法定代表人：李某某，董事长。

申请再审人平某银行股份有限公司深圳坪山支行（以下简称平某银行坪山支

行)、平某银行股份有限公司(以下简称平某银行)因与被申请人深圳市龙岗区龙岗镇某经济联合社(以下简称新某联合社)、原审被告罗某棠、深圳市雅某投资有限公司(以下简称雅某公司)、深圳市比某电池有限公司(以下简称比某公司)侵权责任纠纷一案,深圳市中级人民法院于2011年12月1日作出(2011)深中法民二终字第795号民事判决,已发生法律效力。平某银行坪山支行、平某银行不服该判决,向本院申请再审。2012年8月17日,本院作出(2012)粤高法民一申字第368号民事裁定,提审本案。本院依法组成合议庭公开开庭审理了本案。平某银行坪山支行的委托代理人×××,平某银行的委托代理人×××,新某联合社的委托代理人×××,雅某公司的委托代理人×××,比某公司的委托代理人×××到庭参加诉讼。罗某棠因犯诈骗罪,现于监狱服刑。本案现已审理终结。

2008年7月18日,新某联合社向深圳市龙岗区人民法院起诉称:2007年12月,罗某棠代表某发展银行股份有限公司深圳坪山支行(以下简称坪山支行),向新某联合社提出借款4000万元人民币作为存款准备金,借期10天,支付8%的利息。2007年12月19日,新某联合社与坪山支行签订《开立保函合同》,新某联合社根据罗某棠的指示把4000万元借款转账到深圳市比某汇德有限公司(以下简称比某汇德公司,后变更为雅某公司)的账户。之后,坪山支行向新某联合社出具《履约保函》,保证支付不超过人民币4000万元的履约保证金。2008年1月11日,某发展银行股份有限公司(以下简称深圳某银行)出具了《特别说明函》,称因银行网点管辖变化而延误转款,保证在2008年1月14日前将资金划回。2008年1月14日和1月16日,坪山支行分两次向新某联合社提供《银行进账单》,由比某公司账户转账4000万元到新某联合社账户,但款项均没有进账。2008年1月25日,深圳某银行再次出具《特别说明函》,保证在2008年2月20日前将4000万元转给新某联合社。2008年3月4日,比某汇德公司出具《保证书》,确认借新某联合社人民币4000万元并保证在十五日内将本息一次性归还,坪山支行也在《保证书》签字盖章同意承担连带保证责任。2008年3月22日,比某汇德公司向新某联合社出具招商银行支票,愿意连本带息支付4160万元,但因账户余额不足,无法承兑。2008年3月26日,新某联合社向警方报案,龙岗区公安分局立案侦查。另部分付款情况如下:1.以比某汇德公司名义于2007年12月21日向新某联合社支付320万元的收益款。2.在新某联合社催讨下,陆续支付返还款共计480万元,仍欠新某联合社3520万元借款本金,至今未还。

新某联合社认为罗某棠、坪山支行、深圳某银行、雅某公司、比某公司(以下简称五被告）对于新某联合社的经济损失，皆有过错。请求判令：1. 五被告连带清偿新某联合社借款本金 3520 万元及从起诉之日计至实际清偿之日按中国人民银行同期贷款利率四倍的利息；2. 本案诉讼费由五被告承担。

罗某棠一审辩称，新某联合社的损失系其个人行为造成，应由个人承担赔偿责任。

坪山支行、深圳某银行一审辩称，本案所涉各项书证中，坪山支行、深圳某银行的公章都是伪造的，新某联合社与坪山支行间不存在借款合同关系，新某联合社的损失系罗某棠个人诈骗行为导致，并非职务行为，坪山支行无须承担民事赔偿责任。

雅某公司一审辩称，其与新某联合社不存在借款关系，也不存在保证关系，雅某公司也是受害者，不存在任何过错，因此，无须承担清偿责任。

比某公司一审辩称，其并非借款合同当事人，也不是担保人，比某公司并未向新某联合社出具进账单，因此，不应承担民事责任。

深圳市龙岗区人民法院一审查明，罗某棠于 2007 年 12 月 24 日被深圳某银行任命为坪山支行行长。罗某棠自 2007 年开始，多次前往澳门赌博，输了约人民币 3400 万元，其中欠赌债约 3200 万元。为了偿还赌债，2007 年 12 月 18 日，罗某棠找到新某联合社，提出因上级银行年终考核存款业绩，需要存款支持，向新某联合社借款人民币 4000 万元，借期为 10 天，支付 8% 的高额利息，并谎称可以由坪山支行以《履约保函》形式提供担保。2007 年 12 月 19 日，新某联合社研究后表示同意，罗某棠向新某联合社提供了加盖自己伪造的"深圳某银行坪山支行"印章、额度为 4000 万元的《履约保函》（保函编号：深发深圳坪山履保字第 20071219 号）及《开立保函合同》（合同编号：深发坪山开保字第 20071219002 号）。随后，新某联合社按照罗某棠的要求将人民币 4000 万元转到雅某公司账户（招商银行上步支行，账号 45××××0001），该公司财务经理根据罗某棠的要求，将该人民币 4000 万元分批转出。其中 2007 年 12 月 19 日转给深圳市富某担保有限公司 890 万元、深圳市文某实业发展有限公司 320 万元、深圳布某仕通服装有限公司 332.8 万元、深圳市龙岗区新某峰大酒楼 100 万元、深圳市富某顺商贸有限公司 500 万元，部分转走用于还债，剩下 405 万元提现后分两笔转入其妻刘某珠的工商银行账户后，将其中的 360 万元打到其瞒着某广开的由其控制的某广账户提现，后赌博输掉。2007 年 12 月 20 日，转给深圳市奥斯美贸易有限公司 1000 万元再转到其弟罗某棠的工商银行账户 996.9 万元，其中 800

万元用于还林某菊的借款，196.9 万元转入傅伟华账户，通过傅伟华提现 11.9 万元，剩余 185 万元打入上述其控制的潘某广账户。2007 年 12 月 19 日、12 月 24 日，分两笔转入深圳市龙岗区和顺联合茶叶店 820 万元。2008 年 1 月 4 日，转入深圳市龙岗区坪山镇佳发商店 37.19 万元提现。

2007 年 12 月 29 日，借款到期后，新某联合社催罗某棠还款。为了拖延时间，2008 年 1 月 11 日，罗某棠伪造了深圳某银行的《特别说明函》，称因为网点管辖变化造成延误还款，并保证于 2008 年 1 月 14 日还款。2008 年 1 月 14 日和 2008 年 1 月 16 日，罗某棠又将内容虚假的坪山支行的人民币 4000 万元《银行进账单》（出票人为比某公司，收款人为新某联合社，均加盖坪山支行受理票证业务专用章及其工作人员曾某琴的私章）交给新某联合社，但均无法转账。2008 年 1 月 25 日，罗某棠再次伪造了深圳某银行的《特别说明函》交给新某联合社，保证于 2008 年 2 月 20 日归还借款。在多次催促下，罗某棠前后还给新某联合社人民币 800 万元，其中，以偿还利息名义偿还 320 万元，以偿还本金名义偿还 480 万元。为了欺骗新某联合社，2008 年 3 月 20 日，罗某棠找到雅某公司的财务于某武，称再次借雅某公司的账户转账并假称已同该公司老板李某前讲好，要求于某武开具一张 2008 年 3 月 22 日的雅某公司的 4160 万元的支票，并谎称很快会转钱到该公司账户。于某武按照罗某棠的要求开具了支票，收款人为新某联合社。罗某棠取走支票交给新某联合社并约定 2008 年 3 月 24 日一起去转账。2008 年 3 月 24 日，罗某棠潜逃。新某联合社发现系空头支票后报案。2008 年 3 月 26 日，罗某棠被深圳某银行免去坪山支行行长职务。2008 年 4 月 5 日，公安机关将躲藏在湖南省长沙市的罗某棠抓获归案。案发后，公安机关根据查明的赃款去向对深圳市富某担保有限公司在中国某银行股份有限公司深圳沙井支行的账户、深圳市文某实业发展有限公司在深圳某银行深圳横岗支行的账户、陈某彪在深圳某银行深圳横岗支行的账户、深圳市龙岗区新某峰大酒楼在中国农业银行深圳龙兴支行的账户、深圳布某仕通服装有限公司在中国工商银行龙岗支行的账户、深圳市富某顺商贸有限公司在招商银行股份有限公司深圳龙岗支行的账户等予以额度冻结，冻结款项共计人民币 10146097 元。

2009 年 11 月 19 日，深圳市中级人民法院作出（2009）深中法刑二初字第 92 号刑事判决，确认了一审法院查明的上述事实，并判决罗某棠犯诈骗罪，判处无期徒刑，剥夺政治权利终身，并处没收全部个人财产；冻结在案的相关账户内的款项按比例发还新某联合社及另外一受害人俞某波（被诈骗金额为人民币

180万元）。后罗某棠就该判决部分上诉至本院，本院于 2010 年 7 月 9 日作出（2010）粤高法刑一终字第 41 号刑事裁定书，认为原判决事实清楚，证据确实、充分，定罪准确，量刑适当，审判程序合法，裁定驳回上诉，维持原判。该裁定现已生效。

另查，庭审中，新某联合社同意按 3200 万元计算未退回本金，新某联合社按比例应退回赃款为 9605769.6 元【10146097 元×3200 万元÷（3200 万元＋180 万元）】。

深圳市龙岗区人民法院一审认为，本案债务是因罗某棠的犯罪行为所引起的侵权之债，罗某棠应对其犯罪行为给新某联合社造成的损失承担赔偿责任。罗某棠实施犯罪时，利用其为坪山支行行长的身份，以坪山支行的名义向新某联合社借款，并将取得款项用于偿还赌债，符合最高人民法院《关于在审理经济纠纷案件中涉及经济犯罪嫌疑若干问题的规定》第三条规定的情形，即单位直接负责的主管人员和其他责任人员，以该单位的名义对外签订经济合同，将取得的财物部分或全部占为己有构成犯罪的，除依法追究行为人的刑事责任外，该单位对行为人因签订、履行经济合同造成的后果，依法应承担民事责任。坪山支行作为金融机构，公众对其信任度远高于其他经济组织，罗某棠利用其坪山支行行长的身份和公众对金融机构的信赖对外实施犯罪，新某联合社难以防范。而罗某棠在实施犯罪过程中，指示坪山支行工作人员两次向新某联合社出具内容虚假的进账单，但坪山支行并未引起警觉，也说明坪山支行缺乏预防、制止负责人犯罪行为发生的内部监督、防范机制，坪山支行对罗某棠实施犯罪行为并造成新某联合社损失存在过错。因此，坪山支行应按最高人民法院《关于在审理经济纠纷案件中涉及经济犯罪嫌疑若干问题的规定》第三条的规定，承担相应的民事责任。

罗某棠自 2007 年开始，已多次前往澳门赌博，并欠下巨额赌债，但深圳某银行对此并不知情，仍在 2007 年 12 月任命罗某棠为坪山支行行长，鉴于金融机构负责人身份的重要性和敏感性，深圳某银行在罗某棠沉溺赌博且欠下巨额赌债的情况下仍任命其为支行行长，用人中存在失察、不当。并且，深圳某银行未提交证据证明其有内部管理的规章制度，能够对其内部工作人员特别是如罗某棠的管理人员的犯罪行为进行一定的监督、制约和预防，其内部管理存在疏漏，在罗某棠利用行长身份实施了犯罪并造成新某联合社损失时，深圳某银行应承担相应民事责任。

从保护公众对金融机构的信赖利益、维护金融机构的社会公信度、促进金融机构完善内部监督制约机制等角度考虑，结合本案实际情况，坪山支行、深圳某银行应对罗某棠所负债务，承担连带清偿责任。

雅某公司违反金融管理法规，对外出借银行账户，在与新某联合社无任何经济往来的情况下，在新某联合社转入的巨额资金后，按罗某棠指示，短期内全部予以转出，未尽到一般注意义务，客观导致了新某联合社的大部分损失无法追回，并且，还在罗某棠实施犯罪过程中，在无基础关系和资金保证的情况下，出具4160万元的支票给罗某棠，并被罗某棠用以欺骗新某联合社，拖延其犯罪行为被发现的时间。因此，本案中雅某公司行为具有违法性，客观上与新某联合社损失有因果关系，主观上存在严重过错，故其与罗某棠构成对新某联合社无意思联络的共同侵权。根据最高人民法院《关于出借银行账户的当事人是否承担民事责任问题的批复》【法（经）复［1991］5号】的规定及《中华人民共和国侵权责任法》的相关规定，应对新某联合社损失承担相应的连带清偿责任。

新某联合社的实际损失为出借款项4000万元减罗某棠已归还款项800万元再减去应退赃款项9605769.6元，为22394230.4元，该损失及从新某联合社主张之日的银行同期贷款利息，应由罗某棠负责赔偿，坪山支行、深圳某银行、雅某公司对罗某棠债务承担连带清偿责任，实际清偿后，可向罗某棠追偿。新某联合社主张罗某棠已还款中的320万元为利息，不应计入其已收回本金，属于从罗某棠侵权行为中受益，违反侵权损害赔偿的基本原则，其理由和法律依据不足，一审法院不予支持。新某联合社主张罗某棠按银行同期贷款利率四倍支付欠款利息，依据不足，该主张中超出一审法院确定的利率部分，一审法院也不予支持。比某公司与新某联合社间无任何法律关系，罗某棠实施犯罪行为时，该公司并未知晓和参与，故其对新某联合社损失无过错，无须承担民事责任。综上，依照《中华人民共和国民法通则》第一百零六条、第一百零八条，《中华人民共和国侵权行为法》第十二条，《最高人民法院关于在审理经济纠纷案件中涉及经济犯罪嫌疑若干问题的规定》第三条，《中华人民共和国民事诉讼法》第六十四条的规定，经审判委员会讨论，深圳市龙岗区人民法院于2010年11月25日作出（2008）深龙法民初字第6624号民事判决，判决如下：一、罗某棠于判决生效之日起十日内，赔偿新某联合社损失人民币22394230.4元；二、罗某棠于判决生效之日起十日内，支付新某联合社上述欠款利息（利息从新某联合社起诉之日即2008年7月18日起，按中国人民银行规定的同期同类贷款利率，计至判决确定的给付之日止）；三、坪山支行、深圳某银行、雅某公司对罗某棠对新某联合社所负债务承担连带清偿责任。坪山支行、深圳某银行、雅某公司实际清偿后，可向罗某棠追偿；四、驳回新某联合社对比某公司的诉讼请求；五、驳回新某联合社的其他诉讼请求。如果罗某棠、坪山支行、深圳某银行、雅某公司未按判决指定的期间履行给付金钱义务，应当依照《中华人民共和国民事诉讼法》第二百三十二条之规定，加倍支付迟延履行期间的债务利息。案件受理费人民币217800元，由罗某棠负担，坪山支行、深圳某银行、雅某公司对案件受理费的支付承担连带清偿责任。

一审判决后，坪山支行、深圳某银行不服一审判决，向深圳市中级人民法院提起上诉。

坪山支行上诉称：一、一审判决认定罗某棠利用坪山支行行长的身份实施犯罪，以坪山支行的名义向新某联合社借款，没有证据支持。罗某棠实施犯罪时并不具备坪山支行行长的身份，其是以自己和雅某公司的名义向新某联合社借款。二、新某联合社被骗是其自己贪图高息和轻信罗某棠所致，与坪山支行没有任何关联关系，一审判决认定坪山支行对罗某棠实施犯罪并造成新某联合社损失存在过错，没有任何事实依据。三、一审判决适用法律错误。一审判决适用的《中华人民共和国侵权行为法》并不存在。《中华人民共和国侵权责任法》、《最高人民法院关于在审理经济纠纷案件中涉及经济犯罪嫌疑若干问题的规定》第三条并不适用于本案。四、一审判决程序错误。新某联合社主张的是合同之债，一审未经新某联合社的申请，依侵权之债作出判决，违反诉讼程序，并导致判决结果错误。一审法院遗漏了必须参加诉讼的当事人，程序错误，应予纠正。综上，坪山支行请求撤销一审判决关于坪山支行及深圳某银行应对罗某棠对新某联合社所负债务承担连带清偿责任的判项，改判驳回新某联合社对坪山支行及深圳某银行的诉讼请求。

深圳某银行上诉称同意坪山支行上诉请求及其事实、理由，另补充以下意见：一、一审判决认定深圳某银行任命罗某棠为下属坪山支行行长，用人存在失察、不当，并据此判决深圳某银行对罗某棠所负债务承担连带清偿责任，没有事实和法律依据。二、一审判决认为深圳某银行没有内部管理的规章制度，对工作人员特别是如罗某棠等管理人员的犯罪行为进行一定的监督、制约和预防，内部管理存在疏漏，没有任何事实依据。三、我国没有法律规定，上级单位因为任命干部及管理问题而需对下属纯粹的个人诈骗犯罪行为承担民事赔偿责任。深圳某银行请求撤销一审判决关于深圳某银行及坪山支行应对罗某棠对新某联合社所负债务承担连带清偿责任的判项,改判驳回新某联合社对深圳某银行及坪山支行的全部诉讼请求。

新某联合社答辩称:坪山支行、深圳某银行的上诉请求及事实和理由均不成立,请求判决驳回上诉,维持原判。

雅某公司陈述称:其不应对罗某棠向新某联合社所负债务承担连带清偿责任。

比某公司陈述称:同意雅某公司的意见。

罗某棠未发表陈述意见。

深圳市中级人民法院经审理,除确认一审法院查明的事实外,另查明:一、罗某棠以坪山支行名义与新某联合社于2007年12月19日签订的《开立保函合同》主要内容为:甲方(保证人):坪山支行,乙方(被保证人):新某联合社;合同条款:(一)保函内容:1.保函种类:履约保函;2.保函金额:人民币肆仟万元整;3.保函有效期为:2007年12月19日起,至2007年12月30日止;4.保函受益人:新某联合社。(二)在甲方开立保函之前,乙方须向甲方提供如下反担保:由坪山支行作为保证人,承担连带保证责任,并签妥相关担保合同;由乙方交付票面金额100%保证金,保证金按7天通知存款利率计息。《开立保函合同》落款处加盖有罗某棠伪造的坪山支行印章及罗某棠私章。二、罗某棠以坪山支行名义于2007年12月19日向新某联合社出具的《履约保函》主要内容为:致新某联合社(受益人):鉴于我行与贵方于2007年12月19日协商一致,双方签订《开立保函合同》,我行(下称保证人)在此向贵方(下称受益人)开立上述合同项下不可撤销的履约保函(下称保函),保证履行合同项下的债务。保证人保证在收到受益人于本保函有效期内提交的索赔文件后7个工作日内,向受益人支付金额不超过人民币肆仟万元的履约保证金。该保函落款处亦加盖有罗某棠伪造的坪山支行印章及罗某棠私章。三、罗某棠出具给新某联合社的两张《银行进账单》上加盖有"曾某琴"印章及"深圳某银行深圳坪山支行受理票证专用章"。在罗某棠诈骗犯罪案件侦查过程中,公安机关对上述印章进行鉴定,结论为上述两枚印章均系伪造。但罗某棠供述称其让曾某琴在《银行进账单》上加盖的私章和银行受理票证专用章是真实的,其没有伪造上述印章。曾某琴亦确认上述两枚印章是真实的。对于上述矛盾,二审法院认为,上述印章均在坪山支行的掌控之下,在罗某棠诈骗犯罪案件发生后,不排除其重新刻制、更换上述印章之可能。而罗某棠在其诈骗犯罪案件审理过程中,供述一直较稳定,且能与其他证据相吻合，其供述具有较高的可信性。曾某琴作为罗某棠诈骗犯罪案件的证人，其作伪证将承担相应的刑事责任，且其与该案件没有利害关系，在此情况下，不存在作伪证的可能。鉴此，二审法院认为，应当采信罗某棠的供述和曾某琴的证言，认定涉案《银行进账单》上加盖的"曾某琴"印章及"深圳某银行深圳坪山支行受理票证专用章"真实。

深圳市中级人民法院二审认为，本案系侵权责任纠纷。罗某棠对一审判决未提出上诉，二审法院视为其认可一审判决，对一审判令罗某棠承担赔偿责任的判项，二审法院予以维持。雅某公司就一审判决提起上诉后，未在法定期限内交纳诉讼费用，二审法院按其自动撤回上诉处理，并已另行制作裁定书。对于一审判令雅某公司承担连带赔偿责任的判项，二审法院亦予以维持。

本案争议的焦点在于坪山支行、深圳某银行对罗某棠所实施的诈骗犯罪行为是否存在过错，是否应就罗某棠的犯罪行为给新某联合社造成的损失承担赔偿责任。

罗某棠以坪山支行名义与新某联合社签订《开立保函合同》及《履约保函》，因罗某棠的行为已构成诈骗犯罪，上述《开立保函合同》及《履约保函》均应认定为无效。根据本案查明的事实，《开立保函合同》及《履约保函》中所加盖的坪山支行印章虽系罗某棠所私刻，但罗某棠系坪山支行负责人，作为基层群众自治组织的经济实体，新某联合社的认知能力较差，其依据罗某棠向其出具的《开立保函合同》及《履约保函》，认定其与坪山支行签订借款合同符合常理。按照《最高人民法院关于在审理经济纠纷案件中涉及经济犯罪嫌疑若干问题的规定》第五条第二款的规定，坪山支行对于罗某棠诈骗犯罪所造成的新某联合社的损失，依法应承担主要责任。理由是：一、罗某棠在实施犯罪过程中，指示坪山支行工作人员曾某琴两次向新某联合社出具内容虚假的进账单，但坪山支行并未引起警觉，说明其缺乏预防、制止负责人犯罪行为发生的内部监督、防范机制，坪山支行对罗某棠实施犯罪行为并造成新某联合社损失存在过错。二、罗某棠在深圳某银行工作期间，多次前往澳门赌博，欠下巨额赌债，但深圳某银行对此疏于监管，仍于 2007 年 12 月任命罗某棠为坪山支行行长，鉴于金融机构负责人身份的重要性和敏感性，深圳某银行在罗某棠沉溺赌博且欠下巨额赌债的情况下仍任命其为支行负责人及行长，用人存在失察、不当。深圳某银行对罗某棠利用坪山支行行长身份实施的诈骗犯罪行为所造成的新某联合社之损失，应承担主要赔偿责任。

关于新某联合社应承担的责任问题。根据新某联合社的主张，罗某棠系以坪山支行急需大量存款作为存款准备金为名向其借款的，按照日常的生活经验，新某联合社的款项应打入其在坪山支行开立的账户。但新某联合社在罗某棠高息引诱下，将罗某棠出具的《开立保函合同》《履约保函》认定为借款合同，并轻信罗某棠的谎言，将4000万元巨额资金打入与其无任何交易关系的雅某公司，这已与罗某棠所称的借款目的明显不符，但新某联合社对此却未予察觉。据此，二审法院认为，罗某棠所实施的诈骗行为并非不可防范，新某联合社只要尽到审慎的注意义务，即可防止被害结果的发生。因此，新某联合社对于本案的发生亦有过错，应对其损失承担一定责任。根据本案的具体情况，二审法院酌定坪山支行、深圳某银行应就新某联合社所受损失的本金部分承担赔偿责任，对上述本金的利息损失无须向新某联合社承担责任。坪山支行、深圳某银行上诉提出其不应对罗某棠向新某联合社所负债务承担连带清偿责任，部分成立，二审法院予以部分采纳。关于法律适用问题，一审判决所引用的《中华人民共和国侵权行为法》并不存在，现行的《中华人民共和国侵权责任法》在本案发生时尚未生效，不能适用于本案。坪山支行、深圳某银行上诉提出一审判决适用法律不当，于法有据，二审法院予以采纳。综上，一审判决认定事实部分不清，适用法律不当，致判决部分失当，应依法予以纠正。依照《中华人民共和国民法通则》第一百零六条第二款、第一百零八条、第一百一十七条第一款、第一百三十条，最高人民法院《关于在审理经济纠纷案件中涉及经济犯罪嫌疑若干问题的规定》第五条第二款、《中华人民共和国民事诉讼法》第六十四条，第一百五十三条第一款第（一）项、第（二）项、第（三）项之规定，经审判委员会讨论决定，深圳市中级人民法院于2011年12月1日作出（2011）深中法民二终字第795号民事判决，判决如下：一、维持深圳市龙岗区人民法院（2008）深龙法民初字第6624号民事判决第一项、第二项、第四项。二、变更深圳市龙岗区人民法院（2008）深龙法民初字第6624号民事判决第三项为：雅某公司就罗某棠对新某联合社所负债务承担连带清偿责任。雅某公司实际清偿后，可向罗某棠追偿。三、深圳某银行、坪山支行就罗某棠对新某联合社所负债务中的本金人民币22394230.4元承担赔偿责任。四、撤销深圳市龙岗区人民法院（2008）深龙法民初字第6624号民事判决第五项。五、驳回新某联合社的其他诉讼请求。

如果深圳某银行、坪山支行、罗某棠、雅某公司未按判决指定的期间履行给付金钱义务，应当依照《中华人民共和国民事诉讼法》第二百二十九条之规定，加倍支付迟延履行期间的债务利息。一审案件受理费人民币 217800 元，由罗某棠、雅某公司连带承担，坪山支行、深圳某银行连带承担其中的人民币 174240元；二审案件受理费人民币 153772 元，由坪山支行、深圳某银行承担人民币 123017.6 元，由新某联合社承担人民币 30754.4 元。坪山支行、深圳某银行分别向二审法院预交案件受理费人民币 153772 元，共计人民币 307544 元，二审法院退回人民币 153772 元。

二审判决后，深圳某银行、坪山支行不服，向本院申请再审称：一、本案是新某联合社将 4000 万元款项非法借给罗某棠个人，因罗某棠不能按期归还新某联合社，新某联合社与罗某棠内外勾结，意图串通银行担保文件，转嫁损失风险的案件。（一）现有证据证明新某联合社将款项借给了罗某棠个人。1. 罗某棠在刑事审判笔录中承认，其系以个人名义向新某联合社借款。2. 新生居委会主任陈某来也承认存在个人欠条。3. 新某联合社将款项打入雅某公司账户的唯一解释是款项是罗某棠以个人名义借款，因银行账户管理限制将对公账户款项转到其个人账户，于是向雅某公司借用账户。4. 从二审判决第三判项可以看出，二审法院也确信罗某棠以个人名义借款向新某联合社借款。（二）新某联合社与罗某棠共同编造雅某公司借款、坪山支行担保的法律事实，并在刑事案件中提供虚假证词。本案中，《开立保函合同》及《履约保函》并非新某联合社对借款的误解，也并非新某联合社轻信罗某棠的谎言，而是罗某棠为与新某联合社虚构雅某公司借款及坪山支行担保事实而伪造的法律文件。新某联合社关于罗某棠向其高息借入存款，将《开立保函合同》《履约保函》误解为借款、轻信罗某棠的谎言转款给雅某公司均是刘炳麟等人为掩盖其挪用资金非法借贷给罗某棠个人而编造的虚假证词。（三）罗某棠出具给新某联合社的两张《银行进账单》上加盖的"曾某琴"印章及"深圳某银行深圳坪山支行受理票证专用章"为伪造公章。首先，公安机关对上述印章的鉴定结论为伪造，二审法院并未对上述印章重新鉴定，因此，二审不应凭借裁量权直接确认上述印章为真实。其次，曾某琴与刑事案件有利害关系，其证词不能予以采信。最后，如果按照二审判决的逻辑"作伪证将承担相应的刑事责任"，因此曾某琴"不存在作伪证的可能"，那么，银行也不可能通过重新刻制或者更换上述印章来达到免除责任，诬陷他人的目的。因此，公安机关关于上述两枚印章为伪造的鉴定意见应予以采信。二、二审判决认定深圳某银行、坪山支行应对新某联合社承担侵权责任欠缺理由依据。（一）罗某棠以私刻的坪山支行及深圳某银行公章签订一系列担保法律文件的行为发生在借款损失以后，该系列文件不是新某联合社据以判断是否借款的依据，导致本案借款损失的真正原因是新某联合社为贪图高息将资金非法借贷给罗某棠的挪用资金行为。（二）二审判决仅以曾某琴两次向新某联合社出具虚假的《银行进账单》，但坪山支行并未引起警觉为由，就认定坪山支行缺乏预防、制止负责人犯罪行为发生的内部监督、防范机制，显然不能成立。这种认定本身就存在矛盾，即如果银行没有内部监督、防范机制，罗某棠、曾某琴就可以出具真实的《银行进账单》，而不可能仅仅出具虚假的进账单。更为重要的是，曾某琴出具的虚假进账单仅起到了延缓罗某棠案发时间的作用，其与新某联合社的经济损失不具有因果关系。（三）二审判决认定深圳某银行、坪山支行任命罗某棠担任坪山支行行长，用人失察、不当，应承担主要赔偿责任不当。首先，罗某棠拖欠澳门赌债，非我国内地债务，银行无从监管。其次，罗某棠向新某联合社借款的时间发生在 2007 年 12 月 19 日，罗某棠被任命为坪山支行行长是在 2007 年 12 月 24 日，任命时间发生在借款之后，不能认定任命行为与新某联合社的损失之间存在因果关系。最后，罗某棠向新某联合社借款属于个人行为，新某联合社借款也只是看重罗某棠个人的还款能力，虽然罗某棠的银行员工身份会成为新某联合社判断罗某棠还款能力的依据之一，但不能据此就认定罗某棠的行为是职务行为。三、二审判决适用法律错误。本案与（2008）深中法民二终字第 163、164 号案是针对同一当事人，案件事实基本相同的两个不同案件，二审判决在法律适用上不一致，对深圳某银行、坪山支行不公。综上，深圳某银行、坪山支行请求：1. 撤销一审判决第三项关于判决坪山支行、深圳某银行对罗某棠对新某联合社所负债务承担连带清偿责任的内容，撤销二审判决第三项。2. 改判坪山支行、深圳某银行对罗某棠对某经济联合社所负债务不承担赔偿责任。3. 坪山支行、某发展银行股份有限公司不承担本案诉讼费。

新某联合社答辩称：一、原审判决根据罗某棠在公安机关侦查阶段的多次供述，结合相关事实及证据佐证认定罗某棠利用其银行行长身份以坪山支行名义向某经济社借款，事实清楚，证据确凿充分。罗某棠对该认定没有提出异议。二、坪山支行、深圳某银行管理混乱、监管缺位、规章制度不健全，对银行工作人员违法犯罪行为缺乏预防、制止机制，与案件的损失有因果关系。原审认定银行有过错，承担侵权赔偿责任事实清楚，证据确凿。三、坪山支行、深圳某银行主张《银行进账单》上加盖的印章为伪造公章，该观点不客观、不真实，依法不成立。四、新某联合社主张针对同一当事人，案件事实基本相同的两个不同案件，二审判决法律适用严重不一致，司法不公。该主张不构成再审及改判理由。本案属于侵权责任纠纷，不属于担保债务纠纷，与（2008）深中法民二终字第163、164号案基本事实不同，适用法律依据不同。不能因为单位负责人存在伪造公章的行为而认为不同的两个案件要适用同样的法律依据及获得同样的判决结果。新某联合社认为，坪山支行、深圳某银行的再审请求、事实和理由违背案件事实，请求裁定驳回再审请求，维持原审判决。

雅某公司口头陈述称：原审认定出借账户导致新生村联合社被骗有因果关系的观点不能成立。坪山支行、深圳某银行、新某联合社、雅某公司都是本案的受害人，各方均因为罗某棠伪造文件导致新某联合社误认为借款是真实的，导致被骗。罗某棠是本案的直接诈骗人，其他各方都是受害人，新某联合社因自身的过错带来的损失应该承担责任，银行是否有责任由法院来认定。用虚假的事实来证明借款的事实本身就是错误的，所以导致责任的划分也是错误的。原审法院认为罗某棠的诈骗并非不可防备，但在判项中没有体现。雅某公司认为第一承担责任人应该是罗某棠，第二是新某联合社，而不应该由雅某公司和坪山支行、深圳某银行承担责任。

比某公司口头陈述称：其与本案没有实际关系，不发表意见。

本院再审查明，除对二审认定的《银行进账单》上加盖的"曾某琴"印章和"深圳某银行深圳坪山支行受理票证专用章"真实性不作认定外，对二审法院查明的其他事实予以确认。

关于《银行进账单》上加盖的"曾某琴"印章和"深圳某银行深圳坪山支行受理票证专用章"真实性的问题。罗某棠的供述及证人曾某琴的证言，均一致指向《银行进账单》上的印章是真实印章，但公安机关鉴定结论为两枚印章均系伪造。根据现有证据无法查清产生该矛盾的原因，但因《银行进账单》记载的交易并未真正发生，故无论印章是否真实，均不影响认定《银行进账单》内容虚假。因此，本院对《银行进账单》上加盖的"曾某琴"印章和"深圳某银行深圳坪山支行受理票证专用章"真实性不作认定。

本院再审另查明：一、深圳某银行深圳分行深发深银[2006]318号文记载：2006年5月30日，深圳某银行深圳分行聘任罗某棠为龙岗支行下辖坪山支行副行长（主持工作），试用期六个月；免去田某重同志坪山支行行长职务。二、2008年5月30日，比某汇德公司变更为雅某公司，变更前的法定代表人是李某前，变更后的法定代表人是毛某彬。三、2012年7月27日，深圳某银行变更为平某银行。2012年8月29日,坪山支行变更为平某银行坪山支行。

本院再审过程中,新某联合社当庭提交了深圳农村商业银行电子回单,深圳市龙岗区人民法院出具的《广东省行政事业单位资金往来结算票据》三张、深圳市龙岗区人民法院(2012)深龙法执字第1233-3号执行裁定书,证明平某银行坪山支行、平某银行所应承担本金部分赔偿责任已执行完毕。平某银行坪山支行、平某银行确认证据的真实性。

本院再审认为,根据《最高人民法院关于适用〈中华人民共和国民事诉讼法〉审判监督程序若干问题的解释》第三十三条关于"人民法院应当在具体的再审请求范围内或在抗诉支持当事人请求的范围内审理再审案件。当事人超出原审范围增加、变更诉讼请求的,不属于再审审理范围。但涉及国家利益、社会公共利益,或者当事人在原审诉讼中已经依法要求增加、变更诉讼请求,原审未予审理且客观上不能形成其他诉讼的除外"的规定,本案应在具体的再审请求范围内进行审查。

根据申请再审人平某银行坪山支行、平某银行的再审理由以及被申请人新某联合社的答辩意见以及雅某公司、比某公司的陈述,本案争议的焦点问题是:(一)涉案款项是否为罗某棠的个人借款,新某联合社与罗某棠是否内外勾结,意图串通出具银行担保文件的问题;(二)平某银行坪山支行、平某银行是否应就罗某棠的犯罪行为给新某联合社造成的损失承担责任的问题。

(一)关于涉案款项是否罗某棠的个人借款,新某联合社与罗某棠是否内外勾结,意图串通出具银行担保文件的问题

首先,根据最高人民法院《关于民事诉讼证据的若干规定》第九条关于"下列事实当事人无须举证证明:……(四)已为人民法院发生法律效力的裁判所确认的事实;……当事人有相反证据足以推翻的除外"的规定,罗某棠以平某银行坪山支行需要存款支持为由,先出具伪造文件,再指示新某联合社转款到雅某公司的账户的事实已经为本院生效刑事裁判所确认,该事实对后诉具有拘束力;其次,2009年7月1日的刑事审判笔录记载,罗某棠辩称以个人名义向新某联合社借款,2007年12月19日的《履约保函》等文件是在新某联合社的要求下,事后陆续补充的,该陈述与其在公安机关的供述完全相反。罗某棠自被公安机关抓获归案后,其在历次讯问笔录中供述稳定,考虑到其刚开始的供述未受外界因素干扰,且罗某棠对于事后倒签文件也没有证据证明,故其在公安机关侦查阶段的供述更为可信;最后,罗某棠为了拖延还款时间,以平某银行的名义两次

出具《特别说明函》保证还款，这与之前以平某银行坪山支行名义借款的行为是相互一致的，新某联合社合理信赖罗某棠是履行职务的行为。故平某银行坪山支行、平某银行主张本案是罗某棠的个人借款，新某联合社与罗某棠内外勾结，意图串通出具银行担保文件的理由不成立。

（二）关于平某银行坪山支行、平某银行是否应就罗某棠的犯罪行为给新某联合社造成的损失承担责任的问题

《最高人民法院关于在审理经济纠纷案件中涉及经济犯罪嫌疑若干问题的规定》第五条第二款规定：行为人私刻单位公章或者擅自使用单位公章、业务介绍信、盖有公章的空白合同书以签订经济合同的方法进行的犯罪行为，单位有明显过错，且该过错行为与被害人的经济损失之间具有因果关系的，单位对该犯罪行为所造成的经济损失，依法应当承担赔偿责任。平某银行坪山支行、平某银行是否应就罗某棠的犯罪行为给新某联合社造成的损失承担责任，应当根据平某银行坪山支行、平某银行是否具有明显过错，该过错行为与某经济社的经济损失之间是否具有因果关系进行认定。

本案发生期间，罗某棠担任平某银行坪山支行的负责人，主持平某银行坪山支行的日常工作。罗某棠为了归还赌债，以上级银行年终考核存款业绩，需要存款支持为名，与新某联合社商谈借款事宜。随后，罗某棠向新某联合社提供了加盖自己伪造的"坪山支行"印章的《履约保函》及《开立保函合同》，骗取新某联合社4000万元借款。借款期满后，罗某棠又提供了平某银行的《特别说明函》、平某银行坪山支行的《银行进账单》等一系列虚假文件。罗某棠上述一系列行为，是在其担任平某银行坪山支行负责人期间实施，造成新某联合社有合理理由相信罗某棠是在履行职务行为，也正是因为罗某棠具备履行职务的条件，使其在实施犯罪过程中，能够轻易地领取、出具平某银行坪山支行的《履约保函》《开立保函合同》，并指示平某银行坪山支行工作人员曾某琴两次出具内容虚假的《银行进账单》，而平某银行坪山支行在罗某棠长达数月的犯罪过程中，并未引起警觉，直至新某联合社向公安机关报案。这说明平某银行坪山支行、平某银行内部管理存在疏漏，缺乏预防、制止单位负责人犯罪行为发生的内部监督、防范机制，具有管理上的明显过错，使罗某棠有机可乘，以平某银行坪山支行的名义进行诈骗，造成新某联合社4000万元的款项被骗。虽然上述《开立保函合同》《履约保函》上平某银行坪山支行印章为罗某棠伪造，两张《银行进账单》上平某银行坪山支行工作人员"曾某琴"印章及"深圳某银行深圳坪山支行受理票

证专用章"处于真伪不明状态，但上述印章真伪对认定平某银行坪山支行、平某银行在管理上的过错并无影响。平某银行坪山支行、平某银行的明显过错与新某联合社的损失具有直接的因果关系，故应对新某联合社的损失承担主要赔偿责任。

新某联合社在签订和履行涉案合同过程中，未尽审慎审查和注意义务，对私刻公章未进行必要的鉴别和核实，轻信罗某棠是职务行为。在没有正式借款合同的情况下，以不规范的《开立保函合同》及《履约保函》的形式轻易出借 4000 万元款项。罗某棠以平某银行坪山支行需要存款支持为由，向新某联合社借款。在发放款项过程中，新某联合社没有将涉案款项转入平某银行坪山支行的账户，而是转入与其没有任何交易关系的雅某公司账户，有违日常生活经验法则。借款期限届满后，新某联合社多次轻信罗某棠的还款谎言，对其提供的《银行进账单》《特别说明函》等未进行审核，拖延了犯罪行为的发现时间。罗某棠的犯罪行为并非不可防范，新某联合社只要尽到审慎注意的义务，即可防止被害结果的发生。因此，新某联合社对本案的发生亦有过错，应承担相应的责任。原审判决酌定平某银行坪山支行、平某银行就新某联合社所受损失的本金部分承担赔偿责任，新某联合社自行承担利息部分的损失，与其过错程度相适应。原审判决并无不当，本院予以维持。

综上所述，原审判决虽认定《银行进账单》上印章的真实性欠妥，但适用法律正确，处理结果并无不当。平某银行坪山支行、平某银行申请再审理由缺乏事实及法律依据，本院不予支持。依照《中华人民共和国民事诉讼法》第一百七十条第一款第（一）项、第二百零七条第一款，最高人民法院《关于适用〈中华人民共和国民事诉讼法〉审判监督程序若干问题的解释》第三十七条的规定，判决如下：

维持广东省深圳市中级人民法院（2011）深中法民二终字第 795 号民事判决。

本判决为终审判决。

法律法规

《中华人民共和国民法典》（2021 年 1 月 1 日施行）

第一百七十条 执行法人或者非法人组织工作任务的人员，就其职权范围内的事项，以法人或者非法人组织的名义实施的民事法律行为，对法人或者非法人组织发生效力。

法人或者非法人组织对执行其工作任务的人员职权范围的限制，不得对抗善意相对人。

第二节　法定代表人超越法定职权对外签署合同时相对人负有合理审查义务

059 威某葡萄酒股份有限公司、某银行股份有限公司龙口支行等金融借款合同纠纷案[1]

裁判要旨

公司对外担保必须依法经股东会或者董事会决议，法定代表人未经公司决议擅自以公司名义对外提供担保的，属于越权行为，相对人未经合理审查义务的，相关担保合同无效。

实务要点总结

（1）法定代表人不能单独决定担保事项，必须以公司股东会、董事会等公司机关的决议作为授权的基础和来源。

（2）至于对外担保必须由股东会还是董事会决策，公司法没有强制规定。由章程具体规定由谁决策。

（3）公司为公司股东或者实际控制人提供担保，必须经股东会或者股东大会决议，不能由章程做出其他约定。该股东或实际控制人支配的股东不得参加该事项的表决，由出席会议的其他股东所持表决权的过半数通过。

相关判决

威某葡萄酒股份有限公司、某银行股份有限公司龙口支行等金融借款合同纠纷民事申请再审审查民事裁定书［（2021）最高法民申1081号］

再审申请人（一审被告、二审被上诉人）：威某葡萄酒股份有限公司。

---

[1] 审理法院：最高人民法院；诉讼程序：再审

被申请人（一审原告、二审上诉人）：某银行股份有限公司龙口支行。

一审被告：龙口市兴某葡萄专业合作社。

一审被告：王某海。

一审被告：范某玲。

一审被告：山东威某集团公司。

一审被告：龙口市威某房地产开发有限公司。

一审被告：天水盛某果园股份有限公司。

再审申请人威某葡萄酒股份有限公司（以下简称威某葡萄酒公司）因与被申请人某银行股份有限公司龙口支行（以下简称某银行龙口支行）及一审被告龙口市兴某葡萄专业合作社（以下简称兴某合作社）、王某海、范某玲、山东威某集团公司、龙口市威某房地产开发有限公司、天水盛某果园股份有限公司金融借款合同纠纷一案，不服山东省高级人民法院作出的（2020）鲁民终3020号民事判决，向本院申请再审。本院依法组成合议庭进行了审查，现已审查终结。

威某葡萄酒公司申请再审称：一、某银行龙口支行对威某葡萄酒公司对外提供担保并非法定代表人的权限、威某葡萄酒公司法定代表人王某海以公司名义对外提供担保并未取得公司权力机关决议系明知，二审判决未依据在案证据予以明确认定，属基本事实认定不清。（一）某银行龙口支行为兴某合作社提供借款时所做的《尽职调查报告》中明确载明担保人及担保意愿不包括威某葡萄酒公司。（二）案涉《保证合同》的封面明确标注"暗保"字样，且某银行龙口支行未根据监管要求将案涉担保事项录入征信系统。（三）某银行龙口支行在接受上市公司威某葡萄酒公司提供担保时，未按《关于规范上市公司对外担保行为的通知》的要求取得威某葡萄酒公司的机关决议以及关于该担保事项的公告。（四）案涉其他保证合同均加盖了公章和骑缝章，而案涉《保证合同》欠缺威某葡萄酒公司、某银行龙口支行的骑缝章。二、二审法院适用《最高人民法院关于适用〈中华人民共和国担保法〉若干问题的解释》第七条规定判决威某葡萄酒公司承担20%补充赔偿责任错误。（一）按照最高人民法院2019年11月8日印发的《全国法院民商事审判工作会议纪要》第20条的规定，公司举证证明债权人明知法定代表人超越权限的，债权人请求公司承担合同无效后的民事责任的，不予支持。在某银行龙口支行明知王某海越权代表的情形下，不应适用《最高人民法院关于适用〈中华人民共和国担保法〉若干问题的解释》

第七条的规定。（二）《最高人民法院关于适用〈中华人民共和国民法典〉有关担保制度的解释》第九条明确规定上市公司担保无效后不承担赔偿责任，二审判决作出时相关裁判规则已经明确，二审法院任意行使自由裁量权不当。综上，威某葡萄酒公司依据《中华人民共和国民事诉讼法》第二百条第二项、第六项之规定申请再审。

某银行龙口支行未提交答辩意见。

本院认为，本案再审审查的焦点是：在《流动资金借款合同》有效而《保证合同》无效的情形下，二审判令威某葡萄酒公司对某银行龙口支行的贷款不能收回的损失承担20%的赔偿责任是否存在事实认定和法律适用错误？根据本案查明的事实和相关法律规定，分析评述如下：

首先，对于《中华人民共和国公司法》第十六条规定的公司担保决议是否影响对外订立的担保合同的效力问题，多年来在审判实践中存在不同认识。直至最高人民法院2019年11月8日印发的《全国法院民商事审判工作会议纪要》才对该问题统一了裁判思路，明确规定公司法定代表人超越权限为他人提供担保的合同无效。对于在此之前签订的担保合同，债权人虽应按照《中华人民共和国公司法》第十六条规定对相关公司担保决议进行形式审查，但对于公司法定代表人超越权限为他人提供担保将会产生无效的法律后果并非知道或者应当知道，不属于《全国法院民商事审判工作会议纪要》第20条关于债权人明知公司法定代表人超越权限订立担保合同而公司对合同无效的损失无需承担赔偿责任的情形。本案中，威某葡萄酒公司《保证合同》是在2018年11月30日，由其法定代表人王某海加盖公司印章后向某银行龙口支行出具，此时某银行龙口支行没有审查威某葡萄酒公司董事会或者股东大会对担保事项的决议及公开披露的相关信息而接受担保，不构成善意。威某葡萄酒公司主张的某银行龙口支行《尽职调查报告》载明的担保人及担保意愿不包括威某葡萄酒公司、《保证合同》封面明确标注"暗保"字样、未将案涉担保事项录入征信系统、某银行龙口支行在接受上市公司威某葡萄酒公司提供担保时未取得威某葡萄酒公司的机关决议以及关于该担保事项的公告、《保证合同》未加盖威某葡萄酒公司、某银行龙口支行的骑缝章等事实，并不能直接证明某银行龙口支行明知威某葡萄酒公司法定代表人王某海超越代表权限，不属于明知公司法定代表人超越权限提供担保的情形，二审法院未参照《全国法院民商事审判工作会议纪要》第20条对此进行分析说理，并就某银行龙口支行对威某葡萄酒公司法定代表人王某海超越权限订立《保证合同》

是否系明知进行认定，并无不当。

其次，《最高人民法院关于适用〈中华人民共和国担保法〉若干问题的解释》第七条规定，"主合同有效而担保合同无效，债权人无过错的，担保人与债务人对主合同债权人的经济损失，承担连带赔偿责任；债权人、担保人有过错的，担保人承担民事责任的部分，不应超过债务人不能清偿部分的二分之一。"《全国法院民商事审判工作会议纪要》第22条规定："债权人根据上市公司公开披露的关于担保事项已经董事会或者股东大会决议通过的信息订立的担保合同，人民法院应当认定有效。"反之，债权人没有根据上市公司公开披露的信息与上市公司订立的担保合同，应当认定无效。当时该规定在无效的后果上，上市公司与一般公司承担的责任没有区别。后在《最高人民法院关于适用〈中华人民共和国民法典〉有关担保制度的解释》起草过程中，才进一步地认识到，上市公司的所有担保事项都必须披露，如果相对人没有根据上市公司公开披露的信息与上市公司订立担保合同，就会损害证券市场上广大股民的权利，该合同应当认定对上市公司不发生效力，上市公司不应承担任何民事责任。故在《最高人民法院关于适用〈中华人民共和国民法典〉有关担保制度的解释》第九条中对上市公司担保无效的后果作出了与《全国法院民商事审判工作会议纪要》第22条不同的规定。根据《最高人民法院关于适用〈中华人民共和国民法典〉时间效力的若干规定》第二条"民法典施行前的法律事实引起的民事纠纷案件，当时的法律、司法解释有规定，适用当时的法律、司法解释的规定"的规定，这一规定不具有溯及力。换言之，民法典施行之前债权人与上市公司订立的担保合同被认定无效的，上市公司应当视情况承担不超过二分之一或者三分之一的民事责任；民法典施行之后债权人与上市公司订立的担保合同被认定对上市公司不发生效力的，上市公司不承担任何民事责任。本案中，威某葡萄酒公司法定代表人王某海以公司名义与某银行龙口支行签订保证合同，并加盖公司印章，虽然某银行龙口支行未对威某葡萄酒公司机关决议事项进行审查，负有主要过错，但威某葡萄酒公司作为一家上市公司，对高管人员及公章使用的管理不规范，对合同无效亦存在相应过错。二审法院据此酌情确定威某葡萄酒公司对主债务人兴某合作社不能清偿部分向某银行龙口支行承担20%的赔偿责任，亦无不当。

综上，威某葡萄酒公司的再审申请不符合《中华人民共和国民事诉讼法》第二百条第二项、第六项规定的情形。本院依照《中华人民共和国民事诉讼法》

第二百零四条第一款、《最高人民法院关于适用〈中华人民共和国民事诉讼法〉的解释》第三百九十五条第二款之规定，裁定如下：

驳回威某葡萄酒股份有限公司的再审申请。

法律法规

《中华人民共和国公司法》（2024年7月1日施行）

第十一条 法定代表人以公司名义从事的民事活动，其法律后果由公司承受。

公司章程或者股东会对法定代表人职权的限制，不得对抗善意相对人。

法定代表人因执行职务造成他人损害的，由公司承担民事责任。公司承担民事责任后，依照法律或者公司章程的规定，可以向有过错的法定代表人追偿。

第十五条 公司向其他企业投资或者为他人提供担保，按照公司章程的规定，由董事会或者股东会决议；公司章程对投资或者担保的总额及单项投资或者担保的数额有限额规定的，不得超过规定的限额。

公司为公司股东或者实际控制人提供担保的，应当经股东会决议。

前款规定的股东或者受前款规定的实际控制人支配的股东，不得参加前款规定事项的表决。该项表决由出席会议的其他股东所持表决权的过半数通过。

《全国法院民商事审判工作会议纪要》（法〔2019〕254号）

17.【违反《公司法》第16条构成越权代表】为防止法定代表人随意代表公司为他人提供担保给公司造成损失，损害中小股东利益，《公司法》第16条对法定代表人的代表权进行了限制。根据该条规定，担保行为不是法定代表人所能单独决定的事项，而必须以公司股东（大）会、董事会等公司机关的决议作为授权的基础和来源。法定代表人未经授权擅自为他人提供担保的，构成越权代表，人民法院应当根据《合同法》第50条关于法定代表人越权代表的规定，区分订立合同时债权人是否善意分别认定合同效力：债权人善意的，合同有效；反之，合同无效。

060 湖北润某工程机械有限公司、郑某钧等买卖合同纠纷案[1]

裁判要旨

法定代表人未经授权擅自为他人提供担保的，构成越权代表，相对人未经合理审查义务的，该担保行为无效。担保合同无效后，如担保人存在印章等内部管理制度不规范等问题，则仍应承担部分担保责任。

实务要点总结

担保行为不是法定代表人所能单独决定的事项，而必须以公司股东（大）会、董事会等公司机关的决议作为授权的基础和来源。法定代表人未经授权擅自为他人提供担保的，构成越权代表。

相关判决

湖北润某工程机械有限公司、郑某钧等买卖合同纠纷民事二审民事判决书
〔（2020）最高法民终1143号〕

上诉人（原审被告）：湖北润某工程机械有限公司。
上诉人（原审被告）：郑某钧。
上诉人（原审被告）：杜某霞。
上诉人（原审被告）：郁某文。
上诉人（原审被告）：水某梅。
上诉人（原审被告）：温某涛。
上诉人（原审被告）：叶某。
上诉人（原审被告）：合肥中某工程机械有限责任公司。
上诉人（原审被告）：陆某洲。
上诉人（原审被告）：麻某云。
被上诉人（原审原告）：厦门厦某机械股份有限公司。
原审被告：商某君。
原审被告：高某。

---

[1] 审理法院：最高人民法院；诉讼程序：再审

上诉人陆某洲、麻某云、合肥中某工程机械有限责任公司（以下简称中某公司）、湖北润某工程机械有限公司（以下简称润某公司）、郑某钧、杜某霞、郁某文、水某梅、温某涛、叶某因与被上诉人厦门厦某机械股份有限公司（以下简称厦门厦某公司）买卖合同纠纷一案，不服福建省高级人民法院（2016）闽民初101号民事判决，向本院提起上诉。本院立案后，依法组成合议庭，公开开庭进行了审理。上诉人润某公司之委托诉讼代理人王大权，上诉人润某公司、郑某钧、杜某霞、郁某文、水某梅、温某涛、叶某之委托诉讼代理人卜某义，上诉人中某公司之委托诉讼代理人程永清、叶青，上诉人陆某洲、麻某云之委托诉讼代理人黄青松，被上诉人厦门厦某公司之委托诉讼代理人黄磊、罗凌云到庭参加诉讼。原审被告商某君、高某经本院合法传唤，无正当理由未到庭参加诉讼，本院依法缺席审理。本案现已审理终结。

上诉人陆某洲、麻某云、合肥中某工程机械有限责任公司（以下简称中某公司）、湖北润某工程机械有限公司（以下简称润某公司）、郑某钧、杜某霞、郁某文、水某梅、温某涛、叶某因与被上诉人厦门厦某机械股份有限公司（以下简称厦门厦某公司）买卖合同纠纷一案，不服福建省高级人民法院（2016）闽民初101号民事判决，向本院提起上诉。本院立案后，依法组成合议庭，公开开庭进行了审理。上诉人润某公司之委托诉讼代理人王大权，上诉人润某公司、郑某钧、杜某霞、郁某文、水某梅、温某涛、叶某之委托诉讼代理人卜某义，上诉人中某公司之委托诉讼代理人程永清、叶青，上诉人陆某洲、麻某云之委托诉讼代理人黄青松，被上诉人厦门厦某公司之委托诉讼代理人黄磊、罗凌云到庭参加诉讼。原审被告商某君、高某经本院合法传唤，无正当理由未到庭参加诉讼，本院依法缺席审理。本案现已审理终结。

润某公司、郑某钧、杜某霞、郁某文、水某梅、温某涛、叶某的上诉请求：1.撤销一审判决，依法裁定将本案发回重审，或直接改判认定润某公司无需偿还案涉全部债务本金145921579.17元及资金占用费，且保证人郑某钧、杜某霞、郁某文、水某梅、温某涛、叶某无需对前述货款债务中的57218839.39元及相应资金占用费的承担连带清偿责任；2.厦门厦某公司承担本案保全费。事实和理由：（一）一审法院程序严重违法。在润某公司已经于法定期限内书面申请追加与厦门厦某公司以及案涉业务存在高度关联性的关联企业厦门海某融资租赁有限公司（以下简称海某公司）为本案第三人参加诉讼，并对案涉货款进行审计的情况下，一审法院简单地以本案中海某公司并非买卖合同当事人且润某公司已多次对账确认货款数额为由，认为并无追加海某公司作为第三人参加诉讼并对讼争货款数额进行审计的必要。一审法院有查明案涉货款真实数额的义务，不能简单依据润某公司每年不得不配合厦门厦某公司例行公事形成的格式化的对账确认单来认定债权债务数额。海某公司系厦门厦某公司的高度关联企业，厦门厦某公司所提起的巨额债务中有很大比例与海某公司有关，在润某公司与厦门厦某公司双方多年长期的合作过程中，海某公司被厦门厦某公司指定在整个业务链条以及提供融资付款等等环节中扮演非常重要的角色。因此，本案事实的查实，必须需要海某公司作为第三人参与诉讼，一审法院不予追加程序严重违法。（二）一审法院依据应收账款确认函所认定查明的债权债务数额有误。具体表现在以下三个方面。1. 润某公司与厦门厦某公司之间合作跨度时间较长，前后签过很多不同的合同，且形成不同的法律关系，合同主体也不尽相同。根据合同的相对性原则，厦门厦某公司不应在同一案件中笼统地将分属不同合同项下的款项争议一并主张。另外，厦门厦某公司主张的债权数额系由不同性质的款项构成，部分性质的款项特别是"商翼行"（含陆某洲）模式下的债权，在厦门厦某公司向融资公司承担回购义务后，不应也无权向共同作为回购义务人的润某公司再主张。（1）润某公司与厦门厦某公司在业务合作中，曾采用"商翼行"、"融翼行"两种模式，其中"商翼行"模式下是厂商（厦门厦某公司）、经销商（润某公司）、与厂商存在高度关联关系的融资公司（海某公司）三方之间签署协议，由厦门厦某公司与润某公司共同向海某公司承担回购还款义务即兜底风险，然后在厦门厦某公司承担回购义务后，海某公司将债权转让给厦门厦某公司，由厦门厦某公司起诉代理经销商润某公司；另外一种"融翼行"模式，则是最终客户、经销商（润某公司）、与厂商存在高度关联关系的融资公司（海某公司）三方之间签署协议，代理经销商承担回购义务即兜底风险。本案中，涉及"商翼行"的债权数额达到 118810000 元，该债权系厦门厦某公司从海某公司融资受让而来，厦门厦某公司在承担回购义务后，润某公司的回购担保义务即告消灭，无需再向海某公司承担任何义务，海某公司也无权将该不存在即已消灭的债权转让给厦门厦某公司，并由厦门厦某公司向润某公司来追偿或主张。该部分的款项应从本次起诉本金中予以扣减，润某公司能查明的回购款为 11754026.40 元，尚需法院列海某公司为第三人才能进一步确认。（2）厦门厦某公司诉请的本金款项中，还包括对于"融翼行"融资方式下基于润某公司的回购担保义务所产生的应还货款 176315000 元。润某公司按照合同约定，承担的仅仅应是一种回购担保责任，是在最终用户不能履约的情况下，厦门厦某公司将风险转嫁给润某公司来承担。这种经营销售模式下，润某公司没有过错的情况下，对润某公司极不公平。即使厦门厦某公司向润某公司主张权利，也应将债权资料完整移交润某公司。2. 对于分期付款项下的未到期债权 21119683.09 元，由于属于尚未到期的债权，不应列入本案起诉；同时，厦门厦某公司主张的案涉债权构成中的部分款项，如果列明具体明细的话，对于比如库存货物货款、2013 年 4 月份发动机为国 2 排放的设备的虚假销售形成的库存积压、强行零配件铺货造成积压货物货款、质量存在问题的机器产生的损失、债权机费用、回购款扩大性损失等等，系厦门厦某公司通过极不公平的格式性的合同条款设置或所谓政策性施压将责任和风险全部转嫁给了润某公司承担，根据合同法关于提供格式性合同一方加大对方责任义务，免除自身责任，排除对方主要权利的，应是无效约定。所以，润某公司认为该部分款项如果是实际损失，也不应由润某公司承担至少也不应由润某公司全部承担，否则严重有违权利义务对等原则，对润某公司是极其不公平的，也是不符合法律规定的。(1) 由润某公司应承担的货款数额，在经双方确认合作关系解除并对账核实确认之后，润某公司可以没有异议；但对于厦门厦某公司起诉的货款中不属于润某公司应承担的当初完全是配合厦门厦某公司作为上市公司的销售业绩的零配件铺货 386.8 万元、整车铺货 1479.7 万元，目前都形成了积压库存，按照厦门厦某公司的计算口径，这部分已产生大量的货款损失及资金占用费，而这些库存目前仍在润某公司的仓库里，货值达到 1866.5 万元。(2) 2013 年 4 月，发动机为国 2 排放的机器设备，按照国家政策一律不准生产，厦门厦某公司为消化这些设备，要求润某公司等全国各地的代理经销商给予配合，虚假销售给润某公司等经销商，并突击开具发票给经销商，形成买断销售和库存。对于这一部分货款以及资金占用费，根本就不应该要求润某公司承担。(3) 由于双方合作关系尚未明确解除或终止，所以部分款项还未到约定的支付日期，因而无法明确计算目前的货款欠款准确数额，这也是润某公司要求厦门厦某公司明确是否诉请解除合作关系的原因所在。截止本案起诉日，分期付款项下的未到期债权达到 21119683.09 元，由于属于尚未到期的债权，不应列入本案起诉，对于未到期债权也更不谈不上资金占用费。(4) 其它还有一些包括质量存在问题的机器产生的损失、债权机费用等等，这些问题的产生均不是润某公司的责任，而是厦门厦某公司自身的责任造成，这一部分损失也不应计算在本次起诉的货款总额当中。(5) 对于担保回购款中的扩大性损失也不应由润某公司来承担。对最终用户回购款的追偿权的诉讼主体是厦门厦某公司，所以厦门厦某公司一直怠于行使向最终用户的追偿权，造成最终用户的偿债风险和履约甚至执行不能的可能性不断加大，这些风险的加大，直接导致回购款损失的扩大并由厦门厦某公司试图转嫁给润某公司承担。3. 厦门厦某公司在并未诉请解除双方合作协议的情况下，没有业务合作终止时间点，尚无法准确核对双方的账目，所以对于是否确认解除合作协议，需要厦门厦某公司在本案中明确；如果明确起诉日双方合作关系即已全部解除，则厦门厦某公司起诉的本金金额145921579.17元也是有误，该巨大的数额缺之明细构成，仅凭所谓的单方面制作要求润某公司配合盖章的《厦某应收账款确认函》，无法真实客观地反映实际的债权本金数额，且事实上该确认函记载的数额也严重超出实际欠款数额。另外，《厦某应收账款确认函》系厦门厦某公司制作的统一格式，并每年按照厦门厦某公司提前打印好的数额要求进行盖章，实际上也不允许代理销售商的润某公司进行任何实质性的变更，这种方式并非双方的真实债务确认。退一步说，假使刨除或者不考虑上面意见中阐述的一些明显不合理且应该扣除的债务数额不谈，按照润某公司内部核算的债权债务本金数额为134838164.29元，比厦门厦某公司诉请的本金也是少了11083414.88元。4. 厦门厦某公司在起诉后至一审开庭期间，与润某公司之间通过多次对账和协商，润某公司又通过现金付款、最终用户移交等等方式抵扣了11083414.88元。所以，目前的实际欠款本金金额，如果确认双方合作协议已终止或解除，则应由双方在法庭组织下再进行仔细地核算并明确，如双方核算不成，应由中立的第三方介入审计核算。5. 厦门厦某公司自身未兑现和履行返还政策，拖欠销售奖励或其它返还款。根据润某公司的测算，应兑现而未兑现的返还、减免和补贴项目等等共计金额18014505.82元，该拖欠的款项应首先从本案查明的债权债务本金中予以冲抵。（三）一审法院所认定支持的厦门厦某公司诉请的高额资金占用费不符合法律规定，货款本金数额本身有误，而且所谓资金占用费形成的原因及责任不全部在润某公司，厦门厦某公司要求润某公司承担不属于润某公司全部责任的资金占用费，明显不公平，也不合法，依法不应支持，至少应大幅度地予以降低核减。同时，即使按照厦门厦某公司的逻辑，其暂计算到截至2016年9月4日的资金占用费与其以公证方式发出的《履行担保责任通知函》中所载明的资金占用费往后顺延计算至2016年9月4日得出的资金占用费也是不一致的。1. 厦门厦某公司起诉的货款本金数额有误，需要查明并准确认定，这是计算厦门厦某公司主张的所谓资金占用费的必要前提。2. 对于资金占用费本身，有很大一部分本金产生的责任不在润某公司，比如上面意见中提到的厦门厦某公司主张的案涉债权构成中的部分款项，比如库存货物货款、强行零配件铺货造成积压货物货款、质量存在问题的机器产生的损失、债权机费用、回购款扩大性损失等等，这些债务本金本身就不是润某公司的责任，相应地其产生的高额资金占用费也不应由润某公司承担。3. 厦门厦某公司在格式合同中设置的高额资金占用费，鉴于润某公司仅仅是代理销售商的身份，其并没有在销售回款后占用这个资金不支付给厦门厦某公司，自始至终无任何实际占用货款资金的事实，厦门厦某公司只是利用这种不平等的合同条款设置，计算产生莫须有的大额资金占用费要求作为代理经销商的润某公司承担，极不平等，应不予支持，至少应予以大幅度地核减降低，否则有违起码的商业合作公平、公正的规则。（四）润某公司与厦门厦某公司之间的法律关系实质是一种受托代理关系，润某公司并非拥有完全自主权的独立的经销商，厦门厦某公司深度地参与甚至直接支配润某公司的经营和管理。基于这一重要的客观事实，在风险的承担上，厦门厦某公司不应将目前的各项全部损失风险都归责和转嫁于润某公司承担，代理人只应在其代理过错范围内向被代理人承担赔偿责任。（五）一审法院对于上诉人中各自然人的担保责任认定有误，各担保人的担保应属于无效担保，不应再承担任何连带清偿责任。1. 本案中厦门厦某公司依据担保承诺函，要求大量的自然人夫妻承担连带保证责任，严重突破了公司应承担有限责任的规定，且签署的是空白承诺函，里面涉及的数额及债权债务截止的时间点，都不是签署担保承诺函时签署的，而是事后厦门厦某公司自己单方面在担保人不知情的情况下填写上去的，并非担保人的真实意思表示，同时为谁担保即被担保人是谁在该格式性的担保承诺函中也不明确，所以该担保承诺函应属于无效担保。2. 就厦门厦某公司所提供的主债务人之外的担保人所签署的担保承诺函内容本身来看，也是严重失真的。3. 保证担保函的部分条款明显是无效约定，违背了担保法司法解释规定的精神。4. 厦门厦某公司提交的担保承诺函约定的最高担保额为 5000 万元，该处 5000 万的数字是事后厦门厦某公司单方面添加的，落款担保人均并不知情，所以即使这份无效的担保承诺函被认定全部有效，各有效签字的担保人也仅应在 5000 万范围内承担保证责任。

厦门厦某公司针对润某公司、郑某钧、杜某霞、郁某文、水某梅、温某涛、叶某上诉辩称，一审法院认定事实清楚，适用法律正确，请求二审法院予以维持。（一）厦门厦某公司与润某公司之间属于买卖关系，而非润某公司主张的委托代理关系。1. 从厦门厦某公司与润某公司《2015年厦某产品经销协议》第5.1条、第5.2条约定以及《2011年厦某产品经销协议》第2.9条约定等可见，润某公司是以自己的名义与客户签订合同，而非接受厦门厦某公司委托对外销售，润某公司向厦门厦某公司支付的款项是货款而非代理费。故从经销协议约定的双方权利义务内容看，厦门厦某公司与润某公司之间是买卖合同关系。2. 从厦门厦某公司与润某公司先后多次对账形成的《厦某应收账款确认函》的内容亦可见，双方亦是对应收货款结算的确认，据此亦可认定双方为买卖合同关系而非委托代理关系。(二) 海某公司并非案涉买卖合同纠纷的当事人，润某公司与海某公司形成独立的合同关系，与案涉协议无关，润某公司亦未提供证据证明海某公司与本案存在关联，故本案无须追加海某公司参加诉讼。(三) 一审判决根据厦门厦某公司提交的证据，已经查清并认定案涉货款、资金占用费的数额。1. 厦门厦某公司自2012年3月起先后五次向润某公司寄送《厦某应收账款确认函》，润某公司确认无误后均在"数据证明无误"处加盖公章，一审判决基于确认函确认主债权金额是正确的。2. 每年度经销协议中均约定润某公司逾期付款支付资金占用费的标准，《厦某应收账款确认函》中亦确定了案涉货款的付款期限，厦门厦某公司主张资金占用费并无不妥。3. 润某公司购买厦门厦某公司产品，厦门厦某公司是基于双方对账结果向润某公司主张权利，厦门厦某公司不存在任何过错。(四) 一审判决对于案涉担保人的担保责任、担保范围已经明确，不存在润某公司、郑某钧、杜某霞、郁某文、水某梅、温某涛、叶某所称担保无效情形。1.《第三方担保书》《担保承诺函》系各方真实意思表示，合法有效，郑某钧、杜某霞、郁某文、水某梅、温某涛、叶某等应当对厦门厦某公司承担担保责任。2. 根据《2012年厦某产品经销协议》第10.1条约定，股东及相关指定人员出具担保承诺函是润某公司与厦门厦某公司协商确定的权利义务内容之一，是双方合作前提，是润某公司作出的承诺。本案中出现了部分保证人签名被鉴定为不是本人签名，过错不在厦门厦某公司，完全是润某公司的违约行为。3.《担保承诺函》与《2012年厦某产品经销协议》记载于同一张A3纸上，润某公司在合作担保协议中加盖了公司公章，润某公司主张被担保人不明确，无事实依据。4.《第三方单位担保书》《担保承诺函》均已对担保责任与担保范围作出明确约定，不存在润某公司主张的担保范围不确定，边际范围无限扩大的情况。

中某公司上诉请求：撤销一审判决第四项，改判驳回厦门厦某公司对中某公司的全部诉讼请求。事实和理由：（一）一审判决关于中某公司担保范围的认定错误。一审中，中某公司主张假设担保成立，则该担保债权的范围也仅是厦门厦某公司2011年度销售给润某公司所产生的债权，一审判决认定"故即使该担保书仅针对《2011年厦某道路机械产品经销协议》项下债务，其担保范围本身也存在超出2011年度债务的可能，更何况，在该担保书中并无明确的担保范围仅局限于2011年债务的意思表示，故对中某公司的上述主张，不予采信"错误。1. 本案现有证据足以证明中某公司担保的是2011年度厦门厦某公司对润某公司享有的债权。《2011年厦某道路机械产品经销协议》第10.7条约定"本协议有效期从2011年1月1日起至2011年12月31日止"，该协议是主合同，《2011年厦某经销合作信用担保协议》是从合同，虽然从合同未约定生效期间，但从主合同第10.3条约定来看，从合同的生效期间也应当与主合同生效期间是一致的，因此，中某公司承担担保责任的时间范围应是"自2011年1月1日至2011年12月31日"。2. 虽然《2011年厦某道路机械产品经销协议》第10.7条约定"本协议期满，若双方未签订新的合同且本合同所述的相关业务尚在继续，则视为双方同意延长该协议有效期并按该协议条款继续履行"，但本案不存在协议期满双方未签订新合同情形，从厦门厦某公司提供的证据来看，自2011年至2015年，厦门厦某公司与润某公司每年均签订厦某产品经销协议，且每年均要求润某公司相关法定代表人、股东及股东配偶提供担保。以上事实足以证明，各年度经销协议及相关担保均是独立存在的，且相关年度之间担保人也不尽相同，因此，不存在经销协议期满后效力延续问题，也就不存在担保期限延长问题。3.《第三方单位担保书》中虽约定保证范围包含"出具本担保书之前乙方所欠贵公司的货款"及"出具本担保书之后乙方在经销贵公司的铲运机械、挖掘机、道路机械、工业车辆、配件等产品业务中所欠贵公司的货款"，但该约定是基于中某公司"认真阅读并知悉贵公司与乙方签订的……等产品的经销协议"，中某公司是在阅读了2011年度经销协议及全部附件后，才签署《第三方单位担保书》的，2012年度经销协议尚未签订，更无法阅读，故中某公司不可能对2012年之后润某公司欠厦门厦某公司的货款承担担保责任。所以中某公司所担保的范围应是出具担保书之前及出具担保书之后的2011年度内润某公司欠厦门厦某公司的货款。退一步说，即使对该条款理解存在争议，也因该《第三方单位担保书》系厦门厦某公司单方印制并广泛重复使用，具有定型化和不可协商性，依法应被认定为格式条款。根据担保法第四十一条之规定，对格式条款有两种以上解释的，应当作出不利于提供格式条款一方的解释，则该条款也应作出对厦门厦某公司不利的解释，即应理解为对案涉 2011 年度的债权提供担保，而不是对案涉 2011 至 2015 年度的债权提供担保。4. 厦门厦某公司与润某公司之间的经销协议及担保协议都是每年一签的，每年度担保的货款金额及担保人均不同，说明各年度的经销协议及相关担保协议均是相互独立的。而中某公司仅为 2011 年度经销协议提供过担保，未再为双方之后的 2012、2013、2014、2015 年度经销协议提供过任何担保。这也进一步印证了中某公司担保的仅是 2011 年度润某公司欠款的事实。（二）一审判决忽略了厦门厦某公司与润某公司恶意串通，损害中某公司利益的事实。1. 根据《2011 年厦某经销合作信用担保协议》第二条第 1 款的约定"乙方承诺在 2011 年 6 月 30 日前提供抵押价值不低于￥万元的资产为其在与甲方业务往来中对甲方所承担的一切责任与义务（包含但不限于乙方与甲方所签订的《协议》及其附件的履行责任与义务）承担担保责任"，但该担保协议签订后，润某公司未提供任何价值的抵押担保，根据担保协议第四条的规定，厦门厦某公司有权采取包括但不限于降低信用额度、取消经销资格等措施。但厦门厦某公司既没有要求润某公司提供抵押担保，也没有采取相应措施，很显然，厦门厦某公司存在与润某公司串通情形，并骗取了中某公司的担保。2. 厦门厦某公司与润某公司签订《2011 年厦某道路机械产品经销协议》的附件有《付款结算管理规定》及《市场退出机制》等规约，其中《付款结算管理规定》第 8.2 条约定"逾期付款管理：……，但已出现逾期付款或存在侵占、截留、挪用甲方的货款时"，甲方有权采取停发样机、解除经销协议等措施；《付款结算管理规定》第 8.3 条约定月度回款逾期率≥60%或月度逾期款占比≥35%时，甲方有权停止乙方的分期销售，有权停止发放样机；根据《市场退出机制》第一条第 1 款约定，润某公司如未能按付款结算、信用销售管理规定履行相关责任，出现逾期付款达到"付款结算管理规定"第 8.3 款约定等行为的，视为乙方自动放弃其经销区域的经销权，甲方有权启动"市场退出机制"，取消润某公司的经销资格进入债权债务清算。中某公司也是基于双方如此严格的约定，才愿意提供担保的。但实际履行过程中，厦门厦某公司并未严格要求润某公司按约定进行履行，而是放任其对润某公司债权的扩大，明显不符合常理，说明双方存在串通情形。3. 厦门厦某公司与润某公司之间签订的 2012 年度至 2015 年度各份产品经销协议分别约定润某公司应提供抵押价值不低于 300 万元、400 万元、400 万元及 400 万元的抵押担保。但实际上，厦门厦某公司并未要求润某公司提供上述抵押担保，这种

"照顾"远远超出双方之间的买卖合同关系。另外，润某公司欠款每年都在大幅增加，厦门厦某公司要求润某公司提供抵押物的价值却自 2013 年开始从未增加，明显存在恶意串通。4. 厦门厦某公司在前述对账函中从没有提到过"资金占用费"，也没有见过厦门厦某公司依据收款管理规定停止发货，或解除与润某公司之间代理协议，从而控制逾期款的扩大；反而在 2013 年 11 月 27 日给中某公司的律师函中提到了资金占用费 19360069.78 元，并提到要起诉中某公司，追究中某公司的责任。5. 对比厦门厦某公司与润某公司签订的 2011 年至 2015 年度经销协议发现，厦门厦某公司存在有意扩大债务的主观意图。（三）厦门厦某公司在履行经销协议及其附件过程中，存在以实际行为变更了相关协议约定的内容，中某公司依法无需承担保证责任。经销协议的附件有《付款结算管理规定》《厦某挖掘机信用销售管理规定》及《市场退出机制》等规约，其中《付款结算管理规定》及《市场退出机制》对润某公司逾期付款情形进行了约定，并约定厦门厦某公司可以停发样机，解除经销协议，取消润某公司经销资格等措施；《厦某挖掘机信用销售管理规定》则对经销级别、对年销售量，及样机额度和应收账款额度均有约定，其中"AAA"级样机额度为 2000 万元，应收账款额度为 1-6 月份 10000 万元，7-12 月份 5000 万元。但厦门厦某公司并未按相关规定进行债权管控，也未按信用管理规定额度进行管理（不论月份自 2011 年 1 月起一直超过 5000 万元）。这很显然是对众多规定的漠视，也是对相关规定的本质变更。根据担保法第二十四条"债权人与债务人协议变更主合同的，应当取得保证人书面同意，未经保证人书面同意的，保证人不再承担保证责任"的规定，中某公司不需要承担保证责任。（四）《第三方单位担保书》依法应为无效，一审判决认定有效系适用法律错误。根据公司法第 16 条规定及最高人民法院"九民会议纪要"第 18 条"善意的认定"的理解，违反公司法第 16 条构成越权代表，人民法院应当区分订立合同时债权人是否善意分别认定合同效力：债权人善意的，合同有效；反之，合同无效。在本案中，因厦门厦某公司在签订《2011 年厦某经销合作信用担保协议》时，并未审查中某公司是否存在股东（大）会或董事会关于担保的有关决议，显然厦门厦某公司系非善意的；且该《第三方单位担保书》亦未经单独或者共同持有中某公司三分之二以上有表决权的股东签字同意，故案涉《第三方单位担保书》显属无效。根据"九民会议纪要"第 20 条"越权担保的民事责任"的理解，担保合同无效，债权人请求公司承担担保责任的，人民法院不予支持。一审法院依据无效的担保合同判令中某公司承担担保责任属适用法律错误。(五)本案存在下述重要事实没有查清的情形。1. 润某公司欠厦门厦某公司货款没有查清。如前所述，双方既存在串通嫌疑，仅以对账函即确定高达亿元债权不可信。厦门厦某公司仍应提供销售合同、产品交付凭证、发票及进账凭证等证据证明双方之间实际销售金额、付款金额及欠款金额，但一审判决没有查清该事实。2. 资金占用费计算混乱，缺乏事实依据。对账函确认的"欠款"实际包括未到期的应收款，一审判决未区分应收款和逾期款，即笼统以相邻年度金额相减数额认定为逾期金额，缺乏事实和法律依据。(六)一审判决尚存在以下问题。1. 遗漏案件当事人。本案中，每年度销售金额、还款金额及逾期金额均不一致，且每年担保人均不尽相同。厦门厦某公司应分年度起诉润某公司及相关担保人，厦门厦某公司未提供2014年度、2015年度担保人信息，也未起诉相关担保人，而是将所有年份形成的债权一并起诉，起诉部分担保人，遗漏部分担保人，且未起诉部分担保人与被起诉担保人所担保的并非是同一主合同债权，存在承担责任的部分担保人，在无法向润某公司追偿后，亦无法向其他共同担保人追偿的问题。故原一审存在遗漏案件必要当事人的情形。2. 放弃物的担保部分，未从其他担保人担保责任中予以核减。本案中，根据润某公司与厦门厦某公司签订的2013至2015年度经销协议第10.2条的约定，润某公司应提供400万元的抵押担保，还约定如润某公司存在异常付款，则厦门厦某公司有权要求润某公司追加资产抵押，同时2015年度经销协议第10.3条还约定"乙方将敦促持有乙方单位股权的股东，将所持有的股权向甲方办理质押手续"，据查润某公司各股东股权价值500万元。针对上述约定，厦门厦某公司既未要求润某公司提供400万元抵押担保，也未要求润某公司股东提供500万元股权质押担保，根据我国担保法第二十八条第二款之规定，各担保人在厦门厦某公司放弃权利范围内免除保证责任。但一审判决忽略了这一问题。

　　厦门厦某公司针对中某公司的上诉辩称，一审法院判决中某公司应当承担担保责任正确，请求二审法院予以维持。(一)润某公司未提供公司股东会或者董事会决议并不影响担保效力，《第三方单位担保书》对中某公司具有约束力。1. 润某公司出具的担保书上记载法定代表人沈某霞的签字与公司盖章，且于一审中对公司公章的真实性予以认可，故担保书系润某公司的真实意思表示，合法有效。2.《中华人民共和国公司法》第十六条规定不属于效力性强制性规定，公司对外担保未出具股东会或者董事会决议，不影响担保效力。更何况本案中中某公司章程对公司对外担保事宜没有任何限制。3. 基于上述两点，厦门厦某公司对于中某公司的担保事宜是善意的。4. 2011 年中某公司出具担保书后，中某公司即与厦门厦某公司形成担保关系，厦门厦某公司于 2013 年及 2015 年向中某公司寄送律师函主张担保责任。本案之前，中某公司从未对担保事项提出异议或主张，应视为对担保事宜已知晓并认可。（二）中某公司在《第三方单位担保书》中明确其认真阅读并知悉了厦门厦某公司与润某公司签订的经销协议，承诺对出具该担保书之前、之后润某公司拖欠的货款均承担担保责任，而不仅限于 2011 年。（三）厦门厦某公司与润某公司签订经销协议，依约提供产品，先后多次与润某公司对账，后者出具《厦某应收账款确认函》，均确认数据无误。中某公司主张厦门厦某公司与润某公司恶意串通损害中某公司利益，无事实依据。

  陆某洲、麻某云上诉请求：撤销一审判决第二项，改判驳回厦门厦某公司对陆某洲、麻某云的全部诉讼请求。事实和理由：（一）一审判决认定事实错误。1. 一审判决以 2012 年的《担保承诺函》认定陆某洲、麻某云承担最高额 5000 万元范围内的担保责任系认定事实错误。（1）2012 年《担保承诺函》担保的应当是 2012 年度经销协议项下的货款。担保人签署《担保承诺函》时，《担保承诺函》首页内容为空白，当时厦门厦某公司称是对当年度的债务承担担保责任，但厦门厦某公司提供的《担保承诺函》首页却写明担保期限至 2016 年 12 月 31 日，这并不符合双方之间的交易习惯。一审判决以"有多方担保人签字，若合同重要条款处空白，各担保人却不持异议，与常理不符"为由，对陆某洲的鉴定申请不予准许，直接导致无法查明案件事实。（2）《担保承诺函》作为 2012 年度经销协议的附件，显然是担保 2012 年的债务，2012 年经销协议有效期限至 2012 年 12 月 31 日，因此，《担保承诺函》担保的也只能是 2012 经销年度发生的债务。（3）保证责任是严格责任，应当符合法律规定的条件和形式，而不应直接推论，一审判决仅以《担保承诺函》与 2012 年《厦某经销合作担保协议》在一张 A3 纸上为由，认定被担保人为湖北润某公司，系认定事实错误。2012 年《担保承诺函》未明确被担保人。根据该份《担保承诺函》，被担保人处为空白，且润某公司是在担保人处签章，这说明润某公司并非是被担保人。因此，陆某洲、麻某云依法无需为润某公司承担担保责任。（4）陆某洲在 2013 年已经退出润某公司经营，而一审法院据以判决其承担责任的《担保承诺函》中担保期限却到 2016 年 12 月 31 日，陆某洲、麻某云在 2013 年之后已经无任何担保利益，不可能担保此后至 2016 年的债务，显然该份《担保承诺书》内容不合常理。2. 一审判决认为陆某洲、麻某云是否退出润某公司与其承担担保责任无关，系认定事实错误。根据厦门厦某公司提供的日期为 2012 年的《厦某经销合作担保协议》第 2 条，退出股东需书面向甲方提出免除自身担保责任的申请，经甲方书面确认，方可免除其担保责任。本案中，厦门厦某公司于 2013 年 1 月 1 日与润某公司股权变更后的所有股东重新签订了《担保承诺函》，且担保人陆某洲与郑某钧也于同日签订了一份《协议》，这应当视为厦门厦某公司对免除陆某洲及其配偶担保责任的书面确认。陆某洲、麻某云提交的相应《股权转让协议》《协议书》及《企业变更通知书》足以证明陆某洲已经退出并且已经得到厦门厦某公司确认，一审判决以该组证据与本案担保责任的认定无关，直接不予采纳，是认定事实错误。3. 一审判决认定 2011 年麻某云向厦门厦某公司出具《担保书》与事实不符。厦门厦某公司将 2011 年的《担保书》作为补充证据二提交，拟证明中某公司承诺对债务人应当支付的款项承担连带保证责任。但麻某云在一审审理过程中已经申请对该组证据中"麻某云"是否系其本人所签订进行鉴定，一审法院以"与待证事实无关"为由，对鉴定申请不予批准。一审法院在未批准麻某云申请对笔迹鉴定的情况下直接认定麻某云出具了《担保书》，显然是认定事实错误。（二）一审判决未查明本案基本事实。1. 一审判决未查明主债权金额。首先，厦门厦某公司主张的欠款应提供相应的销售明细及还款明细，包括销售合同签订日期、台数、金额及开票情况，以佐证欠款的构成。其次，确认函确认的金额与双方实际销售情况不符。2. 一审判决未查明各年度的实际欠款金额。一审法院在计算资金占用费及郑某钧等应承担的责任时，均直接采取简单的减法来确定各年度欠款，但忽略了润某公司在各年度均有还款，2013 年之前的款项至今可能已经所欠无几，而根据一审判决的计算方法，2013 年 4 月 10 日对账确定的截止 2013 年 3 月 31 日的应付货款 88702739.78 元至今一分未还，这显然与事实不符。3. 一审法院对资金占用费是否应付及应付金额未予查清，一审判决认定的资金占用费没有事实依据。（1）支持资金占用费没有依据。根据厦门厦某公司提交的对账单，对账单中从未提及资金占用费，应当视为厦门厦某公司对资金占用费的放弃。（2）一审判决资金占用费的计算方式没有依据。一审法院在计算资金占用费时，直接以本年度欠款减去上年度欠款作为本年度新增欠款，同时以此为标准计算资金占用费，该种计算方式无任何依据。首先，承前所述，厦门厦某公司在确定应收账款付款时间时，并非依据经销协议约定的付款时间，而是在销售 9 日后，将所有销售确定为应收款，这样直接导致提前计算了资金占用费。其次，在双方协议履行过程中，虽一直有新增应付款，但润某公司也有还款，一审法院采取简单的对账单金额相减来确认新增货款数额并按照该年度经销协议约定的资金占用费标准计算资金占用费显然没有事实依据。（三）一审判决适用法律错误。厦门厦某公司与润某公司多次变更了经销协议的内容且未经陆某洲、麻某云确认，一审法院依据担保法第十四条、第十八条、第二十一条判决陆某洲、麻某云承担保证责任系适用法律错误。本案中，一审判决据以认定陆某洲、麻某云承担保证责任的依据为 2012 年《担保承诺函》，但 2012 年的担保承诺函为 2012 年度《厦某产品经销协议》的附件，后续厦门厦某公司与湖北润某公司多次变更并重新签订了《厦某产品经销协议》。显然在 2012 年之后，厦门厦某公司与润某公司多次重新签订《厦某产品经销协议》的行为实质上变更了原 2012 年经销协议的内容，该变更并未经上诉人书面确认，依据担保法第二十四条"债权人与债务人协议变更主合同的，应当取得保证人书面同意，未经保证人书面同意的，保证人不再承担保证责任"的规定，陆某洲、麻某云不需要承担保证责任。（四）一审诉讼程序违法。在一审审理过程中，陆某洲申请对 2012 年的《担保承诺函》正文手写部分进行形成时间鉴定，但一审法院以"与常理不符"为由对鉴定申请不予准许，通过鉴定完全可以查明当时签字时《担保承诺函》是否为空白，但一审法院却采用推论的方式剥夺了陆某洲、麻某云申请鉴定的权利，程序严重违法。

厦门厦某公司针对陆某洲、麻某云的上诉辩称，（一）陆某洲、麻某云主张不应承担 5000 万元的担保责任、担保协议中被担保人不明确、陆某洲 2013 年退出公司后无需对之后产生的债务承担担保责任，均无事实依据。1. 陆某洲、麻某云 2012 年出具的《担保承诺函》承诺为润某公司《担保承诺函》出具之前及《担保承诺函》出具时至 2016 年 12 月 31 日前与厦门厦某公司业务往来中对厦门厦某公司所要支付的一切责任与义务，在 5000 万元最高担保额范围内承担连带保证责任。《担保承诺函》中不存在条款约定二人的担保范围仅限于 2012 年度经销业务产生的货款等费用。2.《2012 年厦某经销合作担保协议》中盖有润某公司公章，该担保协议与《担保承诺函》在同一张 A3 纸上，被担保人明确，陆某洲等人对协议内容有异议，应承担相应的举证责任。3. 陆某洲在担保承诺函中明确承诺对于承诺函出具之前、之后润某公司的债务均承担担保责任，并未以股东身份为前提提出任何保留性的承诺。即使其存在退股的情形，其也未按照《2012 年厦某经销合作担保协议》第二条的约定申请免除其担保责任。故陆某洲于 2013 年退出润某公司，不影响其对退出之后产生的债务承担担保责任。

(二) 一审判决认定的债权证据充足、符合客观事实，厦门厦某公司与润某公司多次对账，账目金额真实、清楚，润某公司无法提供证据证明案涉主债权、资金占用费计算有误，应当予以驳回。1. 根据 2011 年经销协议的《付款结算管理规定》第 11 条约定，回款考核周期与对账周期并非一致，厦门厦某公司依约与润某公司对账并不违反协议约定，对于对账的行为，润某公司从未提出异议。润某公司在《厦某应收账款确认函》中均确认了各期度的欠款，一审判决以最后一份确认函认定润某公司拖欠货款本金是完全正确的。2. 2013 年经销协议附件《付款结算管理规定》第 8.2 条约定了资金占用费标准，一审法院基于协议约定认定资金占用费是正确的。（三）麻某云在两份《担保承诺函》中均有担保承诺，一审判决认定其承担担保责任是正确的。

厦门厦某公司向一审法院诉讼请求：1. 润某公司向厦门厦某公司支付截止至 2016 年 6 月 30 日所欠的货款 145921579.17 元；2. 润某公司向厦门厦某公司支付资金占用费（从 2012 年 3 月 31 日暂计至 2016 年 9 月 4 日为 51595054.19 元，应计至实际付清全部货款之日）；3. 郑某钧、杜某霞、郁某文、水某梅、陆某洲、麻某云、商某君、温某涛、叶某、高某、中某公司对上述全部货款及资金占用费承担连带清偿责任；4. 润某公司、郑某钧、杜某霞、郁某文、水某梅、陆某洲、麻某云、商某君、温某涛、叶某、高某、中某公司承担本案的诉讼费用。庭审中，厦门厦某公司变更上述第二项诉讼请求为：判令润某公司向厦门厦某公司支付资金占用费（从 2012 年 3 月 31 日暂计至 2016 年 9 月 4 日为 70993771.31 元，自 2016 年 9 月 5 日起，71661994 元按日万分之四计算资金占用费至实际付款之日，45273133 元按日万分之五计算资金占用费至实际付款之日，28986452.17 元按日万分之二计算资金占用费至实际付款之日）。明确上述第四项诉讼请求中的诉讼费用包含 5000 元保全费。

一审法院认定以下事实：（一）经销协议签订情况

2011 年 1 月 1 日，厦门厦某公司与润某公司签订《2011 年厦某道路机械产品经销协议》，协议约定：厦门厦某公司授权润某公司 2011 年度在规定的区域（按国家行政区域划分）经销厦门厦某公司道路机械产品。润某公司应按厦门厦某公司要求及时将货款支付厦门厦某公司，具体规定详见本协议之附件 3《付款结算管理规定》。本协议有效期从 2011 年 1 月 1 日起至 2011 年 12 月 31 日止。附件 3《付款结算管理规定》对产品定价、付款约定、回款考核、回款核销等进行了约定。其中第 4 条约定资金占用费：润某公司逾期付款的，逾期付款金额从逾期之日起以每日万分之四向厦门厦某公司支付资金占用费。

2012年1月1日，厦门厦某公司与润某公司签订《2012年厦某产品经销协议（道路机械部分）》，协议约定：厦门厦某公司授权润某公司2012年度在湖北省恩施）区域经销厦门厦某公司道路机械产品。润某公司应按厦门厦某公司要求及时将货款支付厦门厦某公司，具体规定详见本协议之附件4《付款结算管理规定》。本协议有效期从2012年1月1日起至2012年12月31日止。附件4《付款结算管理规定》对产品定价、付款约定、记账标准、回款考核、回款核销等进行了约定，其中第4条约定资金占用费：润某公司逾期付款的，逾期付款金额从逾期之日起以每日万分之四向厦门厦某公司支付资金占用费。

2013年1月1日，厦门厦某公司与润某公司签订《2013年厦某产品经销协议》，协议约定：厦门厦某公司授权润某公司2013年度在湖北全省区域经销厦门厦某公司挖掘机产品，整机销售任务数160台。在湖北区域经销厦门厦某公司道路机械产品，整机销售任务数15台。润某公司应按厦门厦某公司要求及时将货款支付厦门厦某公司，润某公司同意严格遵守厦门厦某公司制定的《付款结算管理规定》，《付款结算管理规定》由厦门厦某公司另行通知润某公司。本协议有效期从2013年1月1日起至2013年12月31日止。附件4《付款结算管理规定》对产品定价、付款约定、记账标准、回款考核、回款核销等进行了约定，其中第8.2条约定资金占用费：润某公司逾期付款的，逾期付款金额从逾期之日起以每日万分之五向厦门厦某公司支付资金占用费。

2014年1月1日，厦门厦某公司与润某公司签订《2014年厦某产品经销协议》，协议约定：厦门厦某公司授权润某公司为其2014年度经销商，授权经销产品及与经销区域详见《2014年厦某产品经销商务协议》。润某公司同意严格遵守厦门厦某公司《付款结算管理规定》（见附件4），并按付款结算约定及时将货款支付给厦门厦某公司。本协议有效期从2014年1月1日至2014年12月31日止。附件4《付款结算管理规定》对产品定价、付款约定、记账标准、回款考核、回款核销等进行了约定，其中第8.2条约定资金占用费：润某公司逾期付款的，逾期付款金额从逾期之日起以每日万分之五向厦门厦某公司支付资金占用费。

2015年1月1日，厦门厦某公司与润某公司签订《2015年厦某产品经销协议》，协议约定：厦门厦某公司授权润某公司为厦门厦某公司2015年度经销商，授权经销产品与经销区域详见《2015年厦某产品经销商务协议》。润某公司同意严格遵守厦门厦某公司《付款结算管理规定》，并按付款结算约定及时将货款支付给厦门厦某公司。本协议有效期从 2015 年 1 月 1 日至 2015 年 12 月 31 日止。附件 4《付款结算管理规定》对产品定价、付款约定、记账标准、回款考核、回款核销等进行了约定，其中第 8.2 条约定资金占用费：润某公司逾期付款的，逾期付款金额从逾期之日起以每日万分之二向厦门厦某公司支付资金占用费。

上述 2011 年-2015 年的《厦某产品经销协议》均约定，本协议期满，若双方未签订新的合同且本合同所述的相关业务尚在继续，则视为双方同意延长该协议有效期并按该协议的条款继续履行；同时不影响厦门厦某公司对润某公司及相关担保人的债权追索权。

（二）应收账款对账情况

2012 年 1 月 12 日，厦门厦某公司向润某公司发出《厦某应收账款确认函》，载明截至 2011 年 12 月 31 日，润某公司（含润某公司承诺承担连带还款责任的下属分公司、子公司、直销客户等与厦门厦某公司的往来业务）应付厦门厦某公司货款 52683395.29 元。润某公司在"数据证明无误签章"处盖章确认。

2012 年 4 月 9 日，厦门厦某公司向润某公司发出《厦某应收账款确认函》，载明截至 2012 年 3 月 31 日，润某公司（含润某公司承诺承担连带还款责任的下属分公司、子公司、直销客户等与厦门厦某公司的往来业务）应付厦门厦某公司货款 71661994 元。润某公司在"数据证明无误签章"处盖章确认。

2013 年 4 月 10 日，厦门厦某公司向润某公司发出《厦某应收账款确认函》，载明截至 2013 年 3 月 31 日，润某公司（含润某公司承诺承担连带还款责任的下属分公司、子公司、直销客户等与厦门厦某公司的往来业务）应付厦门厦某公司货款 88702739.78 元。润某公司在"数据证明无误签章"处盖章确认。

厦门厦某公司向润某公司发出《厦某应收账款确认函》，载明截至 2014 年 3 月 31 日，润某公司（含润某公司承诺承担连带还款责任的下属分公司、子公司、直销客户等与厦门厦某公司的往来业务）应付厦门厦某公司货款 116935127 元。润某公司在后附《往来账户调节表》中对应付款项金额进行调整，确认调整后金额为 116794305.5 元，并加盖公章。

2015 年 4 月 13 日，厦门厦某公司向润某公司发出《厦某应收账款确认函》，载明截至 2015 年 3 月 31 日，润某公司（含润某公司承诺承担连带还款责任的下属分公司、子公司、直销客户等与厦门厦某公司的往来业务）应付厦门厦某公司货款 127473440.04 元。润某公司在"数据证明无误签章"处盖章确认。

2016 年 7 月 15 日，厦门厦某公司向润某公司发出《厦某应收账款确认函》，载明截至 2016 年 6 月 30 日，润某公司（含润某公司承诺承担连带还款责任的下属分公司、子公司、直销客户等与厦门厦某公司的往来业务）应付厦门厦某公司货款 145921579.17 元。润某公司在"数据证明无误签章"处盖章确认。

（三）保证担保情况

2011 年，陆某洲、麻某云、郑某钧、杜某霞、高某、温某涛、叶某、郁某文、水某梅、商某君等人向厦门厦某公司出具《担保书》，承诺为润某公司在与厦门厦某公司业务往来中对厦门厦某公司所承担的一切责任与义务承担连带责任保证担保。保证范围包含但不限于：1. 出具本担保书之前润某公司所欠厦门厦某公司的货款；2. 出具本担保书之后润某公司在经销厦门厦某公司的铲运机械、挖掘机、道路机械、工业车辆、配件等产品业务中所欠贵公司的货款。保证责任期间为自润某公司对厦门厦某公司所负债务的履行期限届满之日起三年。

同年，中某公司向厦门厦某公司出具《第三方单位担保书》，承诺为润某公司在与厦门厦某公司业务往来中对厦门厦某公司所承担的一切责任与义务承担连带责任保证担保。保证范围包含但不限于：1. 出具本担保书之前润某公司所欠厦门厦某公司的货款；2. 出具本担保书之后润某公司在经销厦门厦某公司的铲运机械、挖掘机、道路机械、工业车辆、配件等产品业务中所欠贵公司的货款。保证责任期间为自润某公司对厦门厦某公司所负债务的履行期限届满之日起三年。

2012 年，陆某洲、麻某云、郑某钧、杜某霞、郁某文、水某梅、商某君、温某涛、高某向厦门厦某公司出具一份《担保承诺函》，承诺自愿为润某公司在出具本担保承诺函之前以及出具本承诺函时至 2016 年 12 月 31 日前与厦门厦某公司业务往来中对厦门厦某公司所承担的一切责任和义务（包含但不限于润某公司与厦门厦某公司所签订经销协议及其附件中润某公司应当履行的责任与义务以及润某公司在双方业务往来中所承担的所有债务）承担最高额担保责任。担保方式为连带责任保证。最高担保额为 5000 万元。担保责任期间：自润某公司总债务额确定之日起 5 年。润某公司总债务额于上述约定期间届满或其与贵公司的合作终止之日起确定（总债务额包括但不限于约定期间内润某公司未履行或未完全履行的到期债务余额及确定总债务时未到期的债务）。担保范围：涵盖润某公司所经销的厦门厦某公司的铲运机械（装载机）、挖掘机、道路机械、工业车辆、配件等产品业务及与贵公司在业务往来中所承担的所有债务，包括但不限于：1. 出具本担保承诺函之前润某公司所欠贵公司的货款、违约金、资金占用费、贴息、银行费用及厦门厦某公司实现债务的费用等；2. 出具本担保承诺函时至 2016 年 12 月 31 日期间润某公司在经销厦门厦某公司的产品业务中或与厦门厦某公司在业务往来中所欠的货款、违约金、资金占用费、贴息、银行费用及厦门厦某公司实现债权的费用等。

2013 年 1 月 1 日，郑某钧、杜某霞、郁某文、水某梅、温某涛、叶某向厦门厦某公司出具一份《担保承诺函》，承诺自愿按本担保承诺函所作的承诺为润某公司向厦门厦某公司提供连带责任保证担保。同时，自愿为厦门厦某公司的回购担保责任提供反担保，反担保的形式为连带责任保证担保。回购担保责任是指厦门厦某公司为润某公司，或为润某公司以按揭、融资租赁等信用销售方式的客户，向银行、保险公司、融资租赁公司、担保公司等信用销售合作的第三方所提供的回购、垫付等形式的担保责任。担保范围为：1. 签署本担保承诺函之前润某公司与厦门厦某公司业务往来中对厦门厦某公司所承担的一切责任与义务，以及本担保承诺函签署之后润某公司与厦门厦某公司业务往来中对厦门厦某公司所承担的一切责任与义务，该责任与义务包括润某公司所欠厦门厦某公司的货款、违约金、资金占用费、贴息、银行费用及厦门厦某公司实现债权的费用等；2. 厦门厦某公司因履行回购担保责任而支付的所有款项，包括回购款、垫付款、违约金、利息、实现相关债权的费用等。保证期间为主债务履行期届满之日起三年。

厦门厦某公司分别于 2013 年 11 月 28 日、2015 年 10 月 19 日通过 EMS 快递向中某公司法定代表人沈某霞寄送律师函，要求中某公司按照讼争《第三方单位担保书》的约定，对厦门厦某公司承担保证责任。

（四）其他情况

本案审理过程中，一审法院依厦门厦某公司的申请，于 2016 年 11 月 30 日作出（2016）闽民初 101 号民事裁定，裁定查封、冻结、扣押润某公司、郑某钧、杜某霞、郁某文、水某梅、陆某洲、麻某云、商某君、温某涛、叶某、高某、中某公司名下总金额相当于 158626844.25 元的资产（其中陆某洲、麻某云、商某君、高某的保全金额以 5000 万元为限）。厦门厦某公司为此缴纳财产保全费 5000 元。

一审法院认为，本案争议焦点为：（一）厦门厦某公司与润某公司之间的法律关系的性质；（二）润某公司尚欠厦门厦某公司的货款及资金占用费数额，包括是否应追加海某公司作为第三人参加诉讼及是否应就讼争货款数额进行审计；（三）郑某钧、杜某霞、郁某文、水某梅、陆某洲、麻某云、商某君、温某涛、叶某、高某、中某公司是否应承担保证责任。认定如下：

（一）关于厦门厦某公司与润某公司之间法律关系的性质问题

一审法院认为，厦门厦某公司与润某公司签订的一系列经销协议均约定：润某公司应按厦门厦某公司要求及时支付货款，应在向厦门厦某公司申报成交时提交开票申请，润某公司逾期付款还应支付资金占用费。从双方之间多次对账形成的《厦某应收账款确认函》的内容看，亦是对货款的结算确认。故讼争经销协议的性质应为买卖合同。润某公司关于其与厦门厦某公司之间系委托代理关系的主张，缺乏事实依据，不予采信。

（二）关于润某公司尚欠厦门厦某公司的货款及资金占用费的数额问题，包括是否应追加海某公司作为第三人参加诉讼及是否应就讼争货款数额进行审计的问题

一审法院认为，厦门厦某公司与润某公司在2012年至2016年先后六次对账，对历年的应收账款余额进行了确认，截至2016年6月30日，润某公司尚欠厦门厦某公司的货款数额为145921579.17元。润某公司对《厦某应收账款确认函》中其公章的真实性不持异议，但辩称该确认函系迫于厦门厦某公司与其之间的不平等地位，为配合厦门厦某公司财务做账需要而签订，并非真实的欠款数额，但从双方对截止2014年3月31日的货款对账情况看，润某公司对应收账款数额有权进行核减调整，润某公司的上述主张，与事实不符，不予采信，《厦某应收账款确认函》应视为双方真实意思表示。厦门厦某公司根据2016年7月15日《厦某应收账款确认函》，向润某公司主张支付截至2016年6月30日的应付货款145921579.17元，依据充分，应予支持。海某公司并非本案讼争买卖合同的当事人，润某公司作为买受人，应自行承担已付款的举证责任，且厦门厦某公司与润某公司之间已多次对账确认货款数额，并无追加海某公司作为第三人参加诉讼以查清付款情况或对讼争货款数额进行审计的必要。

在厦门厦某公司与润某公司的所有经销协议中，均约定润某公司逾期付款的，从逾期之日起向厦门厦某公司支付资金占用费。双方历次对账，应视为厦门厦某公司向润某公司催讨货款，故厦门厦某公司主张自对账截止日起按照当年度约定的资金占用费计算标准计算当期新增货款的资金占用费，依据充分，该院依法予以支持。厦门厦某公司与润某公司在2016年虽未签订经销协议，但根据《2015年厦某产品经销协议》的约定，协议期满，若双方未签订新的合同且本合同所述的相关业务尚在继续，则视为双方同意延长该协议有效期并按该协议的条

款继续履行，故对于 2016 年对账新增货款的资金占用费计算标准应延用 2015 年经销协议的约定，即按照每日万分之二的标准计算。由于润某公司对《厦某应收账款确认函》中截止 2014 年 3 月 31 日的应付货款数额进行了核减，在厦门厦某公司无证据证明润某公司核减有误的情况下，该院对润某公司核减后确认的货款数额 116794306 元予以照准。据此计算：

1. 截至 2012 年 3 月 31 日，润某公司尚欠厦门厦某公司的货款为 71661994 元，该部分货款的资金占用费自 2012 年 3 月 31 日起按照每日万分之四的标准计至实际还清之日止；

2. 截至 2013 年 3 月 31 日，润某公司尚欠厦门厦某公司的新增货款为 17040745.78 元（88702739.78 元 - 71661994 元），该部分货款的资金占用费自 2013 年 3 月 31 日起按每日万分之五的标准计至实际还清之日止；

3. 截至 2014 年 3 月 31 日，润某公司尚欠厦门厦某公司的新增货款为 28091566.22 元（116794306 元 - 88702739.78 元），该部分货款的资金占用费自 2014 年 3 月 31 日起按每日万分之五的标准计至实际还清之日止；

4. 截至 2015 年 3 月 31 日，润某公司尚欠厦门厦某公司的新增货款为 10679134.04 元（127473440.04 元 - 116794306 元），该部分货款的资金占用费自 2015 年 3 月 31 日起按每日万分之二的标准计至实际还清之日止；

5. 截至 2016 年 6 月 30 日，润某公司尚欠厦门厦某公司的新增货款为 18448139.13 元（145921579.17 元 - 127473440.04 元），该部分货款的资金占用费自 2016 年 6 月 30 日起按每日万分之二的标准计至实际还清之日止。

（三）关于郑某钧、杜某霞、郁某文、水某梅、陆某洲、麻某云、商某君、温某涛、叶某、高某、中某公司是否应承担保证责任的问题。

1. 关于陆某洲、麻某云、商某君、高某的担保责任认定问题

一审法院认为，陆某洲、麻某云、商某君、高某在 2012 年向厦门厦某公司出具了《担保承诺函》，承诺为润某公司在出具本担保承诺函之前以及出具本承诺函时至 2016 年 12 月 31 日前与厦门厦某公司业务往来中对厦门厦某公司所承担的一切责任与义务（包括但不限于润某公司与厦门厦某公司所签订经销协议及其附件中润某公司应当履行的责任与义务以及润某公司在双方业务往来中所承担的所有债务），在 5000 万元最高担保额范围内承担连带保证责任。具体担保范围包括货款、违约金、资金占用费、贴息、银行费用及厦门厦某公司实现债权的费用等。担保责任期间自润某公司总债务额确定之日起 5 年。润某公司的总债务额

在上述约定期间届满或润某公司与厦门厦某公司合作终止之日起确定。该《担保承诺函》系各方真实意思表示，未违反法律、行政法规的强制性规定，合法有效。本案讼争货款是截止2016年6月30日润某公司尚欠厦门厦某公司货款总额，属于上述《担保承诺函》约定的保证范围，厦门厦某公司在2016年9月18日提起本案诉讼，诉请陆某洲、麻某云、商某君、高某承担担保责任，并未超出担保期间。但由于上述《担保承诺函》为最高额保证合同，故陆某洲、麻某云、商某君、高某仅在5000万元范围内对本案讼争货款及资金占用费承担连带保证责任。

2. 关于郑某钧、杜某霞、郁某文、水某梅、温某涛、叶某的保证责任认定问题

一审法院认为，郑某钧、杜某霞、郁某文、水某梅、温某涛、叶某在2013年1月1日出具《担保承诺函》，承诺为担保函出具之前润某公司与厦门厦某公司业务往来中对厦门厦某公司所承担的一切责任与义务，以及本担保承诺函签署之后润某公司与厦门厦某公司业务往来中对厦门厦某公司所承担的一切责任与义务，包括货款、违约金、资金占用费、贴息、银行费用及厦门厦某公司实现债权的费用承担连带保证责任。保证期间为主债务履行期限届满之日起三年。现润某公司未依约支付货款，郑某钧、杜某霞、郁某文、水某梅、温某涛、叶某作为保证人应对货款及资金占用费承担相应的保证责任。但对于厦门厦某公司与润某公司于2013年4月10日对账确认的截止2013年3月31日的应付货款88702739.78元，应自2013年4月1日起算保证期间，厦门厦某公司至迟应在2016年4月1日前向郑某钧、杜某霞、郁某文、水某梅、温某涛、叶某主张保证责任，但厦门厦某公司至2016年9月18日提起本案诉讼，对上述担保人主张权利，就该部分债务而言已过保证期间，上述担保人就该部分债务依法不承担保证责任。故郑某钧、杜某霞、郁某文、水某梅、温某涛、叶某依法应对讼争货款中57218839.39元的部分（截止2016年6月30日应付货款145921579.17元-截止2013年3月31日应付货款88702739.78元）及相应的资金占用费承担连带保证责任。

3. 关于中某公司的保证责任问题

一审法院认为，中某公司在2011年出具《第三方单位担保书》一份，承诺为出具本担保书之前润某公司欠厦门厦某公司的货款及出具本担保书后润某公司在销售厦门厦某公司的铲运机械、挖掘机、道路机械、工业车辆、配件等产品业务中所欠公司的货款承担保证责任。保证期间为润某公司对厦门厦某公司所负债

务的履行期限届满之日起三年。该《第三方单位担保书》系中某公司真实意思表示，不违反法律、行政法规的强制性规定，合法有效。中某公司主张该《第三方单位担保书》系《2011年厦某经销合作信用担保协议》的组成部分，该担保书中关于"出具本担保书之前……及出具本担保书之后……"的约定只局限于2011年度范围内的货款债务。但根据《2011年厦某道路机械产品经销协议》的约定，协议期满，若双方未签订新的合同且本合同所述的相关业务尚在继续，则视为双方同意延长该协议有效期并按该协议条款继续履行。故即使该担保书仅针对《2011年厦某道路机械产品经销协议》项下债务，其担保范围本身也存在超出2011年度债务的可能，更何况，在该担保书中并无明确的担保范围仅局限于2011年债务的意思表示，故对中某公司的上述主张，不予采信。本案中，厦门厦某公司与润某公司第一次对账确认的是截至2011年12月31日的货款，中某公司对该部分货款的保证期间应从2011年12月31日起算三年，即对于第一次对账的货款，厦门厦某公司应在2014年12月31日前向中某公司主张担保责任；而厦门厦某公司与润某公司最后一次对账确认的是截至2016年6月30日的货款，中某公司对该部分货款的保证期间应从2016年6月30日起算三年。《第三方单位担保书》出具之后，厦门厦某公司在2013年11月28日向中某公司发出律师函，要求其对截至2013年11月27日的货款及资金占用费承担保证责任；又于2015年10月19日向中某公司发出律师函，要求其对截至2015年6月30日的货款及资金占用费承担保证责任；又于2016年9月18日提起本案诉讼，要求中某公司对截至2016年6月30日的货款及资金占用费承担保证责任，故厦门厦某公司的主张并未超出中某公司的保证期间及诉讼时效，于法有据，应予支持。但根据《第三方单位担保书》的约定，中某公司仅对货款承担保证责任，故厦门厦某公司要求其对相应的资金占用费承担责任，依据不足，不予支持。

综上所述，厦门厦某公司与润某公司签订的经销协议、《厦某应收账款确认函》系各方当事人真实意思表示，其内容不违反法律、行政法规的强制性规定，合法有效。润某公司未及时支付货款，已构成违约，应承担相应的违约责任。郑某钧、杜某霞、郁某文、水某梅、陆某洲、麻某云、商某君、温某涛、叶某、高某、中某公司向厦门厦某公司作出了担保的意思表示，应在承诺的保证责任范围内承担相应保证责任。厦门厦某公司的部分诉讼请求成立，一审法院予以支持。依照《中华人民共和国合同法》第四十四条、第六十条、第一百零七条、第一百零九条、第一百一十四条、第一百五十九条、《中华人民共和国担保法》第十四条、第十八条、第二十一条、第二十六条、第三十一条的规定，判决：一、湖北润某工程机械有限公司应于本判决生效之日起十日内向厦门厦某机械股份有限公司支付货款145921579.17元及资金占用费（其中71661994元自2012年3月31日起按照每日万分之四的标准计至实际还清之日止；17040745.78元自2013年3月31日起按每日万分之五的标准计至实际还清之日止；28091566.22元自2014年3月31日起按每日万分之五的标准计至实际还清之日止；10679134.04元自2015年3月31日起按每日万分之二的标准计至实际还清之日止；18448139.13元自2016年6月30日起按每日万分之二的标准计至实际还清之日止）；二、陆某洲、麻某云、商某君、高某对本判决第一项确定的债务在5000万元的范围内承担连带清偿责任，陆某洲、麻某云、商某君、高某承担担保责任后有权向湖北润某工程机械有限公司追偿；三、郑某钧、杜某霞、郁某文、水某梅、温某涛、叶某对本判决第一项确定的货款债务中的57218839.39元及相应的资金占用费（28091566.22元自2014年3月31日起按每日万分之五的标准计至实际还清之日止；10679134.04元自2015年3月31日起按每日万分之二的标准计至实际还清之日止；18448139.13元自2016年6月30日起按每日万分之二的标准计至实际还清之日止）承担连带清偿责任；郑某钧、杜某霞、郁某文、水某梅、温某涛、叶某承担担保责任后有权向湖北润某工程机械有限公司追偿；四、合肥中某工程机械有限责任公司对本判决第一项确定的货款债务145921579.17元承担连带清偿责任，合肥中某工程机械有限责任公司承担担保责任后有权向湖北润某工程机械有限公司追偿；五、驳回厦门厦某机械股份有限公司的其他诉讼请求。

二审中润某公司提交了两组新证据，本院依法组织各方进行了证据交换和质证。润某公司提交的第一组证据为湖北中砺大公会计师事务有限责任公司于2021年4月16日出具的《报告书》，以证明：润某公司与厦门厦某公司之间的债权债务并非如《厦某应收账款确认函》记载的债权数额。一审判决依据《厦某应收账款确认函》记载的债权数额来认定债权数额，明显错误。润某公司提交的第二组证据为厦门厦某公司应收账款在阿里拍卖上的拍卖记录，以及厦门厦某公司发布的《关于已转让债权及诉讼进展的公告》，以证明：1. 厦门厦某公司已于2019年10月15日将案涉债权通过阿里拍卖转让给厦门创程资产管理有限公司，现厦门厦某公司因债权已转让而丧失诉权，不具备原告主体资格，依法应当驳回其起诉。2. 根据厦门厦某公司拍卖时公布的《应收账款明细表》，经润某公司审计，截至 2018 年 2 月，润某公司账面值为 134823864.29 元，与厦门厦某公司起诉金额不一致，进一步说明本案一审事实未查清。

厦门厦某公司对上述两组证据发表质证意见称：对第一组证据的真实性、合法性、关联性均不予认可，该报告系润某公司单方审计，其审计依据未经各方确认。对第二组证据的真实性、合法性予以认可，对关联性不予认可，诉讼过程中的债权转让不影响厦门厦某公司的诉讼主体资格和诉讼地位。厦门厦某公司确认润某公司截至 2016 年 6 月 30 日尚欠本金是 145921579.17 元，即起诉金额。2016 年 7 月至 2019 年 7 月，润某公司有还款以及双方存在一些三包服务费的抵扣，合计 11097714.88 元。因此，2019 年 7 月 26 日至今，润某公司尚欠本金为 134823864.29 元。

审理中，厦门厦某公司二审向本院申请变更诉讼请求为：1. 将原诉讼请求第一项变更为"判令润某公司向厦门厦某公司支付货款 134823864.29 元"；2. 将原诉讼请求第二项变更为"判令润某公司向厦门厦某公司支付资金占用费（截至 2016 年 6 月 30 日的资金占用费为 67225260.11 元；自 2016 年 7 月 1 日起，以 134823864.29 元为基数，按每日万分之二的标准计算至实际付款之日。具体见《资金占用费计算表》）"；3. 其他诉讼请求不变。

对于上述两组证据，本院认为，第一组证据为润某公司单方委托所作审计报告，不足以推翻《厦某应收账款确认函》的证明效力，本院不予采信。第二组证据中的债权转让发生在本案诉讼之后，且新的债权人并未提出异议，故即使存在债权转让的事实亦不影响本案的审理。厦门厦某公司认可 2016 年 7 月至 2019 年 7 月，润某公司有还款以及双方存在一些三包服务费的抵扣，合计 11097714.88 元，以及 2019 年 7 月 26 日至今，润某公司尚欠本金为 134823864.29 元的事实，本院不持异议，对此予以确认。厦门厦某公司在二审审理中在一审诉讼请求范围内自愿放弃部分诉讼请求，其变更诉讼请求的行为未损害润某公司、中某公司及陆某洲、麻某云、商某君、高某、郑某钧、杜某霞、郁某文、水某梅、温某涛、叶某等诉讼相对方的诉讼权益，本院予以准许。

另经本院释明，厦门厦某公司提交书面意见表示，如法院认定中某公司的担保合同无效，其同意在本案中对担保合同无效的后果予以一并处理，不再另行解决。

本院认为，本案争议的主要问题是：一、湖北润某公司尚欠厦门厦某公司的货款及资金占用费数额；二、郑某钧、杜某霞、郁某文、水某梅、温某涛、叶某、中某公司、陆某洲、麻某云应否为案涉债务承担保证责任，以及应当承担保证责任的范围；三、一审法院审理程序是否合法，具体包括：1.本案应否追加海某公司作为第三人参加诉讼；2.本案应否就案涉货款数额进行审计；3.本案应否对2012年《担保承诺函》的正文手写部分进行形成时间鉴定。

一、关于湖北润某公司尚欠厦门厦某公司的货款及资金占用费数额的问题

1. 关于货款本金的认定

根据一审查明的事实，厦门厦某公司与润某公司在2012年至2016年先后六次对账，对历年的应收账款余额进行了确认，截止2016年6月30日，润某公司尚欠厦门厦某公司的货款数额为145921579.17元。润某公司上诉称该确认函系其为配合厦门厦某公司财务做账需要而签订，并非真实的欠款数额，仅系其单方陈述，并无证据支持，本院不予采信。但厦门厦某公司于2021年5月12日向本院提交《变更诉讼请求申请书》，认可"2016年7月至2019年7月润某公司有还款及双方存在一些三包服务费的抵扣金额合计11097714.88元，因此，本公司确认润某公司拖欠货款本金为134823864.29元。"厦门厦某公司虽未提供证据证明11097714.88元还款的具体项目及明细，但《变更诉讼请求申请书》是厦门厦某公司的真实意思表示，系其对相关法律事实的自认，亦与上诉人在二审庭审中的主张一致，本院对此予以确认。故润某公司尚欠厦门厦某公司货款本金数额为134823864.29元。

2. 关于资金占用费的认定

根据《厦某应收账款确认函》记载的数额以及案涉年度《厦某产品经销协议》约定的资金占用费数额、厦门厦某变更后的诉讼请求，润某公司应付的资金占用费为：

（1）截至2012年3月31日，润某公司尚欠厦门厦某公司的货款为71661994元，该部分货款的资金占用费自2012年3月31日起按照每日万分之四的标准计至2016年6月30日，自2016年7月1日起按照每日万分之二的标准计至实际还清之日止；

（2）截至2013年3月31日，润某公司尚欠厦门厦某公司的新增货款为17040745.78元（88702739.78元-71661994元），该部分货款的资金占用费自2013年3月31日起按每日万分之五的标准计至2016年6月30日，自2016年7月1日起按照每日万分之二的标准计至实际还清之日止；

（3）截至2014年3月31日，润某公司尚欠厦门厦某公司的新增货款为

28091566.22 元（116794306 元－88702739.78 元），该部分货款的资金占用费自 2014 年 3 月 31 日起按每日万分之五的标准计至 2016 年 6 月 30 日，自 2016 年 7 月 1 日起按照每日万分之二的标准计至实际还清之日止；

（4）截至 2015 年 3 月 31 日，润某公司尚欠厦门厦某公司的新增货款为 10679134.04 元（127473440.04 元－116794306 元），该部分货款的资金占用费自 2015 年 3 月 31 日起按每日万分之二的标准计至实际还清之日止；

（5）截至 2016 年 6 月 30 日，润某公司尚欠厦门厦某公司的新增货款为 7350424.25 元，该部分货款的资金占用费自 2016 年 6 月 30 日起按每日万分之二的标准计至实际还清之日止。

二、关于郑某钧、杜某霞、郁某文、水某梅、温某涛、叶某、合肥中某公司、陆某洲、麻某云应否为案涉债务承担保证责任，以及应当承担保证责任的范围

1. 关于陆某洲、麻某云的保证责任

根据一审查明的事实，陆某洲、麻某云在 2012 年向厦门厦某公司出具了《担保承诺函》，承诺为润某公司在出具本担保承诺函之前以及出具本承诺函时至 2016 年 12 月 31 日前与厦门厦某公司业务往来中对厦门厦某公司所承担的一切责任与义务（包括但不限于润某公司与厦门厦某公司所签订经销协议及其附件中润某公司应当履行的责任与义务以及润某公司在双方业务往来中所承担的所有债务），在 5000 万元最高担保额范围内承担连带保证责任。具体担保范围包括货款、违约金、资金占用费、贴息、银行费用及厦门厦某公司实现债权的费用等。担保责任期间自润某公司总债务额确定之日起 5 年。润某公司的总债务额在上述约定期间届满或润某公司与厦门厦某公司合作终止之日起确定。上述《担保承诺函》系各方真实意思表示，未违反法律、行政法规的强制性规定，系合法有效合同。案涉货款是截至 2016 年 6 月 30 日润某公司尚欠厦门厦某公司货款总额，属于上述《担保承诺函》约定的保证范围，厦门厦某公司在 2016 年 9 月 18 日提起本案诉讼，诉请陆某洲、麻某云承担担保责任，并未超出担保期间。但由于上述《担保承诺函》为最高额保证合同，故一审判决陆某洲、麻某云在 5000 万元范围内对本案讼争货款及资金占用费承担连带保证责任，并无不当，应予维持。

2. 关于郑某钧、杜某霞、郁某文、水某梅、温某涛、叶某的保证责任

根据一审查明的事实，郑某钧、杜某霞、郁某文、水某梅、温某涛、叶某在 2013 年 1 月 1 日出具《担保承诺函》，承诺为担保函出具之前润某公司与厦门厦

某公司业务往来中对厦门厦某公司所承担的一切责任与义务，以及本担保承诺函签署之后润某公司与厦门厦某公司业务往来中对厦门厦某公司所承担的一切责任与义务，包括货款、违约金、资金占用费、贴息、银行费用及厦门厦某公司实现债权的费用承担连带保证责任。保证期间为主债务履行期限届满之日起三年。现润某公司未依约支付货款，郑某钧、杜某霞、郁某文、水某梅、温某涛、叶某作为保证人应对货款及资金占用费承担相应的保证责任。但对于厦门厦某公司与润某公司于 2013 年 4 月 10 日对账确认的截至 2013 年 3 月 31 日的应付货款 88702739.78 元，应自 2013 年 4 月 1 日起算保证期间，厦门厦某公司至迟应在 2016 年 4 月 1 日前向郑某钧、杜某霞、郁某文、水某梅、温某涛、叶某主张保证责任，但厦门厦某公司至 2016 年 9 月 18 日提起本案诉讼，对上述担保人主张权利，就该部分债务而言已过保证期间，上述担保人就该部分债务依法不承担保证责任。故郑某钧、杜某霞、郁某文、水某梅、温某涛、叶某依法应对讼争货款中 46121124.51 元的部分（截至 2016 年 6 月 30 日应付货款 134823864.29 元－截至 2013 年 3 月 31 日应付货款 88702739.78 元）及相应的资金占用费承担连带保证责任。

3. 关于中某公司的保证责任。

中某公司 2011 年出具的《第三方单位担保书》虽然有沈某霞在法定代表人处签名，并盖有中某公司的公章，但是《中华人民共和国公司法》第十六条规定："公司向其他企业投资或者为他人提供担保，依照公司章程的规定，由董事会或者股东会、股东大会决议；公司章程对投资或者担保的总额及单项投资或者担保的数额有限额规定的，不得超过规定的限额。"根据该条规定，担保行为不是法定代表人所能单独决定的事项，而必须以公司股东（大）会、董事会等公司机关的决议作为授权的基础和来源。法定代表人未经授权擅自为他人提供担保的，构成越权代表。现厦门厦某公司并未提供证据证明以中某公司名义为本案提供的担保经过了中某公司董事会或者股东会的同意，故该担保属于法定代表人未经授权擅自为他人提供担保。因此，《第三方单位担保书》应当认定无效。

《最高人民法院关于适用〈中华人民共和国担保法〉若干问题的解释》第七条规定，主合同有效而担保合同无效，债权人无过错的，担保人与债务人对主合同债权人的经济损失，承担连带赔偿责任；债权人、担保人有过错的，担保人承担民事责任的部分，不应超过债务人不能清偿部分的二分之一。本案中，厦门厦某公司未审查中某公司的董事会决议或者股东会决议，对案涉《第三方单位担保书》无效负有过错。同时，中某公司法定代表人未经董事会决议或股东会决议擅自以公司名义出具案涉《第三方单位担保书》且加盖公司公章，存在内部管理不规范等问题，对于案涉《保证合同》无效亦存在过错。《第三方单位担保书》出具之后，厦门厦某公司及时主张了担保权利，并未超出中某公司的保证期间及诉讼时效，现因担保合同无效，中某公司应赔偿相应损失。故，中某公司对厦门厦某公司的货款损失，应承担债务人润某公司不能清偿部分二分之一的赔偿责任。

三、关于一审法院审理程序是否合法的问题

1. 关于本案应否追加海某公司作为第三人参加诉讼以及应否就案涉货款数额进行审计

海某公司并非本案讼争买卖合同的当事人，润某公司作为买受人，应自行承担已付款的举证责任，且厦门厦某公司与润某公司之间已多次对账确认货款数额，厦门厦某公司在二审庭审后也已经对货款数额进行了修正和自认，并无追加海某公司作为第三人参加诉讼以查清付款情况或对讼争货款数额进行审计的必要。故本案无需追加海某公司作为第三人参加诉讼，亦无必要就案涉货款数额进行审计。

2. 本案应否应准许陆某洲、麻某云的鉴定申请

陆某洲主张厦门厦某公司提交的落款时间为2012年的《担保承诺函》正文手写部分系厦门厦某公司为本案诉讼而填写，申请对其笔迹形成时间进行鉴定。因《担保承诺函》中有多方担保人签字，若合同重要条款处空白，各担保人却不持异议，与常理不符，故一审法院对陆某洲的该鉴定申请不予准许，并无不当。麻某云并不否认其在2012年向厦门厦某公司出具的《担保承诺函》上的签字，厦门厦某公司提交2011年《担保书》的目的是结合诉争《第三方单位担保书》，共同证明中某公司承诺为润某公司应当支付的款项承担连带担保责任。故一审法院认为2011年《担保书》上的"麻某云"的字迹是否为其本人所签与待证事实无关，对其鉴定不予准许并无不当。

综上，润某公司二审提交了新证据证明欠付厦门厦某公司的货款为134823864.29元，厦门厦某公司对此予以认可并变更了诉讼请求。一审法院对中某公司的担保合同效力适用法律错误。因此，润某公司、郑某钧、杜某霞、郁某文、水某梅、温某涛、叶某、中某公司的上诉请求部分成立。本院依照《中华人民共和国公司法》第十六条、《中华人民共和国民事诉讼法》第一百七十条第一款第二项规定，判决如下：

一、维持（2016）闽民初 101 号民事判决第二项，撤销（2016）闽民初 101 号民事判决第五项；

二、变更（2016）闽民初 101 号民事判决第一项为：湖北润某工程机械有限公司应于本判决生效之日起十日内向厦门厦某机械股份有限公司支付货款 134823864.29 元及资金占用费（其中 71661994 元自 2012 年 3 月 31 日起按照每日万分之四的标准计至 2016 年 6 月 30 日，自 2016 年 7 月 1 日起按照每日万分之二的标准计至实际还清之日止；17040745.78 元自 2013 年 3 月 31 日起按每日万分之五的标准计至 2016 年 6 月 30 日，自 2016 年 7 月 1 日起按照每日万分之二的标准计至实际还清之日止；28091566.22 元自 2014 年 3 月 31 日起按每日万分之五的标准计至 2016 年 6 月 30 日，自 2016 年 7 月 1 日起按照每日万分之二的标准计至实际还清之日止；10679134.04 元自 2015 年 3 月 31 日起按每日万分之二的标准计至实际还清之日止；7350424.25 元自 2016 年 6 月 30 日起按每日万分之二的标准计至实际还清之日止）；

三、变更（2016）闽民初 101 号民事判决第三项为：郑某钧、杜某霞、郁某文、水某梅、温某涛、叶某对本判决第二项确定的货款债务中的 46121124.51 元及相应的资金占用费（28091566.22 元自 2014 年 3 月 31 日起按每日万分之五的标准计至 2016 年 6 月 30 日，自 2016 年 7 月 1 日起按照每日万分之二的标准计至实际还清之日止；10679134.04 元自 2015 年 3 月 31 日起按每日万分之二的标准计至实际还清之日止；7350424.25 元自 2016 年 6 月 30 日起按每日万分之二的标准计至实际还清之日止）承担连带清偿责任；郑某钧、杜某霞、郁某文、水某梅、温某涛、叶某承担担保责任后有权向湖北润某工程机械有限公司追偿；

四、变更（2016）闽民初 101 号民事判决第四项为：合肥中某工程机械有限责任公司对本判决第二项确定的货款债务 134823864.29 元不能清偿的部分，由合肥中某工程机械有限责任公司在二分之一的范围内向厦门厦某机械股份有限公司承担赔偿责任；合肥中某工程机械有限责任公司承担赔偿责任后，有权向湖北润某工程机械有限公司追偿；

五、驳回厦门厦某机械股份有限公司的其他诉讼请求。

一审案件受理费 1126377 元，由润某公司负担 1058177 元（陆某洲、麻某云、商某君、高某在 259635 万元范围内与润某公司共同负担诉讼费，郑某钧、杜某霞、郁某文、水某梅、温某涛、叶某在 307767 万元范围内与润某公司共同负担诉讼费，中某公司在 350050 元范围内与润某公司共同负担诉讼费），由厦门厦某公司负担68200元。保全费5000元，由润某公司负担。

二审案件受理费1126137元，由润某公司负担481471元（已交纳），陆某洲、麻某云共同负担118134元（各负担59067元，已交纳），郑某钧、杜某霞、郁某文、水某梅、温某涛、叶某共同负担140034元（已交纳），中某公司负担159272元（已交纳），由厦门厦某公司负担227225元（于本判决生效后七日内交纳）。

本判决为终审判决。

法律法规

《中华人民共和国公司法》（2024年7月1日施行）

第十一条 法定代表人以公司名义从事的民事活动，其法律后果由公司承受。

公司章程或者股东会对法定代表人职权的限制，不得对抗善意相对人。

法定代表人因执行职务造成他人损害的，由公司承担民事责任。公司承担民事责任后，依照法律或者公司章程的规定，可以向有过错的法定代表人追偿。

第十五条 公司向其他企业投资或者为他人提供担保，按照公司章程的规定，由董事会或者股东会决议；公司章程对投资或者担保的总额及单项投资或者担保的数额有限额规定的，不得超过规定的限额。

公司为公司股东或者实际控制人提供担保的，应当经股东会决议。

前款规定的股东或者受前款规定的实际控制人支配的股东，不得参加前款规定事项的表决。该项表决由出席会议的其他股东所持表决权的过半数通过。

《全国法院民商事审判工作会议纪要》（法〔2019〕254号）

17.【违反《公司法》第16条构成越权代表】为防止法定代表人随意代表公司为他人提供担保给公司造成损失，损害中小股东利益，《公司法》第16条对法定代表人的代表权进行了限制。根据该条规定，担保行为不是法定代表人所能单独决定的事项，而必须以公司股东（大）会、董事会等公司机关的决议作为授权的基础和来源。法定代表人未经授权擅自为他人提供担保的，构成越权代表，人民法院应当根据《合同法》第50条关于法定代表人越权代表的规定，区分订立合同时债权人是否善意分别认定合同效力：债权人善意的，合同有效；反之，合同无效。

第三节 通常情形下交易相对人不负有审查义务

061 江西省某建筑工程有限公司与陈某、刘某等民间借贷纠纷案①

裁判要旨

公司分支机构负责人使用伪造印章签订合同时，交易相对人不负有审查签订合同时使用的印章是否为真的义务。交易相对人可基于对负责人身份的合理信赖，信任印章的真实性。

实务要点总结

公司分支机构为非法人组织，其负责人能够以分支机构名义对外意思表示，相应的法律后果由公司分支机构承受。

相关判决

江西省某建筑工程有限公司与陈某、刘某等民间借贷纠纷再审民事判决书
[（2014）渝高法民再终字第00005号]

申请再审人（一审被告、二审上诉人）：江西省某建设集团有限公司（原名称为江西省某建筑工程有限公司），住所地：江西省南昌市湾里区幸福路207号。

法定代表人：张某印，董事长。

被申请人（一审原告、二审被上诉人）：陈某。

原审被告：皮某健。

原审被告：刘某。

原审被告：王某奇。

江西省某建设集团有限公司（以下简称江西五某公司）与陈某、皮某健、刘某、王某奇民间借贷纠纷一案，不服本院（2013）渝高法民终字第00022号民事判决，向最高人民法院申请再审。最高人民法院以（2013）民申字第1027号

---

① 审理法院：重庆市高级人民法院；诉讼程序：再审

民事裁定指令本院再审本案。本院依法组成合议庭，于2015年3月19日公开开庭审理了本案。江西五某公司的委托代理人×××，陈某的委托代理人×××，王某奇到庭参加诉讼。皮某健、刘某经本院合法传唤，无正当理由未到庭参加诉讼，本院依法作出缺席审理。本案现已审理终结。

2011年11月2日，一审原告陈某起诉至重庆市第五中级人民法院称，2009年10月26日，陈某与江西省某建筑工程有限公司重庆分公司（以下简称江西某建重庆分公司）、皮某健、刘某、王某奇、罗某成签署《借款暨担保协议》约定，江西某建重庆分公司因经营需要向陈某借款600万元，借款期限为20天，皮某健、刘某、王某奇、罗某成为江西某建重庆分公司还款提供连带保证责任等。协议签订后，陈某按协议约定将600万元借款划入江西某建重庆分公司指定的账户。借款期限届满后，江西某建重庆分公司未还款，江西五某公司未对江西某建重庆分公司应偿还的债务承担责任，各保证人亦未按约承担连带保证责任。请求：1. 判令江西五某公司立即归还借款本金600万元及资金占用损失（自2009年11月18日起，按中国人民银行公布的同期同档次贷款利率的四倍计算至付清为止，利随本清）；2. 判令江西五某公司立即支付陈某为实现债权支出的律师费人民币18万元；3. 判令皮某健、刘某、王某奇对前述第一、第二项债务承担连带清偿责任；4. 本案诉讼费及保全费由四被告共同承担。江西五某公司（一审被告）辩称，1. 罗某成涉嫌伪造公司印章一案已由南昌市公安局立案侦查，本案所涉及的江西某建重庆分公司注册登记时所用的印章是否是罗某成私自伪造、罗某成是否构成犯罪均要等该刑事案件结案后才能认定。为此，根据《中华人民共和国刑事诉讼法》第一百三十六条第一款第（五）项规定和"先刑后民"的原则，本案依法应当中止审理。2. 江西五某公司不是本案适格的被告。本案中，罗某成先私自伪造江西五某公司的印章、法定代表人印章以及财务专用章在重庆市工商行政管理局沙坪坝区分局非法注册设立江西某建重庆分公司，然后又私刻江西某建重庆分公司的印章和财务专用章，以江西某建重庆分公司的名义对外经营。江西某建重庆分公司不是江西五某公司合法的分支机构，罗某成以江西某建重庆分公司的名义对外经营所产生的一切债务均应由罗某成个人承担，与江西五某公司无关。3. 本案依法应当追加罗某成为被告。罗某成以非法设立的江西某建重庆分公司名义与陈某签订《借款暨担保协议》，是其个人行为，由此造成的法律责任应由罗某成承担，为此，应当追加罗某成为本案被告。皮某健、刘某、王某奇辩称，对陈某诉称的案件事实及诉讼请求予以认可。

重庆市第五中级人民法院一审查明，2009 年 10 月 26 日，陈某与江西某建重庆分公司、皮某健、刘某、王某奇、罗某成签订《借款暨担保协议》约定，江西某建重庆分公司因经营需要向陈某借款 600 万元，借款期限 20 天，从 2009 年 10 月 27 日起至 2009 年 11 月 15 日止，实际借款日与到期日以划款日为准；江西某建重庆分公司不可撤销地授权陈某在本合同签订后，通过重庆巨某投资咨询有限公司（以下简称巨某公司）在某银行重庆高科技支行的账户（账号 3100××××××××××7887），将 600 万元借款一次性划入借款人指定账户，账号为 2801×××××××2442，开户行为银行小龙坎支行，江西某建重庆分公司须另出具收据，巨某公司的进账单也可作为江西某建重庆分公司收到陈某借款的凭据，借款金额以实际到账金额为准；借款期限届满当日江西某建重庆分公司须将借款 600 万元以现金一次性划入陈某授权的巨某公司的前述账户；皮某健、刘某、王某奇、罗某成为江西某建重庆分公司还款提供连带责任保证，该保证担保范围为本金、违约金、实现债权的费用等，保证期限为借款期限届满之日起两年。同时，该协议还约定若江西某建重庆分公司逾期未归还借款超过十日，每日按借款总额的 15% 支付资金占用费，累加计算，直至还清为止。陈某为实现债权产生的费用包括但不限于诉讼费、律师费、评估费、拍卖费及其他费用。协议签订后，陈某于 2009 年 10 月 29 日按约定通过巨某公司在某银行重庆高科技支行的账户将借款 600 万元一次性划入江西某建重庆分公司指定的 2801××××××××2442 账户内。江西某建重庆分公司向陈某出具收据载明，今收到陈某通过巨某公司的账户（3100××××××××××××7887）、开户行为某银行重庆高科技支行的转账 600 万元。同日，江西某建重庆分公司将该 600 万元借款经银行小龙坎支行采用电汇方式转入重庆瑞某投资管理有限公司（以下简称瑞某公司）。瑞某公司收到该 600 万元后，向江西某建重庆分公司出具收据，该收据交款事由为"工程履约金"。借款期限届满后，江西某建重庆分公司未还款。2011 年 10 月 24 日，陈某为实现债权与重庆国生律师事务所签订《法律事务委托合同》，该合同约定，陈某应向重庆国生律师事务所支付律师服务费 18 万元，同日，陈某支付律师服务费 18 万元。

另查明，2010 年 1 月 30 日，江西五某公司与瑞某公司签订《清华芯动 SOHO 项目一期建筑施工承包合同协议书》，约定江西五某公司指派罗某成为项目总负责人，本协议签署的同时，瑞某公司收到江西五某公司履约保证金 600 万元作为合同生效条件，履约保证金在施工项目竣工综合验收完毕后无息返还。该承包合同上加盖了江西五某公司及瑞某公司印章。

还查明，江西五某公司与重庆云某建材有限责任公司关于工程款纠纷一案在重庆市巴南区人民法院审理，江西五某公司在代理词和开庭陈述中称"清华芯动"项目系 2009 年江西五某公司以总承包人身份从发包人处承包的工程，由江西某建重庆分公司负责此工程的承建。江西某建重庆分公司又将"清华芯动 SOHO"项目中的胶粉聚苯颗粒内、外墙保温、地面保温、层面保温工程分包给重庆云某建材有限责任公司。

2012 年 2 月 29 日，南昌市公安司法鉴定中心出具（洪）公鉴（文检）字（2012）008 号《检验鉴定书》，检验结论：九份检材"江西省某建筑工程有限公司"章印与样本章印不是同一印章所盖；（洪）公鉴（文检）字（2012）010 号检验鉴定书的检验结论：检材"张某印"章印与样本章印不是同一印章所盖。

江西某建重庆分公司系 2009 年 7 月 29 日在重庆市工商行政管理局沙坪坝分局申请设立的不具有独立法人资格的分公司。2011 年 8 月 10 日，江西五某公司股东会作出决议：1. 注销江西某建重庆分公司；2. 江西某建重庆分公司注销后的债权债务由江西五某公司按法律程序追究责任人的经济责任及法律责任；3. 委托王某健办理江西某建重庆分公司注销登记的一切事务。同日，江西五某公司向重庆市工商行政管理局沙坪坝分局提交"分公司注销登记申请书"。同年 8 月 12 日，重庆市工商行政管理局沙坪坝分局向江西五某公司发出（渝沙）登记内销字（2011）第 05184 号准予注销登记通知书，准予注销江西某建重庆分公司登记。

江西五某公司在江西省南昌市的开户银行是南昌银行象南支行，账户为 188060××××0989。江西五某公司在重庆的开户银行是中信银行重庆北部新区支行，账户为 74218××××1563。江西某建重庆分公司在重庆的开户银行是中信银行重庆北部新区支行，账户为 2801××××2442。2010 年 2 月 5 日，江西五某公司从开设的中信银行重庆北部新区支行账户向江西某建重庆分公司开设的该行账户电汇 300 万元，用途为工程款。

重庆市第五中级人民法院一审认为，根据当事人的诉辩主张，本案的争议焦点为：1. 江西五某公司对江西某建重庆分公司的设立是否明知或应当知道；2. 江西五某公司对本案借款应否承担还款责任；3. 本案担保人是否承担担保责任。对此，根据审理查明的事实及当事人的诉辩评析如下：

1. 关于江西五某公司对江西某建重庆分公司的设立是否明知或应当知道。首先，江西五某公司认为江西某建重庆分公司非法设立的主张依据不充分。江西某建重庆分公司于 2009 年 7 月 29 日经重庆市工商行政管理局沙坪坝分局登记设立,负责人为罗某成,其性质为不具有独立法人资格的分公司。江西某建重庆分公司成立后,一直以江西五某公司名义对外经营。虽然江西五某公司认为罗某成私自伪造江西五某公司的印章、法定代表人印章以及财务专用章,向南昌市公安局报案并委托南昌市公安司法鉴定中心作出(洪)公鉴(文检)字(2012)008号、(2012)010号鉴定,但是,该两份鉴定报告的结论均为章印与样本章印不是同一印章所盖。其鉴定结论并不能得出章印是罗某成私自伪造的唯一结论。故江西五某公司认为江西某建重庆分公司系非法设立的依据不充分。

其次,退一步讲,即使江西某建重庆分公司设立不合法,江西五某公司也对罗某成该600万元借款知晓或应当知晓。根据江西五某公司与瑞某公司签订的《清华芯动SOHO项目一期建筑施工承包合同协议书》,江西五某公司指派罗某成为项目总负责人,瑞某公司收到江西五某公司履约保证金600万元合同生效。履约保证金在施工项目竣工综合验收完毕后无息返还。该合同上加盖江西五某公司印章、法定代表人张某印签字和项目负责人罗某成签字。2009年10月26日,陈某与江西某建重庆分公司等签订《借款暨担保协议》。陈某于2009年10月29日按约定通过巨某公司账户将借款600万元一次性划入江西某建重庆分公司指定的2801××××2442账户内。同日,江西某建重庆分公司经银行小龙坎支行采用电汇方式将该案所涉600万元借款汇入瑞某公司,代江西五某公司向瑞某公司交纳600万元"工程履约金"。江西五某公司在与重庆云某建材有限责任公司关于工程款一案的庭审中辩称"清华芯动"项目是江西五某公司2009年以总承包人的身份从发包人处承包,由江西某建重庆分公司负责此项工程的承建。江西某建重庆分公司又将"清华芯动SOHO"项目中的胶粉聚苯颗粒内、外墙保温、地面保温、层面保温工程分包给重庆云某建材有限责任公司。上述三组证据能够形成证据锁链证实:(1)江西五某公司委托罗某成作为"清华芯动SOHO"项目一期建筑施工承包项目负责人;(2)本案借款600万元由江西某建重庆分公司取得当天即划给瑞某公司,用于支付江西五某公司与瑞某公司合同项下履约保证金;(3)江西五某公司另案庭审中认可江西某建重庆分公司代表江西五某公司的行为。

最后,江西五某公司和江西某建重庆分公司之间长期存在银行资金往来。现已查明,江西五某公司在江西省南昌市的开户银行南昌银行象南支行开设银行账户188060××××0989,在重庆的开户银行中信银行重庆北部新区支行开设账户74218××××1563,江西某建重庆分公司在重庆的开户银行中信银行重庆北部新区支行开设账户2801××××2442。2010年2月5日,江西五某公司从中信银行重庆北部新区支行账户向江西某建重庆分公司的该行账户汇款 300 万元工程款。江西五某公司与江西某建重庆分公司在资金上的银行往来，可以证实江西五某公司是明知江西某建重庆分公司存在。

2. 江西五某公司对本案借款应否承担还款责任。江西某建重庆分公司与陈某签订的借款合同是双方当事人真实意思表示。陈某已向江西某建重庆分公司支付 600 万元借款，江西某建重庆分公司应依约按时归还陈某该笔借款，不能按时归还的，应承担相应的赔偿责任。双方借款合同虽未对合同期内利息进行约定，但约定若江西某建重庆分公司逾期未归还借款时应承担违约责任，该责任按日以借款总额的 15% 为标准计算至还清为止。因该借款利息约定过高，依法调整为逾期利息按不超过人民银行同期贷款基准利率的四倍计算。陈某为实现债权而产生的费用依合同应由江西某建重庆分公司承担。陈某举示了 18 万元律师费的合同及收据，证明了 18 万元律师费已实际产生。陈某主张对方支付 18 万元律师费的请求，予以支持。江西某建重庆分公司作为江西五某公司的分支机构，不具有独立法人资格。江西五某公司是明知或应当知道江西某建重庆分公司存在。本案所涉借款也实际用作江西五某公司签订承包合同中应支付的履约保证金。故江西五某公司对江西某建重庆分公司的上述还款应承担补充赔偿责任。江西五某公司在江西某建重庆分公司没有依法清算的情况下于 2011 年 8 月 10 日作出股东会决议，并向重庆市工商行政管理局沙坪坝分局申请注销江西某建重庆分公司，故江西某建重庆分公司的对外债务依法应由江西五某公司承担。陈某要求江西五某公司归还借款的请求符合法律规定，依法予以支持。

3. 本案担保人是否承担担保责任。《中华人民共和国担保法》第十八条规定："当事人在保证合同中约定保证人与债务人对债务承担连带责任的，为连带责任保证。连带责任保证的债务人在主合同规定的债务履行期届满没有履行债务的，债权人可以要求债务人履行债务，也可以要求保证人在其保证范围内承担保证责任"。本案中，皮某健、刘某、王某奇作为担保人自愿为江西某建重庆分公司还款提供连带责任保证，该保证担保范围为本金、违约金、实现债权的费用等，保证期限为借款期限届满之日起两年。现本案合同主债务人到期未还款，对陈某提出的皮某健、刘某、王某奇承担连带保证责任的请求，依法予以支持。重庆市第五中级人民法院于 2012 年 9 月 14 日作出（2011）渝五中法民初字第 00650 号民事判决：1. 被告江西省某建筑工程有限公司在本判决发生法律效力后十日内归还原告陈某借款本金 600 万元及资金占用损失以 600 万元为基数，按中国人民银行同期贷款利率的四倍计算，从 2009 年 11 月 18 日起至付清为止，利随本清；2. 被告江西省某建筑工程有限公司支付原告陈某为实现债权的律师费 18 万元；3. 被告皮某健、刘某、王某奇对前述第一项、第二项债务承担连带清偿责任。本案案件受理费 74660 元，诉讼保全费 5000 元，合计 79660 元，由被告江西省某建筑工程有限公司负担。

江西五某公司不服一审判决，向本院提起上诉称，1. 一审法院违反法定程序。罗某成涉嫌伪造江西五某公司印章罪已经南昌市公安局立案侦查，正在调查取证，本案应当待刑事案件结案后，再恢复审理。《借款暨担保协议》是罗某成私刻江西五某公司印章以非法设立的江西某建重庆分公司名义与陈某签订的，且该借款交给了瑞某公司。本案应追加罗某成为被告，由其个人承担责任。追加瑞某公司为第三人，由其返还诉争的款项。原一审法院在第一次开庭之后，依照陈某的申请违法调取证据，并组织质证，违反诉讼证据规则的规定。2. 江西五某公司不是本案适格被告，江西某建重庆分公司也不是江西五某公司的合法分支机构，《借款暨担保协议》因主体不合格而应认定为无效。罗某成非法设立江西某建重庆分公司，所产生的一切债务均应由罗某成个人承担，与江西五某公司无关。综上，一审法院违反法律程序，判决江西五某公司承担责任没有事实和法律依据。请求改判驳回陈某的诉讼请求。陈某答辩称，本案的证据反映，江西五某公司于 2010 年 2 月 5 日从其中信银行重庆北部新区支行的账户向江西某建重庆分公司开设的该行账户打款，于 2010 年 2 月 8 日从其公司总部的基本账户南昌银行象南支行划款 90 万元至其中信银行重庆北部新区支行账户，而且江西五某公司在另案中承认江西某建重庆分公司是其合法设立的分支机构，且被其注销。所以，江西某建重庆分公司并非江西五某公司所称系罗某成私刻公章非法设立，该分公司的债务理应由江西五某公司承担。罗某成系担保人，出借人有权选择是否起诉全部或部分担保人，而且瑞某公司也非本案第三人。人民法院为了有利于案件事实查清，可以根据案件具体情况，酌情指定举证期限。一审程序合法，判决结果正确，请求驳回江西五某公司的上诉，维持原判。皮某健、刘某、王某奇未发表答辩意见。

本院二审过程中，江西五某公司向本院提交了南昌市公安局 2013 年 1 月 14 日对罗某成的讯问笔录两份、南昌市公安司法鉴定中心（洪）公鉴（文检）字（2013）008 号、010 号《检验鉴定书》，拟证明：罗某成不是《借款暨担保协议》的借款人而是担保人；中信银行重庆北部新区支行江西五某公司的账户不是江西五某公司设立的；江西五某公司实际没有与瑞某公司签订《清华芯动SOHO项目一期建筑施工承包合同协议书》，均是罗某成伪造江西五某公司印章进行的违法行为。陈某对上述证据质证认为，讯问笔录无侦查人员签名或记载，且与江西五某公司提交的其他证据相互矛盾；《检验鉴定书》检材和样本均是江西五某公司单方提交，且刑事证据不能作为民事诉讼证据。对上述证据的真实性、合法性、关联性均持异议。本院认为，江西五某公司提交的上述证据材料出自南昌市公安局，来源合法、内容真实，但是检验鉴定书中的检材和样本均是江西五某公司单方提交的，仅能证明被检章印与江西五某公司单方送检的样本章印不一致，并不能证明罗某成伪造江西五某公司印章的事实。

本院二审查明，2011年7月14日，南昌市公安局湾里分局决定对江西五某公司印章被伪造立案侦查，并由南昌市公安局刑侦支队指导督办，该案至今未侦查终结。2011年8月16日，罗某成涉嫌合同诈骗罪被海南省文昌市公安局立案侦查，同年8月25日，被海南省文昌市公安局刑事拘留，同年9月30日，被海南省文昌市人民检察院批准逮捕，同年11月30日，海南省文昌市公安局以罗某成涉嫌合同诈骗罪、虚假出资罪向海南省文昌市人民检察院移送审查起诉。

还查明，江西五某公司于2010年2月8日从其公司总部南昌银行象南支行1880××××××××989基本账户划款90万元至其中信银行重庆北部新区支行7421××××××××1563账户，电汇凭证回单上摘要或附言为"工程款"。

本院二审查明的其他事实与一审法院查明的事实一致。

本院认为，本案的争议焦点为：1. 一审法院是否存在程序违法；2. 江西五某公司是否应当承担还款责任。

一、关于一审法院是否存在程序违法的问题。首先，民商事案件和刑事案件的性质、归责原则、证据规则、责任构成要件等均不同，即使罗某成个人涉嫌伪造印章，也不必然影响两类案件的责任人应承担的刑事责任和民事责任，两类案件可以分别进行审理。根据《最高人民法院关于在审理经济纠纷案件中涉及经济犯罪嫌疑若干问题的规定》第一条"同一公民、法人或其他经济组织因不同的法律事实，分别涉及经济纠纷和经济犯罪嫌疑的，经济纠纷案件和经济犯罪嫌疑案件应当分开审理"、第十条"人民法院在审理经济纠纷案件中，发现与本案有牵连，但与本案不是同一法律关系的经济犯罪嫌疑线索、材料，应将犯罪嫌疑线索、材料移送有关公安机关或检察机关查处，经济纠纷案件继续审理"及第十二条"人民法院已立案审理的经济纠纷案件，公安机关或检察机关认为有经济犯罪嫌疑，并说明理由附有关材料函告受理该案的人民法院的，有关人民法院应当认真审查。经过审查，认为确有经济犯罪嫌疑的，应当将案件移送公安机关或检察机关，并书面通知当事人，退还案件受理费；如认为确属经济纠纷案件的，应当依法继续审理，并将结果函告有关公安机关或检察机关"的规定，对于民刑交叉情形，民事案件并非一定要等待刑事案件的审理结果。为保护当事人的民事诉权和实体权益，本案可以继续审理，无须中止。其次，罗某成虽然是《借款暨担保协议》中的担保人之一，但陈某作为债权人可以不在本案中追究罗某成的担保责任，罗某成并非必要共同被告；瑞某公司对本案诉讼标的没有独立请求权，也与本案处理结果没有利害关系，一审法院没有依职权追加罗某成为被告和追加瑞某公司为第三人是正确的。最后，一审法院为查明案件事实，根据陈某的申请依职权调取证据，酌定适当延长当事人举证期限，并组织当事人质证，亦符合民事诉讼法的规定。因此，一审法院审理程序合法。

二、根据本案认定的事实，江西五某公司关于本案完全是罗某成私自伪造江西五某公司印章、法定代表人印章及财务专用章在工商行政管理部门非法注册设立江西某建重庆分公司，并非法以江西某建重庆分公司名义对外经营，所产生的一切债务均应由罗某成个人承担的主张，没有充分证据证明，本院不予支持。虽然罗某成涉嫌伪造江西五某公司印章罪已被南昌市公安局立案侦查，而且经南昌市公安局司法鉴定中心鉴定，本案所涉的相关文件上"江西省某建筑工程有限公司"等章印与江西五某公司提供的样本章印不是同一印章所盖，但是南昌市公安局就罗某成涉嫌伪造江西五某公司印章罪案从2011年7月14日立案至今未侦查终结，而且检材和样本章印均系江西五某公司单方提供，其鉴定结论只能证明本案所涉的相关文件上"江西省某建筑工程有限公司"等章印与江西五某公司提供的样本章印不是同一章印所盖，不能证明本案所涉的相关文件上"江西省某建筑工程有限公司"等章印就是罗某成伪造的。而且，江西五某公司在另案中认可其与瑞某公司签订《清华芯动SOHO项目一期建筑施工承包合同协议书》；江西五某公司向重庆市工商行政管理局沙坪坝分局提交注销登记申请书，注销了江西某建重庆分公司；在重庆开设的江西五某公司账户与江西某建重庆分公司账户有资金往来，江西五某公司在南昌总部开设的账户与重庆开设的江西五某公司账户也有资金往来。以上事实足以证明，江西五某公司对江西某建重庆分公司的设立是明知的。由于江西某建重庆分公司已经被江西五某公司依法注销，江西某建重庆分公司的民事责任依法应当由江西五某公司承担。综上，江西五某公司的上诉理由没有事实和法律依据，本院不予支持。一审判决认定事实清楚，适用法律正确。本院于 2013 年 4 月 24 日作出（2013）渝高法民终字第 00022 号民事判决：驳回上诉，维持原判。二审案件受理费 74660 元由江西省某建筑工程有限公司负担。

江西五某公司申请再审称，一、原生效判决认为检验鉴定书不能证明本案所涉的相关文件上的章印是罗某成伪造，认定事实错误。申请人提供的第一组和第四组新证据，足以证明罗某成私刻江西某建重庆分公司印章，配合周某平、胡某、王某平盖在《借款暨担保协议书》上，也足以证明江西某建重庆分公司设立文件上江西五某公司的印章虚假，与江西五某公司在江西省公安厅备案的并非同一印章。二、原生效判决认定在重庆开设的江西五某公司账户与江西某建重庆分公司账户及在南昌开设的江西五某公司账户存在资金往来，属认定事实和适用法律错误。申请人提供的第四组新证据，足以证明罗某成在江西五某公司毫不知情的情况下，利用虚假的江西五某公司和江西某建重庆分公司印章，擅自设立江西五某公司和江西某建重庆分公司账户。2010 年 2 月 5 日，江西五某公司重庆账户向江西某建重庆分公司账户汇款 300 万元，是罗某成一人所为，江西五某公司并不知情；2010 年 2 月 8 日江西五某公司南昌账户收到自重庆来历不明 90 万元，当日江西五某公司已将 90 万元按原票返还汇付给中信银行重庆北部新区支行 742181××××1563 账户，原判仅凭表象证据认定互有资金往来，从而得出申请人应偿还 600 万元借款并赔偿损失的判决结论错误。三、原生效判决认定申请人在另案中认可与瑞某公司订立《清华芯动 SOHO 项目一期建筑施工承包合同协议书》，违反《最高人民法院关于民事诉讼证据的若干规定》第七十四条"委托代理人的陈述、代理承认对己方不利的事实和认可的证据，法院应确认，但当事人有相反证据足以推翻的除外"的规定。申请人再审中提供的南昌市公安司法鉴定中心鉴定文书和《关于工程款结算的协议书》，足以证明另案中代理人的认可，不能产生江西五某公司确认《清华芯动 SOHO 项目一期建筑施工承包合同协议书》的法律后果。四、原生效判决认定申请人对江西某建重庆分公司的设立是明知的，从而得出对《借款暨担保协议》和《收据》也是明知的，进而判决申请人对 600 万元借款承担责任错误。申请人对罗某成私刻江西某建重庆分公司印章、财务专用章和张某印名章毫不知情，对罗某成配合他人用虚假的江西某建重庆分公司印章订立《借款暨担保协议》和出具《收据》，并过账汇付给瑞某公司 600 万元酒店工程履约保证金，后转为"清华芯动"SOHO 项目保证金的过程也毫不知情，更无任何过错。综上所述，江西五某公司提供的新证据足以证明，罗某成与周某平、胡某、王某平、皮某健、王某奇、陈某等人相互串通，签订《借款暨担保协议》，通过虚假诉讼非法占有申请人资金1194.6万元。原判认定事实、适用法律错误，应追加瑞某公司为无独立请求权的第三人，改判瑞某公司向陈某返还600万元借款和赔偿相应的损失。陈某辩称，本案原一、二审判决认定事实清楚，适用法律正确。江西五某公司的再审请求没有事实和法律依据，应予驳回。理由如下：第一、江西五某公司以签订内部承包合同的方式同意罗某成挂靠成立江西某建重庆分公司，并派杜某荣参与江西某建重庆分公司的设立和管理。江西某建重庆分公司成立时有关印章、印鉴等手续的瑕疵不能否认江西五某公司同意该分公司成立的事实。第二、所有《检验鉴定书》均只能证明有关检材文件上的印章、印鉴与样本不一致，但不能得出罗某成伪造江西五某公司印章、财务专用章、法定代表人张某印名章的必然结论。江西五某公司与罗某成签订有挂靠协议，同意且配合罗某成成立江西某建重庆分公司是其合同义务，再综合全案证据特别是江西五某公司在江西某建重庆分公司成立后一直派人监督管理、双方有资金往来、其常年法律顾问认可江西某建重庆分公司是合法成立等事实，有合理的理由怀疑甚至认定江西五某公司为了挂靠经营方便需要拥有多套印章、财务专用章和法定代表人张某印名章。在挂靠经营顺利时，江西五某公司认可这些印章形成的有关文件，非法收取高额挂靠费；在挂靠经营不顺利时，江西五某公司就以有关文件上的印章与通常使用的样本印章不一致进行否认，其意图是规避法律责任。第三、江西五某公司有诸多自认行为：全程派员参与江西某建重庆分公司的管理；其常年法律顾问在代理江西五某公司开庭陈述中认可江西某建重庆分公司是依法成立；江西五某公司提供其营业执照正本在中信银行重庆北部新区支行开设账户，且该账户与江西五某公司在江西南昌的账户、江西某建重庆分公司的账户均有资金往来。以上自认行为可以确定江西五某公司从开始就是同意江西某建重庆分公司成立的。第四、商事登记实行的是外观主义原则。江西某建重庆分公司经工商行政机关依法登记，其备案印章、营业执照及执照上载明的负责人信息具有公信力。陈某是善意第三人，因信赖工商登记及其印章、签名与江西某建重庆分公司签订的合同应受法律保护。《借款暨担保协议》上的印章和罗某成签名属实，江西五某公司没有证据证明印章和签名虚假，因而该合同合法有效且借款资金实际用于江西五某公司，江西五某公司依法应当对江西某建重庆分公司的行为承担责任。第五、瑞某公司不是本案适格的无独立请求权第三人。600万元借款进入江西某建重庆分公司的指定账户，该款项的所有权、管理权和支配权均全部转移给江西某建重庆分公司，不管该款项是否被侵占或挪用，均是江西某建重庆分公司或江西五某公司与相关主体的另一独立法律关系，与陈某无关。综上，原生效判决认定事实清楚，适用法律正确，判决结果公正，依法应当予以维持。

本院再审过程中，江西五某公司提交公安机关对罗某成的讯问笔录、对皮某健和王某奇等人的询问笔录；南昌市公安局湾里分局调取证据通知书、某银行客户对账单；《执行裁定书》、银行客户资金扣划通知、银行电汇单；南昌市公安局湾里分局《提请批准逮捕书》、南昌市湾里区人民检察院《批准逮捕决定书》、南昌市公安局湾里分局《逮捕证》、公安部《关于对罗某成伪造印章案指定管辖通知》、南昌市公安司法鉴定中心（洪）公鉴（文检）字（2013）048号、089号、090号《检验鉴定书》、重庆市工商行政管理局沙坪坝区分局《证明》《关于工程款结算的协议书》；《民事裁定书》、南昌市公安局湾里分局《函》等。拟证明，罗某成涉嫌私刻或利用假的江西五某公司印章，虚假注册成立江西某建重庆分公司，在中信银行重庆北部支行设立江西五某公司账户，并与瑞某公司和重庆清科公司订立《清华芯动SOHO项目一期建筑施工承包合同协议书》，出具虚假的《平基土石方工程款支付函》两份；罗某成私刻江西某建重庆分公司印章，与周某平、王某平串通，通过王某奇、皮某健、胡某、陈某配合，订立虚假的《借款暨担保协议》，恶意骗取江西五某公司资金1194.6万元。江西五某公司对罗某成的前述行为均不知情，更不明知。瑞某公司公司收取600万元工程履约金没有依据，应当追加瑞某公司为无独立请求权的第三人，由其承担返还借款的民事责任；重庆市第一中级人民法院收到南昌公安机关公函后，对涉及江西五某公司案件裁定中止诉讼。陈某对上述证据质证认为，对罗某成等人的讯问笔录、询问笔录本身的真实性无异议，但不认可江西五某公司的证明内容。前述笔录反而证明，江西某建重庆分公司是在罗某成与江西五某公司签订内部承包合同后经其法定代表人同意成立，江西五某公司派杜某荣参与该分公司的成立和管理。江西某建重庆分公司有一套合法刻制且经向公安机关备案的印章，罗某成私刻江西某建重庆分公司印章，没有私刻江西五某公司印章；余某春是江西五某公司常年法律顾问，2011年5月重庆市巴南区人民法院开庭审理涉及"清华芯动SOHO"项目案件时，余某春在庭上认可江西某建重庆分公司是合法成立及"清华芯动SO-HO"项目是江西五某公司承包的事实。多人（包括律师专业人士）、多次且长时间的调查后仍认可前述事实，有力地否定了江西五某公司认为该律师不了解案情的观点。公安机关调取证据通知书及银行对账单等，均为复印件，且资金的来源及走向与应否承担还款责任的争议问题无关，不能证明江西五某公司的主张。对批捕手续及《检验鉴定书》的真实性没有异议，但不认可其证明内容，该证据只能证明罗某成涉嫌伪造印章，不能证明《借款暨担保协议》上的印章虚假，反而印证了江西五某公司接受罗某成挂靠经营，同意成立江西某建重庆分公司的事实。《检验鉴定书》只能证明检材与样本印章不一致，不能排除江西五某公司为了非法许可他人挂靠经营同时使用多个印章和印鉴的可能性，因而不能证明在重庆设立江西五某公司账户未经江西五某公司同意，更不能证明设立该账户时没有出示江西五某公司营业执照正本原件即能开设账户这一关键事实。工商行政管理部门的材料证明江西五某公司主动先申请注销，被依法注销后才反悔要求撤销。工程结算协议书证明在2013年9月26日前"清华芯动SOHO"项目一直由江西五某公司承包建设，与江西五某公司法律顾问余某春开庭陈述的事实吻合，也与罗某成、皮某健的笔录中陈述的该项目以江西某建名义挂靠经营的内容吻合。对《民事裁定书》、公安机关公函等真实性予以认可，但这些案件性质不同、案情不同，不能简单类比，不能证明江西五某公司的主张。本院认为，江西五某公司提交的上述证据材料，陈某认可其本身的真实性，本院予以确认。至于前述证据材料能否证明江西五某公司的主张，本院将在说理部分一并评述。

本院再审查明，南昌市公安局湾里分局《提请批准逮捕书》（湾公捕字〔2013〕27号）中"经依法侦查查明"部分记载：2009年7月犯罪嫌疑人罗某成通过其朋友叶某良认识了江西五某公司法定代表人张某印，通过与张某印商谈，约定以内部承包的形式成立江西某建重庆分公司。2009年7月29日，重庆市工商行政管理局沙坪坝区分局准许设立江西某建重庆分公司，并颁发营业执照。同日，江西某建重庆分公司经重庆市沙坪坝区公安局准许刻制企业印章、财务专用章，并在重庆市沙坪坝区公安局备案。之后江西某建重庆分公司使用前述印章开展经营业务。江西某建重庆分公司成立后十天左右，犯罪嫌疑人罗某成为承接工程业务，逃避江西五某公司派往江西某建重庆分公司副经理杜某荣的监督，私自刊刻"江西省某建筑工程有限公司重庆分公司"印章。2011年1月，因江西某建重庆分公司经营过程中产生纠纷导致江西五某公司被人民法院冻结扣划银行存款，江西五某公司命杜某荣将江西某建重庆分公司印章上交至总公司，犯罪嫌疑人罗某成将其私自刊刻的印章交杜某荣移交江西五某公司。经鉴定，杜某荣移交的"江西省某建筑工程有限公司重庆分公司"印章与公安机关备案的印章印模不一致。2010年年初,犯罪嫌疑人罗某成为在海南省文昌市承接工程业务,私自刊刻"江西省某建筑工程有限公司重庆分公司""江西省某建筑工程有限公司重庆分公司财务专用章"印章两枚,后将这套印章带往海南省文昌市。2011年文昌市公安局在办理犯罪嫌疑人罗某成虚假出资案时将该套印章扣押。认定上述犯罪事实的证据有报案人付国疆的报案材料、犯罪嫌疑人罗某成的供述和辩解、公安机关依法扣押的印章、江西某建重庆分公司在重庆市沙坪坝区公安局备案的印章印模、鉴定文书。综上所述,犯罪嫌疑人罗某成在江西某建重庆分公司已有印章的情况下,私自刻制江西某建重庆分公司印章两枚,财务专用章一枚,其行为已触犯《中华人民共和国刑法》第二百八十条第二款之规定,涉嫌构成伪造公司印章罪,特提请批准逮捕。2013年9月30日,南昌市湾里区人民检察院批准逮捕犯罪嫌疑人罗某成。之前的同年7月23日,江西五某公司法定代表人张某印向江西省公安厅信访处反映,2009年7月28日,罗某成与江西五某公司签订协议,在重庆注册成立江西某建重庆分公司,罗某成担任负责人。后罗某成伪造印章,非法承接工程项目,致使江西五某公司承担巨额债务。南昌市公安局湾里分局于2009年7月14日立案后,至今未有明确结论。要求公安机关加大办案力度尽快破案,保护企业合法权益。

原一审中,江西五某公司提交南昌市公安司法鉴定中心(洪)公鉴(文检)字(2012)008号、010号《检验鉴定书》,结论分别为:分公司设立登记申请书、负责人信息、房屋租赁合同、公司章程等九份检材的"江西省某建筑工程有限公司"章印与样本章印即江西五某公司提交的该公司使用的"江西省某建筑工程有限公司"不是同一印章所盖;分公司设立登记申请书"张某印"章印与样本章印即江西五某公司提交的该公司使用的"张某印"章印不是同一印章所盖。

原二审审理过程中,江西五某公司提交的南昌市公安司法鉴定中心(洪)公鉴(文检)字(2013)008号、010号《检验鉴定书》,结论分别为:中信银行重庆北部新区支行账户名为江西五某公司的《印鉴卡》上"江西省某建筑工程有限公司""张某印""江西省某建筑工程有限公司财务专用章"与江西五某公司提交的前述样本章印不是同一印章所盖。《清华芯动SOHO项目一期建筑施工承包合同协议书》等文件上"江西省某建筑工程有限公司"与江西五某公司提交的前述样本章印不是同一印章所盖。

本院再审本案的过程中,江西五某公司提交的南昌市公安司法鉴定中心

（洪）公鉴（文检）字（2013）048号、089号、090号《检验鉴定书》，结论分别为：分公司设立登记申请书、负责人信息的"江西省某建筑工程有限公司"章印与样本章印即公安机关备案的"江西省某建筑工程有限公司"章印不是同一印章所盖，江西五某公司使用的"江西省某建筑工程有限公司"章印与样本章印即公安机关备案的"江西省某建筑工程有限公司"章印是同一印章所盖；南昌市公安司法鉴定中心（洪）公鉴（文检）字（2012）008号、010号、（2013）008号、010号鉴定文书内样本"江西省某建筑工程有限公司"章印与公安机关备案的"江西省某建筑工程有限公司"章印是同一印章所盖；南昌市公安司法鉴定中心（洪）公鉴（文检）字（2012）008号、（2013）008号鉴定文书内样本"张某印""江西省某建筑工程有限公司财务专用章"与南昌市公安局刑侦支队一大队提取的《南昌银行印鉴卡》上的"张某印""江西省某建筑工程有限公司财务专用章"是同一印章所盖。

另查明，余某春是江西五某公司常年法律顾问。在2011年5月重庆市巴南区人民法院审理江西五某公司与重庆云某建材有限责任公司工程款纠纷一案中，余某春、王某健作为代理人提交的江西五某公司代理词和在开庭中陈述：2009年江西五某公司以总承包人身份从发包人处承包"清华芯动SOHO"项目，由江西某建重庆分公司负责此项工程的承建。江西某建重庆分公司又将"清华芯动SOHO"项目一、二、三期胶粉聚苯颗粒内、外墙保温、地面保温、层面保温工程分包给重庆云某建材有限责任公司。

本案《借款暨担保协议》加盖江西某建重庆分公司印章，江西某建重庆分公司负责人罗某成签名。《借款暨担保协议》和《收据》系复印件，未对其上加盖的江西某建重庆分公司的印章进行鉴定。

本院再审开庭之后，江西五某公司向法庭提交江西省南昌市湾里区人民法院作出（2014）湾刑初字第14号刑事判决。该判决事实部分查明：被告人罗某成于2009年7月以内部承包的形式成立江西某建重庆分公司，2009年7月29日重庆市工商行政管理局沙坪坝区分局准许设立江西某建重庆分公司，并颁发营业执照（公司经营项目：为所隶属企业法人承接其建筑资质范围内的业务，负责人：罗某成）。同日，重庆市沙坪坝区公安局准许江西某建重庆分公司刻制江西某建重庆分公司企业印章、财务专用章，后被告人罗某成在刻章处刊刻"江西省某建筑工程有限公司重庆分公司"印章、"江西省某建筑工程有限公司重庆分公司财务专用章"，并在重庆市沙坪坝区公安局对以上两枚印章进行备案。江西某建重庆分公司成立后十天左右，被告人罗某成为承接工程业务，私自刊刻"江西省某建筑工程有限公司重庆分公司"印章一枚。2010年年初，被告人罗某成为在海南省文昌市承接工程业务，私自刊刻"江西省某建筑工程有限公司重庆分公司""江西省某建筑工程有限公司重庆分公司财务专用章"两枚。该院认定，被告人罗某成伪造"江西省某建筑工程有限公司重庆分公司"印章两枚、财务专用章一枚，其行为已触犯刑律，构成伪造公司印章罪。公诉机关指控的罪名成立。遂判决：被告人罗某成犯伪造公司印章罪，判处有期徒刑一年六个月（刑期自2013年8月24日起至2015年2月23日止）。该判决现已生效。

本院再审查明的其他事实与原二审查明的事实一致。

本院再审认为，本案再审中的争议焦点是江西五某公司对本案借款是否应承担还款责任。根据双方的诉辩主张，结合江西五某公司再审中提交的证据及查明的事实，评析如下：

关于江西某建重庆分公司设立的问题。江西五某公司认为罗某成涉嫌私刻或利用假的江西五某公司印章，虚假注册成立江西某建重庆分公司。根据江西五某公司向最高人民法院申请再审时提交的证据和在本院再审开庭后提交的江西省南昌市湾里区人民法院生效刑事判决书所查明的事实，江西五某公司与罗某成约定以内部承包的形式成立江西某建重庆分公司，2009年7月29日该分公司经重庆市工商行政管理局沙坪坝区分局登记设立。罗某成经准许刊刻"江西省某建筑工程有限公司重庆分公司"印章、"江西省某建筑工程有限公司重庆分公司财务专用章"，并在重庆市沙坪坝区公安局对以上两枚印章进行备案。后罗某成为自己承接工程业务方便，私自刊刻"江西省某建筑工程有限公司重庆分公司"印章两枚、"江西省某建筑工程有限公司重庆分公司财务专用章"一枚。该院认定，被告人罗某成构成伪造公司印章罪。以上事实证明，江西某建重庆分公司系以内部承包的方式经江西五某公司认可设立，虽然该分公司设立时相关文件上江西五某公司章印和法定代表人名章与公安机关备案的前述章印非同一印章所盖，但江西某建重庆分公司并非罗某成非法、擅自成立，且刑事判决认定罗某成的犯罪行为是伪造江西某建重庆分公司印章，并不涉及江西五某公司的印章及法定代表人名章。江西某建重庆分公司是经江西五某公司允许并经工商行政管理部门登记依法成立。江西某建重庆分公司既然依法设立，则罗某成不存在擅自在重庆开设江西五某公司及江西某建重庆分公司账户的行为，事实上，双方之间部分款项往来亦可以印证。对于2010年2月8日江西五某公司从总部基本账户南昌银行象南支行划90万元工程款至其中信银行重庆北部新区支行账户,江西五某公司解释是江西五某公司总部基本账户收到自重庆来历不明90万元,当日江西五某公司将90万元按原票返还汇付给中信银行重庆北部新区支行账户,并在再审中举示银行凭证以证明其主张。但该银行凭证载明的收款时间是2010年2月4日,金额是965546元,与2010年2月8日的90万元工程款的时间及金额均不吻合,该银行凭证不能证明其主张。因此,江西五某公司认为罗某成涉嫌私刻或利用假的江西五某公司印章,虚假注册成立江西某建重庆分公司并擅自在重庆设立江西五某公司及江西某建重庆分公司账户的理由不能成立。

关于本案600百万元借款的产生及用途的问题。陈某于2009年10月29日按协议约定通过巨某公司账户将600万元借款一次性划入江西某建重庆分公司指定账户。同日,江西某建重庆分公司经银行小龙坎支行采用电汇方式将该600万元汇入瑞某公司账户,江西某建重庆分公司和瑞某公司分别出具收据。该笔借款已按照协议约定实际产生,陈某与江西某建重庆分公司之间的借贷关系成立。根据江西五某公司与瑞某公司签订的《清华芯动SOHO项目一期建筑施工承包合同协议书》;瑞某公司向江西某建重庆分公司出具600万元收款收据载明"工程履约金"的交款事由;及江西五某公司常年法律顾问余某春代表江西五某公司在与重庆云某建材有限责任公司工程款一案中关于:"清华芯动SOHO"项目是江西五某公司2009年以总承包人的身份从发包人处承包,由江西某建重庆分公司负责此项工程的承建,江西某建重庆分公司又将"清华芯动SOHO"项目胶粉聚苯颗粒内、外墙保温、地面保温、层面保温工程分包给重庆云某建材有限责任公司的自认,虽然《清华芯动SOHO项目一期建筑施工承包合同协议书》上"江西省某建筑工程有限公司"章印与江西五某公司在公安机关备案章印不是同一印章所盖,但由于罗某成不存在伪造江西五某公司印章的犯罪行为,故不能否认江西五某公司以总承包人身份从瑞某公司承包"清华芯动SOHO"项目,由江西某建重庆分公司负责承建的事实,以及600万元借款作为该项目工程履约金的用途。

关于江西五某公司对本案借款的责任问题。江西某建重庆分公经江西五某公司认可依法成立,成立之初江西五某公司即从南昌总部派杜某荣对该分公司进行监督和管理。罗某成私刻江西某建重庆分公司印章及财务专用章,但并无证据表明《借款暨担保协议》和《收据》上江西某建重庆分公司印章虚假。退一步讲,首先,即使《借款暨担保协议》《收据》上江西某建重庆分公司印章虚假,但江西某建重庆分公司负责人罗某成在《借款暨担保协议》上的签名属实,陈某因信赖江西某建重庆分公司依法在工商行政管理机关登记的具有公信力的公司及负责人信息，其没有对江西某建重庆分公司印章真伪进行鉴别的注意义务；其次，亦没有证据证明陈某具有明知江西某建重庆分公司印章虚假仍与江西某建重庆分公司订立《借款暨担保协议》，损害是江西五某公司利益的恶意，因此，陈某应当是善意出借人。况且，本案所涉 600 万元借款进入江西某建重庆分公司账户后，于同日汇入瑞某公司账户，用于江西五某公司履行建筑施工承包合同应支付的履约保证金。因此，江西五某公司关于对江西某建重庆分公司的设立及与陈某订立《借款暨担保协议》、600 万元借款进入瑞某公司账户作为"清华芯动 SO-HO"项目工程履约保证金均不知情的陈述，与客观事实不符。江西五某公司对江西某建重庆分公司的上述还款应承担补充赔偿责任。

综上所述，陈某与江西某建重庆分公司订立的《借款暨担保协议》，加盖了江西某建重庆分公司印章，且有江西某建重庆分公司负责人罗某成签名，是双方真实意思表示，陈某按照约定向江西某建重庆分公司支付 600 万元借款，双方借贷关系成立。江西某建重庆分公司未按时归还该笔借款，应承担相应的民事责任。江西某建重庆分公司作为江西五某公司依法成立的分支机构，不具有独立法人资格，在没有清算的情况下被江西五某公司申请注销，故此笔债务的偿还责任依法应由江西五某公司承担。陈某要求江西五某公司归还借款并承担相应损失的请求符合法律规定，依法予以支持。江西五某公司申请再审的理由，不能成立。原判认定事实清楚，适用法律正确。本案经本院审判委员会讨论决定，依照《中华人民共和国民事诉讼法》第二百零七条、第一百七十条第一款第（一）项的规定，判决如下：

维持本院（2013）渝高法民终字第 00022 号民事判决。

本判决为终审判决。

法律法规

《中华人民共和国公司法》（2024 年 7 月 1 日施行）

第十一条　法定代表人以公司名义从事的民事活动，其法律后果由公司承受。

公司章程或者股东会对法定代表人职权的限制，不得对抗善意相对人。

法定代表人因执行职务造成他人损害的，由公司承担民事责任。公司承担民事责任后，依照法律或者公司章程的规定，可以向有过错的法定代表人追偿。

《最高人民法院关于适用〈中华人民共和国民法典〉合同编通则若干问题的解释》（法释〔2023〕13号）

第二十二条　法定代表人、负责人或者工作人员以法人、非法人组织的名义订立合同且未超越权限，法人、非法人组织仅以合同加盖的印章不是备案印章或者系伪造的印章为由主张该合同对其不发生效力的，人民法院不予支持。

合同系以法人、非法人组织的名义订立，但是仅有法定代表人、负责人或者工作人员签名或者按指印而未加盖法人、非法人组织的印章，相对人能够证明法定代表人、负责人或者工作人员在订立合同时未超越权限的，人民法院应当认定合同对法人、非法人组织发生效力。但是，当事人约定以加盖印章作为合同成立条件的除外。

合同仅加盖法人、非法人组织的印章而无人员签名或者按指印，相对人能够证明合同系法定代表人、负责人或者工作人员在其权限范围内订立的，人民法院应当认定该合同对法人、非法人组织发生效力。

在前三款规定的情形下，法定代表人、负责人或者工作人员在订立合同时虽然超越代表或者代理权限，但是依据民法典第五百零四条的规定构成表见代表，或者依据民法典第一百七十二条的规定构成表见代理的，人民法院应当认定合同对法人、非法人组织发生效力。

《全国法院民商事审判工作会议纪要》（法〔2019〕254号）

41.【盖章行为的法律效力】司法实践中，有些公司有意刻制两套甚至多套公章，有的法定代表人或者代理人甚至私刻公章，订立合同时恶意加盖非备案的公章或者假公章，发生纠纷后法人以加盖的是假公章为由否定合同效力的情形并不鲜见。人民法院在审理案件时，应当主要审查签约人于盖章之时有无代表权或者代理权，从而根据代表或者代理的相关规则来确定合同的效力。

法定代表人或者其授权之人在合同上加盖法人公章的行为，表明其是以法人名义签订合同，除《公司法》第16条等法律对其职权有特别规定的情形外，应当由法人承担相应的法律后果。法人以法定代表人事后已无代表权、加盖的是假章、所盖之章与备案公章不一致等为由否定合同效力的，人民法院不予支持。

代理人以被代理人名义签订合同，要取得合法授权。代理人取得合法授权后，以被代理人名义签订的合同，应当由被代理人承担责任。被代理人以代理人事后已无代理权、加盖的是假章、所盖之章与备案公章不一致等为由否定合同效力的，人民法院不予支持。

062 曾某堂与天某保险股份有限公司浙江省分公司、谢某海上保险、保赔合同纠纷、保险合同纠纷案[①]

裁判要旨

对于如银行、保险公司等存在大量定型化交易的公司，在对外签订协议时，交易相对人不负有审查上述公司用章的真实性的义务，也不负有审查相关签约人员是否已获得公司授权的义务。

实务要点总结

（1）通常情况下，交易相对人不负有审查用章是否真实的义务，但交易相对人不可轻信他人使用的印章一定真实。应结合对方的代表代理权限、签订合同的场合、交易的规范性等多个方面，判断交易是否存在反常的情况，如有，应及时核实对方印章的真实性。当代表公司进行签约的主体仅为普通的公司员工时，交易相对人即不能当然信赖其使用印章的真实性。如确需对印章真实性进行审查的，应要求企业提供印章在行政机关备案时预留的印模，并进行比对。

（2）对于交易相对人而言，其一般不负有审查公司在签约时使用的印章是否真实的义务。因为一方面交易相对人基于诚实信用原则有理由相信已获得授权的主体使用的印章为公司真实的印章；另一方面由于缺乏必要的比对样本和便捷高效的识别技术，交易相对人也无法对公司签约时使用的印章是否真实进行审查。因此，在印章真伪存疑时，应推定印章为真，由更能掌握印章真伪的一方负担证明责任。这一证明责任分配原则更为经济，也更有利于查明案件事实。

（3）对于存在大量定型化交易的企业，交易相对人不负有审查业务人员签约权限、印章真伪的义务。原因在于大量的定型化交易，不仅强化了交易相对人对相关人员已获得授权的信赖，也大大提高了普通的交易相对人核对印章真伪的交易成本。基于诚实信用原则和经济原则的考虑，在大量的定型化交易的场合，不能苛求交易相对人审查公司印章真伪。

[①] 审理法院：浙江省高级人民法院；诉讼程序：二审

相关判决

曾某堂与天某保险股份有限公司浙江省分公司、谢某海上保险、保赔合同纠纷、保险合同纠纷二审民事判决书〔（2011）浙海终字第17号〕

上诉人（原审被告）：天某保险股份有限公司浙江省分公司。

负责人：毛某春。

被上诉人（原审原告）：曾某堂。

原审被告：谢某。

上诉人天某保险股份有限公司浙江省分公司（以下简称天某保险浙江公司）为与被上诉人曾某堂、原审被告谢某海运货物保险合同纠纷一案，不服宁波海事法院（2010）甬海法商初字第198号民事判决，向本院提起上诉。本院于2011年1月10日受理后，依法组成合议庭，于同年2月18日召集当事人对本案进行了调查质证。上诉人天某保险浙江公司委托代理人×××，被上诉人曾某堂委托代理人×××到庭参加质证，原审被告谢某经本院合法传唤未到庭参加质证。本案现已审理终结。

原审法院审理查明：2007年年底，时任天某保险浙江公司下属营业二部滨安路营销服务部副经理的谢某为拓展海洋货物运输保险业务，与在义乌市开展包清关运输的锦某国际货运代理有限公司（以下简称锦某公司）就该司下属客户向天某保险浙江公司投保进出口货物海洋运输险（一切险、交货不到险、战争险及罢工险）签订一份特别约定协议，约定天某保险浙江公司应指定专人负责开具保单并积极做好客户理赔服务工作，有权对锦某公司所装货物进行监装与查验以确保货物真实性，锦某公司有义务协助催缴保险费，货物出险后，应及时向天某保险浙江公司提供真实有效的运输合同、保单、货物承运单、货损清单证明、承运提单、保险协议，上述理赔单证样本以双方共同盖章封存的样本为准等等。该特别约定协议中，锦某公司加盖条形章，谢某则加盖其伪造的天某保险浙江公司业务专用章。后双方按约封存样本，锦某公司则在开展包清关运输业务过程中向客户推荐谢某提供的保险协议文本。

2007年12月10日、12月14日，曾某堂分别与锦某公司及谢某签订运输合同、进出口货运险保险协议（以下简称保险协议）各一份。运输合同约定：锦某公司受曾某堂委托将曾某堂货物运输至莫斯科并送至莫斯科市ACT市场，合同项下提货单、货物承运单作为附件，系运输合同不可分割之部分等，该合同由锦某公司加盖条形章。保险协议则约定：曾某堂向天某保险浙江公司投保一切险、交货不到险、战争险及罢工险，保险货物为皮革制品、纺织品、针织品、小百货等，保险期限为仓至仓，运输路线为宁波（乍浦、上海等）至俄罗斯叶卡捷琳堡，运输方式为海陆联运，承运人为锦某公司，适用的条款为中国人民保险公司制定的海洋运输货物保险条款，保险费率2%，每次事故实行货物损失金额90%的绝对赔偿，天某保险浙江公司出具的每笔海洋运输货物保险单生效后，须及时交给曾某堂，被保险人在保险货物所装的整柜集装箱启运后累计90天，仍然没有收到承运人发出的到货提货通知，应于48小时之内向保险人报案，天某保险浙江公司应及时调查取证，在接到承运人确认货物出险的通知后，天某保险浙江公司应按交货不到做全额理赔并和被保险人办理相应的权益转移手续，保险协议与天某保险浙江公司逐笔开具的保单同时使用，缺一不可，该合同由谢某加盖其私刻的天某保险浙江公司业务专用章。

2007年12月11日、12月15日，曾某堂分别将涉案货物15个压缩包计3584件服装、14个压缩包计2940件服装、42个压缩包计14056件服装委托锦某公司承运，锦某公司先后向曾某堂出具了货物承运单、提货单各三份，均载明发货人曾某堂，收货人张某杰，唛头 J×3336-15、J×3336-14、J×3336-42 等。天某保险浙江公司于2007年12月14日、2008年1月2日分别向曾某堂签发编号为 B00207057947、B00208000205、B00208000433 的货物运输保险单各一份，载明：被保险人曾某堂，货物标记 J×3336-15、J×3336-14、J×3336-42，14包2940件服装，15包3584件服装，42包14056包服装，保险金额126000元、150000元、420000元，保费与费率按约定，装载运输工具海运，开航日期以提单载明日期为准（asperB/L），自宁波至莫斯科，承保险别"Covering All Risksas Per Ocean Marine Cargo Clauses（1/1/1981）of the People's Insurance Company of China（Abbre viatedas C. I. C. All Risks）（Ware house toware house Clause is included）Including Failureto Deliverasper Failure to Deliver Clause attached"，每次事故实行10%的绝对免赔率，被保险人在保险货物所装的集装箱启运后累计90天，仍然没有收到承运人发出的到货提货通知，应于48小时之内向保险人报案，货物代理人为"锦某国际运输有限公司"，赔款偿付地点是义乌，其余为保险人的俄罗斯莫斯科代理的报案电话等联络信息。之后天某保险浙江公司向曾某堂按保险金额2%的标准开具了保险费发票，曾某堂则按照保险协议载明的谢某个人账户向天某保险浙江公司支付了相应保险费。2008年3月25日，锦某公司出具证明称涉案货物出港期为 12 月 19 日，货物超过 90 天未到。2008 年 5 月 28 日，锦某公司再次出具证明称涉案货物于 2007 年 12 月在义乌装柜发货。2008 年 4 月 3 日，谢某与曾某堂达成理赔协议，内容为："今我双方友好协商，理赔事项达成一致，甲方（天某保险浙江公司）将在 2008 年 4 月 30 日按照保险额度扣除免赔率进行赔付。总保险额为人民币 1236000 元。应赔付金额为人民币 1112400 元，赔偿款支付方式为一次性支付。以上客户所能提供资料均已收到。此协议具有法律效力，双方不能违约。"该协议由谢某签字并加盖其私刻的天某保险浙江公司业务专用章。后曾某堂未能如期收到理赔款，经与天某保险浙江公司交涉未果，遂于 2008 年 6 月 2 日诉至义乌市人民法院。同年 7 月 7 日，天某保险浙江公司向公安机关报案称谢某私刻业务专用章，篡改保险条款，扩大公司的保险责任。杭州市上城区人民法院于 2009 年 11 月 23 日作出（2009）杭上刑初字第 375 号刑事判决，认定被告人谢某于 2007 年年底在天某保险浙江公司任职期间为扩展海洋货物运输保险业务，擅自伪造天某保险浙江公司业务专用章并多次用该伪造公章与多名客户签订进出口货运保险协议及理赔协议，其行为已构成伪造公司印章罪。

该院另认定：曾某堂原诉称要求赔偿的另一票货物之运输、保险、理赔、交涉等事实经过与上述认定的事实基本一致，但具体件数、包数、价值等有所不同。所涉的保单号码为理赔协议中提及的 B00××××7955。曾某堂于 2008 年 6 月 5 日收悉该票货物并在诉讼过程中申请撤回对该票货物的索赔诉请。曾某堂的诉讼请求为：判令天某保险浙江公司、谢某共同支付理赔款 626400 元及相应利息。

原审法院对本案的争议焦点分析如下：

一、关于锦某公司的资质及法律地位问题

该院认为，锦某公司的具体企业情况及承运人资质情况虽无证据在案，但根据该院审理的其他案件所显示的情况看，该锦某公司客观上已经较长时间地存在并与较多客户发生了货物运输至俄罗斯的包清关业务，其客观存在不容否定；其次，天某保险浙江公司并无证据证明曾某堂明知锦某公司无承运资质而故意隐瞒，从而影响本案海运货物保险合同的效力，故不论由谁选定承运人及选定的承运人锦某公司是否具有相应承运人资质对本案的处理并无实质性影响；最后，根据本案运输合同等证据，锦某公司应认定为从事包清关运输的承运人，无论保单上载明的"货物代理人为锦某国际运输有限公司"与锦某公司是否为同一家公司，均不影响锦某公司作为涉案货物承运人的地位。

二、关于由谢某加盖天某保险浙江公司业务专用章的涉案保险协议、理赔协议等约定能否约束天某保险浙江公司的问题

该院认为：首先，涉案天某保险浙江公司业务专用章目前虽被认定系谢某私刻伪造，但在签订保险协议的当时，谢某不仅是天某保险浙江公司的正式在编员工，而且是该司任命的下属营业二部滨安路营销服务部副经理，其从事相关业务时不仅持有营销服务部的营业执照与营销许可证，还持有天某保险浙江公司的营业执照副本；曾某堂根据其与谢某签订的保险协议指定的谢某个人账户交纳了保费，天某保险浙江公司均开具了相应的保险单、批单与保费发票，其上记载的内容与货运保险协议约定的承保货物、费率、保费金额等均相吻合，使得曾某堂有足够的理由相信谢某的签约行为系天某保险浙江公司的真实意思表示。正是承续以上的行为，曾某堂在货物出险后均找到谢某进行报案与理赔，谢某对报案材料进行了审查与核实后，与曾某堂进行了理赔约定，签字并加盖公章确认。尽管谢某伪造公章的行为在事后已经被确认为构成犯罪，但对一个普通的投保人而言，对于天某保险浙江公司业务员推荐的协议文本，不能苛求其必须审查天某保险浙江公司印章的真伪，在天某保险浙江公司已经根据上述协议收取保费并开具保单的情况下，也不能苛求其去识别天某保险浙江公司的哪一级别或哪一部门的员工的具体业务权限，实际上，投保人没有义务也没有能力去审核天某保险浙江公司内部的权限分工。在天某保险浙江公司并无证据证明曾某堂系在知道或者应当知道谢某系私刻单位公章越权签订涉案保险协议、理赔协议的情况下，应认定本案保险协议与理赔协议对天某保险浙江公司具有约束力。至于保险合同的具体内容，因涉案保险单对于具体险种及背面条款均书写英文且未提供翻译，双方之间的具体权利义务应以保险协议为准。

三、关于涉案货物是否已经装船出运、是否发生保险事故、曾某堂是否具有保险利益、有否提交理赔必需的文件以及货物的保险价值问题

该院认为：天某保险浙江公司的员工即谢某已经全面审查曾某堂资料是否符合理赔条件并与之签订了理赔协议，在这一前提下，本案关于涉案货物是否已经装船出运、是否发生保险事故、曾某堂是否具有保险利益、有否提交理赔必须的文件以及货物的保险价值问题的举证责任已经转移给天某保险浙江公司，而天某保险浙江公司未能举证证明曾某堂货物尚未装船、并未发生保险事故、理赔资料不全以及货物价值未达到保险金额，故天某保险浙江公司的上述抗辩均不能成立。

四、关于曾某堂未在诉讼时效内起诉承运人，天某保险浙江公司能否据此拒赔的问题

天某保险浙江公司认为，保险条款第四条规定"货损差是由于承运人、受托人或其他有关方面的责任所造成，应以书面方式向他们提出索赔，必要时还需取得延长时效的认证，若被保险人未履行规定的义务而影响保险人利益时，保险人对有关损失有权拒绝赔偿"，但是曾某堂没有证明向承运人进行过货损索赔，由于没有及时行使追偿权或延长追偿时效已经使天某保险浙江公司丧失了向第三方进行保险追偿的权利，天某保险浙江公司有权拒赔。原审法院认为，曾某堂至今未向承运人以诉讼的方式主张权利，已超过诉讼时效。但该条约定系保险协议指引的"海洋货物运输保险条款"的内容，属于为反复使用而预先拟定的内容。签订保险协议时，天某保险浙江公司未告知曾某堂并与其协商，故该条款不能约束曾某堂。同时，早在2008年4月3日，曾某堂已经与天某保险浙江公司交涉并达成理赔协议，此时诉讼时效尚未届满，天某保险浙江公司本应充分注意曾某堂的索赔时效并充分考虑自己的追偿问题，故即使现在对承运人的诉讼时效已过，也应由天某保险浙江公司来承担其怠于理赔引起的后果。天某保险浙江公司的此点抗辩理由亦不能成立。

五、关于天某保险浙江公司与谢某是否需要共同承担赔偿责任的问题

本案属于海运货物保险合同纠纷，曾某堂提起的是违约之诉，涉案保险协议、理赔协议的双方当事人为天某保险浙江公司与曾某堂，谢某系天某保险浙江公司员工，天某保险浙江公司应当承担谢某在从事保险营销活动中产生的所有法律后果。曾某堂要求谢某共同承担保险合同项下理赔责任的理由不足。至于天某保险浙江公司与谢某内部之间的责任承担，可另择合法途径解决。

原审法院认为：曾某堂为其运送到俄罗斯进行销售的货物向天某保险浙江公司投保海洋运输货物保险，谢某在任职期间签订的保险协议、理赔协议以及天某保险浙江公司签发保单的行为，均应认定有效且应约束曾某堂及天某保险浙江公司。曾某堂投保的涉案货物已经发生保险事故，天某保险浙江公司的员工在进行相应审核后与曾某堂签订了理赔协议，天某保险浙江公司虽抗辩保险事故不存在、未进入保险责任期间等，但均未能提供证据支持其抗辩，仍应按照理赔协议进行履行。综上，曾某堂诉请由天某保险浙江公司承担保险理赔责任的理由成立，应予支持；但谢某系属天某保险浙江公司员工，其行为后果对外应由天某保险浙江公司承担，曾某堂诉请由谢某共同承担赔偿责任依据不足，不予支持。天

某保险浙江公司关于保险协议、理赔协议应认定无效、货物并未装船出运、未发生保险事故、不具备赔付条件、曾某堂未出具理赔所需材料以及追偿权难以实现等抗辩，理由与证据均不足，不予采信。曾某堂诉请的利息，根据本案的实际情况，不予保护。依照《中华人民共和国海商法》第二百一十六条、第二百二十一条、第二百三十七条，《中华人民共和国合同法》第八条、第三十九条、第四十条，《中华人民共和国民事诉讼法》第六十四条第一款、第一百三十条之规定，该院于2010年11月20日判决：一、天某保险浙江公司于判决生效后十日内支付曾某堂保险理赔款626400元；二、驳回曾某堂的其余诉讼请求。如果未按判决指定的期间履行给付金钱义务，应当按照《中华人民共和国民事诉讼法》第二百二十九条之规定，加倍支付迟延履行期间的债务利息。本案一审案件受理费10064元，由天某保险浙江公司承担。

上诉人天某保险浙江公司不服原审判决，向本院提起上诉称：一、天某保险浙江公司从未与曾某堂签订保险协议。涉案保险协议所加盖的保险公司业务专用章系谢某伪造，该事实已为生效刑事判决所确认，故保险协议不是天某保险浙江公司的真实意思表示，对天某保险浙江公司不具备法律上的约束力，其没有义务承担保险赔偿责任。二、曾某堂无法证明货物已经进入天某保险浙江公司的保险责任期间。1. 锦某公司出具的提货单、货运承运单等资料至多能证明其收到曾某堂交付的货物，不能证明相关货物已经装船及开始运输，货物此后不知所踪不属于天某保险浙江公司的保险责任范围。2. 谢某在庭审中陈述没有收到曾某堂所列材料，"受理情况说明"与"理赔协议"的说法与事实相悖。原判将举证责任强加于天某保险浙江公司是不顾事实且不公平。3. 理赔协议是在谢某人身受到威胁的情况下所签，并非其真实意思表示，应属无效。且谢某只是保险营销人员，根据一般人的识别能力，理应知道其无本案的理赔权限。4. 曾某堂在原审法院审理过程中变更诉讼请求，降低了诉讼金额，可见其在起诉时对于货物损失的事实并无证据证明，其所提诉求都是其个人意愿。三、曾某堂补救措施不当造成了不必要的损失。曾某堂发现货物没能及时到达后，第一反应不是向收取其货物的锦某公司查询，反而是向天某保险浙江公司要求索赔，错过了寻找货物的最佳时机，违背了法律规定的被保险人的积极补救义务。保险条款第四条规定，被保险人未履行规定的义务而影响保险人利益时，保险人对有关损失有权拒绝赔偿。四、曾某堂对本案货物没有保险利益。曾某堂没有提供报关单，理赔协议中也未提及收到哪些材料。货物没有依法清关要被没收的，法律不保护这种利益。

原判未查明曾某堂向谢某提交了什么文件，反而认定应由天某保险浙江公司证明货物没有报关不当。原审法院判决天某保险浙江公司承担保险责任于法无据且违背《保险法》、《合同法》等法律体现的公平理念。请求撤销原判，依法发回重审或改判。

被上诉人曾某堂答辩称：一、虽然保险协议是谢某用私刻业务专用章签订，但对天某保险浙江公司仍具约束力，其应当依法履行该协议约定的义务。1.保险单是根据保险协议形成的，天某保险浙江公司向曾某堂出具保险单的行为，就是对保险协议的认可。谢某是天某保险浙江公司任命的"天某保险股份有限公司浙江省分公司滨安路营销服务部"的负责人，谢某所从事的保险业务活动是职务行为，其在保险协议上签名，该保险协议即对天某保险浙江公司生效。谢某在保险协议上加盖"天某保险股份有限公司浙江省分公司业务专用章"的行为，应当视同谢某本人的签名行为。2.天某保险浙江公司的两份单号为B00207059462-1、B00207059462-2批单，进一步证明了其对保险协议的履行。天某保险浙江公司按保险协议约定的内容变更了目的地和运输工具，该行为是其对保险协议认可的行为。3.天某保险浙江公司明知谢某私刻公章从事业务活动而未表示反对并制止，其行为是对谢某私刻公章行为的承认，而且按保险协议约定的数额向曾某堂收取保险费。天某保险浙江公司的副总经理练亦伟在与锦某公司办公室主任舒均航封存《保险理赔确认资料封存样本》时，审查并封存了保险协议，该封存行为亦得到天某保险浙江公司领导的批准。（2009）杭上刑初字第375号刑事判决书确认了保险协议确实存在，并且是与多人签订，谢某在该案中供述，其签订的每一份保险协议和保单都要上交，天某保险浙江公司通过核对保单、保险协议后，向谢某索要保费。二、锦某公司是天某保险浙江公司指定的承运人，锦某公司与曾某堂签订的运输合同及其出具的货物承运单、提货单是保险协议认可的附件。三、天某保险浙江公司应当承担保险协议、理赔协议约定的义务。天某保险浙江公司向谢某发放的《授权委托书》所确定授权事项是："全权办理俄罗斯货运险承保、理赔相关事宜"，谢某在经营活动中签订理赔协议的行为是职务行为，曾某堂已经向谢某提供了理赔所需的全部资料。四、保险货物在保险责任开始后的90天没有接到的事实存在。承运人已出具证明，证明由其承运的曾某堂的货物90天未到。五、曾某堂的货物是在天某保险浙江公司的保险责任生效后灭失的，并且没有除外责任的免责情况存在。六、曾某堂与天某保险浙江公司在2008年4月3日达成赔偿协议时，已交付所有单证，因此，向责任人的追偿权应当由天某保险浙江公司行使，其怠于履行赔偿协议导致向承运人追偿时效丧失与曾某堂无关。请求驳回上诉，维持原判。

二审中，双方均未提交新的证据。

经审理，本院对原判查明的事实予以确认。

本案二审的争议焦点在于：本案保险协议、理赔协议的效力，以及天某保险浙江公司对曾某堂主张的本案货物灭失应否承担赔偿责任。双方当事人对本院归纳的争议焦点并无异议。

本院认为，谢某是天某保险浙江公司的职员，天某保险浙江公司对谢某出具的授权委托书载明，"授权谢某全权办理俄罗斯货运险承保、理赔相关事宜"，而曾某堂与谢某签订的保险协议，其内容正是承保货物从宁波等地至俄罗斯的货运险，因此，谢某签订本案保险协议的行为并未超过其职权范围。虽然该保险协议上加盖的天某保险浙江公司业务专用章系谢某私刻，但天某保险浙江公司已依据该保险协议签发了相应的保险单，亦收取了曾某堂依据保险协议约定的保险费率交纳的保费，故可以认定天某保险浙江公司已经认可该保险协议。天某保险浙江公司二审中虽辩称其出具保险单并非依据保险协议，而是依据投保人填写的投保单，但其并不能提供相应投保单。因此，本案保险协议属于保险合同的有效组成部分，对双方均具有法律拘束力。

《中华人民共和国保险法》（2002年修正版）第二十四条规定，保险人收到被保险人的赔偿请求后，应当及时作出核定。因此，在接到被保险人报案后，天某保险浙江公司作为保险人对保险事故发生的事实以及损失程度等有义务进行审核。本案中，谢某于2008年4月3日与被保险人曾某堂签订了理赔协议，应当认为其已作为保险人授权的人对事故作出了核定。天某保险浙江公司上诉提出谢某是在受胁迫下签订理赔协议，并无相应证据。至于谢某是否有理赔的权限，天某保险浙江公司认为谢某是保险营销人员，而理赔是公司理赔部的业务权限。但曾某堂作为普通投保人，并无义务审查保险人内部的权限分工，况且，天某保险浙江公司给谢某的授权包含全权办理"理赔相关事宜"，故谢某签订理赔协议并未超越其权限范围。

关于曾某堂在出险后未采取积极补救措施，天某保险是否有权拒绝赔偿问题。《中华人民共和国保险法》规定了被保险人故意或因重大过失致使保险人不能行使代位请求赔偿权的，保险人可以扣减保险金。本案中，被保险人曾某堂已于2008年4月3日与天某保险浙江公司授权的职员谢某签订理赔协议，并交付了理赔所需的材料,此时离时效届满尚有近1年时间,曾某堂未向锦某公司主张权利并不影响天某保险浙江公司行使代位求偿权,故天某保险浙江公司无权拒绝赔偿。

综上,上诉人天某保险浙江公司的上诉理由均不能成立,不予支持。原判认定事实清楚,实体处理并无不妥。依照《中华人民共和国民事诉讼法》第一百五十三条第一款第(一)项之规定,判决如下:

驳回上诉,维持原判。

二审案件受理费10064元,由上诉人天某保险浙江公司负担。

本判决为终审判决。

法律法规

《中华人民共和国民法典》(2021年1月1日施行)

第一百七十条 执行法人或者非法人组织工作任务的人员,就其职权范围内的事项,以法人或者非法人组织的名义实施的民事法律行为,对法人或者非法人组织发生效力。

法人或者非法人组织对执行其工作任务的人员职权范围的限制,不得对抗善意相对人。

第一百七十一条 行为人没有代理权、超越代理权或者代理权终止后,仍然实施代理行为,未经被代理人追认的,对被代理人不发生效力。

相对人可以催告被代理人自收到通知之日起三十日内予以追认。被代理人未作表示的,视为拒绝追认。行为人实施的行为被追认前,善意相对人有撤销的权利。撤销应当以通知的方式作出。

行为人实施的行为未被追认的,善意相对人有权请求行为人履行债务或者就其受到的损害请求行为人赔偿。但是,赔偿的范围不得超过被代理人追认时相对人所能获得的利益。

相对人知道或者应当知道行为人无权代理的,相对人和行为人按照各自的过错承担责任。

第六章　银行印章管理识别中的特殊风险

第一节　银行负有甄别客户预留印鉴与使用印鉴是否一致的义务

063 中国某银行皋兰县支行与中国某财务有限责任公司新疆分公司存单纠纷上诉案[①]

裁判要旨

银行作为专业的金融机构,在涉及与客户的一系列交易过程中负有审查客户使用的印章是否前后一致的义务。银行发现客户前后用印不一致的,应及时向客户进行核实,否则应承担疏于审查的法律后果。

实务要点总结

(1) 银行作为专业的金融机构,负有根据合同审核客户在申请支付时使用的印鉴与预留印鉴是否一致的义务,这一义务构成银行在储蓄存款关系、票据关系中的核心义务。本案中,皋兰支行在接收拜某琪提供的以财务公司作为保证人的担保函时,没有核实担保函上加盖的财务公司的印章与财务公司此前在银行办理存款业务时所留的印章是否一致,导致最高人民法院最终认定该担保函不能约束财务公司。

(2) 银行客户申请支付的印鉴与预留印鉴不一致时,一般应拒绝兑付。但是,在某些场合不得拒绝支付。如银行承兑汇票上的连续背书有部分签章系伪造变造的,一般不得仅以此为由拒绝承兑或支付。

---

① 审理法院:最高人民法院;诉讼程序:二审

相关判决

中国某银行皋兰县支行与中国某财务有限责任公司新疆分公司存单纠纷上诉案民事判决书〔(2007)民二终字第 140 号〕

上诉人（原审被告）：中国某银行皋兰县支行。住所地：甘肃省皋兰县城关镇。

负责人：刘某雄，该行行长。

被上诉人（原审原告）：中国某财务有限责任公司新疆分公司。住所地：新疆维吾尔自治区乌鲁木齐市北京南路钻石城 5 号数码港大厦 1 幢 3 层。

负责人：代某文，该公司主任。

上诉人中国某银行皋兰县支行（以下简称皋兰某行）为与被上诉人中国某财务有限责任公司新疆分公司（以下简称财务公司）存单纠纷一案，不服甘肃省高级人民法院（1999）甘经初字第 46 号民事判决，向本院提起上诉。本院依法组成由审判员裴莹硕担任审判长、审判员朱海年、宫邦友参加的合议庭进行了审理。书记员安杨担任记录。本案现已审理终结。

甘肃省高级人民法院审理查明：1996 年 8 月 22 日，中国某财务有限责任公司兰州办事处（以下简称财务公司兰州办）的工作人员李某联与拜某琪向皋兰某行所属定西南路分理处（以下简称分理处）申请开户并预留了财务公司兰州办财务专用章及两枚私人印鉴（方某、李某联）印模，当日从交通银行账户向分理处账户转进人民币 2500 万元。同年 9 月 4 日，财务公司兰州办与分理处签订了《通知存款协议》一份，约定财务公司兰州办在分理处存款 2500 万元，有效期一年（1996 年 9 月 4 日至 1997 年 9 月 4 日）。同日，分理处向财务公司兰州办出具了面额为 2500 万元的中国某银行兰州市支行人民币通知存款储蓄存单一张，存期为一年，利率为 4.8555%。次日，拜某琪持财务公司兰州办于 9 月 5 日给分理处出具的《担保函》，内容为："某行兰州市支行定西南路分理处：兰州鑫某资源再生利用实业有限公司在你处申请贷款壹仟伍佰万元（最高限额），我处愿以在你处存款贰仟伍佰万元作担保，担保期限一年（可收回再贷），并不支取存款，如借款人在借据规定的期限内不能按期归还借款本息，可直接从我处存款账户中扣收借款本息"。该《担保函》加盖了财务公司兰州办的印鉴和该办事处负责人胡某章印鉴。随后，皋兰某行作为贷款人与借款人兰州鑫某资源再生利用实业有限公司（以下简称鑫某公司）签订了农银保借字 96 第 1 号《最高额保证担保借款合同》，约定：一、自 1996 年 9 月 5 日至 1997 年 9 月 4 日，贷款人向借款人发放最高贷款限额不超过人民币 1500 万元的贷款。二、保证人在借款期间与借款人对债务承担连带责任。在"其他事项"中注明：1. 同时执行担保单位的承诺；2. 附《担保函》一份。协议上加盖了贷款人和借款人的印鉴，保证人未加盖印鉴，在保证人一栏中写有"详见担保函"字样。1997 年 8 月 14 日，因鑫某公司未按期归还借款本息，分理处从财务公司兰州办的 2500 万元存款中扣收了 16448650.46 元，并给财务公司兰州办送达了"转账贷方传票"，传票中载明了扣款原因为"扣收担保鑫某公司贷款本息。"

甘肃省人民检察院（以下简称省检察院）于 1997 年 8 月 29 日通知分理处，暂停支付财务公司兰州办在该处的存款 9697787.04 元，并于同年 9 月 1 日、11 月 18 日将前述存款及利息 1448650.461 元冻结扣划（上述款项合计为 11146437.501 元）。省检察院于 1997 年 9 月 15 日、12 月 8 日、1998 年 7 月 13 日分三次向财务公司兰州办发还人民币 1150 万元。1999 年 12 月 10 日，省检察院反贪局向皋兰某行出具证明称，已发还财务公司兰州办 17906809 元（其中包括拜某琪从你行贷款中直接还给财务公司兰州办的 700 万元）。

财务公司兰州办提交了省检察院于 1997 年 9 月 8 日委托甘肃省诉讼证据鉴定中心对《担保函》的印鉴鉴定意见书，经与财务公司兰州办的旧印章和新印章比对分析，得出结论：检材《担保函》上的公司印鉴、胡某章印鉴均不是该公司的真件。

皋兰某行提交了财务公司兰州办于 1996 年 8 月 22 日在分理处填写的"企（事）业单位领取开户许可证申报表"，上面有财务公司兰州办加盖的印章。经皋兰某行代理律师委托甘肃省公安厅技术鉴定，省公安厅于 1999 年 12 月 13 日出具鉴定结论是《申报表》和担保文件上的公章印文是同一印章盖印。

应财务公司兰州办的申请，该院对省检察院向财务公司兰州办发还款项的确切数额作了调查，省检察院于 2006 年 12 月 18 日向本院出具证明称：向原告实际发还人民币 1150 万元。双方当事人质证后，财务公司兰州办无异议，皋兰某行认为应以当时省检察院反贪局的证明为准。

应皋兰某行的申请，该院对财务公司兰州办曾向拜某琪出具虚假验资证明，从中收取好处费 70 万元的情况向省检察院调取案卷查阅，据方某交代，确有其事，但只收了 6.7 万元。财务公司兰州办代理人表示对此事不清楚。

另查明，分理处是皋兰某行于 1996 年开办的基层营业单位，其为了便于经营,将印章刻制为"中国某银行兰州市支行定西南路分理处"。

又查明,财务公司兰州办的副主任方某因经济犯罪被财务公司兰州办免职并退回兰州某总厂。

1999年9月9日,财务公司以皋兰某行为被告向甘肃省高级人民法院提起诉讼,请求判令:1.皋兰某行返还财务公司存款本金1350万元及利息1623171.25元;2.该案诉讼费用由皋兰某行承担。

甘肃省高级人民法院经审理认为,当事人双方对2500万元存款无异议。双方签订的《通知存款协议》是双方当事人真实的意思表示,该协议内容不违反法律法规,为有效协议。皋兰某行给财务公司兰州办出具的"人民币通知存款储蓄存单"内容真实,形式合法,应确认有效,双方的存款关系成立。本案的争议焦点是原告是否为鑫某公司的1500万元借款提供担保。从1996年8月22日至9月5日,财务公司兰州办在分理处共有三份加盖了印章的材料,《担保函》和《申报表》的印章一致,与《通知存款协议》上的印章不是同一印鉴。由于《担保函》是鑫某公司拜某琪提供的,皋兰某行对"担保函"上的印鉴只与开户申请表上的印鉴予以比对,没有与通知存款协议上的印鉴作进一步的比较,且没有向财务公司兰州办认真核实,由于其疏于审查,致使银行巨款被骗,其应负全部责任。至于皋兰某行提出发还款项应以反贪局当年的证明为准而不能以省检察院新的证明材料为据的理由,该院认为,反贪局只是省检察院下属的职能部门,其对外出具的证据不能对抗省检察院的证据。至于拜某琪的行为是否构成刑事犯罪不影响本案的审理。被告关于本案是刑事犯罪案件,应移送公安机关处理的抗辩理由不能成立,该院不予支持。依据《中华人民共和国民法通则》第八十五条之规定,判决:一、中国某银行皋兰支行向中国某财务有限责任公司兰州办事处兑付存款本金1350万元;二、中国某银行皋兰支行向中国某财务有限责任公司兰州办事处支付自1996年9月4日起至1997年8月29日止本金2500万元存款的银行利息,按存单上载明的利率4.8555%计算;三、中国某银行皋兰支行向中国某财务有限责任公司兰州办事处支付1350万元自1997年8月30日至9月4日的利息;按存单上载明的利率4.8555%计算;四、中国某银行皋兰支行向中国某财务有限责任公司兰州办事处支付合同期满后至前述款项付清之日止的银行利息(按中国人民银行同期活期存款利率计算)。上述给付义务在本判决生效后三十日内履行,逾期依照《中华人民共和国民事诉讼法》第二百三十二条之规定,加倍支付迟延履行期间的债务利息。案件受理费85200元,由中国某银行皋兰支行负担。

皋兰某行不服甘肃省高级人民法院上述民事判决，向本院提起上诉称：一、拜某琪行为构成表见代理，被上诉人应当承担相应的民事责任。拜某琪向上诉人提交的被上诉人承担保证责任的《担保函》签章与被上诉人在上诉人处开户时的签章完全一致。上诉人有充分理由认为拜某琪与被上诉人之间存在代理关系。由拜某琪代理被上诉人申报开户、办理存款、申请存款担保贷款这一事实与过程的连续性为依据，由代办存款事实可以证明在借款担保中存在表见代理，进而证明被上诉人出具担保的真实性。二、一审恢复审理无法律依据，显属不当。一审法院以拜某琪涉嫌犯罪、检察机关尚未侦结为由，裁定中止诉讼。本案中涉及的被上诉人在上诉人处存款、拜某琪向上诉人提出贷款以及被上诉人向上诉人出具《担保函》的所有事实，都与拜某琪有紧密关系，且不能排除被上诉人与拜某琪合谋诈骗上诉人的可能性。一审法院以"侦查终结"为由恢复审理，且没有拜某琪依法固定的证人证言与本案审理事实进行印证，以致最终出现错误判决。另，鑫某公司经理拜某琪于1997年1月注册甘肃森某实业集团有限公司时，由被上诉人出具过19988万元的虚假验资证明（森某集团的总裁为拜某琪，鑫某公司是森某集团的子公司）；鑫某公司从上诉人处贷款后，直接向被上诉人还款700万元，由此可以看出被上诉人和鑫某公司之间具有密切的关联关系。在拜某琪诈骗银行贷款案件审理完毕前，不能排除被上诉人与拜某琪合谋串通诈骗银行资金。三、一审恢复审理无法律依据，显属不当。一审法院在未查清案件事实的前提下，审理结果显失公平。经鉴定机关鉴定《保函》中的公章与开户资料中的公章完全一致，说明被上诉人本身使用两套公章事实的存在。被上诉人与拜某琪及其公司财务往来密切，不排除他们恶意串通、骗取银行资金的可能性。四、本案中"先存后贷"是一个不可分割的民事行为，存在着主债务人应当承担的民事责任和保证人应当承担的民事责任两种法律关系，一审法院错误适用《中华人民共和国民法通则》第八十五条规定并将其作为定案依据。请求二审法院依法改判：1. 依法撤销（1999）甘经初字第46号民事判决，驳回被上诉人诉讼请求。2. 判令被上诉人承担本案相关诉讼费用以及上诉人因此而支付的其他合理费用。

被上诉人财务公司答辩称：一、一审法院判决被答辩人承担还款责任正确，认定事实清楚，拜某琪的行为不构成表见代理，被答辩人在贷款担保行为中存在过错。在本案所涉及的存款业务中，拜某琪仅是介绍答辩人到被答辩人处进行存款，答辩人从未委托拜某琪个人为其办理存款业务，更不存在委托拜某琪办理为他人进行担保。答辩人在与分理处所签订存款协议时，协议上盖有答辩人公司公章，并且在办理存单时预留了公司财务专用章及两枚私人印模。而拜某琪在办理贷款担保时，其提供《担保函》上的公章与答辩人的公司公章存在明显差异，但被答辩人却没有尽到正常的注意义务，没有去比对二者的区别。并且该被担保的公司正是办理贷款担保行为拜某琪任法定代表人的公司，这点被答辩人亦为明知，但被答辩人却没有履行向答辩人进行核实的义务。答辩人依据存单要求银行承担兑付义务，应得到法院的支持。因此，被答辩人在拜某琪既没有代理人身份，又持明显系伪造的《担保函》的情况下，不经核查就贸然给其办理了贷款担保手续，对于造成的损失，其应当自行承担，所谓的担保贷款与答辩人无关。

二、一审法院恢复审理，适用法律正确。检察机关对拜某琪涉嫌犯罪一案已侦查终结，并无证据证明答辩人单位工作人员与拜某琪实施共同犯罪，检察机关也未对我方工作人员采取相应的处罚措施。中止诉讼的原因消除，一审法院依法恢复审理，并无不当。综上，请求二审法院依法驳回上诉人的上诉，维持原审判决。

本院除认定原审法院查明事实外，另查明，2007年4月11日，中国银行业监督管理委员会银监复（2007）161号《中国银监会关于中国某财务有限责任公司分支机构规范事项的批复》，将中国某财务有限责任公司兰州办事处规范为中国某财务有限责任公司新疆分公司，并迁址新疆维吾尔自治区乌鲁木齐市。同年8月9日，中国某财务有限责任公司新疆分公司取得营业执照。

上诉人皋兰某行于本院二审期间向法庭提供一份情况说明，内容为：财务公司兰州办是中某集团直属财务结算单位，为其所属企业提供内部融资结算服务。兰州某总厂是中某集团所属一级单位，其财务结算由被上诉人财务公司兰州办管理。

拜某琪原身份为鑫某公司副董事长兼总经理。

本院认为，本案二审争议焦点有三点，分别是一审恢复审理是否恰当、皋兰某行应否承担存单兑付责任以及财务公司兰州办应否承担担保责任。

关于是否应当恢复审理的问题。原审法院曾于2000年1月6日作出（1999）甘经初字第46号裁定，以本案双方当事人所出示的证据需以原鑫某公司经理拜某琪的证言佐证，而拜某琪涉嫌犯罪，检察机关尚未侦结，依照《中华人民共和国民事诉讼法》第一百三十六条第一款第（五）项、第一百四十条第一款（六）项规定，裁定中止诉讼。2006年7月19日，甘肃省人民检察院致函甘肃省高级人民法院"……现我院对拜某琪一案侦查完毕，中石化财务公司兰州办事处与某行皋兰县支行之间的存款纠纷案，请你院依法审理"。财务公司亦以拜某琪诈骗案检察机关已侦查终结为由申请原审法院恢复审理。原审法院经审查，认为被上诉人的申请理由符合法律规定，同意恢复本案的审理。并根据《中华人民共和国民事诉讼法》第一百三十六条第二款规定，中止诉讼的原因消除后，恢复诉讼。鉴于财务公司与皋兰某行双方的存款关系可以由证据《通知存款协议》和《人民币通知存款储蓄单》得到证明，《担保函》的真伪已经司法鉴定证明，财务公司是否与拜某琪合谋诈骗皋兰某行也因检察机关的侦查终结未予认定的事实，原审法院据以认定拜某琪的证言并不影响本案的审理，中止诉讼的原因已经消除，并依法恢复本案的审理并无不当。上诉人皋兰某行关于一审恢复审理没有法律依据以及没有查清案件事实的上诉理由不能成立，本院不予支持。

关于皋兰某行应否承担存单兑付责任以及财务公司应否承担担保责任问题。根据本案一、二审查明的事实，对财务公司与皋兰某行之间存款关系的真实性及存单真实性应予认定，双方当事人对此亦不存异议。唯对拜某琪是否构成表见代理以及财务公司是否为鑫某公司的1500万元借款提供担保，应否承担担保责任存在争议。甘肃省诉讼证据鉴定中心对《担保函》的印鉴鉴定结论为《担保函》上的公司印鉴、胡某章印鉴均不是财务公司的真件。根据《中华人民共和国合同法》第四十九条规定：行为人没有代理权、超越代理权或者代理权终止后以被代理人名义订立合同，相对人有理由相信行为人有代理权，该代理行为有效。在本案中，拜某琪的行为是否构成表见代理应依据皋兰银行相信拜某琪有代理权理由是否具有合理性。案涉2500万元存款系经由拜某琪介绍存入皋兰某行，但并非没有财务公司人员参与，同时，没有证据证明拜某琪也参与了《通知存款协议》的签订过程。在皋兰某行与鑫某公司签订借款合同时，皋兰某行对作为合同签订人同时又是鑫某公司总经理的拜某琪的身份应当明知。财务公司给森某集团出具虚假验资证明的时间是1997年1月，而《担保函》签发时间是1996年9月5日。因此，《出具虚假验资证明》亦不能用以证明皋兰某行在接受《担保函》时有合理理由相信拜某琪有代理权。皋兰某行以《担保函》的签章与财务公司在其开户时的签章一致为由认定《担保函》为真，说明皋兰某行对于《担保函》的真假判断并非基于拜某琪是否有代理权，而是直接以《担保函》的签章真假为判断标准。综上，皋兰某行相信拜某琪有代财务公司签发担保函代理权的理由并不充分，本院不予采信。事实表明，错误判断财务公司提供借款担保是导致皋兰某行巨款被骗的直接原因。担保函和开户申请系同一枚印章是不争的事实，而该印章并非财务公司真件的事实已为鉴定机关的鉴定结论所证实。对开户申请后双方达成的存款协议上加盖的明显有别于开户申请印章的财务公司真实印章，皋兰某行未作审查和对比，在涉及巨额借款担保时，又未进行核查。皋兰某行认为财务公司存在两枚印章的可能，但不能举证证明财务公司存在多枚印章的事实，为此应承担举证不能的法律后果。因此，皋兰某行对其疏于审查的后果应负全部责任。检察机关侦查终结并没有认定被上诉人财务公司存在诈骗皋兰某行贷款的行为，皋兰某行亦不能提供充分证据佐证。因此，上诉人皋兰某行关于被上诉人财务公司与拜某琪合谋诈骗皋兰某行贷款的事实，因缺乏相应的证据支持，本院不予采信。财务公司为鑫某公司1500万元借款提供担保的事实不足认定。案涉皋兰某行1500万元贷款被骗系属另一法律关系，本案不予审理。

另，关于本案涉及700万元款项是否应当折抵的问题。本案二审期间上诉人皋兰某行提供的证据表明，该700万元系贷款人鑫某公司于获得贷款第二天转入兰州某总厂账户，并非财务公司账户。兰州某总厂与财务公司系不同法人实体，皋兰某行关于财务公司系中某集团统一结算单位，故应推定该款系还财务公司应予折抵的上诉理由，因缺乏事实根据，本院不予支持。

综上，担保函系拜某琪为骗取银行贷款伪造印章所为，并非财务公司真实意思表示，且本案存单纠纷与贷款诈骗并非同一性质法律关系，原审期间皋兰某行亦未提出借款担保的反诉请求，故本案仅就存单与存款关系的真实性进行审查并对因此产生的存单法律关系进行审理。原审法院对于案件事实认定清楚，适用法律正确，判决并无不当。上诉人皋兰某行上诉请求没有事实和法律根据，不应予以支持。本院依照《最高人民法院关于审理存单纠纷案件的若干规定》第五条、《中华人民共和国民事诉讼法》第一百五十三条第一款第（一）项之规定，判决如下：

驳回上诉，维持原判。

二审案件受理费85200元，由上诉人中国某银行皋兰县支行承担。

本判决为终审判决。

法律法规

《中华人民共和国民法典》（2021年1月1日施行）

第一百七十二条 行为人没有代理权、超越代理权或者代理权终止后，仍然实施代理行为，相对人有理由相信行为人有代理权的，代理行为有效。

064 徐州市顺某商贸有限公司与武汉某商业银行股份有限公司、武汉某商业银行股份有限公司积玉桥支行储蓄存款合同纠纷案①

裁判要旨

折角核对印鉴的规定《银行结算会计核算手续》属于银行内部规章，只对银行工作人员有约束作用，以此核对方法核对印鉴未发现存在的问题而造成客户存款被骗取的，银行有过错，应当对不能追回的被骗款项承担民事责任。

实务要点总结

（1）作为存款的客户，也应该提高警惕，对开户所预留的印鉴等进行妥善保管，以免因自己的疏忽导致印鉴被伪造等情形的发生，从而致使存款被骗，造成财产上的损失。

（2）商业银行对客户存款负有安全保障义务，该义务既是其合同义务，也是其法定义务。银行工作人员按照内部规定程序，采用折角核对的方法对印鉴进行核对，是其应尽的义务，但仅仅采取这种方式尚存不足，尤其是随着科技的发展，犯罪分子的作案手段越来越多。银行必须针对这种现状，不断改进、提高自己的防伪鉴别能力，建立完善的安全防范制度，以充分保障客户存款的安全。

相关判决

武汉某商业银行股份有限公司积玉桥支行、武汉某商业银行股份有限公司储蓄存款合同纠纷再审民事判决书［（2016）最高法民再231号］

再审申请人（一审被告、二审上诉人）：武汉某商业银行股份有限公司积玉桥支行。住所地：湖北省武汉市武昌区和平大道336号。

负责人：张某，该支行行长。

被申请人（一审原告、二审上诉人）：徐州市顺某商贸有限公司。住所地：江苏省徐州市云龙区淮海西路270号苏豪时代广场1-601-02室。

---

① 审理法院：最高人民法院；诉讼程序：再审

法定代表人：陆某，该公司总经理。

二审上诉人（一审被告）：武汉某商业银行股份有限公司。住所地：湖北省武汉市江岸区建设大道 618 号。

法定代表人：徐某建，该公司董事长。

再审申请人武汉某商业银行股份有限公司积玉桥支行（以下简称积玉桥支行）因与被申请人徐州市顺某商贸有限公司（以下简称顺某公司）以及二审上诉人武汉某业银行股份有限公司（以下简称武汉某商行）储蓄存款合同纠纷一案，不服湖北省高级人民法院（2014）鄂民二终字第 00024 号民事判决，向本院申请再审。本院于 2015 年 12 月 11 日作出（2015）民申字第 589 号民事裁定，提审本案。本院依法组成合议庭，开庭审理了本案。再审申请人积玉桥支行和二审上诉人武汉某商行共同委托诉讼代理人×××，被申请人顺某公司委托诉讼代理人×××到庭参加诉讼。本案现已审理终结。

积玉桥支行申请再审称，原判决认定事实、适用法律错误，根据民事诉讼法第二百条第二项和第六项的规定，请求依法改判驳回顺某公司的诉讼请求，由顺某公司承担本案诉讼费用。事实与理由：一、本案诉争款项损失并不是积玉桥支行的违约行为所导致，而是因顺某公司的过错被金融凭证诈骗犯罪分子转走，积玉桥支行不应承担违约责任。根据武汉市中级人民法院（2011）武刑初字第 51 号刑事判决书和湖北省高级人民法院（2011）鄂刑三终字第 191 号刑事裁定书查明的事实，顺某公司未能有效地管理公司员工朱某，未能严格谨慎地保管预留印鉴印模，是导致该账户 1992 万元被犯罪分子转走的主要原因，顺某公司应承担主要责任。因此，原审法院在此关键问题的认定上适用法律错误。二、积玉桥支行柜面工作人员以合法合规的操作程序对支取凭证予以人工比对进行形式审查，根据当时的凭证校验科技水平，已尽到审慎的审查义务，不应对本案所涉款项的损失承担责任，原审法院适用已失效的司法解释作为审判依据违反法律规定。根据我国《支付结算办法》第十七条的规定，积玉桥支行根据当时的科学技术水平采取人工折角比对的方式进行验印，已符合相关规定和正常的操作程序，所以对该笔款项的支取不应再承担责任。同时，原审法院在审理该案时引用的司法解释《最高人民法院关于银行以折角核对方法核对印鉴后应否承担客户存款被骗取的民事责任问题的复函》中所针对的《银行结算会计核算手续》已于 1997 年 12 月 1 日废止（详见《中国人民银行关于印发〈支付结算会计核算手续〉的通知》，因此该复函也不应作为本案的审判依据，进而不应据此认定积玉桥支行采取人工折角比对在已尽审慎的审查义务前提下仍应承担款项损失的赔偿责任，原审法院在本案二审时适用已失效的司法解释作为审判依据违反法律规定。三、本案诉争款项被犯罪分子诈骗得逞的原因在于顺某公司为获得非法高息异地存款，导致其款项处于高度危险状况之中，并因公司内部管理不当导致预留印鉴印模原件被利用，顺某公司因自己的过错导致存款被犯罪分子转走，应由其承担不利后果。顺某公司异地存款2000万元，本身就是为了获得每月110万元的非法高息（根据审理查明的事实，案发前一个月犯罪分子刘某分五次以汇款形式已付给顺某公司高息109.99万元），导致其款项处于高度危险状况之中，明知具有较大风险而为之；并且其公司武汉负责人朱某在明知犯罪分子刘某等人要将其公司在积玉桥支行处存入的2000万元转出并挪用的情况下，两次向刘某等人提供公司印鉴印模原件，与刘某等人共同实施伪造印章诈骗款项的犯罪行为，将顺某公司1992万元存款转走。以上事实充分说明，本案诉争款项被犯罪分子转走的原因是顺某公司面对高息诱惑不能自已，公司内部管理失职导致印鉴印模被人利用以及公司员工参与金融凭证诈骗共同犯罪等多项自身因素。积玉桥支行已尽到勤勉尽责及必要的审查义务，款项损失的不利后果应由顺某公司承担。

顺某公司辩称，原审判决认定事实清楚，适用法律正确，请求驳回积玉桥支行的再审申请。一、本案为储蓄存款合同纠纷，积玉桥支行应该依约定履行兑付存款义务。根据双方签订的《武汉某商业银行单位人民币银行结算账户管理协议》第十四条约定，积玉桥支行因未按规定对客户资料进行保密，未能保障其开立的存款账户内的资金安全，不能按约定兑付存款本息，已构成合同重大违约。同时，积玉桥支行未能有效识别出电汇凭证上所加盖的顺某公司印章系伪造，是导致顺某公司账户存款被犯罪分子骗划的直接原因。本案只要积玉桥支行能够有效识别出电汇凭证上的印鉴与预留印鉴不符，即可防止诈骗发生。二、积玉桥支行以折角核对印鉴的方式未能检验出电汇凭证上的伪造印鉴，不能成为其履行兑付义务的免责事由。依据最高人民法院《关于银行以折角核对方法核对印鉴后应否承担客户存款被骗取的民事责任问题的复函》中载明的意见，折角核对属于银行内部规章，只对银行工作人员有约束力，不能作为积玉桥支行在履行兑付义务时的免责依据。积玉桥支行称上述司法解释针对的《银行结算会计核算手续》已废止，是对司法解释的断章取义。且中国人民银行2007年已经对外招标采购电子验鉴，积玉桥支行为了节约成本没有使用该方法，票据审查形同虚设，导致案涉款项被骗划。三、积玉桥支行称款项被骗划是因为顺某公司为获取高息才向积玉桥支行存入大额款项，这一观点缺乏依据，与本案无关联，是积玉桥支行推诿责任的方式。

武汉某商行未提交意见。

顺某公司向一审法院起诉请求：判令武汉某商行、积玉桥支行共同返还存款2000万元及其利息，并承担该案的全部诉讼费用。

一审法院认定事实：2010年2月22日，顺某公司到武汉某商业银行股份有限公司三角路支行（以下简称三角路支行，后更名为武汉某商业银行股份有限公司积玉桥支行）填写《开立单位银行结算账户申请书》并留存了相关的印鉴。同日，三角路支行与顺某公司签订《武汉某商业银行单位人民币银行结算账户管理协议》及《单位人民币结算账户补充协议》。协议约定，顺某公司自愿在三角路支行开立一般存款账户，同意三角路支行按照国家相关法律规定对该公司的账户进行管理，三角路支行承诺保证顺某公司结算账户的信息保密及资金安全，如三角路支行未按规定对顺某公司银行结算账户信息资料保密，造成该公司开户资料泄露或资金损失，三角路支行依法承担法律责任。协议签订后，顺某公司通过其在中国工商银行设立的网银两次划款存入该账户2000万元。2010年2月25日至3月17日，顺某公司存入的2000万元，被分别划至武汉轩某置业有限公司账户1607万元及武汉天某日用制品有限公司账户385万元。该案审理过程中，经鉴定三角路支行据以划款的五份凭证上所盖顺某公司印鉴及陆某、杨某龙的印鉴均与顺某公司开户时留存在三角路支行的印鉴不符。2010年3月22日，顺某公司到三角路支行取款，发现其账户下的1992万元未经许可被转至他人账户。

武汉某商行于2010年3月22日向武汉市公安局报案，武汉市公安局作出（2010）006号立案决定书，决定对武汉某商行"3·22"诈骗案立案侦查，现该案已经侦查终结。2010年4月1日，顺某公司诉至一审法院，要求武汉某商行和三角路支行返还存款2000万元及相应利息。因当事人双方的工作人员均涉嫌犯罪与该案相关事实在刑事案件终审前无法查明，故该案中止审理。2010年10月11日，武汉市公安局经济保卫处刑侦大队经武汉市人民检察院批准，以涉嫌金融凭证诈骗罪逮捕顺某公司职员朱某。湖北省武汉市中级人民法院审理湖北省武汉市人民检察院指控刘某犯挪用公款罪、金融凭证诈骗罪、对非国家工作人员行贿罪，朱某犯金融凭证诈骗罪，李某斌犯非国家工作人员受贿罪一案，于2011年8月25日作出（2011）武刑初字第51号刑事判决，朱某犯金融凭证诈骗罪，判处有期徒刑八年，并处罚金人民币5万元；李某斌犯非国家工作人员受贿罪，判处有期徒刑六年,并处没收财产人民币 3 万元。李某斌服判未上诉。刘某、朱某不服,分别提出上诉。2012 年 11 月 14 日,湖北省高级人民法院作出(2011)鄂刑三终字第 191 号刑事裁定,驳回刘某、朱某的上诉,全案维持原判。该裁定书查明,当时系江苏某投资集团有限公司投资顾问的朱某在未取得公司领导许可的情况下,曾两次交给犯罪嫌疑人谢某公司印模,第一次是其在回复刘某邀请函的回函上盖公章时,趁会计不注意,偷盖公司财务章和法人陆某的私章;第二次系从公司会计段绪来留在一张试印纸上取得顺某公司的公章、财务章、法人陆某私章及杨某龙私章的印模。且朱某明知向谢某提供这些印鉴,为刘某挪用 2000 万元存款提供条件。2010 年 2 月 23 日,三角路支行客户经理李某斌偷印柜台上印鉴本中顺某公司的预留印鉴模,交由唐某明与其私刻的印鉴核对,确认刘某从朱某处取得印模的真实性,最终完成伪造印鉴行为。裁定书还查明,被告人朱某将其所在的江苏省徐州市某集团下属公司即顺某公司 2000 万元,分两次存入刘某指定的三角路支行,刘某分别于同月 21 日至 24 日,分五次以汇款的形式付给顺某公司高息 109.99 万元。为使该 2000 万元资金能顺利转出供自己使用,刘某及唐某明与三角路支行客户经理李某斌联系,要其帮忙将上述款项转出,并承诺给其 100 万元好处。朱某明知该 2000 万元资金会被刘某通过伪造金融凭证的方式转出使用,仍将从其单位偷盖出的顺某公司在银行的预留印鉴通过谢某交给刘某。随后李某斌将三角路支行预留的顺某公司印模提供给刘某,供刘某用于与朱某提供的预留印鉴进行比对。刘某将朱某提供的顺某公司印鉴交给唐某明私刻了顺某公司的公章、财务专用章、私章等印章。2010 年 2 月 25 日至 3 月 17 日,刘某及唐某明在李某斌的帮助下,使用私刻的印章,以电汇转账方式,分五次转走 1992 万元。事后,刘某分给朱某 25 万元、唐某明 287 万元、谢某 20 万元、李某斌 100 万元。朱某明知刘某等人违反国家对金融票据的管理制度,采用伪造的银行结算凭证骗取他人银行存款,仍从本单位私自偷盖出顺某公司在银行的预留印鉴交给刘某等人,供刘某等人用于同李某斌提供的顺某公司在三角路支行的预留印鉴进行比对,得到刘某给予的 25 万元好处,其行为构成了金融凭证诈骗罪的共犯。李某斌作为银行工作人员(客户经理),为刘某等人骗取他人银行存款提供便利,收受刘某贿赂款 100 万元,其行为已构成非国家工作人员受贿罪。

一审法院作出(2010)武民商初字第 00077 号民事判决:一、三角路支行于判决生效后十日内向顺某公司支付 8 万元的存款本金及相应利息(从 2010 年 2 月 23 日起至判决指定给付之日止按同期银行活期存款利率计付);二、三角路支行于判决生效后十日内向顺某公司支付赔偿款597.6万元；三、武汉某商行在上述一、二项范围内，对三角路支行支付不足的部分款项，承担补充赔偿责任；四、驳回顺某公司其他诉讼请求。如未按判决指定的期间履行上述给付金钱义务，应当依照《中华人民共和国民事诉讼法》（以下简称《民事诉讼法》）第二百五十三条之规定，加倍支付迟延履行期间的债务利息。案件受理费141800元，由顺某公司承担99260元，三角路支行承担42540元。鉴定费46900元，由三角路支行承担。

顺某公司不服一审判决，上诉请求：依法撤销原判，改判支持顺某公司在一审中提出的全部诉讼请求，判令武汉某商行、积玉桥支行承担该案全部诉讼费用和鉴定费用。

积玉桥支行和武汉某商行亦不服一审判决，上诉请求：依法撤销原判第二项、第三项，改判积玉桥支行、武汉某商行对该案所涉款项不承担赔偿责任，诉讼费用由顺某公司承担。

二审法院认定，一审判决认定的事实属实，该院予以确认。另查明：2012年10月26日，中国银行业监督管理委员会湖北监管局作出鄂银监复（2012）563号《关于武汉某商业银行股份有限公司三角路支行迁址并更名的批复》，批准原武汉某商业银行股份有限公司三角路支行更名为武汉某商业银行股份有限公司积玉桥支行，迁址至湖北省武汉市武昌区和平大道336号，并于同年11月6日在《湖北日报》刊登公告。同年10月31日，武汉市工商行政管理局下达《企业变更通知书》，对原武汉某商业银行股份有限公司三角路支行名称及住所进行了变更登记。

还查明：二审法院2012年11月14日作出（2011）鄂刑三终字第191号刑事裁定书，全案维持湖北省武汉市中级人民法院（2011）武刑初字第51号刑事判决。（2011）武刑初字第51号刑事判决书主文第五项载明："武汉市人民检察院扣押的被告人刘某赃款人民币610000元、武汉市人民检察院冻结刘某存款381107.32元及孳息，由武汉市人民检察院发还给武汉某商业银行；武汉市公安局冻结刘某人民币99555.85元及孳息、唐某明人民币20104.65元及孳息、轩某置业人民币9916.22元及孳息、冯某杰人民币324380.37元及孳息由武汉市公安局经济保卫处发还给武汉某商业银行；在二审法院审理阶段被告人冯某杰退出的赃款人民币75654元，由二审法院发还给武汉某商业银行"。上述刑事判决生效后，武汉某商行和积玉桥支行实际并未从武汉市公安局、武汉市人民检察院及武汉市中级人民法院受领上述发还的款项。

　　二审法院认为，该案二审的争议焦点是积玉桥支行和武汉某商行是否应向顺某公司返还2000万元存款本息。二审法院对此分析评判如下：该案系因犯罪分子使用伪造印鉴骗取金融机构资金所引发的纠纷。顺某公司认为，积玉桥支行不能按约向其兑付存款本息，同时未能确保其开立的存款账户内资金安全，违反了开户行主要合同义务，遂以积玉桥支行违约为由主张返还存款本金及相应利息。积玉桥支行和武汉某商行认为，该案所涉损失系顺某公司及其内部工作人员与犯罪分子造成，作为金融机构的积玉桥支行已经尽到自身义务，既不存在违约，亦不存在侵权，该案损失应当由顺某公司自行承担或向犯罪分子追偿。

　　鉴于顺某公司提起的是违约之诉，故该案争议的核心问题在于涉案储蓄存款法律关系中违约情形的确定。即积玉桥支行以存款被犯罪分子诈骗系顺某公司所造成、其自身已尽到金融机构应尽之合同义务为由对顺某公司拒付是否构成违约，若违约应当对顺某公司承担何种法律责任。虽然《中华人民共和国合同法》（以下简称《合同法》）分则部分未对储蓄存款合同作出专门具体的规定，但司法实践中应首先遵循《中华人民共和国民法通则》（以下简称《民法通则》）关于民事合同的基本原则以及《合同法》对合同订立、权利义务履行以及违约责任等方面的有关原理及规定对此类纠纷进行认定。同时还需要依照最高人民法院相关司法解释和国家银行业法律、法规的相关规定综合作出裁判。

　　从该案法律关系的性质方面分析，顺某公司通过与积玉桥支行签订《武汉某商业银行单位人民币银行结算账户管理协议》及《单位人民币结算账户补充协议》，分两次将2000万元存入在积玉桥支行开设的存款账户中，由此可确定双方已形成储蓄存款合同关系。当上述款项存入积玉桥支行后，实际上是顺某公司将属于自身所有的款项借给了积玉桥支行，由该行对存入款项占有、使用和支配，即2000万元的所有权已从顺某公司转移至积玉桥支行。而此时的顺某公司因储蓄存款合同关系的成立，原对该款项的所有权已转化为对积玉桥支行的债权，故顺某公司有权要求积玉桥支行按照双方约定随时返还本金和利息。该案虽涉及刑事犯罪与民事纠纷的交叉问题，刑事判决查明顺某公司账户中的部分资金因犯罪分子伪造取款印鉴后通过正常柜面操作程序而被转出使用。但鉴于顺某公司存款的所有权已归属积玉桥支行，故需要明确的是涉案犯罪行为所侵害的客体是积玉桥支行的财产权，刑事判决也已认定犯罪分子骗取的是积玉桥支行的资金而非顺某公司财产的事实。湖北省武汉市中级人民法院（2011）武刑初字第51号刑事判决书主文第五项载明武汉市公安局经济保卫处、武汉市人民检察院及武汉市中级人民法院所追回的赃款合计152.071841万元，应分别发还给武汉某商行亦说明犯罪分子诈骗对象是积玉桥支行，而不是顺某公司。

当顺某公司与积玉桥支行之间建立真实有效的存储存款合同法律关系后，双方即应按照合同约定享有权利和承担义务，若一方未履行自己的合同义务，应当承担相应的违约责任。因积玉桥支行拒绝就顺某公司账户内资金进行本息兑付，故应根据双方合同约定及《合同法》的相关规定来确定积玉桥支行的民事责任。二审法院认为，积玉桥支行的拒付行为已构成违约，应按顺某公司的请求兑付全部存款本息，具体理由如下：

首先，双方签订的《武汉某商业银行单位人民币银行结算账户管理协议》第十四条违约责任部分约定："（一）积玉桥支行未按规定对顺某公司银行结算账户信息资料保密，造成顺某公司开户资料泄露或资金损失应依法承担责任；（二）积玉桥支行未能为顺某公司及时、准确地办理资金收付业务，对顺某公司的资金收付及汇划造成影响，该行应按有关规定承担责任，造成损失的，按有关规定赔偿"。因刑事判决已经认定积玉桥支行工作人员李某斌将银行储户预留印鉴本中的印模提供给犯罪分子刘某，用于同朱某提供的预留印鉴进行比对并在转款时提供了帮助的事实，故积玉桥行对储户结算账户信息资料未尽保密义务，违反了双方合同约定，应依法承担违约责任。

其次，由于顺某公司将资金存入积玉桥支行时所选择的支取方式为凭预留印鉴支取，故作为专业金融机构的积玉桥支行负有审核、辨别提转存款时所使用凭证上的印鉴与银行预留印鉴是否相符的义务，该审核义务也系储蓄存款法律关系中积玉桥支行的核心义务。但积玉桥支行柜面工作人员在办理转款过程中未尽谨慎审查之责，未能有效识别出电汇凭证上加盖的顺某公司印章系伪造，直接导致顺某公司存款账户中的款项被犯罪分子骗划，故可以认定积玉桥支行存在重大违约情形。关于积玉桥支行主张该行业务人员已根据当时的科学技术水平采取人工折角比对的方式进行验印，符合金融行业相关规定和正常的操作程序，故不应就该案承担责任的上诉观点，二审法院认为，依据最高人民法院《关于银行以折角核对方法核对印鉴后应否承担客户存款被骗取的民事责任问题的复函》中载明的意见，虽然银行业部门规范性文件中规定了折角核对印鉴的操作规程，但上述规定属银行内部规章，而非法律、行政法规，只能作为银行工作人员支付结算会计核算手续的操作规程，不具有对外拘束力，亦不能作为积玉桥支行在履行兑付义务时的免责依据。

最后，关于积玉桥支行认为该案所涉存款被犯罪分子诈骗得逞的原因在于江苏某投资集团有限公司投资顾问朱某将从顺某公司偷盖的公司印鉴印模通过他人交给了犯罪分子用于伪造印章，且顺某公司在开立存款账户之前已经从犯罪分子处获取高息等上诉理由，二审法院认为，积玉桥支行的上述理由不能成立，亦不能据此免除积玉桥支行的相应责任。虽然刑事判决已查明上述事实，但公司印章和法定代表人私章等是法人单位在日常缔约和进行相关商事活动中频繁公开使用的工具，第三人获取加盖上述印章的载体并非十分困难，其本身不具有保密性。虽然犯罪分子通过朱某获取上述印鉴的印模伪造印章与诈骗行为的得逞之间具有一定的关联性，但该关联性并不必然导致顺某公司账户内资金被骗划的结果。因涉案诈骗行为使用的公章与私章均系伪造，且该案中不存在顺某公司公章因保管不严导致印章被盗取或其出借公章等事实，积玉桥支行在诉讼中亦未能举证证明顺某公司与犯罪分子之间存在恶意串通损害金融机构利益的事实。那么，基于本案当事人凭预留印鉴作为取款方式的约定而言，只要积玉桥支行能够有效辨识出电汇凭证上的印鉴与预留印鉴不符，则诈骗行为不可能有效得以实施。另外，刑事判决虽查明江苏某投资集团有限公司财务总经理和财务会计个人名下账户已于顺某公司在积玉桥支行开户前后累计收到犯罪分子以汇款方式支付的高息109.99万元，但上述高息的支付性质应为犯罪分子付出的犯罪成本，与该案所涉储蓄存款法律关系项下的兑付责任并无必然关联，亦不能据此减轻积玉桥支行的兑付责任。故积玉桥支行的上述上诉理由不能成立，二审法院依法不予支持。

《合同法》第一百零七条规定："当事人一方不履行合同义务或者履行合同义务不符合约定的，应当承担继续履行、采取补救措施或者赔偿损失等违约责任"。从上述规定可以看出，合同违约责任所采用的是严格责任归责原则，在严格责任中，非违约方只需要证明违约方的行为不符合合同约定的义务，便可以要求其承担责任。在储蓄存款合同履行过程中，当存款人持真实凭证向金融机构主张权利时，金融机构应当按照其请求履行兑付义务。因该案纠纷系因积玉桥支行拒付顺某公司存款所引发，故积玉桥支行应对其拒付行为承担举证责任。若积玉桥支行以存款已依约兑付为由拒绝顺某公司的履行请求，则应当举证证明该兑付行为符合法律、法规及合同约定的义务，否则，积玉桥支行应当向顺某公司承担兑付责任或者赔偿由此造成的损失。但积玉桥支行并未举证证明其将伪造印鉴错视为预留印鉴进而向第三方付款的行为具有合法性。

如前所述，该案为储蓄存款合同纠纷违约之诉，一审法院采用侵权之诉的归责原则对顺某公司的兑付请求进行过错分责，并引用《民法通则》第一百零六条侵权责任条款判决积玉桥支行对顺某公司1992万元的资金损失承担30%的赔偿责任，属适用法律错误。顺某公司关于一审判决适用法律错误的上诉理由成立，二审法院依法予以支持。在涉案储蓄存款合同合法有效的前提下，基于积玉桥支行重大违约的事实，其应当对顺某公司的2000万元存款承担还本付息的民事责任。而对于积玉桥支行自身的损失，应当通过刑事追赃程序追回被骗款项。

关于武汉某商行上诉认为其不是该案适格被告的问题，二审法院认为，顺某公司诉请积玉桥支行返还开立账户内的存款本息，同时因其是武汉某商行的分支机构，不是独立法人，遂同时要求武汉某商行对积玉桥支行承担连带清偿责任。但在类似合同违约之诉中，据以审理案件的事实基础是存款人与金融机构之间的法律关系的内容，即双方在储蓄合同中所享有的权利以及所承担的义务。但从相关协议的签署到账户的开立而言，显然本该案存款合同法律关系的建立仅存在于积玉桥支行和顺某公司之间，顺某公司起诉时将武汉某商行列为该案被告虽符合《民事诉讼法》第一百一十九条规定的起诉条件，具备程序意义上的诉权，但并不能据此认定顺某公司具有实体意义上的胜诉权。商业银行与其分支机构在法律上本是同一主体，分支机构以自有的财产承担民事责任实际即为商业银行承担了责任。如将商业银行与其分支机构在储蓄存款纠纷案件中作为共同被告一并主张连带清偿责任，则与连带之债的法理相悖。如积玉桥支行经营理管理的财产不足以承担储蓄存款纠纷案件中相应的民事责任，顺某公司的实体权利应在人民法院执行程序中加以解决。故一审法院以补充赔偿责任形式判决武汉某商行承担责任不当，二审法院予以纠正。

综上，二审法院认为，积玉桥支行提出的其不应承担该案民事责任的上诉理由不能成立，二审法院依法予以驳回；武汉某商行上诉理由部分成立，二审法院予以采信；顺某公司提出的上诉理由成立，二审法院依法予以支持。一审判决认定事实清楚，审判程序合法，但适用法律不当，实体处理错误。二审法院经审判委员会讨论决定，依照《民事诉讼法》第一百七十条第一款第（二）项之规定，判决：一、撤销湖北省武汉市中级人民法院（2010）武民商初字第00077号民事判决；二、积玉桥支行于判决生效后十日内向顺某公司支付存款本金2000万元及相应利息（从2010年2月23日起至该判决确定的给付之日止按中国人民银行规定的金融机构同期活期存款利率标准计付）；三、驳回顺某公司的其他诉讼请求。

本院对于一、二审法院查明的事实予以确认。

本院再审认为，本案的争议焦点是积玉桥支行是否应向顺某公司承担2000万元存款及本息的兑付责任。

本案中，顺某公司在积玉桥支行申请开立账户，双方签订了《武汉某商业银行单位人民币银行结算账户管理协议》及《单位人民币结算账户补充协议》，其后顺某公司向该账户存入2000万元，双方之间形成的储蓄存款合同关系真实有效。各方应按照案涉协议的约定享有权利和履行义务，并承担相应的责任。2010年3月22日，顺某公司向积玉桥支行主张兑付2000万元存款以及利息，但因犯罪分子以伪造顺某公司印鉴的方式，冒用顺某公司名义将其账户内的1992万元转出，使积玉桥支行无法向顺某公司全面履行兑付义务。现双方争议的主要问题是，顺某公司因兑付不能而产生的损失应当由谁承担。双方均主张案涉款项损失系因对方行为导致，自身不应承担赔偿责任。顺某公司主张积玉桥支行因未按规定对其资料进行保密，未能保障其开立的存款账户内资金安全，不能按约定兑付存款本息，已经构成重大违约，故应对其2000万元存款及利息承担全部的返还责任。积玉桥支行主张已尽到必要的审查义务，案涉款项损失是顺某公司为获取非法高息及其员工参与犯罪所导致，应由顺某公司自行承担相应后果。故本案争议的法律关系性质实际上系违约后的损害赔偿责任纠纷。

《合同法》第一百零七条规定："当事人一方不履行合同义务或者履行合同义务不符合约定的，应当承担继续履行、采取补救措施或者赔偿损失等违约责任。"本院认为，根据《武汉某商业银行单位人民币银行结算账户管理协议》第十四条第（二）项约定，积玉桥支行不能向顺某公司兑付全部存款及利息的行为已经构成违约，应承担相应的损害赔偿违约责任。积玉桥支行称其已按照折角核对方式尽到审慎审查义务，不应对案涉款项被骗划导致的损失承担责任。本院认为，积玉桥支行作为专业金融机构，负有在转款时对凭证印鉴与银行预留印鉴是否相符进行核实的义务，且依据最高人民法院《关于银行以折角核对方法核对印鉴后应否承担客户存款被骗取的民事责任问题的复函》的规定："折角核对虽是现行《银行结算会计核算手续》规定的方法，但该规定属于银行内部规章，只对银行工作人员有约束作用，以此核对方法核对印鉴未发现存在的问题而造成客户存款被骗取的，银行有过错，应当对不能追回的被骗款项承担民事责任。"虽然积玉桥支行辩称上述司法解释中涉及的《银行结算会计核准手续》已失效，但该司法解释并未废止，且该《银行结算会计核准手续》只是被《中国人民银行关于印发〈支付结算会计核算手续〉的通知》代替，其中折角核对印鉴的操作方法亦未被废除，本案中积玉桥支行实际上也是采取此种方式进行核对，故上述司法解释关于折角核对与存款被骗后责任承担的认定并不因此失效，原审法院认定上述义务的履行不能作为积玉桥支行承担责任的免责依据，并无不当，积玉桥支行关于原审就此问题适用法律错误的主张，不能成立，本院不予支持。

关于积玉桥支行应承担的违约损害赔偿责任范围问题。虽然我国《合同法》就违约责任通常采取严格责任原则，即合同一方当事人因违约给对方造成损失的，如果不能举证证明存在法律规定或合同约定的免责事由，应就其违约给对方当事人造成的损害承担赔偿责任。但是根据公平原则，如果守约方对于损失发生也有过错的，守约方亦应对损害承担相应的责任，并由此扣减违约方的损失赔偿数额。对此，《最高人民法院关于审理买卖合同纠纷案件适用法律问题的解释》第三十条规定："买卖合同当事人一方违约造成对方损失，对方对损失的发生也有过错，违约方主张扣减相应的损失赔偿数额的，人民法院应予支持。"本案虽系储蓄存款合同纠纷，但根据《合同法》第一百二十四条、第一百七十四条以及上述司法解释第四十五条的规定，法律对其他有偿合同没有规定的，可参照适用买卖合同的有关规定。故储蓄存款合同作为银行以支付利息的方式有偿使用储户资金的合同类型，亦可适用上述与有过失规则。按照这一规则，顺某公司如对积玉桥支行违约行为给其造成的损失发生也有过错的，则应对其自身过错造成的损失部分承担责任，并相应扣减积玉桥支行应承担的损失赔偿数额。

本案中，相关已生效刑事判决书中查明的事实表明，顺某公司职员朱某、积玉桥支行工作人员李某斌对于案涉款项被骗划均负有责任。其中，积玉桥支行在与顺某公司办理开户和存款手续后，其工作人员李某斌（客户经理）将预留的顺某公司印模提供给刘某，供刘某用于与朱某提供的预留印鉴进行比对，并帮助刘某等人使用私刻的印章，以电汇转账方式分五次转走1992万元，为刘某等人骗取案涉银行存款提供便利。故积玉桥支行未能尽到对顺某公司银行结算账户信息资料保密的义务，其柜面人员折角核对的审查方式亦未有效避免损失发生，对案涉款项被骗划并导致顺某公司损失方面存在过错，应对此承担赔偿责任。同时，顺某公司职员朱某在明知刘某等人违反国家对金融票据的管理制度，采用伪造的银行结算凭证骗取他人银行存款的情况下，仍从本单位偷盖顺某公司在银行的预留印鉴交给刘某等人，使刘某等人用于伪造印鉴并使用伪造印鉴得以将顺某公司1992万元存款转入其他账户。此外，为获取高额利息，顺某公司将2000万元异地存入积玉桥支行，并在存款的前后几天内，收取了犯罪分子刘某支付的109.99万元高额利息。故顺某公司对其员工管理和预留印鉴的保管方面亦存在过错，并为谋取高息而对异地存款的危险性存在放任行为，对于案涉款项被骗划并造成的损失同样应根据其过错承担相应的责任。

本院认为，上述事实表明，在案涉款项被诈骗并造成顺某公司损失方面，顺某公司和积玉桥支行均存在过错，其中积玉桥支行作为专业金融机构应对储户资金安全负有更多保障义务，故应承担更多责任。根据相关已生效刑事判决书载明，本案被骗取的1992万元款项中，已追回赃款共计152.071841万元及有关孳息。鉴于上述款项最终属于顺某公司的损失，从减少执行环节的角度考虑，可由积玉桥支行先行支付给顺某公司，再由积玉桥支行协调武汉某商行从有关公安机关、检察院和法院领取。根据双方过错程度，积玉桥支行应对扣除上述已追回款项的其他损失部分（1992万元-152.071841万元及有关孳息），向顺某公司承担60%的赔偿责任，顺某公司自行承担40%的责任。积玉桥支行和顺某公司承担责任后，有权在其责任限额内向刘某等犯罪分子追偿。

综上，积玉桥支行的再审请求部分成立，原审判决认定事实清楚，但判定积玉桥支行承担案涉全部损失赔偿责任，与双方过错程度不符，有失公允，本院予以纠正。本院依照《中华人民共和国合同法》第一百零七条、第一百二十四条、第一百七十四条，《最高人民法院关于审理买卖合同纠纷案件适用法律问题的解释》第三十条、第四十五条，《中华人民共和国民事诉讼法》第二百零七条第一款、第一百七十条第一款第二项之规定，判决如下：

一、维持湖北省高级人民法院（2014）鄂民二终字第00024号民事判决第一项、第三项；

二、撤销湖北省高级人民法院（2014）鄂民二终字第00024号民事判决第二项；

三、武汉某商业银行股份有限公司积玉桥支行向徐州市顺某商贸有限公司支付8万元的存款本金及相应利息（从2010年2月23日起至本判决指定给付之日止按同期银行活期存款利率计付）；

四、武汉某商业银行股份有限公司积玉桥支行向徐州市顺某商贸有限公司先行支付已追回的152.071841万元及有关孳息；

五、武汉某商业银行股份有限公司积玉桥支行对徐州市顺某商贸有限公司的剩余本金损失（1992万元扣减上述先行支付的152.071841万元及有关孳息部分）承担 60% 的赔偿责任并承担相应利息（从 2010 年 2 月 23 日起至本判决指定给付之日止按同期银行活期存款利率计付）。

武汉某商业银行股份有限公司积玉桥支行应于本判决生效后十日内向徐州市顺某商贸有限公司支付上述款项。如未按判决指定的期间履行上述给付金钱义务，应当依照《中华人民共和国民事诉讼法》第二百五十三条之规定，加倍支付迟延履行期间的债务利息。

一审案件受理费 141800 元、鉴定费 46900 元；二审案件受理费 141800 元，共计 330500 元。由武汉某商业银行股份有限公司积玉桥支行负担 198300 元，由徐州市顺某商贸有限公司负担 132200 元。

本判决为终审判决。

065 方某德与中国某银行股份有限公司衡阳白沙洲支行储蓄存款合同纠纷案[①]

裁判要旨

银行作为金融机构，在开户和合同履行过程中未尽到确保储户存款安全的注意义务，又无法对其留存的印鉴卡与公司留存的印鉴卡上印文不一致的原因作出合理解释并予以证实时，对公司的损失承担相应的责任。

实务要点总结

（1）银行作为专业的金融机构，负有根据合同审核客户在申请支付时使用的印鉴与预留印鉴是否一致的义务，这一义务构成银行在储蓄存款关系、票据关系中的核心义务。银行在签订履行储蓄合同的过程中，未尽到核验客户使用印章是否前后一致的义务，导致客户资金受损的，应当根据其过错程度承担相应的损害赔偿责任。该责任的性质为违约责任。

（2）银行等金融机构在预留公司印鉴时，应尽量要求公司法定代表人、授权委托人签字，并核对公司法定代表人、授权委托人身份的真实性。切勿将所有应当签字的内容都以加盖人名章的形式加以确认，防止他人冒充公司法定代表人、授权委托人进行开户、支取或兑付。

---

① 审理法院：湖南省高级人民法院；诉讼程序：二审

相关判决

方某德与中国某银行股份有限公司衡阳白沙洲支行储蓄存款合同纠纷二审民事判决书［（2015）湘高法民一终字第401号］

上诉人（一审原告）：方某德，住所地：浙江省东阳市。

上诉人（一审被告）：中国某银行股份有限公司衡阳白沙洲支行，住所地：湖南省衡阳市雁峰区黄白路1号。

负责人：夏某平，该支行行长。

上诉人方某德与上诉人中国某银行股份有限公司衡阳白沙洲支行（以下简称某行白沙洲支行）因储蓄存款合同纠纷一案，不服湖南省衡阳市中级人民法院于2015年5月18日作出的（2014）衡中法民二初字第63号民事判决，向本院提起上诉。本院受理后，依法组成合议庭于2015年12月2日公开开庭审理了本案。方某德的委托代理人×××，某行白沙洲支行的委托代理人×××到庭参加诉讼。本案现已审理终结。

一审法院查明如下事实：

1. 2005年5月12日，金某公司委托陈某非以该公司名义在某行白沙洲支行开立账户，同年5月17日启用该账户并存入人民币1500万元，之后被吴某涛等人使用虚假印章从某行白沙洲支行将此款划走，吴某涛因犯票据诈骗罪、金融凭证诈骗罪（除本案还有其他犯罪行为）被广东省高级人民法院判处无期徒刑，剥夺政治权利终身，并处没收个人全部财产。在广东省高级人民法院的刑事判决书中，对吴某涛在本案中的犯罪事实作了以下认定：

2005年4月，吴某涛通过他人介绍认识了衡阳市新某泰置业有限公司的黄某华，并同意为黄某华融资开发房地产项目。4月底，吴某涛联系陈某非到衡阳开户存款，陈某非到衡阳市某银行珠晖支行以东某轻工业公司的名义开立账户，并存入人民币1000万元，吴某涛即支付陈某非人民币10万元。因东某轻工业公司已被注销，银行不同意划款，吴某涛遂通知陈某非将1000万元划回东某轻工业公司。为了不再发生借用别人单位名称开户出错的情况，陈某非与方某德等人成立了金某公司。

吴某涛、黄某华经商议，由黄某华找到吴某，准备利用吴某与某行白沙洲支行的关系（吴某系时任某行白沙洲支行负责人的弟弟）套取资金。2005年5月12日，吴某涛和黄某华、吴某陪同陈某非到某行白沙洲支行，陈某非以金某公司的名义开立账户。因该公司提供的开户资料尚缺组织机构代码证、国税、地税证，经吴某与某行白沙洲支行工作人员交涉后同意先开户，待补齐开户资料后再启用账户。同月17日上午，吴某涛和吴某、黄某华陪同陈某非到某行白沙洲支行补交开户资料并启用金某公司账户，同日存入人民币1500万元，吴某涛当场购买了该公司的支票和电汇凭证。

吴某涛和黄某华、吴某分别于2005年5月18日、27日和7月20日，使用盖有虚假的金某公司公章和方某德私章的支票和电汇凭证将该公司账户内的1500万元划走。使用电汇凭证套取的880万元资金当中，有200万元汇到东某公司账户，80万元汇到浙江永康五金城某滑板车配件批发部，180万元汇到湖南合某广告装饰商贸有限公司用于支付陈某非的资金占用费，420万元汇到长沙市工力电动工具有限公司，后52万元用于支付陈某非的资金占用费，其余被转账或取现。使用支票套取的620万元资金当中，黄某华按吴某涛的安排将100万元汇到浙江永康五金城某滑板车配件批发部，100万元汇到金某公司，61万元汇到珠海拱北新某车辆贸易有限公司用于归还借款，其余359万元被黄某华用于归还自己借款或用于其他开支。金某公司和陈某非共收到资金占用费人民币332万元，汇至东某公司的200万元被追回。

2. 2005年5月12日，开立账户时预留印鉴卡上的户名、地址、电话栏由吴某填写，在办理开户及同年5月17日办理启用该账户业务时，吴某进入过某行白沙洲支行工作人员的柜台（开放式）。在开户过程中，因部分印鉴卡上印章不符合要求，在重新盖印时，陈某非将金某公司公章及方某德私章交由吴某涛，由吴某涛进行盖印。经鉴定，金某公司提供的公章及方某德私章印文与其保留的印鉴卡上及开户时结算账户申请书、结算账户管理协议上的"东阳市金某投资有限公司"公章、方某德私章印文一致。某行白沙洲支行保留的印鉴卡上及转账支票、电汇凭证、合作协议（衡阳市新某泰置业有限公司与金某公司）上的"东阳市金某投资有限公司"公章及方某德私章印文一致，但与金某公司提供的该公司公章及方某德私章印文不一致。

3. 金某公司在某行白沙洲支行开立账户前，陈某非与吴某涛商议的存款时间为20天，每天按4‰计息。金某公司开立账户并存入款项后，账户资金被吴某涛等人转走，在此期间，某行白沙洲支行两次通知陈某非对账，陈某非接到通知后告诉吴某涛，吴某涛让吴某去银行拿出对账单，几天后再把盖好章的对账单送回银行。

4. 关于吴某是否实施了调换银行保存的印鉴卡的行为，衡阳市检察院作出衡检刑申复决字（2007）第4号刑事申诉复查决定书，认为吴某给金某公司在某行白沙洲支行开户时提供了帮助，但对调换银行印鉴卡的事实，现有证据和复查中收集到的证据均不能形成链条，且证据之间的矛盾不能合理排除，该事实存疑，因此，吴某调换银行留存印鉴卡的事实不能认定，维持了对吴某的不起诉决定。

5. 2006年8月17日，金某公司向衡阳市中级人民法院起诉某行白沙洲支行储蓄存款合同纠纷 案中，金某公司诉称，经公安机关追回还给该公司200万元，加上之前该公司因该笔存款收到332万元，遂要求某行白沙洲支行赔偿损失968万元及利息。诉讼中，金某公司申请撤诉。因金某公司已于2008年10月14日被注销，且在注销前已将涉案债权转让给了方某德，衡阳市中级人民法院通知方某德为该案原告参加诉讼，方某德参加诉讼后于2010年3月31日撤回了对某行白沙洲支行的起诉。

6. 2009年12月24日，某行白沙洲支行向衡阳市雁峰区人民法院起诉金某公司，要求确认该公司在某行白沙洲支行的1500万元存款债权已消灭。因金某公司被注销，遂变更该公司清算人马某军为该案被告，雁峰区法院审理后，判决支持了某行白沙洲支行的诉讼请求，马某军不服提起上诉，因有关司法机关对吴某涛、吴某犯罪事实尚未作出结论，故衡阳市中级人民法院于2010年10月28日裁定中止该案审理。

方某德提起诉讼，请求法院判决：1. 某行白沙洲支行支付方某德1500万元及利息（自2005年7月29日起至付清之日止，按照同期贷款利率计息；自2005年5月17日起至2014年7月30日止，利息为899.1546万元）；2. 本案全部诉讼费用由某行白沙洲支行承担。

一审法院认为，本案争议焦点为：1. 方某德是否具备本案的诉讼主体资格；2. 金某公司账户内1500万元被犯罪分子转走，金某公司及某行白沙洲支行是否存在过错，应如何确定责任；3. 某行白沙洲支行应支付款项的金额如何确定；4. 本案是否超过诉讼时效；5. 本案应否中止审理。

1. 金某公司与某行白沙洲支行构成储蓄存款合同法律关系，该公司对其在金融机构的存款所享有的权利是一种债权，此种债权具有可让与性。金某公司将其在某行白沙洲支行1500万元存款债权转让给方某德，且已通知某行白沙洲支行的事实，在衡阳市中级人民法院2006年8月17日立案审理的金某公司诉某行白沙洲支行储蓄存款合同纠纷一案中已经确认，并通知方某德作为该案原告参加诉讼，故方某德系该笔债权的合法受让人，享有债权人的诉讼权利，具备本案原告的诉讼主体资格。

2. 虽无证据证明金某公司明知吴某涛等人预谋或合谋从银行骗取存款的事实，但金某公司为获取高额的资金占用费，受犯罪分子吴某涛诱惑到某行白沙洲支行开立账户并存款，应知晓高回报与高风险并存的市场规律，应提高账户资金保护意识。在开立账户过程中，该公司授权的工作人员陈某非未尽到合理的安全防范义务，将印鉴卡交由非公司人员吴某填写，在发生印鉴卡盖印不符合要求，需要重新盖印时将公司公章及法定代表人私章交由吴某涛加盖，给了犯罪分子刻制假印章、实施诈骗犯罪可乘之机。广东省高级人民法院对吴某涛的刑事判决中查明的事实可以证实，在犯罪分子转走的 1500 万元资金中，有 100 万元作为资金占用费汇入了金某公司的另一账户，金某公司应当知晓其在某行白沙洲支行开立账户上的资金发生异常的事实，经银行电话通知陈某非对账，陈某非采取电话委托吴某涛办理的方式，说明金某公司在管理上存在严重纰漏，对该公司账户资金被犯罪分子转走有过错，应承担主要责任。在办理金某公司开户过程，金某公司缺乏必要资料，某行白沙洲支行仍为其办理开户手续，且非银行工作人员吴某还进入过银行工作人员柜台，某行白沙洲支行存在违规行为。同时，银行工作人员在办理开户手续时，没有尽到足够的审查义务，没有发现银行与客户各自保留印鉴卡上印章的不一致。某行白沙洲支行对金某公司所开立账户虽未当场启用，但从开户到启用的过程中，给犯罪分子有了时间、空间上的作案机会，故某行白沙洲支行对金某公司账户资金被犯罪分子转走也有过错，应承担一定责任。根据《最高人民法院关于审理票据纠纷案件若干问题的规定》第六十九条"付款人或者代理付款人未能识别出伪造、变造的票据或者身份证件而错误付款，属于票据法第五十七条规定的'重大过失'，给持票人造成损失的，应当依法承担民事责任。付款人或者代理付款人承担责任后有权向伪造者、变造者依法追偿。持票人有过错的，也应当承担相应的民事责任"的规定，综合本案的证据及相关事实，某行白沙洲支行与金某公司对该公司账户资金被犯罪分子转走均存在过错，某行白沙洲支行承担 30% 的责任，金某公司承担 70% 的责任。

3. 方某德受让金某公司的存款债权，某行白沙洲支行应履行向方某德支付相应款项的义务。金某公司存入账户 1500 万元，某行白沙洲支行原本应如数支付该款本息，但由于某行白沙洲支行与金某公司对账户内资金被犯罪分子转走都有过错，银行应在其过错范围内对方某德承担支付义务。鉴于公安机关已从被转走资金中追回了 200 万元，且金某公司已收到吴某涛支付的 332 万元资金占用费，该公司的实际损失为 968 万元，某行白沙洲支行还应支付方某德 290.4 万元（968 万元×30%）及利息。因金某公司在某行白沙洲支行开立的是一般结算账户，某行白沙洲支行应按中国人民银行同期存款利率支付利息，对方某德要求按同期贷款利率计息的诉讼请求不予支持。

4. 方某德因受让金某公司对某行白沙洲支行存款债权具备本案原告主体资格，但本案诉讼标的仍是原储蓄存款合同产生的权利义务关系，根据《最高人民法院关于审理民事案件适用诉讼时效制度若干问题的规定》第一条第一款第（一）项的规定，对支付存款本金及利息请求权提出诉讼时效抗辩的，人民法院不予支持，故对某行白沙洲支行提出方某德起诉已过诉讼时效的主张不予采纳。

5. 《中华人民共和国民事诉讼法》第一百五十条规定"有下列情形之一的，中止诉讼：……（五）本案必须以另一案的审理结果为依据，而另一案尚未审结的……"。本案与某行白沙洲支行诉金某公司要求确认 1500 万元存款债权已消灭之诉，均须对金某公司与某行白沙洲支行基于储蓄存款合同产生的权利义务进行审查，两案之间不存在"必须以另一案审理结果为依据"的情形，故对某行白沙洲支行提出的中止本案审理的请求不予支持。

综上，一审法院经审判委员会讨论决定，依照《中华人民共和国票据法》第五十七条、《最高人民法院关于审理票据纠纷案件若干问题的规定》第六十九条、《最高人民法院关于审理民事案件适用诉讼时效制度若干问题的规定》第一条第一款第一项的规定，判决：某行白沙洲支行在判决生效之日起十日内向方某德支付 290.4 万元及利息（从 2005 年 5 月 18 日起至付清之日止按中国人民银行同期存款利率计算）。如未在判决规定的期限履行给付金钱义务，应当依照《中华人民共和国民事诉讼法》第二百五十三条的规定，加倍支付迟延履行期间的债务利息。案件受理费 161758 元，由方某德负担 113230.6 元，由某行白沙洲支行负担 48527.4 元。

方某德不服一审判决，向本院提起上诉称：第一，一审认定事实错误。1. 一审认定金某公司应当承担主要责任错误。吴某仗着人缘关系进入银行柜台内部，直接代理了印鉴卡填写手续，而非陈某非把印鉴交给吴某填写；陈某非把公司公章和法定代表人私章交给吴某涛加盖和吴某涛等人私刻印章没有联系，吴某涛并不是替陈某非在印鉴卡上加盖印章时获取金某公司印模的；没有证据证明吴某涛等人汇给了金某公司100万元资金占用费，也没有证据证明是从金某公司在某行白沙洲支行开设的账户上直接转汇的；银行通知陈某非对账后，陈某非没有委托吴某涛对账，而是向吴某涛提出对账的疑问。况且，这些过错与吴某涛等人从某行白沙洲支行进行票据诈骗没有因果关系。某行白沙洲支行被票据诈骗的根本原因是其工作人员没有严格按照要求开户，没有妥善保管客户的开户资料，没有发现其保存的客户资料和印鉴不一致，违背中国人民银行在开户三日内不得转款的规定，违规为犯罪分子当天开户当天办理转款，并且在犯罪分子利用伪造的支票骗取资金时没有识别支票的真伪。2. 在一审法庭调查时，方某德已变更诉讼请求为按照银行逾期贷款利率支付利息，一审法院口头裁定不予变更是违法的。金某公司在主张兑付存款之前的存款属于正常的存款行为，应当按中国人民银行规定支付同期存款利息，但金某公司要求取款而被拒绝时，工商白沙洲支行应当承担违约责任，赔偿由此造成的损失，按照同期贷款逾期利率计算罚息。第二，一审判决适用法律不当。《最高人民法院关于审理票据纠纷案件若干问题的规定》第六十九条规定："付款人或者代理付款人未能识别出伪造、变造的票据或者身份证件而错误付款，属于票据法第五十七条规定的重大过失，给持票人造成损失的，应当依法承担民事责任"，本案就属于付款人未能识别伪造票据错误付款的情况，理应由某行白沙洲支行承担重大过失责任。第三，一审判决混淆不同的案情事实和法律关系。本案是储蓄合同纠纷，所诉之债是合同之债，法院应当依照合同纠纷审理此案，金某公司在存款之后收取揽储人的资金占用费和本案审理的储蓄合同纠纷不是同一案情事实，也不是同一法律关系，不能在本案一并处理；某行白沙洲支行和金某公司均不是票据诈骗案的受害人，方某德才是受害人，涉案赃款应退还给方某德，公安机关基于错误认识把其中的200万元退还给金某公司，与本案诉争的储蓄合同纠纷，也不是同一事实和法律关系，不能在本案一并处理。综上，请求撤销一审判决，改判某行白沙洲支行支付方某德存款本金1500万元，并按照银行贷款逾期利率支付同期利息。

某行白沙洲支行答辩并上诉称：第一，某行白沙洲支行在涉案业务操作过程中不存在任何违法违规行为。（一）某行白沙洲支行在办理开户过程中不存在违规行为。1. 2005年5月12日，金某公司的工作人员陈某非来某行白沙洲支行以金某公司的名义开立账户，因提供的开户资料不全，某行白沙洲支行同意金某公司先开户，待补齐开户资料后再启用账户。案发后，中国人民银行衡阳市中心支行作出《关于工商银行衡阳分行白沙洲支行开立单位一般结算账户有关事项的批复》，认定该次开户行为符合《人民币银行结算账户管理办法》和《关于进一步明确银行结算账户管理办理事项的通知》的规定。2. 吴某不是银行工作人员，但其进入的是"开放式"柜台，根据《中国工商银行个人理财中心管理运营规程（试行）》的规定，任何办理业务的客户均可进出开放式柜台。（二）一审判决认定银行在办理开户手续时没有尽到足够的审查义务，没有发现银行与客户各自保留的印鉴卡上的印章不一致，是颠倒了举证责任。方某德作为原告，并未就银行留存的印鉴卡是否不是其所留下的事实进行举证。本案中某行白沙洲支行留存在印鉴卡上的字迹是吴某所书写，而吴某是与金某公司财务总监陈某非一同前来办理开户手续，且吴某在开户时调换了银行印鉴卡的事实已被排除，因此，银行留存的印鉴只能认定为金某公司所留，印鉴卡上的印章只能认定系金某公司的工作人员陈某非所盖。（三）方某德未能举证证明银行留存印鉴不是金某公司所留，2005 年 5 月 12 日开户到 2005 年 5 月 17 日启用该账户，犯罪分子未调换银行留存印鉴卡，不存在从开户到启用过程中，给犯罪分子时间、空间作案的问题。第二，一审适用法律错误。《最高人民法院关于审理票据纠纷案件若干问题的规定》第六十九条规定的是伪造、变造票据的情形，所谓伪造、变造的票据是指取款人到银行取款时使用的票据或持票人持有的票据不是真实的票据，本案中，银行是依据真实票据履行付款义务，没有错误付款。第三，金某公司已被注销，马某军是公司清算人，方某德不具备案件的诉讼主体资格，即使具备资格，从方某德于 2010 年 3 月 31 日撤诉至 2014 年 9 月 4 日重新起诉，方某德主张债权也已过诉讼时效。第四，某行白沙洲支行诉金某公司请求确认存款债权已消灭一案与本案均须对金某公司与某行白沙洲支行之间的权利义务关系进行审查，而前案早已进入二审程序并中止审理至今，本案应中止审理。第五，银行留存印鉴与金某公司 2005 年 5 月 12 日提供的与衡阳市新某泰置业有限公司签订的《合作协议》上的公章完全一致，而《合伙协议》在 2005 年 5 月 11 日就已签订，说明该套印章在 2005 年 5 月 11 日就已存在，现没有证据证实吴某调换了银行留存印鉴，也没有证据证明银行印鉴卡上的印鉴不是陈某非所留，因此银行留存印鉴不是蒋某南伪造的印鉴。综上所述，结合陈某非向衡阳市检察机关陈述的"按照约定时间一个月至 6 月 17 日到期，我准备把钱要回去。吴某涛提出再续期一个月，但利息降至千分之三。我同意了。后来我又来过几次，吴某涛每次都把利息打入我的卡里，一共给我 332 万元"，可见，金某公司在某行白沙洲支行的 1500 万元，是其同意并交由吴某涛、黄某华支取和使用的。本案的客观事实是金某公司以高利贷的方式向衡阳新某泰置业有限公司投资,并在同意衡阳市新某泰置业有限公司使用资金的情况下,利用某行白沙洲支行作为资金保证,将其高利贷投资的风险转嫁给某行白沙洲支行。第六,一审判决核减方某德已取回的钱正确。综上,请求撤销一审判决,改判某行白沙洲支行不承担责任,驳回方某德的诉讼请求,并由方某德承担本案全部诉讼费用。

方某德答辩称:某行白沙洲支行在操作过程中存在违规行为,吴某是当时某行白沙洲支行行长的弟弟,他进入过银行工作人员区域,盗取了金某公司留存在银行的印鉴卡;在开户3天内,吴某即用假印鉴将钱转出,违反了开户后3天内不能转出存款的规定;某行白沙洲支行没有妥善保管金某公司留存的印鉴卡,导致印鉴卡被调换;银行留存的印鉴卡上所盖公章是蒋某南伪造的公章;方某德具备本案诉讼主体资格,提起诉讼没有超过诉讼时效。

某行白沙洲支行向本院提交了如下证据:证据1,工行工作柜台平面图,拟证明吴某进入的柜台是开放式的柜台,不是只有银行工作人员可以进入的;证据2,衡阳市新某泰置业有限公司与浙江省东阳市某有限公司签订的《合作协议书》,拟证明陈某非对自己存款1000万元与黄某华的合作是明知的;证据3,王某、刘某恒出具的《印鉴鉴定情况说明》,拟证明蒋某南伪造公章的行为与银行留存印鉴无关。方某德质证称:证据1在2007年12月就存在,不是新证据,且本案案发于2005年,而该平面图是2007年的柜台情况;证据2也不是新证据,对其真实性、合法性、关联性均有异议;证据没有原件,某行白沙洲支行获取的途径不清,且不涉及方某德和金某公司;证据3不是新证据,对真实性、合法性均有异议;证据来源不清,出具人身份不明,内容与工行白沙洲的代理人向法庭陈述内容不一致,且蒋某南伪造的印章逼真也不能成为某行白沙洲支行推卸责任的理由。本院认为,上述证据中,证据1没有显示该平面图的时间,且某行白沙洲支行柜台设置情况不必然影响双方责任的划分,证据2《合作协议书》的双方当事人均非本案当事人,内容也并非本案所诉争的1500万元,证据3《印鉴鉴定情况说明》出具人员身份不明,且所说明的内容不能达到某行白沙洲支行的证明目的。综上,本院对上述证据不予采信。

经审查,本院对一审查明的事实予以确认。

本院认为,本案二审的争议焦点是:1.方某德是否具备本案诉讼主体资格?其向某行白沙洲支行提起诉讼是否超过诉讼时效?2.某行白沙洲支行是否还应向方某德支付存款本金和利息?如应支付,应支付多少?

第一，方某德是否具备本案诉讼主体资格，其向某行白沙洲支行提起诉讼是否超过诉讼时效。

某行白沙洲支行上诉主张金某公司已被注销，马某军是公司清算人，方某德不具备案件的诉讼主体资格，即使其具备诉讼主体资格，其提起诉讼也超过诉讼时效。经查，2007年1月18日金某公司与方某德签订债权转让协议，将其在某行白沙洲支行的1500万元债权转让给方某德，并且书面通知了某行白沙洲支行，根据《中华人民共和国合同法》第七十九条和第八十一条规定，债权人可以将合同的权利全部或者部分转让给第三人，债权人转让权利的，受让人取得与债权有关的从权利，本案金某公司将债权转让给方某德，方某德因此取得相应的权利和从权利。因此，方某德是与本案有直接利害关系的人，有权提起本案诉讼，某行白沙洲支行认为方某德不具备案件诉讼主体资格没有事实与法律依据，不予支持。

《最高人民法院关于审理民事案件适用诉讼时效制度若干问题的规定》第一条规定："当事人可以对债权请求权提出诉讼时效抗辩，但对下列债权请求权提出诉讼时效抗辩的，人民法院不予支持：（一）支付存款本金及利息请求权……"本案系储蓄合同纠纷，方某德起诉要求某行白沙洲支行支付存款本金及利息，依照上述规定，对于某行白沙洲支行提起的诉讼时效抗辩，不予支持。

第二，某行白沙洲支行是否还应向方某德支付存款本金和利息，如应支付，应支付多少。

方某德上诉主张某行白沙洲支行应向其支付全部存款本金1500万元，并按银行贷款逾期利率支付利息；某行白沙洲支行上诉主张其在涉案业务办理过程中不存在任何过错，不应向方某德承担返还本金及支付利息的责任。金某公司向某行白沙洲支行提交了《中国工商银行开立单位银行结算账户申请书》，申请开立一般存款账户，某行白沙洲支行同意并与金某公司签订《单位银行结算账户管理协议》，双方成立存款合同关系。《中华人民共和国合同法》第八条规定："依法成立的合同，对当事人具有法律约束力。当事人应当按约定履行自己的义务，不得擅自变更或者解除合同"；第六十条规定："当事人应当按照约定全面履行自己的义务。当事人应当遵循诚实信用原则，根据合同的性质、目的和交易习惯履行通知、协助、保密等义务。"依照上述规定，某行白沙洲支行和金某公司均应按照合同约定全面履行义务，并根据诚实信用原则履行相应附随义务。

（一）已经履行部分的认定。

《中华人民共和国合同法》第九十一条规定："有下列情形之一的，合同的权利义务终止：（一）债务已经按照约定履行；（二）合同解除；（三）债务相互抵销；（四）债务人依法将标的物提存；（五）债权人免除债务；（六）债权债务同归于一人；（七）法律规定或者当事人约定终止的其他情形。"根据已经查明的事实，在金某公司与某行白沙洲支行储蓄存款合同纠纷一案中，金某公司诉称经公安机关追回还给该公司 200 万元，加上之前因该笔存款收到 332 万元，要求某行白沙洲支行赔偿损失 968 万元及利息，这表明金某公司认可已收回存款本金 532 万元，该部分应认定为某行白沙洲支行已经履行部分，金某公司尚有本金 968 万元未收回。根据《中华人民共和国合同法》第八十二条的规定，债务人接到债权转让通知后，债务人对让与人的抗辩，可以向受让人主张。本案中方某德的债权来源于金某公司的转让，金某公司已认可收回债权 532 万元，因此就该 532 万元的抗辩，某行白沙洲支行可以向方某德主张，据此，方某德尚有本金 968 万元未收回。方某德上诉称金某公司以前收到的资金占用费与公安机关通过追赃退回金某公司的 200 万元与本案无关，不应在本案中一并处理的意见没有法律依据，不予支持。

（二）未履行部分的责任承担。

关于剩下的 968 万元，某行白沙洲支行认为涉案资金已被吴某涛等人诈骗，因此某行白沙洲支行不应再向金某公司或方某德支付存款本息。根据《中华人民共和国合同法》第一百二十一条关于"当事人一方因第三人的原因造成违约的，应当向对方承担违约责任。当事人一方和第三人之间的纠纷，依照法律规定或者按照约定解决"，本案中因第三人诈骗而损失相应存款金额并不能免除某行白沙洲支行应向金某公司、方某德承担的责任，因此某行白沙洲支行的该项抗辩理由不能成立。同时，某行白沙洲支行主张其在办理业务的过程中没有过错，因此不应承担责任。但是，合同责任是无过错责任，当事人一方没有过错不属于《中华人民共和国合同法》第九十一条规定的合同义务终止的情形，因此，某行白沙洲支行以其没有过错为由主张应免除向金某公司或者方某德的合同义务的理由亦没有法律依据，不予支持。

本案中，某行白沙洲支行没有证据证实已向金某公司或者方某德履行返还义务，依照《中华人民共和国合同法》第一百零七条"当事人一方不履行合同义务或者履行合同义务不符合约定的，应当承担继续履行、采取补救措施或者赔偿损失等违约责任"的规定，某行白沙洲支行应当承担继续履行合同的违约责任。但是，《中华人民共和国合同法》第一百二十条规定，当事人双方都违反合同的，应当各自承担相应的责任。本案中某行白沙洲支行和金某公司均存在违反义务的行为，应承担相应的责任。

1. 某行白沙洲支行违反义务的行为。

（1）在办理开户过程中，银行作为金融机构，理应对储户的资金安全尽到最大的谨慎义务。然而，某行白沙洲支行在金某公司开户过程中，未发现金某公司在《单位银行结算账户管理协议》的印文与在印鉴卡上留存的印文不一致，现也无法对其留存的印鉴卡与金某公司留存的印鉴卡上印文不一致的原因做出合理解释并予以证实。

（2）合同履行过程中，某行白沙洲支行通知金某公司对账，却允许非金某公司工作人员的吴某拿出金某公司的对账单，明显未尽到应有的谨慎义务。

2. 金某公司违反义务的行为。

（1）在办理开户手续前，吴某涛联系陈某非到衡阳开户存款，陈某非即到某银行珠晖支行以东某轻工业公司的名义开立账户，并存入人民币1000万元，吴某涛支付陈某非10万元，后因东某轻工业公司已被注销，银行不同意划款，陈某非将款项取回。为了不再发生借用别人单位名称开户出错的情况，陈某非与方某德等人才成立金某公司，并通过某行白沙洲支行行长的弟弟吴某陪同前往某行白沙洲支行开户。此外，陈某非还与吴某涛约定存款时间20天，每天按4‰计息。如果系正常的存款关系，陈某非到银行存款，并不需要以他人名义进行，也不需要通过银行工作人员的亲属陪同前往，更无须与银行之外的其他人约定存款时间与利息，不能获得银行按标准支付利息之外的其他收益，因此，本案事实表明，陈某非应当明知所涉的存款关系并非正常的存款关系。陈某非明知所涉存款关系并非正常的存款关系仍然在吴某涛等人的陪同下前往某行白沙洲支行开户，未尽到存款人应当尽到的谨慎义务。

（2）在办理开户手续时，金某公司的委托代理人陈某非在吴某涛、黄某华、吴某等人的陪同下前往办理开户手续，在此过程中，本应由存款人填写的资料，陈某非允许非银行工作人员的吴某代为填写，并将金某公司的印鉴和方某德私章交由此前承诺给予其高息的吴某涛加盖，未履行存款人依照诚实信用原则应当尽到的保密、协助义务。

（3）金某公司将1500万元存入某行白沙洲支行之后，吴某涛通过支票和电汇凭证将1500万元划走，同时金某公司和陈某非收到高达332万元的资金占用费，结合陈某非与吴某涛此前的约定，金某公司应当发现账户存在异常，但是金某公司并未及时向银行反映，反而在银行按规定通知陈某非对账时，陈某非仍未亲自前往，而是继续告知在开户前承诺给其高息的吴某涛，由吴某涛通知吴某去银行拿出对账单再将盖好章的对账单送回银行，可见，金某公司在合同履行过程中亦怠于履行对账的义务。

现经鉴定，金某公司提供的公章及方某德私章印文与其保留的印鉴卡上及开户时结算账户申请书、结算账户管理协议上的印文一致，而与某行白沙洲支行保留的印鉴卡及转账支票、电汇凭证上的印文不一致。现经刑事审判，仍无法查清上述印鉴印文不一致，特别是金某公司留存的印鉴卡上印文与银行留存印鉴卡上印文不一致的原因。本案中某行白沙洲支行和金某公司均未尽到必要的注意义务，虽没有证据证实上述违反义务的行为直接导致银行存款被诈骗的事实，但上述行为均可成为涉案银行存款合同成立及履行过程中的漏洞，从而被犯罪分子利用而实施诈骗行为。金某公司为了获取非银行工作人员吴某涛承诺的高息，与吴某涛协商将钱存入银行，在开户及合同履行过程中未尽到必要的确保存款安全的注意义务，并实际收取吴某涛的高息，现又无法证实其在银行留存印鉴卡上的印文系该公司真实印章所盖后被调换，因此应承担主要责任。银行作为金融机构，在开户和合同履行过程中未尽到确保储户存款安全的注意义务，又无法对其留存的印鉴卡与金某公司留存的印鉴卡上印文不一致的原因做出合理解释并予以证实，也应承担相应的责任。鉴于某行白沙洲支行系经对比银行留存的印鉴卡上金某公司公章印文与电汇凭证、转账支票上金某公司印文一致而同意转账汇款，现没有证据证实吴某涛等人从银行调换了印鉴卡，或者是从银行获取金某公司印文并伪造印章从而实施诈骗行为，因此，对于涉案资金被诈骗，银行承担次要责任。对于剩余资金968万元，一审认定某行白沙洲支行承担30%的责任，并判决某行白沙洲支行向方某德支付290.4万元并无不妥，应予以维持。关于利息，由于涉案存款被诈骗，在事实未查清，责任未确定之前，银行无法正常支付，且金某公司对存款诈骗亦应承担部分责任，因此，一审判决按银行同期存款利率支付利息并无不妥，应予以维持；方某德主张应按银行逾期贷款利率支付利息的主张没有事实与法律依据，本院不予支持。

此外，虽然某行白沙洲支行起诉金某公司，请求法院确认涉案存款债权已消灭的案件法院受理在先，但本案与该案均须对某行白沙洲支行与金某公司、方某德之间基于同一储蓄合同纠纷产生的权利义务关系进行审查，不存在本案必须以该案审理结果为依据的情形，因此本案可以在查清事实的基础上作出判决，无须中止审理，某行白沙洲支行认为本案应当中止审理的理由不能成立。

综上，一审判决认定基本事实清楚，方某德和某行白沙洲支行的上诉请求均不能成立。依照《中华人民共和国民事诉讼法》第一百七十条第一款第一项的规定，判决如下：

驳回上诉，维持原判。

中国某银行股份有限公司衡阳白沙洲支行预交案件受理费161758元由中国某银行股份有限公司衡阳白沙洲支行负担，方某德预交案件受理费161758元由方某德负担。

本判决为终审判决。

第七章　伪造印章案件中的刑民交叉问题

第一节　关于伪造印章案件刑民交叉问题的相关规定

目前,最高人民法院关于刑民交叉案件的司法解释仅有《最高人民法院关于在审理经济纠纷案件中涉及经济犯罪嫌疑若干问题的规定》,该解释制定于1998年,期间于2020年修正过一次,共十二条,至今已20多年的时间。

该解释确定了在处理刑民交叉案件中刑事案件与民事案件分别审理的基本原则(第一条),但仅对涉及诈骗、伪造公章、销赃等有限的几个涉及刑民交叉的案件处理作了规定。从整体上看,该解释的相关规定略显粗糙,部分规定缺乏可操作性,导致现实中对刑民交叉案件的裁判观点并不统一。尤其是在民转刑的判断标准上(第十至十一条),更是具有较大的随意性。

该司法解释对与印章相关的刑民交叉案件作了相对详尽的规定。其中第四条规定:"个人借用单位的业务介绍信、合同专用章或者盖有公章的空白合同书,以出借单位名义签订经济合同,骗取财物归个人占有、使用、处分或者进行其他犯罪活动,给对方造成经济损失构成犯罪的,除依法追究借用人的刑事责任外,出借业务介绍信、合同专用章或者盖有公章的空白合同书的单位,依法应当承担赔偿责任。但是,有证据证明被害人明知签订合同对方当事人是借用行为,仍与之签订合同的除外。"从该条规定来看,对于借用印章签订的合同,如交易相对人对借用行为不知晓的,印章出借人应承担"赔偿责任";如交易相对人对借用行为知晓的,则出借人不必承担"赔偿责任"。但对于此处的"赔偿责任"到底是违约责任还是侵权责任抑或是缔约过失责任,解释并未予以明确。但从理论上讲,在合同不存在效力瑕疵的情况下,出借印章签订的合同应对出借人具有约束力。出借人应向交易相对人承担违约责任,包括但不限于继续履行、违约损害赔偿、违约金等。

该司法解释第五条第一款规定："行为人盗窃、盗用单位的公章、业务介绍信、盖有公章的空白合同书，或者私刻单位的公章签订经济合同，骗取财物归个人占有、使用、处分或者进行其他犯罪活动构成犯罪的，单位对行为人该犯罪行为所造成的经济损失不承担民事责任。"本款对盗窃、盗盖公司印章或者私刻公司印章对外签订合同的民事责任承担问题作了规定，如盗窃、盗盖公司印章或者私刻公司印章对外签订合同构成犯罪的，印章所属单位不承担民事责任。但这一观点并未在后续的司法实践中予以坚持。

该司法解释第五条第二款规定："行为人私刻单位公章或者擅自使用单位公章、业务介绍信、盖有公章的空白合同书以签订经济合同的方法进行的犯罪行为，单位有明显过错，且该过错行为与被害人的经济损失之间具有因果关系的，单位对该犯罪行为所造成的经济损失，依法应当承担赔偿责任。"该款与第五条第一款属原则与例外之间的关系，确立了公司需对盗窃、盗盖公司印章或者私刻公司印章签订的合同承担过错责任。同时，从该款文义来看，要求公司承担赔偿责任的过错程度较高，必须具有"明显过错"。

该司法解释第五条的两款，原则上排除了私刻公章、盗窃公章对外签订的合同对公司的约束力。但这一"一刀切"的规定，没有考虑到私刻公章、盗窃公章可能构成的表见代理问题，将部分公司应当承担责任的情形排除在公司责任之外。同时，该条第二款规定印章所属单位对交易相对人应承担"赔偿责任"，此处赔偿责任的性质与该司法解释第四条一样，都未予以明确。

该司法解释第十条规定了民事诉讼程序转刑事诉讼程序的判断标准。"人民法院在审理经济纠纷案件中，发现与本案有牵连，但与本案不是同一法律关系的经济犯罪嫌疑线索、材料，应将犯罪嫌疑线索、材料移送有关公安机关或检察机关查处，经济纠纷案件继续审理。"根据该条规定，民事案件是否需要转为刑事诉讼程序，需判断民事案件所涉法律关系与刑事案件所涉法律关系是否为同一法律关系。但民事法律关系往往涉及的是平等主体之间的权利义务关系，而刑事法律关系涉及的是犯罪嫌疑人与被害人、国家侦查机关、检察机关之间的法律关系。二者在一般层面上并非同一法律关系，即使有关犯罪嫌疑人与被害人之间的法律关系也有可能存在着侵权责任纠纷与合同纠纷之间的争议。因此，司法实务中对于某一民事案件是否应转为刑事诉讼程序，裁判观点差异较大，且并无明显的规律可循。

本司法解释第十一条规定了人民法院已经受理的民事案件转刑事案件的处

理，规定："人民法院作为经济纠纷受理的案件，经审理认为不属经济纠纷案件而有经济犯罪嫌疑的，应当裁定驳回起诉，将有关材料移送公安机关或检察机关。"这一做法可能导致在刑事案件中获得救济的受害人无法再通过民事诉讼程序获得赔偿，存在一定的不合理性。该司法解释的第十二条规定侦查机关可要求人民法院对正在审理的民事案件是否涉嫌经济犯罪进行审查的权力，并规定了相应的处理原则。"人民法院已立案审理的经济纠纷案件，公安机关或检察机关认为有经济犯罪嫌疑，并说明理由附有关材料函告受理该案的人民法院的，有关人民法院应当认真审查。经过审查，认为确有经济犯罪嫌疑的，应当将案件移送公安机关或检察机关，并书面通知当事人，退还案件受理费；如认为确属经济纠纷案件的，应当依法继续审理，并将结果函告有关公安机关或检察机关。"

同时，《最高人民法院关于审理民间借贷案件适用法律若干问题的规定》也有关于刑民交叉案件处理原则的规定。其中第五条规定："人民法院立案后，发现民间借贷行为本身涉嫌非法集资等犯罪的，应当裁定驳回起诉，并将涉嫌非法集资犯罪的线索、材料移送公安或者检察机关。公安或者检察机关不予立案，或者立案侦查后撤销案件，或者检察机关作出不起诉决定，或者经人民法院生效判决认定不构成非法集资等犯罪，当事人又以同一事实向人民法院提起诉讼的，人民法院应予受理。"该条较之于《最高人民法院关于在审理经济纠纷案件中涉及经济犯罪嫌疑若干问题的规定》第十一条、第十二条的规定有明显进步，保证了当事人在刑事案件中无法获得救济时再通过民事案件索赔的可能性，但将范围仅限制在"公安或者检察机关不予立案，或者立案侦查后撤销案件，或者检察机关作出不起诉决定，或者经人民法院生效判决认定不构成非法集资犯罪"的情形，有进一步扩大的必要。

《最高人民法院关于审理民间借贷案件适用法律若干问题的规定》第七条规定："民间借贷的基本案件事实必须以刑事案件审理结果为依据，而该刑事案件尚未审结的，人民法院应当裁定中止诉讼。"这一规定在司法实践中如何统一适用，也存在不小的争议。因为刑事案件认定案件事实的证明标准与民事案件认定案件事实的证明标准并不相同，证明责任分配也存在着极大差异。

结合以上规定，可以得出以下结论：

（1）刑民交叉案件中，刑事案件与民事案件应当分开审理，分别确定责任；

（2）借用公章签订合同的，出借单位应承担赔偿责任，但交易相对人明知系借用公章签订合同的除外；

（3）盗窃、盗用、私刻印章签订合同，印章显示的单位不承担民事责任，但单位有明显过错的除外；

（4）民事案件审理过程中，发现有犯罪行为且影响民事案件的定性，应当驳回起诉并将案件移送侦查机关立案侦查；民事案件需以刑事案件的审理结果为依据的，民事案件中止审理，并移送侦查机关侦查。否则，不必移送侦查机关立案侦查，也不必中止审理民事案件，更不能驳回当事人起诉。

但在司法实践中，以上"结论"并未得到完全的贯彻，相关裁判观点差异较大。

第二节　伪造印章构成犯罪而签订的合同并非当然无效

066 靖江市润某农村小额贷款有限公司、陆某武、江苏天某工程设备制造有限公司与潘某英借款合同纠纷案[①]

裁判要旨

行为人通过伪造公司印章、制作虚假证明文件的方式骗取公司借款的，在刑法上构成骗取贷款罪。但在合同法上，其行为构成单方欺诈，合同并非当然无效。根据《民法典》第一百四十八条的规定，公司享有撤销权。

实务要点总结

（1）对于合同效力的判断，关键并不在于签订合同的过程是否存在违法犯罪的行为，而在于当事人作出意思表示的方式及内容。其所依据的法律并非刑法，而是《民法典》第一编第六章第三节关于法律行为效力的规定。因此，伪造印章骗取对方当事人签订的合同，并非当然无效，而是根据《民法典》第一百四十八条的规定，属于可撤销的民事法律行为，且享有撤销权的主体为受欺诈方。实施欺诈行为的一方，不得主张撤销合同。

---

① 审理法院：最高人民法院；诉讼程序：再审

(2) 在经济活动中，伪造、私刻印章往往并非行为人的目的，而是为实现另一目的的手段。因此，伪造、私刻印章签订合同的效力，并不必然会因为构成犯罪而当然无效。在处理涉及伪造印章案件的诉讼中，任何一方当事人都不应"紧咬"伪造印章构成犯罪不放，而应采取"民刑并举，重点在民"的策略，最大限度地维护自身的经济利益。

相关判决

靖江市润某农村小额贷款有限公司、陆某武、江苏天某工程设备制造有限公司与潘某英借款合同纠纷申请再审民事裁定书［（2014）民申字第1544号］

再审申请人（一审被告、二审被上诉人）：潘某。

被申请人（一审原告、二审上诉人）：靖江市润某农村小额贷款有限公司。

法定代表人：刘某，该公司董事长。

被申请人（一审被告、二审被上诉人）：陆某。

被申请人（一审被告、二审被上诉人）：江苏天某工程设备制造有限公司。

法定代表人：陆某，该公司董事长。

再审申请人潘某因与被申请人靖江市润某农村小额贷款有限公司（以下简称润某公司）、陆某、江苏天某工程设备制造有限公司（以下简称天某公司）借款合同纠纷一案，不服江苏省高级人民法院（2013）苏商终字第0018号民事判决，向本院申请再审。本院依法组成合议庭对本案进行了审查，现已审查终结。

潘某申请再审称：一、二审判决认定陆某与润某公司签订的靖润农贷高借字（2010）第12103-21号《最高额借款合同》（以下简称借款合同）有效错误。（一）陆某个人向润某公司的借款行为已被刑事判决认定构成骗取贷款罪，根据《中华人民共和国合同法》第五十二条第一项、第五项的规定，案涉借款合同、靖江市行政中心筹建办公室与润某公司签订的《权利质押合同》（以下简称质押合同）以及润某公司与天某公司签订的《最高额保证合同》（以下简称保证合同）均应认定为无效。（二）润某公司违反特许经营的规定，亦应当认定借款合同无效。润某公司属于准金融机构，其经营范围和经营行为受到金融管理机构特别许可的限制。其违反许可经营项目为"面向'三农'发放贷款、提供融资性担保、开展金融机构业务代理以及其他业务"的限制，向不具备贷款条件的陆某发放借款，应认定无效。

二、二审判决未将案涉债务认定为陆某的个人债务有误。(一)陆某的借款用途是为了其以某省第一建筑安装有限公司(以下简称一建公司)名义承建的靖江市行政中心工程之用,而非用于家庭共同经营或家庭共同生活。(二)根据潘某与陆某于2008年4月18日签订的《财产协议》的约定,双方对夫妻关系存续期间债务责任自担。陆某个人向润某公司借款时,已向润某公司经办人陈某和有关负责人作了有关其夫妻财产约定的说明。陈某为此于2012年10月15日出具了《说明》一份,且江苏省靖江市人民检察院靖检刑诉(2013)194号《起诉书》中所涉证人陈某也向检察机关提供了证人证言,该证据足以证明润某公司知道或应当知道是陆某个人借款及借款的用途。(三)潘某与陆某于2011年1月4日在民政机构登记离婚,经登记的《自愿离婚协议书》明确约定了天某公司和案外人一建公司的股权归陆某享有。根据权利义务对等原则,陆某以一建公司名义承建的靖江市行政中心工程流动资金需要向润某公司的借款属于陆某个人债务,与潘某无关。潘某此前不知陆某个人向润某公司借款的事实,也未曾参与陆某与润某公司办理借款时所需的任何手续,润某公司亦从未就此通知、函告或征询过潘某的意见或主张权利。(四)陆某以一建公司名义承建靖江市行政中心工程期间,先后请求潘某支持其支付承建靖江市行政中心工程的有关款项,潘某分别于2008年4月29日代陆某付给无锡瑞某公司吴某胜500万元、2009年1月16日代陆某付给江苏江某制药有限公司400万元、2009年4月17日代陆某付给江苏江某制药有限公司100万元,陆某当时明确表示工程款回笼后及时归还潘某前述款项。潘某2010年12月22日收到的1000万元是其与陆某于2008年4月9日共同变卖原夫妻共同财产即靖江市中亚大厦房地产和相关设施所得。(五)潘某不应对陆某的个人涉嫌犯罪行为的损失承担民事责任。

三、二审判决遗漏了案涉质押合同的有关事实。陆某与润某公司于2010年12月20日签订借款合同时,出质人靖江市行政中心筹建办公室与润某公司同时签订了质押合同。根据《中华人民共和国物权法》第一百七十六条和第二百一十八条之规定,润某公司应就该质权实现优先受偿权,其他人在丧失优先受偿权益的范围内免除担保责任。

四、二审判决适用法律错误。(一)案涉借款合同及保证合同均无效。二审判决适用《中华人民共和国合同法》第二百零七条"借款人未按照约定的期限返还借款的,应当按照约定或者国家有关规定支付逾期利息"认定借款合同有效并支持润某公司返还本金和利息的主张、适用《中华人民共和国担保法》第十八条规定"当事人在保证合同中约定保证人与债务人对债务承担连带责任的，为连带责任保证"认定保证合同有效错误。（二）二审判决适用《中华人民共和国婚姻法》第四十一条和《最高人民法院关于适用〈中华人民共和国婚姻法〉若干问题的解释（二）》第二十四条的规定错误。陆某涉嫌骗取润某公司贷款犯罪是其个人行为，应当由陆某个人财产承担犯罪行为的法律后果，二审判决要求潘某承担连带责任无法律依据。（三）本案应适用《中华人民共和国物权法》第一百七十六条和第二百一十八条之规定，判令润某公司就质押权优先受偿，其他人在丧失优先受偿权益的范围内免除担保责任。

综上，潘某依据《中华人民共和国民事诉讼法》第二百条第二项、第六项的规定，申请再审。

润某公司提交意见认为：潘某的再审申请缺乏事实与法律依据，请求予以驳回。

本院再审审查期间另查明：2014年10月13日，江苏省泰州市中级人民法院作出（2014）泰中刑二终字第0068号刑事判决，该判决认定：陆某采用加盖伪造的"靖江市行政中心筹建办公室""某省第一建筑安装有限公司"印章出具虚假的"确认函""应付货款确认书""债权转让协议"，并冒签其妻潘某名字出具虚假的"个人连带责任保证承诺书"等欺骗手段，从润某公司取得3000万元贷款，并将其中的1000万元汇至潘某个人账户，2011年1月，陆某收取靖江行政中心筹建办公室所付工程款人民币1400万元，未将该款项用于偿还润某公司。在约定的还款期限届满后，陆某未归还润某公司3000万元本金及利息，致使该项贷款至今无法追回。据此认定陆某以欺骗手段取得润某公司的贷款，构成骗取贷款罪，判处有期徒刑四年六个月，并处罚金13万元。

本院认为：一、关于案涉借款合同的效力问题。（一）（2014）泰中刑二终字第0068号刑事判决认定陆某构成骗取贷款罪，其本身并不包括对借款合同效力的评价。案涉借款合同是否有效，应当依照《中华人民共和国合同法》的规定进行判断，并不因为陆某构成骗取贷款罪而必然导致其与润某公司签订的借款合同无效。陆某以加盖伪造印章的方式，提供虚假证明文件，骗取润某公司贷款的行为，在刑法上，构成骗取贷款罪，应当据此承担刑事责任；但在合同法上，其行为构成单方欺诈。根据《中华人民共和国合同法》第五十四条第二款"一方以欺诈、胁迫的手段或者乘人之危，使对方在违背真实意思的情况下订立的合同，受损害方有权请求人民法院或者仲裁机构变更或者撤销"之规定，润某公司享有撤销权。因润某公司未按照该条规定主张撤销案涉借款合同，故二审判决认定借款合同有效并无不当。（二）根据《最高人民法院关于适用〈中华人民共和国合同法〉若干问题的解释（一）》第五条的规定，当事人超越经营范围订立合同，人民法院不因此认定合同无效。但违反国家限制经营，特许经营以及法律、行政法规禁止经营规定的除外。润某公司的营业执照载明其经营范围为"面向'三农'发放贷款、提供融资性担保、开展金融机构业务代理以及其他业务"，因润某公司具备发放贷款的经营资质，故其仅向"三农"以外的借款人发放贷款，属于超越经营范围，而不属于违反国家限制经营、特许经营以及法律、行政法规禁止经营规定的行为。故对潘某有关借款合同因违反上述规定而应当认定无效的主张，本院不予支持。

二、关于案涉债务是否系陆某、潘某夫妻共同债务的问题。（一）润某公司与陆某之间的借款合同的签订及借款的事实均发生于陆某、潘某夫妻关系存续期间。潘某以2013年3月21日陆某的询问笔录、2008年4月9日陆某、潘某、李培源之间的《协议书》、落款为2008年4月18日的陆某与潘某之间的《财产协议》为据，证明案涉债务系陆某个人债务，但其提供的上述证据均为复印件，润某公司对上述证据的真实性不予认可，故本院对上述证据不予采信。（二）潘某提供一份署名为陈某的书面证言，证明润某公司知道潘某与陆某之间有关夫妻财产与责任的约定，但其不能证明该书面证言为陈某所写，也未在一、二审期间申请陈某出庭接受质证，故本院对该书面证言的内容不予采信。（三）潘某以2008年4月29日汇款人为潘某、收款人为吴某胜的500万元中国银行《境内汇款申请书》，署名为吴某胜、内容为收到一建公司500万元的收据以及江苏江某制药有限公司2008年1月16日、2009年4月17日出具的收款400万元和100万元的两张收据为据，主张陆某向其支付1000万元系返还其借款，但其不能证明上述款项与案涉借款的关联性，对潘某的此项主张，本院不予采信。（四）潘某以其与陆某签订的《自愿离婚协议书》约定的一建公司的股权归陆某所有、潘某不知道陆某向润某公司借款的事实以及陆某汇付给潘某系偿还陆某对潘某的债务为由，主张潘某对案涉债务不应承担连带责任，无法律依据，本院对潘某的此三项主张亦不予支持。（五）二审判决判令潘某承担民事责任系基于案涉债务为其与陆某夫妻关系存续期间产生的共同债务，而非基于陆某的犯罪行为，故二审判令潘某承担民事责任与陆某的犯罪行为无法律上的关联性。综上，二审判决认定案涉 3000 万元借款系陆某、潘某夫妻关系存续期间产生的共同债务并无不当。

三、关于二审判决是否遗漏事实的问题。潘某主张二审判决对案涉借款合同另涉权利质押合同的事实未予查明，属于遗漏事实。因润某公司系对陆某主张借款合同的债务，潘某亦系因借款合同而产生的民事责任，故靖江市行政中心筹建办公室与润某公司之间有关质押合同的事实问题不影响潘某对借款合同的责任承担，故对潘某的该项主张，本院不予支持。

四、关于二审判决适用法律是否有误的问题。因案涉借款合同及润某公司与天某公司的保证合同均为有效合同，二审判决依据《中华人民共和国合同法》第二百零七条判令陆某承担还本付息的民事责任、依据《中华人民共和国担保法》第十八条判令天某公司承担保证责任并无不当。潘某承担案涉债务的偿还责任系基于案涉债务在其与陆某的夫妻关系存续期间发生，而非基于陆某的犯罪行为，故二审判决以《中华人民共和国婚姻法》第四十一条和《最高人民法院关于适用〈中华人民共和国婚姻法〉若干问题的解释（二）》第二十四条判令潘某承担民事责任亦无不当。润某公司系基于其与陆某之间的借款合同向潘某主张债权，润某公司与靖江市行政中心筹建办公室之间的质押合同的效力及责任不影响潘某对案涉债务的责任承担。故对潘某有关二审判决适用法律错误的主张，本院不予支持。

综上，潘某的再审申请不符合《中华人民共和国民事诉讼法》第二百条第二项、第六项规定的情形。依照《中华人民共和国民事诉讼法》第二百零四条第一款之规定，裁定如下：

驳回潘某的再审申请。

法律法规

《中华人民共和国民法典》（2021 年 1 月 1 日施行）

第一百四十八条 一方以欺诈手段，使对方在违背真实意思的情况下实施的民事法律行为，受欺诈方有权请求人民法院或者仲裁机构予以撤销。

第一百四十九条 第三人实施欺诈行为，使一方在违背真实意思的情况下实施的民事法律行为，对方知道或者应当知道该欺诈行为的，受欺诈方有权请求人民法院或者仲裁机构予以撤销。

067 北京瑞某科技发展有限公司与宜昌博某科工贸有限公司不当得利纠纷案[①]

裁判要旨

行为人伪造公司印章构成伪造印章罪，该事实只是证明行为人伪造公司印章行为是应受刑罚处罚的行为，并没有确认行为以公司名义所实施的民事行为不受法律保护，也不影响行为人在民事案件中应当享有的当事人地位。

实务要点总结

民事合同的效力和当事人是否构成犯罪二者之间并无必然联系。对于合同效力的判断，关键并不在于签订合同的过程是否存在违法犯罪的行为，而在于当事人作出意思表示的方式及内容。其所依据的法律并非《刑法》，而是《民法典》第一编第六章第三节关于法律行为效力的规定。因此，伪造印章签订的合同即使当事人构成伪造印章罪，也并非当然导致相关合同无效。当事人仍应根据合同的内容及当事人意思表示是否真实来判断合同的效力状态。

相关判决

北京瑞某科技发展有限公司与宜昌博某科工贸有限公司不当得利纠纷二审民事判决书〔（2015）鄂民一终字第00163号〕

上诉人（原审原告）：北京瑞某科技发展有限公司，住所地：北京市朝阳区安立路60号润枫德尚苑×座701/702。

法定代表人：李某芳，该公司董事长。

被上诉人（原审被告）：宜昌博某科工贸有限公司，住所地：湖北省宜昌市东山大道315号。

法定代表人：张某，该公司总经理。

原审第三人：宋某明。

上诉人北京瑞某科技发展有限公司（以下简称瑞某公司）因与被上诉人宜昌博某科工贸有限公司（以下简称博某公司）、原审第三人宋某明不当得利纠纷

[①] 审理法院：湖北省高级人民法院；诉讼程序：二审

一案，不服湖北省宜昌市中级人民法院（2014）鄂宜昌中民二初字第00201号民事判决书，向本院提起上诉。本院依法组成合议庭，公开开庭审理了本案。上诉人瑞某公司的委托代理人×××，被上诉人博某公司的委托代理人×××，原审第三人宋某明到庭参加了诉讼。本案现已审理终结。

瑞某公司诉至一审法院称，2013年5月前后，宋某明为承揽瑞某公司承建的"北京瑞某全自动小型混凝土砌块生产线土建工程"（以下简称涉案工程）的施工工程，伪造了潞某新疆煤化工（集团）昌达建筑工程有限公司（以下简称潞某集团）印章、相关资质文件及法人私章参与投标并中标。其后，宋某明持伪造的潞某集团印章并以该集团名义与瑞安公司签订了建设工程施工合同。2013年7月9日，宋某明以潞某集团名义出具虚假的《付款授权委托书》，要求瑞某公司将工程款汇至博某公司账户。瑞某公司遂分别于2013年7月15日、2013年8月7日分三次将预付款170万元、进度款50万元汇入博某公司账户。后因宋某明拖欠工人工程款导致工程停工，瑞某公司在与潞某集团沟通过程中发现了宋某明伪造潞某集团印章事实，并向公安机关报案。2014年3月24日，新疆维吾尔自治区伊宁县人民法院以"伪造公司印章罪"判处宋某明拘役六个月。由于瑞某公司与博某公司间并无合同关系，博某公司没有合法依据而取得了瑞某公司支付的工程款，瑞某公司也因此受到了损失。因此，博某公司取得前述220万元工程款构成不当得利，现诉至人民法院，请求判令博某公司向瑞某公司返还220万元，并承担本案诉讼费。

博某公司辩称，博某公司不清楚宋某明以他人名义承接工程的事实，也不清楚涉案款项的性质或正当性，其仅系受宋某明的委托接收款项，并已将前述款项转付给了宋某明，即博某公司收受涉案款项系基于与宋某明间的委托关系而为，博某公司也未取得利益。另外，即使宋某明有以伪造潞某集团印章承揽涉案工程的事实，但该事实不能改变宋某明系实际施工人之性质；此时，瑞某公司应承担向宋某明支付工程款的法定义务，不能证明该220万元系瑞安公司的损失。退而言之，即便该220万元存在超付的情形，瑞某公司也应向宋某明主张，而与博某公司无涉。综上，请求驳回瑞某公司的诉讼请求。

宋某明辩称，博某公司系受其委托代收涉案的220万元工程款，且博某公司已将前述款项转付给了宋某明，故博某公司不存在不当得利的事实。瑞某公司知晓宋某明借用潞某集团资质承揽涉案工程的事实，即其明知宋某明为实际施工人，故瑞某公司理应按合同约定向宋某明支付工程预付款及进度款，且瑞某公实际上还欠付宋某明工程款（宋某明就该权利已另案向人民法院提起诉讼），因此，瑞某公司诉称其受到损失，没有事实依据。综上，请求驳回瑞某公司的诉讼请求。

一审法院查明，2013年5月前后，宋某明为承揽瑞某公司承建的"北京瑞某全自动小型混凝土砌块生产线土建工程"（即前述简称的涉案工程）的施工工程，伪造了潞某集团印章、相关资质文件及法人私章参与投标并中标。其后，宋某明持伪造的潞某集团印章并以该集团名义与瑞某公司签订了建设工程施工合同。2013年7月9日，宋某明以潞某集团名义出具虚假的《付款授权委托书》，载明"授权委托博某公司全权负责涉案工程的资金结算事宜"，并要求"瑞某公司将工程款汇至博某公司对公账户"。瑞某公司遂分别于2013年7月15日、2013年8月7日分三次将合同约定的预付款170万元、进度款50万元汇入博某公司对公账户。博某公司依宋某明通知，以"将收到的前述款项转入法定代表人张某个人账户，并由张某将前述款项转入宋某明个人账户"之方式，将款项转付给宋某明。后因宋某明与瑞某公司在施工过程中发生纷争，瑞某公司在就纠纷解决而与潞某集团沟通过程中，发现宋某明伪造潞某集团印章事实，并向公安机关报案。2014年3月24日，新疆维吾尔自治区伊宁县人民法院以"伪造公司印章罪"判处宋某明拘役六个月。由于瑞某公司认为博某公司收取前述220万元工程款的行为构成不当得利，遂诉至人民法院。

另查明，瑞某公司以"宋某明退场后欠付农民工工资等费用，瑞某公司为解决该遗留问题而垫付了款项200余万元"为由，向一审法院提起诉讼，请求宋某明等返还该垫付的费用［案号为（2014）鄂宜昌中民二初字第00200号］；该案在审理过程中，宋某明以"瑞某公司还欠付其工程款230万余元"为由，向一审法院提起反诉，请求判令瑞某公司支付其欠付的工程款，一审法院已受理宋某明的反诉并决定与（2014）鄂宜昌中民二初字第00200号案一并审理。

宋某明虽陈述瑞某公司知晓其借用潞某集团名义签订建设工程施工合同之事实，但其并未提交相应证据，一审法院对该事实不予采信。

瑞某公司对"博某公司已将代为收受的220万元工程款转付给了宋某明"一节事实持有异议，认为汇款数额不相一致（即博某公司收到的为220万元，而银行转账凭证载明的博某公司转付给宋某明的为2356600元），且博某公司将对公司账户的资金转入其法定代表人个人账户，违反了相关法律规定。但一审法院认为，博某公司主张"220万元工程款已转付给了宋某明"之事实，有博某公司将

220万元转入张某，张某再转入宋某明账户的银行转账凭证，张某及宋某明的陈述予以证实，应予采信。虽然张某转入宋某明款项与瑞某公司汇入博某公司款项并不完全一致，但由于前述转款行为时间上相互衔接，款项数额大体接近（相差15万余元），利害关系人宋某明也承认收到应转付的220万元工程款，并解释数额不一致系因其与张某间还有其他经济往来；故，基于民事诉讼证据盖然性原则，一审法院对该事实予以采信。至于"博某公司将对公司账户的资金转入其法定代表人个人账户"是否违反了相关法律规定，由于不影响人民法院对事实的认定，故一审法院不予审查。

一审法院认为，依查明的事实，涉案建设工程施工合同虽形式上由瑞某公司与潞某集团所签订，但由于投标所使用的潞某集团相关资质材料、前述建设施工合同等文件上加盖的潞某集团印章均系宋某明伪造，潞某集团也并未实际参与涉案工程的施工（所有涉案工程均由宋某明施工），故宋某明系涉案工程的实际施工人，其中合同签订及履行过程中以潞某集团名义而作出的意思表示，均应视为宋某明本人的意思表示，行为后果亦应由宋某明承担。即瑞某公司可依现已查明的事实向合同实际相对方（即宋某明）主张合同权利。至于宋某明伪造潞某集团印章及相关资质、文件等事实，虽属于法律规定的行为而应受到处罚（且宋某明已因此而承担了刑事责任），但该节事实并不影响宋某明作为实际施工人应享有的民事权利，也不影响其民事责任的承担。瑞某公司以该节事实而向宋某明主张退还其垫付的全部工程款，向博某公司主张退还其预付的全部工程款及进度款，实际上否认了宋某明为实际施工人的民事主体地位，没有法律依据。

依照《中华人民共和国民法通则》第九十二条"没有合法根据，取得不当利益，造成他人损失的，应当将取得的不当利益返还受损失的人"之规定，博某公司是否因收受瑞某公司汇入的220万元工程预付款及进度款而构成不当得利，应当依据不当得利"没有合法根据，取得不当利益，造成他人损失"之构成要件予以审查。首先，博某公司收受瑞某公司支付的220万元，系受宋某明（如前述，虽然授权委托书以潞某集团名义签署，但由于涉及潞某集团的相关文件均由宋某明以伪造的印章及资质文件而为，故宋某明为民事权利享有者及民事义务的承担者）委托而实施的行为，即博某公司实施收款行为的法律依据为其与宋某明间形成的委托法律关系；而瑞某公司之所以同意宋某明指示将款项汇入博某公司账户，系因该款项属于宋某明与瑞某公司间形成的建筑工程合同明确约定瑞某公司应承担的给付义务,且瑞某公司依宋某明指示向博某公司汇款行为也证明其知晓博某公司与宋某明之间的委托关系。依照《中华人民共和国民法通则》第六十三条第二款"……被代理人对代理人的代理行为,承担民事责任"之规定,博某公司受宋某明委托而从瑞某公司接受款项行为所产生的后果均应由委托人(即宋某明)承担,而与受托人(即博某公司)无涉。因此,瑞某公司以"瑞某公司与博某公司间并无合同关系"为由,主张"博某公司收受220万元工程款没有法律依据,构成不当得利",与一审法院查明的瑞某公司基于其与宋某明间具有建设工程施工合同关系、并将合同约定的应付工程款依宋某明指示汇至受托人博某公司之事实不符(即瑞某公司向博某公司付款行为的基础法律关系为瑞某公司与宋某明间的建设工程施工合同关系),其理由并不能成立。其次,博某公司已将其收受的220万元工程款转付给宋某明,并未因此而取得利益。即使瑞某公司抗辩的"博某公司并未将其收受的220万元工程款转付宋某明"事实成立,也仅在博某公司与宋某明间因委托合同关系而形成债权债务关系,而与瑞某公司无涉。最后,瑞某公司汇入博某公司的220万元工程款,实系瑞某公司依合同约定而应支付的工程预付款及进度款,即该款项支付属于瑞某公司履行建设工程合同义务的行为,不能仅凭该付款行为即认定瑞某公司受到损失。至于宋某明与瑞某公司因涉案工程而产生的工程款支付纠纷(即宋某明是否因瑞某公司向博某公司支付220万元或以垫付农民工工资等接受工程款形式而多取得了工程款),属另案处理范围(且瑞某公司已向人民法院提起了诉讼,宋某明也以"瑞某公司欠付其工程款"为由提起了反诉),而与博某公司无涉。因此,瑞某公司主张博某公司收受220万元工程款构成不当得利,没有事实及法律依据,其诉讼请求不能成立。综上,本案事实清楚,法律适用明确。依照《中华人民共和国民法通则》第六十三条、第六十四条、第六十五条,《中华人民共和国民事诉讼法》第一百四十二条之规定,判决:驳回瑞某公司的诉讼请求。一审案件受理费24400元(瑞某公司已预交),由瑞某公司负担。

一审判决生效后,瑞某公司不服,向本院提起上诉称:一、一审法院事实审查不清,事实认定错误。1. 一审法院认定"后因宋某明与瑞某公司在施工过程中发生纷争"属于事实认定错误。在瑞某公司正式向潞某集团发出信函后,潞某集团正式回复前,瑞某公司一直认为是在与潞某集团合作过程中产生的纷争,不存在法院认定的事实,瑞某公司也不可能将一个几千万的工程与一个没有任何资质的个人合作,瑞某公司事前、事发、事后的行为,均足以证明瑞某公司一直视为与潞某集团合作。2. 一审法院认定"博某公司将对公司账户的资金转入其法定代表人个人账户"是否违反了法律规定的问题，由于不影响人民法院对事实的认定，故一审法院不予审查错误，遗漏了影响案件公正公平的重要事实。瑞某公司将款项转入博某公司账户，是基于潞某集团出具的委托收款委托书，而非基于宋某明的指定收款，博某公司应该向潞某集团交付款项，而不是将款项违法转入法定代表人私人账户，导致公司追偿困难。博某公司及其法定代表人明知宋某明伪造公章而替其隐瞒、转移犯罪所得的行为不应得到袒护。3. 一审法院认定博某公司收取瑞某公司钱款的"合法依据"是"宋某明伪造的潞某集团授权书"，之前法院已经查明"博某公司依宋某明通知，将收到的前述款项转入法定代表人张某个人账户"结合起来，作为博某公司明显早已知晓本案中潞某集团出具的授权书是虚假的，目的只是配合宋某明转移非法取得的财产，瑞某公司目的在于付款给潞某集团，而非宋某明，一审法院确认了这种违法行为形成了合法的委托法律关系是错误的。博某公司没有合法依据收取瑞某公司款项，非法转移的行为已经造成了瑞某公司损失，导致工程搁置，并为宋某明垫付了工程款。4. 一审法院表述的"瑞某公司之所以同意宋某明指示将款项汇入博某公司账户，系因该款项属宋某明与瑞某公司间形成的建设工程施工合同明确约定瑞某公司应承担的给付义务，且瑞某公司依宋某明指示向博某公司汇款行为也证明其知晓博某公司与宋某明间的委托关系"属于严重事实认定错误。瑞某公司从未同意宋某明的指示付款，瑞某公司也从未与宋某明达成建设工程施工合同，所有证据均表明瑞某公司付款时并不知博某公司与宋某明的委托关系。瑞某公司与博某公司不存在合法的付款依据，宋某明联手博某公司以潞某集团的名义，欺诈、转移瑞某公司钱财，使得瑞某公司工程搁浅损失巨大，却无法直接追回的行为已经造成了瑞某公司损失。5. 一审法院认定，瑞某公司向宋某明付款行为的基础法律关系为瑞某公司与宋某明之间的建设工程施工合同关系，明显认定错误。没有任何证据证明瑞某公司与宋某明签署了任何合同，瑞某公司若知道宋某明系实际施工人，也不会与之签订任何合同。二、一审法院适用法律有误，导致裁判错误。1. 一审法院适用所谓的"民事诉讼证据盖然性原则"错误。本案中没有任何证据证明博某公司将所收款项支付给宋某明，其法定代表人私自挪用公司款项，与何人发生经济往来不在本案审理范围内，一审法院不应认定张某支付给宋某明的款项即是瑞某公司款项。2. 一审法院错误适用民法通则关于代理的法律规定。依据最高人民法院关于出借银行账户的当事人是否承担民事责任问题的批复明确规定：

出借银行账户是违反金融管理法规的违法行为。人民法院除应当依法收缴出借账户的非法所得并可以依照有关规定处以罚款外,还应区别不同情况追究出借人相应的民事责任。本案中,一审法院认定博某公司收款系宋某明委托,有合法的授权,形成合法的代理关系,出借银行账户并不因此是合法的。瑞某公司付款基于潞某集团授权书,而非宋某明指示。宋某明虚构事实,合谋博某公司,骗取瑞某公司工程款,缺乏合法依据。博某公司违法出借银行账号,隐瞒实际指示收款人,代理行为无效,因此博某公司收取瑞某公司工程款明显缺乏"合法依据",瑞某公司因此支付的款项无法追回,造成了瑞某公司损失,因此,瑞某公司主张博某公司返还款项,有理有据,依法应得到支持。请求二审法院撤销一审判决,依法改判或将本案发回重审,本案一、二诉讼费用由博某公司承担。

博某公司答辩称:一、一审法院认定事实清楚。1. 瑞某公司主张其始终是与另外一公司之间形成的合作关系,但并不影响瑞某公司向工程施工方支付工程款的事实。不论宋某明作为个人还是潞某集团代理人,其在施工过程中履行了相应义务,瑞某公司就应该支付价款。2. 瑞某公司认为一审时候已经查明,转账记录反映出博某公司收钱后根据宋某明指示已转到宋某明个人账户。3. 瑞某公司主张博某公司是配合宋某明转移非法财产,转款时间是在2013年7月15日和8月7日,当时瑞某公司也不清楚宋某明是否代表潞某集团,对于博某公司而言更有充分理由相信宋某明是有潞某集团的委托。瑞某公司主张非法转移的行为导致其损失致使工程停工,但是工程款支付了近两个月后才停工,因此不存在导致损失或工程停工的情形。4. 一审对于相关法律关系把握得很清楚,宋某明作为潞某集团的代表人要求瑞某公司将款项付到博某公司账户,瑞某公司主张宋某明与瑞某公司没有形成建设工程施工合同关系,但实际上即使合同无效,因工程实际施工,应当支付相应的工程款。委托关系问题一审法院认定的很清楚,不论是收款人还是最终打入宋某明账户都是基于宋某明的委托。5. 瑞某公司主张一审认定的基础法律关系错误,但实际上宋某明与瑞某公司之间形成了事实上的建设工程施工合同,一审对法律关系把握得很清楚。二、1. 一审适用的证据规则很清楚,一审的时候博某公司提供证据证明已经将相应款项还给了宋某明,且一审时候宋某明出庭陈述其已经得到了220万元,一审认定该款项已经不再被博某公司占有是正确的。瑞某公司逻辑错误。2. 一审法院认定的代理关系明确,《最高人民法院关于出借银行账户的当事人是否承担民事责任问题的批复》上明确说明要区分不同情况，要结合是否博某公司有不当得利行为加以确认。一审法院认定博某公司已经完成了代理行为是正确的，瑞某公司的上诉不能成立。请求驳回瑞某公司的上诉，维持原判。

宋某明诉称：1. 瑞某公司对于我的授权应该是严格审查了，既然其按照我的指示转款证明其是认可的。2. 现在瑞某公司还差欠我 600 多万元，瑞某公司起诉是为了逃避债务。3. 涉案工程现在是烂尾工程。是瑞某公司转包给我的。4. 整个施工款是对方应当支付的，我之所以停工是因为瑞某公司没能及时付款。5. 不论合同有效与否，我已经进行了施工。6. 款项打到博某公司是经过瑞某公司同意的，且瑞某公司应当支付给我工程款。

瑞某公司、博某公司和宋某明在本院二审规定的举证期限内均未提交新的证据。

二审审理查明，一审法院查明的事实属实，本院予以确认。

根据双方当事人的上诉、答辩意见，本案二审争议焦点为：博某公司收取瑞某公司 220 万元是否构成不当得利。

本院认为，《中华人民共和国民法通则》第九十二条规定，没有合法根据，取得不当利益，造成他人损失的，应当将取得的不当利益返还受损失的人。据此，不当得利法律事实的构成要件为：收取利益、他人受损失、收取利益与他人受损失之间存在因果关系、没有合法根据。虽然博某公司收取瑞某公司 220 万元属实，但是该 220 万元系宋某明以潞某集团名义出具虚假的《付款委托书》要求瑞某公司汇入博某公司账户的。因宋某明持伪造的潞某集团印章、相关资质文件及法人私章参与涉案工程投标并中标，并持伪造的潞某集团印章以该集团名义与瑞某公司签订了建设工程施工合同，而且实际履行了该合同，根据《最高人民法院关于适用〈中华人民共和国民事诉讼法〉的解释》第六十二条第二项"下列情形，以行为人为当事人：……（二）行为人没有代理权、超越代理权或者代理权终止后以被代理人名义进行民事活动的，但相对人有理由相信行为人有代理权的除外；……"的规定，宋某明以潞某集团名义所实施的行为应以其为当事人，其作为涉案工程的实际施工人，应承担其以潞某集团名义所实施的民事行为的法律后果。故宋某明以潞某集团名义出具虚假的《付款委托书》要求瑞某公司将 220 万元工程款汇入博某公司账户的法律后果应由宋某明承担，而博某公司在接受宋某明的委托收取 220 万元后，按照宋某明的通知将该款转付给宋某明，博某公司并没有因此获得利益。虽然宋某明因伪造潞某集团印章的犯罪行为而被新疆维吾尔自治区伊宁县人民法院以"伪造印章罪"判处拘役六个月，但该事实只是证明宋某明伪造潞某集团印章行为是应受刑罚处罚的行为，并没有确认宋某明以潞某集团名义所实施的民事行为不受法律保护，也没有否定宋某明作为实际施工人所享有的民事权利。宋某明以潞某集团的名义实施涉案工程的施工行为属实，宋某明对其以潞某集团的名义施工的工程有权向瑞某公司主张工程款。而瑞某公司汇入博某公司账户的 220 万元，系其依与宋某明以潞某集团名义签订的建设工程施工合同所约定的预付款 170 万元和进度款 50 万元，由于上述行为的法律后果由宋某明承担，宋某明有权收取瑞某公司支付的上述款项，且宋某明与瑞某公司因涉案工程而产生的工程款支付纠纷正在一审法院另案审理中，瑞某公司的付款行为并不能证明瑞某公司因此受到了损失。因博某公司收取瑞某公司的 220 万元系受宋某明的委托为其代收工程款，故博某公司收取该 220 万元，合法有据。综上，博某公司收取瑞某公司 220 万元不构成不当得利行为。就博某公司将代收的 220 万元工程款转付宋某明的事实，博某公司提交了银行转账凭证、张某及宋某明的陈述以证实，虽然张某转给宋某明的款项为 2356600 元，而瑞某公司支付的是 220 万元，但由于前述转款行为在时间上是衔接的，宋某明承认收到转付的 220 万元工程款，并解释张某多转款的原因是其与张某间存在其他经济往来，尽管瑞某公司对该事实提出异议，但并未提交证据证明，一审法院根据民事诉讼证据认证原则采信该事实并无不当。瑞某公司上诉对此提出的异议，本院不予采信。瑞某公司上诉主张宋某明联手博某公司以潞某集团的名义，欺诈、转移瑞某公司钱财，使得瑞某公司工程搁浅损失巨大，却无法直接追回的行为已经造成了瑞某公司损失，因与本院查明的事实不符，且瑞某公司对其主张未提交证据证明，本院不予支持。由于博某公司收取瑞某公司的 220 万元属合法行为，博某公司将该 220 万元转入其法定代表人个人账户及博某公司出借银行账户并未损害瑞某公司的合法权益，一审法院对此不予审查并无不当。据此，瑞某公司的上诉请求缺乏事实和法律依据，本院予以驳回。一审判决认定事实清楚，适用法律正确。依照《中华人民共和国民事诉讼法》第一百七十条第一款第（一）项之规定，判决如下：

驳回上诉，维持原判。

二审案件受理费 24400 元，由上诉人北京瑞某科技发展有限公司负担。

本判决为终审判决。

法律法规

《中华人民共和国民法典》（2021年1月1日施行）

第一百七十二条 行为人没有代理权、超越代理权或者代理权终止后，仍然实施代理行为，相对人有理由相信行为人有代理权的，代理行为有效。

《最高人民法院关于适用〈中华人民共和国民法典〉总则编若干问题的解释》（法释〔2022〕6号）

第二十八条 同时符合下列条件的，人民法院可以认定为民法典第一百七十二条规定的相对人有理由相信行为人有代理权：

（一）存在代理权的外观；

（二）相对人不知道行为人行为时没有代理权，且无过失。

因是否构成表见代理发生争议的，相对人应当就无权代理符合前款第一项规定的条件承担举证责任；被代理人应当就相对人不符合前款第二项规定的条件承担举证责任。

068 张家口市景某商贸有限公司与河南兴某建筑工程公司买卖合同纠纷案[①]

裁判要旨

根据最高人民法院《关于在审理经济纠纷案件中涉及经济犯罪嫌疑若干问题的规定》第三条的规定："单位直接负责的主管人员和其他直接责任人员，以该单位的名义对外签订经济合同，将取得的财物部分或全部占为己有构成犯罪的，除依法追究行为人的刑事责任外，该单位对行为人因签订、履行该经济合同造成的后果，依法应当承担民事责任。"行为人使用伪造公司印章签订合同，身份符合上述规定的情形，如构成犯罪，应依法追究其刑事责任，但不能免除公司应承担的民事责任。

实务要点总结

如果单位负责人伪造印章签订合同，单位不得仅以负责人构成犯罪为由主张

---

① 审理法院：河北省高级人民法院；诉讼程序：二审

免责。理由在于单位负责人一般为法人的法定代表人或非法人组织的负责人，根据《民法典》第六十一条第二款、第一百零八条的规定，有权以单位名义对外作出意思表示，且相应的法律后果由单位承受。

相关判决

张家口市景某商贸有限公司与河南兴某建筑工程公司买卖合同纠纷二审民事判决书［（2014）冀民二终字第102号］

上诉人（原审被告）：河南兴某建筑工程公司。住所地：河南省开封市东环北路40号。

法定代表人：王某胜，该公司总经理。

被上诉人（原审原告）：张家口市景某商贸有限公司。住所地：河北省张家口市高新区华耐家居一楼。

法定代表人：郭某武，该公司经理。

上诉人河南兴某建筑工程公司（以下简称兴某公司）因与被上诉人张家口市景某商贸有限公司（以下简称景某公司）买卖合同纠纷一案，不服河北省张家口市中级人民法院（2013）张商初字第78号民事判决，向本院提起上诉。本院依法由审判员苑秀霞、赵国栋，代理审判员张建岳组成合议庭，赵瑞杰任书记员，于2014年7月25日公开开庭审理了本案。上诉人兴某公司的委托代理人×××，被上诉人景某公司的委托代理人×××到庭参加诉讼。本案现已审理终结。

原审查明：2011年9月24日，景某公司与兴某公司所属北京工程处（以下简称北京工程处）签订《钢材购销合同》一份。其中约定：钢材单价、数量、交货时间按双方传真签字为准，需方所购钢材用于张北宏某房地产开发项目施工工程建设，单价每吨5300元，数量及规格以现场收料员赵某军实收所签的单子为准。结算方式为，货到工地确认数量无误付款30%，其余未付款项按每天每吨加价6元为拖欠补偿金，且一个月内付清。违约责任为，需方未在约定期限每批货款一个月内付清的货款，第二个月起违约金按逾期未付货款的每日千分之三付给供方，供方于每月30日前向需方提供逾期未付货款违约金结算表。合同中加盖了北京工程处合同专用章，张某林在"委托代理人"处签名。景某公司分别于2011年9月27日、10月16日，向兴某公司北京工程处供货774.935吨、80.728吨，价款4535013.9元。张某林雇佣的材料员赵某军等人在送货单上签字认可。北京工程处分别于同年9月27日、10月27日给付货款188万元、100万元,尚欠1655013.9元至今未付。

2011年10月11日,景某公司与北京工程处签订《钢材购销合同》一份,其中约定:钢材单价、数量、交货时间按双方传真签字为准,需方所购钢材用于涿州小沙坎城中村改造项目建设,单价每吨5300元,数量及规格以现场收料员赵某军代表所签的收料单据为准。结算方式为,每批钢材到达合同约定地点后,需方在当日付到现场钢材总货款的40%,否则供方有权不予交货,剩余的货款在货到后20天内付清;需方在第一车次钢材到达合同约定地点后第1天起在确认的单价(5300元)基础上每吨每天加价6元;第21天起每吨每天10元支付给供方,每月28日前付清所有货款。违约责任为,若需方未在约定期限内付清货款,在钢材到达约定地点后第21天起按供方所供所有钢材数量总货款的每日千分之三计算作为违约金支付给供方。合同上加盖有北京工程处合同专用章,张某林在"法定代表人处"签名。景某公司分别于2011年10月16日、10月21日,向北京工程处供货162.051吨、165.62吨,价款1736656.3元。张某林雇佣的材料员赵某军等人在供货单上签字认可。北京工程处于2011年10月21日支付货款100万元,尚欠736656.3元至今未付。

2011年10月11日,景某公司与北京工程处签订《钢材购销合同》一份,其中约定:钢材单价、数量、交货时间按双方传真签字为准,需方所购钢材用于北京市通州区西村改造项目建设,单价每吨5300元,数量及规格以现场收料员赵某军实收所签的单子为准。结算方式为,货到工地确认数量无误付款30%,其余未付货款按每批第一车次到达现场的日期起每天每吨加价6元为拖欠补偿金,每月28日前付清未付的所有货款和违约金及补偿金。违约责任为,需方未在约定期限每批货款20天内付清的货款,在第21天起违约金按逾期未付货款的每日千分之三付给供方;供方于每月28日前向需方提供逾期未付货款违约金结算表。合同上加盖有北京工程处合同专用章,赵某军在"法定代表人处"签名,张某林在"委托代理人"处签名。景某公司分别于2011年10月15日、10月18日、10月21日、10月25日、10月30日,分别向兴某公司北京工程处供货250.308吨、43.228吨、47.1吨、295.901吨、194.451吨,价款4404236.4元。张某林雇佣的材料员赵某军等人在供货单上签字认可。北京工程处于2011年10月15日支付货款100万元,尚欠3404236.4元至今未付。

2011年12月、2012年3月,景某公司分别向北京工程处致函,要求其支付拖欠的货款5795906.6元及其补偿金、逾期付款违约金。张某林签名并写明:同意实际货款，利息再议；赵某军签名并加盖了北京工程处合同专用章。

另查明，2009年9月6日，兴某公司作出豫兴字（2009）第14号《关于成立北京分公司的决定》，其中载明：根据目前公司业务需要，经公司经理办公会研究决定成立北京分公司，任命王某霞为北京分公司负责人，其他人员由公司另派。2009年10月16日，兴某公司法定代表人王某胜出具《法人声明》，其中载明："我王某胜系河南兴某建筑工程公司的法定代表人，因业务需要同意成立北京工程处。现委托河南兴某建筑工程公司的王某霞为我公司北京工程处负责人。"2010年7月21日，北京工程处负责人王某霞出具《委托书》一份，其中载明："我王某霞系河南兴某建筑工程公司北京工程处的注册代表人，现委托河南兴某建筑工程公司北京工程处的张某林同志为我公司代理人，以本公司的名义办理张北县宏怡嘉苑小区b3、a36号楼工程的前期业务及投标活动。"2011年3月17日，王某霞出具《委托书》一份，其中载明："我王某霞系河南兴某建筑工程公司北京工程处的注册代表人，现委托河南兴某建筑工程公司北京工程处的张某林同志为我公司代理人，以本公司的名义办理通州工地管理和业务洽商工程的前期业务及投标活动。"2011年5月1日，王某霞出具《委托书》一份，其中载明："我王某霞系河南兴某建筑工程公司北京工程处的注册代表人，现委托河南兴某建筑工程公司北京工程处的张某林同志为我公司代理人，以本公司的名义办理涿州工地管理供销等一切事亦和工程的前期业务及投标活动。"2011年10月8日，张某林出具《授权委托书》一份，其中载明："本人授权刘玉贵、赵某军为我公司所有工地钢筋及所有材料的采购，作为我的合法代理人，全权代表我办理相关事项，对委托人在办理上述事项过程中所签订的有关文件，我予以认可，并承担法律责任。"

2012年10月23日，张家口市公安局桥西分局对王某霞作出《询问笔录》一份，其中王某霞自述："北京工程处注册成立时是以我的身份登记的，我是该工程处的负责人，但实际经营者不是我，实际经营者是我丈夫路某安。路某安负责该工程处的一切事务。"2012年12月26日，该局对路某安作出《询问笔录》一份，其中路某安自述："我是河南兴某建筑工程公司北京工程处的实际经营者，这个工程处是以我妻子王某霞的身份登记注册的，但实际经营者是我，负责公司全面事务，我妻子王某霞什么也不管。"路某安承认给张某林一份委托书，内容为北京工程处委托张某林为代理人以河南兴某建筑工程公司北京工程处的名义办理张家口宏某房地产开发有限公司开发的建筑工程，委托书上有北京工程处的公章及负责人王某霞的印章；张某林与兴某公司没有承包合同，只有一份补充协议书（原件在兴某公司）；路某安还证实给过张某林一张兴某银行的转账支票，盖有北京工程处的公章和王某霞的印章，支票当时是空白的，账户内没有钱，但支票是真的，用于租赁、抵押；路某安与张某林有口头协议，张某林交北京工程处百分之一的管理费，但现在还未交过管理费，北京工程处的公章现在在兴某公司。2012年10月23日，该公安局对赵某军作出《询问笔录》一份，其中赵某军自述：他是张某林雇佣的，负责张某林承包的建筑工地上的钢材采购，张某林签订的三份《钢材购销合同》均是北京工程处与景某公司签订，钢材分别送到了张北县、涿州、通州三个施工工地，三个工地共计支付景某公司钢材款488万元，其余至今未付；赵某军将张某林给的转账支票转给了景某公司张某文；北京工程处的负责人是王某霞，但实际经营人是路某安，他俩是夫妻关系。

再查明，兴某公司收回北京工程处两枚公章，印文分别为"河南兴某建筑工程公司北京工程处""河南兴某建筑工程公司北京工程处合同专用章"。2012年7月25日，北京明证司法鉴定中心受张家口市桥东区人民法院委托，出具《鉴定书》一份，鉴定意见为：1.《张家口市景某商贸有限公司货款结算表》落款盖章部位盖印的"河南兴某建筑工程公司北京工程处合同专用章"印文与样本印文不是同一枚印章盖印形成；2. 签订时间为2011年9月24日的《钢材购销合同》上第2页需方（公章）处盖印的"河南兴某建筑工程公司北京工程处合同专用章"印文及骑缝处同名印文与样本印文不是同一枚印章盖印形成；3. 签订时间为2011年10月11日、需方法定代表人为赵某军的《钢材购销合同》上第2页需方（公章）处盖印的"河南兴某建筑工程公司北京工程处合同专用章"印文及骑缝处同名印文与样本印文不是同一枚印章盖印形成；4. 签订时间为2011年10月11日需方法定代表人为张某林的《钢材购销合同》上第2页需方（公章）处盖印的"河南兴某建筑工程公司北京工程处合同专用章"印文及骑缝处同名印文与样本印文不是同一枚印章盖印形成。2013年5月20日，张家口市公安局物证鉴定所受张家口市公安局桥东分局经侦大队委托，出具公（冀-张）鉴（文）字（2013）0008号鉴定文书一份，鉴定意见，检材（jc-1/2/3）上需方（公章）处的"河南兴某建筑工程公司北京工程处合同专用章"可疑印文不是样本（yb）盖印形成的。上述两次鉴定的印章样本均由兴某公司提供，审理过程中，兴某公司没有提供证据证明上述鉴定中的印章样本是经有关机关备案的印章。

还查明，兴某银行股份有限公司北京顺义支行证明，其曾向北京工程处（账户为32×××01）出售过3090××××6046号转账支票。该支票由张某林雇佣的赵某军交于景某公司张某文，因其系空头支票，至今未兑付。

原审判决认为：本案争议的焦点为：兴某公司是否是适格被告，应否支付景某公司钢材款；违约金和补偿金能否同时并用，当事人约定的违约金是否合法。

关于第一个争议焦点。兴某公司辩称，景某公司提供的三份《钢材购销合同》上所加盖的北京工程处合同专用章均系张某林个人伪造，应认定为张某林的个人诈骗行为，与北京工程处没有关系，北京工程处也无实际使用景某公司提供的钢材。因此，本案应先行移送公安机关侦查处理，兴某公司不应作为被告，更不应承担支付货款及违约金的责任。

原审判决认为，《中华人民共和国合同法》第九条第二款规定，"当事人依法可以委托代理人订立合同"。第四十九条规定，"行为人没有代理权、超越代理权或者代理权终止后以被代理人名义订立合同，相对人有理由相信行为人有代理权的，该代理行为有效。"本案中，北京工程处系兴某公司依法成立的分支机构，王某霞系其注册代表人，并由王某霞之丈夫路某安实际经营。路某安在公安机关向其询问时承认，他给张某林出具了授权委托书，委托张某林从事涉案三个工地的相关事务，其对上述三项工程也是知情的，并且授权委托书上的公章和王某霞个人印章也是真实的。而张某林所雇佣的材料员（收料员）赵某军在接受公安机关询问时，也承认上述三份《钢材购销合同》均是北京工程处与景某公司签订的，钢材分别送到了合同约定的三个施工工地。根据以上事实，可认定张某林代理北京工程处与景某公司签订并履行上述三份合同的行为系有效代理行为，其相应的法律后果应由被代理人北京工程处承担。关于兴某公司所提三份《钢材购销合同》上加盖的北京工程处印章真伪的问题。虽然相关鉴定机构均鉴定为与兴某公司提供的印章样本不符，但其没有提供在有关机关备案的印章，不能据此认定合同上的印章就是张某林所伪造。即便该印章系张某林伪造，因张某林在与景某公司签订上述合同时，也向景某公司提供了北京工程处的授权《委托书》，使景某公司有理由相信张某林有权代表北京工程处签订合同，构成表见代理。

关于兴某公司本案涉嫌诈骗应移送公安机关侦查处理的意见。原判认为，"先刑事后民事"是指在民事诉讼活动中，人民法院发现涉嫌刑事犯罪时，应首先移送公安机关侦查，待刑事案件结案后，人民法院才能继续审理该民事纠纷。其适用前提是民事纠纷的审判须待刑事审判结果而定。而本案通过证据可以认定张某林的代理行为系有效代理行为，无论张某林是否构成诈骗犯罪，均不影响北京工程处对民事责任的承担，故本案无须等待刑事案件的审判结果，可单独审理。因此，兴某公司的上述意见，原判不予采纳。

景某公司与北京工程处签订的三份《钢材购销合同》，均系当事人真实意思表示，且不违反法律法规的强制性规定，为有效合同。景某公司提供的由北京工程处张某林、赵某军等签字认可的送货单、货款结算表均可证实，景某公司履行了钢材交付义务，北京工程处只支付了部分货款，尚欠5795906.6元至今未付。因此，北京工程处依法应承担继续支付拖欠货款，并支付逾期付款违约金的法律责任。因北京工程处系兴某公司的分支机构，不具备对外承担民事责任的主体资格，故上述民事责任应由其开办单位兴某公司承担。

关于第二个争议焦点。本案中，双方当事人既约定了逾期未付货款每日千分之三的违约金，又约定了未付货款按每批第一次到达现场的日期起每吨加价6元的补偿金。《中华人民共和国合同法》规定的违约金是以补偿性为主、以惩罚性为辅，补偿性乃其主要属性。由此可见，双方约定的逾期付款违约金和加价补偿金同属违约金性质。《中华人民共和国合同法》第一百一十四条第二款规定，约定的违约金过分高于造成的损失的，当事人可以请求人民法院予以适当减少。《最高人民法院关于适用〈中华人民共和国合同法〉若干问题的解释（二）》第二十九条第二款规定，当事人约定的违约金超过造成损失的百分之三十的，一般可以认定第一百一十四条第二款规定的"过分高于造成的损失"。本案中，景某公司未提供证据证明其因兴某公司逾期付款给其造成的具体损失，故可认定双方约定的违约金过高，依法应予降低。根据公平、诚信原则，兼顾合同履行情况、兴某公司的过错程度和景某公司的预期利益，原审法院酌情确定，兴某公司应赔偿景某公司的违约金，应以未付货款为基数，按中国人民银行公布的人民币同期贷款利率四倍计算利息损失。

综上所述，原审法院依照《中华人民共和国合同法》第一百零七条、第一百一十四条第二款、第一百五十九条之规定，判决为：一、兴某公司于该判决生效后十日内支付景某公司钢材款5795906.6元及其逾期付款违约金（以本金5795906.6元为基数，自2011年10月30日起，按照中国人民银行公布的人民币同期贷款利率的四倍，计算至该判决生效之日止）；二、驳回景某公司的其他诉讼请求。如果兴某公司未按本判决指定的期间履行给付金钱义务，应当依照《中华人民共和国民事诉讼法》第二百五十三条之规定，加倍支付迟延期间的债务利息。一审案件受理费 107302 元，财产保全费 5000 元，共计 112302 元，由景某公司负担 42920.8 元，兴某公司负担 69381.2 元（案件受理费、财产保全费景某公司已经支付，应由兴某公司负担的部分由兴某公司直接给付景某公司）。

兴某公司上诉主要称：一、一审法院判决程序违法，本案是一起涉嫌合同诈骗的案件，公安机关已立案，有公安机关的受案通知为证，张某林、王某霞、路某安等人涉嫌使用伪造印章签订购销合同、开具空头票据实施诈骗，公安机关已对张某林进行网上追逃。本案不属法院主管。二、原判认定事实不清，证据不足。1. 张某林与景某公司签订的二份《钢材购销合同》应属无效合同。上诉人于 2011 年 9 月 17 日收回公章、合同章。张某林于 2011 年 9 月 24 日和 2011 年 10 月 11 日签订了三份买卖合同，合同上的印章与兴某公司持有的印章不相符。因此三份买卖合同上所盖印章都是伪造的。2. 一审判决没有查明履行合同的真实性以及支付货款的交易记录，兴某银行的转账支票问题和王某霞与路某安于 2000 年 11 月 13 日已离婚的事实。3. 张家口市公安局桥西分局违法办案所形成的证据，所有证人证言的证人均未出庭作证，上诉人对证人证言均有异议。所有书证都是公安机关在办案过程中提取并交给景某公司的，景某公司获得此证据应在 2012 年 10 月以后，而张某林与景某公司交易的时间均发生在 2011 年，两者时间相差近一年。一审判决全部采信上述证据，认定事实错误。三、张某林的行为构不成表见代理。构成表见代理需相对人主观上善意且无过失，这是表见代理成立的主观要件。但就本案而言，景某公司有过错。景某公司从张家口市公安局桥西分局取得的所谓北京工程处《委托书》的时间与张某林签订三份《钢材购销合同》落款时间相差一年多；《委托书》有明显的涂改、添加；河南兴某建筑工程公司北京工程处是上诉人的分支机构，不具有完全民事行为能力。兴某银行的转账支票形式要件不合法，景某公司收到废票后从未试图去银行进行交易；张某林与被上诉人签订买卖合同时约定了巨额的违约金及罚金，且不管何种规格的钢材全部是每吨 5300 元，不符合正常的交易习惯。以上说明景某公司不具有善意且有过失，不构成表见代理。一审判决认定景某公司有理由相信张某林有权代表北京工程处签订合同构成表见代理，认定事实错误。故上诉请求：驳回景某公司的诉讼请求；本案的诉讼费用全部由景某公司承担。

景某公司主要辩称：本案不属合同诈骗案，景某公司曾举报张某林合同诈骗，但张家口市公安局桥西分局不予立案。即使本案存在犯罪问题，根据《最高人民法院关于在审理经济纠纷案件中涉及经济犯罪嫌疑若干问题的规定》，只应移送犯罪线索或犯罪材料，民事案件仍应继续审理。上诉人提出张某林在与景某公司签订合同时使用的是假公章。但当事人双方钢材买卖关系客观存在，景某公司已经按照合同约定履行了交付钢材的义务，将货物送到了合同约定地点。上诉人成立了北京工程处，2011年3月、5月、7月，上诉人的北京工程处分别为张某林出具了三份《委托书》，授权张某林从事本案三个工程，张某林系兴某公司的代理人。兴某公司收回北京工程处印章，景某公司并不知道。兴某公司认为张家口市公安局桥西分局违法办案没有证据。张家口市公安局桥西分局对路某安的询问笔录，证明了张某林是经北京工程处授权承揽的工程。路某安是北京工程处负责人王某霞的丈夫，是北京工程处的实际负责人。路某安将北京工程处的转账支票交给了张某林，张某林又把该支票交给景某公司，经一审法院核实，该支票是真实的。另有上诉人与张家口市宏吴房地产开发公司的《施工补充协议书》，不但有北京工程处盖章，还有张某林签字。张某林与景某公司签订《钢材购销合同》时提供了盖有北京工程处合同专用章（红章）的营业执照、组织机构代码证、税务登记证、开户许可证（以下简称四证）的复印件。上述事实，景某公司有足够理由相信张某林有权代表上诉人与景某公司做业务。据此，张某林行为的法律后果应由上诉人承担。买卖合同上的印章即使是伪造的，也是兴某公司管理不善所致，或者买卖合同上即使只有张某林签字没有兴某公司公章，亦不影响合同的效力。故张某林和兴某公司构成表见代理，应驳回上诉，维持原判。

二审查明：景某公司主张张某林与其签订合同时，张某林提供了盖有北京工程处合同专用章的四证并在庭审中出示质证。兴某公司认为该四证上北京工程处的印章是虚假的，要求对四证的印章进行鉴定。景某公司还提出北京工程处对张某林的三份《委托书》中有两份是张某林出具给景某公司的，有一份是从公安部门调取的。兴某公司认为，景某公司关于三份《委托书》来源的说法没有证据证明，从公安取得的《委托书》不能作为证据使用。

另外，兴某公司二审中提供了张家口市公安局桥东分局于2014年5月26日出具的"东公（经）鉴通字（2014）0026号鉴定意见通知书"。该鉴定书表明，经与兴某公司北京工程处备案的印章比对，本案三份《钢材购销合同》上兴某公司北京工程处合同专用章与样本上的专用章不是同一枚印章盖印形成的。兴某公司还提供了上述分局给其出具的"受案回执"，说明公安机关对张某林以"涉嫌合同诈骗"为由已经立案侦查。兴某公司为证明张某林涉嫌合同诈骗要求调取涉案工程的发包和钢材供应的相关证据。

此外，原审判决查明事实部分，将王某霞于2011年3月17日和2011年5月1日签订的两份《委托书》的内容颠倒。

本案其他事实同原审查明事实，本院予以确认。

本院认为：景某公司主张其与张某林签订《钢材购销合同》时，张某林向其提供了两份盖有北京工程处公章的授权《委托书》，兴某公司主张景某公司所持《委托书》均是事后来源于公安机关，没有提供相应证据，该主张本院不予支持。景某公司在庭审中出示了《委托书》原件，《委托书》上还加盖了北京工程处负责人王某霞的名章，兴某公司对其真实性没有提出异议，《委托书》应作为本案认定事实的依据。关于景某公司从公安调取的《委托书》，兴某公司亦不否认其真实性。《委托书》的形成时间在张某林与景某公司签订通州工地《钢材购销合同》之前，说明张某林是北京工程处在"通州工地的管理和业务洽商、工程的前期业务及投标活动"的代理人。上述授权《委托书》明确说明，张某林为北京工程处人员，北京工程处委托张某林作为代理人，以本公司的名义办理上述业务。上诉人不能证明《委托书》内容有涂改。据此可以认定，北京工程处对张某林的委托授权是其真实意思表示，张某林以北京工程处的名义签订合同的行为没有违背北京工程处的意愿，张某林的行为属于有权代理。原审判决认定张某林与兴某公司签订并履行三份合同的行为为有效代理行为并无不当，上诉人以表见代理的规定要求免除其责任不能成立。景某公司与张某林签订通州工地的《钢材购销合同》时，虽然没有取得北京工程处对张某林的该份《委托书》，但前两份《委托书》足以使景某公司确认张某林是北京工程处的人员，另外，签订合同时张某林还向景某公司出具了北京工程处的四证。景某公司可进一步认定张某林是北京工程处的代理人。

虽然经公安机关鉴定张某林加盖在《钢材购销合同》上的印章与北京工程处备案的印章不一致，但现实中企业存在两枚以上印章的情况客观存在，景某公司基于北京工程处委托了张某林，故相信张某林能够代表北京工程处。景某公司不便区分张某林使用的印章是否为上诉人备案的印章。所以兴某公司要求对北京工程处四证上印章进行鉴定没有实际意义，本院不予支持。关于上诉人主张的张某林、王某霞、路某安等人涉嫌使用伪造印章签订购销合同并构成犯罪的问题，根据《最高人民法院关于在审理经济纠纷案件中涉及经济犯罪嫌疑若干问题的规定》第三条的规定："单位直接负责的主管人员和其他直接责任人员，以该单位的名义对外签订经济合同，将取得的财物部分或全部占为己有构成犯罪的，除依法追究行为人的刑事责任外，该单位对行为人因签订、履行该经济合同造成的后果，依法应当承担民事责任。"王某霞、路某安、张某林的身份符合上述规定的情形，三人的行为如构成犯罪，应依法追究其刑事责任，但不能免除北京工程处的民事责任。北京工程处为上诉人的分支机构，分支机构的法律责任应由其法人承担。原判兴某公司承担责任并无不当。

最高人民法院的上述规定第十条还规定："人民法院在审理经济纠纷案件中，发现与本案有牵连，但与本案不是同一法律关系的经济犯罪嫌疑线索、材料，应将犯罪嫌疑线索、材料移送有关公安机关或检察机关查处，经济纠纷案件继续审理。"张某林的犯罪行为与本案的民事纠纷虽然事实上有牵连，但不是同一法律关系。所以，张某林涉嫌犯罪并由公安机关立案的事实，不影响本案的审理，本案不应移送公安机关，兴某公司要求调取证据的请求，本院不予支持。

综上，原审判决查明的基本事实清楚，判决结果也无不当，上诉人兴某公司的上诉理由不能成立。本院依照《中华人民共和国民事诉讼法》第一百七十条第一款第（一）项之规定，判决如下：

驳回上诉，维持原判。

二审案件受理费107302元，由河南兴某建筑工程公司承担。

本判决为终审判决。

法律法规

《中华人民共和国民法典》（2021年1月1日施行）

第一百七十二条　行为人没有代理权、超越代理权或者代理权终止后，仍然实施代理行为，相对人有理由相信行为人有代理权的，代理行为有效。

《最高人民法院关于适用〈中华人民共和国民法典〉总则编若干问题的解释》（法释〔2022〕6号）

第二十八条　同时符合下列条件的，人民法院可以认定为民法典第一百七十二条规定的相对人有理由相信行为人有代理权：

（一）存在代理权的外观；

（二）相对人不知道行为人行为时没有代理权，且无过失。

因是否构成表见代理发生争议的，相对人应当就无权代理符合前款第一项规定的条件承担举证责任；被代理人应当就相对人不符合前款第二项规定的条件承担举证责任。

069 九江周某生实业有限公司与邱某添、刘某、廖某霞、福建省虹某电器有限公司民间借贷纠纷案[①]

裁判要旨

法定代表人伪造印章对外签订合同构成伪造印章罪，除有证据证明交易相对人知晓该事实外，合同对公司具有约束力。伪造公章罪属于妨害社会管理的犯罪，而非利用伪造公章进行诈骗等其他经济犯罪，故不能适用《最高人民法院关于在审理经济纠纷案件中涉及经济犯罪嫌疑若干问题的规定》。

实务要点总结

（1）本案认定伪造印章签订的合同有效的裁判观点值得肯定，但关于伪造印章的犯罪不适用《最高人民法院关于在审理经济纠纷案件中涉及经济犯罪嫌疑若干问题的规定》的裁判观点值得商榷。伪造印章罪确实属于妨碍社会管理的犯罪，但不可否认的是，伪造公司印章的行为无不与经济纠纷相关。如此浅显地理解《最高人民法院关于在审理经济纠纷案件中涉及经济犯罪嫌疑若干问题的规定》的适用范围，似有不妥。

（2）伪造印章罪和其他经济类犯罪往往构成牵连犯。所谓牵连犯是指出于一个犯罪目的，实施数个犯罪行为，数个行为之间存在手段与目的或者原因与结果的牵连关系，分别触犯数个罪名的犯罪状态。对于牵连犯，除我国刑法已有的规定外，从一重罪论处。因此，不能仅从当事人构成的罪名及罪状在刑法分则中所处的体系位置来判断某一案件是否适用《最高人民法院关于在审理经济纠纷案件中涉及经济犯罪嫌疑若干问题的规定》。

相关判决

九江周某生实业有限公司与邱某添、刘某、廖某霞、福建省虹某电器有限公司民间借贷纠纷再审民事裁定书 ［（2014）闽民申字第309号］

再审申请人（一审被告）：九江周某生实业有限公司，住所地江西省九江城东港区。

[①] 审理法院：福建省高级人民法院；诉讼程序：再审

法定代表人：刘某，该公司董事长。

被申请人（一审原告）：邱某添，男，1963年6月1日生，汉族，住福建省永定县。

被申请人（一审被告）：刘某，男，1964年8月2日生，汉族，住福建省永定县。

被申请人（一审被告）：廖某霞，女，1968年1月6日生，汉族，住福建省永定县，刘某之妻。

被申请人（一审被告）：福建省虹某电器有限公司，住所地福建省永定县。

法定代表人：刘某，该公司董事长。

再审申请人九江周某生实业有限公司（以下简称周某生公司）因与被申请人邱某添、刘某、廖某霞、福建省虹某电器有限公司民间借贷纠纷一案，不服福建省龙岩市中级人民法院（2012）岩民初字第53号民事判决，向本院申请再审。本院受理后，依法组成合议庭，对本案进行了审查。现已审理终结。

周某生公司申请再审称：（一）有新的证据即已发生法律效力的（2012）庐刑初字第144号刑事判决书，足以推翻原生效判决。依据生效的刑事判决认定，2010年8月，刘某在福建省永定县指使叶某定伪造周某生公司印章，后刘某使用该伪造印章在其于2011年6月10日向邱某添借款700万元及2011年11月10日借款260.6万元的两张借条上盖章担保。可以证实龙岩市中级人民法院（2012）岩民初字第53号生效民事判决认定的周某生公司在邱某添出具的两张借条上盖章提供担保不是事实，周某生公司并未盖真实有效的公章，没有提供担保，不应为刘某、廖某霞债务承担连带清偿责任。（二）周某生公司在一审时已提供了江西省九江市公安局庐山区分局出具的《立案决定书》，证明刘某涉嫌伪造公章罪立案侦查，也提供了江西省九江市检察院九检技鉴（2012）第51号《检验鉴定文书》，证明借条原件上周某生公司公章系伪造的。依据《最高人民法院关于在审理经济纠纷案件中涉及经济犯罪嫌疑若干问题的规定》第五条第二款规定，行为人盗窃、盗用单位公章、业务介绍信、盖有公章的空白合同书，或者私刻单位印章签订经济合同，骗取财物归个人占有、使用、处分或者进行其他犯罪活动构成犯罪的，单位对行为人该犯罪行为所造成的经济损失不承担民事责任。（三）一审期间，刘某涉嫌伪造公司印章罪已立案侦查，一审法院未中止审理，明显违反程序。故依据《中华人民共和国民事诉讼法》第二百条第（一）项的规定申请再审。

邱某添提交意见称：（一）周某生公司放弃诉讼权利，视为已认可了一审法院的判决。一是周某生公司先是在一审期间申请对借条和担保承诺书上的公司公章真假进行鉴定，但在法院进行鉴定委托后，周某生公司又故意不交鉴定费；二是一审判决后，周某生公司虽提出上诉，却又不交诉讼费，被裁定按撤诉处理。（二）江西省九江检察院对二张借条上所盖公司印章进行了鉴定，但对一张担保承诺书上所盖印章是真是假未作鉴定，因此该检验鉴定文书不能作为申请再审的依据。（三）刘某的刑事判决不能作为民事行为申请再审的法律依据。刘某作为周某生公司的法定代表人且为其大股东，其盖的章应认定为公司行为，同时，在借条中刘某也有签名，法定代表人的行为必须认定为公司行为。邱某添作为普通民众，根本无法知道公章的真假，法定代表人的盖章行为，普通民众根本无法识别，即便是假公章，该责任也不能由合同相对方承担。刘某的行为应视为公司行为，是公司管理不严所造成的，公司应先承担责任，在承担责任后按股东责任大小进行股东内追索。故应当驳回周某生公司的再审申请。

本院认为：（一）根据周某生公司提供的（2012）庐刑初字第144号刑事判决书，江西省九江市庐山区人民法院于2012年12月12日以伪造公章罪判处刘某有期徒刑一年六个月。该刑事判决认定，2010年8月，被告人刘某在福建省永定县指使叶某某伪造周某生公司印章后，刘某使用该伪造印章在其向邱某添的2011年6月10日借款700万元及2011年11月10日借款260.6万元的两张借条上盖章担保。该刑事判决认为，1999年12月25日中华人民共和国国务院发布施行的《关于国家行政机关和企事业单位社会团体印章管理的规定》第二十三条规定："印章制发机关应规范和加强印章制发的管理，严格办理程序和审批手续。国家行政机关和企事业单位社会团体刻制印章，应到当地公安机关指定的刻章单位刻制"，刘某违反规定指使他人伪造印章，构成伪造公章罪。但是，刘某作为周某生公司的法定代表人，其使用公章代表公司从事民事行为，行为的相对方没有义务和责任对其公章的真伪进行辨认。根据《最高人民法院关于适用〈中华人民共和国担保法〉若干问题的解释》第十一条"法人或者其他组织的法定代表人、负责人超越权限订立的担保合同，除相对人知道或者应当知道其超越权限的以外，该代表行为有效"。因此，刘某使用伪造的公司印章在2011年6月10日向邱某添借款700万元及2011年11月10日借款260.6万元的两张借条上盖章担保，只要没有证据证明债权人邱某添知道或者应当知道刘某超越权限，或者邱某添与刘某存在恶意串通的情形，担保合同的效力就不应受到影响，周某生公司仍应承担保证责任。况且，（2012）庐刑初字第144号刑事判决根据《中华人民共和国刑法》第二百八十条第二款的规定判决的刘某犯伪造公章罪，该罪属于妨害社会管理的犯罪，而非判决刘某利用伪造公章进行诈骗等其他经济犯罪，故本案不能适用《最高人民法院关于在审理经济纠纷案件中涉及经济犯罪嫌疑若干问题的规定》。故周某生公司称已生效的（2012）庐刑初字第144号刑事判决足以推翻原生效判决的理由不能成立。

（二）根据《中华人民共和国民事诉讼法》第一百五十条第一款第（五）项的规定，"本案必须以另一案的审理结果为依据，而另一案尚未审结的"中止诉讼。本案审理的是邱某添诉刘某、廖某霞、福建省虹某电器有限公司、周某生公司民间借贷纠纷，而江西公安机关立案侦查的是刘某因涉嫌伪造公章罪的刑事案件，从本案的一审审理情况看，本案的处理并不存在以该刑事案件的审理结果为依据的情形，因此，周某生公司认为一审法院未中止审理，明显违反程序的理由不能成立。

综上，周某生公司的再审申请不符合《中华人民共和国民事诉讼法》第二百条规定的情形。依照《中华人民共和国民事诉讼法》第二百零四条第一款的规定，裁定如下：

驳回九江周某生实业有限公司的再审申请。

法律法规

《中华人民共和国公司法》（2024年7月1日施行）

第十一条　法定代表人以公司名义从事的民事活动，其法律后果由公司承受。

公司章程或者股东会对法定代表人职权的限制，不得对抗善意相对人。

法定代表人因执行职务造成他人损害的，由公司承担民事责任。公司承担民事责任后，依照法律或者公司章程的规定，可以向有过错的法定代表人追偿。

《最高人民法院关于适用〈中华人民共和国民法典〉合同编通则若干问题的解释》（法释〔2023〕13号）

第二十二条　法定代表人、负责人或者工作人员以法人、非法人组织的名义订立合同且未超越权限，法人、非法人组织仅以合同加盖的印章不是备案印章或者系伪造的印章为由主张该合同对其不发生效力的，人民法院不予支持。

合同系以法人、非法人组织的名义订立，但是仅有法定代表人、负责人或者工作人员签名或者按指印而未加盖法人、非法人组织的印章，相对人能够证明法定代表人、负责人或者工作人员在订立合同时未超越权限的，人民法院应当认定合同对法人、非法人组织发生效力。但是，当事人约定以加盖印章作为合同成立条件的除外。

合同仅加盖法人、非法人组织的印章而无人员签名或者按指印，相对人能够证明合同系法定代表人、负责人或者工作人员在其权限范围内订立的，人民法院应当认定该合同对法人、非法人组织发生效力。

在前三款规定的情形下，法定代表人、负责人或者工作人员在订立合同时虽然超越代表或者代理权限，但是依据民法典第五百零四条的规定构成表见代表，或者依据民法典第一百七十二条的规定构成表见代理的，人民法院应当认定合同对法人、非法人组织发生效力。

《全国法院民商事审判工作会议纪要》（法〔2019〕254号）

41.【盖章行为的法律效力】司法实践中，有些公司有意刻制两套甚至多套公章，有的法定代表人或者代理人甚至私刻公章，订立合同时恶意加盖非备案的公章或者假公章，发生纠纷后法人以加盖的是假公章为由否定合同效力的情形并不鲜见。人民法院在审理案件时，应当主要审查签约人于盖章之时有无代表权或者代理权，从而根据代表或者代理的相关规则来确定合同的效力。

法定代表人或者其授权之人在合同上加盖法人公章的行为，表明其是以法人名义签订合同，除《公司法》第16条等法律对其职权有特别规定的情形外，应当由法人承担相应的法律后果。法人以法定代表人事后已无代表权、加盖的是假章、所盖之章与备案公章不一致等为由否定合同效力的，人民法院不予支持。

代理人以被代理人名义签订合同，要取得合法授权。代理人取得合法授权后，以被代理人名义签订的合同，应当由被代理人承担责任。被代理人以代理人事后已无代理权、加盖的是假章、所盖之章与备案公章不一致等为由否定合同效力的，人民法院不予支持。

第三节 伪造印章案件"民转刑"的判断标准

(一) 刑事案件的处理结果足以影响民事案件认定双方民事关系的性质及效力的,法院可裁定案件"民转刑"

070 浙江顺某混凝土有限公司与浙江创某建设工程有限公司买卖合同纠纷案[①]

裁判要旨

刑事案件的处理结果足以影响民事案件认定双方民事关系的性质及效力的,在相关的刑事诉讼未有定论的情形下,法院应驳回民事案件的起诉。当事人可待相关刑事案件的处理结果形成后,或刑事案件对本案民事纠纷所产生的实质性影响清除后,重新向人民法院起诉以获得民事司法救济。

实务要点总结

(1) 在处理涉及伪造印章等刑民交叉案件中,很多当事人和律师存在着这样一种误区:认为通过假公章刑事案件判刑就可以达到"一击致命",彻底摆脱民事责任的目的。实际上应重点着眼于民事案件的处理,切勿重点着眼于刑事案件的处理。因为根据《最高人民法院关于在审理经济纠纷案件中涉及经济犯罪嫌疑若干问题的规定》第一条的规定:"同一公民、法人或其他经济组织因不同的法律事实,分别涉及经济纠纷和经济犯罪嫌疑的,经济纠纷案件和经济犯罪嫌疑案件应当分开审理。"因此,利用伪造印章签订合同和伪造印章在事实层面上往往是两个不同的问题,千万不能因为紧盯刑事案件而疏忽民事案件,最终导致败诉。

(2) 刑事案件的处理结果足以影响民事案件认定双方民事关系的性质及效力的,在相关的刑事诉讼未有定论的情形下,法院应驳回民事案件的起诉。因

[①] 审理法院:浙江省高级人民法院;诉讼程序:再审

此，对于当事人而言，在处理刑民交叉的案件中，要重点加强对刑事案件的结果是否足以影响民事案件的事实认定的说理。

（3）根据最高人民法院既往的裁判观点，某一民事案件的当事人涉嫌犯罪并不必然影响其所作出的民事法律行为的效力。因此，对于主张刑民分开审理的当事人而言，可重点从这一角度入手，证明刑事案件的处理结果不会影响民事案件认定双方民事关系的性质及效力。以此达到通过民事诉讼的方式最大限度地维护自身经济利益的目的。

相关判决

浙江顺某混凝土有限公司与浙江创某建设工程有限公司买卖合同纠纷再审复查与审判监督民事裁定书 [（2014）浙民申字第1425号]

再审申请人（一审原告、二审上诉人）：浙江顺某混凝土有限公司。

法定代表人：于某钗。

被申请人（一审被告、二审被上诉人）：浙江创某建设工程有限公司。

法定表人：项某平，该公司执行董事。

再审申请人浙江顺某混凝土有限公司（以下简称顺某公司）因与被申请人浙江创某建设工程有限公司（以下简称创某公司）买卖合同纠纷一案，不服浙江省金华市中级人民法院（2014）浙金商终字第630号民事裁定，向本院申请再审。本院依法组成合议庭对本案进行了审查，现已审查终结。

顺某公司申请再审称：（一）顺某公司与创某公司之间完全是正常的买卖关系，不涉及任何刑事犯罪，原审裁定认定事实缺乏证据证明。（二）原审仅依据浦江县公安局出具的《立案决定书》和《关于中止案件审理的函》而裁定驳回起诉，依据不足。（三）有新证据，足以证明本案双方签订的《商品混凝土购销合同》上所盖公章是真实的，是创某公司自己刻制并认可的。即便公章是"伪造"，也是创某公司认可、支持、授意的。（四）原审裁定适用法律错误。综上，顺某公司依据《中华人民共和国民事诉讼法》第二百条第一项、第二项、第六项的规定申请再审。

本院认为：公安机关已对创某公司被伪造印章一案正式立案侦查，且在本案一审审理过程中，公安机关已致函一审法院，建议中止对本案的审理。因刑事案件的处理结果足以影响本案认定双方民事关系的性质及效力，故在相关的刑事诉讼未有定论的情形下，原审裁定驳回顺某公司的起诉，并无不当。顺某公司可待相关刑事案件的处理结果形成后，或刑事案件对本案民事纠纷所产生的实质性影响清除后，重新向创某公司或相关行为人主张违约责任或缔约过失责任，顺某公司的相关诉讼及实体权利仍能得到民事司法救济。关于顺某公司在再审申请中提供有关人民法院的民事调解书及所涉的证据材料作为新证据。经审查，该些证据材料与本案在程序上驳回顺某公司的起诉无关，即便创某公司在相关合同上签章及其在该些案件中的表态对其自身不利，也仅可作为顺某公司要求创某公司承担民事责任的理由，而非主张本案原审裁定驳回起诉错误的依据。

综上，顺某公司的再审申请不符合《中华人民共和国民事诉讼法》第二百条第一项、第二项、第六项规定的情形。依照《中华人民共和国民事诉讼法》第二百零四条第一款之规定，裁定如下：

驳回浙江顺某混凝土有限公司的再审申请。

071 张某与东台市汇某农村小额贷款股份有限公司小额借款合同纠纷、民间借贷纠纷案[①]

裁判要旨

根据《最高人民法院关于在审理经济纠纷案件中涉及经济犯罪嫌疑若干问题的规定》第十一条规定，人民法院作为经济纠纷受理的案件，经审理认为不属经济纠纷案件而有经济犯罪嫌疑的，应当裁定驳回起诉，将有关材料移送公安机关或检察机关。因伪造公章而形成的民间借贷民事案件涉嫌非法集资的，法院应裁定驳回当事人起诉并将案件移送至侦查机关立案侦查。

实务要点总结

根据最高法院既往的裁判观点，某一民事案件的当事人涉嫌犯罪并不必然影响其所作出的民事法律行为的效力。因此，对于主张刑民分开审理的当事人而言，可重点从这一角度入手，证明刑事案件的处理结果不会影响民事案件认定双方民事关系的性质及效力。以此达到通过民事诉讼的方式最大限度地维护自身经济利益的目的。对于另一方当事人而言，可通过证明民事案件所涉事实与刑事案

---

① 审理法院：江苏省高级人民法院；诉讼程序：再审

件同一，且刑事案件审理结果足以影响民事案件的定性及效力为由，主张驳回对方当事人起诉并将案件移送侦查机关立案侦查。本案中，因民间借贷与非法集资所属法律事实为同一事实，故法院驳回了当事人的起诉并将案件移送公安机关立案侦查。

> **相关判决**

张某与东台市汇某农村小额贷款股份有限公司小额借款合同纠纷、民间借贷纠纷再审复查与审判监督民事裁定书［（2016）苏民申2388号］

再审申请人（一审原告、二审上诉人）：张某。

被申请人（一审被告、二审被上诉人）：东台市汇某农村小额贷款股份有限公司，住所地在江苏省东台市安丰镇府前路1号。

法定代表人：马某伟，该公司董事长。

再审申请人张某因与被申请人东台市汇某农村小额贷款股份有限公司（以下简称汇某公司）民间借贷纠纷一案，不服江苏省盐城市中级人民法院（2015）盐民终字第03533号民事裁定，向本院申请再审。本院依法组成合议庭对本案进行了审查，现已审查终结。

张某申请再审称：（一）二审法院以周楠涉嫌集资诈骗罪所涉犯罪事实包括本案借款为由驳回起诉，认定事实错误；二审判决用作证据的东台市公安局的起诉意见书未经质证。周楠以汇某公司总经理的身份向张某借款，是职务行为，涉案借款合同合法有效，汇某公司应当还款。（二）本案与公安机关立案侦查的刑事案件的事实并不相同，一、二审法院适用法律错误，应当继续审理。综上，请求再审本案。

本院经审查认为：2013年4月1日，周楠向张某出具借条借款30万元，借条上加盖汇某公司印章。2015年5月、6月，公安机关以周楠涉嫌伪造印章及非法吸收公众存款对其立案侦查，周楠所涉嫌的犯罪事实中，包含本案所涉30万元借款。《最高人民法院关于在审理经济纠纷案件中涉及经济犯罪嫌疑若干问题的规定》第十一条规定，人民法院作为经济纠纷受理的案件，经审理认为不属经济纠纷案件而有经济犯罪嫌疑的，应当裁定驳回起诉，将有关材料移送公安机关或检察机关。一、二审法院据此驳回张某的起诉，将本案相关材料移送公安机关，并无不当。

依据《中华人民共和国民事诉讼法》第二百零四条第一款、《最高人民法院关于适用〈中华人民共和国民事诉讼法〉的解释》第三百九十五条第二款的规定，裁定如下：

驳回张某的再审申请。

072 重庆市涪陵区宏某汽车运输有限公司与贵州宏某建设工程有限责任公司承揽合同纠纷案①

裁判要旨

公司分支机构有伪造印章及合同诈骗的经济犯罪嫌疑，则人民法院已受理的案件即不属经济纠纷案件，法院可裁定驳回当事人起诉。

实务要点总结

（1）对于人民法院已经受理的民事案件是否应当裁定驳回起诉并移送侦察机关立案侦查，应根据民事案件所涉事实与刑事案件所涉事实是否为同一事实来判断。同时，如果民事案件的审理需要以刑事案件的裁判结果为依据的，人民法院可裁定中止对民事案件的审理。因此，只有在刑事案件的审理可能影响民事案件的裁判结果时，人民法院才能裁定驳回当事人起诉或中止民事案件审理。

（2）涉及伪造印章的案件是否应当"民转刑"，司法实践的裁判观点并不统一，法官自由裁量空间较大，带有很强的任意性。本案中，贵州省高级人民法院既没有就本案所涉的伪造印章的刑事案件与民事案件是否为同一法律关系进行论证，也没有说明民事案件继续审理是否需要以刑事案件的处理结果为依据。仅仅是在处理民事案件的过程中发现了涉嫌伪造印章的事实，即驳回了当事人的起诉。这一判决思路与最高人民法院《关于在审理经济纠纷案件中涉及经济犯罪嫌疑若干问题的规定》第一条规定的"刑民分开"的基本原则不符。同时也与该法第十条关于"人民法院在审理经济纠纷案件中，发现与本案有牵连，但与本案不是同一法律关系的经济犯罪嫌疑线索、材料，应将犯罪嫌疑线索、材料移送有关公安机关或检察机关查处，经济纠纷案件继续审理"的规定不相符。

---

① 审理法院：贵州省高级人民法院；诉讼程序：再审

相关判决

重庆市涪陵区宏某汽车运输有限公司与贵州宏某建设工程有限责任公司承揽合同纠纷一案民事裁定书［（2015）黔高民申字第561号］

再审申请人（一审原告、二审上诉人）：重庆市涪陵区宏某汽车运输有限公司。住所地：重庆市涪陵区李渡镇新民路28号。

法定代表人：孙某，该公司董事长。

被申请人（一审被告、二审被上诉人）：贵州宏某建设工程有限责任公司（原贵州省某设计研究院建筑公司）。住所地：贵州省贵阳市南明区狮峰路4号。

法定代表人：余某明，该公司经理。

被申请人（一审被告、二审被上诉人）：贵州省某设计研究院建筑公司兰坪锌业跑马坪工区第二项目部。住所地：云南省怒江州兰坪县锌业跑马坪。

负责人：曾某明。

被申请人（一审被告、二审被上诉人）：曾某明，男。

再审申请人重庆市涪陵区宏某汽车运输有限公司（以下简称宏某公司）因与被申请人贵州宏某建设工程有限责任公司（以下简称宏某公司）、贵州省某设计研究院建筑公司兰坪锌业跑马坪工区第二项目部（以下简称跑马坪第二项项目部）、曾某明承揽合同纠纷一案，不服贵州省贵阳市中级人民法院作出的（2014）筑民二（商）终字550号民事裁定，向本院申请再审。本院依法组成合议庭对本案进行了审查，现已审查终结。

宏某公司申请再审称：支付一、二审认定的核心证据就是《司法鉴定检验报告》，但该证据宏某公司在一、二审诉讼期间就已对该证据的证明效力提出质疑，即宏某公司提供的作为鉴定样本的本枚公章和法人代表印章本身都各不一致，以这些鉴定样本作为参照物对项目部向云南省香格里拉市工商管理局提交的申请材料中的单位公章以及法定代表人印章的对比鉴定也只能得出鉴定检材与鉴定样本不一致的结论，不能得到提交申请材料中的公章和法定代表人印章就是虚假的结论，一、二审认定该纠纷涉嫌刑事犯罪没有充分的事实和法律依据。宏某公司依据《中华人民共和国民事诉讼法》第二百条第二项、第六项之规定，申请再审。

本院认为：宏某公司在一审司法鉴定中虽提供的检材样本不一致，但该三枚公章和法人印章均为宏某公司实际管理使用的公章和印章，而跑马坪第二项目部在向工商管理部门提交的申请材料中使用的公章与法人印章与检材样本均不符，在没有证据证明宏某公司还存在其他公章和印章的情况下，跑马坪第二项目部在设立时提交的材料所使用的公章和印章涉嫌虚假，有伪造印章及合同诈骗的经济犯罪嫌疑。因此，本案不属经济纠纷案件，一、二审裁定驳回宏某公司的起诉并无不当。

综上，宏某公司的再审申请不符合《中华人民共和国民事诉讼法》第二百条第二项、第六项之规定，依照《中华人民共和国民事诉讼法》第二百零四条第一款之规定，裁定如下：

驳回重庆市涪陵区宏某汽车运输有限公司的再审申请。

（二）私刻印章的行为不影响民事法律关系的审理和认定的，案件一般不应"民转刑"

073 宋某生、王某杰与江苏八某园林股份有限公司、吴某华民间借贷纠纷案①

实务要点总结

（1）根据《最高人民法院关于在审理经济纠纷案件中涉及经济犯罪嫌疑若干问题的规定》第十一条的规定："人民法院作为经济纠纷受理的案件，经审理认为不属于经济纠纷案件而有经济犯罪嫌疑的，应当裁定驳回起诉，将有关材料移送公安机关或检察机关。"因此，民转刑的案件应具备两个条件：第一，双方当事人的权利义务关系不是民事纠纷，也即不属于经济纠纷案件；第二，双方当事人的任意一方行为有经济犯罪嫌疑，且与双方当事人的民事纠纷属于同一法律事实。以上两个条件必须同时具备，人民法院才能将已受理的民事案件移送至侦查机关进行立案侦查，即"民转刑"。

（2）对于要求"民转刑"的当事人一方来说，其重点关注的不应是民事案件中是否存在经济犯罪嫌疑，而应重点关注民事案件经济犯罪是否能够影响到民事案件的继续审理，是否能够影响到民事案件的定性等。因此，证明民事案件中

---

① 审理法院：山东省高级人民法院；诉讼程序：再审

存在经济犯罪嫌疑,只是"民转刑"案件的一个起点,而非终点。

(3)对于民事案件与经济犯罪的关系,论证的重点应在于民事法律关系所涉及的基本事实与经济犯罪的基本事实是否相重合,进而导致犯罪行为本身就是民事法律行为。通常情况下,伪造印章的行为只是实施民事法律行为的手段,并非民事法律行为本身,故法院通常不会将涉及伪造印章的民事案件转为刑事案件处理。当然,也不排除法院基于安全考量,将不符合条件的案件移送至侦查机关侦查的可能性。

相关判决

宋某生、王某杰与江苏八某园林股份有限公司、吴某华民间借贷纠纷申请再审民事裁定书〔(2014)鲁民申字第715号〕

再审申请人(一审被告、二审上诉人):江苏八某园林股份有限公司。住所地:江苏省常州市武进区嘉泽镇夏溪森茂街。

法定代表人:王某年,该公司董事长。

被申请人(一审原告、二审被上诉人):宋某生,济南铁路局济西车辆段下行车间职工。

被申请人(一审原告、二审被上诉人):王某杰,济南铁路局济西车辆段下行车间职工。

以上二被申请人的共同委托代理人:李某燕,山东舜元律师事务所律师。

原审被告:吴某华,原北京御某园林公司董事长,现在河北省冀东监狱四支队服刑。

再审申请人江苏八某园林股份有限公司(以下简称八某公司)因与被申请人宋某生、王某杰民间借贷纠纷一案,不服山东省济南市中级人民法院(2013)济民五终字第243号民事判决,向本院申请再审。本院依法组成合议庭对本案进行了审查,现已审查终结。

八某公司申请再审称:(一)原判决认定的基本事实缺乏证据证明。二审判决认定吴某华的行为系表见代理缺乏证据证明,且同时认定吴某华系八某公司的代理人与此相矛盾。(二)原判决认定事实的主要证据是伪造的。二审判决认定事实的主要证据"借条"中"江苏八某园林建设有限公司项目经理部"名称及同名公章均系吴某华伪造私刻,在山东诚基房地产开发有限公司存放的涉案合同上的公章是吴某华私刻的,原审中鉴定报告的鉴定单位主体资格存在明显瑕疵,该鉴定报告系伪证。（三）对当事人申请调取的证据，原审法院未予调查收集。八某公司在一二审中均书面申请法院调取相关证据，但二审法院未予依法调查收集。（四）原判决适用法律确有错误。本案中吴某华的行为已超出《合同法》规定的民事行为范畴，是涉嫌刑事犯罪的非法行为，二审依据《合同法》第四十九条的规定认定吴某华的行为系表见代理属适用法律错误。八某公司依据《中华人民共和国民事诉讼法》第二百条第（二）项、第（三）项、第（五）项及第（六）项的规定申请再审。

宋某生、王某杰提交意见称，二被申请人有充分的理由相信吴某华确系八某公司的委托代理人：1. 八某公司虽否认其与诚基中心签订过施工合同，但认可其承包了涉案园林景观工程的事实；2. 根据一审依法调取的存放在诚基公司的施工合同，该合同显示代理人为吴某华；3. 证人王某证实，其系吴某华的手下，吴某华平时用八某公司项目经理的名义进行管理，向甲方申请工程款及所有资料均用八某公司项目部这个印章；4. 证人诚基中心会计张某证实，八某公司从诚基中心结算用的是八某公司项目部的印章，诚基公司也是依据加盖该项目部印章的文书直接向八某公司支付工程款；5. 吴某华以八某公司项目部的名义向二被申请人借款时，出具了涉案施工合同的复印件并在借条的借款人处加盖了八某公司项目部的公章，且该公章与八某公司用于结算该工程款的印章完全一致，因此，八某公司对吴某华的行为及项目部公章的事不可能不知情。该公章虽系吴某华伪造，但不能以该公章的真假否认八某公司承包该工程的事实及吴某华系其代理人的事实。八某公司现主张该借款与其无关，无事实和法律依据。山东大舜司法鉴定所出具的鉴定意见在程序和实体上都符合法律规定，八某公司没有任何证据证明其不合法，因此该鉴定意见应当作为有效证据使用。综上，二审判决认定事实清楚，证据确实充分，适用法律正确，程序正当，请求驳回八某公司的再审申请。

本院认为：原审已查明，2010年6月2日，吴某华为解决以八某公司名义承接的"济南诚基中心二期南片区（7#-11、13、14、17#楼北）园林景观工程"施工资金紧张问题，向宋某生、王某杰借款40万元，约定2010年8月2日前归还，利息10万元，吴某华为此出具借条一张，载明借到人民币50万元整，吴某华在借款人处签名并加盖了自己私刻的"江苏八某园林建设有限公司项目经理部"印章（以下简称项目部印章）。该借款到期后，吴某华仅支付了5万元利息，余款未还。2010年2月，八某公司与天津经某美苑园林景观工程公司（以下简称天某公司）签订了济南诚基中心二期南片区（7#-11、13、14、17#楼北）园林景观工程施工合同。存放在山东诚基房地产开发有限公司的同名合同中载明吴某华系八某公司的代理人。江苏八某园林建设有限公司后更名为江苏八某园林股份有限公司。宋某生、王某杰主张涉案借款系八某公司因承建该园林工程的需要，该公司的项目经理部向两人所借，经办人为吴某华，诉求两被告偿还借款并支付利息。

（一）关于二审判决的事实认定及相关的法律适用。八某公司主张二审判决认定吴某华的借款行为系表见代理缺乏证据证明，适用《合同法》第四十九条属适用法律错误，且二审既认定吴某华是八某公司的代理人，又以表见代理来认定其借款效力是矛盾的。本案一审中，宋某生、王某杰提交上述施工合同一份，乙方落款处的印章显示为"江苏八某园林建设有限公司"，委托代理人签章处载明"吴某华"，宋某生、王某杰称吴某华向两人借款时带他们到诚基中心看了该份备案合同，并给了复印件；八某公司认可其承接了该处工程，并在一审中也提交合同一份，其内容与宋某生、王某杰提交的合同一致，但合同乙方落款处有单位公章和法定代表人名章，没有委托代理人签名，且两份合同甲方法定代表人、委托代理人、经办人处的签名均不同。一审中，山东大舜司法鉴定所受法院委托出具鉴定意见书一份，检验结果为：涉案借条中的"江苏八某园林建设有限公司项目经理部"公章与存放在山东诚基房地产开发有限公司的涉案工程《工程款申请单》中的同名印章系同一枚印章盖印。综合现有证据可以认定，涉案工程系八某公司承建，存放在山东诚基房地产开发有限公司的涉案工程合同记载吴某华系八某公司的委托代理人，该项工程的款项结算手续中使用的印章与涉案借条中的印章系同一枚。八某公司主张该工程并未设立项目部，吴某华也不是其公司员工，且该工程已于2010年4月30日履行完毕，已结算并收到相应的工程款。但八某公司对于以上主张并未提交任何证据证明，在原审中对合同签订及工程款结算的相关事项未能作出明确说明，在本院询问过程中对此亦未作出说明或解释，因此，二审认为吴某华系八某公司在涉案工程中的代理人并无不当。吴某华向宋某生、王某杰借款是为了解决涉案工程的资金紧缺问题，借款时，虽然没有直接证据证明其获得了八某公司对外筹资的授权，但其向二出借人出具了在诚基中心备案的相关合同，该合同显示八某公司系承包方，吴某华系其委托代理人，吴某华在涉案借条上加盖了项目部印章，该一系列行为足以使宋某生、王某杰有理由相信该借款行为系代表八某公司。二审根据《中华人民共和国合同法》第四十九条的规定，将吴某华对外借款的这一行为认定为构成表见代理，在事实认定和法律适用上亦无不当，八某公司关于吴某华的行为应适用《合同法》第四十八条及该两处认定相矛盾的主张不能成立。八某公司还主张涉案借款的用途是吴某华归还其交纳北京一工程保证金的借款，吴某华自认已将该保证金的收据交给了王某杰保管，因此宋某生和王某杰当时就知道该借款并非用于涉案工程，两人在本案中就不是善意相对人，因而不能成立表见代理。吴某华在原审中陈述说涉案借款一部分用于还北京的钱，另一部分用于涉案工程款，八某公司对宋某生、王某杰非善意相对人的主张并无证据证明，本院对该主张不予支持。

（二）关于二审判决认定事实的主要证据是否伪造。八某公司主张存放在诚基中心合同上的八某公司公章、借条上的项目部印章均系吴某华私刻，因此该合同和借条是伪造的。对于该两枚印章的来源，吴某华已在原审庭审中认可系其私刻，二审所认定的事实系综合本案现有证据、依据相关法律法规作出，八某公司以印章系私刻为由认为二审判决认定事实的主要证据系伪造的主张不能成立。八某公司主张一审中鉴定报告检材和样本的同一枚印章系吴某华私刻，该鉴定系用假公章鉴定假公章，因此无法律效力。该鉴定的委托事项是检材和样本中的同名印章是否同章盖印，与该印章是否私刻无关，因此八某公司以该印章系私刻为由主张该鉴定报告无法律效力，本院不予支持。八某公司还对山东大舜司法鉴定所的鉴定主体资格提出异议，认为其司法鉴定许可证上有效期限的记载有瑕疵，但八某公司并未举证证明该许可证上的记载违反相关法律法规的规定，对此主张，本院亦不予支持。

（三）关于原审法院应否依申请调取证据的问题。八某公司主张，其在原审中申请法院到公安部门调取吴某华伪造八某公司相关印章的刑事案件材料，到山东诚基房地产开发有限公司调取吴某华用私刻的印章签订合同且予以结算的相关证据，但原审法院未予调查收集。最高人民法院《关于适用〈中华人民共和国民事诉讼法〉审判监督程序若干问题的解释》第十二条规定，再审事由中规定的"对审理案件需要的证据"，是指人民法院认定案件基本事实所必需的证据。本案中，吴某华已自认其私刻八某公司公章及项目部印章的事实，并对在涉案合同签订和工程款结算中使用私刻印章的情况作了相应陈述，该印章是否私刻并不影响本案中对吴某华相关行为法律性质的认定，因此，原审法院对八某公司申请调取的证据未予调查收集，并无不当。

（四）关于本案应否驳回起诉并移送公安机关。八某公司主张，吴某华伪造印章的行为已超出民事行为范畴，不能适用合同法第四十九条的规定，应适用《最高人民法院关于在审理经济纠纷案件中涉及经济犯罪嫌疑若干问题的规定》第五条第一款及第十一条的规定予以认定和处理。该《规定》第十一条的内容为："人民法院作为经济纠纷受理的案件，经审理认为不属于经济纠纷案件而有经济犯罪嫌疑的，应当裁定驳回起诉，将有关材料移送公安机关或检察机关。"从该规定来看，驳回起诉将有关材料移送公安机关或检察机关需要具备两个条件，一是经法院审理认为不属于经济纠纷案件，二是有经济犯罪嫌疑。根据原审查明的事实，本案应属于经济纠纷，吴某华有关私刻印章的行为可以另案处理，不影响本案民事法律关系的审理和认定。且前已述及，二审将吴某华在本案中借款行为认定为表见代理并无不当，因此，对八某公司关于本案应适用《最高人民法院关于在审理经济纠纷案件中涉及经济犯罪嫌疑若干问题的规定》第五条第一款及第十一条的主张，本院不予支持。

综上，江苏八某园林股份有限公司的再审申请不符合《中华人民共和国民事诉讼法》第二百条第（二）项、第（三）项、第（五）项及第（六）项规定的情形。依照《中华人民共和国民事诉讼法》第二百零四条第一款之规定，裁定如下：

驳回江苏八某园林股份有限公司的再审申请。

法律法规

《中华人民共和国民法典》（2021年1月1日施行）

第一百七十二条 行为人没有代理权、超越代理权或者代理权终止后，仍然实施代理行为，相对人有理由相信行为人有代理权的，代理行为有效。

《最高人民法院关于适用〈中华人民共和国民法典〉总则编若干问题的解释》（法释〔2022〕6号）

第二十八条 同时符合下列条件的，人民法院可以认定为民法典第一百七十二条规定的相对人有理由相信行为人有代理权：

（一）存在代理权的外观；

（二）相对人不知道行为人行为时没有代理权，且无过失。

因是否构成表见代理发生争议的，相对人应当就无权代理符合前款第一项规定的条件承担举证责任；被代理人应当就相对人不符合前款第二项规定的条件承担举证责任。

074 眉山市东某新城建设有限公司与眉山市东坡区某镇人民政府借款合同纠纷案

裁判要旨

民事案件中的行为人是否伪造公司公章签订合同不影响其表见代理行为性质认定的，即不存在需等待刑事案件终结后再行处理的情形，民事案件不应中止审理。

实务要点总结

表见代理人使用伪造印章签订的合同对印章显示的主体具有约束力。在合同上加盖印章仅为意思表示作出的具体方式，并非意思表示本身。表见代理人以被代理人的名义对外作出的意思表示即使以私刻公章的形式作出，也属于意思表示。在不存在其他效力瑕疵的情形下，该意思表示对被代理人具有约束力。故本案中，法院在认定行为人构成表见代理后即得出刑事案件的处理结果不会影响民事案件事实的认定及定性，故民事案件不应中止审理。

相关判决

眉山市东某新城建设有限公司与眉山市东坡区某镇人民政府借款合同纠纷二审民事判决书［（2016）川民终280号］

上诉人（原审原告）：眉山市东某新城建设有限公司，住所地：四川省眉山市东坡区裴城路69号财富中心16楼。

法定代表人：余某，总经理。

被上诉人（原审被告）：眉山市东坡区某镇人民政府，住所地：四川省眉山市东坡区某镇崇礼十字路口100号。

法定代表人：倪某，镇长。

上诉人眉山市东某新城建设有限公司（以下简称东某公司）因与眉山市东坡区某镇人民政府（以下简称某镇政府）借款合同纠纷一案，不服四川省眉山市中级人民法院（2015）眉民初字第13号民事判决，向本院提起上诉。本院于2016年3月21日受理后，依法组成合议庭，并于2016年4月18日公开开庭审

---

① 审理法院：四川省高级人民法院；诉讼程序：二审

理了本案。上诉人东某公司的委托代理人×××、被上诉人某镇政府的委托代理人×××到庭参加诉讼。本案现已审理终结。

原审法院审理查明，2012年9月20日，东某公司与某镇政府双方签订《借款协议书》，约定某镇政府向东某公司借款1000万元人民币用于征地、拆迁等相关工作的开展和经费开支。约定：一俟某镇老街棚户区改造开发项目满足政府有关规定要求，东某公司可与政府相关部门签署《预申请协议书》，参与该建设用地使用权的竞买摘牌，上述资金可转为"用地使用权预申请"保证金和竞买摘牌保证金。协议书第四条第（二）款约定，非因东某公司责任参加上述建设用地竞买摘牌未果，某镇政府如数退还东某公司上述借款。其本金、利息及退款时间按《预申请协议书》和《出让公告》相关约定办理。

2012年9月21日，东某公司通过四川麒某集团控股有限公司（以下简称麒某公司）银行账户23133××××1152向某镇政府（财政所）银行账户先后转入300万元、100万元；同年10月26日，又转入100万元，至此，东某公司向某镇政府出借500万元。

2012年12月27日，东某公司向眉山市东坡区国土资源局出具《委托书》，载明："兹有眉山市东某新城建设有限公司在贵局办理东坡区崇礼老街地块国有建设用地使用权预申请，全权委托公司的董事长韦某波前来办理，望接洽为荷……"。

2013年1月1日，东某公司（乙方）与眉山市东坡区国土资源局（甲方）签订了《预申请协议书》。该协议书约定：对老街实施旧城改建，用地面积约为118000平方米（177亩），土地用途为住宅兼容商业用地，该块地已列入土地供应计划。甲方对乙方交纳的预申请用地保证金承担占有资金利息，利息计算截至该宗地竞买成交确认书签订后的当日止。乙方参加竞买（竞拍），未取得该宗土地使用权且已完全依法履行竞买（竞拍）出让公告、出让须知和本协议内容，无违法行为的，甲方如数退还乙方交纳的预申请用地保证金，并按乙方资金到甲方账户之日起至土地使用权竞买结束之日止的时限计算利息，届时按中国人民银行同期贷款利率的1.8倍核算支付乙方。在出让活动结束后十个工作日内连本带息支付乙方。该《预申请协议书》落款处盖有东某公司公章，委托代理人处有韦某波的签名和余某的印章。

后案涉地块经政府调整土地使用条件，东某公司已不可能竞买摘牌。

2013年3月6日，案外人韦某波与周某向某镇政府出具《委托书》，该《委托书》载明："兹有眉山市东某新城建设有限公司于2012年9-10月委托四川麒某集团控股有限公司划至贵政府财政所的500万元资金,现委托退还至四川麒某集团控股有限公司账户。该公司开户名称:四川麒某集团控股有限公司,开户银行:中国工商银行眉山东坡支行,账号:2313××××××××××1152……",落款处盖有东某公司印章。

2013年3月6日,某镇政府以其财政所在四川省农村信用社账户8814××××××××6912向麒某公司账户2313××××××××××1152转款500万元,同日,韦某波、周某出具的《收据》载明:"收到眉山市东坡区某镇人民政府伍佰万元整,收款方式银行转账,事由是代眉山市东某新城建设有限公司收到还款。"

2013年3月19日,经手人为周某的《领(借)款证》载明:"预算科目某镇老街改造征地拆迁项目借款利息本金400万借款日期2012年9月21日到期2013年3月7日,本金100万借款日期2012年10月15日到期2013年3月7日"。同月21日,某镇政府以其财政所在四川省农村信用社的账户8814×××××××××6912向麒某公司账户2313××××××××××1152转款21万元,用于归还案涉借款利息。

同时查明,东某公司于2011年9月27日成立,其股东有:麒某公司(韦某波系该公司法定代表人)、周某华、周某。2012年11月12日,东某公司形成董事会决议:韦某波担任公司董事长,余某担任副董事长兼法定代表人;同时聘任周某为总经理,任期均为三年。同月26日,该公司股东的工商登记变更为:四川麒某兄弟资产管理有限公司、余某、周某,其中,法定代表人由韦某波变更为余某。

东某公司于2014年11月10日向原审法院提起诉讼,请求判令:1. 某镇政府返还东某公司预申请用地保证金本金人民币500万元整;2. 某镇政府支付东某公司利息(暂计算至起诉日)119万元(其中400万元×中国人民银行同期贷款年利率6.15%÷12个月×26个月×1.8倍=959400元;100万元×中国人民银行同期贷款年利率6.15%÷12个月×25个月×1.8倍=230625元),自起诉日起至实际付清日期间以500万元为基数按中国人民银行同期贷款利率的1.8倍计算支付利息;3. 本案诉讼费用由某镇政府承担。

本案在审理过程中,东某公司于2015年4月30日以案涉2013年3月6日《委托书》中东某公司印章系伪造为由,向原审法院提出申请,要求对该《委托书》中东某公司印章的真伪进行司法鉴定,后经审查,原审法院同意了东某公司的上述申请。同年5月13日,原审法院委托成都联合司法鉴定中心进行鉴定,该中心于2015年7月16日以成联鉴(2015)文鉴字第75号司法鉴定意见书作出了案涉《委托书》中东某公司的印章与眉山市公安局以及眉山市工商行政管理局存档备案的印章不是同一枚印章的鉴定意见。为此，东某公司支付了文书司法鉴定费 24000 元。

原审法院认为，根据双方的诉辩意见，本案的争议焦点是：某镇政府根据韦某波和周某出具的《委托书》向麒某公司支付款项后，是否还应向东某公司偿还案涉借款本息。

首先，本案中，东某公司述称其于 2013 年 3 月 6 日前已多次告知某镇政府东某公司的法定代表人已由韦某波变更为余某，认为某镇政府在明知韦某波已不是东某公司的法定代表人、且没有公司授权的情况下仅凭《委托书》就支付案涉款项，没有尽到审查义务，存在严重过错，故上述支付行为对东某公司不发生法律效力，某镇政府应归还案涉借款本息。对此，某镇政府否认东某公司在 2013 年 3 月 6 日前已将其公司法定代表人的变更情况进行了告知，由于东某公司未能就 2013 年 3 月 6 日前告知某镇政府东某公司的法定代表人已变更这一事实向法庭提交证据予以证明，根据《中华人民共和国民事诉讼法》第六十四条以及《最高人民法院关于适用〈中华人民共和国民事诉讼法〉的解释》第九十条的规定，东某公司依法应承担举证不能的不利后果。

其次，本案中，由于韦某波在东某公司成立后至 2012 年 11 月 26 日前系东某公司的法定代表人，且 2012 年 11 月 26 日至今仍在担任该公司董事长，而周某系该公司股东，并担任公司总经理，韦某波、周某向某镇政府出具加盖东某公司印章的《委托书》要求其按照双方约定偿还借款本息，尽管该《委托书》中东某公司的印章经司法鉴定与东某公司的备案印章不是同一枚，但某镇政府基于该《委托书》的指示而付款的行为，并不存在未尽审查义务等严重过错的情形，理由如下：1. 东某公司与某镇政府签订案涉《借款协议书》时，韦某波是以东某公司法定代表人的身份签名；2. 东某公司与眉山市东坡区国土资源局签订的国有建设用地使用权的《预申请协议书》，韦某波也是以东某公司的委托代理人的身份签名；3. 从东某公司出借款项的银行账户看，东某公司向某镇政府出借款项是通过麒某公司的银行账户 2313××××××××××1152 转账完成，而 2013 年 3 月 6 日《委托书》要求某镇政府支付案涉款项转入的银行账户仍是麒某公司出借款项的银行账户 2313××××××××××1152。在此情况下，某镇政府完全有理由相信韦某波、周某出具盖有东某公司印章的《委托书》要求某镇政府还款付息的行为，系履行公司职务行为，因此，某镇政府根据《委托书》指示将案涉借款本息转入出借款项麒某公司账户的行为,并不存在未尽审查义务等严重过错的情形,根据《中华人民共和国民法通则》第四十三条关于"企业法人对它的法定代表人和其他工作人员的经营活动,承担民事责任"的规定,某镇政府根据2013年3月6日的《委托书》的指示将案涉款项(本息)转入麒某公司账户,已经依照双方《借款协议书》《预申请协议书》有关归还借款并支付利息的约定完成了向东某公司偿还案涉借款并支付利息的合同义务。因此,东某公司关于要求某镇政府返还借款本金并支付利息的诉讼请求,没有事实依据,依法应予驳回。

最后,关于鉴定费。东某公司在本案诉讼过程中申请对案涉《委托书》中的东某公司印章的真伪性进行司法鉴定,尽管鉴定机构出具的鉴定意见认定该印章与东某公司在公安、工商机关存档备案的印章不是同一枚印章,但由于该鉴定结论并未导致某镇政府在本案中承担责任,因此,本次印章真伪性的司法鉴定费24000元,依法应由东某公司自行负担。

综上,原审法院依照《中华人民共和国民法通则》第四十三条、《中华人民共和国民事诉讼法》第六十四条,《最高人民法院关于适用〈中华人民共和国民事诉讼法〉的解释》第九十条之规定,判决:驳回东某公司的诉讼请求。案件受理费34691元,司法鉴定费24000元,共计58691元,由东某公司负担。

宣判后,上诉人东某公司不服,向本院提起上诉。其上诉理由主要为:一、原判认定事实错误,导致裁判结果错误。上诉人已经将东某公司法定代表人在2012年11月26日由韦某波变更为余某告知了时任某镇政府党委书记岳志成,但原判却对该事实不做调查,导致认定事实错误。故某镇政府在明知东某公司法定代表人已经变更为余某情况下,还依据韦某波和周某提供的《委托书》将500万元款项划付至麒某公司账户,系某镇政府工作人员严重失职,未尽到基本的审查义务,不应视为东某公司已经收到该笔还款。二、某镇政府在并未向上诉人明确告知调整案涉土地使用权和土地预申请事项变更事宜的情况下,就向韦某波指定的账户还款,不应视为东某公司已经收到该笔款项。三、韦某波的行为并不构成表见代理。表见代理不仅要求代理人的无权代理行为在客观上形成具有代理权的表象,而且要求相对人在主观上善意无过失地相信行为人有代理权。本案中,某镇政府在明知东某公司法定代表人已经不是韦某波的前提下,仍然依据其伪造的《委托书》向韦某波指定账户付款,不能视为某镇政府系善意相对人,故某镇政府还款的行为对东某公司并不具有约束力,不能视为东某公司已经收到了该500万元本金和相应利息。且周某出具收据收到某镇政府21万元利息的行为亦没有东某公司的明确委托和授权，某镇政府将该21万元的所谓利息打入麒某公司账户亦不能视为东某公司收到了该笔利息。四、本案中，韦某波、周某伪造东某公司印章的行为已经涉嫌犯罪，应当中止审理本案，移送公安机关审理。综上，原判认定事实和适用法律错误，应予改判，请求二审法院依法支持上诉人原审诉讼请求。

被上诉人某镇政府针对上诉人东某公司的上诉请求和理由答辩称：一、上诉人从未告知某镇政府法定代表人变更之事，上诉人也无证据佐证已经告知。某镇政府系在原审庭审中看到眉山市工商行政管理局于2014年11月10日出具的《证明》才知晓东某公司法定代表人变更事宜，这与证人周某（东某公司总经理）当庭陈述"2012年11月23日，眉山市东某新城建设有限公司法定代表人由韦某波变更为余某以后，从来没有告知过某镇政府"的证词完全吻合。且公司法定代表人变更纯属公司自治事项，是公司的内部管理事宜，是否变更与本案保证金的退还认定并无关系。二、韦某波、周某依据盖有东某公司印章的《委托书》要求某镇政府还款付息，是履行公司职务的行为，其行为对东某公司具有约束力。在出具《委托书》时，韦某波的身份系东某公司董事长、而周某系东某公司总经理，二人持有的《委托书》上加盖有东某公司的公章，作为相对方的某镇政府，完全有理由相信韦某波、周某二人提供的《委托书》是由上诉人出具的，不存在未尽审查义务等严重过错的情形。且《委托书》中指定的账户即是该500万元保证金出借账户，韦某波一直以来都是案涉东某公司出借款项和办理土地预申请事项的经办人，《借款协议书》和《预申请协议书》中，均有韦某波的签字，故某镇政府依据韦某波和周某出具的《委托书》向其指定账户归还借款本息，并无过错，应视为某镇政府已经按照前述协议约定归还了借款本息。三、上诉人要求将本案移送公安机关的理由不成立。无论韦某波是否存在伪造东某公司公章行为，均不导致东某公司对其工作人员韦某波和周某实施的职务行为承担民事责任的法律认定。综上，东某公司的上诉理由均不能成立，原判认定事实清楚，适用法律正确，应予维持。

双方当事人对原审判决查明事实部分均无异议，本院依法予以确认。

二审中，东某公司提出原判对东某公司在2013年3月6日之前将法定代表人由韦某波变更为余某的事实告知了某镇政府时任党委书记岳志成这一事实以及某镇政府并无正当理由终止案涉《预申请协议书》的履行，将款项退还东某公司的相关政策依据并未查实。经本院询问东某公司代理人，其称对告知事实并无书面证据证实。某镇政府陈述就案涉土地政策调整一事，已经在2013年3月6

日之前口头告知过东某公司。在原审证据 2014 年 5 月 28 日眉山市国土资源局东坡区分局出具的《关于支付眉山市东某新城建设有限公司国有建设用地使用权预申请相关资金的请示》中，已经载明眉山市人民政府调整了案涉土地出让和建设方式，导致老街旧城改造不能按照《预申请协议书》约定进行开发建设的事实。东某公司对该份请示质证认为，真实性无异议，但认为系国土资源部门事后补的依据，不能据此认定某镇政府向东某公司退款有合法依据。

二审中，东某公司向本院申请调取某镇政府关于案涉 500 万元本金和 21 万元利息还款的内部审批文件，拟证明审批人存在渎职行为甚至存在与韦某波、周某恶意串通损害东某公司权益的行为。本院认为，案涉款项支付的内部审批文件系某镇政府的内部行政行为，与本案争议焦点无关。故依照最高人民法院《关于适用〈中华人民共和国民事诉讼法〉的解释》第九十五条"当事人申请调查收集的证据，与待证事实无关联，对证明待证事实无意义或者其他无调查收集必要的，人民法院不予准许"的规定，本院对其申请不予准许。

本院认为，本案争议焦点为韦某波、周某向某镇政府出具《委托书》行为是否系职务行为或者构成表见代理，对东某公司是否具有约束力。某镇政府依据该《委托书》将案涉 500 万元保证金以及相应利息转至其指定账户的行为，是否合法有据，应否视为某镇政府已经将案涉款项归还至东某公司。

首先，依据本案查明的事实，韦某波自东某公司成立至 2012 年 11 月 26 日，一直都是东某公司法定代表人，且参与案涉《借款协议书》的签订，在其法定代表人身份变更之后的 2013 年 1 月 1 日，其作为东某公司董事长，亦参与了与眉山市国土资源局东坡区分局之间《预借款协议书》的签订和履行，即韦某波一直代表东某公司处理与某镇政府之间就 500 万元案涉借款以及预申请土地事项。即使在 2013 年 3 月 6 日出具《委托书》委托某镇政府归还案涉 500 万元资金之时，韦某波仍是东某公司董事长，周某为东某公司股东兼总经理。在东某公司没有证据证明其已经将公司法定代表人由韦某波变更为余某的事实告知某镇政府情况下，某镇政府基于对韦某波之前代表公司行为的信任，按照其委托将款项支付至其指定账户（且该账户与之前 500 万元转出账户为同一账户），并不存在未尽审查义务等严重过错的情形，韦某波、周某在出具《委托书》事宜上构成表见代理，对东某公司具有约束力。另，东某公司上诉称某镇政府工作人员与韦某波等恶意串通将案涉款项转至其指定账户，损害了东某公司权益的主张亦缺乏事实依据，不能成立。故原审法院依据现有证据认定某镇政府按约已向东某公司归还了500万元借款的本息,并无不当,本院予以确认。至于东某公司上诉称本案涉嫌韦某波伪造公章罪,应中止审理或将本案移送公安机关侦查的问题。本院认为,韦某波是否伪造东某公司公章不影响其表见代理行为性质的认定,故本案不存在须等待刑事案件终结后再行处理的情形,不应中止审理。

综上,东某公司的上诉理由和请求均不能成立,依法不予支持。依照《中华人民共和国民事诉讼法》第一百七十条第一款第(一)项之规定,判决如下:

驳回上诉,维持原判。

二审案件受理费55130元,由上诉人眉山市东某新城建设有限公司负担。

本判决为终审判决。

法律法规

《中华人民共和国民法典》(2021年1月1日施行)

第一百七十二条 行为人没有代理权、超越代理权或者代理权终止后,仍然实施代理行为,相对人有理由相信行为人有代理权的,代理行为有效。

《最高人民法院关于适用〈中华人民共和国民法典〉总则编若干问题的解释》(法释〔2022〕6号)

第二十八条 同时符合下列条件的,人民法院可以认定为民法典第一百七十二条规定的相对人有理由相信行为人有代理权:

(一)存在代理权的外观;

(二)相对人不知道行为人行为时没有代理权,且无过失。

因是否构成表见代理发生争议的,相对人应当就无权代理符合前款第一项规定的条件承担举证责任;被代理人应当就相对人不符合前款第二项规定的条件承担举证责任。

075 苏某交与菏泽市海某房地产开发有限公司、山东宝某金属材料有限公司民间借贷纠纷案[①]

裁判要旨

因表见代理行为而引发的借贷行为,不具备《最高人民法院关于在审理经济

---

① 审理法院:山东省高级人民法院;诉讼程序:二审

纠纷案件中涉及经济犯罪嫌疑若干问题的规定》规定的向公安移送的条件，无须中止审理。

相关判决

苏某交与菏泽市海某房地产开发有限公司（原菏泽怡某房地产开发有限公司）、山东宝某金属材料有限公司民间借贷纠纷二审民事判决书［（2016）鲁民终868号］

上诉人（原审被告）：菏泽市海某房地产开发有限公司（原菏泽怡某房地产开发有限公司）。住所地：山东省菏泽市牡丹区太原路与八一路交叉口东北角。

法定代表人：叶某文，该公司执行董事。

被上诉人（原审原告）：苏某交，男，1970年10月15日出生，汉族，住山东省巨野县。

被上诉人（原审被告）：山东宝某金属材料有限公司。住所地：山东省菏泽市牡丹区吴家镇机械电子产业园区。

法定代表人：兰某娟，经理。

上诉人菏泽市海某房地产开发有限公司（以下简称菏泽海某公司）因与被上诉人苏某交、被上诉人山东宝某金属材料有限公司（以下简称山东宝某公司）民间借贷纠纷一案，不服山东省菏泽市中级人民法院（2014）菏民三初字第96号民事判决，向本院提起上诉。本院依法组成合议庭，公开开庭审理了本案。上诉人菏泽海某公司的委托代理人×××，被上诉人苏某交及委托代理人×××到庭参加诉讼。被上诉人山东宝某公司经本院合法传唤，无正当理由不到庭参加诉讼。本案现已审理终结。

一审中，原告苏某交起诉称：2014年3月26日，原告与原菏泽怡某房地产开发有限公司（以下简称菏泽怡某公司）签订借款抵押合同，菏泽怡某公司向原告借款420万元，利息3.5%。被告山东宝某公司对该笔借款自愿承担担保责任。原告分三笔将420万元借给菏泽怡某公司，菏泽怡某公司向原告出具了借据。经催要，二被告拒不偿还，故诉至法院。因诉讼中菏泽怡某房地产开发有限公司名称变更为菏泽市海某房地产开发有限公司，故请求：1.判令被告菏泽海某公司偿还借款420万元及利息（原告起诉前的利息从2014年8月27日计算至2014年10月27日共10万元，2014年10月28日之后的利息按照中国人民银行同期同类贷款利率的四倍计算到二被告履行完毕之日），被告山东宝某公司承担连带担保责任；2. 诉讼费用由被告负担。

被告菏泽海某公司答辩称：（一）被告菏泽海某公司从未向原告借过款，原告也没有将其所述款项支付给被告。（二）原告提交的借款协议、收据上所加盖的公章系伪造，与被告自 2012 年 3 月 23 日至今所使用的公章不是同一公章，该借款与被告菏泽海某公司无关，被告不应承担责任。（三）刘某国与被告菏泽海某公司自 2012 年 3 月 23 日起就没有任何关系，原告将款项转账到刘某国个人账户，与被告菏泽海某公司没有关系。

被告山东宝某公司答辩称：被告菏泽宝某公司在借款协议上担保方处签字盖章是事实。已经支付原告本金 58.8 万元，根据双方所签订的借款协议的约定，月利息 3.5%，明显高于中国人民银行同期贷款利率的四倍，应依法给予调整。

原告为证明其主张，提交如下证据：

证据一：《借款协议》一份，拟证明原告与菏泽怡某公司签订了借款协议，被告山东宝某公司为担保人。

证据二：2014 年 3 月 26 日菏泽怡某公司向原告出具的《收据》一份，拟证明原告向菏泽怡某公司出借 420 万元。

证据三：银行汇款单三份，拟证明原告通过银行转账的方式向菏泽怡某公司委托的刘某国支付了 400 万元汇款的事实，另向刘某国支付了 20 万元现金。

证据四：菏泽怡某公司出具的《法人授权委托书》，拟证明刘某国有权代表菏泽怡某公司对外签订借款合同，收取借款。

证据五：案外人张某华、张某平与菏泽怡某公司签订的购房合同（复印件），拟证明签订合同所使用的公章与原告所提供的法人授权委托书、借款协议、收据中的公章一致。

证据六：原告在菏泽市住房保障和房产管理局调取的案外人张某华、张某平与菏泽怡某公司签订房屋买卖合同相关材料共九页、照片两张。拟证明案涉借款协议上加盖的公章与菏泽怡某公司的公章为同一印章，菏泽市图书大厦十楼为菏泽怡某公司的办公地点，该办公地点装潢显示"怡某地产"字样。

证据七：取款凭条一份（复印件）及证人王某出庭作证，王某证言的主要内容为："2014 年 3 月 26 日，证人借给苏某交 15 万元，系证人从银行卡中取的现金，现苏某交已经偿还。"拟证明原告以现金的方式交付被告 15 万元。

证据八：被告菏泽海某公司企业变更情况及核发《企业法人营业执照》及归档情况。拟证明被告菏泽海某公司变更登记情况及公章归档情况。

经质证，被告菏泽海某公司对以上证据的质证意见如下：对证据一的真实性有异议，借款协议中加盖的菏泽怡某公司的公章系伪造，与被告自 2012 年 3 月 23 日至今所使用的公章完全不一致，同时该借款协议没有经办人签名，无法证明公章由何人加盖，无法证明是由被告加盖的该公章。对证据二的真实性有异议，所加盖的公章是伪造的，收款事由是后来添加的，与事实不符。对证据三的真实性无异议，中国建设银行、农村信用社的两笔款项是 2014 年 3 月 12 日转账，借款协议是 2014 年 3 月 26 日签订，该两笔转账与本案无关，同时该三个转账凭条都是转账到刘某国个人账户与被告无关。对证据四的真实性有异议，该公章系伪造，同时授权委托书上有"此件只限苏先生使用"，刘某国是没有权利使用该授权委托书的，同时公司提供授权委托书还应提供工商登记，组织机构代码证、法人身份证明等资料，无法证明该委托书是被告真实意思表达。对证据五系复印件没有原件相印证，其真实性无法确认，同时也无法证明证据五中使用的印章与借款协议、收据、委托书所使用的印章是同一枚印章。对证据六的真实性无异议，但被告不在图书大厦十楼办公，只是标识没有拆除，房管局调取的材料上的公章系被告现在使用的公章。证据七无法证明与本案的关联性，该证据与本案无关。对证据八无异议。

被告山东宝某公司对原告提交证据的质证意见如下：对证据一的真实性无异议，但该协议所约定的借款利息明显高于中国人民银行公布的同期贷款利率的四倍，不应受到保护。对证据二、三、四的真实性均无异议。对证据五是复印件不能作为有效证据使用。对证据六无异议，证据七与本案无关，被告并未收到该笔款项。对证据八无异议。

被告菏泽海某公司为证明其答辩意见，提交如下证据：

证据一：企业变更情况 7 页。拟证明自 2012 年 3 月 14 日起，刘某国已不再是菏泽怡某公司股东，也不在被告公司担任职务。

证据二：有限责任公司变更登记申请书 3 份及所附相关材料。该证据与证据一相印证。证明被告自 2012 年 3 月 14 日至今所使用公章未曾变更，一直使用在山东省农村信用社印鉴卡片上留存的印章。

证据三：山东省农村信用社印鉴卡片。拟证明在 2013 年 8 月 10 日，被告使用现有公章。

证据四：公司章样一份。拟证明截至 2015 年 1 月 12 日，被告公司仍在使用该公章。从 2012 年 3 月 14 日至今，公司印章未曾发生变更。

证据五：《移交清单》复印件一份、刘某国书写的《承诺书》一份，拟证明菏泽怡某公司委派郭某红将公司公章和合同专用章各一枚移交给菏泽怡某公司现任法定代表人，被告一直使用现在的公章，未曾变更，案涉借款系刘某国在被告不知情的情况下利用废弃的旧章借的款项，与被告无关。

证据六：在菏泽市工商行政管理局查询的《企业变更情况》一份。拟证明菏泽怡某公司名称变更为菏泽海某公司的事实。

经质证，原告对被告菏泽海某公司提交证据的质证意见如下：对证据一的真实性无异议，但不能证明原告对其股东股份变更情况应知或明知。对证据二的真实性无异议，但该证据保存在工商登记管理部门，不能证明原告所持有的借款协议借据上的印章系伪造，被告菏泽海某公司还应当提供变更前预留在工商登记部门的印鉴。即使菏泽海某公司使用了变更后的印章，也应当对其以前没有作废的公章承担责任。不能否认以前的公章在被告菏泽海某公司处保管并使用过该公章。对证据三的真实性无异议，但对证明目的有异议，预留在山东省农村信用社的印鉴只能证明菏泽海某公司在与信用社发生业务关系时使用该公章才能发生效力。对证据四的真实性无异议，但章样形成日期2014年12月22日是菏泽海某公司为了应付本案诉讼，自行打印盖章，不能证明菏泽海某公司的证明目的，不能证明原告借据上的公章系伪造。对证据五中的《承诺书》真实性有异议，借款时刘某国称系用于左岸豪庭房地产开发，菏泽怡某公司的公章和授权委托书都是真实的，刘某国的表述前后矛盾。对《移交清单》的真实性不确定，借款时刘某国并未向原告出具该份材料。对证据六无异议。

被告山东宝某公司对被告菏泽海某公司提交证据的质证意见如下：对被告菏泽海某公司提供的证据一至四真实性不发表意见，但借款协议及授权委托书上的公章系菏泽怡某公司在成立时所刻制的印章，并且由菏泽怡某公司使用多年，该印章在签订借款协议时菏泽怡某公司并没有声明作废。对证据五中《移交清单》的真实性不确定，但不能证明案涉《借款协议》上的公章是虚假的，对《承诺书》的真实性有异议，刘某国所持公章并不是作废的公章，被告菏泽海某公司借款是真实的。对证据六无异议。

被告山东宝某公司为证明其答辩意见，提交中国工商银行电子银行回单两份（打印件）。拟证明被告已付原告款项294000元，另外有三份银行回单没有打印，共计付给原告588000元利息，案涉借款2014年8月26日之前的利息已结算完毕。

经质证，原告对电子银行回单的真实性无异议，但被告所付的294000元是利息，付款人兰某娟是菏泽怡某公司的会计。原告只收到294000元，被告山东宝某公司称没有银行回单的294000元不属实。被告菏泽海某公司对电子银行回单无异议，但兰某娟不是菏泽海某公司的会计。

为进一步调查案件事实，一审法院于2015年1月27日对刘某国进行调查，形成调查笔录一份。主要内容为：刘某国系菏泽怡某公司、山东宝某公司的隐名股东，兰某娟系山东宝某公司的会计，苏某交提交的《借款协议》《法人授权委托书》各一份都是刘某国出具的，上面的菏泽怡某公司印章是真实的印章，叶某文的签名是刘某国代签的。案涉借款用在了山东宝某公司建设上，山东宝某公司和刘某国是实际借款人，借款时刘某国实际控制菏泽怡某公司。

经对该份调查笔录进行质证，原告认为刘某国所述不属实，借钱时兰某娟是菏泽怡某公司的会计，山东宝某公司的会计姓韩。借款时刘某国称《法人授权委托书》上的签名是叶某文本人所签、借款用于被告菏泽海某公司左岸豪庭项目开发建设。被告菏泽海某公司认为刘某国不是菏泽海某公司隐名股东，自2012年3月份刘某国与菏泽海某公司便无任何关系，刘某国持有的菏泽怡某公司公章系已经作废的旧章。被告山东宝某公司对该笔录无异议。

根据各方当事人的举证、质证及庭审调查情况，一审法院确认以下事实：

2014年3月26日，在菏泽市图书大厦十层，案外人刘某国向原告苏某交出具《借款协议》一份，载明："甲方：苏某交，乙方：山东菏泽怡某房地产开发有限公司，乙方向甲方借款人民币肆佰贰拾万元整，月利息3.5%计算，每月按时付息。此协议一式两份。担保方山东宝某金属材料有限公司对此借款进行担保，若借款人到期不能偿还借款，担保方承担连带担保责任。甲方：苏某交（签名），担保方：山东宝某金属材料有限公司（印章），乙方：菏泽怡某房地产开发有限公司（印章）刘某国（签名）"。出具《借款协议》时，刘某国向原告出示《法人授权委托书》一份，载明："委托人：叶某文，身份证：4405××××××××××5496，受托人：刘某国，身份证：1302××××××××××5113。叶某文系菏泽怡某房地产开发有限公司的法定代表人，由于本人经常外出，不在本地，现将本人在该公司享有的法定代表人的所有权利授权于刘某国享有。委托人：叶某文菏泽怡某房地产开发有限公司（印章），受托人：刘某国 2014年1月10日此件只限苏先生使用"。出具《借款协议》时，菏泽怡某公司登记的住所地为菏泽市解放大街南段西侧（图书大厦十层），该办公地点的装修装潢突出显示了"怡某地产"字样。

2014年3月12日，原告苏某交（账号：62×××66）通过中国建设银行向刘某国（账号：62×××06）转款150万元。2014年3月12日，原告苏某交（账号：62×××62）向刘某国（账号：62×××28）转款141万元。2014年3月26日，原告苏某交（账号：62×××94）通过交通银行向刘某国（账号：62×××06）转款1090500元。以上共计4000500元。

2014年3月26日，刘某国向原告苏某交出具《收据》一份，显示收到420万元，单位盖章处加盖了菏泽怡某公司的公章，经办人为兰某娟，刘某国在《收据》上签名。

2014年7月5日、2014年8月14日，案外人兰某娟（账号：62×××24）通过中国工商银行向苏某交（账号：62×××38）分别转款147000元，共计294000元。原告认可该笔款项为双方结算的2014年8月26日之前的利息，并认可2014年8月26日之前的利息被告已经偿还完毕。

山东省菏泽市工商行政管理局登记的企业信息显示：2012年3月14日，菏泽怡某公司的监事由刘某国变更为张某艳，股东（××）由张某军、刘某国、张某艳变更为李某华、张某艳。2012年3月23日，叶某文任菏泽怡某公司执行董事。股东（××）由李某华、张某艳变更为叶某文、张某艳。2013年4月11日，菏泽怡某公司法定代表人由李某华变更为叶某文。2015年1月5日，菏泽怡某公司住所地由菏泽市解放大街南段西侧（图书大厦十层）变更为山东省菏泽市牡丹区太原路与八一路交叉口东北角。2015年4月20日，菏泽怡某公司名称变更为菏泽海某公司。

2012年3月23日，因原菏泽怡某公司股东变更，需移交公司营业执照、公章、合同章等相关手续，叶某文从菏泽怡某公司员工郭某红处取得公章一枚，刘某国同时持有菏泽怡某公司一枚公章。经比对，可分辨出菏泽怡某公司使用的公章与刘某国持有的公章、菏泽怡某公司在菏泽市工商行政管理局《核发企业法人营业执照及归档情况》中"归档情况"一栏加盖的公司公章大小均不一致。

案涉《借款协议》《收据》《法人授权委托书》上加盖的菏泽怡某公司公章是刘某国持有的公司印章。《法人授权委托书》上叶某文的签名系刘某国代签。被告菏泽怡某公司称自2012年3月23日被告菏泽怡某公司便不再使用刘某国持有的即《借款协议》《收据》《法人授权委托书》上加盖的公司公章。

另查明，本案审理过程中，原告要求按照汇款凭证记载的款项数额即4000500元主张权利，本案中不再要求被告偿还其余199500元。

一审法院认为，关于案外人刘某国向原告苏某交出具《借款协议》《收据》

的行为能否代表被告菏泽海某公司的问题。第一,被告菏泽海某公司使用的菏泽怡某公司公章与在菏泽市工商行政管理局归档的公章大小不一,被告菏泽海某公司应当知晓在因股东变更而办理交接手续时菏泽怡某公司存在大小不一的两枚公章,但其未将另一枚印章声明作废或销毁,即被告菏泽海某公司存在管理不善的问题,案外人刘某国持有的菏泽怡某公司公章确系被告菏泽海某公司曾经使用的公章,系该公司的真实印章,在被告菏泽海某公司未对刘某国持有的公章声明作废或销毁的情况下,该公章仍然能够代表被告菏泽海某公司;第二,刘某国出具案涉《借款协议》《收据》时向原告出示了加盖菏泽怡某公司公章的《法人授权委托书》,虽然法定代表人签名并非叶某文本人所签,但菏泽怡某公司公章系真实印章,在公司公章与《法人授权委托书》同时使用的情况下,原告有理由相信该《授权委托书》的真实性;第三,案涉《收据》的经办人为兰某娟,被告菏泽海某公司亦认可2014年12月1日前兰某娟曾是菏泽怡某公司工作人员,且从被告菏泽海某公司企业变更登记情况可以看出,刘某国曾系菏泽怡某公司股东并曾任菏泽怡某公司监事;第四,刘某国向原告出具案涉借款相关手续的地址与被告菏泽海某公司当时在工商行政管理部门登记的住所地为同一地址,且该地址显示"怡某地产"字样。综上,根据《中华人民共和国合同法》第四十九条的规定,行为人没有代理权、超越代理权或者代理权终止后以被代理人名义订立合同,相对人有理由相信行为人有代理权的,该代理行为有效。在案外人刘某国持有菏泽怡某公司公章和《法人授权委托书》的情况下,刘某国在被告菏泽海某公司原登记地址向原告出具加盖公司公章的《借款协议》和《收据》,综合考虑刘某国曾在菏泽怡某公司任职的事实,可以认定原告已尽注意义务,即原告有理由相信刘某国有代理权。被告菏泽海某公司虽提交刘某国书写的《承诺书》并称未收到案涉借款,但在刘某国的行为构成表见代理的情况下,刘某国以菏泽怡某公司名义向原告出具《借款协议》并接受借款的行为应由被告菏泽海某公司承担责任。

关于案涉款项是否实际履行及利息如何计算、责任如何承担的问题。虽然被告菏泽海某公司向原告出具了420万元的《收据》,但原告苏某交要求按照其提交的汇款凭证显示的4000500元主张权利,自愿放弃其主张的现金交付其余款项即199500元,系对其权利的处分,且不违反法律规定,一审法院依法予以准许。关于利息的计付。根据最高人民法院《关于人民法院审理借贷案件的若干意见》第六条的规定,民间借贷的利率可以适当高于银行的利率,各地人民法院可根据本地区的实际情况具体掌握，但最高不得超过银行同类贷款利率的四倍（包含利率本数）。超出此限度的，超出部分的利息不予保护。案涉《借款协议》约定月利息3.5%过高，对于超过中国人民银行同期同类贷款利率四倍的部分，一审法院依法不予支持。2014年8月26日之前的利息原、被告双方已结算完毕，原告要求被告菏泽海某公司支付2014年8月27日至2014年10月27日的利息共计10万元，不超过《借款协议》约定的利息数额（以420万元为基数按月息3.5%计算，两个月利息应为29.4万元），且不超过中国人民银行同期同类贷款利率的四倍，依法应予支持。原告要求被告菏泽海某公司按照中国人民银行同期同类贷款利率的四倍支付2014年10月28日至履行完毕之日的利息，依法应予支持。被告山东宝某公司在《借款协议》担保方处盖章，且该协议约定保证责任为连带保证责任，被告山东宝某公司对加盖公章及担保责任的约定均无异议，故被告山东宝某公司应对案涉借款及利息承担连带清偿责任。根据《中华人民共和国担保法》第三十一条的规定，保证人承担保证责任后，有权向债务人追偿。本案中，被告山东宝某公司承担责任后，有权向被告菏泽海某公司追偿。综上，依据《中华人民共和国合同法》第四十八条、第四十九条、第二百零五条、第二百零六条、第二百零七条的规定，《最高人民法院关于人民法院审理借贷案件的若干意见》第六条，《中华人民共和国担保法》第十八条、第三十一条之规定，判决：一、被告菏泽市海某房地产开发有限公司于本判决生效之日起十日内偿还原告苏某交借款人民币4000500元及利息（利息计算方式如下：2014年8月27日至2014年10月27日的利息共计10万元；2014年10月28日以后的利息以4000500元为基数按照中国人民银行同期同类贷款基准利率的四倍自2014年10月28日起计算至本判决确定的履行期间届满之日。如果被告在履行期限届满前自动履行，利息计算至自动履行之日）；二、被告山东宝某金属材料有限公司对第一项判决中的借款本金及相应利息承担连带清偿责任；三、被告山东宝某金属材料有限公司承担责任后，有权向被告菏泽市海某房地产开发有限公司追偿；四、驳回原告苏某交的其他诉讼请求。如果未按照本判决指定的期间履行给付金钱义务，应当依照《中华人民共和国民事诉讼法》第二百五十三条之规定，加倍支付迟延履行期间的债务利息。案件受理费41200元，由原告苏某交负担1200元，被告菏泽市海某房地产开发有限公司、山东宝某金属材料有限公司负担4万元；保全费5000元，由被告菏泽市海某房地产开发有限公司、山东宝某金属材料有限公司负担。

菏泽海某公司不服一审判决上诉称：一、刘某国的行为已涉嫌犯罪，一审法院未将该案移送公安机关立案侦查或中止民事程序审理程序错误。2012年3月14日经工商部门变更登记，刘某国就已不是海某公司方的股东、管理人员和员工。2012年3月23日，原公司使用的印章交付海某公司法定代表人，刘某国已无权代表海某公司实施任何行为，其在向苏某交借款时谎称其拥有海某公司33.33%的股份、其是海某公司的名义董事长，并利用其私刻的秘密保留的海某公司的公章，假冒法定代表人骗取苏某交借款420万元，依据有关规定，已涉嫌构成犯罪。一审法院将之作为经济纠纷受理，无视刘某国的经济犯罪嫌疑，违反了《中华人民共和国民事诉讼法》第一百五十条以及《最高人民法院关于在审理经济纠纷案件中涉及经济犯罪嫌疑若干问题的规定》第十二条的规定，审理程序错误，损害了海某公司的合法权益。另，一审法院漏列当事人，程序存在错误。因刘某国主动承诺还款，应当追加刘某国为本案共同被告。二、一审判决认定事实错误。本案涉案的借款合同系刘某国冒用上诉人海某公司（原怡某公司）的名义，利用其私自刻制并秘密保留下来的原怡某公司公章签订的，刘某国的行为已涉嫌经济犯罪，构成伪造企业印章罪与合同诈骗罪的牵连犯，违反法律、行政法规的强制性规定，应依据《最高人民法院关于在审理经济纠纷案件中涉及经济犯罪嫌疑若干问题的规定》（以下简称《规定》）之第五条规定以及《合同法》第五十二条之规定，认定借款合同无效。首先，刘某国于2012年3月14日将其本人所持有的原怡某公司股份转让，2013年7月18日原怡某公司所有股份转让给了现股东指定的人员。刘某国也自2013年7月18日不再在怡某公司担任任何职务，自此其与怡某公司没有了任何的隶属关系与委托代理关系。2012年3月23日，原怡某公司法定代表人李某华委托郭某红将公司印章及一些重要文件移交给上诉人的法定代表人叶某文，移交时并承诺，所移交的印章合法有效，根据公章管理的相关规定，企业在公安部门登记的公章具有唯一性，一家公司在同一时期只有一枚有效公章，因此，接收人无法获知存在两枚公章的事实，接收人不知道也不应当知道刘某国保留有私刻的公章。其次，刘某国在担任原怡某公司股东期间，未经公安机关的审批及备案私自刻制一枚公司的公章。在其退出怡某公司之时，仅向接收人移交了一枚公章，并未告知存在两枚公章的事实。案发后刘某国才在向上诉人海某公司出具的承诺书声称，其所掌握的原怡某公司之公章系公司作废公章。上诉人海某公司直至案发才知道存在两枚公章这一事实。刘某国在退出公司之后，在其与上诉人没有任何关系，并且上诉人毫不知情的情况下，冒用原怡某公司名义，与他人签订了一系列担保协议与借款协议，其中就包括本案的借款合同。最后，刘某国私刻公章，并秘密保留之行为已构成私刻公章罪；其利用该枚公章，冒用上诉人之名义为了自己的利益与他人签订一系列担保协议和借款协议，已构成合同诈骗罪。综上所述，依据《规定》之第五条以及《中华人民共和国合同法》第五十二条的规定，应认定本案中刘某国冒用上诉人名义所签订的借款合同无效。三、一审法院认定刘某国的行为构成表见代理错误。首先，被上诉人苏某交与刘某国签订的借款协议仅有刘某国的签名与其私刻的原怡某公司之公章，无其他附件。苏某交未对借款人原怡某公司尽到最基本的审核义务，既没有要求提供原怡某公司之营业执照以确认公司合法存在，也未确认法定代表人是谁，甚至也未就刘某国是否有原怡某公司之授权进行确认，连公司决定借款的股东会决议也没有。其相信刘某国具有代理权限的基础更多的是其主观上的轻信，鉴于其签署合同的轻慢态度，苏某交并没有尽到善意第三人的合理注意义务，其在签署合同时存在过失，其没有充分的理由相信刘某国具有代理权限。表见代理不成立。其次，本案所涉借贷形式上系公司行为，那么所涉款项应直接转账到公司账户，而不是刘某国个人账户。被上诉人苏某交在支付款项给刘某国的时候其应当审慎，应核实清楚为什么以公司名义借款而转账到刘某国的个人账户，被上诉人苏某交在没有核实的情况下，轻信刘某国的说辞，在刘某国没有提供任何公司决议的情况下，将款项支付给刘某国个人，认定被上诉人苏某交是善意第三人，与事实不符。最后，刘某国签订借款协议时即不是原怡某公司股东也不是原怡某公司法定代表人，从工商登记上来看，从2012年3月12日起刘某国就不在原怡某公司担任职务，其没有任何权利代表公司作出任何决定，实施任何行为。刘某国在协助怡某公司拆迁过程中是不是有对外宣称其是怡某公司的董事长，公司并不知情，但事实是在拆迁期间刘某国并不在怡某公司担任任何职务，更不是怡某公司的董事长，苏某交仅仅凭刘某国的个人陈述其是怡某公司董事长、实际控制人，而没有在与其签订担保书时让其提供公司营业执照、机构代码证等资料及股东会决议，显然苏某交在签订借款合同时疏忽大意，没有尽到合理的注意义务。四、一审法院认定案涉款项已实际履行，证据不足。首先，借款合同的双方当事人系海某公司和苏某交，苏某交只提供了加盖有刘某国非法持有的原怡某公司之公章的收据，并没有双方银行转账信息，无法证明被上诉人提供了借款。其次，苏某交提供的转账凭证所涉的款项并没有用于海某公司的项目中。请求：依法撤销原审判决，改判上诉人与被上诉人之间的借款合同无效，上诉人无需对借款协议承担责任，或发回重审。

被上诉人苏某交答辩称，一、一审判决无论是认定事实、适用法律以及审判程序均完全符合法律规定，有理有据，依法应予维持。二、上诉人菏泽海某公司因刘某国涉嫌犯罪为由所提出的上诉请求，于法无据，依法应予驳回。三、刘某国的行为足以认定其表见代理行为，被上诉人是基于对原怡某公司的信任支付了所借款项，被上诉人的行为是善意的。被上诉人合法权益依法应当得到支持。

被上诉人山东宝某公司未到庭答辩。

二审查明的事实与一审认定的事实一致。

本院认为，本案争议的焦点在于案外人刘某国向苏某交出具《借款协议》《收据》的行为能否代表菏泽海某公司，即刘某国的行为是否构成表见代理。表见代理，是指行为人没有代理权、超越代理权或者代理权终止后以被代理人名义订立合同，相对人有理由相信行为人有代理权的情形。该种情形下，相对人主观上为善意且无过失，因而可以向被代理人主张代理的效力。表见代理成立，必须具备相应条件。首先，要具备代理的一般要件，即行为人以被代理人的名义进行民事活动。本案中，案外人刘某国向苏某交出具《借款协议》《收据》的民事行为，构成代理的表象。其次，表见代理的成立，还必须具备特殊构成要件，包括对于相对人来说，客观上有理由相信行为人有代理权，且其主观方面应为善意且无过失。本案中，案外人刘某国持有菏泽怡某公司公章和《法人授权委托书》的情况下，刘某国在菏泽海某公司原登记地址向苏某交出具加盖公司公章的《借款协议》和《收据》，综合考虑刘某国曾在菏泽怡某公司任职的事实，可以认定苏某交已尽注意义务，即苏某交有理由相信刘某国有代理权。

上诉人另提出《借款协议》和《收据》所盖公章系案外人刘某国私自刻制并秘密保留原怡某公司公章。本院认为，苏某交在客观上确实无法核实公章真伪，且基于案外人刘某国提供了上述材料，苏某交相信公章是真实的也符合生活情理。因此在上诉人未能提供证据证明苏某交在签订合同当时确系知情、主观上为恶意的情形下，应认定苏某交出借行为为善意。故从表见代理的构成要件看，案外人刘某国向苏某交出具《借款协议》《收据》的行为构成表见代理，该代理行为有效，产生的民事法律后果应由上诉人承担。

在刘某国的行为构成表见代理的情况下，其以菏泽怡某公司名义向苏某交出具

《借款协议》并接受借款的行为应由上诉人菏泽海某公司承担责任。上诉人认为原审漏列当事人，应当追加刘某国为本案被告的理由亦不能成立，不予支持。

关于刘某国签订合同的行为是否涉嫌犯罪，一审未将该案移送公安机关立案侦查或中止本案诉讼，审理程序是否违法的问题。本案中上诉人上诉称"刘某国私刻公章，并秘密保留之行为已构成伪造公章罪；其利用该枚公章，冒用上诉人之名义为了自己的利益与他人签订一系列担保协议和借款协议，已构成合同诈骗罪。"本院认为，本案是刘某国表见代理行为而引发的借贷行为，根据现有证据，本案不具备《最高人民法院关于在审理经济纠纷案件中涉及经济犯罪嫌疑若干问题的规定》规定的向公安移送的条件，一审法院依法对本案进行审理并无不当，本案无须中止审理。

综上所述，上诉人的上诉请求不能成立，本院不予支持。原审判决裁判结果得当，应予维持。依照《中华人民共和国民事诉讼法》第一百六十九条、第一百七十条第一款第（一）项、第一百七十五条的规定，判决如下：

驳回上诉，维持原判。

二审案件受理费40000元，由上诉人菏泽市海某房地产开发有限公司负担。

本判决为终审判决。

法律法规

《中华人民共和国民法典》（2021年1月1日施行）

第一百七十二条　行为人没有代理权、超越代理权或者代理权终止后，仍然实施代理行为，相对人有理由相信行为人有代理权的，代理行为有效。

《最高人民法院关于适用〈中华人民共和国民法典〉总则编若干问题的解释》（法释〔2022〕6号）

第二十八条　同时符合下列条件的，人民法院可以认定为民法典第一百七十二条规定的相对人有理由相信行为人有代理权：

（一）存在代理权的外观；

（二）相对人不知道行为人行为时没有代理权，且无过失。

因是否构成表见代理发生争议的，相对人应当就无权代理符合前款第一项规定的条件承担举证责任；被代理人应当就相对人不符合前款第二项规定的条件承担举证责任。

076 中某建设股份有限公司与湖南助某投资担保有限公司等保证合同纠纷案[①]

裁判要旨

当事人使用伪造印章签订的合同，除交易相对人知道或应当知道印章为虚假外，不影响合同效力。故民事案件中虽存在伪造印章的事实，但不影响合同效力的认定，不必裁定中止审理并将案件移送侦查机关立案侦查。

相关判决

中某建设股份有限公司与湖南助某投资担保有限公司等保证合同纠纷二审民事判决书［（2015）湘高法民三终字第123号］

上诉人（原审被告）：中某建设股份有限公司，住所地：湖南省长沙市天心区白沙中路88号天机大厦。

法定代表人：孙某岳，该公司董事长。

被上诉人（原审原告）：湖南助某投资担保有限公司，住所地：湖南省邵阳市双清区东大路1号正太商业大厦7011房。

法定代表人：李某洋，该公司经理。

被上诉人（原审被告）：孙某辉。

被上诉人（原审被告）：钱某娟。

被上诉人（原审被告）：中某建设股份有限公司邵阳烟草物流园项目经理部。

负责人：徐某旺，该项目部经理。

上诉人中某建设股份有限公司（以下简称中某公司）因与被上诉人湖南助某投资担保有限公司（以下简称助某公司）、孙某辉、钱某娟、中某建设股份有限公司邵阳烟草物流园项目经理部（以下简称项目部）保证合同纠纷一案，不服湖南省邵阳市中级人民法院于2015年4月23日作出的（2014）邵中民二初字第76号民事判决，向本院提起上诉。本院受理后，依法组成合议庭，于2015年9月21日公开开庭进行了审理，上诉人中某公司的委托代理人×××，被上诉人助某公司的委托代理人×××到庭参加了诉讼。被上诉人孙某辉、钱某娟、项目部经

[①] 审理法院：湖南省高级人民法院；诉讼程序：二审

本院合法传唤未到庭参加诉讼,本院依法缺席审理。本案现已审理终结。

助某公司向原审法院起诉称:被告孙某辉、钱某娟、项目部共同向案外人罗某借款 3000 万元,上述 3 被告委托原告为其借款提供连带担保。借款期限届满后,被告未向债权人罗某归还借款本金 3000 万元,并拖欠借款利息 120 万元。原告为履行保证合同,代 3 被告向债权人罗某偿还借款本金 3000 万元,支付利息 120 万元。依借款与保证合同及担保《收费明细告知书》的约定,借款利息月利率为 2%,资产委托管理费每月 55 万元,调查费及审查费每月 8 万元,中介费 5%,担保费 4%;另约定借款人未按合同约定归还借款本金及未按时足额支付利息导致担保人代为偿付的,由借款人向保证人加付逾期借款额 50%的罚息并承担垫付款额 20%的违约金,同时承担逾期管理费每日 5000 元。被告项目部系被告中某公司的下设机构,不是适格的独立承担民事责任的主体,项目部应承担的民事责任依法应由被告中某公司承担。请求判令被告孙某辉、钱某娟、项目部、中某公司偿还其代为归还的借款本金 3000 万元及代为支付的利息 120 万元;由被告向原告支付资产管理费 110 万元、调查费及审查费 16 万元、中介费 50 万元、担保费 4 万元、逾期管理费 30 万元、逾期罚息 60 万元、承担违约金 624 万元;由上述被告向原告支付诉讼代理费 50 万元;以上共计 4064 万元。本案诉讼费用由被告承担。

中某公司答辩称,被告孙某辉及项目部徐某旺伪造答辩人项目部的印章,以该项目部名义与罗某签订的借款合同无效,答辩人对孙某辉、徐某旺的行为所造成的后果不应承担民事责任;孙某辉、徐某旺伪造答辩人项目部印章涉及刑事犯罪,长沙市公安局天心分局已决定立案侦查,涉及民事诉讼的受案法院应将涉讼证据移送公安部门侦查处理,并应依法裁定驳回助某公司的起诉;助某公司与借款人罗某对徐某旺加盖的项目部印章没有尽审查之责,助某公司没有依借款合同约定对借款合法使用尽监控之责,本案不排除助某公司、借款人罗某与孙某辉、徐某旺恶意串通损害答辩人合法权益;助某公司不是本案的适格原告,其向答辩人主张权利没有法律和事实依据,罗某提供的 3000 万元借款没有合法收入证明,杨某英分 14 笔转账支付给罗某的款项不能认定为助某公司代为偿还借款的交易凭据,助某公司没有代为偿还借款的证据,其不是适格的原告。

原审法院查明事实如下:2014 年 3 月 11 日,以案外人罗某为甲方、被告孙某辉、钱某娟、项目部为乙方,助某公司为丙方,签订借款合同。合同约定:甲方向乙方提供借款 3000 万元,借款用途为用于邵阳烟草物流园项目;借款期限 6

个月，自 2014 年 3 月 11 日起至 2014 年 9 月 10 日止，从实际交付借款之日起计付利息；借款月利率为 20%。丙方为乙方向甲方借款提供连带责任担保，乙方以其拥有的资产为丙方提供反担保。反担保的保证范围：垫付乙方借款本金、利息、罚息、违约金、诉讼费用、律师代理费用、执行与实际执行费用等。甲、乙、丙三方在合同中约定了各自的权利与义务：乙方按照丙方的要求提供相应的文件及资料，并保证所提供资料、文件的真实性和合法性；乙方按约定向丙方支付相关费用；乙方服从丙方对借款交付后的管理与风险监控；如乙方违反借款合同及附件的约定，应向甲方及丙方支付相关违约金及其他费用。丙方按约定承担保证责任，有权向乙方收取担保管理费；丙方代乙方向甲方清偿债务后，有权向乙方及反担保人进行追偿；丙方对乙方使用借款情况进行管理与监督。若乙方未按约定足额还本付息，甲、乙、丙在违约条款中约定：因乙方未按时足额向甲方履行还款义务导致丙方承担保证责任（即由丙方垫款代乙方支付本息给甲方），乙方应向丙方支付的违约金为垫付款额的 20%，自逾期之日起应向丙方支付利息并另行支付逾期额合同约定利率 50% 的罚息及每日 5000 元的逾期管理费。出借人罗某、借款人孙某辉、钱某娟在借款合同上签名，项目部在借款人栏内加盖了该项目部印章，徐某旺以项目部负责人的名义签名，助某公司在保证人栏内加盖了公司印章，其法定代表人李正祥签名。2014 年 3 月 12 日，孙某辉、钱某娟、项目部向罗某出具了借款借据，并指定出借人将借款汇付至中某公司在工商邵阳分行三八亭支行的账户上。2014 年 3 月 13 日，出借人罗某依借款人指令将 1000 万元汇付至中某公司账户。同日，罗某委托助某公司股东谢某初将 2000 万元汇付至中某公司账户。

助某公司于 2014 年 3 月 12 日向孙某辉、钱某娟、项目部送达了担保收费明细告知书，具体收费项目为：1. 月利息 2%，每月 60 万元，六个月共计 360 万元；2. 资产委托管理费每月 55 万元，六个月共计 330 万元；3. 调查费、审查费 48 万元；4. 中介费 150 万元；5. 担保费 12 万元。孙某辉、钱某娟在告知书上签名，项目部加盖了印章，徐某旺在项目负责人栏内签名。在借款合同、担保合同约定的履行期限内，借款人孙某辉、钱某娟及项目部分别向出借人及担保人支付了大部分利息和担保费用，但尚欠出借人部分利息和担保人部分担保费用。

2014 年 9 月 10 日，出借人罗某分别向借款人孙某辉、钱某娟、项目部及担保人助某公司发出《催款通知书》，该通知书载明，借款 3000 万元本金未归还，利息 120 万元及罚息 30 万元共计 150 万元未支付，要求借款人依合同约定即日支付。另要求担保人助某公司督促借款人支付借款本息，若借款人不能按时支付，则要求助某公司在 2014 年 9 月 14 日前承担保证责任代借款人清偿借款本息 3150 万元。钱某娟在该催收通知书上签名，助某公司在该催收通知书上盖章。当天，助某公司即向孙某辉、钱某娟及项目部发出《催收通知书》，该通知书载明，你们欠借款人本金 3000 万元，利息 120 万元，罚息 30 万元，本息共计 3150 万元。欠担保费用 180 万元，逾期支付利息管理费 15 万元及违约金 0.5 万元，以上共计 195.5 万元。要求被通知人在约定的时间内付清。逾期，公司将于 2014 年 9 月 14 日前依约向罗某履行保证责任。钱某娟在该催收通知书上签名。

因借款人孙某辉、钱某娟、项目部未在合同约定的归还期限内向出借人罗某归还借款本金及支付利息和罚息 3150 万元，担保人助某公司分别于 2014 年 9 月 18 日、9 月 19 日委托案外人杨某英通过银行汇款 3444 万元至出借人罗某账户，其中 3150 万元为助某公司代借款人履行的还本付息义务。助某公司向债权人罗某履行保证义务后，向债务人孙某辉、钱某娟、项目部追偿未果，以致酿成诉讼。

原审法院另查明，中某公司于 2011 年 10 月 18 日与湖南省烟草公司邵阳分公司签订建设工程施工合同，由中某公司承建湖南省烟草公司邵阳烟草物流园项目。在上述建设工程施工合同签订前的 2011 年 5 月 30 日，中某公司即与被告孙某辉签订了《项目承包经营协议书》，中某公司承诺其若中标邵阳烟草物流园项目，愿将该项目承包给孙某辉经营，由孙某辉在承包经营范围内自主经营、独立核算、自负盈亏，独立承担法律、经济责任风险；因垫资、承包经营引起的经济、法律问题由孙某辉个人承担，中某公司不承担任何责任；中某公司按建设方支付的合同结算价款 1.5% 收取管理费；项目部行政章、技术资料专用章由中某公司根据项目实际需要审批并由其刻制和保管、监督使用；孙某辉必须严格执行中某公司印章管理的有关规定，并与其签订印章管理责任状；孙某辉为印章管理第一责任人和审批人，对印章管理和使用负有直接责任。中某公司在一审诉讼中虽然提交了"中某建设股份有限公司邵阳烟草物流园项目经理部"印章印模的相关资料，但其在庭审中认可其刻制的该印章没有在公安机关备案。2012 年 1 月 12 日，中某公司致函湖南省烟草公司邵阳分公司，明确徐某旺为邵阳烟草物流园建设项目负责人。

原审法院认为，本案系保证担保合同纠纷。原告助某公司是合法成立的投资担保公司，涉及本案的投资担保业务符合其注册登记的经营范围，是本案的适格主体。被告孙某辉、钱某娟是具有完全民事行为能力的自然人，亦是本案的适格主体。被告项目部是被告中某公司的内设机构，无独立的财产承担民事责任，不是本案的适格主体，其与中某公司签订的内部承包合同对外不具有法律约束力。项目部的合法民事权利及民事责任应当由中某公司享有和承受。孙某辉是被告中某公司邵阳烟草物流园建设项目的承包人，徐某旺是中某公司指派的邵阳烟草物流园建设项目的负责人，出借人罗某与借款人孙某辉、钱某娟及项目部签订借款合同并依其指令，将借款3000万元汇付至中某公司的银行账户，保证人助某公司有理由相信孙某辉、钱某娟、项目部向罗某借款3000万元的行为是中某公司授权的。同时，中某公司收到出借人罗某汇付的巨额资金后，其亦未向项目承包人孙某辉及项目负责人徐某旺查明由来，据此可以推定中某公司知道或应当知道孙某辉、徐某旺的融资行为不作否定表示而视为同意。故此，中某公司应当对其项目承包人孙某辉及项目负责人徐某旺的融资行为承担民事责任。原告助某公司为借款人孙某辉、钱某娟、项目部向出借人罗某借款3000万元与之签订的保证合同，以及孙某辉、钱某娟、项目部与保证人助某公司签订的反担保合同未违反国家效力性法律规定，依法应确认为有效合同，与该合同有利害关系的行为人应依合同的约定和法律的规定享有权利并承担义务。债务人孙某辉、钱某娟、项目部未依约向债权人履行还本付息义务，原告助某公司依约向债权人履行了保证义务，依法可向债务人行使追偿权。依本案证据及相关法律规定确认助某公司享有追偿权的范围为：1. 代借款人向出借人归还的借款本金3000万元，支付利息及罚息150万元，合计3150万元；2. 经债务人钱某娟签字认可的应当支付助某公司的相关费用而未实际支付的195.5万元；3. 依合同第十五条第三款之约定："乙方应向丙方支付违约金为垫付款额的20%。"按保证人与被保证人约定的违约金计算方法，助某公司应获得的违约金为630万元（3150万元×20%＝630万元），原告助某公司未主张代偿后的利息及罚息，只主张违约方承担违约金624万元，故依法采纳原告的主张，准许违约方只支付违约金624万元。以上共计3969.5万元。原告助某公司起诉主张被告依约应承担的管理费、调查费、审查费、中介费、担保费及罚息与钱某娟签字认可的应付而实际未支付助某公司的担保费等195.5万元存在重叠的，应以钱某娟签名认可的数额为准。原告助某公司起诉主张被告承担本案诉讼代理费50万元，因原告助某公司未提交合法支付诉讼代理费的相关证据而不予采纳。

被告中某公司抗辩称被告孙某辉及案外人徐某旺伪造其项目部印章，与罗某及助某公司签订的借款与保证合同依法应属无效。因中某公司不能提交其项目部印章在公安机关的备案资料依法进行司法鉴定，其应承担举证不能对其不利的法律后果，对其该抗辩主张不予采信；被告中某公司抗辩称本案涉及刑事犯罪，应依法裁定驳回原告助某公司的起诉，并将本案涉讼证据移送公安部门处理。依原告提交的有效证据证实，保证人助某公司担保的出借人罗某支付的借款3000万元直接汇入中某公司的账户，出借人将借款交付给借款人后资金的所有权转移，中某公司有法定义务监督项目承包人孙某辉及项目负责人徐某旺合法使用其账户资金，中某公司疏于监管，放任孙某辉和徐某旺滥用其账户资金，若孙某辉、徐某旺涉嫌犯罪，中某公司也只应以孙某辉、徐某旺涉嫌侵占其公司财产为由向有管辖权的公安机关报案主张权利，中某公司抗辩主张其工作人员涉嫌犯罪与本案借款合同及保证合同的订立与履行无法律事实上的牵连，对其该抗辩主张亦不予支持；被告中某公司还抗辩称，出借人罗某以及保证人助某公司与被告孙某辉、项目负责人徐某旺恶意串通损害其合法权益。该抗辩理由也难以成立，理由如下：中某公司没有提交出借人罗某以及保证人助某公司与被告孙某辉、项目负责人徐某旺恶意串通损害其合法权益的相关证据；出借人罗某将巨额资金借与他人追求的是按借款期限收回本金并收取预期利息，保证人助某公司为出借人与借款人提供担保追求是收取预期担保费用以获取利益。出借人以出借的巨额资金能否收回为代价，保证人以承担巨大保证风险为代价而与借款人恶意串通谋取中某公司的利益与交易习惯不符。故此，对中某公司的该抗辩理由亦不予采信；此外，中某公司还抗辩称，出借人罗某出借的巨额资金来源不明，助某公司代借款人偿还借款本息3150万元的证据不足，助某公司不是适格的权利主体。中某公司没有提交出借人罗某出借的3000万元是非法资金的证据，同时亦没有法律规定人民法院在审理借款合同案件时必须审查出借人资金的合法来源。助某公司委托杨某英通过银行汇款3150万元给罗某，罗某亦出具证明认可其收到了助某公司支付的担保款本息3150万元，可认定助某公司履行了担保义务并取得了追偿权，故中某公司的该抗辩理由不能成立。借款人孙某辉、钱某娟、项目部没有在借款合同中约定各自的借款数额，依照法律规定视为共同借款，应向出借人或保证人承担连带清偿责任，并应依合同的约定向保证人承担违约责任。项目部应承担的责任依法应由中某公司承担。助某公司虽然与出借人罗某及借款人孙某辉、钱某娟、项目部在借款与保证合同条款中约定其承担"贷后管理与风险监控"责任，但因三方没有约定具体的监控方法与途径，助某公司存在履约不能的情形，即依约难以对借款人孙某辉、钱某娟、项目部合理使用借款进行监控，亦不应承担本案的违约责任。据此，判决如下：一、由被告孙某辉、钱某娟、中某建设股份有限公司在本判决生效后十日内连带清偿原告湖南助某投资担保有限公司代为支付的借款本息3150万元；二、由被告孙某辉、钱某娟、中某建设股份有限公司在本判决生效后十日内连带支付拖欠原告湖南助某投资担保有限公司担保费用等195.5万元；三、由被告孙某辉、钱某娟、中某建设股份有限公司连带支付原告湖南助某投资担保有限公司违约金624万元；四、驳回原告湖南助某投资担保有限公司其他诉讼请求。如支付义务人未按本判决指定的期间履行给付金钱义务，应当依照《中华人民共和国民事诉讼法》第二百五十三条之规定，加倍支付迟延履行期间的债务利息。本案案件受理费24.5万元，财产保全费0.5万元，共计25万元，由被告孙某辉、钱某娟、中某建设股份有限公司连带负担。上述款项已由原告湖南助某投资担保有限公司预交，被告孙某辉、钱某娟、中某建设股份有限公司直接支付给原告。

上诉人中某公司不服一审判决，向本院提起上诉称：一、一审判决认定事实错误。1. 涉案借款是孙某辉、徐某旺个人行为，孙、徐二人私刻公章，盗用项目部名义，伙同钱某娟，与出借人罗某和助某公司签订高利贷《借款合同》，抽逃、转移资金，借款应由孙、徐二人偿还。因其行为涉嫌犯罪，法院应驳回原告的起诉，并移送公安机关；2. 助某公司和出借人严重违约，自身存在严重过错，应自行承担损失。罗某、谢某初、杨某英都是助某公司的人，助某公司假借罗某名义放高利贷；3. 助某公司明知项目部及徐某旺没有资格借贷，却与孙某辉、徐某旺签订高利贷借款合同，未尽审查监控之责，应自行承担风险。二、一审程序违法。1. 一审法院以超过举证期口头驳回上诉人《司法鉴定申请》违法；2. 对于上诉人提交的各项申请应当书面回复；3. 一审裁定冻结上诉人公司账户存款4120万元超出了助某公司的担保能力；4. 本案因涉嫌犯罪应中止审理或驳回起诉；5. 一审采信助某公司的虚假违法证据；三、一审判决适用法律不当，应认定合同无效。四、一审判决不公，应予撤销改判。请求：1. 撤销一审判决；2. 改判驳回被上诉人助某公司对上诉人的诉讼请求；3. 改判驳回被上诉人助某公司的起诉，将该案移交公安部门处理；4. 由被上诉人承担诉讼费。

被上诉人助某公司答辩称，本案是民间借贷担保追偿案，担保人替债务人担保还款，担保人向债务人追偿，事实清楚，证据充分，一审判决并无不当，上诉人称一审程序违法没有依据。请求驳回上诉，维持原判。

在二审指定的举证期限，上诉人中某公司提交了以下新的证据：

1-3. 助某公司工商信息、罗某的《公民信息检索单》、助某公司的相关视频光盘和照片，拟证明：谢某初是助某公司第一大股东及执行董事，罗某是公司普通员工，助某公司以罗某名义签订《债权转让协议》。

4. 公安机关调取的银行账户历史明细清单，以及《借款资金转入期货市场账户情况（根据公安机关提供的银行流水）》。拟证明：（1）中某公司在借款期限届满前，已还款750万元；（2）在借款资金到账的五天内（3月18日），至少有2220万元资金被挪用至孙某辉的期货交易账户；（3）助某公司未尽监管义务，导致借款资金被挪用于期货交易等，导致借款不能偿还。

5. 孙某辉2015年9月16日出具的《情况说明》，以及中某公司辽宁分公司董事长龙成与孙某辉于2015年9月14日谈话的录音光盘（附件：《录音摘录》），拟证明：助某公司明知孙某辉以及项目部无权签订3000万元的《借款合同》，并非善意且无过失，不构成表见代理。

6. 《付款申请书》。拟证明：助某公司没有依据《借款合同》对徐某旺提供的资料、文件的合法性和真实性进行核实审查。

7-8. 《中国工商银行网上银行电子回单》、乔某香的《公民信息检索单》。拟证明：助某公司委派乔某香对项目部进行"监控"，并由项目部向乔某香发工资。

9. 孙某辉提供的项目部持有项目部银行账户的网上银行支付U盾的一枚（照片及原物）。拟证明：付款指令由助某公司发出。

10. 2014年2月12日罗某出具的《保密承诺》。拟证明：助某公司明知孙某辉与中某公司系挂靠关系，且知晓协议中诸如孙某辉无权以中某公司的名义对外签订合同等约定。

对于以上证据，被上诉人助某公司质证认为：以上证据不属于二审新证据。此外，对证据1-3真实性没有异议，关联性有异议，谢某初是公司董事长，但其与罗某之间的个人交易与该公司没有关联性；对证据4，认为中某公司内部的资金流向与助某公司无关。合同指定还款账户是6579账户，该证据中的账户并非还款账户；对证据5，是否孙某辉本人不能确认，录音中言论的真实性不能确认，录音双方的身份不能确认；对证据6，上诉人、徐某旺、孙某辉的付款行为没有经过助某公司，助某公司对于资金流向最多只能实施形式上的监管；证据7-8乔某香身份不能确认，不予认可；证据9不能达到证明目的；证据10与本案不具有关联性。

经审查上述证据，本院认为：1. 对于上诉人证据1-3，本案是担保人起诉债务人的担保合同纠纷，借款人罗某的出借资金是否是由谢某初委托支付不属于本案审理范围，故该三份证据与本案缺乏关联性，应不予采信；2. 对于证据4，上诉人以该证据证明还款750万元的事实，但该证据中的账户不是合同指定的还款账户，而助某公司仅认可上诉人偿还了前四个月的利息及担保费用共计600万元，因此当事人之间依据合同约定自愿支付利息及担保费用的行为并不违反法律的规定，且与本案后来借款到期助某公司履行义务后向债务人追偿之诉无关，故该证据既不足以证明该750万元均为还款，且上诉人还以该证据主张涉案借款被孙某辉非法挪用买卖期货，但上述证据仅为孙某辉等相关账户的流水记录，无其他证据佐证，不足以达到其该项证明目的，故对证据4应不予采信；3. 对于证据5、证据9，系孙某辉录音及其提供的U盾，因孙某辉作为借款人及本案被上诉人未出庭应诉，该两份证据的真实性无法确认，应不予采信；4. 证据6《付款申请书》之上未加盖项目部或助某公司公章，真实性无法确认，不予采信；5. 证据7-8与本案的关联性不能确认，不予采信；6. 证据10系罗某关于不拆封孙某辉《项目承包协议》的承诺，与涉案的保证合同关系缺乏关联性，对该证据不予采信。

在二审指定的期限内，上诉人中某公司还向本院提交以下4份书面调查举证申请：

申请一，申请调取罗某和杨某英银行账户往来情况。以查明罗某出借的款项来源，以及助某公司委托杨某英偿还的3444万元还款是否系一笔资金的重复使用；

申请二，申请调查邵阳市双清区隆某彩印厂银行账户往来情况；

申请三，申请调查长沙市建工金属材料有限公司银行账户情况；

申请四，申请调查中某公司工行邵阳三八亭支行银行账户网上银行付款的IP地址。

对于以上调查取证申请，本院经审查认为，根据《中华人民共和国民事诉讼法》第六十四条第二款、《最高人民法院关于适用〈中华人民共和国民事诉讼法〉的解释》第九十五条之规定，当事人申请调查收集的证据，与待证事实无关联、对证明待证事实无意义或者其他无调查收集必要的，人民法院不予准许。故，对于申请一，罗某出借资金的来源不属于必须查明的事实，杨某英代助某公司向债权人偿还借款，既有银行转账凭证，亦有债权人罗某出具证明确认已收到杨某英代助某公司所付涉案款项，足以认定助某公司向罗某履行了还款责任，上诉人申请本院调取罗某资金来源及杨某英还款资金情况，不属于本案必须查明的事实；对于申请二，邵阳市双清区隆某彩印厂的账户并非借款合同指定的还款账户，且与本案助某公司履行保证责任后向债务人追偿之诉缺乏关联性；对于申请三，本案是保证合同纠纷，孙某辉与长沙市建工金属材料有限公司账户之间的资金往来不属于本案审理范围；对于申请四，该账户网上银行付款时的 IP 地址与本案缺乏关联性。综上，本院认为，上诉人的上述四项调查取证申请不符合法律规定，应不予准许。

在二审指定的举证期限内，被上诉人助某公司提交了以下新的证据：

1. 中国工商银行开立单位银行结算户申请书，来源于孙某辉、项目经理徐某旺。拟证明出借人罗某打入的 3000 万元是打在中某公司开立的账户上，该账户由中某公司掌控，未经中某公司同意，钱是无法转出的。

2. 中某公司对刘某开具的介绍信和授权书，来源于孙某辉、项目经理徐某旺。拟证明：中某公司授权刘某代表公司到邵阳工商银行三八亭支行办理开立一般账户并开通单位网银。

3. 中某公司的开户申请报告，来源于孙某辉、项目经理徐某旺。拟证明：出借人罗某打入 3000 万元的 190××××××××××3266 账户是中某公司申请开立的。

4. 中某公司的承诺书，来源于孙某辉、项目经理徐某旺。拟证明：中某公司授权孙某辉对外借款。以上证据综合证明：出借人罗某和担保人助某公司有理由相信孙某辉及项目部的借款行为是中某公司的授权行为，且中某公司对账户有能力实施监督。以上证据原件在孙某辉处，其提交的均为复印件，来源于签合同时孙某辉向其提交的资料。

经质证，上诉人对证据 1、2、3 的真实性、关联性不予认可。对证据 4 的真实性不予认可，认为该承诺书上中某公司印章是伪造的，并当庭提出印章鉴定申请。

经审查，被上诉人助某公司提交的证据 1-4 均系来源于孙某辉的复印件，且孙某辉作为借款人未出庭，本院对上述证据均不予采信，上诉人提出的印章鉴定申请亦无须进行。

经审查在卷证据，原审法院查明事实清楚，应予以确认。

本院认为，本案是一起保证合同纠纷。根据查明的事实，出借人罗某与被上诉人孙某辉、钱某娟及项目部签订借款合同，约定向三被上诉人借款3000万元，该3000万元已实际支付至中某公司账户上，合同真实有效，借款关系合法成立。项目部作为中某公司的内设机构，不具备独立的民事行为能力，其行为法律后果应由中某公司承担。在借款期限届满后，经债权人罗某催告，被上诉人助某公司作为连带责任保证人通过杨某英账户向罗某偿还了本息3150万元。根据《中华人民共和国担保法》第三十一条的规定，助某公司有权向债务人孙某辉、钱某娟及中某公司进行追偿。

上诉人主张借款是孙某辉、徐某旺二人私刻公章，盗用项目部名义进行的个人行为，上诉人不应承担法律责任。经审查涉案借款合同，烟草物流园项目的承包人孙某辉及项目部负责人徐某旺在合同上签名并加盖了项目部公章，借款依据借款人的指令付至中某公司的公司账户，中某公司在收到该款项后并未提出异议，助某公司作为保证人，有理由相信项目部的借款行为得到了中某公司的授权。上诉人主张合同上加盖的项目部公章系伪造以及项目部没有对外借款的授权，但项目部是否有权对外借款为中某公司与其项目部之间的内部管理问题，不能对抗善意第三人，现有证据也不足以证明助某公司知道或应当知道公章系伪造。上诉人主张助某公司与孙、徐恶意串通，导致孙某辉非法挪用资金，但未能证明助某公司签订涉案合同之时明知孙某辉具有挪用借款的非法目的，孙某辉是否涉嫌非法挪用资金亦无确切证据证明，且如原审法院分析，"出借人以出借的巨额资金能否收回为代价，保证人以承担巨大保证风险为代价而与借款人恶意串通谋取中某公司的利益与交易习惯不符"。综合以上情形，上诉人关于其不应承担法律责任的上诉理由不成立，助某公司足以相信项目部签订借款合同具有上诉人的授权和认可，根据《合同法》第五十条的规定，项目部的行为有效，中某公司应对其项目部的行为承担法律责任，除向保证人偿还3150万元借款本息外，还应依据合同约定支付相应的担保费用并承担逾期还款的违约责任。上诉人对于原审法院认定的担保费用195.5万元及624万元违约金提出上诉，主张助某公司收取巨额调查管理费，不履行审查、监管职责，存在严重过错，应自行承担损失。对此，本院认为，涉案借款合同第七条虽然约定，"甲、乙双方共同委托丙方对乙方的借款进行借款后的管理和风险监控"，但借款已付至上诉人公司账户，不在助某公司监管范围内，应由上诉人自行对款项支付进行监管。上诉人主张该款项被孙某辉非法挪用的损失应由助某公司自行承担无事实和法律依据，应不予支持。助某公司有权依据合同约定向中某公司主张逾期还款的担保费用、逾期管理费共计 195.5 万元及违约金，但根据本案的具体情形，原审法院认定违约金为 624 万元过高，本院酌情调整为上诉人应承担违约金 150 万元。

上诉人主张孙某辉涉嫌伪造公章，本案应驳回起诉并移送公安机关。经审查上诉人提交的孙某辉伪造公章的证据，系天心区人民法院在审理案外人湖南大金钢结构工程有限公司诉中某公司建设施工合同纠纷一案中发现的项目部印章经鉴定为伪造印章的犯罪线索，但上述证据中涉嫌被伪造的项目部公章与涉案借款合同上的项目部公章是否为同一枚，缺乏其他证据证明，而本案中的项目部公章是否系伪造并未经鉴定。另，孙某辉是否涉嫌伪造公章，除助某公司知道或应当知道之外，不影响本案的审理，故本案不属于必须移送的范围。上诉人的该项上诉请求不成立，应不予支持。上诉人还主张一审程序违法，但其关于一审法院应当书面答复上诉人申请的上诉理由没有法律依据，上诉人关于一审存在程序问题的其他上诉请求亦缺乏充分依据，本院均不予支持。

综上，上诉人的上诉请求部分成立，应予部分支持，其余上诉请求不成立，应不予支持。原审判决认定事实清楚，程序合法，但适用法律存在不当，本院予以改判。根据《中华人民共和国民法通则》第六十六条第一款，《中华人民共和国担保法》第十八条、第三十一条，《中华人民共和国合同法》第四十九条、第一百一十四条、第二百一十条，《中华人民共和国民事诉讼法》第六十四条第二款、第一百四十四条、第一百七十条第一款第二项，《最高人民法院关于适用〈中华人民共和国民事诉讼法〉的解释》第九十五条的规定，判决如下：

一、维持湖南省邵阳市中级人民法院（2014）邵中民二初字第 76 号民事判决第一项、第二项、第四项；

二、变更湖南省邵阳市中级人民法院（2014）邵中民二初字第 76 号民事判决第三项为：由上诉人中某建设股份有限公司、被上诉人孙某辉、钱某娟在本判决生效后十日内连带支付被上诉人湖南助某投资担保有限公司违约金 150 万元。

如支付义务人未按本判决指定的期限履行给付金钱义务，应当依照《中华人民共和国民事诉讼法》第二百五十三条之规定，加倍支付迟延履行期间的债务利息。

本案一审案件受理费 245000 元，财产保全费 5000 元，二审案件收费 240275 元，共计 490275 元，由上诉人中某建设股份有限公司、被上诉人孙某辉、钱某娟共同负担 35 万元，由被上诉人湖南助某投资担保有限公司负担 140275 元。

本判决为终审判决。

法律法规

《中华人民共和国民法典》（2021年1月1日施行）

第一百七十二条　行为人没有代理权、超越代理权或者代理权终止后，仍然实施代理行为，相对人有理由相信行为人有代理权的，代理行为有效。

《最高人民法院关于适用〈中华人民共和国民法典〉总则编若干问题的解释》（法释〔2022〕6号）

第二十八条　同时符合下列条件的，人民法院可以认定为民法典第一百七十二条规定的相对人有理由相信行为人有代理权：

（一）存在代理权的外观；

（二）相对人不知道行为人行为时没有代理权，且无过失。

因是否构成表见代理发生争议的，相对人应当就无权代理符合前款第一项规定的条件承担举证责任；被代理人应当就相对人不符合前款第二项规定的条件承担举证责任。

第八章　与伪造印章相关的其他法律问题

第一节　再审期间才提鉴定印章真伪的，不予支持

077 保定建某集团有限公司与陕西城某建筑装饰工程有限公司、陕西世纪景某化工有限公司、保定建某集团有限公司西安分公司建设工程施工合同纠纷案[①]

裁判要旨

当事人对印章的真伪在二审结束后才单方委托出具鉴定书的，违背了民事诉讼法规定的诚实信用原则，也违背了在一、二审中没有使用过的诉讼防御手段和当事人在申请再审时不能采用的民事诉讼法理，该鉴定意见不会被人民法院采纳。

实务要点总结

（1）在诉讼中，如果对涉案印章的真实性存疑，应在举证期内，至迟在一审辩论终结前，对印章的真伪进行鉴定，防止人民法院对鉴定申请不予支持或不予认可鉴定意见。本案保定建某集团败诉的一个重要原因在于，其迟至再审期间才申请对案涉印章进行鉴定，严重超过了举证期限，最高人民法院因此认定此举有违诚实信用原则，故未支持其再审申请。

（2）但需特别注意的是，根据《民事诉讼法》第六十八条、《最高人民法院关于适用〈中华人民共和国民事诉讼法〉的解释》第一百零二条的规定，如果当事人能够证明逾期所举证据与案件的基本事实相关，人民法院必须予以采纳。但当事人可能因此面临被法院训诫、罚款的风险。

[①] 审理法院：最高人民法院；诉讼程序：再审

> 相关判决

保定建某集团有限公司与陕西城某建筑装饰工程有限公司、陕西世纪景某化工有限公司、保定建某集团有限公司西安分公司建设工程施工合同纠纷申请再审民事裁定书〔（2013）民申字第 566 号〕

再审申请人（一审被告、二审上诉人）：保定建某集团有限公司。

法定代表人：李某民，该公司总经理。

被申请人（一审原告、二审被上诉人）：陕西城某建筑装饰工程有限公司。

法定代表人：周某，该公司总经理。

被申请人（一审被告、二审被上诉人）：陕西世纪景某化工有限公司。

法定代表人：张某梅，该公司董事长。

被申请人（一审被告、二审被上诉人）：保定建某集团有限公司西安分公司。

负责人：朱某华，该分公司经理。

再审申请人保定建某集团有限公司（以下简称建某集团）因与被申请人陕西城某建筑装饰工程有限公司（以下简称城某公司）、陕西世纪景某化工有限公司（以下简称景某公司）、保定建某集团有限公司西安分公司（以下简称西安分公司）建设工程施工合同纠纷一案，不服陕西省高级人民法院（2012）陕民一终字第 00085 号民事判决，向本院申请再审。本院依法组成合议庭对本案进行了审查，现已审查终结。

建某集团申请再审称：（一）建某集团与西安分公司没有任何关联，二审判决认定西安分公司的民事责任由建某集团承担，没有事实依据。建某集团是国有独资公司，其主管部门及资产管理部门从未批准设立西安分公司。西安分公司是由不法分子伪造印章，欺骗登记机关而虚假设立的，已于 2009 年 6 月 10 日被西安市工商行政管理局撤销设立登记，并吊销了营业执照。（二）建某集团没有为西安分公司出具《授权委托书》，委托其与景某公司签订建设工程施工合同。景某公司所出示的建某集团的《授权委托书》等文件资料系伪造的，有保定市公安局刑事科学技术研究所对该《授权委托书》的鉴定结论为证。建某集团依据《中华人民共和国民事诉讼法》第二百条第二项、第三项、第六项的规定申请再审。

城某公司、景某公司提交意见称：建某集团的再审申请缺乏事实与法律依据，请求予以驳回。

本院认为：景某公司在与西安分公司签订建设工程施工合同时，西安分公司系经工商管理机关登记并领有营业执照的法人分支机构。西安分公司持有加盖建某集团印章的《企业法人营业执照》《组织机构代码证》《安全生产许可证》复印件等相关手续，并出具了加盖建某集团公章、建某集团法定代表人李某民私章及签名的《授权委托书》，内容为：贵公司造粒塔、配料成品厂房工程，我公司全权委托保定建某集团有限公司西安分公司负责人朱某华对该工程的管理、质量、进度负全责。且财务进行独立核算。景某公司有理由相信西安分公司系受建某集团的委托与景某公司签订建设工程施工合同。虽然保定市公安局北市区分局作出西安分公司在工商部门申请设立登记时所提供的相关材料上的建某集团的印章系伪造的鉴定结论，但建某集团对西安分公司在招标与签订建设工程施工合同时，向景某公司出具的《企业法人营业执照》《授权委托书》上建某集团印鉴及法定代表人签字的真实性不申请鉴定，故不能认定《授权委托书》上建某集团的印鉴及法定代表人的签字亦系伪造。鉴于此，二审法院对建某集团要求将本案移送刑事侦查机关的请求不予支持，并无不当。现建某集团向本院提交的保定市公安局刑事科学技术研究所对《授权委托书》（复印件）上建某集团的印章印文与样本印章印文不是同一枚印章盖印及李某民印章印文与样本印章印文不是同一枚印章盖印，李某民签名字迹与样本上李某民笔迹不是同一人所写的鉴定意见，因建某集团在本案一、二审期间不申请对上述印文及笔迹进行鉴定，在二审结束后才单方委托出具鉴定书，这种本可在一、二审中进行的行为不进行，反而等待二审结束后才单方委托鉴定，以此为由申请再审，该行为违背了民事诉讼法规定的诚实信用原则，也违背了在一、二审中没有使用过的诉讼防御手段当事人在申请再审时不能采用的民事诉讼法理，因此对其请求，本院不予支持。如果支持了其请求，本案启动再审，就会导致当事人在一、二审中都可以不防御，而在申请再审时提出，导致正常的一、二审诉讼不能发挥其应有的作用，而在补救的申请再审程序中发挥作用，违背民事诉讼法基本法理，不能予以支持。

综上，建某集团的再审申请不符合《中华人民共和国民事诉讼法》第二百条第二项、第三项、第六项规定的情形。依照《中华人民共和国民事诉讼法》第二百零四条第一款之规定，裁定如下：

驳回保定建某集团有限公司的再审申请。

法律法规

《中华人民共和国公司法》（2024年7月1日施行）

第十一条 法定代表人以公司名义从事的民事活动，其法律后果由公司承受。

公司章程或者股东会对法定代表人职权的限制，不得对抗善意相对人。

法定代表人因执行职务造成他人损害的，由公司承担民事责任。公司承担民事责任后，依照法律或者公司章程的规定，可以向有过错的法定代表人追偿。

《最高人民法院关于适用〈中华人民共和国民法典〉合同编通则若干问题的解释》（法释〔2023〕13号）

第二十二条 法定代表人、负责人或者工作人员以法人、非法人组织的名义订立合同且未超越权限，法人、非法人组织仅以合同加盖的印章不是备案印章或者系伪造的印章为由主张该合同对其不发生效力的，人民法院不予支持。

合同系以法人、非法人组织的名义订立，但是仅有法定代表人、负责人或者工作人员签名或者按指印而未加盖法人、非法人组织的印章，相对人能够证明法定代表人、负责人或者工作人员在订立合同时未超越权限的，人民法院应当认定合同对法人、非法人组织发生效力。但是，当事人约定以加盖印章作为合同成立条件的除外。

合同仅加盖法人、非法人组织的印章而无人员签名或者按指印，相对人能够证明合同系法定代表人、负责人或者工作人员在其权限范围内订立的，人民法院应当认定该合同对法人、非法人组织发生效力。

在前三款规定的情形下，法定代表人、负责人或者工作人员在订立合同时虽然超越代表或者代理权限，但是依据民法典第五百零四条的规定构成表见代表，或者依据民法典第一百七十二条的规定构成表见代理的，人民法院应当认定合同对法人、非法人组织发生效力。

《全国法院民商事审判工作会议纪要》（法〔2019〕254号）

41.【盖章行为的法律效力】 司法实践中，有些公司有意刻制两套甚至多套公章，有的法定代表人或者代理人甚至私刻公章，订立合同时恶意加盖非备案的公章或者假公章，发生纠纷后法人以加盖的是假公章为由否定合同效力的情形并不鲜见。人民法院在审理案件时，应当主要审查签约人于盖章之时有无代表权或者代理权，从而根据代表或者代理的相关规则来确定合同的效力。

法定代表人或者其授权之人在合同上加盖法人公章的行为，表明其是以法人名义签订合同，除《公司法》第 16 条等法律对其职权有特别规定的情形外，应当由法人承担相应的法律后果。法人以法定代表人事后已无代表权、加盖的是假章、所盖之章与备案公章不一致等为由否定合同效力的，人民法院不予支持。

代理人以被代理人名义签订合同，要取得合法授权。代理人取得合法授权后，以被代理人名义签订的合同，应当由被代理人承担责任。被代理人以代理人事后已无代理权、加盖的是假章、所盖之章与备案公章不一致等为由否定合同效力的，人民法院不予支持。

第二节　公司不能以印章未启用的内部规定否认印章效力

078 中国工商银行始某县支行与贵州黔西金某鸵鸟养殖发展公司、中国工商银行始某县支行银发实业总公司清某分公司借款担保合同纠纷案[①]

裁判要旨

公司关于某一印章何时启用的规定，为公司的内部规定，并不具有对外公示的效力。故公司不能以某一印章并未启用为由，否认利用该印章签订的合同的效力。

实务要点总结

（1）本案的一个重要启示在于，公司内部关于印章的管理规定不能一直对抗善意第三人。由此可知，千万不要将公司的印章管理规定视为所谓的"商业秘密"，进而秘不示人。恰恰相反，应尽最大可能地让与公司交易的人清楚了解公司的印章管理规定，以此降低因印章问题出现公司被表见代理的可能性。

（2）公司关于印章的管理规定，往往包括印章的启用、使用范围、授权人、授权期限等内容。但这些内容除非能够在公司印章的印文中予以直接显示，否则

---

① 审理法院：最高人民法院；诉讼程序：二审

不能发生对抗善意交易相对人的法律效力。同时，为有效防控交易相对人基于善意信赖而产生的用章风险，公司可将公司的印章管理制度及启用、授权印章的规定通知给交易相对人或以适当的方式进行公示（如在用章位置张贴相关制度），使相对人知晓公司印章的使用流程及印章的适用范围、授权主体、期限等信息。

相关判决

中国工商银行始某县支行与贵州黔西金某鸵鸟养殖发展公司、中国工商银行始某县支行银发实业总公司清某分公司借款担保合同纠纷上诉案二审民事判决书
〔（2000）经终字第 197 号〕

上诉人（原审被告）：中国工商银行始某县支行。住所地：广东省始某县红旗大道 111 号。

负责人：刘某国，该行行长。

被上诉人（原审原告）：中国建设银行黔某县支行。住所地：贵州省黔西县水西大道。

负责人：李某平，该行行长。

原审被告：贵州黔西金某鸵鸟养殖发展公司。住所地：贵州省黔西县财政局大楼内。

法定代表人：徐某胜，该公司董事长。

原审被告：中国工商银行始某县支行银发实业总公司清某分公司。住所地：广东省清新县太和工业品市场 12 号。

法定代表人：李某，该公司经理。

上诉人中国工商银行始某县支行（以下简称始某支行）为与被上诉人中国建设银行黔某县支行（以下简称黔某建行）、原审被告贵州黔西金某鸵鸟养殖发展公司（以下简称鸵鸟公司）和中国工商银行始某县支行银发实业总公司清某分公司（以下简称清某公司）借款担保合同纠纷一案，不服贵州省高级人民法院（1998）黔经一初字第 29 号民事判决，向本院提起上诉。本院依法组成由张永平担任审判长、助理审判员王闯、宫邦友参加的合议庭，进行了审理，书记员张锐华担任本案记录，本案现已审理终结。

查明：1997 年 1 月 21 日，黔某建行与鸵鸟公司签订了编号为黔建委信贷字（97）01 号的中国建设银行人民币资金借款合同。合同约定：由黔某建行向鸵鸟公司发放贷款 1000 万元，借款用于鸵鸟养殖，借款期限自 1997 年 1 月 21 日至

1998年1月21日，月利率为9.24‰。如遇利率调整，则按中国人民银行的规定办理；对其贷款在逾期期间按日利率万分之四收取利息。双方还约定在借款合同项下的借款本息及费用，由清某公司提供担保，并另行签订协议作为借款合同的从合同。1997年2月21日，黔某建行与清某公司签订的人民币（贷款）质押合同约定：为确保黔某建行与鸵鸟公司签订的黔建委信贷字（97）01号借款合同的履行，黔某建行同意接受清某公司以两张共计金额1500万元的定期储蓄存单设定质押，质押担保的范围为借款本金1000万元及其利息、违约金、赔偿金、质押保管费及实现债权和质权的费用（包括诉讼费、律师费等）。合同签订后，清某公司将编号为粤总号6483004、6483011的两张"中国工商银行整存整取定期储蓄存单"交付于黔某建行，黔某建行将借款1000万元分三次支付给鸵鸟公司。借款合同期限届满后，鸵鸟公司未偿还上述借款本息。1998年7月6日，黔某建行向贵州省高级人民法院提起诉讼，要求鸵鸟公司归还贷款本金以及利息、罚息等，要求清某公司和始某工行承担连带清偿责任。在一审诉讼中，贵州省高级人民法院依法公告通知鸵鸟公司和清某公司应诉和开庭，但两被告既未答辩，也未出庭。两被告均已经歇业。

另查明：在鸵鸟公司向黔某建行申请贷款时，清某公司承诺以编号为6483004和6483011的两张存单作为该笔贷款质押担保。为核实该存单的真实性，时任黔某建行行长的王某兰等人前往存单的出具单位始某工行，找到该行行长李某，告知其上述两张存单质押的情况，并要求其确认存单是否真实。其中，编号为粤总号6483004的存单载明：户名为清某公司、账号为9500634、存入人民币1000万元整、存入日为1995年8月8日、到期日为1998年8月8日。编号为6483011的存单载明：户名为清某公司、账号为9500641、存入人民币500万元整、存入日为1995年8月18日、到期日为1997年8月18日。李某在办公室证实了上述两张存单的真实性，并出具了日期均为1997年1月6日的两份《保证书》，该两份《保证书》均载明："此存单真实有效，可抵押，不挂失，不提前支取，到期我行保证无条件兑付本息"。李某在该《保证书》上签名，并加盖了始某工行的印章。

又查明：清某公司用以质押的存单格式与始某工行的存单格式相同，存单号码亦为始某工行存单连续号码。在一审审理期间，始某工行证实清某公司在其营业部储蓄专柜没有开立账户以及存入款项，编号为粤总号6483004、6483011的两张存单，是虚开的存单。李某于1995年7月至1998年6月期间担任始某工行行长，上述两张虚开的存单系其任职内所为。

贵州省高级人民法院经审理认为：李某是始某工行的行长，在其任职期间，为清某公司虚开存单，当黔某建行在未签订质押合同前向始某工行核实上述存单的真伪时，李某又以始某工行行长的名义代表始某工行向黔某建行出具《保证书》，证实上述存单是真实的。依照《中华人民共和国民法通则》第四十三条"企业法人对它的法定代表人和其他工作人员的经营活动，承担民事责任"的规定，李某的上述行为应当认为是始某工行的行为，其法律后果应由始某工行承担。李某在得知6483004、6483011号存单将用于质押贷款的情况下，向黔某建行确认存单的真实性，并以始某工行的名义向黔某建行出具该存单的核押证明，黔某建行据此已有足够理由相信存单的真实性，其已经尽到合理的注意义务。依照《最高人民法院关于审理存单纠纷案件的若干规定》第八条第三款"以金融机构核押的存单出质的，即便存单系伪造、变造、虚开，质押合同均为有效，金融机构应当依法向质权人兑付存单所记载的款项"之规定，始某工行应当向质权人黔某建行兑付6483004、6483011号两张存单所记载的款项。黔某建行要求始某工行承担本案民事责任，并不影响公安机关对李某伪造、变造印章行为的立案侦查。始某工行关于李某虚开存单是其个人行为，始某工行不应承担民事责任的答辩理由，不能成立。清某公司以金融机构核押的存单出质，依照上述《最高人民法院关于审理存单纠纷案件的若干规定》第八条之规定，清某公司与黔某建行签订的《中国人民建设银行人民币（存款）质押合同》应为有效。黔某建行与鸵鸟公司所签订的中国建设银行人民币资金借款合同，是双方当事人的真实意思表示，内容并不违反法律规定，应为有效。黔某建行已如约支付1000万元借款给鸵鸟公司，鸵鸟公司在约定还款期限内未履行偿还借款的合同义务，除应承担在约定还款本息的民事责任之外，还应承担逾期罚息的民事责任。虽然鸵鸟公司副总经理汪某峰涉嫌经济犯罪，但并不能因此而免除鸵鸟公司依法应承担的民事责任，始某工行关于本案是汪某峰涉嫌经济诈骗的刑事案件，应由公安机关侦查处理的答辩理由，法院不予支持。黔某建行不能举证证明其主张的调查取证费、律师费的实际数额，所以该项主张，法院不予支持。依照《中华人民共和国民法通则》第一百零八条、《中华人民共和国经济合同法》第四十条第一款第二项之规定，判决如下：（一）由鸵鸟公司在判决生效后十五日内偿付黔某建行借款本金1000万元及其利息（利息的计算，从1997年1月21日起至1998年1月20日止，按月利率9.24‰计，从1998年1月21日起至付清本金之日止，按中国人民银行规定的同期逾期利息率计）。（二）若鸵鸟公司不按期偿还上述欠款，则由始某工行在鸵鸟公司欠款范围内向黔某建行兑付编号为粤总号6483004、6483011两张存单上所记载的款项。（三）驳回黔某建行的其他诉讼请求。案件受理费65957.5元，由鸵鸟公司、清某公司、始某工行连带负担。贵州省高级人民法院将上述一审判决公告送达于鸵鸟公司和清某公司两个被告。

始某工行不服贵州省高级人民法院（1998）黔经一初字第29号民事判决，向本院提起上诉称：第一，根据中国人民银行银发（1996）447号《关于加强大额定期存款管理的通知》和银发（1997）119号《关于暂停存单质押贷款业务和进一步加强定期存款管理的通知》之规定，被上诉人黔某建行在持有1500万元"定期存单"后，应当对其所持存单的规范性和真实性进行审查，而其并未按规定逐笔审查存单的真实性，被上诉人应当就自己的行为承担相应的责任。原审判决对此却未作任何判定，这对上诉人是有失公平的。第二，本案应为汪某峰、李某涉嫌贷款诈骗的刑事案件，而非借贷担保合同纠纷的民事案件。贵州省公安厅于1998年6月前就以汪某峰涉嫌金融诈骗立案侦查，一审法院受理该案是1998年7月17日。根据有关法律之规定，一审法院应当驳回起诉。在案件的审理过程中，李某因涉嫌伪造印章罪而被逮捕。本案应当中止审理，一审法院却未依法中止审理。第三，上诉人不是本案被告，依法不应当承担责任。清某公司用以质押担保的两张存单具有瑕疵，不具有法律效力。存单背后的"中国工商银行始某县支行"印章是伪造的；复核员"冯某清"的私章亦为私刻的，上诉人员工中并无此人。存单中"中国工商银行始某县支行营业部储蓄专柜业务章"虽是上诉人于1995年4月13日所刻，但直至1995年11月16日才正式启用；李某于1995年8月编造理由骗取该印章伪造存单。因此，上诉人不应当是本案中所指的存单出具人，存单持有人以虚假存单质押，该质押合同无效，质押关系不受法律保护。此外，李某为黔某建行出具的两份《保证书》中的"中国工商银行始某县支行"公章是李某违法私刻的，这一事实已经韶关市中级人民法院鉴定。因此，上诉人并非《保证书》中的保证人，上诉人更不应当为李某的违法行为承担责任。故请求二审法院重新审理或者依法改判。

黔某建行答辩称：第一，本案质押合同有效，上诉人始某工行负有向答辩人兑付两张存单所记载款项的义务。本案中用以质押的两张存单系上诉人始某工行出具。两份存单的格式与始某工行的存单格式相同，存单号码亦为始某工行存单的连续号码，即存单是始某工行的真实存单。两张存单正面加盖的印鉴是始某工行的业务印章，印鉴是真实的，存单上业务员周某星的个人名章也是真实的。银行存单不需要在背面加盖出具行的印章，所以在存单背面加盖印章是没有法律意义的。即使存单背面的印章是假的，也不能否定或抵销正面真实印章的法律意义。两张存单均经过始某工行核押。李某作为存单开具行的行长，亲自向黔某建行确认存单的真实性；并且亲自向黔某建行出具保证书，以书面形式进一步对存单的真实性进行再确认。黔某建行在接受存单质押以及核押过程中没有任何过失。为了确保质权的实现，黔某建行行长王某兰亲自找到始某建行行长李某要求核押，李某完成了全部核押手续，黔某建行已经有足够的理由相信存单的真实性和有效性，最大限度地尽到了合理注意的义务。贷款逾期后，李某曾于1998年5月13日向黔某建行的主管部门中国建行贵州省分行出具承诺书，保证在5月30日前由始某工行还清该笔贷款的全部本息。该承诺书是对两张存单的再次核押。第二，始某工行是本案合格的被告，应为其行长李某的职务行为承担相应的民事责任。因为李某的行为是以始某工行的名义进行而非以个人名义进行。李某作为行长，具有代表始某工行的合法身份。李某的行为是在其职权和职务范围内进行的行为。根据有关法律规定，李某、汪某峰涉嫌刑事犯罪，并不影响本案民事诉讼的正常进行。故请求二审法院驳回上诉，维持原判。

　　本院认为：汪某峰在本案审理之前因涉嫌金融诈骗被立案侦查，但汪某峰的涉嫌贷款诈骗的犯罪事实，与其以鸵鸟公司名义向黔某建行签订借款合同的事实，并非同一法律事实。尽管李某在本案审理期间先后被免职、拘留和逮捕，但其被免职、拘留和逮捕的原因分别是其在任职期间盗用银行存单抵押拆借资金进行违规违法经营、涉嫌用账外客户资金非法拆借发放贷款以及伪造、变造国家机关企事业单位印章罪，故本案中的李某个人涉嫌经济犯罪的法律事实，与其因代表始某工行为清某公司虚开存单并为黔某建行进行存单核押的法律事实，并非同一法律事实。根据《最高人民法院关于在审理经济纠纷案件中涉及经济犯罪嫌疑若干问题的规定》第一条"同一公民、法人或其他经济组织因不同的法律事实，分别涉及经济纠纷和经济犯罪嫌疑的，经济纠纷案件和经济犯罪案件应当分开审理"之规定，以及该规定第三条"单位直接负责的主管人员和其他直接责任人员，以该单位的名义对外签订经济合同，将取得的财物部分或全部占为己有构成犯罪的，除依法追究行为人的刑事责任外，该单位对行为人因签订、履行该经济合同造成的后果，依法应当承担民事责任"之规定，本案中的汪某峰虽受刑事追诉，但是并不影响本案借款合同纠纷的审理；公安机关对李某伪造、变造印章行为的立案侦查,并不影响黔某建行要求始某工行承担本案民事责任。因此,始某工行涉及的经济纠纷案件与汪某峰、李某涉嫌经济犯罪案件应当分开审理。始某工行关于本案应当中止审理的上诉请求,本院不予支持。

根据现已查明的事实和证据,本案中两张存单的样式与始某工行存单的样式相同,存单正面的业务章是真实的"存单柜台业务专用章"。虽然按照始某工行内部规定该业务章应在1995年11月6日方能启用,但这仅是该行的内部规定,并未对外公示,因此不能对善意交易人产生约束力。存单正面的业务员周某星的私章是真实的。尽管始某工行并无复核员冯某清此人且冯某清的名章为李某所私刻,但目前尚无证据表明银行明确地规定存单正面文义上要求同时具备业务员和复核员的私章。此外,依据银行惯例,存单背面无须加盖存单出具行的公章,公章加盖与否以及公章的真伪,并不影响存单的真实性。故本案中的两张存单在文义上是真实的存单。始某工行关于两张存单因有瑕疵而不具法律效力的主张,本院不予支持。

虽然现本案中的两张存单是李某在其任职期间为清某公司虚开的存单,但因李某系始某工行的负责人,依据《中华人民共和国民法通则》第四十三条"企业法人对它的负责人和其他工作人员的经营活动,承担民事责任"之规定,应当认为李某虚开存单的行为是始某工行的行为,其法律后果应由始某工行负责。根据《最高人民法院关于适用〈中华人民共和国担保法〉若干问题的解释》第一百三十三条第三款"担保法施行以后因担保行为发生的纠纷案件,在本解释公布施行后尚在一审或二审阶段的,适用担保法和本解释"之规定,本案中关于担保行为法律问题,可以适用担保法司法解释。根据该司法解释第一百零六条"质权人向出质人、出质债权的债务人行使质权时,出质人、出质债权的债务人拒绝的,质权人可以起诉出质人和出质债权的债务人,也可以单独起诉出质债权的债务人"之规定,在本案的存单出质法律关系中,清某公司是存单出质人,始某工行是出质存单债权的债务人,作为质权人的黔某建行可以起诉清某公司和始某工行。故上诉人关于其不是本案被告的主张,本院不予支持。

存单核押是指质权人将存单质押的情况告知金融机构,并就存单真实性向金融机构咨询,金融机构对存单的真实性予以确认并在存单上或以其他方式签章的行为。在本案中,黔某建行在未与鸵鸟公司签订借款合同前,为了确认存单的真实性,行长王某兰率人亲自前往始某工行,约见该行行长李某并告知其清某公司以始某工行出具的两张存单为鸵鸟公司借款质押的情况,李某承认有此事并证实两张存单的真实性。在黔某建行提出要李某出具书面确认的要求后，李某又以始某工行行长的名义出具《保证书》并亲笔签名，后又在两份保证书上加盖始某工行公章。虽然该《保证书》上的抬头是给清某公司开出的，但这仍可视为对存单真实性的一种确认。尽管始某工行认为《保证书》上的始某工行的公章是私刻的，且于二审期间申请本院对《保证书》上的始某工行的公章予以鉴定，但鉴于李某系始某工行行长这种身份的特殊性，李某的出具《保证书》的行为就是始某工行的行为，因此，公章真假与否与本案中始某工行行长李某对存单真实性的确认行为之间并无决定性关系，《保证书》上的公章真伪并无鉴定的必要。此外，虽然中国人民银行（1996）447号《关于加强大额定期存款管理的通知》和银发（1997）119号《关于暂停存单质押贷款业务和进一步加强定期存款管理的通知》要求国有商业银行对尚未到期的存单逐笔审查存单的规范性和真实性，但本案中的两张存单是在1995年8月开出的，且银发（1997）119号通知明确规定该通知自文到之日起立即实施，故上述两个通知应否适用于本案中的两张存单，不无疑问。即使黔某建行审查出两张存单是虚开存单，但这仅应对黔某建行的起诉时间有影响，而与始某工行应否承担存单兑付责任并无关系。综观黔某建行对质押存单真实性的审查过程，可以认为始某工行行长李某的行为符合存单核押程序，黔某建行已经尽到合理注意的义务且已有足够理由相信存单的真实性。虽然嗣后证明本案中的两张存单系李某在其任始某工行行长期间为清某公司虚开的存单，但根据前述《最高人民法院关于审理存单纠纷案件的若干规定》第八条之规定，始某工行应当向黔某建行兑付编号为粤总号6483004、6483011的两张存单所记载的款项。始某工行关于因存单持有人以虚假存单质押故而质押合同无效的上诉理由不能成立，本院不予支持。本院根据《中华人民共和国民事诉讼法》第一百五十三条第一款第（一）项、第一百五十八条之规定，判决如下：

驳回上诉，维持原判。

二审案件受理费65957.5元，由上诉人中国工商银行始某县分行承担。

本判决为终审判决。

法律法规

《中华人民共和国公司法》（2024年7月1日施行）

第十一条 法定代表人以公司名义从事的民事活动，其法律后果由公司承受。

公司章程或者股东会对法定代表人职权的限制，不得对抗善意相对人。

法定代表人因执行职务造成他人损害的，由公司承担民事责任。公司承担民事责任后，依照法律或者公司章程的规定，可以向有过错的法定代表人追偿。

《最高人民法院关于适用〈中华人民共和国民法典〉合同编通则若干问题的解释》（法释〔2023〕13号）

第二十二条 法定代表人、负责人或者工作人员以法人、非法人组织的名义订立合同且未超越权限，法人、非法人组织仅以合同加盖的印章不是备案印章或者系伪造的印章为由主张该合同对其不发生效力的，人民法院不予支持。

合同系以法人、非法人组织的名义订立，但是仅有法定代表人、负责人或者工作人员签名或者按指印而未加盖法人、非法人组织的印章，相对人能够证明法定代表人、负责人或者工作人员在订立合同时未超越权限的，人民法院应当认定合同对法人、非法人组织发生效力。但是，当事人约定以加盖印章作为合同成立条件的除外。

合同仅加盖法人、非法人组织的印章而无人员签名或者按指印，相对人能够证明合同系法定代表人、负责人或者工作人员在其权限范围内订立的，人民法院应当认定该合同对法人、非法人组织发生效力。

在前三款规定的情形下，法定代表人、负责人或者工作人员在订立合同时虽然超越代表或者代理权限，但是依据民法典第五百零四条的规定构成表见代表，或者依据民法典第一百七十二条的规定构成表见代理的，人民法院应当认定合同对法人、非法人组织发生效力。

《全国法院民商事审判工作会议纪要》（法〔2019〕254号）

41.【盖章行为的法律效力】司法实践中，有些公司有意刻制两套甚至多套公章，有的法定代表人或者代理人甚至私刻公章，订立合同时恶意加盖非备案的公章或者假公章，发生纠纷后法人以加盖的是假公章为由否定合同效力的情形并不鲜见。人民法院在审理案件时，应当主要审查签约人于盖章之时有无代表权或者代理权，从而根据代表或者代理的相关规则来确定合同的效力。

法定代表人或者其授权之人在合同上加盖法人公章的行为，表明其是以法人名义签订合同，除《公司法》第16条等法律对其职权有特别规定的情形外，应当由法人承担相应的法律后果。法人以法定代表人事后已无代表权、加盖的是假章、所盖之章与备案公章不一致等为由否定合同效力的,人民法院不予支持。

代理人以被代理人名义签订合同,要取得合法授权。代理人取得合法授权后,以被代理人名义签订的合同,应当由被代理人承担责任。被代理人以代理人事后已无代理权、加盖的是假章、所盖之章与备案公章不一致等为由否定合同效力的,人民法院不予支持。

第三节　使用伪造印章构成表见代理可归责于本人

079　湛江市万某房地产开发有限公司、湛江粤某地质工程勘察院与建设工程勘察合同纠纷案[①]

裁判要旨

由于表见代理的功能实际上是一种利益和风险的平衡,让被代理人承担其既无法控制又与其毫无关系的表见代理责任,有悖公平原则。所以代理权表象的产生,应与被代理人的行为直接相关且在其风险控制能力范围内。行为人持加盖了伪造印章的结算函向相对人请求付款,并不在印章印文显示单位的风险控制范围内,不具有可归责性,不能认定为表见代理。

实务要点总结

(1) 本案中确定了一个重要的裁判原则,即要求被代理人对他人构成表见代理具有可归责性。即他人享有代理权的外观,必须与本人(被代理人)的行为或主观过错相关。关于表见代理的被代理人是否具有可归责性,在《民法总则》的立法过程中存在巨大的争议。《民法总则》一、二、三审稿均规定,以下情形不构成表见代理:(一) 行为人伪造他人的公章、合同书或者授权委托书等,假冒他人的名义实施民事法律行为的;(二) 被代理人的公章、合同书或者授权委托书等遗失、被盗,或者与行为人特定的职务关系已经终止,并且已经以合理方式公告或者通知,相对人应当知悉的。但最终通过的《民法总则》将此删除,《民法典》也未引入此规定。不难看出,以上两点均与公章相关。但从最高人民

[①] 审理法院:广东省高级人民法院;诉讼程序:再审

法院既往的裁判观点来看，伪造公章或者公章遗失、被盗是否必然不能构成表见代理并不能一概而论，而应结合具体情况分别判断。如果采取"一刀切"的立法决断，可能不能解决纷繁复杂的现实问题。

（2）伪造公章、合同书，印章遗失、被盗能否构成表见代理不能"一刀切"，而应在个案中根据具体情况判断本人（被代理人）是否具有可归责性。如果伪造公章行为人的行为并不在公司可控范围内，则一般应排除可归责性，行为人不能成为公司的表见代理人。

相关判决

湛江市万某房地产开发有限公司、湛江粤某地质工程勘察院与建设工程勘察合同纠纷申诉、申请民事裁定书［（2015）粤高法民申字第2724号］

再审申请人（一审被告、二审上诉人）：湛江市万某房地产开发有限公司。住所地：广东省湛江市霞山区人民大道南62号。

法定代表人：林某华，该公司董事长。

再审申请人（一审原告、二审被上诉人）：湛江粤某地质工程勘察院。住所地：广东省湛江市赤坎区康宁路51号1栋一楼。

法定代表人：黄某志，该院院长。

一审被告：杨某生，男，汉族，住广东省湛江市赤坎区。

一审被告：陆某清，男，汉族，住广东省湛江市赤坎区。

再审申请人湛江市万某房地产开发有限公司（以下简称万某公司）、湛江粤某地质工程勘察院（以下简称粤某勘察院）因与一审被告杨某生、陆某清建设工程勘察工程合同纠纷一案，均不服广东省湛江市中级人民法院（2015）湛中法民三终字第3号民事判决（以下简称二审判决），向本院申请再审。本院依法组成合议庭进行了审查，现已审查终结。

万某公司申请再审称，1. 粤某勘察院的代理人陆某清持加盖了难以分辨真伪的公章的《申请勘察工程结算函》，请求我司将工程款支付至陆某清账户的行为，依法已经构成表见代理，二审法院错误认定本案事实，违反法律规定，应予撤销；2. 本案争议的法律事实涉嫌犯罪，二审法院应当裁定驳回起诉，并移交公安机关立案侦查，二审法院违反了法律程序，应予纠正。综上，万某公司认为二审法院认定事实不清，适用法律错误，请求依法予以再审。

粤某勘察院申请再审称，1. 二审改判以中国人民银行同期同类贷款利率计付违约金明显错误；2. 我院诉请支付违约金约10万元是按方法计算，而非按数额计算；3. 万某公司以勘察费已支付给陆某清为由拒绝付款，已构成违约，应按约定承担违约责任。综上，粤某勘察院认为一审判决正确，二审改判错误，请求依法予以再审，撤销二审判决，维持一审判决。

本院经审查认为，本案为建设工程勘察工程合同纠纷。根据万某公司、粤某勘察院的再审申请事由，本案的争议焦点归纳为：1. 陆某清请求万某公司付款的行为是否构成表见代理；2. 二审法院是否违反了法律程序；3. 二审改判违约金计算标准是否错误。

经一、二审查明，万某公司与粤某勘察院于2011年9月8日签订一份《建设工程勘察合同》（以下简称涉案合同），约定将位于徐闻至海岸路段207国道西侧徐闻万某皇府花园地质勘察工程（以下简称涉案工程）给粤某勘察院进行地质勘察施工，按实际完成工作量结算。合同发包人处盖万某公司印章，代表人余军签字；合同勘察人处盖粤某勘察院印章，代表人杨某生、陆某清签字，粤某勘察院印章上有单位的开户行、账号等内容。涉案工程于2011年10月7日施工完毕，粤某勘察院于同月23日向万某公司提交了《岩土工程勘察报告》，该报告的编录、审核及领导等人员中均无陆某清。2011年10月，陆某清向万某公司提交《申请勘察工程结算函》，要求结算工程款141624元，并附其个人银行账号。万某公司于2011年11月3日分两次向陆某清付清工程款，陆某清出具了收款收据。一审法院根据粤某勘察院的申请，委托广东申鼎司法鉴定所进行司法鉴定，该鉴定所于2014年9月11日作出鉴定意见：印章印文不是同一枚印章所盖印。

关于陆某清请求万某公司付款的行为是否构成表见代理问题。所谓表见代理，是指行为人没有代理权，但使相对人有理由相信其有代理权，法律规定被代理人应负授权责任的无权代理。表见代理是否成立，需要判断相对人客观上是否有合理的理由相信行为人具有代理权，以及相对人主观上是否善意且无过失。（一）关于相对人客观上是否有合理的理由相信行为人具有代理权，即陆某清的行为是否具有足以使万某公司相信其有收取涉案合同款项代理权的表象。首先，涉案合同签订时，陆某清虽然作为代表人签名，但加盖有粤某勘察院印章，且该印章上有单位的开户行、账号等内容，因此万某公司明确获知粤某勘察院的合同开户行、账号等；其次，涉案工程施工完毕后，粤某勘察院提交的《岩土工程勘察报告》中的人员中均无陆某清出现，且在整个工程的合同签订、施工，以及报告的编写，都是另一合同签订人杨某生，因此杨某生作为涉案工程的实际负责人更有理由成为工程款的收取人；再次，陆某清向万某公司提交的《申请勘察工程结算函》中，仅附其个人银行账号，该账号与合同上的单位开户行、账号不符；最后，万某公司向陆某清付清工程款后，收款收据由陆某清而非粤某勘察院出具，既不符合建设行业的交易习惯，也不符合双方合同履行的实际情况。综上，仅陆某清的行为并不具有足以使他人相信其有收取合同款项代理权的表象。（二）关于相对人主观上是否善意且无过失，即万某公司付款给陆某清，是否具有合理信赖以及并无疏忽大意情形。本案双方当事人均是理性"经济人"的法人，因此对行为人是否具有代理权的审查判断能力必然更加专业。本案中，陆某清仅在涉案合同的签订时出现过，其在涉案工程结算中并不能代表粤某勘察院，因此在其以个人名义要求万某公司支付工程款，且收款账号与合同上单位账户不一致的情况下，万某公司理应产生合理怀疑，并可以与粤某勘察院联系等多方式确定陆某清是否有代理权，而万某公司没有审慎核查，轻易相信陆某清有代理权，显然存在过失。（三）关于陆某清持加盖了伪造印章的结算函是否强化了表见代理的认定问题。由于表见代理的功能实际上是一种利益和风险的平衡，让被代理人承担其既无法控制又与其毫无关系的表见代理责任，是有悖公平原则的。所以代理权表象的产生，应与被代理人行为直接相关且在其风险控制能力范围内。本案中，陆某清持加盖了伪造印章的结算函向万某公司请求付款，并不在粤某勘察院的风险控制范围内，粤某勘察院也没有能力避免，因此其并没有足够的可归责性。另外，在代理权表象不足，万某公司可以采取远低于粤某勘察院预防成本的措施进行核实，进而避免发生争议的情况下，万某公司的不作为理应承担相应的法律后果。综上，本案中陆某清的行为不能认定为表见代理，因此万某公司支付给陆某清的工程款不能视为支付给粤某勘察院。一审法院判决万某公司支付工程款给粤某勘察院于理有据，二审法院予以维持并无不妥，本院予以支持。

关于二审法院是否违反了法律程序，即本案争议的纠纷是否不属于经济案件而有经济犯罪嫌疑问题。《最高人民法院关于在审理经济纠纷案件中涉及经济犯罪嫌疑若干问题的规定》第十一条规定："人民法院作为经济纠纷受理的案件，经审理认为不属经济纠纷案件而有经济犯罪嫌疑的，应当裁定驳回起诉，将有关材料移送公安机关或检察机关。"本案为建设工程勘察工程合同纠纷，对于案件基本事实双方都没有争议，因此本案属于经济纠纷案件。本案中部分当事人虽涉嫌犯罪，但万某公司和粤某勘察院之间的民事法律关系并不受影响，因此二审法院依法审理本案并未违反法律程序。万某公司再审申请称二审法院没有驳回起诉并移交公安机关立案侦查属于程序错误，理据不足，本院不予采纳。

关于二审改判违约金计算标准是否错误的问题。二审法院认为双方合同约定的每超过一日应偿付未支付勘察费的千分之一逾期违约金标准过高，且违约金计算数额超过了粤某勘察院起诉时的诉请，进而改判以中国人民银行同期同类贷款利率计付违约金，合理合法，本院予以确认，在此不再赘述。

综上，万某公司和粤某勘察院再审申请均没有充分的事实和法律依据，本院不予支持。

依照《中华人民共和国民事诉讼法》第二百零四条第一款、《最高人民法院关于适用〈中华人民共和国民事诉讼法〉的解释》第三百九十五条第二款之规定，裁定如下：

驳回湛江市万某房地产开发有限公司、湛江粤某地质工程勘察院的再审申请。

法律法规

《中华人民共和国民法典》（2021年1月1日施行）

第一百七十二条　行为人没有代理权、超越代理权或者代理权终止后，仍然实施代理行为，相对人有理由相信行为人有代理权的，代理行为有效。

《最高人民法院关于适用〈中华人民共和国民法典〉总则编若干问题的解释》（法释〔2022〕6号）

第二十八条　同时符合下列条件的，人民法院可以认定为民法典第一百七十二条规定的相对人有理由相信行为人有代理权：

（一）存在代理权的外观；

（二）相对人不知道行为人行为时没有代理权，且无过失。

因是否构成表见代理发生争议的，相对人应当就无权代理符合前款第一项规定的条件承担举证责任；被代理人应当就相对人不符合前款第二项规定的条件承担举证责任。

第四节　债务人伪造印章骗取他人提供保证，保证人不能免责

080 瑞昌市赤某建筑工程有限公司与徐某娥、梅某金民间借贷纠纷案①

裁判要旨

在无相关证据证明债务人与债权人恶意串通骗取保证人提供担保的情形下，即使债务人通过伪造印章的方式骗取保证人提供担保，保证人也不能因此免责。

实务要点总结

（1）伪造印章往往与诈骗行为联系在一起，但刑法上构成诈骗类的犯罪并不必然导致合同无效，也并不必然表示伪造印章的印文显示的单位可据此主张免责。根据《民法典》第一百四十八条的规定："一方以欺诈手段，使对方在违背真实意思的情况下实施的民事法律行为，受欺诈方有权请求人民法院或者仲裁机构予以撤销。"因此，因欺诈而订立的合同仅为可撤销的合同，并非无效。

（2）保证担保是保证人与债权人之间的合同关系，而本案实施欺诈行为的主体债务人，属第三人欺诈。根据《民法典》第一百四十九条的规定："第三人实施欺诈行为，使一方在违背真实意思的情况下实施的民事法律行为，对方知道或者应当知道该欺诈行为的，受欺诈方有权请求人民法院或者仲裁机构予以撤销。"言外之意在于，如果对方对于第三人欺诈行为不知情的，表意人不得撤销该意思表示。同理，在保证关系中，保证人与债权人是合同的当事人，债务人是第三人。如果债务人对保证人实施欺诈导致保证人陷入错误认识而提供担保的，保证人不得主张免责，除非债权人对债务人的欺诈行为知情。

---

① 审理法院：江西省高级人民法院；诉讼程序：二审

相关判决

瑞昌市赤某建筑工程有限公司与徐某娥、梅某金民间借贷纠纷二审民事判决书［（2015）赣民一终字第140号］

上诉人（原审被告）：瑞昌市赤某建筑工程有限公司，住所地：江西省瑞昌市。

法定代表人张某余，该公司经理。

被上诉人（原审原告）：徐某娥，女，汉族，住江西省九江市浔阳区。

被上诉人（原审被告）：梅某金，男，汉族，住江西省湖口县。

上诉人瑞昌市赤某建筑工程有限公司（以下简称赤某公司）因与被上诉人徐某娥、梅某金民间借贷纠纷一案，不服江西省九江市中级人民法院（2014）九中民三初字第150号民事判决，向本院提出上诉。本院依法组成合议庭，于2015年7月7日公开开庭审理了本案。上诉人赤某公司的委托代理人×××，被上诉人徐某娥的委托代理人×××到庭参加诉讼。被上诉人梅某金未到庭参加诉讼。本案现已审理终结。

原审法院查明，2013年10月28日，徐某娥与梅某金签订《协议书》一份，约定：梅某金向徐某娥借款不超过400万元（具体以借据上约定的金额为准，款项支付到梅某金湖口工商银行账户；最长时间为2年（具体以借据上的时间为准）；借款利率在借据上约定，借据上未约定的按月息3分结算；第一次利息在借款3个月后支付，以后每3个月支付一次；梅某金不按照约定支付利息及本金时，按逾期金额每日承担3‰违约金，相应利息仍需按约定支付；担保约定：两担保方需对梅某金在二年内、本金总额在400万元内发生的借款及产生的利息、违约金等担保。在该协议上，赤某公司和案外人湖口光某置业有限公司作为担保方加盖公章。2013年11月1日，梅某金向徐某娥出具借条一张，其中载明：借款金额263万元，此款系2013年10月28日《协议书》上约定的借款款项，借款期限为一年（2014年10月31日前归还全部本息），其他按协议书约定执行。同日，徐某娥通过银行向梅某金转账263万元。2013年11月23日，梅某金向徐某娥出具借条一张，其中载明：借款金额92万元，此款系2013年10月28日《协议书》上约定的借款款项，借款期限为一年（2014年11月22日前归还全部本息），其他按协议书约定执行。同日，徐某娥通过银行向梅某金转账92万元。2013年11月1日，梅某金向徐某娥出具《承诺书》一份，载明"在我与徐某娥于2013年10月28日签订的《协议书》中，我承诺，只要乙方有一次利息或一笔本金未按约定支付的，甲方可选择该笔本金全部借款本金进行诉讼追讨"。

原审法院认为，合法的民间借贷法律关系应受法律保护。2013年10月28日徐某娥与梅某金签订的《协议书》系当事人真实意思表示，内容不违反法律规定，应受法律保护。徐某娥持梅某金向其出具的借条向法院起诉，要求梅某金承担还本付息的民事责任，应予支持。本案涉及以下几个焦点问题：一、本案的实际借贷金额。梅某金虽然抗辩徐某娥在借款给其的时间，有预先扣除利息的行为，但根据法院向九江市工商银行调取的银行交易流水凭证，无法证明预先扣除利息的情形，故对于梅某金此抗辩理由不予支持，故本案借款本金应认定为355万元；二、本案债权是否已到履行期限。根据《协议书》的约定，徐某娥与梅某金之间的借款金额不超过400万元，时间最长为二年，但同时注明金额和时间"具体以借据上的时间为准"，根据梅某金出具的二份借据，本案债权实际到期时间分别为2014年10月31日和2014年11月22日，但在两张借据上亦分别约定了利息为分期支付，第一期利息支付时间分别为2014年1月31日和2014年2月22日。根据梅某金于2013年11月1日向徐某娥出具的《承诺书》的约定，梅某金只要有一期利息未按约支付，徐某娥即可就本案全部债权进行起诉，现梅某金未提供其还款的证据，徐某娥就本案全部债权起诉，符合双方的约定，应予支持；三、本案的借款利息。本案中的借条既有利息的约定，也有借款逾期后违约金的约定，二者综合计算超过了国家法规对于民间借贷利率最高限制性规定，应以基准贷款利率的四倍予以调整。四、关于本案是否应当追加湖口光某置业有限公司为本案被告。赤某公司认为其与案外人湖口光某置业有限公司均系本案债务担保人，故申请法院追加湖口光某置业有限公司为本案被告。原审法院认为，赤某公司与湖口光某置业有限公司在2013年10月28日的《协议书》上以担保人的身份加盖公司公章，未注明担保方式，应当视为连带共同保证人，根据《最高人民法院关于适用〈中华人民共和国担保法〉若干问题的解释》第二十条第一款："连带共同保证的债务人在主合同规定的债务履行期届满没有履行债务的，债权人可以要求债务人履行债务，也可以要求任何一个保证人承担全部保证责任"，徐某娥有权选择起诉主债务人梅某金和担保人赤某公司作为本案被告，湖口光某置业有限公司不是本案的必要共同诉讼人，如果赤某公司承担担保责任后，其可以向主债务人或另一担保人进行追偿，故对于赤某公司追加湖口光某置业有限公司为被告的申请不予支持；五、本案赤某公司是否应当承担担保责任。根据《协议书》的约定，赤某公司为梅某金与徐某娥在二年之内，总金额400万元以内的借款本金、利息、违约金提供担保;双方未约定担保方式及期限,故应当认定赤某公司的担保方式为连带责任担保,担保期限为主债务履行期限届满之日起六个月。结合梅某金出具的263万元借条所约定的还款期限为2014年10月31日,赤某公司为263万元的借款金额提供担保的期限为2014年10月31日至2015年4月31日;梅某金出具的92万元借条所约定的还款期限为2014年11月22日,赤某公司为92万元的借款金额提供担保的期限为2014年11月22日至2015年5月22日。2013年11月1日梅某金出具的《承诺书》,只要梅某金未按期支付利息,徐某娥即可就本案全部债权起诉,该《承诺书》应当视为债权人与主债务人就还款时间重新进行了约定,但未征得担保人赤某公司的同意。但根据《最高人民法院关于适用〈中华人民共和国担保法〉若干问题的解释》第三十条第二款,"债权人与债务人对主合同履行期限作了变动,未经保证人书面同意的,保证期间为原合同约定的或者法律规定的期间"。故赤某公司仍应在原期限内承担担保责任。本案徐某娥起诉为2014年9月4日,当时虽未到担保责任的履行期限,但在诉讼过程中,均已达到赤某公司对本案所涉二笔借款的担保期限,故赤某公司仍应承担担保责任。据此,依照《中华人民共和国合同法》第一百零七条、第一百九十六条、第二百条、第二百零六条、第二百一十条,《中华人民共和国担保法》第十九条、第二十六条,《最高人民法院关于适用〈中华人民共和国担保法〉若干问题的解释》第十九条、第二十条第(一)款、第三十条第(二)款,《最高人民法院关于人民法院审理借贷案件的若干意见》第六条之规定,判决:一、梅某金于本判决生效之日起十日内偿付徐某娥借款本金355万元及相应利息(利息的计算:其中263万元自2013年11月1日开始计算、92万元自2013年11月23日开始计算,均按照同期银行贷款基准利率的四倍,计算至本判决所确定的还款之日止);二、瑞昌市赤某建筑工程有限公司对上述梅某金的还款责任承担连带清偿责任。如果未按照本判决所确定的期间履行金钱给付义务,应当依照《中华人民共和国民事诉讼法》第二百五十三条之规定,加倍支付迟延履行期间的债务利息。案件受理费40767元,诉讼保全费5000元,共计45767元,由梅某金负担。

赤某公司上诉称,1. 赤某公司是一般性担保,并不是连带责任担保。梅某金因为负责湖口金沙湾商务中心9#、10#楼工程,向徐某娥借款。赤某公司对此借款进行了担保,具体的担保方式仅是一般担保,并没有约定是连带责任担保。一审判决已认定未约定担保方式,但却作出"应当认定赤某公司的担保方式为连带责任担保"。赤某公司认为,一审判决的这一认定是错误的,担保方式应由担保合同或担保条款明确约定。把一般担保推定为连带责任担保，是错误变更了担保性质，加重了赤某公司的担保责任。2. 该借款合同有两个共同担保人，应追加湖口光某置业有限公司为本案被告。湖口光某置业有限公司是工程的业主单位，负有向施工方支付工程款的责任和义务。该公司多次向赤某公司出具了承诺书，承诺所有的工程款直接进入赤某公司的账户。在该公司为梅某金的借款提供担保、加盖公章以后，赤某公司才在借款协议书上担保方加盖了公章。湖口光某置业有限公司和赤某公司是共同担保人，应当共同承担担保责任。赤某公司应诉后，即向一审法院书面申请追加湖口光某置业有限公司为本案共同被告。一审法院不予追加是错误的。3. 本案涉嫌伪造印章，构成刑事犯罪，应移送公安机关立案侦查。一审庭审中，徐某娥的代理人说明了没有起诉湖口光某置业有限公司的原因，是因为借款协议书上加盖的该公司公章，并不是该公司的真正印章，是伪造的。当时赤某公司的代理人即已表明应该由相关部门对印章的真伪出具证明。如若协议书上加盖的湖口光某置业有限公司的印章是伪造的，则伪造印章之人涉嫌刑事犯罪。4. 赤某公司的担保行为是被欺诈、诱骗而为，应认定无效。梅某金出示担保人为湖口光某置业有限公司并加盖有公司印章的借款协议书，要求赤某公司为其借款提供担保。因该公司是工程的业主单位，为借款已进行了担保，完全有责任能力保证履行。因此，赤某公司也就在担保方加盖了公章，成了担保人。如果借款协议书上加盖的湖口光某置业有限公司的印章是伪造的，则是诱骗赤某公司进行担保，违背了赤某公司的真实意愿，赤某公司的担保行为是无效行为。综上，请求二审法院撤销原审判决第二项，追加湖口光某置业有限公司为本案的被告，共同承担担保责任，或者认定赤某公司的担保系被诱骗所为，担保行为无效，将本案移送公安机关立案侦查。

徐某娥答辩称，1. 赤某公司提供的保证方式依法应为连带责任保证。《中华人民共和国担保法》第十九条明确规定："当事人对保证方式没有约定或者约定不明的，按照连带责任保证承担保证责任"。一审判决已认定未约定担保方式，据此，赤某公司提供的保证方式应为连带责任保证；2. 本案借款协议书第七条约定：担保方需对乙方二年内，本金总额在400万元内发生的借款及产生的利息、违约金等担保。担保方的担保责任不分先后。依据《最高人民法院关于适用〈中华人民共和国担保法〉若干问题的解释》第十九条规定："两个以上保证人对同一债务同时或者分别提供保证时，各保证人与债权人没有约定保证份额的，应当认定为连带共同保证。连带共同保证的保证人以其相互之间约定各自承担的份额对抗债权人的，人民法院不予支持"。该《解释》第二十条第一款又规定：

"连带共同保证的债务人在主合同规定的债务履行期届满没有履行债务的，债权人可以要求债务人履行债务，也可以要求任何一个保证人承担全部保证责任"。根据赤某公司与徐某娥的约定，依据上述法律规定，可以认为徐某娥向赤某公司提起诉讼，是依法主张担保债权的合法行为，原审法院据此支持徐某娥的诉讼请求有充分的法律依据。3. 借款协议书上"湖口光某置业有限公司"公章是否伪造不是本案审理范围，徐某娥也未对之提起诉讼，所以没有必要对该公章的真伪出具证明。如果本案确有"伪造印章之人涉嫌犯罪"的事实，那么赤某公司可另行主张权利，即使"湖口光某置业有限公司"印章系伪造也免除不了赤某公司在本案中应承担的保证责任。赤某公司认为"系梅某金出示担保人为湖口光某置业有限公司并加盖有公司印章的借款协议书，要求赤某公司为其借款提供担保"，系诱骗其进行的担保，不仅没有事实依据，且不合情理，因而更不存在担保无效的法律依据。综上，赤某公司的上诉无理，其所提出的上诉请求，应当依法全部驳回。

梅某金未到庭参加诉讼，亦未提交书面答辩状。

根据当事人双方诉辩意见，本案二审争议焦点为：1. 赤某公司的保证行为是否有效？本案是否应移送公安机关侦查？2. 赤某公司的保证是一般保证还是连带责任保证？是否应追加湖口光某置业有限公司为共同被告参加诉讼？

二审中，赤某公司提供刑事举报控告书和湖口县公安局接受证据材料清单各一份，证明梅某金在借款合同上所盖湖口光某置业有限公司公章是伪造的，梅某金涉嫌伪造印章犯罪，公安机关正在立案侦查。徐某娥质证认为赤某公司提供的只是其举报材料和湖口县公安局接受证据的清单，不能证明公章是伪造的。本院认为，赤某公司提供的刑事举报控告书和湖口县公安局接受证据材料清单，只能证明其向公安机关报案，公安机关接受了相关证据材料。并不能证明借款协议上湖口光某置业有限公司的印章是伪造的，梅某金构成伪造印章罪。故对上述证据的关联性不予确认。

二审中徐某娥、梅某金均未提供新证据。

二审查明的事实与原审一致，对原审法院查明的事实，本院二审予以确认。

本院认为，徐某娥与梅某金签订借款协议，约定梅某金向徐某娥借款，徐某娥按借款协议向梅某金交付了借款，徐某娥与梅某金之间形成了民间借贷关系。借款到期后，梅某金未按约定的期限归还借款本息，徐某娥诉请梅某金归还借款本息，原审判决梅某金向徐某娥归还借款本息有事实和法律依据，且梅某金、徐某娥对此均未上诉，二审予以维持。但原审判决第一项关于利息"计算至本判决所确定的还款之日止"的表述不当,应予纠正。

关于赤某公司的保证行为是否有效、本案是否应移送公安机关侦查的问题。赤某公司上诉提出,梅某金伪造湖口光某置业有限公司的印章骗取其提供保证,其保证行为应认定无效。梅某金涉嫌伪造印章刑事犯罪,本案应移送公安机关侦查。本院认为,虽然赤某公司向公安机关控告梅某金涉嫌伪造湖口光某置业有限公司的印章,但是湖口光某置业有限公司的印章是否伪造,尚待查实。退一步说,即使查实湖口光某置业有限公司的印章确实系梅某金伪造,梅某金通过伪造湖口光某置业有限公司的印章骗取赤某公司为其向徐某娥借款提供保证,但并无证据证明徐某娥参与伪造公章、与梅某金共同骗取赤某公司提供保证。《中华人民共和国担保法》第三十条规定:"有下列情形之一的,保证人不承担民事责任:(一)主合同当事人双方串通、骗取保证人提供保证的;(二)主合同债权人采取欺诈、胁迫等手段,使保证人在违背真实意思的情况下提供保证的"。赤某公司为本案借款提供保证,并无上述法律规定免除保证责任的情形,且湖口光某置业有限公司并非本案当事人,故赤某公司上诉提出其系被梅某金骗取而提供保证、保证行为无效,本案应移送公安机关立案侦查,理由不能成立,本院不予支持。

关于赤某公司的保证是一般保证还是连带责任保证、是否应追加湖口光某置业有限公司为共同被告参加诉讼的问题。《中华人民共和国担保法》第十八条第二款规定:"连带责任保证的债务人在主合同规定的债务履行期届满没有履行债务的,债权人可以要求债务人履行债务,也可以要求保证人在其保证范围内承担保证责任"。第十九条规定:"当事人对保证方式没有约定或者约定不明确的,按照连带责任保证承担保证责任"。《最高人民法院关于适用〈中华人民共和国担保法〉若干问题的解释》第十九条规定:"两个以上保证人对同一债务同时或者分别提供保证时,各保证人与债权人没有约定保证份额的,应当认定为连带共同保证。连带共同保证的保证人以其相互之间约定各自承担的份额对抗债权人的,人民法院不予支持"。第二十条第一款规定:"连带共同保证的债务人在主合同规定的债务履行期届满没有履行债务的,债权人可以要求债务人履行债务,也可以要求任何一个保证人承担全部保证责任"。本案中,当事人各方在借款协议中未约定赤某公司的保证方式,应认定其保证方式为连带责任保证。赤某公司、湖口光某置业有限公司与徐某娥之间也未约定保证份额,徐某娥可以要求赤某公司承担全部保证责任。因此,赤某公司的保证是连带责任保证,徐某娥未起诉湖口光某置业有限公司是其处分诉讼权利的表现,原审法院未追加湖口光某置业有限公司为共同被告参加诉讼并不违反法定程序。

综上，原审判决认定事实基本清楚，适用法律正确。赤某公司的上诉理由不能成立，其上诉请求应予驳回。但判决主文第一项表述不当，应予纠正。依照《中华人民共和国民事诉讼法》第一百四十四条、第一百七十条第一款第（一）项、第（二）项的规定，判决如下：

一、维持江西省九江市中级人民法院（2014）九中民三初字第150号民事判决第二项；

二、变更江西省九江市中级人民法院（2014）九中民三初字第150号民事判决第一项为：梅某金于本判决生效之日起十日内偿付徐某娥借款本金355万元及相应利息（其中263万元的利息，自2013年11月1日开始计算、92万元的利息，自2013年11月23日开始计算，均按照人民银行同期同类贷款基准利率的四倍，计算至付清之日止）。

如果未按本判决指定的期间履行给付金钱义务，应当依照《中华人民共和国民事诉讼法》第二百五十三条之规定，加倍支付迟延履行期间的债务利息。

本案一审案件受理费40767元，诉讼保全费5000元，共计45767元，由梅某金承担。二审案件受理费42436.8元，由瑞昌市赤某建筑工程有限公司承担。

本判决为终审判决。

第五节　股东会同意提供担保的决议即使盖章系伪造，公司也应承担责任

081　湖南圣某生物科技有限公司与中国信某资产管理股份有限公司湖南省分公司、湖南博某眼科医院有限公司、李某康金融借款合同纠纷案[①]

裁判要旨

经股东会全体股东同意作出的决议，即使加盖在决议上的公司印章系伪造，公司也不能否认该决议的效力。

---

① 审理法院：湖南省高级人民法院；诉讼程序：二审

实务要点总结

（1）公司股东会是公司股东就与公司相关的事项进行商议表决的非常设公司机关，是公司的意思形成机关。股东会的组成人员为公司全体股东，公司并非股东会的参与主体之一。公司在股东会的决议形成及确认阶段并不发挥任何作用，也不能表达自身意志，更不能决定股东会决议效力。因此，股东会根据公司章程及《公司法》的规定作出的决议，公司是否予以确认，是否加盖公司公章，均不影响该决议的效力。

（2）公司在股东会决议上加盖的印章为伪造的印章，公司不能以此为由主张免责。理由在于：认为公司有独立的意志可以决定股东会决议是否有效的观点，是公司对自身在股东会中的定位出现了错位，是对公司治理结构的错误理解。

相关判决

湖南圣某生物科技有限公司与中国信某资产管理股份有限公司湖南省分公司、湖南博某眼科医院有限公司、李某康金融借款合同纠纷一案二审民事判决书

[（2015）湘高法民二终字第 14 号］

上诉人（原审被告）：湖南圣某生物科技有限公司，住所地：湖南省长沙市岳麓区长沙高新技术产业开发区桐梓坡西路 198 号泰宝创业基地。

法定代表人：戴某忠，该公司董事长。

被上诉人（原审原告）：中国信某资产管理股份有限公司湖南省分公司，住所地：湖南省长沙市解放东路 186 号。

负责人：刘某平，该公司副总经理。

原审被告：湖南博某眼科医院有限公司，住所地：长沙市中意一路 123 号。

法定代表人：李某康。

原审被告：李某康。

上诉人湖南圣某生物科技有限公司（以下简称圣某科技）因与被上诉人中国信某资产管理股份有限公司湖南省分公司（以下简称信某公司湖南分公司）、原审被告湖南博某眼科医院有限公司（以下简称博某医院）、李某康金融借款合同纠纷一案，不服长沙市中级人民法院（2013）长中民二初字第 01020 号民事判决，向本院提起上诉。本院受理后，依法组成合议庭，于 2015 年 2 月 4 日公开开庭审理了本案。上诉人圣某科技的委托代理人×××，被上诉人信某公司湖南分公司的委托代理人×××，原审被告博某医院及李某康的共同委托代理人×××到庭参加了诉讼。本案现已审理终结。

原审法院经审理查明，2012年3月22日，中国农业银行股份有限公司长沙雨花区支行（以下简称农行雨花区支行）与博某医院签订编号为43010120120000569《流动资金借款合同》，农行雨花区支行向博某医院发放流动资金贷款2000万元，其中1680万元到期日为2013年3月21日，320万元到期日为2012年12月10日。《流动资金借款合同》第三条第三款约定涉案贷款利率为固定利率，按照每笔借款提款日单笔借款期限所对应的中国人民银行公布的同期同档次基准利率基础上浮30%，直到借款到期日。借款凭证中记载的执行利率为8.528%。本合同项下贷款逾期的罚息利率从逾期之日起30天内（含30天）上浮30%计收罚息；30天以上至60天（含60天）上浮50%计收罚息；60天以上上浮80%计收罚息。逾期期间，采用固定利率计算的人民币借款，如遇中国人民银行同期人民币贷款基准利率上调的，罚息利率自基准利率调整之日起相应调整；出现逾期的贷款，应计收罚息和复利；如博某医院未按期支付利息的，则从未按期支付之日起按月计收复利。合同还约定，借款人或者保证人还款能力可能发生重大不利变化的，贷款人可以解除本合同以及双方签订的其他合同，提前收回已发放借款，宣布借款人与贷款人签订的其他借款合同项下借款到期。

2012年3月22日，农行雨花区支行与圣某科技签订编号为43100520120007845《最高额保证合同》，圣某科技自愿为农行雨花区支行与博某医院自2012年3月22日起至2014年3月21日止所形成的债权提供担保，担保的债权最高余额折合人民币2200万元。保证方式为连带责任保证。

2012年3月22日，农行雨花区支行与李某康签订《保证合同》，李某康自愿为本案借款提供保证担保，保证方式为连带责任保证。

上述合同签订后，农行雨花区支行依约向博某医院发放了两笔贷款。2012年12月10日，博某医院向农行雨花区支行清偿了其中一笔到期借款320万元。2013年1月27日，农行雨花区支行以博某医院违反合同第3.10.2条第3项的约定，向博某医院发出《贷款提前到期通知书》，宣布另一笔1680万元贷款提前到期，博某医院于同日签收。博某医院于2013年2月1日还本金2.638121万元，2013年3月29日还本金11万元。至今欠本金1666.361579万元。

农行雨花区支行向原审法院提起诉讼，请求判令：1.博某医院立即向农行雨花区支行偿还借款本金人民币 1666.361579 万元及利息（截至 2013 年 2 月 21 日止利息共计 127220.23 元，之后的利息按合同约定的标准计算）；2. 圣某科技、李某康对博某医院所欠农行雨花区支行的上述债务承担连带清偿责任；3. 本案诉讼费、财产保全费等由博某医院、圣某科技、李某康承担。

原审法院认为，农行雨花区支行与博某医院签订的《流动资金借款合同》、农行雨花区支行与圣某科技签订的《最高额保证合同》以及农行雨花区支行与李某康签订的《保证合同》均系各方当事人的真实意思表示，未违反法律、行政法规的强制性规定，应认定合法、有效，各方当事人应按照约定全面履行自己的义务。农行雨花区支行依据《流动资金借款合同》约定向博某医院发放了两笔贷款共计 2000 万元，已经履行了出借的义务，博某医院应当依照合同的约定履行相应义务。博某医院虽偿还了其中一笔到期借款 320 万元，但另一笔借款 1680 万元于 2013 年 3 月 21 日到期后，至今仅偿还了本金 13.638121 万元，尚欠本金 1666.361579 万元及利息，违反了合同约定的还款义务，故农行雨花区支行请求博某医院偿还借款本金和利息，予以支持。

圣某科技与农行雨花区支行签订了《最高额保证合同》，李某康与农行雨花区支行签订了《保证合同》，均约定保证方式为承担连带责任保证，双方保证合同成立，故农行雨花区支行起诉要求圣某科技、李某康对博某医院的上述债务承担连带清偿责任的请求，予以支持。圣某科技辩称，《股东会决议》中的公章是假的，股东戴某忠、吴某的签字是假的，圣某科技在本案中不应承担担保责任，只承担过错责任。首先，圣某科技虽申请对《股东会决议》中股东签名和公司公章的真实性进行鉴定，但未依法缴纳鉴定费，导致鉴定机构终止鉴定，应作自动撤回鉴定申请处理。其次，根据《中华人民共和国合同法》第三十二条的规定，圣某科技与农行雨花区支行签订《最高额保证合同》，加盖了圣某科技的公章，该合同即已成立并生效，圣某科技应当依约定承担连带清偿责任。虽然《中华人民共和国公司法》第十六条第一款规定"公司向其他企业投资或者为他人提供担保，依照公司章程的规定，由董事会或者股东会、股东大会决议"，但是，根据《最高人民法院关于适用〈中华人民共和国合同法〉若干问题的解释（二）》第十四条规定，合同法第五十二条第（五）项规定的"强制性规定"，是指效力性强制性规定。效力性强制性规定，即法律及行政法规明确规定违反了这些禁止性规定将导致合同无效的规范，或者是法律及行政法规虽然没有明确规定违反这些禁止性规范后将导致合同无效，但如果使合同继续有效将损害国家利益和社会公共利益的规范。从《中华人民共和国公司法》第十六条第一款的内容来看，该条款不符合上述特征，不属于效力性强制性规定，圣某科技的担保行为即使未经股东会决议通过，亦应认定担保有效。故圣某科技认为自己不应承担担保责任的理由不成立，不予支持。综上所述，依照《中华人民共和国合同法》第三十二条、第六十一条、第二百零六条、第二百零七条，《中华人民共和国担保法》第十八条、第三十一条，《最高人民法院关于适用〈中华人民共和国担保法〉若干问题的解释》第四十二条以及《中华人民共和国民事诉讼法》第二百五十三条的规定，判决：一、博某医院于判决发生法律效力之日起十日内向农行雨花区支行偿还借款本金 16663615.79 元以及按合同约定支付利息、罚息、复利；二、圣某科技对博某医院的上述债务承担连带清偿责任，圣某科技承担连带清偿责任后有权向博某医院追偿；三、李某康对博某医院的上述债务承担连带清偿责任，李某康承担连带清偿责任后有权向博某医院追偿；四、驳回农行雨花区支行的其他诉讼请求。如果未按本判决指定的期间履行给付金钱义务，应当依照《中华人民共和国民事诉讼法》第二百五十三条之规定，加倍支付迟延履行期间的债务利息。一审案件受理费 123205 元，财产保全费 5000 元，合计 128205 元，由博某医院、圣某科技、李某康共同负担。

圣某科技不服上述判决，向本院提起上诉称：1. 李某康利用博某医院的名义，采取虚构事实、隐瞒真相的方式与农行雨花区支行签订借款合同，骗取贷款，其行为已涉嫌贷款诈骗。圣某科技亦是在此情形下，违背自己的真实意思为博某医院提供担保，根据《中华人民共和国担保法》的规定，主合同无效，作为从合同的保证合同当属无效，圣某科技不应对此承担保证责任。原审认定合同有效，事实认定错误。2. 李某康作为博某医院原法定代表人，对于本案借款行为已涉嫌刑事犯罪，本案借款合同及保证合同效力认定均有待刑事案件审理结果才能最终确定。本案必须以该刑事案件审理结果为依据，而刑事案件尚未审结，应当中止审理。原审法院在本案所应依据的重大事实未查清之前即作出判决，程序违法。请求：1. 撤销原判第二项，改判上诉人不承担连带清偿责任。2. 一、二审诉讼费由农行雨花区支行承担。

信某公司湖南分公司答辩称：1. 李某康并非本案借款人，而是保证人，其个人是否涉嫌刑事犯罪，不影响债权人与圣某科技签订的《最高额保证合同》的效力。2. 本案借款与李某康涉嫌刑事犯罪没有关联性，不符合中止审理的情形。原判认定事实清楚，适用法律正确。请求驳回圣某科技的上诉请求。

博某医院和李某康共同答辩称：本案事实清楚，适用法律准确，应予维持。李某康个人涉嫌刑事犯罪案件的审理结果并不影响本案借款担保合同纠纷案件的审理。

二审中，信某公司湖南分公司向本院提交了《不良资产批量转让协议》《分户债权转让协议》《变更诉讼主体申请书》，三份《公证书》，拟证明本案一审后，农行雨花区支行将本案债权转让给了信某公司湖南分公司。信某公司湖南分公司以公证送达的方式向圣某科技、博某医院及李某康告知了债权转让的事实。信某公司湖南分公司成为本案债权新的债权人，取得原债权人在本案中的诉讼地位。

圣某科技质证认为，本案债权在没有取得法院最终判决前，有可能是不确定的债权，对债权转让有异议。

博某医院及李某康对信某公司湖南分公司提交证据的真实性、合法性、关联性均没有异议。

圣某科技亦向本院提交了两份新的证据：1. 2013 年 3 月 13 日长沙市公安局雨花分局出具的受案回执。2. 2013 年 4 月 2 日长沙市公安局雨花分局出具的立案决定书。两份证据拟证明本案所涉《股东会决议》中所使用的公章是李某康伪造的，公安机关已经立案侦查。李某康虚构股东会决议向债权人骗取贷款。对股东会决议和担保协议上的公章的真实性有异议。

信某公司湖南分公司质证认为，该两份证据均系复印件，对其真实性、合法性、关联性均不认可。圣某科技的法定代表人已在《最高额保证合同》上签字认可。

博某医院及李某康对两份证据的真实性、关联性均有异议，认为该两份证据均系复印件，没有原件进行核对，即使李某康涉嫌伪造公章，与本案也没有关联性。本案是借款合同纠纷，合同上法定代表人的签字均是面签，是真实的。

为进一步查实本案借款是否已实际发放，本院要求信某公司湖南分公司提交了借款发放转账凭证。信某公司湖南分公司提交了 2012 年 3 月 22 日发放 1680 万元和 320 万元两张借款凭证及该两笔款项进入博某医院银行账户的资金流水单。

圣某科技对该证据的真实性、合法性、关联性均不认可。

博某医院及李某康对该证据的真实性、合法性、关联性均无异议。

对上述证据，本院经审查认为，圣某科技提交的两份证据是复印件，圣某科技在庭后亦未提交原件与复印件核对，其真实性无法确认。且该两份证据是公安机关于 2013 年 3 月对李某康涉嫌伪造公章立案侦查的相关文书，至今已经过了两年，亦没有其他证据对李某康伪造圣某科技公章的事实予以证实。对该两份证据，本院不予采信。对信某公司湖南分公司向本院提交的四份证据，圣某科技并未对其真实性提出异议，博某医院及李某康均认可证据真实性、合法性及关联性，该证据能证明新的债权人已变更为信某公司湖南分公司，且已告知了所有债务人，故对信某公司湖南分公司提交的证据予以采信。本院由此确认本案被上诉人由农行雨花区支行变更为信某公司湖南分公司。对信某公司湖南分公司举证证明本案2000万元已实际发放的借款凭证和资金流水单，虽然圣某科技不予认可，但未提交相反的证据予以证明，而借款人博某医院在一、二审庭审中均认可2000万元已发放至该公司账户，对该证据本院予以采信。

本院二审查明，2012年3月5日，圣某科技召开了股东大会，全体股东一致同意公司为博某医院在本案中的借款承担担保责任，并形成了《股东会决议》。圣某科技当时的全体股东即李某康、戴某忠、吴某在《股东会决议》上签名。

2012年3月22日，农行雨花区支行将1680万元和320万元贷款发放至博某医院在该行开立的18××××4030的账号上。博某医院自2013年2月20日后未偿还本息。

2014年12月24日，农行雨花区支行与信某公司湖南分公司签订了《不良资产批量转让协议》和《分户债权转让协议》，将包括本案在内的债权转让给信某公司湖南分公司。在《分户债权转让协议》中约定：1. 将本案债权转让给信某公司湖南分公司，转让债权截至2014年6月30日，本金为16663615.79元，利息2780112.92元。2. 主债权之从属权利，包括但不限于与该主债权对应的保证、抵押、质押等一切从权利，随主债权一同转让。因主债权及从权利产生的其他相关权利和权利文件，包括但不限于主债权项下依法可向债务人追索的实现债权的费用等债权，随主债权一同转让。信某公司湖南分公司受让该债权后，以公证送达的方式向圣某科技、博某医院及李某康告知了债权转让的事项。

本院审理查明的其他事实与一审法院查明的事实一致。

本院认为，农行雨花区支行与信某公司湖南分公司签订了《不良资产批量转让协议》和《分户债权转让协议》，将包括本案在内的债权及所属从权利转让给信某公司湖南分公司。上述两协议是当事人真实意思表示，没有违反法律、行政法规的禁止性规定，合法有效。信某公司湖南分公司依法成为本案新的债权人，取代原债权人农行雨花区支行在本案中的诉讼地位。本案二审争议的焦点是圣某科技是否应对本案借款本息承担连带清偿责任。从二审查明的事实看，农行雨花区支行于 2012 年 3 月 22 日将 2000 万元发放至借款人博某医院的账号上，博某医院后偿还了部分借款本息，至今尚欠借款本金 16663615.79 元和自 2013 年 2 月 20 日之后的利息。圣某科技向本院提交了公安机关《受案回执》和对李某康的《立案决定书》，拟证明本案借款系博某医院法定代表人李某康伪造了圣某科技《股东会决议》上的公章、诈骗银行贷款，主合同借款合同应认定无效。本院认为，上述两份证据系复印件，真实性无法确认，不能作为认定事实的证据。本案中，圣某科技包括李某康在内的全体股东，于 2012 年 3 月 5 日召开股东会，一致同意公司为博某医院在本案中的借款承担担保责任，并形成了《股东会决议》。可见，为本案借款提供担保，经过了圣某科技股东大会的同意。圣某科技对全体股东在《股东会决议》上的签名并无异议，其在该《股东会决议》上加盖的公章是否系伪造，并不能否认公司股东为本案借款提供担保已召开了股东大会，并形成了《股东会决议》的客观事实。对该《股东会决议》上所盖的圣某科技的公章是否真实，圣某科技虽在一审中申请鉴定，但未交鉴定费用，应视为其对该诉讼权利的放弃。圣某科技在作出《股东会决议》后，与农行雨花区支行签订了《最高额保证合同》，约定圣某科技为博某医院在农行雨花区支行 2012 年 3 月 22 日至 2014 年 3 月 21 日期间的借款提供连带责任担保，担保债权最高额为 2200 万元，并在《最高额保证合同》上加盖了公章，对该公章的真实性，圣某科技不持异议，其法定代表人亦在该《最高额保证合同》上签名。原审法院认定《最高额保证合同》合法有效，并无不当。因本案借款发生在《最高额保证合同》约定的担保期间内，保证人圣某科技应按《最高额保证合同》的约定，对博某医院在本案中的借款本息，在 2200 万元的范围内，向信某公司湖南分公司承担连带清偿责任。至于本案是否应中止诉讼，因圣某科技未向法院提交证据证明李某康涉嫌刑事犯罪与本案存在关联性，现有证据认定圣某科技应否承担担保责任无须以另一案的审理结果为依据，且《股东会决议》上加盖的公章是否系李某康伪造，并不能必然否定《股东会决议》的效力，不影响圣某科技担保责任的承担。故本案不属于中止诉讼的情形。综上，圣某科技的上诉理由不能成立，本院不予支持。

综上所述，原判认定事实基本清楚，适用法律基本正确，但鉴于本案债权人农行雨花区支行已变更为信某公司湖南分公司，且原判对于圣某科技应承担责任的范围没有以《最高额保证合同》约定的最高额即 2200 万元为限不当，本院予以纠正。依照《中华人民共和国民事诉讼法》第一百七十条第一款第（二）项之规定，判决如下：

一、撤销长沙市中级人民法院（2013）长中民二初字第01020号民事判决；

二、湖南博某眼科医院有限公司在本判决发生法律效力之日起十日内向中国信某资产管理股份有限公司湖南省分公司偿还借款本金1666.361579万元，以及按合同约定支付（自2013年2月21日起至清偿之日止）的利息、罚息、复利；

三、湖南圣某生物科技有限公司对湖南博某眼科医院有限公司的上述债务在2200万元范围内承担连带清偿责任。湖南圣某生物科技有限公司在承担连带清偿责任后，有权在其承担责任范围内向湖南博某眼科医院有限公司追偿；

四、李某康对湖南博某眼科医院有限公司的上述债务承担连带清偿责任。李某康在承担连带清偿责任后，有权向湖南博某眼科医院有限公司追偿；

五、驳回中国信某资产管理股份有限公司湖南省分公司的其他诉讼请求。

如未按本判决指定的期间履行给付金钱义务，应当依照《中华人民共和国民事诉讼法》第二百五十三条之规定，加倍支付迟延履行期间的债务利息。

一审案件受理费123205元，财产保全费5000元，合计128205元，由湖南博某眼科医院有限公司负担。二审案件受理费123205元，由湖南圣某生物科技有限公司负担。

本判决为终审判决。

第六节　公司对他人使用伪造印章设立分公司在另案中认可的，需对该分公司的经营行为承担责任

082 江西省城某建设集团有限公司与扬州辉某物资有限公司、天长市九某建材厂一般买卖合同纠纷案[①]

裁判要旨

公司对他人利用伪造印章设立的分支机构在另案诉讼中予以认可的，即不能再否认其对该分支机构的存在系明知，公司需对该分支机构的对外经营行为承担责任。

---

① 审理法院：最高人民法院；诉讼程序：再审

实务要点总结

（1）知晓他人冒用公司名义设立分支机构或者公司员工未经授权设立分支机构的，应当及时勒令其解散或者予以明确追认并进行有效管理，不能"视而不见"。否则，可能会因为私设的分支机构对他人形成有代理权的外观，其对外从事的活动最终都必须由公司承担，造成公司经营面临巨大的风险。

（2）本案中，城某公司在另案的诉讼中与通过伪造印章设立的分支机构共同应诉，并委派同一名代理人。由此可知，城某公司知晓该分支机构的存在，且已经通过自己的行为事后追认了其作为城某公司分支机构的事实。即使事后有证据证明该机构系他人利用伪造印章的方式设立，城某公司也不能再否认该分支机构的现实存在。城某公司需对该分支机构的经营行为承担责任。

相关判决

江西省城某建设集团有限公司与扬州辉某物资有限公司、天长市九某建材厂一般买卖合同纠纷申请再审民事裁定书［（2014）民申字第531号］

再审申请人（一审被告、二审上诉人）：江西省城某建设集团有限公司（原江西省某施工有限公司）。住所地：江西省高安市瑞阳大道世博华城。

法定代表人：王某平，该公司董事长。

被申请人（一审原告、二审被上诉人）：扬州辉某物资有限公司。住所地：江苏省扬州市扬菱路西侧新槐泗河北侧钢材市场9幢19号。

法定代表人：卓某辉，该公司总经理。

一审被告：天长市九某建材厂。住所地：安徽省天长市铜城镇余庄村。

投资人：王某国，该厂厂长。

一审被告：王某国。

再审申请人江西省城某建设集团有限公司（原江西省某施工有限公司，以下简称建设公司）因与被申请人扬州辉某物资有限公司（以下简称辉某公司）以及一审被告天长市九某建材厂（以下简称九某建材厂）、王某国买卖合同纠纷一案，不服江苏省高级人民法院（2013）苏商终字第0216号民事判决，向本院申请再审。本院依法组成合议庭对本案进行了审查，现已审查终结。

建设公司申请再审称：1.有新的证据，足以推翻原判决。建设公司在二审判决生效后，在江苏省扬州市公安局邗江分局发现辉某公司的《报案材料》和该局经侦大队对卓某辉的《询问笔录》，该两份新证据充分证明案涉钢材买卖合同系张某和个人与辉某公司签订，并由张某和直接支付货款，因此张某和才是合同的当事人，原审遗漏了应当参加诉讼的当事人张某和；且本案因涉嫌诈骗犯罪，应当中止诉讼。2. 二审判决认定主要事实缺乏证据证明。二审判决认定设立建某公司南京分公司（以下简称南京分公司）系建设公司的意思表示，南京分公司属建设公司设立的分公司这一基本事实缺乏证据证明。3. 二审判决适用《中华人民共和国民法通则》（以下简称《民法通则》）第六十六条第一款属适用法律错误。4. 本案遗漏了应当参加诉讼的当事人张某和。5. 原审判决遗漏诉讼请求。建设公司在一、二审中将《最高人民法院关于民事诉讼证据的若干规定》（以下简称《证据规定》）第七十四条作为不承担责任的最主要抗辩理由，但一、二审判决对这一诉请均不予评判。6. 原审违反法律规定，管辖错误。本案应由合同履行地安徽省天长市铜城镇所在法院管辖。综上，建设公司依据《中华人民共和国民事诉讼法》第二百条第一项、第二项、第六项、第八项、第十一项的规定向本院申请再审。

辉某公司提交意见称：1. 建设公司提交的新证据不符合新证据构成要件，且不足以推翻原审判决。2. 张某和不是本案当事人，不存在遗漏诉讼当事人的情形；3. 对于南京分公司的设立，建设公司属明知，二审判决认定该事实有充分的证据证明。4. 原审法院适用《民法通则》第六十六条第一款的规定处理本案适用法律正确。5. 一、二审法院对本案拥有管辖权。请求依法驳回建设公司的再审申请。

本院经审查查明：2010年7月、9月，张某和以南京分公司名义与辉某公司先后订立两份《钢材买卖合同》，约定南京分公司向辉某公司采购钢材，供货地点分别为天长市铜城镇高尚新村小区和天长市铜城镇铜北新村工地。一、二审判决将上述供货地点均认定为天长市铜城镇铜北新村工地有误，本院予以纠正。建设公司原对一、二审认定的欠款数额3320617元存有异议，认为一、二审判决认定两份合同的供货地点均为天长市铜城镇铜北新村工地，与该供货地点相对应的提货单仅有8份，8份提货单所对应的货款数额与判决认定的数额不相符。经本院召集双方当事人到庭询问，双方当事人均认可涉案合同为两份，涉及的提货单共计13份，供货地点分别为天长市铜城镇高尚新村小区和天长市铜城镇铜北新村工地。建设公司表示在本院纠正一、二审判决对供货地点的错误认定之后，对欠款数额不再存有异议。

本院认为，建设公司的再审申请理由不能成立。

一、建设公司提交的新证据不足以推翻原审判决。辉某公司的《报案记录》以及公安机关对卓某辉的《询问笔录》内容主要反映了张某和持南京分公司的印章、营业执照、资质证书等材料与辉某公司签订两份钢材买卖合同，并由张某和支付部分货款的事实。《询问笔录》中记载："江西省某施工有限公司南京分公司任命张某和为公司代理人，任命期限为2010年5月至2015年4月……我公司为供方，江西省某施工有限公司南京分公司为需方……"。上述内容直接反映了张某和系作为南京分公司的代理人身份与辉某公司签订合同，而非合同的直接当事人。此外，由于辉某公司报案之后，公安机关尚未正式立案，即本案是否涉嫌诈骗犯罪尚缺乏依据，故本案不应以此为由中止审理。综上，建设公司所提交的两份新证据不能证明建设公司的诉讼主张，亦不足以推翻原审判决。

二、本案不存在遗漏当事人张某和的情形。根据原审查明事实，2010年5月11日，王某山代表南京分公司与张某和订立《协议书》，将南京分公司的经营权交给张某和全权经营，并向张某和出具任命书，任命其为南京分公司代理人，同时还向张某和提供刻制公司印章的证明；案涉钢材买卖合同虽由张某和负责与辉某公司签订，但均以南京分公司为合同需方，而非张某和本人；九某建材厂作为案涉合同的担保人，诉讼中也不否认所担保的合同当事人系南京分公司，而非张某和本人。上述事实表明，张某和仅系南京分公司的代理人，而非合同相对人，其与辉某公司订立买卖合同的行为应视为南京分公司行为，无须追加张某和参加本案诉讼。建设公司认为本案遗漏当事人的再审申请理由不能成立。

三、二审判决不存在认定主要事实缺乏证据证明的情形。南京分公司于2009年9月25日设立。建设公司与孙某全、王某山于2009年11月9日签订的内部承包经营合同中约定，建设公司同意孙某全、王某山以独资形式对建设公司所属的江苏省南京地区及苏北（注册所在地：南京市）实行全额经济承包经营，并注明了"分公司"印章和财务专用章的管理和使用问题。以上事实表明建设公司同意孙某全、王某山在南京注册成立相关经济实体，且该经济实体的形式为"分公司"。至于建设公司对王某山以王小安名义设立南京分公司的事宜是否明知，从建设公司在陈秋华诉建设公司、南京分公司买卖合同纠纷一案的应诉行为中得以体现。陈秋华案发生于2011年，建设公司及南京分公司对该案应诉后，建设公司指派其法律顾问刘某男作为建设公司与南京分公司的共同委托代理人，于同一天向人民法院出具了授权委托书，代理权限为特别授权代理；同日，建设公司向受理该案的人民法院提交答辩状，在答辩状中以建设公司和南京分公司的共同利益立场一并进行答辩，在答辩中对南京分公司存在的合法性以及与建设公司之间的关系未提出异议。此后，在该案的开庭审理中，刘某男以建设公司和南京分公司共同委托代理人身份出庭参加诉讼，庭审中承认南京分公司系建设公司的分支机构，并对总公司与分公司之间承担法律上的连带责任表示认可。建设公司的上述应诉行为充分证实了建设公司对南京分公司的设立是明知的，而且是认可的。虽然建设公司认为，南京分公司系他人伪造印章非法设立，有相关刑事判决书和行政公文作为证据证实，但刑事判决书及行政公文仅能证明南京分公司成立过程中存在伪造印章的事实，而不能当然证明建设公司对南京分公司的设立是否明知的状态。亦即，他人伪造印章设立南京分公司的行为与建设公司是否明知南京分公司设立这两者之间并不矛盾，前者的存在不能当然否定后者。现建设公司欲以前者作为否定后者的证据，理由尚不充分。建设公司还认为，根据证据规定第七十四条的规定："诉讼过程中，当事人在起诉状、答辩状、陈述及其委托代理人的代理词中承认的对己方不利的事实和认可的证据，人民法院应当予以确认，但当事人反悔并有相反证据足以推翻的除外"。建设公司有权对陈秋华一案中的自认进行反悔，在此情况下，一、二审判决认定建设公司明知南京分公司设立的事实就缺乏证据证实。但该理由亦不能成立。因为在本案中，证实建设公司明知并认可南京分公司设立事实的因素，除了建设公司在陈秋华案中的答辩意见以及庭审陈述外，更重要的是建设公司在该案中的一系列应诉行为本身。当事人或代理人在诉讼中进行答辩和陈述时，或许由于措辞不当可能导致其诉讼观点表达有误，但当事人诉讼行为本身应能客观准确地体现其诉讼立场。陈秋华案中，建设公司对南京分公司成立事实明知并予以认可的诉讼观点，不仅以答辩和庭审陈述的形式得以清晰表达，更重要的是，建设公司在应诉过程中，毫无疑义地指派该公司法律顾问刘某男作为南京分公司的共同委托代理人进行诉讼，该行为本身清楚地表明建设公司对南京分公司设立及存在的认可。因此，二审判决认定南京分公司是建设公司设立的分公司证据充分。建设公司关于二审认定主要事实缺乏证据证明的再审申请理由不能成立。

四、本案法律适用并无不当。《民法通则》第六十六条第一款规定，本人知道他人以本人的名义实施民事行为不做否认表示的，视为同意。本案中，建设公司在明知他人以该公司名义设立南京分公司的情况下，未做否认表示，并以实际行为表示认可，应当视为建设公司同意设立南京分公司。二审判决适用上述法律规定并无不当。

五、本案不存在遗漏诉讼请求以及管辖错误的问题。首先，建设公司在本案一审中诉讼地位属被告，不具备提出诉讼请求的主体资格，其所提出的抗辩主张未被人民法院采纳，不属于遗漏诉讼请求。二审判决已经针对建设公司上诉所提关于证据规定第七十四条的适用问题进行了评判，亦不存在遗漏上诉请求的问题。其次，管辖权异议问题不属案件进行再审的事由，本院对此可不进行审查。根据《中华人民共和国民事诉讼法》第一百二十七条规定："人民法院受理案件后，当事人对管辖权有异议的，应当在提交答辩状期间提出。人民法院对当事人提出的异议，应当审查。异议成立的，裁定将案件移送有管辖权的人民法院；异议不成立的，裁定驳回。当事人未提出管辖异议，并应诉答辩的，视为受诉人民法院有管辖权，但违反级别管辖和专属管辖规定的除外。"在本案原审中，建设公司未在答辩期间提出管辖异议，并应诉答辩，且本案亦不存在违反级别管辖和专属管辖的情形，原审法院拥有本案管辖权。现建设公司提出管辖异议缺乏依据。

综上，建设公司的再审申请不符合《中华人民共和国民事诉讼法》第二百条第一项、第二项、第六项、第八项、第十一项规定的情形。依照《中华人民共和国民事诉讼法》第二百零四条第一款之规定，裁定如下：

驳回江西省城某建设集团有限公司的再审申请。

第七节　自然人私刻挂靠单位印章并多次使用，且经政府部门认可，公司应担责

083 江山市江某房地产开发有限责任公司与雷某程与江西四某青生态科技有限公司、吴某旺、俞某貂民间借贷纠纷案[①]

裁判要旨

自然人挂靠其他公司经营，并私刻该公司公章，多次使用该枚公章从事一系列经营活动，且该公章已为相关政府职能部门确认的，可推定该公司明知该自然人使用该枚公章，该公司应当对外承担相应的民事责任。

---

① 审理法院：最高人民法院；诉讼程序：再审

实务要点总结

（1）挂靠在建设工程、交通运输等多个领域普遍存在，但允许他人挂靠，绝非一个简单的收点管理费的"小买卖"，而是一个可能隐藏着巨大经营风险的"炸药包"。根据最高人民法院的裁判观点，挂靠关系的存在，可使交易相对人对挂靠方产生其有权代表被挂靠方签订合同的合理信赖。即挂靠方的行为对被挂靠方可构成表见代理，挂靠方以被挂靠方名义对外签订的合同可直接约束被挂靠方，被挂靠方不得以挂靠方未经授权为由拒不承担相关责任。因此，切勿轻易允许他人挂靠。

（2）并非挂靠方所有的使用伪造印章签订的合同，对被挂靠方都具有约束力，而是仍需满足以下条件：①交易相对人为善意，即不知晓挂靠人并无相关授权；②该合同本身并不存在效力瑕疵，即合同本身不存在无效、可撤销或效力待定的事由。因此，如果被挂靠方欲主张对合同不承担责任，可证明：①交易相对人明知挂靠方没有获得相关授权；②交易相对人明知签订合同时的用印为挂靠人私刻或伪造；③证明合同存在效力瑕疵。本案中，被挂靠方对挂靠方以被挂靠方的名义从事经营活动的规范性长期不闻不问，导致挂靠方通过伪造公章的形式进行生产经营，且印章有效性被业主、单位、政府有关部门确认。最高人民法院据此推定被挂靠方知晓挂靠方使用伪造印章并对此予以放任，可构成表见代理。

（3）同意他人挂靠时，切忌将对外签订合同、做出承诺、代为结算等权利授权给挂靠方。确需授权的，只能对挂靠方作某一事务的特别授权，绝不能作涵盖多项事务甚至所有事务的概括授权。严禁挂靠方以被挂靠方的名义对外从事商务谈判、承接业务或签订合同，并在挂靠协议中就上述事项约定相应的违约金条款或解除条款。适当时，可以适当方式将挂靠事实告知重要的交易相对人，以有效防范挂靠方在未经授权的情况下，对外以被挂靠方的名义签订合同。

相关判决

江山市江某房地产开发有限责任公司与雷某程与江西四某青生态科技有限公司、吴某旺、俞某貂民间借贷纠纷申请再审民事裁定书〔（2016）最高法民申425号〕

再审申请人（一审被告、二审上诉人）：江山市江某房地产开发有限责任公司，住所地浙江省江山市中山路38号。

法定代表人：吴某龙，该公司执行董事。

被申请人（一审原告、二审被上诉人）：雷某程，男，1975年3月20日出生，汉族，住江西省南昌市红谷滩新区飞虹路博泰江滨1栋910室。

一审被告、二审被上诉人：吴某旺，男，1970年8月13日出生，汉族，住江西省抚州市东乡县北门岗中区29号。

一审被告、二审被上诉人：俞某貂，女，1970年11月8日出生，汉族，住江西省抚州市东乡县北门岗中区29号。

一审被告、二审被上诉人：江西四某青生态科技有限公司，住江西省东乡县小璜镇珊壁村。

法定代表人：俞某貂。

再审申请人江山市江某房地产开发有限责任公司（以下简称江某公司）因与被申请人雷某程，一审被告、二审被上诉人吴某旺、俞某貂、江西四某青生态科技有限公司（以下简称四某青公司）民间借贷纠纷一案，不服江西省高级人民法院（2014）赣民一终字第32号民事判决，向本院申请再审。本院依法组成合议庭，对本案进行了审查。本案现已审查终结。

江某公司申请再审称，1.一、二审程序违法。针对吴某旺向雷某程所借的款项在2014年4月18日即已由东乡县人民法院作出刑事判决，并在其生效后，进入了法院执行程序。江西高院在事隔一年半后对同一事实又作出了一份判令吴某旺向雷某程还款，江某公司对此承担担保责任的民事实体判决，是错误的。2.一、二审民事判决以"推定江某公司知情"为名判令江某公司承担担保责任在事实上和法律上都不能成立。江某公司与吴某旺不构成担保关系。业已生效的东乡县人民法院刑事判决在第29页"（三）伪造公司印章的事实"一节中认定，2011年7月19日，吴某旺与借款人雷某程签订还款协议时，以江某公司的名义提供担保，加盖江某公司的印章是伪造的。二审判决也作出了"《还款协议》《承诺书》中的印章作为伪造公章罪的对象，并被刑事判决书中认定为伪造的公章"的认定。《最高人民法院关于审理民间借贷案件适用法律若干问题的规定》第八条规定"借款人涉嫌犯罪或者生效判决认定有罪，出借人起诉请求担保人承担民事责任的，人民法院应予受理"，按照该条规定，江西高院在处理本案时应尊重东乡县人民法院刑事判决对案件事实的实体认定，而仅对江某公司与雷某程之间是否构成担保关系、其是否合法有效而予以审理，不应当再判令吴某旺等向雷某程偿还借款。二审判决认定伪造的公章具有"公示效力"是错误的。对"挂靠人"吴某平涉及"金迪大厦"项目提出需要提供的正常手续,江某公司都予以提供。所谓"路途远、盖章不便",根本不能成为吴某旺等私刻公章正当理由。在向政府有关机构(东乡县房管局)提交的"售证"申报材料中,均有清单列明,并由江某公司逐页审查后加盖了公司印章后才予提交的。江西高院判决中所称的"承诺书",系吴某旺在上述申报材料之外,伪造事实,加盖上其私刻的公司印章,并私下自行向政府有关机构(东乡县房管局)提交的。政府有关机构(东乡县房管局)认可并予以批准,江某公司对此毫不知情。3. 吴某旺在借据担保人处加盖其私刻的公司印章超出了"挂靠经营"的范围,应属无效。综上,江某公司依据《中华人民共和国民事诉讼法》第二百条第二项、第三项、第六项的规定申请再审。

根据江某公司再审申请书载明的理由,本院对以下问题进行审查:

一、关于一、二审是否存在程序违法

对于借款人是否涉嫌犯罪的认定,不影响担保责任的认定与承担。在由第三人提供担保的民间借贷中,就法律关系而言,存在出借人与借款人之间的借款关系以及出借人与第三方的担保关系两种法律关系,而借款人涉嫌犯罪或者被生效判决认定有罪,并不涉及担保法律关系。刑事案件的犯罪嫌疑人或犯罪人仅与民间借贷纠纷中的借款人重合,而出借人要求担保人承担担保责任的案件,其责任主体与刑事案件的责任主体并不一致。因此,借款人涉嫌或构成刑事犯罪时,出借人起诉担保人的,应适用"民刑分离"的原则。江某公司关于本案程序违法的主张缺乏依据,本院不予支持。

二、关于江某公司是否应当承担担保责任

吴某旺与雷某程达成的《还款协议》是双方真实意思表示,应为有效,《还款协议》上江某公司作为担保人加盖公章。虽然该公章已被刑事判决认定为吴某旺伪造,但从一审查明的情况看,吴某旺多次使用该枚公章从事一系列经营活动,且该公章已为施工单位和相关政府职能部门确认。本案中,吴某旺通过挂靠江某公司,取得了"金迪商厦"项目的开发人资格,吴某旺是该项目的实际控制人,吴某旺所借款项部分用于"金迪商厦"项目。江某公司为涉案款项提供担保的行为合法有效。吴某旺在《招标通知书》和《建设工程施工招标备案资料》以及与施工单位订立的《建设工程施工合同》中均使用了该枚私刻的公章。

上述法律行为必须要使用公章,在此情况下,二审判决推定江某公司对于吴某旺使用该枚公章知情并无不当。且依据一审时的鉴定结论,吴某旺使用的该枚公章与其向东乡县房管局申报《承诺书》中的公章相同。上述事实使雷某程对于该公章形成合理信赖，雷某程的合理信赖利益应当受到保护。一、二审判决认定江某公司承担担保责任并无不当。

综上，二审判决认定事实与适用法律方面均无不当。江某公司的再审申请不符合《中华人民共和国民事诉讼法》第二百条第二项、第三项、第六项规定的情形，本院依照《中华人民共和国民事诉讼法》第二百零四条第一款之规定，裁定如下：

驳回江山市江某房地产开发有限责任公司的再审申请。

第九章　公司印章管理中的法律风险识别与防范

第一节　公司印章管理法律风险

通过本书梳理的以上案例，我们可以总结出公司日常管理中关于印章的十一个风险点。这些风险点很多都围绕一个问题——用章的唯一性展开。因此，管好一个章，就牵住了公司印章管理的"牛鼻子"。

一、印章被盗或者盗盖

公司长期未发现印章被盗，可视为公司对公章管理不规范。应根据《最高人民法院关于在审理经济纠纷案件中涉及经济犯罪嫌疑若干问题的规定》第五条第二款关于"行为人私刻单位公章或者擅自使用单位公章、业务介绍信、盖有公章的空白合同书以签订经济合同的方法进行的犯罪行为，单位有明显过错，且该过错行为与被害人的经济损失之间具有因果关系的，单位对该犯罪行为所造成的经济损失，依法应当承担赔偿责任"的规定，承担相应的损害赔偿责任。

因此，（1）公司必须看紧自己的印章，委派诚实可靠的人管理印章，防止印章被盗盖；如果因为公司自身管理不善，导致公司印章被盗，公司可能需要对被盗后公章所盖合同承担部分民事责任。（2）公司发现印章被盗，应在保护现场的同时及时报警，争取立案；不能立案的，应要求公安机关出具不予立案通知书，并自行详细记录被盗过程。防止以后发生诉讼时，不能清楚地说明印章被盗的经过，导致法院对于印章被盗的事实不予认定。（3）及时通知相关交易伙伴并登报公示，说明印章遗失并声明作废。

二、印章丢失

公司印章是公司人格的象征，交易文本上加盖了公司印章，便具有推定为公司意思表示的法律效力。但这种推定效力并非绝对不可动摇，而是可以被相反的证据推翻。因为公司印章既可能被公司授权的人持有和合法使用，也可能被未经公司授权的人占有和滥用。此时，印章所表征的意思表示与公司的真实意思表示并不一致，因而其意思表示推定效力应予否定。

公司印章丢失，应按相关行政法律法规的规定，履行法定的批准程序刻制使用新的印章，公司擅自刻制使用新的印章，属于行政违法，应由相关行政机关予以相应的行政制裁，但公司的这一行政违法行为并不必然导致由其自行承担印章被他人盗用的民事法律后果。

因此，（1）公司印章丢失后，应该登报公示，并通知已知的合作方。（2）公司如果发现印章丢失，必须对印章丢失的过程作尽可能详细的记载，登报公示作废原有印章，然后刻制新的印章。

三、印章被伪造

利用伪造的印章签订合同并非当然无效。以下情形，利用伪造印章签订的合同有效：

第一，公司内部管理混乱。公司用印管理混乱，表面上看是公司内部管理事宜，与具体的交易行为无关。但与此同时，内部管理混乱可能导致交易相对人无法准确地判别相关人员对外签订合同时所使用的印章是否真实。这一管理混乱的法律风险，应当由公司自行承担，而不能转嫁给交易相对人。因此，如果公司印章管理混乱，可能导致法院认定通过伪造公章签订的合同对公司具有约束力，至少可能要承担一定的损害赔偿责任。近年来，包括民生银行、农业银行在内的数家金融机构均出现"萝卜章"，其背后反映的事实无疑是上述金融机构内部印章管理混乱，合同管理混乱的现实。因此，必须对公司印章建立规范的管理制度并严格执行，防止他人利用公司印章管理混乱的现状浑水摸鱼，给公司带来不必要的交易风险。

第二，公司法定代表人、授权委托人使用伪造印章对外签订合同。（1）企业的法定代表人或者负责人，不仅仅是一个具体的自然人，而且是一个对外可以代表企业意志的机关。企业的法定代表人或者负责人对外以公司的名义作出的意思表示即推定为企业的意思表示。根据《民法典》第六十一条第二款、第三款的规定："法定代表人以法人名义从事的民事活动，其法律后果由法人承受。法人章程或者法人权力机构对法定代表人代表权的限制，不得对抗善意相对人。"

因此，即使企业对于法定代表人不得私刻公章签订合同有相关规定，该规定也不得对抗善意相对人。对于相对人而言，法定代表人是否使用私刻的公章签订合同不属于其应当主动审查的风险，相对人有理由相信法定代表人已获得足够的授权。（2）对于交易相对人而言，其一般不负有审查公司在签约时使用的印章是否真实的义务。因为对于交易相对人而言，一方面其基于诚实信用原则有理由相信已获得授权的主体使用的印章为公司真实的印章；另一方面由于缺乏必要的比对样本和便捷高效的技术，交易相对人也无法对公司签约时使用的印章是否真实进行审查。（3）"靠谱"的法定代表人对于一个公司而言至关重要。这里所谓的"靠谱"，重点强调的不是业务能力"靠谱"，而是人品"靠谱"。公司千万不要天真地以为可以通过公司严密的制度规范防止法定代表人胡作非为，因为这些规范对于善意交易相对人而言毫无意义。

四、存在多枚印章并同时使用

公司确认其曾使用过的公司印章不止一枚，则交易相对人在交易过程中即难以有效识别本次交易所使用的公司印章是否为公司曾使用过或正在使用或在公安局备案登记的印章。此时，公司即不得否定交易中所使用的印章对其具有约束力。

因此，（1）公司不能对同一印章的效力在不同的交易或诉讼中做不同选择。只要公司在某一场合使用过（即承认其效力），则该印章在另一交易中的使用均应有效（不论该公章是否系他人私刻甚至伪造、是否进行工商备案）。（2）公司印章最好具有唯一性。印章不唯一的风险巨大。最高人民法院认为：公司印章不止一枚，难以有效识别印章是否为公安局备案登记的印章。如果公司对外用章不具有唯一性，不得主张使用公司"伪造印章"对外签订的合同对公司没有约束力。

五、在个案中对伪造的印章效力予以认可

交易相对人不负有审查公司签署合同所使用的印章真实与否的义务，有证据证明公司在经营管理过程中已经使用过公司签订合同时所使用的印章的，则公司即不得主张该印章系伪造，进而以此为基础否定合同效力。公司在签署合同过程中使用公章是否规范，不影响合同效力。

公司在日常经营中对某一印章的使用并认可其效力，即不能在其他场合否定该印章的效力。这意味着公司对外出具的函件、往来公文、承诺、合同，向行政主管部门递交的备案、审查、登记所用的材料等，必须确保用章前后一致。如果用章不

一致，则在此过程中使用的任何一枚印章，公司都不能否认其效力。因此，公司对外出具的任何"一张纸"上使用的印章，如果不是公司备案的印章，都有可能让公司面临巨大的交易风险。公司在日常经营过程中，切勿为了方便，以"做资料""应付检查"（这一情况在建设工程领域普遍存在）为由刻制多枚印章并使用。

六、认为交易相对人负有审查印章真伪的义务

公司主张在签订履行合同中使用的印章虚假的，应提供证据予以证明，否则需承担败诉的法律后果。通常情况下，交易相对人不负有审查用章是否真实的义务，但交易相对人不可轻信他人使用的印章一定真实。应结合对方的代表代理权限、签订合同的场合、交易的规范性等多个方面，判断交易是否存在反常的情况，如有，应及时核实对方印章的真实性。当代表公司进行签约的主体仅为普通的公司员工时，交易相对人即不能当然信赖其使用印章的真实性。

"谁主张，谁举证"是《民事诉讼法》中关于证明责任分配的基本原则。《民事诉讼法》第六十七条规定："当事人对自己提出的主张，有责任提供证据。"《最高人民法院关于适用〈中华人民共和国民事诉讼法〉的解释》第九十一条对此作了进一步细化，规定："人民法院应当依照下列原则确定举证证明责任的承担，但法律另有规定的除外：（一）主张法律关系存在的当事人，应当对产生该法律关系的基本事实承担举证证明责任；（二）主张法律关系变更、消灭或者权利受到妨害的当事人，应当对该法律关系变更、消灭或者权利受到妨害的基本事实承担举证证明责任。"根据以上规定，似乎可以得出交易相对人主张履行合同时，应当承担证明合同真实包括合同上加盖印章真实的义务。但实际上，证明合同上加盖的印章为真的证明责任并不在交易相对人。

本书已反复强调，加盖印章的行为仅为当事人确认其意思表示的一种形式，并非意思表示本身。因此，证明印章真伪实际上是证明意思表示是否真实有效的问题。在关于意思表示的解释过程中，存在效力推定原则，即：除法律明确规定外，意思表示一经作出即推定为有效。因此，除有相反的证据证明外，公司在合同上加盖印章应推定为公司真实的意思表示，合法有效。

同时，在商事领域存在"商事外观主义"原则，即根据当事人表现出来的意思确定其相应法律效果。因此，对于交易相对人而言，其仅需证明合同上有公司签字盖章即可，而无须承担证明合同上的签字盖章是否真实的证明责任。相反，如果公司主张印章虚假，应当承担相应的证明责任，否则需承担败诉的法律后果。

七、伪造印章的人因伪造印章并使用构成犯罪，公司即可不承担责任

行为人通过伪造公司印章、制作虚假的证明文件的方式签订合同的，可构成刑法上的诈骗类犯罪，但在民法典上，其行为构成单方欺诈，合同并非当然无效。根据《中华人民共和国民法典》第一百四十八条、第一百四十九条的规定，公司享有撤销权。

因此，(1) 对于合同效力的判断，关键并不在于签订合同的过程是否存在违法犯罪的行为，而是当事人作出意思表示的方式及内容。其所依据的法律并非刑法，而是《民法典》第一编第六章第三节关于法律行为效力的规定。因此，伪造印章骗取对方当事人签订的合同，并非当然无效，而是根据《民法典》第一百四十八条的规定，属于可撤销的民事法律行为，且享有撤销权的主体为受欺诈方。实施欺诈行为的一方，不得主张撤销合同。

(2) 在经济活动中，伪造、私刻印章往往并非行为人的目的，而是为实现另一目的手段。因此，伪造、私刻印章签订合同的效力，并非因为构成犯罪而当然无效。在处理涉及伪造印章案件的诉讼中，任何一方当事人都不应"紧咬"伪造印章构成犯罪不放，而应采取"民刑并举，重点在民"的策略最大限度地维护自身的经济利益。

当然，我们也必须认识到，其中的一些风险并非管好一个章就可以解决，公司印章法律风险的防范是一个系统性的工程，涉及公司的授权管理、分支机构管理、商务谈判管理等多个方面。要想全面科学地防范印章风险，必须委托律师对公司法律风险进行全面地会诊，根据每个公司的实际情况制定个性化的风险防控方案。

第二节　关于公司印章管理的二十三个核心问题

一、公司印章分哪几种，分别有什么用途？

答：公司印章主要分为五种：

(1) 公章，用于公司对外事务的处理，工商、税务、银行等外部事务处理需要加盖。

（2）财务专用章，用于公司票据的出具，出具支票时需要加盖，通常称为银行大印鉴。

（3）合同专用章，顾名思义，通常在公司签订合同时需要加盖。

（4）法定代表人章，用于特定的用途，公司出具票据时也要加盖此印章，通常称为银行小印鉴。

（5）发票专用章，在公司开具发票时需要加盖。

二、刻制公司印章需要什么程序和手续？

答：通常来说，企业需要拿着税务登记证副本、营业执照副本、法人身份证，先到公安局登记备案，公安局开出证明后，到指定的地点刻章，一般需提供以上材料的原件及复印件。

三、刻制公司印章有什么特别的要求？

答：《国务院关于国家行政机关和企业事业单位社会团体印章管理的规定》对公司印章的管理提出了具体的要求：

（1）圆形；

（2）直径不得大于4.5厘米，中央刊五角星，五角星外刊单位名称，自左而右环行；

（3）所刊名称，应为法定名称。如名称字数过多不易刻制，可以采用规范化简称；

（4）印章所刊汉字，应当使用国务院公布的简化字，字体为宋体；

（5）其他专用印章（包括经济合同章、财务专用章等），在名称、式样上应与单位正式印章有所区别，经本单位领导批准后可以刻制；

（6）应到当地公安机关指定的刻章单位刻制。

四、印章被盗、抢或丢失了怎么办？

答：如果确属印章被盗（抢），则因印章的使用而发生的纠纷，企业不承担责任。

首先，因为公章在公安机关有备案，所以丢失后第一步应该由法人代表带身份证原件及复印件、工商营业执照副本原件及复印件到丢失地点所辖的派出所报案，领取报案证明。

其次，是要让公众知晓丢失的公章已经作废，所以公章丢失后的第二个步骤就是持报案证明原件及复印件，工商营业执照副本原件及复印件在市级以上每日公开发行的报纸上做登报声明，声明公章作废。报纸会在第二天刊登。在哪个报纸登报声明可询问当地工商局，每个地方规定不同。这里需要提醒大家注意的是，大部分报社都会要求公司全体股东到场签署同意登报声明才许可予以登报，这也为许多公司的公章遗失补办设置了一定障碍。

再次，是持以下文件到公安局治安科办理新刻印章备案：《营业执照》副本复印件、法定代表人身份证复印件2份、企业出具的刻章证明、法人委托授权书、所有股东身份证复印件各1份、股东证或者工商局打印的股东名册、派出所报案回执及登报声明的复印件。

又次，办理好新刻印章登记后就可以在公安局治安科的指导下新刻印章了，新刻的印章需要与之前丢失的印章有所不同，些许不同也可以。

最后就是持以上办理的材料到印章店刻一个新的印章了。

五、大股东把持公章使公司的运营陷入僵局，其他股东能否重刻公章？

答：公司股东之间，或董事长与总经理之间等因内部管理纠纷引发的印章争夺战，公安机关一般不会给予办理印章的丢失备案，即比较难以获得印章的重新刻制，而且即使重新刻制，公司还是会面临两枚印章具有同等法律效力的局面。

六、能否只用公章不用其他印章？

答：不能。法律对某些情况下该用何种印章有强制性规定。如《中华人民共和国发票管理办法》明确规定发票只能加盖发票专用章。

七、不同的印章是否有法律效力大小的区别？

答：没有严格意义上法律效力大小的区别，只要是符合法律规定的盖章要求并且意思表示真实，印章均有效。但是，由于印章的使用范围大小不同，导致人们以为印章有效力大小之分。

公章在所有印章中具有最广的使用范围，是法人权利的象征，在现行的立法和司法实践中，审查是否盖有法人公章成为判断民事活动是否成立和生效的重要标准。除法律有特殊规定外（如发票的盖章），均可以公章代表法人意志，对外签订合同及其他法律文件，具有极高的法律效力，凡是以公司名义发出的信函、公文、合同、介绍信、证明或其他公司材料均可使用公章。

八、公章可以代替合同专用章吗？

答：可以。在合同、协议的签订中，公章和合同专用章具有同等法律效力。最高人民法院《关于在审理经济纠纷案件中涉及经济犯罪嫌疑若干问题的规定》第四条将公章与合同专用章并列使用，也足以说明公章与合同专用章在合同签订方面的效力是一样的。

九、公章可以代替法定代表人章吗？

答：视具体情况而定，如委托授权书上应有法定代表人签字或盖章，此时仅有公章是不行的。

十、什么是电子印章？

答：自《电子签名法》实施后，电子印章（签名）就具有了合法地位。所谓电子印章（签名）并不是实体印章的图像化，而是数据电文中以电子形式所含、所附用于识别签名人身份并表明签名人认可其中内容的数据。通俗点说，电子印章（签名）就是一个能够识别出具体盖章人（签名人）的电子数据密钥。

十一、什么情况下不能使用电子印章？

答：除了法律法规规定不适用电子文书的情况，都可以约定使用电子印章。电子印章不适用于：
（1）涉及婚姻、收养、继承等人身关系的；
（2）涉及停止供水、供热、供气等公用事业服务的；
（3）法律、行政法规规定的不适用电子文书的其他情形。

十二、合同上没有加盖合法有效的公章但有法定代表人签字，合同是否有效？

答：有效，除非约定合同生效需签字并盖章。《民法典》第四百九十条第一款规定："当事人采用合同书形式订立合同的，自当事人均签名、盖章或者按指印时合同成立。"因为法定代表人以公司名义从事民事活动时代表公司，因此仅有法定代表人签字也能使合同成立生效。

同理，虽然没有加盖公章，但如果在合同上签字的人得到了公司相应的授权，那么合同一样是有效的。

十三、合同所盖印章并非合同专用章，而是采购专用章、项目部专用章等，合同是否有效？

答：除非有证据证明相反事实，否则一般认定为有效。合同上加盖的印章虽然并非合同专用章，不符合签订合同的一般原则和规定，但这是该公司自身管理方面存在的漏洞，如该公司不能提交相应的证据，证明合同所涉印章与公司无关或为他人私盖，即应认定公司承认合同的效力。

另一方面，《民法典》第四百九十条第一款规定："在签名、盖章或者按指印之前，当事人一方已经履行主要义务，对方接受时，该合同成立。"因此如果对方已按合同履行主要义务而该公司接受的，则合同无须签字、盖章也已经成立生效。

十四、公章外借他人使用，他人私下签订的担保合同是否有效？

答：有效。公司作为独立的企业法人，公司印章是其对外进行活动的有形代表和法律凭证，公司负责人或其他管理人员，经过公司授权后，只是印章暂时的持有者和保管者，其行使公司印章所产生的权利义务，应由该公司来承担责任，而不应由持有者或保管者承担责任。公司自愿将公司印章外借他人使用，应视为公司授权他人使用公司印章，该印章所产生的权利义务关系应由该公司承担。

十五、公司章程可以约定印章的使用规则吗，违反章程使用印章签订的合同是否有效？

答：公司章程可以约定印章的使用规则，但由于章程仅对内有约束力，如果相对人是善意的，即使印章的使用违反章程，合同也有效。但是，违反章程使用公章损害公司利益的人需要对公司承担赔偿责任。

十六、合同上加盖分公司的印章是否有效？

答：分公司虽然没有独立法人地位，但分公司也领取营业执照，能够成为民事诉讼的被告，因此在合同上加盖分公司的印章，一般也认定合同有效，相关的民事责任由总公司承担。

十七、公司经营过程中在印章方面会遇到哪些风险？

答：公司在印章方面常见的风险主要有以下几种：

（1）他人使用假冒的印章；

（2）他人使用扫描打印出来的印章；

（3）对方使用的是没有备案、没有资质的内设部门章；

（4）使用有数码符号的印章；

（5）同时使用多枚印章。

由于上述风险的高发，公司企业应该提高警惕，在交易时做好审查工作。例如，可以通过要求对方提供公司的刻章许可或者委托律师调查对方的印章备案情况来检查印章的真伪性，仔细审查是否有油印等公章正常使用时所具有的印迹，拒绝对方不符合规范地使用印章等。

十八、公司更改名称后已使用新印章，盖有原印章的合同对公司是否仍有效力？

答：有效。企业名称的变更并不影响变更后的公司承担原公司的债务，盖有原企业名称印章的文件对变更后的公司依然具有法律效力，因此对原企业名称印章应当妥善保管，可以明确保管人，必要时可以对该印章进行销毁并登记备案，以降低法律风险。

十九、如何识别印章的真假？

答：（1）看字体。根据前述规定，印章必须要用宋体字，如果对方加盖的印章并非宋体字，应该就是假冒的印章了。

（2）看颜色。由于材质和力度的原因，真正加盖的公章的颜色往往不均匀，而电脑制作的印章则颜色一致，而且也更加鲜明。

（3）看形状，包括字的形状和周围圆圈的形状。首先，无论是圆形还是椭圆形的印章，虽然字都不是横平竖直的，但是每个字单独看都是规规矩矩的长方形，不可能扭曲，或者上面胖下面瘦看起来呈梯形。其次，其次是看印章周围圆圈的形状，这个圆圈是有一定宽度的，并且仔细看边缘（包括印章上字的边缘），不可能非常平滑，经常有一些小缺口、小棱角或者小空白，这也是由于沾油墨和盖印的过程中油墨的密度和盖印的力度不一致造成的。电脑直接制作的印章就没有这些问题，完美得只能用假来形容了。

（4）看角度。虽然绝大多数人盖章的时候都希望把章盖得很正，但是总会出现一点点偏差，特别是圆形的印章更不好把握。但是电脑制作印章时默认情况下肯定100%是正的。

（5）看位置。看看公章是盖在协议的空白处，还是盖在文字上。一般而言，真印章都盖在公司名称上，而制作粗劣的假印章都喜欢盖在空白处，因为假印章是电脑做的，如果盖在文字上就会挡住后面的文字。但是制作水平高一些的假印章为了看起来更真，也会盖在文字上，这个时候你需要仔细看一下，印章上的字和纸上印刷的字重合的地方，如果是真印章即使重合了，后面的文字还是可以透过油墨显示出来；而电脑制作的假印章，就会完全挡住下面的文字。

二十、企业在印章管理方面主要存在的问题有哪些？

答：（1）印章刻制的业务流程不清晰，没有审批程序，只要业务需要，领导或部门就可随便刻制印章，刻制后没有下发正式启用文件，没有明确印章使用范围和使用时间。

（2）印章刻制不在公安部门指定的单位进行，不在公安机关备案，随便找一家单位刻制公章，刻完就用，为以后发生印章使用风险埋下了隐患。

（3）个别企业没有印章管理方面的规章制度，使用印章未经过严格审批。印章管理人员对使用印章材料不严格审查，更有甚者在空白介绍信或空白纸张上用印。印章保管者让印章离开自己的视线或因自己没时间让他人代为盖章，在没有监管人的情况下允许他人携带印章外出。

（4）个别企业没有统一的印章使用台账，采用一页纸请示的方式，请示完成后，领导审批用印的签批单由经理办公室保存，时间长了很容易丢失，无法追溯。个别单位虽有统一的用印台账，但对领导在材料上签字直接上报的文件则没有登记用印事项和用印人，以后涉及此类文件的问题同样无法追溯，形成法律风险。

（5）个别企业印章保管制度不健全，未设专人保管，印章丢失或被盗后不及时报告，不及时报案，也不主动在报纸上发布公告声明作废，从而留下了潜在的用印风险。

（6）个别企业为追求收益，允许不具备资质的企业挂靠施工，个别情况下甚至允许挂靠单位使用公司印章，一旦挂靠单位出现问题，企业就要承担相应责任。

（7）个别企业不重视管理项目部印章，意识不到项目部印章对企业的重要性，项目部印章管理不规范，没有限定项目部印章的使用范围和使用审批程序，没有设立项目部印章使用台账，形成了项目部印章管理的空白，给企业带来较大的法律风险。

（8）个别企业印章被仿冒后，未采取正确的应对措施，放任风险发生，给企业带来了不可挽回的损失。

（9）个别企业在下属单位、部门、项目部被撤销和关闭后，没有及时收回和销毁这些单位的印章，造成印章的流失，形成了潜在的法律风险。

二十一、公司印章的保管方面需要采取什么措施？

答：首先是建立日常保管制度：

（1）公司印章采取分级保管的制度，各类印章由各岗位专人依职权需要领取并保管；

（2）印章必须由专门保管人妥善保管，不得擅自委托他人保管并在其岗位职责中予以明确；

（3）公章应妥善保管，注意安全，防止损毁、遗失和被盗。

其次是明确保管人责任：

（1）印章保管人必须妥善保管印章，不得遗失。如遗失，必须及时向公司办公室报告；

（2）必须严格依照公司对印章的使用规定使用印章，未经规定的程序，不得擅自使用；

（3）在使用中，保管人对文件和印章使用单签署情况予以审核，同意的则用印，否决的则退回；

（4）检查印章使用是否与所盖章的文件内容相符，如不符则不予盖章；

（5）在印章使用中违反规定，给公司造成损失的，由公司对违纪者予以处分，造成严重损失或情节严重的，移送有关机关处理。

二十二、专人管理公章方面有什么需要注意的吗？

答：专人管理即由公司安排专属的部门或者专职人员管理公章的使用、加印以及登记，该类事项可以制定相应的公司内部制度加以完善。

目前小型企业的公章一般由法定代表人掌控，如果法定代表人本身是公司股东，则一般较为稳妥，虽然法定代表人身为股东本身不等同于公司，但是从风险防控上由于公司利益与股东利益原则上的一致性，所以公章对外加印法定代表人会比较慎重。公章由专人管理便于公章使用不当时公司内部责任的追查，同时专管公章的人建议仅限于行政职能部门或者行政人员，避免公章管理人员与具有对外负责销售或者采购的人员身份同一，因为后者对外从事商务活动容易使得权利的行使不透明，难以监控其用章的正当性或合理性。

二十三、公司印章的使用管理方面需要采取什么措施？

答：（1）企业要建立岗位法律风险防控体系，印章管理岗位人员要签订法律风险岗位承诺书，明确印章管理岗位的法律风险防控职责；同时，要加强对印章管理岗位人员法律风险防范的教育，使其认识到印章对企业管理的重要意义，不断提高印章管理的技能和法律风险防范意识。

（2）企业要制定印章管理规定，指定印章归口管理部门，明确企业各部门印章管理职责，明晰印章刻制、使用的业务流程，做到有规可依、有章可循。

（3）企业新注册设立的单位在领取营业执照后，应直接到行政服务中心公安机关刻制印章并备案。企业临时刻制印章，包括项目部印章，必须由印章管理部门统一提出，经过法律部门、专业部门审查，报公司主要领导审批。经批准后，由印章管理部门统一在公安机关指定的单位刻制并备案。印章管理部门在印章交付使用前，应下发印章启用文件，未经启用的印章不能使用。

（4）企业应当建立统一的印章使用台账，制定印章使用申请表。申请使用印章的单位必须按印章管理规定履行审批程序，经过有权部门和企业领导批准。经企业领导批准后，印章使用单位应填写统一的用印登记表，企业文书人员对用印文件要认真审查，审核与申请用印内容、用印次数是否一致，然后才能在相关文件上用印。用印时必须由印章保管人员亲自用印，不能让他人代为用印，同时不能让印章离开印章保管人员的视线。

（5）印章保管人员必须加强对印章的保管，未经企业主要领导批准，不允许将印章携带外出，特殊情况下需携带外出时，必须指定监印人随同。印章遗失必须在第一时间向公安机关报案，并取得报案证明，同时在当地或项目所在地报纸上刊登遗失声明。

（6）禁止在空白介绍信、空白纸张、空白单据等空白文件上盖公章。如遇特殊情况时，必须经总经理同意，而且公章使用人应在《公章使用登记表》上写明文件份数，在文件内容实施后，应再次进行核准登记。公章使用人因故不再使用预先盖章的空白文件、资料时，应将文件、资料退回行政部（或办公室），办理登记手续。在使用预先盖章的空白文件、资料过程中，公章使用人应承担相应的工作责任。

（7）企业必须定期检查印章使用情况。企业印章管理部门应按照印章管理规定组织法律、监察等部门对所属单位印章使用情况进行检查，发现问题及时采取相应措施。

（8）企业应加强对项目部印章、部门印章的使用管理，限定其用途和使用审批程序，严格按公司行政公章的使用程序要求各级印章保管和使用单位。项目部印章和部门印章要严格限定使用范围，不能用于对外签订合同，不能在对外承诺、证明等材料上使用，必要时要将使用权限通知业主、原材料供应商等利益相关方。项目部和企业的部门要指定印章用印和保管人，建立使用台账，绝不允许分包方使用项目部印章。

（9）企业所属部门发生变更或被撤销后，印章统一管理部门必须收缴部门印章及用印记录；所属分公司注销后，在工商注销手续完成后，必须收缴分公司包括行政印章、合同专用章、财务专用章、负责人名章等在内的全部印章及用印记录；项目部关闭后，项目部印章及用印记录必须全部上缴企业印章管理部门。企业印章管理部门会同法律部门将收缴的印章统一销毁，用印记录由印章管理部门按档案管理规定存档。

（10）企业在遇到仿冒本单位或项目部印章的情况时，企业印章管理部门要及时将有关情况通报法律管理部门，由法律管理部门按法律规定解决。基本做法如下：首先，及时向公安机关报案，追究仿冒人的法律责任；其次，在相关报纸上发布澄清声明，及时知会潜在客户；最后，及时通知仿冒合同的相对人，陈述相关事实，解除相关合同，如果相对人不予配合，要及时向当地法院申请，通过法律途径认定合同无效，解除相关合同。

图书在版编目（CIP）数据

公司印章案例裁判规则解读：公司印章风险防范指南／唐青林，李舒主编；王盼，李元元副主编．—北京：中国法制出版社，2024.3
　ISBN 978-7-5216-4341-1

　Ⅰ.①公… Ⅱ.①唐…②李…③王…④李… Ⅲ.①印章—风险管理—公司法—中国—指南 Ⅳ.①D922.291.91—62

中国国家版本馆CIP数据核字（2024）第053701号

策划编辑：赵宏　　　　　　责任编辑：刘冰清　　　　　　封面设计　李宁

公司印章案例裁判规则解读：公司印章风险防范指南
GONGSI YINZHANG ANLI CAIPAN GUIZE JIEDU：GONGSI YINZHANG FENGXIAN FANGFAN ZHINAN

主编／唐青林，李舒
副主编／王盼，李元元
经销／新华书店
印刷／保定市中画美凯印刷有限公司
开本／710毫米×1000毫米　16开　　　　　　　　印张/50　字数/ 775千
版次/2024年3月第1版　　　　　　　　　　　　　　2024年3月第1次印刷

中国法制出版社出版
书号 ISBN 978-7-5216-4341-1　　　　　　　　　　　　定价：198.00元

北京市西城区西便门西里甲16号西便门办公区
邮政编码：100053　　　　　　　　　　　　　　　　　传真：010-63141600
网址：http：//www.zgfzs.com　　　　　　　　　　　编辑部电话：010-63141837
市场营销部电话：010-63141612　　　　　　　　　　印务部电话：010-63141606

（如有印装质量问题，请与本社印务部联系。）